NEXT STEP

직업상담사

2급 | 한권으로 끝내기

끝까지 책임진다! 시대에듀!
QR코드를 통해 도서 출간 이후 발견된 오류나 개정법령, 변경된 시험 정보, 최신기출문제, 도서 업데이트 자료 등이 있는지 확인해 보세요!
시대에듀 합격 스마트 앱을 통해서도 알려 드리고 있으니 구글 플레이나 앱 스토어에서 다운받아 사용하세요.
또한, 파본 도서인 경우에는 구입하신 곳에서 교환해 드립니다.

편집진행 노윤재·한주승 | **표지디자인** 조혜령 | **본문디자인** 박지은·김휘주

시대에듀 국가전문자격 네이버카페(https://cafe.naver.com/sdwssd)에서
시험과 관련된 모든 정보를 아낌없이 제공합니다. 지금 접속하세요!

정보획득

국가전문자격은 시대로

카페 방문을 환영합니다.
사회조사분석사, 스포츠지도사, 심리/상담/사회복지, 무역, 관광, 빅데이터
자격증 합격을 위해 정보/자료를 공유하는 카페입니다.

혜택 02 - 추록 및 피드백

도서가 출간된 후 바뀌는 정책, 시험에서 중요하게 다뤄질 내용 등 항상 최신의 정보로 학습할 수 있도록 지속적인 피드백을 약속드립니다. 합격하는 그날까지!

혜택 01 - 정답 족보 핸드북 pdf 제공

독자님들의 편리한 학습과 동차 합격을 위해 매년 도서가 출간된 후 개정된 내용의 소책자 파일을 제공합니다. '국가전문자격 시대로' 카페에 접속하시면 2차 시험 정답 족보 핸드북을 스마트폰에 넣어서 학습할 수 있는 pdf 파일을 다운받을 수 있습니다!

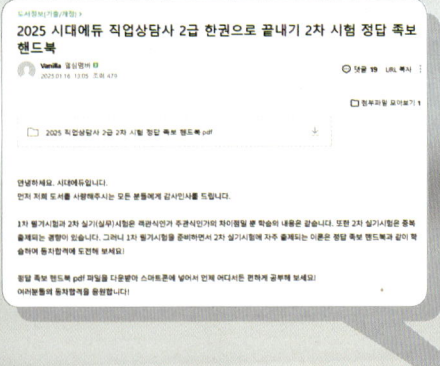

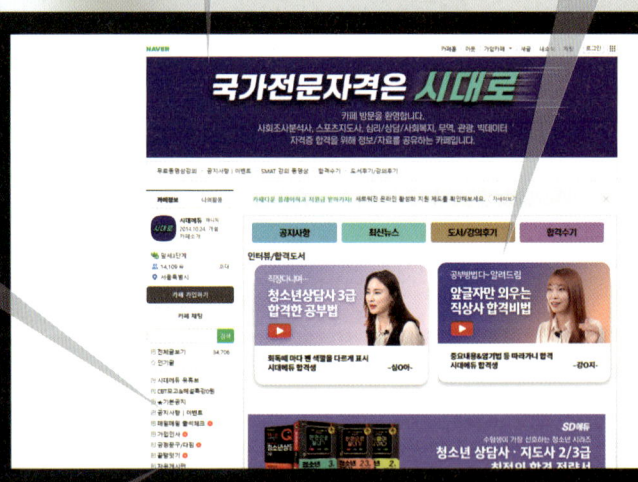

혜택 03 - 직업상담사의 모든 Q&A

학습하다가 모르는 게 있나요? 묻고 싶어 답답한 내용이 있나요? 언제나 카페에 접속해 글을 남겨주세요.
26년 연속 직업상담사 1등 시대에듀 직업상담연구소가 속 시원하게 답변해드립니다!

직업상담사 2급 합격을 위한 현명한 선택!

시대에듀 직업상담사

2026 직업상담사 절/대/합/격
연속 최다 합격자! 대한민국 직업상담사 합격 필수 코스

핵심 완벽 분석
김대환 교수

정답을 찾는 노하우
장진욱 교수

이해력을 높이며 과목별 정답을 찾는 **노하우**와
출제 포인트를 짚어주는 강의!
왜 **최고**인지 지금 확인하세요!

www.sdedu.co.kr

머리말

직업상담사는 지난 2000년 첫 시험이 시행된 이래로 최근까지 비교적 높은 응시율을 기록하면서 서비스 분야 국가기술자격의 대표적인 종목 중 하나로 자리매김하고 있습니다. 갈수록 어려워지는 취업환경 속에서 구직자들은 자신에게 적합한 일자리를 찾지 못하고, 중년의 직장인들은 조기퇴직의 압박으로 직업전환을 고심하고 있습니다. 또한 기업은 급변하는 노동시장에서 인재를 구하는 데 많은 어려움을 겪고 있습니다. 이와 같은 상황에서 상담을 통해 구직자들의 직업탐색을 돕고, 구인난을 겪는 기업에게 우수한 인력을 제공하는 직업상담사의 필요성이 나날이 높아지고 있습니다.

시대에듀는 직업상담사 자격시험에 있어서 탁월한 전문성과 오랜 노하우를 바탕으로 최고의 교재를 제공함으로써 수많은 독자의 사랑을 받아왔고, 그들에게 합격으로 보답해 왔습니다. 그리고 지금도 독자들의 소리에 귀를 기울이면서 항상 최신의 정보를 제공하며, 매년 업그레이드된 교재를 펴내기 위해 노력하고 있습니다.

첫 번째 **신·구 출제기준의 중요 내용을 밸런스 있게 담았습니다.**
시행처인 한국산업인력공단은 그동안 수차례 출제기준 변경에도 불구하고 기존 기출문제를 재출제하거나 응용 출제하는 방식을 고수하고 있습니다. 비록 2025년도부터 적용되는 출제기준이 NCS 활용 중심으로 바뀌었어도 그 세부항목은 대부분 기존의 내용을 토대로 하고 있기에, 무엇보다도 기존의 중요 내용과 변경된 출제기준의 핵심 내용을 적절히 조합하여 학습하는 것이 중요합니다. 이에 시대에듀는 두 마리 토끼를 모두 잡기 위한 맞춤형 교재를 만들고자 노력하였습니다.

두 번째 **부가적인 설명을 통해 어려운 내용도 쉽게 이해할 수 있도록 하였습니다.**
직업상담사 2급은 응시자격에 제한이 없는 만큼 응시자들이 상담학이나 심리학, 노동경제학 등에 대한 전문지식이 부족한 비전공자인 경우가 대부분입니다. 그로 인해 이론적인 내용은 물론 기본적인 개념을 이해하는 것조차 쉽지 않습니다. 따라서 우리 교재는 '쌤의 비법노트', '더 알아보기', 'Comment' 등을 통해 친숙하지 않은 이론 및 개념들에 대해서도 보다 쉽게 접근할 수 있도록 하였습니다.

세 번째 **1차 필기시험은 물론 2차 실무시험까지 대비할 수 있도록 구성하였습니다.**
직업상담사 2급의 1차 필기시험 및 2차 실무시험은 사실상 공통된 내용들을 다루는 만큼, 처음 1차 시험을 준비할 때 2차 시험을 함께 대비하는 것이 효율적입니다. 따라서 우리 교재는 실제 기출된 내용들에 대해 기출현황을 표시하고 주관식 서술형 복원문제들을 함께 수록함으로써 해당 내용의 중요성을 알리는 한편, 1차 및 2차 시험에 충실히 대비할 수 있도록 하였습니다.

시대에듀는 독자 여러분의 새로운 도전을 응원하면서 한 권의 책으로써 합격의 솔루션을 제공하기 위해 최선의 노력을 다하고 있습니다. 독자 여러분의 합격을 진심으로 기원합니다.

편저자 올림

자격시험안내(2급)

ⓠ 응시자격 : 제한 없음

ⓠ 실시기관 및 원서접수 : 한국산업인력공단(www.q-net.or.kr)

ⓠ 시험일정(2025년 기준)

구 분	필기시험접수	필기시험	합격(예정)자 발표	실기시험접수	실기시험	최종 합격자 발표
제1회	01.13~01.16	02.07~03.04	03.12	03.24~03.27	04.19~05.09	06.13
제2회	04.14~04.17	05.10~05.30	06.11	06.23~06.26	07.19~08.06	09.12
제3회	07.21~07.24	08.09~09.01	09.10	09.22~09.25	11.01~11.21	12.24

※ 정확한 시험일정은 시행처인 한국산업인력공단의 확정공고를 필히 확인하시기 바랍니다.

ⓠ 시험방법 및 과목

구 분	1차 시험	2차 시험
시험형식	객관식 4지 택일형	필답형(서술형)+사례형
출제범위	• 직업심리 • 노동시장 • 직업상담 및 취업지원 • 고용노동관계법규(Ⅰ) • 직업정보	• 직업심리 • 직업정보 • 직업상담 및 취업지원 • 노동시장 ※ 4과목 출제(고용노동관계법규(Ⅰ) 제외)
문항 수	• 총 5과목 100문제 • 1~5과목 각각 20문제씩 출제	• 약 18문제 내외 • 1~2과목에서 약 70% 출제
필기도구	CBT 시험으로 필기도구는 필요 없어요.	검정색 필기구만 사용 가능 • 답안 정정 시 수정테이프는 사용 가능해요! • 지워지는 볼펜류는 사용할 수 없어요!
시험시간	150분(2차 시험은 시간이 부족해서 답안을 작성하지 못하는 경우는 거의 없어요!)	
참 고	4과목 노동시장에서 계산문제가 등장하기도 하는데요, 시험장에 계산기를 지참해 가시면 수월하게 문제를 풀 수 있어요. 다만 부정행위 방지를 위해 계산기는 리셋된 상태거나, 메모리 칩이 없는 상태여야 합니다.	

ⓠ 합격점수

❶ 1차 시험(필기)
 한 과목당 100점 만점(한 문제당 5점)으로 매 과목 40점 이상, 전 과목 평균 60점 이상을 맞아야 합격입니다.

❷ 2차 시험(실기)
 • 100점 만점으로 하여 60점 이상을 획득해야 합격입니다.
 • 2차 시험은 필답형으로 작성하는 것이기 때문에 부분점수를 얻을 수도 있어 모르는 문제라고 포기하는 것보다는 아는 범위에서 적는 것이 중요합니다.

이 책의 구성과 특징

『직업상담사 2급 한권으로 끝내기』는 시험 준비에 필수적인 이론과 문제를 완벽하게 수록하였습니다. 'Comment', '쌤의 비법노트', '더 알아보기' 등을 통해 친숙하지 않은 이론 및 개념들에 대해서도 보다 쉽게 접근할 수 있도록 하였습니다. 1차와 2차 시험에 출제된 모든 문제들을 바탕으로 '출제 유형 알아보기', '최근 기출문제 파악하기'를 통해 이론과 문제를 모두 섭렵할 수 있습니다.

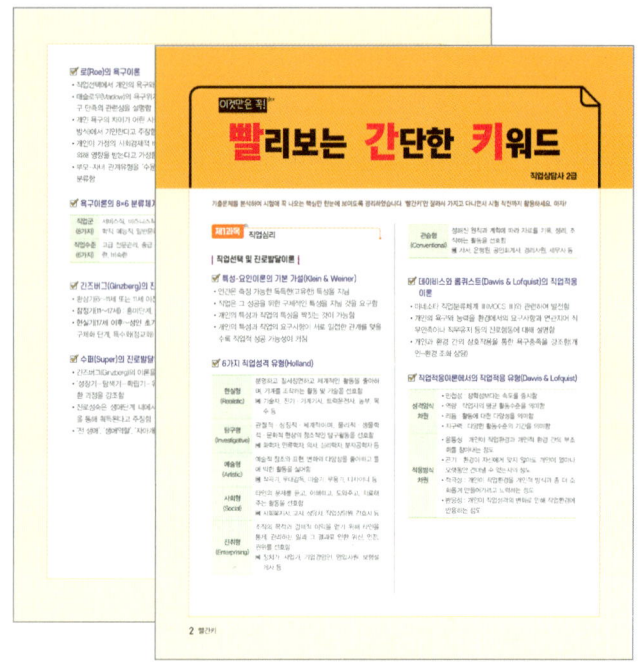

공부방향을 잡아라!
빨리보는 간단한 키워드

직업상담사 2급 시험을 준비할 때 전체적인 학습의 흐름을 파악하는 것은 필수입니다. 무턱대고 첫 페이지부터 학습하는 것이 능사가 아닙니다. '빨·간·키'를 통해 시험에 자주 출제되는 키워드와 학습 Point를 살펴보고 과목별로 어떤 부분을 핵심적으로 학습해야 하는지 살펴보세요. 이렇게 공부 방향을 잡고 학습하기 시작하면 직업상담사 시험의 유형을 쉽게 파악할 수 있습니다.

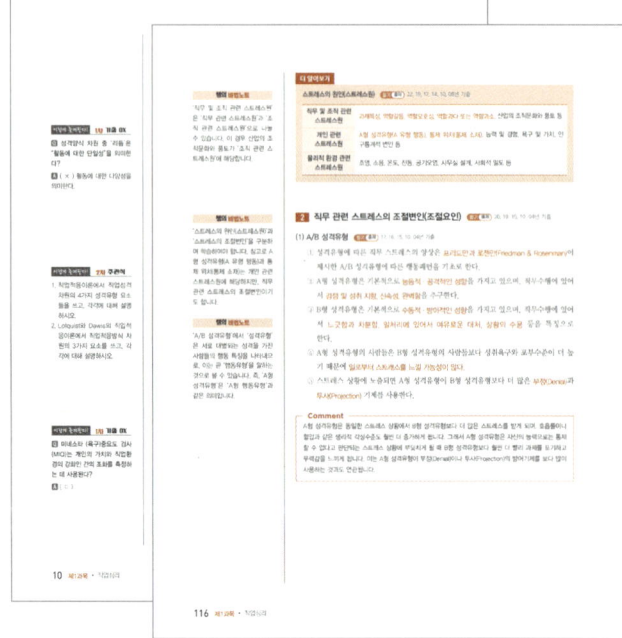

알차게 준비하자!
쌤의 비법노트 + 더 알아보기 + Comment + 이렇게 출제된다!

수험서라면 수험서답게! 학습에 필요한 것을 모두 넣었습니다. 시험에 출제되는 이론과 출제 연도를 수록해 중요도를 표시하였고, 쌤의 비법노트로 학습의 방향성과 중요성을 알 수 있습니다. 그리고 더 알아보기와 Comment는 심화문제를 위한 심화학습으로 준비했고, 이렇게 출제된다로 1차와 2차 모두 대비할 수 있도록 철저히, 알차게 준비했습니다.

합격의 공식 Formula of pass   시대에듀 www.sdedu.co.kr

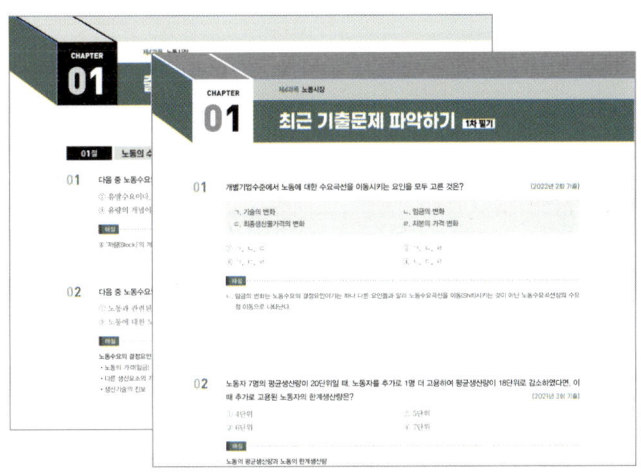

완벽한 마무리를 위한 3총사!
출제 유형 알아보기 + 최근 기출문제 파악하기(필기, 실기)

학습의 마무리는 문제로 자신의 실력을 파악하는 것입니다. 알차게 학습을 했다면, 완벽한 마무리를 위해 문제 3총사를 확인하십시오. 자주 출제되는 유형만 모은 '출제 유형 알아보기'와 최근 기출문제로만 이루어진 '최근 기출문제 파악하기 1차 필기'+'최근 기출문제 파악하기 2차 실무'로 1차와 2차 시험 모두 한 번에 준비할 수 있습니다.

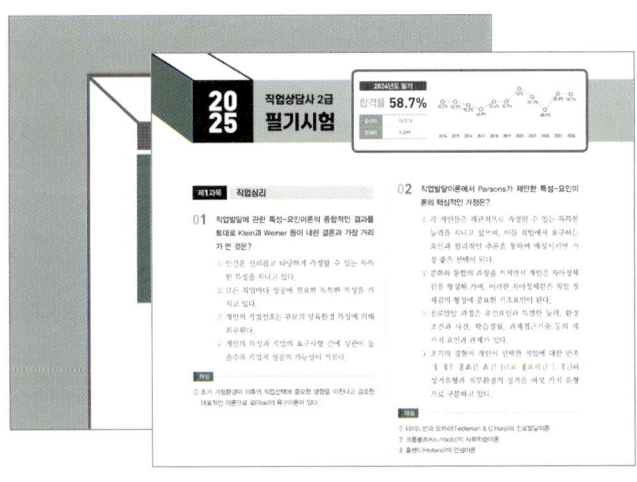

1차 필기, 합격을 위하여!
2025년 필기시험복원문제

가장 좋은 학습은 가장 최신의 기출복원문제를 파악하는 것입니다. 2025년 필기 기출복원문제를 완벽한 해설과 함께 수록했습니다. 기출복원문제를 풀어보며 학습한 내용을 최종적으로 점검해 보세요.

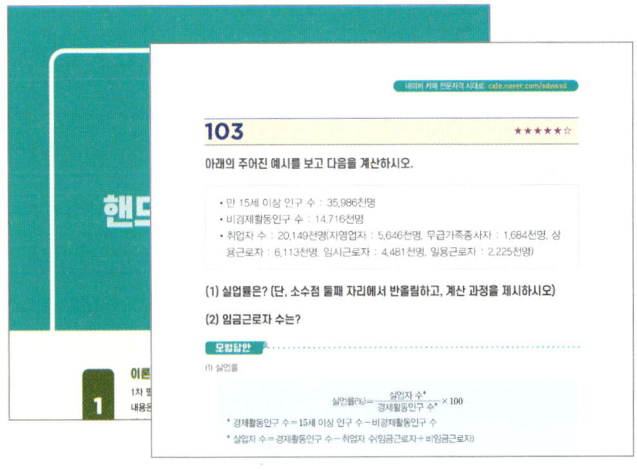

2차 실기, 동차합격을 위하여!
정답 족보 + 주요 多 기출 유형문제 110

많은 수험생이 1차 필기시험보다 2차 실기시험을 더욱 어려워합니다. 그래서 수험생의 꿈인 동차합격을 위해 2차 실기시험에 대한 내용을 따로 구성했습니다. 시험 전 자주 출제되는 기출 유형문제 110과 정답 족보를 꼭 확인해 보세요.

이 책의 구성과 특징

❶ 이렇게 출제된다! 1차 기출 OX

해당 이론이 1차 필기시험에는 어떻게 출제되는지 OX문제로 만들어 담았습니다. 간단한 OX문제를 풀며 정확히 이해하고 있는지 확인해 보세요.

❷ 출제연도표시

자격시험 합격의 포인트는 기출유형 파악입니다. 직업상담연구소만의 축적된 노하우로 꼼꼼히 표시한 기출이론을 반드시 확인해 보세요.

❸ 쌤의 비법노트

방대한 양을 어떤 방식으로 학습해야 하는지 막막하셨나요? 온·오프라인 강좌를 진행하며 노하우를 축적한 쌤의 학습 비법을 확인해 보세요.

④ 이렇게 출제된다! 2차 주관식

해당 이론이 2차 실무시험에는 어떻게 출제되는지 실제 시험문제를 복원하여 담았습니다. 1차와 2차를 따로 공부할 필요 없이 함께 공부해 보세요.

⑤ 더 알아보기 & Comment

이론 학습 시 보충학습이 필요한 부분 및 최신 기출문제에 새롭게 출제된 이론과 개념도 놓치지 않도록 '더 알아보기'와 'Comment'를 통해 정리했습니다.

---

⑤ 더 알아보기

1. 사용자가 사직률이 낮은 근로자를 선호하는 이유
- 기업특수적 인적자본의 확보
- 인적자본투자의 안정성으로 인한 기업의 생산성 증대
- 신규충원에 소요되는 비용의 절감 및 노사관계의 안정

2. 근로자의 낮은 사직률이 사회적으로 좋지 않은 영향을
- 고용시장의 경직에 따른 신규인력의 진입 곤란

④ 이렇게 출제된다! 2차 주관식

사용자는 다른 조건이 일정할 때 사직률이 낮은 근로자를 선호하지만, 이는 사회적인 관점에서 바람직하지 않다. 사용자가 사직률이 낮은 근로자를 선호하는 이유와 함께 근로자의 낮은 사직률이 사회적으로 좋지 않은 영향을 주는 이유를 설명하시오.

2 선별가설(선발가설)

(1) 의의 및 특징 〔필기 출제〕 17, 16, 12년 기출
① 인적자본이론을 비판하기 위해 나온 이론이다.
② 교육·훈련은 단지 생산성의 신호일 뿐이다.
③ 개인의 능력개발이 개인의 생산성 향상으로 직결된다는 점을 부인한다.
④ 인적자본이론과 마찬가지로 교육투자가 높은 임금을 보장한다고 주장하나, 이는 생산성 증가에 기인한 것이 아닌 선별조건 향상에 따른 것이다.

(2) 선별가설의 시사점 〔필기 출제〕 22, 15년 기출
① 근로자들은 자신의 능력과 재능을 보여주기 위해 교육에 투자한다.
② 교육훈련이 생산성을 직접 높이는 것은 아니고 유망한 근로자를 식별해 주는 역할을 한다.
③ 학력이 높은 사람이 소득이 높은 것은 교육 때문이 아니고 원래 능력이 우수하기 때문이다.
④ 빈곤 문제 해결을 위한 교육기회의 평등화정책은 크게 성공하지 못할 것이다.

> **쌤의 비법노트**
> 인적자본이론은 교육이 직접적으로 생산성을 증가시키는 역할을 한다고 보는 반면, 선별가설은 교육이 직접적으로 생산성을 증가시키는 역할을 한다고 보지 않습니다.

⑤ Comment

선별가설(선발가설)은 교육이 곧 생산성 증대로 이어진다는 인적자본이론에 반발하여 에 기여할 개연성을 가진다고 주장한 이론적 관점을 총칭합니다. 이와 관련하여 스티글 선발이론(Screening Theory)으로, 스펜스(M. Spence)는 신호이론(Signaling Theory) (K. J. Arrow)는 여과이론(Filter Theory)으로 설명한 바 있습니다.

CHAPTER 01 · 노동시장의 이해

직업상담사 FAQ

Q 직업상담사 자격시험은 많이 어려운가요? 시험이 1, 2차로 나눠진다고 들었는데, 최종합격까지 보통 어느 정도의 기간이 소요되는지 알고 싶습니다.

A 통상적으로 1차 필기시험은 2~3개월, 2차 실기시험은 6개월 정도의 준비 기간이 필요합니다. 그러나 얼마나 열심히 공부하느냐에 따라, 오프라인·온라인 강의 수강 여부에 따라 그 기간은 개인별로 차이를 보이기도 합니다.

Q 직업상담사 2급! 어떻게 준비해야 하는지 알려주세요.

A 합격 수기에 따르면 『직업상담사 2급 한권으로 끝내기』로 기초를 다진 후 『직업상담사 2급 2차 실기 직업상담실무 기출문제해설』과 『직업상담사 2급 2차 실기 직업상담실무 이론서』로 2차 실무를 준비하시는 것이 일반적입니다. 동영상 강의와 연계하여 학습하시면 더 빠르고 효율적인 학습이 가능합니다.

Q 작년에 교재를 구매했는데, 시간이 흘러 한 해가 지났습니다. 올해 다시 공부를 시작하려고 하는데 책을 새로 구매해야 하나요?

A 도서의 개정 정도는 수험생마다 느끼는 정도가 달라 일괄적으로 말씀드리기 어렵습니다. 개정된 도서의 특징을 살펴보신 후, 최종 선택은 어디까지나 독자님의 판단에 따라야 할 것으로 보입니다.

Q 필기시험에 합격하고 실기시험을 준비하고 있는데요. 실기시험은 필답형으로 진행된다고 하는데, 답안에 무엇을 얼마나 써야 하나요? 틀린 답만 아니라면 최대한 많이 쓰는 것이 좋은가요?

A 먼저 출제자가 수험생에게 어떤 답을 듣고 싶어 할지를 파악하고, 문제에서 요구하는 답만 간략히 적으시면 됩니다. 실기시험의 취지는 수험생의 실무능력 파악인데 마구 풀어서 쓴 형식의 답안으로는 그 능력을 측정할 수 없겠지요. 문항에 따라 다르겠지만, 질문 하나당 5줄 안으로 최대한의 핵심만 적는 연습을 해 두시기 바랍니다. 또한, 한 문항에 정답과 오답을 함께 기재할 경우 오답으로 처리된다는 점을 유의하세요.

Q 실기시험을 처음 치르게 되었어요. 필답형이라던데, 필기구는 어떤 것을 사용해야 하나요? 답안을 작성하다가 틀리면 어떻게 하죠?

A 검정색 필기구만 사용 가능합니다. 답안을 연필로 적으신 후 볼펜으로 옮겨 쓰셔도 되지만, 답안지에 연필 자국이 남아 있으면 부정행위로 간주될 수 있으므로 주의해야 합니다. 답안 수정이 필요한 경우 수정테이프를 사용하실 수 있으며, 볼펜은 두 줄을 긋고 다시 기재할 수 있습니다.

연도별 응시인원 및 합격률 현황

1차 시험(필기)

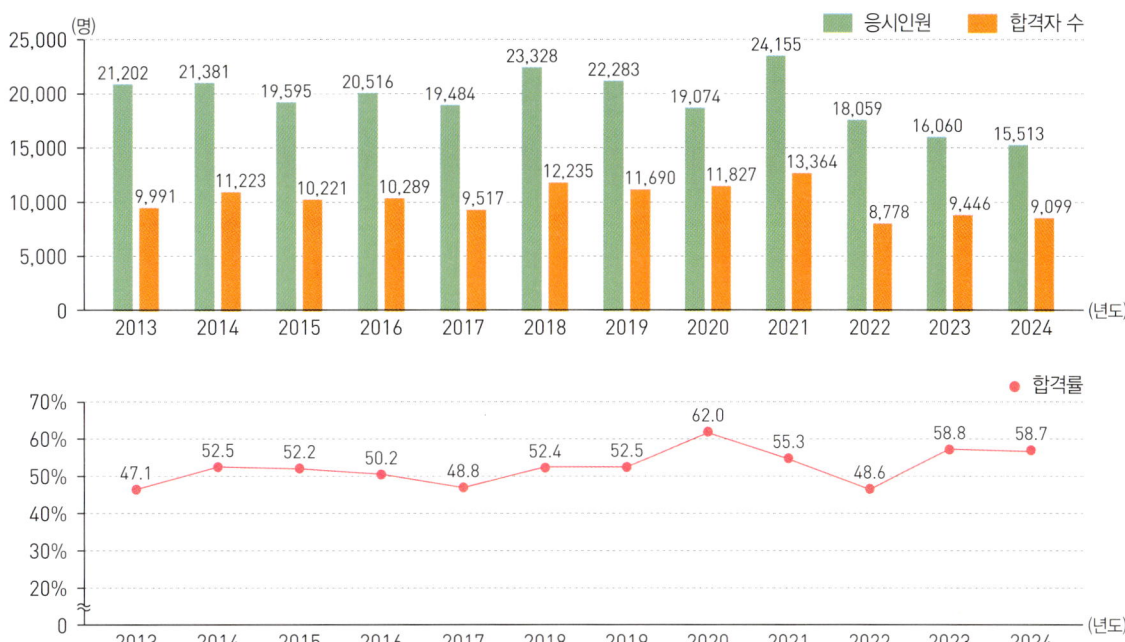

2차 시험(실기)

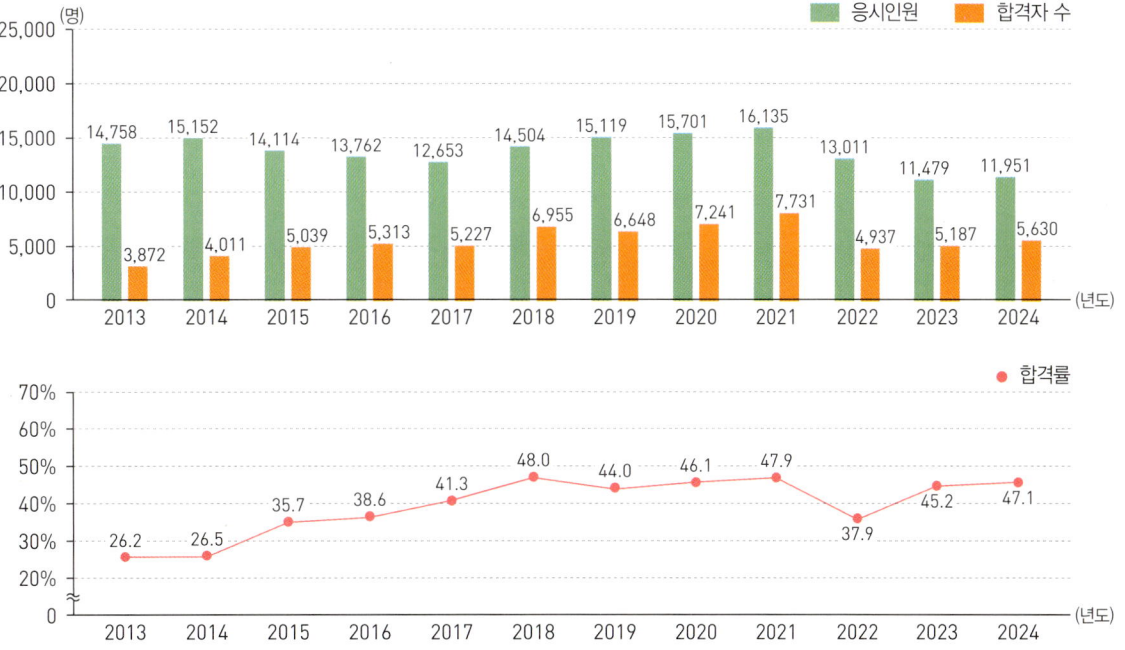

과목별 학습비법

1과목 | 직업심리

직업상담사의 문제아
"처음부터 어려워도 포기하면 안 됩니다."

직업선택 및
발달이론에 대한 깊이 있는
이해가 필요함

심리검사와 관련된
다양한 심리학적 용어들에
대한 이해가 필요함

초기면담의 구조화와
내담자 사정의 방법에 대한
학습이 필요함

직업상담사 2급 출제기준 변경에서 가장 눈에 띄는 것은 기존 2과목에 위치한 직업심리학이 '직업심리'로 과목명이 조정되어 1과목의 지위를 차지하게 되었다는 점입니다. '1과목 직업심리'의 출제기준 항목은 이전과 다른 양상을 보이는데, 직무분석과 경력개발의 항목이 제외된 반면, 기존 직업상담학 과목의 세부항목에 포함되어 있던 직업상담 초기면담이 새롭게 추가되었다는 점입니다. 이는 '1과목 직업심리'의 중요성을 강조하는 것으로, 사실 직무분석과 경력개발이 특히 산업 및 조직심리학 분야에서 다루는 영역이기에 직업상담사 시험에서 상대적으로 중요도가 낮다면, 직업상담 초기면담은 직업상담사 시험의 주요 빈출 영역으로 그 중요도가 매우 높기 때문입니다.

사실 상담학이 애매모호하고 두루뭉술한 학문임을 감안할 때 심리학은 오히려 수험생들이 쉽게 접근할 수 있는 과목이기도 합니다. 그러나 직업상담사 시험과목으로서 '1과목 직업심리'는 기존 직업상담학의 일부 영역을 포함하고 있는 데다가, 규준, 준거, 신뢰도, 타당도 등 일부 통계학에서 다루는 내용들까지 다룬다는 점을 염두에 두어야 합니다. 즉, 수험생들 입장에서는 학습 범위가 매우 방대한 것은 물론 익숙지 않은 개념용어들로 인해 학습 초반부터 포기의 유혹을 받게 된다는 것입니다. 하지만 문제아는 처음 접할 때 다루기 어렵지만 점차 익숙해지면 오히려 더 큰 성취감을 준다는 점에서 인내심을 가지고 접근하시라 당부드립니다.

2과목 | 직업상담 및 취업지원

직업상담사의 꽃
"상담의 이론적·실무적 측면에 대한 이해가 필요합니다."

☑ 일반상담 및 직업상담의 다양한 이론들을 체계적으로 정리해야 함

☑ 진로 및 직업 관련 상담 방법론의 세부적인 특징을 파악해야 함

☑ 상담 프로그램 및 행정의 실무적 기술들에 대해 익숙해져야 함

'2과목 직업상담 및 취업지원'의 출제기준은 최근 NCS(국가직무능력표준) 추세에 따라 이론보다는 실무를 부각하려는 의도를 엿볼 수 있는데, 이는 과목명을 기존 '직업상담학'에서 '직업상담 및 취업지원'으로 바꾸고, 출제기준 항목 또한 진로상담, 취업상담, 직업복귀상담, 직업훈련상담 등으로 세분한 것으로도 확인할 수 있습니다.

그러나 수험생 여러분께서 반드시 기억해야 할 것은 출제기준 변경에도 불구하고 그 본질적인 측면은 변하시 않았다는 점입니다. 즉, 진로 및 직업상담을 세부적으로 나누더라도 그 실질적인 내용에는 별다른 차이가 없으며, 이는 기존 기출문제들을 통해서도 확인할 수 있습니다.

그래도 '2과목 직업상담 및 취업지원'은 여전히 수험생들이 익숙해지기 어려운 과목인 것은 맞습니다. 복잡한 공식이나 경제학 논리, 까다로운 법령 등을 다루는 것은 아니지만, 분명 우리말인데도 암기하기 어려운 용어, 이름조차 생소한 학자들이 다수 등장하기 때문입니다. 사실 그와 같은 학습의 어려움은 상담이론의 다양한 개념들에 대한 명확한 이해가 부족한 데서 비롯되는데, 이를 극복하기 위해서는 각 이론의 주요 개념들을 체계적으로 요약하여 서로 비교해 볼 수 있도록 정리하는 것이 좋습니다.

'2과목 직업상담 및 취업지원'의 출제기준 항목에는 직업상담 행정이나 행사운영 등이 포함되어 있는데, 특히 행정 영역은 과거 출제기준에도 포함되어 있었지만 거의 출제된 바 없으므로, 학습의 우선순위를 고려하여 가급적 상담의 이론 및 방법론 중심으로 학습하시라 권합니다.

과목별 학습비법

3과목 | 직업정보

직업상담사의 꿀
"열심히 공부했는지 안 했는지를 판단할 수 있는 과목입니다."

- ✓ 직업정보의 기능, 역할, 유형별 특징 등에 대한 이해가 필요함
- ✓ 한국표준직업분류, 한국표준산업분류, 한국직업사전 등에 대해 정리해야 함
- ✓ 고용24, 임금직업포털(Workpedia), Q-Net 등 홈페이지를 살펴보아야 함

'3과목 직업정보'는 출제기준의 세부항목에서 기존 출제기준과 차이가 있는 것처럼 보이나 실질적인 차이는 없다고 볼 수 있습니다. 다만, 최근 몇 년간 출제경향을 살펴볼 때 다양한 취업 및 훈련제도 관련 행정규칙의 중요성이 상대적으로 줄어든 반면, 과목의 특성에 부합하듯 다양한 직업정보서, 고용24(구 워크넷) 등 고용정보시스템의 중요성이 높아졌습니다.

사실 이 과목은 다른 과목에 비해 점수를 획득하기에 가장 수월한 과목입니다. 복잡한 이론이나 개념을 다루는 것도, 학습 영역이 넓은 것도 아니며, 단순 암기만으로도 충분히 점수를 얻을 수 있기 때문입니다. 다만, 한 가지 명심해야 할 것은 단지 교재만으로 학습하기보다는 일종의 실습이 필요하다는 점입니다.

'3과목 직업정보'는 특정 내용을 중심으로 문제들이 출제되는 경향이 있습니다. 한국표준직업분류(KSCO), 한국표준산업분류(KSIC), 한국직업사전, 한국직업전망 등은 매회 시험에 반드시 출제되고 있으며, 고용24나 Q-Net 등에서도 매해 비중 있게 출제되고 있습니다. 그러나 수험생 여러분께서 반드시 기억해야 할 것은 그 내용들이 수시로 변경된다는 점입니다. 예를 들어, 기존 워크넷, 고용보험, HRD-Net 등 여러 사이트로 분산된 온라인 고용서비스의 일부가 '고용24'로 통합되었으며, 각기 다른 시스템에서 제공된 임금정보와 직업정보가 임금직업포털(Workpedia)로 통합 제공되고 있습니다.

이와 같이 '3과목 직업정보'는 '최신성'을 고려하여 학습 내용이 최신의 정보에서 비롯된 것인지 확인하는 절차가 필요하므로, 관련 시스템을 수시로 살피는 등 보다 친숙해지기 위해 노력해야 합니다.

4과목 | 노동시장

직업상담사의 애증
"어렵기 때문에 선택과 집중이 필요합니다."

☑ 노동수요, 노동공급 등 노동시장이론의 기본원리를 이해해야 함

☑ 임금체계, 임금형태 등 임금제도와 함께 임금격차의 요인을 학습해야 함

☑ 실업에 관한 연구, 실업의 종류 및 대책 등을 체계적으로 정리해야 함

'4과목 노동시장'의 출제기준은 세부항목에서도 기존 출제기준과 거의 동일한데, 한 가지 눈에 띄는 차이점은 '노사관계이론' 항목이 삭제되었다는 점입니다. 사실 '노사관계이론' 항목은 직업상담사 1급 및 2급 출제기준에 항상 포함되어 빈출될 만큼 중요한 항목인데, 그것이 어떤 이유에서 삭제되었는지, 단순 착오에서 비롯된 것인지 알 수 없으며, 시행처인 한국산업인력공단에서도 형식적인 답변만 하고 있습니다. 다만, 직업상담사 시험이 기존 기출문제에서 재출제되는 비중이 높은 데다가, 실제로 2025년도 시험에서 출제기준 제외영역이 여전히 문제로 다루어진 점, '4과목 노동시장'의 출제기준이 '노사관계이론' 항목을 제외한 다른 부분에서 거의 동일하다는 점을 감안할 때 이를 완전히 무시할 수는 없습니다. 따라서 본 교재에서는 '노사관계이론' 항목의 빈출 내용을 간략히 정리하여 수록하였습니다.

사실 노동시장은 수험생들이 직업상담사를 처음 접할 때부터 가장 어렵게 느끼는 과목이기도 합니다. 기본적인 원리조차도 어려운 용어들로 설명되어 있으므로 경제학이나 노동경제학을 전공하지 않은 이상 이를 이해하기가 쉽지 않으며, 실제 기출문제들을 보아도 이해하기 어려운 내용들이 대부분입니다. 그러나 어둠 속에도 빛이 있는 법. 노동시장 과목은 다른 과목에 비해 기존 기출문제를 그대로 혹은 약간 변형된 형태로 출제하는 비중이 상대적으로 높으므로, 기존 기출문제들을 중심으로 충실히 학습한다면 의외로 쉽게 점수를 얻을 수 있습니다. 특히 시험문제가 제한된 범위 내에서 출제되고 있으므로 가급적 학습 범위를 효율적으로 조정하도록 하며, 비교적 난이도 낮은 계산문제를 놓치지 않도록 합시다.

과목별 학습비법

5과목 | 고용노동관계법규(Ⅰ)

직업상담사의 양날의 검
"쉽다고 생각할수록 높은 점수를 받을 수 있습니다."

✓ 노동기본권에 관한 헌법 내용, 이를 구체화한 근로기준법에 대해 정리해야 함

✓ 고용안정과 직업능력개발을 위한 법령에 대해 이해해야 함

✓ 고용평등, 근로자 및 구직자의 생활안정 및 보호를 위한 법령을 학습해야 함

기존 '노동관계법규' 과목은 직업상담사 1급 및 2급에서 사실상 동일한 출제기준과 세부항목으로 그 차이를 구분할 수 없었으나, 출제기준 변경에 따라 과목명이 변경되어 각각 '고용노동관계법규(Ⅰ)'와 '고용노동관계법규(Ⅱ)'로 구분하여 치러지며, 출제기준 세부항목에서도 일부 차이를 두고 있습니다.

'고용노동관계법규(Ⅰ)'에서는 '고령자고용법', '파견법', '기간제법', '퇴직급여법', '고용정책 기본법'이 제외된 반면 '최저임금법', '구직자취업촉진법'이 포함되었는데, 상대적으로 제외된 법령의 수가 추가된 법령의 수보다 많으므로 학습 범위가 줄어들었다고 볼 수 있습니다.

고용노동관계법규 과목의 가장 큰 특징은 높은 점수를 받는 사람과 낮은 점수를 받는 사람이 확연히 구분된다는 점입니다. 이는 평소 법 관련 공부를 하지 않은 수험생들에게 있어서 과목 자체가 주는 부담감 때문일 수 있겠으나, 방대한 법령에 대한 효율적인 학습방법의 부재 때문일 수도 있습니다.

사실 고용노동관계법규 과목은 다양한 법령들의 수많은 조문들을 문제의 지문으로 제시한다는 점에서 어마어마한 학습량을 요구하는 것으로 보이나, 실제 시험문제의 지문으로 제시되는 내용은 한정적입니다. 따라서 무작정 법조문 전체를 외우기보다는 시험에 주로 출제되는 내용들을 중심으로 학습하도록 하며, 특히 구체적인 수치나 예외 혹은 단서의 내용을 암기하도록 합니다.

직업상담사 Interview

직장인도 한번에 합격!

기존에 조금 공부한 기억이 있어서 새롭게 도전한 직업상담사! 책에 내용이 좋아서 효과적으로 학습을 할 수 있었습니다. 시대에듀 직업상담사 책은 합격의 지름길이었습니다. 표지에 써있는 대로 한 권으로 끝낼 수 있네요!

체계적인 합격 방법을 배우다

시험을 준비하면서 시대에듀 동영상 강의도 같이 시작했습니다. 상담사분이 학습 조언을 해주면서 커리큘럼을 만들어 주었고, 그대로 따라 하니 무난히 합격했네요. 반복학습이 가능한 책과 강의로 자연스럽게 문제의 답이 보이기 시작했습니다. 시대에듀에 감사의 말을 전하고 싶네요.

직업상담사 2급 합격

안녕하세요. 저는 이번에 직업상담사 2급 3회 시험을 본 한 사람입니다. 지난 1회, 2회 시험에서 낙방을 하고 3회 시험에서는 새롭게 공부하기 위해 다른 책으로 바꿨고 그 책이 시대에듀 책입니다. 이 책은 특히 본문 앞쪽에 빨간키가 있어 시험을 얼마 남기지 않은 시점에서는 이것만 봐도 되도록 구성을 해놓았더라고요. 그래서 저는 평소에는 책으로 공부하고 시험 10일 전부터는 빨간키를 달달 외웠습니다. 그리고 좀 더 부족한 부분이 있다 싶으면 해당 부분을 책에서 찾아 제 나름대로 정리를 했고요. 그렇게 해서 이번 3회 시험에서는 필기, 실기 모두 합격할 수 있었습니다. 앞으로 좋은 직업상담사가 되겠습니다!

드디어 합격수기 쓴다!!!

저는 처음부터 인강을 선택했습니다. 특히 강의를 해주시는 선생님들도 모두들 친절하고 알기 쉽게 설명을 해주셔서 처음 공부하는 저도 쉽게 이해가 되었습니다. 그 덕분에 시험에서 어떤 부분이 중요하고 어떻게 대비를 해야 할지, 시험기간 막바지에는 어떻게 준비를 해야 할지까지 알게 되었습니다. 좋은 강의를 해주신 시대에듀의 여러 선생님들께 이 자리를 빌려 감사의 말을 전합니다.

이 책의 목차

빨리보는 간단한 키워드 002

1권

1과목 직업심리

CHAPTER 01

직업선택 및 진로발달이론 004
출제 유형 알아보기 035
최근 기출문제 파악하기 048

CHAPTER 02

직업상담 진단 054
출제 유형 알아보기 090
최근 기출문제 파악하기 103

CHAPTER 03

직업과 스트레스 110
출제 유형 알아보기 122
최근 기출문제 파악하기 128

CHAPTER 04

직업상담 초기면담 134
출제 유형 알아보기 156
최근 기출문제 파악하기 166

2과목 직업상담 및 취업지원

CHAPTER 01

직업상담의 개념 174
출제 유형 알아보기 186
최근 기출문제 파악하기 192

CHAPTER 02

직업상담의 이론 및 접근방법 198
출제 유형 알아보기 235
최근 기출문제 파악하기 246

CHAPTER 03

직업상담의 실제 252
출제 유형 알아보기 283
최근 기출문제 파악하기 291

CHAPTER 04

프로그램 운영 및 행정 296
출제 유형 알아보기 309
최근 기출문제 파악하기 313

3과목 직업정보

CHAPTER 01

직업 및 산업분류의 활용	**320**
출제 유형 알아보기	**340**
최근 기출문제 파악하기	**348**

CHAPTER 02

직업정보 수집	**354**
출제 유형 알아보기	**406**
최근 기출문제 파악하기	**426**

CHAPTER 03

직업정보 제공	**436**
출제 유형 알아보기	**445**
최근 기출문제 파악하기	**449**

2권

4과목 노동시장

CHAPTER 01

노동시장의 이해	**004**
출제 유형 알아보기	**035**
최근 기출문제 파악하기	**048**

CHAPTER 02

임금의 제개념	**056**
출제 유형 알아보기	**077**
최근 기출문제 파악하기	**086**

CHAPTER 03

실업의 제개념	**092**
출제 유형 알아보기	**106**
최근 기출문제 파악하기	**113**

이 책의 목차

5과목 고용노동관계법규(Ⅰ)

CHAPTER 01
노동법과 노동기본권	120
출제 유형 알아보기	126
최근 기출문제 파악하기	130

CHAPTER 02
근로기준법	134
출제 유형 알아보기	149
최근 기출문제 파악하기	158

CHAPTER 03
최저임금법	162
출제 유형 알아보기	168

CHAPTER 04
남녀고용평등과 일·가정 양립 지원에 관한 법률	174
출제 유형 알아보기	184
최근 기출문제 파악하기	190

CHAPTER 05
직업안정법	194
출제 유형 알아보기	205
최근 기출문제 파악하기	209

CHAPTER 06
고용보험법	214
출제 유형 알아보기	227
최근 기출문제 파악하기	233

CHAPTER 07
국민 평생 직업능력 개발법(구 근로자직업능력 개발법)	238
출제 유형 알아보기	247
최근 기출문제 파악하기	253

CHAPTER 08
구직자 취업촉진 및 생활안정지원에 관한 법률	258
출제 유형 알아보기	266

CHAPTER 09
채용절차의 공정화에 관한 법률	274
출제 유형 알아보기	278
최근 기출문제 파악하기	281

CHAPTER 10
개인정보 보호법	284
출제 유형 알아보기	292
최근 기출문제 파악하기	296

부록 최신 기출복원문제

2025년 필기 기출복원문제해설	298

이것만은 꼭!

빨리보는 간단한 키워드

직업상담사 2급
한권으로 끝내기!

이것만은 꼭! 빨리보는 간단한 키워드

직업상담사 2급

기출문제를 분석하여 시험에 꼭 나오는 핵심만 한눈에 보이도록 정리하였습니다. '빨간키'만 잘라서 가지고 다니면서 시험 직전까지 활용하세요. 아자!

제1과목 직업심리

| 직업선택 및 진로발달이론 |

☑ 특성-요인이론의 기본 가설(Klein & Weiner)
- 인간은 측정 가능한 독특한(고유한) 특성을 지님
- 직업은 그 성공을 위한 구체적인 특성을 지닐 것을 요구함
- 개인의 특성과 직업의 특성을 짝짓는 것이 가능함
- 개인의 특성과 직업의 요구사항이 서로 밀접한 관계를 맺을수록 직업적 성공 가능성이 커짐

☑ 6가지 직업성격 유형(Holland)

현실형 (Realistic)	분명하고 질서정연하고 체계적인 활동을 좋아하며, 기계를 조작하는 활동 및 기술을 선호함 예 기술자, 전기·기계기사, 트럭운전사, 농부, 목수 등
탐구형 (Investigative)	관찰적·상징적·체계적이며, 물리적·생물학적·문화적 현상의 창조적인 탐구활동을 선호함 예 화학자, 인류학자, 의사, 심리학자, 분자공학자 등
예술형 (Artistic)	예술적 창조와 표현, 변화와 다양성을 좋아하고 틀에 박힌 활동을 싫어함 예 작곡가, 무대감독, 미술가, 무용가, 디자이너 등
사회형 (Social)	타인의 문제를 듣고, 이해하고, 도와주고, 치료해 주는 활동을 선호함 예 사회복지사, 교사, 상담사, 직업상담원, 간호사 등
진취형 (Enterprising)	조직의 목적과 경제적 이익을 얻기 위해 타인을 통제, 관리하는 일과 그 결과로 인한 위신, 인정, 권위를 선호함 예 정치가, 사업가, 기업경영인, 영업사원, 보험설계사 등
관습형 (Conventional)	정해진 원칙과 계획에 따라 자료를 기록, 정리, 조직하는 활동을 선호함 예 사서, 은행원, 공인회계사, 경리사원, 세무사 등

☑ 데이비스와 롭퀴스트(Dawis & Lofquist)의 직업적응이론
- 미네소타 직업분류체계 Ⅲ(MOCS Ⅲ)와 관련하여 발전함
- 개인의 욕구와 능력을 환경에서의 요구사항과 연관지어 직무만족이나 직무유지 등의 진로행동에 대해 설명함
- 개인과 환경 간의 상호작용을 통한 욕구충족을 강조함(개인-환경 조화 상담)

☑ 직업적응이론에서의 직업적응 유형(Dawis & Lofquist)

성격양식 차원	• 민첩성 : 정확성보다는 속도를 중시함 • 역량 : 작업자의 평균 활동수준을 의미함 • 리듬 : 활동에 대한 다양성을 의미함 • 지구력 : 다양한 활동수준의 기간을 의미함
적응방식 차원	• 융통성 : 개인이 작업환경과 개인적 환경 간의 부조화를 참아내는 정도 • 끈기 : 환경이 자신에게 맞지 않아도 개인이 얼마나 오랫동안 견뎌낼 수 있는지의 정도 • 적극성 : 개인이 작업환경을 개인적 방식과 좀 더 조화롭게 만들어가려고 노력하는 정도 • 반응성 : 개인이 작업성격의 변화로 인해 작업환경에 반응하는 정도

✅ 로(Roe)의 욕구이론
- 직업선택에서 개인의 욕구와 초기 아동기 경험을 중시함
- 매슬로우(Maslow)의 욕구위계이론을 토대로 직업과 기본욕구 만족의 관련성을 설명함
- 개인 욕구의 차이가 어린 시절의 부모-자녀 관계(혹은 양육방식)에서 기인한다고 주장함
- 개인이 가정의 사회경제적 배경 및 일반사회의 문화배경에 의해 영향을 받는다고 가정함
- 부모-자녀 관계유형을 '수용형', '정서집중형', '회피형'으로 분류함

✅ 욕구이론의 8×6 분류체계(Roe)

직업군 (8가지)	서비스직, 비즈니스직, 단체직, 기술직, 옥외활동직, 과학직, 예능직, 일반문화직
직업수준 (6가지)	고급 전문관리, 중급 전문관리, 준전문관리, 숙련, 반숙련, 비숙련

✅ 긴즈버그(Ginzberg)의 진로발달단계
- 환상기(6~11세 또는 11세 이전)
- 잠정기(11~17세) : 흥미단계, 능력단계, 가치단계, 전환단계
- 현실기(17세 이후~성인 초기 또는 청·장년기) : 탐색단계, 구체화 단계, 특수화(정교화) 단계

✅ 수퍼(Super)의 진로발달이론
- 긴즈버그(Ginzberg)의 이론을 비판·보완한 이론임
- '성장기-탐색기-확립기-유지기-쇠퇴기'의 순환과 재순환 과정을 강조함
- 진로성숙은 생애단계 내에서 성공적으로 수행된 발달과업을 통해 획득된다고 주장함
- '전 생애', '생애역할', '자아개념'을 강조함

✅ 수퍼(Super)의 진로아치문 모델

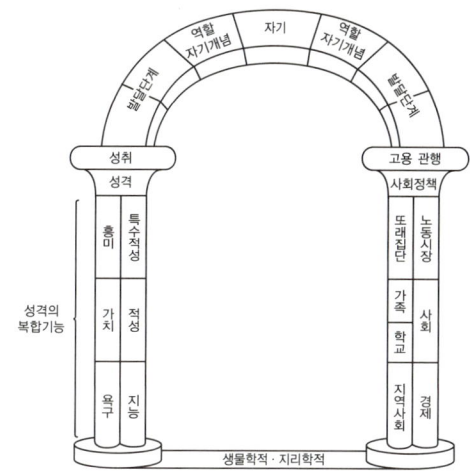

- 왼쪽 기둥 : 욕구나 지능, 가치, 흥미 등으로 이루어진 개인의 성격적 측면
- 오른쪽 기둥 : 경제자원, 사회제도, 노동시장 등으로 이루어진 사회정책적 측면

✅ 고트프레드슨(Gottfredson)의 직업포부 발달단계

힘과 크기 지향성 (3~5세)	사고과정이 구체화되며, 어른이 된다는 것의 의미를 알게 됨
성역할 지향성 (6~8세)	자아개념이 성의 발달에 의해서 영향을 받게 됨
사회적 가치 지향성 (9~13세)	사회계층과 사회질서에 대한 개념이 발달하기 시작하면서 '상황 속 자아'를 인식하게 됨
내적, 고유한 자아 지향성 (14세 이후)	자아성찰과 사회계층의 맥락에서 직업적 포부가 더욱 발달하게 됨

✅ 타이드만과 오하라(Tiedeman & O'Hara)의 진로발달이론
- 진로발달단계를 개인이 자아정체감을 지속적으로 구별해 내고 발달과제를 처리하는 과정으로 설명함
- 진로발달을 분화와 통합의 과정에 의해 직업정체감을 형성해 가는 과정으로 봄
- 직업정체감 형성과정(의사결정 과정)을 예상기(탐색-구체화-선택-명료화)와 실천기(순응-개혁-통합)로 구분함
- 에릭슨(Erikson)의 심리사회적 발달단계를 토대로 함

✓ 레빈슨(Levinson)의 인생주기 모형
- 초기 성인변화단계(17~22세)
- 초기 성인세계단계(22~28세)
- 30세 변화단계(28~33세)
- 정착단계(33~40세)
- 중년변화단계(40~45세)
- 중기 성인단계(45~50세)
- 50세 변화단계(50~55세)
- 중년기 마감단계(55~60세)
- 말기 성인변화단계(60~65세)
- 말기 성인단계(65세 이상)

✓ 크롬볼츠(Krumboltz)의 사회학습이론에서 진로결정의 영향요인
- 유전적 요인과 특별한 능력
- 환경조건과 사건
- 학습경험
- 과제접근기술

✓ 인지적 정보처리이론(CIP)의 정보처리 과정(진로문제 해결의 절차)
- 의사소통(Communication)
- 분석(Analysis)
- 통합 또는 종합(Synthesis)
- 가치부여 또는 평가(Valuing)
- 집행 또는 실행(Execution)

✓ 사회인지적 진로이론(SCCT)의 진로발달 결정요인
- 자기효능감 또는 자아효능감
- 결과기대 또는 성과기대
- 개인적 목표

✓ 가치중심적 진로접근 모형의 주요 명제
- 개인이 우선권을 부여하는 가치들은 얼마 되지 않음
- 가치는 환경 속에서 가치를 담은 정보를 획득함으로써 학습됨
- 생애만족은 중요한 모든 가치들을 만족시키는 생애역할들에 의존함
- 생애역할에서의 성공은 학습된 기술, 인지적·정의적·신체적 적성 등 다양한 요인들에 의해 결정됨

✓ 알더퍼(Alderfer) ERG이론의 욕구 범주
- 존재욕구(Existence)
- (인간)관계욕구(Relatedness)
- 성장욕구(Growth)

✓ 허즈버그(Herzberg) 2요인이론(동기-위생이론)

동기요인 (직무)	직무만족과 관련된 보다 직접적인 요인 예 직무 그 자체, 직무상의 성취, 직무성취에 대한 인정, 승진, 책임, 성장 및 발달 등
위생요인 (환경)	일과 관련된 환경요인 예 조직(회사)의 정책과 관리, 감독, 봉급, 개인 상호 간의 관계, 지위 및 안전, 근무환경 등

✓ 브룸(Vroom)의 기대이론
- 개인의 작업동기를 노력과 성과, 그리고 그에 대한 보상적 결과에 대한 믿음으로 설명함
- 주요 변수로 기대감, 도구성(수단성), 유의성(유인가)을 강조함
  - 기대감 : 노력-성과 관계
  - 도구성(수단성) : 성과-보상 관계
  - 유의성(유인가) : 보상-개인목표 관계

| 직업상담 진단 |

✓ 심리검사의 사용목적에 따른 분류

규준참조검사 (상대평가)	개인의 점수를 유사한 다른 사람들의 점수와 비교해서 상대적으로 어떤 수준인지를 알아보는 검사 예 각종 심리검사, 선발검사 등
준거참조검사 (절대평가)	검사 점수를 다른 사람들과 비교하는 것이 아니라, 어떤 기준점수와 비교해서 이용하려는 검사 예 각종 국가자격시험 등

✓ 직업상담에 사용되는 주요 질적 측정도구
- 자기효능감 척도(자기효능감 측정)
- (직업)카드분류
- 직업가계도(제노그램)
- 역할놀이(역할극)

✓ 집단 내 규준의 종류

백분위 점수	원점수의 분포에서 100개의 동일한 구간으로 점수들을 분포하여 변환점수를 부여한 것
표준점수	원점수를 주어진 집단의 평균을 중심으로 표준편차 단위를 사용하여 분포상 어느 위치에 해당하는가를 나타낸 것
표준등급	원점수를 비율에 따라 1~9까지의 구간으로 구분하여 각각의 구간에 일정한 점수나 등급을 부여한 것

✓ 신뢰도 추정방법

검사-재검사 신뢰도	동일한 검사를 동일한 수검자에게 일정 시간 간격을 두고 두 번 실시하여 얻은 두 검사 점수의 상관계수를 비교함
동형검사 신뢰도	동일한 수검자에게 첫 번째 시행한 검사와 동등한 유형의 검사를 실시하여 두 검사 점수 간의 상관계수를 비교함
반분신뢰도	한 검사를 어떤 집단에 실시하고 그 검사의 문항을 동형이 되도록 두 개의 검사로 나눈 다음 두 검사 점수 간의 상관계수를 비교함

✓ 심리검사의 신뢰도에 영향을 주는 요인
- 개인차
- 문항 수
- 문항반응 수
- 검사유형
- 신뢰도 추정방법

✓ 타당도의 평가

내용타당도	검사의 문항들이 그 검사가 측정하고자 하는 내용영역을 얼마나 잘 반영하고 있는지를 평가함
안면타당도	검사를 받는 사람들(일반인)에게 그 검사가 타당한 것처럼 보이는가를 평가함
준거타당도	어떤 심리검사가 특정 준거와 어느 정도 연관성이 있는지를 평가함
구성타당도	검사가 해당 이론적 개념의 구성인자들을 제대로 측정하고 있는 정도를 평가함

✓ 준거타당도의 분류

동시타당도 (공인타당도)	새로 제작한 검사의 타당도를 위해 기존에 타당도를 보장받고 있는 검사와의 유사성 혹은 연관성을 측정함
예언타당도 (예측타당도)	어떠한 행위가 일어날 것이라고 예측한 것과 실제 대상자 또는 집단이 나타낸 행위 간의 관계를 측정함

✓ 구성타당도의 분석(검증) 방법

수렴타당도 (집중타당도)	검사 결과가 이론적으로 해당 속성과 관련 있는 변수들과 어느 정도 높은 상관관계를 가지고 있는지를 측정함
변별타당도 (판별타당도)	검사 결과가 이론적으로 해당 속성과 관련 없는 변수들과 어느 정도 낮은 상관관계를 가지고 있는지를 측정함
요인분석	검사를 구성하는 문항들의 상관관계를 분석하여 상관이 높은 문항들을 묶어주는 통계적 방법

✓ 문항 난이도

전체 응답자 중 특정 문항을 맞힌 사람들의 비율

$$P = \frac{R}{N} \times 100$$

(단, 'R'은 어떤 문항에 정답을 한 수, 'N'은 총 사례 수)

✓ 심리검사 결과 해석 시 주요 유의사항
- 가능한 한 이해하기 쉬운 언어를 사용함
- 해석에 대한 내담자의 반응을 고려함
- 중립적이고 무비판적인 자세를 견지함
- 검사점수를 그대로 전하기보다는 진점수의 범위를 말해줌
- 내담자와 함께 해석함

✓ 유동성 지능과 결정성 지능(Cattell)

유동성 지능	• 선천적인 지능 • 뇌손상이나 정상적인 노령화에 따라 감소함
결정성 지능	• 문화적·교육적 경험에 따라 영향을 받음 • 환경에 따라 40세 이후에도 발전 가능함

☑ 한국판 웩슬러 성인용 지능검사(K-WAIS)의 구성

언어성 검사	동작성 검사
• 기본지식 • 숫자 외우기 • 어휘문제 • 산수문제 • 이해문제 • 공통성 문제	• 빠진 곳 찾기 • 차례 맞추기 • 토막짜기 • 모양 맞추기 • 바꿔쓰기

☑ 성격 5요인(Big-5) 검사의 성격차원
- 외향성
- 호감성(친화성)
- 성실성
- 정서적 불안정성
- 경험에 대한 개방성

☑ 일반적성검사(GATB)에서 측정하는 직업적성
- 지능(일반학습능력)
- 언어능력(언어적성)
- 수리능력(수리적성)
- 사무지각
- 공간판단력(공간적성)
- 형태지각
- 운동반응(운동협응)
- 손가락 재치(손가락 정교성)
- 손의 재치(손 정교성)

☑ 진로성숙도검사(CMI)의 태도척도와 능력척도

태도척도	능력척도
• 결정성 • 참여도(관여도) • 독립성 • 지향성(성향) • 타협성	• 자기평가 • 직업정보 • 목표선정 • 계 획 • 문제해결

| 직업과 스트레스 |

☑ 셀리에(Selye)의 일반적응증후군(GAS)
경고(경계)단계 → 저항단계 → 소진(탈진)단계

☑ 여크스-도슨(Yerkes-Dodson)의 역U자형 가설
직무 스트레스가 너무 높거나 반대로 너무 낮은 경우 직무수행능력이 떨어짐

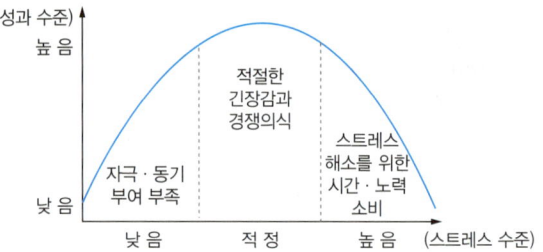

☑ 직업 관련 스트레스
- **직무 및 조직 관련 스트레스원** : 과제특성, 역할갈등, 역할모호성, 역할과다 또는 역할과소, 산업의 조직문화와 풍토 등
- **직무 관련 스트레스의 조절변인** : A/B 성격유형, 통제 위치(통제 소재), 사회적 지원(사회적 지지) 등

☑ A형 성격유형 및 B형 성격유형의 주요 특징

A형 성격 유형	• 시간의 절박감과 경쟁적 성취욕이 강함 • 일의 과정을 즐기지 못함 • 스트레스 상황에서 과제를 더 빨리 포기함
B형 성격 유형	• 차분하고 평온함 • 시간에 대한 걱정이 덜함 • 일처리에 있어서 여유 있게 대처함

☑ 스트레스의 예방 및 대처를 위한 포괄적인 노력
- 가치관의 전환
- 과정중심적 사고방식
- 스트레스에 정면으로 도전하는 마음가짐
- 균형 있는 생활
- 규칙적인 취미 · 오락 활동
- 운동을 통한 스트레스 해소

직업상담 초기면담

☑ 초기면담의 유형
- 내담자 대 상담자의 솔선수범 면담 : 내담자에 의해 시작된 면담, 상담자에 의해 시작된 면담
- 정보지향적 면담 : 탐색해 보기, 폐쇄형 질문, 개방형 질문
- 관계지향적 면담 : 재진술, 감정의 반향

☑ 초기면담의 주요 요소
- 신뢰관계 형성
- 감정이입
- 언어적 · 비언어적 행동
- 상담자 노출하기
- 즉시성
- 유 머
- 직 면
- 계 약
- 리허설

☑ 생애진로사정(LCA)의 의의 및 특징
- 상담자가 내담자와 처음 만났을 때 이용할 수 있는 구조화된 면접기법
- 아들러(Adler)의 개인심리학(개인차 심리학)에 기초
- 작업자, 학습자, 개인의 역할 등 생애역할에 대한 정보 탐색
- 비판단적 · 비위협적 대화 분위기로써 내담자와 긍정적인 관계 형성
- 인쇄물, 소책자, 지필도구 등 표준화된 진로사정 도구는 가급적 삼감

☑ 생애진로사정(LCA)의 구조
- 진로사정
- 전형적인 하루
- 강점과 장애
- 요 약

☑ 내담자의 정보 및 행동에 대한 이해와 해석 기법
- 가정 사용하기
- 의미 있는 질문 및 지시 사용하기
- 전이된 오류 정정하기
- 분류 및 재구성하기
- 저항감 재인식하기 및 다루기
- 근거 없는 믿음(신념) 확인하기
- 왜곡된 사고 확인하기
- 반성의 장 마련하기
- 변명에 초점 맞추기

☑ 상호역할관계 사정의 방법
- 질문을 통해 사정하기
- 동그라미로 역할관계 그리기
- 생애-계획연습으로 전환시키기

☑ 자기보고식 가치사정법
- 체크목록 가치에 순위 매기기
- 과거의 선택 회상하기
- 절정경험 조사하기
- 자유시간과 금전의 사용
- 백일몽 말하기
- 존경하는 사람 기술하기

☑ 수퍼(Super)의 흥미사정방법(기법)
- 표현된 흥미(Expressed Interest)
- 조작된 흥미(Manifest Interest)
- 조사된 흥미(Inventoried Interest)

☑ 코틀(Cottle)의 원형검사
- 원의 크기와 배치의 의미
  - 원의 크기 : 시간차원에 대한 상대적 친밀감
  - 원의 배치 : 시간차원의 연결 구조
- 원의 상대적 배치에 따른 시간관계성
  - 어떤 것도 접해 있지 않은 원 : 시간차원의 고립
  - 중복되지 않고 경계선에 접해 있는 원 : 시간차원의 연결
  - 부분적으로 중첩된 원 : 시간차원의 연합
  - 완전히 중첩된 원 : 시간차원의 통합

☑ 인지적 명확성을 위한 직업상담 과정

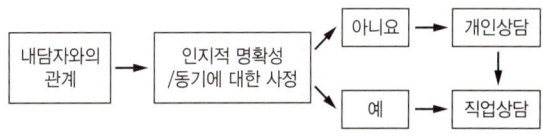

☑ 인지적 명확성이 부족한 내담자에 대한 개입방법
- 가정된 불가능/불가피성 ☞ 논리적 분석, 격려
- 원인과 결과의 착오 ☞ 논리적 분석
- 강박적 사고 ☞ RET 또는 REBT 기법
- 자기인식의 부족 ☞ 은유나 비유 쓰기

☑ 상담의 구조화를 위해 다루어야 할 요소
- 상담의 목표
- 상담의 성격(성질)
- 상담자 및 내담자의 역할과 책임
- 상담 절차 및 수단
- 상담 시간과 장소
- 상담비 등

☑ 윤리강령의 주요 내용
- **사회관계** : 자기가 실제로 갖추고 있는 자격 및 경험의 수준을 벗어나는 인상을 타인에게 주어서는 안 됨
- **전문적 태도** : 개인 문제 및 능력의 한계인 경우 다른 전문직 동료 및 관련 기관에게 의뢰해야 함
- **내담자의 복지** : 소속 기관 및 비전문인과의 갈등의 경우 내담자의 복지를 우선적으로 고려해야 함

☑ 비밀보장의 한계(출처 : 한국상담학회 윤리강령)
- 내담자가 자신이나 타인의 생명 혹은 사회의 안전을 위협하는 경우
- 내담자가 감염성이 있는 치명적인 질병을 갖고 있지만 필요한 조치를 취하지 않는 경우
- 미성년인 내담자가 학대를 당하고 있는 경우
- 내담자가 아동학대를 하는 경우
- 법적으로 정보의 공개가 요구되는 경우

제2과목 직업상담 및 취업지원

| 직업상담의 개념 |

☑ 직업상담의 일반적인 목적 혹은 목표(Gysbers)
- 예언과 발달 – 능력과 적성발달에 대한 관심
- 처치와 자극 – 진로발달이나 직업문제에 대한 처치
- 결함과 유능(능력) – 결함보다 유능성에 초점을 맞추는 것

☑ 진로 및 직업상담의 기본 원리
- 진학과 직업선택, 직업적응에 초점을 맞추어 전개
- 상담자와 내담자 간의 라포(Rapport) 형성
- 인간의 성격 특성과 재능에 대한 이해
- 내담자의 전 생애적 발달과정 반영
- 개인의 의사결정에 대한 상담(지도) 과정 포함
- 진로발달이론에 근거
- 변화하는 직업세계에 대한 이해
- 각종 심리검사 결과를 기초로 합리적인 판단을 이끌어낼 수 있도록 조력
- 내담자에 대한 차별적 진단 및 차별적 지원
- 상담윤리강령에 따라 전개

☑ 직업상담사의 주요 역할
- 직업정보의 수집 및 분석
- 구인·구직 정보제공
- 직업관련 심리검사의 실시 및 해석
- 내담자의 능력, 흥미 및 적성의 평가
- 직업적응, 경력개발 등 직업관련 상담
- 직업지도 프로그램 운영

☑ 직업상담의 5단계
관계형성(구조화) → 진단 및 측정 → 목표설정 → 개입(중재) → 평가

☑ 상담의 진행과정에 따른 일반적인 고려사항

초기 단계	상담관계 형성, 심리적 문제파악(내담자의 문제 평가), 상담목표 및 전략 수립, 상담의 구조화 등
중기 단계	내담자의 문제해결을 위한 구체적인 시도, 내담자의 저항 해결, 내담자의 변화를 통한 상담과정 평가 등
종결 단계	합의한 목표달성, 상담종결 문제 다루기, 이별감정 다루기 등

☑ 윌리암슨(Williamson)의 직업선택 문제유형 분류
- 직업 무선택(미선택)
- 직업선택의 확신부족(불확실한 선택)
- 흥미와 적성의 불일치(모순 또는 차이)
- 현명하지 못한 직업선택(어리석은 선택)

☑ 보딘(Bordin)의 직업선택 문제유형 분류
- 의존성
- 정보의 부족
- 자아갈등(내적 갈등)
- 직업(진로)선택에 대한 불안
- 확신의 부족(결여) 또는 문제없음

☑ 크라이티스(Crites)의 직업선택 문제유형 분류
- 적응성(적응 문제) : 적응형, 부적응형
- 결정성(우유부단 문제) : 다재다능형, 우유부단형
- 현실성(비현실성 문제) : 비현실형, 강압형, 불충족형

☑ 상담면접의 주요 기법
- **공감** : 내담자가 전달하려는 내용에서 한 걸음 더 나아가 그 내면적 감정에 대해 반영함
- **요약과 재진술** : 내담자 이야기의 표면적 의미를 다른 말로 바꾸어서 말함
- **반영** : 내담자의 말과 행동에서 표현된 기본적인 감정, 생각, 태도 등을 다른 참신한 말로 부연함
- **수용** : 내담자의 이야기에 주의를 집중하고 있고, 내담자를 인격적으로 존중하고 있음을 보여줌
- **경청** : 내담자의 말과 행동에 선택적으로 주목함
- **명료화** : 어떤 문제의 밑바닥에 깔려 있는 혼란스러운 감정과 갈등을 가려내어 분명히 함
- **직면** : 내담자가 모르고 있거나 인정하기를 거부하는 생각과 느낌에 대해 주목하도록 함

직업상담의 이론 및 접근방법

☑ 정신분석적 상담의 의의 및 특징
- 인간을 생물학적 충동과 본능을 만족시키려는 욕망에 의해 동기화된 존재로 가정함
- 심리성적 결정론에 기초하며, 인생 초기의 발달 과정을 중시함
- 내담자의 심리적 장애의 근원을 과거 경험에서 찾고자 함
- 내담자의 무의식적 자료와 방어를 탐색하는 작업을 함
- 자유연상, 해석, 전이의 분석, 꿈의 분석, 훈습 등의 기법을 사용함

☑ 정신분석적 상담에서 다루는 주요 방어기제
- **합리화** : 여우와 신 포도
- **반동형성** : 미운 놈에게 떡 하나 더 준다.
- **전위(전치)** : 종로에서 뺨맞고 한강에서 눈 흘긴다.
- **대치** : 꿩 대신 닭
- **보상** : 작은 고추가 맵다.

☑ 개인주의 상담(개인심리학적 상담)의 의의 및 특징
- 인간의 성장가능성과 잠재력을 중시함
- 인간을 전체적 존재로 보며, 범인류적 유대감을 중시함
- 사회적 관계를 강조하며, 행동수정보다는 동기수정에 관심을 둠
- 열등감의 극복과 우월성의 추구를 강조함
- 상담은 내담자의 잘못된 가치와 목표를 수정하는 데 초점을 둠

☑ 실존주의 상담의 의의 및 특징
- 얄롬(Yalom)은 실존적 존재로서 인간의 궁극적 관심사로 '죽음', '자유', '고립(소외)', '무의미성'을 제시함
- 실존주의 상담자들은 내담자의 궁극적 관심사와 관련하여 '자유와 책임', '삶의 의미성', '죽음과 비존재', '진실성' 등을 중요 주제로 다룸
- 인간을 자유로운 존재인 동시에 자기 자신을 스스로 만들어 가는 존재로 가정함
- 내담자로 하여금 자신의 현재 상태에 대해 인식하고 피해자적 역할로부터 벗어날 수 있도록 조력함

☑ 내담자중심 상담(인간중심 상담)의 의의 및 특징
- 인본주의적 접근방법으로서 '비지시적 상담'으로도 불림
- 동일한 상담원리를 정상적인 상태에 있는 사람이나 정신적으로 부적응 상태에 있는 사람 모두에게 적용함
- 현상학적 장, 가치조건, 실현화 경향성 등을 강조함
- 적극적 경청, 감정의 반영, 명료화, 공감적 이해 등의 기법을 사용함

☑ 내담자중심 상담에서 강조하는 상담자의 기본 태도
- 일치성과 진실성(진솔성)
- 공감적 이해와 경청
- 무조건적인 긍정적 수용(관심) 또는 존중

☑ 형태주의 상담의 의의 및 특징
- '게슈탈트(Gestalt) 상담'으로도 불림
- '여기-지금(지금-여기)'에 대한 자각과 개인의 책임을 강조함
- 인간을 현재의 사고, 감정, 느낌, 행동의 전체성과 통합을 추구하는 존재로 가정함
- 꿈 작업, 빈 의자 기법, 과장하기, 역할연기, 감정에 머무르기, 반대로 하기 등의 기법을 사용함

☑ 교류분석적 상담(의사교류분석 상담)의 의의 및 특징
- 인간을 자율적인 존재, 자유로운 존재, 선택할 수 있는 존재, 책임질 수 있는 존재로 가정함
- 상담 과정에서 내담자의 성격 자아상태 분석을 실시함
- 내담자로 하여금 '자각', '자발성', '친밀성'의 능력을 회복하도록 조력함
- 구조분석, (의사)교류분석, 라켓 및 게임 분석, (생활)각본분석 등을 실시함

☑ 행동주의 상담의 의의 및 특징
- 인간행동을 '자극-반응'으로 설명함
- 내담자의 비정상적·부적응적 행동을 학습에 의해 획득·유지된 것으로 봄
- 상담자의 능동적이고 지시적인 역할을 강조함
- 내담자의 부적절한 행동을 밝혀서 제거하고, 보다 적절한 새로운 행동을 학습하도록 함

☑ 인지·정서·행동적 상담(REBT)의 의의 및 특징
- 내담자의 비합리적 신념에 대한 논박을 통해 사고와 감정의 변화를 도모하고자 함
- 문제에 초점을 둔 시간제한적 접근으로, 교육적 접근을 강조함
- 행동에 대한 과거의 영향보다는 현재에 초점을 둠

☑ 인지·정서·행동적 상담(REBT)의 ABCDE(ABCDEF) 모델(모형)
- A(Activating Event) : 선행사건
- B(Belief System) : 비합리적 신념체계
- C(Consequence) : 결과
- D(Dispute) : 논박
- E(Effect) : 효과
- F(Feeling) : 감정

☑ 인지치료의 의의 및 특징
- 내담자의 역기능적·자동적인 사고 및 스키마, 신념 등을 수정하여 정서·행동의 변화를 도모함
- 치료 과정은 보통 단기적·한시적이고 구조화되어 있으며, 내담자에 대한 보다 적극적이고 교육적인 치료를 수행함
- 임의적 추론, 선택적 추상화, 과잉일반화, 개인화, 이분법적 사고 등 인지적 오류를 유형화함

☑ 특성-요인 직업상담의 의의 및 특징
- 상담자 중심의 상담방법으로서, 과학적·합리적인 문제해결 방법을 따름
- '직업과 사람을 연결시키기'라는 심리학적 관점을 토대로 함
- 문제의 객관적 이해에 중점을 두며, 표준화 검사의 실시와 결과의 해석을 강조함
- 내담자 특성의 객관적인 분석, 직업세계의 분석, 과학적 조언을 통한 매칭을 강조함

☑ 특성-요인 직업상담의 과정(Williamson)
분석 → 종합 → 진단 → 예후(처방) → 상담(치료) → 추수지도(사후지도)

정신역동적 직업상담의 상담기법(Bordin)
- 명료화
- 비교
- 소망-방어체계에 대한 해석

발달적 직업상담의 6단계(Super)
- 제1단계 : 문제 탐색 및 자아(자기)개념 묘사
- 제2단계 : 심층적 탐색
- 제3단계 : 자아수용 및 자아통찰
- 제4단계 : 현실검증
- 제5단계 : 태도와 감정의 탐색과 처리
- 제6단계 : 의사결정

행동주의 상담기법의 분류

불안감소기법	학습촉진기법
체계적 둔감법 금지조건형성(내적 금지) 반조건형성(역조건형성) 홍수법 혐오치료 주장훈련(주장적 훈련) 자기표현훈련 등	강화 변별학습 사회적 모델링과 대리학습 행동조성(조형) 토큰경제(상표제도) 등

포괄적 직업상담의 의의 및 특징
- 특성-요인이론, 정신분석이론, 행동주의이론, 인간중심이론 등 다양한 상담이론을 절충·통합함
- 검사의 역할을 중시하며 검사를 효율적으로 사용함
- '진단 → 명료화 또는 해석 → 문제해결'의 과정으로 전개함
- 초기 단계에는 발달적 접근법과 내담자중심 접근법을, 중간 단계에는 정신역동적 접근법을, 마지막 단계에는 특성-요인적 접근법과 행동주의적 접근법을 따름

| 직업상담의 실제 |

몰입 모델(Flow Model)에서 진로문제 유형
- 통합·분화 발달 집단 : 일상의 몰입 경험과 삶의 의미가 모두 높은 집단
- 통합 미발달, 분화 발달 집단 : 일상의 몰입 경험은 높지만 삶의 의미가 낮은 집단
- 통합 발달, 분화 미발달 집단 : 일상의 몰입 경험은 낮지만 삶의 의미가 높은 집단
- 통합·분화 미발달 집단 : 일상의 몰입 경험과 삶의 의미가 모두 낮은 집단

강점 분류체계(Peterson & Seligman)
- 지혜 및 지식 : 창의성, 호기심, 개방성, 학구열, 지혜 등
- 용기 : 용감성, 끈기, 활력, 진실성 등
- 자애 : 사랑, 친절, 사회지능 등
- 절제 : 용서, 겸손, 신중성, 자기조절 등
- 정의 : 시민의식, 리더십, 공정성 등
- 초월성 : 감상력, 낙관성, 감사, 영성, 유머감각 등

SWOT 분석의 요소
- 강점(Strength)
- 약점(Weakness)
- 기회(Opportunity)
- 위협(Threat)

상담목표 설정 시 고려사항
- 목표는 구체적이어야 한다.
- 목표는 실현가능해야 한다.
- 목표는 내담자가 원하고 바라는 것이어야 한다.
- 내담자의 목표는 상담자의 기술과 양립 가능해야 한다.
- 목표는 내담자의 문제에 대해 내담자와 함께 설정해야 한다.

선택할 직업에 대한 평가과정으로서 요스트(Yost)가 제시한 방법
- 원하는 성과연습
- 찬반연습
- 대차대조표연습
- 확률추정연습
- 미래를 내다보는 연습

✅ 진로의사결정의 과정(Gelatt)

목적(목표)의식 → 정보수집 → 대안열거 → 대안의 결과 예측 → 대안의 실현 가능성 예측 → 가치평가 → 의사결정 → 평가 및 재투입

✅ 직업선택의 결정모형

기술적 직업 결정 모형	사람들의 일반적인 직업결정 방식을 나타내고자 시도한 이론모형 예) 타이드만과 오하라(Tiedeman & O'Hara), 힐튼(Hilton), 브룸(Vroom), 슈(Hsu), 플레처(Fletcher) 등
처방적 직업 결정 모형	사람들로 하여금 직업을 결정하는 데 있어서 실수를 감소시키고 보다 나은 직업선택을 할 수 있도록 도우려는 의도에서 시도된 이론모형 예) 카츠(Katz), 겔라트(Gelatt), 칼도와 쥐토우스키(Kaldor & Zytowski) 등

✅ 6개의 생각하는 모자(Six Thinking Hats)

- 백색(하양) : 본인과 직업들에 대한 사실들만을 고려함
- 적색(빨강) : 직관에 의존하고, 직감에 따라 행동함
- 흑색(검정) : 모든 일이 잘 안될 것으로 생각함
- 황색(노랑) : 모든 일이 잘될 것으로 생각함
- 녹색(초록) : 새로운 대안들을 찾으려 노력하고, 문제들을 다른 각도에서 바라봄
- 청색(파랑) : 합리적으로 생각함(사회자로서의 역할 반영)

✅ GROW 코칭 모델의 단계

- 목표(Goal)
- 현실(Reality)
- 대안(Option)
- 실행의지(Will)

✅ 진로동기 모델의 요소

- 진로탄력성(Career Resilience)
- 진로통찰력(Career Insight)
- 진로정체감(Career Identity)

✅ 구직능력과 구직의욕에 따른 내담자 유형 분류 판단

고능력·고의욕	빠른 취업 지원형 ☞ 직업정보 제공, 취업알선 등
고능력·저의욕	의욕 향상 지원형 ☞ 집단상담 프로그램 등 의욕 증진 서비스 제공
저능력·고의욕	능력 향상 지원형 ☞ 직업훈련, 취업특강 등 구직기술 향상 서비스 제공
저능력·저의욕	종합 지원형(구 '심층 지원형') ☞ 직업목표 설정, 취업의욕 증진, 직무역량 강화, 구직기술 강화 등 다양한 서비스 병행 제공

✅ 구직역량의 구성요소

구직 지식군	자기 이해, 구직 희망 분야 이해, 전공지식, 외국어 능력, 구직 일반 상식 등
구직 기술군	구직 의사결정 능력, 구직 정보탐색 능력, 인적 네트워크 활용 능력, 구직 서류 작성 능력, 구직 의사소통 능력 등
구직 태도군	긍정적 가치관, 도전 정신, 글로벌 마인드, 직업윤리 등
직무 적응군	직무 및 조직 몰입, 현장 직무수행 능력, 대인관계 능력, 문제해결 능력, 자원활용 능력, 자기 관리 및 개발 능력 등

✅ 취업효능감의 구성요소

- 개인적 수행성취(성취경험)
- 간접경험(대리경험)
- 사회적 설득(언어적 설득)
- 생리적 상태와 반응(정서적 안정)

✅ 면접 지원에서 지원자 적합성의 3요소(3C)

- 인성(Character)
- 직무 적합성(Competency)
- 조직 적합성(Commitment)

✅ 여성의 직업복귀 동기에 영향을 미치는 주요 요인

- 성역할과 직업적 고정관념
- 낮은 자기효능감
- 일과 가정에서의 다중 역할
- 수학 및 과학기술 영역에 대한 비교적 낮은 흥미와 회피

✅ 진로준비 행동의 주요 요소
- 정보수집
- 도구 획득
- 실행력

✅ 의사결정의 유형(Harren)
- 합리적 유형 : 신중하면서 논리적으로 의사결정을 수행함
- 직관적 유형 : 현재의 감정에 주의를 기울이면서 정서적 자각을 사용함
- 의존적 유형 : 의사결정에 대한 개인적 책임을 부정하고 그 책임을 외부로 돌림

✅ 진로자본의 3가지 핵심역량
- 진로성숙역량(Knowing-Why)
- 전문지식역량(Knowing-How)
- 인적관계역량(Knowing-Who)

✅ 여성의 진로장벽(O'Leary)

내적 장벽 (내적 요인)	• 실패에 대한 두려움 • 낮은 자존감 • 역할갈등 • 성공에 대한 두려움 • 직업적 승진에서 지각된 결과들 • 결과기대와 관련된 유인가
외적 장벽 (외적 요인)	• 사회적 성역할에 대한 고정관념 • 관리적 여성에 대한 태도 • 여성의 능력에 대한 태도 • 남성 관리 모형의 유행

✅ 인적자원 개발의 특성
- 의도적 · 계획적 · 조직적 학습
- 제한된 특정 기간
- 현재 또는 미래 직무와의 관련성
- 직무성과의 향상 가능성 증대
- 개인과 조직의 가능성 증대

| 프로그램 운영 및 행정 |

✅ 집단상담의 주요 장점
- 시간과 경제적인 측면에서 효율적임
- 내담자들이 개인상담보다 더 쉽게 받아들이는 경향이 있음
- 개인적 탐색을 도와 개인의 성장과 발달을 촉진시킴
- 구체적인 실천의 경험 및 현실검증의 기회를 가짐
- 타인과 상호교류를 할 수 있는 능력이 개발됨
- 개인상담이 줄 수 없는 풍부한 학습 경험을 제공함

✅ Butcher(부처)의 집단직업상담을 위한 3단계 모델
탐색 → 전환 → 행동

✅ 효과적인 집단상담을 위한 주요 고려사항
- 집단발달 과정 촉진을 위해 의도적으로 게임을 활용함
- 매 회기가 끝난 후 경험보고서를 쓰도록 함
- 집단상담자가 반드시 1인일 필요는 없음
- 장소는 가능하면 신체활동이 자유로운 크기가 좋음
- 직업성숙도가 낮고 많은 도움을 빠른 시간 내에 필요로 하는 사람들에게 효과적임
- 성별차를 고려해야 함
- 상담과정에서 이루어진 토의내용에 대해 비밀을 유지하도록 함

✅ 사이버 직업상담의 기법
- 주요 진로논점 파악하기
- 핵심 진로논점 분석하기
- 진로논점 유형 정하기
- 답변내용 구상하기
- 직업정보 가공하기
- 답변 작성하기

✅ 관계의 집중도에 따른 협업의 수준

통합(Consolidation)	강 함
융합(Convergence)	↑
협업(Collaboration)	
조정(Coordination)	↓
협력(Cooperation)	
의사소통(Communication)	약 함

✅ 공식적 네트워크와 비공식적 네트워크의 특성

공식적 네트워크	비공식적 네트워크
인위적 조직	자연발생적 조직
수직적 관계	수평적 관계
능률(이윤) 추구	인간적 감정 추구
전체적 질서 강조	부분적 질서 강조
공적 목적 추구	사적 목적 추구
조직의 권위적 의사결정 중시	개인적 요구 및 동기 중시
기업, 공공기관 등	동아리, 사적모임 등

✅ 직업상담 행정의 기술(Katz)
- 사무처리기술
- 인화적 기술
- 구상적 기술

✅ 직업상담의 행정관리
- **인력 관리** : 조직 구성원 간 협동적인 업무수행, 유기적인 관계 구축을 지원함
- **실적 관리** : 직업상담의 실적 결과물들을 체계적으로 보관·관리·평가함
- **사무 관리** : 직업상담 과정에서 생산되는 정보를 효율적으로 관리함
- **시설 관리** : 내담자가 편안함을 느낄 수 있는 상담실 환경을 조성함
- **전산망 관리** : 내담자에 대한 정보보호를 위한 시스템을 구축함

✅ 행사 조직의 유형 분류
- **단순운영 조직** : 소수의 인원으로 운영되는 조직
- **네트워크 조직** : 외부 위탁이나 전략적 제휴 등 외부 전문가에게 맡기는 조직
- **기능조직** : 기능의 세분화에 따라 각 부서가 서로 다른 업무를 수행하는 조직
- **프로그램 중심 조직** : 프로그램이 독립된 장소에서 산발적으로 개최되는 경우 적합한 조직
- **프로젝트팀 조직** : 대규모 행사에 대응하기 위해 임시적으로 구성하는 조직

✅ 온라인 홍보의 주요 특징
- 실시간 쌍방향 커뮤니케이션이 가능함
- 시간과 공간의 제약을 받지 않음
- 홍보 내용을 실시간으로 변경할 수 있음
- 홍보 효과를 실시간으로 측정할 수 있음

제3과목 직업정보

직업 및 산업분류의 활용

✅ 한국표준직업분류(제8차)의 직업 성립 요건
- 계속성
- 경제성
- 윤리성
- 사회성

✅ 한국표준직업분류(제8차)의 직업으로 보지 않는 활동
- 이자, 주식배당, 임대료 등과 같은 자산 수입이 있는 경우
- 사회보장이나 민간보험에 의한 수입이 있는 경우
- 배당금이나 주식투자에 의한 시세차익이 있는 경우
- 예·적금 인출, 보험금 수취, 차용 또는 토지나 금융자산을 매각하여 수입이 있는 경우
- 자기 집의 가사 활동에 전념하는 경우
- 교육기관에 재학하며 학습에만 전념하는 경우
- 무급 봉사적인 일에 종사하는 경우
- 사회복지시설 수용자의 시설 내 경제활동
- 법률에 의한 강제노동을 하는 경우
- 도박, 강도, 절도, 사기, 매춘, 밀수와 같은 불법적인 활동

☑ 한국표준직업분류(제8차)의 대분류별 직능수준

대분류	대분류 항목	직능수준
1	관리자	제4직능수준 혹은 제3직능수준 필요
2	전문가 및 관련 종사자	제4직능수준 혹은 제3직능수준 필요
3	사무 종사자	제2직능수준 필요
4	서비스 종사자	제2직능수준 필요
5	판매 종사자	제2직능수준 필요
6	농림어업 숙련 종사자	제2직능수준 필요
7	기능원 및 관련 기능 종사자	제2직능수준 필요
8	장치·기계 조작 및 조립 종사자	제2직능수준 필요
9	단순 노무 종사자	제1직능수준 필요
A	군 인	제2직능수준 이상 필요

☑ 한국표준직업분류(제8차)의 직업분류 원칙

일반원칙	• 포괄성의 원칙 • 배타성의 원칙
순서배열 원칙	• 한국표준산업분류(KSIC) • 특수-일반분류 • 고용자 수와 직능수준, 직능유형 고려
포괄적인 업무의 분류적용 원칙	• 주된 직무 우선 원칙 • 최상급 직능수준 우선 원칙 • 생산업무 우선 원칙
다수 직업 종사자의 분류적용 원칙	• 취업시간 우선의 원칙 • 수입 우선의 원칙 • 조사 시 최근의 직업 원칙

☑ 한국표준산업분류(제11차)의 주요 정의
- **산업** : 유사한 성질을 갖는 산업활동에 주로 종사하는 생산단위의 집합
- **산업활동** : 각 생산단위가 자원을 투입하여 재화나 서비스를 생산 또는 제공하는 일련의 활동과정

☑ 한국표준산업분류(제11차)의 분류 기준
- 산출물의 특성
- 투입물의 특성
- 생산활동의 일반적인 결합형태

☑ 한국표준산업분류(제11차)의 통계단위

구 분	하나 이상 장소	단일 장소
하나 이상 산업활동	기업집단 단위 기업체 단위	지역 단위
단일 산업활동	활동유형 단위	사업체 단위

☑ 한국표준산업분류(제11차)의 주요 산업분류 적용원칙
- 생산단위는 산출물, 투입물, 생산공정 등을 함께 고려하여 분류함
- 복합적인 활동단위는 대·중·소·세·세세분류 단계 항목으로 순차적으로 결정함
- 산업활동이 결합되어 있는 경우 그 활동단위의 주된 활동에 따라서 분류함
- 수수료 또는 계약에 의한 활동단위는 자기계정과 자기책임 하의 생산단위와 같은 항목에 분류함
- 공식적/비공식적 생산물, 합법적/불법적 생산물을 달리 분류하지 않음

| 직업정보 수집 |

☑ 직업정보의 기능(Brayfield)
- 정보적 기능
- 재조정 기능
- 동기화 기능

☑ 경제활동인구조사(통계청)
- 15세 이상 인구 수 = 경제활동인구 수 + 비경제활동인구 수
- 경제활동인구 수 = 취업자 수 + 실업자 수
- 경제활동참가율(%) = $\dfrac{\text{경제활동인구 수}}{\text{15세 이상 인구 수}} \times 100$
- 실업률(%) = $\dfrac{\text{실업자 수}}{\text{경제활동인구 수}} \times 100$
- 고용률(%) = $\dfrac{\text{취업자 수}}{\text{15세 이상 인구 수}} \times 100$

✓ 질문지법(설문지법)의 질문 문항 순서 결정
- 민감한 질문, 개방형 질문은 후반부에 배치
- 계속적인 기억이 필요한 질문들을 전반부에 배치
- 질문 문항들을 논리적 순서에 따라 자연스럽게 배치
- 응답의 신뢰도를 묻는 질문 문항들은 분리하여 배치
- 특별한 질문은 일반질문 뒤에 배치

✓ 『2020 한국직업사전』의 구성
- 직업코드
- 본직업명
- 직무개요
- 수행직무
- 부가 직업정보

✓ 『2020 한국직업사전』의 부가 직업정보

정규교육	해당 직업의 직무를 수행하는 데 필요한 일반적인 정규교육수준(단, 해당 직업 종사자의 평균 학력을 나타내는 것은 아님)
숙련기간	정규교육과정을 이수한 후 해당 직업의 직무를 평균적인 수준으로 스스로 수행하기 위하여 필요한 각종 교육, 훈련, 숙련기간(단, 향상훈련은 포함되지 않음)
직무기능	해당 직업 종사자가 직무를 수행하는 과정에서 자료(Data), 사람(People), 사물(Thing)과 맺는 관련 특성
작업강도	아주 가벼운 작업, 가벼운 작업, 보통 작업, 힘든 작업, 아주 힘든 작업
육체활동	균형감각, 웅크림, 손사용, 언어력, 청각, 시각
작업장소	실내, 실외, 실내·외
작업환경	저온, 고온, 다습, 소음·진동, 위험내재, 대기환경미흡
유사명칭	본직업명을 명칭만 다르게 부르는 것(→ 직업 수 집계에서 제외)
관련직업	본직업명과 기본적인 직무에 있어서 공통점이 있으나 직무의 범위, 대상 등에 따라 나누어지는 직업(→ 직업 수 집계에 포함)
자격·면허	국가자격 및 면허(민간자격 제외)
한국표준산업분류 코드	한국표준산업분류(KSIC)의 소분류(3-Digits) 산업 기준
한국표준직업분류 코드	한국고용직업분류(KECO) 세분류 코드(4-Digits)에 해당하는 한국표준직업분류(KSCO)의 세분류 코드
조사연도	해당 직업의 직무조사가 실시된 연도

✓ 『2021~2023 한국직업전망 : 일자리 전망 통합본』의 특징
- 『2021 한국직업전망』부터 주요 직종을 나눠 매년 발간
- 향후 10년간의 일자리 전망 포함
- 한국고용직업분류(KECO)의 세분류 직업에 기초
- 승진을 통해 진입하게 되는 관리직은 제외
- 정량적 전망과 정성적 전망을 종합적으로 분석

✓ 국가직무능력표준(NCS)의 능력단위

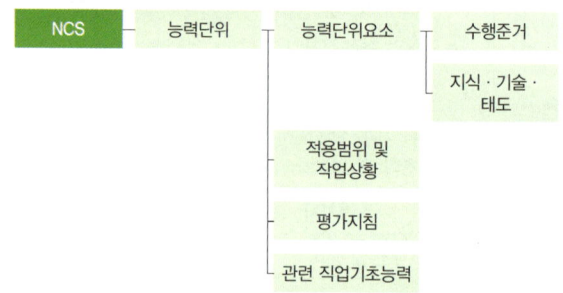

✓ 국민내일배움카드의 지원제외 대상(일부)
- 현직 공무원 및 사립학교교직원
- 현직 군인
- 만 75세 이상인 사람
- 외국인(단, 고용보험 피보험자이거나 피보험자였던 사람은 지원대상에 포함)
- 중앙행정기관 또는 지방자치단체로부터 훈련비를 지원받는 훈련(또는 사업)에 참여하는 사람
- 생계급여 수급자(단, 조건부수급자는 지원대상에 포함)
- 초·중등교육법에 따른 학교의 재학생(단, 고등학교 3학년에 재학 중인 사람은 지원대상에 포함) 등

✓ 기술·기능 분야 국가기술자격 등급별 검정기준
- 기술사 : 고도의 전문지식
- 기능장 : 최상급 숙련기능
- 기사 : 공학적 기술이론
- 산업기사 : 기술기초이론+숙련기능
- 기능사 : 숙련기능

✅ 국가기술자격 주요 서비스 분야의 응시자격

[직업상담사, 사회조사분석사, 전자상거래관리사]

1급	• 2급 자격 취득 후 실무경력 2년 이상 • 실무경력 3년 이상
2급	제한 없음

[소비자전문상담사]

1급	• 2급 자격 취득 후 실무경력 2년 이상 • 실무경력 3년 이상 • 외국에서 동일한 종목에 해당하는 자격 취득
2급	제한 없음

[컨벤션기획사]

1급	• 2급 자격 취득 후 동일 및 유사 직무분야에서 실무경력 3년 이상 • 동일 및 유사 직무분야에서 실무경력 4년 이상 • 외국에서 동일한 종목에 해당하는 자격 취득
2급	제한 없음

✅ 실기시험만 시행할 수 있는 국가기술자격 종목

사무	한글속기 1급 · 2급 · 3급
건축	• 거푸집기능사 • 건축도장기능사 • 건축목공기능사 • 도배기능사 • 미장기능사 • 방수기능사 • 비계기능사 • 온수온돌기능사 • 유리시공기능사 • 조적기능사 • 절단기능사 • 타일기능사 • 금속재창호기능사
토목	• 도화기능사 • 석공기능사 • 지도제작기능사 • 항공사진기능사
의복	봉제기능사

✅ 고용24 채용정보 상세검색에서 기업형태

- 대기업
- 외국계기업
- 코스닥
- 청년친화강소기업
- 중견기업
- 공무원/공기업/공공기관
- 코스피
- 일학습병행기업
- 가족친화인증기업

✅ 고용24 제공 직업선호도검사의 하위검사

- L(Long)형 : 흥미검사, 성격검사, 생활사검사
- S(Short)형 : 흥미검사

✅ 고용24 학과정보의 학과 계열

- 인문계열
- 교육계열
- 공학계열
- 예체능계열
- 사회계열
- 자연계열
- 의약계열

✅ 임금직업포털(직업정보)의 직업 추천 범주에서 조건별 검색

평균연봉	전체 / 3천만원 미만 / 3천~4천만원 미만 / 4천~5천만원 미만 / 5천만원 이상
미래전망	전체 / 증가 / 다소 증가 / 유지 / 다소 감소 / 감소

✅ Q-Net(큐넷)에서 제공하는 외국자격

일본, 독일, 영국, 호주, 미국, 프랑스

✅ 취업, 훈련 및 자격 관련 주요 사이트의 운영주체

- 월드잡플러스(WORLDJOB⁺) : 한국산업인력공단
- 커리어넷(CareerNet) : 한국직업능력연구원
- 민간자격정보서비스(PQI) : 한국직업능력연구원
- 일모아(ILMOA) : 한국고용정보원
- 외국인고용관리시스템(EPS) : 한국고용정보원
- 공공데이터포털(DATA) : 한국지능정보사회진흥원

| 직업정보 제공 |

✅ 민간직업정보의 주요 특징

- 한시적으로 신속하게 생산되어 운영됨
- 상대적으로 단기간에 조사되어 집중적으로 제공됨
- 특정한 목적에 맞게 해당 분야 및 직종이 제한적으로 선택됨
- 정보생산자의 임의적 기준 또는 시사적인 관심이나 흥미를 유도할 수 있도록 해당 직업을 분류함
- 정보 자체의 효과가 큰 반면, 부가적인 파급효과는 적음
- 다른 직업정보와의 비교가 적고 활용성이 낮음
- 보통 유료로 제공됨

☑ 공공직업정보의 주요 특징
- 비영리기관에서 공익적 목적으로 생산·제공됨
- 특정한 시기에 국한되지 않고 지속적으로 조사·분석하여 제공됨
- 전체 산업 및 업종에 걸친 직종을 대상으로 함
- 국내 또는 국제적으로 인정되는 객관적인 기준에 근거함
- 보편적인 항목으로 이루어진 기초적인 직업정보체계로 구성됨
- 관련 직업정보 간의 비교·활용이 용이함
- 광범위한 이용가능성에 따라 직접적·객관적인 평가가 가능함
- 무료로 제공됨

☑ 직업정보의 주요 유형별 특징

유형(종류)	비용	학습자 참여도	접근성
인쇄물	저	수동	용이
시청각자료	고	수동	제한적
면접	저	적극	제한적
관찰	고	수동	제한적
직업경험	고	적극	제한적
직업체험	고	적극	제한적

☑ 직업정보(고용정보)의 처리과정
수집 → 분석 → 가공 → 체계화 → 제공 → 축적 → 평가

☑ 직업정보 분석 시 주요 유의사항
- 정보의 분석 목적을 명확히 하며, 변화의 동향에 유의함
- 동일한 정보라 할지라도 다각적이고 종합적인 분석을 시도하여 해석을 풍부히 함
- 전문가나 전문적인 시각에서 분석함
- 원자료의 생산일, 자료표집방법, 대상, 자료의 양 등을 검토함
- 목적에 맞도록 분석하며, 객관성·정확성을 갖춘 최신자료를 선정함
- 숫자로 표현할 수 없는 정보라도 이를 삭제 혹은 배제하지 않음
- 직업정보원과 제공원을 제시함

☑ 직업정보 가공 시 주요 유의사항
- 이용자의 수준에 부합하는 언어로 가공함
- 정보의 생명력을 측정하여 활용방법을 선정함
- 가장 최신의 자료를 활용하되 표준화된 정보를 활용함
- 직업에 대한 장단점을 편견 없이 제공함
- 객관성을 잃은 정보나 문자, 어투는 삼감
- 효율적인 정보제공을 위해 시각적 효과를 부가함
- 정보제공 방법에 적절한 형태로 제공함

☑ 직업정보의 일반적인 평가 기준(Hoppock)
- 언제 만들어진 것인가?
- 어느 곳을 대상으로 한 것인가?
- 누가 만든 것인가?
- 어떤 목적으로 만든 것인가?
- 자료를 어떤 방식으로 수집하고 제시했는가?

제4과목 노동시장

노동시장의 이해

☑ 노동수요의 특징
- 유량(Flow)의 개념 : 노동수요는 일정 기간 동안 기업에서 고용하고자 하는 노동의 양을 의미함
- 파생수요(유발수요) : 노동수요는 소비자들의 상품에 대한 수요에 의해 파생 혹은 유발됨
- 결합수요 : 노동수요는 상품의 생산과 관련된 다른 생산요소의 발달정도 및 이용가능성의 여부 등과 연관됨

☑ 노동수요의 결정요인
- 노동의 가격(임금)
- 상품(서비스)에 대한 소비자의 수요
- 다른 생산요소의 가격변화
- 노동생산성의 변화
- 생산기술의 진보

✓ 노동수요곡선의 변화

- **노동수요의 변화** : 노동수요의 결정요인 중 임금을 제외한 요인의 변화[→ 노동수요곡선 자체의 이동(Shift)]
- **노동수요량의 변화** : 노동수요의 결정요인 중 임금의 변화 (→ 노동수요곡선상의 수요점 이동)

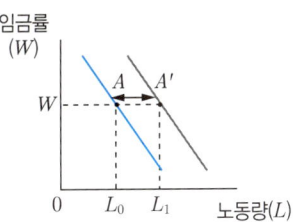

노동수요의 변화

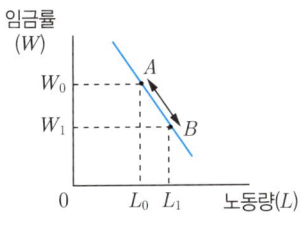

노동수요량의 변화

✓ 기업의 이윤극대화 노동수요 산출을 위한 주요 공식

- 노동의 평균생산량$(AP_L) = \dfrac{\text{총생산량}(TP)}{\text{노동투입량}(L)}$
- 노동의 한계생산량$(MP_L) = \dfrac{\text{총생산량의 증가분}(\Delta TP)}{\text{노동투입량의 증가분}(\Delta L)}$
- 노동의 한계생산물가치$(VMP_L = P \cdot MP_L) = $임금률$(W)$
- 노동의 한계수입생산물(MRP_L)
  $=$ 노동의 한계생산량$(MP_L) \cdot$ 한계수입(MR)

✓ 준고정비용과 기업의 선택

- 준고정비용은 '근로자에 대한 투자'와 '부가급여'로 구분됨
- 준고정비용 증가 시 고용 수준 ↓, 초과근로시간 ↑

✓ 한계기술대체율

등량곡선에서 두 투입요소(노동과 자본) 가운데 하나의 투입요소가 한 단위 증가함에 따라 대체되는 다른 투입요소 간의 비율(→ 대체의 원리)

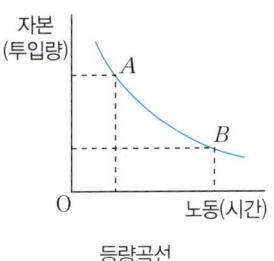

등량곡선

✓ 노동수요의 임금탄력성

- 임금률 1%의 변화에 의해 유발되는 노동수요량의 변화율을 말함

$$\text{노동수요의 (임금)탄력성} = \dfrac{\text{노동수요량의 변화율(\%)}}{\text{임금의 변화율(\%)}}$$

- 일반적으로 임금이 상승하면 노동에 대한 수요가 감소하므로 노동수요의 임금탄력성은 부(−)의 값을 갖게 됨
- 노동수요의 임금탄력성의 절댓값이 클수록 임금변화에 대한 고용변화의 정도가 큼

  − 노동수요의 임금탄력성 > 1 ☞ 탄력적
  − 노동수요의 임금탄력성 = 1 ☞ 단위탄력적
  − 노동수요의 임금탄력성 < 1 ☞ 비탄력적

- 탄력성의 값이 무한대이면 '완전탄력적', 노동수요곡선은 수평이 됨
- 탄력성의 값이 0이면 '완전비탄력적', 노동수요곡선은 수직이 됨

✓ 노동수요의 임금탄력성 결정요인(힉스-마샬의 법칙)

- **생산물 수요의 탄력성** : 생산물의 수요가 탄력적일수록 노동수요는 더 탄력적이 됨
- **총생산비에 대한 노동비용의 비중** : 총생산비에서 차지하는 노동비용의 비중이 클수록 노동수요는 더 탄력적이 됨
- **노동의 대체가능성** : 노동과 다른 생산요소 간의 대체가 용이할수록 노동수요는 더 탄력적이 됨
- **노동 이외의 생산요소의 공급탄력성** : 노동 이외의 생산요소의 공급탄력성이 클수록 노동수요는 더 탄력적이 됨

☑ 노동공급의 결정요인
- 인구 또는 생산가능인구의 크기(인구 수)
- 경제활동참가율
- 노동시간(노동공급시간)
- 노동력의 질(노동인구의 교육정도)
- 일에 대한 노력의 강도
- 임금지불방식
- 동기부여와 사기

☑ 기혼여성의 경제활동참가율을 높이는 요인
- 법적·제도적 장치의 확충(육아 및 유아교육시설의 증설)
- 시장임금의 상승
- 남편(배우자) 소득의 감소
- 자녀수의 감소(출산율 저하)
- 가계생산기술의 향상(노동절약적 가계생산기술의 향상)
- 고용시장의 유연화(시간제근무 또는 단시간근무 기회의 확대)
- 여성의 높은 교육수준

☑ 여가-소득 간의 무차별곡선
개인이 노동시장에서의 노동공급을 포기하는 경우
☞ 여가-소득 간의 무차별곡선이 수직에 가까운 경우

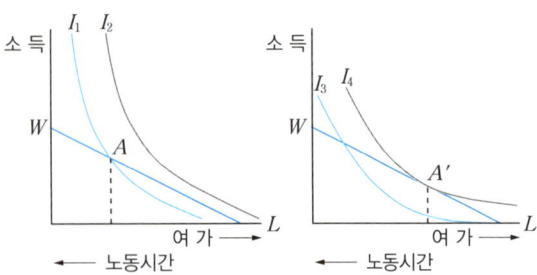

여가-소득 간의 무차별곡선

☑ 노동공급의 대체효과와 소득효과
- **대체효과** : 임금 상승 시 여가시간은 감소하지만 노동시간은 증가하는 효과
- **소득효과** : 임금 상승 시 여가시간은 증가하지만 노동시간은 감소하는 효과

☑ 후방굴절 노동공급곡선

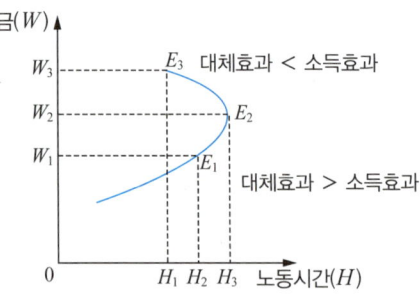

후방굴절 노동공급곡선

☑ 노동공급의 임금탄력성
- 임금률 1%의 변화에 의해 유발되는 노동공급량의 변화율을 말함

$$\text{노동공급의 (임금)탄력성} = \frac{\text{노동공급량의 변화율(\%)}}{\text{임금의 변화율(\%)}}$$

- 노동공급의 증가율이 임금상승률보다 높은 경우 노동공급은 '탄력적'이 됨
- 노동공급의 증가율이 임금상승률보다 낮은 경우 노동공급은 '비탄력적'이 됨
- 탄력성의 값이 무한대이면 '완전탄력적', 노동공급곡선은 수평이 됨
- 탄력성의 값이 0이면 '완전비탄력적', 노동공급곡선은 수직이 됨

☑ 노동공급의 임금탄력성 결정요인
- 인구 수
- 노동조합의 결성과 교섭력의 정도
- 여성취업기회의 창출 가능성 여부
- 파트타임 근무제도의 보급 정도
- 노동이동의 용이성 정도
- 고용제도의 개선 정도
- 산업구조의 변화 등

☑ 인력운영의 유연성 확보를 위한 기업의 인적자원관리 정책

외부적·수량적 유연성	신규채용 축소, 명예퇴직·희망퇴직, 유연한 정리해고 절차 등 근로자 수의 조정, 계약근로·재택근로·파트타임 등 고용형태의 다양화
내부적·수량적 유연성	변형근로시간제, 탄력적 근무시간제, 변형근무일제, 교대근무제 등에 의한 직무공유, 휴직 또는 재고용 보장의 일시해고 등
작업의 외부화	하청, 외주, 인재파견회사 혹은 용역업체로부터 파견근로자의 사용 및 자영업자의 사용 등
기능적 유연성	근로자에 대한 기업의 지속적인 사내직업훈련 또는 위탁교육 등의 교육훈련 실시
임금 유연성	임금구조를 개인 혹은 집단(팀)의 능력 및 성과와 연계하여 결정하는 임금체계 및 임금형태로의 전환

☑ 경쟁노동시장 경제모형의 기본 가정
- 노동자 개인이나 개별고용주는 시장임금에 아무런 영향력을 행사할 수 없음
- 노동시장의 진입과 퇴출이 자유로움
- 노사의 단체가 없으며, 정부의 임금규제도 없음
- 노동자와 고용주는 완전정보를 가짐
- 직무의 성격은 모두 동일하며, 임금의 차이만 존재함
- 모든 노동자는 동질적임
- 모든 직무의 공석은 외부노동시장을 통해서 채워짐

☑ 이중노동시장의 특징

1차 노동시장	• 고임금 • 고용의 안정성 • 승진 및 승급 기회의 평등(공평성) • 양호한 근로조건 • 합리적인 노무관리 등
2차 노동시장	• 저임금 • 고용의 불안정성(높은 노동이동) • 승진 및 승급 기회의 결여 • 열악한 근로조건 • 자의적인 관리감독 등

☑ 내부노동시장의 형성요인
- 숙련의 특수성(기능의 특수성)
- 현장훈련
- 기업 내의 관습(위계적 직무서열)
- 장기근속과 기업의 규모(장기근속 가능성)

임금의 제개념

☑ 임금결정에 관한 주요 이론

임금생존비설	임금이 생존비 이상으로 상승하는 경우 노동공급의 증가로 인해 임금이 생존비 이하로 하락하는 반면, 임금이 생존비 이하로 하락하는 경우 노동공급의 감소로 인해 임금이 다시 생존비 수준으로 상승함
임금기금설	어느 한 시점에 근로자의 임금으로 지불될 수 있는 부의 총액 또는 기금은 정해져 있음
노동가치설 (노동력 재생산비설)	임금 상승이 노동절약적 기계도입에 따른 기술적 실업의 발생으로 산업예비군을 증가시켜 다시 임금을 생존비 수준으로 저하시킴

☑ 임금관리의 구성
- 임금수준의 적정성
- 임금체계의 공정성
- 임금형태의 합리성

☑ 평균임금과 통상임금

평균임금	• 이를 산정하여야 할 사유가 발생한 날 이전 3개월 동안에 그 근로자에게 지급된 임금의 총액을 그 기간의 총일수로 나눈 금액 • 퇴직급여, 휴업수당, 연차유급휴가수당(취업규칙에 따름), 재해보상 및 산업재해보상보험급여, 제재로서의 감급, 구직급여 등의 산정기초
통상임금	• 근로자에게 정기적·일률적으로 소정근로 또는 총 근로에 대하여 지급하기로 정한 시간급금액·일급금액·주급금액·월급금액 또는 도급금액 • 해고예고수당, 연장·야간·휴일근로수당, 연차유급휴가수당(취업규칙에 따름), 출산전후휴가급여 등의 산정기초

✅ 의중임금(보상요구임금, 유보임금)

노동을 시장에 공급하기 위해 노동자가 요구하는 최소한의 주관적 요구임금 수준

$$의중임금충족률(\%) = \frac{제시임금}{의중임금} \times 100$$

✅ 임금체계의 주요 특징

임금체계	급여결정 기준	주요 장점	주요 단점
연공급	근속연수, 학력, 연령, 성별 등	정기승급에 따른 생활안정, 귀속의식	무사안일주의, 적당주의
직능급	근로자 개인의 직무수행능력	능력에 따른 동일한 기회보장	직능구분·직능평가·능력개발이 전제됨
직무급	근로자 개인이 수행하는 직무	개인별 임금차 불만의 해소	직무평가 불신에 따른 노조의 저항

✅ 성과급 제도의 장단점

장점	• 근로자의 동기를 유발함 • 근로의 능률을 자극할 수 있음
단점	• 직원 간 화합이 불리함 • 작업량에만 치중하여 제품 품질이 조악해짐

✅ 연봉제의 장단점

장점	• 동기부여 및 조직의 활성화를 유도함 • 개인의 생산성 향상, 전문성 촉진에 유리함 • 과감한 인재기용에 유리함 • 임금관리의 효율성을 증대시킴
단점	• 평가결과의 객관성과 공정성에 대한 시비가 제기됨 • 연봉액이 삭감될 경우, 사기가 저하될 수 있음 • 종업원 상호 간의 불필요한 경쟁심이나 위화감이 조성됨

✅ 생산성 임금제에서 임금결정 방식

명목생산성 증가율을 산정할 때 실질생산성 증가율에 가격 증가율(→ 물가상승률)을 반영함

명목생산성 증가율
= 실질생산성 증가율 + 가격 증가율(물가상승률)

✅ 노동수요 특성별 임금격차의 요인

경쟁적 요인	• 인적자본량 • 근로자의 생산성 격차(보이지 않는 질적 차이) • 보상적 임금격차 • 기업의 효율성 임금정책(효율임금정책) • 시장의 단기적 불균형(산업발달의 불균형)
비경쟁적 요인 (경쟁 외적 요인)	• 시장지배력 및 독점지대의 배당 • 노동조합의 효과 • 비효율적 연공급제도

✅ 임금이 하방경직인 이유

- 화폐환상
- 장기 근로(노동)계약
- 강력한 노동조합의 존재
- 노동자의 역선택 발생 가능성
- 최저임금제의 실시
- 대기업의 효율성 임금정책에 따른 고임금 지급

✅ 보상적 임금격차의 발생 원인

- 고용의 안정성 여부(금전적 위험)
- 작업의 쾌적함 정도(비금전적 차이)
- 교육훈련 비용의 여부(교육훈련의 차이)
- 책임의 정도
- 성공 또는 실패의 가능성

✅ 고임금이 고생산성을 가져오는 원인

- 노동자의 기업에 대한 충성심과 귀속감 증대
- 직장상실비용 증대에 따른 작업 중 태만 방지
- 신규노동자의 채용 및 훈련비용 감소
- 대규모 사업장에서 통제상실의 사전 방지
- 양질의 노동자 고용

☑ 최저임금제도의 목적(기대효과)

- 소득분배의 개선(산업 간, 직업 간 임금격차 해소)
- 노동력의 질적 향상
- 기업의 근대화 및 산업구조의 고도화 촉진
- 공정경쟁의 확보
- 산업평화의 유지
- 경기 활성화에 기여(유효수요의 창출)
- 복지국가의 실현

실업의 제개념

☑ 필립스 곡선(Phillips Curve)

인플레이션율과 실업률 간에 역의 상관관계(상충관계)를 설명함

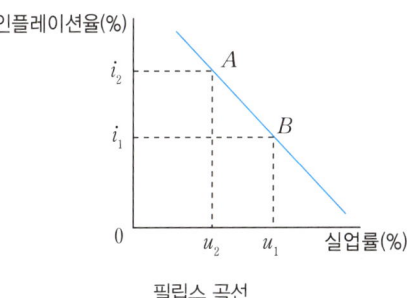

필립스 곡선

☑ 실업의 유형 및 주요 대책

- 마찰적 실업(탐색적 실업)

원인	직업정보의 부족, 불완전한 노동시장 정보
대책	구인·구직에 대한 전국적인 전산망 연결, 구인·구직 정보제공시스템의 효율성 제고, 직업안내 및 직업상담 등 직업알선기관의 활성화 등

- 구조적 실업

원인	경제구조 자체의 변화, 지역 간(산업 간) 노동력 수급의 불균형
대책	산업구조 변화예측에 따른 인력수급정책, 노동자의 전직과 관련된 재훈련, 지역 간 이동을 촉진시키는 지역이주금 보조 등

- 경기적 실업(수요부족실업)

원인	경기후퇴(불경기)에 따른 총수요 감소
대책	재정금융정책을 통한 총수요 증대정책(유효수요의 확대), 세율 인하 등의 경기활성화 정책, 공공사업 등의 고용창출사업 확대 등

☑ 실망노동자효과와 부가노동자효과

실망노동자 효과	경기침체로 취업의 기회를 얻지 못한 사람들이 구직 활동을 단념하여 비경제활동인구로 전락 → 실업자 수는 과소평가
부가노동자 효과	가구주의 실직으로 주부나 학생 등 2차적 노동력이 구직활동을 함으로써 경제활동인구로 전환 → 실업자 수는 과대평가

☑ 실업의 사회적 대책으로서 인력정책과 소득정책

인력정책	• 인적자원 양성으로 노동공급 부족문제를 극복하고 우수한 노동력을 확보함 • 주로 구조적 실업문제를 해결하기 위한 정책으로, 인플레이션을 유발하지 않음
소득정책	• 정부가 인위적으로 개입하여 물가 및 임금의 과도한 상승을 억제함 • 소득분배의 불평등, 성장산업의 위축, 행정적 관리비용의 증가 등 부작용을 초래함

☑ 노동시장정책의 분류

- 적극적 노동시장정책 : 취업알선, 직업훈련, 청년대책, 고용보조금, 장애인 대책 등
- 소극적 노동시장정책 : 실업보조금(실업급여 등), 조기퇴직 보조금 등

제5과목 고용노동관계법규(Ⅰ)

노동법과 노동기본권

☑ 노동기본권

근로의 권리 (근로권)	모든 국민은 근로의 권리를 가진다(헌법 제32조 제1항).
근로3권 (노동3권)	근로자는 근로조건의 향상을 위하여 자주적인 단결권·단체교섭권 및 단체행동권을 가진다(헌법 제33조 제1항).

☑ 근로의 권리의 내용

본원적 내용	근로기회청구권, 생활비지급청구권
보충적 내용	국가의 고용증진의 의무, 적정임금의 보장, 근로조건 기준의 법정주의, 여성근로자의 보호 및 차별대우의 금지, 연소근로자의 특별보호, 국가유공자 등의 근로기회 우선보장

☑ 근로의 권리의 기능
- 근로의 상품화를 허용함으로써 자본주의경제의 이념적 기초를 제공함
- 근로기회의 제공을 통하여 생활무능력자에 대한 국가적 보호 의무를 감소시킴

☑ 근로3권의 제한
- 국가안전보장·질서유지·공공복리를 위하여 필요한 경우 법률로써 제한함
- 공무원인 근로자는 법률이 정하는 자에 한하여 근로3권을 가짐
- 법률이 정하는 주요방위산업체에 종사하는 근로자의 단체행동권은 법률이 정하는 바에 의하여 이를 제한하거나 인정하지 아니할 수 있음

근로기준법

☑ 근로자와 단시간근로자의 정의(법 제2조)

근로자	직업의 종류와 관계없이 임금을 목적으로 사업이나 사업장에 근로를 제공하는 사람
단시간 근로자	1주 동안의 소정근로시간이 그 사업장에서 같은 종류의 업무에 종사하는 통상근로자의 1주 동안의 소정근로시간에 비하여 짧은 근로자

☑ 기본원리
- 최저 근로조건의 보장(법 제3조)
- 근로조건의 노사대등 결정(법 제4조)
- 근로조건의 준수(법 제5조)
- 균등한 처우(법 제6조)
- 강제근로의 금지(법 제7조)
- 폭행의 금지(법 제8조)
- 중간착취의 배제(법 제9조)
- 공민권 행사의 보장(법 제10조)

☑ 근로조건의 명시사항(법 제17조)
- 임금(구성항목·계산방법·지급방법)
- 소정근로시간
- 휴일(주휴일)
- 연차 유급휴가
- 취업의 장소와 종사하여야 할 업무에 관한 사항
- 취업규칙에서 정한 사항
- 기숙사 규칙에서 정한 사항

☑ 금지·제한
- 위약 예정의 금지(법 제20조)
- 전차금 상계의 금지(법 제21조)
- 강제 저금의 금지(법 제22조)
- 해고 등의 제한(법 제23조)

☑ 해고(법 제24조 내지 제27조)
- 긴박한 경영상의 필요가 있어야 함
- 해고를 하려는 날의 50일 전까지 노동조합 또는 근로자대표에 통보하고 성실하게 협의하여야 함
- 해고 30일 전에 예고를 하며, 해고사유와 해고시기를 서면으로 통지하여야 함

☑ 이행강제금(법 제33조)
- 사용자가 노동위원회의 구제명령을 서면으로 통지받은 날부터 30일 이내에 이행하지 아니하는 경우 3천만원 이하의 이행강제금을 부과함
- 매년 2회의 범위에서 구제명령이 이행될 때까지 반복하여 부과·징수할 수 있음(단, 2년 초과 금지)
- 구제명령을 이행하기 전에 이미 부과된 이행강제금은 징수하여야 함

☑ 임금 지급의 원칙(법 제43조)
- 통화불·직접불·전액불 원칙
- 매월 1회 이상 정기불 원칙

☑ 여성과 소년(법 제64조 내지 제68조)
- 원칙적으로 15세 미만인 사람은 근로자로 사용하지 못함
- 13세 이상 15세 미만인 자가 취직인허증을 받은 경우 사용 가능함(단, 예술공연 참가의 경우 13세 미만도 사용 가능함)
- 친권자나 후견인은 미성년자의 근로계약을 대리할 수 없음
- 미성년자는 독자적으로 임금을 청구할 수 있음

☑ 취업규칙(법 제93조 및 제94조)
- 상시 10명 이상의 근로자를 사용하는 사용자가 작성하여 고용노동부장관에게 신고함
- 업무의 시작과 종료 시각, 휴게시간, 휴일, 휴가, 임금의 결정·계산·지급 방법, 임금의 산정기간·지급시기 및 승급에 관한 사항 등이 포함됨
- 취업규칙의 작성 또는 변경 시 노동조합이나 근로자 과반수의 의견을 들어야 함(단, 근로자에게 불리하게 변경하는 경우 동의를 받아야 함)

| 최저임금법 |

☑ 적용 범위(법 제3조)
- 근로자를 사용하는 모든 사업 또는 사업장에 적용함
- 동거하는 친족만을 사용하는 사업(장)과 가사 사용인, 선원과 선원을 사용하는 선박의 소유자는 적용하지 아니함

☑ 최저임금의 효력(법 제6조 및 제7조)
- 적용 대상 근로자에게 최저임금액 이상의 임금을 지급함
- 정신 또는 신체의 장애가 업무 수행에 직접적으로 현저한 지장을 주는 것이 명백한 사람으로서 고용노동부장관의 인가를 받은 사람은 적용 제외할 수 있음

☑ 최저임금에 산입하지 아니하는 임금(시행규칙 제2조)
- 연장근로 또는 휴일근로에 대한 임금
- 연장·야간 또는 휴일 근로에 대한 가산임금
- 연차 유급휴가의 미사용수당
- 유급으로 처리되는 휴일에 대한 임금(단, 주휴일은 제외) 등

☑ 최저임금의 결정 및 고시(법 제8조 및 제10조)
- 고용노동부장관은 최저임금위원회의 심의·의결을 거쳐 매년 8월 5일까지 최저임금을 결정하여야 함
- 고용노동부장관은 최저임금을 결정한 때에는 지체 없이 고시하며, 고시된 최저임금은 다음 연도 1월 1일부터 효력이 발생함

☑ 최저임금위원회(법 제14조 내지 제17조)
- 근로자위원 9명, 사용자위원 9명, 공익위원 9명으로 구성함
- 위원장과 부위원장은 각 1명을 두며, 공익위원 중에서 위원회가 선출함
- 위원의 임기는 3년으로 하되, 연임할 수 있음
- 회의는 고용노동부장관이 소집을 요구하는 경우, 재적위원 3분의 1 이상이 소집을 요구하는 경우, 위원장이 필요하다고 인정하는 경우 위원장이 소집함

☑ 최근 3년간 최저임금 현황

연 도	2024년	2025년	2026년
시 급	9,860원	10,030원	10,320원
인상률	2.5%	1.7%	2.9%

남녀고용평등과 일·가정 양립 지원에 관한 법률

☑ '차별'에 해당하지 않는 경우(법 제2조)
- 직무의 성격에 비추어 특정 성이 불가피하게 요구되는 경우
- 여성 근로자의 임신·출산·수유 등 모성보호를 위한 조치를 하는 경우
- 적극적 고용개선조치를 하는 경우

☑ 남녀의 평등한 기회보장 및 대우
- 모집과 채용(법 제7조)
- 임금(법 제8조)
- 임금 외의 금품 등(법 제9조)
- 교육·배치 및 승진(법 제10조)
- 정년·퇴직 및 해고(법 제11조)

☑ 직장 내 성희롱 예방 교육(시행령 제3조)
- 사업주는 직장 내 성희롱 예방 교육을 연 1회 이상 하여야 함
- 직원연수·조회·회의, 사이버 교육 등을 통하여 실시할 수 있음(단, 근로자에게 교육 내용이 제대로 전달되었는지 확인하기 곤란한 경우 예방 교육을 한 것으로 보지 않음)
- 상시 10명 미만의 근로자를 고용하는 사업, 사업주 및 근로자 모두가 남성 또는 여성 중 어느 한 성(性)으로 구성된 사업의 사업주는 교육자료 또는 홍보물의 게시·배포 방법으로 예방 교육을 할 수 있음

☑ 모성보호
- 출산전후휴가 등에 대한 지원(법 제18조)
- 배우자 출산휴가(법 제18조의2)
- 난임치료휴가(법 제18조의3)

☑ 육아휴직(법 제19조)
- 임신 중인 여성 근로자, 만 8세 이하 또는 초등학교 2학년 이하의 자녀를 양육하는 근로자를 대상으로 함
- 육아휴직의 기간은 원칙상 1년 이내로 함
- 육아휴직 기간은 근속기간에 포함됨(단, 기간제근로자 또는 파견근로자의 육아휴직 기간은 사용기간 또는 근로자파견 기간에서 제외됨)

☑ 육아기 근로시간 단축(법 제19조의2 및 제19조의3)
- 만 12세 이하 또는 초등학교 6학년 이하의 자녀를 양육하는 근로자를 대상으로 함
- 육아기 근로시간 단축의 기간은 원칙상 1년 이내로 함(단, 사용하지 아니한 육아휴직 기간이 있으면 그 기간의 두 배를 가산한 기간 이내로 함)
- 단축 후 근로시간은 주당 15시간 이상이어야 하고 35시간을 넘어서는 안 됨
- 육아기 근로시간 단축을 한 근로자에 대하여 평균임금을 산정하는 경우 그 단축 기간을 평균임금 산정기간에서 제외함

☑ 명예고용평등감독관(법 제24조 및 시행규칙 제16조)
- 고용노동부장관이 그 사업장 소속 근로자 중 노사가 추천하는 사람을 명예고용평등감독관으로 위촉할 수 있음
- 임기는 3년으로 하되, 연임할 수 있음
- 업무 수행 시 비상근, 무보수를 원칙으로 함

직업안정법

☑ 용어의 정의(법 제2조의2)
- 직업소개 : 구인자와 구직자 간에 고용계약이 성립되도록 알선하는 것
- 직업지도 : 직업적성검사, 직업정보의 제공, 직업상담, 실습, 권유 또는 조언, 그 밖에 직업에 관한 지도
- 근로자공급사업 : 공급계약에 따라 근로자를 타인에게 사용하게 하는 사업(단, 근로자파견사업은 제외)

☑ 고용서비스 우수기관 인증(법 제4조의5)
- 인증권자 : 고용노동부장관(한국고용정보원 등에 위탁)
- 유효기간 : 인증일부터 3년
- 재인증 신청 : 유효기간 만료 60일 전까지
- 인증 취소 : 거짓이나 그 밖의 부정한 방법으로 인증을 받은 경우, 1년 이상 계속 사업 실적이 없는 경우, 인증기준을 충족하지 못하게 된 경우, 폐업한 경우 등

☑ 직업안정기관의 장이 구인신청의 수리를 거부할 수 있는 경우(법 제8조)
- 구인신청의 내용이 법령을 위반한 경우
- 통상적인 근로조건에 비하여 현저하게 부적당하다고 인정되는 경우
- 구인조건을 밝히기를 거부하는 경우
- 명단이 공개 중인 체불사업주인 경우

☑ 직업소개의 원칙 및 준수사항(법 제11조, 시행령 제7조 및 제8조)
- 구직자에게는 그 능력에 알맞은 직업을 소개하도록 노력하여야 함
- 구인자에게는 구인조건에 적합한 구직자를 소개하도록 노력하여야 함
- 구직자가 통근할 수 있는 지역에서 직업을 소개하도록 노력하여야 함
- 구인자 또는 구직자 어느 한쪽의 이익에 치우치지 아니하도록 함
- 구직자에게 업무의 내용, 임금, 근로시간 등 근로조건을 상세히 설명함
- 구인자는 그 채용여부를 직업안정기관의 장에게 통보하여야 함

☑ 직업안정기관의 장 외의 자가 행하는 직업안정사업의 규제방식
- 국내 무료직업소개사업 : 특별자치도지사·시장·군수 및 구청장에게 신고
- 국외 무료직업소개사업 : 고용노동부장관에게 신고
- 국내 유료직업소개사업 : 특별자치도지사·시장·군수 및 구청장에게 등록
- 국외 유료직업소개사업 : 고용노동부장관에게 등록
- 직업정보제공사업 : 고용노동부장관에게 신고
- 국외 취업자 모집 : 고용노동부장관에게 신고
- 근로자공급사업 : 고용노동부장관의 허가

☑ 겸업 금지 사업(법 제26조 및 시행령 제29조)
- 결혼중개업
- 숙박업
- 다류(茶類)를 조리·판매하는 영업(단, 다류를 배달·판매하면서 소요 시간에 따라 대가를 받는 형태로 운영하는 경우로 한정)
- 단란주점영업
- 유흥주점영업

☑ 근로자공급사업의 허가를 받을 수 있는 자의 범위(법 제33조)

국내 근로자 공급사업	「노동조합 및 노동관계조정법」에 따른 노동조합
국외 근로자 공급사업	국내에서 제조업·건설업·용역업, 그 밖의 서비스업을 하고 있는 자(단, 연예인을 대상으로 하는 국외 근로자공급사업의 허가를 받을 수 있는 자는 「민법」에 따른 비영리법인으로 함)

☑ 장부 등의 비치 기간(시행규칙 제26조 및 제40조)
- 유료직업소개사업의 장부 비치 기간 : 2년
- 근로자공급사업의 장부 비치 기간 : 3년

고용보험법

☑ 용어의 정의(법 제2조)
- 실업 : 근로의 의사와 능력이 있음에도 불구하고 취업하지 못한 상태에 있는 것
- 실업의 인정 : 직업안정기관의 장이 수급자격자가 실업한 상태에서 적극적으로 직업을 구하기 위하여 노력하고 있다고 인정하는 것
- 일용근로자 : 1개월 미만 동안 고용되는 사람

☑ 적용 범위(법 제8조 및 제10조)
- 근로자를 사용하는 모든 사업 또는 사업장에 적용함
- 다음의 사람에게는 적용하지 아니함

> - 해당 사업에서 1개월간 소정근로시간이 60시간 미만이거나 1주간의 소정근로시간이 15시간 미만인 근로자(단, 해당 사업에서 3개월 이상 계속하여 근로를 제공하는 근로자와 일용근로자는 적용 대상에 포함)
> - 국가공무원과 지방공무원(단, 별정직공무원 및 임기제공무원의 경우 실업급여에 한정하여 가입 가능)
> - 사립학교교직원
> - 별정우체국 직원
> - 농업·임업 및 어업 중 법인이 아닌 자가 상시 4명 이하의 근로자를 사용하는 사업에 종사하는 근로자(단, 본인의 의사에 따라 가입 가능)

☑ 피보험자격의 상실일(법 제14조)
- 근로자인 피보험자가 적용 제외 근로자에 해당하게 된 경우 : 그 적용 제외 대상자가 된 날
- 보험관계가 소멸한 경우 : 그 보험관계가 소멸한 날
- 근로자인 피보험자가 이직한 경우 : 이직한 날의 다음 날
- 근로자인 피보험자가 사망한 경우 : 사망한 날의 다음 날
- 자영업자인 피보험자의 경우 : 그 보험관계가 소멸한 날

☑ 실업급여의 종류(법 제37조)

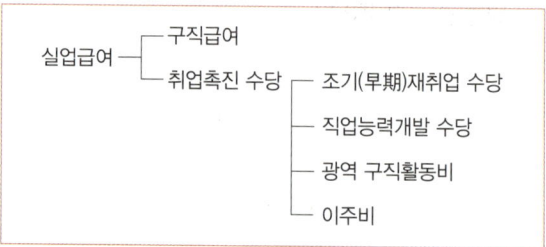

☑ 구직급여의 주요 수급요건(법 제40조)
- 법령에 따른 기준기간(원칙상 이직일 이전 18개월) 동안의 피보험 단위기간이 합산하여 180일 이상일 것
- 근로의 의사와 능력이 있음에도 불구하고 취업(영리를 목적으로 사업을 영위하는 경우를 포함)하지 못한 상태에 있을 것
- 이직사유가 수급자격의 제한 사유에 해당하지 아니할 것
- 재취업을 위한 노력을 적극적으로 할 것

☑ 구직급여의 소정급여일수(법 제50조)

구 분		피보험기간				
		1년 미만	1년 이상 3년 미만	3년 이상 5년 미만	5년 이상 10년 미만	10년 이상
이직일 현재 연령	50세 미만	120일	150일	180일	210일	240일
	50세 이상	120일	180일	210일	240일	270일

* 단, 장애인은 50세 이상인 것으로 보아 위 표를 적용

☑ 육아휴직 급여 및 육아기 근로시간 단축급여(법 제70조 및 제73조의2)
- 육아휴직 또는 육아기 근로시간 단축을 시작한 날 이후 1개월부터 끝난 날 이후 12개월 이내에 신청하여야 함
- 그 사업에서 이직하거나 취업을 한 경우 급여 지급이 제한됨
- 피보험자가 사업주로부터 해당 사유로 금품을 지급받은 경우 그 급여를 감액하여 지급할 수 있음

☑ 심사와 재심사(법 제87조)
- **심사 대상** : 피보험자격의 취득·상실에 대한 확인, 실업급여 및 육아휴직 급여와 출산전후휴가 급여 등에 관한 처분 등
- **심사의 청구** : 확인 또는 처분이 있음을 안 날부터 90일 이내에 고용보험심사관에게 청구
- **재심사의 청구** : 심사청구에 대한 결정이 있음을 안 날부터 90일 이내에 고용보험심사위원회에 청구

| 국민 평생 직업능력 개발법(구 근로자직업능력 개발법) |

☑ 직업능력개발훈련시설을 설치할 수 있는 공공단체의 범위(시행령 제2조)
- 한국산업인력공단(한국산업인력공단 출연·설립 학교법인 포함)
- 한국장애인고용공단
- 근로복지공단

☑ 직업능력개발훈련이 중요시되어야 할 대상(법 제3조)
- 고령자·장애인
- 기초생활 수급권자
- 국가유공자와 그 유족 또는 가족
- 보훈보상대상자와 그 유족 또는 가족
- 5·18민주유공자와 그 유족 또는 가족
- 제대군인 및 전역예정자
- 여성근로자
- 중소기업의 근로자
- 일용근로자, 단시간근로자, 기간을 정하여 근로계약을 체결한 근로자, 일시적 사업에 고용된 근로자
- 파견근로자
- 학교 밖 청소년

☑ 직업능력개발훈련의 구분(시행령 제3조)
- **훈련의 목적** : 양성훈련, 향상훈련, 전직훈련
- **훈련의 실시방법** : 집체훈련, 현장훈련, 원격훈련, 혼합훈련

☑ 훈련계약과 권리·의무(법 제9조)
- 사업주는 직업능력개발훈련을 받는 사람이 훈련 이수 후 사업주가 지정하는 업무에 일정 기간 종사하도록 할 수 있음(단, 5년 이내, 3배 초과금지)
- 훈련계약을 체결하지 아니한 경우 고용근로자가 받은 직업능력개발훈련에 대하여는 그 근로자가 근로를 제공한 것으로 봄
- 기준근로시간 외의 훈련시간에 대해 생산시설을 이용하거나 근무장소에서 하는 직업능력개발훈련의 경우를 제외하고는 연장근로와 야간근로에 해당하는 임금을 지급하지 아니할 수 있음

☑ 재해 위로금(법 제11조)
- 직업능력개발훈련을 실시하는 자는 해당 훈련시설에서 직업능력개발훈련 중 그 직업능력개발훈련으로 인하여 재해를 입은 국민에게 재해 위로금을 지급하여야 함(단, 「산업재해보상보험법」을 적용받는 사람은 제외)
- 위탁에 의한 직업능력개발훈련의 경우 그 위탁자가 재해 위로금을 부담하되, 위탁받은 자의 책임 있는 사유로 인한 재해의 경우 위탁받은 자가 재해 위로금을 지급하여야 함

☑ 직업능력개발훈련교사의 결격사유(법 제34조)
- 피성년후견인·피한정후견인
- 금고 이상의 실형을 선고받고 그 집행이 끝나거나(집행이 끝난 것으로 보는 경우를 포함) 집행이 면제된 날부터 2년이 지나지 아니한 사람
- 금고 이상의 형의 집행유예를 선고받고 그 유예기간 중에 있는 사람
- 법원의 판결에 따라 자격이 상실되거나 정지된 사람
- 성폭력범죄로 100만원 이상의 벌금형을 선고받고 그 형이 확정된 후 2년이 지나지 아니한 사람
- 직업능력개발훈련교사의 자격이 취소된 후 3년이 지나지 아니한 사람

| 구직자 취업촉진 및 생활안정지원에 관한 법률 |

☑ 취업지원서비스의 수급 요건(법 제6조)
다음의 요건을 모두 갖출 것

> - 근로능력과 구직의사가 있음에도 취업하지 못한 상태일 것
> - 취업지원을 신청할 당시 15세 이상 64세 이하일 것(단, 별도의 고시에서 15세 이상 69세 이하로 정하고 있음)
> - 가구단위의 월평균 총소득이 기준 중위소득의 100분의 100 이하일 것[단, 15세 이상 34세 이하(병역의무를 이행한 경우 3년의 범위에서 병역의무 이행기간을 가산)인 사람은 기준 중위소득의 100분의 120 이하일 것]

☑ 구직촉진수당의 수급 요건(법 제7조)
다음의 요건을 모두 갖출 것

> - 취업지원서비스의 수급 요건을 갖출 것
> - 가구단위의 월평균 총소득이 기준 중위소득의 100분의 60 이내의 범위에서 대통령령으로 정하는 수준(→ 기준 중위소득의 100분의 60) 이하일 것
> - 가구원이 소유하고 있는 토지·건물·자동차 등 재산의 합계액이 6억원 이내의 범위에서 대통령령으로 정하는 금액(→ 4억원, 단, 15세 이상 34세 이하는 5억원) 이하일 것
> - 취업지원 신청일 이전 2년 이내의 범위에서 대통령령으로 정하는 기간(→ 취업지원 신청인이 취업한 기간을 모두 더하여 100일 또는 800시간) 이상 취업한 사실이 있을 것

☑ 취업지원의 유예 신청 요건(법 제11조 및 시행규칙 제6조)
- 본인이 임신하거나 출산 후 90일이 지나지 아니한 경우
- 본인 또는 배우자가 질병에 걸렸거나 부상을 당한 경우
- 본인 또는 배우자의 직계존비속이 질병에 걸렸거나 부상을 당한 경우
- 「병역법」에 따른 의무복무를 하는 경우
- 6개월 미만 동안 국외에 머무는 경우
- 천재지변 또는 이에 준하는 재난이 발생한 경우
- 감염병 확산으로 인해 경계 이상의 위기경보가 발령된 경우
- 천재지변 등에 준하는 경우로서 고용노동부장관이 인정하는 경우

☑ 취업지원서비스 등
- 취업활동계획(법 제12조)
- 취업지원 프로그램(법 제13조)
- 구직활동지원 프로그램(법 제14조)
- 취업활동비용의 지원(법 제16조)
- 취업성공수당의 지급(법 제17조)

☑ 수급권 보호를 위한 조치
- 수당수급계좌의 신청(법 제22조)
- 압류 등의 금지(법 제23조)
- 공과금의 면제(법 제25조)

☑ 취업지원의 종료 시점(법 제29조)
- 취업지원서비스기간이 만료된 경우 : 만료된 날의 다음 날
- 취업지원서비스기간 중 취업 또는 창업한 경우 : 취업한 날 또는 영리 목적으로 사업을 하기 시작한 날
- 구직촉진수당의 지급기간이 최종 회차인 경우 : 최종 회차 지급기간의 마지막 날의 다음 날

| 채용절차의 공정화에 관한 법률 |

☑ 용어의 정의(법 제2조)
- 기초심사자료 : 응시원서, 이력서, 자기소개서 등
- 입증자료 : 학위증명서, 경력증명서, 자격증명서 등
- 심층심사자료 : 작품집, 연구실적물 등

☑ 적용범위(법 제3조)
- 상시 30명 이상의 근로자를 사용하는 사업(장)에 적용함
- 국가 및 지방자치단체가 공무원을 채용하는 경우에는 적용하지 아니함

☑ 채용절차 공정성 저해 행위의 금지
- 거짓 채용광고 등의 금지(법 제4조)
- 채용강요 등의 금지(법 제4조의2)
- 출신지역 등 개인정보 요구 금지(법 제4조의3)
- 채용서류의 거짓 작성 금지(법 제6조)
- 채용심사비용의 부담금지(법 제9조)

☑ 채용서류의 반환 등(법 제11조 및 시행령 제2조)
- 구인자는 구직자가 반환 청구를 한 날부터 14일 이내에 구직자에게 해당 채용서류를 발송하거나 전달하여야 함
- 홈페이지 또는 전자우편으로 제출된 경우나 구직자가 구인자의 요구 없이 자발적으로 제출한 경우 반환 의무 없음
- 채용서류의 반환에 소요되는 비용은 원칙적으로 구인자가 부담함

☑ 과태료(법 제17조)

500만원 이하	• 정당한 사유 없이 채용광고의 내용 또는 근로조건을 구직자에게 불리하게 변경한 구인자 • 지식재산권을 자신에게 귀속하도록 강요한 구인자 • 구직자에 대하여 그 직무의 수행에 필요하지 아니한 개인정보를 기초심사자료에 기재하도록 요구하거나 입증자료로 수집한 구인자
300만원 이하	• 채용서류 보관의무를 이행하지 아니한 구인자 • 채용서류의 반환 등에 따른 구직자에 대한 고지의무를 이행하지 아니한 구인자 • 채용심사비용 등에 관한 시정명령을 이행하지 아니한 구인자

개인정보 보호법

☑ 개인정보 보호위원회(법 제7조 내지 제7조의7)
- 국무총리 소속으로 둠
- 상임위원 2명(위원장 1명, 부위원장 1명)을 포함한 9명의 위원으로 구성함
- 위원의 임기는 3년으로 하되, 한 차례만 연임할 수 있음
- 대한민국 국민이 아닌 사람, 공무원으로 임용될 수 없는 사람, 정당의 당원은 위원이 될 수 없음

☑ 개인정보 보호 기본계획 및 시행계획(법 제9조 및 제10조)
- 기본계획 : 개인정보 보호위원회가 3년마다 관계 중앙행정기관의 장과 협의하여 수립함
- 시행계획 : 중앙행정기관의 장이 매년 작성하여 개인정보 보호위원회에 제출하고, 개인정보 보호위원회의 심의·의결을 거쳐 시행함

☑ 처리 제한 민감정보(법 제23조 및 시행령 제18조)
- 사상·신념, 노동조합·정당의 가입·탈퇴, 정치적 견해에 관한 정보
- 건강, 성생활 등에 관한 정보
- 유전자검사 등의 결과로 얻어진 유전정보
- 범죄경력자료에 해당하는 정보
- 개인의 신체적, 생리적, 행동적 특징에 관한 정보로서 특정 개인을 알아볼 목적으로 일정한 기술적 수단을 통해 생성한 정보
- 인종이나 민족에 관한 정보

☑ 처리 제한 고유식별정보(시행령 제19조)
- 「주민등록법」에 따른 주민등록번호
- 「여권법」에 따른 여권번호
- 「도로교통법」에 따른 운전면허의 면허번호
- 「출입국관리법」에 따른 외국인등록번호

☑ 개인정보 유출 등의 신고(시행령 제40조)
다음의 경우 72시간 이내에 개인정보 보호위원회 또는 한국인터넷진흥원에 개인정보 유출 등의 신고를 하여야 함

- 1천명 이상의 정보주체에 관한 개인정보가 유출 등이 된 경우
- 민감정보 또는 고유식별정보가 유출 등이 된 경우
- 개인정보처리시스템 또는 개인정보취급자가 개인정보 처리에 이용하는 정보기기에 대한 외부로부터의 불법적인 접근에 의해 개인정보가 유출 등이 된 경우

☑ 개인정보 분쟁조정위원회(법 제40조)
- 위원장 1명을 포함한 30명 이내의 위원으로 구성함
- 위원장은 위원 중 공무원이 아닌 사람으로 개인정보 보호위원회 위원장이 위촉함
- 위원장과 위촉위원의 임기는 2년으로 하되, 1차에 한하여 연임할 수 있음

이것만은 꼭!

빨리보는 간단한 키워드

직업상담사 2급
한권으로 끝내기!

제1과목

직업심리

CHAPTER 01 직업선택 및 진로발달이론
CHAPTER 02 직업상담 진단
CHAPTER 03 직업과 스트레스
CHAPTER 04 직업상담 초기면담

직업상담사 2급
한권으로 끝내기!

CHAPTER 01

제1과목 직업심리

직업선택 및 진로발달이론

중요키워드 10

※ 중요도 높은 것에서 낮은 것 순으로

① Holland의 6가지 직업성격 유형
② Super의 진로발달단계
③ Ginzberg의 진로발달단계
④ Dawis & Lofquist의 직업적응 유형
⑤ 특성-요인이론의 기본 가설
⑥ Roe의 욕구이론에 따른 5가지 가설(명제)
⑦ Gottfredson의 직업포부 발달단계
⑧ Krumboltz의 진로결정 영향요인
⑨ 인지적 정보처리의 주요 전제(기본 가정)
⑩ 가치중심적 진로접근 모형의 기본 명제

제1과목

 쌤의 학습지도

1. 직업선택이론과 직업발달이론을 애써 구별하진 마세요.

'직업선택'과 '직업발달'은 분명 다른 개념이지만 그와 관련된 다양한 이론들을 서로 별개의 것으로 구별하는 것은 무의미해요.

2. Holland의 육각형 모델과 6가지 직업성격 유형은 거의 매해 출제되고 있어요.

Holland의 이른바 '리아섹(RIASEC)'이라 불리는 6가지 직업성격 유형을 각각의 성격적 특징은 물론 적합 직업까지 기억해 두어야 해요.

3. 직업적응이론에서는 직업적응 유형을 2가지 차원으로 구분하고 있어요.

성격양식 차원(민첩성, 역량, 리듬, 지구력)과 적응방식 차원(융통성, 끈기, 적극성, 반응성)의 각 요소들을 명확히 구분할 수 있어야 해요.

4. 학자들마다 서로 다른 진로(직업)발달단계를 제시하고 있어요.

Ginzberg의 진로발달단계와 Super의 진로발달단계가 문제의 지문으로 함께 제시된다면, 여러분은 잘 구별할 수 있겠지요?

5. Super는 직업상담사 시험의 터줏대감이에요.

Super를 모른다는 것은 곧 불합격을 의미해요. 이른바 '성탐확유쇠'로 불리는 진로발달단계를 그 하위단계까지 확실히 암기해야 해요.

6. Gottfredson 이론의 정체가 무엇이냐고요?

Gottfredson의 이론은 '직업포부 발달이론'으로도, '제한-타협이론 또는 한계-절충이론'으로도 불려요. 개인이 나이가 들어감에 따라 자신의 직업포부를 제한하고 적절히 타협하는 과정을 설명하고 있죠.

7. 진로이론의 최근 경향에 대해서 개괄적으로 알아두어야 해요.

인지적 정보처리이론, 사회인지적 진로이론, 가치중심적 진로접근 모형 등의 기본적인 내용을 정리해 두도록 하세요.

8. 욕구 및 동기에 관한 이론에서는 욕구 및 동기의 범주들을 기억해 두세요.

Alderfer의 3가지 욕구범주(존재·관계·성장), McClelland의 3가지 욕구범주(성취·권력·친교), Herzberg의 동기요인과 위생요인 등은 기본적으로 알고 있어야 해요.

CHAPTER 01 직업선택 및 진로발달이론

제1과목 직업심리

01절 특성-요인이론

1 개요

쌤의 비법노트
특성-요인이론은 고도로 개별적이고 과학적인 방법을 통해 개인과 직업을 연결하는 것이 핵심입니다.

(1) 의의 및 특징 〔필기 출제〕 21, 20, 18, 17, 14, 10, 07, 03년 기출

① 특성-요인이론은 파슨스(Parsons)의 직업지도모델에 기초하여 형성되었다. 파슨스는 각 개인들이 객관적으로 측정될 수 있는 독특한 능력을 지니고 있으며, 이를 직업에서 요구하는 요인과 합리적인 추론을 통하여 매칭시키면 가장 좋은 선택이 된다고 주장하였다.
② 특성-요인이론은 모든 사람에게는 자신에게 옳은 하나의 직업이 존재한다는 가정에서 출발한다. 즉, 개인은 자신의 성격에 맞는 직업을 찾아야 만족하게 된다는 것이다.
③ 심리검사 이론과 개인차 심리학에 그 기초를 두고 있으며, 진단 과정을 매우 중시한다.
④ 개인적 흥미나 능력 등을 심리검사나 객관적 수단을 통해 밝혀내고자 한다.
⑤ 특성-요인이론에 따른 직업상담 방법들은 합리적이고 인지적인 특성을 가지며, 정신역동적 직업상담이나 내담자중심 직업상담에서와 같은 가설적 구성개념을 가정하지 않는다.
⑥ 윌리암슨(Williamson), 헐(Hull) 등을 비롯한 미네소타 대학의 연구자들이 파슨스의 이론을 확장하였다.

쌤의 비법노트
파슨스(Parsons)의 현명한 직업선택을 위한 필수 요인은 그가 주장한 직업상담의 3단계 접근법, 즉 '개인분석', '직업분석', '과학적 조언을 통한 매칭'과 연결됩니다.

(2) 파슨스(Parsons)가 강조하는 현명한 직업선택을 위한 필수 요인 〔필기 출제〕 21, 15년 기출

① 자신(개인)에 대한 이해
  자신의 흥미, 적성, 능력, 가치관 등 내면적인 자신에 대한 명확한 이해
② 직업세계에 대한 이해
  직업에서의 성공, 이점, 보상, 자격요건, 기회 등 직업세계에 대한 지식
③ 자신과 직업의 합리적 연결
  개인적인 요인과 직업관련 자격요건, 보수 등의 정보를 기초로 한 현명한 선택

2 주요 내용

(1) 특성-요인이론의 기본적인 가설(Klein & Weiner)

필기 출제 22, 20, 19, 18, 17, 16, 13, 11, 08, 06, 03년 기출

① 인간은 신뢰롭고 타당하게 측정할 수 있는 독특한(고유한) 특성을 지니고 있다.
② 다양한 특성을 지닌 개인들이 주어진 직무를 성공적으로 수행해낸다 할지라도, 직업은 그 직업에서의 성공을 위한 매우 구체적인 특성을 지닐 것을 요구한다.
③ 진로선택은 다소 직접적인 인지과정이므로 개인의 특성과 직업의 특성을 짝짓는 것이 가능하다.
④ 개인의 특성과 직업의 요구사항이 서로 밀접한 관계를 맺을수록 직업적 성공의 가능성은 커진다.

> **쌤의 비법노트**
> 클라인과 바이너(Klein & Weiner)는 파슨스(Parsons)의 이론을 정리하는 과정에서 특성-요인이론의 기본 가설(가정)을 제시하였으므로, 그들이 정리한 내용이 곧 파슨스 이론의 기본 가설(가정)에 해당한다고도 볼 수 있습니다.

(2) 인간본성에 대한 기본 가정(Williamson)

① 인간은 선과 악의 잠재력을 모두 지니고 있는 존재이다.
② 인간은 선을 실현하는 과정에서 타인의 도움을 필요로 하는 존재이다.
③ 인간의 선한 생활을 결정하는 것은 바로 자기 자신이다.
④ 선의 본질은 자아의 완전한 실현이다.
⑤ 우주와 인간의 관계, 즉 세계관은 개인적인 것으로, 인간은 누구나 그 자신만의 독특한 세계관을 가진다.

> **이렇게 출제된다! 2차 주관식**
> 윌리암슨(Williamson)의 특성-요인이론 중 인간본성에 대한 기본 가정을 3가지만 쓰시오.

(3) 특성-요인이론에 관한 쟁점

① 특성은 안정적이고 지속적인 것인가? 필기 출제 19, 16년 기출

트라이온과 아나스타시(Tryon & Anastasi)는 특성-요인이론이 가정하는 특성의 안정성과 지속성에 대해 의문을 제기하였다. 그들은 특성이란 학습되는 것이며, 특정한 임무나 상황에 대해서만 타당한 것으로 간주하였다.

② 특성이 언구를 통해 정확한 활용가치를 측정할 수 있는가?

헤어와 크래머(Herr & Crammer)는 특성-요인적 접근이 통계적인 정교함과 검사의 세련화에도 불구하고 특정 직업에서의 개인의 성공을 예언하는 데 있어서 부정확하다고 주장하였다.

> **쌤의 비법노트**
> 트라이온과 아나스타시(Tryon & Anastasi)는 "특성이란 숨어 있는 특질이나 원인이 아니라 기술적인 범주"라고 주장함으로써 파슨스(Parsons)가 제안한 특성-요인이론의 쟁점을 부각시켰습니다.

02절 홀랜드(Holland)의 인성이론

1 개요

(1) 의의 및 특징 〔필기 출제〕 20, 15, 12, 10, 06년 기출

① 홀랜드(Holland)는 사람들의 인성(성격)과 환경을 현실형, 탐구형, 예술형, 사회형, 진취형, 관습형으로 구분하고, 육각형 모델을 통해 효과적인 직업결정 방법을 제시하였다.
② 홀랜드의 인성이론은 "직업적 흥미는 일반적으로 성격이라고 불리는 것의 일부분이기 때문에 개인의 직업적 흥미에 대한 설명은 개인의 성격에 대한 설명이다"라는 가정에 기초한다. 이는 개인의 직업선택을 타고난 유전적 소질(→ 성격)과 문화적 요인(→ 환경) 간 상호작용의 산물로 보는 견해이기도 하다.
③ 개인의 특성과 직업세계의 특징 간의 최적의 조화를 이루는 것을 강조하며, 개인이 자신의 성격을 표현할 수 있는 적합한 환경을 추구한다고 주장한다.
④ 개인-환경 적합성(Person-Environment Fit) 모형을 통해 개인의 행동이 그들의 성격에 부합하는 직업환경 특성들 간의 상호작용에 의해 결정된다고 본다.

(2) 홀랜드(Holland) 인성이론의 4가지 기본 가정 〔필기 출제〕 16, 15, 09년 기출

① 사람들의 성격은 6가지 유형 중의 하나로 분류될 수 있다.
② 직업환경은 6가지 유형의 하나로 분류될 수 있다.
③ 사람들은 자신의 능력을 발휘하고 태도와 가치를 표현할 수 있는 환경을 찾는다.
④ 개인의 행동은 성격과 환경의 상호작용에 의해 결정된다.

2 6가지 직업성격 유형 〔필기 출제〕 22~10, 08, 07, 06, 05, 03년 기출

(1) 현실형 또는 현실적(실재적) 유형(R ; Realistic Type)

성격 특징	• 솔직하고 성실하며, 검소하고 지구력이 있다. • 말이 적고 고집이 세며, 직선적이고 단순하다.
선호하는 활동	• 분명하고, 질서정연하고, 체계적인 것을 좋아하며, 연장이나 기계의 조작을 주로 하는 활동 내지 신체적인 기술들에 흥미를 보인다. • 사회적 기술이 부족하고 사교적이지 못하여 대인관계가 요구되는 상황에서 어려움을 느낀다.
대표적인 직업	기술자, 정비사, 엔지니어, 전기·기계기사, 비행기조종사, 트럭운전사, 조사연구원, 농부, 목수, 운동선수 등

쌤의 비법노트

홀랜드(Holland)의 인성이론은 '성격이론', '흥미이론', '개인-환경 적합성 모형', '육각형 모델' 등 다양한 명칭으로 불립니다.

이렇게 출제된다! 1차 기출 OX

Q 홀랜드(Holland)의 이론은 개인의 행동이 성격에 의해 결정된다는 가정에 기초한다?

A (×) 개인의 행동이 성격과 환경의 상호작용에 의해 결정된다는 가정에 기초한다.

이렇게 출제된다! 1차 기출 OX

Q 솔직하고, 성실하며, 말이 적고, 고집이 세면서 직선적인 사람들은 현실적(R) 작업환경에 잘 어울린다?

A (○)

(2) 탐구형 또는 탐구적 유형(I ; Investigative Type)

성격 특징	• 논리적 · 분석적 · 합리적이며, 추상적 · 과학적이고 호기심이 많다. • 조직적이며 정확한 반면, 내성적이고 수줍음을 잘 탄다.
선호하는 활동	• 관찰적 · 상징적 · 체계적이고 과제 지향적이며, 물리적 · 생물학적 · 문화적 현상의 창조적인 탐구를 수반하는 활동들에 흥미를 보인다. • 사회적이고 반복적인 활동들에는 관심이 부족한 편이며, 흔히 리더십 기술이 부족하다.
대표적인 직업	과학자, 생물학자, 화학자, 물리학자, 인류학자, 지질학자, 의료기술자, 의사, 심리학자, 분자공학자 등

> **쌤의 비법노트**
> 심리학자는 탐구형(I), 직업상담사는 사회형(S)의 직업성격 유형과 보다 밀접하게 연결됩니다.

(3) 예술형 또는 예술적 유형(A ; Artistic Type)

성격 특징	• 표현이 풍부하고 창의적 · 독창적이며, 개성이 강하고 비순응적이다. • 상상력이 풍부하고 감수성이 강하며, 자유분방하고 개방적이다.
선호하는 활동	• 예술적 창조와 표현, 변화와 다양성을 좋아하고 틀에 박힌 것을 싫어하며, 모호하고, 자유롭고, 상징적인 활동들에 흥미를 보인다. • 체계적이고 구조화된 활동, 협동이 요구되는 활동에는 흥미가 없다.
대표적인 직업	예술가, 작곡가, 음악가, 무대감독, 작가, 배우, 소설가, 미술가, 무용가, 디자이너 등

(4) 사회형 또는 사회적 유형(S ; Social Type)

성격 특징	• 사람들과 어울리기를 좋아하고 대인관계에 뛰어나며, 친절하고 이해심이 많다. • 남을 잘 돕고 봉사적이며, 감정이고 이상주의적이다.
선호하는 활동	• 타인의 문제를 듣고, 이해하고, 도와주고, 치료해 주고, 봉사하는 활동들에 흥미를 보인다. • 다른 사람과 함께 일하거나 다른 사람을 돕는 것을 즐기지만, 도구와 기계를 포함하는 질서정연하고 조직적인 활동에는 흥미가 없다.
대표적인 직업	사회복지사, 사회사업가, 교육자, 교사, 종교지도자, 상담사(카운슬러), 바텐더, 임상치료사, 간호사, 언어재활사 등

> **이렇게 출제된다! 1차 기출 OX**
> **Q** Holland의 6가지 성격유형 중 사회적 유형(S)은 기계적이고 과학적인 능력이 부족하며 카운슬러, 바텐더 등이 해당한다?
> **A** (○)

(5) 진취형 또는 진취적(설득적) 유형(E ; Enterprising Type)

성격 특징	• 지배적이고 통솔력 · 지도력이 있으며, 말을 잘하고 설득적이다. • 경쟁적이고 야심적이며, 외향적이고 열성적이다.
선호하는 활동	• 조직의 목적과 경제적인 이익을 얻기 위해 타인을 선도, 계획, 통제, 관리하는 일과 그 결과로 얻어지는 위신, 인정, 권위에 흥미를 보인다. • 관찰적 · 상징적 · 체계적 활동에는 흥미가 없으며, 과학적 능력이 부족하다.
대표적인 직업	정치가, 사업가, 기업경영인, 판사, 영업사원, 상품구매인, 보험회사원(보험설계사), 판매원, 관리자, 연출가 등

> **이렇게 출제된다! 1차 기출 OX**
> **Q** 정치가, 사업가는 사회형(S)의 대표직업에 해당한다?
> **A** (×) 진취형(E)의 대표직업에 해당한다.

(6) 관습형 또는 관습적 유형(C ; Conventional Type)

성격 특징	• 정확하고 조심성이 있으며, 세밀하고 계획성이 있다. • 다소 보수적이고 변화를 좋아하지 않으며, 완고하고 책임감이 강하다.
선호하는 활동	• 구조화된(조직적인) 환경을 선호하며, 질서정연하고 체계적인 자료정리를 좋아한다. • 정해진 원칙과 계획에 따라 자료들을 기록, 정리, 조직하는 일을 좋아하고, 체계적인 작업환경에서 사무적·계산적 능력을 발휘하는 활동들에 흥미를 보인다.
대표적인 직업	사서, 은행원, 행정관료, 공인회계사, 경리사원, 경제분석가, 세무사, 법무사, 감사원, 안전관리사 등

3 직업적 성격의 관계모형

(1) 홀랜드의 육각형 모델과 직업성격 유형의 차원 [필기 출제] 21, 18, 17, 13, 12, 11, 10년 기출

① 육각형 모델(모형)에서 '현실형(R)과 사회형(S)', '탐구형(I)과 진취형(E)', '예술형(A)과 관습형(C)'은 서로 대각선에 위치하여 대비되는 특성을 지닌다.

② '사회형(S)과 진취형(E)'은 '사회형(S)과 관습형(C)'에 비해 서로 간의 거리가 가까우며, 상대적으로 유사한 직업성격을 지닌다.

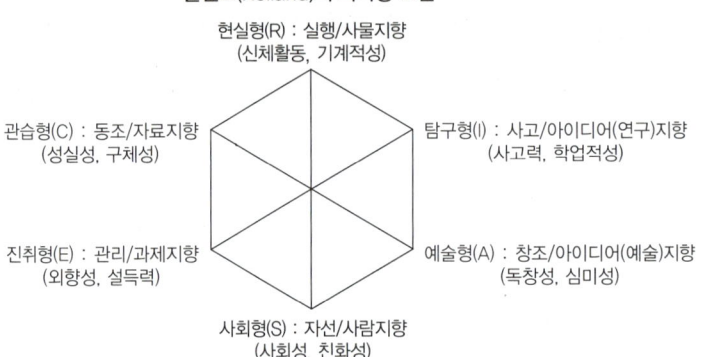

홀랜드(Holland)의 육각형 모델

(2) 홀랜드의 육각형 모델과 해석 차원 [필기 출제] 21, 19, 18, 14, 13, 11, 03년 기출

① 일관성(Consistency)
   어떤 유형의 쌍들은 다른 유형의 쌍들보다 더 많은 공통점을 가지고 있다.

② 변별성 또는 차별성(Differentiation)
   어떤 사람은 특정 유형과 매우 유사한 반면, 다른 유형과 차별적인 모습을 보인다.

③ 정체성(Identity)
   개인의 성격은 그의 목표, 흥미, 재능에 의해 명확해지며, 환경유형은 조직의 투명성, 안정성, 목표·일·보상의 통합에 의해 확고해진다.

④ 일치성(Congruence)
   어떤 사람은 자기 자신의 인성유형(흥미유형)과 동일하거나 유사한 환경에서 일하고 생활한다.

⑤ 계측성 또는 타산성(Calculus)

육각형 모델에서의 유형들 간의 거리는 그 이론적인 관계에 반비례한다.

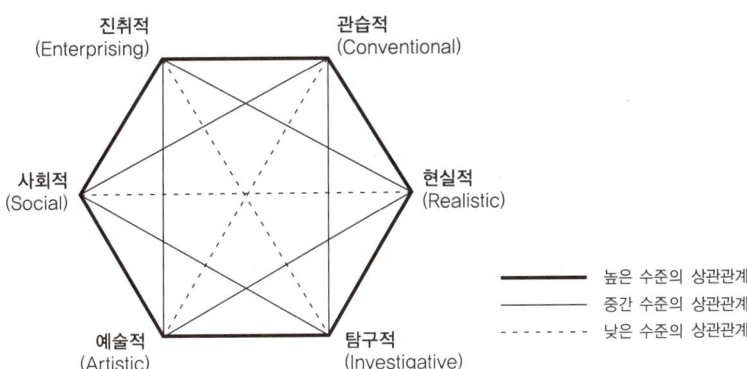

> **쌤의 비법노트**
>
> 육각형 모델에서 첫 두 문자가 서로 인접한 경우 일관성이 높은 반면, 서로 멀리 떨어져 있는 경우 일관성이 낮은 것으로 간주합니다. 예를 들어, 'RIE 코드'의 'RI'가 'RSE 코드'의 'RS'보다 더 인접해 있으므로 일관성이 높다고 할 수 있습니다.

더 알아보기

홀랜드(Holland)의 모델에 근거한 주요 검사도구 〔필기 출제〕 08, 07, 03년 기출
- 직업선호도검사(VPI ; Vocation Preference Inventory)
- 자기방향탐색검사 또는 자가흥미탐색검사(SDS ; Self Directed Search)
- 직업탐색검사(VEIK ; Vocational Exploration and Insight Kit)
- 자기직업상황검사 또는 개인직업상황검사(MVS ; My Vocational Situation)
- 경력의사결정검사(CDM ; Career Decision Making System)

03절 데이비스와 롭퀴스트(Dawis & Lofquist)의 직업적응이론

1 개요

(1) 의의 및 특징 〔필기 출제〕 22, 21, 20년 기출

① 직업적응이론(TWA ; Theory of Work Adjustment)은 미네소타 대학의 데이비스와 롭퀴스트(Dawis & Lofquist)가 1950년대 후반부터 지속적으로 수행해 온 직업적응 프로젝트의 연구 성과를 토대로 정립된 이론이다.

② 직업적응은 개인이 직업 환경과 조화를 이루어 만족하고 유지하도록 노력하는 역동적인 과정으로서, 직업적응이론은 개인의 욕구와 능력을 환경에서의 요구사항과 연관지어 직무만족이나 직무유지 등의 진로행동에 대해 설명한다.

③ 미네소타 직업분류체계 Ⅲ(MOCS Ⅲ)와 관련하여 발전한 직업발달이론으로, MOCS Ⅲ는 직업을 능력 범주와 강화물 범주의 2차원 매트릭스로 분류한다.

④ 개인과 환경 간의 상호작용을 통한 욕구충족(요구충족)을 강조하는 이론으로, 최근에는 '개인-환경 조화 상담(Person-Environment Correspondence Counseling)'으로도 불리고 있다.

> **쌤의 비법노트**
>
> 홀랜드(Holland) 인성이론의 '개인-환경 적합성 모형'과 데이비스와 롭퀴스트(Dawis & Lofquist) 직업적응이론의 '개인-환경 조화 상담'을 혼동하지 않도록 합시다.

(2) 직업적응 관련 주요 개념으로서 만족과 충족 〔필기 출제〕 19년 기출

만 족 (Satisfaction)	조화의 내적 지표로, 직업환경이 개인의 욕구를 얼마나 채워주고 있는지에 대한 개인의 평가를 뜻한다.
충 족 (Satisfactoriness)	조화의 외적 지표로, 직업에서 요구하는 과제와 이를 수행할 수 있는 개인의 능력과 관련된 개념이다.

2 직업적응 유형 〔필기 출제〕 21, 20, 18, 17, 16, 14, 12, 11, 10, 09, 08년 기출

(1) 성격양식 차원(직업성격적 측면)

민첩성 (Celerity)	반응속도 및 과제 완성도와 연관되며, 정확성보다는 속도를 중시한다.
역량 또는 속도 (Pace)	에너지 소비량과 연관되며, 작업자(근로자)의 평균 활동수준을 의미한다.
리 듬 (Rhythm)	활동에 대한 다양성을 의미한다.
지구력 또는 지속성 (Endurance)	환경과의 상호작용 시간과 연관되며, 다양한 활동수준의 기간을 의미한다.

(2) 적응방식 차원(적응방식적 측면) 〔필기 출제〕 20년 기출

융통성 또는 유연성 (Flexibility)	개인이 작업환경과 개인적 환경 간의 부조화를 참아내는 정도를 의미한다(→ 환경 변화로 인한 불일치에 대한 내성).
끈기 또는 인내 (Perseverance)	환경이 자신에게 맞지 않아도 개인이 얼마나 오랫동안 견뎌낼 수 있는지의 정도를 의미한다(→ 적응행동의 시작부터 종료까지의 지속기간).
적극성 또는 능동성 (Activeness)	개인이 작업환경을 개인적 방식과 좀 더 조화롭게 만들어가려고 노력하는 정도를 의미한다(→ 상대를 변화시켜 적응하려는 양상).
반응성 또는 수동성 (Reactiveness)	개인이 작업성격의 변화로 인해 작업환경에 반응하는 정도를 의미한다(→ 자신을 변화시켜 적응하려는 양상).

3 이론의 적용

(1) 직업적응이론에 근거한 주요 검사도구 〔필기 출제〕 20, 19, 16, 13년 기출

① 미네소타 중요성질문지 또는 미네소타 욕구중요도 검사(MIQ ; Minnesota Importance Questionnaire)

개인이 일의 환경(직업환경)에 대하여 지니는 20가지의 욕구와 6가지의 가치관을 측정하는 도구로서, 주 대상은 16세 이상의 남녀이며, 초등학교 고학년 수준 이상의 독해력이 필요하다.

② 미네소타 직무기술질문지(JDQ 또는 MJDQ ; Minnesota Job Description Questionnaire)

일의 환경이 MIQ에서 정의한 20개의 욕구를 만족시켜 주는 정도를 측정하는 도구로서, 하위척도는 MIQ와 동일하다.

[1차 기출 OX]

Q 성격양식 차원 중 '리듬'은 "활동에 대한 단일성"을 의미한다?

A (×) 활동에 대한 다양성을 의미한다.

[2차 주관식]

1. 직업적응이론에서 직업성격 차원의 4가지 성격유형 요소들을 쓰고, 각각에 대해 설명하시오.
2. Lofquist와 Dawis의 직업적응이론에서 직업적응방식 차원의 3가지 요소를 쓰고, 각각에 대해 설명하시오.

[1차 기출 OX]

Q 미네소타 (욕구)중요도 검사(MIQ)는 개인의 가치와 직업환경의 강화인 간의 조화를 측정하는 데 사용된다?

A (○)

③ 미네소타 만족질문지(MSQ ; Minnesota Satisfaction Questionnaire)
  직무만족의 원인이 되는 일의 강화요인을 측정하는 도구로 능력의 사용, 성취, 승진, 활동, 다양성, 작업조건, 회사의 명성, 인간자원의 관리체계 등의 척도로 구성되어 있다.

(2) 미네소타 중요성질문지(MIQ)에 대한 연구를 통해 발견한 6가지 가치차원(직업가치)

필기 출제 20년 기출

① 성취(Achievement)
② 이타심 또는 이타주의(Altruism)
③ 자율성 또는 자발성(Autonomy)
④ 안락함 또는 편안함(Comfort)
⑤ 안정성 또는 안전성(Safety)
⑥ 지위(Status)

> **이렇게 출제된다! 2차 주관식**
> 직업적응이론(TWA)에서 중요하게 다루는 직업가치를 6가지 쓰시오.

04절 로(Roe)의 욕구이론

1 개요

(1) 의의 및 특징   필기 출제 18, 16, 15, 10, 08, 05, 04, 03년 기출

① 개인의 진로발달 과정에서 사회나 환경의 영향을 상대적으로 많이 고려하는 이론으로, 사실상 진로발달이론이라기보다는 진로선택이론에 해당된다.
② 로(Roe)는 성격이론과 직업분류 영역을 통합하는 데 관심을 두었다.
③ 직업선택에서 개인의 욕구와 함께 초기 아동기의 경험을 중시하였다.
④ 직업과 기본욕구 만족의 관련성이 매슬로우(Maslow)의 욕구위계이론을 바탕으로 할 때 가장 효율적이라고 보았다.
⑤ 여러 가지 다른 직업에 종사하고 있는 사람들이 각기 다른 욕구를 가지고 있으며, 이러한 욕구의 차이는 어린 시절(12세 이전의 유아기 내지 아동기)의 부모-자녀 관계, 즉 양육방식에 기인한다고 주장하였다.

> **이렇게 출제된다! 1차 기출 OX**
> **Q** 로(Roe)의 욕구이론은 청소년기의 부모-자녀 관계에서 생긴 욕구가 직업선택에 영향을 미친다는 이론이다?
> **A** (×) 12세 이전의 유아기 내지 아동기의 부모-자녀 관계에서 생긴 욕구가 직업선택에 영향을 미친다는 이론이다.

(2) 로(Roe)의 욕구이론에 따른 5가지 가설(명제)   필기 출제 21, 20, 17, 16, 15, 13, 10, 08년 기출

① 첫째, 개인이 가지고 있는 여러 가지 잠재적 특성의 발달에는 한계가 있다. 다만, 그 한계의 정도는 개인에 따라 차이가 있다.
② 둘째, 개인의 유전적 특성의 발달정도 및 발달통로는 개인의 유일하고 특수한 경험에 의해 영향을 받는다. 또한 가정의 사회경제적 배경 및 일반사회의 문화배경에 의해서도 영향을 받는다.

> **쌤의 비법노트**
> 로(Roe)는 직업발달이론을 이해하려면 먼저 매슬로우(Maslow)의 욕구위계이론을 머리에 두어야 한다고 주장하였습니다. 특히 초기 가정환경이 이후의 직업선택에 중요한 영향을 미친다고 보고, 유아기(내지 아동기)의 경험과 직업선택에 관한 5가지의 가설을 수립하였습니다.

③ 셋째, 개인의 흥미나 태도는 유전의 제약을 비교적 덜 받으므로 주로 개인의 경험에 따라 발달유형이 결정된다.
④ 넷째, 심리적 에너지는 흥미를 결정하는 중요한 요소이다.
⑤ 다섯째, 개인의 욕구와 만족 그리고 그 강도는 성취동기의 유발 정도에 따라 결정된다.

2 직업분류체계

(1) 직업분류체계의 구조 필기 출제 20, 16, 14, 04년 기출

① 로(Roe)는 미네소타 직업평가척도(MORS ; Minnesota Occupational Rating Scales)에서 힌트를 얻어 일의 세계를 8가지 장(Field)과 6가지 수준(Level)으로 구성된 2차원의 체계로 조직화했다.
② 로의 직업분류체계는 8가지 장, 즉 '직업군'과 6가지 수준, 즉 '직업수준'을 의미하는 원뿔구조로 나타낼 수 있다.
③ 원주상의 순서대로 8가지 장은 서비스, 사업상 접촉(비즈니스), 조직, 기술, 옥외, 과학, 예술과 연예, 일반문화로 이루어진다.
④ 6가지 수준은 근로자의 직업과 관련된 정교화, 책임, 보수, 훈련의 정도를 묘사한다. '수준 1'은 가장 높은 수준으로서 전문직 혹은 관리직을 의미하며, '수준 6'은 가장 낮은 수준으로서 비숙련(비숙련직)을 나타낸다.

로(Roe)의 직업분류체계

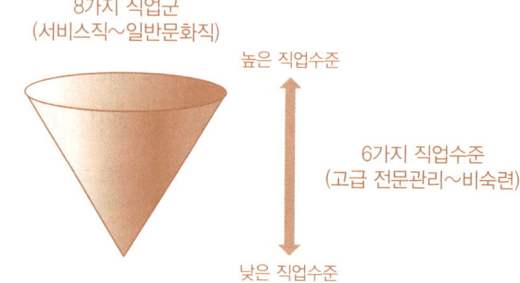

(2) 8가지 직업군 필기 출제 22, 18, 17, 14년 기출

서비스직 (Service)	사회사업, 가이던스 등 기본적으로 다른 사람의 욕구와 복지에 관심을 가지고 봉사하는 직업이 해당된다.
비즈니스직 (Business Contact)	주로 일대일 만남으로 상대방을 설득하여 공산품, 투자상품, 부동산 등을 판매하는 직업이 해당된다.
단체직 (Organization)	사업, 제조업, 행정에 종사하는 관리직 화이트칼라 등 기업의 조직과 효율적인 기능에 관련된 직업이 해당된다.
기술직 (Technology)	상품과 재화의 생산·유지·운송과 관련된 직업을 포함하며, 공학, 기계, 정보통신, 무역 등의 직업이 해당된다.

쌤의 비법노트

로(Roe)는 긴즈버그(Ginzberg), 수퍼(Super), 고트프레드슨(Gottfredson)과 같은 직업발달이론가들과 달리 고정된 연령 구분에 따른 직업발달단계를 제시하지 않았습니다.

이렇게 출제된다! 1차 기출 OX

Q 기술직(Technology)은 상품과 재화의 생산·유지·운송과 관련된 직업을 포함하는 군집이다?
A (○)

옥외활동직 (Outdoor)	농산물, 수산자원, 지하자원, 임산물, 기타의 천연자원을 개발, 보존, 수확하는 것과 축산업에 관련된 직업이 해당된다.
과학직 (Science)	기술직과 달리 과학이론 및 그 이론을 특정한 환경에 적용하는 직업이 해당된다.
예능직 (Arts and Entertainment)	창조적인 예술과 연예에 관련된 특별한 기술을 사용하는 것과 관련된 직업이 해당된다.
일반문화직 (General Culture)	개인보다는 인류의 활동에 흥미를 가지며, 문화유산의 보존 및 전수에 관련된 직업이 해당된다.

(3) 6가지 직업수준(수직차원)

고급 전문관리 (전문적·관리적 단계 1)	중요하고 독립적이며 다양한 책임을 진다. 정책을 만들며, 박사나 그에 준하는 정도의 교육 수준이 요구된다.
중급 전문관리 (전문적·관리적 단계 2)	중요성 및 다양성의 측면에서 자신과 타인에 대한 중간 수준의 책임을 진다. 정책을 해석하며, 석사학위 이상 또는 박사보다 낮은 교육 수준이 요구된다.
준전문관리	타인에 대한 낮은 수준의 책임을 진다. 정책을 적용하거나 자신만을 위한 의사결정을 하며, 고등학교나 기술학교 또는 그에 준하는 정도의 교육 수준이 요구된다.
숙련 (숙련직)	견습이나 다른 특수한 훈련 및 경험이 요구된다.
반숙련 (반숙련직)	약간의 훈련 및 경험이 요구되나, 숙련직보다는 낮은 수준이다.
비숙련 (비숙련직)	특수한 훈련 및 교육을 필요로 하지 않으며, 단순반복적인 활동에 종사하기 위해 필요한 능력 이상이 요구되지 않는다.

> **이렇게 출제된다! 2차 주관식**
> 1. 로(Roe)의 2차원 직업분류체계에서 6가지 수직차원을 쓰시오.
> 2. 로(Roe)의 욕구이론은 성격이론과 직업분류라는 두 가지 이질적인 영역을 통합하는 데 이론적 관심이 있었다. 로의 욕구이론에 영향을 미친 성격이론과 직업분류체계를 쓰시오.

3 부모-자녀 관계와 직업선택

(1) 부모-자녀 관계유형 암기 총제 21, 20, 18, 16년 기출

로(Roe)는 가정의 정서적 분위기, 즉 부모와 자녀 간의 상호작용 유형에 따라 자녀의 욕구 유형이 달라진다고 보았다.

수용형	• 무관심형 : 수용적으로 대하지만 자녀의 욕구나 필요에 대해 그리 민감하지 않고 또 자녀에게 어떤 것을 잘하도록 강요하지도 않는다. • 애정형 : 온정적이고 관심을 기울이며 자녀의 요구에 응하고 독립심을 길러 주며, 벌을 주기보다는 이성과 애정으로 대한다.
정서집중형	• 과보호형 : 자녀를 지나치게 보호함으로써 자녀에게 의존심을 키운다. • 과요구형 : 자녀가 남보다 뛰어나거나 공부를 잘하기를 바라므로 엄격하게 훈련시키고 무리한 요구를 한다.
회피형	• 거부형 : 자녀에 대해 냉담하여 자녀가 선호하는 것이나 의견을 무시하고 부족한 면이나 부적합한 면을 지적하며, 자녀의 욕구를 충족시켜 주려고 하지 않는다. • 무시형 : 자녀와 별로 접촉하려고 하지 않으며, 부모로서의 책임을 회피한다.

> **쌤의 비법노트**
> 로(Roe)는 개인의 직업군 선택이 부모-자녀의 관계에서 형성된 욕구구조(Need Structure)에서 비롯된다고 보았습니다. 이러한 욕구구조는 유전적 특성과 함께 어렸을 때 경험하는 좌절과 만족을 통해 형성됩니다.

(2) 부모-자녀 관계에 따른 직업선택 〔필기 출제〕 15, 10년 기출

① 따뜻한 부모-자녀의 관계에서 성장한 사람

어렸을 때부터 어떤 필요나 욕구가 있을 경우 사람들과의 접촉을 통해 이를 충족시키는 방식을 습득하게 됨으로써 이후 인간지향적인 직업(예 서비스직, 비즈니스직, 단체직, 예능직, 일반문화직)을 선택하려는 경향을 나타내 보이게 된다.

② 차가운 부모-자녀의 관계에서 성장한 사람

어렸을 때부터 자신의 문제에 대해 부모나 주위 사람의 도움을 청하지 않고 사람과의 접촉이 개입되지 않는 다른 수단을 통해 이를 해결하는 방법을 습득하게 됨으로써 이후 비인간지향적인 직업(예 기술직, 옥외활동직, 과학직)을 선택하려는 경향을 나타내 보이게 된다.

05절 긴즈버그(Ginzberg)의 진로발달이론

1 개요

> **쌤의 비법노트**
>
> 긴즈버그(Ginzberg)의 초기 이론은 진로발달을 아동기부터 성인 초기까지의 국한된 과정으로 다루고 있습니다.

(1) 의의 및 특징 〔필기 출제〕 20, 07, 05년 기출

① 직업선택의 과정은 일생동안 계속 이루어지는 과정이기 때문에 다양한 시기(단계)에서 도움을 필요로 한다.
② 긴즈버그(Ginzberg)는 처음으로 발달적 관점에서 직업선택이론을 제시하여 직업선택을 하나의 발달 과정으로 제시하였다.
③ 아동 및 청소년에 대한 면담과 기존 문헌에 대한 연구를 통해 진로선택 과정을 환상기, 선택의 변화기, 현실적 선택 시기로 설명하였다.

> **쌤의 비법노트**
>
> 직업선택 과정에 있어서 '타협'의 원리를 적용한 대표적인 학자로 긴즈버그(Ginzberg)와 고트프레드슨(Gottfredson)이 있습니다. 참고로 'Ginzberg'와 'Ginsberg'는 서로 다른 학자이나, 발달적 관점에서 진로선택의 과정을 함께 연구하였습니다.

(2) 직업선택의 양상 〔필기 출제〕 15, 13년 기출

① 직업선택은 일련의 결정들이 계속적으로 이루어지는 과정이다.
② 직업선택은 가치관, 정서적 요인, 교육의 양과 종류, 환경 영향 등의 상호작용에 의해 결정된다.
③ 직업선택의 과정은 바람(Wishes)과 가능성(Possibility) 간의 타협(Compromise)이다.
④ 직업선택은 단일 결정이 아닌 장기간에 걸친 일련의 결정이며, 나중에 이루어지는 결정은 그 이전 결정의 영향을 받는다.

2 진로발달 및 직업선택의 단계 _{필기 출제} 20, 19, 17, 16, 15, 14, 13, 11, 04년 기출

(1) 환상기(Fantasy Period, 6~11세 또는 11세 이전)
① 이 시기에 아동은 자기가 원하는 직업이면 무엇이든 하고 싶고, 하면 된다는 식의 환상 속에서 비현실적인 선택을 하는 경향이 있다.
② 직업선택과 관련하여 자신의 능력이나 가능성, 현실여건 등을 고려하지 않은 채 자신의 욕구를 중시한다.
③ 놀이중심의 단계로서, 놀이와 상상을 통해 미래 직업에 대해 생각한다.

(2) 잠정기(Tentative Period, 11~17세) _{필기 출제} 17, 11년 기출
① 이 시기에 아동 및 청소년은 자신의 흥미나 취미에 따라 직업선택을 하는 경향이 있다.
② 후반기에 가면 능력과 가치관 등의 요인도 어느 정도 고려하지만, 현실 상황을 그다지 고려하지 않으므로 직업선택의 문제에서 여전히 비현실적인, 즉 잠정적인 성격을 띤다.
③ 일이 요구하는 조건에 대하여 점차적으로 인식하는 단계로서, 다음의 4가지 하위단계로 구분된다.

흥미단계 (Interest Stage)	자신의 흥미나 취미에 따라 직업을 선택하려고 한다.
능력단계 (Capacity Stage)	자신이 흥미를 느끼는 분야에서 성공을 거둘 수 있는 능력을 지니고 있는지 시험해 보기 시작한다.
가치단계 (Value Stage)	자신이 좋아하는 직업에 관련된 모든 정보를 알아보려고 하며, 그 직업이 자신의 가치관 및 생애 목표에 부합하는지 평가해 본다.
전환단계 (Transition Stage)	주관적 요소에서 현실적 외부요인으로 관심이 전환되며, 이러한 현실적인 외부요인이 직업선택의 주요인이 된다.

(3) 현실기(Realistic Period, 17세 이후~성인 초기 또는 청·장년기)
_{필기 출제} 18, 14, 11, 10, 05, 03년 기출

① 이 시기에 청소년은 자신의 개인적 요구 및 능력을 직업에서 요구하는 조건과 부합함으로써 현명한 선택을 시도한다.
② 이 단계에서의 직업선택은 개인의 정서 상태, 경제적 여건 등으로 인해 지체되기도 한다.
③ 능력과 흥미의 통합단계로서, 다음의 3가지 하위단계로 구분된다.

탐색단계 (Exploration Stage)	직업선택의 다양한 가능성을 탐색하며, 직업선택의 기회와 경험을 가지기 위해 노력한다.
구체화 단계 (Crystallization Stage)	직업목표를 정하기에 이르며, 자신의 결정과 관련된 내적·외적 요인을 두루 고려하여 특정 직업분야에 몰두하게 된다.
특수화(정교화) 단계 (Specification Stage)	자신의 결정에 대해 세밀한 계획을 세우며, 고도로 세분화·전문화된 의사결정을 하게 된다.

이렇게 출제된다! 1차 기출 OX

Q Ginzberg의 진로발달이론에서 잠정기의 하위단계는 '탐색기-능력기-가치기-전환기'로 이루어진다?

A (×) '탐색기'가 아닌 '흥미기(흥미단계)'가 옳다.

이렇게 출제된다! 2차 주관식

긴즈버그(Ginzberg)의 진로발달단계 중 현실기의 3가지 하위단계를 쓰고, 각각에 대해 설명하시오.

06절 수퍼(Super)의 진로발달이론

1 개 요

(1) 의의 및 특징 `필기 출제` 22, 21, 20, 18, 15, 13, 12, 11, 06년 기출

① 긴즈버그(Ginzberg)의 진로발달이론을 비판하고 보완하면서 발전된 이론이다.
② 수퍼(Super)는 진로성숙(Career Maturity)에 대해 광범위한 연구를 수행하였으며, 그 과정에서 발달 단계별 특징 및 과제를 강조하였다.
③ 진로발달(직업발달)은 '성장기 – 탐색기 – 확립기 – 유지기 – 쇠퇴기'의 순환과 재순환 단계를 거친다.
④ 진로성숙은 생애단계 내에서 성공적으로 수행된 발달과업을 통해 획득된다.
⑤ 수퍼의 이론은 '전 생애(Life-span)', '생애역할(Life Role)', '자아개념(Self-concept)'의 세 가지 개념을 통해 개인의 진로발달 및 직업선택을 설명한다. 특히 인간이 자신의 자아이미지와 일치하는 직업을 선택한다고 주장한다.

(2) 수퍼(Super) 진로발달이론의 주요 가정(명제) `필기 출제` 21, 09년 기출

① 개인은 능력, 흥미, 성격에 있어서 각각 차이점을 갖고 있다.
② 개인은 각각에 적합한 직업적 능력을 가지고 있다.
③ 각 직업군에는 그 직업에 요구되는 능력, 흥미, 성격특성이 있다.
④ 직업선택 및 직업적응은 일생을 통해 변화하는 일련의 계속적인 과정이다.
⑤ 개인의 진로유형의 본질은 부모의 사회경제적 수준, 개인의 지적 능력, 성격특성, 직업 계획 등에 의해 결정된다.
⑥ 직업발달은 주로 자아개념을 발달시키고 실천해 나가는 과정이다.
⑦ 개인과 사회적 요인 간의 타협, 자아개념과 현실 간의 타협은 직업발달 과정에서의 역할수행의 과정이다.

(3) 수퍼(Super)의 진로발달이론에서 진로상담의 주요 목표 `필기 출제` 21년 기출

① 자아개념(자기개념) 분석하기
② 진로성숙 수준 확인하기
③ 진로발달과제를 수행하는 데 필요한 지식, 태도, 기술 익히기
④ 자신의 흥미, 능력, 가치를 확인하고 생애역할과 연계하여 이해하기

쌤의 비법노트

수퍼(Super)는 긴즈버그(Ginzberg)의 이론이 진로의사결정 과정에서 흥미의 역할을 충분히 고려하지 않았고, 선택과 적응의 개념을 구분하지 못하고 있으며, 진로선택과 관련된 타협의 과정을 설명하지 못한다고 지적한 바 있습니다.

이렇게 출제된다! 1차 기출 OX

Q 수퍼(Super)의 이론에서 직업발달은 주로 대인관계를 발달시키고 실천해 나가는 과정이다?
A (×) 주로 자아개념을 발달시키고 실천해 나가는 과정이다.

2 진로발달단계 필기 출제 22, 20~10, 07, 06, 04, 03년 기출

(1) 성장기(Growth Stage, 출생~14세)

① 욕구와 환상이 지배적이나 사회참여와 현실검증력의 발달로 점차 흥미와 능력을 중시하게 된다.

② 환상기(Fantasy Substage), 흥미기(Interest Substage), 능력기(Capacity Substage)의 하위단계로 구분된다.

환상기 (4~10세)	욕구가 지배적이며, 환상적인 역할수행이 중시된다.
흥미기 (11~12세)	진로의 목표와 내용을 결정하는 데 있어서 흥미(개인의 취향)가 중요 요인이 된다.
능력기 (13~14세)	능력을 더욱 중시하며, 직업의 요구조건 또한 고려한다.

> **이렇게 출제된다! 2차 주관식**
> 수퍼(Super)의 진로발달단계 중 성장기(Growth Stage)의 하위 3단계를 쓰고, 각각에 대해 설명하시오.

(2) 탐색기(Exploration Stage, 15~24세)

① 미래에 대한 계획을 세우는 시기이다. 학교생활, 여가활동, 시간제 일을 통해 자아를 검증하고 역할을 수행하며 직업탐색을 시도한다.

② 잠정기(Tentative Substage), 전환기(Transition Substage), 시행기(Trial Substage)의 하위단계로 구분된다.

잠정기 (15~17세)	자신의 욕구, 흥미, 능력, 가치와 취업기회 등을 고려하면서 환상이나 토론, 일의 경험 등을 통해 잠정적으로 진로를 선택해 본다.
전환기 (18~21세)	장래 직업세계로 들어갈 때 필요한 교육이나 훈련을 받으며, 직업선택에 있어서 보다 현실적인 요인을 중시하게 된다.
시행기 (22~24세)	자기에게 적합하다고 판단되는 직업을 선택하여 종사하기 시작하며, 그 직업이 자신에게 적합한지의 여부를 시험해 보게 된다.

(3) 확립기(Establishment Stage, 25~44세)

① 자신에게 적합한 분야를 발견해서 종사하고 생활의 터전을 잡으려고 노력한다.

② 시행기(Trial Substage), 안정기(Stabilization Substage)의 하위단계로 구분된다.

시행기 (25~30세)	자신이 선택한 일의 분야가 적합하지 않을 경우, 적합한 일을 발견할 때까지 한두 차례 변화를 시도한다.
안정기 (31~44세)	진로유형이 안정되는 시기로서, 개인은 그의 직업세계에서 안정과 만족감, 소속감, 지위 등을 갖게 된다.

(4) 유지기(Maintenance Stage, 45~64세)

직업세계에서 자신의 위치가 확고해지고 자신의 자리를 유지하기 위해 노력하며, 안정된 삶을 살아간다.

이렇게 출제된다! **2차 주관식**

1. 수퍼(Super)의 직업발달 5단계를 순서대로 쓰고, 각각에 대해 설명하시오.
2. 수퍼(Super)의 경력개발이론에서 경력개발 5단계를 쓰고, 각 단계에 대해 설명하시오.

(5) 쇠퇴기(Decline Stage, 65세 이후)

정신적·육체적 기능이 쇠퇴함에 따라 직업전선에서 은퇴하게 되며, 다른 새로운 역할과 활동을 찾게 된다.

> **Comment**
> 수퍼(Super)의 진로발달단계(경력개발단계)의 명칭은 번역상 차이로 인해 일부 교재에서 약간씩 다르게 제시되기도 합니다. 예를 들어, '쇠퇴기'는 '해체기'나 '은퇴기'로 제시되기도 하며, 탐색기의 하위단계인 '시행기'는 '수정기'로 제시되기도 합니다. 특히 하위단계인 '시행기'가 상위단계인 '탐색기'와 '확립기'에 걸쳐 나타난다는 점을 유념하시기 바랍니다.

쌤의 비법노트

수퍼(Super)는 진로발달을 "진로에 관한 자아개념의 발달"이라 주장하였으며, 그의 이론은 일회적인 진로선택 과정이 아닌 전 생애에 걸친 진로발달 과정을 잘 설명하고 있습니다. 다만, 그 이론이 매우 광범위하며, 자아개념을 지나치게 강조한다는 비판을 받고 있습니다.

3 수퍼(Super)의 후기 진로발달이론

(1) 전생애 발달이론 또는 평생발달이론 [필기 출제] 22, 21, 17, 07년 기출

① 수퍼(Super)의 초기 이론은 '성장기 – 탐색기 – 확립기 – 유지기 – 쇠퇴기'의 5단계 대순환 모형을 중심으로 하지만, 그의 후기 이론은 순환(Cycling)과 재순환(Recycling)의 과정을 강조한다.
② 순환과 재순환에 따라 인생에서 진로발달 과정은 전 생애에 걸쳐 계속되면서 성장, 탐색, 확립(정착), 유지, 쇠퇴 등의 대주기(Maxi Cycle)를 거치는 동시에, 대주기 외에 각 단계마다 같은 성장, 탐색, 확립(정착), 유지, 쇠퇴로 구성된 소주기(Mini Cycle)를 거치게 된다.
③ 수퍼의 후기 이론에서 재순환은 아동 및 청소년 심리학에서의 병리적 퇴행을 의미하는 것이 아니다. 이는 이전 단계로의 회귀로써 성숙과 적응능력, 창의적 문제해결을 위한 수단이 된다.
④ 순환과 재순환에서 '새로운 과업 찾기'의 발달과업이 특히 성인중기(45~64세 또는 46~65세)에 중요하게 대두된다.

> 예 **성인중기의 재순환**
> - 성장 : 자신의 한계 수용하기
> - 탐색 : 새로운 과업 찾기
> - 확립(정착) : 새로운 기술 개발하기
> - 유지 : 경쟁에서 자기 지위 확보하기
> - 쇠퇴 : 가장 중요한 것(필수활동)에 초점 맞추기

(2) 생애진로 무지개(Life-career Rainbow) 필기 출제 17, 07년 기출

① 사람은 동시에 여러 가지 역할을 함께 수행하며 발달단계마다 다른 역할에 비해 중요한 역할이 있는데, 수퍼는 이를 '생애진로 무지개' 개념으로 설명하였다.

② 생애진로 무지개는 2가지 차원, 즉 '진로성숙'과 '역할 현저성'으로 묘사된다.

진로성숙	• 생애와 삶의 과정의 대순환을 나타내는 것으로, 특히 외부의 띠는 주요 삶의 단계와 대략적인 나이를 보여준다. • 진로성숙도는 각 발달단계에 이른 사람들에 대한 사회의 기대와 함께 생물적·사회적 발달에 따른 발달과업에 대처하는 개인의 준비도로 정의된다.
역할 현저성	• 삶의 공간으로서, 사람들에 의해 수행되는 역할과 직위의 배열을 나타낸다. • 역할은 광범위하고 보상적이며 중립적이 될 수도 있는데, 특히 다른 역할에 필요한 시간과 에너지를 침해할 경우 갈등을 유발하기도 한다.

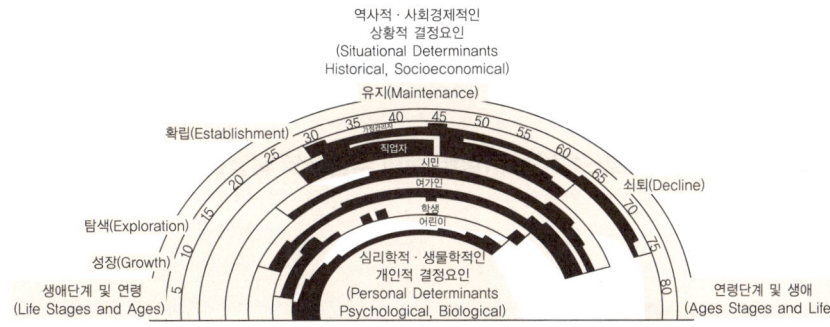

> **쌤의 비법노트**
>
> '진로성숙도'는 가설적인 구인이며, 단일한 특질이 아닙니다. 수퍼(Super)는 후기에 '진로적응'의 개념을 도입하게 되는데, 특히 성인기 진로발달을 설명하는 데 있어서 '진로성숙'보다는 '진로적응'의 개념이 보다 적절하다고 주장하기도 하였습니다.

(3) (진로)아치문 모델(Archway Model) 필기 출제 14, 11, 08년 기출

① 인간발달의 생물학적·심리학적·사회경제적 결정인자로 직업발달이론을 설명한다.
② 아치문 모델에서 이른바 '개인기둥'으로 불리는 왼쪽 기둥은 욕구나 지능, 가치, 흥미 등으로 이루어진 개인의 성격적 측면을 나타내는 반면, '사회기둥'으로 불리는 오른쪽 기둥은 경제자원, 사회제도, 노동시장 등으로 이루어진 사회정책적 측면을 의미한다.
③ 활모양의 아치는 왼쪽 기둥과 오른쪽 기둥을 연결함으로써 개인과 사회의 상호작용을 나타낸다.
④ 아치의 양쪽 끝에는 각각 발달단계가 있는데 왼쪽 기둥은 아동기와 청소년기를, 오른쪽 기둥은 성년기와 장년기를 의미한다.
⑤ 아치문의 바닥은 생물학적·지리학적인 기초 측면을 의미하며, 아치문의 지붕은 발달단계와 역할에 대한 자아개념으로 이루어진 상호작용적 측면을 나타낸다.

> **이렇게 출제된다! 1차 기출 OX**
>
> Q 아치문 모델의 왼쪽 기둥은 욕구나 지능, 가치, 흥미 등으로 이루어진 개인의 성격적 측면을 이룬다?
>
> A (○)

(진로)아치문 모델

07절 고트프레드슨(Gottfredson)의 직업포부 발달이론(제한-타협이론)

1 개요

(1) 의의 및 특징 필기 출제 18, 12년 기출

① 직업포부(Occupational Aspiration)는 개인이 특정 시점에서 가장 좋은 것으로 생각하는 직업적 대안으로서의 희망직업을 의미한다.
② 고트프레드슨(Gottfredson)은 사람이 어떻게 특정 직업에 매력을 느끼게 되는가를 기술하면서, 자아개념(자기개념)을 진로선택의 중요한 요인으로 간주하였다.
③ 직업선호의 주요 결정요인은 자아개념이 발달하면서 포부에 대한 한계를 설정하는 방향으로 나아간다.
④ 고트프레드슨은 자아개념 발달 과정에서 사회적·경제적 배경과 지능수준을 강조하였으며, 개인이 직업세계에서 자신의 사회적 공간, 지적 수준, 성 유형에 맞는 직업을 선택한다고 보았다.

(2) 제한과 타협(한계와 절충) 필기 출제 12년 기출

① 고트프레드슨의 직업포부 발달이론은 직업포부의 형성 및 변화의 과정을 설명하기 위해 제한(Circumscription) 및 타협(Compromise)의 원리를 제시함으로써 '제한-타협이론'으로도 불린다.
② '제한(또는 한계)'은 자아개념과 일치하지 않는 직업들을 배제하는 과정으로 자아개념의 발달단계에 따라 이루어지는 것이고, '타협(또는 절충)'은 제한을 통해 선택된 선호하는 직업대안들 중 자신이 극복할 수 없는 문제를 가진 직업을 어쩔 수 없이 포기하는 것이다.

쌤의 비법노트

고트프레드슨(Gottfredson)의 직업포부 발달이론은 크게는 진로발달이론의 범주에 속하나, 수퍼(Super)와 같이 전생애 진로발달을 조망하기보다는 가장 핵심적인 것들이 발달하는 시기, 즉 대략 청소년기까지의 진로발달을 주로 다루고 있습니다.

쌤의 비법노트

고트프레드슨(Gottfredson) 이론의 주요 원리로서 'Circum-scription'는 '제한' 혹은 '한계'로, 'Compromise'는 '타협' 혹은 '절충'으로 번역됩니다.

③ 고트프레드슨은 개인이 진로장벽에 부딪혔을 때 자신의 포부를 제한하고 의사결정 시 타협을 한다고 제안하였다.
④ 직업선택의 개인적 타협 과정에서 성 유형, 권위(명성), 흥미의 순서로 그 중요도를 매기고 있으며, 직업에 대한 흥미가 가장 먼저 희생되고, 두 번째는 직업의 권위수준, 마지막으로 성 유형이 희생된다고 보았다.

2 직업포부의 발달단계 필기 출제 22, 19, 18, 15, 13, 12, 10, 09, 08년 기출

(1) 제1단계 – 힘과 크기 지향성(Orientation to Power and Size)
① 3~5세에 해당하는 시기로, 서열 획득 단계에 해당한다.
② 사고과정이 구체화되며, 어른이 된다는 것의 의미를 알게 된다.

(2) 제2단계 – 성역할 지향성(Orientation to Sex Roles)
① 6~8세에 해당하는 시기로, 성역할을 획득하는 단계에 해당한다.
② 자아개념(자기개념)이 성의 발달에 의해서 영향을 받게 된다.

(3) 제3단계 – 사회적 가치 지향성(Orientation to Social Valuation)
① 9~13세에 해당하는 시기로, 아동 및 청소년이 사회적 가치를 인지하는 단계에 해당한다.
② 사회계층과 사회질서에 대한 개념이 발달하기 시작하면서 '상황 속 자아(Self-in-Situation)'를 인식하기에 이른다.

(4) 제4단계 – 내적, 고유한 자아(자기) 지향성(Orientation to Internal, Unique Self)
① 14세 이후에 해당하는 시기로, 내면적 사고를 통해 자기인식 및 자아정체감이 발달하며, 사회인지를 통해 타인의 감정이나 생각, 의도를 이해하는 단계에 해당한다.
② 자아성찰과 사회계층의 맥락에서 직업적 포부가 더욱 발달하게 된다.

08절 타이드만과 오하라(Tiedeman & O'Hara)의 진로발달이론

1 개 요

(1) 의의 및 특징 필기 출제 22, 21, 14, 13, 12년 기출
① 진로발달단계를 개인이 자아정체감(자기정체감)을 지속적으로 구별해 내고 발달과제를 처리하는 과정으로 설명하였다.
② 진로발달을 직업정체감을 형성해 가는 과정으로 보았으며, 새로운 경험을 쌓을수록 개인의 정체감은 발달한다고 하였다.

이렇게 출제된다! 2차 주관식
고트프레드슨(Gottfredson)의 직업포부 발달이론에 제시된 제한과 절충의 원리에서 제한(Circumscription)과 절충(Compromise)의 의미에 대해 설명하시오.

쌤의 비법노트
고트프레드슨(Gottfredson)의 직업포부 발달단계는 '서열 획득 단계 → 성 유형 획득 단계 → 사회적 가치 획득 단계 → 내적 자아 확립 단계'로 설명하기도 합니다.

이렇게 출제된다! 2차 주관식
1. 고트프레드슨(Gottfredson)의 직업과 관련된 개인발달의 4단계를 쓰고, 각 단계에 대해 설명하시오.
2. 고트프레드슨(Gottfredson)의 직업포부 발달단계 4단계 중 '내적, 고유한 자아 지향성'을 제외한 나머지 3단계를 쓰고, 각각에 대해 설명하시오.

쌤의 비법노트
타이드만과 오하라(Tiedeman & O'Hara)의 이론은 개인이 연속적인 의사결정 과정을 통해 자신의 특성을 파악하고 자아를 실현시키기 위한 방법을 고려하면서 진로를 결정하는 방식을 설명하므로 '의사결정 발달이론'이라고도 불립니다.

③ 에릭슨(Erikson)의 심리사회적 발달단계를 토대로 하여, 개인이 심리사회적 위기를 해결하는 과정을 통해 자아가 성숙되는 동시에 일에 대한 태도가 발달된다고 보았다.
④ 개인의 진로발달은 자신을 동일시하면서 계속적으로 분화하고 통합하는 과정이라고 보았다.

(2) 분화와 통합
① '분화(Differentiation)'는 개인의 인지구조 발달에 따라 내적으로 일어나는 것으로, 다양한 직업을 구체적으로 학습함으로써 나타나는 자아의 복잡한 발달과정에 해당한다.
② '통합(Integration)'은 개인이 사회의 일원이자 직업세계의 일원으로서 자신의 고유성과 직업세계의 고유성을 일치시키는 과정에 해당한다.
③ 개인은 분화와 통합의 과정을 거치면서 자아정체감을 형성해 가며, 이러한 자아정체감은 직업정체감의 형성에 중요한 기초요인이 된다.

2 직업정체감 형성과정(의사결정 과정) 필기 출제 19, 15, 04년 기출

(1) 예상기(Anticipation Period)
'전직업기(Preoccupation Period)'라고도 불리며, 다음과 같이 문제를 한정하고 정보를 수집하며 대안들을 평가하고 선택하는 과정인 4가지 하위단계로 구분된다.

탐색기(Exploration)	자신의 진로목표 및 대안을 탐색해 본다.
구체화기(Crystallization)	개인은 구체적으로 자신의 진로를 준비하기 시작한다.
선택기(Choice)	구체적인 의사결정에 임하게 되는 시기이다.
명료화기(Clarification)	이미 내린 선택을 보다 신중히 분석 및 검토해 본다.

(2) 실천기(Implementation Period)
'적응기(Adjustment Period)'라고도 하며, 이 단계는 앞에서 내린 잠정적 결정을 실천에 옮기는 과정으로 다음의 3가지 하위단계로 구분된다.

순응기(Induction)	개인은 새로운 상황에 들어가서 인정과 승인을 받고자 수용적인 자세로 업무에 임한다.
개혁기(Reformation)	수용적이던 이전 단계와 달리 자신의 역할에 대해 보다 강경하고 주장적인 태도를 보이기 시작하며, 조직 내에서 자신의 의지를 펼쳐 조직을 개혁하고자 하는 마음을 가지게 된다.
통합기(Integration)	집단에 소속된 일원으로서 자기 자신에 대해 새로운 자아개념을 형성하게 되며, 개인의 욕구와 조직의 요구를 균형 있게 조절할 수 있게 되어 타협과 통합을 이루게 된다.

쌤의 비법노트

타이드만과 오하라(Tiedeman & O'Hara)는 의사결정 과정을 '예상기(전직업기)'와 '실천기(적응기)'로 나누고, 이를 다시 7단계의 하위단계로 구분하여 설명하였습니다.

1차 기출 OX

Q 타이드만과 오하라(Tiedeman & O'Hara)는 '탐색 → 구체화 → 선택 → 명료화 → 순응 → 개혁 → 통합'의 직업정체감 형성과정으로 진로발달이론을 설명하였다?
A (○)

> 더 알아보기

1. 에릭슨(Erikson)의 심리사회적 발달단계와 위기 필기 출제 17, 16, 09년 기출

에릭슨은 **심리사회적 발달의 8단계**를 제안하였으며, 각 단계별로 위기 혹은 해결해야 할 과제들을 제시하였다.

- 유아기(0~18개월) : 기본적 신뢰감 대 불신감
- 초기아동기(18개월~3세) : 자율성 대 수치심·회의
- 학령전기 또는 유희기(3~5세) : 주도성 대 죄의식
- 학령기(5~12세) : 근면성 대 열등감
- 청소년기(12~20세) : **자아정체감 대 정체감(역할) 혼란**
- 성인 초기(20~24세) : 친밀감 대 고립감
- 성인기(24~65세) : **생산성(생성감) 대 침체감**
- 노년기(65세 이후) : 자아통합 대 절망

2. 레빈슨(Levinson)의 인생주기 모형 필기 출제 21, 13, 12, 11, 06, 05년 기출

레빈슨의 발달이론에서 성인은 연령에 따라 **안정과 변화**의 계속적인 과정을 거쳐 발달하게 되며, 이러한 과정단계는 남녀나 문화에 상관없이 적용 가능하다.

초기 성인변화단계 (17~22세)	성인으로 변화하기 위한 단계이다.
초기 성인세계단계 (22~28세)	성인 생활양식을 형성하는 시기이다.
30세 변화단계 (28~33세)	초기의 생활양식을 재평가 및 수정하는 기회를 가지며, 다음의 인생구조를 계획하는 단계이다.
정착단계 (33~40세)	초기 성인단계가 완성되며 안정되는 시기이다.
중년변화단계 (40~45세)	중년시기로 접어드는 또 하나의 새로운 이동시기이다.
중기 성인단계 (45~50세)	새로운 시대에 적합한 생활양식을 형성하는 시기이다.
50세 변화단계 (50~55세)	처음의 계획을 수정 및 향상시키는 단계이다.
중년기 마감단계 (55~60세)	중년기가 완성되는 단계이다.
말기 성인변화단계 (60~65세)	중기와 말기 사이를 연결하는 단계이다.
말기 성인단계 (65세 이상)	인생의 마지막 단계로서 다시 한번 새로운 시대에 적합한 생활양식을 형성하는 시기이다.

이렇게 출제된다! 1차 기출 OX

Q 성인기 중 40~50세에 이르면 단순히 자신과 자기세대의 이익과 번영에만 관심을 쏟는 것이 아니라 자기 자손들의 세대와 역사적 미래를 위해 보다 나은 세계를 만드는 데 헌신하게 되는데, 이 시기에 '생성감 대 침체감'의 현상이 나타나게 된다?

A (ㅇ)

쌤의 비법노트

레빈슨(Levinson)은 성인의 인생구조 형성과정이 연령의 증가에 따라 일정한 계열을 형성한다고 보았는데, 그것이 마치 자연의 사계절과 흡사한 진행 양상을 보인다고 하여 '인생주기(Life Cycle)'라 지칭하였습니다.

09절 크롬볼츠(Krumboltz)의 사회학습이론

1 개요

(1) 의의 및 특징 [필기 출제] 22, 18, 17, 16, 15, 13년 기출

① 크롬볼츠(Krumboltz)는 반두라(Bandura)의 학습이론을 적용하여 진로의사결정에서 인지와 행동의 중요성을 강조하면서 진로의사결정 방법에 관한 이론을 발전시켰다.
② 진로결정과 관련된 학습에 영향을 미치는 요인을 밝히며, 진로선택 과정에서 개인과 환경이 상호작용하는 과정에 초점을 두고 개인이 환경과의 상호작용을 통해 무엇을 학습했는지를 강조한다.
③ 강화이론, 고전적 행동주의이론, 인지적 정보처리이론에 기원을 두고 있으며, 학습경험을 강조하는 동시에 개인의 타고난 재능의 영향을 강조한다.
④ 학과 전환 등 진로의사결정과 관련된 개인의 특수한 행위들에 대해 관심을 둔다.

(2) 자기관찰 일반화와 세계관 일반화 [필기 출제] 13년 기출

① 사회학습이론은 진로결정 요인들이 상호작용하여 '자기관찰 일반화(Self-observation Generalizations)'와 '세계관 일반화(World-view Generalizations)'를 형성한다고 주장한다.
② 자기관찰 일반화 및 세계관 일반화를 토대로 앞으로의 사건들을 예측하고 현재의 진로결정을 이해할 수 있다고 본다.

> **쌤의 비법노트**
> '자기관찰 일반화'는 자기 자신에 대한 관찰 결과 얻어진 것, '세계관 일반화'는 자신의 환경에 대한 관찰 결과 얻어진 것을 말합니다.

2 진로결정(진로선택)

(1) 진로결정에 영향을 미치는 요인 [필기 출제] 21, 20, 19, 18, 14, 12, 11, 10년 기출

유전적 요인과 특별한 능력	• 개인의 진로기회를 제한하는 타고난 특질을 말한다. • 물려받거나 생득적인 개인의 특성들을 포함한다. 예 인종, 성별, 신체적 특징, 지능, 예술적 재능 등	
환경조건과 사건	• 환경에서의 특정한 사건이 기술개발, 활동, 진로 선호 등에 영향을 미친다. • 보통 개인의 통제를 벗어나는 사회적·문화적·정치적·경제적 사항들이 해당한다. 예 취업 가능 직종의 내용, 교육훈련 가능 분야, 정책, 법, 기술의 발달 정도 등	
학습경험	개인이 과거에 학습한 경험은 현재 또는 미래의 교육적·직업적 의사결정에 영향을 미치는데, 크롬볼츠는 이를 크게 두 가지 유형으로 가정하고 있다.	
	도구적 학습경험	주로 어떤 행동이나 인지적 활동에 대한 정적·부적 강화에 의해 이루어지는 것으로, 행동과 결과의 관계를 학습한다.
	연상적 학습경험	이전에 경험한 감정적 중립 사건이나 자극을 정서적으로 비중립적인 사건이나 자극과 연결시킴으로써 이루어진다.
과제접근기술	개인이 환경을 이해하고 그에 대처하며, 미래를 예견하는 능력이나 경향을 말하는 것으로, 목표설정, 가치 명료화, 대안 형성, 직업적 정보 획득 등을 포함하는 기술이다. 예 문제해결 기술, 일하는 습관, 정보수집 능력, 감성적 반응, 인지적 과정 등	

> **쌤의 비법노트**
> 크롬볼츠(Krumboltz)가 제시한 진로결정에 영향을 미치는 요인에 '부모 특성'이나 '인간관계기술'은 포함되지 않습니다.
>
> [이렇게 출제된다!] **2차 주관식**
> 크롬볼츠(Krumboltz)의 사회학습이론에서 개인의 진로선택에 영향을 주는 것으로 가정한 요인 4가지를 쓰시오.

더 알아보기

과제접근기술의 수정 `필기` `출제` 20, 14, 11, 08년 기출

과제접근기술은 문제해결 기술, 일하는 습관 등 개인이 발달시켜 온 기술 일체를 포함하는 것으로, 이는 개인이 직면한 문제와 과업의 결과를 상당 정도 결정한다. 그러나 이와 같은 과제접근기술은 종종 바람직한 혹은 바람직하지 못한 결과를 통해 수정된다.

학생의 예	고등학교 3학년인 A양은 가끔 수업노트를 가지고 공부하는데, 비록 고등학교에서는 그녀가 좋은 성적을 받더라도, 대학에서는 이런 방법이 실패해 그녀의 노트기록 습관과 학습습관을 수정하게 할지도 모른다.
직장인의 예	신입사원 A는 직무 매뉴얼을 참고하여 업무수행을 한다. 그러나 이런 방법을 통해 신입사원 때 좋은 결과를 얻더라도, 승진하여 새로운 업무를 수행할 때는 기존의 업무수행 방법을 수정해야 할지도 모른다.

(2) '계획된 우연' 모형 `필기` `출제` 19년 기출

① 삶의 다양한 우연적인 사건들은 개인의 노력 여하에 따라 진로에 긍정적 또는 부정적으로 작용할 수 있게 되는데, 이를 '계획된 우연(Planned Happenstances)'으로써 긍정적으로 활용하는 것이 중요하다.

② 삶에서 일어나는 우연한 일들을 자신의 진로에 유리하게 활용하는 데 있어서 다음의 기술들이 도움이 된다.

호기심 (Curiosity)	새로운 학습기회를 탐색하는 것이다.
인내심 (Persistence)	좌절에도 불구하고 노력을 지속하는 것이다.
융통성 (Flexibility)	태도와 상황을 변화시키는 것이다.
낙관성 (Optimism)	새로운 기회가 올 때 그것을 긍정적으로 보는 것이다.
위험감수 (Risk Taking)	불확실한 결과 앞에서도 행동화하는 것이다.

쌤의 비법노트

크롬볼츠(Krumboltz)는 성장하는 아이들에게 적성에 맞는 직업을 고르게 하는 것보다, 살면서 경험하는 무수한 우연에 대한 태도를 가르쳐야 한다고 주장하였습니다. 이와 같이 삶에서 우연히 일어나는 일들을 이롭게 활용하는 데 도움을 주기 위해 레빈(Levin)과 함께 『행운은 우연이 아니다(Luck Is No Accident)』를 집필하기도 하였습니다.

10절 진로이론의 최근 경향

1 인지적 정보처리이론(CIP ; Cognitive Information Processing)

(1) 의의 및 특징 〔필기 출제〕 18, 17, 13, 11, 06년 기출

① 피터슨, 샘슨, 리어든(Peterson, Sampson, Reardon)에 의해서 개발된 것으로, 개인이 어떻게 정보를 이용해서 자신의 진로에 관한 문제해결 능력과 의사결정 능력을 향상시킬 수 있는가에 대한 종합적인 시각을 제공한다.
② 인간의 문제해결 과정이 컴퓨터의 정보처리 과정과 유사하다는 점에 착안하여 진로선택의 과정을 정보처리의 과정으로 간주하고 있으며, 진로선택 자체의 적절성보다는 인지적으로 정보를 처리하는 인간의 사고과정을 중요시하고 있다.
③ 개인이 자신의 운명을 결정 및 통제하는 데 있어서 무엇보다도 인지의 역할이 크다는 것을 강조한다.
④ 진로발달과 선택에서 내담자로 하여금 욕구를 분류하고 지식을 획득하여, 자신의 욕구가 무엇인지 알 수 있도록 돕는다.
⑤ 진로개입의 주요 책략들은 개인에게 학습기회를 제공함으로써 개인의 처리능력을 발전시키는 데 있다.

> **이렇게 출제된다! 1차 기출 OX**
> **Q** 인지적 정보처리에서 직업 문제해결과 의사결정은 인지적인 과정을 내포하고 있고 정서적인 과정은 포함되지 않는다?
> **A** (×) 인지적인 과정은 물론 정서적인 과정을 포함한다.

(2) 인지적 정보처리의 주요 전제(기본 가정) 〔필기 출제〕 21, 17, 14, 11, 10, 09, 06년 기출

① 진로선택은 인지적 및 정의적(정서적) 과정들의 상호작용의 결과이다.
② 진로를 선택한다는 것은 하나의 문제해결 활동이다.
③ 진로문제 해결자의 잠재력은 지식뿐만 아니라 인지적 조작의 가용성에 의존한다.
④ 진로문제 해결은 고도의 기억력을 요하는 과제이다.
⑤ 동기의 근원을 앎으로써 자신을 이해하고 만족스러운 진로선택을 하려는 욕망을 갖게 된다.
⑥ 진로발달은 지식구조의 끊임없는 성장과 변화를 포함한다.
⑦ 진로정체성은 자기지식에 의존한다.
⑧ 진로성숙은 진로문제를 해결할 수 있는 자신의 능력에 의존한다.
⑨ 진로상담의 최종목표는 정보처리기술의 신장을 촉진시킴으로써 달성된다.
⑩ 진로상담의 최종목표는 진로문제의 해결자이고 의사결정자인 내담자의 잠재력을 증진시키는 것이다.

(3) 인지적 정보처리의 과정(진로문제 해결의 절차) 〔필기 출제〕 21, 18, 13, 11년 기출

의사소통 (Communication)	• 질문들을 받아들여 부호화하며 이를 송출한다. • 진로의사결정을 해야 함을 인식하는 단계이다.
분석 (Analysis)	• 한 개념적 틀 안에서 문제를 찾고 이를 분류한다. • 진로결정을 위해 자신에 대한 이해와 직업에 대한 이해를 해 나가는 단계이다.
통합 또는 종합 (Synthesis)	• 일련의 행위를 형성한다. • 자신에 대한 이해와 직업에 대한 이해를 토대로 자신에게 적합할 것으로 보이는 직업대안들을 선택하는 단계이다.
가치부여 또는 평가 (Valuing)	• 성공과 실패의 확률에 따라 각각의 행위를 판단하며, 다른 사람에게 미칠 파급효과를 평가한다. • 앞선 단계에서 선택한 3~4개의 직업들을 좀 더 구체적으로 평가해 보는 단계이다.
집행 또는 실행 (Execution)	• 책략을 통해 계획을 실행한다. • 평가에 의한 우선순위에 따라 취업준비를 실행하는 단계이다.

> **쌤의 비법노트**
>
> 인지적 정보처리의 과정, 즉 진로문제 해결 절차의 5단계는 영문 앞 글자를 따서 이른바 'CASVE'라 부릅니다.

2 사회인지적 진로이론(SCCT ; Social Cognitive Career Theory)

(1) 의의 및 특징 〔필기 출제〕 17, 13, 11, 10, 07, 03년 기출

① 반두라(Bandura)의 사회학습이론(사회인지이론)을 토대로 렌트, 브라운, 헥케트(Lent, Brown & Hackett) 등에 의해 확장되었다.

② 개인의 사고와 인지는 기억과 신념, 선호, 자기지각에 영향을 미치며, 이는 진로발달 과정의 일부로 볼 수 있다.

③ 진로발달 및 진로선택이 개인의 타고난 성향 및 환경 간의 상호작용의 결과라는 전통적인 관점에서 벗어나 자기효능감(Self-efficacy)의 개념을 도입함으로써, 진로발달과 선택에서 진로와 관련된 자신에 대한 평가와 믿음의 인지적 측면을 강조한다.

④ 인지적 측면의 변인으로서 결과기대(성과기대)와 개인적 목표가 자기효능감과 상호작용하여 개인의 진로관련 활동의 방향을 결정한다고 주장한다.

⑤ 학습경험을 형성하고 진로행동에 단계적으로 영향을 주는 구체적인 매개변인을 찾는 데 목표를 둔다.

⑥ 사회인지적 진로이론은 이론의 범위를 확장하여 개인의 진로선택과 수행에 영향을 미치는 성(Gender)과 문화적 이슈 등에 대해서도 민감하게 다루었다.

> **쌤의 비법노트**
>
> 사회인지적 진로이론은 개인의 직업행동을 이해하는 데 상대적으로 '흥미'를 중요하게 다루지 않습니다.

이렇게 출제된다! **1차 기출 OX**
Q 사회인지 진로이론(SCCT)은 진로발달의 기본이 되는 핵심개념으로 자기효능감(자아효능감)과 수행결과, 개인적 목표를 들고 있다? **A** (×) '수행결과'가 아닌 '결과기대'가 옳다.

쌤의 비법노트
'개인적·신체적 속성(개인과 신체적 속성)', '외부환경요인', '외형적 행동'은 반두라(Bandura)의 상호적 결정론의 세 가지 요인에 해당합니다.

(2) 진로발달의 결정요인 　필기 출제 22, 20, 17년 기출

자기효능감 또는 자아효능감 (Self-efficacy)	목표한 과업을 완성시키기 위해 필요한 행동을 계획하고 수행할 수 있는 자신의 능력에 대한 신념을 말한다.
결과기대 또는 성과기대 (Outcome Expectations)	특정 과업을 수행했을 때 자기 자신 및 주변에서 일어날 일에 대한 평가를 말하는 것으로서, 어떤 과업을 수행했을 때 자신 및 타인에게 일어날 일에 대한 믿음을 의미한다.
개인적 목표 (Personal Goals)	특정 활동에의 참여 또는 특정 결과를 성취하기 위한 개인의 의도를 말하는 것으로서, 개인은 특정한 목표를 세워 그에 필요한 행동을 실행하고 어떤 성취를 추구하게 된다.

(3) 3축 호혜성 인과적 모형 　필기 출제 19, 12, 10, 03년 기출

① 사회인지적 진로이론은 개인과 환경 간의 상호작용하는 인과적 영향을 분류 및 개념화하기 위해 '3축 호혜성(Triadic Reciprocal)'이라 부르는 반두라의 인과적 모형을 기술한다.

② 개인 내의 요인과 환경이 행동에 영향을 미칠 뿐만 아니라 행동 또한 정서·인지 등 개인 내 요인과 환경에 다시 영향을 미친다.

③ '개인적·신체적 속성(개인과 신체적 속성)', '외부환경요인', '외형적 행동'의 상보적 인과관계를 수용함으로써 개인의 진로발달을 개인의 특성과 환경의 단순한 결과물이 아닌 개인의 의지와 인지적 판단이 포함된 끊임없는 상호작용의 결과로 간주한다.

④ 개인은 '개인-행동-상황의 상호작용'에 의해 유전과 환경의 단순한 결과물이 아닌 진로발달의 역동적 주체가 된다.

이렇게 출제된다! **2차 주관식**
사회인지적 진로이론(SCCT)의 3가지 영역모델을 쓰고, 각각에 대해 설명하시오.

(4) 3가지 영역모형

사회인지적 진로이론은 진로발달 및 진로선택과 관련하여 흥미모형(흥미발달모형), 선택모형, 수행모형 등 세 가지 모형을 제시하였다.

흥미모형	자기효능감과 결과기대가 개인의 흥미발달에 직접적인 영향을 미친다.
선택모형	자기효능감과 결과기대에 앞서 개인적 배경 및 환경적 배경에 의한 학습경험이 개인의 흥미를 제한한다.
수행모형	개인의 수행 수준 및 수행의 지속성은 능력, 자기효능감, 결과기대, 수행목표 등을 통해 나타난다.

3 가치중심적 진로접근 모형(Values-based Approach)

(1) 의의 및 특징 필기 출제 17, 13, 11년 기출

① 브라운(Brown)이 제안한 것으로서, 인간행동이 개인의 가치에 의해 상당 부분 영향을 받는다는 가정에서 출발한다.
② 개인에 의해 확립된 행동규준들은 발달과정에 있어서 매우 중요한 것이며 가치에 기반을 둔 것으로서, 개개인이 스스로의 행위와 타인의 행위를 판단하는 규칙들이 된다.
③ 다른 이론들과 달리 흥미를 진로결정에 큰 영향을 미치지 않는 것으로 보는 반면, 가치를 행동역할을 합리화하는 데 매우 강력한 결정요인으로 본다.
④ 가치는 개인의 물려받은 특성과 경험의 상호작용에 의해 형성된다.

(2) 기본 명제 필기 출제 20, 19, 15, 14, 12, 11, 08년 기출

① 개인이 우선권을 부여하는 가치들은 얼마 되지 않는다.
② 우선순위가 높은 가치들은 일정한 조건 하에서 생애역할 선택에 가장 중요한 결정요인이 되기도 한다.
③ 가치는 환경 속에서 가치를 담은 정보를 획득함으로써 학습된다.
④ 생애만족은 중요한 모든 가치들을 만족시키는 생애역할들에 의존한다.
⑤ 한 역할의 특이성(현저성)은 역할 안에 있는 필수적인 가치들의 만족 정도와 직접 관련된다.
⑥ 생애역할에서의 성공은 학습된 기술, 인지적 · 정의적 · 신체적 적성 등 다양한 요인들에 의해 결정된다.

4 맥락주의(Contextualism)

(1) 의의 및 특징

① 구성주의(Constructivism)의 철학적 입장을 토대로 한 것으로, 진로연구와 진로상담에 대한 맥락상의 행위설명을 확립하기 위해 고안되었다.
② 맥락주의는 내담자가 현재의 행위와 후속적인 경험으로부터 어떻게 개인적인 의미를 구성하는지를 파악하고자 한다.
③ 기존의 진로선택 및 진로발달의 이론들은 그 초점을 온통 개인에게 집중함으로써 정작 개인의 진로선택에 상당한 영향을 미치는 외부요소들을 경시하였다.
④ 맥락주의는 '진로 환경(Environment of Career)'에 관심을 기울이면서 개인의 진로에 영향을 미치는 다양한 환경적 요소를 고려한다. 즉, 산업화, 세계화, 기술의 발전, 노동시장, 조직 내부의 리엔지니어링 등을 관심요소에 포함시킨다.

쌤의 비법노트

가치중심적 진로접근 모형에 따르면, 사회봉사의 가치를 중시하는 사람은 다른 사람들을 돕는 직업을 찾게 되고, 독립성의 가치를 중시하는 사람은 행동의 자유가 허용되는 작업환경을 찾게 된다는 것입니다.

쌤의 비법노트

브라운(Brown)은 다양한 연구결과들을 통해 대략 40%의 유전적 요인과 60%의 환경적 영향이 개인의 가치발달과 연관된다는 점에 주목하였는데, 이는 생애역할에서의 성공이 개인적 요인이나 외적(환경적) 요인 중 어느 한쪽 요인에 의해 더 결정되는 것은 아니라는 점을 시사합니다.

> **이렇게 출제된다! 1차 기출 OX**
>
> **Q** 맥락주의(Contextualism)는 개인보다는 환경의 영향을 강조한다?
>
> **A** (×) 개인과 환경의 상호작용과 다각적인 관계를 강조한다.

(2) 주요 개념

① 개인과 환경의 상호작용 〔필기 출제〕 20, 16, 13, 12년 기출

개인 혹은 환경 어느 한쪽에 관심을 기울이는 것이 아닌 맥락적 그물(Context Web) 안에서 이들 간의 관계와 상호작용에 초점을 둔다. 이는 개인과 환경을 서로 분리할 수 없는 하나의 단위로 보는 것이다.

② 행위

맥락주의의 주요 관심대상으로서, 이때 행위란 인지적·사회적으로 방향 지어지는 것이며, 일상의 경험을 반영하는 것으로 개념화된다.

③ 행위체계

'투사(Project)'와 '진로(Career)'로 구성되는 것으로, '투사'는 둘 이상 사람들 간의 행위에 대한 일종의 합의를 말하는 것인 반면, '진로'는 행위들 간의 연결을 통한 계획, 목표, 정서 및 인지의 결과로서 평가를 위한 도구로 활용되는 요소이다.

5 자기효능감 이론(Self-efficacy Theory)

(1) 의의 및 특징 〔필기 출제〕 18, 10, 03년 기출

① 진로발달에 대한 초기의 이론들은 대체로 사람들의 진로발달을 설명하였으나, 근래에 이르러 성차에 대한 설명이 시도되고 있는데, 그중 대표적인 것으로 반두라(Bandura)의 사회학습이론을 토대로 한 헥케트와 베츠(Hackett & Betz)의 자기효능감 이론을 들 수 있다.

② 자기효능감 이론은 어떤 과제를 수행하는 데 있어서 자신의 능력에 대한 믿음이 과제 시도의 여부와 과제를 어떻게 수행하는지를 결정한다는 반두라의 주장을 토대로, 자기효능감 수준에 따른 여성의 진로발달 양상을 설명한다.

(2) 헥케트와 베츠(Hackett & Betz)의 자기효능감 이론

① 자기효능감 수준이 낮은 여성들은 진로이동뿐만 아니라 진로선택에 있어서도 제약을 받는다. 또한 여성들이 성취에 대한 보상을 남성과 동등하게 받지 못하는 작업환경에 있는 경우 자기효능감 개발에 방해를 받게 된다.

② 자기효능감은 선택권의 제한과 자신의 능력을 십분 발휘하지 못하는 경험 등에 의해 영향을 받게 되므로, 자기효능감이 낮은 여성들의 경우 진로결정을 포기, 지연 혹은 회피하는 경향이 있다.

> **쌤의 비법노트**
>
> 자기효능감 이론은 사실상 반두라(Bandura)의 사회학습이론에서 비롯되었으므로, 반두라의 이론을 '자기효능감 이론'으로 지칭하기도 합니다.

11절 욕구 및 동기에 관한 이론

1 욕구 중심의 이론

(1) 매슬로우(Maslow)의 욕구위계이론

① 욕구위계이론의 기본 가정 [필기 출제] 14, 07년 기출
   ㉠ 첫째, 인간은 특정한 형태의 충족되지 못한 욕구들을 만족시키기 위하여 동기화되어 있는 동물이다.
   ㉡ 둘째, 대부분의 사람들이 추구하는 욕구들은 사람에 따라 서로 다르기는 하지만, 이를 분류하면 몇 가지 공통된 범주로 구분할 수 있다.

② 인간욕구의 위계 5단계 [필기 출제] 14, 09, 07년 기출
   ㉠ 매슬로우는 인간욕구를 계층별로 분류하였으며, 5가지의 욕구 중 제1단계의 '생리적 욕구'에서 제4단계의 '자기존중 또는 존경의 욕구'에 이르는 욕구를 '결핍 욕구'로, 제5단계의 '자기실현(자아실현)의 욕구'를 '성장 욕구'로 구분하였다.
   ㉡ 욕구위계에서 하위의 욕구가 더 강하고 우선적이다. 특히 하위의 욕구는 생존에 필요하고 상위의 욕구는 성장에 필요하다.

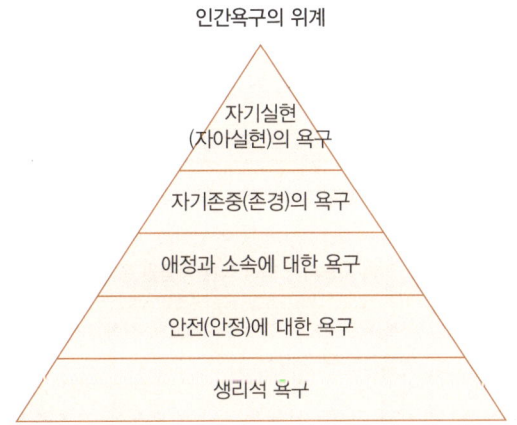

인간욕구의 위계

③ 자기실현(자아실현)한 사람의 주요 특징 [필기 출제] 16, 09년 기출
   ㉠ 현실을 왜곡하지 않고 객관적으로 지각한다.
   ㉡ 자신이 하는 일에 몰두하고 만족스러워 한다.
   ㉢ 즐거움과 아름다움을 느낄 수 있는 감상능력이 있다.
   ㉣ 형식적·외면적으로 꾸미기보다는 있는 그대로 자연스럽게 표현하는 것을 더 좋아한다.
   ㉤ 환경과 문화에 영향을 받지 않으며, 사회적인 압력에 굴하지 않는다.
   ㉥ 사회적 관심과 함께 인간미를 가지고 있으며, 인간적인 관계를 깊이 한다.
   ㉦ 창의적이며, 감성이 풍부하다.
   ㉧ 최대한 많은 것을 알고 경험하려 한다.

쌤의 비법노트

'욕구(Needs)'와 '동기(Motive)'는 대부분의 경우 혼용되고 있습니다. 그러나 이 둘 사이의 가장 큰 차이점은 동기(Motive)의 경우 유기체로 하여금 특정 행동을 취하도록 하는 목표 지향성을 전제로 하는 반면, 욕구(Needs)는 그와 같은 목표 지향성을 전제로 하지 않는다는 점입니다.

이렇게 출제된다! 1차 기출 OX

Q 매슬로우(Maslow)가 제시한 자기실현한 사람은 부정적인 감정 표현을 억제한다?

A (×) 부정적인 감정 표현을 억제하지 않은 채 자신의 감정을 자연스럽게 표현한다.

(2) 알더퍼(Alderfer)의 ERG이론(존재-관계-성장이론) 〔필기 출제〕 19, 10, 04년 기출

① 매슬로우의 욕구위계이론과 유사한 직무동기이론으로서, 매슬로우의 '만족-진행(Satisfaction-Progression)'의 욕구 전개를 비판하고 '좌절-퇴행(Frustration-Regression)'의 욕구 전개를 주장한다.

② 알더퍼는 저차원 욕구와 고차원 욕구 간의 기본적인 구별이 필요하다고 보았으며, 매슬로우의 5단계 욕구를 세 가지 범주로 구분하였다.

존재욕구 (E ; Existence)	생리적 욕구 + 안전(안정)에 대한 욕구
(인간)관계욕구 (R ; Relatedness)	애정과 소속에 대한 욕구 + 자기존중 또는 존경의 욕구(일부)
성장욕구 (G ; Growth)	자기존중 또는 존경의 욕구(일부) + 자아실현의 욕구

③ '좌절-퇴행'의 요소를 추가하였으며, 이를 통해 고차원 욕구가 좌절되었을 때 오히려 저차원 욕구의 중요성이 커진다고 주장하였다.

2 직무만족 및 작업동기 관련 이론

(1) 맥클리랜드(McClelland)의 성취동기이론 〔필기 출제〕 22, 13년 기출

> **쌤의 비법노트**
> 'McClelland'는 교재에 따라 '맥클리랜드' 또는 '맥클랜드'로, 'Alderfer'는 '알더퍼' 또는 '앨더퍼'로 제시되고 있습니다. 각각 동일인물을 지칭하는 것이므로 혼동하지 않도록 합시다.

① 맥클리랜드는 개인의 성격이 행위를 유발하는 잠재적인 요소들, 즉 '성취욕구(성취동기)', '권력욕구(권력동기)', '친교욕구(친교동기)'로 구성되어 있다고 보았다.

성취욕구 (Achievement)	어려운 일을 성취하려는 욕구, 목표를 달성하고 그것을 능가하려는 욕구이다.
권력욕구 (Power)	조직의 지도자가 되어 다른 사람을 통제·지시하려는 욕구이다.
친교욕구 (Affiliation)	'친화욕구' 또는 '귀속욕구'라고도 하며, 다른 사람과 친근하고 밀접한 관계를 맺으려는 욕구이다.

② 맥클리랜드는 세 가지 욕구 중 성취욕구의 중요성을 강조하였는데, 성취욕구는 매슬로우의 자아실현의 욕구 수준에 상응한다고 볼 수 있다.

(2) 허즈버그(Herzberg)의 2요인이론(동기-위생이론) 〔필기 출제〕 19, 14, 13, 06년 기출

> **1차 기출 OX**
> Q 허즈버그(Herzberg)의 2요인이론에서 '직무 그 자체'는 동기요인에 해당한다?
> A (○)

① 허즈버그는 인간이 이원적 욕구구조 즉, 불만을 일으키는 요인(위생요인)과 만족을 일으키는 요인(동기요인)을 가진다고 보았다.

동기요인 (직무)	직무만족과 관련된 보다 직접적인 요인으로서 동기요인이 충족되지 않아도 불만족은 생기지 않으나, 이 요인을 좋게 하면 일에 대해 만족하게 되어 직무성과가 올라간다. 예 직무 그 자체, 직무상의 성취, 직무성취에 대한 인정, 승진, 책임, 성장 및 발달 등
위생요인 (환경)	일과 관련된 환경요인으로서 위생요인을 좋게 하는 것은 불만족을 감소시킬 수는 있으나, 만족감을 산출할 힘은 갖고 있지 못하다. 예 조직(회사)의 정책과 관리, 감독, 봉급, 개인 상호 간의 관계, 지위 및 안전, 근무환경 등

② 낮은 수준의 욕구를 만족하지 못하면 직무불만족이 생긴다. 그러나 자아실현과 같은 높은 수준의 욕구의 실패가 직무불만족을 초래하는 것은 아니다.

③ 직무만족을 산출해내는 동기요인이 근로자로 하여금 높은 수준의 성과를 얻도록 자극한다.

더 알아보기

1. 직무만족과 작업동기 필기 출제 20, 15, 12, 11년 기출

직무만족 (Job Satisfaction)	직무에 대해 가지고 있는 감정에 대한 것으로, 자신의 직무나 직무경험에 대한 평가로부터 비롯되는 유쾌하거나 정적인 감정 상태를 말한다.
작업동기 (Work Motivation)	직무상에 발생되는 행동에 대한 것으로, 작업관련 행동의 형태, 방향, 강도, 지속기간 등을 결정하는 역동적 힘의 집합을 말한다.

2. 직무만족도 측정도구로서 직무기술지표(JDI ; Job Description Index)의 측정 요인
필기 출제 16, 08년 기출

- 직무(일 자체)
- 급여(임금)
- 승진(승진 기회)
- 감 독
- 동 료

(3) 아담스(Adams)의 공정성(형평성) 이론 필기 출제 10년 기출

① 어떤 조직체에서 한 개인이 얼마나 동기화가 많이 되느냐 하는 것은 타인들이 기울이는 노력의 정도와 자신이 기울이는 노력의 정도에 대한 비교를 통해 결정된다.

② 작업동기와 관련된 이론 중 집단의 영향을 강조하고 타인에 대한 지각을 중시하며, 행동이 활성화되고 유지되는 과정을 이해하는 데 초점을 둔 이론이다.

③ 개인의 행위는 타인과의 관계에서 공정성을 유지하는 방향으로 동기부여가 되며, 업무에서 공평하게 취급받으려고 하는 욕망이 개인으로 하여금 동기를 가지게 한다.

> **쌤의 비법노트**
>
> 아담스(Adams)의 공정성 이론은 자신의 노력에 대한 인정(Recognition)도 하나의 보상이며, 그것이 다른 사람과 비교하여 적절하게 주어질 때 동기부여가 일어난다고 봅니다.

더 알아보기

분배 공정성의 3가지 법칙 필기 출제 19년 기출

형평분배 법칙	조직구성원이 어떠한 성과나 결과에 기여한 정도에 따라 보상을 받아야 한다는 것이다.
평등분배 법칙	능력과 같은 어떠한 특성에 의해 구별하지 않고 보상의 기회를 모든 조직구성원들에게 동일하게 주어야 한다는 것이다.
필요분배 법칙	조직구성원 개인의 필요에 의해 보상을 분배해야 한다는 것이다.

> **쌤의 비법노트**
>
> 분배 공정성은 성과, 결과 또는 성취한 결실을 분배하는 데 있어서의 공정성을 말하는 것으로, '형평', '평등', '필요'의 세 가지 법칙에 기초를 둡니다.

이렇게 출제된다! 1차 기출 OX

Q 기대이론은 작업동기를 노력, 성과 그리고 도구성과의 관계로 설명한다?

A (○)

(4) 브룸(Vroom)의 기대이론 [필기 출제] 21, 16, 13, 12, 10, 08, 04년 기출

① 기술적 진로의사결정 모델로서 '기대–유인가 이론'으로도 불린다.
② 인간이 행동하는 방향과 강도가 그 성과에 대한 기대와 강도, 실제로 이어진 결과에 대해 느끼는 매력에 달려 있다고 본다. 즉, 노력과 성과, 그리고 그에 대한 보상적 결과에 대한 믿음으로 작업동기를 설명한다.
③ 주요 변수로서 기대감(Expectancy), 도구성 또는 수단성(Instrumentality), 유의성 또는 유인가(Valence)가 있다. 특히 직무에서 열심히 일함으로써 긍정적 유의성(유인가)이 높은 성과들을 얻을 확률이 높다고 지각하는 경우 작업동기는 높아진다.

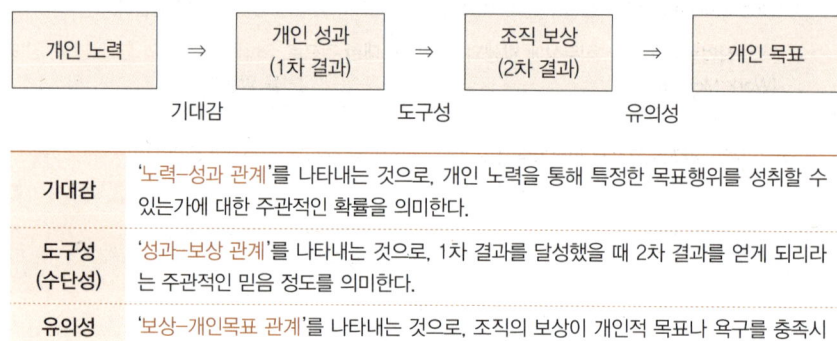

기대감	'노력–성과 관계'를 나타내는 것으로, 개인 노력을 통해 특정한 목표행위를 성취할 수 있는가에 대한 주관적인 확률을 의미한다.
도구성 (수단성)	'성과–보상 관계'를 나타내는 것으로, 1차 결과를 달성했을 때 2차 결과를 얻게 되리라는 주관적인 믿음 정도를 의미한다.
유의성 (유인가)	'보상–개인목표 관계'를 나타내는 것으로, 조직의 보상이 개인적 목표나 욕구를 충족시키는 정도 혹은 잠재적 매력의 정도를 의미한다.

(5) 로크와 래덤(Locke & Latham)의 목표설정이론 [필기 출제] 09, 05년 기출

① 설정된 목표가 일반적일 때보다 구체적으로 설정될 때 근로자들의 직무수행이 보다 높아진다.
② 설정된 목표가 어려울수록 직무수행의 정도는 보다 높아진다. 즉, 목표에 대한 몰입이 목표의 난이도에 비례한다.
③ 목표를 달성하는 데 있어서 얼마만큼의 성과를 거두고 있는지에 대한 피드백을 받게 될 때 더 높은 수준의 직무수행을 보여준다.
④ 목표설정 시 참여하게 되는 경우 결정사항에 대해 더욱 애착을 가지게 되며, 이는 어려운 목표에 대한 수용가능성을 높인다.

(6) 데시(Deci)의 내재적 동기이론(인지평가이론) [필기 출제] 16, 10, 07년 기출

① 데시는 사람들이 내재적 동기와 외재적 동기 모두에 의해 영향을 받는다고 보았으며, 특히 내재적 동기를 강조하였다.
② 사람들은 외적인 보상보다는 즐거움 때문에 일을 하는 경향이 있으므로, 처벌이나 보상에 의해 어떤 행동을 하도록 만들어지는 경우 행동에 대한 통제감을 상실할 수 있다.
③ 어떤 일을 하는 것에 대해 금전과 같은 외적인 보상을 주게 되면, 근로자들이 직무를 수행할 때 원래 가지고 있던 내재적 동기가 약화된다. 즉, 금전적 보상이 오히려 직무동기를 낮추는 요인이 될 수 있다는 것이다.

쌤의 비법노트

외재적으로 동기화되었다는 것은 돈과 같은 외적인 보상에 의해 행동을 하게 된다는 것이고, 내재적으로 동기화되었다는 것은 행위 자체에서 오는 즐거움에 의해 행동을 하게 된다는 것입니다.

CHAPTER 01 출제 유형 알아보기

제1과목 직업심리

01절 특성-요인이론

01 다음 중 특성-요인이론에 대한 설명으로 가장 옳은 것은?

① 자신이 선택한 투자에 최대한의 보상을 받을 수 있는 직업을 선택한다.
② 개인적 흥미나 능력 등을 심리검사나 객관적 수단을 통해 밝혀낸다.
③ 사회·문화적 환경 또는 사회구조와 같은 요인이 직업선택에 영향을 준다.
④ 동기, 인성, 욕구와 같은 개인의 심리적 수단에 의해 직업을 선택한다.

해설

② 특성-요인이론은 심리검사 이론과 개인차 심리학에 그 기초를 두고 있으며, 진단 과정을 매우 중시한다. 따라서 개인적 흥미나 능력 등을 심리검사나 객관적 수단을 통해 밝혀내고자 한다.

02 다음 중 특성-요인이론의 기본적인 가설에 해당하지 않는 것은?

① 인간은 신뢰롭고 타당하게 측정할 수 없는 독특한 특성을 지니고 있다.
② 직업에서의 성공을 위한 매우 구체적인 특성을 각 개인이 지닐 것을 요구한다.
③ 진로선택은 다소 직접적인 인지과정이므로 개인의 특성과 직업의 특성을 짝짓는 것이 가능하다.
④ 개인의 특성과 직업의 요구사항이 서로 밀접한 관계를 맺을수록 직업적 성공의 가능성은 커진다.

해설

① 인간은 신뢰롭고 타당하게 측정할 수 있는 독특한(고유한) 특성을 지니고 있다.

정답 01 ② 02 ①

02절 홀랜드(Holland)의 인성이론

03 다음 중 홀랜드(Holland) 인성이론의 기본 가정에 대한 설명으로 옳지 않은 것은?

① 사람들의 성격은 6가지 유형 중의 하나로 분류될 수 있다.
② 직업환경은 6가지 유형의 하나로 분류될 수 있다.
③ 개인의 행동은 성격에 의해 결정된다.
④ 사람들은 자신의 능력을 발휘하고 태도와 가치를 표현할 수 있는 환경을 찾는다.

> **해설**
> ③ 개인의 행동은 성격과 환경의 상호작용에 의해 결정된다.

04 다음 보기의 내용은 Holland의 6가지 성격유형 중 무엇에 해당하는가?

> • 다른 사람과 함께 일하거나 다른 사람을 돕는 것을 즐기지만, 도구와 기계를 포함하는 질서정연하고 조직적인 활동을 싫어한다.
> • 기계적이고 과학적인 능력이 부족하며 카운슬러, 바텐더 등이 해당한다.

① 현실적 유형(R)
② 사회적 유형(S)
③ 탐구적 유형(I)
④ 관습적 유형(C)

> **해설**
> ① 현실적 유형(R)은 분명하고, 질서정연하고, 체계적인 것을 좋아하지만, 사회적 기술이 부족하고 사교적이지 못하다.
> ③ 탐구적 유형(I)은 추상적·과학적이고 호기심이 많지만, 사회적이고 반복적인 활동들에는 관심이 부족하다.
> ④ 관습적 유형(C)은 정해진 원칙과 계획에 따라 자료들을 기록, 정리, 조직하는 일을 좋아하지만, 다소 보수적이고 변화를 좋아하지 않는다.

05 다음 중 Holland의 육각형 모델에서 "어떤 유형의 쌍들은 다른 유형의 쌍들보다 더 많은 공통점을 가지고 있다"는 것을 나타내는 것은?

① 일관성(Consistency)
② 차별성(Differentiation)
③ 일치성(Congruence)
④ 정체성(Identity)

> **해설**
> ② 차별성(변별성) : 어떤 사람은 특정 유형과 매우 유사한 반면, 다른 유형과 차별적인 모습을 보인다.
> ③ 일치성 : 어떤 사람은 자기 자신의 인성유형(흥미유형)과 동일하거나 유사한 환경에서 일하고 생활한다.
> ④ 정체성 : 개인의 성격은 그의 목표, 흥미, 재능에 의해 명확해지며, 환경유형은 조직의 투명성, 안정성, 목표·일·보상의 통합에 의해 확고해진다.

06 다음 중 Holland의 진로발달에 관한 육각형에서 서로 대각선에 위치하여 대비되는 특성을 지닌 유형들을 짝지은 것으로 옳지 않은 것은?

① 예술형(A)과 사회형(S)
② 진취형(E)과 탐구형(I)
③ 현실형(R)과 사회형(S)
④ 관습형(C)과 예술형(A)

> **해설**
> 홀랜드(Holland)의 육각형 모델
>
>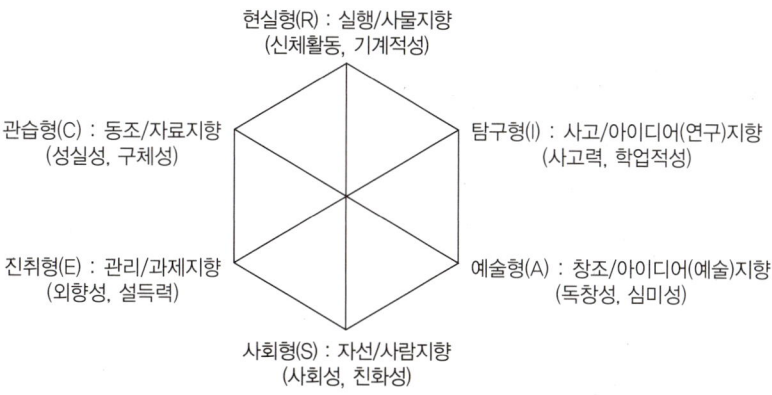

03절 데이비스와 롭퀴스트(Dawis & Lofquist)의 직업적응이론

07 다음 중 미네소타 직업분류체계 III와 관련하여 발전한 직업발달이론은?

① Krumboltz의 사회학습이론
② Super의 평생발달이론
③ Ginzberg의 진로발달이론
④ Lofquist와 Dawis의 직업적응이론

해설

미네소타 직업분류체계 III(MOCS III)
- 미국 미네소타 대학에서 개발된 직업적응이론에 근거한 일에 대한 심리적 분류로서, 1950년대 후반부터 지속적으로 수행해 온 직업적응 프로젝트의 일환으로 개발된 것이다.
- 능력 수준 및 능력 유형, 다양한 직업이 제공하는 강화자 등에 대한 지표를 제공하며, 이러한 지표는 작업기술을 작업요건과 일치시키거나 해당 직업이 제공하는 강화물을 결정하기 위한 수단 등으로 사용된다.

08 다음 중 Dawis와 Lofquist의 직업적응이론에서 직업성격적 측면의 성격양식 차원에 대한 설명으로 옳지 않은 것은?

① 민첩성 – 정확성보다는 속도를 중시한다.
② 역량 – 작업자의 평균 활동수준을 의미한다.
③ 리듬 – 활동에 대한 단일성을 의미한다.
④ 지구력 – 다양한 활동수준의 기간을 의미한다.

해설
③ 리듬은 활동에 대한 다양성을 의미한다.

09 다음 중 데이비스와 롭퀴스트(Dawis & Lofquist)의 직업적응이론에서 적응방식 차원에 대한 설명으로 옳지 않은 것은?

① 융통성 – 개인이 작업환경과 작업성격 간의 부조화를 참아내는 정도
② 끈기 – 환경이 자신에게 맞지 않아도 개인이 얼마나 오랫동안 견뎌낼 수 있는지의 정도
③ 적극성 – 개인이 작업환경을 개인적 방식과 좀 더 조화롭게 만들어가려고 노력하는 정도
④ 반응성 – 개인이 작업성격의 변화로 인해 작업환경에 반응하는 정도

해설
① 융통성(유연성)은 개인이 작업환경과 개인적 환경 간의 부조화를 참아내는 정도를 의미한다.

10 다음 중 직업적응이론과 관련하여 개발된 검사도구에 해당하지 않는 것은?

① MIQ(Minnesota Importance Questionnaire)
② CMI(Career Maturity Inventory)
③ JDQ(Minnesota Job Description Questionnaire)
④ MSQ(Minnesota Satisfaction Questionnaire)

> **해설**
>
> ② 진로성숙도검사(CMI)는 크라이티스(Crites)가 개발한 것으로, 진로탐색 및 직업선택에 있어서 태도 및 능력이 얼마나 발달하였는지를 측정하는 표준화된 진로발달 검사도구이다.

04절 로(Roe)의 욕구이론

11 다음 중 보기의 내용과 연관된 진로지도 및 직업선택이론을 제시한 학자는?

> 직업발달이론을 이해하려면 먼저 매슬로우(Maslow)의 욕구의 위계(Hierarchy of Needs) 이론을 머리에 두어야 한다며, 유아기의 경험과 직업선택에 관계되는 5가지 가설을 수립하였다.

① 로(Roe)
② 수퍼(Super)
③ 홀랜드(Holland)
④ 터크맨(Tuckman)

> **해설**
>
> **로(Roe)의 욕구이론**
> • 로(Roe)는 매슬로우(Maslow)의 욕구위계이론을 토대로 인간의 욕구와 직업선택의 관련성을 설명하고자 하였다.
> • 여러 가지 다른 직업에 종사하고 있는 사람들이 각기 다른 욕구를 가지고 있으며, 이러한 욕구의 차이는 어린 시절(12세 이전의 유아기 내지 아동기)의 부모-자녀 관계, 즉 양육방식에 기인한다고 주장하였다.

12 다음 중 Roe의 욕구이론에 대한 설명으로 옳은 것은?

① 심리적 에너지가 흥미를 결정하는 중요한 요소라고 본다.
② 청소년기 부모-자녀 간의 관계에서 생긴 욕구가 직업선택에 영향을 미친다는 이론이다.
③ 부모의 사랑을 제대로 받지 못하고 거부적인 분위기에서 성장한 사람은 다른 사람들과 함께 일하고 접촉하는 서비스 직종의 직업을 선호한다.
④ Roe는 직업군을 10가지로 분류했다.

> **해설**
> ② 로(Roe)는 12세 이전의 유아기 내지 아동기 부모-자녀 간의 관계에서 비롯된 욕구의 차이가 직업선택에 영향을 미친다고 주장하였다.
> ③ 부모의 사랑을 제대로 받지 못하고 거부적인 분위기에서 성장한 사람은 다른 사람과의 접촉이 적은 기술직, 옥외활동직, 과학직 등의 직업을 선호한다.
> ④ 로는 직업군을 8가지, 즉 서비스직, 비즈니스직, 단체직, 기술직, 옥외활동직, 과학직, 예능직, 일반문화직으로 분류하였다.

13 다음 중 보기의 내용은 Roe가 제안한 8가지 직업군 가운데 어디에 해당하는가?

> - 상품과 재화의 생산·유지·운송과 관련된 직업을 포함하는 군집이다.
> - 운송과 정보통신에 관련된 직업뿐만 아니라 공학, 기계, 무역에 관련된 직업들도 이 영역에 속한다.
> - 대인관계는 상대적으로 덜 중요하며, 사물을 다루는 데 관심을 둔다.

① 비즈니스직(Business Contact)
② 서비스직(Service)
③ 기술직(Technology)
④ 옥외활동직(Outdoor)

> **해설**
> ① 비즈니스직(Business Contact)은 주로 일대일 만남으로 상대방을 설득하여 공산품, 투자상품, 부동산 등을 판매하는 직업이 해당된다.
> ② 서비스직(Service)은 사회사업, 가이던스 등 기본적으로 다른 사람의 욕구와 복지에 관심을 가지고 봉사하는 직업이 해당된다.
> ④ 옥외활동직(Outdoor)은 농산물, 수산자원, 지하자원, 임산물, 기타의 천연자원을 개발, 보존, 수확하는 것과 축산업에 관련된 직업이 해당된다.

정답 12 ① 13 ③

05절 긴즈버그(Ginzberg)의 진로발달이론

14 다음 중 긴즈버그(Ginzberg)가 제시한 진로발달단계가 아닌 것은?

① 환상기
② 적응기
③ 현실기
④ 잠정기

해설

긴즈버그(Ginzberg)의 진로발달단계
- 환상기(Fantasy Period, 6~11세 또는 11세 이전)
- 잠정기(Tentative Period, 11~17세)
- 현실기(Realistic Period, 17세 이후~성인 초기 또는 청·장년기)

15 다음 보기의 사례에서 A군은 Ginzberg의 진로발달단계 중 어디에 해당하는가?

> A군은 직업을 선택할 때 고려해야 하는 다양한 요인들을 인정하고 있으며, 따라서 특수한 직업선호와 관련된 모든 요인들을 알아보고, 그러한 직업선호를 자신의 가치관 및 생애 목표에 비추어 평가하고 있다.

① 가치단계
② 전환단계
③ 구체화 단계
④ 특수화 단계

해설

긴즈버그(Ginzberg)의 진로발달단계 중 잠정기(Tentative Period)의 하위단계로서 가치단계(Value Stage)
자신이 좋아하는 직업에 관련된 모든 정보를 알아보려고 하며, 그 직업이 자신의 가치관 및 생애 목표에 부합하는지 평가해 본다.

정답 14 ② 15 ①

16 다음 중 Ginzberg의 진로발달이론에 대한 설명으로 옳지 않은 것은?

① 직업선택 과정은 바람(Wishes)과 가능성(Possibility) 간의 타협이다.
② 직업선택은 가치관, 정서적 요인, 교육의 양과 종류, 환경 영향 등의 상호작용으로 결정된다.
③ 직업선택은 일련의 결정들이 계속적으로 이루어지는 과정이다.
④ 나중에 이루어지는 결정은 이전 결정의 영향을 받지 않는다.

> **해설**
> ④ 긴즈버그(Ginzberg)는 직업선택을 하나의 발달과정으로 보았다. 즉, 직업선택은 단 한 번의 결정이 아닌 일련의 결정들이 계속적으로 이루어지는 것이며, 각 단계의 결정이 전 단계의 결정 및 다음 단계의 결정과 밀접한 관계를 가진다는 것이다. 이와 같이 긴즈버그는 직업선택을 단일 결정이 아닌 장기간에 걸친 일련의 결정으로 보았으며, 나중에 이루어지는 결정은 그 이전 결정의 영향을 받는다고 주장하였다.

06절 수퍼(Super)의 진로발달이론

17 다음 중 수퍼(Super)의 진로발달이론에 대한 설명으로 옳지 않은 것은?

① Ginzberg의 진로발달이론에 대한 비판에서 시작된 이론이다.
② 지나치게 대인관계 지향적이며, 정의적 측면을 강조한다는 비판을 받고 있다.
③ 진로성숙은 생애단계 내에서 성공적으로 수행된 발달과업을 통해 획득된다.
④ 전 생애, 생애역할, 자아개념으로 개인의 진로발달 및 직업선택을 설명한다.

> **해설**
> ② 내담자중심 상담이론에 대한 비판점에 해당한다. 참고로 수퍼(Super)의 진로발달이론은 진로성숙 과정에 대해 체계적으로 기술하고 있으나, 그 이론이 매우 광범위하며, 자아개념을 지나치게 강조한다는 비판을 받고 있다.

18 다음 중 Super의 진로발달 5단계를 순서대로 올바르게 나열한 것은?

① 성장기 → 탐색기 → 확립기 → 유지기 → 쇠퇴기
② 성장기 → 유지기 → 탐색기 → 확립기 → 쇠퇴기
③ 성장기 → 탐색기 → 유지기 → 확립기 → 쇠퇴기
④ 성장기 → 확립기 → 유지기 → 탐색기 → 쇠퇴기

> **해설**
> **수퍼(Super)의 진로발달단계(경력개발단계)**
> - 성장기(출생~14세) : 환상기(4~10세), 흥미기(11~12세), 능력기(13~14세)
> - 탐색기(15~24세) : 잠정기(15~17세), 전환기(18~21세), 시행기(22~24세)
> - 확립기(25~44세) : 시행기(25~30세), 안정기(31~44세)
> - 유지기(45~64세)
> - 쇠퇴기(65세 이후)

19 다음 중 Super의 진로발달이론에 대한 설명으로 가장 옳은 것은?

① 반두라(Bandura)의 사회학습이론에 근거하여 성차에 대한 설명이 보다 많이 시도되고 있다.
② 이론의 기저를 이루고 있는 것은 '자아개념'으로 인간은 자신의 자아 이미지와 일치하는 직업을 선택한다는 주장이다.
③ 진로발달을 환상적 직업선택, 시험적 직업선택, 현실적 직업선택 단계로 나누어 설명하였다.
④ 사회경제적인 상황과 노동시장 등은 다루지 않고 있다.

해설

① 헥케트와 베츠(Hackett & Betz)의 자기효능감 이론에 대한 설명에 해당한다.
③ 긴즈버그(Ginzberg)의 진로발달이론에 대한 설명에 해당한다.
④ 수퍼(Super)는 진로유형에 관한 연구를 통해 개인의 진로유형의 본질이 부모의 사회경제적 수준, 개인의 지적 능력, 성격특성, 직업계획 등에 의해 결정된다고 보았다.

20 다음 중 Super의 평생발달이론에서 아치문 모델의 왼쪽 기둥을 이루고 있는 것은?

① 생물학적 · 지리학적인 기초 측면
② 욕구나 지능, 가치, 흥미 등으로 이루어진 개인의 성격적 측면
③ 경제자원, 사회제도, 노동시장 등으로 이루어진 사회정책적 측면
④ 발달단계와 역할에 대한 자기개념으로 이루어진 상호작용적 측면

해설

① 아치문의 바닥을 이루는 측면이다.
③ 아치문의 오른쪽 기둥을 이루는 측면이다.
④ 아치문의 지붕을 이루는 측면이다.

07~10절 그 밖의 진로발달에 관한 이론

21 다음 중 보기의 내용과 연관된 이론에 해당하는 것은?

> - 크게는 진로발달이론의 범주에 속한다.
> - 자아개념을 진로선택의 중요한 요인으로 본다.
> - 한계와 절충이라는 개념을 중시한다.
> - 사람이 어떻게 특정 직업에 매력을 느끼게 되는가를 기술한다.

① 사회학습이론
② 직업포부 발달이론
③ 가치중심적 진로이론
④ 사회인지적 진로이론

해설

직업포부 발달이론 또는 제한-타협이론(Gottfredson)
직업포부의 형성 및 변화의 과정을 설명하기 위해 제한(Circumscription) 및 타협(Compromise)의 원리를 제시함으로써 '제한-타협이론'으로도 불린다. 여기서 '제한(또는 한계)'은 자아개념과 일치하지 않는 직업들을 배제하는 과정으로 자아개념의 발달단계에 따라 이루어지는 것이고, '타협(또는 절충)'은 제한을 통해 선택된 선호하는 직업대안들 중 자신이 극복할 수 없는 문제를 가진 직업을 어쩔 수 없이 포기하는 것이다.

22 다음 중 Gottfredson의 직업포부 발달단계에 대한 설명으로 옳지 않은 것은?

① 힘과 크기 지향성 - 사고과정이 구체화되며, 어른이 된다는 것의 의미를 알게 된다.
② 성역할 지향성 - 자아개념이 성의 발달에 의해서 영향을 받게 된다.
③ 사회적 가치 지향성 - 사회계층에 대한 개념이 생기면서 타인에 대한 개념이 완성된다.
④ 내적, 고유한 자아 지향성 - 자아성찰과 사회계층의 맥락에서 직업적 포부가 더욱 발달하게 된다.

해설

③ 사회적 가치 지향성 - 사회계층과 사회질서에 대한 개념이 발달하기 시작하면서 '상황 속 자아(Self-in-Situation)'를 인식하기에 이른다.

23
다음 중 '탐색 – 구체화 – 선택 – 명료화 – 순응 – 개혁 – 통합'의 직업정체감 형성과정으로 진로발달이론을 설명한 학자는?

① Super
② Crites
③ Gottfredson
④ Tiedeman & O'Hara

해설

④ 타이드만과 오하라(Tiedeman & O'Hara)는 의사결정 과정을 인지적인 구조의 분화와 통합에 의한 의식적인 문제해결 행동으로 보았다. 따라서 의사결정 과정을 '예상기(전직업기)'와 '실천기(적응기)'로 나누고, 이를 다시 7단계의 하위단계로 구분하여 설명하였다.

24
다음 중 Levinson의 발달이론에 대한 설명으로 옳지 않은 것은?

① 초기 성인변화단계는 17~22세까지로 성인으로 변화하기 위한 단계이다.
② 초기 성인세계단계는 22~28세까지로 성인 생활양식을 형성하는 시기이다.
③ 중기 성인단계는 33~40세까지로 초기 성인단계가 완성되며 안정되는 시기이다.
④ 중년기 마감단계는 55~60세까지로 중년기가 완성되는 단계이다.

해설

③ 정착단계(33~40세)에 대한 설명에 해당한다. 참고로 중기 성인단계는 45~50세까지로 새로운 시대에 적합한 생활양식을 형성하는 시기이다.

25
다음 중 Krumboltz의 사회학습이론에 대한 설명으로 옳지 않은 것은?

① 진로결정에 영향을 미치는 요인으로 유전적 요인, 환경조건, 학습경험, 과제접근기술 등 4가지를 제시하고 있다.
② 강화이론, 고전적 행동주의이론, 인지적 정보처리이론에 영향을 받았다.
③ 진로결정 요인들이 상호작용하여 자기관찰 일반화와 세계관 일반화를 형성한다.
④ 학과 전환 등 진로의사결정과 관련된 개인의 행동에 대해서는 관심을 두지 않고 있다.

해설

④ 학과 전환 등 진로의사결정과 관련된 개인의 특수한 행위들에 대해 관심을 둔다.

26 다음 중 인지적 정보처리의 주요 전제로 옳지 않은 것은?

① 진로성숙은 진로문제를 해결할 수 있는 자신의 능력에 의존하지 않는다.
② 진로선택은 인지적 및 정의적 과정들의 상호작용의 결과이다.
③ 진로를 선택한다는 것은 하나의 문제해결 활동이다.
④ 진로문제 해결은 고도의 기억력을 요하는 과제이다.

> **해설**
> ① 진로성숙은 진로문제를 해결할 수 있는 자신의 능력에 의존한다.

27 다음 중 사회인지적 진로이론(SCCT)에 대한 설명으로 옳지 않은 것은?

① Bandura의 사회학습이론에 토대를 두며 환경, 개인적 요인, 행동 사이의 상호작용을 중시한다.
② 진로발달의 기본이 되는 핵심개념으로 자아효능감, 수행결과, 개인적 목표를 들고 있다.
③ 개인의 사고와 인지는 기억과 신념, 선호, 자기지각에 영향을 미치며, 이는 진로발달 과정의 일부이다.
④ 개인의 진로선택과 수행에 영향을 미치는 성(Gender)과 문화적 이슈 등에 민감하다.

> **해설**
> ② 사회인지적 진로이론(SCCT)은 진로발달의 결정요인을 '자기효능감 또는 자아효능감(Self-efficacy)', '결과기대 또는 성과기대(Outcome Expectations)', '개인적 목표(Personal Goals)'로 개념화하였다(주의 : '수행결과'가 아닌 '결과기대'임).

28 다음 중 가치중심적 진로접근 모형의 기본 명제에 관한 설명으로 옳지 않은 것은?

① 개인이 우선권을 부여하는 가치들은 얼마 되지 않는다.
② 가치는 환경 속에서 가치를 담은 정보를 획득함으로써 학습된다.
③ 생애만족은 중요한 모든 가치들을 만족시키는 생애역할들에 의존한다.
④ 생애역할에서의 성공은 개인적 요인보다는 외적 요인들에 의해 주로 결정된다.

> **해설**
> ④ 생애역할에서의 성공은 학습된 기술, 인지적·정의적·신체적 적성 등 다양한 요인들에 의해 결정된다.

11절 욕구 및 동기에 관한 이론

29 다음 Maslow의 욕구단계이론 중 자아실현과 존중의 욕구 수준에 상응하는 내용으로 적합한 것은?

① Alderfer의 ERG이론 중 존재욕구
② McClelland의 성취동기이론 중 성취동기
③ Herzberg의 2요인이론 중 위생요인
④ Adams의 공정성 이론 중 인정동기

> **해설**
> ② 맥클리랜드(McClelland)의 성취동기이론은 행위를 유발하는 잠재적인 요소로서 '성취동기(Achievement)', '권력동기(Power)', '친교동기(Affiliation)'를 구분하는데, 그중 성취동기(성취욕구)는 매슬로우의 자아실현의 욕구 수준에 상응한다.

30 다음 중 Herzberg의 직무만족 2요인이론에 대한 설명으로 옳지 않은 것은?

① 동기요인은 높은 수준의 성과를 얻도록 자극하는 요인이다.
② 위생요인은 직무만족과 관련된 직접적인 요인이다.
③ 낮은 수준의 욕구를 만족하지 못하면 직무불만족이 생긴다.
④ 자아실현의 실패로 직무불만족이 생기는 것은 아니다.

> **해설**
> ② 직무만족과 관련된 보다 직접적인 요인은 '동기요인'에 해당한다. 반면, '위생요인'은 일과 관련된 환경요인이다.

CHAPTER 01 최근 기출문제 파악하기 1차 필기

제1과목 직업심리

> ※ 참고 : 직업상담사 2급 1차 필기시험은 2022년 제3회 시험부터 기존 지필시험(PBT ; Paper Based Test) 방식에서 컴퓨터기반 시험(CBT ; Computer Based Test) 방식으로 변경되었습니다. PBT 방식은 동일한 문제들을 순서만 바꾸어 'A형'과 'B형'으로 치르는 반면, CBT 방식은 문제은행에서 개인별로 상이한 문제들이 출제됩니다. 더욱이 CBT 방식은 PBT 방식과 달리 문제가 비공개되므로, 실질적으로 공인된 기출문제는 2022년 제2회 필기시험까지입니다. 따라서 본 교재에서는 최근 기출을 2022년 제2회 필기시험까지로 한정하며, 이후 수험생들의 기억에 의해 복원된 개별화된 문제들은 수록하지 않습니다.

01 홀랜드(Holland)가 제시한 육각형 모델과 대표적인 직업 유형을 바르게 짝지은 것은? [2022년 1회 기출]

① 현실적(R) 유형 - 비행기조종사
② 탐구적(I) 유형 - 종교지도자
③ 관습적(C) 유형 - 정치가
④ 사회적(S) 유형 - 배우

해설

② '종교지도자'는 사회적(S) 유형의 적합 직업에 해당한다.
③ '정치가'는 진취적(E) 유형의 적합 직업에 해당한다.
④ '배우'는 예술적(A) 유형의 적합 직업에 해당한다.

02 수퍼(D. Super)의 진로발달이론에 관한 설명으로 틀린 것은? [2022년 2회 기출]

① 개인은 능력이나 흥미, 성격에 있어서 각각 차이점을 갖고 있다.
② 진로발달이란 진로에 관한 자아개념의 발달이다.
③ 진로발달단계의 과정에서 재순환은 일어날 수 없다.
④ 진로성숙도는 가설적인 구인이며 단일한 특질이 아니다.

해설

③ 수퍼(Super)의 초기 이론은 '성장기 - 탐색기 - 확립기 - 유지기 - 쇠퇴기'의 5단계 대순환 모형을 중심으로 하지만, 그의 후기 이론은 순환(Cycling)과 재순환(Recycling)의 과정을 강조한다.

01 ① 02 ③ 정답

03. 크롬볼츠(J. Krumboltz)의 사회학습 진로이론에 관한 설명으로 틀린 것은?

[2022년 2회 기출]

① 도구적 학습경험이란 행동과 결과의 관계를 학습하게 되는 것을 의미한다.
② 과제접근기술이란 개인이 어떤 과제를 성취하기 위해 동원하는 기술이다.
③ 우연히 일어난 일들을 개인의 진로에 긍정적으로 활용하는 것이 중요하다.
④ 개인의 진로선택에 영향을 미치는 요인에서 유전적 재능이나 체력 등의 요소를 간과했다.

해설

④ 개인의 진로선택(진로결정)에 영향을 미치는 요인으로 '유전적 요인과 특별한 능력', '환경조건과 사건', '학습경험', '과제접근기술'을 제시하였다.

04. 인지적 정보처리이론에서 제시하는 의사결정 과정의 절차를 바르게 나열한 것은?

[2021년 1회 기출]

ㄱ. 분석단계
ㄴ. 종합단계
ㄷ. 실행단계
ㄹ. 가치평가단계
ㅁ. 의사소통단계

① ㄱ → ㄴ → ㄷ → ㄹ → ㅁ
② ㄴ → ㄹ → ㄱ → ㄷ → ㅁ
③ ㄷ → ㄱ → ㄴ → ㅁ → ㄹ
④ ㅁ → ㄱ → ㄴ → ㄹ → ㄷ

해설

인지적 정보처리의 과정(진로문제 해결의 절차)
의사소통(Communication) → 분석(Analysis) → 통합 또는 종합(Synthesis) → 가치부여 또는 평가(Valuing) → 집행 또는 실행(Execution)

정답 03 ④ 04 ④

제1과목 직업심리

CHAPTER 01 최근 기출문제 파악하기 2차 실무

01 홀랜드(Holland)의 인성이론에서 제안된 6가지 성격유형을 쓰시오. (6점)

[2025년 2회, 2023년 1회, 2023년 2회, 2023년 3회, 2022년 1회, 2021년 1회, 2020년 1회, 2020년 3회, 2020년 4회, 2019년 2회, 2018년 2회, 2016년 1회, 2014년 3회, 2009년 1회, 2008년 1회, 2007년 1회, 2004년 1회 기출]

이렇게 외우세요!
① 현실형(R) ② 탐구형(I)
③ 예술형(A) ④ 사회형(S)
⑤ 진취형(E) ⑥ 관습형(C)

02 직업적응이론(TWA ; Theory of Work Adjustment)에서 개인이 환경과 상호작용하는 특성을 나타내는 성격양식 차원의 4가지 성격유형 요소들을 쓰고, 각각에 대해 설명하시오. (8점)

[2022년 3회, 2020년 2회, 2016년 2회, 2015년 2회, 2010년 3회 기출]

이렇게 외우세요!
① 민첩성 : 정확성보다는 속도를 중시한다.
② 역량 : 작업자의 평균 활동수준을 의미한다.
③ 리듬 : 활동에 대한 다양성을 의미한다.
④ 지구력 : 다양한 활동수준의 기간을 의미한다.

03 직업적응이론(TWA)에서 중요하게 다루는 직업가치를 6가지 쓰시오. (6점)   [2024년 1회, 2022년 3회, 2013년 1회 기출]

> **이렇게 외우세요!**
> ① 성취(Achievement)
> ② 이타심 또는 이타주의(Altruism)
> ③ 자율성 또는 자발성(Autonomy)
> ④ 안락함 또는 편안함(Comfort)
> ⑤ 안정성 또는 안전성(Safety)
> ⑥ 지위(Status)

04 수퍼(Super)의 경력개발이론에서 경력개발 5단계를 쓰고, 각 단계에 대해 설명하시오. (5점)
   [2025년 1회, 2023년 2회, 2020년 4회, 2017년 1회, 2003년 3회 기출]

> **이렇게 외우세요!**
> ① 성장기(출생~14세) : 욕구와 환상이 지배적이나 사회참여와 현실검증력의 발달로 점차 흥미와 능력을 중시하게 된다.
> ② 탐색기(15~24세) : 학교생활, 여가활동, 시간제 일을 통해 자아검증, 역할수행, 직업탐색을 시도한다.
> ③ 확립기(25~44세) : 자신에게 적합한 분야를 발견해서 생활의 터전을 마련하고자 한다.
> ④ 유지기(45~64세) : 개인은 비교적 안정된 만족스러운 삶을 살아간다.
> ⑤ 쇠퇴기(65세 이후) : 직업전선에서 은퇴하여 새로운 역할과 활동을 찾게 된다.

CHAPTER 02

제1과목 직업심리

직업상담 진단

 중요키워드 10 ※ 중요도 높은 것에서 낮은 것 순으로

① 집단 내 규준(백분위 점수, 표준점수, 표준등급)
② 성격 5요인(Big-5) 검사의 5가지 성격차원
③ 일반적성검사(GATB)의 적성요인
④ 웩슬러 지능검사(K-WAIS)의 소검사
⑤ 구성타당도의 분석(검증) 방법
⑥ 진로성숙도검사(CMI)의 태도척도와 능력척도
⑦ 내용타당도와 안면타당도
⑧ 준거타당도로서 동시(공인)타당도와 예언(예측)타당도
⑨ 직업선호도검사(VPI)의 하위검사
⑩ 심리검사의 사용목적에 따른 분류

제1과목

 쌤의 학습지도

1. 출제기준 변경에 따라 2과목에서 1과목으로 이동했어요.

본래 '직업상담 진단'은 보다 광범위한 영역을 다루지만, 직업상담사 시험에서는 주로 심리검사에 관한 내용을 다루고 있어요.

2. 기본적인 사회조사 혹은 통계 관련 용어들을 암기하도록 하세요.

측정, 표준화, 변인(변수), 척도, 규준, 준거, 타당도, 신뢰도 등 생소하지만 기본적이라 할 수 있는 개념들을 확실히 정리해야 해요.

3. 심리검사의 분류를 구분할 수 있어야 해요.

실시방식에 따른 분류, 사용목적에 따른 분류, 측정내용에 따른 분류 등 분류방식을 구분하는 문제가 출제되고 있어요.

4. 규준과 준거를 구분할 수 있어야 해요.

규준과 준거는 어떤 기준을 의미한다는 점에서 공통적이지만 방식이 서로 달라요. 특히 규준참조검사는 상대평가, 준거참조검사는 절대평가와 연관된다는 점을 기억해 두세요.

5. 표준점수와 관련해서 계산문제가 출제될 수 있어요.

대표적인 표준점수인 Z점수와 T점수의 공식을 꼭 기억해 두도록 하세요. 원점수와 백분위 점수와의 관계까지 알아둘 필요도 있어요.

6. 신뢰도와 타당도의 개념 및 종류를 구분할 수 있어야 해요.

신뢰도에는 검사-재검사 신뢰도, 동형검사 신뢰도, 반분신뢰도, 문항내적합치도, 타당도에는 내용타당도, 준거타당도, 구성타당도 등이 있어요.

7. 심리검사와 관련된 여러 유의사항을 익혀두세요.

결과 해석 시 유의사항, 결과 통보 시 유의사항, 사용상 윤리적 문제에 따른 유의사항 등은 비교적 쉽지만 혼동할 수 있어요.

8. 심리검사의 종류와 기본적인 특징을 잘 살펴보세요.

지능검사, 성격검사, 적성검사, 흥미검사, 진로성숙검사 등으로 분류되는 다양한 심리검사들은 나름의 측정 요소 혹은 소검사들을 포함하고 있답니다.

CHAPTER 02 직업상담 진단

제1과목 직업심리

01절 직업심리검사의 이해

1 개 요

(1) 심리검사의 의의 [필기 출제] 22, 19, 13년 기출

① 심리검사는 지능, 성격, 적성, 흥미 등 인간의 지적 능력이나 심리적 특성을 파악하기 위해 양적 또는 질적으로 측정 및 평가를 수행하는 일련의 절차를 말한다.
② 알아보려는 심리특성을 대표하는 행동진술문들을 표집해 놓은 측정도구로, 객관적인 측정을 위해서 표준화된 절차에 따라 실시된다.
③ 심리평가의 근거자료 중 하나로, 개인 간 비교가 가능하다.
④ 온라인으로 실시하는 심리검사는 검사 결과를 즉시 알 수 있어 편리하므로, 상담장면에서 유용하게 활용된다.
⑤ 심리전문가라고 하더라도 각 검사에 대한 훈련을 마친 후에 그 검사를 사용해야 한다.

> **쌤의 비법노트**
> 심리검사와 심리평가는 동일한 것이 아닙니다. 심리평가는 심리검사와 상담(면담), 행동관찰, 전문지식 등 여러 가지 방법을 토대로 자료를 수집하고, 이를 토대로 종합적인 평가를 내리는 전문적인 작업과정입니다.

(2) 심리검사의 목적 [필기 출제] 15년 기출

① 분류 및 진단
  내담자의 적성·흥미·동기 등에 관한 자료를 수집하여 문제의 원인을 파악한다.
② 자기이해의 증진
  내담자로 하여금 자신에 대한 올바른 이해를 통해 현명한 의사결정을 내리도록 돕는다.
③ 예 측
  내담자의 특성을 밝힘으로써 장래 행동이나 성취 등을 예측하고 그에 대한 대안을 마련한다.

> **이렇게 출제된다! 2차 주관식**
> 심리검사의 사용목적 3가지를 쓰고, 이를 간략히 설명하시오.

(3) 심리검사의 용도 [필기 출제] 13년 기출

① 기술적 진단
  개인의 결함이나 결점을 파악한다.
② 미래 행동의 예측
  인사선발 및 배치에 활용한다.
③ 개성 및 적성의 발견
  진로적성 및 학업성취도를 객관적으로 제시한다.

> **쌤의 비법노트**
> 심리검사의 목적 및 용도는 교재에 따라서 약간씩 다르게 제시되고 있으나, 내용상 별다른 차이는 없습니다. 직업상담사 시험에서도 "심리검사를 실시하는 목적 내지는 용도와 가장 거리가 먼 것은?"과 같이 출제되고 있으므로, 두 내용을 함께 기억해 두시기 바랍니다.

④ 조사 및 연구

개인은 물론 집단의 특징에 대해 기술하며, 인과관계를 규명한다.

(4) 심리검사의 선정기준

신뢰도	측정하고자 하는 속성을 일관성 있게 측정하는가?
타당도	측정하고자 하는 속성을 정확히 측정하는가?
객관도	채점이 신뢰할만하고 일관성이 있는가?
실용도	얼마나 효율적인 측정도구인가?

> **이렇게 출제된다! 2차 주관식**
> 심리검사 선정 시 고려해야 할 기준을 4가지 제시하고, 그 의미를 설명하시오.

2 주요 개념

(1) 행동 표본과 타당화 과정 필기 출제 17년 기출

① 행동 표본(Behavior Sample)을 측정한다는 것은 경제적인 측면을 고려하여 일정 공간 및 일정 시간상에서의 행동을 수집하는 것을 말한다.

② 타당화(Validation) 과정은 특정한 종류의 한 검사로 측정하려는 행동 표본이 삶의 곳곳에 나타나는 행동을 얼마나 잘 대표하는지에 대한 문제를 해결하려는 과정이다.

(2) 심리적 구성물 또는 심리적 구성개념 필기 출제 22년 기출

① 심리학에서는 적성, 지능, 흥미, 동기, 직무만족 등 추상적 개념들을 측정하게 되는데, 이러한 추상적 개념들을 '구성개념(Constructs)'이라 한다.

② 심리학자는 특정의 구체적인 행동을 관찰 가능한 형태로 정의하고, 이를 토대로 행동을 관찰한 다음 개인의 심리적 구성물 또는 심리적 구성개념(Psychological Constructs)을 추론한다.

> **이렇게 출제된다! 1차 기출 OX**
> Q 심리검사는 심리적 속성을 직접적으로 측정한다?
> A (×) 심리적 구성물(심리적 구성개념)을 추론한다.

(3) 측 정 필기 출제 11년 기출

① 측정(Measurement)은 어떤 일정한 규칙에 따라 대상이나 사건에 수치를 할당하는 과정이다.

② 지능검사나 성격검사 등의 심리검사는 특정 대상의 지적 능력이나 성격을 수치로 표현해 주는 측정도구로 볼 수 있다.

(4) 분류변인 필기 출제 16, 03년 기출

① 분류변인(Classification Variable)은 연령, 지능, 성격특성, 태도 등 피험자의 속성에 관한 개인차 변인들을 말한다.

② 분류변인은 인과성의 추론이 불가능하다. 또한 통제의 어려움으로 인해 기본적으로 내적 타당도가 낮으며, 특히 이를 독립변인으로 사용하는 경우 외적 타당도가 낮아진다.

> **쌤의 비법노트**
> '내적 타당도'는 어떤 연구에서 종속변인에 나타난 변화가 독립변인의 영향 때문이라고 추론할 수 있는 정도를 말하는 반면, '외적 타당도'는 연구의 결과에 의해 기술된 인과관계가 연구대상 이외의 경우로 확대·일반화될 수 있는 정도를 말합니다.

(5) 표준화 〔필기 출제〕 19, 18, 17, 06, 05년 기출

① 표준화(Standardization)는 검사의 실시와 채점 절차의 동일성을 유지하는 데 필요한 세부사항들을 잘 정리한 것을 말한다.
② 검사 실시에 영향을 미치는 외적 변인(외적 변수)들을 가능한 한 제거하는 것을 목표로 한다.
③ 심리검사의 표준화를 통해 검사자 변인, 채점자 변인, 실시상황 변인을 통제할 수는 있어도 수검자(피검자) 변인을 통제하기는 어렵다.

> **쌤의 비법노트**
> 수검자(피검자) 변인으로는 수검자의 심신상태, 검사불안, 수검능력, 수검동기, 검사경험, 위장반응, 반응태세 등이 있습니다. 수검자 변인은 검사자 변인보다 검사 점수를 왜곡시키는 경향이 더욱 심각하며, 검사의 표준화를 통해 통제하기 어렵습니다.

더 알아보기

표준화 검사의 특징 〔필기 출제〕 18, 11, 10년 기출
- 검사의 실시와 채점이 객관적이다.
- 신뢰도와 타당도가 비교적 높다.
- 규준집단에 비교해서 수검자(피검사자)의 상대적 위치를 알 수 있다.
- 비통제적인 외부요인에서 기인하는 무선적 오차를 완전히 제거하지 못한다.

3 심리검사의 분류

(1) 실시방식에 따른 분류 〔필기 출제〕 05년 기출

① 속도검사와 역량검사 – 실시시간을 기준으로 하는 분류

속도검사 (Speed Test)	시간제한을 두는 검사이며, 보통 쉬운 문제로 구성하는 것이 일반적이다. 따라서 문제해결력보다는 숙련도를 측정한다. 예) 웩슬러 지능검사의 소검사들과 같이 수검자가 답을 몰라서 못 푸는 것이 아닌 시간이 부족해서 다 풀지 못하는 문제들로 구성된다.
역량검사 (Power Test)	어려운 문제들로 구성되며, 사실상 시간제한이 없고 숙련도보다는 궁극적인 문제해결력을 측정한다. 예) 수학경시대회의 문제들과 같이 수검자가 시간이 부족해서 못 푸는 것이 아닌 문제의 답을 몰라서 못 푸는 문제들로 구성된다.

> **이렇게 출제된다! 2차 주관식**
> 심리검사의 실시방법에 따른 분류 중 속도검사와 역량검사에 대해 간략히 설명하시오.

② 개인검사와 집단검사 – 수검자의 수에 따른 분류

개인검사 (Individual Test)	한 명의 수검자와 한 명의 검사자에 의해 일대일 방식으로 이루어지는 검사로서, 수검자 개인에 대한 심층적 분석에 유리한 방법이다. 예) 한국판 웩슬러 지능검사(K-WAIS), 일반 직업적성검사(GATB), 주제통각검사(TAT), 로샤검사(Rorschach Test) 등
집단검사 (Group Test)	한 번에 여러 명의 수검자들을 대상으로 실시하는 검사로서, 시간 및 비용 면에서 효율적이며, 선별검사(Screening Test)로 사용하기에 적합한 방법이다. 예) 미네소타 다면적 인성검사(MMPI), 마이어스-브릭스 성격유형검사(MBTI), 캘리포니아 성격검사(CPI) 등

> **쌤의 비법노트**
> 선별검사(Screening Test)는 외관상 차이를 보이지 않지만 특정 상태나 질병을 가진 사람과 그렇지 않은 사람을 구별할 수 있는 도구를 말합니다.

③ 지필검사와 수행검사 – 검사의 도구에 따른 분류

지필검사 (Paper-pencil Test)	종이에 인쇄된 문항에 연필로 응답하는 방식으로, 물리적인 조작이나 신체행동을 필요로 하지 않으므로 가장 손쉽게 실시할 수 있다. 예 각종 국가자격시험의 필기시험, 자기-보고 검사(Self-report Inventory), 미네소타 다면적 인성검사(MMPI), 마이어스-브릭스 성격유형검사(MBTI) 등
수행검사 (Performance Test)	수검자가 대상이나 도구를 직접 다루어야 하는 방식으로, 특히 일상생활을 모사한 상황에서 직접 행동을 하는 방식도 있다. 예 운전면허시험의 주행시험, 웩슬러 지능검사(K-WAIS)의 토막짜기 소검사, 일반 직업적성검사(GATB)의 각종 동작검사 등

> **이렇게 출제된다! 2차 주관식**
> 심리검사의 실시방식에 따른 분류 3가지를 쓰시오.

(2) 사용목적에 따른 분류 [필기 출제] 17, 16, 14, 12, 11, 09, 03년 기출

① 규준참조검사(Norm-reference Test) – 상대평가
  ㉠ 개인의 점수를 유사한 다른 사람들의 점수와 비교해서 상대적으로 어떤 수준인지를 알아보는 검사이다.
  ㉡ 비교기준이 되는 점수들을 '규준(Norm)'이라고 하며, 이러한 비교점수들은 규준집단(Norm Group) 또는 표준화 집단이라고 하는 대표적 표본집단을 통해 얻어낸다.
  ㉢ 각종 심리검사나 선발검사 등은 일반적으로 규준참조검사에 해당한다.

② 준거참조검사(Criterion-reference Test) – 절대평가 [필기 출제] 11, 09년 기출
  ㉠ 검사 점수를 다른 사람들과 비교하는 것이 아니라, 어떤 기준점수와 비교해서 이용하려는 검사이다.
  ㉡ 기준점수는 검사에 따라, 검사를 사용하는 기관이나 조직의 특성에 따라, 검사의 시기나 목적에 따라 달라질 수 있다. 즉, 준거참조검사는 규준참조검사와 달리 규준(Norm)을 갖고 있지 않으며, 특정의 당락점수(Cut-off Score)만 가지고 있다.
  ㉢ 당락점수가 정해져 있는 대부분의 국가자격시험은 준거참조검사에 해당한다.

> **쌤의 비법노트**
> 성격검사나 적성검사 등 대부분의 심리검사는 '규준참조검사'에 해당하는 반면, 직업상담사 자격시험 등 다수의 국가자격시험은 '준거참조검사'에 해당합니다.

> **이렇게 출제된다! 2차 주관식**
> 심리검사는 사용목적에 따라 규준참조검사와 준거참조검사로 구분할 수 있다. 규준참조검사와 준거참조검사의 의미를 각각 예를 들어 설명하시오.

(3) 측정내용에 따른 분류 [필기 출제] 17, 11년 기출

① 인지적 검사(성능검사) [필기 출제] 18년 기출
  ㉠ 인지능력을 평가하기 위한 검사로, 일정한 시간 내에 자신의 능력을 최대한 발휘하도록 하는 '극대수행검사(최대수행검사)'에 해당한다.
  ㉡ 개인의 능력 전체가 아닌 일부의 능력을 측정하는 능력검사이다.
  ㉢ 보통 문항에 정답이 있으며, 응답에 시간제한이 있다.
  ㉣ 지능검사, 적성검사, 성취도검사 등이 해당한다.

지능검사	• 스탠포드-비네 지능검사(Stanford-Binet Intelligence Scale) • 한국판 웩슬러 성인용 지능검사(K-WAIS) • 한국판 웩슬러 아동용 지능검사(K-WISC) 등
적성검사	• 일반적성검사 또는 일반 직업적성검사(GATB) • 차이적성검사 또는 적성분류검사(DAT) 등
성취도검사	• 학업성취도검사(교과시험) • 표준학력검사(Standardized Achievement Test) 등

> **쌤의 비법노트**
> 학교장면에서 널리 사용되는 성취도검사와 적성검사는 검사 실시의 목적이 다릅니다. 즉, 학교에서 중간고사나 기말고사를 실시하는 목적과 취업을 앞둔 졸업예정자들을 대상으로 직업적성검사를 실시하는 목적이 동일하지는 않습니다.

② 정서적 검사(성향검사)
  ㉠ 비인지적 검사로서, 일상생활에서의 습관적인 행동을 검토하는 '습관적 수행검사'에 해당한다.
  ㉡ 개인의 인지능력 외에 정서, 흥미, 태도, 가치 등을 측정하며, 응답자의 정직한 응답을 요구한다.
  ㉢ 문항에 정답이 없으며, 응답에 시간제한도 없다.
  ㉣ 성격검사, 흥미검사, 태도검사 등이 해당한다. [필기 출제] 20년 기출

성격검사	• 마이어스-브릭스 성격유형검사(MBTI) • 미네소타 다면적 인성검사(MMPI) • 성격 5요인(Big-5) 검사 • 캘리포니아 성격검사(CPI) • 로샤 검사(Rorschach Test) 등
흥미검사	• 직업선호도검사(VPI) • 스트롱-캠벨 흥미검사(SCII) • 쿠더 직업흥미검사(KOIS) 등
태도검사	• 직무만족도검사(JSS) • 구직욕구검사 등

(4) 검사장면에 따른 분류

① 축소상황검사(In-basket Test)
  실제 장면에서의 구체적인 과제나 직무를 매우 축소시킨 검사이다.
② 모의장면검사(Simulation Test)
  실제 상황과 거의 유사한 장면을 인위적으로 만들어 놓은 검사이다.
③ 경쟁장면검사(Competition Test)
  작업장면과 같은 상황에서 경쟁적으로 문제해결을 요구하는 검사이다.

4 직업심리검사의 분류

(1) 아이작슨과 브라운(Isaacson & Brown)의 직업(진로)검사도구 분류

[필기 출제] 17, 13, 10, 05년 기출

양적 평가	• 직업요구 및 가치관 검사(욕구 및 근로 가치 설문) • 흥미검사 • 성격검사 • 다중적성검사 • 진단적 검사(진로결정, 진로발달, 진로신념 등) • 다목적 검사 등
질적 평가	• 자기효능감 척도(자기효능감 측정) • 카드분류(직업카드분류) • 직업가계도(제노그램) • 역할놀이(역할극) 등

이렇게 출제된다! 2차 주관식

1. 직업심리검사의 분류에서 극대수행검사와 습관적 수행검사에 대해 설명하고, 각각의 대표적인 유형 2가지를 쓰시오.
2. 성능검사, 성향검사에 해당하는 검사명을 각각 3가지씩 쓰시오.

이렇게 출제된다! 2차 주관식

심리검사는 검사장면에 따른 준거와 관련해서 축소상황검사, 모의장면검사, 경쟁장면검사로 분류된다. 각각의 검사 방식에 대해 설명하시오.

이렇게 출제된다! 1차 기출 OX

Q '경력진단검사'는 질적 측정도구가 아닌 양적 측정도구이다?
A (○)

(2) 직업상담에 사용되는 주요 질적 측정도구 `필기` `출제` 20, 18, 17, 16, 14, 13, 12년 기출

자기효능감 척도 (자기효능감 측정)	어떤 과제를 어느 정도 수준으로 수행할 수 있는 능력을 갖추었다고 스스로 판단하는지의 정도를 측정한다.
(직업)카드분류	내담자의 가치관, 흥미, 직무기술, 라이프 스타일 등의 선호형태를 측정하는 데 유용하다.
직업가계도 (제노그램)	내담자의 가족이나 선조들의 직업 특징에 대한 시각적 표상을 얻기 위해 도표를 만드는 것이다.
역할놀이 (역할극)	내담자의 수행행동을 나타낼 수 있는 업무상황을 제시해 준다.

> **이렇게 출제된다!** **2차 주관식**
> 직업상담 시 내담자 이해를 위한 질적 측정도구 3가지를 쓰고, 각각에 대해 설명하시오.

02절 규준과 점수해석

1 변인 및 척도

(1) 변인 또는 변수

① 의의 및 특징
  ㉠ 변인 또는 변수(Variable)는 서로 다른 수치를 부여할 수 있는 모든 사건이나 대상의 속성을 의미한다.
  ㉡ 성별, 연령, 교육수준 등과 같이 둘 이상의 값(Value) 혹은 범주(Category)를 가지는 개념이다.

② 변인(변수)의 적용과 통제 `필기` `출제` 06년 기출
직업심리학의 연구방법 중 실험법은 독립변인의 조작, 종속변인의 측정, 그리고 가외변인의 통제를 통해 이루어진다.

독립변인 (독립변수)	다른 변인의 원인이 되는 변인
종속변인 (종속변수)	독립변인의 결과가 되는 변인
가외변인 (외생변수)	독립변인이 아니면서도 종속변인에 영향을 미치는 변인

> **쌤의 비법노트**
> '남자'는 변인(변수)이 될 수 없습니다. 반면, '성별'은 '남자 혹은 여자'와 같이 둘 이상의 값을 가지므로 변인(변수)이 될 수 있습니다. 예를 들어, 주민등록번호에서 남자는 '1', 여자는 '2'로 구분하는 경우를 볼 수 있습니다.

> **이렇게 출제된다!** **1차 기출 OX**
> **Q** 연구자가 결과로 간주하는 변인은 '종속변인'이다?
> **A** (○)

쌤의 비법노트

일부 교재에서는 '현장연구'와 '현장실험'을 동일범주로 설명하기도 하나, 이는 엄밀한 의미에서 서로 다른 개념입니다. 즉, '현장실험연구법'은 '현장연구'가 아닌 '현장실험'을 의미합니다.

> **더 알아보기**
>
> **직업심리학의 연구방법** [필기 출제] 07, 06, 04, 03년 기출
>
> 1. 현장연구
>   - 인위적으로 독립변인을 통제할 수 없는 실제 현장에서 얻어진 정보를 토대로 독립변인과 종속변인의 관계를 사후적으로 파악하는 비실험연구이다.
>   - 자연상태에서 질문지나 면접을 이용하여 응답자의 자기보고 반응을 측정한다.
>   - 외적 타당도가 높고, 한 번에 많은 변인들에 대한 자료를 동시에 수집할 수 있다.
> 2. 실험연구
>
> 독립변인을 조작한 후 그에 대한 연구대상의 반응을 관찰하는 연구로서, 연구 장소에 따라 현장실험(현지실험)과 실험실 실험으로 분류된다.
>
> | | |
> |---|---|
> | 현장실험 (현지실험) | • 자연상태에서 독립변인을 조작하여 종속변인에 미치는 영향을 관찰한다.
• 실험실이 아닌 자연상태에서 실시되므로 상대적으로 연구결과의 일반화 범위가 넓고 외적 타당도가 높다.
• 실험실 실험에 비해 복잡한 변인들 간의 연구가 가능하다. |
> | 실험실 실험 | • 인위적으로 만든 실험실에서 독립변인의 조작을 통해 행해지는 실험으로, 연구 방법 중 변인들에 대한 통제가 가장 많이 적용되는 방법이다.
• 가외변인의 영향을 엄격히 통제할 수 있고 피험자나 실험조건의 무선배치가 가능하다.
• 정확한 측정이 가능하며, 내적 타당도가 높다. |

[이렇게 출제된다!] 2차 주관식

직업심리검사에서 측정의 기본 단위인 척도의 4가지 유형을 쓰고, 각각에 대해 설명하시오.

(2) 척 도

① 의의 및 특징

㉠ 실증적 연구에서는 변인을 측정하는 것이 필수적인데, 이때 측정(Measurement)은 현상에 대해 체계적으로 수치를 부여하여 과정이다.

㉡ 척도(Scale)는 수치를 체계적으로 할당하는 데 사용하는 도구로서, 인간의 내적 특성을 재기 위한 심리검사들은 모두 척도에 해당한다.

② 척도의 주요 유형

명명척도 (명목척도)	숫자의 차이가 측정한 속성의 차이만을 나타내는 척도
서열척도	숫자의 차이가 측정한 속성의 차이는 물론 그 서열관계에 대한 정보도 포함하는 척도
등간척도	수치상의 차이가 측정한 속성의 차이나 서열관계는 물론 등간관계에 대한 정보도 포함하는 척도
비율척도	수치상의 차이가 차이정보, 서열정보, 등간정보는 물론 수의 비율에 관한 정보까지 포함하는 척도

더 알아보기

측정의 4가지 수준에서 얻어질 수 있는 정보들의 비교 〔필기 출제〕 20, 14년 기출

분류		범주의 특성				비교 방법	수학 (연산)	통계 (평균측정)	적용가능 통계분석 방법
		목록·범주	서열	등간격	절대영점				
비계량적	명명척도	O	X	X	X	확인·분류	=	최빈치	비모수통계, 빈도분석, 교차분석
	서열척도	O	O	X	X	순위비교	=, <, >	최빈치, 중앙치, 사분편차	비모수통계, 서열상관관계
계량적	등간척도	O	O	O	X	간격비교	+, −, =, <, >	최빈치, 중앙치, 산술평균, 표준편차	모수통계
	비율척도	O	O	O	O	절대크기비교	+, −, ×, ÷, =, <, >	최빈치, 중앙치, 기하평균, 조화평균 등	모수통계

쌤의 비법노트

중앙치는 서열척도 이상, 평균(산술평균)이나 표준편차는 등간척도 이상의 척도로 측정된 자료에서만 파악할 수 있습니다.

2 통계의 기본개념

(1) 중심경향치로서 대푯값 〔필기 출제〕 20, 13년 기출

평균값 또는 평균치 (Mean)	어떤 분포에서 모든 점수의 합을 전체 사례 수로 나누어 얻은 값이다. 예 주사위를 10번 던져 나온 수가 '3, 6, 4, 4, 2, 5, 1, 2, 3, 6'인 경우, 모든 점수를 합하여 이를 사례 수(10번)로 나누면 '3.6'이 평균값이 된다.
중앙값 또는 중앙치 (Median)	모든 점수를 크기의 순서대로 배열해 놓았을 때 위치상 가장 중앙에 있는 값이다. 예 사례가 홀수(5개)인 '12, 13, 16, 19, 20'의 경우, 그 중앙에 위치한 '16'이 중앙값이 된다. 반면, 사례가 짝수(6개)인 '12, 13, 16, 19, 20, 22'의 경우, (16+19)/2=17.5, 즉, '17.5'가 중앙값이 된다.
최빈값 또는 최빈치 (Mode)	빈도분포에서 빈도가 가장 높은 점수 혹은 빈도가 가장 높은 급간의 중간 점수이다. 예 11개 사례의 값이 '12, 12, 14, 14, 18, 18, 18, 18, 19, 20, 20'인 경우, '18'은 그 빈도가 4로 가장 많으므로 '18'이 최빈값이 된다.

이렇게 출제된다! 1차 기출 OX

Q 적성검사의 결과에서 중앙값은 같은 또래 집단의 점수분포에서 평균점수를 얻었다는 의미이다?

A (○)

이렇게 출제된다! 2차 주관식

집단 심리검사 점수의 중심경향치로서 대푯값의 종류 3가지를 쓰고, 각각에 대해 설명하시오.

이렇게 출제된다! **2차 주관식**
어떤 집단의 심리검사 점수가 분산되어 있는 정도를 판단하기 위하여 사용되는 기준 2가지를 쓰고, 그 의미를 설명하시오.

(2) 분산 정도를 판단하기 위한 주요 기준 필기 출제 14, 10년 기출

범위 (Range)	• 점수분포에 있어서 최고점수와 최저점수까지의 거리를 말한다. • 범위를 'R'이라고 할 때, 'R = 최고점수 − 최저점수 + 1'의 공식으로 나타낸다. 예 '2, 5, 6, 8' 네 점수가 있는 경우 범위는 '8−2+1=7'이 된다.
분산 또는 변량 (Variance)	• 한 변수(변인)의 분포에 있는 모든 변숫값들을 통해 흩어진 정도를 추정하는 것이다. • 편차를 제곱하여 총합한 다음 이것을 전체 사례 수로 나눈 값으로, 표준편차를 제곱한 값에 해당한다.
표준편차 (Standard Deviation)	• 점수집합 내에서 점수들 간의 상이한 정도, 즉 평균치에서 각 수치들이 평균적으로 이탈된 정도를 나타낸다. • 표준편차가 작을수록 해당 집단의 사례들이 서로 동질적인 것으로, 표준편차가 클수록 해당 집단의 사례들이 서로 이질적인 것으로 볼 수 있다.

이렇게 출제된다! **1차 기출 OX**
Q 검사의 '표준오차'는 '표준편차'의 다른 표현이다? **A** (×) '표준오차'와 '표준편차'는 서로 다른 개념이다.

(3) 표준오차(SE ; Standard Error) 필기 출제 17, 13, 12, 03년 기출

① 추출된 표본들의 평균이 실제 모집단의 평균과 어느 정도 떨어져서 분포되어 있는지를 나타내는 수치이다.

② 검사의 표준오차는 검사 점수의 신뢰도를 나타내는 수치이다.

③ 검사의 표준오차는 작을수록 좋다. 표준오차가 작을수록 표본의 대표성이 높다고 볼 수 있다.

④ 표준오차를 고려할 때 오차 범위 안의 점수 차이는 무시해도 된다. 즉, 표준오차는 5% 내외의 수치이므로 크건 작건 큰 차이로 받아들이지 않는다. 다만, 표준오차가 너무 큰 경우 검사 자체가 무의미해진다.

쌤의 비법노트
'주상도표'는 네모기둥의 형태, '절선도표'는 각 기둥의 중간점을 잇는 형태를 보입니다.

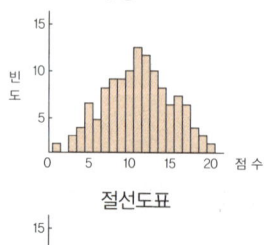

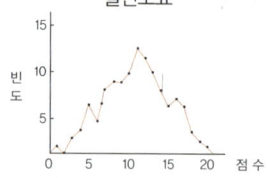

(4) 정상분포 또는 정규분포(Normal Distribution) 필기 출제 20, 13, 10년 기출

① 의의 및 특징

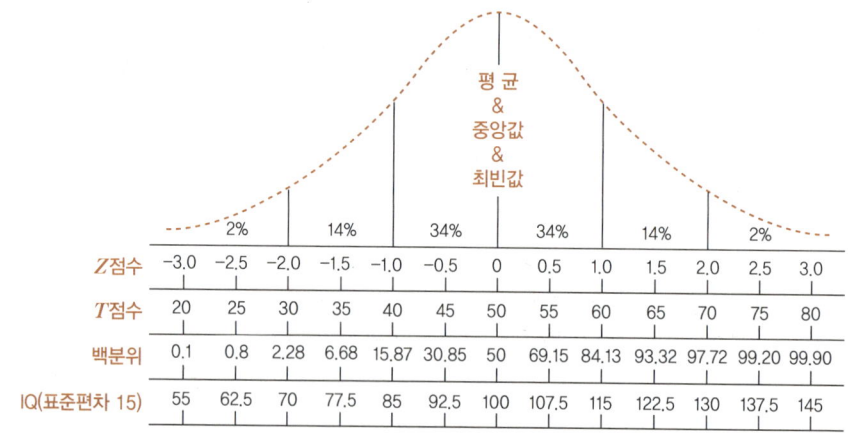

㉠ 관찰한 사례 수가 충분할 경우 분포도는 평균을 중심으로 연속적·대칭적 종 모양의 형태를 띠게 된다.

ⓒ 정상분포(정규분포)는 평균값이 최빈값 및 중앙값과 일치하므로, 정상분포를 따르는 심리검사에서 내담자가 규준에 비추어 중앙값을 얻었다면, 동일 연령집단의 점수 분포에서 평균점수를 얻은 것으로 볼 수 있다.

ⓒ 평균이 100, 표준편차가 15이고 정상분포를 이루고 있는 지능검사의 경우, 85~115점(평균 $\pm 1SD$) 안에 전체 사례의 약 68.3%가 속하게 되고, 70~130점(평균 $\pm 2SD$) 안에 전체 사례의 약 95.4%가 속하게 된다.

② 표준화를 위해 수집한 자료가 정상분포(정규분포)에서 벗어나는 것에 대한 해결방법

완곡화	절선도표나 주상도표에서 정상분포(정규분포)의 모양을 갖추도록 점수를 가감한다.
절미법	검사 점수가 어느 한쪽으로 치우쳐 편포를 이루는 경우 그 꼬리를 잘라내는 방법이다.
면적환산법	각 검사 점수들의 백분위를 통해 그 백분위에 해당하는 Z점수를 찾는 방법이다.

이렇게 출제된다! 2차 주관식
표준화를 위해 수집한 자료가 정규분포에서 벗어나는 것은 검사 도구의 문제라기보다 표집절차의 오류에 원인이 있다. 이를 해결하기 위한 방법을 3가지 쓰고, 각각에 대해 설명하시오.

(5) 상관계수와 결정계수   필기 출제 19, 13년 기출

① 상관계수(Correlation Coefficient)

ⓐ 상관계수는 두 변인이 서로 관계되어 있는 정도를 나타내는 지수로서, 한 변인이 변해감에 따라 다른 변인이 얼마만큼 함께 변하는가를 보여주는 것이다.

ⓑ 상관계수는 '-1'에서 '+1' 사이의 값을 갖는다. '+1'은 측정의 오차가 없음을 의미하는 '정적상관', '0'은 '상관없음', '-1'은 '부적상관'을 의미한다.

> 예) 100명의 학생들이 특정 심리검사를 받고 한 달 후에 동일한 검사를 다시 받았는데, 두 번의 검사에서 각 학생의 점수가 동일했다면 상관계수는 '+1(+1.00)'이 된다.

쌤의 비법노트
정적상관(Positive Correlation)에서 두 변인은 같은 방향으로 움직이는 경향이 있는 반면, 부적상관(Negative Correlation)에서 두 변인은 반대방향으로 가는 경향이 있습니다.

② 결정계수(Coefficient of Determination)   필기 출제 17, 11, 09년 기출

ⓐ 크기가 다른 여러 상관계수를 비교하고자 할 때 변량(Variance)을 가지고 비교하는 것이다.

ⓑ 결정계수는 상관계수를 제곱한 것으로서, 두 변수가 공유하고 있는 변량의 비를 나타낸다.

> 예) 지능검사 점수와 학교에서의 성적 간의 상관계수가 0.30일 경우
> → 학교에서의 성적에 관한 변량의 9%(☞ 0.30을 제곱한 0.09, 즉 9%)가 지능검사에 의해 설명될 것이다.
> 예) 지능검사 점수와 학교에서의 성적 간의 상관계수가 0.50일 경우
> → 학교에서의 성적에 관한 변량의 25%(☞ 0.50을 제곱한 0.25, 즉 25%)가 지능검사에 의해 설명될 것이다.

쌤의 비법노트
상관계수가 변인 간 관계의 강도와 방향을 나타내는 지표라면, 결정계수는 한 변인(→ 독립변인)이 다른 변인(→ 종속변인)의 분산을 얼마나 설명하는지, 즉 통계적 설명력을 나타내는 지표입니다.

3 규준의 제작

(1) 규준(Norm) [필기 출제] 19, 18, 16, 15, 08, 07, 04, 03년 기출

① 심리검사를 채점해서 얻는 최초의 원점수(Raw Score)는 그 자체로는 거의 아무런 정보를 주지 못하며, 척도의 종류로 볼 때 서열척도에 불과할 뿐 사실상 등간척도가 아니다.
② 규준(Norm)은 원점수를 표준화된 집단의 검사 점수와 비교하기 위한 개념으로, 대표집단의 사람들에게 실시한 검사 점수를 일정한 분포도로 작성한, 특정 검사 점수의 해석에 필요한 기준이 되는 자료를 말한다.
③ 다른 사람들의 검사 점수를 참고로 하여 개인점수의 상대적 위치를 앎으로써 검사 점수의 상대적인 해석을 하기 위해 규준이 필요하다.

(2) 규준 제작 시 사용되는 표집(표본추출) 방법 [필기 출제] 19년 기출

① 확률표집방법

단순무선표집 (단순무작위표집)	모집단의 구성요소들이 표본에 속할 확률이 동일하도록 표집하는 방법이다. 예 제비뽑기, 컴퓨터를 이용한 난수의 추출 등
층화표집	모집단이 규모가 다른 몇 개의 이질적인 하위집단으로 구성되어 있는 경우 사용하는 방법이다. 예 다양한 종파의 신도들이 포함된 모집단에서 이를 각 종파별로 나누어 해당 종파 내에서 필요한 만큼 무선표집을 한다.
집락표집 (군집표집)	모집단을 서로 동질적인 하위집단으로 구분하여 집단 자체를 표집하는 방법이다. 예 초등학교 1학년용 검사의 규준을 개발할 경우, 표집단위를 개인이 아닌 반으로 하는 것이 가능하다.
계통표집 (체계적 표집)	모집단 목록에서 구성요소에 대해 일정한 순서에 따라 매 k번째 요소를 추출하는 방법이다. 예 1,000명의 회원명부에서 100명을 선발하기 위해 처음 요소를 무작위로 뽑은 후 그 회원번호가 8번으로 끝난다면, 18, 28, 38 등의 번호로 표본을 선정한다.

② 비확률표집방법

할당표집	모집단의 어떤 특성에 대한 사전지식을 토대로 모집단을 일정한 카테고리로 나눈 후, 이들 카테고리에서 정해진 요소수를 작위적으로 추출하는 방법이다.
유의표집 (판단표집)	연구자가 모집단에 대한 지식이 많은 경우 사용하는 방법으로, 연구자의 주관적인 판단에 따라 연구목적 달성에 도움이 되는 구성요소를 의도적으로 추출하는 방법이다.
임의표집 (편의표집)	모집단에 대한 정보가 없고 구성요소 간의 차이가 별로 없다고 판단될 때 사용하는 방법으로, 표본선정의 편리성에 기초하여 임의로 추출하는 방법이다.
누적표집 (눈덩이표집)	첫 단계에서 연구자가 임의로 선정한 제한된 표본에 해당하는 사람으로부터 추천을 받아 다른 표본을 선정하는 과정을 되풀이하여 마치 눈덩이를 굴리듯이 추출하는 방법이다.

쌤의 비법노트

개인이 산수추리검사에서 20점, 어휘검사에서 40점의 원점수를 받았을 때, 이들 두 점수를 직접 비교해서 두 가지 능력의 상대적인 크기를 알아낼 수는 없습니다. 그러나 이를 표준점수로 바꾸거나 규준을 통한 점수로 전환시킬 경우, 두 검사 점수를 직접 비교하는 것이 가능합니다.

이렇게 출제된다! 2차 주관식

1. 규준 제작 시 사용되는 확률표집방법의 종류 3가지를 쓰고, 각각에 대해 설명하시오.
2. 모집단에서 규준집단을 구성하기 위한 표본추출방법으로 확률표집방법과 비확률표집방법이 있다. 그중 비확률표집방법의 종류 3가지를 쓰고, 각각에 대해 설명하시오.

4 규준의 종류

(1) 발달규준

① 연령규준

개인의 점수를 규준집단의 연령 수준과 비교하여 해석한다.

② 학년규준

개인의 점수를 규준집단의 학년 수준과 비교하여 해석한다.

③ 서열규준

개인의 점수를 규준집단의 행동발달 수준과 비교하여 해석한다.

(2) 집단 내 규준 필기 출제 21, 16, 12, 11년 기출

① 백분위 점수 필기 출제 22, 21, 19, 18, 12, 09, 07, 05년 기출

㉠ 원점수의 분포에서 100개의 동일한 구간으로 점수들을 분포하여 변환점수를 부여한 것이다.

㉡ 표준화 집단에서 특정한 원점수 이하에 속하는 사례의 비율을 통해 나타내는 상대적 위치이다. 즉, 특정 집단의 점수분포에서 한 개인의 상대적 위치를 나타내는 점수이다. 예를 들어, 백분위가 95인 것은 내담자보다 낮은 점수를 받은 사람들이 95%이며, 표준화 집단에서 내담자가 전체 상위 5% 이내에 해당한다는 것이다.

㉢ 백분위는 원점수와 선형관계에 있지 않으므로, 원점수에서 1점의 차이가 백분위에서는 전혀 다른 크기의 차이로 나타날 수 있다. 예를 들어, 백분위 50과 59인 두 사람의 원점수 차이는 백분위 90과 99인 두 사람의 원점수 차이와 같지 않다.

② 표준점수 필기 출제 17, 15, 14, 13, 10, 05년 기출

㉠ 원점수를 주어진 집단의 평균을 중심으로 표준편차 단위를 사용하여 분포상 어느 위치에 해당하는가를 나타낸 것이다.

㉡ 표준화된 심리검사에서 표준점수는 개인의 점수가 평균으로부터 떨어져 있는 거리를 의미한다.

㉢ 원점수를 표준점수로 변환함으로써 상대적인 위치를 짐작할 수 있으며, 검사 결과를 비교할 수도 있다.

Z점수	• 원점수를 평균이 0, 표준편차가 1인 Z분포상의 점수로 변환한 점수이다. 예를 들어, Z점수 0은 원점수가 정확히 평균값에 위치한다는 의미이며, Z점수 −1.5는 원점수가 참조집단의 평균으로부터 하위 1.5표준편차만큼 떨어져 있다는 것이다. • Z점수는 소수점과 음수값으로 제시되기도 하는데, 이는 계산 및 해석을 어렵게 만든다. $$Z점수 = \frac{원점수 - 평균}{표준편차}$$

2차 주관식

규준의 종류 중 발달규준 3가지를 쓰고, 각각에 대해 설명하시오.

쌤의 비법노트

백분율은 비율(→ 크기)을, 백분위는 순위(→ 위치)를 나타내는 개념으로, 백분율이 전체에 대한 부분의 비중을 보여준다면, 백분위는 집단 내에서의 순위를 보여줍니다. 따라서 백분위 점수는 한 집단 내에서 개인의 상대적인 위치를 살펴보는 데 적합한 점수 유형이라 할 수 있습니다.

1차 기출 OX

Q '표집점수'는 규준의 범주에 포함되는 점수이다?

A (×) '표준점수'가 규준의 범주에 포함된다.

T점수	• 소수점과 음수값을 가지는 Z점수의 단점을 보완하기 위해, 원점수를 변환해서 평균이 50, 표준편차가 10인 분포로 만든 것이다. • 가장 널리 사용되는 정규화된 표준점수로서 미네소타 다면적 인성검사(MMPI) 등이 있다.

$$T점수 = 10 \times Z점수 + 50$$

③ 표준등급 〔필기 출제〕 22, 21, 18, 16, 11, 08년 기출

㉠ '스테나인(Stanine) 척도'라고도 하며, 이는 'Standard'와 'Nine'의 합성어에 해당한다. 2차 세계대전 중에 미국 공군에서 개발한 것으로, 모든 원점수를 1~9까지의 한 자리 숫자체계로 전환시킨 것이다.

㉡ 원점수를 비율에 따라 1~9까지의 구간으로 구분하여 각각의 구간에 일정한 점수나 등급을 부여한 것이다. 예를 들어, 백분위 50에 해당하는 스테나인(Stanine)의 점수는 5이다.

㉢ 특히 학교에서 실시하는 성취도검사나 적성검사의 점수를 정해진 범주에 집어넣어 학생들 간의 점수 차가 작을 때 생길 수 있는 지나친 확대해석을 미연에 방지할 수 있다.

정상분포(정규분포)에서 표준등급에 해당하는 면적 비율

Stanine	1	2	3	4	5	6	7	8	9
백분율(%)	4	7	12	17	20	17	12	7	4

03절 신뢰도(Reliability)

1 개요

(1) 개념 〔필기 출제〕 22, 19, 14년 기출

① 신뢰도는 측정도구가 측정하고자 하는 현상을 일관성 있게 측정하는 능력을 말한다.
② 만약 어떤 측정도구를 사용해서 동일한 대상을 측정하였을 때 항상 같은 결과가 나온다면, 해당 측정도구는 신뢰도가 매우 높다고 할 수 있다.
③ 측정의 오차가 작을수록 신뢰도는 높은 경향이 있다.

[2차 주관식]
표준화된 심리검사에는 집단 내 규준이 포함되어 있다. 집단 내 규준의 종류 3가지를 쓰고, 각각에 대해 설명하시오.

[1차 기출 OX]
Q "어떤 흥미검사(A)의 신뢰도가 높다"는 것은 어떤 사람이 흥미검사(A)를 처음 치렀을 때 받은 점수가 얼마 후 다시 치렀을 때의 점수와 비슷하다는 의미이다?
A (○)

(2) 신뢰도 계수 필기 출제 22, 21, 14, 04년 기출

① 신뢰도 계수는 결과의 일관성을 보여주는 값이다.
② 신뢰도 계수의 범위는 '0'에서 '1' 사이의 값을 갖는다. 이때 '0'에 가까울수록 신뢰도가 낮은 반면, '1'에 가까울수록 신뢰도가 높은 것을 의미한다.
③ 일반적으로 표준화된 능력측정검사(특히 표준화된 지능검사)의 경우 0.90 이상의 높은 신뢰도 계수를 기대할 수 있으나, 성격측정, 흥미측정, 태도측정에 있어서 검사-재검사 신뢰도 계수는 대개 0.90 이하이다.

> **쌤의 비법노트**
> 일반적으로 심리검사의 신뢰도 계수는 0.80~0.95 사이에 위치하는 경우가 많은데, 만약 신뢰도 계수가 0.70 이하라면 그 검사 점수는 신뢰하기 어렵습니다.

2 검사-재검사 신뢰도(Test-retest Reliability) 필기 출제 16, 08년 기출

(1) 의의 및 특징 필기 출제 20, 13, 07, 06년 기출

① 동일한 검사를 동일한 수검자에게 일정 시간 간격을 두고 두 번 실시하여 얻은 두 검사 점수의 상관계수에 의해 신뢰도를 추정하는 방법이다.
② 검사 점수가 시간의 변화에 따라 얼마나 일관성이 있는지를 의미하므로, 시간에 따른 안정성을 나타내는 '안정성 계수(Coefficient of Stability)'라고도 부른다.
③ 검사 간격이 짧은 경우 신뢰도가 높게 나타나는 반면, 검사 간격이 긴 경우 신뢰도가 상대적으로 낮게 나타난다.

(2) 검사-재검사를 통해 신뢰도를 추정할 경우 충족되어야 할 조건 필기 출제 16년 기출

① 첫째, 측정내용 자체는 일정 시간이 경과하더라도 변하지 않는다고 가정할 수 있어야 한다.
② 둘째, 동일한 수검자에게 검사를 두 번 실시하지만, 앞서 받은 검사 경험이 이후에 받은 검사의 점수에 영향을 미치지 않는다는 확신이 있어야 한다.
③ 셋째, 검사와 재검사 사이의 어떤 학습활동이 두 번째 검사의 점수에 영향을 미치지 않는다고 가정할 수 있어야 한다.

> **이렇게 출제된다! 2차 주관식**
> 검사-재검사를 통해 신뢰도를 추정할 경우 충족되어야 할 조건을 3가지 쓰시오.

(3) 검사-재검사법으로 신뢰도 추정치를 구할 경우 주요 단점 필기 출제 15년 기출

① 성숙효과
두 검사 사이의 시간 간격이 너무 클 경우 측정대상의 속성이나 특성이 변화할 수 있다.
② 반응민감성
검사를 치르는 경험이 후속 반응에 영향을 줄 수 있다.
③ 이월효과(기억효과)
두 검사 사이의 시간 간격이 너무 짧을 경우 앞에서 답한 것을 기억해서 뒤의 응답 시 활용할 수 있다.
④ 시간 및 비용 소요
동일검사를 두 번 실시함에 따라 시간과 비용이 많이 소요된다.

> **쌤의 비법노트**
> 검사-재검사법의 단점은 검사-재검사 신뢰도의 영향요인으로도 볼 수 있습니다.

> **이렇게 출제된다! 2차 주관식**
> 1. 신뢰도 검증방법 중 검사-재검사법의 단점을 3가지만 쓰시오.
> 2. 검사-재검사 신뢰도에 영향을 미치는 요인의 3가지 형태를 쓰고, 각각에 대해 간략히 설명하시오.

3 동형검사 신뢰도(Parallel-form Reliability)

(1) 의의 및 특징 〔필기 출제〕 19, 16, 15, 14년 기출

① 동일한 수검자에게 첫 번째 시행한 검사와 동등한 유형의 검사를 실시하여 두 검사 점수 간의 상관계수에 의해 신뢰도를 추정한다.
② 상관계수가 두 검사의 동등성 정도를 나타낸다는 점에서 '동등성(동형성) 계수(Coefficient of Equivalence or Equivalence-form Coefficient)'라고도 부른다.
③ 동형검사 신뢰도 계수는 오차변량의 원인을 특정 문항의 표집에 기인한 것으로 가정한다.

(2) 동형검사 신뢰도를 통해 신뢰도를 추정할 경우 충족되어야 할 조건 〔필기 출제〕 16년 기출

① 두 검사가 근본적으로 측정하려 하는 영역에서 동일한 내용이 표집되어야 한다.
② 동일한 문항 수와 동일한 형식으로 표현되어야 한다.
③ 문항의 난이도(곤란도)가 동등해야 한다.
④ 검사의 지시내용, 시간제한, 구체적인 설명까지 모두 동등성이 보장되어야 한다.

> **쌤의 비법노트**
> 동형검사 신뢰도는 이미 신뢰성이 입증된 유사한 검사 점수와의 상관계수를 검토하는 방식으로 이루어지는 경우가 많습니다.

4 반분신뢰도(Split-half Reliability)

(1) 의의 및 특징 〔필기 출제〕 13, 06년 기출

① 한 검사를 어떤 집단에 실시하고 그 검사의 문항을 동형이 되도록 두 개의 검사로 나눈 다음 두 부분의 점수가 어느 정도 일치하는가를 상관계수를 통해 추정한다.
② 둘로 구분된 문항들의 내용이 얼마나 일관성이 있는가를 측정한다는 점에서 '내적합치도 계수(Coefficient of Internal Consistency or Internal Consistency Coefficient)'라고도 부른다. 따라서 내적합치도 계수가 낮다는 것은 검사가 성질상 매우 다른 속성을 측정하는 문항들로 구성되어 있다는 의미이다.
③ 검사를 한 번만 실시하여 구하는 방식이므로 시간적 안정성은 포함하지 않는다.

(2) 반분신뢰도 추정을 위한 주요 방법 〔필기 출제〕 19, 16, 13년 기출

① 전후절반법(전후양분법)
  전체 검사를 문항 순서에 따라 전반부와 후반부로 반분한다.
② 기우절반법(기우양분법)
  전체 검사를 문항의 번호에 따라 홀수와 짝수로 반분한다.
③ 짝진 임의배치법(임의적 짝짓기법)
  전체 검사를 문항의 난이도와 문항과 총점 간의 상관계수를 토대로 반분한다.

> **쌤의 비법노트**
> 반분신뢰도는 여러모로 속도검사(Speed Test)에 부적합한 것으로 보고되고 있으므로, 속도검사에 적용하지 않습니다.

> **이렇게 출제된다! 2차 주관식**
> 반분신뢰도 추정을 위해 가장 많이 사용하는 방법을 3가지 쓰고, 각각에 대해 설명하시오.

5 문항내적합치도(Item Internal Consistency)

(1) 의의 및 특징 `필기 출제` 16, 08년 기출

① 단일의 신뢰도 계수를 계산할 수 없는 반분법의 문제점을 고려하여, 가능한 한 모든 반분신뢰도를 구한 다음 그 평균값을 신뢰도로 추정하는 방법이다.
② 한 검사에 포함된 문항들에 대한 반응의 일관성이 문항의 동질성 여부에 따라 결정되므로, 이를 흔히 '동질성 계수(Coefficient of Homogeneity)'라고도 부른다.
③ 검사 문항을 분리하기 위한 다양한 방법이 사용되며, 하나의 검사로 한 번만 검사를 실시하면 되므로 시간과 비용 면에서 적용하기 편리하다.

(2) 문항내적합치도 추정을 위한 주요 방법 `필기 출제` 18, 09년 기출

쿠더-리차드슨 계수 (Kuder-Richardson)	• 응답문항 유형이 '예 / 아니요' 또는 '정(正) / 오(誤)'인 검사에 사용된다. • 검사의 문항 간 정답과 오답의 일관성을 종합적으로 추정한 상관계수이다.
크론바흐 알파계수 (Cronbach's α)	• 서답형, 논문형, 평정형 등 이분법적으로 채점되지 않는 경우에도 사용할 수 있다. • 크론바흐 알파 값은 '0~1'의 값을 가지며, 값이 클수록 검사 문항들이 동질적이고 신뢰도가 높은 것을 나타낸다.

> **쌤의 비법노트**
>
> 문항내적합치도는 문항 간 동질성을 강조한다는 점에서 반분신뢰도와 흡사하며, 그로 인해 일부 교재에서는 문항내적합치도를 반분신뢰도와 함께 설명하기도 합니다.

6 채점자 간 신뢰도(Inter-rater Reliability)

(1) 의의 및 특징 `필기 출제` 17년 기출

① 채점자들의 채점을 어느 정도 믿을 수 있고 일관성이 있는가를 상관계수로 나타낸 것으로, 채점자들 간의 객관도 및 채점에 대한 일관성 정도와 연관된다.
② 채점 대상물인 한 집단의 검사용지를 두 명 이상의 채점자들이 각자 독립적으로 채점하여 어느 정도 일관된 채점이 이루어졌는지를 확인한다.
③ 사지선다형 검사의 경우 채점자 간 신뢰도가 높게 나타나는 반면, 에세이 검사(Essay Test)나 투사법 등은 상대적으로 채점자 간 신뢰도가 낮게 나타난다.

(2) 채점자(평정자)로 인한 오차 `필기 출제` 13, 05, 03년 기출

① 후광효과(Halo Effect)로 인한 오류
  수검자에 대한 채점자의 인상이 채점이나 평정에 영향을 미친다.
② 관용(Leniency)의 오류
  채점자의 반응태세가 일반적으로 후한 점수를 주는 경향을 말한다.
③ 중앙집중경향(Concentration Tendency)의 오류
  가급적 아주 높은 점수 혹은 아주 낮은 점수를 피하고 중간 점수를 주는 경향을 말한다.
④ 논리적 오류(Logical Error)
  어떤 한 특성의 점수를 알고 있으면 관련이 있는 다른 특성의 평정에 영향을 미치는 것을 말한다.

> **이렇게 출제된다! 1차 기출 OX**
>
> **Q** 주관식 채점 시 수험생의 이름을 가리고 채점하여 공정성을 확보하는 것은 후광효과로 인한 오류를 배제하기 위한 것이다?
>
> **A** (○)
>
> **이렇게 출제된다! 2차 주관식**
>
> 지필검사나 평정이 요구되는 관찰 혹은 면접 시 채점자, 평정자로 인해 발생하는 오차의 유형 3가지를 쓰고, 각각에 대해 설명하시오.

7 신뢰도의 추정

(1) 심리검사의 신뢰도에 영향을 주는 요인 〔필기 출제〕 22, 20, 18, 15, 14, 12, 08년 기출

① 개인차
  개인차가 클수록 신뢰도 계수도 커진다.
② 문항 수
  문항 수가 많은 경우 신뢰도는 커지지만 정비례하여 커지는 것은 아니다.
③ 문항반응 수
  문항반응 수가 적정수준을 초과하는 경우 신뢰도는 평행선을 긋게 된다.
④ 검사유형
  속도검사를 전후반분법으로 추정할 경우 전·후반 점수 간 상관계수는 낮아진다.
⑤ 신뢰도 추정방법
  서로 다른 신뢰도 추정방법에 따라 얻어진 신뢰도 계수는 각기 다를 수밖에 없다.

(2) 심리검사의 신뢰도를 높이는 방법(측정오차를 줄이기 위한 방법)
  ① 검사의 실시와 채점 과정을 표준화하여 오차변량을 줄인다.
  ② 검사의 문항 수를 늘린다.
  ③ 검사의 신뢰도에 나쁜 영향을 미치는 문항들을 제거한다.

(3) 신뢰도 추정 시 고려사항 〔필기 출제〕 21, 16년 기출
  ① 신뢰도 추정에 영향을 미치는 요인 중 가장 중요한 요인은 표본의 동질성이다.
  ② 신뢰도 추정에 영향을 미치는 요인은 상관계수에 영향을 미치는 요인과 유사하다.
  ③ 속도검사의 경우 기우절반법(기우양분법)으로 반분신뢰도를 추정하면 신뢰도 계수가 과대추정되는 경향이 있다.
  ④ 정서반응과 같은 불안정한 심리적 특성의 신뢰도를 정확히 추정하기 위해서는 검사-재검사를 거의 동시에 실시해야 한다.

1차 기출 OX

Q 응답자 수가 많을수록 신뢰도가 높게 나타날 가능성이 크다?

A (×) '응답자 수'가 아닌 '문항 수'가 많을수록 신뢰도가 높게 나타날 가능성이 크다.

2차 주관식

1. 심리검사의 신뢰도에 영향을 주는 요인을 5가지 쓰시오.
2. 심리검사의 신뢰도에 영향을 주는 요인을 3가지 쓰고, 각각에 대해 설명하시오.

2차 주관식

측정의 신뢰성(Reliability)을 높이기 위해서는 측정오차(Measurement Error)를 최대한 줄여야 한다. 측정오차를 최대한 줄이기 위한 구체적인 방법을 3가지 기술하시오.

04절 타당도(Validity)

1 개요

(1) 개념 〔필기 출제〕 15, 12년 기출

① 타당도는 그 검사가 측정하고자 의도하는 속성을 얼마나 정확하게 측정하고 있는가를 말한다.
② 검사가 측정하고자 하는 심리적 구인(구성개념)을 정확하게 측정하는 것을 의미한다.
③ 만약 직업상담사 자격시험 문항 중 대학수학능력을 측정하는 문항이 섞여있을 경우 타당도가 문제시된다.

(2) 측정의 신뢰도와 타당도 〔필기 출제〕 20, 12년 기출

① 타당도는 신뢰도의 충분조건인 반면, 신뢰도는 타당도의 필요조건에 해당한다. 즉 신뢰도가 높다고 하여 반드시 타당도가 높은 것은 아니며, 타당도가 낮다고 하여 반드시 신뢰도가 낮은 것은 아니다. 따라서 어떤 검사의 신뢰도 계수만으로 해당 검사의 타당도 계수를 알 수는 없다.
② 만약 어떤 직업상담사가 내담자의 지능을 알아보기 위해 정확도가 보장된 체중계로 내담자의 몸무게를 측정했다면, 이는 타당도는 낮지만 신뢰도는 높은 측정에 해당한다.

> **Comment**
> 아래 그림은 양궁선수 A, B, C가 각자 자신의 과녁에 세 발의 화살을 쏜 결과입니다.
>
>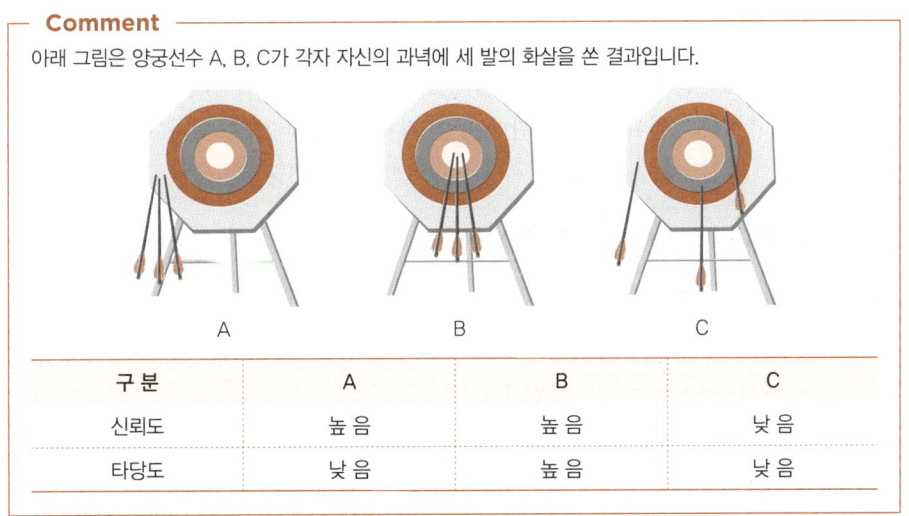
>
> | 구분 | A | B | C |
> |---|---|---|---|
> | 신뢰도 | 높음 | 높음 | 낮음 |
> | 타당도 | 낮음 | 높음 | 낮음 |

쌤의 비법노트

'필요조건'은 그 개념에 해당되는 사례가 되기 위해서는 반드시 그 속성을 가지고 있어야만 한다는 의미인 반면, '충분조건'은 어떤 사례가 모든 속성들을 가지고 있다면 해당 사례는 자동적으로 그 개념의 사례가 된다는 의미입니다.

이렇게 출제된다! 1차 기출 OX

Q 어떤 직업적성검사의 신뢰도 계수가 '1.0'이면 그 검사의 타당도 계수는 '0.5'이다?

A (×) 알 수 없다.

2 내용타당도(Content Validity)

(1) 의의 및 특징 [필기 출제] 20, 19, 11, 10, 09, 08, 07, 06, 05, 04년 기출

① 검사의 문항들이 그 검사가 측정하고자 하는 내용영역을 얼마나 잘 반영하고 있는지를 나타낸다. 즉, 내용타당도는 내용영역을 얼마나 정확하고 자세하게 기술하는가에 달려 있다.
② 논리적 사고에 입각한 논리적인 분석과정으로 판단하는 주관적인 타당도로서, 객관적인 자료에 근거하지 않으므로 타당도 계수를 산출하기 어렵다.
③ 본질적으로 해당 분야 전문가의 판단에 의존한다.
④ 흔히 성취도 검사의 타당도를 평가하는 방법으로 많이 사용된다.
⑤ 만약 고용주가 직무수행에 필요한 지식, 기술, 능력 등을 평가하는 검사들을 개발한다고 가정할 때, 이러한 검사의 내용이 실제 직무와 얼마나 관련되어 있는지를 살펴보기 위해서는 내용타당도를 살펴보아야 한다.

(2) 안면타당도 또는 액면타당도(Face Validity)와의 차이점 [필기 출제] 20, 19, 11, 08, 07년 기출

① 안면타당도는 내용타당도와 마찬가지로 측정항목이 연구자가 의도한 내용대로 실제로 측정하고 있는가 하는 것으로서, 내용타당도가 전문가의 평가 및 판단에 근거한 반면, 안면타당도는 전문가가 아닌 일반인의 일반적인 상식에 준하여 분석한다.
② 실제로 무엇을 재는가의 문제가 아니라 검사가 잰다고 말하는 것을 재는 것처럼 보이는가의 문제이다. 즉, 검사를 받는 사람들에게 그 검사가 타당한 것처럼 보이는가를 뜻한다.
③ 만약 심리검사를 받은 수검자들이 자신들이 받은 심리검사가 측정하고자 하는 것을 제대로 측정하는 것이라고 판단한다면, 이 검사는 안면타당도가 높다고 할 수 있다.

3 준거타당도(Criterion Validity)

(1) 의의 및 특징 [필기 출제] 17, 16, 15, 14, 13, 11, 10, 05년 기출

① '기준타당도' 또는 '준거관련 타당도(Criterion-related Validity)'라고도 하며, 경험적 근거에 의해 타당도를 확인하는 방법이다.
② 어떤 심리검사가 특정 준거와 어느 정도 연관성이 있는지를 나타내는 것이다. 즉, 검사와 준거 간의 상관관계를 분석해서 검사의 타당도를 평가하는 방법이다.
③ 일반적으로 이미 전문가가 만들어놓은 신뢰도와 타당도가 검증된 측정도구에 의한 측정결과를 준거로 활용한다.
④ 준거타당도의 분석방법으로 기대표(Expectancy Table)가 활용된다. 기대표는 세로에 연구도구 점수의 범주를, 가로에 준거 점수의 범주를 분류한 이원분류표이다.

쌤의 비법노트

내용타당도는 전문가가 문항을 읽고 얼마나 타당해 보이는가를 평가하는 방법입니다. 즉, 해당 분야의 자격을 갖춘 사람들이 검사의 각 문항을 주의 깊게 검토하여, 그 문항이 검사에서 측정하고자 하는 것을 재는지 여부를 결정하는 방식입니다.

쌤의 비법노트

안면타당도는 "타당한 것처럼 보이는가"와 관련된 것일 뿐이므로, 일부에서는 이를 진정한 의미의 타당도로 인정하지 않는 경우도 있습니다.

이렇게 출제된다! 1차 기출 OX

Q '기대표 작성'은 검사의 구성타당도 분석방법으로 적합하다?
A (×) 준거타당도 분석방법으로 적합하다.

(2) 준거타당도의 분류 　필기 출제 22, 17, 15, 13년 기출

준거타당도는 현재에 초점을 맞춘 '동시타당도 또는 공인타당도(Concurrent Validity)'와 미래에 초점을 맞춘 '예언타당도 또는 예측타당도(Predictive Validity)'로 구분할 수 있다.

동시타당도 (공인타당도)	새로운 검사를 제작했을 때 새로 제작한 검사의 타당도를 위해 기존에 타당도를 보장받고 있는 검사와의 유사성 혹은 연관성에 의해 타당도를 검증하는 방법이다. 즉, 동시타당도는 동일 시점에서 새로운 검사와 준거를 동시에 측정해서 두 결과 간의 상관계수를 추정한다. 예 근무실적과 시험성적에 대한 자료를 동시에 수집하여 상관관계를 검토할 수 있다. 재직자에게 응시자용 문제를 제시하여 시험을 실시한 후 재직자의 평소 근무실적과 시험성적을 비교하여 근무실적이 좋은 재직자가 시험에서도 높은 성적을 얻었다면, 해당 시험은 준거타당도를 갖추었다고 볼 수 있는 것이다.
예언타당도 (예측타당도)	어떠한 행위가 일어날 것이라고 예측한 것과 실제 대상자 또는 집단이 나타낸 행위 간의 관계를 측정하는 것이다. 즉, 예언타당도는 검사 점수를 가지고 다른 준거 점수들을 어느 정도 예측할 수 있는가 하는 정도이다. 예 적성검사에서 높은 점수를 받은 사람들이 입사 후 업무수행이 우수한 것으로 나타났다면, 해당 검사는 타당도를 갖추었다고 볼 수 있다.

> **쌤의 비법노트**
> 예언타당도는 미래의 시점을 전제로 하는 만큼 타당도를 구하는 데 시간이 많이 걸리는 단점이 있습니다.

> **이렇게 출제된다! 2차 주관식**
> 1. 준거타당도의 의미와 준거타당도의 종류 2가지를 쓰고, 각각에 대해 설명하시오.
> 2. 예언타당도와 동시타당도의 예를 들어 설명하시오.
> 3. 준거타당도인 동시타당도와 예언타당도의 의미를 쓰고, 그 차이점을 설명하시오.

4 구성타당도(Construct Validity)

(1) 의의 및 특징 　필기 출제 21, 12년 기출

① '구인타당도' 또는 '개념타당도'라고도 하며, 검사가 해당 이론적 개념의 구성인자들을 제대로 측정하고 있는 정도를 나타낸다.
② 객관적인 관찰이 어려운 추상적인 개념, 즉 적성, 지능, 흥미, 직무만족, 동기, 내향성과 같은 성격특성 등을 얼마나 잘 측정하는지를 나타낸다.
③ 심리검사는 추상적 구성개념들을 실제적인 수준에서 관찰 가능한 행동 표본들로 구성한 것이다. 즉, 조작적으로 정의되지 않은 인간의 심리적 특성이나 성질을 심리적 구인으로 분석하여 조작적 정의를 부여한 후, 검사 점수가 이러한 심리적 구인으로 구성되어 있는가를 검증하는 방법이다.
④ 응답 자료가 계량적 방법에 의해 검증되므로 과학적이고 객관적이라 할 수 있으며, 이론적 연구를 하는 데 가장 중요한 타당도로 간주된다.

> **이렇게 출제된다! 2차 주관식**
> 타당도의 종류 4가지를 쓰시오.

(2) 구성타당도의 분석(검증) 방법 　필기 출제 21, 18, 17, 16, 14, 13, 11, 10, 09, 05년 기출

구성타당도를 분석하는 방법으로 '수렴타당도 또는 집중타당도(Convergent Validity)', '변별타당도 또는 판별타당도(Discriminant Validity)', '요인분석(Factor Analysis)' 등이 있다.

수렴타당도 (집중타당도)	검사 결과가 이론적으로 해당 속성과 관련 있는 변수들과 어느 정도 높은 상관관계를 가지고 있는지를 측정한다. 따라서 상관계수가 높을수록 타당도가 높다. 예 지능지수(IQ)와 학교성적과 같이 검사 결과가 이론적으로 연관되어 있는 변수들 간의 상관관계를 측정하는 경우 두 검사 간의 상관계수가 높게 나타났다면, 새로운 지능검사는 지능이라는 개념을 잘 측정한 것으로 간접적인 결론을 내릴 수 있다. 이 경우 검사의 수렴타당도가 높다고 한다.

> **쌤의 비법노트**
> 유사한 특성을 측정하는 기존 검사와의 상관계수 분석은 '수렴타당도', 실험을 통한 집단 간 차이 검증은 '변별타당도'와 연관됩니다. 또한 요인분석을 통해 검증되는 구성타당도의 분석방법을 '요인타당도'라고도 부릅니다.

CHAPTER 02 · 직업상담 진단

변별타당도 (판별타당도)	검사 결과가 이론적으로 해당 속성과 관련 없는 변수들과 어느 정도 낮은 상관관계를 가지고 있는지를 측정한다. 따라서 상관계수가 낮을수록 타당도가 높다. 예 지능지수(IQ)와 외모와 같이 검사 결과가 이론적으로 연관되어 있지 않은 변수 간의 상관관계를 측정하는 경우 두 검사 간의 상관계수가 높게 나타났다면, 새로운 지능검사는 지능이라는 개념을 잘 측정하지 못한 것으로 볼 수 있다.
요인분석	검사를 구성하는 문항들의 상관관계를 분석하여 상관이 높은 문항들을 묶어주는 통계적 방법이다. 예 수학과 과학 문항들을 혼합하여 하나의 시험으로 치르는 경우, 수학을 잘하는 학생의 경우 수학 문항들에 대해, 과학을 잘하는 학생의 경우 과학 문항들에 대해 좋은 결과를 나타내 보일 것이므로 해당 문항들은 두 개의 군집, 즉 요인으로 추출될 것이다.

이렇게 출제된다! 2차 주관식

1. 구성타당도를 분석하는 방법을 2가지 쓰고, 각 방법에 대해 설명하시오.
2. 수렴타당도의 의미에 대해 설명하고, 그 예를 제시하시오.

(3) 다속성·다측정방법(다특성·다방법) 또는 중다특성·중다방법 행렬표(MTMM ; Multitrait-Multimethod Matrix)

① 의 의

한 번에 수렴타당도와 변별타당도를 동시에 확인할 수 있는 방법으로서, 동일한 속성에 대해 서로 다른 방법으로 측정하여 그 결과가 어느 정도 상관관계를 나타내는지 확인하는 것이다.

② 절 차

제1단계	동일한 속성들을 이질적인 방법으로 측정하여 그 결과 간의 상관계수를 확인한다.
제2단계	앞선 1단계의 상관계수를 이질적인 속성들을 동일한 방법으로 측정한 결과 나타난 점수들 간의 상관계수와 비교한다.
제3단계	다음으로 2단계의 상관계수를 이질적인 속성들을 이질적인 방법으로 측정한 결과 나타난 점수들 간의 상관계수와 비교한다.

이렇게 출제된다! 2차 주관식

수렴타당도와 변별타당도의 의미를 각각 쓰고, 이를 다속성·다측정방법 행렬표(MTMM)로 확인하는 절차에 대해 설명하시오.

5 직업상담에서의 준거타당도

(1) 직업상담에서 준거타당도가 중요한 이유

① 검사도구가 미래의 행위를 예언하므로 선발이나 배치, 훈련 등의 인사관리에 관한 의사결정의 설득력을 제공한다.
② 경험적 근거에 따른 비교적 명확한 준거를 토대로 내담자의 직업선택을 위한 효과적인 정보를 제공한다.

(2) 직업상담이나 산업장면에서 준거타당도가 낮은 검사를 사용해서는 안 되는 이유

① 선발이나 평가과정의 효율성을 떨어뜨린다.
② 인사관리에 관한 의사결정의 공정성을 저해한다.

(3) 심리검사에서 준거타당도 계수의 크기에 영향을 미치는 요인(실증 연구의 타당도 계수가 실제 타당도 계수보다 낮은 이유) 필기 출제 11, 05년 기출

① 표집오차

표본이 모집단을 잘 대표하지 못하는 경우 표집오차가 커지고 그 결과 타당도 계수가 낮아진다.

② 준거측정치의 신뢰도

어떤 검사의 준거타당도 계산을 위해 사용한 준거측정치의 신뢰도가 낮은 경우 검사의 준거타당도도 낮아진다.

③ 준거측정치의 타당도

준거결핍이나 준거오염이 있는 경우 검사의 준거타당도는 낮아진다.

④ 범위제한

준거타당도 계산을 위해 얻은 자료들이 검사 점수와 준거 점수의 전체범위를 포괄하지 않고 일부만을 포괄하는 경우, 상관계수의 크기는 실제 상관계수보다 작게 된다.

쌤의 비법노트

'준거결핍(Criterion Deficiency)'은 준거측정도구가 개념준거의 내용을 충분히 반영하지 못하는 경우, '준거오염(Criterion Contamination)'은 개념준거와 관련이 없는 내용을 포함하고 있는 경우를 말합니다.

이렇게 출제된다! 2차 주관식

1. 심리검사에서 준거타당도 계수의 크기에 영향을 미치는 요인을 3가지만 쓰고, 각각에 대해 설명하시오.
2. 다음 물음에 답하시오.
   (1) 준거타당도의 종류 2가지를 쓰고, 각각에 대해 설명하시오.
   (2) 직업상담이나 산업장면에서 준거타당도가 낮은 검사를 사용해서는 안 되는 이유 2가지를 설명하시오.
   (3) 실증 연구의 타당도 계수가 실제 타당도 계수보다 낮은 이유 3가지를 설명하시오.

05절 심리검사의 개발

1 문항분석

(1) 의의

① 문항분석은 검사의 각 문항들에 대한 응답을 분석함으로써 문항의 난이도나 변별도, 추측도 등에 관한 자료를 얻는 것이다.

② 검사개발에서 문항분석이 중요한 이유는 그 과정을 통해 검사의 길이를 줄일 수 있을 뿐만 아니라 검사의 신뢰도와 타당도를 높일 수 있기 때문이다.

(2) 주요 개념

① 문항의 난이도 혹은 곤란도(Item Difficulty)

문항의 쉽고 어려운 정도를 의미한다.

② 문항의 변별도(Item Discrimination)

어떤 평가의 개개 문항이 해당 검사에서 높은 점수를 얻은 사람과 낮은 점수를 얻은 사람을 식별 또는 구별할 수 있는 변별력을 의미한다.

③ 문항의 추측도(Item Guessing)

능력이 전혀 없음에도 불구하고 문항의 답을 맞힐 확률을 의미한다.

④ 오답의 능률도(Effectiveness of Distractors)

선다형 문항에서 오답지(교란지)가 정답지처럼 보여 응답자로 하여금 오답지를 정답으로 선택할 수 있는 가능성을 의미한다.

이렇게 출제된다! 2차 주관식

'문항의 난이도', '문항의 변별도', '오답의 능률도'의 의미를 설명하시오.

(3) 문항 난이도의 수준 〔필기 출제〕 19, 18, 16, 10년 기출

① 문항 난이도는 전체 응답자 중 특정 문항을 맞힌 사람들의 비율로서 보통 'P'로 표시한다.

$$P = \frac{R}{N} \times 100$$

(단, 'R'은 어떤 문항에 정답을 한 수, 'N'은 총 사례 수)

② 문항 난이도 지수는 0.00에서 1.00 사이의 값을 가지며, 문항 난이도 지수가 높을수록 쉬운 문제이다.

③ 문항이 너무 쉽거나 너무 어려운 경우 검사 점수의 변량이 낮아져서 검사의 신뢰도나 타당도가 낮아진다.

④ 문항 난이도가 0.50일 때 검사 점수의 분산도(Variability)가 최대가 된다. 이는 문항마다 문항을 맞히는 사람들이 반, 못 맞히는 사람들이 반일 때 그만큼 사람들의 전체 점수에서 변화폭이 클 가능성이 많아짐을 의미한다.

> **쌤의 비법노트**
> 문항 난이도는 중간 수준, 즉 0.50(P=.50)을 가장 바람직한 것으로 간주합니다. 그러나 각 문항들의 난이도를 모두 중간 수준으로 만들기는 매우 어렵습니다. 따라서 전체 문항들의 난이도 평균을 가급적 중간 수준이 되도록 만들 필요가 있습니다.

2 검사의 개발

(1) 검사 개발의 일반적인 과정

검사의 사용목적 파악 → 구성개념을 대표하는 행동 파악 → 범주별 상대적 중요도 결정 → 문항개발 → 문항검토 → 사전검사 실시 → 검사 실시 → 자료분석 → 검사의 규준화 → 발행 및 수정(개정)

(2) 심리검사에서 흔히 사용되는 전통적 척도화 방식

응답자 중심 방식	문항은 척도화하지 않고 직접적으로 응답자만을 척도화하는 데 중점을 둔다. 예 리커트(Likert)의 총화평정척도
자극 중심 방식	응답자들을 척도화하기 이전에 문항을 먼저 척도화하는 데 중점을 둔다. 예 서스톤(Thurstone)의 등현등간척도
반응 중심 방식	응답자와 문항을 동시에 척도화하는 데 중점을 둔다. 예 거트만(Guttman)의 누적척도

> **이렇게 출제된다! 2차 주관식**
> 심리검사에서 가장 흔히 사용되는 전통적 척도화 방식 3가지를 쓰고, 각각에 대해 설명하시오.

(3) 심리검사 제작을 위한 예비문항 작성 시 주요 고려사항

① 문항의 내용이 측정하고자 하는 내용과 일치하여야 한다.
② 문항의 내용이 수검자의 고등정신기능을 유효하게 측정할 수 있어야 한다.
③ 문항은 열거된 사실들을 요약하며, 추상화시킬 수 있는 내용을 포함하여야 한다.
④ 문항은 내용 및 형식에 있어서 참신하여야 한다.
⑤ 문항은 구조화되고 체계적이어야 한다.
⑥ 문항은 수검자의 수준에 따라 적절한 난이도로 구성되어야 한다.

> **이렇게 출제된다! 2차 주관식**
> 심리검사 제작을 위한 예비문항 작성 시 고려해야 할 사항을 5가지 쓰시오.

06절 심리검사의 선택 및 활용

1 객관적 검사와 투사적 검사

(1) 객관적 검사(Objective Tests) 필기 출제 21, 14년 기출

① 검사과제가 구조화되어 있으므로 '구조적 검사(Structured Tests)'라고도 한다.
② 검사에서 제시되는 문항의 내용이나 그 의미가 객관적으로 명료화되어 있으므로 모든 사람에게서 동일한 방식의 해석이 내려질 것을 기대하는 검사이다.
③ 객관적 검사의 목적은 개인의 독특성을 측정하기보다는 개인마다 공통적으로 지니고 있는 특성이나 차원을 기준으로 하여 개인들을 상대적으로 비교하는 데 있다.
④ 선다형이나 "예 / 아니요" 등의 질문지를 이용한 객관적 형태의 자기보고식 검사가 심리 검사에 많이 사용된다.
⑤ 한국판 성인용 웩슬러 지능검사(K-WAIS), 미네소타 다면적 인성검사(MMPI), 마이어스-브릭스 성격유형검사(MBTI), 기질 및 성격검사(TCI), 16성격 요인검사(16PF) 등이 해당한다.

(2) 투사적 검사(Projective Tests) 필기 출제 15, 12년 기출

① 비구조적 검사 과제를 제시하여 개인의 다양한 반응을 무제한적으로 허용하므로 '비구조적 검사(Unstructured Tests)'라고도 한다.
② 검사자극 내용을 불분명하게 함으로써 막연한 자극을 통해 수검자가 자신의 내면적인 욕구나 성향을 외부에 자연스럽게 투사할 수 있도록 유도한다.
③ 투사적 검사는 검사 지시 방법이 간단하고 일반적인 방식으로 주어지며, 개인의 독특한 심리적 특성을 측정하는 데 주목적을 둔다.
④ 로샤 검사(Rorschach Test / Rorschach Inkblot Test), 주제통각검사(TAT), 집-나무-사람 그림검사(HTP), 문장완성검사(SCT), 문장완성검사(ISB), 인물화 검사(Draw-A-Person) 등이 해당한다.

(3) 객관적 검사와 투사적 검사의 장단점 비교 필기 출제 21년 기출

구 분	객관적 검사	투사적 검사
장 점	• 검사의 시행·채점·해석이 용이함 • 신뢰도와 타당도 수준이 비교적 높음 • 검사자나 상황변인의 영향을 덜 받음 • 검사자의 주관성이 배제되어 객관성이 보장됨	• 수검자의 독특한 반응을 이끌어냄 • 수검자의 방어적 반응이 어려우므로 솔직한 응답이 유도됨 • 수검자의 풍부한 심리적 특성 및 무의식적 요인이 반영됨
단 점	• 사회적 바람직성*, 반응 경향성*, 묵종 경향성*에 영향을 받음 • 수검자의 감정이나 신념, 무의식적 요인을 다루는 데 한계가 있음 • 문항 내용 및 응답의 범위가 제한됨	• 신뢰도와 타당도의 검증이 어려움 • 검사의 채점 및 해석에 있어서 높은 전문성이 요구됨 • 검사자나 상황변인의 영향을 받아 객관성이 결여됨

이렇게 출제된다! 1차 기출 OX

Q 직업상담 장면에서 활용 가능한 성격검사는 대개 자기보고식 검사이며, 널리 이용되는 검사는 다면적 인성검사, 성격유형검사 등이 있다?

A (○)

쌤의 비법노트

'ISB(Incomplete Sentences Blank)'는 '문장완성검사' 혹은 '불완전문장검사'라고도 불립니다. 수검자에게 문장 줄기만을 제시하여 수검자로 하여금 자신의 언어로 문장을 완성하도록 하는 투사적 검사입니다.

이렇게 출제된다! 1차 기출 OX

Q '반응의 풍부함'은 객관적 검사의 장점이다?

A (×) 투사적 검사의 장점이다.

이렇게 출제된다! 2차 주관식

1. 투사적 검사와 비교하여 객관적 검사의 장점을 3가지 기술하시오.
2. 심리검사 유형 중 투사적 검사의 장점 및 단점을 각각 3가지 쓰시오.

*참고
- 사회적 바람직성(Social Desirability) : 수검자가 본래의 자기 모습이 아닌 사회적으로 바람직한 방향으로 반응함
- 반응 경향성(Orientation) : 수검자가 자신의 취향이나 의도에 따라 일정한 흐름으로 반응함
- 묵종 경향성(Acquiescence) : 수검자가 문항 내용과 상관없이 일괄적으로 '네' 또는 '아니요'로 반응함

2 심리검사의 시행

(1) 심리검사의 일반적인 시행 과정

심리검사의 선택 → 검사요강에 대한 이해 → 검사에 대한 동기화 → 검사의 실시 → 검사의 채점 → 검사 결과에 대한 해석

(2) 심리검사 선택 시 고려사항

① 검사의 사용 여부(내담자의 검사 목적 탐색하기)
   상담자는 평가검사지의 적절성 및 유용성을 결정하기 이전에 검사를 하려는 내담자의 목적을 완전히 탐색할 필요가 있다.
② 내담자의 목표 및 특성과 연관된 검사도구의 심리측정적 속성
   상담자는 검사도구의 신뢰도 및 타당도, 적합성 등을 평가하며, 그 밖에 검사비용, 검사의 가독성, 검사받는 시간 및 채점의 용이성 등 다양한 기술적 특성들을 고려해야 한다.
③ 검사선택에 내담자 포함시키기(내담자와 함께 검사를 선택하기)
   상담자가 선택과정에 내담자를 개입시키기 위해서는 내담자에게 도움이 되고 유용할 것으로 판단되는 적당한 도구를 제안할 수 있어야 하며, 검사를 통해 알 수 있는 결과의 유형을 명확히 기술할 수 있어야 한다.

(3) 심리검사 결과 해석 시 유의사항 필기 출제 22, 20, 16, 12, 09, 06, 04년 기출

① 검사 결과를 내담자에게 이야기해 줄 때 가능한 한 이해하기 쉬운 언어를 사용한다.
② 해석에 대한 내담자의 반응을 고려한다.
③ 내담자의 방어를 최소화하기 위해 중립적이고 무비판적인 자세를 견지한다.
④ 상담자의 주관적 판단은 배제하고 검사점수에 대하여 중립적인 입장을 취한다.
⑤ 내담자에게 검사점수를 그대로 전하기보다는 진점수의 범위를 말해주는 것이 좋다.
⑥ 검사가 측정하는 것이 무엇이고, 측정하지 않는 것이 무엇인지를 명확히 제시한다.
⑦ 검사 결과에 대해 객관적이고 표준화된 자료를 활용하여 설명해 준다.
⑧ 검사 결과를 상담자가 일방적으로 해석하기보다 내담자와 함께 해석함으로써 내담자 스스로 자신의 진로를 결정할 수 있도록 돕는다.
⑨ 검사 결과는 확실성이나 구체적 예언보다는 가능성의 관점에서 제시되어야 한다.
⑩ 검사 결과는 내담자가 이용 가능한 다른 정보와 관련하여 제시되어야 한다.
⑪ 검사 결과로 나타난 강점과 약점 모두를 객관적으로 검토해야 한다.
⑫ 내담자가 검사 결과를 잘 이해할 수 있도록 안내하고 격려해야 한다.

[사이드노트]

이렇게 출제된다! 2차 주관식
직업상담에서 검사 선택 시 고려해야 할 사항 3가지를 쓰시오.

이렇게 출제된다! 2차 주관식
심리검사 결과 해석 시 유의해야 할 사항 4가지를 기술하시오.

(4) 심리검사 결과 통보 시 유의사항 `필기` `출제` 21, 15, 03년 기출

① 검사 결과를 기계적으로 전달하지 않으며, 적절한 해석을 담은 설명과 함께 전달한다.
② 내담자가 검사 결과로 도출된 결론을 오해하지 않도록 주의를 기울인다.
③ 내담자의 교육수준, 지식수준 등은 물론 검사 결과의 통보에 따른 정서적 반응까지 고려한다.
④ 검사 결과를 상담의 한 부분으로 간주하고 상담자-내담자 관계 속으로 끌어들인다.
⑤ 검사 결과를 내담자의 특정 문제에 대한 설명이나 해결책으로 활용한다.

> **이렇게 출제된다! 2차 주관식**
> 부정적인 심리검사 결과가 나온 내담자에게 검사 결과를 통보하는 방법을 5가지 기술하시오.

(5) 심리검사 사용의 윤리적 문제에 관한 유의사항 `필기` `출제` 14, 08년 기출

① 평가기법을 이용할 때 그에 대해 고객에게 충분히 설명해 주어야 한다.
② 새로운 기법을 개발하고 표준화할 때 기존의 과학적 절차를 충분히 따라야 한다.
③ 평가 결과를 보고할 때 신뢰도 및 타당도에 관한 모든 제한점을 지적한다.
④ 평가 결과가 시대에 뒤떨어질 수 있음을 인정한다.
⑤ 검사 사용 과정과 프로그램의 타당도에 대한 적절한 증거를 갖출 수 있도록 한다.
⑥ 적절한 훈련이나 교습을 받지 않은 사람들이 심리검사를 이용하지 않도록 한다.

> **이렇게 출제된다! 2차 주관식**
> 심리검사 사용의 윤리적 문제와 관련하여 주의하여야 할 사항을 6가지 쓰시오.

07절 주요 심리검사

1 지능검사

(1) 지능의 개념 `필기` `출제` 18년 기출

① 지능에 대한 정의는 학자들에 따라 다양하게 제시되고 있으며, 일반적으로 학습능력, 적응능력, 추상적 사고능력 등 독특한 능력을 대변하는 심리적 구성물로 간주된다.
② 지능검사는 인지적 검사에 해당하는 것으로, 일반적인 지적 능력을 알아내어 광범위한 분야에서 그 사람이 성공적으로 수행할 수 있는지를 측정한다.
③ 스피어만(Spearman)은 여러 가지 지적 활동에 공통적으로 작용하는 '일반요인(G 요인 ; General Factor)'과 어떤 특정한 상황이나 과제에서만 발휘되는 '특수요인(S 요인 ; Special Factor)'을 구분하는 지능의 2요인설을 제시하였다.
④ 스턴버그(Sternberg)는 지능을 맥락적 지능이론, 경험적 지능이론, 성분적 지능이론으로 구성된 것으로 가정한 삼원지능모형을 제시하였다.

> **이렇게 출제된다! 2차 주관식**
> 스피어만(Spearman)의 지능에 관한 2요인설(2요인이론)에서 2가지 요인을 쓰고, 각각에 대해 설명하시오.

(2) 유동성 지능과 결정성 지능(Cattell) `필기` `출제` 18, 15, 11년 기출

카텔(Cattell)은 성인기에 지능이 쇠퇴한다고 단정지었던 과거의 관점에 수정을 가하였으며, 인간의 지능을 '유동성(유동적) 지능(Fluid Intelligence)'과 '결정성(결정적) 지능(Crystallized Intelligence)'으로 구분하였다.

> **쌤의 비법노트**
> 카텔(Cattell)은 성인기 이후 지능이 쇠퇴하는 것은 지능을 일반지능으로 일관되게 측정했기 때문이며, 지능을 구성하는 특수요인들은 오히려 연령에 따라 발달하는 경향이 있다고 주장하였습니다.

유동성 지능 (유동적 지능)	• 개인의 독특한 신체구조와 과정에 기초한 선천적인 지능이다. • 익숙지 않은 자극에 직면할 때 즉각적인 적응력과 융통성을 활용하여 문제를 해결하는 능력이다. • 뇌손상이나 정상적인 노령화에 따라 감소하며, 특히 14세까지는 지속적으로 발달되다가 대략 22세 이후 급격히 감소된다.
결정성 지능 (결정적 지능)	• 유동성 지능을 바탕으로 개인의 문화적·교육적 경험에 따라 영향을 받는 지능이다. • 이전의 훈련, 교육, 문화적인 자극을 통해 개발된 지적 능력이다. • 환경에 따라 대략 40세까지 혹은 그 이후에도 발전 가능한 지능이다.

(3) 지능지수(IQ) 〔필기 출제〕 17, 13년 기출

① '지능지수(Intelligence Quotient)'의 개념을 처음으로 도입한 심리검사는 1916년 터만(Terman)에 의해 개발된 스탠포드-비네 지능검사(Stanford-Binet Intelligence Scale)이다.

② 스탠포드-비네 지능검사는 본래 비율지능지수 방식을 사용하였다가, 1960년 개정판부터 편차지능지수 방식을 도입하였다.

비율지능지수 (Ratio IQ)	• 개인의 지적능력을 정신연령(MA ; Mental Age)과 생활연령 또는 신체연령(CA ; Chronological Age)의 비율로써 나타내는 것이다. • 생활연령의 지속적인 증가에도 불구하고 정신연령은 대략 15세 이후로 증가하지 않는다는 사실을 간과함으로써 15세 이후의 청소년이나 성인을 대상으로 하는 검사로는 부적합하다. $$비율지능지수(RIQ) = \frac{정신연령(MA)}{생활연령(CA)} \times 100$$
편차지능지수 (Deviation IQ)	• 개인의 어떤 시점의 지능 수준을 동일 연령대 집단의 평균치와 대조하여 그 이탈된 정도를 통해 상대적인 위치로써 나타내는 것이다. • 편차는 지능지수의 분포형태와 관련된 것으로서, 일반적으로 표준편차를 '15' 또는 '16'으로 사용한다. $$편차지능지수(DIQ) = 15 \times \frac{개인점수 - 해당\ 연령규준의\ 평균}{해당\ 연령규준의\ 표준편차} + 100$$

(4) 한국판 웩슬러 성인용 지능검사(K-WAIS ; Korean Wechsler Adult Intelligence Scale)

① K-WAIS 〔필기 출제〕 19, 18, 17, 15, 13, 12, 11, 10, 09, 08, 07, 05년 기출

　㉠ 내담자의 직무능력을 언어성 능력과 동작성 능력으로 구분하여 분석하는 대표적인 검사이다.

　㉡ 반응 양식이나 검사행동 양식으로 개인의 독특한 심리 특성도 파악할 수 있다.

　㉢ 편차지능지수 방식을 사용하며, 신뢰도와 타당도가 높다.

　㉣ 언어성 검사와 동작성 검사로 대별되며, 총 11개의 하위검사(소검사)로 구성되어 있다.

쌤의 비법노트

편차지능지수는 연령의 차이에 의해 점수가 변하지 않습니다. 즉, 어떤 사람의 10세 때 지능지수가 학습경험의 향상으로 인해 20세에 이르러 상승하지 않는다는 것입니다. 참고로 웩슬러 지능검사의 경우 평균을 100, 표준편차를 15로 하는 척도를, 개정판 스탠포드-비네 지능검사의 경우 평균을 100, 표준편차를 16으로 하는 척도를 사용합니다.

ⓒ 언어성 검사로서 기본지식, 어휘문제, 이해문제, 공통성 문제는 특히 결정성(결정적) 지능과 관련이 있다.

언어성 검사(Verbal)	동작성 검사(Performance)
• 기본지식(Information) • 숫자 외우기(Digit Span) • 어휘문제(Vocabulary) • 산수문제(Arithmetic) • 이해문제(Comprehension) • 공통성 문제(Similarity)	• 빠진 곳 찾기(Picture Completion) • 차례 맞추기(Picture Arrangement) • 토막짜기(Block Design) • 모양 맞추기(Object Assembly) • 바꿔쓰기(Digit Symbol)

쌤의 비법노트

웩슬러 지능검사의 소검사 중 '숫자 외우기(Digit Span)'는 피검자의 상태에 따라 가장 변동·손상되기 쉬운 검사로서, 특히 불안과 많은 관련이 있습니다.

② K-WAIS-Ⅳ 필기 출제 21년 기출

ⓐ 2012년에 우리말로 개정·번안된 것으로서, 기존 1992년에 번안된 원판과는 그 구성에 있어서 차이를 보이고 있다.

ⓑ 언어이해, 지각추론, 작업기억, 처리속도 등 4요인 구조에 대한 측정이 이루어지며, 소검사는 핵심 소검사와 보충 소검사로 구분된다.

언어이해 (Verbal Comprehension)	• 공통성(Similarity) • 어휘(Vocabulary) • 상식(Information) • 이해-보충(Comprehension)
지각추론 (Perceptual Reasoning)	• 토막짜기(Block Design) • 행렬추론(Matrix Reasoning) • 퍼즐(Visual Puzzles) • 무게비교-보충(Figure Weights) • 빠진 곳 찾기-보충(Picture Completion)
작업기억 (Working Memory)	• 숫자(Digit Span) • 산수(Arithmetic) • 순서화-보충(Letter-Number Sequencing)
처리속도 (Processing Speed)	• 동형찾기(Symbol Search) • 기호쓰기(Coding) • 지우기-보충(Cancellation)

쌤의 비법노트

직업상담사 시험에서 K-WAIS-Ⅳ에 관한 문제가 2021년 2회 필기시험에 처음 출제되었습니다. K-WAIS와 K-WAIS-Ⅳ의 구성을 반드시 함께 학습하도록 합니다.

2 성격검사 필기 출제 14, 09, 04년 기출

(1) 성격의 개념

① 성격에 대한 정의는 학자들에 따라 다양하게 제시되고 있다. 특히 올포트(Allport)는 "환경에 대한 한 개인의 독특한 적응방식을 결정하는 정신적·물리적 제 조직의 역동적 체제"로 규정하였다.

② 성격검사는 개인이 가지고 있는 기질이라든지 성향 등을 측정하는 것으로, 개인에게 습관적으로 나타날 수 있는 어떤 특징을 측정한다.

쌤의 비법노트

성격 5요인(Big-5) 검사의 5가지 성격차원(하위요인)에서 '정서적 개방성'이 아닌 '정서적 불안정성', '경험의 불안정성'이 아닌 '경험에 대한 개방성'이 옳다는 점을 반드시 기억해 두세요.

(2) 성격 5요인(Big-5) 검사 〔필기 출제〕 21, 20, 16, 15, 12, 11, 09, 07, 06, 05, 04년 기출

① 1981년 골드버그(Goldberg)는 기존의 다양한 학자들에 의해 시도된 성격 5요인 모델을 새롭게 발전시켰으며, 이를 'Big Five(Big-5)'라는 명칭으로 불렀다.

② 성격 5요인은 몇몇 학자들에 의해 검사도구로 개발되었다. 특히 코스타와 맥크레이(Costa & McCrae)가 이를 토대로 NEO 인성검사(NEO-PI; NEO Personality Inventory)를 개발하였다.

③ 성격 5요인은 다음과 같이 성격의 5가지 차원을 제시하고 있다.

외향성 (Extraversion)	타인과의 상호작용을 원하고 타인의 관심을 끌고자 하는 정도를 측정한다.
호감성 또는 친화성 (Agreeableness, Likability)	타인과 편안하고 조화로운 관계를 유지하는 정도를 측정한다.
성실성 (Conscientiousness)	사회적 규칙, 규범, 원칙 등을 기꺼이 지키려는 정도를 측정한다.
정서적 불안정성 (Neuroticism, Negative Affectivity)	정서적인 안정감, 세상에 대한 통제감 정도를 측정한다.
경험에 대한 개방성 (Openness to Experience)	세계에 대한 관심 및 호기심, 다양한 경험에 대한 추구 및 포용성 정도를 측정한다.

이렇게 출제된다! 2차 주관식

성격 5요인 모델(Big-5)은 노만(Norman)이 심리학계에 공식적으로 제안하였고, 이를 코스타와 맥크레이(Costa & McCrae)가 자기보고식 검사도구로 개발하였다. 성격 5요인의 구성요인을 쓰고, 각각에 대해 설명하시오.

Comment

성격 5요인(Big-5) 검사는 성격 5요인 모델을 토대로 고안된 검사입니다. 성격 5요인 모델은 1963년 노만(Norman)에 의해 심리학계에 공식적으로 제안되었는데, 그는 특질의 성격이론가인 카텔(Cattell)이 사용한 변인들을 참고하여 인간 성격의 5가지 요인으로서 '외향성(Extraversion or Surgency)', '호감성(Agreeableness)', '성실성(Conscientiousness)', '정서적 안정성 대 신경증(Emotional Stability versus Neuroticism)', '교양(Culture)'을 제시하였습니다. 이후 성격 5요인 모델은 여러 학자들에 의해 연구되었고, 그 과정에서 각 요인들의 명칭 변경과 함께 다양한 변이 모델들이 등장하게 되었습니다. 현재 가장 널리 알려진 성격 5요인 검사는 1992년 코스타와 맥크레이(Costa & McCrae)가 고안한 'NEO 인성검사(NEO-PI-R)'로, 이 검사는 본문의 5가지 요인들로 이루어져 있습니다. 참고로 일부 교재에서는 성격 5요인 중 '정서적 불안정성'을 '정서적 안정성'으로 제시하고 있는데, 이는 노만이 제안한 '정서적 안정성 대 신경증'과 같이 정서적 안정과 정서적 불안정의 차원적 성격을 반영한 것으로, 직업상담사 시험에서도 이 두 가지 명칭(정서적 안정 혹은 정서적 불안정)을 모두 사용하고 있습니다.

(3) 마이어스-브릭스 성격유형검사(MBTI; Myers-Briggs Type Indicator)

〔필기 출제〕 18, 16, 10, 09년 기출

① 융(Jung)의 분석심리학에 의한 심리유형론을 근거로 개발된 자기보고식 강제선택 검사이다.

② 내담자가 선호하는 작업역할, 기능, 환경을 찾아내는 데 유용하다.

③ 성격의 네 가지 양극차원(선호지표)으로 응답자를 분류한다.

외향형(E) / 내향형(I)	에너지의 방향(세상에 대한 일반적인 태도)
감각형(S) / 직관형(N)	인식기능(지각적 또는 정보수집적 과정)
사고형(T) / 감정형(F)	판단기능(정보의 사정 또는 평가 방식)
판단형(J) / 인식형 또는 지각형(P)	생활양식 또는 이행양식(정보 박탈)

쌤의 비법노트
'정보 박탈'은 정보가 부족한 상황에서 의사결정 속도와 연관된 것으로, 판단형(J)이 빠르게 판단하고 계획을 세우는 것과 달리, 인식형(P)은 판단을 유보하고 추가 정보를 기다리면서 유연하게 대응합니다.

(4) 미네소타 다면적 인성검사(MMPI ; Minnesota Multiphasic Personality Inventory)

필기 출제 16, 14, 10, 04년 기출

① 하더웨이와 매킨리(Hathaway & McKinley)가 고안한 것으로, 정신건강에 문제가 있는 사람을 측정하고 구별하기 위해 사용하는 자기보고식 검사이다.
② 검사의 일차적 목적은 정신과적 진단분류이지만, 일반적 성격특성에 관한 유추도 어느 정도 가능하다.
③ 20C 초반 대다수의 심리검사들이 이론적·논리적 제작방법에 의해 고안된 반면, MMPI는 실제 환자들의 반응을 토대로 경험적 제작방법에 의해 만들어졌다.
④ 객관형 검사도구이지만 임상가의 풍부한 경험이 결과 해석에 있어서 매우 중요하다.
⑤ 원점수를 T점수로 환산하여 평가하며, 이때 T점수는 평균이 50, 표준편차가 10이 되도록 Z점수를 변환한 점수에 해당한다. 특히 $70T$는 평균보다 2표준편차 높은 것을 의미하며, 수검자가 특정 척도에서 $70T$ 이상을 나타낸 경우 해당 척도와 관련하여 임상적으로 유의미한 증상을 가진 것으로 볼 수 있다.
⑥ 수검자의 수검태도(검사태도)를 측정하는 4가지 타당도 척도와 주요 비정상행동을 측정하는 10가지 임상척도로 이루어진다.

타당도 척도	• ? 척도(무응답 척도, Cannot Say) • L척도(부인 척도, Lie) • F척도(비전형 척도, Infrequency) • K척도(교정 척도, Correction)
임상척도	• 척도 1 – 건강염려증(Hs ; Hypochondriasis) • 척도 2 – 우울증(D ; Depression) • 척도 3 – 히스테리(Hy ; Hysteria) • 척도 4 – 반사회성(Pd ; Psychopathic Deviate) • 척도 5 – 남성성-여성성(Mf ; Masculinity-Femininity) • 척도 6 – 편집증(Pa ; Paranoia) • 척도 7 – 강박증(Pt ; Psychasthenia) • 척도 8 – 정신분열증(Sc ; Schizophrenia) • 척도 9 – 경조증(Ma ; Hypomania) • 척도 0 – 내향성(Si ; Social Introversion)

이렇게 출제된다! 1차 기출 OX
Q MMPI는 정신건강에 문제가 있는 사람을 측정하고 구별하기 위해 사용한다?
A (○)

이렇게 출제된다! 1차 기출 OX
Q MMPI는 대부분의 문항들이 경험주의적 접근보다는 논리적 제작방법에 의해 만들어졌다?
A (×) 경험적 제작방법에 의해 만들어졌다.

쌤의 비법노트
'L척도'는 수검자가 자신을 좋게 보이려고 하는 다소 고의적이고 부정직한 의도를, 'F척도'는 비전형적인 방식으로 응답하는 경향을, 그리고 'K척도'는 분명한 정신석 장애를 지니면서도 정상적인 프로파일을 보이는 경향을 측정합니다.

3 적성검사

(1) 적성의 개념 〔필기 출제〕 22, 19년 기출

① 적성은 어떤 과제나 임무를 수행하는 데 있어서 개인에게 요구되는 특수한 능력이나 잠재력을 의미한다.
② 직업적성검사는 개인이 맡은 특정 직무를 성공적으로 수행할 수 있는지를 측정한다.

(2) 일반적성검사 또는 일반 직업적성검사(GATB ; General Aptitude Test Battery)

〔필기 출제〕 14, 04년 기출

① 검사의 구성 〔필기 출제〕 15, 14, 10, 06년 기출

㉠ 미국 노동청 고용위원회에서 개발한 검사를 토대로 표준화한 것으로서 여러 특수검사를 포함하고 있다.
㉡ 모두 15개의 하위검사를 통해 9가지 분야의 적성을 측정할 수 있도록 제작된 것으로서, 15개의 하위검사 중 11개는 지필검사이고 4개는 기구검사(수행검사 또는 동작검사)이다.
㉢ 2~3개의 적성분야를 조합해서 15개의 직무군을 제공한다.
㉣ 현재 국내의 GATB는 검사의 타당화에 대한 연구가 별로 없어서 타당도에 대한 증거가 미흡하다.

② GATB의 하위검사별 검출되는 적성요인 〔필기 출제〕 21, 18, 16, 15, 14, 10, 09, 06, 05, 04년 기출

측정방식	하위검사명	검출되는 적성요인
지필검사	기구대조검사	형태지각(P)
	형태대조검사	
	명칭비교검사	사무지각(Q)
	타점속도검사	운동반응(K)
	표식검사	
	종선기입검사	
	평면도판단검사	공간적성(S)
	입체공간검사	공간적성(S), 지능(G)
	어휘검사	언어능력(V), 지능(G)
	산수추리검사	수리능력(N), 지능(G)
	계수검사	수리능력(N)
기구검사 (수행검사)	환치검사	손의 재치(M)
	회전검사	
	조립검사	손가락 재치(F)
	분해검사	

쌤의 비법노트

'입체공간검사', '어휘검사', '산수추리검사'는 GATB의 하위검사 중 둘 이상의 적성을 검출하는 데 이용됩니다.

③ GATB에서 측정하는 직업적성(검출 적성)의 측정 내용 필기 출제 22, 20, 18, 11년 기출

지능 (G ; General Intelligence) 또는 일반학습능력 (G ; General Learning Ability)	일반적인 학습능력 및 원리이해 능력, 추리·판단능력
언어능력 또는 언어적성 (V ; Verbal Aptitude)	언어의 뜻과 함께 그와 관련된 개념을 이해하고 사용하는 능력
수리능력 또는 수리적성 (N ; Numerical Aptitude)	신속하고 정확하게 계산하는 능력
사무지각 (Q ; Clerical Perception)	문자나 인쇄물, 전표 등의 세부를 식별하는 능력
공간판단력 또는 공간적성 (S ; Spatial Aptitude)	공간상의 형태를 이해하고 평면과 물체의 관계를 이해하는 능력
형태지각 (P ; Form Perception)	실물이나 도해 또는 표에 나타나는 것을 세부까지 바르게 지각하는 능력
운동반응 또는 운동협응 (K ; Motor Coordination)	눈과 손 또는 눈과 손가락을 함께 사용하여 빠르고 정확하게 운동할 수 있는 능력
손가락 재치 또는 손가락 정교성 (F ; Finger Dexterity)	손가락을 정교하고 신속하게 움직이는 능력
손의 재치 또는 손 정교성 (M ; Manual Dexterity)	손을 마음대로 정교하게 조절하는 능력

> **쌤의 비법노트**
> 일반적성검사(GATB)에서 측정하는 직업적성의 명칭은 교재에 따라 약간씩 다르게 제시되고 있으나 사실상 동일한 것으로 볼 수 있습니다. 예를 들어, '지능'은 '일반학습능력'을 의미하는 것으로, 검사 프로파일에서 동일하게 'G'로 표시됩니다. 또한 손가락 재치는 '손가락의 교치(巧緻)도', 손의 재치는 '손의 기교(技巧)도'로 불리기도 합니다.

> 이렇게 출제된다! **2차 주관식**
> 일반적성검사(GATB)에서 사용하는 적성 항목을 3가지만 쓰고, 각각에 대해 간략히 설명하시오.

4 흥미검사

(1) 흥미의 개념 필기 출제 20년 기출

① 흥미는 개인이 잠재적으로 가치 있다고 생각하는 것에 주의를 기울이고 그것을 향해 나아가려는 일반적인 정서적 특성을 의미한다.
② 직업흥미검사는 직업과 관련된 흥미를 알아내어 직업에 관한 의사결정에 도움을 주기 위한 것이다. 즉, 진로분야에서 내담자가 만족할 수 있는 분야나 일의 상황이 무엇인지 알려 주지만, 내담자가 그곳에서 어느 정도 성공할 수 있을지에 대한 성공가능성에 대한 정보를 제공하는 것은 아니다.

> **쌤의 비법노트**
> '흥미'와 '동기'는 동일한 개념이 아닙니다. 흥미는 동기와 달라서 특수화된 목표보다는 광범위한 목표와 관련됩니다.

(2) 직업흥미검사의 방식 필기 출제 19, 18, 11, 10, 07, 03년 기출

스트롱 방식 (Strong)	기존 직업인들의 직업선호도와 개인의 직업선호도의 일치 정도를 판단한다. 예 스트롱-캠벨 흥미검사(SCII ; Strong-Campbell Interest Inventory) 등
쿠더 방식 (Kuder)	특정 직업군에서 나타나는 동질적 내용의 활동들을 토대로 개인의 직업선호도를 판단한다. 예 쿠더 직업흥미검사(KOIS ; Kuder Occupational Interest Survey) 등

> 이렇게 출제된다! **2차 주관식**
> 흥미검사는 특정 직업 활동에 대한 호오(好惡)나 선호를 측정하기 위해 만들어진 것이다. 현재 사용할 수 있는 흥미검사의 종류를 5가지만 쓰시오.

홀랜드 방식 (Holland)	사람들의 성격과 직업 활동의 유형을 분석한다. 예 자기방향탐색 혹은 자가흥미탐색(SDS ; Self Directed Search), 직업선호도검사(VPI ; Vocational Preference Inventory), 경력의사결정검사(CDM ; Career Decision Making System) 등

> **Comment**
> 다수의 흥미검사들이 홀랜드(Holland)의 이론적 모델을 토대로 하고 있습니다. 예를 들어, 스트롱-캠벨 흥미검사(SCII) 또한 개정 과정에서 홀랜드의 이론적 모델을 수용하였으므로 홀랜드의 모델에 근거한 검사로 볼 수 있습니다. 참고로 스트롱(Strong) 검사는 1927년 스트롱 직업흥미검사(SVIB ; Strong Vocational Interest Blank)의 제작 이후, 1974년 스트롱-캠벨 흥미검사(SCII ; Strong-Campbell Interest Inventory), 1994년 스트롱 흥미검사(SII ; Strong Interest Inventory)로 개정·확장되었습니다.

이렇게 출제된다! 1차 기출 OX
Q Strong 진로탐색검사는 진로성숙도검사와 직업흥미검사로 구성되어 있다?
A (○)

(3) Strong 진로탐색검사 필기 출제 22, 17, 11년 기출

① 광범위한 영역의 흥미 탐색을 통한 포괄적 흥미영역 규명 및 계열선택, 진학계획 수립의 기초자료를 제공하기 위한 목적으로 개발되었다.
② '1부 진로성숙도검사'와 '2부 직업흥미검사'로 구성되어 있다.

진로성숙도검사 (1부)	진로정체감, 가족일치도, 진로준비도, 진로합리성, 정보습득률 등을 측정한다.
직업흥미검사 (2부)	직업, 활동, 교과목, 여가활동, 능력, 성격특성 등에 대한 문항을 통해 학생들의 흥미유형을 포괄적으로 파악한다.

이렇게 출제된다! 2차 주관식
1. 스트롱(Strong) 직업흥미검사의 척도를 3가지 쓰고, 각각에 대해 간략히 설명하시오.
2. 스트롱(Strong) 직업흥미검사의 하위척도 3가지를 쓰시오.

(4) Strong 직업흥미검사 필기 출제 17, 11년 기출

① 미국의 스트롱 흥미검사(SII ; Strong Interest Inventory)의 한국판으로서, 개인의 흥미영역 세분화에 초점을 두고 보다 구체적인 직업탐색 및 경력개발 등에 효과적으로 사용할 수 있도록 만들어졌다.
② 일반직업분류(GOT ; General Occupational Themes), 기본흥미척도(BIS ; Basic Interest Scales), 개인특성척도(PSS ; Personal Style Scales) 등 3가지 하위척도로 구성되어 있다.

일반직업분류 (GOT)	홀랜드(Holland)의 직업선택이론에 의한 6가지 주제(RIASEC)로 구성되어 있으며, 수검자의 흥미에 대한 포괄적인 전망과 함께 그 속에 내재된 보편적인 패턴을 측정한다.
기본흥미척도 (BIS)	일반직업분류(GOT)를 특정한 흥미들로 세분화한 것으로서, 수검자의 특정한 활동이나 주제에 대한 흥미도를 측정한다.
개인특성척도 (PSS)	업무 유형(Work Style), 학습 유형(Learning Environment), 리더십 유형(Leadership Style), 모험심 유형(Risk Tasking / Adventure)의 4개 척도를 통해 일상생활과 일의 세계에서 어떠한 방식을 개인이 선호하고 편안하게 느끼는지 측정한다.

(5) 직업선호도검사(VPI ; Vocational Preference Inventory)

필기 출제 16, 15, 14, 13, 12, 10, 09, 06년 기출

① 홀랜드(Holland)의 성격검사를 표준화하여 특정 직업 활동에 대한 선호도를 측정하기 위해 고안된 검사이다.
② 고용24(구 워크넷) 제공 직업선호도검사는 L(Long)형과 S(Short)형으로 구분된다. L형은 내담자가 어느 정도 시간적인 여유가 있는 상태에서 보다 상세한 정보를 얻고자 할 때 실시하는 반면, S형은 시간적인 여유가 없을 때 또는 필요한 정보만을 얻고자 할 때 실시한다.
③ L형은 (직업)흥미검사, 성격검사, 생활사검사로 구성되는 반면, S형은 진로 및 직업상담 장면에서 가장 많이 활용되는 홀랜드의 흥미이론을 기초로 한 흥미검사만으로 구성된다.

(직업)흥미검사	• 다양한 분야에 대한 개인의 흥미를 측정한다. • 개인의 흥미특성을 6가지 유형, 즉 현실형, 탐구형, 예술형, 사회형, 진취형, 관습형으로 분류한다.
성격검사	• 일상생활 속에서 나타나는 개인의 성향을 측정한다. • 개인의 성격특성을 5가지 요인, 즉 외향성, 호감성, 성실성, 정서적 불안정성, 경험에 대한 개방성으로 분류한다.
생활사검사	• 과거의 다양한 생활경험을 측정하여 개인을 이해하도록 돕는다. • 개인의 생활경험을 9가지 요인, 즉 대인관계지향, 독립심, 가족친화, 야망, 학업성취, 예술성, 운동선호, 종교성, 직무만족으로 분류한다.

> **쌤의 비법노트**
> (직업)흥미검사는 고용24(구 워크넷) 제공 직업선호도검사 L형과 S형의 공통적인 하위검사에 해당합니다.

5 진로성숙검사

(1) 진로성숙의 개념

① 진로성숙에 대한 정의는 학자들에 따라 다양하게 제시되고 있다. 특히 수퍼(Super)는 "한 개인이 속해 있는 연령단계에서 이루어야 할 직업적 발달과업에 대한 준비도"로 규정하였다.
② 진로성숙은 자아의 이해, 일과 직업세계의 이해를 토대로 자신의 진로계획과 진로선택을 통합·조정해 나아가는 발달단계의 연속이다.

(2) 진로성숙도검사(CMI ; Career Maturity Inventory)

필기 출제 21, 19, 17, 16, 15, 14, 13, 11, 08, 07, 06년 기출

① 크라이티스(Crites)가 개발한 것으로서, 초등학교 6학년부터 고등학교 3학년을 대상으로 표준화한 검사도구이다.
② 진로탐색 및 직업선택에 있어서 태도 및 능력이 얼마나 발달하였는지를 측정하는 진로발달검사도구이다.

> **쌤의 비법노트**
> 각 발달단계마다 수행해야 할 발달과업이 있는데, 이러한 발달과업의 인지 및 수행 여부를 파악하고, 이를 통해 다음 단계로의 발달을 촉진 및 이해하는 데 있어서 진로성숙이 중요한 조건으로 간주됩니다.

> **이렇게 출제된다! 1차 기출 OX**
> **Q** 진로성숙도검사(CMI)는 직업적응이론과 관련하여 개발된 검사도구이다?
> **A** (×) 내담자의 진로 및 직업 발달단계를 객관적으로 측정하기 위해 개발된 검사도구이다.

이렇게 출제된다! 2차 주관식

1. 진로성숙도검사(CMI)는 태도척도와 능력척도로 구분된다. 태도척도와 능력척도의 측정내용을 각각 3가지씩 쓰시오.
2. 진로성숙도검사(CMI)의 태도척도 5가지를 쓰고, 각각에 대해 설명하시오.

③ 태도척도(Attitude Scale)와 능력척도(Competence Scale)로 구성되며, 진로선택 내용과 과정이 통합적으로 반영되었다. 특히 태도척도에는 선발척도(Screening Form)와 상담척도(Counseling Form) 두 가지가 있다.

태도척도	• 결정성(Decisiveness) : 선호하는 진로의 방향에 대한 확신의 정도 (예 "나는 선호하는 진로를 자주 바꾸고 있다.") • 참여도 또는 관여도(Involvement) : 진로선택 과정에의 능동적 참여의 정도 (예 "나는 졸업할 때까지는 진로선택 문제에 별로 신경을 쓰지 않겠다.") • 독립성(Independence) : 진로선택을 독립적으로 할 수 있는 정도 (예 "나는 부모님이 정해 주시는 직업을 선택하겠다.") • 지향성 또는 성향(Orientation) : 진로결정에 필요한 사전이해와 준비의 정도 (예 "일하는 것이 무엇인지에 대해 생각한 바가 거의 없다.") • 타협성(Compromise) : 진로선택 시 욕구와 현실에 타협하는 정도 (예 "나는 하고 싶기는 하나 할 수 없는 일을 생각하느라 시간을 보내곤 한다.")
능력척도	• 자기평가(Self-appraisal) : 자신의 성격, 흥미, 태도를 명확히 지각하고 이해하는 능력 • 직업정보(Occupational Information) : 직업세계에 대한 지식, 고용에 관한 정보 등을 획득·평가하는 능력 • 목표선정(Goal Selection) : 자아와 직업세계에 대한 지식을 토대로 합리적인 직업선택을 하는 능력 • 계획(Planning) : 직업목표 선정 후 이를 달성하기 위한 계획을 수립하는 능력 • 문제해결(Problem Solving) : 진로선택이나 의사결정 과정에서 경험하는 다양한 문제들을 해결하는 능력

이렇게 출제된다! 1차 기출 OX

Q 경력개발검사(CDI)는 Holland의 모델에 근거한 검사도구이다?

A (×) Super의 모델에 근거한 검사도구이다.

(3) 진로발달검사 또는 경력개발검사(CDI ; Career Development Inventory)

필기 출제 13, 11, 07, 03년 기출

① 수퍼(Super) 진로발달의 이론적 모델에 근거한 검사도구이다.
② 진로발달 및 직업성숙도, 진로결정을 위한 준비도, 경력관련 의사결정에 대한 참여 준비도 등을 측정하기 위한 것이다.
③ 8개의 하위척도로 구성되어 있는데, 그중 5개는 진로발달 특수영역을 측정하기 위해, 나머지 3개는 5개 하위척도 가운데 같은 특성을 측정하는 척도들을 조합하여 만든 것이다.

- CP : 진로계획 또는 경력계획(Career Planning)
- CE : 진로탐색 또는 경력탐색(Career Exploration)
- DM : 의사결정(Decision-making)
- WW : 일의 세계에 대한 정보 또는 직업분야 정보(World of Work Information)
- PO : 선호직업군에 대한 지식(Knowledge of Preferred Occupational Group)
- CDA : 진로발달(경력발달)-태도(Attitude) → CP + CE
- CDK : 진로발달(경력발달)-지식과 기술(Knowledge and Skills) → DM + WW
- COT : 총체적인 진로성향 또는 경력지향성 전반(Career Orientation Total) → CP + CE + DM + WW

쌤의 비법노트

CDI는 진로발달 및 직업성숙도를 측정한다는 점에서 '진로성숙검사'로, 경력관련 의사결정에 대한 참여 준비도를 측정한다는 점에서 '경력진단검사'로 분류하기도 합니다.

6 경력진단검사

(1) 경력진단의 개념
① 경력진단은 경력개발상의 문제를 측정하는 것을 말한다.
② 경력검사들은 연구에도 쓰이지만 경력개발이나 경력의사결정 절차를 제한하거나 지연시키는 문제가 무엇인지 결정하는 데 있어서 신뢰로운 것으로 나타났다.

(2) 주요 경력진단검사 [필기 출제] 20, 16년 기출

① 진로결정척도 또는 경력결정척도(CDS ; Career Decision Scale) [필기 출제] 12, 03년 기출
  ㉠ 오시포(Osipow)가 본래 상담에서 사용하기 위한 진단적 도구로 설계한 것이나, 고등학생부터 성인을 대상으로 진로 혹은 경력 관련 의사결정 실패에 관한 정보를 제공하기 위해 개발되었다.
  ㉡ '확신 또는 확실성(Certainty)'과 '비결정 또는 미결정성(Indecision)'의 두 가지 하위척도를 통해 개인의 진로결정에 장애가 되는 요인은 물론 교육 및 진로 미결정의 선행요인을 파악할 수 있도록 한다.

② 자기직업상황 또는 개인직업상황검사(MVS ; My Vocational Situation)
  ㉠ 홀랜드(Holland) 등이 개발한 것으로, 주로 직업적 정체성 형성 여부를 파악하기 위한 것이다.
  ㉡ '직업정체성', '직업정보', '장애'의 세 가지 하위척도 점수를 통해 직업선택에 필요한 정보 및 환경, 개인적인 장애가 무엇인지 파악할 수 있도록 한다.

③ 경력태도검사 또는 진로신념검사(CBI ; Career Beliefs Inventory) [필기 출제] 22년 기출
  ㉠ 크롬볼츠(Krumboltz)가 개발한 것으로, 고등학생부터 성인까지를 대상으로 한다.
  ㉡ 내담자로 하여금 자아인식 및 세계관에 대한 문제를 확인하도록 돕기 위한 것이다. 즉, 내담자의 진로목표 성취를 방해할 수 있는 진로신념을 파악할 수 있도록 한다.

> **쌤의 비법노트**
> 'CDS'는 내담자의 진로 결정성, 'MVS'는 직업선택 환경과 개인적 장애, 'CBI'는 자아인식 및 세계관 등과 연관됩니다.

Comment
여기서 '경력진단'은 포괄적인 의미로서, 사실상 진로발달이나 경력개발과 관련된 문제들을 측정하는 모든 방법을 일컫습니다. 따라서 앞서 살펴본 진로발달검사 또는 경력개발검사(CDI) 등을 포함한 다양한 검사도구들도 넓은 의미에서 경력진단검사에 포함된다고 볼 수 있습니다. 이와 같은 진단용 검사들은 크게 두 가지 범주, 즉 진로발달검사 또는 경력개발검사(CDI)와 같이 정상적 발달을 측정하기 위한 것과 진로결정척도 또는 경력결정척도(CDS)와 같이 다소 비정상적 발달을 측정하기 위한 것으로 구분할 수 있습니다.

CHAPTER 02 출제 유형 알아보기

제1과목 직업심리

01절 직업심리검사의 이해

01 다음 중 심리검사를 실시하는 목적 내지는 용도와 가장 거리가 먼 것은?

① 분 류
② 진 단
③ 합리화
④ 예 측

> **해설**
>
> 심리검사의 목적
> - 분류 및 진단
> - 자기이해의 증진
> - 예 측

02 다음 중 분류변인(Classification Variable)에 대한 설명으로 옳은 것은?

① 연령, 지능, 성격특성, 태도 등 피험자의 속성에 관한 개인차 변인들을 말한다.
② 인과성의 추론이 가능하다.
③ 통제가 용이하므로 내적 타당도가 높다.
④ 분류변인을 독립변인으로 사용하면 외적 타당도가 높아진다.

> **해설**
>
> ② 인과성의 추론이 불가능하다.
> ③ 통제의 어려움으로 인해 기본적으로 내적 타당도가 낮다.
> ④ 분류변인을 독립변인으로 사용하는 경우 외적 타당도가 낮아진다.

01 ③ 02 ① 정답

03 다음 중 비표준화 검사와 비교할 때 표준화 검사의 특징과 가장 거리가 먼 것은?

① 신뢰도와 타당도가 비교적 높다.
② 검사의 실시와 채점이 객관적이다.
③ 체계적 오차는 있어도 무선적 오차는 없다.
④ 규준집단에 비교해서 수검자의 상대적 위치를 알 수 있다.

> **해설**
> ③ 비통제적인 외부요인에서 기인하는 무선적 오차를 완전히 제거하지 못한다.

04 심리검사는 다양한 기준을 적용하여 분류할 수 있다. 다음 중 검사의 실시방식에 따른 분류에 해당하지 않는 검사는?

① 속도검사와 역량검사
② 개인검사와 집단검사
③ 지필검사와 수행검사
④ 규준참조검사와 준거참조검사

> **해설**
> ④ 규준참조검사와 준거참조검사는 검사의 사용목적에 따른 분류에 해당한다.

05 다음 중 인지능력을 평가하는 검사에 해당하는 것은?

① MMPI
② WAIS
③ MBTI
④ Big-5

> **해설**
> ② 지능검사로서 인지적 검사(성능검사)에 해당한다.
> ①·③·④ 성격검사로서 정서적 검사(성향검사)에 해당한다.

06 다음 중 직업상담 시 활용할 수 있는 측정도구에 대한 설명으로 옳지 않은 것은?

① 자기효능감 척도는 어떤 과제를 어느 정도 수준으로 수행할 수 있는 능력을 갖추었다고 스스로 판단하는지의 정도를 측정한다.
② 소시오그램은 내담자의 가족이나 선조들의 직업 특징에 대한 시각적 표상을 얻기 위해 도표를 만드는 것이다.
③ 역할놀이는 내담자의 수행행동을 나타낼 수 있는 업무상황을 제시해 준다.
④ 카드분류는 내담자의 가치관, 흥미, 직무기술, 라이프 스타일 등의 선호형태를 측정하는 데 유용하다.

> **해설**
>
> ② 직업가계도 또는 제노그램(Genogram)에 대한 설명에 해당한다.

02절 규준과 점수해석

07 다음 중 직업심리학에서 주로 이용하는 현장연구에 대한 설명으로 가장 옳은 것은?

① 자연상태에서 독립변인을 조작하여 종속변인에 미치는 영향을 관찰한다.
② 자연상태에서 질문지나 면접을 이용하여 응답자의 자기보고 반응을 측정한다.
③ 가외변인의 엄격한 통제하에 독립변인을 조작하여 종속변인에 미치는 영향을 관찰한다.
④ 정확한 측정이 가능하며, 내적 타당도가 높다.

> **해설**
>
> ① 현장연구가 아닌 현장실험(현지실험)에 대한 설명에 해당한다.
> ③·④ 실험실 실험에 대한 설명에 해당한다.

08 다음 기초통계치 중 명명척도로 측정된 자료에서는 파악할 수 없고, 서열척도 이상의 척도로 측정된 자료에서만 파악할 수 있는 것은?

① 평 균
② 표준편차
③ 최빈치
④ 중앙치

> **해설**
>
> ①·② 등간척도 이상의 척도로 측정된 자료에서 파악할 수 있다.
> ③ 명명척도(명목척도) 이상의 척도로 측정된 자료에서 파악할 수 있다.

09 다음 중 검사 점수의 표준오차에 대한 설명으로 옳은 것은?

① 검사의 표준오차는 클수록 좋다.
② 검사의 표준오차는 검사 점수의 타당도를 나타내는 수치이다.
③ 표준오차를 고려할 때 오차 범위 안의 점수 차이는 무시해도 된다.
④ 검사의 표준오차는 표준편차의 다른 표현이다.

> **해설**
> ③ 표준오차(Standard Error)는 5% 내외의 수치이므로 크건 작건 큰 차이로 받아들이지 않는다. 다만, 표준오차가 너무 큰 경우 검사 자체가 무의미해진다.
> ① 검사의 표준오차는 작을수록 좋다.
> ② 검사의 표준오차는 검사 점수의 신뢰도를 나타내는 수치이다.
> ④ 표준오차와 표준편차(Standard Deviation)는 서로 다른 개념이다.

10 지능검사 점수와 학교에서의 성적 간의 상관계수가 0.30이다. 다음 중 이에 대한 설명으로 옳은 것은?

① 지능검사를 받은 학생들 중 9%가 높은 학교성적을 받을 것이다.
② 지능검사를 받은 학생들 중 30%가 높은 학교성적을 받을 것이다.
③ 학교에서의 성적에 관한 변량의 9%가 지능검사에 의해 설명될 것이다.
④ 학교에서의 성적에 관한 변량의 30%가 지능검사에 의해 설명될 것이다.

> **해설**
> ③ 지능검사 점수와 학교성적의 두 변수의 관계를 알아보기 위해서는 결정계수를 구해야 한다. 결정계수는 상관계수를 단순히 제곱한 것으로서, 두 변수가 공유하고 있는 변량의 비를 나타낸다. 문제상에서 보고된 상관계수가 0.30이므로 결정계수는 이를 제곱한 0.09, 즉 9%에 해당한다. 다만, 두 개 혹은 그 이상의 변수들의 관계를 조직적으로 분석하기 위한 회귀분석은 미래의 예측을 목적으로 하는 것이 아닌 변수들 간의 관계를 설명하는 것을 목적으로 하므로 ①은 해당하지 않는다.

11 다음 중 심리검사에서 규준을 설명한 것으로 가장 옳은 것은?

① 한 집단의 특성을 가장 간편하게 표현하기 위한 개념으로 그 집단의 대푯값을 말한다.
② 한 집단의 수치가 얼마나 동질적인지를 표현하기 위한 개념으로 점수들이 그 집단의 평균치로부터 벗어난 평균 거리를 말한다.
③ 서로 다른 체계로 측정한 점수들을 동일한 조건에서 비교하기 위한 개념으로, 원점수에서 평균을 뺀 후 표준편차로 나눈 값을 말한다.
④ 원점수를 표준화된 집단의 검사 점수와 비교하기 위한 개념으로, 대표집단의 검사 점수 분포도를 작성하여 개인의 점수를 해석하기 위한 것이다.

> **해설**
> ④ 규준(Norm)은 대표집단의 사람들에게 실시한 검사 점수를 일정한 분포도로 작성, 특정 검사 점수의 해석에 필요한 기준이 되는 자료를 말한다.
> ① 평균, ② 표준편차, ③ 표준점수(Z점수)

12 다음 중 검사 결과로 제시되는 백분위 "95"에 관한 의미로 옳은 것은?

① 검사 점수를 95% 신뢰할 수 있다는 의미이다.
② 전체 문제 중에서 95%를 맞추었다는 의미이다.
③ 내담자의 점수보다 높은 사람들이 전체의 95%가 된다는 의미이다.
④ 내담자의 점수보다 낮은 사람들이 전체의 95%가 된다는 의미이다.

> **해설**
> ④ 백분위가 95인 것은 내담자보다 낮은 점수를 받은 사람들이 95%임을 의미한다. 즉, 표준화 집단에서 내담자가 전체 상위 5% 이내에 해당한다는 것이다.

13 다음 보기의 내용과 연관된 규준의 종류에 해당하는 것은?

> 학교에서 실시하는 성취도검사나 적성검사의 결과를 나타낼 때 주로 사용되며, 이 방법은 학생들의 점수를 정해진 범주에 집어넣음으로써 학생들 간의 점수 차가 작을 때 생길 수 있는 지나친 확대해석을 미연에 방지할 수 있다.

① 표준등급
② 표준점수
③ 백분위 점수
④ 학년규준

> **해설**
> ① 표준등급은 원점수를 비율에 따라 1~9까지의 구간으로 구분하여 각각의 구간에 일정한 점수나 등급을 부여한 것이다.

03절　신뢰도(Reliability)

14 다음 중 검사-재검사법을 이용한 신뢰도 측정에 대한 설명과 가장 거리가 먼 것은?

① 두 검사 사이의 시간 간격이 너무 클 경우 측정대상의 속성이나 특성이 변화할 수 있다.
② 반응민감성의 영향으로 검사를 치르는 경험이 후속 반응에 영향을 줄 수 있다.
③ 앞에서 답한 것을 기억해서 뒤의 응답 시 활용할 수 있다.
④ 시간적 안정성을 포함하지 않는다.

> **해설**
>
> ④ 검사-재검사법은 시간적 안정성을 포함한다. 검사-재검사 신뢰도는 검사 점수가 시간의 변화에 따라 얼마나 일관성이 있는지를 의미하므로, 시간에 따른 안정성을 나타내는 '안정성 계수(Coefficient of Stability)'라고도 부른다.

15 다음 중 이미 신뢰성이 입증된 유사한 검사 점수와의 상관계수를 검토하는 신뢰도는?

① 동형검사 신뢰도
② 검사-재검사 신뢰도
③ 반분신뢰도
④ 채점자 간 신뢰도

> **해설**
>
> ① 동형검사 신뢰도는 동일한 수검자에게 첫 번째 시행한 검사와 동등한 유형의 검사를 실시하여 두 검사 점수 간의 상관계수에 의해 신뢰도를 추정하는 방법이다. 동형검사 신뢰도는 방법상의 특징으로 인해 이미 신뢰성이 입증된 유사한 검사 점수와의 상관계수를 검토하는 방식으로 이루어지는 경우가 많다.

16 다음 중 어떤 심리검사의 내적합치도 계수가 매우 낮을 때의 설명으로 옳은 것은?

① 검사가 측정하고자 하는 것을 측정하고 있지 못하다.
② 검사의 두 가지 형태가 매우 다른 개념을 측정하고 있다.
③ 검사가 성질상 매우 다른 속성을 측정하는 문항들로 구성되어 있다.
④ 검사를 받은 사람이 또 다시 검사를 받을 때 매우 다른 점수를 받을 것이다.

> **해설**
>
> ③ 내적합치도 계수는 둘로 구분된 문항들의 내용이 얼마나 일관성이 있는가를 측정하는 것이므로, 검사가 성질상 유사한 속성을 측정하는 문항들로 구성되어 있는 경우 신뢰도 계수가 높게 나타나는 반면, 그 반대의 경우 낮게 나타난다.

정답　14 ④　15 ①　16 ③

17 다음 중 신뢰도 계수에 대한 설명으로 옳지 않은 것은?

① 신뢰도 계수는 결과의 일관성을 보여주는 값이다.
② 신뢰도 계수는 개인차가 클수록 커진다.
③ 신뢰도 계수는 신뢰도 추정방법에 따라서 달라질 수 있다.
④ 신뢰도 계수는 문항 수가 증가함에 따라 정비례하여 커진다.

> **해설**
> ④ 문항 수가 많은 경우 신뢰도는 어느 정도 높아진다. 다만, 문항 수를 무작정 늘린다고 해서 검사의 신뢰도가 정비례하여 커지는 것은 아니다.

04절 타당도(Validity)

18 어떤 직업적성검사의 신뢰도 계수가 1.0이면 그 검사의 타당도 계수는?

① 알 수 없다.
② 0
③ 0.5
④ 1.0

> **해설**
> ① 타당도는 신뢰도의 충분조건인 반면, 신뢰도는 타당도의 필요조건에 해당한다. 즉, 신뢰도가 높다고 하여 반드시 타당도가 높은 것은 아니며, 타당도가 낮다고 하여 반드시 신뢰도가 낮은 것은 아니다.

19 다음 중 타당도 계수를 산출하기 어려운 타당도는?

① 예언타당도
② 내용타당도
③ 준거타당도
④ 수렴타당도

> **해설**
> ② 내용타당도는 논리적 사고에 입각한 논리적인 분석과정으로 판단하는 주관적인 타당도로서, 객관적인 자료에 근거하지 않으므로 타당도 계수를 산출하기 어렵다.

20 다음 중 보기의 내용과 연관된 타당도는?

> 실제로 무엇을 재는가의 문제가 아니라 검사가 잰다고 말하는 것을 재는 것처럼 보이는가의 문제이다. 즉, 검사를 받는 사람들에게 그 검사가 타당한 것처럼 보이는가를 뜻한다.

① 내용타당도(Content Validity)
② 준거관련 타당도(Criterion-related Validity)
③ 예언타당도(Predictive Validity)
④ 안면타당도(Face Validity)

해설

안면타당도(Face Validity)
내용타당도와 마찬가지로 측정항목이 연구자가 의도한 내용대로 실제로 측정하고 있는가 하는 것으로서, 내용타당도가 전문가의 평가 및 판단에 근거한 반면, 안면타당도는 전문가가 아닌 일반인의 일반적인 상식에 준하여 분석한다.

21 적성검사에서 높은 점수를 받은 사람이 입사 후 업무수행이 우수한 것으로 나타났다면, 이 검사는 어떠한 타당도가 높은 것인가?

① 구성타당도(Construct Validity)
② 내용타당도(Content Validity)
③ 예언타당도(Predictive Validity)
④ 공인타당도(Concurrent Validity)

해설

③ 입사 시 적성검사와 흥미검사를 실시하는 이유는 신입직원의 직무선호도, 직무적합도, 직무역량 등에 대한 평가를 통해 신입직원을 최적의 부서에 배치하기 위함이다. 이와 같이 신입직원을 대상으로 실시한 적성검사 및 흥미검사 결과와 최근의 업무수행에 따른 성과 결과 간의 상관계수를 측정하는 것은 미래에 대해 예측한 것과 실제 나타나는 것 사이의 관계를 측정하는 예언타당도(예측타당도)와 연관된다.

22 다음 중 구성타당도를 평가하는 방법에 해당하지 않는 것은?

① 수렴타당도
② 변별타당도
③ 공인타당도
④ 요인분석

해설

구성타당도(개념타당도)의 분석(검증) 방법
- 수렴타당도(집중타당도)
- 변별타당도(판별타당도)
- 요인분석

05절 심리검사의 개발

23 다음 중 문항 난이도에 대한 설명으로 옳지 않은 것은?

① 문항 난이도 지수는 0.00에서 1.00 사이의 값을 가진다.
② 문항 난이도 지수가 높을수록 어려운 문제이다.
③ 문항의 난이도가 0.5일 때 검사 점수의 분산도가 최대가 된다.
④ 문항이 어려울수록 검사 점수의 변량이 낮아져서 검사의 신뢰도가 낮아진다.

> **해설**
>
> ② 문항 난이도 지수가 높을수록 쉬운 문제이다.

24 다음 중 심리검사에서 흔히 사용되는 전통적 척도화 방식에 해당하지 않는 것은?

① 관찰자 중심 방식
② 응답자 중심 방식
③ 자극 중심 방식
④ 반응 중심 방식

> **해설**
>
> **전통적 척도화 방식**
> - 응답자 중심 방식 : 문항은 척도화하지 않고 직접적으로 응답자만을 척도화하는 데 중점을 둔다.
> - 자극 중심 방식 : 응답자들을 척도화하기 이전에 문항을 먼저 척도화하는 데 중점을 둔다.
> - 반응 중심 방식 : 응답자와 문항을 동시에 척도화하는 데 중점을 둔다.

06절 심리검사의 선택 및 활용

25 다음 심리검사의 유형 중 투사적 검사의 장점으로 가장 옳은 것은?

① 검사 실시의 간편성
② 객관성의 증대
③ 반응의 풍부함
④ 높은 신뢰도

> **해설**
>
> ① · ② · ④ 객관적 검사의 장점에 해당한다.

26 다음 중 심리검사 결과 해석 시 유의사항에 해당하지 않는 것은?

① 해석에 대한 내담자의 반응을 고려한다.
② 검사 결과에 대해 여러 정보에 근거한 주관적인 견해를 설명해 준다.
③ 검사 결과에 대해 내담자가 이해하기 쉬운 언어를 사용한다.
④ 검사 결과에 대한 내담자의 방어를 최소화하도록 한다.

> **해설**
> ② 검사 결과에 대해 객관적이고 표준화된 자료를 활용하여 설명해 준다.

27 다음 중 심리검사 사용의 윤리적 문제에 관한 유의사항에 해당하지 않는 것은?

① 심리검사의 목적과 절차를 충분히 설명해 주어야 한다.
② 새로운 기법을 개발하고 표준화할 때 과학적 절차를 따라야 한다.
③ 검사 결과를 평가기관의 사용목적에 따라 자유롭게 사용한다.
④ 적절한 훈련을 받지 않은 사람은 심리검사를 자유롭게 이용해서는 안 된다.

> **해설**
> ③ 검사 결과를 내담자의 특정 문제에 대한 설명이나 해결책으로 활용한다.

07절 주요 심리검사

28 다음 중 카텔(Cattell)이 주장한 결정성 지능(Crystallized Intelligence)에 대한 설명으로 옳은 것은?

① 선천적인 지능이다.
② 뇌손상이나 정상적인 노령화에 따라 감소한다.
③ 14세까지는 지속적으로 발달되다가 22세 이후 급격히 감소된다.
④ 개인의 문화적·교육적 경험에 따라 영향을 받으며, 환경에 따라 대략 40세까지 혹은 그 이후에도 발전 가능한 지능이다.

> **해설**
> ①·②·③ 유동성(유동적) 지능(Fluid Intelligence)에 대한 설명에 해당한다.

정답 26 ② 27 ③ 28 ④

29 다음 중 K-WAIS-Ⅳ의 처리속도지수에 포함되지 않는 소검사는?

① 동형찾기
② 퍼 즐
③ 기호쓰기
④ 지우기

해설

② K-WAIS-Ⅳ의 지각추론지수에 포함되는 소검사이다.

---

30 다음 중 성격 5요인(Big-5) 검사의 하위요인에 포함되지 않는 것은?

① 강인성(Hardiness)
② 성실성(Conscientiousness)
③ 외향성(Extraversion)
④ 경험에 대한 개방성(Openness to Experience)

해설

성격 5요인(Big-5) 검사의 하위요인
- 외향성(Extraversion)
- 호감성 또는 친화성(Agreeableness, Likability)
- 성실성(Conscientiousness)
- 정서적 불안정성(Neuroticism, Negative Affectivity)
- 경험에 대한 개방성(Openness to Experience)

---

31 다음 중 직업적성검사의 측정에 대한 설명으로 옳은 것은?

① 개인이 맡은 특정 직무를 성공적으로 수행할 수 있는지를 측정한다.
② 일반적인 지적 능력을 알아내어 광범위한 분야에서 그 사람이 성공적으로 수행할 수 있는지를 측정한다.
③ 직업과 관련된 흥미를 알아내어 직업에 관한 의사결정에 도움을 주기 위한 것이다.
④ 개인이 가지고 있는 기질이라든지 성향 등을 측정하는 것으로 개인에게 습관적으로 나타날 수 있는 어떤 특징을 측정한다.

해설

② 지능검사, ③ 흥미검사, ④ 성격검사

32 다음 중 일반 직업적성검사(GATB)에서 실물이나 도해 또는 표에 나타나는 것을 세부적인 면까지 바르게 지각하는 능력에 해당하는 것은?

① 지 능
② 공간적성
③ 사무지각
④ 형태지각

> **해설**
> ① 지능(G) : 일반적인 학습능력 및 원리이해 능력, 추리 · 판단능력
> ② 공간적성(S) : 공간상의 형태를 이해하고 평면과 물체의 관계를 이해하는 능력
> ③ 사무지각(Q) : 문자나 인쇄물, 전표 등의 세부를 식별하는 능력

33 다음 중 직업에 관련된 흥미를 측정하는 직업흥미검사에 해당하는 것을 올바르게 모두 고른 것은?

> ㄱ. Strong Interest Inventory
> ㄴ. Vocational Preference Inventory
> ㄷ. Self Directed Search
> ㄹ. California Psychological Inventory

① ㄱ, ㄴ
② ㄷ, ㄹ
③ ㄱ, ㄴ, ㄷ
④ ㄴ, ㄷ, ㄹ

> **해설**
> ㄱ · ㄴ · ㄷ. 스트롱 흥미검사(SII), 직업선호도검사(VPI), 자기방향탐색 혹은 자가흥미탐색(SDS)은 수검자의 흥미를 측정하는 검사도구들이다.
> ㄹ. 캘리포니아 성격검사(CPI)는 정신병리에 대한 진단적 성격이 강한 미네소타 다면적 인성검사(MMPI)와 달리 일반인의 심리적 특성을 이해하기 위해 제작된 것으로, 4개의 척도군과 20개의 하위척도를 포함한 성격검사이다.

34 다음 중 Strong 검사에 대한 설명으로 옳은 것은?

① 기본흥미척도(BIS)는 Holland의 6가지 유형을 제공한다.
② Strong 진로탐색검사는 진로성숙도검사와 직업흥미검사로 구성되어 있다.
③ 기본흥미척도(BIS)는 업무, 학습, 리더십, 모험심의 4개 하위척도로 구성되어 있다.
④ 개인특성척도(PSS)는 일반직업분류(GOT)의 하위척도로서 특정 흥미분야를 파악하는 데 도움이 된다.

> **해설**
> ① 홀랜드(Holland)의 직업선택이론에 의한 6가지 주제로 구성되어 있으며, 수검자의 흥미에 대한 포괄적인 전망과 함께 그 속에 내재된 보편적인 패턴을 측정하는 것은 일반직업분류(GOT)에 해당한다.
> ③ 업무 유형, 학습 유형, 리더십 유형, 모험심 유형의 4개 척도를 통해 일상생활과 일의 세계에서 어떠한 방식을 개인이 선호하고 편안하게 느끼는지 측정하는 것은 개인특성척도(PSS)에 해당한다.
> ④ 일반직업분류(GOT)를 특정한 흥미들로 세분화한 것으로서, 수검자의 특정한 활동이나 주제에 대한 흥미도를 측정하는 것은 기본흥미척도(BIS)이다.

35 다음 중 진로성숙도검사(CMI)의 태도척도 영역과 이를 측정하는 문항의 예를 연결한 것으로 옳은 것은?

① 결정성 – 나는 선호하는 진로를 자주 바꾸고 있다.
② 독립성 – 나는 졸업할 때까지는 진로선택 문제에 별로 신경을 쓰지 않겠다.
③ 타협성 – 일하는 것이 무엇인지에 대해 생각한 바가 거의 없다.
④ 성향 – 나는 하고 싶기는 하나 할 수 없는 일을 생각하느라 시간을 보내곤 한다.

> **해설**
> ② 참여도(관여도), ③ 지향성(성향), ④ 타협성

CHAPTER 02 최근 기출문제 파악하기 1차 필기

제1과목 직업심리

01 심리검사에 관한 설명으로 틀린 것은? [2022년 2회 기출]

① 행동 표본을 측정할 수 있다.
② 개인 간 비교가 가능하다.
③ 심리적 속성을 직접적으로 측정한다.
④ 심리평가의 근거자료 중 하나이다.

해설

③ 개인의 심리적 속성은 추상적이고 비가시적이므로 직접적으로 측정하기 어렵다. 따라서 심리학자는 특정의 구체적인 행동을 관찰 가능한 형태로 정의하고, 이를 토대로 행동을 관찰한 다음 개인의 심리적 구성물(심리적 구성개념)을 추론하게 된다.

02 규준점수에 관한 설명으로 틀린 것은? [2022년 2회 기출]

① Z점수 0에 해당하는 웩슬러(Wechsler) 지능검사 편차 IQ는 100이다.
② 백분위 50과 59인 두 사람의 원점수 차이는 백분위 90과 99인 두 사람의 원점수 차이와 같다.
③ 평균과 표준편차가 60, 15인 규준집단에서 원점수 90의 T점수는 70이다.
④ 백분위 50에 해당하는 스테나인(Stanine)의 점수는 5이다.

해설

② 백분위는 원점수와 선형관계에 있지 않으므로, 원점수에서 1점의 차이가 백분위에서는 전혀 다른 크기의 차이로 나타날 수 있다.
① 웩슬러 지능검사의 편차 IQ(DIQ) 산출 공식은 'DIQ = 15Z + 100'이므로, Z점수 0에 해당하는 웩슬러 지능검사 편차 IQ(DIQ)는 100이다.
③ T점수는 Z점수에 의해 유도되는데, 주어진 숫자를 각각의 공식에 대입하면 다음과 같다.

$$Z\text{점수} = \frac{\text{원점수} - \text{평균}}{\text{표준편차}} = \frac{90 - 60}{15} = 2$$
$$T\text{점수} = 10 \times Z\text{점수} + 50 = 10 \times 2 + 50 = 70$$

④ 스테나인(Stanine)은 범위가 1~9 사이이며 평균값이 5이다. 따라서 자료의 중앙값에 해당하는 백분위 50의 스테나인 점수는 5이다.

정답 01 ③ 02 ②

03 "어떤 흥미검사(A)의 신뢰도가 높다"고 하는 말의 의미는? [2022년 1회 기출]

① 어떤 사람이 흥미검사(A)를 처음 치렀을 때 받은 점수가 얼마 후 다시 치렀을 때의 점수와 비슷하다.
② 흥미검사(A)가 원래 재고자 했던 흥미영역을 재고 있다.
③ 그 흥미검사(A)와 그와 유사한 목적을 가진 다른 종류의 흥미검사(B)의 점수가 유사하다.
④ 흥미검사(A)가 흥미에 대해 가장 포괄적으로 측정하고 있다.

해설

신뢰도(Reliability)
측정도구가 측정하고자 하는 현상을 일관성 있게 측정하는 능력을 말한다. 만약 어떤 측정도구를 사용해서 동일한 대상을 측정하였을 때 항상 같은 결과가 나온다면, 해당 측정도구는 신뢰도가 매우 높다고 할 수 있다.

04 진로 심리검사 결과 해석에 관한 설명으로 틀린 것은? [2022년 1회 기출]

① 검사 결과는 가능성보다 확실성의 관점에서 제시되어야 한다.
② 내담자가 검사 결과를 잘 이해할 수 있도록 안내하고 격려해야 한다.
③ 검사 결과로 나타난 강점과 약점 모두를 객관적으로 검토해야 한다.
④ 검사 결과는 내담자가 이용 가능한 다른 정보와 관련하여 제시되어야 한다.

해설

① 검사 결과는 확실성이나 구체적 예언보다는 가능성의 관점에서 제시되어야 한다.

CHAPTER 02 최근 기출문제 파악하기 [2차 실무]

제1과목 직업심리

01
규준 제작 시 사용되는 확률표집방법의 종류 3가지를 쓰고, 각각에 대해 설명하시오. (6점)

[2024년 1회, 2022년 3회, 2020년 2회, 2018년 3회, 2016년 3회, 2015년 2회, 2011년 3회, 2010년 1회 기출]

이렇게 외우세요!
① 단순무선표집(단순무작위표집) : 모집단의 구성요소들이 표본에 속할 확률이 동일하도록 표집하는 방법이다.
② 층화표집 : 모집단이 규모가 다른 몇 개의 이질적인 하위집단으로 구성되어 있는 경우 사용하는 방법이다.
③ 집락표집(군집표집) : 모집단을 서로 동질적인 하위집단으로 구분하여 집단 자체를 표집하는 방법이다.

02
표준화된 심리검사에는 집단 내 규준이 포함되어 있다. 집단 내 규준의 종류 3가지를 쓰고, 각각에 대해 설명하시오. (6점)

[2025년 2회, 2024년 2회, 2023년 1회, 2023년 2회, 2023년 3회, 2021년 2회, 2020년 1회, 2019년 1회, 2018년 3회, 2017년 3회, 2015년 1회, 2014년 3회, 2012년 2회, 2012년 3회, 2010년 4회, 2009년 2회, 2009년 3회, 2008년 1회, 2007년 1회 기출]

이렇게 외우세요!
① 백분위 점수 : 원점수의 분포에서 100개의 동일한 구간으로 점수들을 분포하여 변환점수를 부여한 것이다.
② 표준점수 : 원점수를 주어진 집단의 평균을 중심으로 표준편차 단위를 사용하여 분포상 어느 위치에 해당하는가를 나타낸 것이다.
③ 표준등급 : 원점수를 비율에 따라 1~9까지의 구간으로 구분하여 각각의 구간에 일정한 점수나 등급을 부여한 것이다.

03 심리검사에서 준거타당도 계수의 크기에 영향을 미치는 요인을 3가지만 쓰고, 각각에 대해 설명하시오. (6점)

[2024년 3회, 2022년 2회, 2022년 3회, 2018년 1회, 2018년 3회, 2012년 3회, 2011년 1회 기출]

이렇게 외우세요!

① 표집오차 : 표본이 모집단을 잘 대표하지 못하는 경우 표집오차가 커지고 그 결과 타당도 계수가 낮아진다.
② 준거측정치의 신뢰도 : 어떤 검사의 준거타당도 계산을 위해 사용한 준거측정치의 신뢰도가 낮은 경우 검사의 준거타당도도 낮아진다.
③ 준거측정치의 타당도 : 준거결핍이나 준거오염이 있는 경우 검사의 준거타당도는 낮아진다.

04 직업적성검사인 일반적성검사(GATB)에서 측정하는 적성요인 9가지를 쓰시오. (9점)

[2025년 1회, 2022년 1회, 2015년 1회, 2002년 3회, 2001년 3회 기출]

이렇게 외우세요!

① 지능
② 언어능력(언어적성)
③ 수리능력(수리적성)
④ 사무지각
⑤ 공간판단력(공간적성)
⑥ 형태지각
⑦ 운동반응(운동협응)
⑧ 손가락 재치(손가락 정교성)
⑨ 손의 재치(손 정교성)

우리는 삶의 모든 측면에서 항상 '내가 가치있는 사람일까?'
'내가 무슨 가치가 있을까?'라는 질문을 끊임없이 던지곤 합니다.
하지만 저는 우리가 날 때부터 가치있다 생각합니다.

– 오프라 윈프리 –

CHAPTER 03

제1과목 직업심리

직업과 스트레스

 중요키워드 10   ※ 중요도 높은 것에서 낮은 것 순으로

❶ 역할갈등
❷ Selye의 일반적응증후군
❸ A/B 성격유형
❹ Yerkes-Dodson의 역U자형 가설
❺ 구조조정이나 조직 감축에서 살아남은 구성원들의 반응
❻ 스트레스에 대처하기 위한 노력
❼ 17-OHCS와 코티졸(Cortisol)
❽ 일 중독증과 소진
❾ 스트레스원에 대한 인지적 평가과정
❿ 스트레스 관리전략

제1과목

 **쌤의 학습지도**

1. 17-OHCS와 Cortisol도 시험에 나와요.

17-OHCS는 부신피질에서 방출되는 호르몬으로 스트레스의 생리적 지표이고요, Cortisol은 그 호르몬에 포함되는 것으로 이른바 '스트레스 호르몬'으로 불리죠.

2. 일반적응증후군(GAS)의 3단계를 기억해 두세요.

스트레스 연구로 유명한 Selye는 '경고(경계) – 저항 – 소진(탈진)'으로 이어지는 일반적응증후군의 3단계를 제시했어요.

3. 스트레스의 역U자형 가설을 혼동하지 마세요.

'U자형 가설'이 아니라 '역U자형 가설'이에요. 스트레스 수준이 너무 높아도 반대로 너무 낮아도 직무수행능력이 떨어진다고 주장하죠.

4. 직무 관련 스트레스원과 직무 관련 스트레스의 조절변인을 구별하세요.

직무 관련 스트레스원으로는 과제특성, 역할갈등, 역할모호성 등이 있고, 직무 관련 스트레스의 조절변인으로는 A/B 성격유형, 통제 위치(소재), 사회적 지원(지지) 등이 있죠.

5. A형 성격유형과 B형 성격유형의 차이점을 구분할 수 있어야 해요.

혈액형 A형과 B형을 말하는 게 아니에요. A형 성격유형은 B형 성격유형에 비해 공격적·경쟁적이고 인내심이 부족해서 스트레스에 더욱 취약하죠.

6. 구조조정이나 조직 감축에서 살아남은 사람들의 심리를 떠올려 보세요.

구조조정이나 조직 감축에서 살아남은 사람들은 사기 저하, 조직에 대한 신뢰감 상실, 과로 및 불이익 감수, 불안감에 따른 조직 몰입에의 어려움 등을 호소하죠.

7. 스트레스 관리전략을 구분할 수 있어야 해요.

1차적 스트레스 관리전략은 조직 수준에서 이루어지는 관리전략인 반면, 2차적 스트레스 관리전략은 개인 수준에서 이루어지는 관리전략에 해당하죠.

8. 스트레스를 예방하려면 어떻게 해야 할까요?

목표에 집착하기보다는 과정을 즐길 줄 알아야 할 테고요, 균형 있는 생활, 규칙적인 활동을 해야겠지요.

CHAPTER 03 직업과 스트레스

제1과목 직업심리

01절 스트레스의 이해

1 스트레스의 원인과 효과

(1) 스트레스의 의미

① 자극으로서의 스트레스

개인이 삶 속에서 부딪치는 다양한 자극이나 사건들 자체가 스트레스이다(예 천재지변, 전쟁, 사랑하는 사람 간의 결별이나 죽음 등).

② 반응으로서의 스트레스

생물학적·생리학적 또는 정서적·행동적 항상성(Homeostasis)의 붕괴로 인해 유발되는 스트레스이다.

③ 개인과 환경 간의 상호작용으로서의 스트레스

환경적 자극요인과 개인의 개별 특징적 반응 간의 상호작용으로 나타나는 스트레스이다.

> **쌤의 비법노트**
>
> 스트레스는 '자극-반응-상호작용'의 3가지 범주로 구분할 수 있는데, 특히 상호작용 관점은 개인과 환경 간의 상호작용에서 변화와 적응을 요구하는 외적 자극은 물론 개인의 지각 및 인지, 대처능력 등을 함께 강조합니다.

(2) 스트레스의 발생원인 〔필기 출제〕 17, 03년 기출

① 좌절(Frustration)

원하는 목표가 지연되거나 차단될 때 경험하는 부정적인 정서 상태이다.

② 과잉부담(Overload)

개인의 능력을 벗어난 일이나 요구로 인해 경험하는 부정적인 정서 상태이다.

③ 갈등(Conflict)

두 가지의 동기들이 갈등을 일으킬 때 경험하는 정서 상태이다.

④ 생활의 변화(Life Change)

결혼, 이사, 군입대, 이혼, 사별 등 생활의 급작스러운 변화, 즉 **평소 익숙하던 생활환경이 바뀔 때 경험하는 정서 상태이다.**

⑤ 탈핍성 스트레스(Deprivational Stress)

사람들은 적정 수준의 감각 자극이나 흥분을 경험하기를 원하며, 따라서 **원하는 만큼의 자극이 없을 경우 스트레스를 경험하게 된다.**

⑥ 압력 또는 압박감(Pressure)

압력(압박감)은 우리가 어떤 방식으로 행동하기를 원하는 기대들 혹은 요구들을 말하는데, 이때 수행압력이나 동조압력 등이 스트레스를 유발한다.

> **쌤의 비법노트**
>
> 'Deprivation'은 어떤 필수적인 것으로부터의 '박탈', '결핍', '상실' 등을 의미합니다. 무료함, 외로움도 스트레스의 원인으로 작용할 수 있습니다.

더 알아보기

갈등(Conflict)의 4가지 유형 `필기 출제` 19, 15, 12년 기출

접근-접근 갈등	두 개의 정적 유의성을 띠고 있는 바람직하면서도 상호배타적인 행동목표가 동시에 나타나는 경우 예 여름휴가를 산으로 갈 것인지 바다로 갈 것인지 갈등하는 경우
접근-회피 갈등	동일한 행동목표가 정적 유의성과 부적 유의성을 동시에 나타내 보이는 경우 예 승진을 하려면 지방근무를 해야만 하고, 서울근무를 계속하려면 승진기회를 잃는 경우
회피-회피 갈등	두 개의 부적 유의성을 띠고 있는 상호배타적인 행동목표가 동시에 나타나는 경우 예 학교에 가기 싫어하는 학생이 부모에게 꾸중을 들을까봐 집에 있을 수도 없어 갈등하는 경우
이중 접근-회피 갈등	접근-회피 갈등을 보이는 두 개의 행동목표 중 어느 하나만을 선택할 수밖에 없는 경우 예 친구는 같이 술을 마시자고 하고 아내는 집에 빨리 들어오라고 하는 경우, 만약 친구의 뜻에 따르면 아내가 싫어할 것이고, 아내의 뜻에 따르면 친구가 싫어할 것이 예상되어 갈등하는 경우

(3) 스트레스의 효과

① 스트레스로 인한 신체의 변화 `필기 출제` 20년 기출

스트레스로 인해 심리적 긴장이 고조되는 경우 교감신경계가 활성화되며, 에피네프린(Epinephrine)이 분비되어 신체활동을 증가시키고 주의집중을 하도록 하여 긴장 상황에 대처하도록 한다.

② 스트레스의 부정적 효과

스트레스는 불안과 분노, 우울과 무감동 등 부정적인 정서를 유발하며, 특히 만성적 스트레스는 일반적응증후군과 함께 위장 질환, 심장순환계 질환 등 각종 질병을 유발한다.

③ 스트레스의 긍정적 효과 `필기 출제` 22, 18년 기출

적정 수준의 스트레스(Eustress)는 도전하려는 욕구를 자극하므로 개인적 성장, 자기 향상 증진 등의 기능을 할 수 있다. 또한 스트레스에 대한 내성(Tolerance)을 기르도록 함으로써 더 큰 스트레스에 대비할 수 있도록 한다.

2 스트레스에 관한 주요 연구

(1) 스트레스에 관한 생리적 연구 `필기 출제` 21, 18, 17, 15, 13년 기출

① 17-하이드록시코티코스테로이드(17-OHCS ; 17-Hydroxycorticosteroids)는 부신피질에서 방출되는 호르몬 가운데 전해질 대사나 당질대사에 관여하는 호르몬을 총칭한다. 특히 스트레스의 생리적 지표로 매우 중요하게 사용되는 것으로서, 대표적으로 코티졸(Cortisol)이 이 호르몬에 포함된다.

이렇게 출제된다! 1차 기출 OX

Q 승진을 하려면 지방근무를 해야만 하고, 서울근무를 계속하려면 승진기회를 잃는 경우에 겪는 갈등의 유형은 '접근-회피 갈등'이다?

A (○)

쌤의 비법노트

자율신경계는 '교감신경계'와 '부교감신경계'로 구분되며, 이들은 서로 상반된 기능을 가지는 동시에 상호보완적으로 작용합니다. 특히 스트레스로 인해 심리적 긴장이 고조되는 경우 '교감신경계'가, 스트레스가 없는 안정된 상태인 경우 '부교감신경계'가 활성화됩니다.

쌤의 비법노트

"17-하이드로..." 용어가 무척 어렵죠? 그냥 "17-OHCS"로 외우시길 바랍니다. 당류부신피질 호르몬으로 시험에서도 영문 약자로 나옵니다.

② 코티졸은 스트레스 발생 시 분비되는 호르몬이므로 '스트레스 호르몬'으로 널리 불리지만, 코티졸 분비로 혈중 포도당이 증가하면서 세포가 스트레스 상황을 극복할 수 있도록 에너지를 공급하므로 '스트레스 통제 호르몬'으로도 불린다.

③ 장기간 스트레스에 노출되거나 무리한 운동을 하는 경우 코티졸이 과다 분비되어 피로감, 근육통, 기억력 및 집중력 저하 등 만성피로 증후군을 유발한다. 특히 만성 스트레스는 코티졸의 지속적인 과다 분비를 유도하고 결국 코티졸 기능을 파괴함으로써 스트레스에 대한 신체 저항력을 떨어뜨리게 된다.

(2) 라자루스와 포크만(Lazarus & Folkman)의 스트레스 인지적 평가이론

필기 출제 16, 11, 10년 기출

① 스트레스를 유발하는 사건 자체보다 그 사건에 대한 개인의 지각 및 인지 과정을 중시한다.
② 생활사건이 스트레스를 일으키기보다는 개인의 상황에 대한 인지적 평가가 스트레스를 만든다고 가정한다. 즉, 스트레스 여부는 상황에 대한 개인의 주관적 해석에 의존한다.
③ 스트레스원에 대한 인지적 평가 과정은 다음의 3단계로 이루어진다.

1차 평가	• 사건에 대한 평가로서, 사건이 얼마나 위협적인지를 평가한다. • "그 사건이 나에게 어떤 의미를 주는가?"에 대한 평가이다.
2차 평가	• 사건에 대해 개인이 실행할 수 있는 유효한 대처전략 또는 자신의 대처능력을 평가한다. • "내가 스트레스 사건에 대해 무엇을 할 수 있는가?"에 대한 평가이다.
3차 평가 (재평가)	• 본질적으로 1차 평가 및 2차 평가와 크게 다르지 않다. • 환경으로부터 오는 새로운 정보에 근거하여 처음의 평가가 수정되는 것이다.

(3) 셀리에(Selye)의 일반적응증후군(GAS) 필기 출제 22, 21, 20, 19, 17~09, 07, 04년 기출

① 셀리에는 반응접근 방식 스트레스 연구의 대표자로서, 동물실험에서 스트레스에 대한 일반적인 반응 양상에 주목하였다.
② 그는 실험동물들이 추위나 더위 등의 물리적 자극 혹은 공포나 위협 등의 심리적 자극 등 어떠한 종류의 스트레스를 가해도 모두 동일한 반응을 보인다는 점에 착안하여, 그와 같은 반응 양상을 '일반적응증후군(GAS ; General Adaptation Syndrome)'이라 불렀다.
③ 셀리에가 제시한 일반적응증후군의 3단계는 다음과 같다.

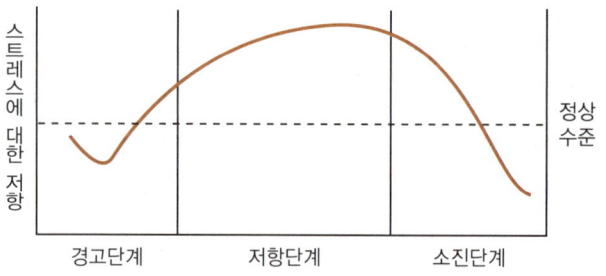

1차 기출 OX

Q Lazarus의 스트레스 이론에서 3차 평가는 자신의 스트레스 반응에 대한 평가이다?

A (×) 처음의 평가에 대한 '재평가'이다.

쌤의 비법노트

일반적응증후군(GAS)에서 '일반적(General)'은 스트레스의 결과가 신체부위에 일정한 영향을 준다는 의미에서, '적응(Adaptation)'은 스트레스의 원인으로부터 신체가 대처하도록 한다는 의미에서 명명된 것입니다.

경고(경계)단계 (경고반응단계)	• 어떠한 스트레스 자극을 받았을 때 나타나는 신체의 최초의 즉각적인 반응이다. • 스트레스에 의해 체온이 떨어지고 심박수가 빨라지는 '쇼크단계'와, 신체의 자동적 방어기제에 의해 순간적으로 대항하는 '역쇼크단계'로 이루어진다.
저항단계 (저항반응단계)	• 스트레스에 대한 경고반응으로 비상동원체계가 작동되었음에도 불구하고 스트레스가 지속되는 경우 저항단계로 접어든다. • 처음 제시된 스트레스 유발요인에 대한 저항력과 면역력이 일시적으로 증가하지만, 스트레스가 지속되는 경우 신체의 전반적인 기능은 저하된다.
소진단계 (탈진단계)	• 유해한 스트레스에의 노출이 장기간 지속됨으로써 신체 에너지가 고갈상태에 이른다. • 신체의 저항력과 면역력이 붕괴되어 심각한 질병을 유발하며, 신체손상을 가져오기도 한다.

(4) 일 중독증과 소진 [필기 출제] 20, 16, 10, 07년 기출

일 중독증 (Workaholic)	• '과잉 적응 증후군'이라고도 한다. • 남달리 일을 많이 하고 일을 좋아해서 계속 일에 자신을 몰아넣는 증상이다. 일을 하지 않으면 불안해지므로 강박적인 양상을 보인다. 예 점심을 먹으면서도 서류를 본다 / 아무것도 하지 않고 쉬면 견딜 수 없다
소 진 (Burnout)	• '탈진 증후군'이라고도 한다. • 일에 자신의 에너지를 다 쏟아 붓다가 어느 순간 일로부터 자신이 소외당하면서 겪는 심리적·행동적 증상이다. 예 열심히 일을 했지만 성취감보다는 허탈감을 느낀다 / 인생에 환멸을 느낀다

쌤의 비법노트

탈진(소진)에 대한 연구는 면접이나 관찰보다는 보통 설문지(질문지)를 이용하는 방식으로 이루어집니다. 특히 매슬랙(Maslach)의 탈진검사(MBI ; Maslach Burnout Inventory)가 널리 사용되고 있는데, 정서적 고갈, 인격상실, 개인적 성취감 감소 등을 측정합니다.

(5) 여크스-도슨(Yerkes-Dodson)의 역U자형 가설 [필기 출제] 21, 18, 13, 12, 09, 08, 06, 03년 기출

① 직무에 대한 스트레스가 너무 높거나 반대로 너무 낮은 경우 직무수행능력이 떨어지는 역U자형 양상을 보이게 된다.

② 역U자형 곡선은 흥분이나 욕구, 긴장이 증대되는 경우 어느 정도 수준에 이르기까지 수행실적이 증가하다가 그 이후에는 오히려 수행실적이 감소한다는 사실을 반영한다.

③ 스트레스 수준이 너무 높거나 너무 낮은 경우 건강이나 작업능률에 부정적인 영향을 미치므로 스트레스를 적정 수준으로 유지하는 것이 바람직하다.

쌤의 비법노트

역U자형 가설은 스트레스 수준이 낮으면 오히려 작업능률이 떨어진다는 점을 강조합니다. 참고로 'Yerkes-Dodson'은 교재에 따라 '여크스-도슨', '여키스-도슨', '여키스-다슨'으로도 제시되고 있습니다.

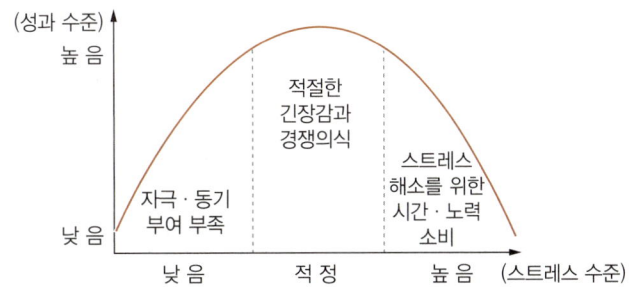

> **이렇게 출제된다! 1차 기출 OX**
>
> **Q** 1년간 생활변동단위(Life Change Unit)의 합이 '90'인 사람은 대단히 심한 스트레스를 겪는 사람이다?
>
> **A** (×) 생활위기와 관련된 질병의 발생 가능성이 거의 없는 사람이다.

(6) 홈스와 레어(Holmes & Rahe)의 사회재적응척도(SRRS)와 생활변화단위(LCU)

필기 출제 17, 14년 기출

① 홈스와 레어는 주요 생활사건이 유발하는 스트레스의 양을 측정하기 위해 사회재적응척도(SRRS ; Social Readjustment Rating Scale)를 개발하였다.

② 사회재적응척도는 43개의 주요 생활사건을 1년간 생활변화단위 또는 생활변동단위(LCU ; Life Change Unit)로 측정하도록 되어 있다.

③ 생활의 변화(Life Change)는 평소 익숙하던 생활환경이 바뀐 때를 말하는 것으로, 홈스와 레어는 스트레스의 개념을 생활의 변화에 의해 깨진 정신생리적 안정을 되찾아 본래의 항정상태(Ongoing Steady State)로 돌아가는 데 필요한 기간과 노력의 양으로 설명하였다.

④ 생활변화단위의 합이 0~150 미만인 사람은 생활위기와 관련된 질병의 발생 가능성이 거의 없는 반면, 150~199인 사람은 '경도의 생활위기(Mild Life Crisis)', 200~299인 사람은 '중등도의 생활위기(Moderate Crisis)', 300 이상인 사람은 '중증도의 생활위기(Major Crisis)'로 인해 질병의 발생 가능성이 있음을 나타낸다.

02절 직업 관련 스트레스

1 직무 및 조직 관련 스트레스원 필기 출제 14, 10, 09, 08년 기출

(1) 과제특성(복잡한 과제 또는 과제곤란도) 필기 출제 07, 05, 03년 기출

① 복잡한 과제는 정보과부하를 야기하므로 상대적으로 높은 인지활동을 요구하며, 그로 인해 스트레스를 높이는 조건이 될 수 있다.

② 지루하게 반복되는 과업수행에서 오는 지루함과 단조로움도 기계화 및 자동화 시대에 살고 있는 오늘날 가장 위험한 스트레스 요인이 될 수 있다.

> **쌤의 비법노트**
>
> '반복적이고 단조로운 직무'는 과제특성에서 비롯되는 직무 관련 스트레스원에 해당합니다.

(2) 역할갈등(Role Conflict) 필기 출제 21~11, 09, 08, 07, 05, 04년 기출

① 역할담당자가 자신의 지위(역할)와 역할전달자의 역할기대가 상충되는 상황에서 지각하는 심리적 상태이다.

② 둘 또는 그 이상의 사회적 지위(역할)를 가지고 있는 사람이 상반된 기대 역할을 요구받을 때 경험하게 된다(예 직장 내 요구들 간의 모순 혹은 직장의 요구와 직장 밖 요구 사이의 모순 등).

③ 공식적이고 구조적인 조직에서는 주로 구조적 변수(예 의사결정의 참여, 부하의 폭 등) 때문에 역할갈등이 발생하는 반면, 비공식적이고 비구조적인 조직에서는 인간관계 변수(예 동료와의 관계 등) 때문에 역할갈등이 발생한다.

④ 역할갈등은 다음의 네 가지 유형으로 분류할 수 있다.

개인 간 역할갈등 (Inter-role Conflict)	직업에서의 요구와 직업 이외의 요구 간의 갈등에서 발생한다.
개인 내 역할갈등 (Person-role Conflict)	개인의 복잡한 과제, 개인이 수행하는 직무의 요구와 개인의 가치관이 다를 때 발생한다.
송신자 간 갈등 (Intersender Conflict)	두 명 이상의 요구가 갈등을 일으킬 때 발생한다.
송신자 내 갈등 (Intrasender Conflict)	업무 지시자가 서로 배타적이고 양립할 수 없는 요구를 요청할 때 발생한다.

(3) 역할모호성(Role Ambiguity) 필기 출제 18, 14, 10년 기출

① 역할담당자가 역할전달자의 역할기대에 대해 명확히 알지 못함으로써 발생하는 심리적 상태이다.

② 개인의 역할이 명확하지 않을 때 발생한다. 예를 들어, 개인의 책임한계나 직무의 목표가 명료하지 않을 때 스트레스가 높아진다.

(4) 역할과다 또는 역할과소

① 역할과다(역할과부하)는 역할담당자가 일상적인 업무를 수행하는 과정에서 신규의 특정 업무를 부여받게 됨으로써 대처능력 초과상태에 이르는 것이다.

② 제한된 시간 내에 수행할 수 있는 것보다 더 많은 양의 역할을 부여받는 '양적 과부하', 직무수행에 필요한 경험, 기술, 지식, 자격의 부족으로 나타나는 '질적 과부하'로 구분된다.

③ 기대와 직무가 요구하는 바가 역할담당자의 능력을 벗어날 때 역할과다가 나타난다면, 기대와 직무가 요구하는 바가 역할담당자의 능력을 충분히 활용하지 못할 때 역할과소가 나타난다.

(5) 산업의 조직문화와 풍토

① 개인주의/집합주의 산업문화의 충돌은 근로자에게 스트레스원이 된다.

② 개인주의 문화권(예 미국 등)에서는 근로자 개인과 조직 간의 관계를 계약의 관점에서 계산적으로 이해하며, 근로자는 직무 자체나 개인적인 보상 때문에 조직에 몰입하는 경향이 있다.

③ 집합주의 문화권(예 우리나라 등)에서는 근로자 개인과 조직 간의 관계를 보다 도덕적인 관점에서 이해하며, 근로자는 관리자나 동료와의 유대 때문에 조직에 몰입하는 경향이 있다.

이렇게 출제된다! 1차 기출 OX

Q 팀 생산성을 높이기 위해서 부하들을 철저히 감독하라는 사장의 요구와 작업능률을 높이려면 자발적으로 일할 수 있는 분위기를 만들어 주어야 한다는 부하들의 요구 사이에서 고민하는 팀장의 스트레스 원인은 '송신자 간 갈등'에서 비롯된다?

A (○)

이렇게 출제된다! 2차 주관식

직무 관련 스트레스 요인을 3가지 쓰고, 각각에 대해 설명하시오.

쌤의 비법노트

'직무 및 조직 관련 스트레스원'은 '직무 관련 스트레스원'과 '조직 관련 스트레스원'으로 나눌 수 있습니다. 이 경우 산업의 조직문화와 풍토가 '조직 관련 스트레스원'에 해당합니다.

더 알아보기

스트레스의 원인(스트레스원) 필기 출제 22, 19, 17, 14, 10, 08년 기출

구분	내용
직무 및 조직 관련 스트레스원	과제특성, 역할갈등, 역할모호성, 역할과다 또는 역할과소, 산업의 조직문화와 풍토 등
개인 관련 스트레스원	A형 성격유형(A 유형 행동), 통제 위치(통제 소재), 능력 및 경험, 욕구 및 가치, 인구통계적 변인 등
물리적 환경 관련 스트레스원	조명, 소음, 온도, 진동, 공기오염, 사무실 설계, 사회적 밀도 등

쌤의 비법노트

'스트레스의 원인(스트레스원)'과 '스트레스의 조절변인'을 구분하여 학습하여야 합니다. 참고로 A형 성격유형(A 유형 행동)과 통제 위치(통제 소재)는 개인 관련 스트레스원에 해당하지만, 직무 관련 스트레스의 조절변인이기도 합니다.

쌤의 비법노트

'A/B 성격유형'에서 '성격유형'은 서로 대별되는 성격을 가진 사람들의 행동 특징을 나타내므로, 이는 곧 '행동유형'을 말하는 것으로 볼 수 있습니다. 즉, 'A형 성격유형'은 'A형 행동유형'과 같은 의미입니다.

2 직무 관련 스트레스의 조절변인(조절요인) 필기 출제 20, 19, 15, 10, 04년 기출

(1) A/B 성격유형 필기 출제 17, 16, 15, 10, 04년 기출

① 성격유형에 따른 직무 스트레스의 양상은 프리드만과 로젠만(Friedman & Rosenman)이 제시한 A/B 성격유형에 따른 행동패턴을 기초로 한다.
② A형 성격유형은 기본적으로 능동적 · 공격적인 성향을 가지고 있으며, 직무수행에 있어서 경쟁 및 성취 지향, 신속성, 완벽함을 추구한다.
③ B형 성격유형은 기본적으로 수동적 · 방어적인 성향을 가지고 있으며, 직무수행에 있어서 느긋함과 차분함, 일처리에 있어서 여유로운 대처, 상황의 수용 등을 특징으로 한다.
④ A형 성격유형의 사람들은 B형 성격유형의 사람들보다 성취욕구와 포부수준이 더 높기 때문에 일로부터 스트레스를 느낄 가능성이 많다.
⑤ 스트레스 상황에 노출되면 A형 성격유형이 B형 성격유형보다 더 많은 부정(Denial)과 투사(Projection) 기제를 사용한다.

Comment
A형 성격유형은 동일한 스트레스 상황에서 B형 성격유형보다 더 많은 스트레스를 받게 되며, 호흡률이나 혈압과 같은 생리적 각성수준도 훨씬 더 증가하게 됩니다. 그래서 A형 성격유형은 자신의 능력으로는 통제할 수 없다고 판단되는 스트레스 상황에 부딪치게 될 때 B형 성격유형보다 훨씬 더 빨리 과제를 포기하고 무력감을 느끼게 됩니다. 이는 A형 성격유형이 부정(Denial)이나 투사(Projection)의 방어기제를 보다 많이 사용하는 것과도 연관됩니다.

더 알아보기

A형 성격유형 및 B형 성격유형의 일반적인 행동 특징 필기 출제 21, 17, 16, 15, 12, 11, 10, 09, 06, 04년 기출

A형 성격유형	• 쉽게 화를 낸다. • 평소 활동이 공격적이고 적대적이며 참을성이 없다. • 사내의 활동이 경쟁적이며 승부에 집착한다. • 시간의 절박감(긴박감)과 경쟁적 성취욕이 강하다. • 근무 시간을 철저하게 지킨다. • 많은 일을 성취하려 하며, 일의 과정을 즐기지 못한다. • 반대자에 대해 강력히 대처한다. • 스트레스 상황에서 과제를 더 빨리 포기한다. • 관상동맥성 심장병(CHD)에 걸릴 확률이 높다.
B형 성격유형	• 차분한 성격과 평온함을 특징으로 한다. • 시간에 대한 걱정이 덜 하고 여유를 가진다. • 일처리에 있어서 여유 있게 대처한다. • 털털하게 사람을 사귄다. • A형 성격유형과 달리 각종 질병의 발병률이 낮은 편이다.

이렇게 출제된다! 1차 기출 OX

Q B형 성격유형의 사람들은 A형 성격유형의 사람들보다 성취욕구와 포부수준이 더 높기 때문에 일로부터 스트레스를 느낄 가능성이 적다?

A (×) A형 성격유형의 사람들이 B형 성격유형의 사람들보다 성취욕구와 포부수준이 상대적으로 더 높다.

(2) 통제 위치 또는 통제 소재(Locus of Control) 필기 출제 18, 13, 12, 04년 기출

① 개인은 자신의 운명이나 일상생활에서 얻는 결과를 자기 자신이 얼마나 통제할 수 있다고 믿는가, 즉 성패의 원인이 내부에 있는가 또는 외부에 있는가에 따라 '내적 통제자(내재론자, 內在論者)'와 '외적 통제자(외재론자, 外在論者)'로 구분된다.

② 내적 통제자는 어떠한 사건의 발생이나 그 결과를 자기 자신의 행동에서 비롯된 것으로 간주하여 스스로 통제 가능한 것으로 인식하는 반면, 외적 통제자는 사건의 발생이나 그 결과가 기회나, 운 등 외적 요인의 강력한 영향력에 의해 결정된다고 본다.

③ 여러 연구 결과에 따르면, 내적 통제자는 문제 중심의 대응행동을 통해 스트레스 상황에 적절히 대처하는 반면, 외적 통제자는 부정적 사건에 민감하게 반응하고 자기방어적인 성향을 보임으로써 스트레스 상황에 대한 대처능력이 떨어지고 실제 생활에서 비교적 높은 수준의 스트레스를 경험하는 것으로 나타나고 있다.

④ 다만, 내적 통제자는 스트레스 상황에 대한 통제력이 더 이상 유용하지 못하다고 판단하게 되면 스트레스 대처노력을 쉽게 포기하며, 행동은 매우 무력해진다. 이는 내적 통제자가 무력을 자신에게 귀인시키기 때문이다.

쌤의 비법노트

내적 통제자보다 외적 통제자들은 자신의 삶에서 중요한 사건들이 주로 타인이나 외부에 의해 결정된다고 보기 때문에 스트레스의 영향력을 감소시키려는 노력을 하지 않는 편입니다.

(3) 사회적 지원 또는 사회적 지지(Social Support) 필기 출제 18, 10년 기출

① 직무수행자의 직무 스트레스를 완화할 수 있도록 해 주는 조직 내적 혹은 조직 외적 요인을 의미한다.

② 조직 내적 요인으로는 직장 상사, 동료, 부하가 있으며, 조직 외적 요인으로는 가족이 있다.

③ 사회적 지원이 제공되면 우울이나 불안 같은 직무 스트레스 반응이 감소한다.

④ 사회적 지원은 스트레스의 출처를 약화시키지만 스트레스의 출처로부터 야기된 권태감, 직무 불만족 자체를 감소시키는 것은 아니다.

이렇게 출제된다! 2차 주관식

직무 스트레스의 조절변인 3가지를 쓰고, 각각에 대해 설명하시오.

> **Comment**
> 직무 스트레스의 주요 조절변인은 다음과 같이 간략히 정리할 수 있습니다.
>
> | 개인속성 | A/B 성격유형, 통제 위치(통제 소재), 그 밖의 개인차 등 |
> |---|---|
> | 상황속성 | 사회적 지원(사회적 지지) 등 |
>
> 개인속성은 특히 개인차에 관한 것으로, 개인의 성격유형이나 상황 통제에 대한 신념은 물론 개인의 자존감, 스트레스에 대한 지각 수준, 부정적인 사건들에서 빨리 벗어나는 능력 등을 포괄합니다.

3 직무 스트레스와 구조조정 스트레스

(1) 직무 스트레스의 일반적인 결과 〔필기 출제〕 22, 19, 10년 기출

① 직무수행 감소
② 결근 및 이직
③ 직무 불만족

(2) 직무 스트레스로 인한 직장에서의 행동적 결과

> [이렇게 출제된다! 2차 주관식]
> 직무 스트레스로 인한 직장에서의 행동적 결과를 5가지 쓰시오.

① 신경질적·공격적 행동이 증가한다.
② 인내심, 집중력이 감소한다.
③ 대인관계상의 문제를 보인다.
④ 의사결정 및 정보처리 수행 과정에서 저하된 양상을 보인다.
⑤ 결근이나 지각이 잦다.

(3) 직무소외(Alienation) 〔필기 출제〕 22, 17, 14년 기출

브라우너(Blauner)는 직무소외에 관한 연구에서, 시만(Seeman)의 개념적 틀을 이용하여 4가지 비소외적 상태를 먼저 규정하고, 이를 통해 4가지 소외 양상을 열거하였다.

비소외적 상태	소외 양상
• 자유와 통제(Freedom and Control) • 목적(Purpose) • 사회적 통합(Social Integration) • 자기몰입(Self-involvement)	• 무기력감(Powerlessness) • 무의미감(Meaninglessness) • 고립감(Isolation) • 자기상실감 혹은 자기소원감(Self-estrangement)

> [쌤의 비법노트]
> '무기력감'은 자유와 통제의 결핍상태, '무의미감'은 경영정책이나 생산목적 등 목적으로부터의 단절상태, '고립감'은 자신이 속한 조직의 사회적 협동의 결핍상태, '자기상실감(자기소원감)'은 직무에 자신이 몰두할 수 없는 상태를 말합니다.

(4) 구조조정이나 조직 감축에서 살아남은 구성원들의 전형적인 반응

〔필기 출제〕 20, 18, 13, 12, 11, 07년 기출

① 일반적으로 조직의 분위기가 침체되고 사기가 급격히 저하된다.
② 살아남은 구성원들도 종종 조직에 대한 신뢰감을 상실한다.
③ 일부 구성원들은 다른 직무나 낮은 수준의 직무로 이동하는 것을 감수한다.
④ 더 많은 일을 해야 하기 때문에 과로하며 종종 불이익도 감수하려고 한다.

> [쌤의 비법노트]
> 구조조정이나 조직 감축에서 살아남은 구성원들이 겪게 되는 다양한 형태의 부정적인 심리적 반응을 '생존자증후군(Layoff Survivor Syndrome)'으로 표현하고 있습니다.

⑤ 감축대상이 된 동료들에 대한 미안한 마음과 자신도 언제 감축대상이 될지 모른다는 불안감으로 인해 조직 몰입에 어려움을 겪는다.
⑥ 자신 또한 감축 대상이 되지 않기 위해 실패할 우려가 있는 혁신적인 업무나 변화를 기피하는 현상이 나타나기도 한다.
⑦ 조직 감축이 불공정하다고 느끼는 경우 분노나 공격적 성향을 드러내어 인간관계의 악화를 초래한다.
⑧ 구성원들의 이직 의향이나 이직률이 높아지는 등 조직으로부터의 이탈현상이 발생할 수 있다.

> **더 알아보기**
>
> **야호다(Jahoda)의 박탈이론에 따른 고용의 잠재효과**
> - 시간의 구조화 : 일상의 시간을 구조화하도록 해 준다.
> - 사회적인 접촉 : 핵가족 밖의 다른 사람들과 접촉하도록 해 준다.
> - 공동의 목표 : 개인적인 목표 이상의 것들을 추구하도록 해 준다.
> - 사회적 정체감과 지위 : 사회적인 정체감과 지위를 확인시켜 준다.
> - 활동성 : 유의미한 정규적 활동을 수행하도록 해 준다.

이렇게 출제된다! 2차 주관식
실업과 관련된 야호다(Jahoda)의 박탈이론에 따르면, 일반적으로 고용상태에 있게 되면 실직상태에 있는 것보다 여러 가지 잠재적 효과가 있다고 한다. 고용으로 인한 잠재효과 5가지를 쓰시오.

03절 스트레스 관리와 예방

1 스트레스 관리전략

(1) 스트레스 예방관리전략(Quick & Quick) 필기 출제 20, 17, 13년 기출

① 1차적 예방 – 스트레스 요인 중심(출처지향적 관리전략)
  실제적으로 디스트레스(Distress)를 유발하는 조직적 스트레스의 여러 요인을 수정 및 변경하는 것을 목적으로 한다.

② 2차적 예방 – 스트레스 반응 중심(반응지향적 관리전략)
  개인적으로 조직적인 긴장을 방제·제거하거나 억제하는 것을 목적으로 한다.

③ 3차적 예방 – 스트레스 증후 중심(증후지향적 관리전략)
  조직적 스트레스 요인의 증상이 나타나는 것을 적합한 상태에서 최소화하거나 통제하는 것을 목적으로 한다.

이렇게 출제된다! 1차 기출 OX
Q 예전에는 은행원들이 창구에 줄을 서서 기다리는 고객들에게 가능한 빨리 서비스를 제공하고자 스트레스를 많이 받았었는데, 고객 대기표(번호표) 시스템을 도입한 이후 이러한 스트레스를 많이 줄일 수 있게 되었다면, 이는 '출처지향적 관리전략'에 해당한다?
A (○)

```
                                    ┌─────────────┐
                    1차적 예방        │ 조직의 스트레스 요인 │        1차적 스트레스
                  (스트레스 요인 중심) →│ • 과업 요인     │←        관리전략
                                    │ • 물리적 요인    │        (조직 수준)
                                    │ • 역할 요인     │
                                    │ • 대인관계 요인   │
                                    └──────┬──────┘
                                           ↓
                    2차적 예방        ┌─────────────┐         2차적 스트레스
                  (스트레스 반응 중심) →│ 개인적 스트레스   │←        관리전략
                                    └──────┬──────┘        (개인 수준)
                                           ↓
                    3차적 예방        ┌────────┐ ┌────────┐
                  (스트레스 증후 중심) →│ 순기능적  │ │ 역기능적  │
                                    │ 스트레스 │ │ 스트레스 │
                                    └────────┘ └────────┘
```

(2) 수준별 스트레스 관리전략 필기 출제 21, 17, 11년 기출

① 1차적 스트레스 관리전략 – 조직 수준의 스트레스 관리전략

직무중심 관리전략	직무 및 물리적·육체적 요구로 인해 받는 스트레스를 관리하기 위한 것이다. 예 직무재설계, 참여적 관리, 경력개발, 융통적 작업계획 등
관계중심 관리전략	조직성원들의 역할 및 대인관계 측면에서 스트레스를 관리하기 위한 것이다. 예 역할분석, 목표설정, 사회적 지지, 팀 형성(Team Building) 등

② 2차적 스트레스 관리전략 – 개인 수준의 스트레스 관리전략

요인지향적 (출처지향적) 관리전략	개인의 지각에 변화를 일으켜 잠재적인 스트레스 원인을 변경 또는 감소시키는 것이다. 예 스트레스의 지각관리, 작업환경 및 생활스타일 관리 등
반응지향적 관리전략	개인이 받은 스트레스 정도를 최적화하기 위해 수행하는 것이다. 예 이완훈련, 신체적 배출, 정서적 배출 등
증후지향적 (증상지향적) 관리전략	스트레스로 인해 나타나는 부정적인 결과들에 대한 개인적 예방관리 차원에서 이루어지는 것이다. 예 상담 및 정신치료, 의학적 보호 등

이렇게 출제된다! 1차 기출 OX

Q '이완훈련', '바이오피드백', '스트레스 관리훈련'은 개인의 변화를 목표로 하는 2차적 스트레스 관리전략에 해당한다?

A (○)

2 스트레스 예방 및 대처

(1) 스트레스 대처를 위한 기본조건

① 적절한 스트레스는 도움을 준다.
② 유스트레스(Eustress)는 적극적인 노력에 의해서만 획득될 수 있다.
③ 자신의 스트레스 상황을 의식하고 확인하는 일은 매우 중요하다.
④ 스트레스 상황이 자신의 내면에 있다는 점을 인식해야 한다.
⑤ 긴장방출률(TDR ; Tension Discharge Rate)을 최대한 높여야 한다.

(2) 스트레스의 예방 및 대처를 위한 포괄적인 노력 필기 출제 22, 20, 19, 18, 14, 09, 08, 06년 기출

① 가치관을 전환시켜야 한다.
② 목표지향적 초고속심리(초고속사고)에서 과정중심적 사고방식으로 전환해야 한다.
③ 스트레스에 정면으로 도전하는 마음가짐이 있어야 한다.
④ 가슴속에 쌓인 한을 털어내야 한다.
⑤ 균형 있는 생활을 해야 한다.
⑥ 취미·오락을 통해 생활장면을 전환하는 활동을 규칙적으로 해야 한다.
⑦ 운동을 통해 스트레스를 적절히 해소한다.

쌤의 비법노트

스트레스는 해로운 효과를 가지는 역기능적 스트레스로서 '디스트레스(Distress)'와 함께 유익한 효과를 가지는 순기능적 스트레스로서 '유스트레스(Eustress)'로 구분됩니다.

이렇게 출제된다! 1차 기출 OX

Q 스트레스에 대처하기 위해서는 과정중심적 사고방식에서 목표지향적 초고속사고로 전환해야 한다?

A (×) 목표지향적 초고속사고에서 과정중심적 사고방식으로 전환해야 한다.

CHAPTER 03 출제 유형 알아보기

제1과목 직업심리

01절 스트레스의 이해

01 다음 중 스트레스 요인과 상황에 대한 설명으로 옳지 않은 것은?

① 좌절(Frustration) – 원하는 목표가 지연되거나 차단될 때이다.
② 과잉부담(Overload) – 개인의 능력을 벗어난 일이나 요구일 때이다.
③ 갈등(Conflict) – 두 가지의 긍정적인 일들이 갈등을 일으킬 때이다.
④ 생활의 변화(Life Change) – 부정적인 사건이 제한된 시간 내에 많을 때이다.

> **해설**
> ④ 생활의 변화(Life Change)는 평소 익숙하던 생활환경이 바뀔 때이다.

02 다음 중 승진을 하려면 지방근무를 해야만 하고, 서울근무를 계속하려면 승진기회를 잃는 경우에 겪는 갈등의 유형에 해당하는 것은?

① 접근–접근 갈등
② 회피–회피 갈등
③ 접근–회피 갈등
④ 이중 접근–회피 갈등

> **해설**
> 갈등(Conflict)의 유형
> • 접근–접근 갈등 : 두 개의 정적 유의성을 띠고 있는 바람직하면서도 상호배타적인 행동목표가 동시에 나타나는 경우
> • 접근–회피 갈등 : 동일한 행동목표가 정적 유의성과 부적 유의성을 동시에 나타내 보이는 경우
> • 회피–회피 갈등 : 두 개의 부적 유의성을 띠고 있는 상호배타적인 행동목표가 동시에 나타나는 경우
> • 이중 접근–회피 갈등 : 접근–회피 갈등을 보이는 두 개의 행동목표 중 어느 하나만을 선택할 수밖에 없는 경우

01 ④　02 ③

03 다음 중 라자루스(Lazarus)의 스트레스 이론에 대한 설명으로 옳지 않은 것은?

① 스트레스 사건 자체보다 지각과 인지 과정을 중시하는 이론이다.
② 1차 평가는 사건이 얼마나 위협적인지를 평가하는 것이다.
③ 2차 평가는 자신의 대처능력에 대한 평가이다.
④ 3차 평가는 자신의 스트레스 반응에 대한 평가이다.

> **해설**
> ④ '3차 평가'는 '재평가'에 해당하는 것으로, 새로운 정보에 근거하여 처음의 평가가 수정되는 것이다.

04 다음 중 셀리에(Selye)가 제시한 스트레스 반응단계를 순서대로 올바르게 나열한 것은?

① 소진 → 저항 → 경고
② 저항 → 경고 → 소진
③ 소진 → 경고 → 저항
④ 경고 → 저항 → 소진

> **해설**
> 스트레스에 의한 일반적응증후군의 3단계(Selye)
> 경고단계(경고반응단계) → 저항단계(저항반응단계) → 소진단계(탈진단계)

05 다음 중 스트레스와 직무수행 간의 관계에 대한 설명으로 옳은 것은?

① 스트레스가 많을수록 직무수행이 떨어지는 일차함수 관계이다.
② 어느 수준까지만 스트레스가 많을수록 직무수행이 떨어진다.
③ 일정 시점 이후에 스트레스 수준이 증가하면 수행실적은 오히려 감소하는 역U형 관계이다.
④ 스트레스와 직무수행은 관계가 없다.

> **해설**
> ③ 직무에 대한 스트레스가 너무 높거나 반대로 너무 낮은 경우 직무수행능력이 떨어지는 역U자형 양상을 보이게 된다.

02절 　 직업 관련 스트레스

06 　 다음 중 직무 스트레스의 조절변인과 가장 거리가 먼 것은?

① A/B 성격유형
② 역할모호성
③ 통제 위치
④ 사회적 지원

> **해설**
>
> ② 역할모호성(Role Ambiguity)은 직무 관련 스트레스의 조절변인이라기보다는 직무 관련 스트레스원에 해당한다.

07 　 다음 중 직무 스트레스에 대한 설명으로 옳지 않은 것은?

① 공식적이고 구조적인 조직에서는 주로 인간관계 변수 때문에 역할갈등이 발생한다.
② 지루하게 반복되는 과업의 단조로움은 매우 위험한 스트레스 요인이 될 수 있다.
③ 복잡한 과제는 정보과부하를 일으켜 스트레스를 높인다.
④ 역할모호성은 개인의 역할이 명확하지 않을 때 발생한다.

> **해설**
>
> ① 공식적이고 구조적인 조직에서는 주로 구조적 변수(예 의사결정의 참여, 부하의 폭 등) 때문에 역할갈등이 발생하는 반면, 비공식적이고 비구조적인 조직에서는 인간관계 변수(예 동료와의 관계 등) 때문에 역할갈등이 발생한다.

08 　 다음 중 보기의 내용과 연관된 역할갈등의 유형에 해당하는 것은?

> A 팀장은 팀의 생산성을 높이기 위해 부하들을 철저히 감독하라는 사장의 요구와 작업능률을 높이려면 자신들이 자발적으로 일할 수 있는 분위기를 만들어 주어야 한다는 부하들의 요구 사이에서 고민을 하고 있다.

① 송신자 내 갈등(Intrasender Conflict)
② 송신자 간 갈등(Intersender Conflict)
③ 개인 내 역할갈등(Person-role Conflict)
④ 개인 간 역할갈등(Inter-role Conflict)

> **해설**
>
> ② 사장의 요구와 부하직원들의 요구, 즉 두 명 이상의 요구가 갈등을 일으키는 것이므로 '송신자 간 갈등(Intersender Conflict)'에 해당한다.

09 다음 중 A형 성격유형의 행동 특징에 대한 설명으로 옳지 않은 것은?

① 근무 시간을 철저하게 지키며 시간의 긴박감을 느낀다.
② 평소 활동이 공격적이고 적대적이며 참을성이 없다.
③ 시간에 대한 걱정이 덜 하고 여유를 가진다.
④ 사내의 활동이 경쟁적이며 승부에 집착한다.

> **해설**
> ③ B형 성격유형의 행동 특징에 해당한다.

10 다음 중 직무 스트레스에 영향을 주는 요인에 대한 설명으로 가장 옳지 않은 것은?

① B형 성격유형의 사람들은 A형 성격유형의 사람들보다 성취욕구와 포부수준이 더 높기 때문에 일로부터 스트레스를 느낄 가능성이 적다.
② 내적 통제자보다 외적 통제자들은 자신의 삶에서 중요한 사건들이 주로 타인이나 외부에 의해 결정된다고 보기 때문에 스트레스의 영향력을 감소시키려는 노력을 하지 않는 편이다.
③ 스트레스 자체를 없애기는 어렵기 때문에 스트레스 출처를 예측하는 것이 스트레스를 완화하는 데 중요한 역할을 한다.
④ 사회적 지원은 스트레스의 출처를 약화시키지만 스트레스의 출처로부터 야기된 권태감, 직무 불만족 자체를 감소시키는 것은 아니다.

> **해설**
> ① A형 성격유형의 사람들은 B형 성격유형의 사람들보다 성취욕구와 포부수준이 더 높기 때문에 일로부터 스트레스를 느낄 가능성이 많다.

11 다음 중 조직에 영향을 미치는 직무 스트레스의 결과와 가장 거리가 먼 것은?

① 직무수행 감소
② 직무 불만족
③ 결근 및 이직
④ 상사의 부당한 지시

> **해설**
> **직무 스트레스의 일반적인 결과**
> • 직무수행 감소
> • 결근 및 이직
> • 직무 불만족

12 다음 중 시만(Seeman)의 개념적 틀을 이용하여 브라우너(Blauner)가 규정한 비소외적 상태에 해당하지 않는 것은?

① 목 적
② 자유와 통제
③ 자기실현
④ 사회적 통합

> **해설**
>
> **비소외적 상태(Blauner)**
> - 자유와 통제(Freedom and Control)
> - 목적(Purpose)
> - 사회적 통합(Social Integration)
> - 자기몰입(Self-involvement)

13 다음 중 조직 감축에서 살아남은 구성원들이 조직에 대해 보이는 전형적인 반응으로 가장 옳은 것은?

① 살아남은 구성원들은 조직에 대해 높은 신뢰감을 가지고 있다.
② 조직 감축에서 살아남은 데 만족하여 조직 몰입을 더욱 많이 한다.
③ 살아남은 구성원들은 다른 직무나 낮은 수준의 직무로 이동하는 것을 거부한다.
④ 더 많은 일을 해야 하기 때문에 과로하며 종종 불이익도 감수하려고 한다.

> **해설**
>
> ① 살아남은 구성원들도 종종 조직에 대한 신뢰감을 상실한다.
> ② 감축대상이 된 동료들에 대한 미안한 마음과 자신도 언제 감축대상이 될지 모른다는 불안감으로 인해 조직 몰입에 어려움을 겪는다.
> ③ 일부 구성원들은 다른 직무나 낮은 수준의 직무로 이동하는 것을 감수한다.

03절 스트레스 관리와 예방

14 다음 중 개인의 변화를 목표로 하는 2차적 스트레스 관리전략에 해당하지 않는 것은?

① 이완훈련
② 바이오피드백
③ 직무재설계
④ 스트레스 관리훈련

해설
③ 직무재설계는 조직 수준의 1차적 스트레스 관리전략에 해당한다.

15 다음 중 스트레스의 예방 및 대처 방안으로 옳지 않은 것은?

① 과정중심적 사고방식에서 목표지향적 초고속심리로 전환해야 한다.
② 취미·오락을 통해 생활장면을 전환하는 활동을 규칙적으로 해야 한다.
③ 가치관을 전환시켜야 한다.
④ 균형 있는 생활을 해야 한다.

해설
① 목표지향적 초고속심리(초고속사고)에서 과정중심적 사고방식으로 전환해야 한다.

정답 14 ③ 15 ①

CHAPTER 03 최근 기출문제 파악하기 **1차 필기**

제1과목 직업심리

01 직무 스트레스에 관한 설명으로 틀린 것은? [2022년 1회 기출]

① 직장 내 소음, 온도와 같은 물리적 요인이 직무 스트레스를 유발할 수 있다.
② 직무 스트레스를 일으키는 심리사회적 요인으로 역할갈등, 역할과부하, 역할모호성 등이 있다.
③ 사회적 지지가 제공되면 우울이나 불안 같은 직무 스트레스 반응이 감소한다.
④ 직무 스트레스는 직무만족과 부정적 관계에 있으며, 모든 스트레스는 항상 직무수행 성과를 떨어뜨린다.

해설

④ 스트레스가 반드시 부정적인 효과만 나타내는 것은 아니다. 적정 수준의 스트레스(Eustress)는 도전 욕구 자극, 자기 향상 증진, 스트레스 내성 등 긍정적인 효과를 가지기도 한다.

02 직무 스트레스에 관한 설명으로 옳은 것은? [2021년 3회 기출]

① 17-OHCS라는 당류부신피질 호르몬은 스트레스의 생리적 지표로서 매우 중요하게 사용된다.
② B형 행동유형이 A형 행동유형보다 높은 스트레스 수준을 유지한다.
③ Yerkes와 Dodson의 U자형 가설은 스트레스 수준이 낮으면 작업능률이 높아진다는 가설이다.
④ 일반적응증후군(GAS)은 저항단계, 경계단계, 소진단계 순으로 진행되면서 사람에게 나쁜 결과를 가져다준다.

해설

② A형 행동유형이 B형 행동유형보다 높은 스트레스 수준을 유지한다.
③ 여크스-도슨(Yerkes-Dodson)의 역U자형 가설은 스트레스 수준이 낮은 경우 작업능률이 떨어지며, 반대로 스트레스 수준이 높은 경우에도 저조한 수행실적을 보인다는 것이다.
④ 일반적응증후군(GAS)의 3단계는 '경고단계(경고반응단계) → 저항단계(저항반응단계) → 소진단계(탈진단계)' 순으로 전개된다.

정답 01 ④ 02 ①

03 스트레스의 원인 중 역할갈등과 가장 관련이 높은 것은? [2022년 1회 기출]

① 직무 관련 스트레스원
② 개인 관련 스트레스원
③ 조직 관련 스트레스원
④ 물리적 환경 관련 스트레스원

> **해설**
>
> 스트레스의 원인(스트레스원)
> - 직무 관련 스트레스원 : 과제특성, 역할갈등, 역할모호성, 역할과다 또는 역할과소 등
> - 개인 관련 스트레스원 : A형 성격유형(A 유형 행동), 통제 위치(통제 소재), 능력 및 경험, 욕구 및 가치, 인구통계적 변인 등
> - 물리적 환경 관련 스트레스원 : 조명, 소음, 온도, 진동, 공기오염, 사무실 설계, 사회적 밀도 등

04 스트레스에 관한 설명으로 옳은 것은? [2022년 2회 기출]

① 스트레스에 대한 일반적응증후는 경계, 저항, 탈진 단계로 진행된다.
② 1년간 생활변동단위(Life Change Unit)의 합이 90인 사람은 대단히 심한 스트레스를 겪는 사람이다.
③ A유형의 사람은 B유형의 사람보다 스트레스에 더 인내력이 있다.
④ 사회적 지지가 스트레스의 대처와 극복에 미치는 영향력은 거의 없다.

> **해설**
>
> ② 1년간 생활변동단위(LCU)의 합이 0~150 미만인 사람은 생활위기와 관련된 질병의 발생 가능성이 거의 없는 반면, 150~199인 사람은 '경도의 생활위기(Mild Life Crisis)', 200~299인 사람은 '중등도의 생활위기(Moderate Crisis)', 300 이상인 사람은 '중증도의 생활위기(Major Crisis)'로 인해 질병의 발생 가능성이 있음을 나타낸다.
> ③ A유형의 사람이 B유형의 사람보다 높은 스트레스 수준을 유지하는데, 이는 A유형의 사람이 평소 공격적·적대적이고 인내력이 부족한 데 기인한다.
> ④ 사회적 지지(사회적 지원)는 직무수행자의 직무 스트레스를 완화할 수 있도록 해 주는 조직 내적 혹은 조직 외적 요인에 해당한다.

CHAPTER 03 최근 기출문제 파악하기 2차 실무

제1과목 직업심리

01 직무 관련 스트레스 요인을 3가지 쓰고, 각각에 대해 설명하시오. (6점)   [2015년 3회 기출]

> **이렇게 외우세요!**
> ① 과제특성(복잡한 과제)
>   복잡한 과제는 정보과부하를 일으켜 스트레스를 높인다.
> ② 역할갈등
>   공식적이고 구조적인 조직에서는 주로 구조적 변수가 역할갈등을 일으켜 스트레스원이 된다.
> ③ 역할모호성
>   개인의 책임한계나 직무의 목표가 명료하지 않을 때 스트레스가 높아진다.

02 직무 스트레스의 조절변인 3가지를 쓰고, 각각에 대해 설명하시오. (6점)   [2018년 2회, 2013년 1회 기출]

> **이렇게 외우세요!**
> ① A/B 성격유형
>   직무수행에 있어서 경쟁, 성취, 신속, 완벽을 추구하는 A형 성격유형이 느긋함과 차분함을 추구하는 B형 성격유형에 비해 스트레스에 취약하다.
> ② 통제 위치(통제 소재)
>   직무실패의 원인을 외부에 귀인하는 외적 통제자가 그 원인을 내부에 귀인하는 내적 통제자보다 스트레스에 취약하다.
> ③ 사회적 지원(사회적 지지)
>   정서적·수단적인 사회적 지원을 받는 사람은 그렇지 못한 사람에 비해 스트레스를 덜 느낀다.

03 직무 스트레스로 인한 직장에서의 행동적 결과를 5가지 쓰시오. (5점)   [2021년 1회, 2016년 3회 기출]

> **이렇게 외우세요!**
> ① 신경질적 · 공격적 행동이 증가한다.
> ② 인내심, 집중력이 감소한다.
> ③ 대인관계상의 문제를 보인다.
> ④ 의사결정 및 정보처리 수행 과정에서 저하된 양상을 보인다.
> ⑤ 결근이나 지각이 잦다.

04 실업과 관련된 야호다(Jahoda)의 박탈이론에 따르면, 일반적으로 고용상태에 있게 되면 실직상태에 있는 것보다 여러 가지 잠재적 효과가 있다고 한다. 고용으로 인한 잠재효과 5가지를 쓰시오. (5점)
    [2023년 2회, 2017년 2회, 2012년 2회, 2005년 3회, 2001년 1회 기출]

> **이렇게 외우세요!**
> ① 시간의 구조화
> ② 사회적인 접촉
> ③ 공동의 목표
> ④ 사회적 정체감과 지위
> ⑤ 활동성

CHAPTER 04

제1과목 직업심리

직업상담 초기면담

중요키워드 10
※ 중요도 높은 것에서 낮은 것 순으로

① 생애진로사정(LCA)의 구조
② 상담 구조화의 의의
③ 직업상담사 윤리강령 중 전문적 태도
④ MBTI의 성격차원
⑤ 라포(Rapport) 형성
⑥ 상담 과정에서 도움이 되지 않는 주요 행동
⑦ 정보지향적 면담
⑧ 상호역할관계 사정법
⑨ 자기보고식 가치사정법
⑩ 인지적 명확성에 대한 사정

제1과목

 **쌤의 학습지도**

1. 상담 영역에서 심리 영역으로 이동했네요.

출제기준 변경 전 '1과목 직업상담학'의 '직업상담의 기법' 장에 포함되어 있었는데요, 출제기준 변경에 따라 별도의 장으로 지위가 상승했어요.

2. 초기면담의 주요 요소를 기억해 두세요.

신뢰관계 형성, 감정이입, 언어적 · 비언어적 행동, 상담자 노출하기, 즉시성, 유머, 직면, 계약, 리허설 등이 포함되죠.

3. 초기면담에서는 상담자의 행동이 상담 과정에 영향을 미치죠.

직접적인 말로 하는 언어적 행동 외에도 표정, 몸짓, 태도 등으로써 나타내는 비언어적 행동도 무척 중요해요.

4. 생애진로사정(LCA) 전반에 대해 학습해야 해요.

생애진로사정의 특징과 이를 통해 알 수 있는 정보를 기억해 두시고요, 진로사정, 전형적인 하루, 강점과 장애, 요약 등 그 구조를 반드시 암기해 두세요.

5. 내담자 이해와 해석을 위한 상담기법이 제법 많아요.

내담자와 관련된 정보를 수집하고 내담자의 행동을 이해하고 해석하는 데 기본이 되는 상담기법은 2차 실무시험의 단골 문제이기도 해요.

6. 내담자 사정을 위한 기법의 명칭이 좀 까다로워요.

상호역할관계 사정법, 자기보고식 가치사정법, Super의 흥미사정기법 등 다양한 기법들이 문제로 출제되는데, 그 명칭을 혼동해서는 안 돼요.

7. 상담의 구조화와 라포 형성은 초기상담의 핵이에요.

초기면담에서 반드시 이루어져야 할 절차로, 그 궁극적인 의의 혹은 이유에 대해 이해해야 해요.

8. 직업상담 윤리도 잊지 마세요.

출제기준 변경에 따라 제외된 영역이지만, 과거 워낙 중요하게 다루어졌고 시험 특성상 재출제 가능성도 있으니 핵심내용 중심으로 간략히 정리해 두세요.

CHAPTER 04 직업상담 초기면담

제1과목 직업심리

01절 초기면담의 이해

1 초기면담의 유형 및 요소

(1) 초기면담의 유형

① 내담자 대 상담자의 솔선수범 면담

내담자에 의해 시작된 면담과 상담자에 의해 시작된 면담으로 구분된다.

② 정보지향적 면담 〔필기 출제〕 19, 18, 16, 13, 06년 기출

정보수집을 위해 탐색해 보기(탐색하기), 폐쇄형 질문, 개방형 질문 등을 사용한다.

③ 관계지향적 면담 〔필기 출제〕 11년 기출

재진술과 감정의 반향 등을 주로 사용한다.

> **쌤의 비법노트**
> 초기면담의 유형 중 정보지향적 면담은 상담의 틀이 상담자에게 초점을 맞추어져 진행됩니다.

(2) 초기면담의 주요 요소 〔필기 출제〕 13년 기출

① 신뢰관계(Rapport) 형성 〔필기 출제〕 11년 기출

내담자의 긴장을 풀어주고 상담 과정에서의 비밀유지에 대해 설명해 줌으로써, 불안을 감소하고 친밀감을 형성시킨다.

② 감정이입(Empathy) 〔필기 출제〕 19, 12년 기출

상담자가 길을 전혀 잃어버리지 않고 마치 자신이 내담자 세계에서의 경험을 갖는 듯한 능력을 의미한다. 이러한 감정이입에는 '지각'과 '의사소통'의 기법이 있다.

③ 언어적 · 비언어적 행동 〔필기 출제〕 16, 15, 14, 12년 기출

초기면담 시 다음과 같은 행동은 내담자에게 좋은 영향을 줄 수 있다.

언어적 행동	• 이해 가능한 언어 사용 • 적절한 호칭의 사용 • 긴장을 줄이기 위한 유머 사용 • 개방적 질문의 사용 등
비언어적 행동	• 기분 좋은 눈의 접촉 유지 • 가끔 미소를 지으며 고개를 끄덕임 • 내담자에게 신체적으로 가깝게 기울이며 근접함 • 내담자와 유사한 언어의 톤 사용 등

> **이렇게 출제된다! 2차 주관식**
> 초기면담 시 상담자가 내담자에게 좋은 영향을 줄 수 있는 언어적 행동과 비언어적 행동을 각각 3가지 쓰시오.

④ 상담자 노출하기 〔필기 출제〕 06년 기출

자신의 사적인 정보를 드러내는 것으로, 내담자 측면에서는 성공적인 상담을 위해 유용한 반면, 상담자 측면에서는 꼭 필요한 것이 아니다.

⑤ 즉시성(Immediacy) 필기 출제 20, 14, 06, 05년 기출

상담자가 자신의 바람은 물론 내담자의 느낌, 인상, 기대 등에 대해 이를 깨닫고 대화를 나누는 것으로, 특히 다음과 같은 경우 유용하게 사용할 수 있다.

- 방향감이 없는 경우
- 긴장감이 감돌고 있는 경우
- 신뢰성에 의문이 제기되는 경우
- 상담자와 내담자 간에 사회적 거리감이 있는 경우
- 내담자의 의존성이 있는 경우
- 역의존성이 있는 경우
- 상담자와 내담자 간에 친화력이 있는 경우

⑥ 유머(Humor)

유머를 통해 상담 과정에서의 긴장감을 없애고 내담자의 저항이나 심리적 고통을 경감하며, 내담자에게 상황을 분명하게 지각하도록 할 수 있다.

⑦ 직면(Confrontation) 필기 출제 17, 08, 05년 기출

내담자로 하여금 행동의 특정 측면을 검토해 보고 수정하게 하며 통제하도록 도전하게 하는 것이다.

⑧ 계약(Contracting)

목표 달성에 포함된 과정과 최종결과에 초점을 두는 것으로, 특히 상담자는 계약의 초점이 변화에 있음을 강조해야 한다.

⑨ 리허설(Rehearsal) 필기 출제 16, 11, 09, 04년 기출

내담자에게 선정된 행동을 연습하거나 실천하도록 함으로써 내담자가 계약을 실행하는 기회를 최대화하도록 돕는 것이다.

2 초기면담의 수행

(1) 초기면담의 일반적인 단계(7가지 지침)

면담 준비 → 내담자와의 만남 및 관계형성 → 구조화 → 비밀 유지의 한계 설정 → 평가사항 및 평가방법 인식하기 → 상담 시 주의사항 논하기 → 초기면담 종결하기

(2) 초기면담 수행 시 유의사항

① 면담시작 전에 가능한 모든 사례자료들을 검토한다.
② 내담자의 자세와 태도에 주목하고, 불안이나 걱정 등 심리적 상태를 살핀다.
③ 내담자의 초기목표를 명확히 한다.
④ 내담자의 직업상담에 대한 기대를 결정한다.
⑤ 내담자가 상담자의 기대를 얼마나 잘 수용하는지를 관찰한다.
⑥ 비밀유지에 대해 설명한다.
⑦ 면담 내용을 요약한다.

이렇게 출제된다! 1차 기출 OX

Q 직업상담을 위한 초기면담에서 내담자가 독립성이 있는 경우 즉시성을 사용하기에 적합하다?

A (×) 내담자가 의존성이 있는 경우 즉시성을 사용하기에 적합하다.

쌤의 비법노트

리허설은 내담자가 하고자 하는 것을 말로 표현하거나 행위로 보이는 명시적인 것(→ 명시적 리허설), 원하는 것을 상상하거나 숙고해 보는 암시적인 것(→ 암시적 리허설)의 두 가지 종류로 구분됩니다.

이렇게 출제된다! 2차 주관식

내담자와의 초기면담 수행 시 상담자가 유의해야 할 사항을 4가지 쓰시오.

⑧ 반드시 짚고 넘어가야 할 상담 시 필수질문들을 확인한다.
⑨ 과제물을 부여한다(예 자신의 흥미에 대해 생각해 보기).
⑩ 적절한 때에 상담관리자나 다른 직업상담사에게 피드백을 받는다.

(3) 상담에 대한 내담자의 기대와 불안 수준의 확인

① 내담자의 기대 수준이 과도하게 높은 경우

　상담을 신청한 경위를 확인하여 내담자의 요구를 분석하며, 상담 과정에서 다루게 될 문제의 범위를 내담자와 함께 조정한다.

② 내담자의 불안 수준이 과도하게 높은 경우

　내담자의 불안을 낮추고 동기를 높여 상담에 참여할 수 있도록 상담의 목적, 과정, 내용 등을 구체적으로 설명한다.

> **더 알아보기**
>
> **상담 과정에서 도움이 되지 않는 주요 행동** 필기 출제 22, 16, 15, 12, 08, 03년 기출
>
> | 언어적 행동 | 비언어적 행동 |
> |---|---|
> | • 충고하기
• 타이르기
• 달래기
• 비난하기
• 광범위한 시도와 질문하기
• 지시적 · 요구적 행동하기
• 생색내는 태도 보이기
• 과도한 해석 또는 분석하기
• 내담자가 이해하지 못하는 단어 사용하기
• 자신에 대해 너무 많이 이야기하기 등 | • 내담자를 멀리 쳐다보기
• 내담자로부터 떨어져 앉거나 돌아앉기
• 조소하기
• 얼굴을 찡그리기
• 언짢은 표정 짓기
• 입을 꽉 물기
• 손가락질하기
• 몸짓을 흩트리기
• 하품하거나 눈을 감기
• 너무 빠르게 혹은 너무 느리게 이야기하기
• 단호한 결단력 등 |

이렇게 출제된다! 1차 기출 OX

Q 분석하고 충고하는 태도는 상담을 효과적으로 진행하는 데 장애가 되는 면담 태도이다?

A (○)

02절 호소논점 파악

1 생애진로주제(Life Career Themes)

(1) 생애진로주제의 의의 필기 출제 22, 14년 기출

① 생애진로주제는 사람들이 자신의 생각, 가치, 태도, 자신의 신념(→ '나'에 대한 진술), 다른 사람에 대한 신념(→ '타인'에 대한 진술), 세상에 대한 신념(→ '생애'에 대한 진술) 등을 표현하기 위해 사용하는 개념이다.

② 직업상담에서 내담자의 생애진로주제를 확인하는 주된 이유는 내담자의 사고과정을 이해하고 행동을 통찰하도록 도와주기 때문이다.

③ 생애진로주제의 확인 및 분석을 위해서는 생애역할이 고려되어야 한다.

(2) 생애진로주제의 확인

① 내담자의 생애진로주제를 확인하는 데 도움이 되는 자료 필기 출제 14, 12, 08년 기출

작업자	• 자료–관념–사람–사물(Prediger) • 직업적 성격 및 작업환경(Holland) • 기술 확인(Bolles)
학습자	• 학습자 형태(Kolb) • 학습 형태(Canfield)
개 인	• 생애 형태(Adler) • 대뇌반구상의 기능

② 콜브(Kolb)의 학습형태검사(LSI) 필기 출제 20, 13년 기출

콜브는 학습이 어떻게 지각되고 어떤 과정을 통해 전개되는가에 기초하여 학습형태를 설명하는 학습모형을 개발하였으며, 학습형태를 측정하는 도구로 학습형태검사(Learning Style Inventory)를 고안하여 다음의 4가지 학습유형을 제시하였다.

집중형 (Converger)	• 추상적 개념화(AC ; Abstract Conceptualization)와 활동적 실험(AE ; Active Experimentation)에 유용한 사고형이다. • 정확한 추론과 함께 생각을 실제에 적용하는 데 강점이 있다. • 비교적 비정서적이며, 사람보다 사물을 다루는 것을 좋아한다.
확산형 (Diverger)	• 확고한 경험(CE ; Concrete Experience)과 사려 깊은 관찰(RO ; Reflective Observation)에 유용한 사고형이다. • 상상력과 함께 의미 있는 통찰에 의한 다양한 관계의 구조화에 강점이 있다. • 사람에 대한 관심이 많고, 상상적이고 정서적인 경향이 있다.
동화형 (Assimilator)	• 추상적 개념화(AC)와 사려 깊은 관찰(RO)에 유용한 사고형이다. • 관찰을 통해 귀납적 이론을 이끌어내는 데 강점이 있다. • 사람에 대한 관심은 적은 반면, 추상적 개념에 많은 관심을 둔다.
적응형 (Adaptor)	• 확고한 경험(CE)과 활동적 실험(AE)에 유용한 사고형이다. • 새로운 경험을 통해 실험과 계획을 이끌어내는 데 강점이 있다. • 다른 세 가지 학습형의 사람들보다 위험성을 소유한 자를 좋아한다.

Comment

콜브(Kolb)의 학습형태검사(LSI)에 의한 4가지 학습유형은 다음의 도표를 이용하여 간단히 기억해 두시기 바랍니다.

	확고한 경험(CE)		
활동적 실험 (AE)	적응형(Adaptor)	확산형(Diverger)	사려 깊은 관찰 (RO)
	집중형(Converger)	동화형(Assimilator)	
	추상적 개념화(AC)		

쌤의 비법노트

작업자 역할, 학습자 역할, 개인 역할은 아들러(Adler)가 생애진로주제를 이해하기 위해 활용한 3가지 차원에 해당합니다. 특히 아들러는 개인 역할을 강조하였는데, 개인은 일, 사회, 성(性) 등 3개의 주요 생애과제에 반응하며, 한 가정에서 태어난 두 아이라도 결코 동일한 상황에서 자라는 아이로 볼 수 없다고 강조하였습니다.

이렇게 출제된다! 1차 기출 OX

Q Kolb의 학습형태검사(LSI)에서 추상적 개념화와 활동적 실험에 유용한 사고형은 '집중형'이다?

A (○)

2 생애진로사정(LCA ; Life Career Assessment)

(1) 생애진로사정의 의의 [필기 출제] 20, 16, 15, 13, 12, 11, 10, 09, 07, 04년 기출

① 생애진로사정은 상담자가 내담자와 처음 만났을 때 이용할 수 있는 구조화된 면접기법으로서, 내담자에 대한 가장 기초적인 직업상담 정보를 얻는 질적인 평가절차이다.
② 주로 초기단계 면접법으로 사용되며, 특히 검사실시나 검사해석의 예비적 단계에서 유용한 것으로 알려져 있다.
③ 아들러(Adler)의 개인심리학(개인차 심리학)에 기초를 둔 것으로, 내담자와 환경과의 관계를 이해할 수 있는 정보를 제공한다.
④ 생애진로사정을 통해 내담자의 직업경험과 교육수준을 나타내는 객관적인 사실, 내담자의 기술과 유능성에 대한 자기평가 및 상담자의 평가 정보, 내담자의 가치관 및 자기인식 정도 등을 알 수 있다.

(2) 생애진로사정의 특징 [필기 출제] 21, 16, 13, 12, 08, 06년 기출

① 생애진로사정에서는 작업자, 학습자, 개인의 역할 등을 포함한 다양한 생애역할에 대한 정보를 탐색해 간다.
② 생애진로사정은 진로사정, 전형적인 하루, 강점과 장애, 요약으로 이루어진다.
③ 비판단적이고 비위협적인 대화 분위기로써 내담자와 긍정적인 관계를 형성하는 데 도움이 된다.
④ 내담자의 진로계획을 향상시키며, 내담자의 문제 해결 및 장애 극복을 위한 목표달성 계획을 수립하도록 한다.
⑤ 생애진로사정에서는 내담자가 학교에서나 훈련기관에서의 평가 과정을 통해 부정적인 선입견을 가지고 있을 가능성이 있는 인쇄물이나 소책자, 지필도구 등의 표준화된 진로사정 도구는 가급적 사용을 삼간다.

(3) 생애진로사정의 구조 [필기 출제] 22, 21, 19, 18, 17, 16, 13, 12, 11, 09, 07, 06, 04년 기출

① 진로사정

내담자의 직업경험(시간제 · 전임, 유 · 무보수), 교육 또는 훈련과정과 관련된 문제들, 여가활동에 대해 사정한다.

직업경험 (일의 경험)	• 이전 직업 • 가장 좋았던 점 • 가장 싫었던 점 • 다른 직업에서의 경험
교육 또는 훈련과정과 관련된 문제들 (훈련과정과 관심사)	• 지금까지 받았던 교육 및 훈련에 대한 전반적인 평가 • 가장 좋았던 점 • 가장 싫었던 점 • 지식, 기술, 기능의 수준이나 형태를 위한 교육 또는 훈련
여가활동 (오락)	• 여가시간의 활용 • 사회활동 • 사랑과 우정관계

② **전형적인 하루** 필기 출제 21, 18, 17, 14, 13, 11년 기출

내담자가 생활을 어떻게 조직하는지를 시간의 흐름에 따라 체계적으로 기술하는 것으로, 내담자가 의존적인지 또는 독립적인지, 자발적(임의적)인지 또는 체계적인지 자신의 성격 차원을 파악하도록 돕는다.

의존적–독립적 차원	• 다른 사람에 대한 의존 정도 • 다른 사람이 결정해 주기를 원함
자발적–체계적 차원	• 안정적이고 판에 박힌 일 • 끈기 있고 주의 깊음

③ **강점과 장애**

현재 내담자가 직면하고 있는 문제나 환경적 장애를 탐구하며, 이를 극복하기 위해 가지고 있는 대처자원이나 잠재력을 탐구한다.

주요 강점	• 내담자가 가지고 있는 자원 • 내담자에게 요구되는 자원
주요 장애	• 강점과 관련된 장애 • 주제와 관련된 장애

④ **요 약**

내담자 스스로 자신에 대해 알게 된 내용을 요약해 보도록 함으로써 자기인식을 증진시키며, 문제 해결 및 장애 극복을 위해 목표달성계획을 세울 수 있도록 한다.

요약의 내용	• 생애주제에 동의하기 • 내담자 자신의 용어를 사용하기 • 목표설정 또는 문제해결과 연결시키기

3 내담자의 정보 및 행동에 대한 이해와 해석

(1) 가정 사용하기 필기 출제 22, 20, 17년 기출

상담자가 내담자에게 어떠한 특정 행동이 이미 존재했다고 가정하여 질문을 하는 것이다.

예
- 당신은 계획을 가지고 있나요? → 당신의 계획은 어떤 것이죠? (이미 계획을 가진 상태임을 가정함)
- 직업이 마음에 드십니까? → 당신의 직업에서 마음에 드는 것은 어떤 것입니까?
- 직업상담을 해야겠다고 결정했나요? → 직업상담을 해야겠다고 결정을 내린 과정을 말씀해 주시겠어요?

(2) 의미 있는 질문 및 지시 사용하기 필기 출제 12년 기출

가정법을 지지하는 의미 있는 질문과 지시를 사용하는 것으로, 언제든지 반응하도록 범위를 열어 놓는 것이다. 공손한 명령 형태의 질문, 대답을 원하지 않으면서 내담자의 주의를 요하는 질문 등을 통해 내담자로 하여금 보다 편안하게 대답할 수 있도록 한다.

이렇게 출제된다! **2차 주관식**

내담자와 관련된 정보를 수집하고 내담자의 행동을 이해하고 해석하는 데 기본이 되는 상담기법을 6가지 쓰시오.

공손한 명령	당신이 특별히 좋아하는 것이 있다면 말씀해 주시겠어요?
주의를 요하는 질문	이게 맞는 건지 모르겠네요. 이 직업이 쉬운 건지 어려운 건지 잘 모르겠어요. 당신이 이 직업에서 자신의 능력을 발휘할 수 있을지 모르겠네요.

(3) 전이된 오류 정정하기 필기 출제 20, 15, 12년 기출

① 정보의 오류 필기 출제 17, 15, 14년 기출

내담자가 직업세계에 대해 충분한 정보를 알고 있다고 잘못 생각하는 경우에는 보충질문을 하거나 되물음으로써 잘못을 정확히 인식시켜 주어야 한다.

㉠ 이야기 삭제 : 내담자의 경험을 이야기함에 있어서 중요한 부분이 빠졌을 때

> 예
> - 내 생각이 옳아요. → 무엇에 대한 생각 말인가요?
> - 나는 맞지 않아요. → 어디에 맞지 않는다는 거죠?
> - 내 상사가 그러는데 나는 책임감이 없대요. → 무엇에 대한 책임감을 말하는 거죠?

㉡ 불확실한 인물의 인용(사용) : 내담자가 명사나 대명사를 잘못 사용했을 때

> 예
> - 그들은 나를 잘 몰라요. → 누가 당신을 이해하지 못한다는 말씀인가요?
> - 사람들은 나를 의기소침하게 만들지요. → 누가 특히 더 그렇지요?

㉢ 불분명한 동사의 사용 : 내담자가 모호한 동사를 사용했을 때

> 예
> - 내 상관은 나를 무시하려 들어요. → 당신의 상관이 특히 어떤 점에서 당신을 무시한다는 생각이 드나요?
> - 내가 믿고 있는 것과 정반대지요. → 어떻게 된 일인지 설명해 보세요.

㉣ 참고자료(구체적 진술자료)의 불충분 : 내담자가 어떤 사람이나 장소, 사건을 이야기할 때 구체적으로 말하지 않는 경우

> 예 나는 확신할 수가 없어요. → 무엇을 확신할 수 없다는 거죠?

㉤ 제한된 어투의 사용 : 내담자가 한계를 표현하는 말을 사용하면서 자기 자신의 세계를 제한하려고 하는 경우

> 예
> - 나는 안 돼요. → 만약 한다면 어떻게 되는 건가요?
> - 나는 이렇게 해야만 해요. → 만약 하지 않는다면 어떻게 되는 건가요?

② 한계의 오류 필기 출제 22, 18, 17, 11년 기출

제한된 기회 및 선택에 대한 견해를 갖고 있는 내담자들이 스스로 자신의 견해를 제한하기 위해 다음과 같은 방법들을 사용한다.

㉠ 예외를 인정하지 않는 것 : 내담자가 예외가 없다는 뜻을 내포한 '항상, 절대로, 모두, 아무도'와 같은 말을 자주 사용하는 경우

> 예 사장님은 항상 제 말을 귀담아듣지 않아요. → 항상 그러하다는 말입니까?

이렇게 출제된다! 1차 기출 OX

Q 내담자와 관련된 정보를 수집하여 내담자의 행동을 이해하고 해석하는 데 기본이 되는 상담기법으로 '한정된 오류 정정하기'가 있다?

A (×) '전이된 오류 정정하기'가 있다.

쌤의 비법노트

직업상담 시 한계의 오류를 가진 내담자들이 자신의 견해를 제한하는 방법으로 '왜곡되게 판단하는 것', '공정한 세상을 인정하지 않는 것' 등은 포함되지 않습니다.

ⓒ **불가능을 가정하는 것** : 내담자가 자신의 능력에 한계를 지우는 '할 수 없다, 안 된다, 해서는 안 된다'는 말을 사용하는 경우

> 예 나는 사장님께 말을 할 수 없어요. → 당신이 사장님과 대화하는 방법을 찾지 못한 것이겠죠.

ⓒ **어쩔 수 없음을 가정하는 것** : 내담자가 '~해야만 한다, 필요하다, 된다, 선택의 여지가 없다' 등의 용어를 사용하는 경우

> 예 나는 우리 사장님의 의견과 완전히 반대기 때문에 사표를 내는 것 말고는 다른 방법이 없어요. → 당신은 아무런 선택도 하지 않는다는 것을 이미 선택했어요. 당신은 사장님과 이런 상황을 해결하고 일을 할 수 있어요.

③ 논리적 오류

내담자가 논리적으로 맞지 않는 진술을 함으로써 의사소통까지 방해하는 경우로 <u>잘못된 인간관계 오류, 마음의 해석, 제한된 일반화</u> 등이 있다.

ⓒ **잘못된 인간관계의 오류** : 내담자가 자신의 선택이나 통제에 전혀 개입을 하지 못하므로 책임도 없다는 식으로 생각하는 경우

> 예 결국 사장님 때문에 일이 이렇게 되었어요. 저로서는 어떻게 해 볼 수 없어요. → 사장님이 어떤 식으로 당신의 기분을 상하게 했나요?

ⓒ **마음의 해석** : 다른 사람과 직접 의사소통을 해 보지 않고서 그 사람의 마음을 읽을 수 있다고 자신하는 사람의 경우

> 예 나의 상사는 나와 함께 일하는 데 불편을 느끼죠. → 그 사실을 어떻게 잘 알죠?

ⓒ **제한된 일반화** : 한 사람의 견해가 모든 사람에게 공유된다는 개인적인 생각에서 비롯되는 경우

> 예 그 느낌에 대해서 이야기하는 것은 아주 좋은 생각입니다 → 누구에게 좋은 생각이란 말입니까?

이렇게 출제된다! 2차 주관식
내담자의 정보 및 행동에 대한 이해와 관련하여 전이된 오류의 유형 3가지를 쓰고, 각각에 대해 간략히 설명하시오.

(4) 분류 및 재구성하기 필기 출제 15, 12년 기출

① 내담자의 표현을 분류하고 재구성함으로써 <u>내담자에게 자신의 세계를 다른 각도에서 볼 수 있도록 기회를 제공한다.</u>
② 내담자가 수행불안(예 구직면접시험 불안)이나 예기불안(예 불안에 대한 불안)이 있는 행동을 할 때에 도움을 주기 위해 <u>역설적 의도(Paradoxical Intention)</u> 기법을 사용한다.

이렇게 출제된다! 1차 기출 OX

Q 역설적 의도의 원칙에 '재구성 계획하기'가 포함된다?

A (×) '재구성 계획하기'는 포함되어 있지 않다.

> **더 알아보기**
>
> 역설적 의도의 원칙에 포함되는 사항 필기 출제 16, 12년 기출
> - 이해하는 것 잊기
> - 저항하기
> - 변화전략 세우기
> - 증상 기록하기
> - 내담자 언어 재구성하기
> - 재발 예견하기
> - 증상-해결 주기(週期) 결정하기
> - 목표행동 정하기
> - 시간 제한하기
> - 변화 피하기
> - 지시이행의 동의 구하기
> - 계몽하기 또는 관계 끊기

(5) 저항감 재인식하기 및 다루기 필기 출제 22, 17, 13년 기출

① 상담에 대해 동기화되지 않거나 저항감을 나타내는 경우, 방어기제를 사용하거나 의도적으로 의사소통을 방해하는 경우 내담자를 이해하는 기법이다.

② 내담자는 고의로 의사소통을 방해하기 위해 이른바 '불신의 전술'을 펴기도 하는데, 내담자의 이와 같은 저항감을 다루기 위해 변형된 오류 수정하기, 내담자와 친숙해지기, 은유 사용하기, 대결하기 등의 기법을 사용한다.

> **예 불신의 전술**
> 상담자 : 다른 회사들이 써 본 결과 많은 효과가 입증된 그런 투쟁 해결방법을 써보도록 하지요.
> 내담자 : 매우 흥미로운 일이군요. 그러나 그 방법은 K 주식회사에서는 효과가 있었는지 몰라도 우리 회사에서는 안 될 것입니다.

쌤의 비법노트

'불신의 전술'은 변화의 과정이 너무 빠르거나 너무 멀리 나아가는 것에 대한 저항감의 표현이기도 합니다. 이때 내담자는 책임이 없는 위치에서 '험담'의 언어로 주어진 조건을 공격 또는 부인합니다.

(6) 근거 없는 믿음(신념) 확인하기 필기 출제 07년 기출

① 잘못된 믿음을 가진 사람들에게는 그들의 믿음과 노력이 근거 없는 잘못된 것임을 알게 함으로써 새로운 대안을 찾도록 한다.

② 거절에 대하여 두려워할 필요가 없고, 모든 사람이 원하는 직업을 다 갖는 것이 아니며, 거절당한다는 것은 단지 특별한 직업을 갖지 못한다는 것임을 깨닫도록 한다.

(7) 왜곡된 사고 확인하기

① '왜곡된 사고'란 결론 도출, 재능에 대한 지각, 지적 및 정보의 부적절, 부분적인 일반화 그리고 관념 등에서 정보의 한 부분만을 보는 경우를 말한다.

② 멕케이(Mckay) 등은 여과하기, 정당화하기, 극단적인 생각. 과도한 일반화, 인격화, 인과응보의 오류, 마음 읽기 등에 의해 사고가 왜곡된다고 보았다.

쌤의 비법노트

왜곡된 사고의 대표적인 예로 '여과하기'는 상황의 긍정적인 면은 모두 여과시킨 채 부정적인 면만을 확대하는 것입니다.

(8) 반성의 장 마련하기

① 내담자 자신, 타인 그리고 내담자가 살고 있는 세계 등에 대한 판단을 내리는 과정을 알 수 있도록 상황을 만들어 주는 것이다.

② 내담자의 독단적인 사고를 밝히는 것에서부터 시작하여 지식의 불확실성에 대한 인식, 일반화된 지식과의 비교 및 대조 등의 과정을 통해 전반적인 반성적 판단이 이루어지도록 한다.

(9) 변명에 초점 맞추기 〔필기〕〔출제〕 18년 기출

① 변명은 내담자가 자신의 행동에 대한 부정적인 인식을 감소시키는 동시에 긍정적인 인식을 지속화하려는 시도이다.
② 스나이더(Snyder) 등은 직업상담을 하면서 접할 수 있는 내담자의 변명을 '책임을 회피하기', '결과를 다르게 조직하기(재구성)', '책임을 변형시키기' 등으로 구분하였다.

책임을 회피하기	• 부 정 • 알리바이 • 비 난
결과를 다르게 조직하기	• 축 소 • 정당화 • 훼 손
책임을 변형시키기	• 그렇게 할 수밖에 없었어요. • 그걸 의미한 것은 아니었어요. • 이건 정말 제가 아니에요.

> **이렇게 출제된다! 1차 기출 OX**
> **Q** 변명의 종류 중 '비난'은 '축소', '정당화', '훼손' 등과 달리 책임을 회피하는 방식이다?
> **A** (○)

> **이렇게 출제된다! 2차 주관식**
> 내담자의 정보 및 행동에 대한 이해기법 중 '가정 사용하기', '왜곡된 사고 확인하기', '변명에 초점 맞추기'에 대해 간략히 설명하시오.

03절 내담자 사정

1 내담자 특성에 대한 사정

(1) 동기 · 역할사정하기

① 의 의 〔필기〕〔출제〕 19, 12, 10년 기출

동기(Motivation)와 역할(Role)을 사정하는 데에는 자기보고법(Self-report)이 가장 많이 사용된다. 자기보고법은 내담자로 하여금 스스로 자기를 탐색해 보도록 하는 것으로, 특히 인지적 명확성이 높은 내담자에게 매우 효과적이다.

② 내담자의 낮은 동기에 대처하는 방법 〔필기〕〔출제〕 16년 기출

㉠ 진로선택에 대한 중요성 증가시키기
㉡ 좋은 선택이나 전환을 할 수 있는 자기효능감 증가시키기
㉢ 기대한 결과를 이끌어 낼 수 있는지에 대한 확신 증가시키기
㉣ 직업상담의 결과를 최대화하기 위해 내담자가 충분한 노력을 기울였는지를 확인하는 기준 증가시키기

③ 내담자의 낮은 자기효능감을 증진시키기 위한 방법 〔필기〕〔출제〕 20년 기출

㉠ 내담자와 비슷한 인물이나 관련자료 보여주기
㉡ 내담자의 강점(장점)을 강조하며 격려하기
㉢ 긍정적인 단계를 강화하기
㉣ 계획/의사결정과제 완수 시 자기강화방법을 가르쳐 주기

> **쌤의 비법노트**
> 직업상담의 결과를 최대화하기 위해서는 내담자로 하여금 직업상담에서의 높은 수행기준의 필요성을 인식시키고, 높은 수준의 수행을 강화시키며, 수행기준을 증가시키는 목표설정에 가담하도록 할 필요가 있습니다.

④ 상호역할관계 사정의 방법 〔필기 출제〕 20, 19, 18, 17, 16년 기출
  ㉠ 질문을 통해 사정하기
  ㉡ 동그라미로 역할관계 그리기
  ㉢ 생애-계획연습으로 전환시키기

이렇게 출제된다! 2차 주관식
상호역할관계 사정의 주요 기법 3가지를 쓰시오.

(2) 가치사정하기

① 의 의 〔필기 출제〕 09년 기출
  가치(Value)는 동기의 원천이자 개인적 충족의 근거로서, 삶에서 무엇을 지향할 것인가에 관하여 가지고 있는 생각과 연관된다.

② 가치사정의 용도
  ㉠ 내담자의 자기인식(Self-awareness)을 발전시킨다.
  ㉡ 현재의 직업적 상황에 대한 불만족의 근거를 찾는다.
  ㉢ 역할 갈등의 근거를 찾는다.
  ㉣ 저수준의 동기 또는 성취의 근거를 찾는다.
  ㉤ 개인의 다른 측면, 즉 흥미나 성격 등에 대한 예비사정 용도로 활용한다.
  ㉥ 진로선택이나 직업전환의 기틀을 제시하기 위한 용도로 활용한다.

이렇게 출제된다! 2차 주관식
가치사정의 용도를 3가지 쓰시오.

③ 자기보고식 가치사정법 〔필기 출제〕 21, 16, 15, 11, 07년 기출
  ㉠ 체크목록 가치에 순위 매기기
  ㉡ 과거의 선택 회상하기
  ㉢ 절정경험 조사하기
  ㉣ 자유시간과 금전의 사용
  ㉤ 백일몽 말하기
  ㉥ 존경하는 사람 기술하기

이렇게 출제된다! 2차 주관식
'자기보고식 가치사정하기'에서 가치사정법 6가지를 쓰시오.

(3) 흥미사정하기

① 의 의
  흥미(Interest)는 개인의 관심이나 호기심을 자극하거나 일으키는 어떤 것으로, 개인이 하고 싶어 하는 것이나 즐기거나 좋아하는 것의 지표이다.

② 흥미사정의 목적 〔필기 출제〕 22, 17, 11년 기출
  ㉠ 자기인식 발전시키기
  ㉡ 직업대안 규명하기
  ㉢ 여가선호와 직업선호 구별하기
  ㉣ 직업·교육상 불만족 원인 규명하기
  ㉤ 직업탐색 조장하기

이렇게 출제된다! 2차 주관식
내담자의 흥미를 사정하는 목적을 5가지 쓰시오.

③ 수퍼(Super)가 제시한 흥미사정의 방법(기법) `필기 출제` 21, 19, 18, 14년 기출

표현된 흥미 (Expressed Interest)	어떤 활동이나 직업에 대해 좋고 싫음을 간단하게 말하도록 요청한다.
조작된 흥미 (Manifest Interest)	특정 활동에 대해 질문을 하거나 해당 활동에 참여하는 사람들이 어떻게 시간을 보내는지를 관찰한다.
조사된 흥미 (Inventoried Interest)	개인은 다양한 활동에 대해 좋고 싫음을 묻는 표준화된 검사를 완성한다.

쌤의 비법노트

수퍼(Super)는 흥미사정의 방법으로 '표현된 흥미', '조작된 흥미', '조사된 흥미' 외에 '검사된 흥미(Tested Interest)'도 제시한 바 있습니다.

더 알아보기

주요 흥미사정기법 `필기 출제` 20, 17년 기출

흥미평가기법	종이에 쓰인 알파벳에 따라 흥밋거리를 기입하도록 한 후 과거 그와 관련된 주제와 흥미를 떠올리도록 한다.
작업경험 분석	과거 작업경험을 분석하여 내담자의 가치, 기술, 생활방식 및 직업관련 선호도 등을 규명한다.
직업카드분류	일련의 직업카드를 제시하여 이를 선호군, 혐오군, 미결정 중성군으로 분류하도록 한다.

이렇게 출제된다! 2차 주관식

개인의 관심이나 호기심을 자극하거나 일으키는 어떤 것을 '흥미'라고 한다. 내담자의 흥미를 사정하려고 할 때 사용할 수 있는 사정기법 3가지를 쓰고, 각각에 대해 설명하시오.

(4) 성격사정하기

① 의의

성격(Personality)은 직업선택과 직업적응에서 핵심적인 설명변인에 해당한다. 성격사정을 위해 홀랜드(Holland) 모형을 이용한 접근법이나 마이어스-브릭스 성격유형검사(MBTI)와 같은 표준화된 도구 등이 사용된다.

② 성격사정의 목표

㉠ 자기인식의 증진
㉡ 선호하는 일·역할, 작업기능, 작업환경 등의 확인
㉢ 직업불만족 근원의 확인

③ 마이어스-브릭스 성격유형검사(MBTI ; Myers-Briggs Type Indicator)

`필기 출제` 18, 16, 15, 10, 09, 08, 04년 기출

융(Jung)의 분석심리학에 의한 심리유형론을 근거로 개발된 성격검사로, 성격의 네 가지 양극차원으로 수검자를 분류한다.

외향형(E) / 내향형(I)	에너지의 방향에 관한 것으로, 세상에 대한 일반적인 태도와 관계가 있다.
감각형(S) / 직관형(N)	인식기능에 관한 것으로, 지각적 또는 정보수집적 과정과 관계가 있다.
사고형(T) / 감정형(F)	판단기능에 관한 것으로, 정보를 평가하는 방식과 관계가 있다.
판단형(J) / 인식형 또는 지각형(P)	생활양식(이행양식)에 관한 것으로, 정보 박탈과 관계가 있다.

이렇게 출제된다! 2차 주관식

성격사정의 목표를 3가지 쓰시오.

이렇게 출제된다! 1차 기출 OX

Q MBTI는 개인주의 심리학의 기초를 다진 Adler의 성격유형론을 근거로 개발되었는가?

A (×) 융(Jung)의 분석심리학에 의한 심리유형론을 근거로 개발되었다.

2 내담자의 진로시간전망에 대한 사정

(1) 진로시간전망

① 의의

'진로시간전망'은 진로에 관한 과거, 현재, 미래의 정신적 상을 말한다. 상담자는 진로시간전망의 개입을 통해 미래에 대한 내담자의 관심을 증가시키고, 현재의 행동을 미래의 목표에 연결시키며, 내담자로 하여금 미래에 초점을 맞추어 자신의 미래를 설계할 수 있도록 한다.

② 진로시간전망 검사지의 사용목적(사용용도) 필기 출제 22, 19, 16, 14, 10년 기출

㉠ 미래의 방향을 이끌어내기 위해
㉡ 미래에 대한 희망을 심어주기 위해
㉢ 미래가 실제인 것처럼 느끼도록 하기 위해
㉣ 계획에 대해 긍정적 태도를 강화하기 위해
㉤ 목표설정을 촉구하기 위해
㉥ 현재의 행동을 미래의 결과와 연계시키기 위해
㉦ 계획기술을 연습하기 위해
㉧ 진로의식을 높이기 위해

> **이렇게 출제된다! 2차 주관식**
> 진로시간전망 검사지의 사용용도를 5가지 쓰시오.

(2) 코틀(Cottle)의 원형검사(The Circles Test)

① 의의 필기 출제 20, 18, 14, 09년 기출

㉠ 과거·현재·미래를 뜻하는 세 개의 원을 이용하여 어떤 시간차원이 개개인의 시간전망을 지배하는지, 그리고 개개인이 어떻게 시간차원과 연관이 되는지를 평가하기 위해 고안되었다.
㉡ 원형검사에서 원의 크기는 시간차원에 대한 상대적 친밀감을 의미하는 반면, 원의 배치는 시간차원이 각각 어떻게 연관되어 있는지를 나타낸다.
㉢ 원형검사에 기초한 진로시간전망 개입은 시간에 대한 심리적 경험의 세 가지 측면에 반응하는 세 가지 국면, 즉 방향성, 변별성, 통합성을 제시한다.

② 진로시간전망 개입의 3가지 측면(국면) 필기 출제 20, 19, 16, 09년 기출

방향성	• 시간차원의 전망으로 과거, 현재, 미래가 삶의 질에 대해 무엇인가 다른 측면에 기여한다는 원리를 기초로 한다. • 미래지향성을 증진시키기 위해 미래에 대한 낙관적인 입장을 구성하는 것을 목표로 한다.
변별성	• 시간차원 내 사건의 강도와 확장의 원리를 기초로 한다. • 미래를 현실처럼 느끼도록 하고 미래 계획에 대한 정적(긍정적) 태도를 강화시키며, 목표설정이 신속히 이루어지도록 하는 것을 목표로 한다.
통합성	• 시간차원의 관계성 원리를 기초로 한다. • 현재 행동과 미래의 결과를 연결시키며, 계획한 기법의 실습을 통해 진로인식을 증진시키는 것을 목표로 한다.

> **이렇게 출제된다! 2차 주관식**
> 진로시간전망검사 중 코틀(Cottle)의 원형검사에서 시간전망 개입의 3가지 측면을 쓰고, 각각에 대해 설명하시오.

③ 원의 상대적 배치에 따른 시간관계성 `필기` `출제` 17, 12년 기출
  ㉠ 어떤 것도 접해 있지 않은 원 → 시간차원의 고립
  ㉡ 중복되지 않고 경계선에 접해 있는 원 → 시간차원의 연결
  ㉢ 부분적으로 중첩된 원 → 시간차원의 연합
  ㉣ 완전히 중첩된 원 → 시간차원의 통합

3 내담자의 인지적 명확성에 대한 사정

(1) 인지적 명확성 `필기` `출제` 19, 18, 14, 10, 07년 기출

① 의의
  ㉠ '인지적 명확성'은 자기 자신의 강점과 약점을 객관적으로 평가하고, 그 평가를 환경적 상황에 연관시킬 수 있는 능력을 말한다.
  ㉡ 내담자에게 인지적 명확성이 없는 경우 개인상담 후 직업상담을 실시하며, 인지적 명확성이 있는 경우 바로 직업상담을 실시한다. 따라서 개인상담도 직업상담 과정에 포함시킨다.

② 인지적 명확성 문제의 원인에 따른 직업상담 과정 `필기` `출제` 22, 21, 18, 06년 기출
  ㉠ 정보결핍 → 직업상담 실시
  ㉡ 고정관념 → 직업상담 실시
  ㉢ 경미한 정신건강문제 → 다른 치료 후 직업상담 실시
  ㉣ 심각한 정신건강문제 → 다른 치료 후 직업상담 실시
  ㉤ 외적 요인 → 개인상담 후 직업상담 실시

③ 인지적 명확성을 사정하는 경우 주요 고려사항 `필기` `출제` 20, 16, 13, 12년 기출
  ㉠ 우울증과 같은 심리적 문제로 인지적 명확성이 부족한 경우 진로문제에 대한 결정은 당분간 보류하는 것이 좋다.
  ㉡ 직업상담에서는 내담자의 동기를 고려하여 상담이 이루어져야 한다.
  ㉢ 직장인으로서의 역할이 다른 생애 역할과 복잡하게 얽혀있는 경우 생애 역할을 함께 고려한다.
  ㉣ 직장을 처음 구하는 사람과 직업전환을 하는 사람의 직업상담에 관한 접근은 달리해야 한다.

이렇게 출제된다! 2차 주관식

진로시간전망검사 중 코틀(Cottle)의 원형검사에서 원의 의미, 원의 크기, 원의 배치에 대해 설명하시오.

쌤의 비법노트

처음 직업상담을 받는 내담자에게서 탐색해야 할 것은 바로 내담자의 자기인식 수준입니다.

이렇게 출제된다! 1차 기출 OX

Q 잘못된 결정방식이 진지한 결정을 방해하는 경우는 '경미한 정신건강문제'이다?
A (○)

(2) 인지적 명확성이 부족한 내담자의 주요 유형 및 개입방법

① 단순 오정보 – 정보제공

> 내담자 : 그 대학은 부자들만 들어갈 수 있어요. 그 대학에 다니는 학생들 대부분이 강남 출신이에요.
> 상담자 : 학생은 그 대학에 대해 부정적인 감정을 가지고 있군요. 과거에는 강남 출신 학생들이 많았는데, 점차 바뀌고 있어요. 서울에 사는 학생들 중에서도 강남 출신은 10%밖에 안 되는데요.

② 복잡한 오정보 – 논리적 분석

> 내담자 : 저는 아직도 결정을 못했어요. 그 대학에 다니는 4명의 학생들을 아는데, 그들은 모두가 강남 출신인걸요.
> 상담자 : 학생이 말한 것을 논리적으로 분석해 봅시다. 그 대학의 전체 학생 수는 약 5,000명이에요. 학생은 단지 그들 중 4명만 만나고는 그와 같은 결론을 내리고 있지요. 전체적으로 생각해 보세요. 어떤 고정관념보다는 사실에 근거해서 결정을 내리는 것이 중요합니다.

③ 구체성의 결여 – 구체화시키기 **필기 출제** 15, 12년 기출

> 내담자 : 사람들이 요즘은 취직을 하기가 어렵다고들 해요.
> 상담자 : 어떠한 사람들을 이야기하시는지 짐작이 안 되네요.
> 내담자 : 모두 다예요. 제가 상의할 수 있는 상담사, 담당교수님들, 심지어는 친척들까지도요. 정말 그런가요?
> 상담자 : 그래요? 그럼 사실이 어떤지 알아보도록 하죠.

④ 가정된 불가능/불가피성 – 논리적 분석, 격려 **필기 출제** 19, 16, 13, 11, 09년 기출

> 내담자 : 난 자격시험에 합격할 수 없을 것 같아요.
> 상담자 : 그동안 선생님은 자격시험 공부를 매우 열심히 하신 걸로 아는데요.
> 내담자 : 하지만 단념했어요. 내 친구는 자격시험이 어렵다고 했어요.
> 상담자 : 선생님은 자격시험에 불합격할 것이라고 생각하고 있군요. 그 이유는 친구분이 어렵다고 했기 때문이고요. 그러면 선생님과 친구분과의 공통점을 알아보기로 하죠.

⑤ 원인과 결과의 착오 – 논리적 분석 **필기 출제** 21, 17, 11, 10, 07년 기출

> 내담자 : 난 사업을 할까 생각 중이에요. 그런데 그 분야에서 일하는 여성들은 대부분 이혼한다고 합니다.
> 상담자 : 선생님은 사업을 하면 이혼할까 두려워하시는군요. 직장여성들의 이혼율과 다른 분야에 종사하는 여성들에 대한 통계를 알아보도록 하죠.

쌤의 비법노트

인지적 명확성이 부족한 내담자의 유형 및 개입방법에 관한 문제는 보통 사례형 방식으로 출제되는 경향이 있습니다. 문제 유형과 개입방법을 반드시 함께 기억해 두시기 바랍니다.

쌤의 비법노트

'가정된 불가능(불가피성)'은 내담자의 위축, 자신감 및 용기 부족 등으로 인해 내담자가 근거 없이 자신의 능력과 역량에 대해 부정적인 심상을 가지는 것입니다.

쌤의 비법노트

'원인과 결과의 착오'는 내담자가 논리적인 근거 없이 특정 사건이나 현상에 대해 인과관계를 설정하는 것입니다.

⑥ 파행적 의사소통 – 저항에 다시 초점 맞추기 필기 출제 04년 기출

> 상담자 : 제가 내준 과제인 진로일기를 작성하는 데 많은 어려움이 있다고 하셨지요. 지금 하는 일을 조절하도록 도와드리면 도움이 될 것 같네요.
> 내담자 : 그거 괜찮은 생각 같네요. 제가 왜 진로일기를 작성하는 데 힘든지 아셨죠. 그런데 오늘 제가 멋진 영화를 보려고 해요. 그 생각만 해도 즐거워요.
> 상담자 : 진로문제가 선생님이 당면한 주요 관심사 같네요. 제가 그러한 것을 제안할 때마다 선생님께서는 회피하시는군요. 진로일기를 작성하고 나서 선생님의 진로문제를 해결하면 어떤 느낌을 갖게 될까요?

> **쌤의 비법노트**
> '파행적 의사소통'은 내담자의 회피 또는 저항 반응에 의해 상담자와 내담자 간의 대화에 문제가 발생하는 것입니다.

⑦ 강박적 사고 – 합리적·정서적 치료(RET 또는 REBT 기법) 필기 출제 19년 기출

> 내담자 : 저는 변호사가 될 거예요. 우리 아버지도, 할아버지도, 형도 변호사예요.
> 상담자 : 학생은 자신이 변호사가 될 거라고 확신하고 있네요.
> 내담자 : 예, 물론이에요.
> 상담자 : 만약 변호사가 안 된다면 어떤 일이 벌어질까요?
> 내담자 : 모든 것이 엉망이 되겠지요. 그건 정말 끔찍한 일이에요.
> 상담자 : 학생은 자신이 하길 바라는 것을 하지 못했을 때 끔찍하게 느끼는군요. 그럼 ABCDE 모델에 따라 이야기를 해 보도록 하죠.

> **쌤의 비법노트**
> 합리적·정서적 치료(RET 또는 REBT 기법)의 중심이 되는 치료기법(상담기법)은 바로 '합리적 논박'입니다.

⑧ 양면적 사고 – 역설적 사고(증상의 기술) 필기 출제 09년 기출

> 내담자 : 나는 기계공학 전공 말고는 아무것도 생각할 수 없어요. 그 외의 일을 한다는 것을 생각해 본 적도 없어요.
> 상담자 : 학생이 기술자가 되지 못한다면 재앙이라도 일어날 것처럼 들리는군요. 그런데 학생은 기계공학을 하기에는 성적이 좋지 않군요.
> 내담자 : 그래서 미칠 것 같아요. 난 낙제할 것 같아요.
> 상담자 : 학생 인생에서 다른 대안을 생각해 보지 않는다면 정말 문제가 되겠네요. 그럼 한 가지 제안을 합시다. 학생 마음속에 있는 "기계공학 전공이 아니면 안 돼"라는 생각을 계속하는 겁니다. 다음 주까지 매일 반복해서 그 생각을 하고 있어야 해요. 생각을 바꿀 필요가 있다고 동의했지만, 반대로 그렇게 하지 않도록 해 보는 거예요.

> **쌤의 비법노트**
> 역설적 사고(증상의 기술)는 바꿔야 할 사고를 인식시키고, 사고 전환에 대해 계약을 맺으며, 이후 전환된 사고를 지속시키도록 하는 과정으로 진행됩니다.

⑨ 걸러내기 – 재구조화, 역설적 기법 쓰기

> 내담자 : 제 상관은 저한테 잘했다는 말을 한 번도 한 적이 없어요. 항상 제 흉을 봐요. 지난번에도 제가 왼손잡이라고 불평을 하는 거예요.
> 상담자 : 선생님의 상관은 항상 선생님께만 관심이 있는 것처럼 보이는군요. 자, 그렇다면 대안을 찾아볼까요? 그 상관의 의도가 어떻든 간에 선생님이 일하는 데 영향을 주는 것 같군요. 물론 상관의 행동이 유쾌하지는 않겠지만, 선생님이 그것에 대해 꽤 많이 신경을 쓰고 있는 것 같네요. 다른 사람들도 알고 있을 거라 생각되는데요.

> **쌤의 비법노트**
> '재구조화'는 지각을 바꾸는 것을 의미합니다. 어떤 일에 대해 부정적인 측면만을 보는 사람에게 그 긍정적인 측면을 강조한다거나, 대수롭지 않은 일에 신경을 쓰는 사람에게 그 사소함을 깨닫도록 하는 방식입니다.

이렇게 출제된다! 2차 주관식

인지적 명확성의 부족을 나타내는 내담자 유형 6가지를 쓰시오.

⑩ 비난하기 - 직면, 논리적 분석

> 내담자 : 저는 우리 아버지를 꼭 닮았어요. 아버지는 회사에서도 술을 드세요. 사람들은 저를 보고 아버지를 닮아서 그렇다고들 해요. 저도 요즘은 그 말이 사실이라는 생각이 들어요.
> 상담자 : 선생님의 술과 관련된 문제가 아버지 때문이라는 소리로 들리는군요. 과연 그것이 사실인지 생각해 보세요. 물론 알코올중독이 유전적 요인을 가지고 있다고 하니 선생님의 부친이 어느 정도 문제 상황에 일조한 것이 사실일 수 있겠지요. 그렇지만 선생님은 그동안 문제해결을 위해 무엇을 했나요?

⑪ 잘못된 의사결정방식 - 불안에 대처하도록 심호흡을 시킴. 의사결정도움을 사용

> 내담자 : 저는 어떻게 해야 할지 모르겠어요. 중요한 결정을 할 때, 그것을 해내고 극복하고 싶어요. 선생님께서는 이 학교가 제가 처음 지원서를 낸 학교이기 때문에 선택한 사실을 알고 계세요?
> 상담자 : 학생은 의사결정을 하는 데 불안을 많이 느끼는 것 같네요. 그런 불안감을 계속 가지고만 있지 말고 선택을 하세요. 우선 어떤 결정을 할 때 불안을 느끼는지, 불안을 어떻게 다루는지를 보도록 하죠. 그런 다음 결정을 할 때의 체계적인 방법에 대해 살펴보도록 하죠.

⑫ 자기인식의 부족 - 은유나 비유 쓰기 〔필기〕〔출제〕 22, 21, 19, 17, 16년 기출

> 내담자 : 난 사람들에게 호의를 가지고 대하는데, 그들이 왜 그렇게 반응하는지 이해할 수 없어요.
> 상담자 : 사람들이 선생님의 기대에 부응하지 않을 때 화가 좀 나시겠어요.
> 내담자 : 화가 나다가도 곧 우울해져요. 난 사무실에서 왕따인걸요.
> 상담자 : 사람들이 선생님을 어떻게 보는지에 대해 이야기나 속담, 동화를 비유해서 말씀해 보시겠어요?
> 내담자 : 이건 좀 이상하게 들릴 수도 있을 텐데요. 꼭 미운오리새끼 같아요.
> 상담자 : 그래도 미운오리새끼는 나중에 아름다운 백조가 되어 모두에게 환대를 받지요.

더 알아보기

직업상담의 일반적인 상담과정에서의 사정단계 〔필기〕〔출제〕 20, 14, 12년 기출
- 제1단계 : 인지적 명확성 존재(내담자에게 인지적 명확성이 존재하는가?)
- 제2단계 : 내담자의 동기 존재(내담자에게 동기가 존재하는가?)
- 제3단계 : 내담자의 자기진단(내담자가 자기진단을 통해 자신을 노출하고 있는가?)
- 제4단계 : 내담자의 자기진단 탐색(내담자가 자기진단을 확인했는가, 안 했는가?)

쌤의 비법노트

'은유나 비유 쓰기'는 자기인식이 부족한 내담자에게 그의 인지에 대한 통찰을 재구조화하거나 발달시킬 수 있는 이야기를 하는 것입니다.

04절 구조화와 전략 수립

1 상담의 구조화 및 라포(Rapport) 형성

(1) 상담의 구조화

① 의 의 [필기 출제] 21, 17, 16, 13, 11, 10, 08, 06, 05, 04, 03년 기출
  ㉠ 상담 과정의 본질과 제한조건 및 목적(혹은 방향)에 대해 알려주는 것이다.
  ㉡ 상담자와 내담자가 상담에 대한 기본적인 기대를 맞추어가는 과정으로, 이를 통해 내담자는 상담에 대한 모호함과 불안감을 경감시킬 수 있다.
  ㉢ 상담자는 내담자에게 검사나 과제를 잘 이행할 것을 기대하고 있다는 것을 분명히 밝힌다.

② 상담 구조화의 기능
  ㉠ 앞으로의 상담 과정에 대한 오리엔테이션의 기능을 한다.
  ㉡ 내담자의 막연한 두려움과 불안을 감소시킨다.
  ㉢ 구조화의 과정은 그 자체로 하나의 면담이 된다.
  ㉣ 상담의 안정적인 수행을 가능하게 한다.

③ 상담의 구조화를 위해 다루어야 할 요소 [필기 출제] 20, 17, 13. 08, 06년 기출
  ㉠ 상담의 목표
  ㉡ 상담의 성격(성질)
  ㉢ 상담자 및 내담자의 역할과 책임
  ㉣ 상담 절차 및 수단
  ㉤ 상담 시간과 장소
  ㉥ 상담비 등

④ 상담 구조화의 유의사항
  ㉠ 구조화는 타협해야 하는 것이지 강요하는 것이 아니다.
  ㉡ 구조화는 내담자를 체벌하는 방식으로 이루어져서는 안 된다.
  ㉢ 내담자에게 구조화의 이유를 설명해야 한다.
  ㉣ 내담자의 준비도와 상담관계의 흐름 등을 고려하여 그 시기를 정한다.
  ㉤ 지나치게 경직된 구조화는 내담자의 좌절과 저항을 유발할 수 있다.
  ㉥ 불필요한 규칙은 오히려 내담자의 활동을 억제한다.
  ㉦ 내담자의 인지적·정서적·행동적 특성을 고려해야 한다.
  ㉧ 구조화가 치료적 효과를 가지는 것은 아니다.
  ㉨ 구조화는 일회적이 아니라 상담 전 과정을 통해 지속적·반복적으로 이루어진다.

이렇게 출제된다! 1차 기출 OX

Q 상담의 구조화는 상담 과정의 본질과 제한조건 및 목적(방향)에 대해 알려주는 것이다?

A (○)

이렇게 출제된다! 적중 예상 OX

Q 구조화의 목적은 치료적 효과를 거두는 데 있다?

A (×) 구조화의 목적은 상담관계를 원활히 하는 데 있다.

(2) 라포(Rapport) 형성(관계형성)

① 의 의 필기 출제 18, 17, 15, 11, 08, 07, 04년 기출
   ㉠ '라포(Rapport)'는 상담 초기 접수면접에서 이루어지는 것으로, 상담자와 내담자 간의 친근감 및 신뢰감을 의미한다.
   ㉡ 서로를 믿고 존경하는 감정의 교류에서 이루어지는 조화로운 인간관계이다.
   ㉢ 라포의 형성은 상담자와 내담자 간의 상호적인 책임을 전제로 한다.
   ㉣ 직업상담에서 실직자의 불안감 및 위축감, 문제해결 가능성에 대한 양가감정을 해소하기 위해 가장 우선적으로 고려한다.

② 라포(Rapport)의 형성요인 필기 출제 20, 15, 03년 기출
   ㉠ 상담자는 인간존중의 가치관을 가지고 내담자를 대해야 한다.
   ㉡ 상담자는 내담자로 하여금 편안한 분위기에서 자연스럽게 자신을 표현할 수 있도록 허용적인 분위기를 조성해야 한다.
   ㉢ 상담자는 내담자의 말에 공감하며, 민감한 반응을 보여야 한다.
   ㉣ 상담자는 내담자의 표현에 면박을 주거나 비판하지 않으며, 내담자가 처한 현실과 감정을 거부하지 않고 있는 그대로 수용해야 한다.

> **쌤의 비법노트**
> '감정의 반영', '수용', '일관성(일치성)' 등은 상담 및 심리치료적 관계형성을 돕지만, '도덕적 판단'은 이를 방해합니다.

2 상담의 전략 수립

(1) 직업상담 목표 달성의 주요 요소
① 상담자와 내담자의 촉진적 관계형성
② 직업정보와 이론에 기초한 내담자의 특성 및 문제에 대한 진단
③ 공식적 직업상담이론에 기초한 상담목표 설정 및 전략 수립
④ 검증된 상담기법 및 모형을 적용한 상담자의 개입

(2) 상담전략 수립 및 상담구조의 확정 과정
① 제1단계 : 직업상담이론을 적용하여 상담목표 달성을 위한 전략을 세운다.
② 제2단계 : 상담목표와 상담전략의 적절성 여부를 내담자와 함께 점검한다.
③ 제3단계 : 설정된 상담목표와 상담전략에 대한 내담자의 지각과 동의 여부를 확인한다.
④ 제4단계 : 상담 성과에 대한 평가기준 및 평가방법에 대해 협의한다.
⑤ 제5단계 : 상담목표와 상담전략을 포함하여 상담의 구조를 확정한다.
⑥ 제6단계 : 합의된 상담구조를 명시적으로 약속하고 내담자의 적극적인 참여를 유도한다.

> **쌤의 비법노트**
> 초기면담에서 상담 성과에 대해 논의하는 이유는 상담 성과를 평가하는 기준이나 방법에 있어서 상담자와 내담자 간 지각의 차이가 있을 수 있기 때문입니다.

05절 초기면담 종결과 직업상담 윤리

1 초기면담 종결

(1) 초기면담을 종결할 때 수행해야 할 활동 및 유의사항 필기 출제 19, 12년 기출

① 상담자와 내담자 간의 역할 및 비밀유지에 대해 상호 동의한 내용을 요약한다.
② 상담 과정에서 필요한 과제물을 부여한다.
③ 상담 시 반드시 지켜야 할 준수사항을 엄수한다.
④ 내담자에 대한 정보를 얻을 수 있는 모든 자료를 검토하며, 조급하게 내담자에 대한 결론을 내리지 않는다.
⑤ 찾아올 내담자에게 초점을 맞추기 위해 마음의 준비를 한다.
⑥ 내담자와 긍정적인 관계를 형성할 수 있는 기법을 사용한다.
⑦ 상담의 과정 및 역할에 대해 서로 간의 기대를 명확히 한다.
⑧ 내면적 가정이 외면적 가정을 논박하지 못하도록 수행한다.
⑨ 제시된 문제 및 목표와 함께 자료평가 방법을 결정한다.
⑩ 내담자의 동기를 평가한다.
⑪ 다음 상담으로 넘어갈 근거를 마련한 후 종결한다.

(2) 초기면담을 마친 후 면담 정리를 위해 검토해야 할 사항 필기 출제 19, 03년 기출

① 사전자료를 토대로 내렸던 내담자에 대한 결론은 얼마나 정확했는가?
② 상담에 대한 내담자의 기대와 상담자의 기대는 얼마나 일치했는가?
③ 내담자에 대하여 어떤 점들을 추가적으로 평가해야 할 것인가?
④ 다음 상담회기를 어떻게 시작할 것인가?

2 직업상담 윤리

(1) 상담 윤리강령의 기능 필기 출제 22, 19, 17년 기출

① 직무수행 중의 갈등 해결 지침 제공
② 내담자의 복리 증진
③ 전문직으로서의 상담기능 보장
④ 지역사회의 도덕적 기대 존중
⑤ 상담자 자신의 사생활과 인격 보호

쌤의 비법노트

여기서 말하는 '종결'은 직업상담 전체 과정의 종결단계에서 수행해야 할 내용이 아닌 초기면담의 종결 과정에서 수행해야 할 내용에 관한 것입니다. 즉, 초기면담의 종결을 거친 이후 상담자가 본격적인 개입을 시도하게 되는 것입니다.

이렇게 출제된다! 1차 기출 OX

Q 상담 윤리강령은 지역사회의 경제적 기대에 부응하는 기능을 한다?

A (×) 지역사회의 도덕적 기대에 부응하는 기능을 한다.

(2) **직업상담사의 반윤리적 행동(Levenson & Swanson)** 〔필기 출제〕 20, 15, 12, 10년 기출
  ① 비밀누설
  ② 자신의 전문적 능력 초월
  ③ 자신이 갖지 않은 전문성의 주장
  ④ 내담자에게 자신의 가치를 속이기
  ⑤ 내담자에게 의존성 심기
  ⑥ 내담자와의 성적 행위
  ⑦ 이해갈등
  ⑧ 의심스러운 계약
  ⑨ 부당한 광고
  ⑩ 과중한 요금
  ⑪ 태만함 등

(3) **윤리강령의 주요 내용(출처 : 한국카운슬러협회 윤리강령)**
  ① **사회관계** 〔필기 출제〕 12, 11, 10, 05년 기출
    상담자는 자기가 실제로 갖추고 있는 자격 및 경험의 수준을 벗어나는 인상을 타인에게 주어서는 안 된다.
  ② **전문적 태도** 〔필기 출제〕 21, 20, 16, 13, 11, 09, 07, 04년 기출
    ㉠ 상담자는 상담에 대한 이론적·경험적 훈련과 지식을 갖추는 것을 전제로 한다.
    ㉡ 상담자는 내담자의 성장 촉진, 문제의 해결 및 예방을 위하여 시간과 노력상의 최선을 다한다.
    ㉢ 상담자는 자기의 능력 및 기법의 한계를 인식하고, 전문적 기준에 위배되는 활동을 하지 않는다. 만일, 자신의 개인 문제 및 능력의 한계 때문에 도움을 주지 못하리라고 판단될 경우에는 다른 전문직 동료 및 관련 기관에게 의뢰한다.
  ③ **개인정보의 보호** 〔필기 출제〕 21, 15, 14, 10년 기출
    ㉠ 상담자는 내담자 개인 및 사회에 임박한 위험이 있다고 판단될 때 극히 조심스러운 고려 후에만 내담자의 사회생활 정보를 적정한 전문인 혹은 사회 당국에 공개한다.
    ㉡ 내담자에 관한 정보를 교육장면이나 연구용으로 사용할 경우에는 내담자와 합의한 후 그의 정체가 전혀 노출되지 않도록 해야 한다.
  ④ **내담자의 복지** 〔필기 출제〕 22, 16, 11, 09년 기출
    ㉠ 상담자는 상담 활동의 과정에서 소속 기관 및 비전문인과의 갈등이 있을 경우, 내담자의 복지를 우선적으로 고려하고 자신의 전문적 집단의 이익은 부차적인 것으로 간주한다.
    ㉡ 상담자는 내담자가 자기로부터 도움을 받지 못하고 있음이 분명한 경우에는 상담을 종결하려고 노력한다.

이렇게 출제된다! 1차 기출 OX

Q 상담자는 자신의 능력 및 기법의 한계에도 불구하고 최선을 다하여 내담자를 끝까지 책임지도록 한다?

A (×) 다른 전문직 동료 및 관련 기관에게 의뢰한다.

⑤ 상담 관계 필기 출제 18년 기출

상담자는 내담자가 이해·수용할 수 있는 한도에서 상담의 기법을 활용한다.

⑥ 타 전문직과의 관계 필기 출제 17, 10년 기출

상담자는 상호 합의한 경우를 제외하고는 타 전문인으로부터 도움을 받고 있는 내담자에게 상담을 하지 않는다. 공동으로 도움을 줄 경우에는 타 전문인과의 관계와 조건에 관하여 분명히 할 필요가 있다.

더 알아보기

1. 다중관계 및 성적 관계(출처 : 한국상담학회 윤리강령) 필기 출제 20, 17, 13년 기출
- 상담자는 객관성과 전문적인 판단에 영향을 미칠 수 있는 다중관계를 피해야 한다.
- 상담자는 특별한 경우를 제외하고는 내담자와 상담실 밖에서 사적인 관계를 맺지 않는다.
- 상담자는 내담자와의 관계에서 상담료 이외의 어떠한 금전적·물질적 거래관계도 맺지 않는다.
- 상담자는 내담자 또는 내담자의 가족과 성적 관계를 맺지 않으며, 그 외 어떠한 형태의 부적절한 관계도 맺지 않는다.

2. 비밀보장의 한계(출처 : 한국상담학회 윤리강령) 필기 출제 21, 19, 18, 16, 14년 기출

상담자는 아래와 같은 내담자 개인 및 사회에 임박한 위험이 있다고 판단될 때, 내담자에 관한 정보를 해당 기관 및 관련 당사자에게 제공해야 한다.

- 내담자가 자신이나 타인의 생명 혹은 사회의 안전을 위협하는 경우
- 내담자가 감염성이 있는 치명적인 질병을 갖고 있지만 필요한 조치를 취하지 않는 경우
- 미성년인 내담자가 학대를 당하고 있는 경우
- 내담자가 아동학대를 하는 경우
- 법적으로 정보의 공개가 요구되는 경우

> **쌤의 비법노트**
>
> 비밀보장의 예외 및 한계에 관한 타당성이 의심될 때는 다른 전문가나 지도감독자 및 학회 윤리위원회의 자문을 구하는 것이 바람직합니다.

CHAPTER 04 출제 유형 알아보기

제1과목 직업심리

01절 초기면담의 이해

01 다음 초기면담의 유형 중 정보지향적 면담에 대한 설명으로 옳지 않은 것은?

① 재진술과 감정의 반향 등을 주로 사용한다.
② '예, 아니요'와 같은 특정하고 제한된 응답을 요구하는 폐쇄형 질문을 사용한다.
③ '누가, 무엇을, 어디서, 어떻게'로 시작되는 개방형 질문을 사용한다.
④ 상담의 틀이 상담자에게 초점을 맞추어져 진행된다.

> **해설**
> ① 재진술과 감정의 반향 등을 주로 사용하는 초기면담은 관계지향적 면담에 해당한다.

02 다음 중 상담자가 자신의 바람은 물론 내담자의 느낌, 인상, 기대 등을 이해하고 이를 상담 과정의 주제로 삼는 상담기법에 해당하는 것은?

① 직 면
② 계 약
③ 리허설
④ 즉시성

> **해설**
> ① 직면(Confrontation)은 내담자로 하여금 행동의 특정 측면을 검토해 보고 수정하게 하며 통제하도록 도전하게 하는 것이다.
> ② 계약(Contracting)은 목표 달성에 포함된 과정과 최종결과에 초점을 두는 것이다.
> ③ 리허설(Rehearsal)은 내담자에게 선정된 행동을 연습하거나 실천하도록 함으로써 내담자가 계약을 실행하는 기회를 최대화하도록 돕는 것이다.

01 ① 02 ④ 정답

03 다음 중 상담을 효과적으로 진행하는 데 장애가 되는 면담 태도는?

① 내담자와 유사한 언어를 사용하는 태도
② 분석하고 충고하는 태도
③ 비방어적 태도로 내담자를 편안하게 만드는 태도
④ 경청하는 태도

> **해설**
> ② 과도한 해석이나 분석하기, 충고하기, 타이르기, 비난하기, 광범위한 시도와 질문하기, 지시적·요구적 행동하기 등은 상담 과정에 도움이 되지 않는 언어적 행동에 해당한다.

02절 호소논점 파악

04 다음 중 내담자의 생애진로주제와 이를 확인하는 데 도움이 되는 자료를 올바르게 연결한 것은?

① 기술 확인 – Prediger의 분류체계
② 작업자 역할 – '자료-관념-사람-사물'
③ 직업적 성격 및 작업환경 – Bolles의 분류체계
④ 학습자 형태 – Holland의 분류체계

> **해설**
> **내담자의 생애진로주제를 확인하는 데 도움이 되는 자료**
>
> | | |
> |---|---|
> | 작업자 | • 자료-관념-사람-사물(Prediger)
• 직업적 성격 및 작업환경(Holland)
• 기술 확인(Bolles) |
> | 학습자 | • 학습자 형태(Kolb)
• 학습 형태(Canfield) |
> | 개 인 | • 생애 형태(Adler)
• 대뇌반구상의 기능 |

정답 03 ② 04 ②

05 다음 중 콜브(Kolb)의 학습형태검사(LSI)에서 추상적 개념화와 활동적 실험에 유용한 사고형은?

① 집중형
② 확산형
③ 동화형
④ 적응형

> **해설**
>
> 학습형태검사(LSI)에 의한 4가지 학습유형
> - 집중형(Converger) : 추상적 개념화와 활동적 실험에 유용한 사고형이다.
> - 확산형(Diverger) : 확고한 경험과 사려 깊은 관찰에 유용한 사고형이다.
> - 동화형(Assimilator) : 추상적 개념화와 사려 깊은 관찰에 유용한 사고형이다.
> - 적응형(Adaptor) : 확고한 경험과 활동적 실험에 유용한 사고형이다.

06 다음 중 생애진로사정(LCA)에 대한 설명으로 옳지 않은 것은?

① 상담자와 내담자가 처음 만났을 때 이용할 수 있는 비구조화된 면접기법이며 표준화된 진로사정 도구의 사용이 필수적이다.
② 아들러(Adler)의 심리학 이론에 기초하여 내담자와 환경과의 관계를 이해하는 데 도움을 주는 면접기법이다.
③ 비판단적이고 비위협적인 대화 분위기로써 내담자와 긍정적인 관계를 형성하는 데 도움이 된다.
④ 생애진로사정에서는 작업자, 학습자, 개인의 역할 등을 포함한 다양한 생애역할에 대한 정보를 탐색해 간다.

> **해설**
>
> ① 생애진로사정은 상담자가 내담자와 처음 만났을 때 이용할 수 있는 구조화된 면접기법으로서, 내담자에 대한 가장 기초적인 직업상담 정보를 얻는 질적인 평가절차이다.

07 다음 중 생애진로사정(LCA)의 구조에 포함되지 않는 것은?

① 진로사정
② 강점과 장애
③ 훈련 및 평가
④ 전형적인 하루

> **해설**
>
> **생애진로사정의 구조**
> - 진로사정
> - 전형적인 하루
> - 강점과 장애
> - 요 약

08 다음 생애진로사정(LCA)의 구조 중 '전형적인 하루'에서 검토되어야 할 성격차원에 해당하는 것은?

① 감각적-직관적 차원
② 판단적-인식적 차원
③ 외향적-내성적 차원
④ 의존적-독립적 차원

> **해설**
>
> 생애진로사정의 구조 중 '전형적인 하루'에서 검토되어야 할 성격차원
> - 의존적-독립적 차원
> - 자발적-체계적 차원

09 다음 중 직업상담 시 한계의 오류를 가진 내담자들이 자신의 견해를 제한하는 방법에 해당하지 않는 것은?

① 예외를 인정하지 않는 것
② 불가능을 가정하는 것
③ 왜곡되게 판단하는 것
④ 어쩔 수 없음을 가정하는 것

> **해설**
>
> 전이된 오류의 유형 중 한계의 오류
> - 예외를 인정하지 않는 것
> - 불가능을 가정하는 것
> - 어쩔 수 없음을 가정하는 것

10 직업상담을 진행함에 있어서 내담자들은 자신의 직업세계에 대해 충분한 정보를 알고 있다고 잘못 생각하는 경우가 많다. 다음 중 보기의 상황에서 내담자는 어떤 오류를 범하고 있는가?

> 내 상사가 그러는데 나는 책임감이 없대요.

① 삭 제
② 참고자료의 불충분
③ 불분명한 동사의 사용
④ 제한된 어투의 사용

> **해설**
>
> 전이된 오류의 유형 중 정보의 오류에서 삭제(이야기 삭제)
> 내담자의 경험을 이야기함에 있어서 중요한 부분이 빠졌을 때
> 예 내 상사가 그러는데 나는 책임감이 없대요. → 무엇에 대한 책임감을 말하는 거죠?

정답 08 ④ 09 ③ 10 ①

11 다음 중 내담자와 관련된 정보를 수집하여 내담자의 행동을 이해하고 해석하는 데 기본이 되는 상담기법으로 가장 거리가 먼 것은?

① 한정된 오류 정정하기
② 왜곡된 사고 확인하기
③ 반성의 장 마련하기
④ 변명에 초점 맞추기

> **해설**
>
> ① '전이된 오류 정정하기'가 옳다.

03절 내담자 사정

12 다음 직업상담의 과정 중 역할사정에서 상호역할관계를 사정하는 방법이 아닌 것은?

① 질문을 통해 사정하기
② 동그라미로 역할관계 그리기
③ 역할의 위계적 구조 작성하기
④ 생애-계획연습으로 전환시키기

> **해설**
>
> **상호역할관계 사정의 방법**
> • 질문을 통해 사정하기
> • 동그라미로 역할관계 그리기
> • 생애-계획연습으로 전환시키기

13 다음은 내담자의 무엇을 사정하기 위한 것인가?

> 내담자에게 과거에 했던 선택의 회상, 절정경험, 자유시간, 그리고 금전사용계획 등을 조사하고, 존경하는 사람을 쓰게 하는 등의 상담행위

① 내담자의 동기
② 내담자의 생애역할
③ 내담자의 가치
④ 내담자의 흥미

> **해설**
>
> ③ 가치(Value)는 동기의 원천이자 개인적 충족의 근거로서, 삶에서 무엇을 지향할 것인가에 관하여 가지고 있는 생각과 연관된다. 보기의 내용은 자기보고식 가치사정법에 해당하는 것으로, 이러한 가치들이 개인의 행동과 직업선택에 영향을 미치는 것으로 알려져 있다.

14 다음 중 수퍼(Super)가 제시한 흥미사정의 기법에 해당하지 않는 것은?

① 표현된 흥미
② 조작된 흥미
③ 선호된 흥미
④ 조사된 흥미

> **해설**
>
> 수퍼(Super)가 제시한 흥미사정의 방법(기법)
> • 표현된 흥미(Expressed Interest)
> • 조작된 흥미(Manifest Interest)
> • 조사된 흥미(Inventoried Interest)

15 다음 중 코틀(Cottle)의 진로시간전망에 대한 원형검사에서 원의 크기가 나타내는 것은?

① 과거, 현재, 미래
② 시간차원에 대한 상대적 친밀감
③ 시간차원의 연결 구조
④ 방향성, 변별성, 통합성

> **해설**
>
> 코틀(Cottle)의 진로시간전망 원형검사의 핵심개념
> • 세 가지 원 : 과거, 현재, 미래
> • 원의 크기 : 시간차원에 대한 상대적 친밀감
> • 원의 배치 : 시간차원의 연결 구조
> • 진로시간전망 개입의 국면 : 방향성, 변별성, 통합성

16 다음 중 내담자의 인지적 명확성을 위한 직업상담 과정을 순서대로 올바르게 나열한 것은?

① 내담자와의 관계 → 진로와 관련된 개인적 사정 → 직업선택 → 정보통합과 선택
② 직업탐색 → 내담자와의 관계 → 정보통합과 선택 → 직업선택
③ 내담자와의 관계 → 인지적 명확성/동기에 대한 사정 → 예/아니요 → 개인상담/직업상담
④ 개인상담/직업상담 → 내담자와의 관계 → 인지적 명확성/동기에 대한 사정 → 예/아니요

> **해설**
>
> 내담자의 인지적 명확성을 위한 직업상담 과정
>
>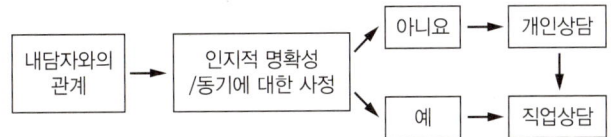

17 다음 중 보기의 상담장면에서 인지적 명확성이 부족한 내담자의 유형과 상담자의 개입방법이 올바르게 연결된 것은?

> 내담자 : 난 사업을 할까 생각 중이에요. 그런데 그 분야에서 일하는 여성들은 대부분 이혼한다고 합니다.
> 상담자 : 선생님은 사업을 하면 이혼할까 두려워하시는군요. 직장여성들의 이혼율과 다른 분야에 종사하는 여성들에 대한 통계를 알아보도록 하죠.

① 원인과 결과의 착오 – 논리적 분석
② 구체성의 결여 – 구체화시키기
③ 파행적 의사소통 – 저항에 다시 초점 맞추기
④ 강박적 사고 – RET 기법

해설

① 원인과 결과의 착오는 내담자가 논리적인 근거 없이 특정 사건이나 현상에 대해 인과관계를 설정하는 것을 말한다. 이 경우 상담자는 내담자의 개념이나 주장이 논리적으로 타당한지 분석하여 오류가 있는 경우 이를 지적하고 개선하도록 유도할 수 있다.

18 다음 중 보기의 상담장면에서 인지적 명확성이 부족한 내담자의 유형과 상담자의 개입방법이 올바르게 연결된 것은?

> 내담자 : 난 자격시험에 합격할 수 없을 것 같아요.
> 상담자 : 그동안 선생님은 자격시험 공부를 매우 열심히 하신 걸로 아는데요.
> 내담자 : 하지만 단념했어요. 내 친구는 자격시험이 어렵다고 했어요.
> 상담자 : 선생님은 자격시험에 불합격할 것이라고 생각하고 있군요. 그 이유는 친구분이 어렵다고 했기 때문이고요. 그러면 선생님과 친구분과의 공통점을 알아보기로 하죠.

① 단순 오정보 – 정보제공
② 구체성의 결여 – 구체화시키기
③ 자기인식의 부족 – 은유나 비유 쓰기
④ 가정된 불가능 – 논리적 분석, 격려

해설

가정된 불가능/불가피성에 대한 개입
- 실패(불합격)에 대한 가정 → 논리적 분석으로써 내담자의 가정이 잘못된 것임을 인식시킨다.
- 자신감의 결여 → 격려로써 내담자에게 자신감을 북돋운다.

04절 구조화와 전략 수립

19 다음 중 상담관계의 틀을 구조화하기 위해서 다루어야 할 요소와 가장 거리가 먼 것은?

① 상담자의 역할과 책임
② 내담자의 성격
③ 상담의 목표
④ 상담 시간과 장소

> **해설**
>
> 상담의 구조화를 위해 다루어야 할 요소
> - 상담의 목표(③)
> - 상담의 성격(성질)
> - 상담자 및 내담자의 역할과 책임(①)
> - 상담 절차 및 수단
> - 상담 시간과 장소(④)
> - 상담비 등

20 다음 보기의 내담자를 상담할 경우 가장 먼저 해야 할 것은?

> 갑자기 구조조정 대상이 되어 직장을 떠난 40대 후반의 남성이 상담을 받으러 왔다. 전혀 눈을 마주치지도 못하며, 상당히 위축되어 있는 상태이고 미래에 대한 불안감을 호소하고 있다.

① 관계형성
② 상담자의 전문성 소개
③ 상담 구조 설명
④ 과제 부여

> **해설**
>
> ① 상담 초기 접수면접에서 내담자는 상담에 대한 불안과 두려움, 그리고 자신의 문제에 대한 해결 가능성을 사이에 두고 양가감정을 경험하게 된다. 상담자는 내담자의 양가감정을 해소함으로써 상담이 원활히 이루어질 수 있도록 내담자와 상호 긍정적인 친화관계를 형성할 필요가 있다.

정답 19 ② 20 ①

05절 초기면담 종결과 직업상담 윤리

21 다음 중 초기상담 과정에서 상담사가 수행해야 할 내용으로 옳지 않은 것은?

① 상담사의 개입을 시도한다.
② 상담 과정에서 필요한 과제물을 부여한다.
③ 조급하게 내담자에 대한 결론을 내리지 않는다.
④ 상담의 과정 및 역할에 대해 서로 간의 기대를 명확히 한다.

> **해설**
>
> ① 상담사는 초기상담 과정 이후, 즉 초기면담의 종결 이후 본격적인 개입을 시도하게 된다.

22 다음 중 상담 윤리강령의 기능으로 가장 옳지 않은 것은?

① 전문직으로서의 상담기능 보장
② 상담자 자신의 복리 증진
③ 상담자 자신의 사생활과 인격 보호
④ 지역사회의 도덕적 기대 존중

> **해설**
>
> 상담 윤리강령의 기능
> - 직무수행 중의 갈등 해결 지침 제공
> - 내담자의 복리 증진
> - 전문직으로서의 상담기능 보장
> - 지역사회의 도덕적 기대 존중
> - 상담자 자신의 사생활과 인격 보호

23 다음 중 레벤슨(Levenson)이 제시한 직업상담사의 반윤리적 행동에 해당하는 것은?

① 적절한 상담비용을 청구한다.
② 내담자에게 부당한 광고를 하지 않는다.
③ 상담자에 대한 내담자의 의존성을 최대화한다.
④ 상담자의 능력 내에서 내담자의 문제를 다룬다.

> **해설**
>
> ③ "내담자에게 의존성 심기"는 직업상담사의 반윤리적 행동에 해당한다.

24 다음 중 카운슬러 윤리강령을 기반으로 한 직업상담사의 기본윤리로 가장 적합한 것은?

① 상담자는 내담자 개인이나 사회에 위험이 있다고 판단이 될지라도 개인의 정보를 보호해 줄 수 있는 포용력이 있어야 한다.
② 상담자는 내담자가 도움을 받지 못하는 상담임이 확인된 경우라도 초기 구조화한 대로 상담을 지속적으로 진행하여야 한다.
③ 내담자에 대한 정보가 교육장면이나 연구장면에서 필요할 경우 내담자와 합의한 후 개인정보를 밝혀 활용하면 된다.
④ 상담자는 내담자가 이해하고 수용할 수 있는 한도 내에서 상담기법을 활용한다.

> **해설**
>
> ① 상담자는 내담자 개인 및 사회에 임박한 위험이 있다고 판단될 때 극히 조심스러운 고려 후에만 내담자의 사회생활 정보를 적정한 전문인 혹은 사회 당국에 공개한다.
> ② 상담자는 내담자가 자기로부터 도움을 받지 못하고 있음이 분명한 경우에는 상담을 종결하려고 노력한다.
> ③ 내담자에 관한 정보를 교육장면이나 연구용으로 사용할 경우에는 내담자와 합의한 후 그의 정체가 전혀 노출되지 않도록 해야 한다.

25 다음 중 상담자가 비밀유지를 파기할 수 있는 경우와 가장 거리가 먼 것은?

① 내담자가 자살을 시도할 계획이 있는 경우
② 내담자가 타인을 해칠 가능성이 있는 경우
③ 비밀을 유지하지 않는 것이 효과적이라고 슈퍼바이저가 말하는 경우
④ 아동학대와 관련된 경우

> **해설**
>
> **비밀보장의 한계(출처 : 한국상담학회 윤리강령)**
> • 내담자가 자신이나 타인의 생명 혹은 사회의 안전을 위협하는 경우(① · ②)
> • 내담자가 감염성이 있는 치명적인 질병을 갖고 있지만 필요한 조치를 취하지 않는 경우
> • 미성년인 내담자가 학대를 당하고 있는 경우
> • 내담자가 아동학대를 하는 경우(④)
> • 법적으로 정보의 공개가 요구되는 경우

정답 24 ④ 25 ③

CHAPTER 04

제1과목 직업심리

최근 기출문제 파악하기 [1차 필기]

01 상담 시 상담사의 질문으로 바람직하지 않은 것은? [2022년 2회 기출]

① "당신이 선호하는 직업이 있다면 무엇인가요? 그런 이유를 말씀해 주시겠어요?"
② "당신이 특별히 좋아하는 것이 있다면 말씀해 주시겠어요?"
③ "직업상담을 해야겠다고 결정했나요?"
④ "어떻게 생각해야 할지 이해가 잘 가지 않는군요. 잘 모르겠어요. 제가 좀 더 확실하게 이해할 수 있도록 도와주시겠어요?"

> **해설**
>
> ③ "직업상담을 해야겠다고 결정했나요?"보다는 과정(Process)에 초점을 맞추어 "직업상담을 해야겠다는 결정을 내린 과정을 말씀해 주시겠어요?"와 같이 질문을 하는 것이 바람직하다. 이는 내담자의 정보 및 행동에 대한 이해와 해석을 위한 기법 중 '가정 사용하기'와 연관된다.

02 진로시간전망 검사지를 사용하는 주요 목적과 가장 거리가 먼 것은? [2022년 1회 기출]

① 목표설정 촉구
② 계획기술 연습
③ 진로계획 수정
④ 진로의식 고취

> **해설**
>
> **진로시간전망 검사지의 사용목적(사용용도)**
> - 미래의 방향을 이끌어내기 위해
> - 미래에 대한 희망을 심어주기 위해
> - 미래가 실제인 것처럼 느끼도록 하기 위해
> - 계획에 대해 긍정적 태도를 강화하기 위해
> - 목표설정을 촉구하기 위해(①)
> - 현재의 행동을 미래의 결과와 연계시키기 위해
> - 계획기술을 연습하기 위해(②)
> - 진로의식을 높이기 위해(④)

정답 01 ③ 02 ③

03 자기인식이 부족한 내담자를 사정할 때 인지에 대한 통찰을 재구조화하거나 발달시키는 데 적합한 방법은?

[2022년 1회 기출]

① 직면이나 논리적 분석을 해 준다.
② 불안에 대처하도록 심호흡을 시킨다.
③ 은유나 비유를 사용한다.
④ 사고를 재구조화한다.

해설
③ '은유나 비유 쓰기'는 자기인식이 부족한 내담자에게 그의 인지에 대한 통찰을 재구조화하거나 발달시킬 수 있는 이야기를 하는 것이다.

04 직업상담사가 지켜야 할 윤리사항으로 옳은 것은?

[2022년 2회 기출]

① 습득된 직업정보를 가지고 다니면서 직업을 찾아준다.
② 습득된 직업정보를 먼저 가까운 사람들에 알려준다.
③ 상담에 대한 이론적 지식보다는 경험적 훈련과 직관을 앞세워 구직활동을 도와준다.
④ 내담자가 자기로부터 도움을 받지 못하고 있음이 분명한 경우에는 상담을 종결하려고 노력한다.

해설
④ 내담자의 복지에 관한 윤리강령의 내용이다.

CHAPTER 04 최근 기출문제 파악하기 2차 실무

제1과목 직업심리

01 내담자와의 초기면담 수행 시 상담자가 유의해야 할 사항을 4가지 쓰시오. (4점)

[2023년 3회, 2020년 3회, 2007년 1회, 2007년 3회 기출]

이렇게 외우세요!
① 면담시작 전에 가능한 모든 사례자료들을 검토한다.
② 내담자의 자세와 태도에 주목하고, 불안이나 걱정 등 심리적 상태를 살핀다.
③ 내담자의 초기목표를 명확히 한다.
④ 내담자의 직업상담에 대한 기대를 결정한다.

02 직업상담의 구조화된 면담법으로서 생애진로사정(LCA ; Life Career Assessment)의 구조 4가지를 쓰고, 각각에 대해 설명하시오. (4점)

[2024년 3회, 2020년 1회, 2019년 3회, 2017년 3회, 2011년 2회, 2009년 1회 기출]

이렇게 외우세요!
① 진로사정 : 내담자의 직업경험, 교육 또는 훈련과정과 관련된 문제들, 여가활동에 대해 사정한다.
② 전형적인 하루 : 내담자가 생활을 어떻게 조직하는지를 시간의 흐름에 따라 체계적으로 기술한다.
③ 강점과 장애 : 내담자가 스스로 생각하는 주요 강점 및 장애에 대해 질문한다.
④ 요약 : 내담자 스스로 자신에 대해 알게 된 내용을 요약해 보도록 한다.

03 내담자와 관련된 정보를 수집하고 내담자의 행동을 이해하고 해석하는 데 기본이 되는 상담기법을 6가지 쓰시오. (6점)

[2021년 2회, 2016년 1회, 2013년 1회, 2012년 1회, 2011년 1회, 2010년 1회, 2007년 1회, 2007년 3회 기출]

> **이렇게 외우세요!**
> ① 가정 사용하기
> ② 의미 있는 질문 및 지시 사용하기
> ③ 전이된 오류 정정하기
> ④ 분류 및 재구성하기
> ⑤ 저항감 재인식하기 및 다루기
> ⑥ 근거 없는 믿음(신념) 확인하기

04 '자기보고식 가치사정하기'에서 가치사정법 6가지를 쓰시오. (6점)

[2024년 1회, 2019년 3회, 2016년 3회, 2012년 3회, 2011년 1회, 2010년 3회 기출]

> **이렇게 외우세요!**
> ① 체크목록 가치에 순위 매기기
> ② 과거의 선택 회상하기
> ③ 절정경험 조사하기
> ④ 자유시간과 금전의 사용
> ⑤ 백일몽 말하기
> ⑥ 존경하는 사람 기술하기

얼마나 많은 사람들이 책 한 권을 읽음으로써
인생에 새로운 전기를 맞이했던가.

— 헨리 데이비드 소로 —

제2과목

직업상담 및 취업지원

CHAPTER 01 직업상담의 개념
CHAPTER 02 직업상담의 이론 및 접근방법
CHAPTER 03 직업삼담의 실제
CHAPTER 04 프로그램 운영 및 행정

직업상담사 2급
한권으로 끝내기!

CHAPTER 01

제2과목 직업상담 및 취업지원

직업상담의 개념

중요키워드 10

※ 중요도 높은 것에서 낮은 것 순으로

① 직업상담의 원리
② Williamson의 직업선택 문제유형 분류
③ Crites의 직업선택 문제유형 분류
④ Bordin의 직업선택 문제유형 분류
⑤ 직업상담사의 역할
⑥ 공감(감정에 대한 반영)
⑦ 직업상담의 단계
⑧ 경청과 적극적 경청
⑨ 요약과 재진술(내용에 대한 반영)
⑩ 직 면

제2과목

 쌤의 학습지도

1. '진로'와 '직업'의 차이를 애써 구별하진 마세요.

진로와 직업은 엄밀한 의미에서 다르죠. 사실 진로가 직업보다 폭넓은 개념이랍니다. 하지만 직업상담사 시험에서는 이를 구분하지 않는 경향이 있어요.

2. 직업상담의 영역과 유형은 포괄적으로 기억해 두세요.

직업상담은 일반상담을 응용한 거예요. 예를 들어, 인성상담이나 실존문제 상담은 일반상담의 영역으로 직업상담과는 거리가 멀죠.

3. 진로 및 직업상담의 기본 원리를 포괄적으로 이해하세요.

기본 원리의 중심에는 내담자가 있어요. 즉, 내담자에 대한 포괄적인 이해와 내담자의 진로발달 특성 등에 대한 이해를 전제로 하죠.

4. 직업상담사의 역할에 주목하세요.

직업상담사는 다양한 역할을 수행하지만 내담자의 보호자 역할을 수행한다거나, 직업관련 이론을 개발한다거나 혹은 새로운 직무분야 개발 및 직무분석을 수행하는 역할까지 맡지는 않아요.

5. 직업상담의 단계는 다양하게 출제될 수 있어요.

교재마다 직업상담의 단계들을 다양하게 제시하고 있는 만큼 직업상담사 시험에서도 다양한 방식으로 직업상담의 단계들을 문제의 지문으로 제시하고 있어요.

6. 직업선택 문제유형 분류는 2차 실무시험에 출제될 수 있어요.

Williamson, Bordin, Crites의 직업선택 문제유형 분류는 헷갈릴 수 있으니 명확히 구분해야만 해요.

7. 상담면접의 기본 기법을 구분하세요.

공감, 반영, 수용, 경청 등 상담면접의 기본 기법들은 사실 명확히 구분하기 어렵기 때문에 문제상의 예문들을 눈에 익힐 필요가 있어요.

8. 상담면접에서 '질문'은 가장 기본이겠죠.

상담면접에서는 개방형 질문, 간접 질문이 권장되는데요, 유도질문이나 이중질문 등 피해야 할 질문들도 있어요.

CHAPTER 01 직업상담의 개념

제2과목 직업상담 및 취업지원

> **Comment**
> 'CHAPTER 01 직업상담의 개념'은 2025년도 직업상담사 2급 출제기준 변경에 따라 제외된 영역입니다. 그러나 해당 영역은 직업상담학의 가장 기본적인 내용을 다루고 있는 데다가, 그동안 직업상담사 2급 자격시험에서 매우 높은 출제빈도를 보여왔으므로, 관련 내용을 무작정 삭제하는 것은 바람직하지 않다는 편저자의 판단에 따라 재수록하기로 결정하였습니다. 이는 과거에도 시행처인 한국산업인력공단이 출제기준 변경에 따라 제외된 영역에서 기존 기출문제를 그대로 재출제하는 양상을 보여왔고, 실제로 2025년 1회 시행 시험에서도 출제기준 제외 영역에서 몇몇 문항들이 출제되었기 때문입니다. 따라서 이점 감안하여 학습하시기 바랍니다.

01절 직업상담의 기초

1 직업상담의 이해

(1) 진로상담과 직업상담 〔필기 출제〕 08년 기출

진로상담 (Career Counseling)	• 진로(Career)는 한 개인이 생애 동안 일과 관련하여 경험하고 거쳐 가는 모든 체험들을 의미한다. • 인생 전반에 걸친 진로선택과 연관된 모든 상담활동을 의미하며, 그 대상은 어린 아이부터 은퇴한 70세 이상의 노인까지 포함한다.
직업상담 (Vocational Counseling)	• 직업(Vocation)은 주어진 시점에서 이루어지는 특수한 일을 지칭하는 것으로, 직업생활 준비에서부터 은퇴까지를 말한다. • 진로상담에 비해 좁은 의미를 내포하는 것으로, 직업선택과 준비, 직업생활, 은퇴기 등에 제공되는 상담을 말한다.

> **쌤의 비법노트**
> 교재에 따라 'Career'를 '진로', '직업', 혹은 '경력'으로 번역하기도 합니다. 좁은 의미에서는 '직업'을 의미하지만 직업이라는 용어보다 폭넓은 개념으로 볼 수 있습니다.

(2) 직업상담의 영역과 유형

① 직업상담의 영역 〔필기 출제〕 15, 07, 05년 기출

㉠ 직업일반상담   ㉡ 취업상담
㉢ 직업적응 상담   ㉣ 직업전환 상담
㉤ 직업(정신)건강 상담 ㉥ 직업문제 치료
㉦ 은퇴상담(은퇴 후 상담) 등

> **이렇게 출제된다! 1차 기출 OX**
> **Q** 실존문제 상담은 직업상담 영역과 밀접하게 연관된다?
> **A** (×) 실존문제 상담은 일반상담 영역에 포함된다.

② 직업상담의 주요 유형 　필기 출제 15, 13, 09, 03년 기출

구인·구직 상담	직업상담사는 구직자가 희망하는 구인처에 대한 요구사항을 분석하면서 구직자의 진로경로 개척을 위해 생애설계를 하도록 조언하며, 진로경로 및 구직자에 관한 정보들을 체계화하여 구인처와 구직자의 연결을 돕는다.
직업적응 상담	직업상담사는 신규 입직자나 직업인을 대상으로 조직문화, 인간관계, 직업예절, 직업의식과 직업관 등에 관한 정보를 제공하고 필요시 직업지도 프로그램에 참여하도록 유도한다.
직업전환 상담	직업상담사는 실업·실직 위기상황에 있거나 전직의 의도가 있는 직업인을 대상으로 직업경로 사항, 요구되는 전문지식, 직업전환을 위한 준비상태 등에 관한 정보를 수집 및 제공한다.
경력개발 상담	직업상담사는 주로 직업인을 대상으로 경력사다리를 제시하여 구체적인 경력개발 계획을 작성하고 이를 실천할 수 있도록 하며, 현장훈련, 위탁훈련, 향상훈련 등을 실시하는 기관 및 교육일정, 참여방법 등에 관한 정보를 제공한다.

(3) 직업상담의 목적 　필기 출제 20, 17, 14, 07년 기출

① 내담자가 이미 잠정적으로 선택한 진로결정을 확고하게 해 주는 과정이다.
② 개인의 직업목표를 명백하게 해 주는 과정이다.
③ 내담자가 자기 자신과 직업세계에 대해 알지 못했던 사실을 발견하도록 돕는 과정이다.
④ 내담자에게 진로관련 의사결정능력을 길러주는 과정이다.
⑤ 내담자에게 직업선택 및 직업생활에서의 능동적인 태도를 함양하도록 돕는 과정이다.

> **이렇게 출제된다! 2차 주관식**
> 직업상담의 목적 5가지를 쓰시오.

(4) 직업상담의 일반적인 목적 혹은 목표(Gysbers) 　필기 출제 22, 18, 15, 05년 기출

① 예언과 발달 – 능력과 적성발달에 대한 관심
　생애진로발달에 관심을 두어야 한다.
② 처치와 자극 – 진로발달이나 직업문제에 대한 처치
　내담자들이 보다 효과적인 사람이 되는 데 필요한 지식과 기능을 습득할 수 있도록 한다.
③ 결함과 유능(능력) – 결함보다 유능성에 초점을 맞추는 것
　사람들이 문제를 효과적으로 다루도록 돕는다.

> **이렇게 출제된다! 1차 기출 OX**
> Q 기즈버스(Gysbers)는 생애진로발달에 관심을 두고, 효과적인 사람이 되는 데 필요한 지식과 기능을 습득하게 하는 것을 직업상담의 목적으로 보았다?
> A (○)

(5) 진로 및 직업상담의 기본 원리 　필기 출제 21, 19, 16, 15, 14, 13, 12, 11, 10, 08, 06년 기출

① 진학과 직업선택, 직업적응에 초점을 맞추어 전개되어야 한다.
② 상담자와 내담자 간의 라포(Rapport)가 형성된 관계 속에서 이루어져야 한다.
③ 인간의 성격 특성과 재능에 대한 이해를 토대로 진행되어야 한다.
④ 내담자의 전 생애적 발달과정을 반영할 수 있어야 한다.
⑤ 직업상담에 있어서 가장 핵심적인 요소는 개인의 진로 혹은 직업의 결정이므로, 직업상담 과정 속에 개인의 의사결정에 대한 상담(지도) 과정이 포함되어야 한다.
⑥ 진로발달이론에 근거하여 진로발달이 진로선택에 영향을 미친다는 사실을 인식해야 한다.

> **쌤의 비법노트**
> 내담자에 대한 차별적 진단 및 처치가 이루어져야 하는 이유는 전 생애적 발달의 측면에서 각 개인이 자신의 특성만이 아닌 환경과의 끊임없는 상호작용 속에서 변화하고 성장하는 존재이기 때문입니다.

⑦ 변화하는 직업세계에 대한 이해를 토대로 이루어져야 한다.
⑧ 각종 심리검사 결과를 기초로 합리적인 판단을 이끌어낼 수 있도록 도와주는 역할을 해야 한다.
⑨ 내담자에 대한 차별적 진단(분류) 및 차별적 지원(처치)의 자세를 견지해야 한다.
⑩ 상담윤리강령에 따라 전개되어야 한다. 즉, 윤리적인 범위 내에서 상담을 전개하여야 한다.

(6) 진로 및 직업발달의 영향 요인

① 개인의 진로발달에 영향을 미치는 요인(Tolbert) **필기 출제** 20, 17, 12, 10년 기출

> **쌤의 비법노트**
> 톨버트(Tolbert)는 다양한 요인들이 개인의 진로발달에 영향을 미치는 한편, 진로선택의 결과 또한 개인생활의 여러 측면들에 영향을 미친다고 주장했습니다.

  ㉠ 직업적성
  ㉡ 직업흥미
  ㉢ 인 성
  ㉣ 직업성숙도와 발달
  ㉤ 성취도
  ㉥ 가정 · 성별 · 인종
  ㉦ 장애물
  ㉧ 교육정도
  ㉨ 경제적 조건 등

② 청소년의 직업발달에 영향을 미치는 요인 **필기 출제** 15, 12, 10년 기출

  ㉠ 가정적 배경 : 부모의 직업, 가정의 구조, 부모의 사회적 · 경제적 지위
  ㉡ 학교와 친구집단 : 학교와 교사의 관계, 또래집단
  ㉢ 성역할의 사회화 : 진로의식화와 직업결정에 영향
  ㉣ 일(근로)의 경험 : 아르바이트, 실습체험, 시간제 취업 등

2 직업상담사의 기술, 자질, 역할

(1) 직업상담사에게 요구되는 기술영역(NVGA) **필기 출제** 15년 기출

  ① 일반상담능력
  ② 정보분석과 적용능력
  ③ 개인 및 집단검사 실시능력
  ④ 관리능력
  ⑤ 실행능력
  ⑥ 조언능력

> **쌤의 비법노트**
> 미국 국립직업지도협회(NVGA)에서 제시한 직업상담사에게 요구되는 기술에 '타협능력'이나 '평가능력'은 포함되지 않는다는 점을 유념하시기 바랍니다.

> **이렇게 출제된다! 2차 주관식**
> 직업상담사가 갖추어야 할 자질을 5가지 쓰시오.

(2) 직업상담사에게 요구되는 자질

① 직업상담사의 자질요건

  ㉠ 상담업무를 수행하는 데 결함이 없는 성격
  ㉡ 내담자에 대한 존경심
  ㉢ 자기 자신에 대한 이해
  ㉣ 상황대처능력
  ㉤ 심리학적 지식
  ㉥ 프로그램 기획 · 개발 · 운영을 위한 지식과 실천능력
  ㉦ 직업정보에 대한 분석능력 및 전산운영능력
  ㉧ 그 밖에 언어구사력, 대인관계 유지능력, 협조성과 인내성, 집중력, 건강한 체력과 스트레스 조절능력 등

② 직업상담사의 자질요건으로서 상담업무 수행상 결함이 없는 성격 `필기` `출제` 19, 08, 06, 04년 기출
　㉠ 통일된 동일시
　㉡ 건설적인 냉철함
　㉢ 정서적으로 분리된 지나치지 않은 동정심
　㉣ 순수한 이해심을 가진 신중한 태도
　㉤ 도덕적 판단
　㉥ 두려움이나 충격에 대한 공감적 이해력

> **쌤의 비법노트**
> '직업상담사가 갖추어야 할 자질'은 2차 실무시험에, '직업상담사의 자질요건으로서 상담업무 수행상 결함이 없는 성격'은 1차 필기시험에 주로 출제된 바 있습니다.

(3) 직업상담사의 역할 `필기` `출제` 20, 19, 18, 15, 13, 12, 11, 09, 08, 07, 04년 기출

① 직업정보의 수집 및 분석
② 구인·구직 정보제공
③ 직업관련 심리검사의 실시 및 해석
④ 내담자의 능력, 흥미 및 적성의 평가
⑤ 직업적응, 경력개발 등 직업관련 상담
⑥ 직업지도 프로그램 운영
⑦ 구직자의 직업적 문제에 대한 진단, 해결 및 지원
⑧ 직무 스트레스, 직무 상실 등으로 인한 내담자 지지
⑨ 내담자의 삶과 직업목표 명료화
⑩ 노동통계 분석에 따른 새로운 직업전망 예견 및 미래의 취업정보 제공

(4) 직업상담사의 직무내용(Herr) `필기` `출제` 21, 17, 07년 기출

① 상담의 목적 및 상담자와 내담자의 역할을 확인한다.
② 특수한 상담기법을 통해서 내담자의 문제를 확인하도록 한다.
③ 직업선택이 근본적인 관심이라면 직업상담 실시를 확정한다.
④ 의사결정 틀을 설명한다.
⑤ 좋은 결정을 가져오기 위한 예비행동을 설명한다.
⑥ 내담자가 충분한 동기를 가지고 있는가를 확정한다.
⑦ 내담자에게 가능한 모든 대안을 확인하도록 한다.
⑧ 내담자가 원하고 윤리적으로 적절한 부가적 대안을 확인한다.
⑨ 내담자에 관한 모든 정보를 종합한다.
⑩ 내담자에 관한 부가적 정보를 종합한다.
⑪ 가능한 직업결정과 관련하여 내담자에 관한 정보를 제시한다.
⑫ 확인된 대안에 대한 장·단점을 내담자에게 설명하도록 한다.
⑬ 내담자의 마음속에 일어나는 부가적 장·단점을 확인한다.
⑭ 내담자가 대안을 평가하도록 한다.
⑮ 내담자에게서 가장 가망 있는 대안에 대한 부가적 정보를 얻는다.
⑯ 내담자가 가장 가망 있는 대안을 실행하도록 한다.

> **쌤의 비법노트**
> 헤어(Herr)가 제시한 직업상담사의 18가지 직무내용을 모두 외우기 어렵다면 최소한 ③의 내용, 즉 직업선택이 근본적인 관심사인 내담자에 대해서는 직업상담 실시를 '분류'하는 것이 아닌 '확정'한다는 점을 기억해 두시기 바랍니다.

⑰ 선택한 대안이 만족스러운지를 확정한다.
⑱ 상담관계를 종결한다.

3 직업상담의 과정

(1) 직업상담의 5단계 [필기 출제] 16, 12, 08년 기출

단계	내용
관계형성과 구조화 (제1단계)	상호존중에 기초한 개방적이고 신뢰로운 관계를 형성하는 단계로서, 이 과정에서 구조화의 작업이 동시에 일어난다.
진단 및 측정 (제2단계)	표준화된 심리검사를 이용한 공식적 측정절차를 통해 내담자들이 자신의 흥미, 가치, 적성, 개인적 특성, 의사결정방식 등에 대해 자각할 수 있도록 돕는다.
목표설정 (제3단계)	직업상담의 목적이 문제해결 그 자체가 아닌 자기발전 및 자기개발에 있음을 인식시키면서, 내담자들의 목표가 명백해지는 경우 잠재적 목표를 밝혀 우선순위를 정한다.
개입 또는 중재 (제4단계)	내담자가 목표를 달성하는 데 도움이 될 수 있는 중재를 제안하여 개입한다.
평가 (제5단계)	상담자와 내담자는 그동안의 중재가 얼마나 효과적으로 적용되었는지를 평가한다.

(2) 직업상담의 2단계 [필기 출제] 21, 05년 기출

① 제1단계 – 내담자의 목표 또는 문제 확인, 문제 명료화 및 상세화

- 들어가기(직업관련 맺기) : 내담자의 목표와 문제 확인, 내담자와 상담자 간의 상호 간 관계 수립 등
- 내담자 정보 수집하기 : 내담자 자신의 정보 수집, 내담자의 현재 상태와 환경적 정보 수집, 내담자의 의사결정 방법 및 형태 탐색 등
- 내담자 행동 이해 및 가정하기 : 내담자의 목표와 문제에 따른 개입 선택, 내담자 행동에 영향을 줄 수 있는 특수한 변인들에 초점 맞추기 등

② 제2단계 – 내담자의 목표 또는 문제 해결

- 행동(조치) 취하기 : 진단에 근거한 개입의 선정, 직업상담기법을 이용한 개입 등
- 직업목표 및 행동(진로)계획 발전시키기 : 내담자의 직업목표 발전시키기, 내담자의 직업성취를 위한 행동을 계획하고 문제를 해결하기
- 사용된 개입의 영향 평가하기 : 목표 또는 문제가 해결되지 않은 경우 이를 반복하고, 해결된 경우 상담관계 끝내기

더 알아보기

그 밖의 직업상담(진로상담)의 과정 [필기 출제] 18, 14, 13, 10, 06년 기출

5단계	관계수립 및 문제의 평가 → 상담목표의 설정 → 문제해결을 위한 개입 → 훈습 → 종결 및 추수지도
8단계	준비와 시작 → 명료화 → 구조화 → 상담관계(Rapport)의 심화 → 탐색 → 견고화 → 계획수립 및 검토 → 종료

이렇게 출제된다! 2차 주관식

직업상담은 한 사람을 하나의 직업에 연결시키는 것 이상의 많은 과제가 요구되는 과정이다. 직업상담사는 내담자의 심리상태를 밝혀야 하고, 직업선택과 상담관계에 영향을 줄 수 있는 사회문화적 변인들을 이해해야 하며, 내담자로 하여금 삶의 다양한 역할들의 맥락에서 직업선택을 고려할 수 있도록 도와야 한다. 상담과정의 측면에서 볼 때 직업상담은 5단계로 구성되는데, 이 5단계 과정을 순서대로 쓰시오.

쌤의 비법노트

브래머(Brammer)의 8단계 중 '명료화'는 문제 자체가 무엇이고 누가 상담의 대상인가를 분명하게 밝히는 단계, '구조화'는 상담의 목표 및 제한점, 상담자와 내담자의 역할 등을 규정하는 단계, '견고화'는 상담목표를 위해 제시된 대안이나 대체될 행동들을 실제로 적용해 나가는 단계입니다.

(3) 상담의 진행과정에 따른 일반적인 고려사항 [필기 출제] 22, 20, 19, 18, 15, 14, 13, 10년 기출

초기 단계	상담관계(Rapport) 형성, 심리적 문제파악(내담자의 문제 평가), 상담목표 및 전략 수립, 상담의 구조화 등
중기 단계	내담자의 문제해결을 위한 구체적인 시도, 내담자의 저항 해결, 내담자의 변화를 통한 상담과정 평가 등
종결 단계	합의한 목표달성, 상담종결 문제 다루기, 이별감정 다루기 등

4 직업상담의 문제유형

(1) 윌리암슨(Williamson)의 직업선택 문제유형 분류
[필기 출제] 22, 21, 20, 19, 17, 16, 14, 13, 12, 11, 10, 07, 06, 04년 기출

직업 무선택 또는 미선택	내담자가 직접 직업을 결정한 경험이 없거나, 선호하는 몇 가지의 직업이 있음에도 불구하고 어느 것을 선택할지를 결정하지 못하는 경우
직업선택의 확신부족 (불확실한 선택)	직업을 선택하기는 하였으나, 자신의 선택에 대해 자신감이 없고 타인으로부터 자기가 성공하리라는 위안을 받고자 추구하는 경우
흥미와 적성의 불일치 (흥미와 적성의 모순 또는 차이)	흥미를 느끼는 직업에 대해서 수행능력이 부족하거나, 적성에 맞는 직업에 대해서 흥미를 느끼지 못하는 경우
현명하지 못한(않은) 직업선택 (어리석은 선택)	동기나 능력이 부족한 사람이 고도의 능력이나 특수한 재능을 요구하는 직업을 선택하는 경우, 흥미가 없고 자신의 성격에 부합하지 않는 직업을 선택하는 경우 또는 자신의 능력보다 훨씬 낮은 능력이 요구되는 직업을 선택하거나 안정된 직업만을 추구하는 경우

> **Comment**
> '직업선택 문제유형 분류'는 '직업문제 분류범주', '진로선택 유형진단', '직업상담 변별진단의 결과', '직업상담 변별진단의 범주', '변별진단 결과 분류의 범주' 등으로 시험에 출제되어 왔습니다. 여기서 '변별진단(Differential Diagnosis)'은 일련의 관련 있는 또는 관련 없는 사실들로부터 일관된 의미를 논리적으로 파악하여 문제를 하나씩 해결하는 과정을 의미합니다.

이렇게 출제된다! 2차 주관식
1. 윌리암슨(Williamson)이 분류한 직업상담의 문제유형을 3가지 쓰고, 각각에 대해 설명하시오.
2. 윌리암슨(Williamson)의 특성-요인 직업상담에서 변별진단의 4가지 범주를 쓰고, 각각에 대해 설명하시오.

(2) 보딘(Bordin)의 직업선택 문제유형 분류 [필기 출제] 21, 20, 19, 18, 15, 12, 10, 09, 08, 07, 06년 기출

의존성	자신의 문제에 대한 해결이나 생애발달 과제의 달성을 자기 스스로 주도하기 어려워하는 경우
정보의 부족	경제적 결핍 및 교육적 기회의 결여로 인해 적당한 정보를 접할 기회가 없었거나, 현재 직업결정에 대한 정보를 얻지 못하는 경우
자아갈등 (내적 갈등)	둘 이상의 자아개념과 관련된 반응기능들 사이에서 갈등하거나, 하나의 자아개념과 다른 자아개념 사이에서 갈등하는 경우
직업(진로)선택에 대한 불안	한 개인이 어떤 일을 하고 싶은데 중요한 타인이 다른 일을 해 주기를 원하거나, 직업들과 관련된 긍정적 유인가와 부정적 유인가 사이에서 내적 갈등을 경험함으로써 불안을 느끼는 경우
확신의 부족(결여) 또는 문제없음	내담자가 현실적인 직업선택을 하고도 자신의 선택에 대한 확신이 부족하여 상담자를 찾는 경우

이렇게 출제된다! 2차 주관식
1. 보딘(Bordin)은 정신역동적 직업상담을 체계화하면서 직업문제의 진단에 관한 새로운 관점을 제시하였다. 그가 제시한 직업문제의 심리적 원인 3가지를 쓰고, 각각에 대해 설명하시오.
2. 보딘(Bordin)은 정신역동적 직업상담을 체계화하면서 직업문제의 진단에 관한 새로운 관점을 제시하였다. 그가 분류한 직업선택 문제유형 5가지를 쓰시오.

쌤의 비법노트

'Crites'는 교재에 따라 '크리츠', '크릿츠', '크라이티스'로도 제시되고 있으며, 직업상담사 시험에서도 이들 명칭이 혼용되고 있습니다. 이 모두가 동일인물을 지칭하는 것이므로 혼동하지 않도록 합시다.

쌤의 비법노트

여기서 '적응성', '결정성', '현실성'은 직업선택 관련 변인이고, 각 변인별 하위분류(예 적응형, 부적응형 등)는 구체적인 문제유형에 해당합니다. 이 둘을 반드시 구분하시기 바랍니다.

이렇게 출제된다! 2차 주관식

Crites는 직업상담의 문제유형 분류에서 흥미와 적성을 3가지 변인들과 관련지어 분류하였다. 3가지 변인을 쓰고, 각각에 대해 설명하시오.

(3) 크라이티스(Crites)의 직업선택 문제유형 분류 필기 출제 22~16, 13, 12, 11, 10, 09, 07, 04년 기출

① 적응성(적응 문제)

적응형	흥미와 적성이 일치하는 분야를 발견한 유형(예 흥미를 느끼는 분야와 적성에 맞는 분야가 일치하는 사람)
부적응형	흥미와 적성이 일치하는 분야를 찾지 못한 유형(예 흥미를 느끼는 분야도 없고 적성에 맞는 분야도 없는 사람)

② 결정성(우유부단 문제)

다재다능형	재능(가능성)이 많아 흥미와 적성에 맞는 직업 사이에서 결정을 내리지 못하는 유형
우유부단형	흥미와 적성에 관계없이 어떤 직업을 선택할지 결정을 내리지 못하는 유형

③ 현실성(비현실성 문제)

비현실형	자신의 적성수준보다 높은 적성을 요구하는 직업을 선택하거나, 흥미를 느끼는 분야가 있지만 그 분야에 적성이 없는 유형
강압형	적성 때문에 직업을 선택했지만 그 직업에 흥미가 없는 유형
불충족형	흥미와는 일치하지만 자신의 적성수준보다 낮은 적성을 요구하는 직업을 선택하는 유형

(4) 필립스(Phillips)의 상담목표에 따른 진로문제의 분류 범주 필기 출제 15, 10, 04년 기출

자기탐색과 발견	자기의 능력이 어느 정도인지, 어떤 분야의 직업을 원하는지, 왜 일하는 것이 싫은지 등의 고민이 있는 경우
선택을 위한 준비 (선택의 준비도)	적성 및 성격과 직업 간의 관계, 관심 있는 직업에 관한 정보 등이 필요한 경우
의사결정 과정	진로선택 및 직업결정 방법의 습득, 선택과 결정에의 장애요소 발견 등이 필요한 경우
선택과 결정	진로를 선택해야만 하는 상황에 직면한 경우
실 천	선택과 결정에 대한 만족 여부 및 확신 정도를 확인하는 일이 중요함

더 알아보기

의사결정자의 유형 필기 출제 21년 기출

확정적 결정형	스스로 명확한 선택을 할 수 있고, 다른 가능한 선택대안과 비교하여 자신의 선택이 적절한지를 점검하려는 사람이다.
수행적 결정형	어떠한 선택을 할 수는 있지만, 그 선택을 실행하는 데 있어서 도움이 필요한 사람이다.
회피적 결정형	주변 사람들과의 대립을 피하기 위해 일단 선택을 하지만, 실제로 결정을 하지 않은 사람이다.

이렇게 출제된다! 1차 기출 OX

Q 직업상담에서는 의사결정자를 '확정적 결정형', '종속적 결정형', '회피적 결정형'으로 분류한다?

A (×) '종속적 결정형'이 아닌 '수행적 결정형'이 옳다.

02절 상담면접의 기본방법

1 상담면접의 원리

(1) 직업상담을 위한 상담면접의 원리 필기 출제 21년 기출
① 내담자의 모든 행동은 이유와 목적이 있음을 분명하게 인지해야 한다.
② 내담자의 반응 중 즉각적으로 관찰되는 것뿐만 아니라 관찰될 수 없고 지연된 반응이 있음을 주목하며, 이를 가능한 정확히 예측해야 한다.
③ 상담의 최종목표와 중간목표를 구별하며, 먼저 중간목표를 달성하도록 노력해야 한다.

(2) 진로 및 직업상담에 대한 오해와 편견 필기 출제 21, 10년 기출
① 진로상담의 정확성에 대한 오해
  내담자는 직업계획의 수립과 직업에 대한 결정이 고도로 과학적으로 이루어지며, 결정적으로 정확할 것이라고 생각한다.
② 일회성 결정에 대한 편견
  내담자는 단 한 번에 자신의 진로를 결정할 수 있을 것이라고 생각한다.
③ 적성·심리검사에 대한 과잉신뢰
  내담자는 흔히 어떤 분야의 직업을 선택하는 것이 좋을지를 심리검사가 분명히 알려줄 수 있을 것이라고 생각한다.
④ 흥미와 능력개념의 혼동
  내담자는 과거에 흥미 있었던 일이라면 그 일을 하게 될 때 잘해 나갈 수 있을 것이라고 생각한다.

(3) 상담장면에서 상담자와 내담자의 대화를 가로막는 상담자의 반응
① 너무 이른 조언
  상담 초기에 내담자의 특성을 알지 못하는 상황에서 상담자의 조언은 부적합하다.
② 가르치기
  상담자의 가르치기는 내담자의 의존적 태도나 방어적 태도를 유발한다.
③ 지나친 질문
  질문은 내담자를 수동적인 위치에 두게 하므로 가능한 한 줄이는 것이 좋다.
④ 상담자 경험의 진술
  상담자와 내담자가 똑같은 상황에서 똑같은 경험을 하기는 어렵다.

이렇게 출제된다! 1차 기출 OX

Q 내담자가 진로상담을 통해 상담자가 틀림없이 올바르게 선택할 수 있도록 도울 것이라 믿고 있다면, 이는 '진로상담의 정확성에 대한 오해'에서 비롯된 것이다?

A (○)

이렇게 출제된다! 2차 주관식

상담장면에서 상담자와 내담자의 대화를 가로막는 상담자의 반응을 3가지 쓰고, 각각에 대해 설명하시오.

2 상담면접의 주요 기법

(1) 공감(감정에 대한 반영) 필기 출제 21, 20, 15, 12, 11, 10, 04, 03년 기출

① 내담자가 전달하려는 내용에서 한 걸음 더 나아가 그 내면적 감정에 대해 반영하는 것이다.

② 상담자는 내담자의 세계를 상담자 자신의 세계인 것처럼 경험하지만 객관적인 위치에서 벗어나지 않는다.

③ 공감적 이해는 내담자의 자기 탐색과 수용을 촉진시킨다.

> **더 알아보기**
>
> **공감적 이해의 5가지 수준** 필기 출제 19, 18, 14, 03년 기출
>
> - 수준 1 : 상대방의 언어 및 행동 표현의 내용에 대해 별다른 주의를 기울이지 않으므로 감정 반응이나 의사소통에 있어서 상대방이 표현한 것보다 훨씬 못 미치게 소통이 이루어진다.
>   예 자네가 지난번에 처리했던 일이 아마 잘못 됐었지? / 뭐가 시끄럽다고 그러니? 공부하기 싫으니까 핑계도 많구나.
> - 수준 2 : 상대방의 표면적인 감정에는 어느 정도 반응하지만 상대방의 의도와 관련된 주목할 만한 감정이나 의사를 제외시킨 채 소통이 이루어진다.
>   예 기분이 나쁘더라도 상사의 지시대로 해야지. / 시끄러워도 좀 참고 하지 그러니.
> - 수준 3 : 상대방이 표현한 것과 본질적으로 같은 정서 및 의미를 표현함으로써 상호교류적인 의사소통이 이루어진다.
>   예 자네가 알아서 할 일을 내가 부당하게 간섭한다고 생각하지 말게. / 그래, 집이 시끄러우니까 공부하는 데 많이 힘들지?
> - 수준 4 : 상대방이 스스로 표현할 수 있는 것보다 더 내면적인 감정을 표현하면서 의사소통이 이루어진다.
>   예 자네 업무에 대해 이야기하는 것이 간섭받는다고 생각이 되어서 기분이 상했군. / 네가 공부할 때는 식구들이 좀 조용히 해 주었으면 좋겠단 말이지?
> - 수준 5 : 상대방의 표면적인 감정은 물론 내면적인 감정에 대해 정확하게 반응하며, 상대방의 내면적인 자기탐색과 동일한 몰입 수준에서 상대방이 표현한 정서 및 의미에 첨가하여 의사소통이 이루어진다.
>   예 믿고 맡겨준다면 잘할 수 있을 것 같은데, 간섭받는다는 기분이 들어 불쾌한 게로군. / 식구들이 좀 더 조용히 해 주면 공부를 더 잘 할 수 있을 것 같단 말이지.

(2) 요약과 재진술(내용에 대한 반영) 필기 출제 20, 18, 17, 09, 06년 기출

① 요약과 재진술은 내담자가 전달하는 이야기의 표면적 의미를 상담자가 다른 말로 바꾸어서 말하는 것이다.

② 내담자의 이야기를 요약하고 재진술할 때는 그 내용에 초점을 두어야 한다.

(3) 반 영 필기 출제 20, 14년 기출

① 내담자가 전달하고자 하는 의사의 본질을 스스로 볼 수 있도록 내담자의 말과 행동에서 표현된 기본적인 감정, 생각, 태도 등을 상담자가 다른 참신한 말로 부연하는 기법이다.

② 반영을 할 때는 말로 표현된 내용 자체보다는 그것의 밑바탕에 깔려 있는 감정을 그대로 되돌려주기 위해 노력해야 한다.

쌤의 비법노트

'공감적 이해의 5가지 수준'의 경우 문제의 지문을 통해 가장 높은 수준이 무엇인지 고르도록 하는 방식으로 문제가 출제되고 있습니다.

쌤의 비법노트

'반영'은 내담자의 태도를 거울에 비추어 주듯이 보여주는 것으로, 특히 감정에 대한 반영은 '공감'으로, 내용에 대한 반영은 '요약과 재진술'로 볼 수 있습니다.

(4) 수용 〈필기 출제〉 15년 기출

① 상담자가 내담자의 이야기에 주의를 집중하고 있고, 내담자를 인격적으로 존중하고 있음을 보여 주는 기법이다.
② 상담에서 수용적 존중은 기본적으로 내담자의 감정, 경험 및 잠재력에 대해 긍정적인 존중과 관심을 전달하는 것이고, 궁극적으로는 내담자를 한 인간으로서의 가치와 자유인으로서의 잠재력에 대해 매우 깊은 긍정적 존중을 전달하는 것이다.

> **더 알아보기**
>
> **수용적 존중의 수준** 〈필기 출제〉 16년 기출
>
> > "저 오늘 몸이 아파서 조퇴를 했어요. 좀 더 견뎌보려고 했는데 참을 수가 없었어요."
>
> - 수준 1 : 또 조퇴니? 일하기 싫으니 별 핑계를 다 대는구나.
> - 수준 2 : 몸이 조금 아프다고 자꾸 조퇴하면 안 되지.
> - 수준 3 : 몸이 아프면 힘들지. 그동안 좀 무리했지.
> - 수준 4 : 아플 땐 쉬어야지. 건강해야 일도 잘 할 수 있지.
> - 수준 5 : 그래, 자네니깐 그만큼이나 참았지. 자네 웬만하면 조퇴하지 않는 거 알지.

(5) 경청, 반영적 경청, 적극적 경청 〈필기 출제〉 22, 21, 18, 16, 10년 기출

① 경청은 내담자의 말과 행동에 상담자가 선택적으로 주목하는 것을 말한다.
② '반영적 경청'은 내담자의 말을 주의 깊게 듣고 그가 느끼는 감정을 마치 거울에 비추듯 되돌려주기 위해 노력하는 것이다.
③ '적극적 경청'은 내담자의 말이나 사건의 내용은 물론 내담자의 심정을 파악함으로써 내담자가 표현하는 언어적인 의미 외에 비언어적인 의미까지 이해하는 것이다.
④ 상담자는 내담자의 음조와 함께 내담자가 보이는 일반화, 빠뜨린 내용, 왜곡을 경청함으로써 내담자의 표현의 불일치를 인식한다.

쌤의 비법노트
상담자는 경청의 장애물로서 '부적절한 경청', '평가적 경청', '선별적 경청', '사실 중심적 경청', '동정적 경청'을 피해야 합니다.

(6) 탐색적 질문 〈필기 출제〉 15, 07, 03년 기출

① 상담자가 자신의 관심을 충족시키기 위해 하는 질문이 아니라, 내담자로 하여금 자기 자신과 자신의 문제를 자유롭게 탐색하도록 허용함으로써 내담자의 이해를 증진시키는 개방적 질문이다.
② 탐색적 질문은 개방형 질문이어야 하며, 내담자의 감정을 이끌어내기 위한 것, 내담자로 하여금 자기 자신과 자신의 문제를 더욱 명료화하는 데 도움이 될 수 있는 것이어야 한다.

이렇게 출제된다! 2차 주관식
상담자가 자신의 관심을 충족시키기 위해 하는 질문이 아니라, 내담자로 하여금 자신과 자신의 문제를 자유로이 탐색하도록 허용함으로써 내담자의 이해를 증진시키는 탐색적 질문을 하는 과정에서 상담자가 유의해야 할 사항 3가지를 쓰시오.

이렇게 출제된다! 2차 주관식

개방형 질문과 폐쇄형 질문의 차이를 서술하시오.

> **더 알아보기**
>
> **1. 개방형 질문과 폐쇄형 질문** 〔필기 출제〕 20, 17, 04년 기출
>
> | 개방형 질문
(개방적 질문) | 보통 '무엇을, 어떻게'로 질문을 한다.
예 "지난주에 무슨 일이 있었습니까?", "시험이 끝나고서 기분이 어떠했습니까?" |
> |---|---|
> | 폐쇄형 질문
(폐쇄적 질문) | '예 / 아니요'와 같이 제한된 응답을 요구한다.
예 "당신은 학교를 좋아하지요?" |
>
> **2. 직접 질문과 간접 질문** 〔필기 출제〕 21, 10, 07년 기출
> - 직접 질문은 문장 형태가 의문문인 반면(예 "밥은 먹고 다니니?"), 간접 질문은 문장 형태가 서술문이다(예 "밥은 잘 챙겨먹는지 모르겠네").
> - 간접 질문은 내담자로 하여금 자신이 질문을 받는다는 느낌을 덜 받게 하므로, 특히 질문 공세를 받는다는 느낌을 주지 않도록 할 필요가 있을 때 간접 질문을 사용할 것을 권장한다.
>
> **3. 상담면접 시 피해야 할 질문** 〔필기 출제〕 15, 10, 07년 기출
> - 유도질문 : 내담자에게 특정한 방향의 응답을 하도록 유도하는 질문이다.
> - 모호한 질문 : 내담자가 질문의 방향을 명확히 인지하지 못하거나 받아들이지 못하는 형태의 질문이다.
> - 이중질문 : 내담자에게 한 번에 두 가지 이상의 내용을 질문하는 것이다.
> - 폭탄형 질문 : 내담자에게 한꺼번에 너무 많은 질문을 쏟아내는 것이다.
> - '왜' 질문 : '왜(Why)' 의문사를 남용함으로써 내담자로 하여금 비난을 받고 있다는 느낌을 갖도록 하는 질문이다.

쌤의 비법노트

'요약과 재진술'이 내담자가 말한 이야기의 요점을 그대로 재확인시키기 위한 것이라면, '명료화'는 내담자가 말한 이야기의 요점을 더욱 분명하고 명확하게 부각시킨다는 점에서 차이가 있습니다.

이렇게 출제된다! 2차 주관식

직업상담을 효과적으로 진행하기 위해서는 상담의 기본 원리와 기법을 따라야 한다. 상담분야를 막론하고 상담자가 갖추어야 할 기본 기술을 5가지 쓰시오.

이렇게 출제된다! 2차 주관식

상담자가 갖추어야 할 기본 기술인 적극적 경청, 공감, 명료화, 직면에 대해 설명하시오.

(7) 명료화 〔필기 출제〕 20, 14년 기출

① 내담자의 말 속에 포함되어 있는 불분명한 측면을 상담자가 분명하게 밝히는 반응이다.

② 어떤 문제의 밑바닥에 깔려 있는 혼란스러운 감정과 갈등을 가려내어 분명히 해 주는 것이다.

(8) 해 석 〔필기 출제〕 19, 18, 13년 기출

① 내담자가 직접 진술하지 않은 내용이나 개념을 그의 과거 경험이나 진술을 토대로 하여 추론해서 말하는 것이다.

② 내담자가 새로운 방식으로 자신의 문제들을 볼 수 있도록 사건들의 의미를 설정해 주는 것이다.

(9) 직 면 〔필기 출제〕 18, 16, 14, 10, 07년 기출

① 내담자가 모르고 있거나 인정하기를 거부하는 생각과 느낌에 대해 주목하도록 하는 것이다.

② 문제를 있는 그대로 확인시켜 주어 내담자가 문제와 맞닥뜨리도록 함으로써, 내담자로 하여금 현실적인 대처방안을 찾을 수 있도록 도전시키는 과정이다.

③ 직면을 사용할 경우 내담자에 대해 평가하거나 비판하는 인상을 주지 않도록 해야 하며, 이를 위해 내담자가 보인 객관적인 행동과 인상에 대해 서술적으로 표현하는 것이 바람직하다.

예 집단모임에서 여러 명의 집단원들로부터 부정적인 피드백을 받은 한 집단원에게 다른 집단원이 그의 느낌을 묻자 아무렇지도 않다고 하지만 그의 얼굴 표정이 몹시 굳어있는 경우
→ "○○씨는 아무렇지도 않다고 말하지만, 지금 얼굴이 아주 굳어있고 목소리가 떨리는군요. 내적으로 지금 어떤 불편한 감정이 있는 것 같은데, ○○씨의 반응이 궁금하군요."

(10) 저항의 처리 [필기 출제] 20, 14, 11년 기출

① 상담 초기 내담자는 상담자와의 관계가 안전한지의 여부를 확인하기 위해, 즉 상담자에 대한 신뢰를 시험해 보기 위해 저항을 하기도 하는데, 이때 상담자는 내담자가 겪는 불안을 이해하고, 이를 있는 그대로 표현하도록 도와야 한다.

② 상담자는 내담자로 하여금 위협을 느끼지 않도록 하며, 고통을 공감해 주도록 한다. 만약 내담자가 지속적인 저항을 보이는 경우 내담자와의 상담관계를 재점검하도록 한다.

(11) 침묵의 처리 [필기 출제] 10, 09년 기출

① 상담자 개인에 대한 적대감에서 오는 저항이나 불안이 침묵의 원인일 수 있으나, 내담자가 이전에 표현했던 감정 상태에서 생긴 피로를 회복하고 있다는 뜻일 수도 있다.

② 내담자가 상담자에게서 재확인을 바라거나 상담자의 해석 등을 기대하며 침묵에 들어갈 수도 있다.

③ 상담관계가 이루어지기도 전에 일어난 침묵은 대개 부정적이며 거절의 형태로 해석될 수 있다. 이는 상담자가 자기를 어떻게 볼 것인가에 대한 불안에서 비롯된다.

④ 내담자가 침묵할 때는 섣불리 말하지 말고 침묵의 의미를 이해한 후 말을 꺼낸다.

이렇게 출제된다! 1차 기출 OX

Q 직업상담에서 내담자의 저항을 다룰 때 긴장이완법을 사용한다?

A (×) 긴장이완법은 불안을 완화하기 위한 기법에 해당한다.

이렇게 출제된다! 2차 주관식

상담에서 대화의 중단 또는 내담자의 침묵은 자주 일어나는 일이다. 내담자의 침묵의 발생원인을 3가지만 쓰시오.

CHAPTER 01 출제 유형 알아보기

제2과목 직업상담 및 취업지원

01절 직업상담의 기초

01 다음 중 직업상담의 목적과 가장 거리가 먼 것은?

① 내담자가 이미 잠정적으로 선택한 진로결정을 확고하게 해 주는 과정이다.
② 개인의 직업목표를 명백하게 해 주는 과정이다.
③ 내담자가 최대한 고소득 직업을 선택하도록 돕는 것이다.
④ 내담자가 자기 자신과 직업세계에 대해 알지 못했던 사실을 발견하도록 돕는 것이다.

> **해설**
> ③ 직업상담은 내담자가 고소득 직업을 선택하도록 돕는 것이 아니라 내담자의 흥미와 적성에 맞는 직업을 선택하도록 돕는 것이다.

02 다음 중 진로상담의 주요 원리에 해당하지 않는 것은?

① 진로상담은 진학과 직업선택에 초점을 맞추어 전개되어야 한다.
② 진로상담은 상담자와 내담자 간의 라포가 형성된 관계 속에서 이루어져야 한다.
③ 진로상담은 항상 집단적인 진단과 처치의 자세를 견지한다.
④ 진로상담은 상담윤리강령에 따라 전개되어야 한다.

> **해설**
> ③ 진로상담은 내담자에 대한 차별적 진단(분류) 및 차별적 지원(처치)의 자세를 견지해야 한다.

정답 01 ③ 02 ③

03 다음 중 톨버트(Tolbert)가 제시한 개인의 진로발달에 영향을 미치는 요인에 해당하는 것을 올바르게 모두 고른 것은?

| ㄱ. 교육정도 | ㄴ. 직업전망 |
| ㄷ. 직업흥미 | ㄹ. 가정·성별·인종 |

① ㄱ, ㄴ, ㄷ ② ㄱ, ㄴ, ㄹ
③ ㄱ, ㄷ, ㄹ ④ ㄴ, ㄷ, ㄹ

> **해설**
>
> 개인의 진로발달에 영향을 미치는 요인(Tolbert)
> - 직업적성
> - 인 성
> - 성취도
> - 장애물
> - 경제적 조건 등
> - 직업흥미(ㄷ)
> - 직업성숙도와 발달
> - 가정·성별·인종(ㄹ)
> - 교육정도(ㄱ)

04 다음 직업상담사의 자질요건 중 '상담업무를 수행하는 데 가급적 결함이 없는 성격을 갖춘 자'에 대한 사례와 가장 거리가 먼 것은?

① 지나칠 정도의 동정심
② 순수한 이해심을 가진 신중한 태도
③ 건설적인 냉철함
④ 두려움이나 충격에 대한 공감적 이해력

> **해설**
>
> ① '정서적으로 분리된 지나치지 않은 동정심'이 옳다.

05 다음 중 직업상담사의 역할과 가장 거리가 먼 것은?

① 직업정보의 수집 및 분석
② 직업관련 이론의 개발과 강의
③ 직업관련 심리검사의 실시 및 해석
④ 직업적응, 경력개발 등 직업관련 상담

> **해설**
>
> ② 직업관련 이론을 개발하는 것은 관련 분야의 학자 및 이론가들의 역할에 해당한다.

06 다음 중 헤어(Herr)가 제시한 직업상담사의 직무내용에 해당하지 않는 것은?

① 내담자에 관한 모든 정보를 종합한다.
② 내담자에 관한 부가적 정보를 종합한다.
③ 좋은 결정을 가져오기 위한 예비행동을 설명한다.
④ 직업선택이 근본적인 관심사인 내담자에 대해서는 직업상담 실시를 보류하도록 한다.

> **해설**
> ④ 직업선택이 근본적인 관심사인 내담자에 대해서는 직업상담 실시를 확정하도록 한다.

07 다음 중 직업상담의 과정을 순서대로 올바르게 나열한 것은?

① 관계형성 - 진단 및 측정 - 개입 - 목표설정 - 평가
② 관계형성 - 진단 및 측정 - 목표설정 - 개입 - 평가
③ 관계형성 - 목표설정 - 진단 및 측정 - 개입 - 평가
④ 관계형성 - 목표설정 - 개입 - 진단 및 측정 - 평가

> **해설**
> **직업상담의 일반적인 5단계 과정**
> 관계형성과 구조화 - 진단 및 측정 - 목표설정 - 개입 또는 중재 - 평가

08 다음 중 상담 초기 과정의 활동과 가장 거리가 먼 것은?

① 상담의 목표를 설정한다.
② 내담자와 라포를 형성한다.
③ 내담자의 심리상태를 평가한다.
④ 내담자의 문제행동에 대한 대안을 찾아본다.

> **해설**
> ④ 상담을 초기·중기·종결의 3단계로 구분할 때 내담자의 문제행동에 대한 대안을 찾는 등 문제해결을 위한 구체적인 시도를 펼치는 것은 상담 중기 단계의 활동에 해당한다.

09 다음 중 윌리암슨(Williamson)이 분류한 직업선택의 문제유형에 해당하지 않는 것은?

① 직업 무선택
② 직업선택의 확신부족
③ 정보의 부족
④ 현명하지 못한 직업선택

> **해설**
>
> 윌리암슨(Williamson)의 직업선택 문제유형 분류
> - 직업 무선택 또는 미선택
> - 직업선택의 확신부족(불확실한 선택)
> - 흥미와 적성의 불일치(흥미와 적성의 모순 또는 차이)
> - 현명하지 못한(않은) 직업선택(어리석은 선택)

10 크라이티스(Crites)는 흥미와 적성을 3가지 변인과 관련지어 포괄적 진단체계를 개발하였다. 다음 중 3가지 변인에 해당하지 않는 것은?

① 충족성
② 적응성
③ 결정성
④ 현실성

> **해설**
>
> 크라이티스(Crites)의 직업선택 관련 3가지 변인
> - 적응성(적응 문제)
> - 결정성(우유부단 문제)
> - 현실성(비현실성 문제)

11 다음 중 직업상담의 문제유형에 관한 크라이티스(Crites)의 분류에 해당하지 않는 것은?

① 적응형
② 현실형
③ 다재다능형
④ 불충족형

> **해설**
>
> ② '현실형'이 아닌 '비현실형'이 옳다.

02절 상담면접의 기본방법

12 다음 상담장면에서 나타난 진로상담에 대한 내담자의 잘못된 인식으로 가장 적합한 것은?

> 내담자 : 진로선택에 대해서 도움을 받고자 합니다.
> 상담사 : 당신이 현재 생각하고 있는 것부터 이야기를 하시지요.
> 내담자 : 저는 올바르게 선택하고 싶습니다. 아시겠지만, 저는 실수를 저지르고 싶지 않습니다. 선생님은 제가 틀림없이 올바르게 선택할 수 있도록 도와주실 것으로 생각합니다.

① 흥미와 능력개념의 혼동
② 일회성 결정에 대한 편견
③ 적성·심리검사에 대한 과잉신뢰
④ 진로상담의 정확성에 대한 오해

해설

④ 내담자는 직업계획의 수립과 직업에 대한 결정이 고도로 과학적으로 이루어지며, 결정적으로 정확할 것이라고 진로상담에 대해 잘못된 생각을 하고 있는데, 이는 진로상담의 정확성에 대한 오해에서 비롯된다.

13 다음 내용에 대한 상담자의 공감적 이해 수준 중 가장 높은 것은?

> 일단 저에게 맡겨주신 업무에 대해서는 너무 간섭하지 마세요. 제 소신껏 창의적으로 일하고 싶습니다.

① 자네가 알아서 할 일을 내가 부당하게 간섭한다고 생각하지 말게.
② 자네가 지난번에 처리했던 일이 아마 잘못 됐었지?
③ 믿고 맡겨준다면 잘할 수 있을 것 같은데, 간섭받는다는 기분이 들어 불쾌한 게로군.
④ 기분이 나쁘더라도 상사의 지시대로 해야지.

해설

공감적 이해의 5가지 수준의 예
- 수준1 : 자네가 지난번에 처리했던 일이 아마 잘못 됐었지?
- 수준2 : 기분이 나쁘더라도 상사의 지시대로 해야지.
- 수준3 : 자네가 알아서 할 일을 내가 부당하게 간섭한다고 생각하지 말게.
- 수준4 : 자네 업무에 대해 이야기하는 것이 간섭받는다고 생각이 되어서 기분이 상했군.
- 수준5 : 믿고 맡겨준다면 잘할 수 있을 것 같은데, 간섭받는다는 기분이 들어 불쾌한 게로군.

14 다음 중 직업상담의 기초기법에 대한 설명으로 옳지 않은 것은?

① 해석 – 내담자가 전달하는 이야기의 표면적 의미를 상담자가 다른 말로 바꾸어서 말하는 기법이다.
② 수용 – 내담자의 이야기에 주의집중하고 내담자를 인격적으로 존중하는 기법이다.
③ 명료화 – 내담자의 말 속에 포함되어 있는 불분명한 측면을 상담자가 분명하게 밝히는 기법이다.
④ 탐색적 질문 – 내담자로 하여금 자기 자신과 자신의 문제를 자유롭게 탐색하도록 허용함으로써 내담자의 이해를 증진시키는 개방적 질문기법이다.

해설

① '요약과 재진술'에 대한 설명에 해당한다. 참고로 '해석'은 내담자가 직접 진술하지 않은 내용이나 개념을 그의 과거 경험이나 진술을 토대로 하여 추론해서 말하는 것이다.

15 다음 중 상담 과정에서 상담자가 내담자에게 질문하는 형식에 관한 설명으로 옳지 않은 것은?

① 간접적 질문보다는 직접적 질문이 더 효과적이다.
② 폐쇄적 질문보다는 개방적 질문이 더 효과적이다.
③ 이중질문은 상담에서 도움이 되지 않는다.
④ "왜"라는 질문은 가능하면 피해야 한다.

해설

① 간접 질문은 내담자로 하여금 자신이 질문을 받는다는 느낌을 덜 받게 하므로, 특히 질문 공세를 받는다는 느낌을 주지 않도록 할 필요가 있을 때 간접 질문을 사용할 것을 권장한다.

CHAPTER 01 최근 기출문제 파악하기 **1차 필기**

제2과목 직업상담 및 취업지원

01 Gysbers가 제시한 직업상담의 목적에 관한 설명으로 옳은 것은? [2022년 1회 기출]

① 생애진로발달에 관심을 두고, 효과적인 사람이 되는 데 필요한 지식과 기능을 습득하게 한다.
② 직업선택, 의사결정 기술의 습득 등이 주요한 목적이고, 직업상담 과정에는 진단, 문제분류, 문제구체화 등이 들어가야 한다.
③ 자기관리 상담모드가 주요한 목적이고, 직업정보 탐색과 직업결정, 상담만족 등에 효과가 있다.
④ 직업정보를 스스로 탐색하게 하고 자신을 사정하게 하는 능력을 갖추도록 돕는다.

> **해설**
>
> **직업상담의 목적(Gysbers)**
> - 예언과 발달 : 생애진로발달에 관심을 두어야 한다.
> - 처치와 자극 : 내담자들이 보다 효과적인 사람이 되는 데 필요한 지식과 기능을 습득할 수 있도록 한다.
> - 결함과 유능(능력) : 사람들이 문제를 효과적으로 다루도록 돕는다.

02 직업상담 과정에서 내담자 목표나 문제의 확인·명료·상세 단계의 내용으로 적절하지 않은 것은? [2021년 3회 기출]

① 내담자와 상담자 간의 상호 간 관계 수립
② 내담자의 현재 상태와 환경적 정보 수집
③ 진단에 근거한 개입의 선정
④ 내담자 자신의 정보 수집

> **해설**
>
> ③ 직업상담의 2단계 중 '내담자의 목표 또는 문제 해결' 단계의 내용에 해당한다.

03 직업상담의 문제유형 중 Bordin의 분류에 해당하지 않는 것은? [2021년 3회 기출]

① 의존성
② 확신의 결여
③ 선택에 대한 불안
④ 흥미와 적성의 모순

> **해설**
> ④ '흥미와 적성의 모순'은 윌리암슨(Williamson)이 분류한 직업상담(직업선택)의 문제유형에 해당한다.

04 상담사의 기본 기술 중 내담자가 전달하려는 내용에서 한 걸음 더 나아가 그 내면적 감정에 대해 반영하는 것은? [2021년 3회 기출]

① 해 석
② 공 감
③ 명료화
④ 적극적 경청

> **해설**
> ① '해석'은 내담자가 직접 진술하지 않은 내용이나 개념을 그의 과거 경험이나 진술을 토대로 하여 추론해서 말하는 것이다.
> ③ '명료화'는 내담자의 말 속에 포함되어 있는 불분명한 측면을 상담자가 분명하게 밝히는 반응이다.
> ④ '적극적 경청'은 내담자의 말이나 사건의 내용은 물론 내담자의 심정을 파악함으로써 내담자가 표현하는 언어적인 의미 외에 비언어적인 의미까지 이해하는 것이다.

정답 03 ④ 04 ②

CHAPTER 01 최근 기출문제 파악하기 2차 실무

제2과목 직업상담 및 취업지원

01 직업상담사가 갖추어야 할 자질을 5가지 쓰시오. (5점) [2024년 3회, 2022년 2회, 2020년 4회, 2006년 1회, 2002년 3회 기출]

이렇게 외우세요!
① 상담업무를 수행하는 데 결함이 없는 성격
② 내담자에 대한 존경심
③ 자기 자신에 대한 이해
④ 상황대처능력
⑤ 심리학적 지식

02 윌리암슨(Williamson)의 특성-요인 직업상담에서 변별진단의 4가지 범주를 쓰시오. (4점)
[2025년 2회, 2022년 2회, 2021년 3회, 2020년 4회, 2018년 1회, 2016년 2회, 2015년 1회, 2014년 3회, 2010년 1회, 2009년 2회 기출]

이렇게 외우세요!
① 직업 무선택 또는 미선택
② 직업선택의 확신부족(불확실한 선택)
③ 흥미와 적성의 불일치(모순 또는 차이)
④ 현명하지 못한 직업선택(어리석은 선택)

03 보딘(Bordin)은 정신역동적 직업상담을 체계화하면서 직업문제의 진단에 관한 새로운 관점을 제시하였다. 그가 제시한 직업문제의 심리적 원인 5가지를 쓰고, 각각에 대해 설명하시오. (10점)

[2023년 2회, 2021년 1회, 2019년 2회, 2018년 3회, 2015년 3회, 2014년 1회, 2014년 3회, 2013년 3회, 2011년 1회, 2010년 2회, 2009년 2회, 2006년 1회 기출]

> **이렇게 외우세요!**
> ① 의존성 : 생애발달 과제에 대한 자기 주도적인 수행상의 어려움
> ② 정보의 부족 : 경제적·교육적 기회의 결여 등으로 인한 정보의 부족
> ③ 자아갈등(내적 갈등) : 자아개념들 사이의 내적 갈등에서 비롯되는 혼란
> ④ 직업(진로)선택에 대한 불안 : 자신의 선택과 타인의 기대 간의 충돌에 따른 불안
> ⑤ 확신의 부족(결여) : 자신의 선택에 대한 확신의 부족

04 진로상담 과정에서 내담자와 관계를 수립하고, 내담자의 문제를 파악하는 데 사용되는 기본 상담기술을 6가지 쓰시오. (6점)

[2023년 1회, 2023년 3회, 2005년 3회 기출]

> **이렇게 외우세요!**
> ① 공 감   ② 적극적 경청
> ③ 명료화   ④ 요약과 재진술
> ⑤ 수 용   ⑥ 탐색적 질문

CHAPTER 02

제2과목 직업상담 및 취업지원

직업상담의 이론 및 접근방법

 중요키워드 10

※ 중요도 높은 것에서 낮은 것 순으로

❶ 행동주의 상담의 체계적 둔감법
❷ 발달적 직업상담의 6단계
❸ 개인주의 상담의 특징
❹ 특성–요인 직업상담의 과정
❺ Bordin의 상담기법
❻ 정신분석적 상담의 방어기제
❼ 내담자중심 상담에서 상담자의 기본태도
❽ 교류분석적 상담의 구조분석
❾ REBT의 ABCDE 모델
❿ 행동주의 상담의 학습촉진기법

제2과목

 **쌤의 학습지도**

1. 직업상담이론은 일반상담이론을 차용하고 있어요.

직업상담이론을 학습하기에 앞서 일반상담의 제 이론들을 우선적으로 학습할 필요가 있답니다.

2. 각 상담이론의 특징들을 눈여겨보아야 해요.

상담의 제 이론들은 각각 독특한 특징들을 가지고 있어요. 직업상담사 시험에서는 그와 같은 특징들을 문제의 지문으로 제시하고 있답니다.

3. 각 상담이론의 주요 개념들을 기억해 두세요.

정신분석적 상담의 자유연상·전이·훈습, 개인주의 상담의 열등감과 사회적 관심, 형태주의 상담의 게슈탈트, 교류분석적 상담의 생활각본 등이 무엇을 의미하는지 이해해야만 해요.

4. 각 상담이론의 주요 기법들을 구분하세요.

특정 상담기법이 어느 하나의 상담이론에만 적용되는 것은 아니지만, 각 상담이론을 대표할만한 기법들이 존재한답니다. 시험에서도 특정 기법이 어느 상담이론과 연관되는지 구분하는 문제를 출제하기도 해요.

5. REBT의 기본개념으로서 ABCDE 모델을 암기하세요.

인지·정서·행동적 상담(REBT)의 ABCDE 모델은 1차 필기시험은 물론 2차 실무시험에서도 빈번히 출제되고 있어요. 각 알파벳이 무엇을 의미하는지를 반드시 암기하도록 하세요.

6. 직업상담 접근이론의 상담 과정을 정리해 두세요.

특성-요인 직업상담의 과정, 정신역동적 직업상담의 과정, 발달적 직업상담의 과정 등 각 직업상담의 단계별 과정들을 순서대로 나열하는 문제가 직업상담사 시험에 빈번히 출제되고 있어요.

7. 포괄적 직업상담은 다양한 이론과 기법을 포함하고 있어요.

포괄적 직업상담은 초기, 중간, 마지막 단계로 진행되는데, 각 단계별 접근법이 서로 다르기 때문에 이를 명확히 구분해야만 해요.

8. 출제기준의 세부항목에 없는 이론들도 학습해야 해요.

변경된 출제기준의 세부항목에 형태주의 상담이론, 교류분석적 상담이론, 행동주의 상담이론 등이 빠졌다고 해서 시험에 안 나올 거라는 기대는 버리세요.

CHAPTER 02 직업상담의 이론 및 접근방법

제2과목 직업상담 및 취업지원

> **Comment**
> 직업상담의 이론 중 기초상담 이론과 관련하여 2025년도 변경된 출제기준의 세세항목에는 '아들러의 개인주의 상담', '내담자중심 상담', '합리적·정서적 행동치료', '인지치료', '주제분석' 등 다섯 가지가 제시되어 있으므로, 그 외의 이론들은 출제기준에서 제외된다고 생각하는 분들이 있습니다. 그러나 '주제분석'이 특정 상담이론을 지칭하기보다는 내담자의 언어 속에 반복적으로 나타나는 핵심주제를 포괄적으로 다루는 영역이라는 점에서 정신분석적 상담, 실존주의 상담, 형태주의 상담, 교류분석적 상담 등 다양한 상담이론이 포함된다는 점을 간과해서는 안 됩니다.

01절 기초상담 이론

1 정신분석적 상담 필기 출제 21, 14, 11, 10년 기출

(1) 개요

① 프로이트(Freud)의 정신분석이론은 인간을 비합리적이고 결정론적이며, 생물학적 충동과 본능을 만족시키려는 욕망에 의해 동기화된 존재로 가정한다.
② 어린 시절의 경험과 무의식을 강조하며, 인간의 적응을 방해하는 요소를 무의식 속에서 동기로 작용하고 있는 억압된 충동으로 본다.
③ 상담 과정은 어떤 위협이나 비난받을 위험이 없는 안전한 분위기 속에서 내담자로 하여금 과거에 효과적으로 대처할 수 없었던 장면들에 직면하도록 하고, 억압되어 있는 감정이나 충동을 자유롭게 표현하도록 함으로써 무의식의 세계를 의식적 수준으로 끌어올려 자각할 수 있도록 한다.

(2) 정신분석적 상담이론의 특징 필기 출제 18, 17, 15, 14, 11년 기출

① 심리성적 결정론에 기초한다.
② 인생 초기의 발달 과정을 중시한다.
③ 내담자의 유아기적 갈등과 감정을 중요하게 다룬다.
④ 내담자의 심리적 장애의 근원을 과거 경험에서 찾고자 한다.
⑤ 내담자의 심리적 문제는 증상 형성(Symptom Formation)에서 비롯된다.
⑥ 내담자의 무의식적 자료와 방어를 탐색하는 작업을 한다.
⑦ 심리적 장애행동과 관련된 표준화된 자료를 활용하기보다는 자유연상, 꿈의 분석, 저항의 분석 등 다소 직관적인 방법을 활용한다.
⑧ 상담자의 '텅 빈 스크린(Blank Screen)'으로서의 역할을 강조한다.

이렇게 출제된다! 1차 기출 OX

Q 정신분석이론은 진로 선택과 관련된 이론으로 인생 초기의 발달 과정을 중시한다?

A (○)

쌤의 비법노트

'텅 빈 스크린(Blank Screen)'은 상담자의 익명성 및 중립성을 강조하는 개념이며, '증상 형성(Symptom Formation)'은 무의식적 충동에 대한 자아의 방어가 효율적이지 못할 때 무의식적 충동에 대처하기 위해 심리적 증상을 형성하는 것을 말합니다.

⑨ 분석가로서 상담자의 중립적 태도가 내담자의 전이를 촉진시키는 데 중요하다.
⑩ 심리성적 발달단계로서 '구강기 → 항문기 → 남근기 → 잠복기 → 생식기'를 제시한다.

(3) 성격의 구조

① 정신의 3요소 `필기 출제` 16, 03년 기출

의식 (Consciousness)	어떤 순간에 우리가 알거나 느낄 수 있는 모든 감각과 경험으로서, 특정 시점에 인식하는 모든 것을 말한다.
전의식 (Preconsciousness)	의식과 무의식의 교량역할로서, 현재는 의식하지 못하지만 조금만 노력하면 의식으로 가져올 수 있는 정신세계의 일부분이다.
무의식 (Unconsciousness)	정신 내용의 대부분에 해당하는 것으로서, 의식적 사고의 행동을 전적으로 통제하는 힘이다.

② 성격의 3요소

원초아 (Id)	'쾌락의 원리(Pleasure Principle)'에 따르며, 현실적 여건을 고려하지 않고 즉각적으로 욕구를 충족시키고자 한다.
자아 (Ego)	'현실의 원리(Reality Principle)'에 따르며, 현실적 여건을 고려하여 판단하고 욕구충족을 지연시키며, 행동을 통제한다.
초자아 (Superego)	'도덕의 원리(Moral Principle)'에 따르며, 행동의 옳고 그름을 판단하는 도덕적 규범이나 가치관에 따라 기능한다.

(4) 상담기법 `필기 출제` 14, 08년 기출

① 자유연상(Free Association) `필기 출제` 16, 08년 기출
   내담자에게 무의식적 감정과 동기에 대해 통찰하도록 하기 위해 마음속에 떠오르는 것을 의식의 검열을 거치지 않은 채 표현하도록 하는 것이다.

② 해석(Interpretation) `필기 출제` 19, 13년 기출
   내담자가 직접 진술하지 않은 내용이나 개념을 그의 과거 경험이나 진술을 토대로 하여 추론해서 말하는 것으로, 자유연상이나 꿈, 저항, 전이 등을 분석하여 그 의미를 설명해 주는 것이다.

③ 전이의 분석(Analysis of Transference) `필기 출제` 18, 16년 기출
   전이란 내담자가 과거의 중요한 인물에게서 느꼈던 감정이나 생각을 상담자에게 투사하는 현상으로, 상담자는 이러한 전이를 분석·해석함으로써 내담자의 무의식적 갈등과 문제의 의미를 통찰하도록 돕는다.

④ 저항의 분석(Analysis of Resistance)
   저항이란 상담을 방해하고 내담자가 무의식적인 자료를 생산하지 못하게 방해하는 모든 것으로, 상담자는 이러한 저항을 분석·해석함으로써 내담자가 무의식적으로 숨기고자 하는 것, 피하고자 하는 것, 불안해하거나 두려워하는 대상 등에 대한 정보를 얻고 그러한 저항과 무의식적인 갈등의 의미를 파악하여 내담자로 하여금 통찰을 얻게 한다.

쌤의 비법노트

초기의 정신분석적 상담은 상담자의 '텅 빈 스크린'으로서의 역할을 강조하였습니다. 이는 상담자의 감정적 개입을 최소화하는 것으로, 이때 내담자는 상담자에게 전이 반응을 투사하게 되며, 상담자는 이러한 전이를 분석·해석하게 되는 것입니다.

이렇게 출제된다! 2차 주관식

내담자가 상담자에게 지나치게 의존하려는 전이(Transference)가 일어났을 때 그 의미와 해결방안을 설명하시오.

⑤ 꿈의 분석(Analysis of Dream) `필기` `출제` 16년 기출

내담자의 꿈을 분석함으로써 내담자의 억압된 욕망과 무의식적 동기가 무엇인지 진단할 수 있는데, 특히 현재몽에 대한 자유연상을 통해 잠재몽을 더 쉽게 이해할 수 있다.

⑥ 통찰(Insight)

상담자는 해석을 통해 내담자로 하여금 현실과 환상, 과거와 현재를 구분하도록 해주며, 아동기의 무의식적이고 환상적인 소망의 힘을 깨닫도록 유도한다.

⑦ 훈습(Working-through) `필기` `출제` 22, 18, 13, 12, 10, 03년 기출

내담자의 갈등과 방어를 탐색하고 이를 해석해 나가는 과정으로, 내담자가 이전에는 회피하였던 무의식적 자료를 정확히 이해하고 통합하여 활용할 수 있을 때까지 반복적인 해석을 받는 과정이다. 바인셸(Weinshel)은 훈습의 절차를 '환자의 저항 → 분석자의 저항에 대한 해석 → 환자의 해석에 대한 반응'으로 설명하였다.

⑧ 버텨주기(Holding) `필기` `출제` 07년 기출

내담자가 막연하게 느끼지만 스스로는 직면할 수 없는 불안과 두려움에 대해 상담자의 이해를 적절한 순간에 적합한 방법으로 전해주면서, 내담자에게 의지가 되어주고 따뜻한 배려로써 마음을 녹여준다.

> **더 알아보기**
>
> 역전이(Counter Transference)
> - 내담자의 태도 및 외형적 행동에 대한 상담자의 개인적인 정서적 반응이자 투사이다.
> - 상담자는 자기분석(Self-analysis)을 통해 과거 경험이 현재에 미치는 영향을 분석하며, 교육분석(Training Analysis)을 통해 자기분석 결과 및 경험 내용을 지속적으로 축적한다. 이러한 자기분석과 교육분석을 받을 수 없는 경우 슈퍼바이저의 지도·감독을 받도록 한다.

쌤의 비법노트

꿈의 내용에는 꿈에 나타난 그대로의 '현재몽(顯在夢)'과 그 현재몽이 상징하고 있는 '잠재몽(潛在夢)'의 두 가지가 있습니다. 자아가 의식하기에는 너무나 고통스럽고 위협적인 잠재몽을 비교적 덜 고통스럽고 비위협적인 현재몽으로 바꾸는 작업을 '꿈의 작업'이라고 합니다.

이렇게 출제된다! 2차 주관식

역전이의 의미와 해결책 3가지를 쓰시오.

(5) 불안의 3가지 유형 `필기` `출제` 20, 18년 기출

현실 불안	'객관적 불안'이라고도 하며, 외부세계에서의 실제적인 위협을 지각함으로써 발생하는 감정적 체험이다.
신경증적 불안	자아가 원초아를 통제하지 못할 경우 발생할 수 있는 불상사에 대해 위협을 느낌으로써 나타난다.
도덕적 불안	원초아와 초자아 간의 갈등에 의해 야기되는 것으로, 본질적 자기 양심에 대한 두려움과 연관된다.

이렇게 출제된다! 2차 주관식

정신분석적 상담에서 필수적인 개념인 불안의 3가지 유형을 쓰고, 각각에 대해 설명하시오.

(6) 주요 방어기제 `필기` `출제` 21, 18, 13, 12, 11, 10, 09, 05년 기출

억압 (Repression)	죄의식이나 괴로운 경험, 수치스러운 생각을 의식에서 무의식으로 밀어내는 것으로서 선택적인 망각을 의미한다. 예 부모의 학대에 대한 분노심을 억압하여 부모에 대한 이야기를 무의식적으로 꺼리는 경우

쌤의 비법노트

억압(Repression)은 프로이트가 제시한 방어기제 중 가장 중요한 것으로, 다른 방어기제의 기초가 되는 무의식적 과정입니다.

부인 또는 부정 (Denial)		의식화되는 경우 감당하기 어려운 고통이나 욕구를 무의식적으로 부정하는 것이다. 예 자신의 애인이 교통사고로 사망했음에도 불구하고 그의 죽음을 인정하지 않은 채 여행을 떠난 것이라고 주장하는 경우
합리화 (Rationalization)		현실에 더 이상 실망을 느끼지 않기 위해 또는 정당하지 못한 자신의 행동에 그럴듯한 이유를 붙이기 위해 자신의 말이나 행동에 대해 정당화하는 것이다. 예 여우가 먹음직스런 포도를 발견하였으나 먹을 수 없는 상황에 처해 "저 포도는 신 포도라서 안 먹는다"고 말하는 경우
반동형성 (Reaction Formation)		자신이 가지고 있는 무의식적 소망이나 충동을 본래의 의도와 달리 반대되는 방향으로 바꾸는 것이다. 예 "미운 놈에게 떡 하나 더 준다."
투사 (Projection)		사회적으로 인정받을 수 없는 자신의 행동과 생각을 마치 다른 사람의 것인 양 생각하고 남을 탓하는 것이다. 예 자기가 화가 난 것을 의식하지 못한 채 상대방이 자기에게 화를 낸다고 생각하는 경우
퇴행 (Regression)		생의 초기에 성공적으로 사용했던 생각이나 감정, 행동에 의지하여 자기 자신의 불안이나 위협을 해소하려는 것이다. 예 대소변을 잘 가리던 아이가 동생이 태어난 후 밤에 오줌을 싸는 경우
전위 또는 전치 (Displacement)		자신이 어떤 대상에 대해 느낀 감정을 보다 덜 위협적인 다른 대상에게 표출하는 것이다. 예 직장상사에게 야단맞은 사람이 부하직원이나 식구들에게 트집을 잡아 화풀이를 하는 경우("종로에서 뺨맞고 한강에서 눈 흘긴다.")
대치 (Substitution)		받아들여질 수 없는 욕구나 충동 에너지를 원래의 목표에서 대용 목표로 전환시킴으로써 긴장을 해소하는 것이다. 예 "꿩 대신 닭"
격리 (Isolation)		과거의 고통스러운 기억에서 그에 동반된 부정적인 감정을 의식으로부터 격리시켜 무의식 속에 억압하는 것이다. 예 직장상사와 심하게 다툰 직원이 자신의 '상사살해감정'을 무의식 속으로 격리시킨 채 업무에 있어서 잘못된 것이 없는지 서류를 강박적으로 반복하여 확인하는 경우
보상 (Compensation)		어떤 분야에서 탁월하게 능력을 발휘하여 인정을 받음으로써 다른 분야의 실패나 약점을 보충하여 자존심을 고양시키는 것이다. 예 "작은 고추가 맵다."
승화 (Sublimation)		정서적 긴장이나 원시적 에너지의 투입을 사회적으로 인정될 수 있는 행동방식으로 표출하는 것이다. 예 예술가가 자신의 성적 욕망을 예술로 승화하는 경우
동일시 (Identification)		자기가 좋아하거나 존경하는 대상과 자기 자신 또는 그 외의 대상을 같은 것으로 인식하는 것이다. 예 자신이 좋아하는 연예인의 옷차림을 따라하는 경우
주지화 (Intellectualization)		위협적이거나 고통스러운 정서적 문제를 피하기 위해 또는 그것을 둔화시키기 위해 사고, 추론, 분석 등의 지적 능력을 사용하는 것이다. 예 죽음에 대한 불안감을 덜기 위해 죽음의 의미와 죽음 뒤의 세계에 대해 추상적으로 사고하는 경우

이렇게 출제된다! 1차 기출 OX

Q 직무 스트레스에 대한 대처방안 중의 하나로 이솝우화에 나오는 여우와 신 포도 이야기처럼 생각하는 것은 '합리화'이다?

A (○)

이렇게 출제된다! 2차 주관식

1. 정신분석적 상담은 내담자의 자각을 증진시키고 행동에 대한 지적 통찰을 얻도록 돕는다. 내담자는 직접적인 방법으로 불안을 통제할 수 없을 때 무의식적으로 방어기제를 사용하는데, 내담자가 사용하는 방어기제의 종류를 3가지 쓰고, 각각에 대해 설명하시오.

2. 정신분석적 상담은 내담자의 자각을 증진시키고 행동에 대한 지적 통찰을 얻도록 돕는다. 내담자는 직접적인 방법으로 불안을 통제할 수 없을 때 무의식적으로 방어기제를 사용하는데, 내담자가 사용하는 방어기제의 종류를 5가지만 쓰시오.

2 개인주의 상담(개인심리학적 상담)

(1) 개 요 필기 출제 15년 기출

① 아들러(Adler)는 프로이트(Freud)의 곁을 떠나 개인심리학을 창시하였다. 그 이유는 본능적 충동이나 무의식적 과정보다 사회적 충동이나 의식적 사고가 더 중요하다고 생각했기 때문이다.
② 아들러는 프로이트의 생물학적이고 심리성적인 결정론에 반발하여 인간의 성장가능성과 잠재력을 중시하였다.
③ 프로이트의 정신분석이 생물학적 토대에 기초를 둔 반면, 아들러의 개인심리학은 사회심리학적 토대에 기초를 둔다.
④ 개인의 행동은 무의식에 의해 지배되는 것이 아닌 개인의 가치, 신념, 태도, 목표, 현실지각 등에 의해 결정되는 의식적·목표지향적인 것이다.

(2) 상담의 특징 필기 출제 21, 20, 17, 16, 13, 11, 10, 09, 05년 기출

① 인간을 전체적 존재로 보며, 범인류적 유대감을 중시한다.
② 사회적 관계를 강조하며, 사회 및 교육 문제에 관심을 둔다.
③ 행동수정보다는 동기수정에 관심을 둔다.
④ 열등감의 극복과 우월성의 추구가 개인의 목표이다.
⑤ 상담은 내담자의 잘못된 가치와 목표를 수정하는 데 초점을 둔다.
⑥ 내담자의 잘못된 사회적 가치를 바꾸도록 함으로써 건전한 사회적 관심을 갖도록 돕는다.
⑦ 상담 과정은 사건의 객관성보다는 주관적 지각과 해석을 중시한다.
⑧ 과거 사건에 대한 개인의 지각과 해석이 현재의 행동에 어떠한 영향을 미치는가에 중점을 두고 개인의 선택과 책임, 삶의 의미, 성공 추구 등을 강조한다.
⑨ 상담자와 내담자 간의 상호 계약과 협력을 중시한다.
⑩ 상담 과정은 정보 제공, 교육, 안내, 격려 등에 초점을 둔다. 특히 상담자는 내담자에 대한 광범위한 격려의 사용을 권장한다.

(3) 주요 개념

① 초기기억(Early Recollections) 필기 출제 21, 14년 기출
  ㉠ 초기기억은 생후 6개월부터 9세까지의 선별된 기억들로서, 내담자의 생활양식, 잘못된 신념, 사회적 상호작용, 행동목표에 관한 의미 있는 단서를 제공한다.
  ㉡ 중요한 기억은 내담자가 '마치 지금 일어나고 있는 것처럼' 기술할 수 있다.
  ㉢ 초기기억은 삶, 자기, 타인에 대한 내담자의 현재 세계관과 일치하는 경향이 있다.
  ㉣ 초기기억을 통해 상담자는 내담자의 삶의 목표를 파악하는 데 도움을 받을 수 있다.

쌤의 비법노트

프로이트(Freud)와 융(Jung)이 의식 너머 무의식에 인간을 움직이는 힘이 존재한다고 보았다면, 아들러는 무의식보다는 의식 속에 인간을 움직이는 힘이 있다고 보았습니다.

쌤의 비법노트

아들러(Adler)의 개인심리학에서 '개인'은 내담자 한 사람에게 초점을 맞춘다는 것이 아니라 개인의 분리 불가능성, 즉 나눌 수 없는 전체성의 의미를 가진 개체를 뜻합니다.

이렇게 출제된다! 1차 기출 OX

Q 아들러(Adler) 이론에서는 초기기억에 대한 내담자의 지각보다는 경험을 객관적으로 파악하는 것이 중요하다?

A (×) 초기기억을 통해 내담자 개인의 생활양식에 관한 밑그림을 구성할 수 있다.

② 열등감(Inferiority)
  ㉠ 아들러는 열등감을 자기완성을 위한 필수요인으로 간주함으로써 긍정적인 측면에서 보았다.
  ㉡ 과도한 열등감에 사로잡힐 경우 열등감 콤플렉스에 빠지게 되는데, 기관열등감, 과잉보호, 양육태만 등이 그 주요 요인이다.

③ 우월성의 추구(Striving for Superiority)
  ㉠ 아들러는 우월성의 개념을 일종의 자기완성 혹은 자아실현의 의미로 사용하였다.
  ㉡ 우월성의 추구는 모든 사람의 선천적 경향성으로서, 우월성 추구의 노력은 개인을 현 단계에서 다음 단계로의 발달로 이끌어 준다.

④ 사회적 관심(Social Interest)
  ㉠ 아들러는 개인이 본질적으로 집단에 소속되어 사회적 문제의 해결을 추구하는 사회적 존재로 보았다.
  ㉡ 사회적 관심은 공감, 타인과의 동일시, 타인지향을 의미하는 것으로, 이러한 사회적 관심은 한 개인의 심리적 건강을 측정하는 유용한 척도가 된다.

⑤ 생활양식(Life Style)
  ㉠ 인생에 대한 기본태도로서 생의 초기(대략 4~5세경)에 형성되며, 이후 거의 변하지 않는다.
  ㉡ 아들러는 생활양식을 사회적 관심과 활동수준의 두 차원을 기준으로 네 가지 유형으로 구분하였다.

지배형	독선적이고 활동적이지만 사회적 관심이 거의 없다.
기생형(획득형)	다른 사람에게 의존하여 자신의 욕구를 충족한다.
회피형(도피형)	실패에 대한 두려움으로 도피하려는 행동을 보인다.
사회적으로 유용한 형	자신과 타인의 욕구를 동시에 충족시키며, 인생과업의 완수를 위해 다른 사람과 협력한다.

⑥ 인생과제 또는 생애과제(Life Tasks) 필기 출제 05년 기출
  ㉠ 아들러는 세계와 개인의 관계에 관한 세 가지 과제로서 일, 사회, 성(性)을 제시하였다.
  ㉡ 이 세 가지 과제들은 서로 얽혀 있어서 어느 한 부분에서의 어려움이 나머지 부분에서의 어려움과 연관되어 있다.

⑦ 허구적 최종목적론(Fictional Finalism) 필기 출제 17년 기출
  ㉠ 인간의 행동은 과거 경험에 의해 좌우되기보다는 미래에 대한 기대에 의해서 더 좌우된다.
  ㉡ 허구적 최종목적은 미래에 실재하는 것이기보다는 주관적으로 혹은 정신적으로 현재의 행동에 영향을 주는 이상으로서 지금-여기(여기-지금) 존재하는 것이다.

쌤의 비법노트

'기관열등감'은 개인의 신체와 연관된 것으로서, 외모나 신체적 불완전 등 자신의 신체에 대한 부정적인 인식에서 비롯되는 열등감을 말합니다.

이렇게 출제된다! 2차 주관식

아들러(Adler)의 개인주의 상담이론에서 열등감 콤플렉스의 원인 3가지를 쓰시오.

이렇게 출제된다! 2차 주관식

아들러(Adler)의 개인주의 상담에서 생활양식 4가지 유형을 쓰고, 각각에 대해 설명하시오.

이렇게 출제된다! 1차 기출 OX

Q 아들러(Adler) 이론에 따르면, 한 가정에서 태어난 두 아이는 동일한 상황에서 자라는 아이다?

A (×) 동일한 가정에서 태어난 자녀들이라도 출생순위에 따라 그 행동방식이 달라진다.

이렇게 출제된다! 2차 주관식

아들러(Adler)의 개인주의 상담에서 개인주의 상담과정의 목표를 5가지 쓰시오.

⑧ 출생순위(Birth Order) 〔필기 출제〕 09, 06년 기출

㉠ 성격과 특성요인은 가족집단 내에서의 운동의 표현이다.

㉡ 동일한 가정에서 태어난 자녀들이라도 출생순위에 따라, 즉 맏이, 둘째아이, 중간 아이, 막내, 독자 등의 위치에 따라 그 행동방식이 달라지며, 이는 어른이 되었을 때 사회와 상호작용을 하는 데 영향을 미치게 된다.

(4) 개인주의 상담과정의 목표(Mosak) 〔필기 출제〕 22, 11년 기출

① 사회적 관심을 갖도록 돕는다.
② 패배감을 극복하고 열등감을 감소시킬 수 있도록 돕는다.
③ 잘못된 가치와 목표를 수정하도록 돕는다.
④ 잘못된 동기를 바꾸도록 돕는다.
⑤ 타인과 동질감을 갖도록 돕는다.
⑥ 사회의 구성원으로서 기여하도록 돕는다.

(5) 개인주의 상담기법 〔필기 출제〕 16, 14년 기출

단추(초인종) 누르기	상담자는 내담자에게 '행복단추'와 '우울단추'를 머릿속에 상상하도록 하여 각 단추를 누르도록 지시가 내려진 순간 행복한 사건과 우울한 사건을 떠올리도록 요구한다.
내담자의 수프에 침 뱉기	상담자는 내담자의 잘못된 생각이나 행동에 '침'을 뱉음으로써 내담자가 이후 그와 같은 생각이나 행동을 수행하려고 할 때 이전과 같은 편안한 감정을 느끼지 못하도록 한다.
마치 ~인 것처럼 행동하기	상담자는 내담자에게 "만약 당신에게 그와 같은 문제가 없다면 당신의 삶은 어떻게 달라질까요?"라고 질문함으로써 내담자의 재정향(Reorientation)을 용이하게 한다.
격려하기	상담자는 내담자를 존중하고 내담자에게 믿음을 보여주며, 내담자의 능력이 만족할만한 수준으로 충분히 기능할 것이라는 기대를 가지도록 한다.
타인을 즐겁게 하기	상담자는 내담자에게 다른 사람을 위해 좋은 일을 하도록 요구함으로써 내담자로 하여금 사회적인 흐름 속으로 되돌아오도록 촉진한다.

더 알아보기

정신역동적 관점으로서 아들러(Adler)와 융(Jung)의 치료과정 〔필기 출제〕 20, 17년 기출

개인심리학적 치료 (Adler)	상담관계 형성 및 치료목표 설정 → 개인역동성의 탐색 → 해석을 통한 통찰 → 재교육 혹은 재정향
분석심리학적 치료 (Jung)	고백 → 명료화 → 교육 → 변형

쌤의 비법노트

프로이트(Freud)의 정신분석의 영향을 받아 형성된 몇몇 상담이론들은 서로 대비되는 주장을 펼치고 있음에도 그 배경과 맥락을 같이 한다는 점에서 정신역동적 관점으로 묶을 수 있는데, 그 대표적인 것으로 아들러(Adler)의 개인심리학, 융(Jung)의 분석심리학을 들 수 있습니다.

3 실존주의 상담

(1) 개 요 필기 출제 16, 12, 10년 기출

① 실존주의 상담은 구체적인 기법을 갖춘 하나의 이론적 상담모델이라기보다는 실존주의 철학을 상담에 적용한 것이다.
② 인간은 자기자각(Self-awareness) 능력을 통해 각자 자신의 삶의 방식을 선택할 책임이 있으며, 그와 같은 선택이 자신의 운명에 영향을 미치게 된다는 것을 자각할 수 있다.
③ 개인이 겪는 불안은 하나의 삶의 조건으로서, 특히 자유와 책임의 양면성에 대한 자각은 인간으로 하여금 실존적 불안으로 이끌게 된다.
④ 실존주의 상담은 특히 대면적 관계를 중시하는데, 이는 진정한 대면을 통해서만이 내담자가 성장할 수 있다는 가정에서 비롯된다.

쌤의 비법노트
실존주의 상담에서는 내담자가 겪는 불안을 하나의 삶의 조건으로 간주합니다. 이러한 불안은 내담자가 궁극적 관심사에 대해 자각할 때 나타나는 실존적 반응으로 볼 수 있습니다.

(2) 실존적 존재로서 인간의 궁극적 관심사 필기 출제 10년 기출

자유와 책임	인간은 자기결정적인 존재로서, 자신의 삶의 방향을 결정하고 그에 대해 책임진다.
삶의 의미성	인간은 자신의 삶의 목적과 의미를 찾기 위해 노력한다.
죽음과 비존재	인간은 자신이 죽는다는 것을 스스로 자각한다.
진실성	인간은 자신을 정의하고 긍정하는 데 필수적인 어떤 것이든지 한다.

이렇게 출제된다! 2차 주관식
실존주의적 상담은 실존적 존재로서 인간이 갖는 궁극적 관심사에 대한 자각이 불안을 야기한다고 본다. 실존주의 상담자들이 내담자의 궁극적 관심사와 관련하여 중요하게 생각하는 주제 3가지를 쓰고, 각각에 대해 설명하시오.

더 알아보기

얄롬(Yalom)이 제시한 실존적 존재로서 인간의 궁극적 관심사 필기 출제 22, 20년 기출
- 죽음 : 죽음의 불가피성과 삶의 유한성은 삶을 더욱 가치 있게 만든다.
- 자유 : 인간은 스스로 선택하고 자신의 삶에 대해 책임을 진다.
- 고립(소외) : 인간은 자신의 실존적 고립(소외)에 대해 인정하고 직면함으로써 타인과 성숙한 관계를 맺을 수 있다.
- 무의미성 : 인간은 자신의 삶과 인생에서 끊임없이 어떤 의미를 추구한다.

쌤의 비법노트
실존주의 상담이론의 대표적인 학자인 얄롬(Yalom)은 보다 직접적으로 인간의 네 가지 궁극적 관심사에 대해 제시하였습니다. 그는 개인이 죽음, 자유, 고립(소외), 무의미성에 직면할 때 실존적인 순서들로부터 나온 내적 갈등의 내용이 구성된다고 보았습니다.

(3) 실존주의 상담의 인간본성에 대한 철학적 기본가정(Patterson & Mischel)

① 인간은 자각하는 능력(자기인식 능력)을 가지고 있다.
② 인간은 정적인 존재가 아닌 항상 변화하는 상태에 있는 존재이다.
③ 인간은 자유로운 존재인 동시에 자기 자신을 스스로 만들어 가는 존재이다.
④ 인간은 즉각적인 상황과 과거 및 자기 자신을 초월할 수 있는 능력을 가지고 있다.
⑤ 인간은 장래의 어느 시점에서 무존재가 될 운명을 지니고 있으며, 자기 스스로 그와 같은 사실을 자각하고 있는 존재이다.

이렇게 출제된다! 2차 주관식
실존주의 상담에서 제시하는 인간본성에 대한 철학적 기본가정 3가지를 쓰시오.

이렇게 출제된다! 2차 주관식
실존주의 상담에서 가정하는 양식의 세계 3가지를 쓰고, 각각에 대해 설명하시오.

(4) 실존주의 상담에서 가정하는 양식의 세계

주변세계 (Umwelt)	인간이 접하며 살아가는 환경 혹은 생물학적 세계를 의미한다.
공존세계 (Mitwelt)	인간이 사회적 존재로서 더불어 살아가는 공동체 세계를 의미한다.
고유세계 (Eigenwelt)	개인 자신의 세계이자, 개인이 자신에게 가지는 관계를 의미한다.
영적세계 (Überwelt)	개인이 갖는 영적 혹은 종교적 가치와의 관계를 의미한다.

(5) 상담의 목표 [필기 출제] 21, 20, 16, 12, 10년 기출

① 내담자에 대한 치료가 아닌 내담자로 하여금 자신의 현재 상태에 대해 인식하고 피해자적 역할로부터 벗어날 수 있도록 돕는다.

② 내담자가 스스로 삶의 의미와 목적을 발견하고, 삶을 주체적으로 선택하고 책임지도록 돕는다.

③ 내담자가 효과적이고 책임질 수 있는 방법으로 행동하여 자신의 욕구를 충족시킬 수 있도록 돕는다.

④ 내담자로 하여금 자신의 행동들의 가치를 검토 및 판단할 수 있도록 하며, 행동변화를 위한 계획을 세우도록 돕는다.

이렇게 출제된다! 2차 주관식
실존주의 상담에서 내담자의 자기인식능력 증진을 위한 상담자의 치료원리를 3가지 쓰시오.

(6) 실존주의 상담에서 내담자의 자기인식능력 증진을 위한 상담자의 치료원리

① 죽음의 실존적 상황에 직면하도록 격려한다.
② 삶에 대한 자유와 책임을 자각하도록 촉진한다.
③ 자신의 인간관계 양식을 점검하도록 돕는다.
④ 삶의 의미를 발견하고 창조하도록 돕는다.

4 내담자중심 상담(인간중심 상담)

이렇게 출제된다! 1차 기출 OX
Q 내담자중심 상담은 인간이 자신의 삶 속에서 스스로를 불행하게 만드는 요인이 무엇인가를 이해할 수 있을 뿐만 아니라 자신의 나아갈 방향을 찾고 건설적인 변화를 이끌 수 있다고 본다?
A (○)

(1) 개 요 [필기 출제] 18, 16, 14, 11, 05년 기출

① 로저스(Rogers)의 상담경험에서 비롯된 대표적인 인본주의적 접근방법으로서, '비지시적 상담' 또는 '인간중심 상담'이라고도 한다.

② 로저스는 인간이 현실에 대한 자신의 지각에 따라 스스로를 구조화하며, 자신의 나아갈 방향을 찾고 건설적인 변화를 이끌 수 있다고 보았다.

③ 내담자는 현실적 자기(Real Self), 이상적 자기(Ideal Self), 타인이 본 자기(Perceived Self) 간의 불일치 때문에 불안을 경험하는 사람으로 간주된다.

④ 개인이 일관된 자기개념(자아개념)을 가지고 자신의 기능을 최대로 발휘하는 사람이 되도록 도울 수 있는 환경을 제공하는 것을 기본목표로 한다.

⑤ 상담자의 적극적인 개입 없이도 자신의 방식을 찾아갈 수 있는 내담자의 역량 수준을 우선적으로 고려한다.

> **Comment**
> 사실 엄밀한 의미에서 '자기(Self)'와 '자아(Ego)'는 다릅니다. 로저스(Rogers)는 개인이 스스로에 대해 가지고 있는 조직적이고 지속적인 인식으로서 '자기(Self)'와 함께 인간행동의 기본적인 동기로서 '자기실현 경향(Self-actualization)'을 강조한 바 있습니다. 그러나 직업상담 관련 교재들이나 심지어 직업상담사 시험에서조차 '자기'와 '자아'를 명확히 구분하지 않은 채 이를 혼용하고 있으며, 오히려 '자기'보다 '자아'의 용어를 보다 많이 사용하는 경향이 있습니다. 그에 따라 본 교재에서도 '자기'와 '자아'를 엄격히 구분하기보다는 이를 적절히 혼용하고 있는 점을 유념하시기 바랍니다. 참고로 분석심리학의 대표적인 학자인 융(Jung)은 '자아(Ego)'를 의식의 중심으로 본 반면, '자기(Self)'를 의식과 무의식을 포함한 전체 정신의 중심으로 간주하면서 이 둘을 명확히 구분한 바 있습니다.

쌤의 비법노트

융(Jung)의 분석심리학에서 자아(Ego)는 의식에 속한 부분으로 '일상적인 나'를 의미하는 반면, 자기(Self)는 의식과 무의식을 통튼 '본래적인 나'를 의미합니다. 융은 '자기(Self)'를 인간 성격의 조화와 통합을 위해 노력하는 원형, 즉 인간의 의식과 무의식을 통합하고 성격의 조화로운 전체성을 이루기 위한 중심 원형으로 제시하였습니다.

이렇게 출제된다! 2차 주관식

로저스(Rogers)의 인간중심(내담자중심) 상담의 철학적 가정을 5가지 쓰시오.

(2) 상담의 철학적 가정

① 개인은 가치를 지닌 독특하고 유일한 존재이다.
② 개인은 자기확충을 향한 적극적인 성장력을 지니고 있다.
③ 개인은 근본적으로 선하며, 이성적이고 믿을 수 있는 존재이다.
④ 개인을 알려면 그의 주관적 생활에 초점을 두어야 한다.
⑤ 개인은 의사결정과 자신의 장래에 대한 선택권을 가지고 있다.
⑥ 개인은 계획하고, 결정하고, 훌륭한 사람이 되는 데 유용한 내적 자원을 가지고 있다.
⑦ 상담목표는 각 개인으로 하여금 자기를 수용하고 심리적 장애를 제거하려는 자기통찰을 통해 전인적인 기능을 발휘하도록 하는 데 있다.

(3) 상담의 특징 필기 출제 18, 17, 16, 14, 13, 12, 10, 04, 03년 기출

① 상담자중심이 아니라 내담자중심의 상담을 중시한다.
② 내담자와 상담자는 동등한 관계라는 입장을 취한다.
③ 기법보다는 태도를 강조한다.
④ 상담자와 내담자 간의 관계형성(Rapport)을 강조한다.
⑤ 지적인 면보다는 정의적인 면을 강조한다.
⑥ 인간을 현상학적 존재로 보며, 내담자의 자기인식과 세계인식에 주로 관심을 기울인다.
⑦ 동일한 상담원리를 정상적인 상태에 있는 사람이나 정신적으로 부적응 상태에 있는 사람 모두에게 적용한다.
⑧ 상담은 모든 건설적인 대인관계의 실례들 중 단지 하나에 불과하다.
⑨ 비지시적 상담을 원칙으로 자아와 일에 대한 정보 부족 혹은 왜곡에 초점을 둔다.
⑩ 상담의 과정과 그 결과에 대한 연구조사를 통해 개발되어 왔다.

쌤의 비법노트

로저스(Rogers)는 인간 성격의 핵심요소로서 '유기체(Organism)'의 개념을 제시하였습니다. 유기체란 전체 인간의 신체, 정서, 사고를 말하는 것으로서, 인간은 경험에 대해 한 유기체로서 반응하게 됩니다. 즉, 어떤 자극이 있을 때 특정 영역에 국한하여 반응이 나타나는 것이 아닌 전 존재가 반응하는 것입니다. 그런 의미에서 로저스의 이론은 총체적인 입장을 띱니다.

(4) 주요 개념

① 현상학적 장(Phenomenal Field) 〔필기 출제〕 22, 06년 기출
 ㉠ '경험적 세계' 또는 '주관적 경험'으로 특정 순간에 개인이 지각하고 경험하는 모든 것을 뜻한다.
 ㉡ 개인은 동일한 현상에 대해 서로 다르게 지각하고 경험하므로, 이 세상에는 개인적 현실, 즉 '현상학적 장(場)'만이 존재한다.

② 가치조건(Conditions of Worth) 〔필기 출제〕 21년 기출
 ㉠ 진정한 자신의 욕구에 따라 살지 못한 채 주요 타자로부터 긍정적 존중을 받기 위해 그들이 원하는 가치와 기준에 맞추어 살아가는 상태를 말한다.
 ㉡ 부모의 가치조건을 강요하여 긍정적 자기존중의 욕구가 좌절되고, 부정적 자기개념이 형성되면서 심리적 어려움이 발생된다.

③ 실현화 경향성(Actualizing Tendency) 〔필기 출제〕 22, 17년 기출
 ㉠ 자기를 보전, 유지하고 향상시키고자 하는 선천적 성향이다.
 ㉡ 사람이나 동물뿐만 아니라 모든 살아있는 것에서 볼 수 있으며, 유기체의 성장과 향상, 즉 발달을 촉진하고 지지한다. 특히 성숙의 단계에 포함된 성장의 모든 국면에 영향을 준다.

1차 기출 OX

Q 내담자중심 상담의 핵심적인 상담목표는 내담자의 자유로운 선택과 책임의식을 증가시켜 주는 것이다?

A (×) 실존주의 상담의 상담목표에 보다 가깝다.

(5) 상담의 목표 〔필기 출제〕 17, 10년 기출

① 내담자들이 경험에 보다 개방적이 되도록 돕는다.
② 내담자의 내적 기준에 대한 신뢰를 증가시키도록 돕는다.
③ 지속적인 성장 경향성을 촉진시켜 준다.

(6) 상담기법 〔필기 출제〕 22, 20, 11, 07년 기출

① 내담자중심 상담은 특정 기법을 사용하기보다는 내담자와 상담자 간의 안전하고 허용적인 '나와 너'의 관계를 중시한다.
② 기본적인 상담기법들로서 적극적 경청, 감정의 반영, 명료화, 공감적 이해 등이 사용되는 반면, 내담자 정보탐색, 조언, 설득, 가르치기 등은 사용되지 않는다.

쌤의 비법노트

내담자중심 상담이론은 실험에 기초한 귀납적 접근방법을 상담 과정에 적용하려고 시도한 행동주의적 접근방법에 반발한 데서 비롯됩니다. 특히 로저스(Rogers)는 인간을 가치 덩어리로 보고, 가치 지향적인 목적에 따라 총체적으로 행동한다고 주장하였습니다.

(7) 상담자가 갖추어야 할 기본적인 태도 〔필기 출제〕 19, 16, 15, 09, 08, 06, 05년 기출

① 일치성과 진실성(진솔성)
 상담자는 자신의 감정을 솔직하게 인정하고 내담자의 진솔한 감정 표현을 유도한다.
② 공감적 이해와 경청
 상담자는 내담자의 마음속으로 들어가 내담자로 하여금 자신의 감정을 강렬하게 경험하고 내부의 불일치를 인식하도록 돕는다.
③ 무조건적인 긍정적 수용(관심) 또는 존중
 상담자는 아무런 조건 없이 수용적인 태도로써 내담자를 존중하며, 따뜻하게 수용한다.

(8) 완전히(충분히) 기능하는 사람(Fully Functioning Person)의 주요 특징 `필기 출제` 13년 기출

① 경험에 대해 개방적이다.
② 자신을 신뢰한다.
③ 내적 기준에서 평가할 수 있다.
④ 성장을 기꺼이 지속하려고 한다.

(9) 상담의 주요 결과 `필기 출제` 15, 11년 기출

① 내담자는 불일치의 경험이 감소되고 자신의 경험에 개방적이며, 방어도 덜하게 된다.
② 내담자는 문제해결에 있어서 보다 더 능률적이 된다.
③ 내담자는 현실적이 되고 객관적이며, 자기 지각을 형성하는 데 외부 중심적으로 변한다.
④ 내담자는 근본적 자아지각의 정도가 높아진다.
⑤ 타인을 좀 더 잘 수용할 수 있게 된다.

> **더 알아보기**
>
> **비지시적 상담 규칙** `필기 출제` 19, 14, 03년 기출
> - 상담자는 인내심을 가지고 우호적으로, 그러나 지적으로는 비판적인 태도로 내담자의 말을 경청해야 한다.
> - 상담자는 내담자에게 어떤 종류의 권위도 과시해서는 안 된다.
> - 상담자는 내담자에게 조언이나 도덕적 훈계를 해서는 안 된다.
> - 상담자는 내담자와 논쟁해서는 안 된다.
> - 상담자는 특수한 경우에 한해 내담자에게 질문 또는 이야기를 할 수 있다.

5 형태주의 상담

(1) 개 요 `필기 출제` 18, 15, 12, 07, 03년 기출

① 펄스(Perls)에 의해 발전된 상담이론으로, '게슈탈트(Gestalt) 상담'이라고도 한다.
② 인간의 본성에 대한 실존주의적 철학과 인본주의적 관점의 토대 위에 '여기-지금(Here and Now)'에 대한 자각과 개인의 책임을 강조한다.
③ 인간은 과거와 환경에 의해 결정되는 존재가 아니라 현재의 사고, 감정, 느낌, 행동의 전체성과 통합을 추구하는 존재이다.

(2) 상담의 특징 `필기 출제` 20, 19, 14, 13, 12, 10, 09년 기출

① 개인의 발달 초기에서의 문제들을 중요시한다는 점에서 정신분석적 상담과 유사하다.
② 현재 상황에 대한 자각에 초점을 두고 있다.
③ 지금 여기서 무엇을 어떻게 경험하느냐와 각성을 중시한다.
④ 인간의 성격이 자기 또는 자아(Self), 자기상 또는 자아상(Self-image), 존재(Being)의 세 가지로 구성된다고 본다.

⑤ 인간은 신체, 정서, 사고, 감각, 지각 등 모든 부분이 서로 관련을 갖고 있는 전체로서 완성되려는 경향이 있다고 가정한다.
⑥ 인간의 행동은 행동이 일어난 상황과 관련해서 의미 있게 이해될 수 있다고 가정한다.
⑦ 개인이 자신의 내부와 주변에서 일어나는 일들을 충분히 자각할 수 있다면, 자신이 당면하는 삶의 문제들을 개인 스스로가 효과적으로 다룰 수 있다고 가정한다.
⑧ 상담 과정은 지금 여기에서의 지각과 경험을 내담자와 공유하면서 현재 경험을 명료하게 하고, 자신에 대한 지각을 증진시키는 데 초점을 둔다.

(3) 주요 개념

① 여기-지금(Here and Now) 또는 지금-여기(Now and Here) 필기 출제 16, 14, 05년 기출

형태주의 상담은 '여기-지금'에서의 상황과 감정을 강조한다. 즉, 지금 여기서 무엇을 어떻게 경험하느냐가 중요한 것이다.

② 게슈탈트(Gestalt)

'전체' 또는 '형태' 등의 뜻을 지닌 독일어로, 개체가 자신의 욕구나 감정을 하나의 의미 있는 전체로 조직화하여 지각한 것을 의미한다.

③ 전경과 배경(Figure-Ground) 필기 출제 09년 기출

개체는 어떠한 대상이나 사건을 인식할 때 자신이 관심을 가지고 있는 부분을 부각시키는 반면, 그 외의 부분을 밀쳐내는 경향이 있다. 이때 관심의 초점으로 부각되는 부분을 '전경(Figure)', 관심 밖으로 밀려나는 부분을 '배경(Ground)'이라고 한다.

④ 미해결 과제(Unfinished Business) 필기 출제 15년 기출

완결되지 않은 게슈탈트(Gestalt)를 의미하는 것으로서, 인간의 분노, 격분, 증오, 고통, 불안, 슬픔, 죄의식, 포기 등과 같은 표현되지 못한 감정을 포함한다. 이러한 감정은 개인의 의식 배후에 자리하여 다른 사람과 효율적으로 접촉하는 것을 방해한다.

⑤ 신경증의 층(Neurotic Layers) 필기 출제 17년 기출

펄스(Perls)는 인간의 인격을 양파껍질에 비유하면서, 개인이 심리적 성숙을 얻기 위해 신경증의 층들을 벗어나가야 한다고 주장하였다.

피상층 (허위층)	진실성이 없이 상투적으로 대하는 거짓된 상태로서, 개인은 형식적·의례적인 규범에 따라 피상적인 만남을 한다.
공포층 (연기층)	개인은 자신의 고유한 모습으로 살아가지 못한 채 부모나 주위환경의 기대에 따라 역할을 수행한다.
곤경층 (교착층)	개인은 자신이 했던 역할연기를 자각하게 되면서 더 이상 같은 역할을 지속적으로 수행하는 데 대해 곤경과 허탈감, 무력감을 경험하게 된다.
내파층 (내적 파열층)	개인은 그동안 억압해 온 자신의 욕구와 감정을 알아차리게 되지만 이를 겉으로 드러내지 못한 채 안으로 억제한다.
폭발층 (외적 파열층)	개인은 자신의 진정한 욕구와 감정을 더 이상 억압 또는 억제하지 않은 채 외부로 표출하게 된다.

쌤의 비법노트

'여기-지금' 또는 '지금-여기'를 강조한 대표적인 상담이론으로 형태주의(게슈탈트) 상담, 실존주의 상담, 내담자중심(인간중심) 상담 등이 있습니다.

쌤의 비법노트

건강한 개인은 매 순간 자신에게 중요한 게슈탈트를 분명하게 전경으로 떠올릴 수 있는 데 비해, 그렇지 못한 개인은 전경을 배경과 명확하게 구별하지 못합니다.

이렇게 출제된다! 2차 주관식

펄스(Perls)의 게슈탈트 상담이론에서 인간의 인격은 양파껍질을 까는 것과 같다고 했다. 인간이 심리적 성숙을 얻기 위해 벗어야 한다고 가정한 신경증 층 3가지를 쓰고, 각각에 대해 설명하시오.

(4) 개인과 환경 간의 접촉장애(접촉경계 장애) 유형 [필기 출제] 20, 18, 14년 기출

내 사 (Introjection)	개인이 환경과의 접촉을 통해 자신에게 필요한 행동방식이나 가치관을 외부로부터 무비판적으로 받아들임으로써 발생한다.
투 사 (Projection)	개인이 자신의 생각이나 욕구, 감정 등을 타인의 것으로 지각하는 현상이다.
반 전 (Retroflection)	개인이 다른 사람이나 환경에 하고 싶은 행동을 자기 자신에게 하는 것 또는 타인이 자기에게 해 주기를 바라는 행동을 스스로 자기 자신에게 하는 것을 말한다.
융 합 (Confluence)	밀접한 관계에 있는 두 사람이 서로 간에 차이점이 없다고 느끼도록 합의함으로써 발생한다.
편 향 (Deflection)	감당하기 힘든 내적 갈등이나 환경 자극에 노출될 때, 이에 압도당하지 않으려고 자신의 감각을 둔화시켜서 환경과의 접촉을 피하거나 약화시키는 것이다.

> **이렇게 출제된다! 1차 기출 OX**
> **Q** 개인과 환경 간의 접촉장애 유형 중 '내사'는 부모나 사회의 영향을 받거나 스스로의 경험에 의해 형성되는 것이다?
> **A** (○)

(5) 상담의 목표 [필기 출제] 20, 10년 기출

① 자각에 의한 성숙과 통합의 성취
② 자신에 대한 책임감
③ 잠재력의 실현에 따른 변화와 성장

> **이렇게 출제된다! 2차 주관식**
> 형태주의 상담의 주요 목표 3가지를 쓰시오.

(6) 상담기법 [필기 출제] 21, 19, 18, 17, 10년 기출

꿈 작업	상담자는 내담자의 꿈을 통해 나타나는 소외된 부분 또는 갈등된 부분을 현실로 재현하도록 하며, 이를 성격으로 통합하도록 도와야 한다.
빈 의자 기법	상담자는 내담자로 하여금 상대방이 맞은 편 빈 의자에 앉아 있다고 상상하도록 한 채 대화를 유도함으로써 상대방의 감정을 이해하도록 하는 동시에 외부로 투사된 자기 자신의 감정을 자각하도록 도와야 한다.
과장하기	상담자는 내담자가 감정을 체험하지만 그 정도와 깊이가 약한 경우 행동이나 언어를 과장하게 표현하도록 함으로써 감정 자각을 도와야 한다.
자기 부분들과의 대화	상담자는 내담자의 인격에서 분열된 부분 또는 갈등을 느끼는 부분들 간에 대화가 이루어지도록 해야 한다.
숙제(과제)의 사용	상담자는 내담자에게 숙제(과제)들을 내줌으로써 상담을 통해 배운 것들을 복습하는 동시에 현실검증을 해 보도록 도와야 한다.
역할연기 (실연)	상담자는 내담자로 하여금 과거 혹은 미래의 어떤 장면을 현재에 벌어지는 장면으로 상상하여 실제 행동으로 연출해 보도록 한다.
감정에 머무르기 (머물러 있기)	상담자는 내담자에게 미해결 감정들을 회피하지 않고 견뎌내도록 함으로써 이를 해소하도록 한다.
직 면	상담자는 내담자의 부적절한 행동을 지적하고 진정한 동기를 직면시켜 줌으로써 미해결 과제를 해소하도록 한다.
반대로 하기 (역전기법)	상담자는 내담자에게 평소 행동과 반대되는 행동을 해 보도록 요구함으로써 내담자가 억압하고 통제해온 부분을 표출하도록 해야 한다.

> **쌤의 비법노트**
> 형태주의 상담의 기법은 그 수가 매우 많습니다. 또한 '역할연기'나 '직면' 등 다수의 기법들이 형태주의 상담 이외에 다른 상담방법에서도 널리 사용되고 있습니다.

> **이렇게 출제된다! 2차 주관식**
> 게슈탈트 상담기법 중 3가지를 쓰고, 각각에 대해 설명하시오.

6 교류분석적 상담(의사교류분석 상담)

(1) 개 요 `필기 출제` 08, 06년 기출
① 교류분석적 상담은 개인의 현재 결정이 과거에 설정된 전제나 신념들을 토대로 이루어진다고 가정한다.
② 번(Berne)은 과거의 전제나 신념들이 한때 인간의 생존욕구를 충족시키는 데 적합했지만, 현재에는 적합하지 않은 것일 수 있으므로 문제를 경험하게 된다고 보았다.
③ 어릴 적 부모로부터 부정적 명령 혹은 금지명령을 받고 자란 아이들은 그와 같은 부정적 메시지를 토대로 잘못된 초기결정을 내리게 되며, 타인과의 진실하지 못한 상호작용 방식을 형성하게 된다.

(2) 교류분석적 상담이론의 특징 `필기 출제` 22, 16, 10, 06, 05년 기출
① 인간을 자율적인 존재, 자유로운 존재, 선택할 수 있는 존재, 책임질 수 있는 존재로 본다.
② 초기결정의 변화 가능성과 함께 새로운 결정을 내릴 수 있는 개인의 능력을 강조한다.
③ 대부분의 다른 이론들과 달리 계약적이고 의사결정적인 양상을 보인다.
④ 개인 간 그리고 개인 내부의 상호작용을 분석하기 위한 구조를 제공한다.
⑤ 상담 과정에서 내담자의 성격 자아상태 분석을 실시한다.
⑥ 각본(대본)분석 평가항목이나 질문지를 사용하며, 게임과 삶의 위치분석, 가족모델링 등의 기법을 활용한다.

(3) 상담의 목표
① 내담자로 하여금 현재의 행동과 앞으로의 삶의 방향에 대한 새로운 결정을 내릴 수 있도록 돕는다.
② 초기 발달 과정에서 결정된 부적절한 삶의 방식에 대한 대안들을 학습하도록 격려한다.
③ 타인과의 친밀하고 진실된 상호작용, 자기 자각적이고 자발적인 라이프 스타일의 구축을 돕는다.

(4) 내담자 이해를 위한 분석 유형
① 구조분석 `필기 출제` 21, 18, 17, 15, 10, 09, 07년 기출
내담자의 사고, 감정, 행동을 세 가지 자아상태, 즉 부모 자아, 성인(어른) 자아, 아동(어린이) 자아와 결부시켜 자아상태에 대한 이해 및 적절한 활용을 돕는다.

부모 자아 (P ; Parent)	어릴 때 부모로부터 받은 영향을 그대로 재현하는 상태로서 개인의 가치, 도덕, 신념 등을 나타낸다.
성인 자아 (A ; Adult)	현실을 합리적이고 객관적으로 판단하며, 문제에 대한 적절한 해결책을 찾는 자아상태이다.
아동 자아 (C ; Child)	어린아이처럼 행동하거나 어린아이의 감정을 그대로 표현하는 자아상태이다.

② (의사)교류분석 [필기 출제] 19년 기출

두 사람 간의 의사소통 과정에서 나타나는 세 가지 교류 유형, 즉 상보교류, 교차교류, 이면교류(암시적 교류)를 파악하여 효율적인 교류가 이루어지도록 돕는다.

상보교류	두 자아상태가 상호 지지하고 있는 교류로서, 발신자가 기대하는 대로 수신자가 반응한다.
교차교류	두 사람 사이에 복수의 자아상태가 개입되어 상호 충돌함으로써 서로 기대하고 있는 발신과 수신이 이루어지지 않는다.
이면교류 (암시적 교류)	현재적 교류와 잠재적 교류가 동시에 작용하는 것으로서, 대화 속에 숨어있는 의사를 교류한다.

③ 라켓 및 게임 분석 [필기 출제] 15년 기출

부적응적·비효율적인 라켓 감정과 함께 이를 유발하는 게임을 파악하여 긍정적인 자아상태에서 원활한 의사소통이 이루어지도록 돕는다.

라 켓 (Racket)	라켓 감정에 이르는 조작된 행동을 의미하는 것으로, 여기서 '라켓 감정(Racket Feelings)'은 자신의 진정한 감정 대신 부모가 허용한 감정을 표현하는 것이다.
게 임 (Game)	라켓 감정을 유발하는 이면교류로, 사람들은 애정이나 인정 자극(Stroke)을 얻기 위해 게임을 한다. 인생각본을 따르기에 예측 가능한 결과를 나타내며, 각본신념을 강화하는 양상을 보인다.

④ 각본분석 또는 생활각본분석 [필기 출제] 08, 06년 기출

㉠ '각본(Script)'은 어릴 때부터 형성하기 시작한 무의식적인 인생계획으로, 특히 부모나 환경에 대한 반응으로 어린 시절의 자아 상태에서 내린 수많은 초기결정을 토대로 형성된다.

㉡ 각본분석은 내담자의 자율성을 저해하는 자기제한적 각본신념을 변화시켜 효율적인 신념으로 대체하도록 돕는다.

(5) 생활자세

① 자기 부정, 타인 긍정(I'm not OK, You're OK)

타인과 비교하여 자신을 무력한 사람, 희생당한 사람으로 본다.

② 자기 긍정, 타인 부정(I'm OK, You're not OK)

타인과 비교하여 자신의 우월성을 강조하는 반면, 타인의 열등성을 비난한다.

③ 자기 부정, 타인 부정(I'm not OK, You're not OK)

인생의 모든 희망을 포기하고 흥미를 상실하며, 인생이 아무런 가망이 없다고 생각한다.

④ 자기 긍정, 타인 긍정(I'm OK, You're OK)

신뢰성, 개방성, 교환에의 의지를 가지며, 타인을 있는 그대로 수용한다.

쌤의 비법노트

구조분석이 개인 내부에서 서로 다른 자아상태 간의 상호작용을 분석한다면, 의사교류분석은 개인 간(두 사람 혹은 그 이상) 자아상태 간의 상호작용을 분석합니다.

쌤의 비법노트

'인정 자극' 혹은 '스트로크(Stroke)'는 피부접촉, 표정, 태도, 감정, 언어, 기타 여러 형태의 행동을 통해 상대방에 대한 반응을 알리는 인간인식의 기본 단위를 말합니다.

이렇게 출제된다! 2차 주관식

교류분석 상담이론에서 상담자가 내담자의 이해를 위해 사용하는 분석 유형 3가지를 쓰시오.

이렇게 출제된다! 2차 주관식

교류분석적 상담에서 개인이 생활각본을 구성하는 주요 요소인 기본적인 생활자세 4가지를 쓰고, 각각에 대해 설명하시오.

이렇게 출제된다! 2차 주관식

1. 의사교류분석 상담의 제한점 3가지를 쓰시오.
2. 교류분석 상담(의사교류분석 상담)의 제한점 2가지를 쓰시오.

쌤의 비법노트

행동주의 심리학은 환경 내의 자극과 그 자극에 대한 유기체의 반응에 초점을 두고 자극(S ; Stimulus)과 반응(R ; Response)의 관계를 기술합니다. 그로 인해 행동주의 심리학을 종종 'S-R 심리학'이라 부릅니다.

(6) 상담의 제한점

① 주요 개념들이 인지적이므로 지적 능력이 낮은 내담자의 경우 부적절할 수 있다.
② 주요 개념들이 추상적이고 용어들이 모호하므로 실제 적용에 어려움이 있다.
③ 상담의 개념 및 절차에 대한 실증적인 연구 결과를 과학적인 증거로 간주하기 어렵다.

7 행동주의 상담

(1) 개 요 필기 출제 07년 기출

① 인간의 행동은 모두 학습에 의한 것이며, 학습을 통해 변화가 가능하다고 가정한다.
② 학습이론에 바탕을 두고 체계적인 관찰, 철저한 통제, 자료의 계량화, 결과의 반복이라는 과학적 방법을 강조한다.
③ 행동주의적 접근은 파블로프(Pavlov)의 고전적 조건형성, 스키너(Skinner)의 조작적 조건형성, 반두라(Bandura)의 사회학습이론으로 발전하였으므로, 이를 토대로 한 상담이론은 학자들에 따라 인간관이나 상담기법 등에서 많은 견해차를 보인다.

더 알아보기

행동주의이론의 주요 접근방법

고전적 조건형성 (Classical Conditioning)	• 인간이 환경 자극에 수동적으로 반응하여 형성되는 행동인 반응적 행동을 설명한다. • 대표적인 학자 : 파블로프(Pavlov), 왓슨(Watson) 등
조작적 조건형성 (Operant Conditioning)	• 인간이 환경 자극에 능동적으로 반응하여 나타내는 조작적 행동을 설명한다. • 대표적인 학자 : 손다이크(Thorndike), 스키너(Skinner) 등
인지적 학습 (Cognitive Learning)	• 인간행동에 영향을 미치는 인지적 요인의 역할을 설명한다. • 대표적인 학자 : 반두라(Bandura), 마이켄바움(Meichenbaum), 로터(Rotter) 등

(2) 행동주의 상담의 특징 필기 출제 16, 09년 기출

① 실험에 기초한 귀납적인 접근방법이며, 실험적 방법을 상담 과정에 적용한다.
② 인간행동과 관련하여 그 주관적인 가치를 완전히 배제한 채 외현적인 '자극-반응'으로 설명한다.
③ 내담자의 비정상적·부적응적인 행동이 무의식적 충동에 의해서가 아닌 학습에 의해 획득·유지된 것으로 보며, 이를 수정하기 위해 학습의 원리를 적용한다.
④ 심리적 장애행동과 관련된 학습경험들을 확인하고 이를 수정한다.
⑤ 상담자의 능동적이고 지시적인 역할을 강조한다.

(3) 상담의 목표 필기 출제 21, 15, 07년 기출

① 내담자의 문제를 학습 과정을 통해 습득된 부적응 행동으로 보고, 상담 과정을 통해 부적절한 행동을 밝혀서 제거하고, 보다 적절한 새로운 행동을 학습하도록 한다.
② 상담자는 내담자의 상황적 단서와 문제행동, 그 결과에 대한 정보를 얻기 위하여 노력함으로써 내담자의 바람직하고 효과적인 행동의 학습을 위한 분위기를 조성한다.

(4) 강화의 원리와 기법

① 강화와 처벌 필기 출제 09년 기출

정적 강화	유쾌 자극을 부여하여 바람직한 반응의 확률을 높인다. 예 교실 청소를 하는 학생에게 과자를 준다.
부적 강화	불쾌 자극을 제거하여 바람직한 반응의 확률을 높인다. 예 발표자에 대한 보충수업 면제를 통보하여 학생들의 발표를 유도한다.
정적 처벌	불쾌 자극을 부여하여 바람직하지 못한 반응의 확률을 감소시킨다. 예 장시간 컴퓨터를 하느라 공부를 소홀히 한 아이에게 매를 가한다.
부적 처벌	유쾌 자극을 제거하여 바람직하지 못한 반응의 확률을 감소시킨다. 예 방청소를 소홀히 한 아이에게 컴퓨터를 못하게 한다.

쌤의 비법노트
강화와 처벌에서 자극을 부여하는 것은 '정적(+)', 자극을 제거하는 것은 '부적(-)'이라 생각하면 됩니다.

② 강화계획 또는 강화스케줄(Reinforcement Schedule) 필기 출제 17, 12, 11, 10, 05년 기출

㉠ 계속적(연속적) 강화계획(Continuous Reinforcement Schedule)
반응의 횟수나 시간에 상관없이 기대하는 반응이 나타날 때마다 강화를 부여한다.
예 아이가 숙제를 모두 마치는 경우 TV를 볼 수 있도록 허락한다.

㉡ 간헐적(부분적) 강화계획(Intermittent Reinforcement Schedule)
- 반응의 횟수나 시간을 고려하여 간헐적 또는 주기적으로 강화를 부여한다.
- 반응률이 높은 강화계획 순서는 '변동비율계획(VR) > 고정비율계획(FR) > 변동간격계획(VI) > 고정간격계획(FI)' 순이다.

고정간격계획 (Fixed-Interval Schedule)	요구되는 행동의 발생빈도에 상관없이 일정한 시간 간격에 따라 강화를 부여한다. 예 주급, 월급, 일당, 정기적 시험 등
변동(가변)간격계획 (Variable-Interval Schedule)	일정한 시간 간격을 두지 않은 채 평균적으로 확인할 수 있는 시간 간격이 지난 후에 강화를 부여한다. 강화 시간은 불규칙적이지만 강화가 주어진 시간을 분석하는 경우 평균 시간마다 한 번씩 강화를 받게 되는 셈이다. 예 아이에게 사탕을 평균 1분에 한 번씩 준다고 했을 경우, 이는 1초~120초 사이의 어느 순간에 사탕을 주겠다는 것이다.
고정비율계획 (Fixed-Ratio Schedule)	행동중심적 강화방법으로서, 일정한 횟수의 바람직한 반응이 나타난 다음에 강화를 부여한다. 예 옷 공장에서 옷 100벌을 만들 때마다 1인당 100만원의 성과급을 지급한다.
변동(가변)비율계획 (Variable-Ratio Schedule)	반응행동에 변동적인 비율을 적용하여 불규칙한 횟수의 바람직한 행동이 나타난 후 강화를 부여한다. 예 카지노의 슬롯머신, 복권 등

이렇게 출제된다! 1차 기출 OX

Q 강화계획 중 자동차 영업사원이 판매 대수에 따라 일정한 성과급을 받는 것은 고정비율계획이다?

A (○)

③ 프리맥의 원리(Premack's Principle) 〔필기 출제〕 22년 기출

높은 빈도의 행동(→ 선호하는 활동)은 낮은 빈도의 행동(→ 덜 선호하는 활동)에 대해 효과적인 강화인자가 될 수 있다.

예 공부는 싫어하나 PC 게임은 좋아하는 아이에게 계획한 일일 학습량을 달성하는 경우, PC 게임을 1시간 동안 하도록 허용한다.

(5) 상담기법 〔필기 출제〕 10, 08년 기출

① 체계적 둔감법 또는 체계적 둔감화(Systematic Desensitization)

〔필기 출제〕 20, 18, 16, 13, 12, 10, 08, 07, 05, 03년 기출

㉠ 특정한 상황이나 상상에 의해 조건형성된 불안이나 공포에 대해 불안(공포)자극을 단계적으로 높여가며 노출시킴으로써, 내담자의 불안(공포)반응을 경감 또는 제거시킨다.

㉡ 병존할 수 없는 새로운 반응(예 신체적 이완)을 통해 부적응적 반응(예 불안 혹은 공포 반응)을 제지(억제)하는 상호제지 혹은 상호억제(Reciprocal Inhibition)의 원리를 사용한다.

㉢ 체계적 둔감법은 다음의 단계에 따라 진행된다.

근육이완훈련 (제1단계)	근육이완훈련을 통해 몸의 긴장을 풀도록 한다.
불안위계목록 작성 (제2단계)	낮은 수준의 자극에서 높은 수준의 자극으로 불안위계목록을 작성한다.
불안위계목록에 따른 둔감화 (제3단계)	불안유발상황을 단계적으로 상상하도록 유도하여 불안반응을 점진적으로 경감 또는 제거시킨다.

② 내적 모델링 및 인지적 모델링(Internal Modeling & Cognitive Modeling)

내적 모델링	상담자가 내담자에게 상상해야 할 것을 말해주어 내담자로 하여금 그 지시에 따라 행동을 수행하는 모델을 상상하도록 한다.
인지적 모델링	상담자가 모델링 장면에서 먼저 시범을 보이면서 무엇을 하고 어떻게 느낄지에 대해 내담자에게 설명하며, 내담자는 그것을 듣고 목표행동을 반복적으로 수행한다.

③ 인지적 재구조화(Cognitive Restructuring) 〔필기 출제〕 12, 11, 09년 기출

내담자로 하여금 부정적인 자기패배적 사고 대신 긍정적인 자기적응적(자기향상적) 사고를 가지도록 하는 기법이다.

④ 사고중지 또는 사고정지(Thought Stopping)

내담자가 부정적인 인지를 억압하거나 제거함으로써 비생산적이고 자기패배적인 사고와 심상을 통제하도록 도와주기 위해 사용된다.

⑤ 정서적 심상법 또는 정서적 상상(Emotive Imagery)

내담자에게 실제 장면이나 행동에 대한 정서적인 느낌이나 감정을 마음속으로 상상해 보도록 하는 기법이다.

쌤의 비법노트

상호제지(상호억제)의 원리는 제거 대상 반응과 양립할 수 없는 반응을 함께 제시함으로써 이들 간의 상호 방해로 인해 두 가지 연상 중 하나를 기억할 수 없도록 하는 원리입니다.

이렇게 출제된다! 2차 주관식

체계적 둔감화의 의미를 쓰고, 그 단계를 설명하시오.

⑥ 스트레스 접종(Stress Inoculation) 필기 출제 16, 14년 기출
예상되는 신체적·정신적 긴장을 약화시켜 내담자가 충분히 자신의 문제를 다룰 수 있도록 준비시키는 기법이다.

⑦ 토큰경제 또는 상표제도(Token Economy) 필기 출제 10, 09년 기출
바람직한 행동들에 대한 체계적인 목록을 정해놓은 후 그러한 행동이 이루어질 때 그에 상응하는 보상(토큰)을 하는 기법이다.

⑧ 모델링(Modeling) 또는 대리학습(Vicarious Learning)
타인의 행동에 대한 관찰 및 모방에 의한 학습을 통해 내담자로 하여금 문제행동을 수정하거나 학습을 촉진시키는 기법이다.

⑨ 주장훈련 또는 주장적 훈련(Assertive Training) 필기 출제 17, 10, 05, 03년 기출
내담자의 대인관계에 있어서의 불안과 공포를 해소하기 위한 효과적인 치료기법이다. 불안을 역제지(상호제지)하는 방법으로, 내담자로 하여금 불안 이외의 감정을 표현하도록 하여 대인관계에서 오는 불안을 제거하도록 한다.

⑩ 혐오치료(Aversion Therapy)
바람직하지 못한 행동에 혐오 자극을 제시함으로써 부적응적인 행동을 제거하는 기법이다.

⑪ 역할연기(Role Playing)
일상생활 속에서 수행하지 못하거나 수행하기 곤란한 역할행동 때문에 부적응적인 행동을 하는 내담자로 하여금 현실적 장면이나 극적인 장면을 통해 역할행동을 반복적으로 시연시킴으로써 부적응적 행동을 적응적 행동으로 바꾸도록 하는 기법이다.

⑫ 행동계약(Behavioral Contract)
두 사람이나 그 이상의 사람들이 정해진 기간 내에 각자가 해야 할 행동을 분명하게 정해 놓은 후 그 내용을 서로가 지키기로 계약을 맺는 것이다.

⑬ 자기관리 프로그램(Self-management Program) 필기 출제 21, 17, 13년 기출
내담자가 자기지시적인 삶을 영위하고 상담자에게 의존하지 않도록 하기 위해, 상담자가 내담자와 지식을 공유하면서 자기강화기법을 적극적으로 활용하는 것이다.

⑭ 바이오피드백(Biofeedback)
이른바 '생체자기제어'라고도 불리는 것으로서, 근육긴장도, 심박수, 혈압, 체온 등의 자율신경계에 의한 각종 생리적인 변수를 병적 증상의 완화나 건강 유지를 위해 부분적으로 조절할 수 있도록 하는 기법이다.

⑮ 과잉교정(Overcorrection) 필기 출제 16, 12년 기출
문제행동에 대한 대안행동이 거의 없거나 효과적인 강화인자가 없을 때 유용한 기법으로서, 파괴적이고 폭력적인 행동을 수정하는 데 효과적이다.

⑯ 내현적 가감법 또는 내면적 가감법(Covert Sensitization)
혐오치료의 일종으로서, 원하지 않는 행동과 그로 인해 나타날 수 있는 불쾌한 결과를 함께 상상하도록 함으로써 부적응행동을 방지하기 위한 것이다.

쌤의 비법노트

'스트레스 접종'은 내담자에게 비교적 약한 자극을 주어 잘 견디도록 한 다음 점차적으로 자극의 강도를 높임으로써 스트레스에 대처할 수 있는 능력을 향상시키는 것입니다. 쉽게 말해, 일종의 예방접종이라 볼 수 있습니다.

이렇게 출제된다! 1차 기출 OX

Q 주장훈련의 목표는 내담자로 하여금 광범위한 대인관계의 상황을 효과적으로 다루기 위해 필요한 기술과 태도를 갖추게 하는 데 있다?

A (○)

쌤의 비법노트

바이오피드백(Biofeedback)은 생리적 활동에 관한 정보를 내담자에게 지속적으로 제공함으로써 자기조절 능력을 향상시키는 기법입니다. 근육긴장도, 심박수, 혈압 등 다양한 생리적 반응이 외부 기계장치를 통해 시각적 또는 청각적 신호로 피드백되며, 내담자는 자신의 생리 상태를 인식하고 이를 조절하는 훈련을 수행하게 됩니다.

> **이렇게 출제된다!** **2차 주관식**
> 행동주의 상담에서 내적인 행동변화를 촉진시키는 방법과 외적인 행동변화를 촉진시키는 방법을 각각 3가지씩 쓰시오.

> **더 알아보기**
> 행동주의 상담(행동치료)의 치료기술 　필기 출제 19, 17, 12, 10, 09년 기출
>
> | | | |
> |---|---|---|
> | 내적 행동변화 촉진 | • 체계적 둔감법
• 인지적 모델링
• 사고중지(사고정지)
• 스트레스 접종 등 | • 근육이완훈련
• 인지적 재구조화
• 정서적 심상법(정서적 상상) |
> | 외적 행동변화 촉진 | • 상표제도(토큰경제)
• 주장훈련(주장적 훈련)
• 행동계약
• 혐오치료 | • 모델링(대리학습)
• 역할연기
• 자기관리 프로그램
• 바이오피드백(Biofeedback) 등 |

> **쌤의 비법노트**
> 직업상담사 시험에서는 'RT', 'RET', 'REBT', 그리고 '합리적·정서적 상담', '인지적·정서적 상담', '합리적·정서적 행동치료'나 '합리적·정서적·행동적 상담' 혹은 '인지·정서·행동치료'나 '인지·정서·행동적 상담' 등 다양한 명칭으로 제시되고 있습니다.

8 인지·정서·행동적 상담(REBT)

(1) 개 요 　필기 출제 22, 19, 14, 13, 10, 07, 03년 기출

① 인지이론과 행동주의적 요소가 결합된 것으로서, 인지과정의 연구로부터 도출된 개념과 함께 행동주의 및 사회학습이론으로부터 나온 개념들을 통합하여 적용한 것이다.
② 엘리스(Ellis)는 인간이 합리적인 사고를 할 수 있는 동시에 비합리적인 사고를 할 수 있다고 가정하였다.
③ 내담자의 비합리적 신념에 대한 논박을 통해 사고와 감정의 변화를 도모하고자 한다.
④ 문제에 초점을 둔 시간제한적 접근으로서, 내담자가 자신의 사고와 행동을 통제하기 위한 대처기제를 학습하는 교육적 접근을 강조한다.

> **이렇게 출제된다!** **2차 주관식**
> 인지·정서·행동적 상담(REBT)의 기본원리를 6가지 쓰시오.

(2) 인지·정서·행동적 상담(REBT)의 기본원리 　필기 출제 19년 기출

① 인지는 인간의 정서를 결정하는 가장 중요한 요소이다.
② 역기능적 사고는 정서장애의 중요한 결정 요인이다.
③ 정서적인 문제를 해결하기 위해서는 사고를 분석하는 데서 시작하는 것이 효과적이다.
④ 유전과 환경을 포함한 다양한 요인들이 불합리한 사고나 정신병리를 일으키는 원인이 된다.
⑤ 행동에 대한 과거의 영향보다는 현재에 초점을 둔다.
⑥ 인간이 지닌 신념은 쉽지는 않지만 변화한다고 믿는다.

(3) 상담의 목표 　필기 출제 07년 기출

① 내담자의 비논리적이고 비합리적인 신념체계를 합리적인 것으로 대체함으로써 정서적·행동적 문제들을 해결한다.
② 내담자가 가지고 있는 자기파괴적이고 자기패배적인 신념을 최소화하며, 현실적이고 관대한 철학을 가지도록 돕는다.
③ 내담자로 하여금 자신의 삶에 대한 책임을 받아들임으로써 문제에 직면하도록 돕는다.

(4) 비합리적 신념의 주요 유형(Ellis) 필기 출제 11, 06년 기출

① 인간은 주위의 모든 중요한 사람들에게서 항상 사랑과 인정을 받아야만 한다.
② 인간은 자신이 가치 있다고 인정받으려면 모든 영역에서 반드시 유능하고 성취적이어야 한다.
③ 인간은 다른 사람에게 의지해야 하며, 자신이 의지할만한 더욱 강력한 누군가가 있어야 한다.
④ 인간의 문제에는 항상 완전한 해결책이 있으므로, 이를 찾지 못하는 것은 매우 유감스러운 일이다.
⑤ 세상은 반드시 공평해야 하며, 정의는 반드시 승리한다.

(5) 비합리적 신념의 뿌리를 이루는 3가지 당위성

자신에 대한 당위성	나는 반드시 훌륭하게 일을 수행해 내야 한다.
타인에 대한 당위성	타인은 반드시 나를 공정하게 대우해야 한다.
세상(조건)에 대한 당위성	세상의 조건들은 내가 원하는 방향으로 돌아가야만 한다.

(6) ABCDE(ABCDEF) 모델(모형) 필기 출제 21, 15, 13, 10, 09, 03년 기출

① A(Activating Event : 선행사건)
내담자의 감정을 동요하거나 내담자의 행동에 영향을 미치는 사건을 의미한다.
② B(Belief System : 비합리적 신념체계)
선행사건에 대한 내담자의 비합리적 신념체계나 사고체계를 의미한다.
③ C(Consequence : 결과)
선행사건을 경험한 후 자신의 비합리적 신념체계를 통해 그 사건을 해석함으로써 느끼게 되는 정서적·행동적 결과를 말한다.
④ D(Dispute : 논박)
내담자가 가지고 있는 비합리적 신념이나 사고에 대해 그것이 사리에 부합하는 것인지 논리성·실용성·현실성에 비추어 반박하는 것으로서, 내담자의 비합리적 신념체계를 수정하기 위한 것이다.
⑤ E(Effect : 효과)
논박으로 인해 나타나는 효과로서, 내담자가 가진 비합리적인 신념을 철저하게 논박하여 합리적인 신념으로 대체한다.
⑥ F(Feeling : 감정)
내담자는 합리적인 신념으로 인해 자신에 대한 수용적인 태도와 긍정적인 감정을 가지게 된다.

이렇게 출제된다! 1차 기출 OX

Q 엘리스(Ellis)는 "인간은 자신이 가치 있다고 인정받으려면 한 가지 영역에서만 완벽한 능력이 있고 성공하면 된다"는 비합리적 신념을 가지고 있다고 강조한다?

A (×) 인간이 모든 영역에서 반드시 유능하고 성취적이어야 한다는 비합리적 신념을 가지고 있다고 강조한다.

이렇게 출제된다! 2차 주관식

인지·정서적 상담이론에서 개인을 파멸로 몰아가는 근본적인 문제는 개인의 비합리적 신념 때문이다. 비합리적 신념의 뿌리를 이루고 있는 3가지 당위성을 예를 들어 설명하시오.

이렇게 출제된다! 2차 주관식

1. 인지·정서·행동적 상담(REBT)의 기본개념을 A-B-C-D-E 모델에 의거하여 쓰시오.
2. 인지-정서적 상담(RET)의 기본개념으로서 A-B-C-D-E-F의 의미를 쓰시오.

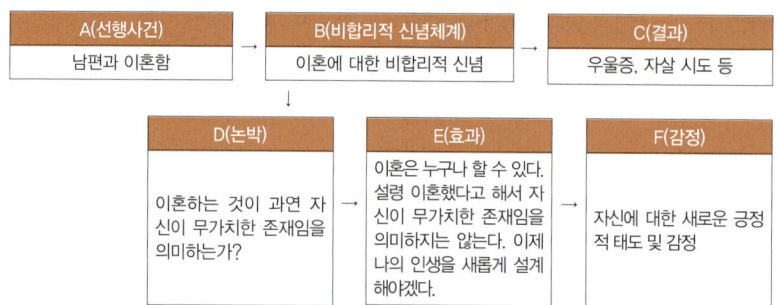

ABCDEF 모델의 예

> **Comment**
> 엘리스(Ellis)의 ABCDE 모델(모형)은 'ABC 모델', 'ABCD 모델' 혹은 'ABCDEF 모델'로도 불립니다. 다만, 여기서 'ABC 모델'은 행동주의이론 또는 행동치료의 'ABC 패러다임'과 다릅니다. 'ABC 패러다임'은 〈선행요인(Antecedents) → 행동(Behavior) → 결과(Consequences)〉를 의미합니다.

(7) 인지·정서·행동적 상담(REBT)의 정서기법 필기 출제 21년 기출

인지·정서 심상	내담자로 하여금 부적절한 느낌이 드는 장면을 생생하게 상상하도록 한 후 그러한 부적절한 느낌을 적절한 느낌으로 바꾸어 상상하면서 그에 따른 부적절한 행동을 적절한 행동으로 바꾸어 보도록 유도한다.
역할연기	문제 장면과 관련한 불쾌감의 밑바탕이 되는 비합리적 사고를 깨닫도록 하는 데 중점을 두는 것으로, 정서적 요소와 행동적 요소를 포함한다.
수치공격 연습	자신의 행동에 대해 주위 사람들이 어떻게 생각할지에 대한 두려움으로 인해 평소하고 싶어도 하지 못할 때 이를 실제로 행동해 보도록 함으로써, 결과적으로 주위 사람들이 내담자가 생각한 것보다는 관심이 없음을 깨닫게 한다.
무조건적 수용	상담자가 언어적 표현이나 비언어적 표현을 통해 내담자의 어떤 말이나 행동을 무조건적으로 수용하고 있음을 보여준다.

9 인지치료(Cognitive Therapy)

(1) 개요 필기 출제 22, 21, 17, 13, 12, 06, 04년 기출

① 벡(Beck)에 의한 인지행동 상담기술로서, 인간의 사고와 행동이 서로 밀접하게 연관되어 있다는 가정에서 비롯된다.
② 내담자의 역기능적이고 자동적인 사고 및 스키마, 신념, 가정의 대인관계 행동에서의 영향력을 강조하며, 이를 수정하여 내담자의 정서나 행동을 변화시키는 데 역점을 둔다.
③ 치료 과정은 보통 단기적·한시적이고 구조화되어 있으며, 상담자(치료자)는 내담자에 대한 보다 적극적이고 교육적인 치료를 수행한다.
④ 엘리스(Ellis)가 개인이 가진 비합리적 사고나 신념에 문제의 초점을 두었다면, 벡(Beck)은 개인이 가지고 있는 정보처리 과정상의 인지적 왜곡에 초점을 두었다.

쌤의 비법노트

인지·정서·행동적 상담(REBT)의 기법은 크게 인지기법, 정서기법, 행동기법으로 구분됩니다. 대표적인 인지기법으로 '논박'이 있으며, 행동기법으로 '체계적 둔감법', '강화와 처벌', '자기관리', '자기표현훈련' 등이 있습니다.

쌤의 비법노트

직업상담사 시험에서는 벡(Beck)의 치료적 방법을 '인지치료' 혹은 '인지행동 상담'의 명칭으로 제시하고 있습니다.

이렇게 출제된다! 1차 기출 OX

Q 인지치료는 왜곡된 사고체계나 신념체계를 가진 내담자에게 실시하면 효과적이다?
A (○)

(2) 인지적 오류의 주요 유형 필기 출제 17, 12년 기출

① 임의적 추론 또는 자의적 추론(Arbitrary Inference)

어떤 결론을 지지하는 증거가 없거나 그 증거가 결론에 위배됨에도 불구하고 그와 같은 결론을 내린다.

예 남자친구가 사흘 동안 전화를 하지 않은 것은 자신을 사랑하지 않고 이미 마음이 떠났기 때문이라고 자기 멋대로 추측하는 경우

② 선택적 추상 또는 선택적 추상화(Selective Abstraction) 필기 출제 16년 기출

다른 중요한 요소들은 무시한 채 사소한 부분에 초점을 맞추고, 그 부분적인 것에 근거하여 전체 경험을 이해한다. 특히 상황의 긍정적인 양상을 여과하는 데 초점이 맞추어져 있고 극단적으로 부정적인 세부사항에 머문다.

예 아내가 자신의 장단점을 이야기해 주었을 때 약점에 대해서만 집착한 나머지 아내의 진심을 왜곡하고 아내가 자신을 비웃고 헐뜯는 것으로 받아들이는 경우

③ 과잉일반화(과일반화) 또는 과도한 일반화(Overgeneralization) 필기 출제 18, 12년 기출

한두 가지의 고립된 사건에 근거해서 일반적인 결론을 내리고 그것을 서로 관계없는 상황에 적용한다.

예 영어시험을 망쳤으니 (자신의 노력이나 상황 변화와 관계없이) 이번 시험은 완전히 망칠 것이라 결론을 내리는 경우

④ 개인화 또는 사적인 것으로 받아들이기(Personalization)

자신과 관련시킬 근거가 없는 외부사건을 자신과 관련시키는 성향으로서, 실제로는 다른 것 때문에 생긴 일에 대해 자신이 원인이고 자신이 책임져야 할 것으로 받아들인다.

예 친구가 오늘 기분이 나쁜 것이 내게 화가 나 있기 때문인 것으로 간주하는 경우

⑤ 이분법적 사고 또는 흑백논리(Dichotomous Thinking)

모든 경험을 한두 개의 범주로만 이해하고 중간지대가 없이 흑백논리로써 현실을 파악한다.

예 100점이 아니면 0점과 다를 바 없다고 보는 경우

⑥ 과장 / 축소 또는 의미확대 / 의미축소(Magnification / Minimization)

어떤 사건 또는 한 개인이나 경험이 가진 특성의 한 측면을 그것이 실제로 가진 중요성과 무관하게 과대평가하거나 과소평가한다.

예 시험을 잘 보았을 때 운이 좋아서 혹은 시험이 쉽게 출제되어서 좋은 결과에 이르렀다고 보는 경우

⑦ 긍정 격하(Disqualifying the Positive) 필기 출제 16년 기출

자신의 긍정적인 경험이나 능력을 객관적으로 평가하지 않은 채 그것을 부정적인 경험으로 전환하거나 자신의 능력을 낮추어 본다.

예 누군가 자신이 한 일에 대해 칭찬을 할 때 그 사람들이 착해서 아무것도 아닌 일에 칭찬을 하는 것이라 생각하는 경우

쌤의 비법노트

벡(Beck)은 우울증 환자들이 생활사건의 의미를 부정적인 것으로 받아들이면서 다양한 유형의 논리적 오류를 범하는 것을 확인하였습니다. 그는 개인이 생활사건의 의미를 해석하는 정보처리 과정에서 범하는 체계적인 과오를 '인지적 오류(Cognitive Error)'로 설명하였습니다.

이렇게 출제된다! 2차 주관식

1. 벡(Beck)의 인지치료에서 인지적 오류의 유형 3가지를 쓰고, 각각에 대해 설명하시오.
2. 벡(Beck)의 인지치료에서 인지적 오류의 유형을 4가지 쓰시오.

쌤의 비법노트

인지적 오류의 유형과 관련된 예는 반드시 어느 하나의 정답이 있는 것은 아닙니다. 경우에 따라 2가지 이상의 오류가 혼합된 것일 수도 있습니다. 또한 인지적 오류와 방어기제를 혼동하지 맙시다. '억압', '합리화', '퇴행', '투사' 등은 정신분석적 상담에서 강조되는 방어기제에 해당합니다.

⑧ 잘못된 명명(Mislabelling) 필기 출제 16년 기출

과잉일반화의 극단적인 형태로서, 내담자가 어느 하나의 단일사건이나 극히 드문 일에 기초하여 완전히 부정적으로 상상하는 것이다.

예 한 차례 지각을 한 학생에 대해 지각대장이라는 이름표를 붙이는 경우

(3) 인지치료적 접근의 주요 상담기법 필기 출제 17년 기출

정서적 기법	정서 경험 이야기하기, 심상기법, 역할연기 등을 통해 내담자의 자동적 사고를 파악한다.
언어적 기법	소크라테스식 질문을 통해 내담자로 하여금 자동적 사고의 타당성을 평가하도록 한다.
행동적 기법	내담자의 인지 변화를 목적으로 행동실험을 수행한다.

> **이렇게 출제된다! 2차 주관식**
> 실직하고 나서 "나는 무능하다"라는 부정적인 자동적 사고가 떠올라 우울감에 빠진 내담자에게 벡(Beck)의 인지행동 상담을 하려고 한다. 이 내담자의 부정적인 자동적 사고를 합리적인 사고로 변화시키기 위한 상담기법을 3가지 쓰고, 각각에 대해 설명하시오.

02절 특성-요인 직업상담

1 개 요

(1) 특성-요인 직업상담의 의의 필기 출제 22, 18, 07년 기출

① 윌리암슨(Williamson)이 파슨스(Parsons)의 직업이론 원리를 토대로 발전시킨 것으로, '지시적 상담'이라고도 불린다.
② 개인차 심리학과 응용심리학에 근거를 두고 있으며, 개인의 특성과 직업을 구성하는 요인을 연결시키는 것에 초점을 둔다.
③ 특성(Trait)은 성격, 적성, 흥미, 가치관 등 검사에 의해 측정 가능한 개인의 특징을 의미한다. 반면, 요인(Factor)은 책임감, 성실성, 직업성취도 등 성공적인 직업수행을 위해 요구되는 특징을 의미한다.

> **쌤의 비법노트**
> 내담자중심 상담은 '비지시적 상담', 특성-요인 상담은 '지시적 상담'에 해당합니다.

(2) 특성-요인 직업상담의 특징 필기 출제 21, 18, 16, 14, 10, 09, 08, 05년 기출

① 상담자 중심의 상담방법으로서, 과학적이고 합리적인 문제해결 방법을 따른다.
② '직업과 사람을 연결시키기'라는 심리학적 관점을 토대로 한다.
③ 내담자에 대한 정서적 이해보다 문제의 객관적 이해에 중점을 둔다.
④ 내담자에게 정보를 제공하고 학습기술 및 사회적 적응기술을 알려주는 것을 중시한다.
⑤ 내담자를 객관적으로 이해하고, 올바른 예언을 하기 위해 사례나 사례연구를 상담의 중요한 자료로 삼는다.
⑥ 흥미, 지능, 적성, 성격 등 표준화 검사의 실시와 결과의 해석을 강조한다.
⑦ 상담자는 마치 교육자로서 주장적이고 주도적인 역할을 수행한다.
⑧ 스트롱과 슈미트(Strong & Schmidt)는 상담자의 특성 또는 자질로서 전문성(Expertness), 신뢰(Trustworthiness), 매력(Attractiveness)을 강조하였다.

> **쌤의 비법노트**
> 특성-요인 직업상담은 내담자가 자신의 문제를 독립적으로 해결할 수 있는 능력이 결여되어 있는 반면, 상담자는 훈련과 경험, 다양한 정보를 가지고 있으므로 내담자의 문제해결을 위한 암시와 조언을 줄 수 있다고 가정합니다.

(3) 특성-요인 직업상담의 목표 필기 출제 17, 13, 12년 기출
① 내담자가 자신의 문제를 해결하도록 한다.
② 내담자로 하여금 자기통제가 가능하도록 한다.
③ 내담자가 자기 자신의 가능성을 확인하고 그 가능성을 활용할 수 있게 한다.
④ 내담자가 자신이 필요로 하는 정보를 수집, 분석, 종합할 수 있도록 한다.
⑤ 합리적인 과정을 통해 내담자 개인의 학문적·직업적 능력에 부합하는 직업을 선택하도록 돕는다.

(4) 특성-요인 직업상담의 기본원리
① 개개인의 독특한 심리적 특성으로 인해 각자에게 맞는 특정의 직업유형이 있다.
② 서로 다른 직업에 종사하는 사람들은 서로 다른 심리적 특성을 가지고 있다.
③ 직업적응은 개인 특성과 직업요건 사이의 조화의 정도에 따라 달라진다.

(5) 특성-요인 직업상담에서 상담자가 지켜야 할 상담원칙(Darley) 필기 출제 21, 09년 기출
① 상담자는 내담자에게 강의하려 하거나 거만한 자세로 말하지 않는다.
② 상담자는 간단한 어휘를 사용하며, 특히 상담 초기에 내담자에게 제공하는 정보를 비교적 적은 범위로 한정시킨다.
③ 상담자는 어떤 정보나 해답을 제공하기 전에 내담자가 정말로 그것을 알고 싶어 하는지를 우선적으로 확인한다.
④ 상담자는 자신이 내담자가 지니고 있는 여러 가지 태도를 제대로 파악하고 있는지를 확인한다.

2 특성-요인이론에 의한 직업상담 과정

(1) 특성-요인이론의 3가지 요소(Parsons) 필기 출제 15, 12, 08, 07년 기출
① 자신(개인)에 대한 이해 – 내담자 특성의 객관적인 분석
② 직업세계에 대한 이해 – 직업세계의 분석
③ 자신과 직업의 합리적 연결 – 과학적 조언을 통한 매칭(Matching)

이렇게 출제된다! 1차 기출 OX
Q 특성-요인 직업상담은 내담자가 잠재적인 모든 개성을 발달시키는 데 주력한다?
A (×) 내담자중심(인간중심) 상담의 목표로 볼 수 있다.

이렇게 출제된다! 2차 주관식
특성-요인 직업상담의 3가지 기본원리를 쓰시오.

이렇게 출제된다! 2차 주관식
달리(Darley)가 제시한 특성-요인 직업상담에서 상담자가 지켜야 할 상담원칙을 3가지 쓰시오.

이렇게 출제된다! 2차 주관식
파슨스(Parsons)의 특성-요인 상담에서 상담자가 해야 할 일 3가지를 쓰시오.

이렇게 출제된다! 2차 주관식

다음 보기는 특성-요인 직업상담의 과정이다. 빈칸에 들어갈 내용을 순서대로 쓰고, 각각에 대해 설명하시오.

- 제1단계 : 분 석
- 제2단계 : (ㄱ)
- 제3단계 : (ㄴ)
- 제4단계 : (ㄷ)
- 제5단계 : 상 담
- 제6단계 : 추수지도

(2) 특성-요인 직업상담의 과정(Williamson) 필기 출제 22~17, 15, 12, 11, 10, 09, 04, 03년 기출

분 석 (제1단계)	내담자에 관한 자료수집, 표준화검사, 적성·흥미·동기 등의 요소들과 관련된 심리검사가 주로 사용된다.
종 합 (제2단계)	내담자의 성격, 장·단점, 욕구, 태도 등에 대한 이해를 얻기 위해 정보를 수집·종합한다.
진 단 (제3단계)	문제의 원인들을 탐색하며, 내담자의 문제를 해결할 수 있는 다양한 방법들을 검토한다.
예후(예측) 또는 처방 (제4단계)	조정 가능성, 문제들의 가능한 여러 결과를 판단하며, 대안적 조치와 중점사항을 예측한다.
상담 또는 치료 (제5단계)	미래에 혹은 현재에 바람직한 적응을 위해 무엇을 해야 하는가에 대해 함께 협동적·능동적으로 상의한다.
추수지도 또는 사후지도 (제6단계)	새로운 문제가 야기되었을 때 위의 단계를 반복하며, 바람직한 행동 계획을 실행하도록 계속적으로 돕는다.

Comment

윌리암슨(Williamson)의 특성-요인 직업상담의 과정은 직업상담사 시험에서 다음과 같이 4단계 혹은 5단계로도 제시되고 있습니다.

4단계	분석 → 종합 → 진단 → 예후(처방)
5단계	분석 → 종합 → 진단 → 예후(처방) → 상담(치료) 분석 → 종합 → 진단 → 상담(치료) → 추수지도

3 특성-요인 직업상담의 기술 및 기법

(1) 특성-요인 직업상담의 상담기술(Williamson) 필기 출제 12년 기출

① 촉진적 관계형성
② 자기이해의 신장
③ 행동계획의 권고와 설계
④ 계획의 수행
⑤ 위임 또는 의뢰

(2) 특성-요인 직업상담의 검사 해석단계에서 이용할 수 있는 상담기법(Williamson)

필기 출제 19, 14, 11년 기출

직접충고 (Direct Advising)	검사 결과를 토대로 상담자가 내담자에게 자신의 견해를 솔직하게 표명하는 것이다.
설 득 (Persuasion)	상담자가 내담자에게 합리적이고 논리적인 방법으로 검사자료를 제시하는 것이다.
설 명 (Explanation)	상담자가 검사자료 및 비검사자료들을 해석하여 내담자의 진로선택을 돕는 것이다.

쌤의 비법노트

검사 해석단계에서 이용할 수 있는 상담기법으로 '해석'은 포함되지 않습니다. 언뜻 검사 해석단계이므로 '해석'이 상담기법에 포함될 것이라 생각할 수 있는데요, 틀린 지문으로 '해석'을 포함시키는 함정 문제가 출제되기도 합니다.

이렇게 출제된다! 2차 주관식

윌리암슨(Williamson)의 특성-요인이론에서 검사의 해석단계에서 이용할 수 있는 상담기법 3가지를 쓰고, 각각에 대해 설명하시오.

03절 내담자중심 직업상담(인간중심 직업상담)

1 개요

(1) 내담자중심 직업상담의 의의 필기 출제 14년 기출

① 내담자중심 직업상담은 로저스(Rogers)의 상담 경험에서 비롯된다.
② 내담자중심 상담에 뿌리를 두고 있으며, 내담자들을 선천적인 잠재력과 자기실현(자아실현)의 경향성을 지닌 존재로 규정한다.
③ 특성-요인 접근법이 각 개인을 특성과 요인의 집합체로 정의하고 특성과 요인에 따라 개인을 분류·비교하려고 한 반면, 내담자중심 접근법은 각 개인이 현실을 지각하고 구성하는 방법이 개별적·현상적이며, 독특하다는 것에 초점을 둔다.

(2) 내담자중심 직업상담의 특징 필기 출제 21, 14, 13, 09, 04, 03년 기출

① 비지시적 상담을 원칙으로 자기(자아)와 일에 대한 정보 부족 혹은 왜곡에 초점을 맞춘다.
② 자기개념(자아개념)을 중심으로 자기(자아)와 일의 세계에 대한 정보 부족과 일치성 부족으로 내담자의 부적응이 발생한다고 본다.
③ 모든 내담자는 공통적으로 자기와 경험의 불일치로 인해서 고통을 받고 있기 때문에, 직업상담 과정에서 내담자가 지니고 있는 직업문제를 진단하는 것 자체가 불필요하다고 본다.
④ 진로 및 직업선택과 관련된 내담자의 불안을 줄이고 자기의 책임을 수용하도록 한다.

(3) 내담자중심 직업상담의 목적 필기 출제 14, 12년 기출

① 내담자중심 직업상담의 목적 및 결과는 상담을 통해 직업적 역할 속에서 자기(자아)가 이행되는 정도, 즉 일치성의 정도에 달려 있다.
② 내담자가 직업발달의 연속선상에서 어느 위치에 있든지 간에 직업적 역할 속에서 자기(자아)의 개념을 명백히 하고 실행할 수 있도록 돕는다.

(4) 직업상담사가 갖추어야 할 세 가지 기본 태도 필기 출제 16, 09, 08, 06, 05년 기출

일치성과 진실성(진솔성)	진실하고 개방적이어야 한다.
공감적 이해	내담자의 내면세계를 마치 자신의 내면세계인 것처럼 느껴야 한다.
무조건적 수용	내담자를 아무런 조건 없이 무조건적이고 긍정적으로 존중해야 한다.

쌤의 비법노트

내담자중심 직업상담이 하나의 직업상담 접근법으로 정착하게 된 것은 패터슨(Patterson)의 개념화 작업에서 비롯됩니다. 참고로 '패터슨(D. Paterson)'은 특성-요인 직업상담, '패터슨(C. H. Patterson)'은 내담자중심 직업상담과 관련된 학자입니다.

이렇게 출제된다! 2차 주관식

로저스(Rogers)는 내담자중심 상담을 성공적으로 이끄는 데 있어서 상담자의 능동적 성향을 강조하였으며, 패터슨(Patterson)도 내담자중심 직업상담은 기법보다는 태도가 필수적이라고 보았다. 내담자중심 접근법을 사용할 때 직업상담사가 갖추어야 할 기본적인 태도 3가지를 쓰시오.

쌤의 비법노트

스나이더(Snyder)는 상담자가 상담 동안 나타내 보일 수 있는 반응들을 4개의 범주들로 구분하고, 상황에 따라 어떠한 반응범주를 사용해야 하는지에 대한 준거체계를 개발하였습니다.

(5) 반응 범주화 〔필기 출제〕 17년 기출

안내를 수반하는 범주	면접의 방향을 결정짓는 범주로서, 상담자가 내담자로 하여금 이야기해야 할 것이 무엇인지를 제시해 주는 것이다.
감정에 대한 비지시적 반응범주	해석이나 충고, 비평이나 제안 없이 내담자가 표현하는 감정을 재진술하는 범주이다.
감정에 대한 준지시적 반응범주	내담자의 감정에 대해 해석하는 범주로서, 내담자의 정서나 반응에 대한 상담자의 의미부여 또는 해석 등의 반응이 포함된다.
지시적 상담범주	상담자가 내담자의 생각을 변화시키려 시도하거나 내담자의 생각에 상담자의 가치를 주입하려 하는 범주이다.

쌤의 비법노트

로저스(Roger)는 검사의 사용이 내담자의 방어적 태도를 증가시키고 자기수용과 책임을 감소시키며, 상담자에 대한 의존성을 높인다는 이유로 반대하였습니다. 그러나 패터슨(Patterson) 등 몇몇 내담자중심 직업상담가들은 내담자에 대한 객관적인 이해의 목적이 아닌 내담자의 자기명료화를 위해 검사의 사용이 필요하다고 제안하였습니다.

(6) 검사의 사용 및 해석 〔필기 출제〕 18, 17, 10, 04년 기출

① 상담자는 우선 심리검사의 장단점, 제한점 등을 철저히 알고 있어야 한다.
② 내담자가 검사를 원하는 이유를 탐색하고, 과거에 검사받은 경험을 알아본다.
③ 내담자가 알고자 하는 정보와 관련된 검사의 가치와 제한점을 설명한다.
④ 점수로써 검사 결과의 의미를 전달하지 말아야 한다.
⑤ 검사 결과를 입증하기 위한 더 많은 자료가 수집될 때까지는 시험적인 태도로 조심스럽게 제시되어야 한다.
⑥ 검사 결과를 전할 때 평가적인 말투를 사용해서는 안 되며, 항상 중립성을 지켜야 한다.
⑦ 상담자는 항상 의미 있고 명확한 해석을 해야 한다.
⑧ 적성검사의 결과는 확률적 표현으로 예언해 줄 수 있다.
⑨ 검사 결과의 해석에 내담자가 참여하도록 한다.
⑩ 내담자에게 낮은 점수의 검사 결과를 해석해 줄 경우 특히 조심스럽게 해야 한다.

이렇게 출제된다! 2차 주관식

내담자중심 직업상담에서 직업정보 활용의 원리는 검사해석의 원리와 같다. 패터슨(Patterson)은 이를 어떻게 설명하고 있는지 3가지를 쓰시오.

(7) 직업정보 활용의 원리(Patterson) 〔필기 출제〕 12, 07년 기출

① 내담자의 입장에서 필요할 때 제공되어야 한다.
② 내담자에게 영향을 주거나 내담자를 조작하기 위해 사용하지 않는다.
③ 내담자 스스로 얻도록 격려한다.
④ 직업과 일에 대한 내담자의 감정과 태도가 자유롭게 표현되어야 한다.

(8) 평 가

① 상담 상황의 특수성을 간과함으로써 내담자의 지각과 행동에 미치는 환경의 영향에 대해 정교화하지 못한다.
② 직업상담사가 교훈적 역할이나 내담자의 자기(자아)를 명료화하고 자기실현을 시킬 수 있는 적극적 태도를 취하지 않는다면, 내담자에게 직업에 대한 정보를 효과적으로 알려줄 수 없다.

더 알아보기

내담자중심 직업상담과 특성-요인 직업상담의 차이점

내담자중심 직업상담	특성-요인 직업상담
• 내담자는 문제를 스스로 해결할 수 있는 능력이 있다. • 내담자는 자유롭고 신뢰할 수 있는 존재이므로, 상담자는 보조자로서 내담자 스스로 당면한 문제를 해결하도록 돕는다. • 상담은 비지시적·수용적인 분위기에서 이루어진다. • 내담자의 주관적·감정적 측면을 강조하는 반면, 객관적 자료의 중요성을 간과하는 경향이 있다. • 상담 과정에서 내담자와의 관계형성이 절대적이다. • 상담 이전에 심리진단이 필요하지 않다.	• 내담자는 문제를 스스로 해결할 수 없는 나약한 존재이다. • 상담자는 주도자로서 내담자의 문제를 종합·진단하며, 문제해결을 위한 정보를 제공한다. • 상담은 내담자에 대한 충고와 설득을 통한 지시적인 방식으로 이루어진다. • 내담자의 주관적·감정적 측면을 소홀히 한 채 객관적인 자료에만 의존하는 경향이 있다. • 상담 과정에서 내담자와의 관계형성이 절대적인 것은 아니다. • 상담 이전에 심리진단이 필요하다.

> **쌤의 비법노트**
>
> 특성-요인 접근법은 각 개인의 특성과 요인에 따른 분류 및 비교에 초점을 둔 반면, 내담자중심 접근법은 각 개인의 개별성·독특성을 강조하는 데 초점을 둡니다. 또한 특성-요인 접근법은 물리적 현상으로서 외부세계를 강조한 반면, 내담자중심 접근법은 개인적 경험으로서 내부세계를 강조합니다.

04절 정신역동적 직업상담

1 개요

(1) 정신역동적 직업상담의 의의

① 정신역동적 직업상담은 정신분석학을 토대로 특성-요인이론과 내담자중심 직업상담의 개념과 기법을 통합한 접근법이다.

② 보딘(Bordin)과 동료들에 의해 발전된 것으로, 내담자의 내적 세계뿐만 아니라 검사정보도 독특한 방식으로 직업결정 과정에 활용한다.

(2) 정신역동적 직업상담의 특징 필기 출제 20, 10년 기출

① 정신분석학에 뿌리를 두고 있지만 내담자중심 직업상담에 영향을 받아 내담자의 내적 세계와 직업선택에 미치는 내적 요인의 영향을 강조한다.

② 특성-요인 접근법과 마찬가지로 '사람과 직업을 연결시키는 것'에 기초를 두고 있다.

③ 상담과 검사해석의 기법들은 내담자중심 접근을 많이 따르고 있지만 '비지시적' 및 '반영적' 태도 외에도 다양한 접근방법들을 포함하고 있다.

④ 직업선택에 있어서 심리학적 요인을 중시하는 이론으로, 정신분석적 측면뿐만 아니라 내담자의 욕구와 발달과정을 중시하며, 욕구를 직업선택의 주요 요인으로 간주한다.

2 보딘(Bordin)의 정신역동적 직업상담

(1) 보딘(Bordin)의 직업상담 과정 〖필기 출제〗 19, 09년 기출

탐색과 계약설정 (제1단계)	내담자의 정신역동적 상태에 대한 탐색 및 상담전략에 대한 합의가 이루어진다.
핵심결정 또는 중대한 결정 (제2단계)	내담자는 중대한 결정을 통해 자신의 목표를 성격 변화 등으로 확대할 것인지 고민한다.
변화를 위한 노력 (제3단계)	내담자는 자아 인식 및 자아 이해를 확대해 나가며, 지속적인 변화를 모색한다.

> **이렇게 출제된다! 2차 주관식**
> 정신역동적 직업상담 모형을 구체화시킨 보딘(Bordin)의 직업상담 과정을 쓰고, 각각에 대해 설명하시오.

(2) 보딘(Bordin)의 상담기법 〖필기 출제〗 21, 19, 17, 16, 13, 12, 11, 09, 04년 기출

명료화	내담자의 문제와 관련된 생각이 어떤 것인지 언어적 표현에 초점을 두고 요약해 준다.
비 교	두 가지 또는 그 이상의 주제들의 역동적 현상들 사이의 유사성이나 차이점들을 보다 분명하게 부각시키기 위해 대비시킨다.
소망-방어체계에 대한 해석	상담자는 내담자의 내적 동기 상태와 진로결정 과정 사이의 관계를 내담자로 하여금 자각하도록 시도한다.

> **쌤의 비법노트**
> '소망-방어체계'의 예를 들어봅시다. 의대 졸업을 앞둔 내담자가 갑자기 자신의 전공을 건축학으로 바꾸려고 합니다. 상담자는 상담 과정에서 내담자의 어머니가 자식의 뒷바라지를 하다가 뇌출혈로 쓰러졌던 사실을 알게 되고, 내담자의 의도가 어머니의 건강 악화에 대한 죄의식과 함께 건축물이 가지는 여성의 상징성 때문인 것으로 해석합니다. 이를 통해 상담자는 내담자의 내적 동기 상태와 직업결정 사이의 관계를 인식하도록 돕게 됩니다.

(3) 정신역동적 집단상담의 주요 장점 〖필기 출제〗 16년 기출

① 다른 집단성원이나 상담자에게 전이감정을 느끼며 훈습할 기회가 많아 자기 이해를 증진할 수 있다.
② 자신의 방어와 저항이 어떻게 작용하는지에 대해 좀 더 극적인 통찰을 얻을 수 있다.
③ 다른 집단성원의 작업을 관찰함으로써 자신이 의식하지 못했던 감정을 가지고 있음을 이해하게 된다.
④ 집단에서의 분석은 상담자와 독점적 관계를 가질 것이라는 집단성원의 이상적인 기대에 즉각 직면하도록 한다.
⑤ 다른 사람을 지지해 주고 보편적인 갈등을 경험함으로써 개인치료보다 더 폭넓은 반응을 하도록 격려한다.

> **쌤의 비법노트**
> 집단상담은 궁극적으로 내담자로 하여금 타인과의 관계를 통해 폭넓은 반응을 유도하는 것을 목표로 합니다. 만약 내담자가 상담자와의 독점적 관계에서 전이적 소망을 충족시켜 줄 것을 기대한다면, 집단상담은 효과를 거두기 어렵습니다.

(4) 평 가

① 직업선택에 미치는 내적 요인의 영향을 지나치게 강조한 나머지 외적 요인의 영향에 대해서는 충분하게 고려하고 있지 못하다.
② 행동주의 관점에서 볼 때, 정신역동적 접근은 관찰할 수 없는 인간의 동기 측면에 지나치게 초점을 둠으로써 직업결정의 개념을 매우 복잡하게 만든다.

05절 발달적 직업상담

1 개요

(1) 발달적 직업상담의 의의

① 내담자의 생애단계를 통한 진로발달의 측면을 중시한다.
② 발달의 의사결정적 측면을 강조한 정신역동적 직업상담과 달리, 내담자의 직업 의사결정 문제와 직업성숙도(진로성숙도) 사이의 일치성에 초점을 둔다.
③ 직업상담을 통해 개인의 진로발달을 도움으로써 내담자의 개인적 및 사회적 발달이 촉진될 수 있도록 조력한다.

(2) 발달적 직업상담의 특징 [필기 출제] 20, 16년 기출

① 진로발달은 전 생애에 걸쳐 계속되는 과정이므로, 개인의 과거와 현재뿐만 아니라 미래까지도 동시에 고려해야 한다고 주장한다.
② 진로발달을 개인과 환경과의 상호작용에 의한 적응 과정이라 강조한다.
③ 수퍼(Super)는 '진단(Diagnosis)'이라는 표현 대신 '평가(Appraisal)'라는 용어를 사용하였다. 그 이유는 두 개념이 근본적으로 동일하지만, '평가'라는 표현이 '진단'보다는 더 포괄적이고 긍정적이기 때문이다.
④ 수퍼는 내담자의 문제들뿐만 아니라 잠재력에도 초점을 두어 다음의 세 가지 평가유형을 제시하였다.

문제의 평가	내담자가 겪고 있는 어려움이나 직업상담에 대한 내담자의 기대를 평가한다.
개인의 평가	내담자의 신체적·심리적·사회적 상태에 대한 통계자료 및 사례연구로 분석이 이루어진다.
예언평가 (예후평가)	내담자에 대한 직업적·개인적 평가를 토대로 내담자가 성공하고 만족할 수 있는 것에 대한 예언이 이루어진다.

2 발달적 직업상담의 과정 및 방법

(1) 발달적 직업상담의 6단계(Super) [필기 출제] 20, 19, 17, 16, 15, 13, 12, 10, 09, 05년 기출

문제 탐색 및 자아(자기)개념 묘사(제1단계)	비지시적 방법으로 문제를 탐색하고 자아(자기)개념을 묘사한다.
심층적 탐색(제2단계)	지시적 방법으로 심층적 탐색을 위한 주제를 설정한다.
자아수용 및 자아통찰 (제3단계)	자아수용 및 자아통찰을 위해 비지시적 방법으로 사고와 느낌을 명료화한다.
현실검증(제4단계)	심리검사, 직업정보, 과외활동 등을 통해 수집된 사실적 자료들을 지시적으로 탐색한다.
태도와 감정의 탐색과 처리(제5단계)	현실검증에서 얻어진 태도와 감정을 비지시적으로 탐색하고 처리한다.
의사결정(제6단계)	대안적 행위들에 대한 비지시적 고찰을 통해 자신의 직업을 결정한다.

쌤의 비법노트

직업선택을 하나의 발달과정으로 설명한 학자들로는 긴즈버그(Ginzberg), 수퍼(Super), 타이드만(Tiedeman), 터크맨(Tuckman), 고트프레드슨(Gottfredson) 등이 있습니다. 다만, 직업상담사 시험에서는 전 생애의 관점에서 진로발달 과정의 다양하고 복합적인 현상들을 종합적으로 제시한 수퍼(Super)의 이론을 좁은 의미의 발달적 직업상담으로 다루는 경향이 있습니다.

이렇게 출제된다! 2차 주관식

발달적 직업상담에서 Super는 '진단' 대신 '평가'라는 용어를 사용했다. Super가 제시한 3가지 평가를 쓰고, 각각에 대해 설명하시오.

이렇게 출제된다! 2차 주관식

수퍼(Super)의 발달적 직업상담 6단계를 쓰시오.

이렇게 출제된다! 1차 기출 OX

Q 발달적 직업상담에서 직업정보는 근로자의 이직 시 직업의 이동 방향과 비율을 결정하는 요인에 대한 정보를 포함하여야 한다?

A (×) 직업 이동의 일반적인 양상에 관한 정보를 포함하여야 하는 것이지, 근로자의 이직 양상에 관한 정보를 포함하여야 하는 것은 아니다.

이렇게 출제된다! 2차 주관식

발달적 직업상담에서 직업상담사가 사용할 수 있는 기법으로 '진로자서전'과 '의사결정일기'가 있다. 각각에 대해 설명하시오.

(2) 발달적 직업상담에서 직업정보가 갖추어야 할 조건 필기 출제 22, 17년 기출

① 사회경제적 측면에서 수준별 직업의 유형 및 그러한 직업들이 갖는 직업적 특성에 대한 정보
② 높은 수준의 직업이란 어느 정도의 수준을 의미하는지, 부모의 사회경제적 수준과 개인의 직업수준 사이에는 어떤 관계가 있는지에 대한 정보
③ 낮은 수준의 직업에서 높은 수준의 직업으로 옮겨갈 수 있는 방법, 이를 위해 요구되는 지식과 기술에 대한 정보
④ 사람들이 주로 어떤 직업에서 어떤 직업으로 옮겨가고 있는지, 그 비율은 어느 정도인지, 이러한 직업의 이동 방향과 비율을 결정하는 요인에는 어떤 것들이 있는지에 대한 정보
⑤ 특정 직업분야나 산업분야에의 접근가능성과 개인의 적성, 가치관, 성격특성 등의 요인들 간의 관계에 대한 정보
⑥ 부모와 개인의 직업적 수준과 그 차이, 그리고 그들의 적성, 흥미, 가치, 개인적 특성들 간의 관계에 대한 정보

(3) 발달적 직업상담에서 사용하는 검사와 기법

① 집중검사와 정밀검사 필기 출제 21년 기출

집중검사	특성-요인 직업상담처럼 직업상담의 초기에 내담자에게 종합진단을 실시하는 것이다.
정밀검사	직업상담이 진행되는 과정 중에 내담자의 직업발달 과정과 유형을 개별검사들을 통해 평가하는 것이다.

② 진로자서전과 의사결정일기

진로자서전	내담자의 과거 의사결정 방식을 알아보기 위해 학과선택, 아르바이트 경험 등 과거의 일상적인 결정들에 대해 자유롭게 기술하도록 한다.
의사결정일기	내담자의 현재 의사결정 방식을 알아보기 위해 오늘 무엇을 할 것인지 등 매일의 일상적인 결정들에 대해 자유롭게 기술하도록 한다.

(4) 평 가

① 발달적 직업상담 접근이 개념적으로 공허하고 지나치게 포괄적이므로 직업상담의 효과가 크지 못하다는 주장이 있다.
② 정신역동적 직업상담자들의 경우 발달적 접근의 개념이나 원리들이 단지 기술적·규범적인 수준에 머물러 있다고 주장하기도 한다.

06절 행동주의 직업상담

1 개 요

(1) 행동주의 직업상담의 의의 `필기 출제` 07년 기출

① 내담자의 불완전하고 부적응적인 학습의 발생 원인을 밝혀 이를 변화시키고자 한다.
② 내담자의 문제행동을 학습된 부적응행동으로 보고, 다양한 방법에 의해 내담자의 부적응행동을 바람직한 새로운 적응행동으로 대치시키는 데 초점을 둔다.
③ 내담자의 의사결정 문제의 원인이 되는 불안을 감소 또는 제거하고 새로운 적응행동을 학습시키며, 직업결정기술을 습득시키는 것을 목표로 한다.

(2) 행동주의 직업상담의 특징

① 우유부단과 무결단성 `필기 출제` 21, 11년 기출

굿스타인(Goodstein)은 내담자가 의사결정을 내리지 못하는 문제의 원인으로 불안을 강조하며, 다음과 같이 우유부단(Indecision)과 무결단성(Indecisiveness)을 구분하였다.

우유부단 (Indecision)	내담자의 제한된 경험과 세계에 대한 정보의 부족에 기인한 것으로, 내담자는 자신의 직업발달이 성숙되어 있지 못한 것에 대해 불안을 느끼게 된다.
무결단성 (Indecisiveness)	내담자가 부모의 강압이나 지시에 의해 직업을 선택하는 등 자신의 직업선택에 대한 무력감을 경험함에 따라 직업선택에 대한 불안이 오래 지속된다.

② 내담자들이 보이는 우유부단의 일반적인 이유 `필기 출제` 13년 기출
  ㉠ 자신이 선택하려는 직업영역에서의 다재다능함
  ㉡ 자신의 선택이 중요한 다른 사람에게 나쁜 결과를 줄 것이라는 죄의식
  ㉢ 자신이 선택하려는 직업 중에 좋은 직업이 없음
  ㉣ 융통성 없는 완벽추구의 욕구

> **쌤의 비법노트**
> 내담자의 상태가 우유부단인지 혹은 무결단성인지를 파악하기 위해 태도척도와 능력척도로 구성된 '진로성숙도검사(CMI)'가 유용하게 사용되기도 합니다.

2 행동주의 직업상담의 과정 및 방법

(1) 행동주의 직업상담의 과정

① 무결단성의 경우
내담자의 불안을 반조건형성 등의 방법으로 제거한 후 도구적 학습을 통해 내담자로 하여금 직업선택에 요구되는 반응을 획득할 수 있도록 한다.

② 우유부단의 경우
불안이 선행요인이 아닌 결과이므로 불안 제거의 과정을 생략한 채 도구적 학습단계에서 시작한다.

> **쌤의 비법노트**
> 도구적 학습은 어떤 반응에 수반되는 결과에 따라 그 반응의 발생 가능성이 증가 혹은 약화된다는 원리를 토대로 합니다. 손다이크(Thorndike)가 이론화하였으며, 이를 스키너(Skinner)가 조작적 조건형성으로 발전시켰습니다.

> **더 알아보기**
>
> **행동수정 프로그램의 절차** 〔필기 출제〕 18, 14년 기출
> - 제1단계 : 목표 행동의 정의
> - 제2단계 : 행동의 기초선 측정
> - 제3단계 : 기법의 적용(적응행동 강화와 부적응행동의 약화)
> - 제4단계 : 행동수정 결과(효과)의 검증
> - 제5단계 : 행동의 일반화

(2) 행동주의 직업상담의 주요 기법 〔필기 출제〕 22, 20, 15, 14, 13, 12, 10, 08, 05, 03년 기출

① 불안감소기법

체계적 둔감법 (체계적 둔감화)	행동주의 상담에서 널리 사용되고 있는 고전적 조건형성의 기법으로, 혐오스런 느낌이나 불안한 자극에 대한 위계목록을 작성한 다음 낮은 수준의 자극에서 높은 수준의 자극으로 상상을 유도함으로써 혐오나 불안에서 서서히 벗어나도록 한다.
금지조건형성 (내적 금지)	내담자에게 충분히 불안을 일으킬 수 있을만한 단서를 어떠한 추가적인 강화 없이 지속적으로 제시함으로써 처음에 불안반응을 보이던 내담자가 점차적으로 불안반응을 느끼지 않게 되는 것이다.
반조건형성 (역조건형성)	조건 자극과 새로운 자극(조건 자극과 조건 반응과의 연합을 방해하는 자극)을 함께 제시함으로써 불안을 감소시키는 기법이다.
홍수법	불안이나 두려움을 발생시키는 자극들을 계획된 현실이나 상상 속에서 지속적으로 제시하는 기법이다.
혐오치료	바람직하지 못한 행동에 혐오 자극을 제시함으로써 부적응적인 행동을 제거하는 기법이다.
주장훈련 (주장적 훈련)	내담자로 하여금 불안 이외의 감정을 표현하도록 하여 특히 대인관계에서 오는 불안요인을 제거하도록 하는 것이다.
자기표현훈련	자기표현을 통해 다른 사람과 상호작용하는 방법을 습득하도록 하여 특히 대인관계에서 오는 불안요인을 제거하도록 하는 것이다.

② 학습촉진기법 〔필기 출제〕 22, 18, 16, 13, 12, 10, 09년 기출

강화	상담자는 내담자의 직업선택이나 직업결정 행동에 대해 적절하게 긍정적 반응이나 부정적 반응을 보임으로써, 내담자의 바람직한 행동을 강화시킨다.
변별학습	변별은 본래 둘 이상의 자극을 서로 구별하는 것으로, 직업상담장면에서 변별학습은 직업선택이나 직업결정 능력을 검사나 기타 다른 도구들을 이용하여 살펴보도록 함으로써 자신의 능력과 태도 등을 변별하고 비교해 보도록 하는 것이다.
사회적 모델링과 대리학습	타인의 직업결정 행동에 대한 관찰 및 모방에 의한 학습을 통해 내담자로 하여금 자신의 직업결정 행동을 학습할 수 있도록 하는 기법이다.
행동조성 (조형)	행동을 구체적으로 세분화하여 단계별로 구분한 후 각 단계마다 강화를 제공함으로써 내담자가 단번에 수행하기 어렵거나 그 반응을 촉진하기 어려운 행동 또는 복잡한 행동 등을 학습하도록 한다.
토큰경제 (상표제도)	행동주의 상담에서 널리 사용되고 있는 조작적 조건형성의 기법으로, 바람직한 행동들에 대한 체계적인 목록을 정해놓은 후 그러한 행동이 이루어질 때 그에 상응하는 보상(토큰)을 하는 기법이다.

쌤의 비법노트

체계적 둔감법은 불안과 공포증이 있는 내담자에게 그로 인한 부적응 행동이나 회피행동을 치료하는 데 효과가 있습니다.

쌤의 비법노트

학습촉진기법은 곧 적응행동 증진기법으로 볼 수 있습니다. 그 이유는 행동주의 상담의 과정이 곧 학습의 과정에 해당하며, 적응행동을 증진시키기 위한 방법들이 곧 학습을 촉진시키기 위한 기법들이기 때문입니다.

이렇게 출제된다! 2차 주관식

행동주의 직업상담의 상담기법은 크게 불안감소기법과 학습촉진기법의 유형으로 구분할 수 있다. 각 유형별 대표적인 방법을 각각 3가지씩 쓰시오.

> **Comment**
> 행동주의 직업상담의 기법은 행동주의 상담의 기법을 따릅니다. '01절 기초상담 이론'에서 제시된 '행동주의 상담'에서는 '내적인 행동변화를 촉진시키는 방법'과 '외적인 행동변화를 촉진시키는 방법'으로 상담기법을 구분하였으며, 여기서는 '불안감소기법'과 '학습촉진기법'으로 구분하였습니다. 이 두 가지 구분방법은 직업상담사 1차 및 2차 시험에서 빈번히 출제되고 있으므로, 내용상 겹치는 부분이 있더라도 반드시 기억해 두시기 바랍니다.

(3) 평 가 〈필기 출제〉 19년 기출

① 행동주의 직업상담은 내담자의 불안을 감소시키고 바람직한 행동을 촉진하는 데 장점이 있다. 특히 불안의 감소는 내담자의 정보획득 부족으로 인한 우유부단함을 치료하는 데 효과적이다.

② 행동주의 직업상담은 무결단성 내담자들의 불안 문제를 규명할 명확한 체계를 가지고 있지 못하다. 즉, 직업결정 문제의 원인으로 불안에 대한 이해와 불안을 규명하는 방법이 결여되어 있다.

07절 포괄적 직업상담

1 개 요

(1) 포괄적 직업상담의 의의 〈필기 출제〉 19, 18, 17, 08, 05년 기출

① 특성-요인이론, 정신분석이론, 행동주의이론, 인간중심이론 등 다양한 상담이론을 절충·통합한 것으로서, 크라이티스(Crites)가 제시하였다.

② 크라이티스는 직업상담의 과정에 '진단 → 문제분류 → 문제구체화 → 문제해결'의 단계가 포함된다고 보았다. 또한 직업상담의 목적에 '진로선택, 의사결정기술의 습득, 일반적 적응의 고양' 등이 포함된다고 보았다. 그리고 이와 같은 목적을 달성하기 위해 직업상담 과정에 '면담기법, 검사해석, 직업정보' 등이 포함되어야 한다고 강조하였다.

(2) 포괄적 직업상담의 특징 〈필기 출제〉 14, 10년 기출

① 논리적인 것과 경험적인 것을 의미 있게 절충시킨 모형이다.
② 진단은 변별적이고 역동적인 성격을 가지고 있다.
③ 검사의 역할을 중시하며 검사를 효율적으로 사용한다.
④ 진단을 통해 문제에 대한 배경지식을 얻은 후 진로성숙도검사(CMI ; Career Maturity Inventory)와 같은 도구를 이용하여 내담자의 직업선택에 대한 태도와 능력이 얼마나 성숙되어 있는지, 그것이 내담자의 직업문제와 어떻게 연관되어 있는지를 결정한다.

이렇게 출제된다! 1차 기출 OX

Q 포괄적 직업상담은 내담자가 자신의 내부와 주변에서 일어나는 일들을 충분히 자각하게 한다?

A (×) 자각에 의한 성숙과 통합의 성취는 형태주의(게슈탈트) 상담의 목표에 해당한다.

2 포괄적 직업상담의 과정 및 방법

(1) 포괄적 직업상담의 과정 [필기 출제] 19, 08, 05년 기출

진 단 (제1단계)	내담자의 진로문제 진단을 위해 심리검사 자료와 상담을 통한 자료가 수집된다.
명료화 또는 해석 (제2단계)	상담자와 내담자가 협력해서 의사결정 과정을 방해하는 태도와 행동을 확인하며 대안을 탐색한다.
문제해결 (제3단계)	내담자가 자신의 문제를 확인하고 적극적으로 참여하여 문제해결을 위해 어떤 행동을 실제로 취해야 하는가를 결정한다.

> **이렇게 출제된다! 2차 주관식**
> 크라이티스(Crites)의 포괄적 직업상담의 상담과정 3단계를 쓰고, 각 단계에 대해 설명하시오.

(2) 포괄적 직업상담의 기법(단계별 주요 접근법) [필기 출제] 21, 17, 14년 기출

상담 초기 단계	발달적 접근법과 내담자중심 접근법을 통해 내담자에 대한 탐색 및 문제의 원인에 대한 토론을 촉진시킨다.
상담 중간 단계	정신역동적 접근법을 통해 내담자의 문제에서 원인이 되는 요인을 명료히 밝혀 이를 제거한다.
상담 마지막 단계	특성-요인적 접근법과 행동주의적 접근법을 통해 상담자가 보다 능동적·지시적인 태도로 내담자의 문제해결에 개입하게 된다.

> **쌤의 비법노트**
> 포괄적 직업상담의 상담기법은 여러 이론적 접근들로부터 다양한 기법들을 절충하고 있으므로, 특정 접근법에 한정하여 상담을 진행하지 않습니다.

(3) 진단검사의 유형 [필기 출제] 20, 13, 11년 기출

변별적 진단검사	직업성숙도검사, 직업적성검사, 직업흥미검사 등을 실시하여 직업상의 문제를 가려낸다.
역동적 진단검사	상담자와 내담자의 상호작용을 통해 상담자에 의한 주관적 오류를 보완하며, 상담 과정에서 얻은 다양한 자료들을 통해 심리측정 자료에 의한 통계적인 오류를 보완한다.
결정적 진단검사	직업선택 및 의사결정의 과정에서 나타나는 내담자의 다양한 문제를 체계적으로 분석한다.

> **이렇게 출제된다! 1차 기출 OX**
> Q 포괄적 직업상담에서 내담자가 지닌 직업상의 문제를 가려내기 위해 실시하는 변별적인 진단검사로 '직업성숙도검사', '직업적성검사', '직업흥미검사'가 포함된다?
> A (○)

(4) 평 가 [필기 출제] 14, 12, 11, 10, 09년 기출

① 포괄적 직업상담은 여러 직업상담 접근방법들의 장점을 부각시키고 단점을 보완함으로써 상담자로 하여금 다양한 상담장면에서 다양한 내담자들의 문제에 대해 폭넓게 적용할 수 있는 가능성을 확대시켰다.

② 포괄적 직업상담도 다른 직업상담이론들과 마찬가지로 진학상담과 취업상담에 적합할 뿐 취업 후 직업적응 문제들을 깊이 있게 다루지 못하고 있다.

CHAPTER 02 출제 유형 알아보기

제2과목 직업상담 및 취업지원

01절 기초상담 이론

01 다음 중 정신분석적 상담이론에 대한 설명으로 옳지 않은 것은?

① 심리적 장애의 근원을 과거 경험에서 찾고자 한다.
② 심리적 장애행동과 관련된 표준화된 자료를 활용한다.
③ 내담자의 유아기적 갈등과 감정을 중요하게 다룬다.
④ 내담자의 무의식적 자료와 방어를 탐색하는 작업을 한다.

> **해설**
> ② 정신분석적 상담은 심리적 장애행동과 관련된 표준화된 자료를 활용하기보다는 자유연상, 꿈의 분석, 저항의 분석 등 다소 직관적인 방법을 활용한다.

02 직장상사에게 야단맞은 사람이 부하직원이나 식구들에게 트집을 잡아 화풀이를 하는 것은 스트레스에 대한 방어적 대처 중 어떤 개념과 가장 일치하는가?

① 합리화(Rationalization)
② 동일시(Identification)
③ 보상(Compensation)
④ 전위(Displacement)

> **해설**
> **전위 또는 전치(Displacement)**
> 자신이 어떤 대상에 대해 느낀 감정을 보다 덜 위협적인 다른 대상에게 표출하는 것이다.
> 예 종로에서 뺨 맞고 한강에서 눈 흘긴다.

정답 01 ② 02 ④

03 다음 중 아들러(Adler)의 개인주의 상담에 관한 설명으로 옳은 것은?

① 내담자의 잘못된 가치보다는 잘못된 행동을 수정하는 데 초점을 둔다.
② 상담 과정은 사건의 객관성보다는 주관적 지각과 해석을 중시한다.
③ 상담자는 조력자의 역할을 하며 내담자가 상담을 주도적으로 이끈다.
④ 내담자의 사회적 관심보다는 개인적 열등감의 극복을 궁극적 목표로 삼는다.

해설

② 개인주의 상담은 과거 사건에 대한 개인의 지각과 해석이 현재의 행동에 어떠한 영향을 미치는가에 중점을 두고 개인의 선택과 책임, 삶의 의미, 성공 추구 등을 강조한다.
① 개인주의 상담은 내담자의 잘못된 가치와 목표를 수정하는 데 초점을 둔다. 특히 행동수정보다는 동기수정에 관심을 둔다.
③ 로저스(Rogers)의 내담자중심 상담(인간중심 상담)의 특징에 해당한다.
④ 상담자는 내담자로 하여금 사회적 관심을 갖도록 도우며, 열등감을 극복하고 우월성을 추구하도록 돕는 것을 목표로 삼는다.

04 다음 중 실존주의 상담에 대한 설명으로 옳은 것은?

① 인간은 과거와 환경에 의해 결정되는 것이 아니라 현재의 사고, 감정, 느낌, 행동의 전체성과 통합을 추구하는 존재이다.
② 인간은 자신의 삶 속에서 스스로를 불행하게 만드는 요인이 무엇인가를 이해할 수 있을 뿐만 아니라 자신의 나아갈 방향을 찾고 건설적인 변화를 이끌 수 있다.
③ 치료가 상담목표가 아니라 내담자로 하여금 자신의 현재 상태에 대해 인식하고 피해자적 역할로부터 벗어날 수 있도록 돕는 것이다.
④ 과거 사건에 대한 개인의 지각과 해석이 현재의 행동에 어떠한 영향을 미치는가에 중점을 두고 개인의 선택과 책임, 삶의 의미, 성공 추구 등을 강조한다.

해설

① 형태주의(게슈탈트) 상담의 인간관에 해당한다.
② 내담자중심 상담의 인간관에 해당한다.
④ 개인주의 상담의 특징에 해당한다.

05 다음 중 내담자중심 상담이론에 대한 설명으로 옳지 않은 것은?

① Rogers의 상담경험에서 비롯된 이론이다.
② 상담의 기본목표는 개인이 일관된 자아개념을 가지고 자신의 기능을 최대로 발휘하는 사람이 되도록 도울 수 있는 환경을 제공하는 것이다.
③ 특정 기법을 사용하기보다는 내담자와 상담자 간의 안전하고 허용적인 '나와 너'의 관계를 중시한다.
④ 상담기법으로 적극적 경청, 감정의 반영, 명료화, 공감적 이해, 내담자 정보탐색, 조언, 설득, 가르치기 등이 이용된다.

> **해설**
> ④ 내담자중심 상담에서는 적극적 경청, 감정의 반영, 명료화, 공감적 이해 등이 사용되는 반면, 내담자 정보탐색, 조언, 설득, 가르치기 등은 사용되지 않는다.

06 다음 중 내담자중심 상담이론의 특징에 대한 설명으로 옳지 않은 것은?

① 동일한 상담원리를 정상적인 상태에 있는 사람이나 정신적으로 부적응 상태에 있는 사람 모두에게 적용한다.
② 상담은 모든 건설적인 대안관계의 실례들 중 단지 하나에 불과하다.
③ 상담의 과정과 그 결과에 대한 연구조사를 통해 개발되어 왔다.
④ 실험에 기초한 귀납적인 접근방법이며, 실험적 방법을 상담 과정에 적용한다.

> **해설**
> ④ 행동주의 상담이론의 특징에 해당한다.

07 다음 중 형태주의 상담에 대한 설명으로 옳지 않은 것은?

① 인간을 과거와 환경에 의해 결정되는 존재로 보았다.
② 개인의 발달 초기에서의 문제들을 중요시한다는 점에서 정신분석적 상담과 유사하다.
③ 형태주의 상담에서는 현재 상황에 대한 자각에 초점을 두고 있다.
④ 개인이 자신의 내부와 주변에서 일어나는 일들을 충분히 자각할 수 있다면, 자신이 당면하는 삶의 문제들을 개인 스스로가 효과적으로 다룰 수 있다고 가정한다.

> **해설**
> ① 형태주의 상담은 인간을 과거와 환경에 의해 결정되는 존재가 아니라 현재의 사고, 감정, 느낌, 행동의 전체성과 통합을 추구하는 존재로 본다.

08 다음 중 교류분석(TA)에 대한 설명으로 가장 옳은 것은?

① 어린 시절의 결단에 기초한 삶의 계획을 생활양식이라 한다.
② 의사교류에서 교차적 의사교류가 가장 건강하다고 할 수 있다.
③ 사람들은 애정이나 인정 자극(Stroke)을 얻기 위해 게임을 한다.
④ 개인 내부에서 이루어지는 다양한 자아들 간의 상호작용을 의사교류라 한다.

해설

① '각본(Script)'에 해당한다.
② 의사교류에서 상보적 의사교류가 가장 건강하다고 할 수 있다.
④ '의사교류(Transaction)'는 개인 간(두 사람 혹은 그 이상) 자아상태들 사이에서 이루어지는 자극과 그에 대한 반응으로서 의사소통의 단위이다.

09 다음 중 교류분석 상담의 상담 과정에서 내담자 자신의 부모 자아, 성인 자아, 아동 자아의 내용이나 기능을 이해하는 방법은?

① 구조분석
② 게임분석
③ 생활각본분석
④ 의사교류분석

해설

구조분석(Structural Analysis)
내담자의 사고, 감정, 행동을 세 가지 자아상태, 즉 부모 자아, 성인(어른) 자아, 아동(어린이) 자아와 결부시켜 자아상태에 대한 이해 및 적절한 활용을 돕는다.

10 다음 중 행동주의 상담에서 내적인 행동변화를 촉진시키는 방법에 해당하지 않는 것은?

① 체계적 둔감법
② 근육이완훈련
③ 인지적 모델링과 사고정지
④ 상표제도

해설

④ 상표제도(토큰경제)는 외적인 행동변화를 촉진시키는 방법에 해당한다.

정답 08 ③ 09 ① 10 ④

11 다음 중 내담자가 자기지시적인 삶을 영위하고 상담자에게 의존하지 않도록 하기 위해 상담자가 내담자와 지식을 공유하면서 자기강화기법을 적극적으로 활용하는 행동주의 상담기법은?

① 모델링
② 과잉교정
③ 자기관리 프로그램
④ 내현적 가감법

> **해설**
> ① 모델링(Modeling)은 타인의 행동에 대한 관찰 및 모방에 의한 학습을 통해 내담자로 하여금 문제행동을 수정하거나 학습을 촉진시키는 기법이다.
> ② 과잉교정(Overcorrection)은 문제행동에 대한 대안행동이 거의 없거나 효과적인 강화인자가 없을 때 유용한 기법으로서, 파괴적이고 폭력적인 행동을 수정하는 데 효과적이다.
> ④ 내현적 가감법(Covert Sensitization)은 원하지 않는 행동과 그로 인해 나타날 수 있는 불쾌한 결과를 함께 상상하도록 함으로써 부적응행동을 방지하기 위한 것이다.

12 다음 중 인지·정서·행동적 상담(REBT)에서 내담자의 비합리적 사고를 합리적 사고로 대체하는 기본 절차를 순서대로 올바르게 나열한 것은?

① 선행사건 → 비합리적 신념체계 → 정서적·행동적 결과 → 효과 → 논박
② 선행사건 → 정서적·행동적 결과 → 비합리적 신념체계 → 논박 → 효과
③ 선행사건 → 비합리적 신념체계 → 논박 → 정서적·행동적 결과 → 효과
④ 선행사건 → 비합리적 신념체계 → 정서적·행동적 결과 → 논박 → 효과

> **해설**
> 인지·정서·행동적 상담(REBT)의 ABCDE 모델
> - A(Activating Event : 선행사건)
> - B(Belief System : 비합리적 신념체계)
> - C(Consequence : 결과)
> - D(Dispute : 논박)
> - E(Effect : 효과)

정답 11 ③ 12 ④

13 다음 중 벡(Beck)의 인지상담(인지치료)에서 주장하는 인지적 오류를 올바르게 모두 고른 것은?

> ㄱ. 흑백논리
> ㄴ. 임의적 추론
> ㄷ. 선택적 추상화
> ㄹ. 자동적 사고
> ㅁ. 자극 일반화

① ㄱ, ㄴ, ㄷ
② ㄱ, ㄴ, ㅁ
③ ㄱ, ㄷ, ㄹ
④ ㄴ, ㄹ, ㅁ

해설

ㄹ. 자동적 사고(Automatic Thoughts)는 정서적 반응으로 이끄는 특별한 자극에 의해 유발된 개인화된 생각으로, 어떠한 노력이나 선택 없이 자발적으로 일어나는 사고를 말한다.
ㅁ. 자극 일반화(Stimulus Generalization)는 특정 조건 자극에 대해 조건 반응이 성립되었을 때 그와 유사한 조건 자극에 대해서도 똑같은 조건 반응을 보이는 것으로, 행동주의 상담의 주요 개념에 해당한다.

02절 특성-요인 직업상담

14 다음 중 특성-요인 직업상담의 특징으로 옳지 않은 것은?

① 상담자 중심의 상담방법이다.
② 문제의 객관적 이해보다는 내담자에 대한 정서적 이해에 중점을 둔다.
③ 내담자에게 정보를 제공하고 학습기술 및 사회적 적응기술을 알려주는 것을 중시한다.
④ 사례연구를 상담의 중요한 자료로 삼는다.

해설

② 특성-요인 직업상담은 내담자에 대한 정서적 이해보다 문제의 객관적 이해에 중점을 둔다.

15 다음 중 파슨스(Parsons)가 제안한 특성-요인이론의 핵심적인 세 가지 요소에 포함되지 않는 것은?

① 내담자 특성의 객관적인 분석
② 직업세계의 분석
③ 과학적 조언을 통한 매칭(Matching)
④ 주변 환경의 분석

> **해설**
>
> **특성-요인이론의 3가지 요소(Parsons)**
> • 자신(개인)에 대한 이해 – 내담자 특성의 객관적인 분석
> • 직업세계에 대한 이해 – 직업세계의 분석
> • 자신과 직업의 합리적 연결 – 과학적 조언을 통한 매칭(Matching)

16 다음 중 윌리암슨(Williamson)의 특성-요인 직업상담의 단계를 순서대로 올바르게 나열한 것은?

ㄱ. 분석	ㄴ. 종합
ㄷ. 진단	ㄹ. 예측
ㅁ. 상담	ㅂ. 추수지도

① ㄱ → ㄴ → ㄷ → ㄹ → ㅁ → ㅂ
② ㄷ → ㄱ → ㄴ → ㅁ → ㄹ → ㅂ
③ ㄴ → ㄱ → ㄹ → ㄷ → ㅁ → ㅂ
④ ㄱ → ㄷ → ㅁ → ㄴ → ㄹ → ㅂ

> **해설**
>
> **특성-요인 직업상담의 과정(Williamson)**
> 분석 → 종합 → 진단 → 예후(예측) → 상담(치료) → 추수지도(사후지도)

정답 15 ④ 16 ①

03절 내담자중심 직업상담(인간중심 직업상담)

17 다음 중 비지시적 상담을 원칙으로 자아와 일에 대한 정보 부족 혹은 왜곡에 초점을 맞춘 직업상담은?

① 정신분석 직업상담
② 행동적 직업상담
③ 내담자중심 직업상담
④ 발달적 직업상담

해설

내담자중심 직업상담
- 로저스(Rogers)의 상담 경험에서 비롯된 것으로, '비지시적 상담' 또는 '인간중심 상담'으로도 불린다.
- 각 개인이 현실을 지각하고 구성하는 방법이 개별적·현상적이며 독특하다는 것에 초점을 두면서, 자기(자아)구조와 주관적 경험 사이의 일치를 강조한다.

18 다음 중 내담자중심 직업상담에서 상담자가 심리검사를 사용할 때의 활동원칙으로 옳지 않은 것은?

① 내담자가 알고자 하는 정보와 관련된 검사의 가치와 제한점을 설명한다.
② 검사 결과를 명확하게 전달하기 위해 평가적인 언어를 사용한다.
③ 내담자에게 낮은 점수의 검사 결과를 해석해 줄 경우 특히 조심스럽게 해야 한다.
④ 검사 결과의 해석에 내담자가 참여하도록 한다.

해설

② 검사 결과를 전달할 때 평가적인 말투를 사용해서는 안 되며, 항상 중립성을 지켜야 한다. 또한 상담자 개인의 가치관이 투사되지 않도록 결과 자체만을 말하며, 내담자 스스로 구체적으로 평가를 하도록 하는 것이 바람직하다.

04절 정신역동적 직업상담

19 다음 중 보딘(Bordin)의 정신역동적 직업상담에서 사용하는 기법에 해당하지 않는 것은?

① 명료화
② 비 교
③ 소망-방어체계에 대한 해석
④ 반응 범주화

해설

④ '반응 범주화'는 내담자중심 직업상담(인간중심 직업상담)과 연관된 것으로, 상담자가 상담 동안 나타내 보일 수 있는 반응을 범주화한 것이다.

05절 발달적 직업상담

20 다음 중 발달적 직업상담에서 내담자의 잠재력에 초점을 둔 세 가지 평가유형에 해당하지 않는 것은?

① 환경평가
② 예언평가
③ 문제의 평가
④ 개인의 평가

> **해설**
>
> 내담자의 잠재력에 초점을 둔 평가유형(Super)
> - 문제의 평가(Problem Appraisal)
> - 개인의 평가(Personal Appraisal)
> - 예언평가 또는 예후평가(Prognostic Appraisal)

21 다음 중 수퍼(Super)가 제시한 발달적 직업상담의 단계를 순서대로 올바르게 나열한 것은?

ㄱ. 문제 탐색 및 자아개념 묘사
ㄴ. 현실검증
ㄷ. 자아수용 및 자아통찰
ㄹ. 심층적 탐색
ㅁ. 태도와 감정의 탐색과 처리
ㅂ. 의사결정

① ㄱ → ㄴ → ㄷ → ㄹ → ㅁ → ㅂ
② ㄱ → ㄹ → ㄷ → ㄴ → ㅁ → ㅂ
③ ㄱ → ㄷ → ㄴ → ㄹ → ㅁ → ㅂ
④ ㄱ → ㄴ → ㄹ → ㄷ → ㅁ → ㅂ

> **해설**
>
> 수퍼(Super)의 발달적 직업상담 단계
> - 제1단계 : 문제 탐색 및 자아(자기)개념 묘사
> - 제2단계 : 심층적 탐색
> - 제3단계 : 자아수용 및 자아통찰
> - 제4단계 : 현실검증
> - 제5단계 : 태도와 감정의 탐색과 처리
> - 제6단계 : 의사결정

06절 행동주의 직업상담

22 행동주의 직업상담에서 내담자가 직업선택에 대해서 무력감을 느끼게 되고, 그로 인해 발생된 불안 때문에 직업결정을 못하게 되는 것을 무엇이라고 하는가?

① 우유부단
② 부적응성
③ 미결정성
④ 무결단성

> **해설**
>
> **내담자가 의사결정을 내리지 못하는 문제의 원인(Goodstein)**
> - 우유부단 : 내담자는 자신의 직업발달이 성숙되어 있지 못한 것에 대해 불안을 느낀다.
> - 무결단성 : 내담자는 부모의 강압이나 지시에 의해 직업을 선택하는 등 자신의 직업선택에 대한 무력감을 경험한다.

23 다음 행동주의 상담기법 중 불안감소기법에 해당하는 것은?

① 강 화
② 변별학습
③ 체계적 둔감법
④ 행동조성

> **해설**
>
> **행동주의 상담의 불안감소기법과 학습촉진기법**
>
> | | |
> |---|---|
> | 불안감소기법 | 체계적 둔감법, 금지조건형성(내적 금지), 반조건형성(역조건형성), 홍수법, 혐오치료, 주장훈련(주장적 훈련), 자기표현훈련 등 |
> | 학습촉진기법 | 강화, 변별학습, 사회적 모델링과 대리학습, 행동조성(조형), 토큰경제(상표제도) 등 |

정답 22 ④ 23 ③

07절 포괄적 직업상담

24 다음 중 포괄적 직업상담에 대한 설명으로 옳지 않은 것은?

① 논리적인 것과 경험적인 것을 의미 있게 절충시킨 모형이다.
② 진단은 변별적이고 역동적인 성격을 가지고 있다.
③ 검사의 역할을 중시하며 검사를 효율적으로 사용한다.
④ 상담의 전반적인 진행에서 특성-요인이론과 행동주의이론으로 접근한다.

해설

④ 포괄적 직업상담의 상담기법은 여러 이론적 접근들로부터 다양한 기법들을 절충하고 있으므로, 특정 접근법에 한정하여 상담을 진행하지 않는다. 참고로 특성-요인적 접근법과 행동주의적 접근법은 상담 마지막 단계에서 주로 사용된다.

25 다음 중 포괄적 직업상담 프로그램의 단점으로 가장 옳은 것은?

① 직업결정 문제의 원인으로 불안에 대한 이해와 불안을 규명하는 방법이 결여되어 있다.
② 직업상담의 문제 중 진학상담과 취업상담에 적합할 뿐 취업 후 직업적응 문제들을 깊이 있게 다루지 못하고 있다.
③ 직업선택에 미치는 내적 요인의 영향을 지나치게 강조한 나머지 외적 요인의 영향에 대해서는 충분하게 고려하고 있지 못하다.
④ 직업상담사가 교훈적 역할이나 내담자의 자아를 명료화하고 자아실현을 시킬 수 있는 적극적 태도를 취하지 않는다면, 내담자에게 직업에 대한 정보를 효과적으로 알려줄 수 없다.

해설

① 행동주의 직업상담의 부정적 평가에 해당한다.
③ 정신역동적 직업상담의 부정적 평가에 해당한다.
④ 내담자중심 직업상담의 부정적 평가에 해당한다.

CHAPTER 02

제2과목 직업상담 및 취업지원

최근 기출문제 파악하기 1차 필기

01 인간중심 상담이론에 관한 설명으로 틀린 것은? [2022년 1회 기출]

① 실현화 경향성은 자기를 보전, 유지하고 향상시키고자 하는 선천적 성향이다.
② 자아는 성격의 조화와 통합을 위해 노력하는 원형이다.
③ 가치의 조건화는 주요 타자로부터 긍정적 존중을 받기 위해 그들이 원하는 가치와 기준을 내면화하는 것이다.
④ 현상학적 장은 경험적 세계 또는 주관적 경험으로 특정 순간에 개인이 지각하고 경험하는 모든 것을 뜻한다.

해설

② 융(Jung)은 분석심리학에서 인간 성격의 조화와 통합을 위해 노력하는 원형으로 자기(Self)를 제시하였다.

02 다음에서 사용된 상담기법은? [2022년 2회 기출]

> A는 저조한 성적으로 인해 학교생활에 어려움을 겪고 있다. 상담사는 A가 평소 PC 게임하는 것을 매우 좋아한다는 사실을 알고 A가 계획한 일일 학습량을 달성하는 경우, PC 게임을 1시간 동안 하도록 개입하였다.

① 프리맥의 원리, 정적 강화
② 정적 강화, 자기교수훈련
③ 체계적 둔감법, 자기교수훈련
④ 부적 강화, 자극통제

해설

행동주의 상담기법으로서 프리맥의 원리와 정적 강화

프리맥의 원리	높은 빈도의 행동(→ 선호하는 활동)은 낮은 빈도의 행동(→ 덜 선호하는 활동)에 대해 효과적인 강화인자가 될 수 있다.
정적 강화	바람직한 행동을 할 때마다 보상을 주어 그 행동을 강화할 수 있다.

03 인지적-정서적 상담에 관한 설명으로 틀린 것은? [2022년 1회 기출]

① Ellis에 의해 개발되었다.
② 모든 내담자의 행동적-정서적 문제는 비논리적이고 비합리적인 사고에서 발생한 것이다.
③ 성격 자아상태 분석을 실시한다.
④ A-B-C 이론을 적용한다.

> **해설**
> ③ 상담 과정에서 내담자의 성격 자아상태 분석을 실시하는 것은 교류분석적 상담의 특징에 해당한다.

04 포괄적 직업상담에서 초기, 중간, 마지막 단계 중 중간 단계에서 주로 사용하는 접근법은? [2021년 2회 기출]

① 발달적 접근법
② 정신역동적 접근법
③ 내담자중심 접근법
④ 행동주의적 접근법

> **해설**
> **포괄적 직업상담의 기법(단계별 주요 접근법)**
> • 상담 초기 단계 : 발달적 접근법, 내담자중심 접근법
> • 상담 중기 단계 : 정신역동적 접근법
> • 상담 마지막 단계 : 특성-요인적 접근법, 행동주의적 접근법

CHAPTER 02 최근 기출문제 파악하기 [2차 실무]

제2과목 직업상담 및 취업지원

01 아들러(Adler)의 개인주의 상담에서 개인주의 상담과정의 목표를 5가지 쓰시오. (5점)

[2025년 1회, 2022년 3회, 2020년 1회, 2018년 2회, 2016년 1회, 2013년 3회 기출]

> **이렇게 외우세요!**
> ① 사회적 관심을 갖도록 돕는다.
> ② 패배감을 극복하고 열등감을 감소시킬 수 있도록 돕는다.
> ③ 잘못된 가치와 목표를 수정하도록 돕는다.
> ④ 잘못된 동기를 바꾸도록 돕는다.
> ⑤ 타인과 동질감을 갖도록 돕는다.
> ⑥ 사회의 구성원으로서 기여하도록 돕는다.

02 인지·정서·행동적 상담(REBT)의 기본개념으로서 A-B-C-D-E-F 모델의 의미를 쓰시오. (6점)

[2024년 3회, 2022년 2회, 2021년 2회, 2021년 3회, 2020년 2회, 2020년 3회, 2018년 3회, 2016년 2회, 2008년 1회, 2007년 3회, 2004년 3회, 2003년 1회 기출]

> **이렇게 외우세요!**
> ① A(선행사건) : 내담자의 정서나 행동에 영향을 미치는 사건
> ② B(비합리적 신념체계) : 해당 사건에 대한 비합리적 신념
> ③ C(결과) : 부적응적인 정서적·행동적 결과
> ④ D(논박) : 비합리적 신념을 논리성·실용성·현실성에 비추어 반박하는 것
> ⑤ E(효과) : 논박으로 인해 비합리적 신념이 합리적 신념으로 대체되는 것
> ⑥ F(감정) : 자신에 대한 수용적인 태도와 긍정적인 감정을 가지게 되는 것

03 윌리암슨(Williamson)의 특성-요인이론에서 검사의 해석단계에서 이용할 수 있는 상담기법 3가지를 쓰고, 각각에 대해 설명하시오. (6점) [2024년 2회, 2017년 1회, 2015년 3회, 2012년 3회, 2010년 4회, 2008년 3회, 2003년 3회 기출]

> **이렇게 외우세요!**
> ① 직접충고 : 검사 결과를 토대로 상담자가 내담자에게 자신의 견해를 솔직하게 표명하는 것이다.
> ② 설득 : 상담자가 내담자에게 합리적이고 논리적인 방법으로 검사자료를 제시하는 것이다.
> ③ 설명 : 상담자가 검사자료 및 비검사자료들을 해석하여 내담자의 진로선택을 돕는 것이다.

04 로저스(Rogers)는 내담자중심 상담을 성공적으로 이끄는 데 있어서 상담자의 능동적 성향을 강조하였으며, 패터슨(Patterson)도 내담자중심 직업상담은 기법보다는 태도가 필수적이라고 보았다. 내담자중심 접근법을 사용할 때 직업상담사가 갖추어야 할 3가지 기본 태도에 대해 설명하시오. (6점)

[2024년 1회, 2023년 3회, 2020년 1회, 2016년 1회, 2015년 1회, 2015년 3회, 2009년 2회, 2009년 3회, 2008년 3회, 2007년 3회, 2006년 1회 기출]

> **이렇게 외우세요!**
> ① 일치성과 진실성 : 진실하고 개방적이어야 한다.
> ② 공감적 이해 : 내담자의 내면세계를 마치 자신의 내면세계인 것처럼 느껴야 한다.
> ③ 무조건적 수용 : 내담자를 아무런 조건 없이 무조건적이고 긍정적으로 존중해야 한다.

CHAPTER 03

제2과목 직업상담 및 취업지원

직업상담의 실제

 중요키워드 10　　　　　　　　　　　　　　　※ 중요도 높은 것에서 낮은 것 순으로

❶ 6개의 생각하는 모자
❷ 상담목표 설정 시 고려사항
❸ 직업선택의 결정모형
❹ 내담자의 실현 불가능한 대안목록 직업에 대한 상담전략
❺ 대안개발과 의사결정 시 내담자의 부정적 인지에 대한 인지치료 과정
❻ 선택할 직업에 대한 평가과정으로서 Yost의 기법
❼ Gelatt의 진로의사결정 과정
❽ Harren의 의사결정 유형
❾ 인적자원 개발의 특성
❿ SWOT 분석의 요소

제2과목

쌤의 학습지도

1. 출제기준 변경에 따라 새롭게 포함된 영역이에요.

진로상담, 취업상담, 직업복귀상담, 직업훈련상담 등으로 구성되는데요, 앞선 내용들과 일부 겹치기도 하지만 보다 실무적인 내용들을 다루고 있어요.

2. 내담자 특성을 파악하기 위한 시도들을 살펴보세요.

강점 분류체계나 SWOT 분석은 심리학이나 경영학 등에서 사용되는 분석 도구이지만 진로 및 직업상담에서도 유의미하게 사용되고 있어요.

3. 상담목표 설정 시 고려사항은 상담목표의 특성을 의미하죠.

상담목표는 내담자가 바라는 구체적이면서 긍정적인 변화를 담고 있어야 하는데요, 성공적인 결과를 위해 변화되거나 수정될 수도 있어요.

4. 직업선택의 결정모형을 구분할 수 있어야 해요.

기술적 직업결정 모형에 포함되는 학자의 이론과 처방적 직업결정 모형에 포함되는 학자의 이론을 간략히 정리해 두세요.

5. 의사결정 촉진을 위한 도구로 모자가 사용되기도 해요.

'6개의 생각하는 모자'는 직업상담사 단골 문제이기도 한데요, 6가지 색상과 각 색상이 의미하는 바를 혼동하지 마세요.

6. 취업상담에서는 내담자의 구직역량과 취업효능감을 강조해요.

내담자의 구직역량과 취업효능감이 무엇인지 알아야 하며, 이를 구성하는 각 요소들을 암기해야 해요.

7. 직업복귀상담에서는 여성과 제대군인의 재취업 문제를 다루죠.

직업복귀의 동기를 파악하는 것도 중요하지만, 직업복귀의 준비상태나 직업전환을 위해 요구되는 역량, 진로장벽의 영향 등을 종합적으로 고려해야 하죠.

8. 직업훈련상담에서는 인적자원 개발이 중요해요.

인적자원 개발은 의도적·계획적·조직적인 학습이라는 점, 조직의 현재 또는 미래의 직무와 관련이 있어야 한다는 점 등을 기억해 두세요.

CHAPTER 03 직업상담의 실제

제2과목 직업상담 및 취업지원

01절 진로상담

1 진로논점

(1) 심리문제와 진로문제에 대한 통합적 접근의 필요성
① 진로상담은 개인의 삶을 돕는 총체적인 접근이다.
② 개인의 삶과 진로는 서로 분리될 수 없는 것이다.
③ 진로상담과 심리상담의 과정은 유사한 부분이 매우 많다.
④ 심리문제가 해결되어야 진로상담 종료 후 실제 진로준비 행동으로 이어질 수 있다.

(2) 진로탐색에서 전형적으로 다루는 문제영역
① 진로탐색과 의사결정
② 직업적 또는 일반적 기술 발달
③ 직업탐색 기술
④ 직업유지 기술

(3) 몰입 모델(Flow Model) 적용 진로상담
① 몰입 경험에 따른 진로문제 유형

구분	설명
통합·분화 발달 집단 (제1유형)	• 일상의 몰입 경험과 삶의 의미가 모두 높은 집단이다. • 각 개인은 자신의 재능을 충분히 발휘하면서 활동에 깊이 몰입하며, 유능감과 만족감, 존재의 의미를 느낀다.
통합 미발달, 분화 발달 집단 (제2유형)	• 일상의 몰입 경험은 높지만 삶의 의미가 낮은 집단이다. • 자아의 복잡성으로 정신적 에너지가 파편화되며, 적절한 의미 부여가 되지 못한 몰입 경험으로 진로문제 관련 혼란이 야기된다.
통합 발달, 분화 미발달 집단 (제3유형)	• 일상의 몰입 경험은 낮지만 삶의 의미가 높은 집단이다. • 비현실적 기대에 빠진 채 진로와 관련된 구체적인 행동은 하지 않는다.
통합·분화 미발달 집단 (제4유형)	• 일상의 몰입 경험과 삶의 의미가 모두 낮은 집단이다. • 자기 자신에 대한 무존재감, 무가치함, 무력함 등을 호소하며, 자신의 진로에 대해 회의적이고 절망적이다.

쌤의 비법노트

'CHAPTER 03 직업상담의 실제'에서는 2025년 출제기준 변경에 따라 새롭게 포함된 내용들을 다루고 있습니다.

이렇게 출제된다! 적중 예상 OX

Q 진로탐색에서 다루는 문제영역에 '직업유지 기술'이 포함된다?

A (○)

쌤의 비법노트

몰입 모델을 적용한 진로상담은 내담자의 흥미와 능력이 균형을 이룬 상태를 '몰입(Flow)'으로 가정하면서, 특정한 영역에서의 몰입 경험을 내담자의 진로발달 및 진로결정과 연결시키는 것을 강조합니다.

② 몰입현상을 경험해 볼 수 있도록 도움을 주는 기술
- ⊙ 안전한 상담관계 속에서 내담자 자신이 정말 해보고 싶었던 활동이나 지속할 수 없었던 몰입 경험의 목록 만들기
- ⊙ 작성한 목록에서 **현실적으로 가능한 활동**을 선택하기
- ⊙ 목표를 너무 높이 잡지 않고 구체적으로 잡아서 스스로에게 **성공 경험**을 주게 하기
- ⊙ **즉각적인 피드백**을 받을 수 있는 통로 찾기
- ⊙ 자신의 기술 수준에 적합한 과제 선택하기 등

2 내담자 특성 파악

(1) 강점 중심의 내담자 특성 이해

① 강점 인식(Strengths Knowledge)
- ⊙ 강점 인식은 개인이 속한 사회에서 바람직하고 가치 있다고 여겨지는 정서나 행동의 긍정적인 특질인 **성격 강점(Character Strengths)**을 자신이 자각하고 인지하여 탁월한 결과를 얻을 수 있도록 동기를 부여하는 것이다.
- ⊙ 강점 인식은 개인의 강점 활용과 진로정체감 형성에 **정적인 영향**을 미친다.

② 강점 분류체계(Peterson & Seligman)

지혜 및 지식 (Wisdom & Knowledge)	더 나은 삶을 위해 지식을 습득하고 활용하는 것과 관련된다. 예 창의성, 호기심, 개방성, 학구열, 지혜 등
용 기 (Courage)	목표 추구 과정에서 난관에 직면하더라도 이를 극복하면서 목표를 성취하려는 강인한 투지를 보인다. 예 용감성, 끈기, 활력, 진실성 등
자 애 (Humanity)	다른 사람을 보살피고 이해하며, 그들과 따뜻하고 친밀한 관계를 형성하도록 돕는다. 예 사랑, 친절, 사회지능 등
절 제 (Temperance)	지나침으로부터 스스로를 보호한다. 예 용서, 겸손, 신중성, 자기조절 등
정 의 (Justice)	모든 개인과 개인을 둘러싼 사회 간의 건강한 상호작용에 기여한다. 예 시민의식, 리더십, 공정성 등
초월성 (Transcendence)	현상과 행위에 대해 의미를 부여하고 보다 큰 우주와의 연결성을 추구한다. 예 감상력, 낙관성, 감사, 영성, 유머감각 등

적중 예상 OX

Q 최근 심리학은 강점 모델을 토대로 진단 및 병리를 중시하는 경향을 보이고 있다?

A (×) 진단 및 병리를 중시하는 것은 약점 모델로, 최근 심리학은 기존 약점 모델의 실효성에 이의를 제기하고 성장 모델로서 강점 모델을 중시하는 경향을 보이고 있다.

쌤의 비법노트

피터슨과 셀리그만(Peterson & Seligman)은 시간과 문화를 초월하여 일관되고 가치 있는 것으로 여겨지는 6가지 핵심 덕목과 24개 성격 강점을 분류하여 강점 분류체계(VIC ; Value In Action)를 구성하였습니다.

(2) 개인자원목록 작성을 위한 SWOT 분석

① SWOT 분석의 의의

㉠ 특정한 사안에 대한 의사결정을 합리적이고 체계적으로 할 수 있도록 개발된 분석 기법이다.

㉡ **외부환경 분석 및 내부역량 평가**를 통해 문제해결을 위한 새로운 방법을 찾는 경영 기법에서 출발한 것으로, 개인의 자기 분석을 통한 진로개발 도구로도 사용된다.

② SWOT 분석의 요소

강 점 (Strength)	분석 대상이 가지고 있는 유·무형의 자산으로 성과를 만드는 데 긍정적인 역할을 하는 내부 요소 예 IT 기술에 능숙하며, 오지 여행 경험이 풍부함
약 점 (Weakness)	특정한 목표를 달성하거나 성과를 만드는 데 방해가 되는 내부 요소 예 일하는 시간과 장소가 정해지는 것을 싫어함
기 회 (Opportunity)	분석 대상의 지속적인 생존이나 성장에 긍정적인 영향을 주는 외부 요소 예 감염병 위협으로 IT 관련 일자리 수요가 늘어남
위 협 (Threat)	목표를 달성하는 데 장애가 되거나 위험이 되는 외부 요소 예 감염병 위협으로 해외여행이 어려워지고 해외여행 수요도 줄어듦

③ 진로 SWOT 분석에 의한 전략 수립

SO 전략(강점·기회 전략)	ST 전략(강점·위협 전략)
분석 대상의 강점을 활용하여 외부 환경의 기회 요소들을 살린다. 예 IT 관리능력을 필요로 하는 곳에 자신의 IT 관련 경력을 적극 내세운다.	분석 대상의 강점을 활용하여 외부 환경의 위협 요소들을 최소화한다. 예 IT 기술을 테마로 한 해외여행 아이템을 개발한다.
WO 전략(약점·기회 전략)	WT 전략(약점·위협 전략)
외부 환경의 기회를 활용하여 분석 대상의 약점을 보완한다. 예 재택근무로도 업무를 훌륭히 수행할 수 있는 방법을 연구한다.	분석 대상의 약점을 보완하여 외부 환경의 위협 요소들을 최소화한다. 예 해외에 근무하면서 여행 관련 자료를 개발하여 서비스한다.

> **쌤의 비법노트**
>
> 'SO 전략'은 공격적 전략, 'ST 전략'은 다양화 전략, 'WO 전략'은 방향전환 전략, 'WT 전략'은 방어적 전략에 가깝습니다.

3 진로 및 직업정보 탐색

(1) 진로정보

① 진로정보의 의의

개인의 진로선택 및 결정 등 진로발달을 지원하는 메시지 혹은 서비스 기능을 갖춘 구조화된 자료이다.

② 진로정보의 목적

교육적 목적	상담자는 내담자에게 진로정보를 제공함으로써 진로에 관한 생각을 할 수 있도록 하며, 그 생각을 발전 및 확장시키거나 수정할 수 있도록 돕는다.
동기부여 목적	상담자는 내담자에게 자극을 주고 도전감을 심어줌으로써 진로의사결정에 관한 확신감을 갖도록 한다.

③ 진로정보에 대한 내담자의 필요 수준에 따른 상담자의 접근방법

㉠ 진로정보에 대한 관심이 낮으면서 가지고 있는 정보량은 많은 경우

☞ 내담자에게 그 이유에 대해 물어보고 내담자의 정확한 욕구를 탐색한다.

㉡ 진로정보에 대한 관심도 낮고 가지고 있는 정보량도 적은 경우

☞ 내담자에게 다른 문제가 있는지를 다시 검토해 본다.

㉢ 진로정보에 대한 관심이 높으면서 가지고 있는 정보량은 적은 경우

☞ 내담자로 하여금 적극적으로 직업정보를 탐색하도록 돕는다.

(2) 직업정보 탐색 지원

① 진로상담에서의 직업정보 탐색

㉠ 취업상담에서의 직업정보 탐색과 달리 내담자 스스로 직업정보를 탐색할 수 있는 능력을 기를 수 있도록 지원하는 데 초점을 둔다.

㉡ 내담자가 직업을 갖게 되는 것을 궁극적인 목적으로 하기보다는 내담자로 하여금 직업을 가지고 건강한 직업인으로서 자신의 역할을 찾을 수 있도록 돕는다.

② 직업상담가와 진로상담가의 역할 차이

주요 역할	직업상담가	진로상담가
상담	내담자 정보, 직업세계 정보, 미래사회 정보를 통합하여 직업선택에 도움을 줌	직업선택 과정까지 내담자의 건강한 성장을 지원함
처치	내담자의 직업문제에 대해 진단·처치를 수행함	내담자의 내적 갈등을 발견하고 이를 해소하도록 지원함
조언	조언자로서 직업정보를 가지고 내담자에게 조언함	내담자 스스로 직업정보를 대하는 태도를 보고 격려함
지원	내담자의 직업문제 해결을 도우며, 진로지도 프로그램을 적용함	직업문제 발생원인으로서 내담자의 내적 갈등을 다룸
해석	심리검사의 실시, 결과의 분석·해석을 통해 내담자가 자신을 잘 이해하도록 도움	검사 결과 해석 과정에 내담자를 적극 참여시켜 검사가 성장의 도구가 되도록 지원함
분석	직업정보의 수집·분석·가공·체계화·제공·축적의 임무를 수행하면서 내담자에게 적합한 정보를 제공함	직업정보 분석 과정에서 내담자의 개입 정도를 점차 늘려가면서 내담자의 자신감 회복을 지원함
관리	상담 과정에서 일어나는 일련의 업무를 관리하고 통제함	상담 과정에서 일어나는 내담자의 변화를 격려하고 지원함

이렇게 출제된다! 적중 예상 OX

Q 진로상담가는 내담자의 직업문제를 직접 해결하기보다는 그 원인으로서 내적 갈등을 다룬다?

A (ㅇ)

(3) 직업선택 의사결정 과정에서 직업정보의 활용(Joann)

직업선택의 인식 (제1단계)	• 직업선택을 왜 해야 하는지 인식하는 단계이다. • 이 단계에 도달할 때까지 내담자는 직업정보를 활용하지 않을 것이다.
개인의 직업특성 평가 (제2단계)	• 자신에 대한 직업적 특성들을 객관적으로 평가하는 단계이다. • 이 단계에서는 보통 심리검사 등을 통해 개인의 특성을 평가하게 된다.
적합한 직업의 목록화 (제3단계)	• 직업특성 평가 결과를 토대로 내담자에게 적합한 직업목록을 생성하는 단계이다. • 내담자가 수행한 검사의 종류에 따라 추천되는 직업목록이 상이할 수 있으므로, 가급적 다양한 심리검사 결과를 종합하여 직업목록을 작성하는 것이 바람직하다.
직업목록에 관한 직업정보 수집 (제4단계)	• 직업목록에 따라 다양한 경로를 통해 직업정보를 탐색하고 수집하는 단계이다. • 직업 자체에 대한 정보(예 직무내용, 근로조건 등)와 인적 자원에 대한 정보(예 요구되는 학력, 능력 등)로 유형화할 수 있으며, 이는 직업목록상 비교 준거로 활용된다.
선택 직업의 결정 (제5단계)	• 수집한 직업정보들로 직업 간 비교를 통해 최종적으로 선택 직업을 결정하는 단계이다. • 이 단계에서 내담자는 자신의 특성에 맞게 정보를 정리하고 비교할 수 있게 된다.
선택 직업 진입을 위한 실천행동 (제6단계)	• 내담자가 선택 직업에 진입하기 위한 정보들을 요구하는 단계이다. • 자신이 선택한 직업에 바로 진입이 가능한지 아니면 진입을 위한 준비 과정(예 훈련, 자격취득 등)을 거쳐야 하는지 등을 결정하게 된다.

> **쌤의 비법노트**
> 내담자는 직업선택 의사결정 과정의 6단계 중 제1단계를 제외한 나머지 5개 단계에서 직업정보를 활용함으로써 도움을 얻게 됩니다.

4 진로목표 수립

(1) 목표설정의 의의 [필기 출제] 17, 10년 기출

① 목표는 상담의 방향을 제시해 주는 것이다.
② 상담의 전반적인 목표는 내담자의 욕구들에 의해 결정된다.
③ 목표설정은 내담자와 상담자 간의 협조적 과정이다.
④ 상담전략의 선택 및 개입, 상담결과의 평가에 관한 기초를 제공한다.

(2) 상담목표 설정 시 고려사항(바람직한 목표설정의 방향)

[필기 출제] 22, 21, 18, 17, 16, 14, 13, 11년 기출

① 목표는 구체적이어야 한다.
② 목표는 실현가능해야 한다.
③ 목표는 내담자가 원하고 바라는 것이어야 한다.
④ 내담자의 목표는 상담자의 기술과 양립 가능해야 한다.
⑤ 목표는 내담자의 문제에 대해 내담자와 함께 설정해야 한다.

> **쌤의 비법노트**
> 목표설정에 상담자의 개입이 필요한 이유는 내담자가 명확하고 구체적인 목표를 설정하도록 돕기 위해서입니다.

> **이렇게 출제된다! 2차 주관식**
> 상담목표를 설정할 때 고려해야 할 사항을 5가지 쓰시오.

(3) 내담자의 목표 확인 〔필기 출제〕 17, 10년 기출

① 일단 현존하는 문제를 평가하고 나서 목표설정 과정으로 들어간다.
② 내담자의 목표를 끌어내기 위한 기법으로 '면접안내(Interview Leads)'가 있다.
③ 전반적인 목표가 설정되면 내담자와 함께 목표의 실현가능성을 탐색한다.
④ 전반적인 목표가 결정되면 하위목표를 확인함으로써 그 목표에 대한 안내지도를 확립한다.
⑤ 내담자가 목표추구에 필요한 시간과 에너지를 투자할 마음이 있는지 목표에 대한 내담자의 몰입도를 평가한다.

> **쌤의 비법노트**
> '면접안내(Interview Leads)'는 일반적인 면접 진행 안내를 의미하는 것이 아니라 면접 과정에서 내담자로 하여금 자신의 문제나 목표를 인식하고 스스로 방향을 설정할 수 있도록 돕기 위해 사용하는 질문이나 대화 기법을 말합니다.

더 알아보기

목표의 실현가능성 결정을 위한 상담자의 질문 〔필기 출제〕 21년 기출
- 목표를 성취하기 위해 현재 처한 상황을 당신은 얼마나 통제할 수 있나요?
- 이 목표에 도달하기 위해서 당신이 해야 할 것은 무엇인가요?
- 이 목표는 당신이 달성 가능한 목표인가요?
- 당신이 이 목표를 성취하지 못하도록 방해하는 것은 무엇인가요?
- 언제까지 목표를 성취해야 한다고 느끼며, 마음속에 어떤 시간계획을 가지고 있나요?

5 대안개발

(1) 직업정보 수집 및 대안개발의 4단계 〔필기 출제〕 09년 기출

단계	내용
직업분류 제시하기 (제1단계)	내담자에게 직업분류체계를 제공한다.
대안 만들기 (제2단계)	내담자와 함께 대안직업들에 대한 광범위한 목록을 작성한다.
목록 줄이기 (제3단계)	내담자와 함께 2~5개의 가장 적당한 대안으로 목록을 줄인다.
직업정보 수집하기 (제4단계)	내담자에게 줄어든 목록 각각의 대안들에 관한 정보를 수집하도록 지시한다.

> **이렇게 출제된다! 2차 주관식**
> 직업정보 수집과정 4단계를 쓰시오.

(2) 내담자가 수집한 대안목록의 직업들이 실현 불가능할 때 사용하는 주요 상담전략
〔필기 출제〕 19, 15, 13, 11, 09년 기출

① 상담자의 견해는 자기 자신의 편견이나 부정적 경험의 결과가 아닌 내담자의 상황을 토대로 한 것이어야 한다.
② 자신의 판단이 잘못된 것일 수 있음을 염두에 두고 어떤 경우에서든 내담자를 특정 방향으로 가도록 설득할 권리가 없다는 점을 명심한다.
③ 객관적인 증거나 논리에서 추출한 것에 대해서만 이야기를 하여야 하며, 자신의 감정을 토대로 이야기하지 말아야 한다.

> **쌤의 비법노트**
> '부적절한 대안목록 직업들'이란 내담자의 비현실적 능력 수준이 요구되는 직업, 내담자의 성격이나 특성과 일치하지 않는 직업, 내담자의 흥미나 과제와 전혀 관계가 없는 것으로 보이는 직업 등을 말합니다.

④ 최종 의사결정은 내담자의 몫이라는 점을 확실히 하며, 상담자는 내담자가 어떤 선택을 하던 이를 지지한다.
⑤ 내담자가 처음에 수집한 대안목록의 직업들이 실현 불가능해 보일 경우, 상담자는 브레인스토밍 과정을 통해 내담자의 대안직업 대다수가 부적절한 것임을 명확히 한다.
⑥ 내담자의 직업들 대부분이 어떤 식으로든 실현 불가능한 것으로 여겨질 경우, 상담자는 내담자로 하여금 그와 같은 직업들에 정서적 열정을 소모하기 전에 신속히 개입하는 것이 중요하다.

(3) 선택할 직업에 대한 평가과정으로서 요스트(Yost)가 제시한 방법 `필기 출제` 21, 18, 14년 기출

원하는 성과연습	도표의 좌측에 선호사항을, 우측에 고려중인 직업들의 목록을 나열하여 각 직업들이 원하는 성과를 제공할 가능성을 제시하도록 한다.
찬반연습	각 직업들의 장기적·단기적 장단점을 각각의 카테고리에 작성하도록 한다.
대차대조표연습	도표의 좌측에 가족, 건강, 재정 등을, 우측에 긍정적·부정적 효과를 작성하도록 한다.
확률추정연습	각 직업마다 나타날 수 있는 긍정적·부정적 결과를 열거하고 그 확률을 제시하도록 한다.
미래를 내다보는 연습	미래의 어느 직업의 결과에 대해 생각하거나 동일 직업의 미래의 양상을 상상하도록 한다.

> **쌤의 비법노트**
> 요스트(Yost)가 제시한 방법으로서 '확률추정연습'을 '동기추정연습'으로 바꾸어 문제의 틀린 지문으로 제시하고 있습니다.

(4) 대안개발과 의사결정 시 내담자의 부정적 인지에 대한 인지치료 과정(Yost, Beutler, Corbishley & Allender) `필기 출제` 21, 17, 09, 06년 기출

① 제1단계 : 내담자가 느끼는 감정의 속성이 무엇인지 확인한다.
② 제2단계 : 내담자의 감정과 연합된 사고, 신념, 태도 등을 확인한다.
③ 제3단계 : 내담자의 사고 등을 한두 가지의 문장으로 요약·정리한다.
④ 제4단계 : 내담자를 도와 현실과 사고를 조사해 보도록 개입한다.
⑤ 제5단계 : 내담자에게 과제를 부여하여 사고와 신념들의 적절성을 검증한다.

6 진로의사결정

(1) 진로의사결정의 과정(Gelatt) `필기 출제` 16, 12, 09년 기출

목적(목표)의식 → 정보수집 → 대안열거 → 대안의 결과 예측 → 대안의 실현 가능성 예측 → 가치평가 → 의사결정 → 평가 및 재투입

(2) 직업선택의 결정모형 `필기 출제` 20, 16, 13, 12, 10, 09, 06, 05년 기출

① 기술적 직업결정 모형

사람들의 일반적인 직업결정 방식을 나타내고자 시도한 이론모형이다.

타이드만과 오하라 (Tiedeman & O'hara)	진로발달을 개인의 자기정체감(자아정체감) 분화, 발달과업 수행, 심리사회적 위기 해결의 지속적인 과정으로 보았다. 특히 자기정체감을 지속적으로 구별해 내고 발달과제를 처리하는 과정으로 진로발달단계를 설명하며, 이를 시간의 틀 내에서 개념화하였다.
힐 튼 (Hilton)	인간이 복잡한 정보에 접근하게 되는 구조에 근거를 둔 이론으로, 직업선택 결정 단계를 전제단계, 계획단계, 인지부조화 단계로 구분하였다.
브 룸 (Vroom)	직업결정 요인을 균형과 기대 그리고 힘의 원리로써 설명하였다.
슈 (Hsu)	직업결정자는 선택과 목표 사이의 불균형을 극소화시키려고 시도한다고 가정하였다.
플레처 (Fletcher)	개념학습에 대한 생각에 근거를 둔 것으로서, 진로개념과 관련하여 '특수성 대 일반성', '구체성 대 추상성'의 두 차원이 있다고 강조하였다.

② 처방적 직업결정 모형 `필기 출제` 16, 12, 09, 07, 04년 기출

사람들로 하여금 직업을 결정하는 데 있어서 실수를 감소시키고 보다 나은 직업선택을 할 수 있도록 도우려는 의도에서 시도된 이론모형이다.

카 츠 (Katz)	직업결정자는 자신의 특성요인을 나열 및 개발하고 이들 간의 가치와 중요도에 따라 비교해 보며, 그 특성에 맞는 대안을 선택하고 그 대안이 제공하는 보수에 따라 평가하여야 한다고 주장하였다.
겔라트 (Gelatt)	직업선택의 결과보다는 그 선택 과정을 중시하였으며, 정보체계를 예언적 체계, 가치체계, 결정준거 등으로 설명하였다.
칼도와 쥐토우스키 (Kaldor & Zytowski)	직업선택과 투입 또는 입력(Input)의 가치를 평가하는 직업적 유용도를 함수로 설명하였다.

(3) 진로의사결정에서 의미 있는 타인이 미치는 영향

① 의미 있는 타인은 사회적 지지자로서의 역할을 한다.
② 의미 있는 타인은 개인의 자기평가에 영향력을 미친다.
③ 유사성이 많을수록 의미 있는 타인으로 여겨진다.
④ 영향력의 상호성이 의미 있는 타인의 기준이 될 수 있다.

이렇게 출제된다! 2차 주관식

다음 보기는 겔라트(Gelatt)가 제시한 진로의사결정에 대한 상담과정이다. 빈칸에 들어갈 내용을 순서대로 쓰시오.

- 제1단계 : 목적(목표)의식
- 제2단계 : (ㄱ)
- 제3단계 : (ㄴ)
- 제4단계 : (ㄷ)
- 제5단계 : (ㄹ)
- 제6단계 : (ㅁ)
- 제7단계 : (ㅂ)
- 제8단계 : 평가 및 재투입

이렇게 출제된다! 1차 기출 OX

Q 직업선택 결정모형 중 카츠(Katz)의 모형은 처방적 직업결정 모형이다?

A (○)

(4) 6개의 생각하는 모자(Six Thinking Hats) 〔필기 출제〕 21, 20, 18, 17, 16, 14, 13, 12, 11, 10, 09, 04년 기출

의사결정 촉진을 목적으로 하는 것으로, 상담자는 의사결정자인 내담자에게 6가지 색깔의 생각하는 모자를 써보고 각각의 모자의 색에 해당하는 역할을 수행하도록 요구한다.

백색(하양)	본인과 직업들에 대한 사실들만을 고려한다.
적색(빨강)	직관에 의존하고, 직감에 따라 행동한다.
흑색(검정)	비관적·비판적이며, 모든 일이 잘 안 될 것이라고 생각한다.
황색(노랑)	낙관적이며, 모든 일이 잘 될 것이라고 생각한다.
녹색(초록)	새로운 대안들을 찾으려 노력하고, 문제들을 다른 각도에서 바라본다.
청색(파랑)	합리적으로 생각한다(사회자로서의 역할 반영).

> **쌤의 비법노트**
>
> '6개의 생각하는 모자'는 측면 의사결정법(Lateral Decision-making Aids)에 해당합니다. 측면 의사결정법은 창의적으로 정보를 탐색함으로써 이용 가능한 정보의 양과 질을 확장시키고, 현재로서는 만족할만한 직무조건이라 할지라도 이를 새로운 방향에서 다시 생각해 보도록 하기 위해 설계된 방식입니다.

7 진로역량 개발

(1) 사회적 지지의 유형 및 측정 요소

정서적 지지	인간의 기본적인 사회정서 욕구를 충족시켜 주는 지지 예 사랑, 이해, 격려, 신뢰, 관심, 공감적 경청 등
평가적 지지	자신의 행위를 인정해 주거나 부정하는 등 자기평가와 관련된 정보를 전달하는 지지 예 칭찬, 소질 인정, 인격 존중, 공정한 평가, 가치 고양, 의사존중 등
정보적 지지	개인이 문제에 대처하는 데 이용할 수 있는 정보를 제공하는 지지 예 문제해결, 의사결정, 적응, 위기 등의 상황에서 제공되는 충고, 조언, 지도와 사회에 대한 지식 제공 등
물질적 지지	물질적인 도움을 직접적으로 제공하는 지지 예 일을 대신해 줌, 돈, 물건, 서비스, 시간 제공 등

> **적중 예상 OX**
>
> Q 의사결정 상황에서의 충고, 조언, 지도는 사회적 지지의 유형 중 '평가적 지지'에 해당한다?
>
> A (×) '정보적 지지'에 해당한다.

(2) GROW 코칭 모델

① 의 의

질문과 경청, 피드백 과정을 통해 개인의 생각을 자극하고 사고의 폭을 넓힘으로써 내담자로 하여금 현재 직면하고 있는 문제와 그에 대한 해결방법을 찾도록 돕는다.

② 코칭의 단계

목 표 (Goal)	문제해결의 의미, 문제해결의 주체, 문제해결의 과정을 생각해 보도록 함으로써 내담자로 하여금 진정 원하는 바가 무엇인지를 깨닫고 긍정적인 에너지를 갖게 한다.
현 실 (Reality)	내담자의 고정관념이나 인식에 대한 비합리적 신념이나 가정을 직면할 수 있도록 한다.
대 안 (Option)	목표를 이루기 위해 시도한 방법들의 실패와 성공 경험, 그 과정에서의 배울점, 새롭게 시도해 볼 만한 방법들에 대해 탐색하도록 한다.
실행의지 (Will)	구체적인 실행계획에 대해 합의하며, 지속적으로 실행할 수 있는 후원 환경들을 점검한다.

(3) 진로동기 모델

① 의 의

론돈(London)이 라자루스(Lazarus)의 스트레스 대처 모형에 근거하여 제시한 이론으로, 진로동기의 요소에 의해 진로장벽을 극복하고 진로 결정 및 행동에 이르는 과정을 설명한다.

② 진로동기의 요소

㉠ 진로탄력성(Career Resilience) : 진로동기를 유지하는 요소
㉡ 진로통찰력(Career Insight) : 진로동기를 촉발하는 요소
㉢ 진로정체감(Career Identity) : 진로동기의 방향성을 결정하는 요소

론돈(London)의 진로동기 모델

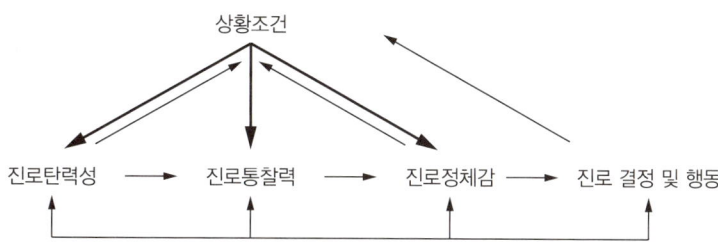

(4) 진로탄력성과 진로적응성

① 진로탄력성(Career Resilience)

㉠ 진로 좌절을 극복하는 능력을 의미하는 것으로, 진로탄력성이 높은 사람은 부정적인 일 상황에서 좀 더 효과적으로 대처하는 반면, 진로취약성이 높은 사람은 최적의 진로 조건에 미치지 못하는 상황에서 취약한 양상을 보인다.

㉡ 진로탄력성은 다음의 5가지 하위 요소로 구성된다.

자기 신뢰	어려운 상황이나 스트레스에도 불구하고 자신을 믿고 확신하며 자기 긍정성을 발휘한다.
성취 열망	어려운 상황에서도 자신의 미래를 낙관적으로 보고 인내와 끈기로 더 높은 목표를 달성하고자 한다.
진로 자립	진로목표 달성을 위해 지속적으로 학습하며, 새로운 기술과 훈련을 주도적으로 계획하여 직무기술을 향상시킨다.
변화 대처	진로목표 달성 과정에서 예기치 못한 사건으로 인한 실패를 두려워하지 않으며, 부정적인 결과에서도 긍정적인 요소를 찾아내어 적절히 대처한다.
관계 활용	어려운 상황이나 역경에 부딪혔을 때 개인이 활용할 수 있는 사회적 자원을 확보하며, 대인관계 네트워크 구축 등 긍정적 관계를 활용한다.

쌤의 비법노트

진로동기 모델에서는 진로탄력성을 상황조건과 상호작용하면서 진로통찰력과 진로정체감, 그리고 최종적으로 진로 결정 및 행동에 영향을 미치는 근본적인 영역으로 간주합니다.

> **이렇게 출제된다! 적중 예상 OX**
>
> **Q** 대인관계 능력에는 협동 능력, 갈등관리 능력, 협상 능력, 리더십 능력 등이 포함된다?
>
> **A** (○)

② 진로적응성(Career Adaptability)

㉠ 직업적 요구에 적응하고 그 직업이 개인적인 욕구에 더 잘 부합하도록 직업을 변화시키는 능력을 의미하는 것으로, 상황에 대한 적응은 물론 상황을 변화시키는 것도 포함한다.

㉡ 진로적응성은 다음의 5가지 하위 요소로 구성된다.

대인관계	업무를 수행하는 과정에서 접촉하게 되는 사람들과 원만하게 지내는 능력이다.
목표의식	개인의 행동과 태도에 도움을 주는 더 높은 수준의 목표를 정하도록 성취 상황을 조장하는 것이다.
주도성	현 상황을 개선하거나 새로운 상황을 창조하기 위해 솔선해서 행동함으로써 현 상태를 변화시키는 것이다.
긍정적 태도	미래에 좋은 일이 많이 일어나고 나쁜 일은 적게 일어날 것이라는 일반화된 기대로서 낙관성(Optimism)을 의미한다.
개방성	개인이 호기심이 많고 반성적이며, 창의적·독립적·비관습적이고 다양성을 수용하는 정도를 광범위하게 반영한다.

③ 진로탄력성 틀(CRF ; Career Resiliency Framework)

㉠ 릭우드(Rickwood)가 급변하는 업무환경에 처한 내담자를 돕기 위해 고안한 모델이다.

㉡ 개인의 진로탄력성이 어떻게 길러지는지를 설명하기 위해 다음의 4가지 영역을 제안하였다.

주제 수용	조직의 관리자나 정책을 통해 탄력적 특성과 관련된 직업발달을 적극적으로 촉진하는 환경을 만든다.
자기인식 돕기	진로상담 등을 통해 내담자로 하여금 자신의 핵심 가치와 흥미에 대한 이해를 발달시키도록 돕는다.
전 환	내담자의 내적 동기를 찾는 행동계획을 세움으로써 진로 상황을 분명히 하며, 진로장벽을 극복하도록 돕는다.
관계성	직장 내 공동체감을 가지며, 다른 사람들과 의미 있는 상호작용을 하도록 촉진한다.

(5) 진로 장애(Career Barriers)

① 의 의

진로 관련 경험을 수행해 가는 과정에서 개인의 진로 선택, 목표, 포부, 동기 등에 부정적인 영향을 미치거나 역할 행동을 방해할 것으로 지각되는 사건 혹은 사태를 말한다.

② 진로 장애의 주요 요인

㉠ 직업정보 부족
㉡ 자기명확성 부족
㉢ 필요성 인식 부족
㉣ 우유부단한 성격
㉤ 그 밖의 외적 장애 등

> **쌤의 비법노트**
>
> 진로 장애 요인으로서 '외적 장애'는 부모나 주변 사람의 기대에 대한 갈등 혹은 사회적인 요구조건과의 불일치 등으로 인한 진로 선택의 어려움 등을 포함합니다.

02절 취업상담

1 구직역량 파악

(1) 내담자의 구직욕구

① 구직욕구의 의의

실직이나 미취업 상태에 있는 개인이 직업 혹은 직장을 찾기 위해 자신의 부정적인 감정을 다스린 채 구체적인 계획을 세우고 실행하도록 하는 힘이다.

② 구직욕구의 분석

구직욕구는 개인의 경험에 의해 형성되는 자신에 대한 긍정적 지각으로서 자기존중감, 그리고 특정 영역에서의 개인의 능력에 대한 신념으로서 자기효능감과 연관된다.

③ 구직자 유형의 분류

구직자 유형은 구직자의 취업의욕, 취업능력, 취업기술 등을 종합적으로 고려하여 결정한다.

> **쌤의 비법노트**
> 구직욕구 분석을 위해 구직의욕 질문지, 구직준비도 검사 등이 활용됩니다.

(2) 구직의욕 및 구직능력 파악

① 구직의욕 질문지 항목(출처 : 국민취업지원제도 맞춤형 취업지원 및 취업상담 매뉴얼)

의지	• 현재 일할 의향이 있으십니까? • 3개월 이내 빠른 취업을 원하십니까? • 반드시 취업해야 할 절실한 이유가 있습니까? • 최근 3개월 이내에 입사지원 서류를 작성하여 지원한 경험이 있습니까? • 최근 3개월 이내에 구직활동을 통해 실제로 면접을 본 경험이 있습니까?
목표	• 희망하는 직업이 있습니까? • 희망직업에 취업하고자 하는 의지가 확고하십니까? • 희망하는 취업조건이 있습니까?
태도	• 취업조건(예 직종, 임금, 근무조건 등)이 만족스럽지 않더라도 일자리가 있으면 취업할 생각이 있습니까? • 최선의 노력을 다해 취업준비를 하면 좋은 결과가 있을 것이라 믿습니까?

> **쌤의 비법노트**
> 국민취업지원제도의 상담유형분류 질문지에는 '구직의욕', '구직능력', '복지지원 필요', '정서지원 필요' 관련 다양한 질문 목록이 포함되어 있습니다.

② 구직능력 질문지 항목(출처 : 국민취업지원제도 맞춤형 취업지원 및 취업상담 매뉴얼)

직무능력	학력	• 희망직업(혹은 취업 시)에서 요구하는 학력수준을 갖추고 있습니까? • 희망직업(혹은 취업)과 관련이 높은 학과를 전공하거나 관련 과목을 이수하였습니까?
	훈련 및 자격	• 희망하는 분야의 직업(혹은 취업)과 관련된 지식이나 기술습득을 위한 직업훈련 경험이 있습니까? • 희망직업(혹은 취업)에서 요구하는 자격증을 갖추고 있습니까? • 희망직업(혹은 취업)에서 요구하는 외국어 능력을 갖추고 있습니까?
	일경험	희망직업(혹은 취업)과 관련한 경력 및 경험을 가지고 있습니까?

	의사소통	업무를 수행할 때, 다른 사람이 뜻하는 바를 명확하게 파악하고, 자신의 뜻하는 바를 말(혹은 글)로 정확하게 전달할 수 있습니까?
직업 기초 능력	대인관계	업무를 수행하는 데 있어서 접촉하게 되는 사람들과 문제를 일으키지 않고 원만하게 지낼 수 있습니까?
	자기관리	업무를 수행하는 데 있어서 자신의 행동과 업무수행을 관리하고 통제할 수 있습니까?
	컴퓨터 활용	업무를 수행하는 데 요구되는 컴퓨터 활용능력을 갖추고 있습니까?
구직 기술	구직정보	• 취업하고자 하는 일자리에서 요구하는 입사요건을 구체적으로 알고 있습니까? • 적합한 일자리를 찾기 위한 취업정보 탐색방법을 알고 있습니까?
	입사서류	• 필요한 이력서 작성 방법을 잘 알고 있습니까? • 장점이나 경력이 드러나도록 자기소개서를 쓸 수 있습니까? • 직무수행 계획서를 작성할 수 있습니까?
	면 접	• 면접 시 나의 능력이나 장점을 잘 설명할 수 있습니까? • 면접 시 당황스러운 질문에도 적절히 대처할 수 있습니까?

③ 내담자 유형 분류 판단

고능력 · 고의욕	'빠른 취업 지원형'으로, 내담자는 취업에 대한 의사와 희망직업이 명확하다. ☞ 직업정보 제공, 취업알선 등
고능력 · 저의욕	'의욕 향상 지원형'으로, 희망직업 선택 및 취업의지 제고, 직업목표 수립에 중점을 둔다. ☞ 집단상담 프로그램 등 의욕 증진 서비스 제공
저능력 · 고의욕	'능력 향상 지원형'으로, 직무수행능력 및 직업기초능력 향상에 중점을 둔다. ☞ 직업훈련, 취업특강 등 구직기술 향상 서비스 제공
저능력 · 저의욕	'종합 지원형'으로, 직업목표 수립은 물론 직무수행능력 및 구직기술 향상에 중점을 둔다. ☞ 직업목표 설정, 취업의욕 증진, 직무역량 강화, 구직기술 강화 등 다양한 서비스 병행 제공

더 알아보기

국가직무능력표준(NCS)에 따른 직업기초능력 10가지 영역

- 의사소통능력
- 문제해결능력
- 자원관리능력
- 정보능력
- 조직이해능력
- 수리능력
- 자기개발능력
- 대인관계능력
- 기술능력
- 직업윤리

쌤의 비법노트

국민취업지원제도의 취업역량평가 결과에 따른 내담자 유형 분류 중 저능력 · 저의욕 유형의 명칭이 '심층 지원형'에서 '종합 지원형'으로 변경될 예정이므로, 이 두 가지 용어를 함께 기억해 두세요. 이는 구직역량과 구직의욕이 모두 낮은 참여자의 경우 취업을 저해하는 다양하고 복합적인 문제가 공존한다는 점을 감안한 조치입니다.

적중 예상 OX

Q 국가직무능력표준(NCS)에 따른 직업기초능력에는 '직업윤리'도 포함된다?

A (○)

(3) 구직역량(Employment Competency)

① 의 의

구직의 상황이나 맥락에서 발생하는 요구에 성공적으로 대응하여 이를 충족시킬 수 있는 총체적 능력을 말한다.

② 구직역량의 구성요소

구직역량은 구직 지식군, 구직 기술군, 구직 태도군, 직무 적응군으로 구성되며, 각각의 역량에 다수의 하위 역량이 포함된다.

구직 지식군	자신에게 적합한 직장을 탐색하고 입직하기 위해 갖추어야 할 지식 예 자기 이해, 구직 희망 분야 이해, 전공지식, 외국어 능력, 구직 일반 상식 등
구직 기술군	직장을 선택하고 그곳에 취업하는 데 필요한 실제적 기술 예 구직 의사결정 능력, 구직 정보탐색 능력, 인적 네트워크 활용 능력, 구직 서류 작성 능력, 구직 의사소통 능력 등
구직 태도군	직장에 취업하고 적응하는 데 갖추어야 할 태도 및 가치관 예 긍정적 가치관, 도전 정신, 글로벌 마인드, 직업윤리 등
직무 적응군	직장에서 직무를 성공적으로 수행하고 지속적인 발전을 가능하게 하는 능력 예 직무 및 조직 몰입, 현장 직무수행 능력, 대인관계 능력, 문제해결 능력, 자원 활용 능력, 자기 관리 및 개발 능력 등

> **쌤의 비법노트**
> 구직역량은 직업기초능력과 구직역량의 하위 역량군에 대한 종합적인 판단에 기초합니다. 구직역량 판단 후 구직자로 하여금 심리적 취약성과 구직 스트레스를 극복하며, 구직의욕과 취업역량을 향상시킬 수 있도록 후속조치들이 이루어집니다.

(4) 취업효능감(Employment Efficacy)

① 의 의

개인이 취업이라는 결과를 얻는 과정에서 필요한 취업정보 획득 기술, 서류전형 및 면접 기술 등 직업을 얻기 위해 성공적으로 수행할 수 있는 능력과 자신감을 말한다.

② 취업효능감의 구성요소

개인적 수행성취 (성취경험)	비교적 작은 일부터 점점 큰 일로 단계적으로 성공을 경험함으로써 자기효능감이 증가하게 된다.
간접경험 (대리경험)	타인이 특정 과업에서 성공을 거두는 것을 보게 되면 자신도 할 수 있다는 자기효능감이 상승하게 된다.
사회적 설득 (언어적 설득)	타인으로부터 격려와 지지를 받을 때 자기효능감이 증가하게 된다.
생리적 상태와 반응 (정서적 안정)	구직자가 중요한 일을 앞두고 불안해할 때 정서적으로 안정을 취할 수 있도록 격려하면 자기효능감이 증가하게 된다.

> **쌤의 비법노트**
> 취업효능감은 자기효능감 이론(Self-efficacy Theory)에 근거합니다. 렌트, 브라운, 헥케트(Lent, Brown & Hackett)는 자기효능감에 영향을 미치는 요인을 4가지 제시하였는데, 이는 곧 취업효능감의 구성요소에 해당합니다.

2 취업목표 설정

(1) 목표 확인 과정

① 제1단계 – 구직자의 목표 결정

초기면담 과정에서 구직자가 진술한 내용이 목표 설정의 중요한 단서가 된다.

② 제2단계 – 목표의 실현 가능성 결정

전반적인 목표가 설정되면 내담자와 함께 실현 가능성을 검토한다.

③ 제3단계 – 하위목표 설정

목표의 실현 가능성이 검토되면 하위목표를 확인함으로써 그 목표에 대한 세부 계획을 세운다.

④ 제4단계 – 목표 몰입도 평가

목표에 대한 구직자의 몰입도를 평가한다.

(2) 취업계획 작성 과정

① 제1단계 – 직무 분야 확정

구직자에게 적합한 직무 분야를 확정한다.

② 제2단계 – 진출 경로 탐색

취업 대안 1~2개 분야에 진출하기 위한 경로를 구직자와 함께 탐색한다.

③ 제3단계 – 관심 있는 취업 분야에 대한 활동 계획 지원

관심 있는 취업 분야의 직업훈련 및 자격취득 등에 대한 활동 계획을 지원한다.

④ 제4단계 – 최종 선택 취업 분야에 대한 활동 계획서 작성 지원

최종 선택된 취업 분야에 진출하기 위한 활동 계획서를 작성하도록 지원한다.

(3) 취업활동 계획 수립 시 고려사항

① 개인별 취업활동 계획 수립을 위한 일련의 과정과 내용을 공유함으로써 참여자의 수용 가능성을 제고한다.

② 참여자의 욕구와 특성을 최대한 반영하되, 불합리한 주장이나 요구를 수용하는 것은 지양한다.

③ 집중 취업알선 기간을 최소 3개월 이상 확보할 수 있도록 취업활동 계획 상세 일정을 수립한다.

(4) 준비상태 평가 시 고려사항

① 구직자의 목표와 기호를 확인한다.

② 대안 간 요인을 확인한다.

③ 내적 요인을 확인한다.

④ 준비도 점검 목록(체크리스트)을 확인한다.

이렇게 출제된다! 적중 예상 OX

Q '고용24'는 주로 자격취득에 관한 정보를 제공한다?

A (×) 자격취득에 관한 정보를 제공하는 대표적인 포털로 'Q-Net'이 있다.

쌤의 비법노트

직업대안 선택 과정에서 구직자는 여러 개의 잠재적인 직업들 중 선호하는 목록을 축소하게 되는데, 때때로 특정의 대안 관계가 확정될 때까지 의사결정을 내리기 위한 준비가 되어 있지 않은 경우도 있으므로 대안 간 요인을 확인할 필요가 있는 것입니다.

> **더 알아보기**
>
> **준비상태 평가를 위한 준비도 점검 목록에 포함되어야 하는 사항**
> - 상담목표가 최근의 문제 등으로 변경되었는지 여부
> - 구직자의 선호 직업이 변경되었는지 여부
> - 생애설계의 시간전망과 일치하는지 여부
> - 대안직업이 구직자의 자유로운 의사결정에서 비롯된 것인지 여부 등

3 구인처 확보

(1) 구인처 확보 과정

① 제1단계 – 채용정보 탐색

구직자가 작성한 취업활동 계획서를 가지고 채용정보를 찾아본다.

② 제2단계 – 업체정보 수집

지역 업체 현황을 파악하며, 채용 가능한 업체정보를 수집한다.

③ 제3단계 – 취업 조건 확인

적중 알선을 위해 구인조건과 구직자의 역량을 꼼꼼히 확인하며, 구직자의 취업목표와 일치하는지 확인한 후 알선을 한다.

④ 제4단계 – 목표 달성 여부 확인

구직자의 목표 달성 여부를 확인하며, 취업 가능성에 대한 신념을 가지도록 돕는다.

(2) 적중 알선을 위한 고려사항

① 구직자의 구직희망 조건, 구직자가 가진 역량과 자원을 파악한다.
② 구직자의 인적사항, 흥미, 적성, 가치관 등을 확인한다.
③ 구직자의 경제적 상황, 능력 및 자격, 사회경험, 봉사활동, 취업 장애요인, 희망 근무지역, 취업희망 조건 등을 확인한다.
④ 구인업체의 채용 직무, 요구 학력 · 전공 · 학점, 지원자격 및 우대사항 등을 확인한다.
⑤ 구인업체에 각종 지원금에 대해 안내하며, 구직자가 해당되는지 여부를 알려준다.
⑥ 구직자와의 지속적인 상호작용을 통해 적중 알선을 위한 기반을 조성한다.
⑦ 구직자와 구인업체와의 의사소통을 도와 면접 일정을 잡도록 한다.

(3) 면접 성사를 위한 고려사항

① 채용 지원 후 구인업체와 통화를 하는 등 입사서류가 잘 접수되었는지 확인한다.
② 면접이 꼭 진행되도록 구인업체와 구직자를 잘 설득한다.
③ 동행면접이 필요한 경우 사전에 조율하여 동행면접을 실시한다.
④ 면접 이후 채용 여부를 반드시 확인한다.
⑤ 구직자를 채용했을 때의 유익한 점(예 각종 지원금 등)이 있다면 이를 강조한다.

> **쌤의 비법노트**
>
> '적중 알선'은 구직자 맞춤형 구인정보를 발굴하여 제공하는 것을 말합니다.

4 구직활동 지원

(1) 이력서 작성 지원

① 이력서 내용에 포함되는 주요 사항
- ㉠ 인적사항
- ㉡ 학력사항
- ㉢ 병역사항
- ㉣ 경력사항
- ㉤ 자격 및 특기사항
- ㉥ 교내외 활동 및 봉사·특별 활동
- ㉦ 기타사항(예 수상경력, 장학금 여부, 보훈대상 여부 등)

② 이력서 작성 시 주의사항
- ㉠ 이력서는 객관적 자료이므로 사실대로 정확하게 기재한다.
- ㉡ 가급적 빈칸이 없도록 내용을 채운다.
- ㉢ 해당 사항이 없는 경우 해당 부분을 가능한 경우 삭제하는 것이 좋다.
- ㉣ 지원 분야를 반드시 기재한다.
- ㉤ 장난스러운 이메일 주소는 변경하여 제출한다.

(2) 자기소개서 작성 지원

① 자기소개서 내용에 포함되는 주요 사항
- ㉠ 성장과정
- ㉡ 성격의 장단점
- ㉢ 학교생활
- ㉣ 경력사항
- ㉤ 지원동기
- ㉥ 입사 후 포부

② 자기소개서 작성 시 주의사항
- ㉠ 성장과정에서는 지원한 직무나 기업의 조직 적합성에 부합하는 인성의 형성 과정을 표현한다.
- ㉡ 성격의 장점을 기재할 때는 그 근거를 명확한 수치와 고유명사, 윗사람들의 평가 등을 포함하여 구체적으로 기술한다.
- ㉢ 성격의 단점을 기재할 때는 직무역량과 관련 없는 큰 과오가 안 되는 단점을 적도록 하며, 이를 극복하기 위한 실천방안을 제시한다.
- ㉣ 학교생활이나 경력사항에서는 지원 직무와의 연관성에 초점을 두고 구체적으로 기술한다.
- ㉤ 지원동기에서는 회사에 대한 충성도를 강조한다.
- ㉥ 입사 후 포부에서는 지원 분야에 대한 구체적인 계획과 실천력을 표현한다.

이렇게 출제된다! 적중 예상 OX

Q 자기소개서에는 성격의 장점을 기재하되 단점은 기재하지 않는다?

A (×) 성격의 장단점을 모두 기재한다.

(3) 경력기술서 작성 지원

① 경력기술서 내용에 포함되는 주요 사항
  ㉠ 회사명
  ㉡ 부서명
  ㉢ 직책명
  ㉣ 근무기간
  ㉤ 주요 업무
  ㉥ 담당 역할
  ㉦ 업무성과
  ㉧ 퇴직사유 등

② 경력기술서 작성 시 주의사항
  ㉠ 최근 경력, 중요한 성과부터 작성하도록 한다.
  ㉡ 본인의 역할과 행동, 주요 성과를 기재할 때 수치를 적절히 활용하도록 한다.
  ㉢ 세부 직무에 관련된 활동은 세부 직무와의 연관성을 중심으로 기술한다.
  ㉣ 경력증명서에 명시되어 있는 경력사항에 대해 정확히 기술한다.
  ㉤ 채용할 회사가 원하는 직무 관련 업무 경험을 부각하도록 하며, 관련 업무가 아닌 경우 가급적 생략하도록 한다.

(4) 면접 지원

① 지원자 적합성의 3요소(3C)
  ㉠ 인성(Character) : 지원자의 성품, 사고와 태도, 행동 특성
  ㉡ 직무 적합성(Competency) : 직무수행에 필요한 역량(지식 · 기술 · 태도)
  ㉢ 조직 적합성(Commitment) : 조직문화의 이해, 조직 구성원들과의 협력

② 유형별 면접 방법

인성 면접	• 지원자의 기본 품성, 조직 적합성 등을 평가하는 면접이다. • 지원자의 열정이나 입사에 대한 의지를 물으며, 지원자의 답변 태도, 의지, 화법, 성향 등에 대한 종합적인 평가를 한다. • 입사지원서나 자기소개서를 기반으로 한 질문이 제시될 수 있으므로, 면접에 임하기 전에 이들을 다시 살펴보는 것이 좋다.
PT 면접	• 지원자의 문제해결 능력, 직무수행 능력 등을 평가하는 면접이다. • 지원자의 문제인식 및 해결, 창의성, 자료 이해도, 직무 적합성 등이 드러나며, 지원자의 구조화 능력 및 발표력 등을 평가한다. • 질의응답 시간이 주어지므로, 질문 요점을 정확히 파악하고 답변하도록 한다.
역량 면접	• 회사에 필요한 역량에 초점을 두고 꼬리 물기식 질문을 통해 지원자의 역량을 평가하는 면접이다. • 지원자의 의사소통 능력, 문제해결 능력, 대인관계 능력, 조직이해 능력, 자기관리 능력 등을 답변 내용, 표정과 행동까지 세심히 관찰하여 평가한다. • 답변에 과장이나 거짓이 섞이지 않도록 하며, 진실성 있게 답변하도록 한다.
토론 면접	• 문제에 대한 답을 구하는 것이 아닌 서로의 의견을 주고받는 과정을 평가하는 면접이다. • 자신의 역할을 수행하면서 타인의 의견을 수용하고 발전시키는 모습, 합의된 결과물을 도출하는 과정 등을 평가한다. • 토론 중 논의사항을 정리하고 토론 방향이 틀어지지 않도록 하며, 상대방의 의견을 경청하고 상대방을 존중하는 태도를 보이도록 한다.

쌤의 비법노트

'PT 면접'은 일 대 다(多) 형태로 이루어지는 '프레젠테이션 면접'을 말합니다. 보통 회사가 주제를 제시하고, 지원자가 그에 대해 발표하는 형식으로 진행됩니다.

이렇게 출제된다! 적중 예상 OX

Q 역량 면접에서는 질의응답 시간을 통해 지원자의 순발력과 논리력을 점검한다?

A (×) PT 면접의 특징에 해당한다.

쌤의 비법노트

'AI 면접'은 직무능력 중심 채용 경향과 비대면(Untact) 면접의 필요성이 확대되면서 더욱 관심이 높아지고 있습니다.

> **더 알아보기**
>
> AI 면접(AI 역량검사)
> - 인공지능(Artificial Intelligence)을 이용하여 지원자의 역량을 평가하는 방법으로, 대인 면접에서 드러나지 않는 업무 스타일이나 성향을 판단할 수 있도록 한다.
> - '기본 면접 → 성향 분석 → 상황 대처 → 보상 선호 → AI 게임(전략 게임) → 심층 면접'으로 구성되어 있다.
> - 기존 대인 면접이 면접자와 지원자 간 직접 대면으로 질의응답을 통해 지원자의 역량을 확인하는 반면, AI 면접은 비대면으로 질의응답뿐만 아니라 게임, 자기보고문항 등을 활용하여 공통 질문과 개인 특성에 맞는 심화 질문을 제시한다.
> - AI 시스템은 지원자의 답변을 텍스트로 변환하여 추출한 핵심 키워드를 중심으로 파악하며, 면접 시 지원자의 표정과 음성 등을 종합적으로 분석한다.

5 내담자 사후관리

(1) 사후관리의 의의

구인·구직 정보 제공, 일자리 알선, 취업지원 계획 수립, 취업상담 등 일련의 과정을 지원한 후 취업이나 창업에서 발생하는 사안들에 대한 적응 및 유지를 돕는 과정이다.

(2) 사후관리의 수행

① 사후관리 수행 방법

  ㉠ 구직자 출근 전 사전교육을 실시한다.

  ㉡ 구직자 출근 후 일주일 뒤 사후관리를 실시한다.

  ㉢ 지속적으로 구인업체를 관리하며, 구직자가 구인업체와 돈독한 관계를 맺도록 돕는다.

  ㉣ 경력개발 계획 수립을 유도하며, 장기 경력관리 및 경력개발의 중요성을 인식시킨다.

  ㉤ 직장 적응에 필요한 정보를 제공하며, 스트레스 관리법 등을 안내한다.

  ㉥ 직무 만족에 대해 수시로 점검하며, 직무 불만족 시 전직에 대비한 상담을 한다.

  ㉦ 직장 적응에 실패한 경우 전직 프로그램을 안내한다.

② 미취업자에 대한 사후관리

  ㉠ 개인별 취업목표에 적합한 맞춤형 채용정보를 지속적이고 주기적으로 제공한다.

  ㉡ 취업에 도움이 되는 단기 특강이나 취업 프로그램을 추천한다.

  ㉢ 미취업 원인을 분석하여 새로운 취업지원 프로그램을 이수할 것인지, 직종을 전환할 것인지 여부를 상담을 통해 정한다.

  ㉣ 희망 근로조건에 대한 조정이 필요한 지 여부를 상담을 통해 확인한다.

쌤의 비법노트

구직자 출근 후 사후관리는 보통 출근 일주일 후 구직자와 통화하고 구인업체와 의사소통을 함으로써 구직자의 직장 적응을 돕는 방식으로 이루어집니다.

03절 직업복귀상담

1 직업복귀 동기 파악

(1) 여성의 직업복귀 동기 파악

① 여성의 직업복귀 동기에 영향을 미치는 주요 요인

㉠ 성역할과 직업적 고정관념

㉡ 낮은 자기효능감

㉢ 일과 가정에서의 다중 역할

㉣ 수학 및 과학기술 영역에 대한 비교적 낮은 흥미와 회피

② 진로단절여성에 대한 주요 분석 내용

㉠ 직장을 그만둔 가장 큰 이유, 당시의 갈등 및 상황 등을 파악한다.

㉡ 직업가계도를 통해 가족 내 여성에게 전달된 메시지, 가족의 분위기 등을 살핀다.

㉢ 가정에서의 역할과 기대, 자녀의 수와 나이, 배우자와 자녀의 조력 여부, 그 밖에 조력자(예 부모, 자매 등) 등을 파악한다.

(2) 제대군인의 직업복귀 동기 파악

① 제대군인 직업복귀 지원의 필요성

㉠ 제대군인은 장기간 특수한 환경에서 생활해 왔으므로, 사회로 바로 복귀하여 적응하기가 어렵다.

㉡ 제대군인은 연령·근속·계급 정년으로 인해 45세 전후에 조기 전역하는 경우가 많으므로, 이들의 생애주기를 고려한 사회안전망이 필요하다.

㉢ 제대군인의 직업복귀는 현역의 사기와 우수인력 확보에 직결되므로, 현역이 안심하고 국토방위 임무에만 전념할 수 있도록 해야 한다.

㉣ 제대군인은 국가관, 리더십 등 직업 역량을 보유한 인적자원이므로, 국가경쟁력 강화 측면에서 이들 인적자원을 활용할 필요가 있다.

② 제대군인에 대한 주요 분석 내용

㉠ 군인 조직문화에서 탈피하여 사회에 적응할 수 있는지를 확인한다.

㉡ 사회에 대한 인식, 경제적인 상황 등을 파악한다.

㉢ 사회적 언어 및 행동으로 얼마나 빨리 전환될 수 있는지를 분석한다.

> **쌤의 비법노트**
> 수학 및 과학기술 영역은 비즈니스와 기술적 교류, 컴퓨터, 과학, 의학 분야 등 우리 사회에서 괜찮은 진로 기회에 진입하는 데 있어서 그 중요성이 부각되고 있습니다.

쌤의 비법노트

직업복귀상담 장면에서는 직무전환이 곧 직업전환을 의미합니다. 그 이유는 직업전환이 한 직장에서 다른 직장으로 혹은 한 직업에서 다른 직업으로 옮겨가는 경우는 물론 실직이나 비경제활동에서 경제활동으로 옮겨가는 경우를 포함하기 때문입니다.

이렇게 출제된다! 적중 예상 OX

Q 모린과 카도레트(Morin & Cadorette)는 직업전환의 과정을 '종료 → 탐색 → 새로운 시작'으로 제시하였다?

A (○)

(3) 직무전환과 직업전환

① 의 의

직무전환	보통 승진이나 급여의 조정 없이 직무를 바꾸어 수행하도록 설계하는 것으로, 다른 직무나 부서로 이동하는 것이다.
직업전환	일을 중심으로 한 생애경로에서 변화된 상황에 따라 과거의 방식에서 벗어나 새로운 방식을 취하는 과정이다.

② 직업전환의 과정(Morin & Cadorette)

종 료 (제1단계)	• 감정적인 문제가 크게 부각되는 단계이다. • 과거의 상실감에 대해 충분한 공감이 필요하다.
탐 색 (제2단계)	• 혼란스러운 과거와 불확실한 미래 사이의 갈등이 혼재된 단계이다. • 새로운 기회로 전환할 수 있는 가능성을 갖는다.
새로운 시작 (제3단계)	• 새로운 환경에 적응하는 단계이다. • 미래에 대한 가능성과 합리적인 수용, 새로운 역할에 대한 선택이 이루어진다.

2 직업복귀 목표 설정

(1) 진로준비 행동

① 의 의

구직자가 자신에 대한 정보와 직업세계에 대한 정보를 획득하고 취업에 필요한 도구를 갖춤으로써 설정된 목표를 향해 나아가는 것이다.

② 진로준비 행동의 주요 요소

정보수집	구직자 자신에 대한 주관적 및 객관적 정보, 직업세계로의 이행을 위해 필요한 정보를 획득하는 것이다.
도구 획득	진로나 직업을 갖기 위해 필요한 도구를 마련함으로써 전반적인 준비를 하는 것이다.
실행력	설정한 목표를 달성하기 위해 시간과 노력을 적극적으로 투입하는 것이다.

쌤의 비법노트

비전통적 직업에서 여성의 비율이 증가할 경우 상대적으로 임금이 하락하고 직업에 대한 명성도 낮아지는 경향이 있는 반면, 전통적 직업에 남성의 비율이 증가할 경우 오히려 후광효과로 인해 여성의 직업적 성장 기회가 많아지고 사업 영역이 확장된다는 보고가 있습니다.

(2) 진로단절여성의 구직 가능 분야

① 전통적 직업과 비전통적 직업

전통적 직업	여성 근로자의 비율이 대략 70% 이상을 차지하는 직업으로, 대체로 저숙련·저임금의 직종이 다수를 차지한다. 예 유치원 교사, 간호사, 미용사, 항공승무원, 가사도우미 등
비전통적 직업	여성 근로자의 비율이 대략 30% 미만을 차지하는 직업으로, 대체로 고숙련·고임금의 직종이 다수를 차지한다. 예 과학기술 전문가, 공학 엔지니어, 항공기조종사, 변호사, 군인, 경찰 등

② 진로단절여성 재취업 유망직업의 선정 기준

㉠ 나이·경력·학력에 구애를 덜 받아 노동시장 진입이 용이한 직업

㉡ 관련 경력이 없어도 직업훈련을 통해 진입이 가능한 직업

㉢ 취업 가능성이 낮은 남성 지배 직업에 재취업 사례가 있어 도전감을 줄 수 있는 직업

③ 진로단절여성을 위한 신직업 유형(김동규)

여성유망형 (유형 1)	여성 적합성도 높고, 직업정착 가능성도 높은 유형 예 베이비플래너, 병원아동생활전문가, 영유아안전장치설치자, 원격진료코디네이터, 주변환경정리전문가, 평판관리전문가, 3D프린팅 디자이너 등
블루오션형 (유형 2)	여성 적합성은 보통이나, 직업정착 가능성이 높은 유형 예 기업컨시어지, 산림치유지도사, 애완동물장의사 등
여성도전형 (유형 3)	여성 적합성은 높으나, 직업정착 가능성은 보통인 유형 예 가정에코컨설턴트, 디지털장의사, 매매주택연출가, 애완동물행동상담원, 자금조달자, 정신대화사 등
미래개척형 (유형 4)	여성 적합성도 보통이고, 직업정착 가능성도 보통인 유형 예 여가생활상담원, 이혼플래너, 잡투어플래너, 장애인여행코디네이터 등

> **쌤의 비법노트**
> "여성 적합성이 높은 직업"은 관계지향적·정서적이며, 타인에게 안심을 주는 등 여성의 장점을 살릴 수 있는 직업을 말합니다.

(3) 의사결정 지원

① 의사결정에 대한 이론적 접근

㉠ 기술적 의사결정 : 의사결정 상황에서 어떻게 생각하고 행동하는가에 관심을 둔다.

㉡ 규범적 의사결정 : 사람들이 합리적·이성적으로 생각한다면 어떻게 하는가에 관심을 둔다.

② 의사결정의 유형(Harren) 필기 출제 22, 19년 기출

합리적 유형 (Rational Style)	• 자신과 상황에 대해 정확한 정보를 수집하고, 신중하면서 논리적으로 의사결정을 수행해 나가며, 의사결정에 대한 책임을 자신이 진다. • 의사결정 과업에 대해 논리적이고 체계적으로 접근하며, 결정에 대한 책임을 수용하는 유형이다.
직관적 유형 (Intuitive Style)	• 의사결정의 기초로 상상을 사용하며, 현재의 감정에 주의를 기울이면서 정서적 자각을 사용한다. • 개인 내적인 감정적 상태에 따라 의사결정을 내리는 유형으로, 결정에 대한 책임은 수용하지만 미래에 대한 논리적 예견이나 정보수집을 위한 활동을 거의 하지 않는다.
의존적 유형 (Dependent Style)	• 합리적 유형 및 직관적 유형과 달리 의사결정에 대한 개인적 책임을 부정하고 그 책임을 외부로 돌리는 경향이 있다. • 의사결정 과정에서 타인의 영향을 많이 받고 수동적·순종적이며, 사회적 인정에 대한 욕구가 높은 유형이다.

> **이렇게 출제된다! 1차 기출 OX**
> **Q** 하렌(Harren)은 의사결정의 양식을 '합리적', '직관적', '의존적' 유형으로 구분하였다?
> **A** (○)

> **이렇게 출제된다! 2차 주관식**
> 하렌(Harren)의 진로의사결정 유형 3가지를 쓰고, 각각에 대해 설명하시오.

③ 의사결정 기법의 5단계(김병숙)

㉠ 제1단계 : 상황을 명확히 한다.

㉡ 제2단계 : 대안을 탐색해 본다.

㉢ 제3단계 : 기준을 확인한다.

㉣ 제4단계 : 대안을 평가하고 결정을 내린다.

㉤ 제5단계 : 계획을 수립하고 그대로 추진한다.

(4) 내담자의 초기 상태 특성에 따른 심화질문

① 내담자가 자신의 직업적 선호, 능력, 가치에 대해 모르는 경우
  - ☞ 상담자는 내담자의 직업적 관심사, 능력, 직업 관련 가치와 목표에 대한 질문으로 시작한다. 만약 내담자가 어려워하는 경우 제외 영역에서 질문을 시작한다.
  - 예 "가끔은 본인이 무엇을 하고 싶어하는지 정확히 집어서 말하는 것보다 제외해 나가는 것이 쉽습니다. 자, 무엇이 가장 필요 없습니까?"

② 내담자에게 직업적 선호가 있기는 하나, 불확실하고 자꾸 바뀌는 경우
  - ☞ 내담자의 자기평가 등급으로 시작한다. 이는 특히 내담자가 본인의 직업적 능력에 대해 잘 모를 경우 활용할 수 있다.
  - 예 "본인이 잘하는 것은 무엇인가에 대해 1부터 10까지 등급을 매기도록 하세요. 10은 스스로 직업적 관심사를 매우 잘 평가할 수 있는 상태를, 1은 잘 평가할 수 없는 상태를 나타냅니다. 어떻게 생각하십니까?"

③ 내담자에게 직업적 선호가 있기는 하나, 현실적 평가가 필요한 경우
  - ☞ 내담자의 직업적 선호를 구체화한다. 상담자는 상황별 심화질문을 통해 내담자의 직업적 자기평가에 관한 구체적인 단서를 포착함으로써 정보를 구조화하는 데 도움을 줄 수 있다.
  - 예 "본인이 희망직업의 요건에 부합하는지 여부를 잘 모르겠다고 말씀하셨는데요, 어떤 점이 자신 있고, 어떤 점이 자신 없거나 불확실하다고 느끼십니까?"

3 직업복귀 지원

(1) 진로자본(Career Capital)

① 의 의
  ㉠ 진로 분야에 있어서 가치가 있는 자본의 독특한 형태를 의미한다.
  ㉡ 개인의 일과 삶 전체에서 가지고 있는 지식, 역량, 특성으로, 소득을 창출할 수 있는 유용성 있는 자원이다.
  ㉢ 개인의 교육과 경험, 능력을 파악하고 이를 축적하여 기회로 전환시킴으로써 진로자본은 더욱 확대된다.

② 진로자본의 3가지 핵심역량

진로성숙역량 (Knowing-Why)	개인이 자신의 진로에 대해 갖고 있는 태도와 관점을 의미하는 것으로, 개인의 내재적 동기, 개인적 학습 모색, 성장경험과 연관된다.
전문지식역량 (Knowing-How)	개인이 자신의 일과 관련하여 가지는 진로 관련 기술과 업무지식을 의미하는 것으로, 암묵지와 형식지를 모두 포함한다.
인적관계역량 (Knowing-Who)	개인이 진로와 관련하여 갖게 되는 다양한 형태의 인간관계 및 사회적 연결망을 발전시키는 능력을 의미하는 것으로, 특히 사회적 연결망은 사회적 자본과도 맥락을 같이 한다.

> **쌤의 비법노트**
>
> 암묵지(Tacit Knowledge)는 업무수행 과정에서 비공식적·비형식적으로 습득되는 지식을, 형식지(Explicit Knowledge)는 공식적 교육 및 훈련의 결과로 얻어지는 지식을 말합니다.

③ 진로자본의 주요 구성(lellatchitch, Mayrhofer & Meyer)

문화적 자본 (Cultural Capital)	• 개인적 역량으로서 "내가 할 수 있는 것(What I can)"을 의미한다. • 개인의 전문적 지식과 기술, 교육, 학위와 자격, 관련 분야의 경험과 노하우 등을 포함한다.
사회적 자본 (Social Capital)	• 사회적 관계망으로서 "내가 아는 사람과 나에 대해 아는 사람(Whom I know and who knows about me)"을 의미한다. • 사회적 관계, 네트워크, 그룹 멤버십 등을 포함한다.
경제적 자본 (Economic Capital)	• 축적된 부 혹은 경제활동 능력으로서 "내가 가지고 있는 것(What I possess)"을 의미한다. • 전환 가능성을 가지는 돈, 자금의 확보, 비자금과 여유자금 등을 포함한다.

④ 내적 자본

긍정적 내적 자본	• 진로결정 관련 자신의 능력에 대한 신념 및 유능감에 대한 주관적 지각으로서 진로결정 자기효능감이 대표적이다. • 테일러와 베츠(Taylor & Betz)는 정보수집, 목표설정, 진로계획, 문제해결, 자기평가 등을 진로결정 자기효능감의 하위요인으로 제시하였다.
부정적 내적 자본	• 인지적 취약성과 관련된 역기능적 신념이 대표적이다. • 벡(Beck)은 타인의 인정과 애정에 과도하게 집착하는 사회적 의존성(Sociotropy), 반대로 개인의 독립성과 성취에 과도하게 집착하는 자율성(Autonomy)을 부정적 요인으로 제시하였다.

> **쌤의 비법노트**
>
> 진로 및 취업상담에서는 '문화적 자본', '사회적 자본', '경제적 자본' 외에 '내적 자본'을 포함하여 내담자의 진로자본을 파악합니다.

더 알아보기

직업복귀자에게 요구되는 구직역량 혹은 직무수행역량	
진로단절여성	• 사회적 대인관계 기술 • 공적인 의사소통 기술 • 정보기술 활용 기술 • 글로벌 역량 등
제대군인	• 자기 탐색과 직업정보 탐색 기술 • 정보 활용과 구직 기술 • 도전적이고 긍정적인 태도 • 직무 적응과 자기 관리 등

(2) 진로장벽(Career Barrier)

① 의 의

㉠ 취업, 진학, 승진, 직업의 지속, 일·가정 병행, 직무행동 수행 등의 과정에서 개인의 진로선택, 진로목표, 직업포부, 동기 등에 영향을 미치거나 역할행동을 방해할 것으로 지각되는 여러 부정적 사건이나 사태 등을 의미한다.

㉡ 개인이 경험하는 진로장벽은 다양한 형태로 나타날 수 있으며, 성별에 따라 다른 문제를 포함할 수 있다.

이렇게 출제된다! 적중 예상 OX

Q 진로장벽은 진로발달에 항상 부정적인 영향을 미치므로 반드시 제거되어야 한다?

A (×) 진로장벽이 진로발달에 항상 부정적인 영향을 미치는 것은 아니다.

② 진로장벽 인식의 영향

㉠ 진로장벽의 객관적인 조건이나 상태도 중요하지만 진로장벽에 대한 개인적 인식이 중요한 문제가 된다.

㉡ 진로장벽에 대한 과도한 인식은 진로발달에 부정적인 영향을 미치는 반면, 진로장벽에 대한 적절한 인식은 오히려 현실적인 진로발달을 가능하게 한다.

㉢ 진로장벽의 극복 경험은 향후 진로의 진로장벽에 대한 대처 능력을 향상시키는 긍정적인 결과를 가져다줄 수 있다.

③ 진로장벽의 분류

㉠ 분류 방식

이분법적 분류	• 내적 요인 : 자아개념, 가치관, 성취동기 등 • 외적 요인 : 사회적·경제적·문화적 구조, 차별적 근무조건 등
삼분법적 분류	• 태도 장벽 : 자아개념, 직업에 대한 태도, 적성 등 • 사회적·대인적 장벽 : 원가족, 미래의 결혼과 가족계획 등 • 상호작용적 장벽 : 인구학적 특성(예 성, 연령, 인종), 진로 관련 교육과 경험 등

㉡ 여성의 진로장벽(O'Leary)

내적 장벽 (내적 요인)	• 실패에 대한 두려움 • 낮은 자존감 • 역할갈등 • 성공에 대한 두려움 • 직업적 승진에서 지각된 결과들 • 결과기대와 관련된 유인가
외적 장벽 (외적 요인)	• 사회적 성역할에 대한 고정관념 • 관리적 여성에 대한 태도 • 여성의 능력에 대한 태도 • 남성 관리 모형의 유행

쌤의 비법노트

유인가(Valence)는 개인이 특정 행위를 통해 달성한 1차적 결과에 의해 얻게 되는 2차적 결과에 대한 욕구를 의미합니다. 만약 직업적 성과와 상관없이 여성의 임금수준이 남성의 임금수준보다 낮다고 인식한다면, 여성의 구직의욕은 감소할 것입니다.

쌤의 비법노트

'적응 유연성 혹은 적응 탄력성(Resilience)'은 심리적 어려움을 주는 환경 요소를 극복해 내는 능력을 말합니다.

④ 진로장벽의 극복

㉠ 내담자가 진로장벽에 대한 의미를 정확히 파악할 수 있도록 안내한다.

㉡ 내담자가 진로장벽에 대해 객관적인 평가를 할 수 있도록 안내한다.

㉢ 진로장벽을 극복하기 위한 여러 가지 대안들을 안내하며, 내담자와 함께 적합한 대안에 대해 고민한다.

㉣ 내담자의 자기존중감과 자기효능감을 증진시킨다.

㉤ 내담자의 문제해결 능력과 적응 유연성을 증진시킨다.

(3) 진로자원 및 구직역량 향상을 위한 지원

① 진로자원 향상을 위한 지원 과정

㉠ 제1단계 : 내담자의 자기존중감과 자기효능감 증진을 위한 방법을 모색한다.

㉡ 제2단계 : 노동시장 내 진로단절여성 및 제대군인 고용에 관한 법규를 검토한다.

㉢ 제3단계 : 심화질문을 통해 내담자의 직업정보 탐색을 확인한다.

② 제4단계 : 내담자가 필요로 하는 직업정보, 취업시장 및 평생교육 관련 정보를 제공한다.
⑩ 제5단계 : 재취업 분야에 대한 내담자의 최종 의사결정을 돕는다.
② 구직역량 향상을 위한 지원 과정
㉠ 제1단계 : 서류 합격을 위한 이력서 작성 방법을 모색한다.
㉡ 제2단계 : 내담자의 강점을 활용한 자기소개서 작성 방법을 모색한다.
㉢ 제3단계 : 합격을 위한 인터뷰 전략을 모색한다.
㉣ 제4단계 : 구직활동 계획서 작성 방법을 모색한다.

> **더 알아보기**
>
> **구직활동 계획서 작성 시 유의할 점**
> - 긍정적인 언어로 성취해야 할 것을 나타낸다.
> - 수행 활동을 잘 기술할 수 있는 동사를 사용하여 행동을 표현한다.
> - 현재 시점에서 활동목표 달성을 위한 구체적인 활동 방법을 제시한다.
> - 단기계획과 장기계획을 구분하여 구체적인 활동 기간을 명시한다.
> - 내담자가 스스로 수행할 수 있는 활동에 초점을 둔다.

4 활동계획 평가 및 사후관리

(1) 활동계획 평가

① 활동계획 평가의 목적

활동계획에 대한 평가를 통해 성공 가능성이 높은 활동들을 강화하고 성공 가능성이 낮은 활동들을 수정하며, 필요시 새로운 자극을 주어 다른 방법들을 찾을 수 있도록 촉진한다.

② 활동계획 평가를 위한 노력
㉠ 활동계획의 적합성을 확인하고 더 나은 방법을 선택하기 위해 내담자와 함께 활동계획을 평가 및 조정한다.
㉡ 단기간 내에 실천되어야 할 활동들과 장기적인 관점에서 실천되어야 할 활동을 구분한다.
㉢ 내담자 스스로 책임을 지면서 달성하도록 평가된 행동계획을 재정리하고 실천 약속을 한다.
㉣ 내담자가 느끼는 부담이나 압박 등을 충분히 경청하고 이를 덜어주며, 현재 활동에 집중할 수 있도록 내담자를 격려한다.

> **쌤의 비법노트**
>
> '실천 약속'은 가능한 한 서면으로 하는 것이 좋습니다. 명시된 합의 사항들이 서로에게 구속력을 강화시켜 주며, 성공 여부의 검토 및 사후평가를 용이하게 해줍니다.

(2) 사후관리

① 사후관리의 목적

내담자의 직무만족과 직업적응을 점검하며, 내담자 스스로 어려움을 잘 극복할 수 있다는 긍정적인 신념을 가질 수 있도록 지지한다.

② 사후관리를 위한 노력
- ㉠ 내담자의 직무만족도를 점검한다.
- ㉡ 내담자의 조직문화 적응능력을 점검하고, 스트레스 관리능력을 향상시킬 수 있는 방법을 모색한다.
- ㉢ 내담자의 직무만족도가 낮고 직업적응에 어려움을 보이는 경우 다른 프로그램 참여를 검토한다.

04절 직업훈련상담

1 내담자 직무역량 파악

(1) 인적자원 개발

① 의 의
- ㉠ 인적자원 개발은 인간 성장을 위한 교육의 보편성이 조직이라는 특수성 속에서 행해지는 활동이다.
- ㉡ 조직이 근로자에게 그 조직의 목적에 따라 직무능력과 개인적인 성장 가능성을 기르도록 하기 위해 일정 기간 내에 제공하는 조직적인 학습 경험이다.

② 인적자원 개발의 특성
- ㉠ 반드시 의도적이고 계획적이며, 조직적인 학습이어야 한다.
- ㉡ 학습은 제한된 특정 기간 내에 이루어져야 한다.
- ㉢ 조직의 현재 또는 미래의 직무와 관련이 있어야 한다.
- ㉣ 직무성과의 향상 가능성을 증대시켜야 한다.
- ㉤ 개인과 조직의 가능성을 증대시켜야 한다.

③ 인적자원 개발의 중요성
- ㉠ 4차 산업혁명과 비대면 사회로의 전환이 직업세계의 급격한 변화를 촉발하였다.
- ㉡ 인구 정체, 노령화 등 인구구조의 변화에 따른 노동력 공급 부족 현상이 심화되고 있다.
- ㉢ 상대적으로 낮은 여성의 경제활동참가율, 중장년층의 조기 퇴직, 외국인 근로자의 증가 등이 인적자원 개발의 난제로 대두되고 있다.
- ㉣ 그 밖에 산업구조의 변화, 노동시장의 변화 등이 인적자원 개발정책의 틀에 대한 변화를 촉구하고 있다.

쌤의 비법노트

인적자원 개발은 산업체에만 국한된 것은 아니며, 조직 구성원의 성장과 발달을 돕는 모든 활동을 포괄합니다.

더 알아보기

인적자원 관리의 영역

인적자원 개발	훈련과 계발, 조직개발, 진로경로 개척 등
인적자원 환경	조직/직무설계, 인적자원 기획, 수행관리 체제, 노사관계 등
인적자원 활용	선발 및 배치, 고용인 지원, 보상/유인, 고용정보 체계 등

(2) 직업훈련

① 의의
  ㉠ 직업을 갖고자 하는 사람에게는 산업사회에 적응하기 위한 능력을 갖추도록 필요한 기능, 지식, 태도 등을 함양하도록 돕는 활동이다.
  ㉡ 취업한 사람에게는 기술혁신과 산업변화에 대처하기 위한 능력을 향상시켜 자기실현을 성취하도록 돕는 활동이다.

② 직업훈련의 일반적인 형태

공공직업훈련	국가, 지방자치단체 또는 공공직업훈련법인이 숙련된 다능공 양성을 목표로 실시하는 정규 훈련방식이다.
인정직업훈련	공공직업훈련법인 이외에 비영리법인 등이 고용노동부장관의 인가를 받아 기능공 양성을 목표로 실시하는 정규 훈련방식이다.
사업 내 직업훈련	기업주가 단독으로 혹은 타 기업주와 공동으로 사업체 내 기능공 양성이나 근로자의 직무능력 향상 등을 위해 실시하는 형태이다.

(3) 내담자 직무역량 파악의 평가 사항

① 내담자의 직업능력개발 참여 이력을 확인한다.
② 내담자의 적합 훈련 분야를 분석한다.
③ 내담자의 관련 및 유사 직무에서의 직무역량을 분석한다.
④ 내담자의 생애진로 주기별 직업능력개발 계획을 확인한다.

쌤의 비법노트

직업훈련은 특정한 직업에 필요한 기술·기능 등 직업능력을 갖추기 위한 체계적·계획적인 활동으로서 교육보다 실제적인 면을 내포합니다.

쌤의 비법노트

최근에는 비영리법인은 물론 교육사업을 목적으로 하는 영리법인이나 개인사업자도 일정 요건을 갖추고 고용노동부장관의 인정을 받아 인정직업훈련을 실시할 수 있게 되었습니다.

> **쌤의 비법노트**
> 직업훈련정보의 수집 및 분석에 관한 내용은 '3과목 직업정보'에서 보다 자세히 다룹니다.

2 직업훈련정보의 수집 및 분석

(1) 직업훈련정보의 수집

① 내담자의 직업훈련 분야에 적합한 훈련기관, 훈련지역, 훈련기간 등에 관한 자료를 수집한다.
② 국가 및 민간 직업훈련에 관한 정보를 수집하며, 장단점을 비교한다.
③ 내담자가 훈련하고자 하는 훈련 분야에 대한 전망과 난이도에 관한 자료를 수집·제공한다.
④ 국가자격증 및 민간자격증 관련 검색 사이트를 활용하여 자격정보를 제공한다.
⑤ 내담자에게 훈련 성공 사례에 관한 자료를 수집·제공한다.

(2) 직업훈련정보의 분석

① 내담자의 욕구를 고려하여 훈련정보를 확인한다.
② 내담자의 욕구에 따라 수집된 훈련정보를 분석한다.
③ 내담자의 보유 역량과 일치성이 높은 훈련과정과의 연계를 구상한다.
④ 내담자의 보유 역량에 부합하는 훈련과정을 자료화한다.

3 훈련과정 선택지원

(1) 훈련 가능성 진단

① 훈련 참여의지 및 훈련 요구도 분석
  ㉠ 훈련 참여의지는 내담자가 훈련과정에 참여하는 동안 이를 견디고 이수하겠다는 스스로의 다짐과 격려할 수 있는 역량을, 훈련 요구도는 내담자의 직무역량을 증가시키기 위한 목적의 강도를 의미한다.
  ㉡ 내담자의 훈련 요구도 분석을 위해 보통 반구조화된 질문지를 사용한다.
② 적합 분야 및 전공영역에 대한 진단
  ㉠ 직업훈련상담은 청소년들에게 진학상담과 동일한 의미를 지니므로, 전공영역에 대한 진단이 직업훈련 분야에 대한 진단과 결부된다.
  ㉡ 내담자의 적합 분야 및 전공영역 진단을 위해 보통 홀랜드 이론에 근거한 직업카드 심리검사를 사용한다.

(2) 훈련과정 선택

① 훈련과정 선택의 지원
  ㉠ 내담자에게 훈련과정 중 선택 가능한 훈련과정을 선택하도록 한다.
  ㉡ 내담자에게 선택한 훈련과정들의 훈련 내용을 확인하도록 한다.
  ㉢ 내담자에게 훈련과정들의 자격 및 취업 등에 관한 정보들을 확인하도록 한다.
  ㉣ 내담자에게 훈련과정들을 비교하여 적합한 훈련과정을 선택하도록 한다.

② 훈련과정 선택 시 고려사항
  ㉠ 선택한 훈련직종의 미래 성장 가능성을 고려한다.
  ㉡ 내담자의 직무역량, 적합한 분야 및 전공을 고려한다.
  ㉢ 미래사회에서의 직업변화를 고려한다.

4 훈련목표 관리

(1) 훈련기관의 역할

① 훈련기관의 기능
  ㉠ 훈련계획서 작성
  ㉡ 훈련생에 대한 개인, 진로, 현장 적응 등에 대한 상담
  ㉢ 훈련생에 대한 법적·행정적 절차 수행
  ㉣ 기업체 섭외 활동 및 훈련 홍보 활동
  ㉤ 기업체 기술 지원
  ㉥ 훈련과정 운영
  ㉦ 훈련 성과 및 훈련생의 훈련능력에 대한 평가
  ㉧ 사후지도 실시 등

② 취업처에 대한 정보수집
  ㉠ 취업처 내 충원이 요구되는 직종
  ㉡ 취업처의 향후 충원계획 및 감원계획
  ㉢ 초임금 및 근로조건
  ㉣ 취업처의 직종별 분포
  ㉤ 직원의 연간 이직률
  ㉥ 직원에 대한 복지
  ㉦ 시설 및 장비의 최신성 및 낙후성 등

쌤의 비법노트

훈련과정 선택 시 개인의 10년 후 미래 직업세계를 전망하여 결정하는 것이 바람직합니다. 즉, 훈련직종이 10년 후에도 성장 가능한 직종인지를 검토하여야 한다는 것입니다.

적중 예상 OX

Q 훈련기관이 취업처에 대해 수집하여야 할 정보로 직원에 대한 복지 항목이 포함된다?

A (○)

(2) 훈련생 및 상담자의 역할

① 훈련생이 훈련기관 선택 시 점검해야 할 부분
  ㉠ 기업체의 훈련 필요점에 대한 분석 능력 유무
  ㉡ 훈련 대상자의 훈련 요구도에 대한 분석 능력 유무
  ㉢ 기업체의 관련 직무분석 여부
  ㉣ 직무분석 결과에 적합한 훈련교재 선정 여부
  ㉤ 기업주가 요구하는 훈련 내용 선정 여부
  ㉥ 훈련교재에서 누락된 훈련 내용 추출 및 교안 작성 여부
  ㉦ 훈련 내용에 맞는 장비 및 시설 보유
  ㉧ 우수한 강사 보유
  ㉨ 훈련생의 탈락률 및 취업률
  ㉩ 해당 직종 산업계와의 네트워크 구축 여부 등

② 훈련생의 훈련생활 적응을 위해 상담자가 점검해야 할 부분
  ㉠ 훈련기관의 문화
  ㉡ 담당자와 훈련생과의 위화감 조성 여부
  ㉢ 훈련과정의 진행속도 및 질 등

(3) 훈련목표 달성 촉진을 위한 노력

① 훈련 참여자가 훈련과정에서 호소하는 제반 문제를 진단하고 평가한다.
② 훈련 참여자와 협의하여 훈련목표를 단계별로 점검한다.
③ 훈련 및 자격증 취득을 지속할 수 있도록 커뮤니티 참여를 지원한다.
④ 변화 유지 계획을 수립하도록 하여 행동 변화를 촉진한다.
⑤ 훈련 종료 후 취업상담으로 연계한다.

쌤의 비법노트

상담자는 내담자가 훈련 참여에 적응할 수 있도록 수시로 상담을 진행하며, 부적응이 있을 시 그 원인을 분석하여 훈련 이수를 도와야 합니다. 만약 부적응 문제가 지속되는 경우 다른 훈련기관으로 이적하게 하거나 훈련을 종료하도록 도와야 합니다.

CHAPTER 03 출제 유형 알아보기

제2과목 직업상담 및 취업지원

01절 진로상담

01 진로상담의 몰입 모델에 따르면 몰입 경험의 두 가지 구조에 따라 진로문제의 성격 및 대처 방안이 달라질 수 있다. 다음 중 일상의 몰입 경험은 낮지만 삶의 의미가 높은 집단에 해당하는 것은?

① 통합·분화 발달 집단
② 통합·분화 미발달 집단
③ 통합 미발달, 분화 발달 집단
④ 통합 발달, 분화 미발달 집단

해설

몰입 경험에 따른 진로문제 유형
- 통합·분화 발달 집단 : 일상의 몰입 경험과 삶의 의미가 모두 높은 집단이다.
- 통합 미발달, 분화 발달 집단 : 일상의 몰입 경험은 높지만 삶의 의미가 낮은 집단이다.
- 통합 발달, 분화 미발달 집단 : 일상의 몰입 경험은 낮지만 삶의 의미가 높은 집단이다.
- 통합·분화 미발달 집단 : 일상의 몰입 경험과 삶의 의미가 모두 낮은 집단이다.

02 다음 중 피터슨과 셀리그만(Peterson & Seligman)의 강점 분류체계에서 '지혜 및 지식'의 핵심 덕목에 포함되는 성격 강점을 올바르게 모두 고른 것은?

ㄱ. 창의성	ㄴ. 호기심
ㄷ. 개방성	ㄹ. 공정성
ㅁ. 사회지능	

① ㄱ, ㄴ, ㄷ
② ㄴ, ㄷ, ㄹ
③ ㄱ, ㄴ, ㄹ, ㅁ
④ ㄱ, ㄴ, ㄷ, ㄹ, ㅁ

해설

ㄹ. '공정성'은 정의(Justice)의 성격 강점으로 분류된다.
ㅁ. '사회지능'은 자애(Humanity)의 성격 강점으로 분류된다.

정답 01 ④ 02 ①

03

다음 중 진로 SWOT 분석에 의한 전략에서 외부 환경의 기회를 활용하여 분석 대상의 약점을 보완하는 전략에 해당하는 것은?

① SO 전략
② WO 전략
③ ST 전략
④ WT 전략

> **해설**
>
> ① SO 전략 : 분석 대상의 강점을 활용하여 외부 환경의 기회 요소들을 살린다.
> ③ ST 전략 : 분석 대상의 강점을 활용하여 외부 환경의 위협 요소들을 최소화한다.
> ④ WT 전략 : 분석 대상의 약점을 보완하여 외부 환경의 위협 요소들을 최소화한다.

04

다음 중 상담의 목표설정 과정에 대한 설명으로 옳지 않은 것은?

① 상담의 전반적인 목표는 내담자의 욕구들에 의해 결정된다.
② 현존하는 문제를 평가하고 나서 목표설정 과정으로 들어간다.
③ 상담자는 목표설정에 개입하지 않는다.
④ 내담자의 목표를 끌어내기 위한 기법으로 면접안내(Interview Leads)가 있다.

> **해설**
>
> ③ 상담의 전반적인 목표는 내담자의 욕구들에 의해 결정되지만, 내담자로 하여금 명확하고 구체적인 목표를 설정하도록 돕기 위해 상담자의 개입이 필요하다. 따라서 목표설정은 내담자와 상담자 간의 협조적 과정이라 할 수 있다.

05

다음 중 일반적인 직업정보 수집과정을 순서대로 올바르게 나열한 것은?

ㄱ. 직업분류 제시하기
ㄴ. 대안 만들기
ㄷ. 목록 줄이기
ㄹ. 직업정보 수집하기

① ㄱ → ㄴ → ㄷ → ㄹ
② ㄴ → ㄱ → ㄹ → ㄷ
③ ㄹ → ㄷ → ㄴ → ㄱ
④ ㄷ → ㄴ → ㄱ → ㄹ

> **해설**
>
> 직업정보 수집 및 대안개발의 4단계
> 직업분류 제시하기 → 대안 만들기 → 목록 줄이기 → 직업정보 수집하기

06 다음 중 내담자가 수집한 직업목록의 내용이 실현 불가능할 때, 상담자의 개입 방안으로 옳지 않은 것은?

① 브레인스토밍 과정을 통해 내담자의 부적절한 직업목록 내용을 명확히 한다.
② 최종 의사결정은 내담자가 해야 함을 확실히 한다.
③ 내담자가 그 직업들을 시도해 본 후 어려움을 겪게 되면 개입한다.
④ 객관적인 증거나 논리에서 추출한 것에 대해서만 이야기를 해야 한다.

해설

③ 내담자의 직업들 대부분이 어떤 식으로든 실현 불가능한 것으로 여겨질 경우, 상담자는 내담자로 하여금 그와 같은 직업들에 정서적 열정을 소모하기 전에 신속히 개입하는 것이 중요하다. 만약 내담자가 부적절하다고 생각되는 직업들을 선택할 때까지 상담자가 아무런 조언을 하지 않는 경우, 내담자는 결국 사전에 그와 같은 사실을 알려주지 않은 것에 대해 상담자를 불신할 수 있다.

07 직업선택 결정모형을 기술적 직업결정 모형과 처방적 직업결정 모형으로 분류할 때, 다음 중 기술적 직업결정 모형에 해당하지 않는 것은?

① 브룸(Vroom)의 모형
② 플레처(Fletcher)의 모형
③ 겔라트(Gelatt)의 모형
④ 타이드만과 오하라(Tiedeman & O'Hara)의 모형

해설

직업선택 결정모형 분류

기술적 직업결정 모형	사람들의 일반적인 직업결정 방식을 나타내고자 시도한 이론모형이다. 예 타이드만과 오하라(Tiedeman & O'Hara), 힐튼(Hilton), 브룸(Vroom), 슈(Hsu), 플레처(Fletcher) 등
처방적 직업결정 모형	사람들로 하여금 직업을 결정하는 데 있어서 실수를 감소시키고 보다 나은 직업선택을 할 수 있도록 도우려는 의도에서 시도된 이론모형이다. 예 카츠(Katz), 겔라트(Gelatt), 칼도와 쥐토우스키(Kaldor & Zytowski) 등

08 6개의 생각하는 모자(Six Thinking Hats)는 직업상담의 중재와 관련된 단계들 중 무엇을 위한 것인가?

① 직업정보의 수집
② 시간관의 개선
③ 보유기술의 파악
④ 의사결정의 촉진

해설

6개의 생각하는 모자(Six Thinking Hats)

창의적 사고의 대가인 에드워드 드 보노(Edward de Bono)에 의해 개발된 것으로, 의사결정 시 사고양상 즉, 감정, 논리, 정보, 독창성 등을 분류하여 한 번에 한 가지만을 사고하도록 함으로써 의사결정에 도움이 되도록 사고를 체계화하는 데 목적이 있다.

09 다음 중 진로역량 개발을 위한 GROW 코칭 모델의 단계에 포함되지 않는 것은?

① 목표(Goal)
② 역할(Role)
③ 대안(Option)
④ 실행의지(Will)

해설
② '역할(Role)'이 아닌 '현실(Reality)'이 옳다.

10 론돈(London)의 진로동기 모델은 진로동기를 유지하는 요소로 진로탄력성(Career Resilience)을 강조하고 있다. 다음 중 보기의 내용과 연관된 진로탄력성의 하위 요소에 해당하는 것은?

> 어려운 상황에서도 자신의 미래를 낙관적으로 보고 인내와 끈기로 더 높은 목표를 달성하고자 한다.

① 성취 열망
② 진로 자립
③ 변화 대처
④ 자기 신뢰

해설
② 진로 자립 : 진로목표 달성을 위해 지속적으로 학습하며, 새로운 기술과 훈련을 주도적으로 계획하여 직무기술을 향상시킨다.
③ 변화 대처 : 진로목표 달성 과정에서 예기치 못한 사건으로 인한 실패를 두려워하지 않으며, 부정적인 결과에서도 긍정적인 요소를 찾아내어 적절히 대처한다.
④ 자기 신뢰 : 어려운 상황이나 스트레스에도 불구하고 자신을 믿고 확신하며 자기 긍정성을 발휘한다.

02절 취업상담

11 다음 중 취업상담에서 내담자의 구직의욕을 파악하기 위한 질문으로 가장 적합하지 않은 것은?

① 현재 일할 의향이 있으십니까?
② 필요한 이력서 작성 방법을 잘 알고 있습니까?
③ 최근 3개월 이내에 구직활동을 통해 실제로 면접을 본 경험이 있습니까?
④ 취업조건이 만족스럽지 않더라도 일자리가 있으면 취업할 생각이 있습니까?

해설
② 내담자의 구직능력 중 구직기술을 파악하기 위한 질문이다.

12 다음 구직역량의 역량군 중 구직 기술군의 하위 역량에 포함되는 것을 올바르게 모두 고른 것은?

> ㄱ. 구직 의사결정 능력
> ㄴ. 구직 정보탐색 능력
> ㄷ. 자기 관리 및 개발 능력
> ㄹ. 인적 네트워크 활용 능력
> ㅁ. 구직 서류 작성 능력

① ㄱ, ㄴ, ㄷ
② ㄴ, ㄷ, ㄹ
③ ㄱ, ㄴ, ㄹ, ㅁ
④ ㄱ, ㄴ, ㄷ, ㄹ, ㅁ

해설

ㄷ. 구직역량의 역량군 중 직무 적응군의 하위 역량에 해당한다.

---

13 다음 중 취업효능감의 구성요소와 가장 거리가 먼 것은?

① 대리경험
② 성취경험
③ 언어적 설득
④ 사회경제적 여건

해설

취업효능감의 구성요소
- 개인적 수행성취(성취경험)
- 간접경험(대리경험)
- 사회적 설득(언어적 설득)
- 생리적 상태와 반응(정서적 안정)

---

14 다음 중 자기소개서 작성 시 주의사항으로 옳지 않은 것은?

① 성격의 장점만을 크게 부각시킨다.
② 지원동기에서는 회사에 대한 충성도를 강조한다.
③ 학교생활에 대해서는 지원 직무와의 연관성에 초점을 둔다.
④ 입사 후 포부에서는 지원 분야에 대한 구체적인 계획과 실천력을 표현한다.

해설

① 성격의 장단점을 모두 기재한다. 다만, 성격의 단점을 기재할 때는 직무역량과 관련 없는 큰 과오가 안 되는 단점을 적도록 하며, 이를 극복하기 위한 실천방안을 제시한다.

정답 12 ③ 13 ④ 14 ①

15 다음 중 보기의 내용과 연관된 면접 방법에 해당하는 것은?

- 일 대 다(多) 형태로 이루어진다.
- 지원자의 문제해결 능력, 직무수행 능력 등을 평가한다.
- 질의응답 시간이 주어지며, 지원자의 구조화 능력 및 발표력 등을 평가한다.

① 역량 면접
② PT 면접
③ 토론 면접
④ 인성 면접

해설

① 역량 면접은 회사에 필요한 역량에 초점을 두고 꼬리 물기식 질문을 통해 지원자의 역량을 평가하는 면접이다.
③ 토론 면접은 문제에 대한 답을 구하는 것이 아닌 서로의 의견을 주고받는 과정을 평가하는 면접이다.
④ 인성 면접은 지원자의 기본 품성, 조직 적합성 등을 평가하는 면접이다.

16 다음 중 AI 면접(AI 역량검사)의 수행 순서를 올바르게 나열한 것은?

ㄱ. 보상 선호   ㄴ. 상황 대처
ㄷ. 기본 면접   ㄹ. 성향 분석
ㅁ. 심층 면접   ㅂ. AI 게임

① ㄷ → ㄱ → ㄴ → ㅂ → ㄹ → ㅁ
② ㄷ → ㄴ → ㅂ → ㄱ → ㄹ → ㅁ
③ ㄷ → ㄹ → ㄴ → ㄱ → ㅂ → ㅁ
④ ㄷ → ㅂ → ㄴ → ㄱ → ㄹ → ㅁ

해설

AI 면접(AI 역량검사)의 수행 순서
기본 면접 → 성향 분석 → 상황 대처 → 보상 선호 → AI 게임(전략 게임) → 심층 면접

03절   직업복귀상담

17 다음 중 진로자본(Career Capital)에 대한 설명으로 옳지 않은 것은?

① 소득을 창출할 수 있는 유용성 있는 자원이다.
② 진로성숙역량, 전문지식역량, 인적관계역량을 핵심역량으로 한다.
③ 문화적 자본, 사회적 자본, 경제적 자본 등으로 구성된다.
④ 개인의 자율성 성취에 대한 집착은 긍정적 내적 자본이다.

| 해설 |

④ 벡(Beck)은 타인의 인정과 애정에 과도하게 집착하는 사회적 의존성(Sociotropy), 반대로 개인의 독립성과 성취에 과도하게 집착하는 자율성(Autonomy)을 내적 자본의 부정적 요인으로 제시하였다.

18 다음 중 오리아레이(O'Leary)가 제시한 여성의 진로장벽으로서 내적 장벽에 해당하는 것을 올바르게 모두 고른 것은?

ㄱ. 관리적 여성에 대한 태도
ㄴ. 역할갈등
ㄷ. 실패에 대한 두려움
ㄹ. 직업적 승진에서 지각된 결과들

① ㄱ, ㄴ
② ㄱ, ㄷ, ㄹ
③ ㄴ, ㄷ, ㄹ
④ ㄱ, ㄴ, ㄷ, ㄹ

| 해설 |

여성의 진로장벽으로서 내적 장벽(O'Leary)
- 실패에 대한 두려움(ㄷ)
- 낮은 자존감
- 역할갈등(ㄴ)
- 성공에 대한 두려움
- 직업적 승진에서 지각된 결과들(ㄹ)
- 결과기대와 관련된 유인가

정답   17 ④   18 ③

04절 직업훈련상담

19 다음 중 인적자원 개발의 특성에 대한 설명으로 가장 옳은 것은?

① 우연한 기회로 인한 학습도 인적자원 개발로 볼 수 있다.
② 인적자원 개발을 위한 학습은 기간의 제한이 없다.
③ 조직의 현재보다는 과거 직무와 관련이 있어야 한다.
④ 개인과 조직의 가능성을 증대시켜야 한다.

> **해설**
> ① 인적자원 개발은 반드시 의도적이고 계획적이며, 조직적인 학습이어야 한다.
> ② 인적자원 개발을 위한 학습은 제한된 특정 기간 내에 이루어져야 한다.
> ③ 조직의 현재 또는 미래의 직무와 관련이 있어야 한다.

20 다음 중 직업훈련의 훈련과정 선택에 대한 설명으로 옳지 않은 것은?

① 내담자의 훈련 참여의지를 파악한다.
② 내담자의 훈련 요구도 분석을 위해 반구조화된 질문지를 사용한다.
③ 내담자의 적합 분야 및 전공영역 진단을 위해 보통 웩슬러 지능검사를 사용한다.
④ 미래사회에서의 직업변화를 고려하여 훈련과정을 선택한다.

> **해설**
> ③ 내담자의 적합 분야 및 전공영역 진단을 위해 보통 홀랜드 이론에 근거한 직업카드 심리검사를 사용한다.

CHAPTER 03 최근 기출문제 파악하기 **1차 필기**

제2과목 직업상담 및 취업지원

---

01 내담자에 대한 상담목표의 특성이 아닌 것은? [2022년 1회 기출]

① 구체적이어야 한다.
② 내담자가 원하고 바라는 것이어야 한다.
③ 실현가능해야 한다.
④ 인격성장을 도와야 한다.

> **해설**
>
> 상담의 바람직한 목표설정 방향
> - 목표는 구체적이어야 한다.
> - 목표는 실현가능해야 한다.
> - 목표는 내담자가 원하고 바라는 것이어야 한다.
> - 내담자의 목표는 상담자의 기술과 양립 가능해야 한다.
> - 목표는 내담자의 문제에 대해 내담자와 함께 설정해야 한다.

---

02 직업선택을 위한 마지막 과정인 선택할 직업에 대한 평가과정 중 요스트(Yost)가 제시한 방법이 아닌 것은? [2021년 2회 기출]

① 원하는 성과연습
② 확률추정연습
③ 대차대조표연습
④ 동기추정연습

> **해설**
>
> 선택할 직업에 대한 평가과정으로서 요스트(Yost)의 기법
> - 원하는 성과연습(①)
> - 찬반연습
> - 대차대조표연습(③)
> - 확률추정연습(②)
> - 미래를 내다보는 연습

정답 01 ④ 02 ④

03 6개의 생각하는 모자(Six Thinking Hats) 기법에서 모자의 색상별 역할에 관한 설명으로 옳은 것은? [2021년 3회 기출]

① 청색 – 낙관적이며, 모든 일이 잘 될 것이라고 생각한다.
② 적색 – 직관에 의존하고, 직감에 따라 행동한다.
③ 흑색 – 본인과 직업들에 대한 사실들만을 고려한다.
④ 황색 – 새로운 대안들을 찾으려 노력하고, 문제들을 다른 각도에서 바라본다.

해설

6개의 생각하는 모자(Six Thinking Hats)의 색상별 역할
- 백색(하양) : 본인과 직업들에 대한 사실들만을 고려한다.
- 적색(빨강) : 직관에 의존하고, 직감에 따라 행동한다.
- 흑색(검정) : 비관적·비판적이며, 모든 일이 잘 안 될 것이라고 생각한다.
- 황색(노랑) : 낙관적이며, 모든 일이 잘 될 것이라고 생각한다.
- 녹색(초록) : 새로운 대안들을 찾으려 노력하고, 문제들을 다른 각도에서 바라본다.
- 청색(파랑) : 합리적으로 생각한다(사회자로서의 역할 반영).

04 하렌(V. Harren)의 진로의사결정 유형에 해당하는 것은? [2022년 2회 기출]

① 운명론적 – 계획적 – 지연적
② 합리적 – 의존적 – 직관적
③ 주장적 – 소극적 – 공격적
④ 계획적 – 직관적 – 순응적

해설

하렌(Harren)의 진로의사결정 유형
- 합리적 유형(Rational Style)
- 직관적 유형(Intuitive Style)
- 의존적 유형(Dependent Style)

CHAPTER 03 최근 기출문제 파악하기 **2차 실무**

제2과목 직업상담 및 취업지원

01 상담목표를 설정할 때 고려해야 할 사항을 5가지 쓰시오. (5점)   [2023년 1회, 2020년 3회, 2007년 1회 기출]

> **이렇게 외우세요!**
> ① 목표는 구체적이어야 한다.
> ② 목표는 실현가능해야 한다.
> ③ 목표는 내담자가 원하고 바라는 것이어야 한다.
> ④ 내담자의 목표는 상담자의 기술과 양립 가능해야 한다.
> ⑤ 목표는 내담자의 문제에 대해 내담자와 함께 설정해야 한다.

02 다음 보기는 겔라트(Gelatt)가 제시한 진로의사결정에 대한 상담 과정이다. 빈칸에 들어갈 내용을 순서대로 쓰시오. (6점)   [2022년 2회, 2019년 1회, 2019년 3회 기출]

- 제1단계 : 목적(목표)의식
- 제2단계 : (ㄱ)
- 제3단계 : (ㄴ)
- 제4단계 : (ㄷ)
- 제5단계 : (ㄹ)
- 제6단계 : (ㅁ)
- 제7단계 : (ㅂ)
- 제8단계 : 평가 및 재투입

> **이렇게 외우세요!**
> ㄱ. 정보수집
> ㄴ. 대안열거
> ㄷ. 대안의 결과 예측
> ㄹ. 대안의 실현 가능성 예측
> ㅁ. 가치평가
> ㅂ. 의사결정

CHAPTER 04

제2과목 직업상담 및 취업지원

프로그램 운영 및 행정

중요키워드 10
※ 중요도 높은 것에서 낮은 것 순으로

❶ Butcher의 집단직업상담을 위한 3단계 모델
❷ 집단상담의 장단점
❸ 효과적인 집단상담을 위한 고려사항
❹ 사이버 직업상담의 기법
❺ 사이버 직업상담의 장단점
❻ 전화상담의 특징
❼ 학생 대상 집단진로상담의 고려사항
❽ 공식적 네트워크와 비공식적 네트워크의 특성
❾ 협업의 수준
❿ Katz의 직업상담 행정의 기술

제2과목

 **쌤의 학습지도**

1. 집단상담은 개인상담과 달라요.

집단상담은 개인상담과는 다른 특유의 장단점이 있답니다. 특히 집단직업상담은 직업성숙도가 낮은 사람들에게 적합한 것으로 알려져 있어요.

2. Butcher는 집단직업상담을 위한 3단계 모형을 제안했어요.

이른바 '탐전행'으로 불리는 '탐색 – 전환 – 행동'의 단계를 순서대로 외우세요. 2차 실무시험에도 출제되고 있거든요.

3. 요즘은 사이버 직업상담도 널리 사용되고 있죠.

사이버 직업상담은 익명성과 심리적 편안함 등의 장점이 있지만, 내담자에 의한 일방적 중단과 같이 상담관계가 안정적이지 못한 단점도 있어요.

4. 협업은 관계의 집중도에 따라 다른 수준을 보이죠.

단순한 의사소통이나 협력은 비교적 약한 수준을 보이고요, 반대로 융합이나 통합은 상대적으로 강한 수준을 나타냅니다.

5. 공식적 네트워크와 비공식적 네트워크의 차이점을 구분하세요.

공식적 네트워크가 공적인 목적을 추구하는 인위적 조직이라면, 비공식적 네트워크는 사적인 목적을 추구하는 자연발생적 조직이죠.

6. 직업상담 행정은 중요도가 떨어져요.

직업상담 행정은 오래전부터 직업상담사 출제기준에 포함되어 왔지만, 실제로 문제로 출제된 경우는 거의 없어요. 가볍게 살펴보도록 하세요.

CHAPTER 04 프로그램 운영 및 행정

제2과목 직업상담 및 취업지원

01절 집단상담 및 사이버 상담 프로그램 운영

1 집단상담 프로그램 개발

(1) 집단 및 집단상담

① 의의

집단 (Group)	상호 의존적인 관계에서 사회적 상호작용을 통해 서로 영향을 주고받는 두 명 이상의 상호 독립적인 개인들의 집합체를 말한다.
집단상담 (Group Counseling)	역동적인 상호교류 과정을 통해 문제해결, 의사결정 혹은 인간적 성장을 추구하는 과정을 말한다.

② 집단의 조건
  ㉠ 두 명 이상의 사람들의 집합체로 구성된다.
  ㉡ 심리적으로 의미 있는 특성을 지녀야 한다.
  ㉢ 서로 의사소통을 하며, 유의미한 상호작용이 있어야 한다.
  ㉣ 집단 대상자들 간 역동적 상호관계가 형성되어야 한다.

③ 집단역동의 요소
  ㉠ 집단의 배경   ㉡ 집단의 참여 형태
  ㉢ 의사소통의 형태 ㉣ 집단의 응집성
  ㉤ 집단의 분위기   ㉥ 집단행동의 규준
  ㉦ 집단성원의 사회적 관계유형 ㉧ 하위집단의 형성
  ㉨ 주제의 회피   ㉩ 지도성의 경쟁
  ㉪ 숨겨진 안건   ㉫ 제안의 묵살
  ㉬ 신뢰 수준 등

④ 집단상담에 적절한 주제와 비적절한 주제

적절한 주제	• 개인적인 성장과 적응 • 경미한 정서적 논점 • 자기 탐색 및 이해	• 직무역량의 확장 및 자기계발 • 미래시간 전망 및 비전 • 문제해결 능력 및 대인관계 능력 향상 등
비적절한 주제	• 내밀한 개인적 과거사의 노출 • 과도한 심리적 에너지의 요구 • 비밀보장의 요구 • 보편성이 결여된 지나치게 사적인 문제 등	

쌤의 비법노트

'집단역동'은 집단성원들 사이에 발생하는 지속적인 상호작용 및 상호관계를 의미합니다. 집단상담자는 참여자들이 자신만 알고 있는 관심거리나 문제 등 숨겨진 안건을 가지고 참여하는 경우, 다루어야 할 가치가 있는 주제이지만 이를 회피하려는 경우 혹은 어떤 참여자의 제안이 반복적으로 묵살되는 경우 그것을 표면화하여 다룰 필요가 있습니다.

이렇게 출제된다! 2차 주관식

집단상담의 성공은 집단역동에 달려있다. 집단역동의 요소를 6가지 쓰시오.

(2) 집단상담의 장단점　필기 출제 22, 13, 12, 11, 10, 07, 05년 기출

장점	• 제한된 시간 내에 적은 비용으로 보다 많은 내담자들에게 접근하는 것을 가능하게 한다. 즉, 시간과 경제적인 측면에서 효율적이다. • 내담자들이 편안하고 친밀한 느낌을 가짐으로써 개인상담보다 더 쉽게 받아들이는 경향이 있다. • 효과적인 집단에는 언제나 직접적인 대인적 교류가 있으며, 이것이 개인적 탐색을 도와 개인의 성장과 발달을 촉진시킨다. • 구체적인 실천의 경험 및 현실검증의 기회를 가진다. 특히 집단 내 다른 사람으로부터 피드백을 받으면서 자신의 문제에 대한 통찰력을 얻는다. • 타인과 상호교류를 할 수 있는 능력이 개발되며, 동료들 간에 소속감 및 동료의식을 발전시킬 수 있다. • 개인상담이 줄 수 없는 풍부한 학습 경험을 제공한다. • 직업성숙도가 낮은 사람들에게 적합하다.
단점	• 내담자의 개인적인 문제를 등한시할 수 있다. • 집단 내 개별성원의 사적인 경험을 집단성원 모두가 공유하게 되므로 비밀유지가 어렵다. • 집단성원 모두에게 만족을 줄 수는 없다. • 시간적으로나 문제의 복잡성으로 인해 집단을 구성하기가 쉽지 않다. • 집단 내 개별성원에게 집단의 압력이 가해지는 경우 구성원 개인의 개성이 상실될 우려가 있다.

> **이렇게 출제된다! 2차 주관식**
> 집단상담의 장점을 5가지 쓰시오.

(3) 집단직업상담의 핵심요소(Tolbert)　필기 출제 18년 기출

목표	진로발달의 기대수준과 일치하는 적응적이고 현실적인 직업적 자아개념을 확립한다.
과정	자기탐색, 상호작용, 개인적 정보의 검토 및 목표와의 연결, 직업적·교육적 정보의 획득 및 검토, 합리적인 의사결정 등 5가지 유형의 활동들로 구성된다.
비밀유지	개별성원들은 집단직업상담 과정에서 이루어진 토의 내용에 대해 비밀을 유지해야 한다.
집단구성	집단성원들 간의 상호작용 및 피드백을 촉진하고, 어느 정도의 이질성과 함께 구성원의 참여가 원활히 이루어지도록 대략 6~10명 정도의 집단으로 구성한다.
리더	집단상담과 직업정보에 대해 잘 알고 있는 사람이어야 한다.
일정	가능한 모임의 횟수를 최소화하여야 한다.

> **쌤의 비법노트**
> 집단구성의 이상적인 크기는 대략적인 수치이며, 학자에 따라 혹은 교재에 따라 다양하게 제시되고 있습니다. 보통 집단상담의 전형적인 크기로 6~10명 혹은 8~12명 내외가 언급되고 있습니다.

> **이렇게 출제된다! 2차 주관식**
> 톨버트(Tolbert)가 제시한 것으로 집단직업상담의 과정에서 나타나는 활동 유형을 3가지 쓰시오.

(4) 집단상담 목표설정의 유의점

① 목표는 대상의 요구도를 잘 반영하고 있어야 한다.
② 목표는 범위가 좁고 구체적이어야 한다.
③ 목표는 이해하기 쉽고 명확해야 한다.
④ 목표는 실현 가능한 것이어야 한다.
⑤ 하나의 프로그램에는 하나의 목표 달성을 원칙으로 한다.

이렇게 출제된다! 1차 기출 OX
Q 내면에 대한 깊이 있는 반성을 토대로 집단 구성원에게 자신의 약한 부분과 한계를 기꺼이 드러내는 것은 집단상담자의 자질로서 '자기수용'이다?
A (○)

(5) 집단상담자의 자질 필기 출제 13년 기출

① 자기수용
② 개방적 소양 또는 개방적 태도
③ 공감적 이해 능력
④ 타인의 복지에 대한 관심
⑤ 자발적 모범
⑥ 그 밖에 유머 감각, 심리적 에너지, 새로운 경험 추구, 창의성, 호의, 따스한 배려, 객관성, 진실성, 정직, 힘, 인내 등

2 집단상담 프로그램 실시

(1) 집단상담 프로그램 구성의 원칙

① 제시하는 순서를 고려한다.
② 제시되는 내용 간 연속성을 고려한다.
③ 내용의 폭과 깊이 간 조화를 고려한다.
④ 프로그램 참여자들에게 통합된 경험을 제공하여야 한다.
⑤ 프로그램 참여자의 능력, 흥미, 요구, 발달과업에 적합한 내용이어야 한다.

쌤의 비법노트
집단상담 프로그램은 단순한 내용에서 복잡한 내용으로, 친숙한 내용에서 낯선 내용으로, 구체적인 개념에서 추상적인 개념으로, 그리고 역사적인 발생 순서에 따라 제시하는 것을 원칙으로 합니다.

(2) 집단의 발달단계

초기 단계	• 참여자들은 기대감을 가지고 집단의 기능과 참여 방식을 배운다. • 집단성원들 간 제한적인 탐색이 이루어진다. • 집단상담자와 참여자들의 환류를 통해 응집력과 신뢰를 점진적으로 형성해 나간다.
과도기 단계	• 자기 자각이 증대됨에 따라 스스로에 대해 어떠한 생각을 갖게 될지, 다른 참여자들이 자신을 수용할지 혹은 거부할지 등을 염려한다. • 집단상담자가 신뢰할 만한 존재인지 탐색하며, 다른 성원들을 시험해 본다. • 집단 참여를 위해 위험을 무릅쓸 것인지 아니면 뒤로 물러나 안주할 것인지 선택의 기로에 선다.
작업 단계	• 높은 신뢰와 응집력을 보이며, 적절한 상호작용과 개방적인 의사소통이 이루어진다. • 참여자들 간 갈등이 무엇인지 알고 이를 직접적·효과적으로 다루게 되며, 환류를 통해 충분히 숙고한다. • 변화에 대한 시도가 과감해지며, 집단 밖에서 행동의 변화를 가져오려고 노력한다.
종결 단계	• 헤어진다는 사실에 대한 슬픔과 상담 결과를 실생활에 적용할 수 있을지에 대한 두려움을 느낀다. • 참여자들은 어떻게 변하고 싶은지 결정하며, 변화를 적용시키는 리허설 작업을 해 본다. • 집단상담에 대한 평가 작업을 하며, 추수상담에 대해 논의한다.

(3) Butcher(부처)의 집단직업상담을 위한 3단계 모델 〔필기 출제〕 20, 19, 16, 15, 13, 12, 11, 10, 05년 기출

탐 색 (제1단계)	자기개방, 흥미와 적성에 대한 측정, 측정 결과에 대한 피드백, 불일치(자아상과 피드백 간의 불일치)의 해결 등이 이루어진다.
전 환 (제2단계)	자아상과 피드백 간의 일치가 이루어지면, 집단성원들은 자기 지식을 직업세계와 연결하며, 일과 삶의 가치를 조사한다. 또한 자신의 가치에 대해 피드백을 받고, 가치 명료화를 위해 또다시 자신의 가치와 피드백 간의 불일치를 해결한다.
행 동 (제3단계)	목표설정, 행동계획의 개발, 목표달성 촉진을 위한 자원의 탐색, 정보의 수집과 공유, 즉각적 및 장기적 의사결정 등이 이루어진다.

> **이렇게 출제된다! 2차 주관식**
> 부처(Butcher)의 집단직업상담을 위한 3단계 모델을 쓰고, 각 단계에 대해 설명하시오.

(4) 효과적인 집단상담(집단직업상담)을 위한 주요 고려사항 〔필기 출제〕 17, 13, 12, 10, 07, 05년 기출

① 집단발달 과정 자체를 촉진시켜 주기 위하여 의도적으로 게임을 활용할 수 있다.
② 매 회기가 끝난 후 각 집단 구성원에게 경험보고서를 쓰게 할 수 있다.
③ 집단 내의 리더십을 확보하기 위해 집단상담자가 반드시 1인일 필요는 없다.
④ 집단상담 장소는 가능하면 신체활동이 자유로운 크기가 좋다.
⑤ 집단직업상담은 일반적으로 직업성숙도가 낮고 많은 도움을 빠른 시간 내에 필요로 하는 사람들에게 더욱 효과적이다.
⑥ 남성과 여성은 집단직업상담에 임할 때의 목표가 서로 다를 수 있으므로 성별을 고려해야 한다.
⑦ 집단직업상담에서 각 구성원들은 상담과정에서 이루어진 토의내용에 대해 비밀을 유지해야 한다.

> **더 알아보기**
> **학생 대상 집단진로상담의 주요 고려사항** 〔필기 출제〕 17, 06년 기출
> - 집단상담에 참여한 학생들은 서로 비슷한 수준의 발달단계에 있는 것이 중요하다.
> - 참여하고자 하는 학생들 중 사전조사를 통해서 책임의식이 있는 학생들로 선발한다.
> - 참여하는 학생들은 목표와 기대가 서로 다르므로 개인차를 고려하여야 한다.
> - 집단을 이끌고 나가기 위해서는 프로그램 단계별로 나타나는 집단의 역동성을 이해하는 것이 중요하다.

> **쌤의 비법노트**
> 부처(Butcher)는 집단상담에 참여하고자 하는 학생들을 사전조사하여 어느 정도 책임의식이 있는 학생들만을 선발할 필요가 있다고 주장하였습니다. 이는 집단상담 진행 도중 그만둘 경우 집단상담에 참여한 다른 학생들에게 피해를 줄 수 있기 때문입니다.

3 집단상담 프로그램 평가 및 사후관리

(1) 집단상담 프로그램 평가의 필요성

① 실시된 집단상담 프로그램의 효과성을 파악한다.
② 프로그램에 대한 집단성원들의 만족도를 평가한다.
③ 프로그램 운영 과정에서의 어려움이나 개선할 점을 파악한다.
④ 향후 프로그램의 보완 및 개선, 연계 프로그램의 기획 및 개발 등에 반영한다.

> **쌤의 비법노트**
> 집단상담 프로그램에 대한 평가는 집단 참여자들의 평가는 물론 프로그램 진행자와 보조 진행자의 평가도 포함합니다.

(2) 프로그램 평가 보고서에 포함되는 내용
　① 작성자 및 작성 일시
　② 프로그램명 및 프로그램의 목표
　③ 프로그램 참여자의 자격
　④ 회기별 실시 일정, 장소, 진행자, 보조 진행자에 관한 정보
　⑤ 프로그램 운영 과정에 관한 평가 사항
　⑥ 세부 프로그램에 대한 평가 사항 등

(3) 사후관리의 필요성
　① 실생활에서 집단성원의 변화 적용 및 새로운 환경에 대한 적응을 지원한다.
　② 변화 관리를 계속하여 촉진함으로써 프로그램의 효과를 지속화한다.
　③ 필요시 연계 프로그램 참여, 타 상담기관으로의 의뢰, 직업훈련 등 대상의 욕구에 따라 관련 정보를 제공한다.

(4) 사후관리의 방법
　① 추수 집단 회기　　　　② 개별 추수면담
　③ 온라인 네트워크　　　④ 오프라인 회합
　⑤ 동호인 모임　　　　　⑥ 이벤트 등

4 사이버 직업상담

(1) 사이버 상담의 필요성
　① 경제성 및 효율성
　② 익명성의 보장
　③ 심리적 편안함과 친밀감
　④ 가명을 이용한 상담사례 소개 및 대처방안 제시
　⑤ 문제해결을 위한 자료탐색의 용이함
　⑥ 내담자 주도에 의한 자기성찰 능력 향상

(2) 사이버 직업상담의 기법 [필기 출제] 21, 15, 14, 12년 기출
　① 주요 진로논점 파악하기　　② 핵심 진로논점 분석하기
　③ 진로논점 유형 정하기　　　④ 답변내용 구상하기
　⑤ 직업정보 가공하기　　　　⑥ 답변 작성하기

쌤의 비법노트
온라인 네트워크를 통한 소통이 시간과 비용 측면에서 유리하다면, 오프라인 회합은 집단성원 간 정서적 교류와 친밀성, 강화 차원에서 더욱 효과적입니다.

이렇게 출제된다! 2차 주관식
인터넷을 이용한 사이버 상담의 필요성을 6가지 쓰시오.

이렇게 출제된다! 1차 기출 OX
Q 사이버 직업상담의 기법에 '질문내용 구상하기'가 포함된다?
A (×) '답변내용 구상하기'가 포함된다.

(3) 사이버 직업상담의 주요 장단점 필기 출제 17, 13, 11년 기출

장점
- 개인의 지위, 연령, 신분, 권력 등을 짐작할 수 있는 사회적 단서가 제공되지 않으므로 전달되는 내용 자체에 많은 주의를 기울이고 의미를 부여할 수 있다.
- 내담자의 자발적 참여로 상담이 진행되는 경우가 대면 상담에 비해 압도적으로 많으므로 내담자들의 문제해결에 대한 동기가 높다.
- 상담자와 직접 얼굴을 마주하지 않으므로 자신의 행동이나 감정에 대한 즉각적인 판단이나 비판을 염려하지 않아도 된다.

단점
- 주로 문자 등의 시각적 자료에 의존해야 하므로 대면 상담에서와 같은 보다 깊이 있는 의사소통을 기대하기 어려우며, 내담자의 복잡한 정서적인 내용을 파악하기 곤란하다.
- 상담자의 입장에서 내담자의 신상과 상담 내용을 신뢰하기 어려우며, 내담자와의 라포 형성이 쉽지 않다.
- 내담자 자신의 정보를 선택적으로 공개할 수 있으며, 언제든지 상담을 중단해 버릴 수 있다.

(4) 사이버 직업상담에서 답변 작성 시 고려사항 필기 출제 20년 기출

① 청소년이라 할지라도 반드시 존칭을 사용하여 호칭한다.
② 적절한 길이와 단락이 이루어지도록 한다.
③ 답변은 가급적 신속하게 하도록 노력한다.
④ 친숙한 표현으로 답변을 작성하여 내담자가 친근감을 느끼게 한다.
⑤ 내담자가 의사결정을 스스로 할 수 있도록 도움을 주는 내용으로 한다.
⑥ 추수상담의 가능성과 전문기관에 대한 안내를 한다.

더 알아보기

전화상담의 주요 특징 필기 출제 16, 12, 10년 기출
- 응급상황에 있는 내담자에게 도움이 된다.
- 청소년의 성문제 같은 사적인 문제를 상담하는 데 좋다.
- 익명성이 보장되어 신분노출을 꺼리는 내담자에게 적합하다.
- 단일매체로서 내담자의 음성에 의존하므로 상담관계가 안정적이지 못하다.
- 내담자에 대한 시각적·비언어적인 정보를 얻을 수 없다.
- 전화상담의 침묵은 면접상담의 침묵보다 더욱 지루하고 위협적이다.

이렇게 출제된다! 1차 기출 OX

Q 사이버 직업상담에서 답변은 장시간이 소요되더라도 정확하게 하도록 노력한다?

A (×) 답변은 가급적 신속하게 하도록 노력한다.

쌤의 비법노트

사이버 상담과 전화상담은 엄밀한 의미에서 서로 다른 유형의 상담방법이지만, 여러 측면에서 공통점을 가지고 있습니다. 전화상담은 접근성, 익명성, 용이성, 친밀성 등에서 유리하며, 특히 응급상황(위기상황)에 효과적입니다.

02절 직업상담 협업 및 행정

1 협업체계 구축 및 운영

(1) 협 업

① 의 의
  ㉠ 고용안정기관 간 다양한 사업활동의 과정에서 계획적으로 기관 간 존재하는 장벽을 넘거나 인적·물적 자산을 통합적으로 관리하여 성과 달성에 상호 도움이 되는 것을 의미한다.
  ㉡ 협업은 관계의 집중도(혹은 조직의 통합 수준)에 따라 다음의 수준으로 나타난다.

의사소통 (Communication)	협력 (Cooperation)	조정 (Coordination)	협업 (Collaboration)	융합 (Convergence)	통합 (Consolidation)

약 함 ←―――――― 관계의 집중도 ――――――→ 강 함

② 성공적인 협업을 위한 8가지 요소
  ㉠ 개별기관의 차별성 활용   ㉡ 협약의 중요성 인식
  ㉢ 협약기관의 독립성 인정   ㉣ 적극적인 노력
  ㉤ 정보의 공유   ㉥ 커뮤니케이션의 활성화
  ㉦ 협약의 시스템화   ㉧ 상호 신뢰 등

③ 협업의 결정
  ㉠ 협업은 그 자체가 목적이 될 수 없고 하나의 수단일 뿐이다.
  ㉡ 협업은 성과 달성, 비용 절감, 효율성 증대 등 긍정적 효과가 예측될 때 추진하여야 한다.
  ㉢ 다음과 같은 상황에서는 협업이 바람직하지 않다.

> • 시간이 촉박한 경우
> • 담당 관리자에게 보다 중요한 일들이 산적해 있는 경우
> • 협업 대상이 과거 많은 갈등을 일으켰거나 신뢰하기 어려운 경우
> • 과제 옹호자가 충분한 관리역량을 갖추지 못한 경우
> • 협업의 비용이 편익을 초과하는 경우
> • 고객들이 해당 과제에 큰 관심이 없거나 훨씬 더 시급한 니즈(Needs)를 가지고 있는 경우
> • 고위급 간부들이 다른 중요한 일들에 몰두하고 있거나 해당 과제의 중요성을 전혀 인식하지 않는 등 시기가 적절하지 않은 경우

쌤의 비법노트

'협약의 시스템화'는 담당자 혹은 실무자 교체 등 상황 변화에도 지속적으로 추진될 수 있도록 제도화하는 것을 말합니다.

쌤의 비법노트

'과제 옹호자(Champion)'는 해당 과제를 앞장서 추진하고자 하는 관리자를 말합니다. 과제 옹호자가 의욕만 앞선 채 대인관계 기술이나 통제력, 리더십 등 관리역량을 충분히 갖추고 있지 못하다면 협업은 바람직하지 않습니다.

(2) 협업체계 구축

① 직업상담에서 협업의 이유
  ㉠ 서비스의 경쟁력을 제고한다.
  ㉡ 서비스 프로그램의 개발역량을 제고한다.
  ㉢ 서비스 기관 간 경쟁우위를 확보한다.
  ㉣ 서비스 기관 간 핵심역량을 최대한 활용한다.
  ㉤ 협업기관의 인력 및 기술을 활용함으로써 비용을 절감한다.

② 협업의 주요 장애요인
  ㉠ 소통을 어렵게 하는 보수적 조직문화
  ㉡ 기관 간 이기주의
  ㉢ 시스템의 부재
  ㉣ 공통목표의 부재
  ㉤ 업무성과에 따른 논공행상의 어려움
  ㉥ 담당직원의 소극적 자세

③ 네트워크 구축 방법

취업박람회 (Job Fair)	구인기업과 구직자가 현장에서 회사 홍보 및 면접을 통해 채용 결정이 이루어지거나 취업과 관련된 정보를 제공한다.
세미나 (Seminar)	진로, 취업, 직업상담 등의 주제에 관심을 가진 사람들이 모여 연구발표나 토론을 통해 함께 연구한다.
컨퍼런스 (Conference)	진로, 취업, 직업상담 등의 주제와 관련하여 사람들을 모아 협의하는 회의로, 이벤트, 전시 등을 동반한다.
포 럼 (Forum)	진로, 취업, 직업상담 등의 주제와 관련하여 사람들이 모여서 자유롭게 의견을 개진하고 공유하는 집단공개토의이다.
워크숍 (Workshop)	참가자가 자율적 · 주도적으로 특정 주제를 가지고 운영 및 활동하는 연구모임이다.
전문가 커뮤니티 (Expert Community)	일정한 지역이나 공간에서 직업상담 서비스에 대한 공통의 가치와 유사한 정체성을 가진 전문가들의 네트워크에 의해 이루어진다.

> **쌤의 비법노트**
> '논공행상(論功行賞)'은 공적의 크고 작음에 따라 합당한 보상을 하는 것을 말합니다.

> **이렇게 출제된다! 적중 예상 OX**
> Q '세미나(Seminar)'는 주로 교육을 목적으로 이루어지는 네트워크 구축 방법이다?
> A (○)

(3) 협업 협의 및 확장

① 공식적 네트워크와 비공식적 네트워크의 특성

구 분	공식적 네트워크	비공식적 네트워크
조 직	인위적 조직	자연발생적 조직
관 계	수직적 관계	수평적 관계
가 치	능률(이윤) 추구	인간적 감정 추구
규 율	전체적 질서 강조	부분적 질서 강조
목 적	공적 목적 추구	사적 목적 추구
의사결정	조직의 권위적 의사결정 중시	개인적 요구 및 동기 중시
형 태	기업, 공공기관 등	동아리, 사적모임 등

② 성공적인 네트워킹을 위한 기술
　　㉠ 의사소통 기술 : 문서의 이해, 경청, 의사표현, 외국어 능력 등
　　㉡ 대인관계 기술 : 리더십, 팀워크, 협상 능력, 갈등의 이해와 처리 등
　　㉢ 자원활용 기술 : 물적자원과 인적자원
　　㉣ 조직이해 기술 : 조직의 체제 및 업무에 대한 이해, 고용서비스 산업의 이해 등
③ 네트워크 확장을 위한 바람직한 태도
　　㉠ 상대방을 위한 배려와 봉사정신이 전제되어야 한다.
　　㉡ 네트워크 구축 및 유지를 위해 시간과 비용의 투자가 필요하다.
　　㉢ 지금 당장이 아닌 나중을 생각한다.
　　㉣ 서로의 다름을 인정한다.
　　㉤ 일회성이 아닌 지속적인 노력이 중요하다.
④ 협업 촉진을 위한 방안
　　㉠ 공동의 목표와 성과를 공유한다.
　　㉡ 의사소통을 원활히 한다.
　　㉢ 강력한 리더십을 발휘한다.
　　㉣ 협업부처 간 융합업무를 담당하는 별도의 조직을 구축한다.
　　㉤ 업무 범위 및 책임 분담을 명확히 한다.
　　㉥ 정보공유를 통해 상호 신뢰를 구축한다.

쌤의 비법노트

협업의 저해요인으로 협약기관 간 상호 인식의 부족, 리더십의 부재, 예산의 한계, 의사결정 시스템의 부재, 장기간 협업에 따른 지속성 결여 등을 들 수 있습니다.

2 직업상담 행정

(1) 직업상담에서의 행정

① 의 의
　상담 진행을 위한 지원적인 면을 포괄하는 것으로, 사무적 일들과 인간 간의 관계 혹은 사무와 인간 간의 관리적 의미를 포함한다.
② 직업상담 행정의 영역
　㉠ 직업상담 기획 및 설계
　㉡ 직업상담 연구 및 평가
　㉢ 직업상담 시설 설비
　㉣ 직업상담 진행 및 프로그램 운영
③ 직업상담 행정의 기술(Katz)

사무처리기술	직업상담 관련 문서의 작성 및 보관, 재정 및 회계 등의 업무와 관련된 기술이다
인화적 기술	상담기관이라는 조직 내에서 개인과 개인 간은 물론 집단성원들과 다른 사람들 간 원활하게 일을 할 수 있도록 하는 기술이다.
구상적 기술	상담기관 전체 내지 상담프로그램 전반을 포괄적으로 파악하는 상황파악적 기술이다.

이렇게 출제된다! 적중 예상 OX

Q 직업상담 행정의 기술로서 '사무처리기술'은 상황파악적 기술을 의미한다?

A (×) 상황파악적 기술은 구상적 기술과 연관된다.

(2) 직업상담의 행정관리

① 인력 관리
　㉠ 조직 구성원 간 협동적인 업무수행, 조직 구성원의 감독자 및 유관기관 구성원과의 유기적인 관계 구축이 이루어지도록 지원하는 것이다.
　㉡ 직업상담 인력 관리 계획서를 작성하고 계획에 따라 인력을 관리하며, 인력의 평가를 통해 합당한 성과급이나 승진, 보직 등의 조치를 취한다.
　㉢ 직업상담 인력에 대한 교육 요구도를 분석하며, 필요한 교육과정을 개발·운영·평가하여 그 결과를 반영한다.

② 실적 관리
　㉠ 직업상담의 실적 결과물들을 체계적으로 보관·관리·평가하는 것으로, 상담 기록지, 상담 프로그램 결과서, 연구·조사 보고서, 강의계획서 및 강의만족도 조사 결과 등을 포함한다.
　㉡ 실적 평가는 일, 월, 분기, 반기, 연도별로 이루어지며, 실적의 내용들을 목적별로 문서철을 하여 보관하거나 전자문서로 데이터베이스화한다.
　㉢ 실적 관리에서는 실적 결과물 관리뿐만 아니라 상담 과정에 대한 만족도 등 과정 관리도 중요하다.

③ 사무 관리
　㉠ 직업상담 과정에서 생산되는 정보를 효율적으로 관리하는 것으로, 각종 행정서류를 비롯하여 상담일지, 초기면담지, 상담기록지, 진단결과지, 종합상담 의견서, 활동기록지 등을 포함한다.
　㉡ 장래 행동지침과 조직 단위별 활동 연계, 행정 활동의 지원, 조직 내·외의 정보소통 등을 목적으로 한다.
　㉢ 각종 문서의 처리는 즉일 처리 원칙, 책임 처리 원칙, 적법성의 원칙에 의해 이루어져야 한다.

④ 시설 관리
　㉠ 내담자가 편안함을 느낄 수 있는 상담 여건을 조성하기 위한 것으로, 상담실의 실내 환경과 설비 및 비품, 교육훈련장의 강의·실습 시설과 각종 교보재, 그 밖에 전기시설, 보안 및 소방 시설 등을 포함한다.
　㉡ 상담실은 청결하고 아늑하며, 조용하고 밝은 색조의 분위기를 띠도록 한다. 또한 편안한 의자 등을 비치하여 내담자가 신속히 상담실에 적응할 수 있도록 한다.

⑤ 전산망 관리
　㉠ 전산망 관리는 국가에서 운영하는 전산망과 조직에서 운영되는 전산망으로 구분되며, 특히 조직 내 전산망의 경우 내담자에 대한 정보보호를 위한 시스템을 구축하여야 한다.
　㉡ 전산 업무에 대한 보안은 기밀성(Confidentiality), 무결성(Integrity), 가용성(Availability)을 포함하며, 보안 정보나 대상에 따라 등급을 부여하고 중요도에 따라 관리 방법을 따로 두는 것이 바람직하다.

> **쌤의 비법노트**
> '즉일 처리 원칙'은 그날로 처리해야 하는 것은 그날로 처리한다는 것, '책임 처리 원칙'은 정해진 업무분장에 따라 책임을 지고 신속·정확하게 처리한다는 것, '적법성의 원칙'은 일정한 형식과 요건을 갖추고 권한 있는 자에 의해 처리되어야 한다는 것입니다.

> **쌤의 비법노트**
> '기밀성'은 오직 인가된 사람이 알 필요성에 근거하여 시스템에 접근해야 한다는 것, '무결성'은 정보가 비인가된 혹은 우연한 변경으로부터 보호되어야 한다는 것, '가용성'은 이용자가 필요로 하는 시점에 접근 가능해야 한다는 것입니다.

3 취업지원 행사운영

(1) 행사범위 결정하기

① 의 의

행사 내용 및 실시 방법, 유관기관과의 협업 범위, 자원인사의 발굴 및 참여 등을 결정하며, 행사 시기, 장소, 지역, 규모 등을 고려한 후 전체적인 범위를 결정한다.

② 행사 계획 전 주요 분석적 측면

㉠ 인구통계학적 변수(예 나이, 성별 등)와 사회통계학적 변수(예 학력, 장애 등)에 대한 분석
㉡ 행사 주최/주관에 대한 분석
㉢ 참가 동기에 대한 분석
㉣ 참여자의 체류시간에 대한 분석
㉤ 참여자의 지역적 분포에 대한 분석
㉥ 행사 개최 시기에 대한 분석

(2) 행사 계획하기

① 의 의

행사목표 설정 및 행사내용 구성, 조직 구성 계획 및 인력운영 계획, 그 밖에 예산, 일정, 홍보전략 계획 등을 포함된다.

② 행사 조직의 유형 분류

단순운영 조직	• 소규모 행사에 적합한 것으로, 소수의 인원으로 운영되는 조직이다. • 탄력적인 운영이 가능하나, 구성원 1인이 다양한 업무를 소화해야 하므로 전문성이 떨어진다.
네트워크 조직	• 외부 위탁이나 전략적 제휴 등 외부 전문가에게 맡기는 조직이다. • 소수의 인원으로도 전문성을 활용할 수 있으나, 업체와의 갈등이나 관리소홀에 따른 정보유출 등의 문제가 제기될 수 있다.
기능조직	• 기능의 세분화에 따라 각 부서가 서로 다른 업무를 수행하는 조직이다. • 전문성과 창의성을 극대화할 수 있으나, 부서 간 책임분산이나 갈등발생의 문제가 제기될 수 있다.
프로그램 중심 조직	• 프로그램 간 관련성이 적으며, 프로그램이 독립된 장소에서 산발적으로 개최되는 경우에 적합한 조직이다. • 매트릭스(Matrix) 구조로 독립적인 운영이 가능하나, 전체의 흐름을 파악하고 관리하는 책임자가 필요하다.
프로젝트팀 조직	• 대규모 행사에 대응하기 위해 임시적으로 구성하는 조직이다. • 수평적 조직으로 숙련된 전문가들에 의해 추진력 있게 운영되나, 보통 다수의 봉사자들을 필요로 하며 프로젝트 종료 후 인적자원의 재배치 등이 필요하다.

쌤의 비법노트

기능조직이나 프로젝트팀 조직은 대규모 행사에 적합합니다. 예를 들어, 기능조직은 대규모 취업박람회를 운영하는 데 적합하며, 프로젝트팀 조직은 특히 국가적 행사인 엑스포, 박람회 등에 대응하는 데 적합합니다.

쌤의 비법노트

매트릭스(Matrix) 구조는 A지역, B지역, C지역 등 각 지역 프로그램 팀이 독립적으로 운영되면서도, 교육기획팀, 회계팀, 홍보팀 등 기능별 지원부서와 연결되어 기획, 예산, 홍보 등의 기능을 공동으로 활용하는 구조입니다.

(3) 행사 홍보하기

① 의 의

취업 관련 행사를 알리기 위해 광고와 홍보를 활용하는 것이다.

② 행사 홍보의 주요 방법

㉠ 인쇄매체 : 신문, 잡지, 그 밖에 팸플릿, 카달록, 브로셔 등

㉡ 옥외광고 : 현수막, 광고탑, 교통광고(예 지하철, 버스, 택시, 공항) 등

㉢ 방송광고 : TV, 라디오, 개인방송 등

㉣ 인터넷광고 : 배너광고, 검색광고, 메일광고, 스플래시 스크린, 스폿 리싱, URL 등

㉤ 거리홍보 : 전단지 및 각종 준비물품의 배포

㉥ DM(Direct Mail) : 예상고객에게 직접 전달되는 우편 방식

㉦ 바이럴 마케팅(Viral Marketing) : 인적 네트워크를 통한 정보 전달 방식

③ 온라인 홍보의 특징

㉠ 여과 과정 없이 직접적으로 홍보 대상자에게 메시지를 전달할 수 있다.

㉡ 실시간으로 쌍방향 커뮤니케이션을 할 수 있다.

㉢ 시간과 공간의 제약을 받지 않는다.

㉣ 타킷을 설정하여 홍보의 선택과 집중을 할 수 있다.

㉤ 홍보 내용을 실시간으로 변경할 수 있다.

㉥ 자발적·주도적인 정보 접근으로 합리적 의사결정을 가능하게 한다.

㉦ 홍보 효과를 실시간으로 측정할 수 있다.

(4) 행사 운영하기

① 의 의

행사 현장에서 구체적으로 장비·장치의 설치 방안과 각종 조치들을 수행하는 것을 말한다.

② 행사 운영을 위한 리허설의 종류

리딩 리허설 (Reading Rehearsal)	작가와 연출자가 참여대본을 읽어봄으로써 연출 의지를 출연진, 스태프에게 인지시킨다.
드레스 리허설 (Dress Rehearsal)	화장, 의상, 조명, 음향 등 모든 조건을 완비하고 실제와 동일하게 실시한다.
카메라 리허설 (Camera Rehearsal)	실제 촬영을 하듯이 카메라 위치나 동선, 그 밖에 기술적인 문제 등을 점검한다.
런 스루 리허설 (Run Through Rehearsal)	카메라를 작동하지 않은 상태에서 실제와 같이 마지막으로 진행한다.

쌤의 비법노트

인터넷광고의 방법 중 '스플래시 스크린(Splash Screen)'은 애플리케이션 로딩 전 일시적으로 나타나게 하는 광고, '스폿 리싱(Spot Leasing)'은 홈페이지 내 일부 공간을 임대하여 사용하는 광고를 말합니다.

쌤의 비법노트

온라인 홍보매체는 정보제공형(예 홈페이지, 뉴스레터, 웹진 등)과 고객소통형(예 블로그, SNS, UCC 등)으로 분류할 수 있습니다.

쌤의 비법노트

리허설은 영상, 조명, 음향 등 장비의 이상 유무를 확인하는 '기술 리허설(Technical Rehearsal)', 스태프와 출연자, 엔지니어 등이 총감독가 동선 및 흐름을 맞춰보는 '사전 리허설(Pre Rehearsal)', 그리고 실제 행사와 동일하게 진행하는 '최종 리허설(Final Rehearsal)'로 전개됩니다.

③ 행사 운영에서 위기상황에 대한 대응 전략
  ㉠ 부인전략 : 사건이나 위기상황이 행사와 무관하다고 주장하거나 사고를 은폐한다.
  ㉡ 책임회피 전략 : 위기상황을 벗어나기 위해 사고 발생의 불가피성, 좋은 의도 등을 내세움으로써 책임을 회피한다.
  ㉢ 사건의 공격성 축소 전략 : 비난은 받아들이면서도 최소화, 차별화, 초월, 공격자 공격, 보상 등의 방법으로 사건의 심각성을 인정하지 않는다.
  ㉣ 교정행위 : 비난을 받아들이면서 차후 재발 방지를 위한 노력을 약속한다.
  ㉤ 사과 : 모든 책임을 인정하고 사과하며, 피해보상에 대한 책임도 마다하지 않는다.

(5) 행사 평가하기

① 의 의
  행사 목표와 효과의 관련성을 분석하는 것으로, 본래의 목표대로 성취되었는지를 정확히 평가하는 일이 중요하다.

② 행사 실행단계 평가

기획서 평가	기획서가 행사의 일관성, 적용 가능성, 충실성 등을 갖추었는지를 평가한다.
제작부분 평가	행사 총괄자가 주최자의 성격과 기획의도를 충분히 이해했는지, 행사가 독창성과 차별성을 갖추었는지 등을 평가한다.
운영부분 평가	행사를 원활히 구성하고 진행했는지, 운영인력이 적절히 배치되었는지 등을 평가한다.

③ 행사결과 분석의 정량적 평가와 정성적 평가

정량적 평가	구체적인 성과를 통계로 확인할 수 있도록 최대한 세세하게 분석한다. 예 행사 참석 인원 수, 참여 구인업체 수, 현장면접 인원 수, 현장채용 인원 수, 각 프로그램별 참여자 수 등
정성적 평가	행사관계자 및 참여자 의견 등을 수렴하여 분석한다. 예 행사 참가자 및 진행요원들의 의견, 언론사나 SNS상의 의견, 공간 활용 분석 등

이렇게 출제된다! 적중 예상 OX

Q 장소가 효율적으로 배치되었는지, 동선은 괜찮았는지 등 공간 활용에 대한 분석은 정성적 평가 요소에 해당한다?

A (○)

CHAPTER 04 출제 유형 알아보기

제2과목 직업상담 및 취업지원

01절 집단상담 및 사이버 상담 프로그램 운영

01 다음 중 집단상담의 장점과 가장 거리가 먼 것은?

① 시간과 경제적인 측면에서 효율적이다.
② 타인과 상호교류를 할 수 있는 능력이 개발된다.
③ 개인상담보다 심층적인 내면의 심리를 다루기에 더 효율적이다.
④ 내담자들이 개인상담보다 더 쉽게 받아들이는 경향이 있다.

해설

③ 집단상담은 내담자의 개인적인 문제를 등한시할 수 있으므로 심층적인 내면의 심리를 다루기에 적합하지 않다.

02 다음 중 톨버트(Tolbert)가 제시한 집단직업상담의 핵심요소에 대한 설명으로 옳은 것은?

① 일정 : 가능한 모임의 횟수를 늘려야 한다.
② 집단구성 : 2~4명 정도의 소규모 집단에서 구성원들 간의 상호작용과 피드백이 촉진된다.
③ 과정 : 집단직업상담의 과정은 5가지 유형의 활동으로 이루어진다.
④ 리더 : 집단의 리더는 상담의 목표가 달성되었는지 평가하고 구성원에게 피드백한다.

해설

① 일정 : 가능한 모임의 횟수를 최소화하여야 한다.
② 집단구성 : 집단성원들 간의 상호작용 및 피드백을 촉진하고, 어느 정도의 이질성과 함께 구성원의 참여가 원활히 이루어지도록 대략 6~10명 정도의 집단으로 구성한다.
④ 리더 : 집단상담과 직업정보에 대해 잘 알고 있는 사람이어야 한다.

정답 01 ③ 02 ③

03 다음 중 부처(Butcher)가 제시한 집단직업상담의 3단계를 순서대로 올바르게 나열한 것은?

① 탐색 → 행동 → 유지
② 탐색 → 전환 → 행동
③ 유지 → 전환 → 행동
④ 전환 → 탐색 → 유지

해설

부처(Butcher)의 집단직업상담을 위한 3단계 모델
탐색단계 → 전환단계 → 행동단계

04 다음 중 효과적인 집단상담을 위해 고려해야 할 사항으로 옳지 않은 것은?

① 집단발달 과정 자체를 촉진시켜 주기 위하여 의도적으로 게임을 활용할 수 있다.
② 매 회기가 끝난 후 각 집단 구성원에게 경험보고서를 쓰게 할 수 있다.
③ 집단 내의 리더십을 확보하기 위해 집단상담자는 반드시 1인이어야 한다.
④ 집단상담 장소는 가능하면 신체활동이 자유로운 크기가 좋다.

해설

③ 집단 내의 리더십을 확보하기 위해 집단상담자가 반드시 1인일 필요는 없다. 상황에 따라 복수의 집단상담자를 두는 것이 보다 효율적인 경우도 있다.

05 다음 중 사이버 직업상담의 장점과 가장 거리가 먼 것은?

① 개인의 지위, 연령, 신분, 권력 등을 짐작할 수 있는 사회적 단서가 제공되지 않으므로 전달되는 내용 자체에 많은 주의를 기울이고 의미를 부여할 수 있다.
② 내담자의 자발적 참여로 상담이 진행되는 경우가 대면 상담에 비해 압도적으로 많으므로 내담자들의 문제해결에 대한 동기가 높다고 할 수 있다.
③ 상담자와 직접 얼굴을 마주하지 않으므로 자신의 행동이나 감정에 대한 즉각적인 판단이나 비판을 염려하지 않아도 된다.
④ 내담자 자신의 정보를 선택적으로 공개할 수 있고 언제든지 상담을 중단할 수 있어 매우 편리하다.

해설

④ 사이버 직업상담의 단점에 해당한다.

06 다음 중 전화상담의 장점으로 옳지 않은 것은?

① 상담관계가 안정적이다.
② 응급상황에 있는 내담자에게 도움이 된다.
③ 청소년의 성문제 같은 사적인 문제를 상담하는 데 좋다.
④ 익명성이 보장되어 신분노출을 꺼리는 내담자에게 적합하다.

> **해설**
> ① 전화상담은 보통 일회적으로 끝나는 경우가 대부분이며, 단일매체로서 내담자의 음성에 의존하므로 상담관계가 안정적이지 못하다.

02절 직업상담 협업 및 행정

07 협업은 관계의 집중도에 따라 단계별로 구분된다. 다음 중 관계의 집중도가 가장 강한 협업 수준에 해당하는 것은?

① 통합(Consolidation)
② 협력(Cooperation)
③ 융합(Convergence)
④ 협업(Collaboration)

> **해설**
>
> **협업의 수준**
>
> | 의사소통 (Communication) | 협력 (Cooperation) | 조정 (Coordination) | 협업 (Collaboration) | 융합 (Convergence) | 통합 (Consolidation) |
> |---|---|---|---|---|---|
>
> 약 함 ← 관계의 집중도 → 강 함

08 다음 중 협업에 대한 설명으로 가장 옳은 것은?

① 협업은 그 자체가 목적이 될 수 있다.
② 협업은 긍정적 효과가 예측될 때 추진하여야 한다.
③ 성공적인 협업을 위해 협약기관의 독립성을 인정해서는 안 된다.
④ 과제 옹호자가 충분한 관리역량을 갖추지 못한 경우 협업을 추진하여야 한다.

> **해설**
> ① 협업은 그 자체가 목적이 될 수 없고 하나의 수단일 뿐이다.
> ③ 성공적인 협업을 위해 협약기관의 독립성을 인정하여야 한다.
> ④ 과제 옹호자가 충분한 관리역량을 갖추지 못한 경우 협업은 바람직하지 않다.

09 다음 중 직업상담의 행정에서 사무 관리의 목적으로 가장 옳은 것은?

① 직업상담 과정에서 생산되는 정보를 효율적으로 관리한다.
② 내담자에 대한 정보보호를 위한 시스템을 구축한다.
③ 직업상담의 실적 결과물들을 체계적으로 보관·관리·평가한다.
④ 내담자가 편안함을 느낄 수 있는 상담실 환경을 조성한다.

해설

② 전산망 관리, ③ 실적 관리, ④ 시설 관리

10 다음 행사 홍보의 방법 중 일종의 입소문 마케팅으로 인적 네트워크를 통해 정보를 전달하는 방식에 해당하는 것은?

① DM(Direct Mail)
② 스폿 리싱(Spot Leasing)
③ 스플래시 스크린(Splash Screen)
④ 바이럴 마케팅(Viral Marketing)

해설

① DM(Direct Mail)은 예상고객에게 직접 우편을 전달하는 홍보 방식이다.
② 스폿 리싱(Spot Leasing)은 인터넷광고의 일종으로, 홈페이지 내 일부 공간을 임대 사용하여 광고하는 방식이다.
③ 스플래시 스크린(Splash Screen)은 인터넷광고의 일종으로, 애플리케이션 로딩 전 일시적으로 광고를 노출시키는 방식이다.

CHAPTER 04

제2과목 직업상담 및 취업지원

최근 기출문제 파악하기 **1차 필기**

01 집단상담의 특징에 관한 설명으로 틀린 것은? [2022년 2회 기출]

① 집단상담은 상담사들이 제한된 시간 내에 적은 비용으로 보다 많은 내담자들에게 접근하는 것을 가능하게 한다.
② 효과적인 집단에는 언제나 직접적인 대인적 교류가 있으며 이것이 개인적 탐색을 도와 개인의 성장과 발달을 촉진시킨다.
③ 집단은 집단과정의 다양한 문제에 많은 시간을 사용하게 되어 내담자의 개인적인 문제를 등한시할 수 있다.
④ 집단에서는 구성원 각자의 사적인 경험을 구성원 모두가 공유하지 않기 때문에 비밀유지가 쉽다.

해설
④ 집단 내 개별성원의 사적인 경험을 집단성원 모두가 공유하게 되므로 비밀유지가 어렵다.

02 다음 중 부처(Butcher)가 제안한 집단직업상담을 위한 3단계 모형에 해당하지 않는 것은? [2020년 4회 기출]

① 탐색단계
② 계획단계
③ 전환단계
④ 행동단계

해설
부처(Butcher)의 집단직업상담을 위한 3단계 모형
탐색단계 → 전환단계 → 행동단계

정답 01 ④ 02 ②

03 사이버 직업상담 기법으로 적합하지 않은 것은? [2021년 3회 기출]

① 질문내용 구상하기
② 핵심 진로논점 분석하기
③ 진로논점 유형 정하기
④ 직업정보 가공하기

해설

사이버 직업상담의 기법
- 주요 진로논점 파악하기
- 핵심 진로논점 분석하기(②)
- 진로논점 유형 정하기(③)
- 답변내용 구상하기
- 직업정보 가공하기(④)
- 답변 작성하기

04 사이버 직업상담에서 답변을 작성할 때 고려해야 할 사항으로 가장 거리가 먼 것은? [2020년 3회 기출]

① 추수상담의 가능성과 전문기관에 대한 안내를 한다.
② 친숙한 표현으로 답변을 작성하여 내담자가 친근감을 느끼게 한다.
③ 답변은 장시간이 소요되더라도 정확하게 하도록 노력한다.
④ 청소년이라 할지라도 반드시 존칭을 사용하여 호칭한다.

해설

③ 답변은 가급적 신속하게 하도록 노력한다.

CHAPTER 04 최근 기출문제 파악하기 **2차 실무**

제2과목 직업상담 및 취업지원

01 집단상담의 장점을 6가지 쓰시오. (6점)

[2024년 2회, 2023년 1회, 2020년 4회, 2019년 1회, 2017년 3회, 2015년 1회, 2013년 3회, 2011년 3회, 2010년 1회, 2010년 4회, 2009년 1회, 2005년 1회, 2001년 3회 기출]

> **이렇게 외우세요!**
> ① 시간과 경제적인 측면에서 효율적이다.
> ② 내담자들이 개인상담보다 더 쉽게 받아들이는 경향이 있다.
> ③ 개인적 탐색을 도와 개인의 성장과 발달을 촉진시킨다.
> ④ 구체적인 실천의 경험 및 현실검증의 기회를 가진다.
> ⑤ 타인과 상호교류를 할 수 있는 능력이 개발된다.
> ⑥ 개인상담이 줄 수 없는 풍부한 학습 경험을 제공한다.

02 부처(Butcher)의 집단직업상담을 위한 3단계 모델을 쓰고, 각 단계에 대해 설명하시오. (6점)

[2024년 3회, 2022년 3회, 2021년 1회, 2021년 3회, 2020년 2회, 2017년 1회, 2017년 2회, 2015년 2회, 2014년 1회, 2013년 3회, 2010년 3회, 2004년 1회 기출]

> **이렇게 외우세요!**
> ① 탐색단계(제1단계) : 자기개방, 흥미와 적성에 대한 측정 및 결과의 피드백 등이 이루어진다.
> ② 전환단계(제2단계) : 일과 삶의 가치에 대한 조사, 자신의 가치에 대한 피드백 등이 이루어진다.
> ③ 행동단계(제3단계) : 목표설정 및 목표달성을 위한 정보수집, 즉각적 및 장기적 의사결정 등이 이루어진다.

03 인터넷을 이용한 사이버 상담의 필요성을 6가지 쓰시오. (6점) [2022년 3회, 2017년 2회, 2010년 4회 기출]

> **이렇게 외우세요!**
> ① 경제성 및 효율성
> ② 익명성의 보장
> ③ 심리적 편안함과 친밀감
> ④ 가명을 이용한 상담사례 소개 및 대처방안 제시
> ⑤ 문제해결을 위한 자료탐색의 용이함
> ⑥ 내담자 주도에 의한 자기성찰 능력 향상

제3과목

직업정보

CHAPTER 01　직업 및 산업분류의 활용
CHAPTER 02　직업정보 수집
CHAPTER 03　직업정보 제공

직업상담사 2급
한권으로 끝내기!

CHAPTER 01

제3과목 직업정보

직업 및 산업분류의 활용

중요키워드 10

※ 중요도 높은 것에서 낮은 것 순으로

① 한국표준산업분류(KSIC)의 산업분류 적용원칙
② 한국표준직업정보(KSCO)의 직업 대분류와 직능수준
③ 한국표준산업분류(KSIC)의 산업 결정 방법
④ 한국표준직업정보(KSCO)의 포괄적인 업무의 분류적용 원칙
⑤ 한국표준직업정보(KSCO)의 직업의 정의
⑥ 한국표준산업분류(KSIC)의 분류 목적
⑦ 한국표준산업분류(KSIC)의 분류 기준
⑧ 한국표준산업분류(KSIC)의 산업의 정의
⑨ 한국표준산업분류(KSIC)의 생산단위의 활동 형태
⑩ 한국표준직업정보(KSCO)의 다수 직업 종사자의 분류적용 원칙

제3과목

 쌤의 학습지도

1. 한국표준직업정보(KSCO)는 제8차 개정이 출제돼요.

2025년 1월 1일부터 한국표준직업정보(KSCO) 제8차 개정이 시행되고 있는데요. 시험에서는 '한국표준직업분류(2024)' 혹은 '한국표준직업분류(2025)'로도 제시될 수 있어요.

2. '대분류 A 군인'에 주의하세요.

제7차 개정부터 모든 군인을 직업분류 범위 안에 포괄하고 있고요. 직능수준도 "제2직능수준 이상 필요"로 변경했어요.

3. 직업분류의 원칙이 매해 출제되고 있어요.

직업분류의 일반원칙, 포괄적인 업무의 분류적용 원칙, 다수 직업 종사자의 분류적용 원칙 등 직업분류 원칙을 구분할 수 있어야 해요.

4. 직업 대분류별 개념을 잘 살펴보아야 해요.

제8차 개정이 새롭게 적용된 만큼 대분류별 주요 개념과 함께 각 대분류별 중분류도 한 번쯤 살펴볼 필요가 있어요.

5. 한국표준산업분류(KSIC)는 제11차 개정이 출제돼요.

2024년 7월 1일부터 한국표준산업분류(KSIC) 제11차 개정이 시행되고 있는데요. 시험에서는 '한국표준산업분류(2024)'로도 제시될 수 있어요.

6. 산업의 변화 흐름을 염두에 둘 필요가 있어요.

미래·성장산업의 분류항목이 신설·세분되는 것과 달리 상대적 비중이 감소한 산업은 통합되는 경향이 있죠.

7. 통계단위의 산업결정이 매우 중요해요.

생산단위의 활동 형태, 산업 결정 방법, 그리고 산업분류의 적용원칙 등은 예전부터 직업상담사 시험의 단골 문제이기도 해요.

8. 기본적인 분류구조는 기억하고 있겠죠?

한국표준산업분류(KSIC)는 대분류·중분류·소분류·세분류·세세분류의 5단계로 구성되어 있고, 부호 처리 시 아라비아 숫자만 사용하도록 하고 있어요.

CHAPTER 01 직업 및 산업분류의 활용

제3과목 직업정보

01절 한국표준직업분류(KSCO)

1 개 요

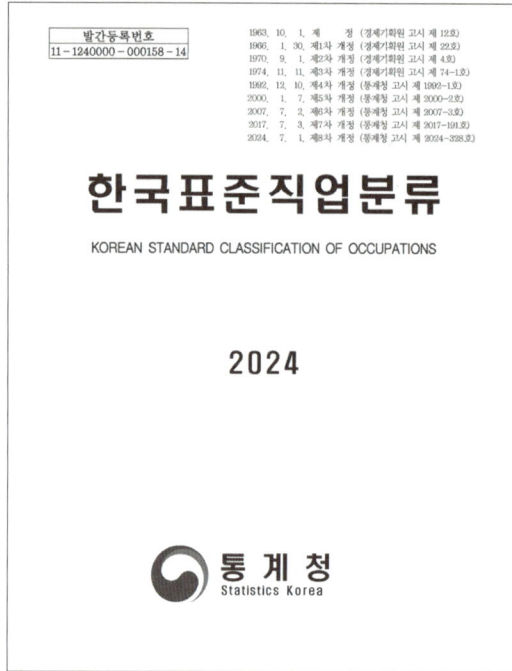

한국표준직업분류(2024)

(1) 연 혁

① 한국표준직업분류(KSCO ; Korean Standard Classification of Occupations)는 직업 분야 통계를 동일한 기준으로 작성하기 위한 분류체계로, 국제노동기구(ILO)의 국제표준직업분류(ISCO ; International Standard Classification of Occupations)가 1958년 제정되어 각국에 사용하도록 권고됨에 따라 이를 근거로 1963년에 제정되었다.

② 한국표준직업분류(KSCO)는 2017년 제7차 개정 이후 국내 노동시장의 고용구조 변화와 다방면의 개정 수요를 반영하기 위하여 2022년 6월 기본계획을 수립하고 약 2년에 걸친 제8차 개정 작업을 추진하였다.

③ 2017년 12월「통계분류 제·개정 업무처리 지침」개정에 따라 5년마다 정기적으로 개정하도록 변경하였다.

쌤의 비법노트

「통계분류 제·개정 업무처리 지침」제4조(개정주기 및 연도)는 우리나라의 3대 표준분류, 즉 한국표준산업분류, 한국표준직업분류, 한국표준질병·사인분류의 개정주기를 '5년'으로 하되, 국제표준분류 개정, 국내의 경제·사회구조 변화 반영 필요 등 특별한 경우에 한하여 개정주기를 달리할 수 있도록 하고 있습니다.

구 분	고시일자	시행일자
제1차 개정	1966. 01. 30.	1966. 02. 01.
제2차 개정	1970. 09. 01.	1970. 09. 01.
제3차 개정	1974. 11. 11.	1975. 01. 01.
제4차 개정	1992. 12. 10.	1993. 01. 01.
제5차 개정	2000. 01. 07.	2000. 03. 01.
제6차 개정	2007. 07. 02.	2007. 10. 01.
제7차 개정	2017. 07. 03.	2018. 01. 01.
제8차 개정	2024. 07. 01.	2025. 01. 01.

한국표준직업분류(KSCO)의 개정 연혁

> **쌤의 비법노트**
>
> 한국표준직업분류(KSCO) 제8차 개정은 2025년 1월 1일부터 시행되고 있습니다. 고시연도와 시행연도에 차이가 있는 만큼 직업상담사 시험에서 '한국표준직업분류(2024)' 혹은 '한국표준직업분류(2025)'로 제시될 수 있으나, 이는 동일한 '제8차 개정'을 가리키는 것이므로 이점 혼동하지 않도록 주의하세요.

(2) 한국표준직업분류(KSCO) 제8차 개정의 주요 특징

① 지난 개정 이후 시간 경과를 고려하여 전면 개정 방식으로 추진하되, 중분류 이하 분류체계를 중심으로 개정을 추진하였다.

② 코로나 팬데믹 이후 보건의료 인력 확대, 사회복지 및 종교 분야와의 직무 차별성 등을 고려하여 보건·사회복지 및 종교 관련직에서 보건 전문가 및 관련직으로 중분류를 분리하였고, 방역활동 강화에 따라 방역원 등을 신설하였다.

③ 돌봄서비스 일자리와 관련한 돌봄 및 보건 서비스직을 중분류로 분리·신설하였고, 교사보조 및 아동 돌봄 종사자, 요양보호사 및 간병인, 노인 및 장애인 돌봄 종사자를 각각 소분류로 상향 및 세분화하였다.

④ 반려동물 대상 서비스 확대로 의료진료전문가와 별도로 수의사를 소분류로 분리하고, 동물 관련 서비스 종사자를 신설하였다.

⑤ 플랫폼 노동 확대로 택배원과 별도로 늘찬배달원을 신설하였다.

⑥ 인공지능(AI) 등 데이터기반 직업 수요로 데이터 전문가를 소분류로 상향하였다.

⑦ 전기 자동차 조립원, 로봇 설치 및 정비원, 신재생에너지 관련 관리자 등 성장신업 관련 직업 신설 등 고용규모가 늘어나는 직업분류를 확대하였다.

⑧ 소분류인 금형·주조 및 단조원, 제관원 및 판금원, 용접원을 금속 성형 관련 기능 종사자로 통합, 인쇄 필름 출력원 등 세세분류를 인쇄 관련 기계 조작원으로 통합하는 등 고용규모가 줄어드는 직업분류를 축소하였다.

⑨ 대분류 사무 종사자 중 경영 및 회계관련 사무직의 고용규모 과다로 인해 기획·영업 및 인사 사무직, 자재·생산 및 운송 사무직, 회계·경리 및 통계 사무직, 일반 지원 사무직으로 각각 중분류를 세분화하였다.

⑩ 공공기관 종사원과 민간기업 종사원 간 직무의 차별성이 없어 기업 종사원(각 분야별 관리자·전문가·사무원)으로 통합하였다.

> **쌤의 비법노트**
>
> '늘찬배달원'은 퀵서비스 배달원을 순우리말로 바꾼 표현으로, 늘란하고 재빠르다는 의미의 '늘차다'에서 비롯된 것입니다.

이렇게 출제된다! 1차 기출 OX

Q 관리자는 개개인이 수행하는 업무의 특성이 아니라 직위나 직급에 따라 분류되어야 한다?

A (×) 개개인이 수행하는 업무의 특성에 따라 분류되어야 한다.

쌤의 비법노트

'대분류 2 전문가 및 관련 종사자'의 중분류로서 기존 '보건·사회복지 및 종교 관련직'이 '보건 전문가 및 관련직'과 '사회복지·종교 전문가 및 관련직'으로 분리·신설됨에 따라 그 수가 8개에서 9개로 늘었습니다.

(3) 직업 대분류별 개념 필기 출제 13, 12, 11, 10, 04, 03년 기출

① 대분류 1 : 관리자 필기 출제 10년 기출

㉠ 의회의원처럼 공동체를 대리하여 법률이나 규칙을 제정하거나 정부조직의 장으로서 정부를 대표·대리하며 정부 및 공공이나 이익단체의 정책을 결정하고 이에 대해 관리·조정한다.

㉡ 현업을 겸할 경우에는 정책을 결정하고 관리, 지휘, 조정하는 데 직무 시간의 80% 이상을 사용하는 경우에만 관리자 직군으로 분류한다.

㉢ 관리자는 반드시 상당한 하부조직을 가져야 하며, 이러한 하부조직원의 업무를 지휘 및 조정하는 것이 주 업무인 경우에 해당된다.

㉣ 관리자는 직위나 직급에 의한 것이 아니라 개개인이 수행하는 업무의 특성에 따라 분류되어야 한다.

㉤ 이 대분류의 직업은 다음의 5개 중분류로 구성되어 있다.

> 11 의회·정부 및 기업 고위직
> 12 행정·경영 지원 및 마케팅 관리직
> 13 전문 서비스 관리직
> 14 건설·전기 및 생산 관련 관리직
> 15 판매 및 고객 서비스 관리직

② 대분류 2 : 전문가 및 관련 종사자 필기 출제 17, 12, 04년 기출

㉠ 특정 분야의 전문지식과 경험을 바탕으로 개념과 이론을 이용하여 해당 분야에 대한 연구·개발, 자문, 지도(교수) 등 전문 서비스를 제공한다.

㉡ 주로 자료의 분석과 관련된 직종으로 물리, 생명과학 및 사회과학 분야에서 높은 수준의 전문적 지식과 경험을 기초로 과학적 개념과 이론을 응용하여 해당 분야를 연구하고 개발 및 개선하며 집행한다.

㉢ 이 대분류의 직업은 다음의 9개 중분류로 구성되어 있다.

> 21 과학 전문가 및 관련직
> 22 정보 통신 전문가 및 기술직
> 23 공학 전문가 및 기술직
> 24 보건 전문가 및 관련직
> 25 사회복지·종교 전문가 및 관련직
> 26 교육 전문가 및 관련직
> 27 법률 및 행정 전문직
> 28 경영·금융 전문가 및 관련직
> 29 문화·예술·스포츠·기타 전문가 및 관련직

③ 대분류 3 : 사무 종사자

㉠ 관리자, 전문가 및 관련 종사자를 보조하여 경영방침에 의해 사업계획을 입안하고 계획에 따라 업무추진을 수행하며, 당해 작업에 관련된 정보(Data)의 기록, 보관, 계산 및 검색 등의 업무를 수행한다.

㉡ 금전취급 활동, 법률 및 감사, 상담, 안내 및 접수와 관련하여 사무적인 업무를 수행한다.

㉢ 이 대분류의 직업은 다음의 7개 중분류로 구성되어 있다.

> 31 기획·영업 및 인사 사무직
> 32 자재·생산 및 운송 사무직
> 33 회계·경리 및 통계 사무직
> 34 금융 사무직
> 35 법률·감사 및 정부 행정 사무직
> 36 상담·안내 및 접수 사무직
> 37 일반 지원 사무직

④ 대분류 4 : 서비스 종사자

㉠ 공공안전 및 신변보호를 위한 보안 관련 서비스, 돌봄 및 보건·복지 관련 서비스, 이·미용, 혼례·장례 등 개인 생활서비스, 운송 및 여가·스포츠 관련 서비스, 조리 및 음식 관련 서비스 등 대인 서비스를 제공하는 업무를 수행한다.

㉡ 이 대분류의 직업은 다음의 5개 중분류로 구성되어 있다.

> 41 경찰·소방 및 보안 관련 서비스직
> 42 돌봄 및 보건 서비스직
> 43 개인 생활 서비스직
> 44 운송 및 여가 서비스직
> 45 조리 및 음식 서비스직

쌤의 비법노트

'대분류 4 서비스 종사자'의 중분류는 서비스 제공의 성격상 공공성이 큰 영역을 우선으로 합니다.

⑤ 대분류 5 : 판매 종사자

㉠ 영업활동을 통해 상품이나 서비스를 판매하거나 인터넷 등 통신을 이용하거나, 상점이나 거리 등에서 상품을 판매 및 임대하며, 상품을 광고하거나 상품의 품질과 기능을 선전하는 등의 활동을 수행하고, 매장에서 계산하는 활동도 수행한다.

㉡ 이 대분류의 직업은 다음의 3개 중분류로 구성되어 있다.

> 51 영업직
> 52 매장 판매 및 상품 대여직
> 53 통신 및 방문·노점 판매 관련직

⑥ 대분류 6 : 농림어업 숙련 종사자

㉠ 자기 계획과 판단에 따라 농산물, 임산물 및 수산물의 생산에 필요한 지식과 경험을 기초로 전답작물 또는 과수작물을 재배·수확하고 동물을 번식·사육하며 산림을 경작, 보존 및 개발한다. 또한 물고기의 번식 및 채취 또는 기타 형태의 수생 동식물을 양식·채취하는 업무를 수행한다.

ⓒ 이 대분류의 직업은 다음의 3개 중분류로 구성되어 있다.

> 61 농축산 숙련직
> 62 임업 숙련직
> 63 어업 숙련직

⑦ 대분류 7 : 기능원 및 관련 기능 종사자

　ⓐ 광업, 제조업, 정보통신업 분야에서 관련된 지식과 기술을 응용하여 금속을 성형하고 각종 기계를 설치 및 정비한다.

　ⓑ 섬유, 수공예 제품과 목재, 금속 및 기타 제품을 가공하며, 건설업 분야에서 건축물이나 구조물을 가공 및 건립, 설치한다.

　ⓒ 작업은 손과 수공구를 주로 사용하며 기계를 사용하더라도 기계의 성능보다 사람의 기능이 갖는 역할이 중요하다.

　ⓓ 이 대분류의 직업은 다음의 9개 중분류로 구성되어 있다.

> 71 식품 가공 관련 기능직
> 72 섬유 · 의복 및 가죽 관련 기능직
> 73 목재 · 가구 · 악기 및 간판 관련 기능직
> 74 금속 성형 관련 기능직
> 75 운송 및 기계 관련 기능직
> 76 전기 및 전자 관련 기능직
> 77 정보 통신 및 방송장비 관련 기능직
> 78 건설 및 채굴 관련 기능직
> 79 기타 기능 관련직

⑧ 대분류 8 : 장치 · 기계 조작 및 조립 종사자

　ⓐ 장치 · 기계를 조작하여 제품을 생산하거나 대규모의 고도로 자동화된 산업용 기계 및 장비를 조작하고, 부분품을 가지고 제품을 조립하는 업무로 구성된다.

　ⓑ 기계조작 뿐만 아니라 컴퓨터에 의한 기계 제어 등 기술적 혁신에 적응할 수 있는 능력을 포함하여 기계 및 장비에 대한 경험과 이해가 요구되며, 기계의 성능이 생산성을 좌우한다.

　ⓒ 이 대분류의 직업은 다음의 9개 중분류로 구성되어 있다.

> 81 식품가공 관련 기계 조작직
> 82 섬유 및 신발 관련 기계 조작직
> 83 화학 관련 기계 조작직
> 84 금속 및 비금속 관련 기계 조작직
> 85 기계 제조 · 관련 기계 조작 및 조립직
> 86 전기 · 전자 관련 기계 조작 및 조립직
> 87 운전 및 운송 관련 기계 조작직
> 88 상하수도 및 재활용 처리 관련 기계 조작직
> 89 목재 · 인쇄 및 기타 기계 조작직

쌤의 비법노트

'대분류 7 기능원 및 관련 기능 종사자'는 '대분류 9 단순 노무 종사자'와 마찬가지로 수공구를 사용한다는 점에서 공통적이지만 사람의 기능이 보다 중시됩니다.

쌤의 비법노트

운송 장비의 운전업무도 '대분류 8 장치 · 기계 조작 및 조립 종사자'에 포함됩니다.

⑨ **대분류 9 : 단순 노무 종사자** `필기` `출제` 20, 15, 13, 12, 11년 기출

㉠ 주로 간단한 수공구를 사용하거나 단순하고 일상적이며, 어떤 경우에는 상당한 육체적 노력이 요구되고, 거의 제한된 창의와 판단만을 필요로 하는 업무를 수행한다.

㉡ 몇 시간 혹은 몇 십 분의 직무훈련(OJT)으로 업무수행이 가능하다.

㉢ 단순 노무직 내부에서의 직업이동은 상대적으로 용이한 편이나, 일부 직업에서의 강도 높은 노동으로 인하여 체력 제한이 있을 수 있다.

㉣ 이 대분류의 직업은 다음의 6개 중분류로 구성되어 있다.

> 91 건설 및 광업 관련 단순 노무직
> 92 운송 관련 단순 노무직
> 93 제조 관련 단순 노무직
> 94 청소 및 건물 관리 단순 노무직
> 95 가사 · 음식 및 판매 관련 단순 노무직
> 99 농림어업 및 기타 서비스 단순 노무직

⑩ **대분류 A : 군인** `필기` `출제` 13, 09, 03년 기출

㉠ 의무 복무 여부를 불문하고 현재 군인 신분을 유지하고 있는 군인을 말한다.

㉡ 직업정보 취득의 제약 등 특수 분야이므로 직무를 기준으로 분류하는 것이 아니라, 계급을 중심으로 분류하였다.

㉢ 이 대분류의 직업은 다음의 1개 중분류로 구성되어 있다.

> A0 군인

2 한국표준직업분류의 이해

(1) 직업의 정의 `필기` `출제` 21~12, 10, 09, 06년 기출

① 직업(Occupation)은 '유사한 직무의 집합'으로 정의된다. 여기서 직무(Job)란 국제표준직업분류(ISCO-08)에서 '자영업을 포함하여 특정한 고용주를 위하여 개별 종사자들이 수행하거나 또는 수행해야 할 일련의 업무와 과업(Tasks and Duties)'으로 정의되며, 유사한 직무는 '주어진 업무와 과업이 매우 높은 유사성을 갖는 것'으로 볼 수 있다.

② 직업은 유사성을 갖는 직무를 지속적으로 수행하는 계속성을 가져야 하는데, 일의 계속성이란 일시적인 것을 제외한 다음에 해당하는 것을 말한다.

> • 매일, 매주, 매월 등 주기적으로 행하는 것
> • 계절적으로 행해지는 것
> • 명확한 주기는 없으나 계속적으로 행해지는 것
> • 현재 하고 있는 일을 계속적으로 행할 의지와 가능성이 있는 것

쌤의 비법노트

'OJT(On the Job Training)'는 기업 내에서 이루어지는 종업원 교육훈련방법 중 하나로 피교육자인 종업원이 직무에 종사하면서 지도교육을 받는 일종의 현장 훈련입니다.

쌤의 비법노트

과거 의무 복무 중인 사병은 제외되었으나 최근 개정에 따라 의무 복무 중인 일반 사병(병사)도 '대분류 A 군인'으로 분류되고 있습니다.

이렇게 출제된다! **2차 주관식**

한국표준직업분류(KSCO)에서 '일의 계속성'에 해당하는 경우를 4가지 쓰시오.

③ 직업은 또한 경제성을 충족해야 하는데, 이는 경제적인 거래 관계가 성립하는 활동을 수행해야 함을 의미한다. 따라서 무급 자원봉사와 같은 활동이나 전업학생의 학습행위는 경제활동 혹은 직업으로 보지 않는다. 직업의 성립에는 비교적 엄격한 경제성의 기준이 적용되는데, 노력이 전제되지 않는 자연발생적인 이득의 수취나 우연하게 발생하는 경제적인 과실에 전적으로 의존하는 활동은 직업으로 보지 않는다.

④ 직업 활동은 전통적으로 윤리성과 사회성을 충족해야 하는 것으로 보고 있다. 윤리성은 비윤리적인 영리행위나 반사회적인 활동을 통한 경제적인 이윤추구는 직업 활동으로 인정되지 못한다는 것이다. 사회성은 보다 적극적인 것으로써 모든 직업 활동은 사회 공동체적인 맥락에서 의미 있는 활동, 즉 사회적인 기여를 전제조건으로 하고 있다는 점을 강조한다.

⑤ 속박된 상태에서의 제반활동은 경제성이나 계속성의 여부와 상관없이 직업으로 보지 않는다. 그러므로 다음과 같은 활동은 직업으로 보지 않는다.

- 이자, 주식배당, 임대료(전세금, 월세) 등과 같은 자산 수입이 있는 경우
- 연금법, 국민기초생활보장법, 국민연금법 및 고용보험법 등의 사회보장이나 민간보험에 의한 수입이 있는 경우
- 경마, 경륜, 경정, 복권 등에 의한 배당금이나 주식투자에 의한 시세차익이 있는 경우
- 예·적금 인출, 보험금 수취, 차용 또는 토지·금융자산을 매각하여 수입이 있는 경우
- 자기 집의 가사 활동에 전념하는 경우
- 교육기관에 재학하며 학습에만 전념하는 경우
- 시민봉사활동 등에 의한 무급 봉사적인 일에 종사하는 경우
- 사회복지시설 수용자의 시설 내 경제활동
- 수형자의 활동과 같이 법률에 의한 강제노동을 하는 경우
- 도박, 강도, 절도, 사기, 매춘, 밀수와 같은 불법적인 활동

(2) 직업분류 목적 필기 출제 21, 17, 10, 06년 기출

① 직업분류는 경제활동인구조사, 인구주택총조사, 지역별 고용조사 등 통계조사나 각종 행정자료를 통하여 얻어진 직업정보를 분류하고 집계하기 위한 것이다.

② 직업 관련 통계를 작성하는 모든 기관이 통일적으로 사용하도록 함으로써 통계자료의 일관성과 비교성을 확보할 수 있다. 또한 각종 직업정보에 관한 국내통계를 국제적으로 비교·활용할 수 있도록 하기 위하여 국제노동기구(ILO)의 국제표준직업분류(ISCO)를 근거로 작성하고 있다.

③ 직업분류는 고용 관련 통계 및 장·단기 인력수급 정책수립과 직업연구를 위한 기초자료 작성에 활용되며, 다음과 같이 기준자료로 활용되고 있다.

- 각종 사회·경제통계조사의 직업단위 기준
- 취업알선을 위한 구인·구직안내 기준
- 직종별 급여 및 수당지급 결정 기준
- 직종별 특정질병의 이환율, 사망률과 생명표 작성 기준
- 산재보험요율, 생명보험요율 또는 산재보상액, 교통사고 보상액 등의 결정 기준

(3) 직업분류 개념 및 기준 `필기 출제` 21, 15, 12, 09, 05년 기출

① 수입(경제활동)을 위해 개인이 하고 있는 일을 그 수행되는 일의 형태에 따라 체계적으로 유형화한 것이 직업분류이며, 우리나라 직업구조 및 실태에 맞도록 표준화한 것이 한국표준직업분류(KSCO)이다.

② 한국표준직업분류는 주어진 직무의 업무와 과업을 수행하는 능력인 직능(Skill)을 근거로 편제되며, 직능수준과 직능유형을 고려하고 있다.

직능수준 (Skill Level)	직무수행능력의 높낮이를 말하는 것으로 정규교육, 직업훈련, 직업경험 그리고 선천적 능력과 사회 문화적 환경 등에 의해 결정된다.
직능유형 (Skill Specialization)	직무수행에 요구되는 지식의 분야, 사용하는 도구 및 장비, 투입되는 원재료, 생산된 재화나 서비스의 종류와 관련된다.

③ 하나의 직업(Occupation)은 직무상 유사성을 갖고 있는 여러 직무(Job)의 묶음이다.

④ 직무 유사성의 기준에는 해당 직무를 수행하는 사람에게 필요한 지식(Knowledge), 경험(Experience), 기능(Skill)과 함께 직무수행자가 입직을 하기 위해서 필요한 요건(Skill Requirements) 등이 있다.

⑤ 직무 범주화 기준에는 직무별 고용의 크기 또한 현실적인 기준이 된다. 한국표준직업분류에서는 세분류 단위에서 최소 1,000명의 고용을 기준으로 설정하였으며, 고용자 수가 많은 세분류에는 5,000~10,000명이 분포되어 있을 것으로 판단된다.

> **이렇게 출제된다! 2차 주관식**
> 한국표준직업분류(KSCO)에서 제시한 직업분류 개념인 '직능', '직능수준', '직능유형'에 대해 설명하시오.

> **이렇게 출제된다! 2차 주관식**
> 한국표준직업분류(KSCO)에서 직무 유사성의 판단기준 4가지를 쓰시오.

(4) 직업분류와 직능수준 `필기 출제` 20, 17, 16, 14, 11, 10, 09, 07, 04, 03년 기출

① 직능수준의 정의

제1직능수준	• 일반적으로 단순하고 반복적이며 때로는 육체적인 힘을 요하는 과업을 수행한다. 간단한 수작업 공구나 진공청소기, 전기장비들을 이용한다. • 제1직능수준의 일부 직업에서는 초등교육이나 기초적인 교육(ISCED 수준1)을 필요로 한다.
제2직능수준	• 일반적으로 완벽하게 읽고 쓸 수 있는 능력과 정확한 계산능력, 그리고 상당한 정도의 의사소통 능력을 필요로 한다. • 보통 중등 이상 교육과정의 정규교육이수(ISCED 수준2, 수준3) 또는 이에 상응하는 직업훈련이나 직업경험을 필요로 하며, 일부의 직업은 중등학교 졸업 후 교육(ISCED 수준4)이나 직업교육기관에서의 추가적인 교육이나 훈련을 요구할 수도 있다.
제3직능수준	• 복잡한 과업과 실제적인 업무를 수행할 정도의 전문적인 지식을 보유하고 수리계산이나 의사소통 능력이 상당히 높아야 한다. • 일반적으로 중등교육을 마치고 1~3년 정도의 추가적인 교육과정(ISCED 수준5) 정도의 정규교육 또는 직업훈련을 필요로 한다.
제4직능수준	• 매우 높은 수준의 이해력과 창의력 및 의사소통 능력이 필요하다. • 일반적으로 4년 또는 그 이상 계속하여 학사, 석사나 그와 동등한 학위가 수여되는 교육수준(ISCED 수준6 혹은 그 이상)의 정규교육 또는 훈련을 필요로 한다.

> **이렇게 출제된다! 2차 주관식**
> 한국표준직업분류(KSCO)에서 직능수준을 정규교육과정에 따라 정의하시오.

② 대분류별 직능수준 필기 출제 22~17, 15, 13, 12, 11, 10, 09, 07, 05, 03년 기출

대분류	대분류 항목	직능수준
1	관리자	제4직능수준 혹은 제3직능수준 필요
2	전문가 및 관련 종사자	제4직능수준 혹은 제3직능수준 필요
3	사무 종사자	제2직능수준 필요
4	서비스 종사자	제2직능수준 필요
5	판매 종사자	제2직능수준 필요
6	농림어업 숙련 종사자	제2직능수준 필요
7	기능원 및 관련 기능 종사자	제2직능수준 필요
8	장치·기계 조작 및 조립 종사자	제2직능수준 필요
9	단순 노무 종사자	제1직능수준 필요
A	군 인	제2직능수준 이상 필요

> **쌤의 비법노트**
> 대분류별 직능수준에 있어서 'A군인'은 과거 "직능수준과 무관"이었으나 제7차 개정(2018) 이후 "제2직능수준 이상 필요"로 변경되었습니다.

(5) 직업분류 원칙 필기 출제 13, 06년 기출

① 일반원칙 필기 출제 22, 16년 기출

포괄성의 원칙	• 우리나라에 존재하는 모든 직무는 어떤 수준에서든지 분류에 포괄되어야 한다. • 특정한 직무가 누락되어 분류가 불가능할 경우에는 포괄성의 원칙을 위배한 것으로 볼 수 있다.
배타성의 원칙	• 동일하거나 유사한 직무는 어느 경우에든 같은 단위직업으로 분류되어야 한다. • 하나의 직무가 동일한 직업단위 수준에서 2개 혹은 그 이상의 직업으로 분류될 수 있다면 배타성의 원칙을 위반한 것이라 할 수 있다.

> **이렇게 출제된다! 2차 주관식**
> 한국표준직업분류(KSCO)에서 직업분류의 일반원칙을 2가지 쓰고, 각각에 대해 설명하시오.

② 순서배열 원칙

한국표준산업분류 (KSIC)	동일한 직업단위에서 산업의 여러 분야에 걸쳐 직업이 있는 경우에 한국표준산업분류의 순서대로 배열한다.
특수-일반분류	직업의 구분이 특수 분류와 그 특수 분야를 포함하는 일반 분류가 있을 경우, 특수 분류를 먼저 배열하고 일반 분류를 나중에 배열한다.
고용자 수와 직능수준, 직능유형 고려	직능수준이 비교적 높거나 고용자 수가 많은 직무를 우선하여 배치하며, 직능유형이 유사한 것끼리 묶어 분류한다.

> **이렇게 출제된다! 2차 주관식**
> 한국표준직업분류(KSCO)의 동일한 분류수준에서 직무단위를 분류하는 순서배열 원칙을 3가지 설명하시오.

③ 포괄적인 업무의 분류적용 원칙 필기 출제 21, 20, 19, 18, 16, 15, 14, 13, 11, 10, 09, 08, 07, 06년 기출

주된 직무 우선 원칙	2개 이상의 연관된 직무를 수행하는 경우는 실제 직무내용과 관련 분류 항목에 명시된 직무내용을 비교·평가하여 관련 직무 내용상의 상관성이 가장 많은 항목에 분류한다. 예 교육과 진료를 겸하는 의과대학 교수는 강의, 평가, 연구 등과 진료·처치, 환자상담 등의 수행하는 실제 직무내용을 파악하여 관련 항목이 많은 분야로 분류한다.
최상급 직능수준 우선 원칙	수행된 직무가 상이한 수준의 훈련과 경험을 통해서 얻어지는 직능능력을 필요로 한다면, 가장 높은 수준의 직무능력을 필요로 하는 일에 분류하여야 한다. 예 조리와 배달의 직무비중이 같을 경우에는, 조리의 직능수준이 높으므로 조리사로 분류한다.

> **이렇게 출제된다! 2차 주관식**
> 1. 한국표준직업분류(KSCO)에서 직업분류의 원칙 중 포괄적인 업무에 대한 직업분류 원칙을 쓰시오.
> 2. 한국표준직업분류(KSCO)의 직업분류 원칙 중 포괄적인 업무에 대한 직업분류 원칙 3가지를 쓰고, 각각에 대해 설명하시오. 이때 각 원칙의 예시도 함께 기술하시오.
> 3. 한국표준직업분류(KSCO)에서 포괄적인 업무에 대한 직업분류 원칙 중 주된 직무 우선 원칙의 의미와 그 예를 쓰시오.

생산업무 우선 원칙	• 재화의 생산과 공급이 같이 이루어지는 경우는 생산단계에 관련된 업무를 우선적으로 분류한다. • 예 한 사람이 빵을 생산하여 판매도 하는 경우에는, 판매원으로 분류하지 않고 제빵사 및 제과원으로 분류하여야 한다.

④ 다수 직업 종사자의 분류적용 원칙 필기 출제 20, 18, 15, 13, 10, 07, 06년 기출

취업시간 우선의 원칙	가장 먼저 분야별로 취업시간을 고려하여 보다 긴 시간을 투자하는 직업으로 결정한다.
수입 우선의 원칙	위의 경우로 분별하기 어려운 경우는 수입(소득이나 임금)이 많은 직업으로 결정한다.
조사 시 최근의 직업 원칙	위의 두 가지 경우로 판단할 수 없는 경우에는 조사시점을 기준으로 최근에 종사한 직업으로 결정한다.

(6) 특정 직업의 분류요령 필기 출제 22, 13, 07년 기출

① 행정 관리 및 입법적 기능 수행 직업

행정 관리 및 입법기능을 수행하는 자는 '대분류 1 관리자'에 분류된다.

② 자영업주 및 고용주 관련 직업

자영업주 및 고용주는 수행되는 일의 형태나 직무내용에 따른 정의가 아니라 고용형태 또는 종사상 지위에 따라 정의된 개념으로, 이들의 직업은 주된 직무 우선 원칙에 따라 수행하는 직무 중 분류항목과 가장 연관이 많이 되는 직무로 분류된다.

③ 감독 직업

반장 등과 같이 주로 수행된 일의 전문, 기술적인 통제업무를 수행하는 감독자는 그 감독되는 근로자와 동일 직종으로 분류한다.

④ 연구 및 개발 직업

연구 및 개발업무 종사자는 '대분류 2 전문가 및 관련 종사자'에서 그 전문 분야에 따라 분류된다.

⑤ 군인 직업

군인은 별도로 '대분류 A 군인'에 분류된다.

쌤의 비법노트

'다수 직업 종사자의 분류적용 원칙'은 낮에는 제조업체에서 금형공으로 일하고, 밤에는 대리운전을 하는 경우와 같이, 한 사람이 전혀 상관성이 없는 두 가지 이상의 직업에 종사하는 경우를 말합니다.

이렇게 출제된다! 2차 주관식

한국표준직업분류(KSCO)상 '다수 직업 종사자'란 무엇인지 그 의미를 설명하고, 이의 직업을 분류하는 일반적인 원칙을 순서대로 쓰시오.

이렇게 출제된다! 1차 기출 OX

Q 자영업주 및 고용주는 수행되는 일의 형태나 직무내용에 따라 정의된 개념이다?

A (×) 고용형태 또는 종사상 지위에 따라 정의된 개념이다.

(7) 분류체계 및 분류번호

① 분류체계
직업분류는 세분류를 기준으로 상위에는 소분류–중분류–대분류로 구성되어 있으며, 하위분류는 세세분류로 구성되어 있다.

② 분류번호
분류번호는 아라비아 숫자와 알파벳 A로 표시하며 대분류 1자리, 중분류 2자리, 소분류 3자리, 세분류 4자리, 세세분류는 5자리로 표시된다.

분류범주	분류번호	직종 및 직업
대분류	4	서비스 종사자
중분류	41	경찰·소방 및 보안 관련 서비스직
소분류	411	경찰·소방 및 교도 관련 종사자
세분류	4111	경찰관 및 수사관
세세분류	41111	해양 경찰관 및 수사관
	41112	일반 경찰관 및 수사관

> **쌤의 비법노트**
> 알파벳 A는 군인을 분류할 때 사용합니다. 예를 들어, 'A0 군인', 'A01 장교', 'A011 영관급 이상 장교', 'A012 위관급 장교' 등으로 표시합니다.

더 알아보기

한국고용직업분류(KECO) 〔필기 출제〕 19, 18년 기출

- 한국고용직업분류(KECO ; Korean Employment Classification of Occupations)는 고용노동부 산하 한국고용정보원이 노동시장 상황과 수요, 현실적 직업구조 등을 반영하여 직무를 체계적으로 분류한 것이다.
- 고용 관련 행정DB나 통계조사자료의 결과를 집계하고 비교하기 위한 통계 목적으로 활용되는 것으로, 2012년 한국표준직업분류(KSCO)의 특수목적분류로 지정되었다.
- 한국고용직업분류(2018)부터 기존 24개의 중분류 중심 분류체계에서 10개의 실질적인 대분류 중심 분류체계로 전환하였다(→ 10진법 중심의 분류).
- 한국고용직업분류(2025)는 사회경제적 변화, 산업·기술 변화 등으로 인한 직업구조의 변화와 대내외 개정 수요를 반영하여 개선하였다.
- 한국표준직업분류(KSCO)가 국제노동기구(ILO)의 국제표준직업분류(ISCO)를 근거로 직능수준(Skill Level)을 우선 고려하였다면, 한국고용직업분류(KECO)는 고용정책 기본법의 직업정보 제공 등을 위해 직능유형(Skill Type)을 우선 고려하고 중분류 이하에서 직능유형과 직능수준을 모두 고려하였다.

한국고용직업분류(2025)의 대분류

```
0 경영·사무·금융·보험직          5 미용·여행·숙박·음식·경비·청소직
1 연구직 및 공학 기술직           6 영업·판매·운전·운송직
2 교육·법률·사회복지·경찰·소방직 및 군인   7 건설·채굴직
3 보건·의료직                    8 설치·정비·생산직
4 예술·디자인·방송·스포츠직       9 농림어업직
```

> **쌤의 비법노트**
> 한국표준직업분류(KSCO)는 통계법 제22조(표준분류)에 따라 통계청장이 작성·고시하는 반면, 한국고용직업분류(KECO)는 고용정책 기본법 제15조(고용·직업 정보의 수집·관리)에 따라 고용노동부장관이 작성·고시합니다. 참고로 한국고용직업분류(KECO)의 최신 개정은 「한국고용직업분류 2025(KECO-2025)」입니다.

02절 한국표준산업분류(KSIC)

1 개요

한국표준산업분류(2024)

(1) 연혁

① 한국표준산업분류(KSIC ; Korean Standard Industrial Classification)는 산업관련 통계자료의 정확성, 비교성을 확보하기 위하여 작성된 것으로, 1963년 3월 경제활동 부문 중에서 우선 광업과 제조업 부문에 대한 산업분류를 제정하였고(→ 제1권 광업·제조업편), 1964년 4월 제조업 이외 부문에 대한 산업분류를 추가로 제정함으로써 우리나라의 표준산업분류 체계를 완성하였다(→ 제2권 비제조업편).

② 한국표준산업분류(KSIC)는 2017년 제10차 개정 이후 국내 산업구조 및 환경 변화, 개정 수요·국제분류 기준 등을 반영하기 위하여 2021년 9월 기본계획을 수립하고 약 3년에 걸친 제11차 개정 작업을 추진하였다.

> **쌤의 비법노트**
>
> 통계청은 한국표준산업분류(KSIC) 제11차 개정을 통해 경제관련 통계의 현실적합성, 국제 비교성 등을 제고하여 각종 경제정책 수립·평가, 통계 결과·지표 분석에 유용하게 활용될 것으로 기대하고 있습니다.

> **쌤의 비법노트**
>
> '한국표준산업분류(2017)'는 제10차 개정을, '한국표준산업분류(2024)'는 제11차 개정을 의미합니다.

③ 2017년 12월 「통계분류 제·개정 업무처리 지침」 개정에 따라 5년마다 정기적으로 개정하도록 변경하였다.

구 분	고시일자	시행일자
제1차 개정	1965. 09. 08.	1965. 09. 08.
제2차 개정	1968. 02. 01.	1968. 03. 01.
제3차 개정	1970. 03. 13.	1970. 05. 01.
제4차 개정	1975. 12. 03.	1976. 01. 01.
제5차 개정	1984. 01. 26.	1984. 02. 01.
제6차 개정	1991. 09. 09.	1992. 01. 01.
제7차 개정	1998. 02. 18.	1998. 02. 18.
제8차 개정	2000. 01. 07.	2000. 03. 01.
제9차 개정	2007. 12. 28.	2008. 02. 01.
제10차 개정	2017. 01. 13.	2017. 07. 01.
제11차 개정	2024. 01. 01.	2024. 07. 01.

한국표준산업분류(KSIC)의 개정 연혁

(2) 한국표준산업분류(KSIC) 제11차 개정의 주요 특징

① 미래·성장산업 분류항목의 신설·세분
　　수소, 체외진단시약, 이차전지, 전기차, 풍력발전, 영상물·오디오물 제공, 가상자산 매매 및 중개, 온라인 플랫폼 활용 서비스 산업 등

② 상대적 비중 감소 산업 분류항목의 통합
　　콩나물 재배, 타이어 재생, 동(銅)주물, 사진 및 영사기, 일반저울, 펄프 및 종이 가공용 기계, 전자악기 제조, 내륙 수상 여객 및 화물 운송, 복사업 등

③ 대국민·관계기관 수렴 의견 등 개정 수요 반영에 따른 신설·세분
　　생물의약품, 인조대리석, 치과기공물, 임플란트, 부동산 분양 대행, 카지노 등

④ 국제기준의 반영에 따른 분류 이동
　　사회보장보험업, 연금업을 대분류 K(금융 및 보험업)에서 대분류 O(공공 행정, 국방 및 사회보장 행정)로 이동 등

(3) 한국표준산업분류(KSIC) 제11차 개정의 대분류 필기 출제 17, 13년 기출

대분류	명 칭	대분류	명 칭
A	농업, 임업 및 어업	L	부동산업
B	광 업	M	전문, 과학 및 기술 서비스업
C	제조업	N	사업시설 관리, 사업 지원 및 임대 서비스업
D	전기, 가스, 증기 및 공기 조절 공급업	O	공공 행정, 국방 및 사회보장 행정
E	수도, 하수 및 폐기물 처리, 원료 재생업	P	교육 서비스업
F	건설업	Q	보건업 및 사회복지 서비스업
G	도매 및 소매업	R	예술, 스포츠 및 여가관련 서비스업
H	운수 및 창고업	S	협회 및 단체, 수리 및 기타 개인 서비스업
I	숙박 및 음식점업	T	가구 내 고용활동 및 달리 분류되지 않은 자가 소비 생산활동
J	정보통신업	U	국제 및 외국기관
K	금융 및 보험업	–	–

쌤의 비법노트

한국표준산업분류(2024)의 대분류 및 중분류는 한국표준산업분류(2017)와 차이가 없습니다. 다만, 소분류, 세분류, 세세분류에서 각각 2개, 6개, 9개 순증을 보이고 있습니다.

이렇게 출제된다! 1차 기출 OX

Q 한국표준산업분류(KSIC)의 대분류 A는 '농업, 임업 및 어업'이다?

A (○)

(4) 대분류별 주요 개정 내용 필기 출제 22, 21, 18, 17년 기출

① A 농업, 임업 및 어업

콩나물 재배업은 기타 시설작물 재배업으로 통합하였다.

② C 제조업

㉠ 배합 사료 제조업은 반려동물용 사료 제조업과 배합 사료 제조업으로 세분하였다.

㉡ 산업용 가스 제조업은 수소 제조업과 산소, 질소 및 기타 산업용 가스 제조업으로 세분하였다.

㉢ 생물학적 제제 제조업은 기초 의약 물질 제조업과 체외 진단 시약 제조업으로 세분하였다.

㉣ 축전지 제조업은 운송장비용 이차전지 제조업과 기타 이차전지 제조업으로 세분하였다.

㉤ 공기 조화장치 제조업은 가정용 및 산업용 공기 조화장치 제조업과 운송장비용 공기 조화장치 제조업으로 세분하였다.

㉥ 승용차 및 기타 여객용 자동차 제조업은 내연기관 승용차 및 기타 여객용 자동차 제조업과 전기 승용차 및 기타 여객용 전기 자동차 제조업으로 세분하였다.

㉦ 코크스 및 관련제품 제조업과 연탄 및 기타 석탄 가공품 제조업은 코크스 및 연탄 제조업으로 통합하였다.

㉧ 타이어 및 튜브 제조업과 타이어 재생업은 고무 타이어 및 튜브 제조업으로 통합하였다.

㉨ 동주물 주조업은 기타 비철금속 주조업으로 통합하였다.

쌤의 비법노트

한국표준산업분류(KSIC) 제11차 개정에서 어떤 업종이 세분·통합·이동하였는지를 잘 살펴보시기 바랍니다. 참고로 대분류 B, E, P, Q, T, U는 주요 개정사항이 없습니다.

쌤의 비법노트

'축전지'가 '이차전지'로 명칭이 변경되었습니다. 참고로 일차전지는 재충전성을 가지지 않는 반면, 이차전지는 재충전성을 가집니다.

ⓩ 사진기, 영사기 및 관련 장비 제조업과 기타 광학기기 제조업은 기타 광학기기 및 사진기 제조업으로 통합하였다.

㋖ 펄프 및 종이 가공용 기계 제조업은 그 외 기타 특수목적용 기계 제조업으로 통합하였다.

③ D 전기, 가스, 증기 및 공기 조절 공급업

기타 발전업은 풍력 발전업과 기타 발전업으로 세분하였다.

④ F 건설업

건물용 기계·장비 설치 공사업은 건물용 기계·장비 설치 공사업과 승강설비 설치 공사업으로 세분하였다.

⑤ G 도매 및 소매업

㋙ 운송장비용 가스 충전업은 운송장비용 수소 충전업과 운송장비용 기타 가스 충전업으로 세분하였다.

㋚ 애완용동물 및 관련용품 소매업은 반려용 동물 및 관련용품 소매업으로 명칭을 변경하였다.

⑥ H 운수 및 창고업

㋙ 기타 수상 운송지원 서비스업은 선박관리업과 기타 수상 운송지원 서비스업으로 세분하였다.

㋚ 내륙 수상 여객 및 화물 운송업과 기타 내륙 수상 운송업은 기타 내륙 수상 여객 및 화물 운송업으로 통합하였다.

⑦ I 숙박 및 음식점업

기타 일반 및 생활 숙박시설 운영업은 야영장업과 기타 일반 및 생활 숙박시설 운영업으로 세분하였다.

⑧ J 정보통신업

㋙ 호스팅 및 관련 서비스업은 영상물 제공 서비스업, 오디오물 제공 서비스업, 호스팅 및 관련 서비스업으로 세분하였다.

㋚ 데이터베이스 및 온라인 정보 제공업은 영상물 제공 서비스업, 오디오물 제공 서비스업, 데이터베이스 및 온라인 정보 제공업으로 세분하였다.

㋛ 그 외 기타 정보 서비스업은 가상자산 매매 및 중개업과 그 외 기타 정보 서비스업으로 세분하였다.

⑨ K 금융 및 보험업

건강보험업, 산업 재해 및 기타 사회보장보험업, 연금업은 '대분류 O 공공 행정, 국방 및 사회보장 행정'으로 이동하였다.

⑩ L 부동산업

부동산 중개 및 대리업은 부동산 중개 및 대리업과 부동산 분양 대행업으로 세분하였다.

이렇게 출제된다! 적중 예상 OX

Q 운송장비용 수소 충전업은 운송장비용 가스 충전업으로 통합하였다?

A (×) 운송장비용 수소 충전업과 운송장비용 기타 가스 충전업으로 세분하였다.

쌤의 비법노트

교육 프로그램을 중심으로 운영하는 숙박시설을 갖춘 청소년 수련시설 운영업의 경우 '대분류 I 숙박 및 음식점업'이 아닌 '대분류 P 교육 서비스업'으로 분류된다는 점을 기억해 두세요.

쌤의 비법노트

부동산 임대업은 'L 부동산업(68)' 하위의 '6811 부동산 임대업'으로 분류되는 반면, 부동산 이외 임대업은 'N 사업시설 관리, 사업 지원 및 임대 서비스업(74~76)' 하위의 '761 운송장비 임대업', '762 개인 및 가정용품 임대업', '763 산업용 기계 및 장비 임대업' 등으로 분류됩니다.

⑪ M 전문, 과학 및 기술 서비스업
  ㉠ 광고매체 판매업은 그 외 기타 광고 관련 서비스업으로 통합하였다.
  ㉡ 지질 조사 및 탐사업과 지도 제작업은 지질 조사·탐사 및 지도 제작업으로 통합하였다.
  ㉢ 옥외 및 전시 광고업은 옥외 광고업으로 명칭을 변경하였다.
⑫ N 사업시설 관리, 사업 지원 및 임대 서비스업
  ㉠ 그 외 기타 분류 안 된 사업지원 서비스업은 온라인 활용 마케팅 및 관련 사업지원 서비스업과 그 외 기타 분류 안 된 사업지원 서비스업으로 세분하였다.
  ㉡ 문서 작성업과 복사업은 문서 작성 및 복사업으로 통합하였다.
⑬ O 공공 행정, 국방 및 사회보장 행정
  국제기준을 반영하여 사회보장보험업 및 연금업을 '대분류 K'에서 '대분류 O'로 이동하였다.
⑭ R 예술, 스포츠 및 여가관련 서비스업
  ㉠ 기타 사행시설 관리 및 운영업은 카지노 운영업과 기타 사행시설 관리 및 운영업으로 세분하였다.
  ㉡ 공연 및 제작관련 대리업은 그 외 기타 창작 및 예술관련 서비스업으로 통합하였다.
⑮ S 협회 및 단체, 수리 및 기타 개인 서비스업
  애완동물장묘 및 보호 서비스업은 반려동물 장묘 및 보호 서비스업으로 명칭을 변경하였다.

2 한국표준산업분류의 이해

(1) 산업의 정의 필기 출제 22, 21, 20, 19, 16, 15, 13, 12, 07, 04년 기출

① '산업'이란 "유사한 성질을 갖는 산업활동에 주로 종사하는 생산단위의 집합"이다.
② '산업활동'이란 "각 생산단위가 노동, 자본, 원료 등 자원을 투입하여, 재화 또는 서비스를 생산 또는 제공하는 일련의 활동과정"이다.
③ 산업활동의 범위에는 영리적·비영리적 활동이 모두 포함되나, 가정 내의 가사 활동은 제외된다.

(2) 분류 목적 필기 출제 21, 17, 16, 14, 13, 12, 11, 03년 기출

① 한국표준산업분류는 생산단위(사업체 단위, 기업체 단위 등)가 주로 수행하는 산업활동을 그 유사성에 따라 체계적으로 유형화 한 것이다.
② 한국표준산업분류는 산업활동에 의한 통계 자료의 수집, 제표, 분석 등을 위해서 활동 분류 및 범위를 제공하기 위한 것이다.
③ 통계법에서는 산업통계 자료의 정확성, 비교성을 위하여 모든 통계작성기관이 이를 의무적으로 사용하도록 규정하고 있다.

쌤의 비법노트

연금업은 개인연금을 제외한 의무가입 성격의 국민연금 및 직역연금(공무원연금 등) 관련 업무를 수행하는 산업활동을 말합니다.

이렇게 출제된다! 2차 주관식
1. 한국표준산업분류에서 산업 및 산업활동의 정의를 쓰시오.
2. 한국표준산업분류에서 산업, 산업활동, 산업활동의 범위를 각각 설명하시오.

쌤의 비법노트

한국표준산업분류(KSIC)의 산업분류 목적과 한국표준직업분류(KSCO)의 직업분류 목적을 잘 구분할 수 있어야 합니다.

④ 한국표준산업분류는 통계작성 목적 이외에도 일반 행정 및 산업정책 관련 법령에서 적용 대상 산업영역을 한정하는 기준 등으로 활용되고 있다.

(3) 분류 범위 〔필기 출제〕 14년 기출

① 한국표준산업분류는 산업활동의 유형에 따른 분류이므로, 이 분류의 범위는 국민계정(SNA)에서 정의한 것처럼 경제활동에 종사하고 있는 단위에 대한 분류로 국한하고 있다.
② 다만, 국제표준산업분류(ISIC)에서도 규정하고 있는 '자가 소비를 위한 가사 서비스 활동(982)'은 국민계정(SNA) 생산영역 밖에 있지만 가구의 생계활동을 측정하기 위한 중요한 틀이 되기 때문에 '자가 소비를 위한 가사 생산 활동(981)'과 병행하여 분류하고 있다.

(4) 분류 기준 〔필기 출제〕 20, 18, 15, 14, 12, 11, 10, 09, 06년 기출

산업분류는 생산단위가 주로 수행하고 있는 산업활동을 그 유사성에 따라 유형화한 것으로, 이는 다음과 같은 분류 기준에 의하여 적용된다.

① 산출물(생산된 재화 또는 제공된 서비스)의 특성
  ㉠ 산출물의 물리적 구성 및 가공 단계
  ㉡ 산출물의 수요처
  ㉢ 산출물의 기능 및 용도
② 투입물의 특성
  원재료, 생산 공정, 생산기술 및 시설 등
③ 생산활동의 일반적인 결합형태

(5) 통계단위

① 개 념 〔필기 출제〕 21~13, 11, 10, 09년 기출
  ㉠ '통계단위'란 생산단위의 활동(생산, 재무활동 등)에 관한 통계작성을 위하여 필요한 정보를 수집 또는 분석할 대상이 되는 관찰 또는 분석단위를 말한다.
  ㉡ 생산활동과 장소의 동질성의 차이에 따라 통계단위는 다음과 같이 구분된다.

구 분	하나 이상 장소	단일 장소
하나 이상 산업활동	기업집단 단위	지역 단위
	기업체 단위	
단일 산업활동	활동유형 단위	사업체 단위

※ 하나의 기업체 또는 기업집단을 전제함

② 사업체 단위의 정의 〔필기 출제〕 12년 기출
  ㉠ 사업체 단위는 공장, 광산, 상점, 사무소 등과 같이 산업활동과 지리적 장소의 양면에서 가장 동질성이 있는 통계단위이다.

ⓒ 일정한 물리적 장소에서 단일 산업활동을 독립적으로 수행하며, 영업잉여에 관한 통계를 작성할 수 있고 생산에 관한 의사결정에 있어서 자율성을 갖고 있는 단위이므로, 장소의 동질성과 산업활동의 동질성이 요구되는 생산통계 작성에 가장 적합한 통계단위라고 할 수 있다.

③ 기업체 단위의 정의 〔필기 출제〕 19, 16년 기출
　㉠ 기업체 단위란 재화 및 서비스를 생산하는 법적 또는 제도적 단위의 최소 결합체로서, 자원 배분에 관한 의사결정에서 자율성을 갖고 있다.
　㉡ 기업체는 하나 이상의 사업체로 구성될 수 있다는 점에서 사업체와 구분되며, 재무 관련 통계작성에 가장 유용한 단위이다.

(6) 통계단위의 산업결정

① 생산단위의 활동 형태 〔필기 출제〕 17, 13, 12, 10, 07, 06년 기출
　㉠ 생산단위의 산업활동은 일반적으로 주된 산업활동, 부차적 산업활동 및 보조적 활동이 결합되어 복합적으로 이루어진다.
　㉡ 주된 산업활동은 산업활동이 복합 형태로 이루어질 경우 생산된 재화 또는 제공된 서비스 중에서 부가가치(액)가 가장 큰 활동을 말한다.
　㉢ 부차적 산업활동은 주된 산업활동 이외의 재화 생산 및 서비스 제공 활동을 말한다.
　㉣ 주된 활동과 부차적 활동은 보조 활동의 지원 없이는 수행될 수 없다.
　㉤ 보조 활동은 모 생산단위에서 사용되는 비내구재 또는 서비스를 제공하는 활동으로서, 생산활동을 지원해 주기 위하여 존재한다. 이러한 보조 활동에는 회계, 창고, 운송, 구매, 판매 촉진, 수리 서비스 등이 포함된다.
　㉥ 다음과 같은 활동단위는 보조단위로 보아서는 안 되며, 별개의 활동으로 간주하여 그 자체활동에 따라 분류하여야 한다.

> - 고정자산을 구성하는 재화의 생산. 예를 들면 자기계정을 위한 건설활동을 하는 경우 이에 관한 별도의 자료를 이용할 수 있으면 건설활동으로 분류
> - 모 생산단위에서 사용되는 재화나 서비스를 보조적으로 생산하더라도 그 생산되는 재화나 서비스의 대부분을 다른 시장(사업체 등)에 판매하는 경우
> - 모 생산단위가 생산하는 생산품의 구성 부품이 되는 재화를 생산하는 경우, 예를 들면 모 생산단위의 생산품을 포장하기 위한 캔, 상자 및 유사 제품의 생산활동
> - 연구 및 개발활동은 통상적인 생산과정에서 소비되는 서비스를 제공하는 것이 아니므로 그 자체의 본질적인 성질에 따라 전문, 과학 및 기술 서비스업으로 분류되며, 국민계정(SNA) 측면에서는 고정자본의 일부로 고려된다.

② 산업 결정 방법 〔필기 출제〕 22, 21, 20, 19, 17, 15, 14, 13, 11, 10, 09, 07, 06, 04년 기출
　㉠ 생산단위의 산업활동은 그 생산단위가 수행하는 주된 산업활동(판매 또는 제공하는 재화 및 서비스)의 종류에 따라 결정된다. 이러한 주된 산업활동은 산출물(재화 또는 서비스)에 대한 부가가치(액)의 크기에 따라 결정되어야 하나, 부가가치(액) 측정이 어려운 경우에는 산출액에 의하여 결정한다.

이렇게 출제된다! 2차 주관식
한국표준산업분류(KSIC)의 산업분류 결정방법 중 생산단위의 활동 형태 3가지를 쓰고, 각각에 대해 설명하시오.

이렇게 출제된다! 2차 주관식
한국표준산업분류(KSIC)의 활동단위와 관련하여 해당 활동단위를 보조단위가 아닌, 별개의 독립된 활동으로 보아야 하는 4가지 유형을 쓰시오.

이렇게 출제된다! 2차 주관식

한국표준산업분류(KSIC)에서 통계단위의 산업을 결정하는 방법을 3가지 쓰시오.

ⓒ 상기의 원칙에 따라 결정하는 것이 적합하지 않을 경우에는 그 해당 활동의 종업원 수 및 노동시간, 임금 및 급여액 또는 설비의 정도에 의하여 결정한다.
ⓒ 계절에 따라 정기적으로 산업을 달리하는 사업체의 경우에는 조사시점에서 경영하는 사업과는 관계없이 조사대상 기간 중 산출액이 많았던 활동에 의하여 분류한다.
ⓔ 휴업 중 또는 자산을 청산 중인 사업체의 산업은 영업 중 또는 청산을 시작하기 이전의 산업활동에 의하여 결정하며, 설립 중인 사업체는 개시하는 산업활동에 따라 결정한다.
ⓜ 단일사업체의 보조단위는 그 사업체의 일개 부서로 포함하며, 여러 사업체를 관리하는 중앙 보조단위(본부, 본사 등)는 별도의 사업체로 처리한다.

(7) 산업분류의 적용원칙 필기 출제 22~12, 10, 09, 08, 07, 04년 기출

쌤의 비법노트

산업분류의 적용원칙에서는 특히 본문의 ①~④번 내용이 반복적으로 문제의 지문으로 제시되고 있습니다.

① 생산단위는 산출물뿐만 아니라 투입물과 생산공정 등을 함께 고려하여 그들의 활동을 가장 정확하게 설명된 항목에 분류해야 한다.
② 복합적인 활동단위는 우선적으로 최상급 분류단계(대분류)를 정확히 결정하고, 순차적으로 중·소·세·세세분류 단계 항목을 결정하여야 한다.
③ 산업활동이 결합되어 있는 경우에는 그 활동단위의 주된 활동에 따라서 분류하여야 한다.
④ 수수료 또는 계약에 의하여 활동을 수행하는 단위는 동일한 산업활동을 자기계정과 자기책임 하에서 생산하는 단위와 같은 항목에 분류하여야 한다.
⑤ 자기가 직접 실질적인 생산활동은 하지 않고, 다른 계약업자에 의뢰하여 재화 또는 서비스를 자기계정으로 생산하게 하고, 이를 자기명의로, 자기 책임 아래 판매하는 단위는 이들 재화나 서비스 자체를 직접 생산하는 단위와 동일한 산업으로 분류하여야 한다.
⑥ 각종 기계장비 및 용품의 개량, 개조 및 재제조 등 재생활동은 일반적으로 그 기계장비 및 용품 제조업과 동일 산업으로 분류하지만, 산업 규모 및 중요성 등을 고려하여 별도의 독립된 분류에서 구성하고 있는 경우에는 그에 따른다.
⑦ 자본재로 주로 사용되는 산업용 기계 및 장비의 전문적인 수리활동은 경상적인 유지·수리를 포함하여 "34 : 산업용 기계 및 장비 수리업"으로 분류한다. 자본재와 소비재로 함께 사용되는 컴퓨터, 자동차, 가구류 등과 생활용품으로 사용되는 소비재 물품을 전문적으로 수리하는 산업활동은 "95 : 개인 및 소비용품 수리업"으로 분류한다.
⑧ 동일 단위에서 제조한 재화의 소매활동은 별개 활동으로 분류하지 않고 제조활동으로 분류되어야 한다. 그러나 자기가 생산한 재화와 구입한 재화를 함께 판매한다면 그 주된 활동에 따라 분류한다.
⑨ '공공행정 및 국방, 사회보장 사무, 의무가입 성격의 연금 업무' 이외의 교육, 보건, 제조, 유통 및 금융 등 다른 산업활동을 수행하는 정부기관은 그 활동의 성질에 따라 분류하여야 한다. 반대로, 법령 등에 근거하여 전형적인 공공행정 부문에 속하는 산업활동을 정부기관이 아닌 민간에서 수행하는 경우에는 공공행정 부문으로 포함한다.

이렇게 출제된다! 1차 기출 OX

Q 자본재로 주로 사용되는 산업용 기계 및 장비의 전문적인 수리활동은 경상적인 유지·수리를 포함하여 "95 개인 및 소비용품 수리업"으로 분류한다?

A (×) "34 산업용 기계 및 장비 수리업"으로 분류한다.

⑩ 생산단위의 소유 형태, 법적 조직 유형 또는 운영 방식은 산업분류에 영향을 미치지 않는다.
⑪ 공식적 생산물과 비공식적 생산물, 합법적 생산물과 불법적인 생산물을 달리 분류하지 않는다.

(8) 분류구조 및 부호체계 필기 출제 22, 19, 18, 16, 14, 13, 12, 11년 기출

① 분류구조는 대분류(알파벳 문자 사용/Section), 중분류(2자리 숫자 사용/Division), 소분류(3자리 숫자 사용/Group), 세분류(4자리 숫자 사용/Class), 세세분류(5자리 숫자 사용/Sub-Class) 5단계로 구성된다.
② 부호 처리를 할 경우에는 아라비아 숫자만을 사용하도록 했다.
③ 권고된 국제분류 ISIC Rev.4를 기본체계로 하였으나, 국내 실정을 고려하여 국제분류의 각 단계 항목을 분할, 통합 또는 재그룹화하여 독자적으로 분류 항목과 분류 부호를 설정하였다.
④ 분류 항목 간에 산업 내용의 이동을 가능한 억제하였으나 일부 이동 내용에 대한 연계분석 및 시계열 연계를 위하여 부록에 수록된 신구 연계표를 활용하도록 하였다.
⑤ 중분류의 번호는 01부터 99까지 부여하였으며, 대분류별 중분류 추가여지를 남겨놓기 위하여 대분류 사이에 번호 여백을 두었다.
⑥ 소분류 이하 모든 분류의 끝자리 숫자는 "0"에서 시작하여 "9"에서 끝나도록 하였으며, "9"는 기타 항목을 의미하며 앞에서 명확하게 분류되어 남아 있는 활동이 없는 경우에는 "9" 기타 항목이 필요 없는 경우도 있다. 또한 각 분류 단계에서 더 이상 하위분류가 세분되지 않을 때는 "0"을 사용한다(예 중분류 02 임업 / 소분류 020 임업).

Comment
한국표준산업분류(KSIC)의 분류구조에서 대분류를 알파벳 문자로 표시한다고 해도, 이를 부호 처리할 경우 아라비아 숫자만을 사용합니다. 예를 들어, 대문자 'N'은 '사업시설 관리, 사업 지원 및 임대 서비스업'에 해당하는데, 이는 중분류 '74~76'을 포함합니다. 참고로 중분류 '75 사업 지원 서비스업'에 '75110 고용 알선업'이 있습니다.

이렇게 출제된다! 2차 주관식

한국표준산업분류(KSIC)의 산업분류 적용원칙을 4가지 쓰시오.

쌤의 비법노트

한국표준직업분류(KSCO)에서는 분류번호를 아라비아 숫자와 알파벳 A로 표시한다는 점과 혼동하지 않도록 주의하세요.

CHAPTER 01 출제 유형 알아보기

제3과목 직업정보

01절 한국표준직업분류(KSCO)

> * 참고 : 한국표준직업분류(KSCO) 제8차 개정은 직업상담사 시험에서 '한국표준직업분류(제8차)', '한국표준직업분류(2024)' 혹은 '한국표준직업분류(2025)'로 제시될 수 있습니다.

01 다음 중 한국표준직업분류 제8차 개정의 주요 특징에 대한 설명으로 옳지 않은 것은?

① 보건 · 사회복지 및 종교 관련직에서 보건 전문가 및 관련직으로 중분류를 분리하였다.
② 돌봄서비스 일자리와 관련한 돌봄 및 보건 서비스직을 중분류로 분리 · 신설하였다.
③ 반려동물 대상 서비스 확대로 동물 관련 서비스 종사자를 신설하였다.
④ 플랫폼 노동 확대로 택배원과 늘찬배달원을 통합하였다.

해설
④ 플랫폼 노동 확대로 택배원과 별도로 늘찬배달원을 신설하였다.

02 다음 중 한국표준직업분류(제8차)의 대분류 4에 해당하는 것은?

① 서비스 종사자
② 사무 종사자
③ 단순 노무 종사자
④ 판매 종사자

해설
한국표준직업분류(KSCO) 제8차 개정(2024)의 대분류
- 대분류 1 : 관리자
- 대분류 2 : 전문가 및 관련 종사자
- 대분류 3 : 사무 종사자
- 대분류 4 : 서비스 종사자
- 대분류 5 : 판매 종사자
- 대분류 6 : 농림어업 숙련 종사자
- 대분류 7 : 기능원 및 관련 기능 종사자
- 대분류 8 : 장치 · 기계 조작 및 조립 종사자
- 대분류 9 : 단순 노무 종사자
- 대분류 A : 군인

정답 01 ④ 02 ①

03 다음 한국표준직업분류(제8차)의 대분류 중 관리자에 대한 설명으로 옳지 않은 것은?

① 5개 중분류로 구성되어 있다.
② 관리자는 개개인이 수행하는 업무의 특성이 아니라 직위나 직급에 따라 분류되어야 한다.
③ 현업을 겸할 경우에는 정책을 결정하고 관리, 지휘, 조정하는 데 직무 시간의 80% 이상을 사용하는 경우에만 관리자 직군으로 분류한다.
④ 관리자는 반드시 상당한 하부조직을 가져야 하며, 이러한 하부조직원의 업무를 지휘 및 조정하는 것이 주 업무인 경우에 해당된다.

> **해설**
> ② 관리자는 직위나 직급에 의한 것이 아니라 개개인이 수행하는 업무의 특성에 따라 분류되어야 한다.

04 다음 중 보기의 내용과 관련된 한국표준직업분류(제8차)의 대분류에 해당하는 것은?

> • 주로 간단한 수공구를 사용하거나 단순하고 일상적이며, 어떤 경우에는 상당한 육체적 노력이 요구되고, 거의 제한된 창의와 판단만을 필요로 하는 업무를 수행한다.
> • 몇 시간 혹은 몇 십 분의 직무훈련(OJT)으로 업무수행이 가능하다.

① 단순 노무 종사자
② 장치 · 기계 조작 및 조립 종사자
③ 기능원 및 관련 기능 종사자
④ 농림어업 숙련 종사자

> **해설**
> ② '대분류 8 장치 · 기계 조작 및 조립 종사자'의 경우 기계 및 장비에 대한 경험과 이해가 요구되며, 기계의 성능이 생산성을 좌우한다.
> ③ '대분류 7 기능원 및 관련 기능 종사자'의 경우 작업은 손과 수공구를 주로 사용하며 기계를 사용하더라도 기계의 성능보다 사람의 기능이 갖는 역할이 중요하다.
> ④ '대분류 6 농림어업 숙련 종사자'의 경우 자기 계획과 판단에 따라 농산물, 임산물 및 수산물의 생산에 필요한 지식과 경험을 기초로 한다.

05 다음 중 직업 성립의 일반요건과 가장 거리가 먼 것은?

① 윤리성
② 경제성
③ 계속성
④ 사회보장성

> **해설**
> **직업(활동) 성립의 일반요건**
> • 계속성 : 계속해서 하는 일이어야 한다.
> • 경제성 : 노동의 대가로 그에 따른 수입이 있어야 한다.
> • 윤리성 : 비윤리적인 직업이 아니어야 한다.
> • 사회성 : 사회적으로 가치 있고 쓸모 있는 일이어야 한다.

정답 03 ② 04 ① 05 ④

06 다음 중 한국표준직업분류(제8차)에서 직업으로 볼 수 있는 활동으로 가장 옳은 것은?

① 주식투자에 의한 시세차익이 있는 경우
② 자기 집의 가사 활동에 전념하는 경우
③ 의무 복무가 아닌 부사관
④ 사회복지시설 수용자의 시설 내 경제활동

> **해설**
>
> ③ 의무 복무 여부를 불문하고 현재 군인 신분을 유지하고 있는 군인은 한국표준직업분류(KSCO)의 '대분류 A 군인'으로 분류된다.

07 다음 중 한국표준직업분류(제8차)의 목적 및 활용에 해당하지 않는 것은?

① 취업알선을 위한 구인·구직안내 기준
② 직종별 급여 및 수당지급 결정 기준
③ 실직자의 직업훈련을 지원하기 위한 기준
④ 산재보험요율, 생명보험요율 또는 산재보상액, 교통사고 보상액 등의 결정 기준

> **해설**
>
> **한국표준직업분류(제8차)의 목적 및 활용**
> - 각종 사회·경제통계조사의 직업단위 기준
> - 취업알선을 위한 구인·구직안내 기준(①)
> - 직종별 급여 및 수당지급 결정 기준(②)
> - 직종별 특정질병의 이환율, 사망률과 생명표 작성 기준
> - 산재보험요율, 생명보험요율 또는 산재보상액, 교통사고 보상액 등의 결정 기준(④)

08 다음 중 한국표준직업분류(제8차)의 대분류와 해당 직능수준을 연결한 것으로 옳지 않은 것은?

① 관리자 - 제4직능수준 혹은 제3직능수준 필요
② 사무 종사자 - 제2직능수준 필요
③ 기능원 및 관련 기능 종사자 - 제2직능수준 필요
④ 군인 - 직능수준과 무관

> **해설**
>
> ④ '대분류 A 군인'은 한국표준직업분류 제6차 개정(2007)까지 "직능수준과 무관"이었으나 제7차 개정(2018) 이후 "제2직능수준 이상 필요"로 변경되었다.

09 다음 중 한국표준직업분류(제8차)에서 포괄적인 업무의 분류적용 원칙에 해당하는 것은?

① 포괄성의 원칙
② 최상급 직능수준 우선 원칙
③ 취업시간 우선의 원칙
④ 조사 시 최근의 직업 원칙

| 해설 |

직업분류 원칙[출처 : 한국표준직업분류(제8차)]

일반원칙	• 포괄성의 원칙 • 배타성의 원칙
순서배열 원칙	• 한국표준산업분류(KSIC) • 특수-일반분류 • 고용자 수와 직능수준, 직능유형 고려
포괄적인 업무의 분류적용 원칙	• 주된 직무 우선 원칙 • 최상급 직능수준 우선 원칙 • 생산업무 우선 원칙
다수 직업 종사자의 분류적용 원칙	• 취업시간 우선의 원칙 • 수입 우선의 원칙 • 조사 시 최근의 직업 원칙

10 다음 중 한 사람이 전혀 상관이 없는 두 가지 이상의 직업에 종사할 경우 그 사람의 직업을 결정하는 일반적 원칙으로 옳지 않은 것은?

① 경력이 많은 직업으로 결정한다.
② 수입이 많은 직업으로 결정한다.
③ 취업시간이 많은 직업으로 결정한다.
④ 최근에 종사한 직업으로 결정한다.

| 해설 |

다수 직업 종사자의 분류적용 원칙[출처 : 한국표준직업분류(제8차)]
• 취업시간 우선의 원칙
• 수입 우선의 원칙
• 조사 시 최근의 직업 원칙

정답 09 ② 10 ①

11 다음 중 한국표준직업분류(제8차)상 특정 직업의 분류요령에 대한 설명으로 옳지 않은 것은?

① 연구 및 개발업무 종사자는 '대분류 2 전문가 및 관련 종사자'에서 그 전문 분야에 따라 분류된다.
② 반장 등과 같이 주로 수행된 일의 전문, 기술적인 통제업무를 수행하는 감독자는 그 감독되는 근로자와 동일 직종으로 분류한다.
③ 자영업주 및 고용주의 직업은 최상급 직능수준 우선 원칙에 따라 분류된다.
④ 행정 관리 및 입법기능을 수행하는 자는 '대분류 1 관리자'에 분류된다.

해설

자영업주 및 고용주 관련 직업의 분류요령
자영업주 및 고용주는 수행되는 일의 형태나 직무내용에 따른 정의가 아니라 고용형태 또는 종사상 지위에 따라 정의된 개념으로, 이들의 직업은 주된 직무 우선 원칙에 따라 수행하는 직무 중 분류항목과 가장 연관이 많이 되는 직무로 분류된다.

12 다음 중 한국고용직업분류(2025)의 대분류에 해당하지 않는 것은?

① 군 인
② 건설·채굴직
③ 설치·정비·생산직
④ 연구직 및 공학 기술직

해설

한국고용직업분류(2025)의 대분류

0 경영·사무·금융·보험직	5 미용·여행·숙박·음식·경비·청소직
1 연구직 및 공학 기술직	6 영업·판매·운전·운송직
2 교육·법률·사회복지·경찰·소방직 및 군인	7 건설·채굴직
3 보건·의료직	8 설치·정비·생산직
4 예술·디자인·방송·스포츠직	9 농림어업직

02절 한국표준산업분류(KSIC)

> * 참고 : 한국표준산업분류(KSIC) 제11차 개정은 직업상담사 시험에서 '한국표준산업분류(제11차)' 혹은 '한국표준산업분류(2024)'로 제시될 수 있습니다.

13 다음 중 한국표준산업분류(제11차)의 주요 개정 내용으로 가장 옳은 것은?

① 콩나물 재배업은 기타 시설작물 재배업으로 통합하였다.
② 운송장비용 이차전지 제조업은 기타 이차전지 제조업으로 통합하였다.
③ 부동산 중개 및 대리업은 부동산 중개업과 부동산 대리업으로 세분하였다.
④ 국제기준을 반영하여 사회보장보험업 및 연금업을 '대분류 O'에서 '대분류 K'로 이동하였다.

해설
② 축전지 제조업은 운송장비용 이차전지 제조업과 기타 이차전지 제조업으로 세분하였다.
③ 부동산 중개 및 대리업은 부동산 중개 및 대리업과 부동산 분양 대행업으로 세분하였다.
④ 국제기준을 반영하여 사회보장보험업 및 연금업을 '대분류 K 금융 및 보험업'에서 '대분류 O 공공 행정, 국방 및 사회보장 행정'으로 이동하였다.

14 다음 중 한국표준산업분류(제11차)의 분류 목적에 대한 설명으로 옳지 않은 것은?

① 산업활동에 의한 통계 자료의 수집, 제표, 분석 등을 위해서 활동 분류 및 범위를 제공한다.
② 취업알선을 위한 구인·구직안내 기준으로 사용된다.
③ 일반 행정 및 산업정책 관련 법령에서 적용대상 산업영역을 한정하는 기준으로 활용된다.
④ 산업통계 자료의 정확성, 비교성을 위하여 모든 통계작성기관이 의무적으로 사용해야 한다.

해설
② 취업알선을 위한 구인·구직안내 기준으로 사용되는 것은 한국표준직업분류(KSCO)에 해당한다.

15 다음 중 한국표준산업분류(제11차)의 분류 기준에 해당하지 않는 것은?

① 투입물의 특성
② 생산활동의 일반적인 결합형태
③ 생산된 재화 또는 제공된 서비스의 특성
④ 생산단위가 수행하는 산업활동의 차별성

해설
한국표준산업분류(제11차)의 분류 기준
- 산출물(생산된 재화 또는 제공된 서비스)의 특성 : 산출물의 물리적 구성 및 가공 단계, 산출물의 수요처, 산출물의 기능 및 용도
- 투입물의 특성 : 원재료, 생산 공정, 생산기술 및 시설 등
- 생산활동의 일반적인 결합형태

정답 13 ① 14 ② 15 ④

16 다음 중 한국표준산업분류(제11차)상 단일 장소에서 이루어지는 단일 산업활동의 통계단위는?

① 기업집단 단위
② 활동유형 단위
③ 사업체 단위
④ 지역 단위

해설

한국표준산업분류(제11차)의 통계단위 구분

구 분	하나 이상 장소	단일 장소
하나 이상 산업활동	기업집단 단위	지역 단위
	기업체 단위	
단일 산업활동	활동유형 단위	사업체 단위

17 다음 중 한국표준산업분류(제11차)에서 생산단위의 활동 형태에 대한 설명으로 옳지 않은 것은?

① 주된 산업활동은 산업활동이 복합 형태로 이루어질 경우 종업원 수 및 노동시간이 가장 많은 활동을 말한다.
② 부차적 산업활동은 주된 산업활동 이외의 재화 생산 및 서비스 제공 활동을 말한다.
③ 보조 활동에는 회계, 창고, 운송, 구매, 판매 촉진, 수리 서비스 등이 포함된다.
④ 모 생산단위의 생산품을 포장하기 위한 캔, 상자 및 유사 제품의 생산활동은 별개의 활동으로 간주하여 그 자체 활동에 따라 분류한다.

해설

① 주된 산업활동은 산업활동이 복합 형태로 이루어질 경우 생산된 재화 또는 제공된 서비스 중에서 부가가치(액)가 가장 큰 활동을 말한다.

18 다음 중 한국표준산업분류(제11차)의 산업 결정 방법에 대한 설명으로 옳지 않은 것은?

① 생산단위의 산업활동은 그 생산단위가 수행하는 주된 산업활동의 종류에 따라 결정된다.
② 계절에 따라 정기적으로 산업을 달리하는 사업체의 경우에는 조사시점에서 경영하는 사업에 의하여 결정한다.
③ 휴업 중 또는 자산을 청산 중인 사업체의 산업은 영업 중 또는 청산을 시작하기 이전의 산업활동에 의하여 결정한다.
④ 설립 중인 사업체는 개시하는 산업활동에 따라 결정한다.

해설

② 계절에 따라 정기적으로 산업을 달리하는 사업체의 경우에는 조사시점에서 경영하는 사업과는 관계없이 조사대상 기간 중 산출액이 많았던 활동에 의하여 분류한다.

19 다음 중 한국표준산업분류(제11차)의 산업분류 적용원칙으로 옳지 않은 것은?

① 생산단위는 산출물뿐만 아니라 투입물과 생산공정 등을 함께 고려하여 그들의 활동을 가장 정확하게 설명된 항목에 분류해야 한다.
② 산업활동이 결합되어 있는 경우에는 그 활동단위의 주된 활동에 따라서 분류해야 한다.
③ 수수료 또는 계약에 의하여 활동을 수행하는 단위는 동일한 산업활동을 자기계정과 자기책임 하에서 생산하는 단위와 같은 항목에 분류해야 한다.
④ 공식적 생산물과 비공식적 생산물, 합법적 생산물과 불법적인 생산물을 달리 분류해야 한다.

해설
④ 공식적 생산물과 비공식적 생산물, 합법적 생산물과 불법적인 생산물을 달리 분류하지 않는다.

20 다음 중 한국표준산업분류(제11차)의 분류구조 및 부호체계에 대한 설명으로 옳은 것은?

① 부호 처리를 할 경우에는 알파벳 문자와 아라비아 숫자를 함께 사용하도록 했다.
② 권고된 국제분류 ISIC Rev.4를 기본체계로 하였으나, 국내 실정을 고려하여 독자적으로 분류 항목과 분류 부호를 설정하였다.
③ 중분류의 번호는 001부터 999까지 부여하였으며, 대분류별 중분류 추가여지를 남겨놓기 위하여 대분류 사이에 번호 여백을 두었다.
④ 소분류 이하 모든 분류의 끝자리 숫자는 "01"에서 시작하여 "99"에서 끝나도록 하였다.

해설
① 부호 처리를 할 경우에는 아라비아 숫자만을 사용하도록 했다.
③ 중분류의 번호는 01부터 99까지 부여하였으며, 대분류별 중분류 추가여지를 남겨놓기 위하여 대분류 사이에 번호 여백을 두었다.
④ 소분류 이하 모든 분류의 끝자리 숫자는 "0"에서 시작하여 "9"에서 끝나도록 하였다.

정답 19 ④ 20 ②

CHAPTER 01 최근 기출문제 파악하기 1차 필기

제3과목 직업정보

> * 참고 : 한국표준직업분류(KSCO) 및 한국표준산업분류(KSIC)의 최신 개정에 따라 최근 기출문제의 내용 일부 혹은 표현의 일부를 약간 변형하였습니다.

01 한국표준직업분류(제8차)에서 직업분류의 개념과 기준에 관한 설명이다. (　) 안에 알맞은 직업분류 단위는? [2021년 3회 기출변형]

> 직무 범주화 기준에는 직무별 고용의 크기 또한 현실적인 기준이 된다. 한국표준직업분류에서는 (　) 단위에서 최소 1,000명의 고용을 기준으로 설정하였다.

① 대분류　　　　　　　　　　② 중분류
③ 소분류　　　　　　　　　　④ 세분류

해설

한국표준직업분류(KSCO)의 직무 범주화 기준[출처 : 한국표준직업분류(제8차)]
직무 범주화 기준에는 직무별 고용의 크기 또한 현실적인 기준이 된다. 한국표준직업분류에서는 세분류 단위에서 최소 1,000명의 고용을 기준으로 설정하였으며, 고용자 수가 많은 세분류에는 5,000~10,000명이 분포되어 있을 것으로 판단된다.

02 다음은 한국표준직업분류(제8차)에서 직업분류의 일반원칙이다. (　)에 알맞은 것은? [2022년 2회 기출변형]

> 동일하거나 유사한 직무는 어느 경우에든 같은 단위직업으로 분류되어야 한다는 점이다. 하나의 직무가 동일한 직업단위 수준에서 2개 혹은 그 이상의 직업으로 분류될 수 있다면 (　)의 원칙을 위반한 것이라 할 수 있다.

① 단일성　　　　　　　　　　② 배타성
③ 포괄성　　　　　　　　　　④ 경제성

해설

직업분류의 일반원칙[출처 : 한국표준직업분류(제8차)]
- 포괄성의 원칙 : 우리나라에 존재하는 모든 직무는 어떤 수준에서든지 분류에 포괄되어야 한다.
- 배타성의 원칙 : 동일하거나 유사한 직무는 어느 경우에든 같은 단위직업으로 분류되어야 한다.

01 ④　02 ②

03

한국표준산업분류(제11차)의 통계단위는 생산활동과 장소의 동질성의 차이에 따라 다음과 같이 구분된다. (　)에 알맞은 것은?　　[2021년 3회 기출변형]

구 분	하나 이상 장소	단일 장소
하나 이상 산업활동	XXX	XXX
	XXX	
단일 산업활동	(　)	XXX

① 기업집단 단위
② 지역 단위
③ 기업체 단위
④ 활동유형 단위

| 해설 |

한국표준산업분류(제11차)의 통계단위 구분

구 분	하나 이상 장소	단일 장소
하나 이상 산업활동	기업집단 단위	지역 단위
	기업체 단위	
단일 산업활동	활동유형 단위	사업체 단위

04

한국표준산업분류(제11차)의 분류구조 및 부호체계에 대한 설명으로 틀린 것은?　　[2022년 1회 기출변형]

① 분류구조는 대분류(알파벳 문자 사용), 중분류(2자리 숫자 사용), 소분류(3자리 숫자 사용), 세분류(4자리 숫자 사용)의 4단계로 구성된다.
② 부호 처리를 할 경우에는 아라비아 숫자만을 사용하도록 했다.
③ 권고된 국제분류 ISIC Rev.4를 기본체계로 하였으나, 국내 실정을 고려하여 국제분류의 각 단계 항목을 분할, 통합 또는 재그룹화하여 독자적으로 분류 항목과 분류 부호를 설정하였다.
④ 중분류의 번호는 01부터 99까지 부여하였으며, 대분류별 중분류 추가여지를 남겨놓기 위하여 대분류 사이에 번호 여백을 두었다.

| 해설 |

① 분류구조는 대분류(알파벳 문자 사용/Section), 중분류(2자리 숫자 사용/Division), 소분류(3자리 숫자 사용/Group), 세분류(4자리 숫자 사용/Class), 세세분류(5자리 숫자 사용/Sub-Class) 5단계로 구성된다.

CHAPTER 01 최근 기출문제 파악하기 **2차 실무**

제3과목 직업정보

01 한국표준직업분류(KSCO)에서 직업으로 보지 않는 활동을 6가지 쓰시오. (6점)

[2025년 2회, 2024년 2회, 2022년 2회, 2020년 1회, 2019년 3회, 2015년 1회, 2014년 2회, 2010년 1회, 2010년 2회, 2010년 4회, 2009년 2회, 2008년 1회, 2007년 3회 기출]

> **이렇게 외우세요!**
> ① 이자, 주식배당, 임대료 등과 같은 자산 수입이 있는 경우
> ② 사회보장이나 민간보험에 의한 수입이 있는 경우
> ③ 배당금이나 주식투자에 의한 시세차익이 있는 경우
> ④ 예·적금 인출, 보험금 수취, 차용 또는 토지·금융자산을 매각하여 수입이 있는 경우
> ⑤ 자기 집의 가사 활동에 전념하는 경우
> ⑥ 교육기관에 재학하며 학습에만 전념하는 경우

02 한국표준직업분류(KSCO)의 직업분류 원칙 중 포괄적인 업무의 분류적용 원칙 3가지를 쓰고, 각각에 대해 간략히 설명하시오. (6점)   [2023년 1회, 2020년 2회, 2020년 3회, 2020년 4회, 2009년 2회, 2009년 3회, 2007년 1회, 2005년 1회 기출]

> **이렇게 외우세요!**
> ① 주된 직무 우선 원칙 : 관련 직무 내용상의 상관성이 가장 많은 항목에 분류한다.
> ② 최상급 직능수준 우선 원칙 : 가장 높은 수준의 직무능력을 필요로 하는 일에 분류한다.
> ③ 생산업무 우선 원칙 : 생산단계에 관련된 업무를 우선적으로 분류한다.

03 한국표준산업분류(KSIC)에서 산업 및 산업활동의 정의를 각각 쓰시오. (4점)

[2024년 1회, 2022년 2회, 2020년 1회, 2018년 3회, 2013년 2회, 2010년 2회, 2007년 3회 기출]

> **이렇게 외우세요!**
> ① 산업 : 유사한 성질을 갖는 산업활동에 주로 종사하는 생산단위의 집합
> ② 산업활동 : 각 생산단위가 자원을 투입하여 재화나 서비스를 생산 또는 제공하는 일련의 활동

04 한국표준산업분류(KSIC)에서 통계단위의 산업 결정 방법을 4가지 쓰시오. (8점)

[2024년 3회, 2023년 1회, 2023년 3회, 2021년 3회, 2020년 3회, 2020년 4회, 2016년 2회, 2012년 1회, 2008년 3회 기출]

> **이렇게 외우세요!**
> ① 생산단위의 산업활동은 그 생산단위가 수행하는 주된 산업활동의 종류에 따라 결정한다.
> ② 해당 활동의 종업원 수 및 노동시간, 임금 및 급여액 또는 설비의 정도에 따라 결정한다.
> ③ 계절에 따라 정기적으로 산업을 달리하는 사업체의 경우 조사대상 기간 중 산출액이 많았던 활동에 따라 분류한다.
> ④ 휴업 중 또는 청산 중인 사업체의 경우 영업 중 또는 청산 이전의 산업활동에 따라 결정한다.

CHAPTER 02

제3과목 직업정보

직업정보 수집

 중요키워드 10 ※ 중요도 높은 것에서 낮은 것 순으로

① 「한국직업사전」의 부가 직업정보
② 고용24의 채용정보 상세검색
③ 고용24 제공 직업심리검사
④ 고용24의 학과정보
⑤ 기술·기능 분야 국가기술자격 등급 및 검정의 기준
⑥ 서비스 분야 국가기술자격의 응시자격
⑦ 기술·기능 분야 국가기술자격의 응시자격
⑧ 「한국직업전망」의 직업별 내용
⑨ 취업자의 정의
⑩ 질문 문항 순서 결정 시 유의사항

제3과목

 쌤의 학습지도

1. 방대하지만 중요한 내용들을 포함하고 있어요.

출제기준 변경에 따라 기존 '직업 관련 정보의 이해' 영역과 '직업정보의 수집·분석' 영역이 사실상 하나로 통합된 것이기에 학습 분량이 많아요.

2. 경제활동인구조사(통계청)의 주요 용어와 공식을 암기하세요.

시험에는 각 용어의 의미를 묻거나 계산문제를 풀이하는 방식으로도 출제될 수 있는 만큼 경제활동참가율, 실업률, 고용률 등의 정의와 각각의 공식을 확실히 암기해야 해요.

3. 직업정보 수집을 위한 주요 방법들의 특징을 살펴보세요.

면접법, 질문지법(설문지법), 내용분석법 등은 서로 다른 특징을 가지고 있고, 장단점에서도 명확한 차이를 보이고 있어요.

4. '한국직업사전' 통합본 제5판이 출제되고 있어요.

각 직업정보들은 직업코드, 본직업명, 직무개요, 수행직무, 부가 직업정보 등 다섯 가지 항목으로 구성되는데요, 특히 부가 직업정보의 세부적인 내용이 다수 출제되고 있어요.

5. 최근 '한국직업전망'이 제법 바뀌었어요.

본래 격년으로 발간하던 것을 최근 주요 직종을 나눠 매년 발간함으로써 '2021~2023 한국직업전망 : 일자리 전망 통합본'을 완성했어요. 특히 각 직업에 대한 전망이 수시로 바뀌는 점을 주의해야 해요.

6. 직업훈련정보 영역의 중요도가 예전만 못해요.

국민취업지원제도나 국민내일배움카드는 과거 행정규칙을 통해 다양하게 출제됐었는데요, 최근에는 지원 대상, 지원 요건 등 제한된 범위에서 출제되는 경향이 있어요.

7. 국가기술자격은 기술·기능 분야와 서비스 분야로 구분돼요.

국가기술자격은 국가자격 중 산업과 관련이 있는 기술·기능 분야의 자격과 서비스 분야의 자격으로 구분돼요. 보통 "국가기술자격 종목"이라고 하면, 이 두 분야가 모두 포함된답니다.

8. 때로는 실습이 필요하기도 해요.

고용24, 임금직업포털(Workpedia), Q-Net 등 직업정보망은 교재만으로 학습하기보다는 직접 인터넷사이트를 방문해서 실습해 보시기를 권장합니다.

CHAPTER 02 직업정보 수집

제3과목 직업정보

01절 직업정보의 이해

1 직업정보의 역할 및 생산체계

(1) 정보, 지식, 직업정보의 개념

① 정보와 지식의 의의

정 보 (Information)	• 일정한 의도를 가지고 정리해 놓은 자료의 집합이다. • 어떤 목적을 갖는 사람(→ 이용자)이 있으며, 처리(Process)의 과정을 거친다.
지 식 (Knowledge)	• 자료로부터 정보를 만들어내는 데 사용된 일련의 규칙이다. • 흩어져 있는 무수히 많은 자료로부터 목적 추구를 위한 의미 있는 자료만을 선택하여 재배열한 것이다.

> **쌤의 비법노트**
> 정보를 조직화된 사실로서 자료에서 찾아낸 단편적 사고의 형태라고 한다면, 지식은 그와 같은 정보에 능동적으로 의미를 부여하는 종합적 사고의 체계로 볼 수 있습니다. 즉, 정보에 '관련성'과 '목적성'이 부가될 때 지식으로 전환됩니다.

② 직업정보의 의의
  ㉠ 일에 대한 사실들로 구성되는 것으로, 일과 관련된 교육학적·직업적·심리학적 정보를 포함한다.
  ㉡ 직업선택의 의사결정 상황에서 기대되는 결과에 부여되어 있는 확률을 변화시킨다는 점에서 의사결정 과정상의 의미를 갖는다.

(2) 직업정보의 주요 사용목적 〔필기 출제〕 20, 18년 기출

① 직업정보를 통해 일을 하려는 동기를 부여받을 수 있다.
② 직업정보를 통해 근로생애를 설계할 수 있다.
③ 직업정보를 통해 전에 알지 못했던 직업세계와 직업비전에 대해 인식할 수 있다.
④ 직업정보를 통해 역할모형(Role Model)을 제공받을 수 있다.

> **쌤의 비법노트**
> 직업정보의 범위는 '개인에 대한 정보', '직업에 대한 정보', '미래에 대한 정보'로 구성됩니다. 따라서 과거의 직업탐색은 직업정보의 사용목적이 될 수 없습니다.

(3) 직업정보의 일반적인 기능과 역할 〔필기 출제〕 20, 18, 14, 11년 기출

① 내담자의 직업선택에 대한 의사결정을 돕고, 직업선택에 관한 지식을 증가시킨다.
② 내담자로 하여금 자신의 선택을 점검하고 재조정해 볼 수 있도록 한다.
③ 경험이 부족한 내담자에게 다양한 직업들을 간접적으로 접할 기회를 제공한다.
④ 여러 가지 직업적 대안들의 정보를 제공한다.

(4) 브레이필드(Brayfield)의 직업정보의 기능 필기 출제 18, 15, 11, 07년 기출

정보적 기능 (정보제공 기능)	직업정보 제공을 통해 내담자의 의사결정을 돕고, 직업선택에 관한 지식을 증가시킨다.
재조정 기능	자신의 선택이 현실에 비추어 부적절한 선택이었는지를 점검 및 재조정해 보도록 한다.
동기화 기능	내담자를 의사결정 과정에 적극적으로 참여시킴으로써 자신의 선택에 대해 책임감을 가지도록 한다.

> **이렇게 출제된다! 2차 주관식**
> 특성–요인의 직업상담이론에서 브레이필드(Brayfield)가 제시한 직업정보의 기능을 3가지 쓰고, 각각에 대해 설명하시오.

더 알아보기

직업정보의 추가적인 기능

크리스텐슨, 배어, 로버(Christensen, Baer & Roeber)는 브레이필드(Brayfield)가 제시한 직업정보의 3가지 기능 외에 다음의 4가지 기능을 추가로 제시하였다.

탐색기능	내담자가 선택한 직업분야에서의 일들에 대한 광범위한 탐색을 가능하게 한다.
확신기능	내담자의 직업선택이 얼마나 합당한가를 확신시켜 준다.
평가기능	직업에 대한 내담자의 지식과 이해가 믿을 만하고 적절한지를 점검하도록 해 준다.
놀람기능	정보를 접한 내담자가 특정 직업을 선택하는 것에 대해 어떻게 생각하는지를 알 수 있도록 한다.

(5) 직업정보의 생산체계

① 제1단계 – 표준직업정보의 생산

국가는 연 단위, 분기 단위, 월 단위로 표준직업정보를 생산한다. 이때 직무분석가, 직업전문가, 직업연구가들이 직업 관련 원자료를 분석·가공하여 표준직업정보를 생산한다.

② 제2단계 – 직업정보의 생산 및 가공

표준직업정보는 이용자의 목적에 따라 재가공된다. 이때 직무분석가, 직업전문가, 직업연구가는 물론 직업상담사들이 직업안정기관, 직업관련 연구기관, 교육훈련기관, 직업관련 상담소, 직업정보 생산업체 등을 위해 직업정보를 생산 및 가공한다.

③ 제3단계 – 직업정보의 이용

생산 및 가공된 직업정보는 구인·구직자, 정책입안자, 교육훈련생, 내담자, 고객들에게 이용된다.

> **이렇게 출제된다! 적중 예상 OX**
> **Q** 직무분석가, 직업전문가, 직업연구가는 표준직업정보의 생산주체이다?
> **A** (○)

2 직업정보의 종류

(1) 내용별 직업정보

미래사회	• 미래의 변화와 직업시장에 미칠 영향의 평가 • 인공지능(AI)에 의해 대체될 일자리 형태 • 인구구조 변화에 의한 직업상담 대상별 특성 • 기업의 고용 형태의 변화 • 팽창되는 직업과 축소되는 직업의 유형 • 인력수급 불균형에 의한 인력구조의 변화
직업세계	• 고용의 지리적 분배 • 블루칼라와 화이트칼라의 고용 이동 • 산업 및 직업의 분포 • 기업의 고용 형태의 변화 • 사업체 특성 및 지역별 분포 • 근로조건 및 작업환경 • 직업에서 요구하는 자격, 지식 및 역량
개인	• 흥미, 가치, 적성 등의 직업에 대한 자기평가 • 직업지식 및 역량 • 개척 가능성이 높은 직업들 • 가족 경험 • 교육 경험 • 작업 경험 • 자신이 발견한 기능 및 능력

(출처 : NCS 학습모듈 – 직업정보 수집)

> **쌤의 비법노트**
>
> 내용별 직업정보에서 미래사회에 대한 정보와 직업세계에 관한 정보가 명확히 구분되는 것은 아닙니다. 예를 들어, "기업의 고용 형태의 변화"는 미래사회에 대한 정보인 동시에 직업세계에 관한 정보일 수 있습니다.

(2) 대상별 직업정보

개 인	성별, 적정 연령, 학력, 흥미 및 적성, 성격 및 태도, 신체조건, 자격 및 면허, 역량평가 등
기 업	직업의 유래 및 직업명, 관련 및 유사 직업, 생산품 분류, 사업체 유형, 직무내용, 작업환경, 장비 및 공구 등
사 회	직업의 지역적 분포, 전문지식의 공급처, 지역적 특성 등
국 가	인력 수급 계획, 산업 및 직업 분류, 직업훈련, 노동시장, 자격검정제도, 교과과정 등

3 직업정보의 원자료

(1) 조사주체별 주요 고용조사

통계청	• 경제활동인구조사 • 지역별고용조사 • 이민자체류실태및고용조사 • 일자리행정통계 • 임금근로일자리동향행정통계 • 일자리이동통계 등
고용노동부	• 사업체노동력조사 • 직종별사업체노동력조사 • 고용형태별근로실태조사 • 기업체노동비용조사 • 사업체노동실태현황 • 사업체기간제근로자현황조사 • 고령자고용현황 등
한국고용정보원	• 청년패널조사(YP) • 대졸자직업이동경로조사(GOMS) • 고령화연구패널조사(KLoSA) • 고령화고용패널조사(KLoEE) 등

> **쌤의 비법노트**
>
> 패널조사(Panel Study)는 동일 집단 반복연구에 해당합니다. 예를 들어, 서울시 마포구 주민 중 일부를 사전에 조사대상으로 선정하고, 이들을 대상으로 6개월 혹은 1년 단위로 고용현황 등 직업정보를 반복하여 수집하는 방식입니다.

(2) 주제별 주요 통계조사(출처 : 국가통계포털) 필기 출제 16, 12년 기출

노동	• 경제활동인구조사 • 지역별고용조사 • 이민자체류실태및고용조사 • 육아휴직통계 • 고용형태별근로실태조사 • 사업체노동실태현황 • 사업체노동력조사 • 일자리행정통계 • 직종별사업체노동력조사 • 장애인경제활동실태조사 • 산업기술인력수급실태조사 • 고용허가제고용동향	• 전국노동조합조직현황 • 고령자고용현황 • 고용행정통계 • 장애인의무고용현황 • 산재보험통계 • 임금근로일자리동향행정통계 • 산재보험패널조사 • 기업직업훈련실태조사 • 사업체기간제근로자현황조사 • 일자리이동통계 • 한국노동패널조사 • 청년패널조사 등
기업경영	• 기업활동조사 • 사업체패널조사 • 인적자본기업패널조사	• 일가정양립실태조사 • 장애인기업실태조사 • 중소기업실태조사 등
임금	• 건설업임금실태조사 • 기업체노동비용조사	• 중소제조업직종별임금조사 • 최저임금적용효과에관한실태조사 등

> **쌤의 비법노트**
>
> 과거 '고용'을 주제로 하는 통계로 분류되었던 ICT(Information and Communications Technologies) 인력(일자리)관련 통계들은 현재 '정보통신'을 주제로 하는 통계로 새롭게 분류되고 있습니다. 참고로 과거 '고용'을 주제로 하는 통계가 현재 '노동'을 주제로 하는 통계로 명칭이 변경되었습니다

이렇게 출제된다! 1차 기출 OX

Q 「사업체노동력조사」의 조사주기는 '연 1회'이다?

A (×) '월 1회'이다.

---

(3) 고용노동부의 주요 고용조사 _{필기 출제} 22, 21년 기출

① 사업체노동력조사
 ㉠ 조사목적 : 매월 노동수요 측(사업체)의 관점에서 근로자 수, 입직자 및 이직자 수와 임금 및 근로시간에 관한 사항을 조사하여 노동정책의 기초자료 활용 및 경기전망 등을 위한 경기지표를 생산한다.
 ㉡ 조사주기 및 조사대상
  • 본조사(월 1회)

  - 고용부문 : 종사자 1인 이상 약 50천개 사업체를 대상으로 한다.
  - 근로실태부문 : 상용근로자 1인 이상 약 13천개 사업체를 대상으로 한다.

  • 부가조사

지역별사업체노동력조사	연 2회 실시하며, 종사자 1인 이상 약 200천개 사업체를 대상으로 한다.
시도별 임금 및 근로시간조사	연 1회 실시하며, 상용근로자 1인 이상 약 16천개 사업체를 대상으로 한다.
임금체계, 정년제, 임금피크제 현황	연 1회 실시하며, 상용근로자 1인 이상 약 21천개 사업체를 대상으로 한다.

② 직종별사업체노동력조사
 ㉠ 조사목적 : 사업체의 정상적인 경영활동에 필요한 부족인원의 규모 등을 산업별, 규모별, 직종별로 조사하여 인력 미스매치 해소를 위한 고용정책 기초자료로 제공한다.
 ㉡ 조사주기 및 조사대상 : 연 2회 실시하며, 종사자 1인 이상 약 72천개 사업체를 대상으로 한다.

③ 기업체노동비용조사
 ㉠ 조사목적 : 기업체가 상용근로자를 고용하면서 발생하는 비용을 유형별로 파악하여 기업 활동 및 근로자 복지 증진 등 고용노동여건 개선을 위한 정책 수립 기초자료로 제공한다.
 ㉡ 조사주기 및 조사대상 : 연 1회(회계연도) 실시하며, 상용근로자 10인 이상 약 3.6천개 기업체를 대상으로 한다.

쌤의 비법노트

「사업체노동력조사」와 「직종별사업체노동력조사」는 별개의 조사입니다.

Comment

고용조사의 세부적인 내용은 수시로 변경되는 경향이 있습니다. 특히 조사단위 및 조사대상규모가 관련 고시 개정 등을 통해 변경되고 있으므로, 이점 감안하여 학습하시기 바랍니다. 참고로 '근로자'와 '종사자'는 동일한 개념이 아닙니다. 예를 들어, 「중대재해 처벌 등에 관한 법률」에서는 '종사자'를 근로기준법상의 근로자, 노무제공자, 사업이 여러 차례의 도급에 따라 행하여지는 경우 단계별 수급인과 수급인의 근로자 및 노무제공자를 포함하는 개념으로 명시하고 있습니다. 그래서 특수형태근로종사자는 근로자와 유사하게 노무를 제공함에도 불구하고 '인적 종속성'이 부인되어 「근로기준법」상 공식적인 근로자로 인정받지 못합니다.

4 경제활동인구조사(통계청)

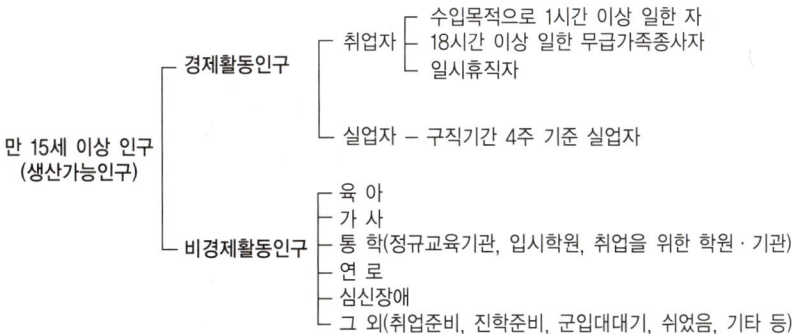

(1) 15세 이상 인구(생산가능인구) 필기 출제 12년 기출

매월 15일 현재 만 15세 이상인 자를 말한다.

$$15세 이상 인구 수 = 경제활동인구 수 + 비경제활동인구 수$$

(2) 경제활동인구 필기 출제 16년 기출

만 15세 이상 인구 중 조사대상기간 동안 상품이나 서비스를 생산하기 위하여 실제로 수입이 있는 일을 한 취업자와 일을 하지는 않았으나 구직활동을 한 실업자를 말한다.

$$경제활동인구 수 = 15세 이상 인구 수 - 비경제활동인구 수$$
$$= 취업자 수 + 실업자 수$$

(3) 비경제활동인구 필기 출제 21, 15, 14, 07, 05년 기출

만 15세 이상 인구 중 조사대상기간에 취업도 실업도 아닌 상태에 있는 사람으로서, 주로 가사 또는 육아를 전담하는 주부, 학교에 다니는 학생(전업학생), 일을 할 수 없는 연로자 및 심신장애인, 자발적으로 자선사업이나 종교단체에 관여하는 자 등이 해당된다.

$$비경제활동인구 수 = 15세 이상 인구 수 - 경제활동인구 수$$

(4) 잠재경제활동인구

비경제활동인구 중에서 취업에 관심을 표현한 사람으로 잠재취업가능자와 잠재구직자로 구성된다.

$$잠재경제활동인구 = 잠재취업가능자 + 잠재구직자$$

쌤의 비법노트

그동안 '만 나이'와 '세는 나이'의 사용 원칙이 확립되지 않아 사회 각 분야에서 혼선과 분쟁이 지속되었으나, 최근 「행정기본법」 개정에 따라 행정 분야에서 '만 나이' 사용 원칙이 명확화되었습니다.

쌤의 비법노트

'조사대상기간'과 '조사대상주간'은 동일한 의미이나, 이는 '조사기간' 혹은 '조사주간'과는 다른 개념입니다. 즉, 조사기간(조사주간)은 조사대상기간(조사대상주간)의 다음 주 1주간을 말합니다.

쌤의 비법노트

'잠재취업가능자'는 지난 4주간 구직활동을 했었지만 조사대상기간에 취업가능성이 없었던 사람을, '잠재구직자'는 지난 4주간 구직활동을 하지 않았으나 조사대상기간에 취업을 원하고 취업가능성이 있는 사람을 지칭합니다.

(5) 경제활동참가율

만 15세 이상 인구 중 경제활동인구(취업자+실업자)가 차지하는 비율을 말한다.

$$경제활동참가율(\%) = \frac{경제활동인구\ 수}{15세\ 이상\ 인구\ 수} \times 100$$

(6) 취업자 필기 출제 21, 20, 18, 14, 13, 12, 10, 09년 기출

① 조사대상기간에 수입을 목적으로 1시간 이상 일한 자
② 동일가구 내 가구원이 운영하는 농장이나 사업체의 수입을 위하여 주당 18시간 이상 일한 무급가족종사자
③ 직업 또는 사업체를 가지고 있으나 일시적인 병 또는 사고, 연가, 교육, 노사분규 등의 사유로 일하지 못한 일시휴직자

$$취업자\ 수 = 경제활동인구\ 수 - 실업자\ 수$$
$$= 임금근로자\ 수 + 비임금근로자\ 수$$

(7) 실업자

조사대상기간에 수입 있는 일을 하지 않았고, 지난 4주간 일자리를 찾아 적극적으로 구직활동을 하였던 사람으로서 일자리가 주어지면 즉시 취업이 가능한 사람을 말한다.

$$실업자\ 수 = 경제활동인구\ 수 - 취업자\ 수$$

(8) 실업률 필기 출제 22, 09, 07, 05년 기출

실업자가 경제활동인구(취업자+실업자)에서 차지하는 비율을 말한다.

$$실업률(\%) = \frac{실업자\ 수}{경제활동인구\ 수} \times 100$$

(9) 고용률 필기 출제 14년 기출

① 만 15세 이상 인구 중 취업자가 차지하는 비율을 말한다.
② 한 국가의 노동력 활용 정도를 나타내는 대표적인 고용지표로서, 실업률이나 경제활동참가율에 비해 경기변동의 영향을 적게 받으므로 사회지표로 널리 활용된다.

$$고용률(\%) = \frac{취업자\ 수}{15세\ 이상\ 인구\ 수} \times 100$$

이렇게 출제된다! 1차 기출 OX

Q 하루 1시간씩 학교 부근 식당에서 아르바이트를 하고 있는 대학생은 경제활동인구조사에서 '취업자'로 분류된다?

A (○)

이렇게 출제된다! 2차 주관식

A국의 만 15세 이상 인구(생산가능인구)가 100만명이고 경제활동참가율이 70%, 실업률이 10%라고 할 때, A국의 실업자 수를 계산하시오.

답 70,000명

(10) 종사상 지위 필기 출제 17, 16, 10, 09년 기출

상용근로자, 임시근로자, 일용근로자, 고용원이 있는 자영업자, 고용원이 없는 자영업자, 무급가족종사자 등과 같이 일한 사람이 직무를 수행한 직장(일)과의 관계를 말한다.

① 임금근로자 필기 출제 17, 14년 기출

자신의 근로에 대해 임금, 봉급, 일당 등 어떠한 형태로든 일한 대가를 지급받는 근로자로서 상용근로자, 임시근로자, 일용근로자로 구분된다.

상용근로자	• 고용계약 설정자는 고용계약기간이 1년 이상인 경우 • 고용계약 미설정자는 소정의 채용절차에 의해 입사하여 인사관리 규정을 적용받거나 상여금 및 퇴직금 등 각종 수혜를 받는 경우
임시근로자	• 고용계약 설정자는 고용계약기간이 1개월 이상 1년 미만인 경우 • 고용계약 미설정자는 일정한 사업(완료 1년 미만)의 필요에 의해 고용된 경우
일용근로자	• 고용계약기간이 1개월 미만인 경우 • 매일매일 고용되어 근로의 대가로 일급 또는 일당제 급여를 받고 일하는 경우

② 자영업자 필기 출제 20년 기출

고용원이 있는 자영업자와 고용원이 없는 자영업자를 합친 개념이다.

고용원이 있는 자영업자	한 사람 이상의 유급 고용원을 두고 사업을 경영하는 사람
고용원이 없는 자영업자	자기 혼자 또는 무급가족종사자와 함께 자기 책임하에 독립적인 형태로 전문적인 일을 수행하거나 사업체를 운영하는 사람

③ 무급가족종사자

동일가구 내 가족이 경영하는 사업체, 농장에서 무보수로 일하는 사람을 말한다.

경제활동상태 판단	18시간 이상 일함 ☞ 취업자로 분류
	18시간 미만 일함 ☞ 실업자 또는 비경제활동인구로 분류

(11) 비정규직 근로자 필기 출제 12년 기출

1차적으로 고용형태에 의해 정의되는 것으로 한시적 근로자, 시간제 근로자, 비전형 근로자 등으로 분류된다.

한시적 근로자	• '고용의 지속성'에 따른 분류 방식이다. • 근로계약기간을 정한 근로자(→ 기간제근로자) 또는 정하지 않았으나 계약의 반복 갱신으로 계속 일할 수 있는 근로자와 비자발적 사유로 계속 근무를 기대할 수 없는 근로자(→ 비기간제근로자)를 포함한다.
시간제 근로자	• '근로시간'에 따른 분류 방식이다. • 직장(일)에서 근무하도록 정해진 소정의 근로시간이 동일 사업장에서 동일한 종류의 업무를 수행하는 근로자의 소정 근로시간보다 1시간이라도 짧은 근로자로, 평소 1주에 36시간 미만 일하기로 정해져 있는 경우가 해당된다.
비전형 근로자	• '근로제공 방식'에 따른 분류 방식이다. • 파견근로자, 용역근로자, 특수형태근로종사자, 가정 내(재택, 가내) 근로자, 일일(단기)근로자 등을 포함한다.

쌤의 비법노트

'종사상 지위'는 취업자가 실제로 일하고 있는 신분 또는 지위 상태를 의미합니다.

쌤의 비법노트

비임금근로자는 자신 또는 가족이 운영하는 사업체 또는 농장의 이윤을 위해 일한 사람으로 자영업자(고용원이 있는 자영업자와 고용원이 없는 자영업자), 무급가족종사자 형태로 구분됩니다.

쌤의 비법노트

비정규직 근로자의 실태에 관한 통계자료는 경제활동인구조사 근로형태별 부가조사 결과를 통해 알 수 있습니다.

쌤의 비법노트

구인배수는 구직자 1명에 대한 구인 수, 즉 구직자 1인당 일자리 수를 나타내는 것으로, 이를 통해 취업의 용이성이나 구인난 등을 판단할 수 있습니다.

> **더 알아보기**
>
> **고용24 구인·구직 및 취업동향** [필기 출제] 19, 16, 15, 11년 기출
> - 한국고용정보원이 구인·구직 통계의 목적으로 작성한 「워크넷 구인·구직 및 취업동향」이 2024년 4월 '고용행정통계(EIS)'에 통합되었으며, 2025년 2월 「고용24 구인·구직 및 취업동향」으로 명칭이 변경되어 현재 고용노동부의 「고용행정 통계로 본 노동시장 동향」을 통해 관련 정보를 제공하고 있다.
> - 「고용행정 통계로 본 노동시장 동향」은 고용보험, 고용24(www.work24.go.kr) 등 전산망 운영을 통해 축적된 행정 데이터의 분석과 신속한 정보제공을 통해 고용정책 수립, 평가 및 노동시장 동향 분석에 활용된다.
> - 「고용행정 통계로 본 노동시장 동향」의 고용24 구인·구직 현황은 고용24에 구인 및 구직을 신청한 구인업체 및 구직자를 대상으로 하므로, 통계자료가 노동시장 전체의 수급상황과 일치하지 않을 수도 있으니 이점에 유의하여 통계를 사용해야 한다.
> - 고용24 구인·구직 현황은 신규구인인원(→ 해당 월에 고용24에 등록된 구인인원)과 신규구직인원(→ 해당 월에 고용24에 등록된 구직인원)을 토대로 구인배수를 산출한다.
>
> $$구인배수 = \frac{신규구인인원}{신규구직인원}$$

02절 직업정보의 수집

1 직업정보 수집 계획

(1) 직업정보 수집 계획의 준비

① 직업정보 수집 목적

수집된 직업정보는 직업정보 요구 또는 직업상담 대상의 특성에 맞게 가공되거나, 집단상담 프로그램 개발, 직업연구에서 사용되는 조사지 개발 등에 이용된다.

② 직업정보 수집 계획 내용

직업정보 수집을 위한 예산 확보 및 수집 체계화 방법, 수집의 우선순위 결정 등에 관한 사항을 포함하며, 정보원의 부족, 기술력의 한계, 예산 및 시간의 부족 등에 관한 사항도 포함한다.

(2) 직업정보 수집 계획의 요소

① 직업정보 수집 원칙

직업정보의 신뢰성을 위해 출처가 명확한 정보를 수집한다.

② 수집 목적 및 범위

직업정보는 구체적인 목적을 갖고 수집하여야 하며, 그 범위도 좁힐 수 있어야 한다.

③ 직업정보 수집처

국가에서 운영하는 직업정보망[예] 고용24, 임금직업포털(Workpedia), Q-Net 등], 언론 미디어, 인터넷 기반 각종 소셜 미디어, 공공 자료, 연구 및 학술자료, 직업인 면담, 그 밖에 협회 및 단체는 물론 개인에게서도 수집할 수 있다.

④ 수집 기간

직업정보는 정보 수집처에서 제공되는 정보의 생산기간과 연관되어 있으며, 연간, 월간, 주간 계획과 특정한 수집 필요성에 따라 수집된다.

⑤ 수집 방법

직업정보는 면담, 관찰, 체험 등의 방법으로 수집할 수 있으며, 비용적인 측면에서 유료 혹은 무료로 입수할 수 있다.

> **쌤의 비법노트**
> 기존의 취업지원포털인 워크넷(WorkNet)과 직업훈련포털인 HRD-Net이 개편·확대되어 관련 정보를 고용24(Work24), 임금직업포털(Workpedia) 등에서 제공하고 있습니다.

> **쌤의 비법노트**
> 직업정보 수집 계획에서는 수집 목적, 수집처, 수집 기간, 수집 방법, 한계 등에 대해 명시하여야 합니다.

2 직업정보 수집 실행 및 점검

(1) 직업정보 수집 실행

① 직업정보 수집의 영역

㉠ 노동시장 분석을 위한 노동시장의 주요 개념체계를 통해 직업정보를 수집한다.

㉡ 고용환경 직업정보제공원에서 필요한 직업정보를 수집한다.

㉢ 고용보험과 직업훈련시스템에서 제공되는 필요한 직업정보를 수집한다.

② 직업정보 수집의 방법 **필기 출제** 15, 10, 08, 07년 기출

기존 정보자료 수집·정리	• 구인신청서·구직신청서(구인표·구직표) • 각종 통계조사·업무통계 • 조사연구자료 및 보고서 • 신문·잡지·관계기관지 등의 기사 • 은행·민간신용기관이 공표하는 정보지 등
필요한 정보 수집·기록	• 관내 사업체 및 사업주단체 등의 방문 • 직업안정기관을 이용하는 구인·구직자 등과의 면접 및 설문조사 • 사업주단체·노동단체·교육훈련기관·관계행정기관 및 직업안정기관과의 각종 회의 등

③ 2차 자료의 원천 **필기 출제** 21년 기출

㉠ 공문서와 공식기록

㉡ 민간부문 문서

㉢ 대중매체

㉣ 물리적·비언어적 자료

㉤ 기존의 축적된 사회과학 분야 수집자료 등

> **쌤의 비법노트**
> 1차 자료는 정보를 조사하는 사람이 직접 자료를 수집·분석·가공한 자료를 말하는 반면, 2차 자료는 이미 누군가에 의해 자료가 수집·분석·가공된 자료를 말합니다. 예를 들어, 직접 면접이나 설문조사를 통한 자료는 1차 자료에 해당하는 반면, 공공기관이나 단체에서 발간하는 각종 간행물이나 통계자료는 2차 자료에 해당합니다.

(2) 면접법을 이용한 직업정보의 수집 필기 출제 16, 13년 기출

① 표준화 면접과 비표준화 면접 필기 출제 21년 기출

표준화 면접 (구조화된 면담)	• 면접자(면담자)가 면접조사표를 만들어서 상황에 구애됨이 없이 모든 응답자에게 동일한 질문순서와 동일한 질문내용에 따라 수행하는 방법이다. • 비표준화 면접에 비해 응답 결과에 있어서 상대적으로 신뢰도가 높지만 타당도는 낮다. • 면접의 신축성·유연성이 낮으며, 깊이 있는 측정을 도모할 수 없다. • 반복적인 면접이 가능하며, 면접 결과에 대한 비교가 용이하다.
비표준화 면접 (비구조화된 면담)	• 면접자가 면접조사표의 질문 내용, 형식, 순서를 미리 정하지 않은 채 면접상황에 따라 자유롭게 응답자와 상호작용을 통해 자료를 수집하는 방법이다. • 표준화 면접에 비해 응답 결과에 있어서 상대적으로 타당도가 높지만 신뢰도는 낮다. • 면접의 신축성·유연성이 높으며, 깊이 있는 측정을 도모할 수 있다. • 반복적인 면접이 불가능하며, 면접 결과에 대한 비교가 어렵다.

② 면접법 사용 시 일반적인 유의사항 필기 출제 22, 18, 12년 기출

㉠ 면접자와 응답자 간에 친숙한 분위기(Rapport)를 형성해야 한다.

㉡ 면접자는 면접에 들어가기 전에 질문 내용 및 구성 등 질문지에 대해 충분히 숙지하고 있어야 한다.

㉢ 면접자는 응답자가 이질감을 느끼지 않도록 복장이나 언어사용에 유의해야 한다.

㉣ 면접자는 응답자의 응답내용에 대한 기록을 철저히 해야 한다.

③ 면접법의 장단점 필기 출제 16, 13년 기출

장점	• 질문지법과 달리 언어소통이 가능한 모든 사람을 대상으로 적용할 수 있음 • 질문지법보다 더욱 공정한 표본을 얻을 수 있음 • 개별적 상황에 따라 높은 신축성과 적응성을 가짐 • 복잡한 질문을 사용할 수 있으며, 정확한 응답을 얻어낼 수 있음 • 조사환경을 통제하고 표준화할 수 있음 • 제3자의 영향을 배제할 수 있음 • 관찰법과 달리 응답자의 과거 행동이나 사적 행위에 관한 정보를 얻을 수 있음
단점	• 시간과 비용, 노력이 많이 소요됨 • 절차가 상대적으로 복잡하고 불편함 • 면접자에 따라 면접 내용에 대한 편의(Bias)가 생길 수 있음 • 응답자가 피곤하거나 다른 일에 전념하는 등 조사에 응하기 불편한 상황에서 응답에 부정적인 영향이 미칠 수 있음 • 응답(응답범주)에 대한 표준화가 어려울 수 있음 • 넓은 지역에 걸쳐 분포된 사람들을 대상으로 면접을 실시하는 경우 어려움이 많음 • 익명성이 결여되어 개인적으로 꺼리는 내용에 대해 정확한 응답을 얻기 어려움

쌤의 비법노트

표준화 면접이 구조화된 도구로서 면접조사표를 사용하여 일관적인 질문을 한다고 해서 폐쇄형 질문만을 사용하는 것은 아닙니다. 표준화 면접에서도 개방형 및 폐쇄형 질문을 모두 사용할 수 있습니다. 다만, 개방형 질문의 경우 응답내용을 해석하고 요약하여 기록하기보다는 대화내용을 있는 그대로 기록하여 일관성 있게 정리하는 것이 중요합니다.

쌤의 비법노트

질문지법은 회수율이 낮고 회수된 것은 대개 그 문제에 대해 관심을 가지고 있는 사람일 가능성이 높습니다. 따라서 면접법은 이와 같은 질문지법보다 더욱 공정한 표본을 얻을 수 있는 것입니다.

(3) 질문지법(설문지법)을 이용한 직업정보의 수집

① 질문 어구 구성 시 고려사항 〔필기 출제〕 21, 19년 기출

㉠ 질문 내용은 가급적 구체적인 용어로 표현하는 것이 좋다.
㉡ 질문은 보편적이고 상용적인 언어를 사용하여 그 내용을 응답자가 정확히 파악할 수 있도록 해야 한다.
㉢ 조사용어는 가치중립적인 것을 사용해야 한다.
㉣ 위험한 용어, 인기 용어 등은 피해야 한다.
㉤ 질문은 가능한 한 간단하게 해야 하며, 조사주체와 직접 관련이 없는 문항은 줄인다.
㉥ 질문의 준거틀은 명백하고 모든 응답자들에게 동일한 의미로 사용되어야 한다.
㉦ 질문은 객관적이어야 하며, 긍정적 혹은 부정적이어서 어느 한 방향으로 치우치지 않도록 해야 한다.
㉧ 응답의 고정반응을 피하도록 질문형식을 다양화하는 것이 좋다.
㉨ 질문 내에 어떤 가정이나 암시가 포함된 유도질문이 있어서는 안 된다.
㉩ 애매한 질문이나 막연한 질문, 이중질문은 피해야 한다.
㉪ 폐쇄형 질문의 응답범주는 포괄적(Exhaustive)이면서 상호배타적(Mutually Exclusive)이어야 한다.

② 질문 문항 순서 결정 시 유의사항 〔필기 출제〕 22, 21, 19, 18, 17, 14, 13년 기출

㉠ 민감한 질문이나 개방형 질문은 가급적 질문지의 후반부에 배치한다.
㉡ 답변이 용이한 질문들은 전반부에 배치한다.
㉢ 계속적인 기억이 필요한 질문들을 전반부에 배치한다.
㉣ 질문 문항들을 논리적 순서에 따라 자연스럽게 배치한다.
㉤ 응답의 신뢰도를 묻는 질문 문항들은 분리시켜야 한다.
㉥ 동일한 척도항목들은 모아서 배치한다.
㉦ 질문 문항들을 길이와 유형에 따라 변화 있게 배치한다.
㉧ 여과 질문*을 적절하게 배치하여 사용한다.
㉨ 특별한 질문은 일반질문 뒤에 놓는다.

Comment

여과 질문(Filter Question)이란 다음과 같이 질문 항목에 해당하는 사람에게만 질문이 적용되는 방식입니다.

질문 4-1) 당신은 기초생활보장 수급권자입니까?	
A. 수급권자	☞ 5-1번 질문으로 이동
B. 비수급권자	☞ 6번 질문으로 이동

쌤의 비법노트

보통 설문조사는 전화법, 우편법, 인터넷법, 질문지법 등의 방법을 통해 이루어집니다. 다만, 전화나 우편 등을 이용하는 경우에도 조사자가 질문지의 내용을 전달하는 방식으로 이루어지는 경우가 많으므로, 설문조사법을 질문지법(설문지법)으로 간주하기도 합니다.

쌤의 비법노트

폐쇄형 질문의 구조적 필요조건으로서 응답범주의 '포괄성'은 예상할 수 있는 모든 가능한 응답을 포함해야 한다는 것이고, '상호배타성'은 응답자로 하여금 각 문항에 대해 하나 이상의 답을 선택해야 한다고 느끼지 않도록 해야 한다는 것입니다.

이렇게 출제된다! 1차 기출 OX

Q 신뢰도 측정을 위해 짝(Pair)으로 된 문항들은 함께 배치하는 것이 좋다?

A (×) 응답의 신뢰도를 묻는 질문 문항들은 분리시켜야 한다.

③ 질문지법의 장단점 `필기` `출제` 20년 기출

장점	• 면접법에 비해 시간과 비용, 노력이 적게 소요됨 • 표준화된 언어구성, 질문순서, 지시 등으로 질문의 일관성을 기할 수 있음 • 응답자가 익명으로 자유롭게 응답할 수 있음 • 즉각적인 응답에 대한 압박감을 느끼지 않으므로 보다 심사숙고한 결과를 정확하게 응답할 수 있음 • 보다 넓은 범위에 걸쳐서 보다 쉽게 응답자에게 접근할 수 있음 • 관찰법과 달리 응답자의 과거 행동이나 사적 행위에 관한 정보를 얻을 수 있음
단점	• 질문의 요지를 필요에 따라 설명할 수 없으므로 융통성이 결여됨 • 응답자의 비언어적 행위나 개인적인 특성에 관한 자료를 수집하기 어려움 • 읽고 쓸 수 있는 능력이 없는 사람을 대상으로 조사가 불가능함 • 응답자의 무응답에 대한 통제가 어려움 • 응답자가 응답할 의사를 가지고 있고, 응답할 수 있는 부분에 대해서만 자료를 수집할 수 있음

> **쌤의 비법노트**
> 질문지법은 질문지를 통해 질문한 내용에 관한 정보만을 얻을 수 있을 뿐 부수적인 정보를 얻을 수 없습니다.

> **이렇게 출제된다! 1차 기출 OX**
> Q 일반적으로 전화조사는 면접조사에 비해 면접시간이 길다?
> A (×) 일반적으로 전화조사는 질문의 길이와 내용에 있어서 제한을 받으므로 면접조사에 비해 면접시간이 짧다.

더 알아보기

면접법, 전화법, 우편법의 주요 특징 비교 `필기` `출제` 20년 기출

기준	면접법	전화법	우편법
비용	높음	보통	보통
응답자료의 정확성	높음	보통	낮음
응답률	높음	보통	낮음
대규모 표본 관리	곤란	보통	용이

(4) 내용분석법을 이용한 직업정보의 수집

① 의의 및 특징
  ㉠ '내용분석(Content Analysis)'은 여러 가지 문서화된 매체들을 중심으로 연구대상에 필요한 자료들을 수집하는 방법이다.
  ㉡ 문헌연구의 일종으로서 서적, 신문, 문서 등 기록된 정보의 내용을 분석하기 위해 양적 분석방법은 물론 질적 분석방법을 사용한다.
  ㉢ 메시지의 현재적인 내용뿐만 아니라 잠재적인 내용도 분석대상이다.

② 내용분석법의 장단점 `필기` `출제` 20, 16, 13년 기출

장점	• 조사자의 비관여적인 접근을 통해 조사대상자(정보제공자)의 반응성을 유발하지 않음 • 가치, 욕망, 태도, 창의성, 인간성 또는 권위주의 등 다양한 심리적 변수를 효과적으로 측정할 수 있음 • 역사적 기록물을 통해 시간의 흐름에 따른 소급조사, 장기간의 종단연구가 가능함 • 여타의 관찰 또는 측정방법에 대한 타당성 여부를 조사하기 위해 사용될 수 있음 • 여타의 연구방법과 병용이 가능함(예 실험적 연구의 결과 또는 개방형 질문의 응답내용 등에 대한 내용분석이 가능함) • 다른 조사에 비해 실패 시의 위험부담이 적으며, 필요한 경우 재조사가 가능함 • 비용과 시간 등이 절약됨

> **쌤의 비법노트**
> '조사대상자의 반응성'이란 조사자가 조사대상자에게 어떤 영향을 미쳐 조사대상자가 평소와 다른 행동이나 평소 자신의 생각과 다른 표현을 하는 것을 말합니다.

단점	• 기록된 자료에만 의존해야 하며, 자료의 입수가 제한되어 있는 경우도 적지 않음 • 단어나 문장, 표현이나 사건을 통해 명백히 드러난 내용과 숨겨진 내용을 구분하는 데 어려움이 있음 • 분류 범주의 타당도 확보가 곤란함 • 기존자료의 신뢰도 및 자료분석에 있어서 신뢰도가 흔히 문제시 됨

(5) 직업정보 수집 결과의 점검

① 직업정보 수집 결과의 점검 기준

㉠ 수집된 직업정보의 결과물이 내담자의 요구에 부합되는가?
㉡ 수집된 정보는 신뢰할 수 있는가?
㉢ 점검 시기에서 정보가 변화되었는가?
㉣ 공개된 직업정보를 최대한 수집하였는가?
㉤ 수집된 직업정보는 출처가 명확한가?
㉥ 직업정보는 합법적으로 수집하였는가?
㉦ 누구나 쉽게 접근할 수 있고 편리하게 활용할 수 있는가?
㉧ 내담자에게 저렴한 비용으로 정보를 제공할 수 있는가?
㉨ 출처로 인하여 정보 조작이 쉽지 않은가?
㉩ 정보기관의 편견이 있어 활용하기 어려운가?
㉪ 인트라넷에 접근하기 어려워 정보 접근이 제한되는가?
㉫ 보고서, 연구논문, 책자, 팸플릿, 라디오 및 TV, 기타 검색되지 않은 다양한 자료들이 존재하는가?

② 내담자의 입장을 고려한 점검 사항

㉠ 내담자에게 전달할 가장 중요한 메시지와 그 활용 가치는 무엇인가?
㉡ 내담자는 제공받은 정보를 어떻게 사용할 것으로 기대되는가?
㉢ 내담자가 정보를 이해하는 데 얼마만큼의 시간이 필요한가?
㉣ 내담자가 이해하기 쉬운 핵심적인 요점을 표현하는 것이 가능한가?
㉤ 내담자가 이 주제에 대한 다른 견해를 요청할 수 있는가?
㉥ 다른 이해관계자들은 이슈에 대해 어떤 관점을 가지고 있는가?
㉦ 내담자에게 자료를 체계적으로 정리하여 보여주기 위한 기법들과 부합되는가?

> **쌤의 비법노트**
> 수집된 직업정보는 최신성, 신뢰성, 명료성, 신속성, 편리성, 윤리성, 비용효과성 등에 대하여 점검하여야 합니다.

03절 직업정보제공원

1 한국직업사전

한국직업사전은 급속한 과학기술 발전과 산업구조 변화 등에 따라 변동하는 직업세계를 체계적으로 조사·분석하여 표준화된 직업명과 기초직업정보를 제공할 목적으로 발간된다. 『2020 한국직업사전』(통합본 제5판)에 수록된 우리나라 직업 수는 12,823개이며, 직업명은 16,891개이다. 한국직업사전에 수록된 직업정보들은 크게 다섯 가지의 항목, 즉 직업코드, 본직업명, 직무개요, 수행직무, 부가 직업정보로 구성된다.

> **2314 직업상담사**
>
> **| 직무개요 |**
> 구직자나 미취업자에게 직업 및 취업정보를 제공하고, 직업선택, 경력설계, 구직활동 등에 대해 조언한다.
>
> **| 수행직무 |**
> 직업의 종류, 전망, 취업기회 등에 관한 자료를 수집하고 관리한다. 구직자와 면담하거나 검사를 통하여 취미, 적성, 흥미, 능력, 성격 등의 요인을 조사한다. 적성검사, 흥미검사 등 직업심리검사를 실시하여 구직자의 적성과 흥미에 알맞은 직업정보를 제공한다. 구직자에게 적합한 취업정보를 제공하고 직업선택에 관해 조언한다. 비디오, 슬라이드 등의 시청각장비를 사용하여 직업정보 및 직업윤리 등을 교육하기도 한다. 청소년, 여성, 중고령자, 실업자 등을 위한 직업지도 프로그램 개발과 운영을 담당하기도 한다.
>
> **| 부가직업정보 |**
> - 정 규 교 육 14년 초과~16년 이하(대졸 정도)
> - 숙 련 기 간 2년 초과~4년 이하
> - 직 무 기 능 자료(조정) / 사람(자문) / 사물(관련없음)
> - 작 업 강 도 아주 가벼운 작업
> - 육 체 활 동
> - 작 업 장 소 실내
> - 작 업 환 경
> - 유 사 명 칭 직업상담원
> - 관 련 직 업
> - 자 격 면 허 직업상담사(1급, 2급)
> - 표준산업분류 N751 고용알선 및 인력공급업
> - 표준직업분류 2473 직업상담사
> - 조 사 연 도 2017년

(출처 : 2020 한국직업사전)

쌤의 비법노트
한국고용정보원(KEIS)은 1986년부터 우리나라 전체 직업에 대한 표준화된 직업명과 수행직무 등 기초 직업정보를 수록한 『한국직업사전』을 발간하고 있습니다. 가장 최신의 통합본은 제5판에 해당하는 『2020 한국직업사전』이며, 제6판을 2028년경 발간할 예정입니다.

쌤의 비법노트
한국직업사전의 직업코드는 한국고용직업분류(KECO)의 세분류 4자리 숫자로 표기한다는 점을 기억해 두세요. '한국표준직업분류(KSCO)'도, '세분류 5자리'도 아닙니다.

(1) 직업코드 〔필기 출제〕 15, 11, 06년 기출

① 특정 직업을 구분해 주는 단위로서 한국고용직업분류(KECO)의 세분류 4자리 숫자로 표기하였다. 다만, 동일한 직업에 대해 여러 개의 직업코드가 포함되는 경우에는 직무의 유사성 등을 고려하여 가장 타당하다고 판단되는 직업코드 하나를 부여하였다.

② 직업코드 4자리에서 첫 번째는 대분류, 두 번째는 중분류, 세 번째 숫자는 소분류, 네 번째 숫자는 세분류를 나타낸다. 세분류 내 직업들은 가나다순으로 배열된다.

(2) 본직업명 〔필기 출제〕 10년 기출

① 산업현장에서 일반적으로 해당 직업으로 알려진 명칭 혹은 그 직무가 통상적으로 호칭되는 것으로 한국직업사전에 그 직무내용이 기술된 명칭이다.

② 특별히 부르는 명칭이 없는 경우에는 직무내용과 산업의 특수성 등을 고려하여 누구나 쉽게 이해할 수 있는 명칭을 부여하였다.

③ 직업명칭은 해당 작업자의 의견뿐만 아니라 상위책임자 및 인사담당자의 의견을 수렴하여 결정하였다.

④ 가급적 외래어를 피하고 우리말로 표기하되, 우리말 표기에 현장감이 없을 경우에는 외래어를 정부에서 정한 외래어표기법에 따라 표기하였다.

(3) 직무개요

직무담당자의 활동, 활동의 대상 및 목적, 직무담당자가 사용하는 기계, 설비 및 작업보조물, 사용된 자재, 만들어진 생산품 또는 제공된 용역, 수반되는 일반적, 전문적 지식 등을 간략히 기술하였다.

(4) 수행직무 〔필기 출제〕 10년 기출

① 직무담당자가 직무의 목적을 완수하기 위하여 수행하는 구체적인 작업(Task) 내용을 작업순서에 따라 서술한 것이다.
② 직무의 특징적인 작업을 명확히 하기 위하여 작업자가 사용하는 도구·기계와 관련시켜 작업자가 무엇을, 어떻게, 왜 하는가를 정확하게 표현하되 평이한 문체로 이해하기 쉽게 기술하였다.

> **쌤의 비법노트**
> 작업순서(공정의 순서)를 파악하기 어려운 경우에는 작업의 중요도 또는 작업빈도가 높은 순으로 기술하고 있습니다.

(5) 부가 직업정보 〔필기 출제〕 17, 12, 10년 기출

① 정규교육 〔필기 출제〕 22, 19, 17, 15, 14, 13, 08, 07, 05, 04년 기출
㉠ 해당 직업의 직무를 수행하는 데 필요한 일반적인 정규교육수준을 의미하는 것으로, 해당 직업 종사자의 평균 학력을 나타내는 것은 아니다.
㉡ 현행 우리나라 정규교육과정의 연한을 고려하여 다음과 같이 그 수준을 6단계로 분류하였으며, 독학, 검정고시 등을 통해 정규교육과정을 이수하였다고 판단되는 기간도 포함된다.

> **쌤의 비법노트**
> 앞선 '직업코드', '본직업명', '직무개요', '수행직무'는 한국직업사전의 '부가 직업정보'에 포함되지 않습니다.

1	6년 이하(초졸 정도)
2	6년 초과 ~ 9년 이하(중졸 정도)
3	9년 초과 ~ 12년 이하(고졸 정도)
4	12년 초과 ~ 14년 이하(전문대졸 정도)
5	14년 초과 ~ 16년 이하(대졸 정도)
6	16년 초과(대학원 이상)

정규교육의 수준

② 숙련기간 〔필기 출제〕 19, 18, 17, 16, 13, 11, 10, 07, 06년 기출
㉠ 정규교육과정을 이수한 후 해당 직업의 직무를 평균적인 수준으로 스스로 수행하기 위하여 필요한 각종 교육, 훈련, 숙련기간을 의미한다.
㉡ 해당 직업에 필요한 자격·면허를 취득하는 취업 전 교육 및 훈련기간뿐만 아니라 취업 후에 이루어지는 관련 자격·면허 취득 교육 및 훈련기간도 포함된다. 또한 자격·면허가 요구되는 직업은 아니지만 해당 직무를 평균적으로 수행하기 위한 각종 교육·훈련 기간, 수습교육, 기타 사내교육, 현장훈련 등이 포함된다.

> **이렇게 출제된다! 1차 기출 OX**
>
> **Q** 해당 직무를 평균적인 수준 이상으로 수행하기 위한 향상훈련 기간은 '숙련기간'에 포함되지 않는다?
>
> **A** (○)

ⓒ 다만, 해당 직무를 평균적인 수준 이상으로 수행하기 위한 **향상훈련(Further Training)**은 '숙련기간'에 포함되지 않는다.

1	약간의 시범 정도
2	시범 후 30일 이하
3	1개월 초과 ~ 3개월 이하
4	3개월 초과 ~ 6개월 이하
5	6개월 초과 ~ 1년 이하
6	1년 초과 ~ 2년 이하
7	2년 초과 ~ 4년 이하
8	4년 초과 ~ 10년 이하
9	10년 초과

숙련기간의 수준

③ **직무기능** 필기 출제 15, 14, 12, 11, 07, 06, 05, 04년 기출

ⓐ 해당 직업 종사자가 직무를 수행하는 과정에서 '**자료(Data)**', '**사람(People)**', '**사물(Thing)**'과 맺는 관련된 특성을 나타낸다.

ⓑ 세 가지 관계 내에서의 배열은 아래에서 위로 올라가면서 단순한 것에서 차츰 복잡한 것으로 향하는 특성을 보여주지만 그 계층적 관계가 제한적인 경우도 있다.

> **쌤의 비법노트**
>
> 직무기능이 자료(Data), 사람(People), 사물(Thing)과 맺는 관련된 특성이라는 의미에서 이를 간략히 'DPT' 약자로 표현하기도 합니다.

자료(Data)와 관련된 기능	정보, 지식, 개념 등 세 가지 종류의 활동으로 배열되어 있는데, 어떤 것은 광범위하며 어떤 것은 범위가 협소하다. 또한 각 활동은 상당히 중첩되어 배열 간의 복잡성이 존재한다.
사람(People)과 관련된 기능	위계적 관계가 없거나 희박하다. 서비스 제공이 일반적으로 덜 복잡한 사람 관련 기능이며, 나머지 기능들은 기능의 수준을 의미하는 것은 아니다.
사물(Thing)과 관련된 기능	작업자가 기계와 장비를 가지고 작업하는지 혹은 기계가 아닌 도구나 보조구(補助具)를 가지고 작업하는지에 기초하여 분류된다. 또한 작업자의 업무에 따라 사물과 관련되어 요구되는 활동수준이 달라진다.

> **이렇게 출제된다! 2차 주관식**
>
> 한국직업사전의 부가 직업정보 중 정규교육, 숙련기간, 직무기능의 의미를 기술하시오.

수 준	자료(Data)	사람(People)	사물(Thing)
0	종 합	자 문	설 치
1	조 정	협 의	정밀작업
2	분 석	교 육	제어조작
3	수 집	감 독	조작운전
4	계 산	오락제공	수동조작
5	기 록	설 득	유 지
6	비 교	말하기-신호	투입-인출
7	–	서비스 제공	단순작업
8	관련 없음	관련 없음	관련 없음

직무기능의 수준

더 알아보기

직무기능의 세부영역 필기 출제 15, 14, 11, 10, 09, 08, 06, 04, 03년 기출

자료(Data) 필기 출제 21, 20년 기출

'자료'와 관련된 기능은 만질 수 없으며 숫자, 단어, 기호, 생각, 개념 그리고 구두상 표현을 포함한다.

0 종합 (Synthesizing)	사실을 발견하고 지식개념 또는 해석을 개발하기 위해 자료를 종합적으로 분석한다.
1 조정 (Coordinating)	데이터의 분석에 기초하여 시간, 장소, 작업순서, 활동 등을 결정한다. 결정을 실행하거나 상황을 보고한다.
2 분석 (Analyzing)	조사하고 평가한다. 평가와 관련된 대안적 행위의 제시가 빈번하게 포함된다.
3 수집 (Compiling)	자료, 사람, 사물에 관한 정보를 수집·대조·분류한다. 정보와 관련한 규정된 활동의 수행 및 보고가 자주 포함된다.
4 계산 (Computing)	사칙연산을 실시하고 사칙연산과 관련하여 규정된 활동을 수행하거나 보고한다. 수를 세는 것은 포함되지 않는다.
5 기록 (Copying)	데이터를 옮겨 적거나 입력하거나 표시한다.
6 비교 (Comparing)	자료, 사람, 사물의 쉽게 관찰되는 기능적·구조적·조합적 특성을 (유사성 또는 표준과의 차이) 판단한다.

사람(People)

'사람'과 관련된 기능은 인간과 인간처럼 취급되는 동물을 다루는 것을 포함한다.

0 자문 (Mentoring)	법률적으로나 과학적, 임상적, 종교적, 기타 전문적인 방식에 따라 사람들의 전인격적인 문제를 상담하고 조언하며 해결책을 제시한다.
1 협의 (Negotiating)	정책을 수립하거나 의사결정을 하기 위해 생각이나 정보, 의견 등을 교환한다.
2 교육 (Instructing)	설명이나 실습 등을 통해 어떤 주제에 대해 교육하거나 훈련(동물 포함)시킨다. 또한 기술적인 문제를 조언한다.
3 감독 (Supervising)	작업절차를 결정하거나 작업자들에게 개별 임무를 적절하게 부여하여 작업의 효율성을 높인다.
4 오락제공 (Diverting)	무대공연이나 영화, TV, 라디오 등을 통해 사람들을 즐겁게 한다.
5 설득 (Persuading)	상품이나 서비스 등을 구매하도록 권유하고 설득한다.
6 말하기-신호 (Speaking-Signaling)	언어나 신호를 사용해서 정보를 전달하고 교환한다. 보조원에게 지시하거나 과제를 할당하는 일을 포함한다.
7 서비스 제공 (Serving)	사람들의 요구 또는 필요를 파악하여 서비스를 제공한다. 즉각적인 반응이 수반된다.

이렇게 출제된다! 1차 기출 OX

Q 한국직업사전의 부가정보 중 '자료'의 세부영역으로서 '계산'에는 사칙연산을 실시하고 사칙연산과 관련하여 규정된 활동을 수행하거나 보고하는 것은 물론 수를 세는 것도 포함된다?

A (×) 수를 세는 것은 포함되지 않는다.

이렇게 출제된다! 2차 주관식

한국직업사전의 부가 직업정보 중 직무기능은 해당 직업 종사자가 직무를 수행하는 과정에서 '자료(Data)', '사람(People)', '사물(Thing)'과 맺는 관련된 특성을 나타낸다. 그중 '사람(People)'과 관련된 기능의 세부항목을 5가지만 쓰시오(단, 각 수준에 해당하는 숫자는 기재할 필요가 없으며, '관련 없음'은 정답으로 고려하지 않음).

쌤의 비법노트

각 직무기능이 자료(D), 사람(P), 사물(T) 중 어디에 해당하는지 구분할 수 있어야 합니다. 또한 각 직무기능의 수준과 내용을 기억해 두어야 합니다.

이렇게 출제된다! 2차 주관식

한국직업사전에서는 각 직업에 대한 부가 직업정보를 제공한다. 부가 직업정보 중에서 직무기능의 '자료(Data)', '사람(People)', '사물(Thing)'에 대해 설명하시오.

사물(Thing)	
\'사물\'과 관련된 기능은 사람과 구분되는 무생물로서 물질, 재료, 기계, 공구, 설비, 작업도구 및 제품 등을 다루는 것을 포함한다.	
0 설 치 (Setting Up)	기계의 성능, 재료의 특성, 작업장의 관례 등에 대한 지식을 적용하여 연속적인 기계 가공작업을 수행하기 위한 기계 및 설비의 준비, 공구 및 기타 기계장비의 설치 및 조정, 가공물 또는 재료의 위치조정, 제어장치 설정, 기계의 기능 및 완제품의 정밀성 측정 등을 수행한다.
1 정밀작업 (Precision Working)	설정된 표준치를 달성하기 위하여 궁극적인 책임이 존재하는 상황하에서 신체부위, 공구, 작업도구를 사용하여 가공물 또는 재료를 가공, 조종, 이동, 안내하거나 또는 정위치시킨다. 그리고 도구, 가공물 또는 원료를 선정하고 작업에 알맞게 공구를 조정한다.
2 제어조작 (Operating-controlling)	기계 또는 설비를 시동, 정지, 제어하고 작업이 진행되고 있는 기계나 설비를 조정한다.
3 조작운전 (Driving-operating)	다양한 목적을 수행하고자 사물 또는 사람의 움직임을 통제하는 데 있어 일정한 경로를 따라 조작되고 안내되어야 하는 기계 또는 설비를 시동, 정지하고 그 움직임을 제어한다.
4 수동조작 (Manipulating)	기계, 설비 또는 재료를 가공, 조정, 이동 또는 위치할 수 있도록 신체부위, 공구 또는 특수장치를 사용한다. 정확도 달성 및 적합한 공구, 기계, 설비 또는 원료를 산정하는 데 있어서 어느 정도의 판단력이 요구된다.
5 유 지 (Tending)	기계 및 장비를 시동, 정지하고 그 기능을 관찰한다. 체인징가이드, 조정타이머, 온도게이지 등의 계기의 제어장치를 조정하거나 원료가 원활히 흐르도록 밸브를 돌려주고 빛의 반응에 따라 스위치를 돌린다. 이러한 조정업무에 판단력은 요구되지 않는다.
6 투입-인출 (Feeding-off Bearing)	자동적으로 또는 타 작업원에 의하여 가동, 유지되는 기계나 장비 안에 자재를 삽입, 투척, 하역하거나 그 안에 있는 자재를 다른 장소로 옮긴다.
7 단순작업 (Handling)	신체부위, 수공구 또는 특수장치를 사용하여 기계, 장비, 물건 또는 원료 등을 정리, 운반 처리한다. 정확도 달성 및 적합한 공구, 장비, 원료를 선정하는 데 판단력은 요구되지 않는다.

이렇게 출제된다! 2차 주관식

한국직업사전의 부가 직업정보 중 작업강도는 해당 직업의 직무를 수행하는 데 필요한 육체적 힘의 강도를 나타낸 것으로 5단계로 분류하였다. 이 5단계를 쓰시오.

④ 작업강도

    ㉠ 정 의   **필기 출제** 22, 20, 18, 16~05년 기출

해당 직업의 직무를 수행하는 데 필요한 육체적 힘의 강도를 나타낸 것으로, 다음의 5단계로 분류하였다. 그러나 작업강도는 심리적 · 정신적 노동강도는 고려하지 않았다.

아주 가벼운 작업	• 최고 4kg의 물건을 들어 올리고, 때때로 장부, 소도구 등을 들어 올리거나 운반한다. • 앉아서 하는 작업이 대부분을 차지하지만 직무수행상 서거나 걷는 것이 필요할 수도 있다.

가벼운 작업	• 최고 8kg의 물건을 들어 올리고, 4kg 정도의 물건을 빈번히 들어 올리거나 운반한다. • 걷거나 서서하는 작업이 대부분일 때 또는 앉아서 하는 작업일지라도 팔과 다리로 밀고 당기는 작업을 수반할 때에는 무게가 매우 적을지라도 이 작업에 포함된다.
보통 작업	최고 20kg의 물건을 들어 올리고, 10kg 정도의 물건을 빈번히 들어 올리거나 운반한다.
힘든 작업	최고 40kg의 물건을 들어 올리고, 20kg 정도의 물건을 빈번히 들어 올리거나 운반한다.
아주 힘든 작업	40kg 이상의 물건을 들어 올리고, 20kg 이상의 물건을 빈번히 들어 올리거나 운반한다.

ⓒ 결정기준 [필기 출제] 14년 기출

각각의 작업강도는 '들어올림', '운반', '밈', '당김' 등을 기준으로 결정하였는데, 이것은 일차적으로 힘의 강도에 대한 육체적 요건이며, 일반적으로 이러한 활동 중 한 가지에 참여한다면 그 범주를 기준으로 사용한다.

들어올림	물체를 주어진 높이에서 다른 높이로 올리거나 내리는 작업
운 반	손에 들거나 팔에 걸거나 어깨에 메고 물체를 한 장소에서 다른 장소로 옮기는 작업
밈	물체에 힘을 가하여 힘을 가한 쪽으로 움직이게 하는 작업 (때리고, 치고, 발로차고, 페달을 밟는 일도 포함)
당 김	물체에 힘을 가하여 힘을 가한 반대쪽으로 움직이게 하는 작업 (물체에 힘을 가하여 자기쪽으로 일정한 방향으로 가까이 오게 하는 작업)

⑤ 육체활동

㉠ 해당 직업의 직무를 수행하기 위해 필요한 신체적 능력을 나타내는 것으로 균형감각, 웅크림, 손사용, 언어력, 청각, 시각 등이 요구되는 직업인지를 보여준다.

ⓒ 다만, 조사대상 사업체 및 종사자에 따라 다소 상이할 수 있으므로 전체 직업 종사자의 '육체활동'으로 일반화하는 데는 무리가 있다.

⑥ 작업장소

해당 직업의 직무가 주로 수행되는 장소를 나타내는 것으로 실내, 실외 종사비율에 따라 구분한다.

실 내	눈, 비, 바람과 온도변화로부터 보호를 받으며, 작업의 75% 이상이 실내에서 이루어지는 경우
실 외	눈, 비, 바람과 온도변화로부터 보호를 받지 못하며, 작업의 75% 이상이 실외에서 이루어지는 경우
실내·외	작업이 실내 및 실외에서 비슷한 비율로 이루어지는 경우

이렇게 출제된다! 2차 주관식
한국직업사전의 부가 직업정보 중 작업강도를 결정하는 기준을 4가지 쓰고, 각각에 대해 간략히 설명하시오.

이렇게 출제된다! 2차 주관식
한국직업사전의 부가 직업정보 중 육체활동의 구분 4가지를 쓰시오.

쌤의 비법노트
한국직업사전(2012)에서는 작업장소의 분류기준을 "실내 또는 실외의 근무시간 비율"로 제시하였으나, 한국직업사전(2020)에서는 "실내, 실외 종사비율"로 명시하고 있습니다.

⑦ **작업환경** 필기 출제 21, 16, 15, 14, 10, 09년 기출

㉠ 해당 직업의 직무를 수행하는 작업자에게 직접적으로 물리적, 신체적 영향을 미치는 작업장의 환경요인을 나타낸 것이다.

㉡ 작업자의 작업환경을 조사하는 담당자는 일시적으로 방문하고 또한 정확한 측정기구를 가지고 있지 못한 경우가 일반적이기 때문에 조사 당시에 조사자가 느끼는 신체적 반응 및 작업자의 반응을 듣고 판단한다.

㉢ 온도, 소음·진동, 위험내재 및 대기환경이 미흡한 직업은 근로기준법, 산업안전보건법 등의 법률에서 제시한 금지직업이나 유해요소가 있는 직업 등을 근거로 판단할 수 있다.

㉣ 작업환경 기준도 산업체 및 작업장에 따라 달라질 수 있으므로 절대적인 기준이 될 수 없다.

저 온	신체적으로 불쾌감을 느낄 정도로 저온이거나 두드러지게 신체적 반응을 야기시킬 정도로 저온으로 급변하는 경우
고 온	신체적으로 불쾌감을 느낄 정도로 고온이거나 두드러지게 신체적 반응을 야기시킬 정도로 고온으로 급변하는 경우
다 습	신체의 일부분이 수분이나 액체에 직접 접촉되거나 신체에 불쾌감을 느낄 정도로 대기 중에 습기가 충만하는 경우
소음·진동	심신에 피로를 주는 청각장애 및 생리적 영향을 끼칠 정도의 소음, 전신을 떨게 하고 팔과 다리의 근육을 긴장시키는 연속적인 진동이 있는 경우
위험내재	신체적인 손상의 위험에 노출되어 있는 상황으로 기계적 위험, 전기적 위험, 화상, 폭발, 방사선 등의 위험이 있는 경우
대기환경미흡	직무를 수행하는 데 방해가 되거나 건강을 해칠 수 있는 냄새, 분진, 연무, 가스 등의 물질이 작업장의 대기 중에 다량 포함된 경우

⑧ **유사명칭** 필기 출제 17, 11, 09년 기출

㉠ 현장에서 본직업명을 명칭만 다르게 부르는 것으로 본직업명과 사실상 동일하다. 따라서 직업 수 집계에서 제외된다.

㉡ 예를 들어, '보험모집원'은 '생활설계사', '보험영업사원'이라는 유사명칭을 가지는데, 이는 동일한 직무를 다르게 부르는 명칭들이다.

⑨ **관련직업**

㉠ 본직업명과 기본적인 직무에 있어서 공통점이 있으나 직무의 범위, 대상 등에 따라 나누어지는 직업이다.

㉡ 하나의 본직업명에는 두 개 이상의 관련 직업이 있을 수 있으며, 직업 수 집계에 포함된다.

⑩ **자격·면허**

㉠ 해당 직업에 취업 시 소지할 경우 유리한 자격증 또는 면허를 나타내는 것으로 현행 국가기술자격법 및 개별법령에 의해 정부주관으로 운영하고 있는 국가자격 및 면허를 수록한다.

쌤의 비법노트

위험내재와 대기환경미흡의 각 요소를 구분할 수 있어야 합니다. 예를 들어, '가스'는 위험내재의 요소가 아닌 대기환경미흡의 요소에 해당합니다.

이렇게 출제된다! 2차 주관식

한국직업사전의 부가 직업정보 중 작업환경을 나타내는 '위험내재'는 작업자가 제반위험에 노출되어 있는지를 결정한다. 제반위험의 종류를 5가지 쓰시오.

쌤의 비법노트

한국직업사전(2020)에서는 전체 직업 수 현황에서 유사명칭을 포함한 총 16,891개 직업이 등재되어 있다고 강조하고 있으나, 원칙적으로 실제 직업 수 집계에서 유사명칭은 제외되어야 합니다.

ⓒ 한국산업인력공단, 대한상공회의소 등에서 주관·수행하는 시험에 해당하는 자격과 각 부처에서 개별적으로 시험을 실시하는 자격증을 중심으로 수록하였다. 그러나 민간에서 부여하는 자격증은 제외한다.

⑪ 한국표준산업분류 코드

해당 직업을 조사한 산업을 나타내는 것으로 『한국표준산업분류(제10차 개정)』의 소분류(3-digits) 산업을 기준으로 하였다.

⑫ 한국표준직업분류 코드

해당 직업의 『한국고용직업분류(KECO)』 세분류 코드(4-digits)에 해당하는 『한국표준직업분류』(통계청)의 세분류 코드를 표기한다.

⑬ 조사연도 필기 출제 19년 기출

해당 직업의 직무조사가 실시된 연도를 나타낸다.

2 한국직업전망

한국직업전망서는 1999년부터 격년으로 발간하여 왔으나, 2020~2022년 동안 통합본 발간 사업의 일환으로 주요 직종을 나눠 매년 발간함으로써 『2021~2023 한국직업전망 : 일자리 전망 통합본』을 완성하였다. 우리나라의 대표적인 직업에 대한 직업정보와 향후 10년간의 일자리 전망에 관한 종합적인 정보를 수록하고 있으며, 인구구조 및 노동인구의 변화, 가치관과 라이프스타일의 변화, 과학기술의 발전, 법·제도 및 정부정책 등을 중심으로 일자리 증감의 원인과 양상을 구체적으로 설명한다.

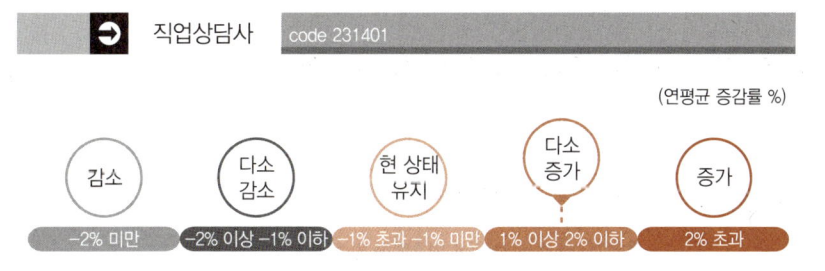

(출처 : 2021~2023 한국직업전망 : 일자리 전망 통합본)

(1) 수록 직업 선정 기준 필기 출제 17, 13, 11, 10, 09년 기출

① 수록 직업 선정은 한국고용직업분류(KECO)의 세분류(4-digits) 직업에 기초하여 종사자 수가 일정 규모(3만명) 이상인 경우를 원칙으로 하였다. 특히 직업정보의 연결성을 높이기 위해서 한국직업정보시스템(구 워크넷 직업·진로 / 현 임금직업포털 직업정보)에서 제공되고 있는 직업 단위를 기본 정보단위로 사용하였다.

② 다만, 한국고용직업분류(KECO)의 세분류 직업 중 승진을 통해 진입하게 되는 관리직과 직업정보 제공의 실효성이 낮은 직업은 제외하였다. 또한 직무가 유사하거나 직업정보 제공의 실효성이 낮은 직업들은 하나로 통합하거나 소분류(3-digits) 수준에서 통합하여 제공하였다.

(2) 일자리 전망 절차 `필기` `출제` 17, 13년 기출

1차 과정	정량적(양적) 전망과 정성적(질적) 전망을 종합 분석하여 직업별 일자리 전망 결과 안을 도출한다.
2차 과정	정량적 분석 결과와 정성적 분석 결과의 주요 전망 결과에 대해 전문가의 의견수렴 및 검증 과정을 거친다.
3차 과정	최종 일자리 전망 결과를 도출하며, 일자리 변동에 영향을 미치는 주요 요인을 제시한다.

(3) 직업별 내용 `필기` `출제` 19, 18, 16, 15, 13, 12, 11, 09, 03년 기출

① 직업명

한국고용직업분류(KECO)에서 사용하는 명칭을 준용하였으며, 「한국직업정보(KNOW)」의 등재 직업명과 일치한다. 일부 직업의 경우, 산업현장에서 실제 불리는 명칭이 대표 직업명과 다른 경우는 산업현장의 명칭을 병기하였다.

② 직업 코드(Code)

직업 코드는 6-digits으로 구성된다. 세분류(4-digits)까지는 한국고용직업분류(KECO) 코드를 따랐다. 이하 세세분류 두 자리(6-digits)는 「한국직업정보(KNOW)」에 등재된 직업들을 관리하기 위한 일련번호이다.

③ 일자리 전망

향후 10년간 해당 직업의 일자리(고용) 증감을 전망하고, 그 요인을 분석하였다. 일자리 증감 전망은 향후 10년간의 연평균 증감률을 기준으로 증가(2% 초과), 다소 증가(1% 이상 ~ 2% 이하), 현 상태 유지(-1% 초과 ~ 1% 미만), 다소 감소(-2% 이상 ~ -1% 이하), 감소(-2% 미만) 등 총 5개 구간으로 구분하였다.

(4) 일자리 전망에 영향을 미치는 주요 요인(고용변동 요인) `필기` `출제` 19년 기출

확실성 요인	• 인구구조의 변화(예 저출산, 고령화 등) • 노동인구의 변화(예 외국인 근로자의 증가 등) • 산업특성 및 산업구조의 변화 • 과학기술의 발전 • 환경과 에너지·자원(예 기후변화 및 환경오염 대응 등) • 가치관과 라이프스타일의 변화
불확실성 요인	• 국내외 경기 변화(대내외 경제 상황 변화) • 기업의 경영전략 변화 • 법·제도 및 정부정책(정부정책 및 법·제도 변화)

쌤의 비법노트

『2021 한국직업전망』, 『2022 한국직업전망』, 『2023 한국직업전망』에서도 직업 코드를 제시하고 있으나, 이는 한국고용직업분류(KECO)와 한국표준직업분류(KSCO)의 세분류(4-digits)를 소개한 것에 불과했습니다. 그와 달리 『2021~2023 한국직업전망 : 일자리 전망 통합본』에서는 직업별로 6-digits으로 구성된 직업 코드를 새롭게 부여하고 있습니다.

이렇게 출제된다! **1차 기출 OX**

Q 한국직업전망에서 정의한 고용변동 요인 중 정부정책 및 법·제도 변화는 불확실성 요인에 해당한다?

A (○)

더 알아보기

『2021~2023 한국직업전망 : 일자리 전망 통합본』의 직업별 일자리 전망 결과(일부) [필기 출제] 20, 19년 기출

구분	직업
증가	• 변호사 • 심리상담전문가 • 수의사 • 반려동물미용사 • 로봇공학기술자 • 항공기조종사 • 웹개발자(웹프로그래머) • 사회복지사 • 성형외과의사 • 간호사 • 요양보호사 및 간병인 • 의약품공학기술자 및 연구원 • 응용소프트웨어개발자 • 산업안전원 및 위험관리원 등
다소 증가	• 경영·진단전문가 • 회계사 • 상품기획자 • 직업상담사 • 연예인매니저 • 건설기계공학기술자 및 연구원 • 반도체공학기술자 및 연구원 • 네트워크시스템개발자(네트워크엔지니어) • 택배원 등 • 노무사 • 세무사 • 경찰관 • 임상심리사(심리치료사) • 미용사 • 항공공학기술자 • 손해사정사
현 상태 유지	• 관세사 • 회계사무원 • 보육교사 • 가사관리사(가사도우미) • 자동차정비원 • 조선·해양공학기술자 • 건축가(건축설계사) • 감정평가사 • 비서 • 사서 • 자동차공학기술자 • 금속가공기계조작원 • 제과·제빵원 • 선장 및 항해사 등
다소 감소	• 은행사무원 • 일반의사 • 부동산중개인 • 바텐더(조주사) • 상점판매원 • 대학교수 • 방송작가 • 웨딩플래너 • 주조원(주조기조작원) • 양식원 등
감소	• 전산자료입력원 및 사무보조원 • 사진인화·현상기조작원 • 홍보도우미 및 판촉원 • 인쇄기계조작원 • 방문판매원 • 매장계산원 및 요금정산원 등

쌤의 비법노트

한국직업전망의 일자리 전망 결과는 수시로 변경되는 경향이 있으므로, 이점 감안하여 학습하시기 바랍니다. 예를 들어, 부동산중개인은 『2023 한국직업전망』에서 '현 상태 유지'로 분류되었으나 2021~2023 통합본에서는 '다소 감소'로, 조선·해양공학기술자는 『2022 한국직업전망』에서 '다소 감소'로 분류되었으나 2021~2023 통합본에서는 '현 상태 유지'로 재분류되고 있습니다.

04절 직업훈련에 대한 정보

1 국가직무능력표준(NCS)

(1) NCS의 개념 필기 출제 17, 14년 기출

① 국가직무능력표준(NCS ; National Competency Standards)은 산업현장에서 직무를 수행하기 위해 요구되는 지식·기술·태도(소양) 등의 내용을 국가가 산업부문별·수준별로 체계화한 것이다.

② 산업현장의 직무를 수행하기 위해 필요한 능력(지식, 기술, 태도)을 국가적 차원에서 표준화한 것으로 능력단위 또는 능력단위들의 집합을 의미한다.

> **쌤의 비법노트**
> 국가직무능력표준(NCS)은 각각 따로 운영됐던 직업교육·훈련·자격제도를 국가직무능력중심 시스템으로 전환함으로써 '일-교육·훈련-자격'을 서로 연계시킨다는 데 의의가 있습니다.

(2) NCS의 활용 영역

① 산업현장의 직무를 체계적으로 분석하여 제시함으로써 '일-교육·훈련-자격'을 연결하는 인적자원개발의 핵심 인프라로 기능한다.

② 기업, 교육훈련기관, 자격시험기관 등에서 다양하게 활용할 수 있다.

기 업	근로자를 위한 경력개발경로와 자가진단도구 개발에 활용하거나 채용, 배치, 승진 등 인사관리의 도구로 활용
교육훈련기관	교육훈련과정, 훈련기준, 교육훈련교재 등의 개발에 활용
자격시험기관	자격종목 설계, 출제기준 설정, 시험문항 출제, 시험방법 결정 등에 활용

(3) NCS 분류

① 분류체계

NCS 분류는 직무의 유형(Type)을 중심으로 NCS의 단계적 구성을 나타내는 것으로, 한국고용직업분류(KECO) 등을 참고하여 '대분류 → 중분류 → 소분류 → 세분류' 순으로 이루어진다.

> **쌤의 비법노트**
> 국가직무능력표준(NCS)의 대분류 24개는 노동시장 정보와의 연계를 위해 한국고용직업분류(KECO)의 중분류를 차용하고 있습니다.

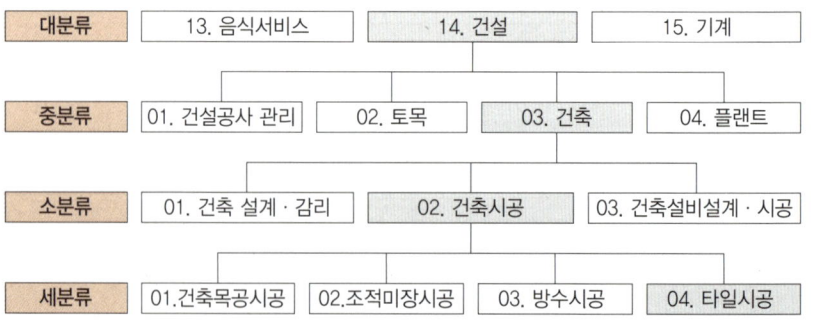

NCS 분류 예시 - 타일시공

(출처 : NCS 개발·개선 매뉴얼)

② 분류원칙

포괄성 (Inclusiveness)	NCS 활용도를 고려하여 개발 대상 분야의 직무는 가능한 NCS 분류에 모두 포함되어야 한다.	
배타성 (Exclusion)	동일 수준의 분류 간에는 상호 차별성을 유지하여야 하며, 동일하거나 유사한 직무는 가능한 하나의 직무로 표현되어야 한다.	
위계성 (Hierarchy)	대–중–소–세분류의 수준 간 위계적 구조 및 포괄적 관계가 명확하여야 한다.	
계열성 (Sequence)	동일 분류의 직무는 상호 내용적 관련성이 있는 것들로 구성되어야 한다.	
보편성 (Universality)	NCS 분류를 구성하는 직업 및 직무는 특수한 것이라기보다는 보편적인 것으로 구성되어야 한다.	

> **쌤의 비법노트**
> '포괄성'과 '배타성'은 앞서 살펴본 한국표준직업분류(KSCO)나 한국고용직업분류(KECO)의 직업분류 일반원칙에 해당합니다.

(4) NCS의 구성 필기 출제 22, 17, 14년 기출

① NCS는 **능력단위 또는 능력단위의 집합**으로 구성된다.
② **능력단위**는 복수의 능력단위요소, 적용범위 및 작업상황, 평가지침, 관련 직업기초능력 등의 정보로 구성되며, **능력단위요소**는 수행준거, 지식·기술·태도로 이루어진다.

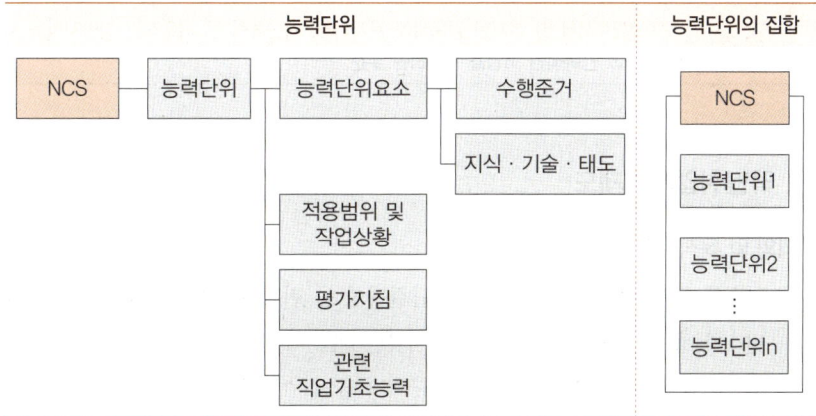

NCS의 구성(출처 : NCS 개발·개선 매뉴얼)

> **쌤의 비법노트**
> 「NCS 개발·개선 매뉴얼」이 2023년 4월 14일부로 전부개정되었습니다. 개정 전 매뉴얼에서는 NCS를 '세분류(직무)'로 표기하였으나, NCS 개념과 범위에 대한 혼란을 해소하기 위해 'NCS'로 변경하였습니다.

> **이렇게 출제된다! 1차 기출 OX**
> Q '능력단위요소'는 적용범위와 작업상황으로 구성된다?
> A (×) 적용범위와 작업상황은 '능력단위'를 구성한다.

이렇게 출제된다! **1차 기출 OX**

Q 국가직무능력표준의 수준체계는 1수준~5수준의 5단계로 구성된다?

A (×) 1수준~8수준의 8단계로 구성된다.

(5) NCS 수준체계 필기 출제 19, 18년 기출

NCS 수준체계는 산업현장 직무의 수준을 8단계 수준체계로 제시한다.

8수준	해당 분야에 대한 최고도의 이론 및 지식을 활용하여 새로운 이론을 창조할 수 있고, 최고도의 숙련으로 광범위한 기술적 작업을 수행할 수 있으며, 조직 및 업무 전반에 대한 권한과 책임이 부여된 수준
7수준	해당 분야의 전문화된 이론 및 지식을 활용하여 고도의 숙련으로 광범위한 작업을 수행할 수 있으며, 타인의 결과에 대하여 의무와 책임이 필요한 수준
6수준	독립적인 권한 내에서 해당 분야의 이론 및 지식을 자유롭게 활용하고, 일반적인 숙련으로 다양한 과업을 수행하며, 타인에게 해당 분야의 지식 및 노하우를 전달할 수 있는 수준
5수준	포괄적인 권한 내에서 해당 분야의 이론 및 지식을 사용하여 매우 복잡하고 비일상적인 과업을 수행하고, 타인에게 해당 분야의 지식을 전달할 수 있는 수준
4수준	일반적인 권한 내에서 해당 분야의 이론 및 지식을 제한적으로 사용하여 복잡하고 다양한 과업을 수행하는 수준
3수준	제한된 권한 내에서 해당 분야의 기초이론 및 일반지식을 사용하여 다소 복잡한 과업을 수행하는 수준
2수준	일반적인 지시 및 감독하에 해당 분야의 일반지식을 사용하여 절차화되고 일상적인 과업을 수행하는 수준
1수준	구체적인 지시 및 철저한 감독하에 문자이해, 계산능력 등 기초적인 일반지식을 사용하여 단순하고 반복적인 과업을 수행하는 수준

2 국민취업지원제도

(1) 의의 및 목적

① 저소득 구직자, 청년 실업자, 경력단절여성 등 취업취약계층을 대상으로 취업지원서비스와 생계지원을 함께 제공하는 '한국형 실업부조' 제도이다.
② 고용보험 사각지대에 있는 저소득 구직자 등 취업취약계층에게 취업지원서비스와 최소한의 생활안정을 지원하는 2차 고용안전망이다.

(2) 국민취업지원제도 운영의 기본방향

① 저소득층의 소득지원을 강화함으로써 생계안정을 지원한다.
② 직업훈련뿐만 아니라 일경험 프로그램과 고용·복지서비스의 연계성을 높임으로써 취업지원서비스의 내실화를 기한다.
③ 취업활동계획을 수립하여 구체적인 구직활동을 하도록 의무를 부여하는 등 구직활동 활성화 방안을 마련한다.

쌤의 비법노트

국민취업지원제도는 기존 취업성공패키지 사업을 확대·개편한 것으로, 2021년 1월 1일부터 시행된 「구직자 취업촉진 및 생활안정지원에 관한 법률」에 근거합니다.

(3) 유형별 지원 요건 및 지원 내용(2025년 8월 기준)

① 지원 요건

연령, 소득, 재산 등 요건 충족 여부에 따라 Ⅰ·Ⅱ유형으로 구분하여 지원한다. 취업지원서비스 수급자격과 구직촉진수당 수급자격을 모두 갖춘 경우 'Ⅰ유형'으로, Ⅰ유형에 해당하지 않는 특정계층, 청년, 중장년을 'Ⅱ유형'으로 지원한다.

구 분			연 령	소 득	재 산	취업경험
Ⅰ유형	요건심사형		15~69세	중위소득 60%↓	4억원 이하 (청년은 5억원 이하)	2년 이내 100일 또는 800시간 이상
	선발형	비경제활동	15~69세	중위소득 60%↓		2년 이내 100일 또는 800시간 미만
		청년	15~34세 (+병역이행 기간)	중위소득 120%↓		무 관
Ⅱ유형	특정계층		15~69세	무 관	무 관	무 관
	청년		15~34세 (+병역이행 기간)	무 관		
	중장년		35~69세	중위소득 100%↓		

> **쌤의 비법노트**
> Ⅱ유형의 특정계층에는 기초연금 수급자, 생계급여 수급자, 노숙인, 북한이탈주민, 신용회복지원자, 결혼이민자, 위기청소년, 구직단념청년, 여성가구주, 미혼모(부)·한부모·청소년부모, 건설일용직, 저소득 노무제공자, 영세자영업자 등 여러 취업취약계층 중에서 일정한 요건에 해당하는 사람이 포함됩니다.

② 지원 내용

㉠ 취업지원서비스(Ⅰ유형 및 Ⅱ유형 공통)

- 취업활동계획 : 심층상담을 통해 개인의 역량별·의지별 활동계획 수립
- 취업지원 : 직업훈련, 일경험, 복지프로그램(생계·의료·금융·돌봄서비스 등) 연계
- 구직활동지원 : 동행면접, 이력서·면접 컨설팅, 일자리정보 제공, 채용박람회, 취업알선 등

㉡ 소득지원(생계지원)

Ⅰ유형	구직촉진수당 : 취업활동계획에 따른 구직활동 이행 시 월 50~90만원씩 6개월 지원
Ⅱ유형	• 취업활동계획수립 참여수당 : 취업활동계획 수립 시 15~25만원(1회) 지원 • 훈련참여지원수당 : 직업훈련 참여 및 80% 이상 출석 시 월 28.4만원(6개월) 지원 • 참여장려수당 : 고용센터를 방문하여 집중취업상담·알선 참여 시 1회 2만원(3회) 지원
공 통	취업성공수당 : 6개월 근속 시 50만원, 추가 6개월 근속 시 100만원(→ 총 12개월 근속 시 150만원)[단, 지급 대상 및 지급 요건을 충족하는 사람에 한함]

> **쌤의 비법노트**
> Ⅱ유형 참여자에게 지급되는 취업활동계획수립 참여수당, 훈련참여지원수당, 참여장려수당을 합하여 '취업활동비용'이라고 합니다.

3 국민내일배움카드

(1) 의의 및 목적 [필기 출제] 21년 기출

① 급격한 기술발전에 적응하고 노동시장 변화에 대응하는 사회안전망 차원에서 생애에 걸친 역량개발 향상 등을 위해 국민 스스로 직업능력개발훈련을 실시할 수 있도록 훈련비 등을 지원한다.

② 기존 실업자와 재직자 내일배움카드를 통합함으로써 국민 누구나 일자리에 도움이 되는 훈련을 받을 수 있는 평생능력개발의 기반을 마련한다.

(2) 지원 및 지원제외(국민내일배움카드 운영규정 제4조 참조) [필기 출제] 22, 21, 20년 기출

① 직업능력개발계좌 발급의 지원대상

지방고용노동관서의 장은 직업훈련이 필요하다고 인정하는 경우에는 훈련비 등을 지원할 수 있는 직업능력개발계좌(이하 "계좌"라 한다)를 발급할 수 있다.

② 직업능력개발계좌 발급의 지원제외

다음의 어느 하나에 해당하는 사람에 대하여는 이 규정에 따른 훈련비 등을 지원하지 아니한다.

- 현직 공무원 및 사립학교교직원
- 현직 군인(단, 중·장기복무 제대군인으로서 국가보훈부장관의 추천을 받아 직업능력개발훈련을 받는 사람과 5년 미만 단기복무로 6개월 이내 전역 예정인 군간부는 지원대상에 포함)
- 만 75세 이상인 사람
- 외국인(단, 고용보험 피보험자이거나 피보험자였던 사람, 난민인정자 가운데 직업능력개발훈련이 필요하다고 인정하여 법무부장관이 추천한 사람, 직업교육·훈련을 받을 수 있는 결혼이민자 등은 지원대상에 포함)
- 국민 평생 직업능력 개발법규에 따른 지원·융자·수강 제한의 기간이 종료되지 않은 사람
- 고용보험법령에 따라 부정행위에 따른 지원금 등의 반환 명령을 받고 그 납부의 의무를 이행하지 아니하는 사람
- 중앙행정기관 또는 지방자치단체로부터 훈련비를 지원받는 훈련(또는 사업)에 참여하는 사람
- 생계급여를 수급받는 사람(단, 조건부수급자와 조건 부과를 유예받은 사람은 지원대상에 포함)
- 초·중등교육법에 따른 학교의 재학생(단, 고등학교 3학년에 재학 중인 사람은 지원대상에 포함)
- 고등교육법에 따른 학교(대학 및 대학원)의 재학생(단, 졸업까지 남은 수업연한이 2년 이내인 사람, 원격대학에 재학 중인 사람은 지원대상에 포함)
- 대규모기업에 고용된 만 45세 미만인 사람으로서 최근 3개월간 월평균 임금이 300만원 이상인 사람(단, 기간제·단시간·파견·일용근로자, 직업안정기관의 장에게 취업훈련을 신청한 날부터 180일 이내에 이직 예정인 사람, 경영상의 이유로 90일 이상 무급 휴직 중인 사람, 사업주가 실시하는 직업능력개발훈련을 수강하지 못한 기간이 3년 이상인 사람, 육아휴직 중인 사람은 지원대상에 포함)
- 과세표준확정신고의 예외 사업자 또는 영리를 목적으로 자기의 계산과 책임하에 근로를 제공하는 사람으로서 최근 3개월간 월평균 소득이 500만원 이상인 사람
- 사업자등록증을 발급받은 사람으로서 사업 기간이 1년 미만이거나, 최근 1년간 매출과세표준이 4억원 이상인 사람(단, 부동산 임대사업자의 경우 사업 기간이 1년 미만이거나, 부동산임대공급가액이 4천 8백만원 이상인 사람)
- 사업자등록증을 발급받은 법인의 대표자로서 사업기간이 1년 미만이거나, 최근 1년간 월평균 소득이 300만원 이상인 사람

쌤의 비법노트

국민내일배움카드는 실업자와 재직자로 구분하여 운영해 왔던 기존의 내일배움카드를 직업훈련을 희망하는 국민을 대상으로 확대·통합한 것으로, 2020년 1월부터 시행되고 있습니다. 이는 국민취업지원제도와는 다른 것으로, 「국민 평생 직업능력 개발법」에 근거합니다.

이렇게 출제된다! 1차 기출 OX

Q 대학교 4학년에 재학 중인 졸업예정자는 국민내일배움카드의 적용을 받는다?

A (○)

쌤의 비법노트

소득세법령에 따른 과세표준확정신고의 예외 사업자 또는 영리를 목적으로 자기의 계산과 책임하에 근로를 제공하는 사람은 특수형태근로종사자, 플랫폼 종사자 및 프리랜서 등과 같은 노무제공자를 말합니다.

쌤의 비법노트

2024년 1월 1일 규정 개정에 따라 노무제공자, 영세자영업자 등의 국민내일배움카드 발급 제한 기준이 완화되었습니다. 즉, 노무제공자의 경우 월평균 소득 300만원 이상에서 500만원 이상으로, 영세자영업자의 경우 연 매출액 1억 5천만원 이상에서 4억원 이상으로 기준이 완화된 것입니다.

- 소득세법 또는 국세기본법령에 따라 고유번호를 부여받은 단체의 대표로서 최근 1년간 월평균 소득이 300만원 이상인 사람
- 기타 직업훈련의 필요성이 인정되지 않는 사람

(3) 사업의 주요 내용

① 지원 대상 훈련과정(규정 제19조 참조)

㉠ 훈련비를 지원받을 수 있는 국민내일배움카드 훈련과정은 다음과 같다.

- 국가기간·전략산업직종 훈련과정
- 일반계좌제훈련과정(단, 요양보호사 양성과정, 아이돌봄인력 양성과정은 제외)
- 법정직무훈련과정(단, 사업주에게 의무가 지워지는 공통 법정직무훈련 등은 제외)
- 외국어훈련과정
- 그 밖의 특화 훈련과정

㉡ 다음의 어느 하나에 해당하는 훈련과정은 국민내일배움카드 훈련과정으로 인정받을 수 없다. 〔필기 출제〕 14년 기출

- 세미나, 심포지엄 등 단순한 정보교류나 시사 및 일반상식 등 교양의 습득을 주된 목적으로 하는 과정
- 직무에 필요한 지식 및 기술·기능과 직접 관련이 없는 취미활동, 오락 및 스포츠 등을 목적으로 하는 과정
- 「고등교육법」 등에 따른 전문대학 이상의 교육기관에서 학위를 부여할 목적으로 개설되어 있는 정규 교육과정
- 훈련수료 후 창업이나 취업 시 「의료법」 등 관련법 위반의 우려가 있는 과정
- 그 밖에 변호사·변리사·공인중개사·공인노무사 등의 자격시험 및 공무원 공채시험과 관련된 과정 등 지원의 필요성이 적은 과정
- 다른 법령에 따라 중앙행정기관 등 공공기관에서 지원을 받는 훈련과정
- 근로자의 직무와 관계없이 다른 법령에서 정한 바에 따라 사업주가 자신이 사용하는 모든 근로자를 대상으로 하는 훈련과정(단, 근로자가 이·전직을 위해 자격취득에 필요한 훈련과정은 내일배움카드 훈련과정으로 인정)
- 그 밖에 지원의 필요성이 적다고 판단한 과정

> **이렇게 출제된다! 1차 기출 OX**
>
> **Q** 공인노무사 자격시험은 계좌적합훈련과정으로 인정받을 수 있다?
>
> **A** (×) 변호사·변리사·공인중개사·공인노무사 등의 자격시험은 계좌적합훈련과정으로 인정받을 수 없다.

② 훈련과정의 요건(규정 제19조 제2항 및 별표2 참조) 〔필기 출제〕 18, 16, 13년 기출

국가기간·전략산업직종 훈련과정	국가기간·전략산업직종의 훈련으로서 훈련기간이 3개월 이상 1년 이하이고 소정훈련시간이 350시간 이상일 것
일반계좌제훈련과정	(실업자) 소정훈련일수가 10일 이상이고 소정훈련시간이 40시간 이상일 것 (재직자) 훈련일수가 2일 이상이고 훈련시간이 16시간 이상일 것
법정직무훈련과정	훈련일수가 2일 이상이고 훈련시간이 16시간 이상일 것
외국어훈련과정	훈련일수가 2일 이상이고 훈련시간이 16시간 이상일 것
특화 훈련과정	별도로 정하는 바에 따름

* 단, 위의 요건은 원격훈련(인터넷·우편), 스마트훈련, 혼합훈련 등의 방법을 제외한 집체훈련 방법의 요건만을 제시한 것임

> **이렇게 출제된다! 1차 기출 OX**
>
> **Q** 실업자 대상 일반계좌제 훈련이 적합훈련과정으로 인정받으려면 소정훈련일수가 10일 이상이고 소정훈련시간이 40시간 이상이어야 한다?
>
> **A** (○)

③ 지원의 주요 내용(규정 제14조 및 제16조 참조)
　㉠ 계좌의 지원 한도 : 1인당 300만원(단, 일부 대상자에 한해 최대 500만원까지 가능)
　㉡ 계좌의 유효기간 : 계좌발급일로부터 5년

05절 자격제도에 대한 정보

1 국가기술자격의 등급 및 검정의 기준

쌤의 비법노트
국가기술자격은 기술·기능 분야와 서비스 분야로 구분됩니다. 보통 '국가기술자격 종목'이라고 하면, 이 두 분야가 모두 포함됩니다.

(1) 기술·기능 분야 국가기술자격 등급 및 검정의 기준   필기 출제 22~08년, 06~03년 기출

기술사	해당 국가기술자격의 종목에 관한 고도의 전문지식과 실무경험에 입각한 계획·연구·설계·분석·조사·시험·시공·감리·평가·진단·사업관리·기술관리 등의 업무를 수행할 수 있는 능력 보유
기능장	해당 국가기술자격의 종목에 관한 최상급 숙련기능을 가지고 산업현장에서 작업관리, 소속 기능인력의 지도 및 감독, 현장훈련, 경영자와 기능인력을 유기적으로 연계시켜 주는 현장관리 등의 업무를 수행할 수 있는 능력 보유
기 사	해당 국가기술자격의 종목에 관한 공학적 기술이론 지식을 가지고 설계·시공·분석 등의 업무를 수행할 수 있는 능력 보유
산업기사	해당 국가기술자격의 종목에 관한 기술기초이론 지식 또는 숙련기능을 바탕으로 복합적인 기초기술 및 기능업무를 수행할 수 있는 능력 보유
기능사	해당 국가기술자격의 종목에 관한 숙련기능을 가지고 제작·제조·조작·운전·보수·정비·채취·검사 또는 작업관리 및 이에 관련되는 업무를 수행할 수 있는 능력 보유

이렇게 출제된다! 1차 기출 OX
Q '전자상거래관리사'는 서비스 분야 국가기술자격의 단일등급에 해당한다?
A (×) '전자상거래운용사'는 단일등급에 해당하나, '전자상거래관리사'는 1·2급으로 구분된다.

(2) 서비스 분야 국가기술자격의 등급   필기 출제 17년 기출

단일등급	국제의료관광코디네이터 게임기획전문가 멀티미디어콘텐츠제작전문가 워드프로세서 텔레마케팅관리사 경영정보시각화능력	게임그래픽전문가 게임프로그래밍전문가 스포츠경영관리사 전자상거래운용사 이러닝운영관리사 공공조달관리사
1·2급	사회조사분석사 임상심리사 직업상담사 컴퓨터활용능력	소비자전문상담사 전자상거래관리사 컨벤션기획사
1·2·3급	• 비 서 • 한글속기	• 전산회계운용사

쌤의 비법노트
'공공조달관리사'는 공공조달 규모 및 시장참여자 확대로 해당 분야의 전문인력 양성이 필요하다는 현장의 요청에 따라 최근 신설되었습니다.

2 국가기술자격의 응시자격

(1) 기술·기능 분야 국가기술자격의 응시자격 필기 출제 22, 20, 19, 17, 15, 14, 11, 05, 04년 기출

기술사	다음 각 호의 어느 하나에 해당하는 사람 1. 기사 자격을 취득한 후 응시하려는 종목이 속하는 직무분야(고용노동부령으로 정하는 유사 직무분야를 포함한다. 이하 "동일 및 유사 직무분야"라 한다)에서 4년 이상 실무에 종사한 사람 2. 산업기사 자격을 취득한 후 응시하려는 종목이 속하는 동일 및 유사 직무분야에서 5년 이상 실무에 종사한 사람 3. 기능사 자격을 취득한 후 응시하려는 종목이 속하는 동일 및 유사 직무분야에서 7년 이상 실무에 종사한 사람 4. 응시하려는 종목과 관련된 학과로서 고용노동부장관이 정하는 학과(이하 "관련학과"라 한다)의 대학졸업자 등으로서 졸업 후 응시하려는 종목이 속하는 동일 및 유사 직무분야에서 6년 이상 실무에 종사한 사람 5. 응시하려는 종목이 속하는 동일 및 유사 직무분야의 다른 종목의 기술사 등급의 자격을 취득한 사람 6. 3년제 전문대학 관련학과 졸업자 등으로서 졸업 후 응시하려는 종목이 속하는 동일 및 유사 직무분야에서 7년 이상 실무에 종사한 사람 7. 2년제 전문대학 관련학과 졸업자 등으로서 졸업 후 응시하려는 종목이 속하는 동일 및 유사 직무분야에서 8년 이상 실무에 종사한 사람 8. 국가기술자격의 종목별로 기사의 수준에 해당하는 교육훈련을 실시하는 기관 중 고용노동부령으로 정하는 교육훈련기관의 기술훈련과정(이하 "기사 수준 기술훈련과정"이라 한다) 이수자로서 이수 후 응시하려는 종목이 속하는 동일 및 유사 직무분야에서 6년 이상 실무에 종사한 사람 9. 국가기술자격의 종목별로 산업기사의 수준에 해당하는 교육훈련을 실시하는 기관 중 고용노동부령으로 정하는 교육훈련기관의 기술훈련과정(이하 "산업기사 수준 기술훈련과정"이라 한다) 이수자로서 이수 후 동일 및 유사 직무분야에서 8년 이상 실무에 종사한 사람 10. 응시하려는 종목이 속하는 동일 및 유사 직무분야에서 9년 이상 실무에 종사한 사람 11. 외국에서 동일한 종목에 해당하는 자격을 취득한 사람
기능장	다음 각 호의 어느 하나에 해당하는 사람 1. 응시하려는 종목이 속하는 동일 및 유사 직무분야의 산업기사 또는 기능사 자격을 취득한 후 「국민 평생 직업능력 개발법」에 따라 설립된 기능대학의 기능장 과정을 마친 이수자 또는 그 이수예정자 2. 산업기사 등급 이상의 자격을 취득한 후 응시하려는 종목이 속하는 동일 및 유사 직무분야에서 5년 이상 실무에 종사한 사람 3. 기능사 자격을 취득한 후 응시하려는 종목이 속하는 동일 및 유사 직무분야에서 7년 이상 실무에 종사한 사람 4. 응시하려는 종목이 속하는 동일 및 유사 직무분야에서 9년 이상 실무에 종사한 사람 5. 응시하려는 종목이 속하는 동일 및 유사 직무분야의 다른 종목의 기능장 등급의 자격을 취득한 사람 6. 외국에서 동일한 종목에 해당하는 자격을 취득한 사람

> **쌤의 비법노트**
>
> 기술·기능 분야 국가기술자격의 응시자격에서는 등급별 구체적인 응시자격을 문제의 지문으로 제시하고 틀린 것 혹은 옳은 것을 고르는 방식으로 문제가 출제되고 있습니다.

이렇게 출제된다! 1차 기출 OX

Q 국가기술자격 기사 등급의 자격시험에 응시하기 위해서는 기능사 자격 취득 후 응시하려는 종목이 속하는 동일 및 유사 직무분야에서 '3년 이상'의 실무경력이 필요하다?

A (○)

기사	다음 각 호의 어느 하나에 해당하는 사람 1. 산업기사 등급 이상의 자격을 취득한 후 응시하려는 종목이 속하는 동일 및 유사 직무분야에서 1년 이상 실무에 종사한 사람 2. 기능사 자격을 취득한 후 응시하려는 종목이 속하는 동일 및 유사 직무분야에서 3년 이상 실무에 종사한 사람 3. 응시하려는 종목이 속하는 동일 및 유사 직무분야의 다른 종목의 기사 등급 이상의 자격을 취득한 사람 4. 관련학과의 대학졸업자 등 또는 그 졸업예정자 5. 3년제 전문대학 관련학과 졸업자 등으로서 졸업 후 응시하려는 종목이 속하는 동일 및 유사 직무분야에서 1년 이상 실무에 종사한 사람 6. 2년제 전문대학 관련학과 졸업자 등으로서 졸업 후 응시하려는 종목이 속하는 동일 및 유사 직무분야에서 2년 이상 실무에 종사한 사람 7. 동일 및 유사 직무분야의 기사 수준 기술훈련과정 이수자 또는 그 이수예정자 8. 동일 및 유사 직무분야의 산업기사 수준 기술훈련과정 이수자로서 이수 후 응시하려는 종목이 속하는 동일 및 유사 직무분야에서 2년 이상 실무에 종사한 사람 9. 응시하려는 종목이 속하는 동일 및 유사 직무분야에서 4년 이상 실무에 종사한 사람 10. 외국에서 동일한 종목에 해당하는 자격을 취득한 사람
산업기사	다음 각 호의 어느 하나에 해당하는 사람 1. 기능사 등급 이상의 자격을 취득한 후 응시하려는 종목이 속하는 동일 및 유사 직무분야에 1년 이상 실무에 종사한 사람 2. 응시하려는 종목이 속하는 동일 및 유사 직무분야의 다른 종목의 산업기사 등급 이상의 자격을 취득한 사람 3. 관련학과의 2년제 또는 3년제 전문대학졸업자 등 또는 그 졸업예정자 4. 관련학과의 대학졸업자 등 또는 그 졸업예정자 5. 동일 및 유사 직무분야의 산업기사 수준 기술훈련과정 이수자 또는 그 이수예정자 6. 응시하려는 종목이 속하는 동일 및 유사 직무분야에서 2년 이상 실무에 종사한 사람 7. 고용노동부령으로 정하는 기능경기대회 입상자 8. 외국에서 동일한 종목에 해당하는 자격을 취득한 사람
기능사	제한 없음

이렇게 출제된다! 1차 기출 OX

Q 응시하려는 종목이 속하는 동일 및 유사 직무분야에서 1년 이상 실무에 종사한 사람은 국가기술자격 '산업기사' 등급에 응시할 수 있다?

A (×) 응시하려는 종목이 속하는 동일 및 유사 직무분야에서 '2년 이상' 실무경력이 있어야 한다.

(2) 서비스 분야 국가기술자격의 응시자격(전문사무) 〈필기 출제〉 21, 16~08, 06, 04년 기출

① 직업상담사, 사회조사분석사, 전자상거래관리사 〈필기 출제〉 21년 기출

1급	다음 각 호의 어느 하나에 해당하는 사람 1. 해당 종목의 2급 자격을 취득한 후 해당 실무에 2년 이상 종사한 사람 2. 해당 실무에 3년 이상 종사한 사람
2급	제한 없음

② 소비자전문상담사

1급	다음 각 호의 어느 하나에 해당하는 사람 1. 해당 종목의 2급 자격 취득 후 소비자상담 실무경력 2년 이상인 사람 2. 소비자상담 관련 실무경력 3년 이상인 사람 3. 외국에서 동일한 종목에 해당하는 자격을 취득한 사람
2급	제한 없음

③ 임상심리사

1급	다음 각 호의 어느 하나에 해당하는 사람 1. 임상심리분야에서 2년 이상의 실습수련을 받은 경력(학위 취득 전의 실습수련 경력 포함)이 있는 사람으로서 심리학 분야에서 석사학위 이상의 학위를 취득한 사람 및 취득 예정자 2. 임상심리분야에서 4년 이상의 실무에 종사한 경력(학위 취득 전의 실무경력 포함)이 있는 사람으로서 심리학 분야에서 석사학위 이상의 학위를 취득한 사람 및 취득 예정자 3. 임상심리사 2급 자격 취득 후 임상심리와 관련하여 5년 이상 실무에 종사한 사람 4. 외국에서 동일한 종목에 해당하는 자격을 취득한 사람
2급	다음 각 호의 어느 하나에 해당하는 사람 1. 임상심리분야에서 1년 이상의 실습수련을 받은 경력(졸업 전의 실습수련 경력 포함)이 있는 사람으로서 대학졸업자 및 그 졸업예정자 2. 임상심리분야에서 2년 이상의 실무에 종사한 경력(졸업 전의 실무경력 포함)이 있는 사람으로서 대학졸업자 및 그 졸업예정자 3. 외국에서 동일한 종목에 해당하는 자격을 취득한 사람

④ 컨벤션기획사 필기 출제 15, 09년 기출

1급	다음 각 호의 어느 하나에 해당하는 사람 1. 해당 종목의 2급 자격을 취득한 후 응시하려는 종목이 속하는 동일 및 유사 직무분야에서 3년 이상 실무에 종사한 사람 2. 응시하려는 종목이 속하는 동일 및 유사 직무분야에서 4년 이상 실무에 종사한 사람 3. 외국에서 동일한 종목에 해당하는 자격을 취득한 사람
2급	제한 없음

⑤ 국제의료관광코디네이터 필기 출제 20년 기출

국가기술자격법령에 따른 공인어학성적 기준요건을 충족하고 다음의 어느 하나에 해당하는 사람

- 보건의료 또는 관광분야의 학과로서 고용노동부장관이 정하는 학과(이하 "관련학과"라 한다)의 대학졸업자 또는 졸업예정자
- 2년제 전문대학 관련학과 졸업자 등으로서 졸업 후 보건의료 또는 관광분야에서 2년 이상 실무에 종사한 사람
- 3년제 전문대학 관련학과 졸업자 등으로서 졸업 후 보건의료 또는 관광분야에서 1년 이상 실무에 종사한 사람
- 보건의료 또는 관광분야에서 4년 이상 실무에 종사한 사람
- 관련자격증(의사, 간호사, 보건교육사, 관광통역안내사, 컨벤션기획사 1·2급)을 취득한 사람

> **이렇게 출제된다! 1차 기출 OX**
>
> **Q** 서비스 분야 국가기술자격 종목 중 '컨벤션기획사 1급'은 응시하려는 종목이 속하는 동일 및 유사 직무분야에서 5년 이상 실무경력이 있어야 응시할 수 있다?
>
> **A** (×) 응시하려는 종목이 속하는 동일 및 유사 직무분야에서 '4년 이상' 실무경력이 있어야 한다.

쌤의 비법노트

2026년부터 시행될 예정인 서비스 분야 국가기술자격 종목으로서 '공공조달관리사'도 응시자격에 제한이 없습니다.

이렇게 출제된다! 1차 기출 OX

Q 국가기술자격 종목 중 '사회조사분석사 2급', '소비자전문상담사 2급', '스포츠경영관리사'는 응시자격에 제한이 없다?

A (○)

⑥ 그 외 응시자격에 제한이 없는 서비스 분야 국가기술자격 종목 [필기 출제] 21~17, 10년 기출

- 게임그래픽전문가
- 게임프로그래밍전문가
- 비서 1·2·3급
- 워드프로세서
- 전산회계운용사 1·2·3급
- 텔레마케팅관리사
- 이러닝운영관리사
- 공공조달관리사
- 게임기획전문가
- 멀티미디어콘텐츠제작전문가
- 스포츠경영관리사
- 전자상거래운용사
- 컴퓨터활용능력 1·2급
- 한글속기 1·2·3급
- 경영정보시각화능력

Comment

2024년 7월 25일 국민권익위원회는 보도자료를 통해 임상심리사 국가기술자격 시험 응시자격에 학력 제한 요건을 폐지할 것을 고용노동부와 보건복지부에 권고했다고 밝혔습니다. 사실 다른 국가기술자격 시험은 관련 분야 학위가 없더라도 직무경력만으로 시험응시가 가능하도록 운영되고 있음에도 불구하고, 유독 임상심리사 시험만이 합리적인 이유 없이 4년제 대학졸업자 이상의 응시자격 제한을 두고 있습니다. 이에 국민권익위원회에서는 국가기술자격제도상 불합리한 학력 차별 요소를 개선하기 위해 임상심리사 자격시험에 대해서도 실무경력만으로 시험에 응시할 수 있도록 제도를 개선할 것을 관련 부처에 권고한 것입니다. 다만, 과거 2013년 10월에도 국가인권위원회의 권고가 있었으나, 관련 부처에서는 "임상심리사는 다른 자격 종목과 달리 환자의 생명이나 신체의 안전과 관련된 업무를 수행하므로 고도의 전문성이 필요해 대학졸업이나 졸업 예정자로 응시요건을 정한 것"이라 해명한 바 있습니다. 따라서 이번 국민권익위원회의 권고 조치가 실제 법령 개정으로 이어질 것인지 향후 개정 추이를 지켜볼 필요가 있겠습니다.

3 국가기술자격 주요 직무분야별 자격종목

(1) 국가기술자격 기술·기능 분야의 주요 직무분야별 자격종목 [필기 출제] 21~16, 12, 10, 09년 기출

쌤의 비법노트

국가기술자격 기술·기능 분야 및 서비스 분야의 직무분야별 자격종목은 국가기술자격법령 개정에 따라 변경될 수 있습니다.

쌤의 비법노트

'금속재창호', '플라스틱창호'는 과거 재료 직무분야(17 재료)로 분류되었으나 국가기술자격법령 개정에 따라 현재 건설 직무분야(14 건설) 중 건축 중직무분야(141 건축)로 분류되고 있습니다.

주요 직무분야	중직무분야	주요 자격종목
14 건설	141 건축	건축, 건축설비, 건축일반시공, 실내건축, 도배, 미장, 방수, 비계, 조적, 철근, 타일, 금속재창호, 플라스틱창호 등
	142 토목	토목, 건설재료시험, 지적, 응용지질, 철도토목, 콘크리트, 항로표지, 해양자원개발, 잠수, 공간정보융합 등
	143 조경	조경
	144 도시·교통	교통, 도시계획 등
	145 건설 배관	배관
	146 건설기계운전	양화장치운전, 지게차운전, 굴착기운전, 기중기운전, 로더운전 등

16 기계	161 기계제작	기계가공, 컴퓨터응용가공, 일반기계, 기계설계, 정밀측정 등
	162 기계장비설비·설치	건설기계, 건설기계설비, 건설기계정비, 공조냉동기계, 승강기, 농업기계, 자동화설비, 스마트공장 등
	163 철도	철도차량, 철도차량정비 등
	164 조선	조선, 선박기관정비, 선체건조 등
	165 항공	항공, 항공기관, 항공기체, 항공기정비, 항공전기·전자정비 등
	166 자동차	자동차정비, 자동차보수도장, 자동차차체수리, 그린전동자동차 등
	167 금형·공작기계	금형, 사출금형, 프레스금형 등
17 재료	171 금속·재료	금속가공, 금속재료, 금속제련, 세라믹, 압연, 열처리, 제강, 제선 등
	172 판금·제관·새시	판금제관
	173 단조·주조	주조
	174 용접	용접, 피복아크용접 등
	175 도장·도금	금속도장, 표면처리 등
18 화학	181 화공	화공, 화약류제조, 화학분석, 바이오화학제품제조 등
	182 위험물	위험물
20 전기·전자	201 전기	전기, 전기공사, 건축전기설비, 전기철도, 철도신호 등
	202 전자	광학, 광학기기, 로봇기구개발, 반도체커스텀레이아웃, 의공, 전자, 임베디드, 3D프린터개발, 3D프린터운용 등
24 농림어업	241 농업	시설원예, 원예, 유기농업, 종자, 화훼장식 등
	242 축산	축산, 식육처리 등
	243 임업	산림, 식물보호, 임산가공, 임업종묘 등
	244 어업	수산양식, 어로, 어업생산관리 등
25 안전관리	251 안전관리	가스, 건설안전, 기계안전, 산업안전, 산업위생관리, 소방설비(기계·전기), 인간공학, 화재감식평가, 농작업안전보건 등
	252 비파괴검사	비파괴검사, 방사선비파괴검사, 와전류비파괴검사, 자기비파괴검사, 초음파비파괴검사 등
26 환경·에너지	261 환경	대기환경, 생물분류(동물·식물), 소음진동, 수질환경, 자연생태복원, 토양환경, 폐기물처리, 온실가스관리, 환경위해관리 등
	262 에너지·기상	기상, 기상감정, 방사선관리, 원자력, 에너지관리, 신재생에너지발전설비(태양광) 등

쌤의 비법노트

'용접'은 과거 기계 직무분야로 분류되었으나 국가기술자격법령 개정에 따라 현재 재료 직무분야(17 재료)의 중직무분야(174 용접)로 분류되고 있습니다.

이렇게 출제된다! 1차 기출 OX

Q 건설기계설비기사, 공조냉동기계기사, 승강기기사 자격은 공통적으로 '기계' 직무분야에 해당한다?

A (○)

이렇게 출제된다! 1차 기출 OX

Q 산업위생관리기사, 와전류비파괴검사기사, 인간공학기사 자격은 공통적으로 '환경·에너지' 직무분야에 해당한다?

A (×) '안전관리' 직무분야에 해당한다.

Comment

국가기술자격 기술·기능 분야의 직무분야별 자격종목은 그 수가 매우 많습니다(국가기술자격법 시행규칙 2025년 9월 1일 개정일 기준 26개 직무분야, 61개 중직무분야, 506개 기술·기능 자격종목). 여기서는 학습의 편의상 직업상담사 시험에 출제된 내용을 중심으로 일부만을 수록하였으므로, 이점 유념하여 학습하시기 바랍니다. 이와 관련된 전체적인 내용은 국가기술자격법 시행규칙 제3조 및 별표2를 참조하시기 바랍니다.

이렇게 출제된다!	1차 기출 OX

Q 국가기술자격 종목 중 컨벤션기획사 2급은 '이용·숙박·여행·오락·스포츠' 직무분야에 해당한다?

A (×) '경영·회계·사무' 직무분야에 해당한다.

(2) **국가기술자격 서비스 분야의 주요 직무분야별 자격종목** 필기 출제 21, 20, 19, 18, 16, 13, 12년 기출

주요 직무분야	중직무분야	주요 자격종목
01 사업관리	011 사업관리	공공조달관리사
02 경영·회계·사무	021 경영	사회조사분석사, 소비자전문상담사, 컨벤션기획사
	022 회계	전산회계운용사
	023 사무	비서, 워드프로세서, 컴퓨터활용능력, 한글속기, 경영정보시각화능력
04 교육·자연과학·사회과학	041 교육·자연과학·사회과학	이러닝운영관리사
06 보건·의료	061 보건·의료	임상심리사, 국제의료관광코디네이터
07 사회복지·종교	071 사회복지·종교	직업상담사
10 영업·판매	101 영업·판매	전자상거래관리사, 전자상거래운용사, 텔레마케팅관리사
12 이용·숙박·여행·오락·스포츠	122 숙박·여행·오락·스포츠	스포츠경영관리사
21 정보통신	211 정보기술	게임그래픽전문가, 게임기획전문가, 게임프로그래밍전문가, 멀티미디어콘텐츠제작전문가

주) 편의상 자격등급(1급·2급·3급)은 생략함

4 그 밖의 국가기술자격 관련 주요 내용

(1) **실기능력이 중요하여 필기시험이 면제되는 종목(실기시험만 시행할 수 있는 종목)**

필기 출제 21, 20, 19, 16, 15, 12, 11, 10년 기출

직무분야	중직무분야	자격종목
02 경영·회계·사무	023 사무	한글속기 1급·2급·3급
14 건설	141 건축	• 거푸집기능사 • 건축도장기능사 • 건축목공기능사 • 도배기능사 • 미장기능사 • 방수기능사 • 비계기능사 • 온수온돌기능사 • 유리시공기능사 • 조적기능사 • 철근기능사 • 타일기능사 • 금속재창호기능사
	142 토목	• 도화기능사 • 석공기능사 • 지도제작기능사 • 항공사진기능사
19 섬유·의복	192 의복	봉제기능사

쌤의 비법노트

실기능력이 중요하여 필기시험이 면제되는 종목에 '정보처리기능사', '로더운전기능사', '한복기능사', '사진기능사', '미용사' 등은 해당하지 않는다는 점을 반드시 기억해 두세요.

(2) 국가기술자격의 취소 및 정지 기준

위반행위	행정처분기준
거짓이나 그 밖의 부정한 방법으로 국가기술자격을 취득한 경우	자격취소
법령을 위반하여 업무를 성실히 수행하지 않거나 품위를 손상시켜 다음의 구분에 따라 공익을 해치거나 다른 사람에게 손해를 입힌 경우 • 다른 사람에게 손해를 입혀 금고 이상의 형을 선고받고 그 형이 확정된 경우 • 다른 사람에게 손해를 입혀 벌금 이하의 형을 선고받고 그 형이 확정된 경우 • 그 밖에 업무를 성실히 수행하지 않거나 품위를 손상시켜 공익을 해치거나 다른 사람에게 손해를 입힌 경우	자격취소 자격정지 2년 자격정지 1년
법령을 위반하여 국가기술자격증을 다른 사람에게 빌려 준 경우	자격취소

더 알아보기

국가기술자격과 국가전문자격 〔필기 출제〕 22, 19, 16년 기출

- 국가기술자격은 「국가기술자격법」에 의해 운영되는 자격으로 크게 '기술·기능 분야(기술사/기능장/기사/산업기사/기능사)'와 '서비스 분야(1급/2급/3급/단일등급)'로 구성되어 있다.
- 국가전문자격은 정부 부처별 소관 법령에 의해 운영되는 자격으로 의사, 변호사, 공인노무사, 감정평가사, 사회복지사, 국가유산수리기술자, 주택관리사보 등의 자격이 있다.
- 국가기술자격법 시행규칙 개정에 따라 최근 다음의 자격종목들이 신설되었다.

신설종목(명)		시행연도
• 공간정보융합산업기사 • 이러닝운영관리사	• 공간정보융합기능사 • 한복기능장	2023년
• 경영정보시각화능력		2024년
• 이륜자동차정비기능사 • 산림기능장 • 스마트공장기능사 • 공공조달관리사	• 바이오공정기능사 • 스마트공장산업기사 • 봉제기능사	2026년 (예정)

이렇게 출제된다! 1차 기출 OX

Q '주택관리사보'는 「국가기술자격법」에 의한 국가기술자격 종목이다?

A (×) 「공동주택관리법」에 따라 국토교통부장관이 시행(한국산업인력공단에 위탁)하는 국가전문자격 종목이다.

06절 고용정보시스템

1 고용24(www.work24.go.kr)

고용노동부와 한국고용정보원은 워크넷, 고용보험, 직업훈련포털(HRD-Net) 등 여러 사이트로 분산된 온라인 고용서비스를 통합하여 한 곳에서 신청하고 결과를 확인할 수 있는 통합 포털 '고용24'를 운영하고 있다. 고용24를 통해 개인은 일자리 검색, 구직신청(이력서 등록), 실업급여 신청, 출산전후휴가 급여 신청, 국민내일배움카드 신청 등을, 기업은 구인신청, 인재 검색, 근로자 직업훈련 신청, 정부지원금 신청, 이직확인서 및 출산전후휴가 확인서 작성 등을 할 수 있다.

고용24 메인페이지(출처 : 고용24)

Comment

'고용24'는 디지털 고용서비스 이용자의 서비스 접근성 제고를 위해 워크넷, 고용보험, HRD-Net, 취업이룸(국민취업지원제도), EPS(외국인고용관리시스템), 청년일자리, 청년내일채움공제, 중소기업청년직무체험, 청년도전지원 등 9개로 분산된 온라인 고용서비스를 하나로 통합한 것으로, 2024년 3월 시범운영을 시행하여 2024년 9월 23일부터 정식서비스를 시작하였습니다. 고용24는 그동안 분산된 각 홈페이지에서 제공한 취업지원, 고용보험, 직업능력개발 등 다양한 민원 관련 서비스의 통합창구 역할을 하고 있으나, 최근 서비스 변경을 통해 일부 서비스를 타 포털로 이관하였습니다(예 직업정보 ☞ '임금직업포털'로 이관). 참고로 본 교재에서는 직업상담사 시험에 출제되었거나 출제될 가능성이 있는 내용들만을 소개하고 있으므로, 자세한 사항은 고용24(www.work24.go.kr)를 살펴하시기 바랍니다.

쌤의 비법노트

'고용24'는 모바일 웹(m.work24.go.kr)을 통해서도 동일한 서비스를 제공합니다. 참고로 기존 워크넷의 도메인은 'work.go.kr', 현행 고용24의 도메인은 'work24.go.kr'입니다.

쌤의 비법노트

2025년 8월 20일 고용24 메인페이지가 개편되었습니다. 이번 개편은 고용24의 이용 빈도를 감안한 메뉴 구성을 통해 정보탐색 및 접근성을 강화하는 방향으로 이루어졌습니다.

(1) 채용정보

채용정보 상세검색

> **쌤의 비법노트**
> 고용24 채용정보 상세검색은 기존 워크넷 채용정보 상세검색의 구성을 따르고 있습니다. 다만, 검색 조건의 일부 내용들이 변경되었습니다.

검색어 범위	☑ 전체 ☐ 제목 ☐ 회사명 ☐ 직무내용 ☐ 역세권명
검색어 ❶	여러단어를 입력하실 때는 띄어쓰기(AND), |(OR) 연산자를 이용하여 더욱 세밀하게 검색 가능합니다.
제외 검색어 ❶	검색결과에서 제외할 단어를 입력하세요. 여러 단어는 쉼표(,)로 작성이 가능합니다.
직종	직종선택
지역	지역별 역세권별
경력	☑ 전체 ☐ 신입 ☐ 경력 ([ ] 년 ~ [ ] 년) ☐ 관계없음
고용24 입사지원	☐ 고용24 입사지원 가능
재택근무 가능 여부	☐ 재택근무

고용24 채용정보 상세검색(출처 : 고용24)

① 채용정보 상세검색 **필기 출제** 22~13, 11년 기출
  ㉠ 검색어 입력 : 검색어 범위(예 전체, 제목, 회사명, 직무내용, 역세권명), 검색어, 제외 검색어
  ㉡ 직종 : 최대 10개의 직종 선택 가능
  ㉢ 지역 : 지역별(최대 20개의 지역 선택 가능), 역세권별
  ㉣ 경력 : 전체, 신입, 경력(경력 범위 입력), 관계없음
  ㉤ 고용24 입사지원 : 고용24 입사지원 가능(체크박스에 체크)
  ㉥ 재택근무 가능 여부 : 재택근무(체크박스에 체크)
  ㉦ 학력 : 전체, 중졸이하, 고졸, 대졸(2~3년), 대졸(4년), 석사, 박사, 학력무관
  ㉧ 고용형태 : 기간의 정함이 없는 근로계약, 기간의 정함이 없는 근로계약[시간(선택)제], 기간의 정함이 있는 근로계약, 기간의 정함이 있는 근로계약[시간(선택)제], 파견근로, 대체인력채용
  ㉨ 희망임금 : 관계없음, 연봉, 월급, 일급, 시급(희망임금 범위 입력)

쌤의 비법노트

고용24 채용정보 상세검색에서 선택할 수 있는 기업형태로 '중견기업'이 새롭게 포함된 반면, '강소기업'과 '벤처기업'이 제외되었습니다. 참고로 '중소기업', '금융권기업', '환경친화기업', '다문화가정지원기업' 등은 포함되지 않는다는 점을 반드시 기억해 두세요.

이렇게 출제된다! 1차 기출 OX

Q 고용24 채용정보 상세검색에서는 연령별 채용정보를 검색할 수 있다?

A (×) 「고용상 연령차별금지 및 고령자고용촉진에 관한 법률」이 시행됨에 따라 채용정보에서 연령이 삭제되었다.

ⓒ 기업형태 : 전체, 대기업, 공무원/공기업/공공기관, 외국계기업, 코스피, 코스닥, 일학습병행기업, 청년친화강소기업(청년일자리 강소기업), 가족친화인증기업, 중견기업
ⓚ 채용구분 : 상용직, 일용직
ⓔ 근무형태 : 주 5일, 주 6일, 주 4일, 주 3일, 주 2일, 주 1일
ⓟ 그 밖에 격일근무 여부, 근로시간단축 여부, 교대근무가능 여부, 식사(비)제공, 복리후생, 장애인 희망채용, 병역 특례, 자격면허, 전공, 외국어, 기타 우대사항 등

② 특화된 채용정보
  ㉠ 직종별 : 직종 검색어 직접 입력 또는 한국고용직업분류(KECO)의 대분류 카테고리 검색
  ㉡ 지역별 : 광역시·도 및 상세 시·군·구 지역의 채용정보 검색
  ㉢ 테마별 : 채용공고를 선별하여 테마별로 제공하는 서비스
  ㉣ 채용 캘린더 : 경력, 학력, 기업형태, 고용형태, 정보제공처의 각 검색조건에 따라 월간, 주간, 일간 채용일정 정보를 제공하는 서비스
  ㉤ 4차산업혁명 채용관 : 4차산업 유망직업의 채용정보, 기업정보, 직업정보를 제공하는 서비스
  ㉥ e-채용마당 : 고용노동부 고용센터의 온라인 채용대행 공공취업지원서비스
  ㉦ 통합기업정보 : 기업명, 지역, 업종, 인증기업 여부, 기업 규모 등 선택조건에 따라 기업정보를 제공하는 서비스
  ㉧ 해외취업 : 국가, 직종, 경력, 학력 등 선택조건에 따라 해외 일자리정보를 제공하는 서비스
  ㉨ 내 주변 채용정보 : 사용자 기본주소 정보를 토대로 주변 일자리정보를 제공하는 서비스

③ 그 밖의 채용정보
  ㉠ 구직신청 : 구직신청, 이력서/자기소개서 관리
  ㉡ 채용행사 : 채용행사, 채용박람회
  ㉢ 강소기업 : 강소기업 및 청년일자리 강소기업 바로가기

쌤의 비법노트

'청년친화강소기업' 제도가 '청년일자리 강소기업' 제도로 확대·개편되었습니다. '청년일자리 강소기업'은 강소기업 선정기준을 갖추고 있으면서 고용유지율이 높고, 일생활균형, 임금, 고용안정, 혁신역량 측면에서 우수하여 청년에게 추천할만한 중소·중견기업을 통칭합니다.

(2) 취업지원

① 구직자취업역량 강화프로그램 [필기 출제] 19, 12년 기출

㉠ 단기취업특강 : 구직에 필요한 정보를 빠르게 습득할 수 있는 강의식 프로그램(50명 내외, 2시간 일정)

㉡ 단기집단상담프로그램 : 주제별 구직기술을 단기에 습득할 수 있는 실습 중심 프로그램(25명 이내, 3~4시간 일정)

㉢ 집단상담프로그램 : 소규모 그룹(12명 내외)으로 참여하는 다음의 실습 및 체험 활동

프로그램	내용
성취프로그램	취업에 대한 자신감과 자존감을 높이고 입사서류 작성과 면접, 구직정보 습득 등의 구직역량을 실습을 통해 강화할 수 있는 프로그램
취업 희망 프로그램	자신을 돌아보고 이해하며 긍정적인 측면을 찾아 자신감을 회복하고, 효과적인 의사소통방법 습득을 통해 대인관계 향상 및 원만한 사회생활 적응을 돕는 프로그램
40대 구직자 취업역량 강화 프로그램(중장년)	40대 구직자들의 직업전환역량 강화 및 변화적응력을 향상시켜 재취업에 성공적으로 대응할 수 있도록 지원하는 프로그램
신호탄 프로그램(중장년)	재취업을 희망하는 신중년(5060세대 지칭)이 재취업 목표를 수립하고 준비할 수 있도록 재취업 설계 및 구직역량 강화를 지원하는 프로그램
청년취업역량 프로그램 (청년)	청년(만 34세 이하) 취업준비생들이 우리 사회의 역량중심 채용확대에 맞추어 지원하려는 회사의 조직특성과 직무특성을 이해하고 이에 기반하여 집중적으로 구직기술을 강화할 수 있도록 지원하는 프로그램
CAP@프로그램(청년)	청년층(만 34세 이하) 취업준비생들이 일의 관점에서 자신의 강점을 탐색하고 업종 및 직무, 채용트렌드에 대한 이해를 통해 구직기술을 강화하여 효율적인 취업준비를 하도록 돕는 프로그램
Hi+ (고졸 청년층 취업지원 프로그램)	고교 재학생 및 졸업 예정 청년들이 장기적인 경력개발 관점에서 변화하는 노동시장과 고용환경 및 자신의 강점과 일터 특성을 이해하여 진로경력을 준비할 수 있도록 돕는 구직역량강화 프로그램(→ 진로중심형, 구직기술형)
청년취업 GYM	10대 후반에서 30대 청년들이 긍정정서 및 취업동기를 높이고 경력을 탐색하며 구직기술을 습득하는 등 취업에 필요한 힘을 기를 수 있도록 지원하는 모듈-조합형 프로그램
취업능력향상(행복오름) 프로그램	변화하는 사회에 대비하여 일을 통해 보다 건강하고 행복한 미래를 준비할 수 있도록 심리적 자립 및 경력설계 등을 지원하는 프로그램

> **쌤의 비법노트**
>
> 구직자취업역량 강화를 위한 집단상담프로그램으로는 본문에 소개한 것 외에 '온라인 소그룹 마음똑똑心+', '온택트 취업컨설팅 청년취업ON', '온라인 소그룹 4060 내일또다시', '온라인 소그룹 취업컨설팅 B.D.S', '온라인 소그룹 취업컨설팅 조선UP!' 등 온라인 소그룹 방식으로 진행되는 다양한 프로그램도 있습니다.

> **쌤의 비법노트**
>
> 취업능력향상(행복오름) 프로그램은 근로능력 있는 기초생활수급자나 기타 저소득층을 대상으로 합니다.

② **직업심리검사** 필기 출제 20, 17년 기출

고용24 제공 직업심리검사는 청소년, 대학생 및 성인을 대상으로 총 23종의 검사를 제공한다(2025년 8월 기준).

검사명	검사대상	주요 측정내용	검사시간
직업선호도검사 S형(개정)	대학생, 성인	흥미	25분
직업선호도검사 L형(개정)	대학생, 성인	흥미, 성격	60분
성인용 직업가치관검사	대학생, 성인	가치	20분
청소년 직업가치관검사	청소년(만 13~18세)	가치	20분
구직준비도검사	대학생, 성인	취업준비도	20분
청소년 직업흥미검사(개정)	청소년(만 13~18세)	흥미	20분
성인용 직업적성검사(개정)	대학생, 성인	적성	80분
흥미로 알아보는 직업탐색(Job아드림)	청소년(만 13~18세), 대학생, 성인	흥미	2분
진로준비진단검사(찾아Dream)	청소년(만 13~18세), 대학생, 성인	진로(취업)준비도	2분
대학생진로준비도검사	대학생	진로준비도	20분
창업적성검사	대학생, 성인	역량	20분
직업흥미탐색검사(간편형)	청소년(만 13~18세)	흥미	5분
초등학생 진로인식검사	초등(5~6학년)	진로준비도	30분
고등학생 적성검사	고등, 청소년(만 16~18세)	적성	65분
중장년 직업역량검사	성인(45세 이상)	역량	25분
준고령자 직업선호도검사	성인(50~70대)	흥미	20분
청소년 인성검사	청소년(만 13~18세)	성격	25분
중학생 진로발달검사(커리어UP)	중학, 청소년(만 13~15세)	진로준비도	15분
고등학생 진로발달검사(커리어UP)	고등, 청소년(만 16~18세)	진로준비도	15분
중학생 진로적성검사	중학, 청소년(만 13~15세)	적성	63분
IT직무 기본역량검사	대학생, 성인	적성, 성격, 역량	95분
영업직무 기본역량검사	대학생, 성인	적성, 성격, 역량	50분
이주민 취업준비도 검사	국내 거주 이주민	취업준비도, 역량	60분

> **쌤의 비법노트**
>
> 기존 워크넷 제공 직업심리검사는 크게 '청소년 대상 심리검사'와 '성인 대상 심리검사'로 분류하였으나, 고용24 제공 직업심리검사는 청소년과 성인 모두에게 적용할 수 있는 심리검사도 포함하고 있으므로 이를 나누어서 분류하고 있지 않습니다.

더 알아보기

고용24 제공 직업심리검사의 하위척도 및 측정요인 〔필기 출제〕 22~17, 15~08년 기출

	하위검사	측정요인	하위검사	측정요인
직업선호도검사 L형	흥미검사	1. 현실형 2. 탐구형 3. 예술형 4. 사회형 5. 진취형 6. 관습형	생활사검사	1. 대인관계지향 2. 독립심 3. 가족친화 4. 야 망 5. 학업성취 6. 예술성 7. 운동선호 8. 종교성 9. 직무만족
	성격검사	1. 외향성 2. 호감성 3. 성실성 4. 정서적 불안정성 5. 경험에 대한 개방성		—
청소년 직업흥미검사 (개정)	• 활동척도 : 해당 문항 활동에 대한 선호도를 측정 • 자신감척도 : 해당 문항 활동에 대한 자신감 정도를 측정 • 직업척도 : 다양한 직업명의 문항들로 구성			
성인용 직업적성검사 (개정)	• 언어력 : 어휘력 검사, 문장독해력 검사 • 수리력 : 계산능력 검사, 자료해석력 검사 • 추리력 : 수열추리력 1·2 검사, 도형추리력 검사 • 공간지각력 : 조각맞추기 검사, 그림맞추기 검사 • 사물지각력 : 사물지각력 검사(지각속도 검사) • 상황판단력 : 상황판단력 검사 • 기계능력 : 기계능력 검사 • 집중력 : 집중력 검사 • 색채지각력 : 색혼합 검사, 색구분 검사 • 문제해결능력 : 문제해결능력 검사 • 사고유창력 : 사고유창력 검사			
창업적성검사	문제해결능력 등 12개 요인 측정 • 사업지향성 • 문제해결 • 효율적 처리 • 주도성 • 자신감 • 목표설정 • 설득력 • 대인관계 • 자기개발노력 • 책임감수 • 업무완결성 • 성실성			

쌤의 비법노트

고용24 제공 직업선호도검사는 L(Long)형과 S(Short)형이 있습니다. L형이 개인의 흥미유형 및 성격, 생활사 특성을 측정하는 '흥미검사', '성격검사', '생활사검사'로 구성되는 것과 달리, S형은 개인의 흥미유형을 통해 적합 직업을 탐색하는 '흥미검사'만으로 구성되어 있습니다.

이렇게 출제된다! 1차 기출 OX

Q 고용24에서 제공하는 청소년 직업흥미검사(개정)의 하위척도로 '활동척도', '가치관척도', '직업척도'가 있다?

A (×) '가치관척도'가 아닌 '자신감척도'가 있다.

③ 학과정보 [필기 출제] 22, 21, 20, 19, 18, 16, 13, 12, 11, 10, 09년 기출

키워드 검색과 계열별 검색을 통해 각 학과별 학과소개, 개설대학, 모집현황, 진출가능직업 등에 관한 정보를 제공한다.

인문계열	언어학과, 국어국문학과, 문예창작학과, 일어일문학과, 중어중문학과, 영어영문학과, 문헌정보학과, 문화인류학과, 미술사학과, 사학과, 종교학과, 철학과, 국제지역학과, 글로벌학부, 동아시아학과, 심리학과, 상담심리학과 등
사회계열	경영학과, 경제학과, 광고홍보학과, 회계학과, 세무학과, 무역학과, 법학과, 사회복지학과, 국제학부, 도시계획학과, 사회학과, 언론정보학과, 신문방송학과, 정치외교학과, 행정학과, 경찰행정학과, 보건행정학과, 의무행정과, 비서학과, 지리학과 등
교육계열	교육학과, 교육공학과, 평생교육학과, 유아교육학과, 초등교육학과, 특수교육학과, 국어교육과, 영어교육과, 수학교육과, 과학교육과, 미술교육과, 음악교육과, 체육교육과, 보건교육과 등
자연계열	수학과, 통계학과, 물리학과, 화학과, 지구과학과, 천문우주학과, 지질학과, 생명과학과, 생명공학과, 수의학과(수의예과), 농업학과, 축산학과, 바이오시스템공학과, 바이오산업공학과, 수산양식학과, 해양생명학과, 임산공학과, 가정관리학과, 소비자학과, 식품영양학과, 식품생명학과, 식품공학과, 의류·의상학과, 패션산업학과 등
공학계열	건축학과, 조경학과, 토목공학과, 도시공학과, 교통공학과, 기계공학과, 지능로봇과, 자동차공학과, 메카트로닉스공학과, 전기공학과, 전자공학과, 안경광학과, 에너지공학과, 재료공학과, 반도체·세라믹공학과, 바이오소재공학과, 컴퓨터공학과, 응용소프트웨어공학과, 산업공학과, 화학공학과, 항공우주공학과, 해양공학과, 소방방재학과 등
의약계열	의학과(의예과), 치의학과(치의예과), 한의학과, 간호학과, 약학과, 보건관리학과, 재활학과, 물리치료학과, 의료공학과, 치기공과, 치위생과, 임상병리학과, 응급구조학과 등
예체능계열	산업디자인학과, 시각디자인학과, 패션디자인학과, 실내디자인학과, 공예학과, 사진학과, 만화애니메이션학과, 방송영상과, 연극영화학과, 무용학과, 체육학과, 스포츠과학과, 운동처방학과, 경호학과, 미술학과, 음악학과 등

쌤의 비법노트

'~공학'이라는 명칭이 곧 공학계열을 의미하는 것은 아닙니다. 예를 들어, 생명공학과, 바이오시스템공학과, 바이오산업공학과, 임산공학과, 의생명공학과, 유전공학과, 빅데이터공학과 등은 자연계열에 포함됩니다.

이렇게 출제된다! 1차 기출 OX

Q '조경학과'는 공학계열에 해당한다?

A (○)

(3) 직업능력개발 [필기 출제] 21, 20년 기출

① 국민내일배움카드 훈련과정

국민내일배움카드	급격한 기술발전에 적응하고 노동시장 변화에 대응하는 사회안전망 차원에서 생애에 걸친 역량개발 향상 등을 위해 국민 스스로 직업능력개발훈련을 실시할 수 있도록 훈련비 등을 지원한다.
국가기간·전략산업 직종 훈련	국가의 기간산업 및 전략산업 등의 산업분야에서 부족하거나 수요가 증가할 것으로 예상되는 직종에 대한 직업능력개발훈련을 실시하여 기업에서 필요로 하는 기술·기능 인력을 양성·공급한다.
K-디지털 기초역량 훈련	노동시장 참여자가 디지털 역량 부족으로 노동시장 진입 및 적응에 어려움을 겪지 않도록 지원체계를 마련한다.
K-디지털 트레이닝	AI, 빅데이터, 반도체 등 첨단산업·디지털 분야의 핵심 실무인재를 양성한다.

쌤의 비법노트

K-디지털 트레이닝(K-Digital Training)은 '첨단산업·디지털 핵심 실무인재 양성훈련'으로도 불립니다.

② 기업 훈련과정 　필기 출제　19년 기출

사업주 직업능력개발 지원	사업주가 근로자 등을 대상으로 직업능력개발훈련을 실시할 경우 소요비용을 지원함으로써 인적자원개발 및 기업 경쟁력 제고를 도모한다.
국가인적자원개발 컨소시엄	훈련인프라 부족 등으로 인해 자체적으로 직업훈련을 실시하기 어려운 중소기업들을 위해, 대기업 등이 자체 보유한 우수 훈련 인프라를 활용하여 중소기업이 필요로 하는 기술인력을 양성·공급하고 중소기업 재직자의 직무능력향상을 지원한다.
일학습병행	산업현장의 실무형 인재양성을 위하여 기업이 취업을 원하는 청년 등을 학습근로자로 채용하여 맞춤형 체계적 훈련을 제공한다.

> **쌤의 비법노트**
>
> 일학습병행 과정에 따라 일학습병행을 실시하는 기업을 '학습기업', 학습기업의 사업주에게 일학습병행을 제공받는 사람을 '학습근로자'라고 합니다.

더 알아보기

'고용24'의 주요 서비스

'고용24'는 개인과 기업으로 구분하여 서비스를 제공하고 있다. 개인을 대상으로 '채용정보', '취업지원', '실업급여', '직업 능력 개발', '출산휴가·육아휴직' 관련 서비스를 제공하는 한편, 기업을 대상으로 '채용지원', '직업 능력 개발', '기업지원금', '확인 및 신고' 관련 서비스를 제공한다.

개인 서비스	• 일자리 정보 제공(민간 취업사이트 일자리 정보 포함) • 이력서 등록(구직신청) • 이력서 작성 방법 등 구직스킬 교육, 개인상담 및 집단상담 신청 • 청년을 위한 일경험 신청, 청년내일채움공제 운영기관 안내 • 실업급여 신청 • 출산(전후)휴가 급여, 배우자 출산휴가 급여, 육아휴직 급여 신청 • 국민내일배움카드 및 국민취업지원제도 신청 • 그 밖의 각종 직업훈련 프로그램 정보 제공 등
기업 서비스	• 구직자 정보 제공(구인신청, 인재 검색 등) • 근로자 직업훈련 및 사업주훈련 신청 • 실업급여 이직확인서, 출산(전후)휴가 확인서, 육아휴직 확인서 작성 • 청년/고령자/취약계층 채용, 유연근무, 고용유지, 출산(전후)휴가 및 육아휴직 등을 실시한 기업을 위한 정부지원금 신청 • 산업·일자리전환, 고용환경개선을 위한 정부지원금 신청 • 외국인고용(고용허가 발급, 고용허가 기간연장 등) • 그 밖의 구인관리, 참여 사업관리, 재직자 훈련관리, 기업관리, 외국인고용관리 등 각종 고용서비스 이용 현황 조회·관리

> **쌤의 비법노트**
>
> '고용24'는 개인회원과 기업회원 중 원하는 유형을 선택하여 인증과정을 거치도록 하고 있으며, 특히 기업회원의 경우 사업자용 인증서를 사용하도록 하고 있습니다.

2 임금직업포털 워크피디아(www.wagework.go.kr)

임금직업포털(Workpedia)은 임금정보와 직업정보를 통합 제공하는 시스템으로, 사업장의 여건 및 상황에 맞는 합리적인 임금체계 개선과 경력개발에 필요한 다양한 정보를 제공하기 위해 구축되었다. 한국노동연구원 임금직무정보시스템과 고용24(구 워크넷) 직업정보를 연계하여 임금정보와 직업정보를 한곳에서 볼 수 있도록 한다.

임금직업포털 메인페이지(출처 : 임금직업포털)

(1) 임금정보

① 맞춤형 임금정보

사업체 규모별, 산업별, 직업별, 학력별, 연령별, 성별, 근속년수별, 경력년수별 조건에 맞게 임금정보 검색(단, 검색조건은 최대 3개까지 선택 가능)

② 직급별 임금정보

직군별(사무관리직 · 연구개발직 · 영업판매직 · 생산기능직), 직급별(1~4단계), 사업체 규모별, 산업별, 학력별, 연령별, 성별, 근속년수별 조건에 맞게 임금정보 검색(단, 직군별, 직급별 검색조건은 필수 선택사항이며, 추가로 1개의 검색조건을 선택할 수 있음)

쌤의 비법노트

그간 임금정보와 직업정보가 각각의 시스템에서 제공되어 직업 및 직무정보와 연계된 임금정보 접근성이 떨어진다는 지적이 있었습니다. 이에 맞춤형 임금 · 직업정보에 대한 현장의 갈증을 해소시킨다는 취지로 임금직업포털(일명 '워크피디아')이 구축되었습니다.

쌤의 비법노트

임금직업포털(임금정보)의 맞춤형 임금정보에서 산업별 및 직업별 조건의 분류는 각각 한국표준산업분류(KSIC)와 한국표준직업분류(KSCO)를 토대로 합니다.

③ 임금체계 통계

임금체계 관련 호봉급 도입현황, 연봉제 도입현황, 성과배분제 도입현황에 관한 통계자료를 규모별·산업별로 제공(단, 상용 100인 이상 사업체를 대상으로 함)

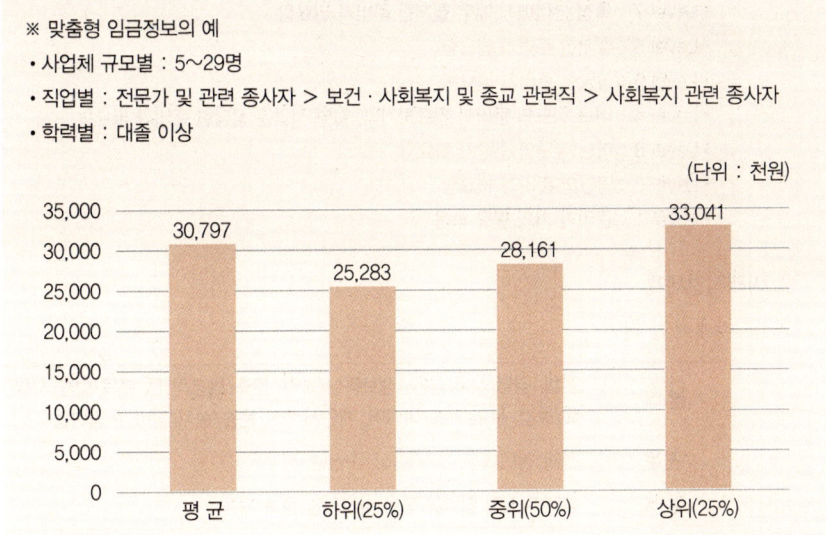

※ 맞춤형 임금정보의 예
- 사업체 규모별 : 5~29명
- 직업별 : 전문가 및 관련 종사자 > 보건·사회복지 및 종교 관련직 > 사회복지 관련 종사자
- 학력별 : 대졸 이상

[단, 임금수준은 연간 임금으로, 정액급여(기본급+통상적수당+기타수당)와 특별급여(고정상여금, 변동상여금, 성과급 등)를 합한 금액이며, 초과급여(연장근로수당, 휴일근로수당 등)는 제외함]

이렇게 출제된다! 적중 예상 OX

Q 임금직업포털(임금정보)에서 제공하는 맞춤형 임금정보의 임금수준에서 연장근로수당이나 휴일근로수당은 제외된다?

A (○)

(2) 직업정보

① 직업내비게이션

㉠ 직업 검색 : 직업, 분야, 기술 등을 키워드 또는 문장으로 입력

㉡ 분류별 검색 : 한국고용직업분류(KECO) 기준에 따른 직업 검색 및 정보 조회

㉢ 직업 추천 : 조건별, 관심분야별, 개인특성별, 직무기반별 사용자 맞춤형 직업 추천

조건별	평균연봉	전체 / 3천만원 미만 / 3천~4천만원 미만 / 4천~5천만원 미만 / 5천만원 이상
	미래전망	전체 / 증가 / 다소 증가 / 유지 / 다소 감소 / 감소
관심분야		AI/로봇, IT/SW, 게임, 공학, 교육, 금융, 동물, 디자인, 미용/패션, 방송, 법/수사, 사회복지, 스포츠, 여행, 영화/드라마, 우주/항공, 음식, 음악, 의료/바이오, 환경/생태 등
개인특성		• 통합 특성 중심(흥미·지식·업무수행능력·업무환경) • 지식 중심 • 업무수행능력 중심
직무기반		개인이 중요하게 생각하는 직무 특성으로서 업무수행능력·업무활동·지식 관련 문항으로 구성[단, 개인의 심리적 특성이나 노동시장 실태(예 취업자 수, 임금 등)는 고려하지 않음]

이렇게 출제된다! 적중 예상 OX

Q 임금직업포털(직업정보)의 직업 추천 범주에서 조건별 검색의 평균연봉 조건은 〈3천만원 미만 / 3천~5천만원 미만 / 5천만원 이상〉으로 구분된다?

A (×) 〈3천만원 미만 / 3천~4천만원 미만 / 4천~5천만원 미만 / 5천만원 이상〉으로 구분된다.

쌤의 비법노트

임금직업포털(직업정보)에서 직능수준 8단계(Level 1~8)는 국가직무능력표준(NCS)의 8단계 수준체계를 토대로 합니다.

ㄹ. 직능수준 검색 : 해당 직업에 입직하기 위해 필요한 직능수준(Level 1~8)에 근거한 다양한 직업 검색

- Level 8 : 광범위하고 매우 철저한 준비가 필요함
- Level 7 : 특정 분야에서 매우 철저한 준비가 필요함
- Level 6 : 철저한 준비가 필요함
- Level 5 : 상당한 준비가 필요함
- Level 4 : 어느 정도의 준비가 필요하거나, 일부 직업은 상당한 준비가 필요함
- Level 3 : 어느 정도의 준비가 필요함
- Level 2 : 약간의 준비가 필요함
- Level 1 : 준비가 거의 필요 없음

② 미래직업세계

㉠ 미래직업 찾기

분야	전체, 경영/사무/금융, 정보통신/과학, 건축/환경/안전, 교육/법률/사회복지, 의료/보건, 문화/예술/미디어, 개인서비스, 운송/설치/정비, 농림어업
구분	전체, 청년대상, 3050여성, 중장년, 정부육성지원
검색	검색어 직접 입력을 통한 미래직업 정보 제공

㉡ 카드뉴스

사막녹지설계사, AI-인간 협업 관리자, 고립사 관리 전문가, 차세대 모빌리티 Hub 플래너 등 약 180여개 새로운 직업에 대한 간략한 정보 제공

③ 직업인 인터뷰

독특한 직업 이야기를 가진 직업인들과의 인터뷰 소개

④ 웹진

다양한 직업과 연관된 웹진을 정기간행물 형태로 제공

쌤의 비법노트

'전직가능직업'은 한국고용정보원의 재직자 조사 자료 중 업무환경, 일반업무활동, 업무수행능력, 지식 등 4가지 직업 특성 자료를 사용하여 직무 중심 직업유사성을 산출하고, 이에 기반하여 경력직 구직자가 직업 경험을 살려 재취업할 수 있는 직업목록을 말합니다.

더 알아보기

임금직업포털(직업정보)에서 각 직업에 대해 알 수 있는 정보

하는 일	수행직무, 활용기술(소프트웨어) 및 도구(기기 · 장비), 관련직업 등
교육 · 자격	필요기술 및 지식, 학력분포, 전공학과분포, 관련학과, 관련자격, 직능수준 등
만족도 · 전망	직업만족도, 재직자가 생각하는 일자리 전망, 전문가가 생각하는 일자리 전망 등
업무특성	업무수행능력, 지식, 업무환경, 성격, 흥미, 가치관, 업무활동 등
전직가능직업	전직가능직업 목록 및 직무 특성별 직업유사성 비율
채용정보	고용24 제공 주요 채용정보
훈련정보	고용24 제공 주요 훈련정보
임금정보	하위(25%), 중위(50%), 상위(25%)의 연평균 임금

3 Q-Net(www.q-net.or.kr)

Q-Net(큐넷)은 자격정보시스템으로서 한국산업인력공단이 운영하는 국가자격 및 시험정보 포털이다. 시험일정, 원서접수, 합격자발표조회, 자격정보, 자격증발급신청, 자격취득자정보 등을 서비스하며, 고용24와 연계하여 자격종목별 직업훈련정보와 취업정보를 제공한다.

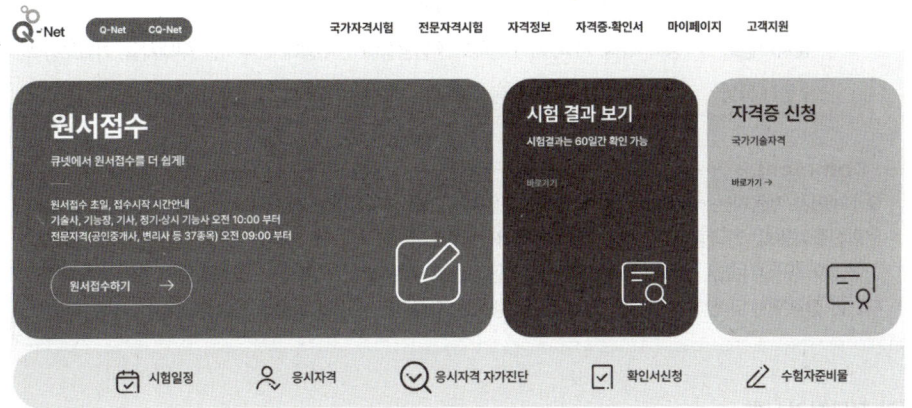

Q-Net 메인페이지(출처 : Q-Net)

(1) 국가자격시험

① 국가기술자격 종목

전체 약 540여개 종목 중 한국산업인력공단이 위탁받아 검정형(일부는 과정평가형)으로 시행하는 약 500여개 종목 소개

② 주요 서비스

원서접수, 합격자/답안발표, 시험일정, 필기시험안내, 실기시험안내, 자격정보(국가자격, 민간자격, 외국자격), 기업자격 정부인정제, 자격검정통계(국가기술자격통계연보), 국가자격대여근절캠페인(불법대여 신고), 과정평가형자격(→ CQ-Net 연계), 자격 취득자 교육훈련(→ 자격취득자교육훈련시스템 연계), 자격증·확인서 등

③ 자격정보 `필기 출제` 22, 12, 11년 기출

국가자격	• 국가기술자격 제도정보 • 국가자격 종목별 상세정보 • 자격종목 변천일람표	• 국가기술자격 면제정보 • 비상대비 자원관리종목
민간자격	• 민간자격 상세정보 • 민간자격 국가공인제도	• 민간자격 등록제도
외국자격	국가별 자격제도 운영현황(일본, 독일, 영국, 호주, 미국, 프랑스)	

쌤의 비법노트

어디서 많이 본 페이지죠? 혹 시험공부에 너무 열중한 나머지 원서접수를 잊고 있다가 나중에 원서접수 기간이 지난 것을 확인하고는 땅을 치고 후회하는 분들이 있습니다. 원서접수 꼭 확인하세요! 그리고 최근 시험장 부족사태로 인해 수도권, 수도권 외 권역별로 원서접수 시간이 다르다는 점, 원서접수 시간이 일과시간 중으로 제한되어 있다는 점, 본인이 원하는 곳에서 시험을 치르려면 '오픈런'은 필수라는 점도 잊지 마세요!

쌤의 비법노트

'CQ-Net'은 한국산업인력공단에서 운영하는 '과정평가형자격·일학습병행 포털'을 말합니다.

쌤의 비법노트

국가공인민간자격 및 등록민간자격에 대한 자세한 정보는 민간자격정보서비스(www.pqi.or.kr)에서 제공하고 있습니다.

④ 국가기술자격 종목별 상세정보 〔필기 출제〕 21, 18년 기출

시험정보	검정형 자격 시험일정, 검정형 자격 시험정보(시험수수료, 출제경향, 취득방법, 출제기준), 과정평가형 자격 취득정보
기본정보	기본정보(자격개요, 수행직무, 실시기관 홈페이지, 실시기관명, 진로 및 전망), 종목별 검정현황(연도별 응시자 수/합격자 수/합격률)
우대현황	자격취득자에 대한 법령상 우대현황
일자리정보	경력, 학력, 지역, 기타 상세조건(임금형태, 근무형태, 근무시간, 우대사항, 키워드검색)
수험자 동향	성별, 연령별, 직업별, 응시목적별, 시험준비경로별, 시험준비기간별 등

Comment
Q-Net에서 제공하는 국가자격정보는 한국산업인력공단에서 시행하는 자격정보는 물론 대한상공회의소, 영화진흥위원회, 한국광해광업공단, 한국데이터산업진흥원, 한국디자인진흥원, 한국방송통신전파진흥원, 한국원자력안전기술원, 한국콘텐츠진흥원 등 공공기관을 비롯하여 보건복지부, 고용노동부, 국토교통부 등 다양한 정부부처 및 산하기관 혹은 단체에서 시행하는 자격종목에 관한 정보를 제공합니다.

(2) 전문자격시험

① 국가전문자격 종목 〔필기 출제〕 19년 기출

가맹거래사, 감정사, 감정평가사, 공인노무사, 국가유산수리기능자, 국가유산수리기술자, 세무사, 손해평가사 등 한국산업인력공단이 소관 기관으로부터 위탁받은 약 40여 개 종목 소개(2025년 8월 기준 37개 종목)

② 국가전문자격 종목별 상세정보

시험정보	시험일정, 시험정보(응시자격, 시험과목 및 배점, 합격기준, 응시수수료, 취득방법)
기본정보	자격개요, 수행직무, 소관부처명, 통계자료(응시대상, 응시자 수 및 응시율, 합격자 수 및 합격률)
우대현황	자격명에 대한 법령상 우대현황
일자리정보	경력, 학력, 지역, 기타 상세조건(임금형태, 근무형태, 근무시간, 우대사항, 키워드검색)

이렇게 출제된다! 1차 기출 OX

Q 국가기술자격 중 빅데이터분석기사는 '한국산업인력공단'에서 시행한다?

A (×) '한국데이터산업진흥원'에서 시행한다.

쌤의 비법노트

문화재청이 '국가유산청'으로 개편됨에 따라 종전 문화재수리기능자는 '국가유산수리기능자'로, 문화재수리기술자는 '국가유산수리기술자'로 명칭이 변경되었습니다. 이 두 종목은 '~기능사', '~기술사'의 명칭을 가진 국가기술자격 종목이 아닌 국가전문자격 종목에 해당합니다.

쌤의 비법노트

국가기술자격과 국가전문자격의 각 종목별 상세정보는 세부적인 내용에서 약간의 차이가 있습니다. 다만, 국가기술자격과 국가전문자격의 상세정보 카테고리로 시험정보, 기본정보, 우대현황, 일자리정보 등이 공통적으로 포함되어 있습니다.

더 알아보기

취업, 훈련 및 자격 관련 유용한 사이트 필기 출제 20, 19, 18, 16, 12, 10년 기출

월드잡플러스 (WORLDJOB⁺)	• 한국산업인력공단에서 운영한다(worldjob.or.kr). • 해외 취업, 인턴, 봉사, 창업 정보를 한 곳에서 볼 수 있도록 제공하는 해외 통합정보사이트이다.
커리어넷 (CareerNet)	• 한국직업능력연구원에서 운영한다(career.go.kr). • 국민의 진로개발을 지원하기 위해 진로·직업·학과·진학 정보를 종합적으로 제공하는 진로교육정보망이다.
민간자격정보서비스 (PQI)	• 한국직업능력연구원에서 운영한다(pqi.or.kr). • 국민 개개인의 능력개발에 필요한 자격정보를 제공하고 민간자격제도 등을 지원하기 위해 민간자격 국가공인제도 및 등록제도의 시행, 민간자격 광고모니터링 조사, 민간자격제도 관련 상담, 민간자격정보서비스 관리·운영, 기타 자격제도 관련 정책연구 등의 역할을 수행한다.
일모아 (ILMOA)	• 한국고용정보원에서 운영한다(ilmoa.go.kr). • 정부 및 지방자치단체에서 추진하는 일자리 사업 및 참여자 선발의 체계적 관리 지원을 위한 업무지원시스템이다.
외국인고용관리시스템 (EPS)	• 한국고용정보원에서 운영한다(eps.go.kr). • 외국인근로자의 체계적인 도입·관리를 위한 고용허가제 시행에 따라 도입된 것으로, 외국인근로자(E-9, H-2)를 위한 고용허가 온라인 민원 서비스를 제공한다(단, 사업주 고용허가서비스는 '고용24'로 통합).
공공데이터포털 (DATA)	• 한국지능정보사회진흥원에서 운영한다(data.go.kr). • 공공기관이 생성 또는 취득하여 관리하고 있는 공공데이터를 한 곳에서 제공하는 통합창구로서, 누구라도 쉽고 편리한 검색을 통해 원하는 공공데이터를 빠르고 정확하게 찾을 수 있도록 고안된 시스템이다.

> **쌤의 비법노트**
> 외국인취업 비자 중 'E-9'는 비전문취업 비자, 'H-2'는 방문취업 비자를 말합니다.

> **쌤의 비법노트**
> 「정부출연연구기관 등의 설립·운영 및 육성에 관한 법률」이 개정됨에 따라 '한국직업능력개발원'이 '한국직업능력연구원'으로 명칭이 변경되었습니다. 또한 「지능정보화 기본법」이 새롭게 시행됨에 따라 '한국정보화진흥원'이 '한국지능정보사회진흥원'으로 명칭이 변경되었습니다.

CHAPTER 02 출제 유형 알아보기

제3과목 직업정보

01절 직업정보의 이해

01 다음 중 직업상담 시 제공하는 직업정보의 기능과 역할에 대한 설명으로 옳지 않은 것은?

① 여러 가지 직업적 대안들의 정보를 제공한다.
② 내담자로 하여금 자신의 선택을 점검하고 재조정해 볼 수 있도록 한다.
③ 내담자의 흥미, 적성, 가치 등을 파악하는 것이 직업정보의 주기능이다.
④ 경험이 부족한 내담자에게 다양한 직업들을 간접적으로 접할 기회를 제공한다.

> **해설**
> ③ 내담자의 흥미, 적성, 가치 등을 파악하는 것은 (직업)심리검사의 주된 기능에 해당한다. 반면, 직업정보는 내담자의 직업선택에 대한 의사결정을 돕고, 직업선택에 관한 지식을 증가시키는 것을 주된 기능으로 한다.

02 다음 중 '노동'을 주제로 하는 통계와 가장 거리가 먼 것은?

① 경제활동인구조사
② 기업체노동비용조사
③ 임금근로일자리동향행정통계
④ 사업체기간제근로자현황조사

> **해설**
> ② 기업체노동비용조사는 '임금'을 주제로 하는 통계에 해당한다.

03 다음 중 고용노동통계조사의 각 항목별 조사주기의 연결이 옳지 않은 것은?

① 사업체노동력조사 - 연 1회
② 시도별 임금 및 근로시간조사 - 연 1회
③ 지역별사업체노동력조사 - 연 2회
④ 기업체노동비용조사 - 연 1회

> **해설**
> ① 사업체노동력조사 - 월 1회(매월)

01 ③ 02 ② 03 ① **정답**

04 다음 중 경제활동인구로서 취업자로 분류되는 사람은?

① 심신장애인
② 가사를 전담하는 가정주부
③ 초·중·고등학교에 재학 중인 학생
④ 일시적인 병 또는 사고 등의 사유로 일하지 못한 일시휴직자

> **해설**
>
> ④ 직업 또는 사업체를 가지고 있으나 일시적인 병 또는 사고, 연가, 교육, 노사분규 등의 사유로 일하지 못한 일시휴직자는 경제활동인구로서 취업자에 해당한다.
> ①·②·③ 비경제활동인구에 포함된다.

05 다음 표에서 실업률은?

총 인구	생산가능인구	취업자	실업자
100만명	60만명	36만명	4만명

① 4.0%
② 6.7%
③ 10.0%
④ 12.5%

> **해설**
>
> 실업률은 다음의 공식으로 나타낼 수 있다.
>
> $$실업률(\%) = \frac{실업자\ 수^*}{경제활동인구\ 수^*} \times 100$$
>
> * 경제활동인구 수 = 취업자 수 + 실업자 수
> * 실업자 수 = 경제활동인구 수 − 취업자 수
>
> $x = \dfrac{4만명}{36만명 + 4만명} \times 100 = \dfrac{4만명}{40만명} \times 100 = 10.0(\%)$
>
> ∴ 10.0%

06 A국가의 전체 인구 5,000만명 중 은퇴한 노년층과 15세 미만 유년층이 각각 1,000만명이다. 또한, 취업자가 1,500만명이고 실업자는 500만명이라고 한다. 이 국가의 실업률(ㄱ)과 경제활동참가율(ㄴ)은?

① ㄱ - 25%, ㄴ - 40%
② ㄱ - 25%, ㄴ - 50%
③ ㄱ - 33%, ㄴ - 40%
④ ㄱ - 33%, ㄴ - 50%

해설

실업률과 경제활동참가율

- 경제활동인구 수 = 취업자 수 + 실업자 수
  = 1,500만명 + 500만명 = 2,000만명

- 실업률(%) = $\dfrac{\text{실업자 수}}{\text{경제활동인구 수}} \times 100$
  = $\dfrac{500만명}{2,000만명} \times 100 = 25(\%)$

- 경제활동참가율(%) = $\dfrac{\text{경제활동인구 수}}{\text{15세 이상 인구 수}} \times 100$
  = $\dfrac{2,000만명}{5,000만명 - 1,000만명} \times 100 = 50(\%)$

∴ 실업률(ㄱ)은 25%, 경제활동참가율(ㄴ)은 50%

07 다음 중 경제활동인구조사에서 종사상 지위로 고용계약기간이 1개월 미만인 임금근로자에 해당하는 사람은?

① 임시근로자
② 계약직근로자
③ 고용직근로자
④ 일용근로자

해설

임금근로자로서 일용근로자
- 고용계약기간이 1개월 미만인 경우
- 매일매일 고용되어 근로의 대가로 일급 또는 일당제 급여를 받고 일하는 경우

08

다음 중 경제활동인구조사 근로형태별 부가조사에서 근로형태(고용형태)에 따른 비정규직 근로자의 분류로 옳지 않은 것은?

① 한시적 근로자
② 비전형 근로자
③ 시간제 근로자
④ 단순 노무 근로자

해설

경제활동인구조사의 근로형태(고용형태)별 비정규직 근로자 분류
- 한시적 근로자
- 시간제 근로자
- 비전형 근로자

09

구인·구직 통계가 다음과 같을 때 구인배수는? (단, 소수 3째 자리에서 반올림)

구 분	신규구인인원	신규구직인원	취업건수
2025년 7월	165,000	411,000	171,000

① 0.28
② 0.40
③ 0.96
④ 2.49

해설

구인배수는 다음의 공식으로 나타낼 수 있다.

$$구인배수 = \frac{신규구인인원}{신규구직인원}$$

구인배수 $= \dfrac{165,000(명)}{411,000(명)} ≒ 0.401$

∴ 0.40(소수 3째 자리에서 반올림)

02절 직업정보의 수집

10 직업정보의 수집에는 기존 정보자료를 수집하는 방법과 필요한 정보를 수집하는 방법이 있다. 다음 중 기존 정보자료의 수집방법에 해당하는 것을 올바르게 모두 고른 것은?

> ㄱ. 구인신청서·구직신청서
> ㄴ. 각종 통계조사·업무통계
> ㄷ. 신문 등 보도기사
> ㄹ. 직업안정기관 이용자로부터의 수집

① ㄱ, ㄴ
② ㄷ, ㄹ
③ ㄱ, ㄴ, ㄷ
④ ㄴ, ㄷ, ㄹ

해설
ㄹ. 직업정보의 수집방법 중 필요한 정보의 수집방법에 해당한다.

11 다음 중 직업정보 수집 시 2차 자료의 원천에 해당하지 않는 것은?

① 직접 수행한 심층면접자료
② 공문서와 공식기록
③ 민간부문 문서
④ 대중매체

해설
2차 자료의 원천
• 공문서와 공식기록
• 대중매체
• 기존의 축적된 사회과학 분야 수집자료 등
• 민간부문 문서
• 물리적·비언어적 자료

12 다음 직업정보 수집방법 중 면접법에 대한 설명으로 가장 옳지 않은 것은?

① 표준화 면접은 비표준화 면접보다 타당도가 높다.
② 면접법은 질문지법보다 응답범주의 표준화가 어렵다.
③ 면접법은 질문지법보다 제3자의 영향을 배제할 수 있다.
④ 표준화 면접에는 개방형 및 폐쇄형 질문을 모두 사용할 수 있다.

해설
① 표준화 면접은 비표준화 면접보다 신뢰도가 높지만 타당도는 낮다.

13 다음 중 직업정보 수집을 위한 설문지 작성에 대한 설명으로 옳지 않은 것은?

① 폐쇄형 질문의 응답범주는 포괄적(Exhaustive)이어야 한다.
② 폐쇄형 질문의 응답범주는 상호배타적(Mutually Exclusive)이지 않아야 한다.
③ 질문 내용은 가급적 구체적인 용어로 표현한다.
④ 이중질문, 유도질문은 배제되어야 한다.

> **해설**
> ② 폐쇄형 질문의 응답범주는 상호배타적(Mutually Exclusive)이어야 한다. 이는 응답자로 하여금 각 문항에 대해 하나 이상의 답을 선택해야 한다고 느끼지 않도록 해야 한다는 것이다. 이 경우 한 개의 최선의 답을 선택하라는 지시문(예 "가장 ~하는")을 포함시키는 것도 한 가지 방법일 수 있다.

14 다음 중 질문지의 질문 문항 순서 결정 시 유의사항으로 옳은 것은?

① 개방형 질문은 가급적 질문지의 전반부에 배치한다.
② 답변이 용이한 질문들은 질문지의 후반부에 배치한다.
③ 응답의 신뢰도를 묻는 질문 문항들은 분리시켜야 한다.
④ 특수한 것을 먼저 묻고 그 다음에 일반적인 것을 질문한다.

> **해설**
> ① 민감한 질문이나 개방형 질문은 가급적 질문지의 후반부에 배치한다.
> ② 답변이 용이한 질문들은 질문지의 전반부에 배치한다.
> ④ 특별한 질문은 일반질문 뒤에 놓는다.

15 다음은 직업정보 수집을 위한 자료수집방법을 비교한 표이다. ( )에 알맞은 것은?

기준	(ㄱ)	(ㄴ)	(ㄷ)
비용	높음	보통	보통
응답자료의 정확성	높음	보통	낮음
응답률	높음	보통	낮음
대규모 표본 관리	곤란	보통	용이

① ㄱ : 전화법, ㄴ : 우편법, ㄷ : 면접법
② ㄱ : 면접법, ㄴ : 우편법, ㄷ : 전화법
③ ㄱ : 면접법, ㄴ : 전화법, ㄷ : 우편법
④ ㄱ : 전화법, ㄴ : 면접법, ㄷ : 우편법

> **해설**
> ㄱ. 면접법은 비용이 많이 소요되지만, 응답률이 높고 응답자료가 비교적 정확하다.
> ㄴ. 전화법은 면접법에 비해 비용이 적게 소요되지만, 응답자료의 정확성은 상대적으로 떨어진다.
> ㄷ. 우편법은 대규모 표본 관리가 용이하지만, 응답률이 낮고 응답자료의 정확성을 보장하기 어렵다.

정답 13 ② 14 ③ 15 ③

16 다음 직업정보 수집방법 중 내용분석법의 장점에 대한 설명으로 옳지 않은 것은?

① 정보제공자의 반응성이 높다.
② 장기간의 종단연구가 가능하다.
③ 필요한 경우 재조사가 가능하다.
④ 역사연구 등 소급조사가 가능하다.

> **해설**
> ① 내용분석법은 조사자의 관여에 따른 조사대상자(정보제공자)의 반응성을 유발하지 않는 장점이 있다.

03절 직업정보제공원

17 다음 중 한국직업사전(2020)에서 알 수 있는 직업관련 정보에 해당하지 않는 것은?

① 한국표준산업분류 코드
② 직무개요
③ 수행직무
④ 임금수준

> **해설**
> ④ 한국직업사전(2020)에서는 직업별 임금관련 정보를 제공하지 않는다.

18 다음 중 한국직업사전(2020)의 부가 직업정보에 해당하지 않는 것은?

① 직무기능(DPT)
② 직무개요
③ 자격·면허
④ 숙련기간

> **해설**
> **한국직업사전의 부가 직업정보(출처 : 2020 한국직업사전)**
> - 정규교육
> - 직무기능(①)
> - 육체활동
> - 작업환경
> - 관련직업
> - 한국표준산업분류 코드
> - 조사연도
> - 숙련기간(④)
> - 작업강도
> - 작업장소
> - 유사명칭
> - 자격·면허(③)
> - 한국표준직업분류 코드

19 다음 중 한국직업사전(2020)에서 제공하는 부가 직업정보에 대한 설명으로 옳지 않은 것은?

① 정규교육은 해당 직업의 직무를 수행하는 데 필요한 일반적인 정규교육수준을 의미하는 것으로 해당 직업 종사자의 평균 학력을 나타낸다.
② 숙련기간은 정규교육과정을 이수한 후 해당 직업의 직무를 평균적인 수준으로 스스로 수행하기 위하여 필요한 각종 교육기간, 훈련기간 등을 의미한다.
③ 작업강도는 해당 직업의 직무를 수행하는 데 필요한 육체적 힘의 강도를 나타내며, 심리적·정신적 노동강도는 고려하지 않았다.
④ 관련직업은 본직업명과 기본적인 직무에 있어서 공통점이 있으나 직무의 범위, 대상 등에 따라 나누어지는 직업이다.

> **해설**
> ① 정규교육은 해당 직업의 직무를 수행하는 데 필요한 일반적인 정규교육수준을 의미하는 것으로, 해당 직업 종사자의 평균 학력을 나타내는 것은 아니다.

20 다음은 한국직업사전(2020)에서 해당 직업의 직무를 수행하는 데 필요한 일반적인 정규교육수준에 대한 설명이다. ( )에 알맞은 것은?

- (ㄱ) : 9년 초과 ~ 12년 이하(고졸 정도)
- (ㄴ) : 14년 초과 ~ 16년 이하(대졸 정도)

① ㄱ : 수준 2, ㄴ : 수준 4
② ㄱ : 수준 3, ㄴ : 수준 5
③ ㄱ : 수준 4, ㄴ : 수준 6
④ ㄱ : 수준 5, ㄴ : 수준 7

> **해설**
> 한국직업사전(2020)의 부가 직업정보 중 정규교육의 6단계 수준
>
> | | |
> |---|---|
> | 1 | 6년 이하(초졸 정도) |
> | 2 | 6년 초과 ~ 9년 이하(중졸 정도) |
> | 3 | 9년 초과 ~ 12년 이하(고졸 정도) |
> | 4 | 12년 초과 ~ 14년 이하(전문대졸 정도) |
> | 5 | 14년 초과 ~ 16년 이하(대졸 정도) |
> | 6 | 16년 초과(대학원 이상) |

21 다음 중 한국직업사전(2020)의 부가 직업정보에서 '숙련기간'에 포함되지 않는 것은?

① 취업 후에 이루어지는 관련 자격 · 면허 취득 교육 및 훈련기간
② 해당 직무를 평균적인 수준 이상으로 수행하기 위한 향상훈련
③ 해당 직무를 평균적으로 수행하기 위한 각종 교육 · 훈련기간, 수습교육, 기타 사내교육, 현장훈련
④ 해당 직업에 필요한 자격 · 면허를 취득하는 취업 전 교육 및 훈련기간

해설

② 숙련기간에는 자격 · 면허가 요구되는 직업은 아니지만 해당 직무를 평균적으로 수행하기 위한 각종 교육 · 훈련기간, 수습교육, 기타 사내교육, 현장훈련 등이 포함된다. 다만, 해당 직무를 평균적인 수준 이상으로 수행하기 위한 향상훈련(Further Training)은 숙련기간에 포함되지 않는다.

22 한국직업사전(2020)에서 제공하는 정보 중 직무기능(DPT)은 해당 직무를 수행하는 작업자가 자료, 사람, 사물과 맺는 관계를 나타내는 것이다. 다음 보기의 표에서 빈칸에 들어갈 내용을 순서대로 올바르게 나열한 것은?

수 준	자료(Data)	사람(People)	사물(Thing)
0	종합	자문	설치
1	(ㄱ)	협의	정밀작업
2	분석	(ㄴ)	제어조작
3	수집	감독	(ㄷ)
4	계산	오락제공	수동조작

① ㄱ – 조정, ㄴ – 교육, ㄷ – 조작운전
② ㄱ – 기록, ㄴ – 설득, ㄷ – 유지
③ ㄱ – 비교, ㄴ – 말하기 · 신호, ㄷ – 투입 · 인출
④ ㄱ – 관련 없음, ㄴ – 서비스 제공, ㄷ – 단순작업

해설

직무기능의 수준

수 준	자료(Data)	사람(People)	사물(Thing)
0	종합	자문	설치
1	조정	협의	정밀작업
2	분석	교육	제어조작
3	수집	감독	조작운전
4	계산	오락제공	수동조작
5	기록	설득	유지
6	비교	말하기–신호	투입–인출
7	–	서비스 제공	단순작업
8	관련 없음	관련 없음	관련 없음

23 다음 중 한국직업사전(2020)의 직무기능(DPT)에 관한 정보에서 '자료(Data)'에 대한 설명으로 옳지 않은 것은?

① 종합(Synthesizing) – 사실을 발견하고 지식개념 또는 해석을 개발하기 위해 자료를 종합적으로 분석한다.
② 분석(Analyzing) – 조사하고 평가하며, 평가와 관련된 대안적 행위의 제시가 빈번하게 포함된다.
③ 계산(Computing) – 사칙연산을 실시하고 사칙연산과 관련하여 규정된 활동을 수행하거나 보고한다. 수를 세는 것도 포함된다.
④ 기록(Copying) – 데이터를 옮겨 적거나 입력하거나 표시한다.

> **해설**
> ③ 계산(Computing) – 사칙연산을 실시하고 사칙연산과 관련하여 규정된 활동을 수행하거나 보고한다. 수를 세는 것은 포함되지 않는다.

24 다음 한국직업사전(2020)의 작업강도 중 '보통 작업'에 대한 설명으로 옳은 것은?

① 최고 4kg의 물건을 들어 올리고, 때때로 장부, 소도구 등을 들어 올리거나 운반한다.
② 최고 8kg의 물건을 들어 올리고, 4kg 정도의 물건을 빈번히 들어 올리거나 운반한다.
③ 최고 20kg의 물건을 들어 올리고, 10kg 정도의 물건을 빈번히 들어 올리거나 운반한다.
④ 최고 40kg의 물건을 들어 올리고, 20kg 정도의 물건을 빈번히 들어 올리거나 운반한다.

> **해설**
> ① 아주 가벼운 작업, ② 가벼운 작업, ④ 힘든 작업

25 다음 한국직업사전(2020)의 부가 직업정보 중 '작업환경'에 대한 설명으로 옳지 않은 것은?

① 해당 직업의 직무를 수행하는 작업자에게 직접적으로 물리적, 신체적 영향을 미치는 작업장의 환경요인을 나타낸 것이다.
② 작업환경의 측정은 조사 당시에 조사자가 느끼는 신체적 반응 및 작업자의 반응을 듣고 판단한다.
③ 작업환경에는 저온, 고온, 다습, 소음·진동, 위험내재, 대기환경미흡 등이 있다.
④ 작업환경은 산업체 및 작업장에 따라 달라질 수 있으나 동일산업체의 경우에는 작업장마다 절대적인 기준이 된다.

> **해설**
> ④ 작업환경 기준도 산업체 및 작업장에 따라 달라질 수 있으므로 절대적인 기준이 될 수 없다.

26 다음 중 한국직업전망의 수록 직업 선정 기준에 대한 설명으로 옳지 않은 것은?

① 수록 직업 선정은 한국고용직업분류(KECO)의 세분류(4-digits) 직업에 기초한다.
② 한국직업정보시스템에서 제공되고 있는 직업 단위를 기본 정보단위로 사용하였다.
③ 직업 선정 시 승진을 통해 진입하게 되는 관리직은 제외하였다.
④ 직무가 유사한 직업들은 하나로 통합하거나 세분류(4-digits) 수준에서 통합하였다.

> **해설**
> ④ 직무가 유사하거나 직업정보 제공의 실효성이 낮은 직업들은 하나로 통합하거나 소분류(3-digits) 수준에서 통합하였다.

27 다음 중 한국직업전망(2021~2023 일자리 전망 통합본)에 수록된 직업별 내용에 대한 설명으로 가장 옳은 것은?

① 한국표준직업분류(KSCO)에서 사용하는 명칭을 준용하였다.
② 직업 코드는 6-digits으로 구성된다.
③ 향후 5년간 해당 직업의 일자리 증감을 전망한다.
④ 일자리 전망은 감소, 다소 감소, 다소 증가, 증가 등 4개 구간으로 구분하여 제시한다.

> **해설**
> ① 한국고용직업분류(KECO)에서 사용하는 명칭을 준용하였다.
> ③ 향후 10년간 해당 직업의 일자리(고용) 증감을 전망한다.
> ④ 일자리 전망은 증가, 다소 증가, 현 상태 유지, 다소 감소, 감소 등 총 5개 구간으로 구분하여 제시한다.

28 다음 중 한국직업전망(2021~2023 일자리 전망 통합본)의 직업별 일자리 전망 결과에서 '증가'로 전망되지 않는 것은?

① 사회복지사
② 직업상담사
③ 간호사
④ 요양보호사 및 간병인

> **해설**
> ② 직업상담사는 한국직업전망(2021~2023 일자리 전망 통합본)의 직업별 일자리 전망 결과에서 '다소 증가'로 전망되고 있다.

04절 직업훈련에 대한 정보

29 다음 중 국가직무능력표준(NCS)에 대한 설명으로 가장 옳은 것은?

① 산업현장에서 직무를 수행하기 위해 요구되는 지식·기술·태도 등의 내용을 국가가 표준화한 것이다.
② 한국고용직업분류 등을 참고하여 분류하였으며, 대분류 → 중분류 → 소분류 → 세분류 → 세세분류 순으로 구성되어 있다.
③ 능력단위는 하나의 능력단위요소로 구성되어 있다.
④ 능력단위요소는 적용범위 및 작업상황, 관련 직업기초능력 등으로 구성되어 있다.

해설

② 한국고용직업분류 등을 참고하여 분류하였으며, '대분류 → 중분류 → 소분류 → 세분류' 순으로 구성되어 있다.
③·④ 능력단위는 복수의 능력단위요소, 적용범위 및 작업상황, 평가지침, 관련 직업기초능력 등의 정보로 구성되며, 능력단위요소는 수행준거, 지식·기술·태도로 이루어진다.

30 다음 중 보기의 내용에 해당하는 NCS 수준체계는?

> 독립적인 권한 내에서 해당 분야의 이론 및 지식을 자유롭게 활용하고, 일반적인 숙련으로 다양한 과업을 수행하며, 타인에게 해당 분야의 지식 및 노하우를 전달할 수 있는 수준

① 8수준
② 7수준
③ 6수준
④ 5수준

해설

① 8수준 : 해당 분야에 대한 최고도의 이론 및 지식을 활용하여 새로운 이론을 창조할 수 있고, 최고도의 숙련으로 광범위한 기술적 작업을 수행할 수 있으며, 조직 및 업무 전반에 대한 권한과 책임이 부여된 수준
② 7수준 : 해당 분야의 전문화된 이론 및 지식을 활용하여 고도의 숙련으로 광범위한 작업을 수행할 수 있으며, 타인의 결과에 대하여 의무와 책임이 필요한 수준
④ 5수준 : 포괄적인 권한 내에서 해당 분야의 이론 및 지식을 사용하여 매우 복잡하고 비일상적인 과업을 수행하고, 타인에게 해당 분야의 지식을 전달할 수 있는 수준

정답 29 ① 30 ③

31 다음 중 국민취업지원제도에 대한 설명으로 옳지 않은 것은?

① 취업취약계층을 대상으로 하는 '한국형 실업부조' 제도이다.
②「구직자 취업촉진 및 생활안정지원에 관한 법률」에 근거한다.
③ 취업활동계획, 취업지원, 구직활동지원 등 취업지원서비스를 제공한다.
④ Ⅰ유형 및 Ⅱ유형 참여자에게 공통적으로 구직촉진수당을 지급한다.

> **해설**
> ④ 구직촉진수당은 Ⅰ유형 참여자(수급자)를 지급대상으로 한다.

32 다음 중 국민내일배움카드 제도를 지원받을 수 있는 사람은?

① 만 65세인 사람
②「사립학교교직원 연금법」을 적용받고 현재 재직 중인 사립학교교직원
③「군인연금법」을 적용받고 현재 재직 중인 장기복무 군인
④ 지방자치단체로부터 훈련비를 지원받는 훈련에 참여하는 사람

> **해설**
> ① 국민내일배움카드 제도의 지원제외대상 연령기준은 만 75세이다. 즉, 만 75세 이상인 사람은 국민내일배움카드 제도에 따른 훈련비 등을 지원받을 수 없다.

33 다음 중 보기의 빈칸에 들어갈 국민내일배움카드 운영규정에 따른 국가기간·전략산업직종 훈련과정의 집체훈련 방법 인정요건을 순서대로 올바르게 나열한 것은?

> 국가기간·전략산업직종의 훈련으로서 훈련기간이 (ㄱ) 이상 (ㄴ) 이하이고 소정훈련시간이 (ㄷ) 이상일 것

① ㄱ : 3개월, ㄴ : 6개월, ㄷ : 180시간
② ㄱ : 3개월, ㄴ : 1년, ㄷ : 350시간
③ ㄱ : 6개월, ㄴ : 1년, ㄷ : 380시간
④ ㄱ : 6개월, ㄴ : 18개월, ㄷ : 600시간

> **해설**
> 국가기간·전략산업직종 훈련과정 및 일반계좌제훈련과정의 집체훈련 방법 인정요건(국민내일배움카드 운영규정 제19조 제2항 및 별표2 참조)
>
> | 국가기간·전략산업직종
훈련과정 | 국가기간·전략산업직종의 훈련으로서 훈련기간이 3개월 이상 1년 이하이고 소정훈련시간이 350시간 이상일 것 |
> |---|---|
> | 일반계좌제훈련과정 | (실업자) 소정훈련일수가 10일 이상이고 소정훈련시간이 40시간 이상일 것
(재직자) 훈련일수가 2일 이상이고 훈련시간이 16시간 이상일 것 |

05절 자격제도에 대한 정보

34 다음 중 보기의 내용과 연관된 국가기술자격 검정기준의 등급에 해당하는 것은?

> 해당 국가기술자격의 종목에 관한 숙련기능을 가지고 제작 · 제조 · 조작 · 운전 · 보수 · 정비 · 채취 · 검사 또는 작업관리 및 이에 관련되는 업무를 수행할 수 있는 능력 보유

① 기능장
② 산업기사
③ 기능사
④ 기 사

해설

① 기능장 : 해당 국가기술자격의 종목에 관한 최상급 숙련기능을 가지고 산업현장에서 작업관리, 소속 기능인력의 지도 및 감독, 현장훈련, 경영자와 기능인력을 유기적으로 연계시켜 주는 현장관리 등의 업무를 수행할 수 있는 능력 보유
② 산업기사 : 해당 국가기술자격의 종목에 관한 기술기초이론 지식 또는 숙련기능을 바탕으로 복합적인 기초기술 및 기능업무를 수행할 수 있는 능력 보유
④ 기사 : 해당 국가기술자격의 종목에 관한 공학적 기술이론 지식을 가지고 설계 · 시공 · 분석 등의 업무를 수행할 수 있는 능력 보유

35 다음 중 국가기술자격 기사의 응시자격 기준으로 가장 옳은 것은?

① 기능사 자격을 취득한 후 응시하려는 종목이 속하는 동일 및 유사 직무분야에서 3년 이상 실무에 종사한 사람
② 산업기사 등급 이상의 자격을 취득한 후 응시하려는 종목이 속하는 동일 및 유사 직무분야에서 2년 이상 실무에 종사한 사람
③ 3년제 전문대학 관련학과 졸업자 등으로서 졸업 후 응시하려는 종목이 속하는 동일 및 유사 직무분야에서 2년 이상 실무에 종사한 사람
④ 응시하려는 종목이 속하는 동일 및 유사 직무분야에서 5년 이상 실무에 종사한 사람

해설

② 산업기사 등급 이상의 자격을 취득한 후 응시하려는 종목이 속하는 동일 및 유사 직무분야에서 1년 이상 실무에 종사한 사람
③ 3년제 전문대학 관련학과 졸업자 등으로서 졸업 후 응시하려는 종목이 속하는 동일 및 유사 직무분야에서 1년 이상 실무에 종사한 사람
④ 응시하려는 종목이 속하는 동일 및 유사 직무분야에서 4년 이상 실무에 종사한 사람

정답 34 ③ 35 ①

36 다음 국가기술자격 서비스 분야 종목 중 응시자격에 제한이 없는 것으로만 짝지어진 것은?

① 직업상담사 2급 - 임상심리사 2급 - 스포츠경영관리사
② 직업상담사 2급 - 컨벤션기획사 2급 - 국제의료관광코디네이터
③ 컨벤션기획사 2급 - 스포츠경영관리사 - 국제의료관광코디네이터
④ 사회조사분석사 2급 - 소비자전문상담사 2급 - 텔레마케팅관리사

> **해설**
>
> ① '임상심리사 2급'은 응시자격에 제한이 있다.
> ②·③ '국제의료관광코디네이터'는 응시자격에 제한이 있다.

37 다음 중 국가기술자격 서비스 분야의 종목별 응시자격으로 옳지 않은 것은?

① 직업상담사 1급 - 해당 실무에 3년 이상 종사한 사람
② 컨벤션기획사 1급 - 해당 종목의 2급 자격을 취득한 후 응시하려는 종목이 속하는 동일 직무분야에서 2년 이상 실무에 종사한 사람
③ 소비자전문상담사 1급 - 해당 종목의 2급 자격 취득 후 소비자상담 실무경력 2년 이상인 사람
④ 사회조사분석사 1급 - 해당 종목의 2급 자격을 취득한 후 해당 실무에 2년 이상 종사한 사람

> **해설**
>
> **컨벤션기획사의 응시자격(국가기술자격법 시행규칙 제10조의2 제3항 및 별표11의4 참조)**
>
> | | |
> |---|---|
> | 1급 | 다음 각 호의 어느 하나에 해당하는 사람
1. 해당 종목의 2급 자격을 취득한 후 응시하려는 종목이 속하는 동일 및 유사 직무분야에서 3년 이상 실무에 종사한 사람
2. 응시하려는 종목이 속하는 동일 및 유사 직무분야에서 4년 이상 실무에 종사한 사람
3. 외국에서 동일한 종목에 해당하는 자격을 취득한 사람 |
> | 2급 | 제한 없음 |

38 다음 중 국가기술자격 종목과 그 직무분야를 연결한 것으로 옳지 않은 것은?

① 가스산업기사 - 환경·에너지
② 건설안전산업기사 - 안전관리
③ 광학기기산업기사 - 전기·전자
④ 방수산업기사 - 건설

> **해설**
>
> ① 가스산업기사의 직무분야는 '안전관리'에 해당한다.

39 다음 중 실기능력이 중요하여 고용노동부령으로 정하는 필기시험이 면제되는 기능사 종목에 해당하지 않는 것은?

① 유리시공기능사
② 도배기능사
③ 사진기능사
④ 도화기능사

| 해설
③ 사진기능사(주의 : '항공사진기능사'가 아님)는 사진촬영 및 이미지 프로세싱 관련 과목에 대한 필기시험을 치른다.

40 다음 중 국가기술자격 종목에 해당하는 것을 올바르게 모두 고른 것은?

ㄱ. 감정평가사
ㄴ. 국제의료관광코디네이터
ㄷ. 국가유산수리기술자
ㄹ. 주택관리사보

① ㄱ, ㄴ, ㄹ
② ㄱ, ㄷ
③ ㄴ
④ ㄷ, ㄹ

| 해설
ㄴ. 서비스 분야 국가기술자격 종목에 해당한다.
ㄱ·ㄷ·ㄹ. 국가전문자격 종목에 해당한다.

정답 39 ③ 40 ③

06절 고용정보시스템

41 다음 중 고용24에서 채용정보 상세검색에 관한 설명으로 옳지 않은 것은?

① 최대 10개의 직종 선택이 가능하다.
② 연령별 채용정보를 검색할 수 있다.
③ 재택근무 가능 여부를 검색할 수 있다.
④ 희망임금은 연봉, 월급, 일급, 시급별로 입력할 수 있다.

> **해설**
> ② 「고용상 연령차별금지 및 고령자고용촉진에 관한 법률」이 시행됨에 따라 채용정보에서 연령이 삭제되었다.

42 다음 중 고용24 채용정보에서 기업형태별 검색에 해당하지 않는 것은?

① 중소기업
② 중견기업
③ 외국계기업
④ 가족친화인증기업

> **해설**
> **고용24 채용정보 상세검색에서 기업형태**
> • 대기업
> • 외국계기업(③)
> • 코스닥
> • 청년친화강소기업
> • 중견기업(②)
> • 공무원/공기업/공공기관
> • 코스피
> • 일학습병행기업
> • 가족친화인증기업(④)

43 다음 중 고용24에서 제공하는 직업선호도검사 L형과 S형의 공통적인 하위검사에 해당하는 것은?

① 흥미검사
② 성격검사
③ 생활사검사
④ 구직동기검사

> **해설**
> ① 고용24 제공 직업선호도검사는 L(Long)형과 S(Short)형이 있다. L형이 개인의 흥미유형 및 성격, 생활사 특성을 측정하는 '흥미검사', '성격검사', '생활사검사'로 구성되는 것과 달리, S형은 개인의 흥미유형을 통해 적합직업을 탐색하는 '흥미검사'만으로 구성되어 있다.

44 다음 중 고용24에서 제공하는 학과정보를 계열별로 검색하고자 할 때 선택할 수 있는 계열에 해당하지 않는 것은?

① 자연계열
② 교육계열
③ 문화관광계열
④ 예체능계열

> **해설**
>
> **고용24 제공 학과정보의 계열별 검색**
> - 인문계열
> - 교육계열
> - 공학계열
> - 예체능계열
> - 사회계열
> - 자연계열
> - 의약계열

45 다음 고용24에서 제공하는 학과정보 중 자연계열에 해당하는 학과는?

① 바이오산업공학과
② 바이오소재공학과
③ 도시공학과
④ 조경학과

> **해설**
>
> ②·③·④ 공학계열에 해당하는 학과이다.

46 다음 중 임금직업포털(Workpedia)에서 임금정보 검색에 관한 설명으로 옳지 않은 것은?

① 학력별, 연령별, 성별, 근속년수별 등 조건에 맞는 맞춤형 임금정보를 제공한다.
② 맞춤형 임금정보의 검색조건은 최대 3개까지 선택할 수 있다.
③ 직급별 임금정보를 검색하기 위해 사무관리직·연구개발직·영업판매직·생산기능직 등 4가지 직군 중 1개를 선택하여야 한다.
④ 임금체계 관련 호봉급·연봉제·성과배분제 도입현황에 관한 통계자료는 상용 10인 이상 사업체를 대상으로 한다.

> **해설**
>
> ④ 임금체계 관련 호봉급·연봉제·성과배분제 도입현황에 관한 통계자료는 상용 100인 이상 사업체를 대상으로 한다.

47 다음 중 임금직업포털(Workpedia)의 직업정보에서 사용자 맞춤형 직업 추천의 검색조건을 올바르게 연결한 것은?

① 평균연봉 – 전체 / 3천만원 미만 / 3천~5천만원 미만 / 5천만원 이상
② 미래전망 – 전체 / 증가 / 다소 증가 / 다소 감소 / 감소
③ 개인특성 – 통합 특성 중심 / 지식 중심 / 업무수행능력 중심
④ 직무기반 – 업무수행능력, 지식, 심리적 특성 관련 문항으로 구성

> **해설**
>
> ① 평균연봉 – 전체 / 3천만원 미만 / 3천~4천만원 미만 / 4천~5천만원 미만 / 5천만원 이상
> ② 미래전망 – 전체 / 증가 / 다소 증가 / 유지 / 다소 감소 / 감소
> ④ 직무기반 – 업무수행능력, 업무활동, 지식 관련 문항으로 구성

48 다음 중 Q-Net에서 제공하는 자격정보에 대한 설명으로 옳지 않은 것은?

① 국가자격정보는 한국산업인력공단에서 시행하는 자격정보만을 제공한다.
② 국가공인민간자격 정보를 민간자격정보서비스(www.pqi.or.kr)와 연계하여 제공한다.
③ 국가기술자격통계연보를 제공한다.
④ 미국, 호주, 독일 등 외국의 자격제도 운영현황 정보를 제공한다.

> **해설**
>
> ① Q-Net에서 제공하는 국가자격정보는 한국산업인력공단에서 시행하는 자격정보는 물론 대한상공회의소, 영화진흥위원회, 한국광해광업공단, 한국데이터산업진흥원, 한국디자인진흥원, 한국방송통신전파진흥원, 한국원자력안전기술원, 한국콘텐츠진흥원 등 공공기관을 비롯하여 보건복지부, 고용노동부, 국토교통부 등 다양한 정부부처 및 산하기관 혹은 단체에서 시행하는 자격종목에 관한 정보를 제공한다.

49 다음 중 Q-Net에서 제공하는 국가기술자격 종목별 정보를 올바르게 모두 고른 것은?

> ㄱ. 자격취득자에 대한 법령상 우대현황
> ㄴ. 수험자 동향(응시목적별, 연령별 등)
> ㄷ. 연도별 검정현황(응시자 수, 합격률 등)
> ㄹ. 시험정보(수수료, 취득방법 등)

① ㄱ, ㄴ
② ㄷ, ㄹ
③ ㄱ, ㄴ, ㄹ
④ ㄱ, ㄴ, ㄷ, ㄹ

해설

국가기술자격 종목별 상세정보

시험정보	검정형 자격 시험일정, 검정형 자격 시험정보(시험수수료, 출제경향, 취득방법, 출제기준), 과정평가형 자격 취득정보
기본정보	기본정보(자격개요, 수행직무, 실시기관 홈페이지, 실시기관명, 진로 및 전망), 종목별 검정현황(연도별 응시자 수/합격자 수/합격률)
우대현황	자격취득자에 대한 법령상 우대현황
일자리정보	경력, 학력, 지역, 기타 상세조건(임금형태, 근무형태, 근무시간, 우대사항, 키워드검색)
수험자 동향	성별, 연령별, 직업별, 응시목적별, 시험준비경로별, 시험준비기간별 등

50 다음 중 등록민간자격의 상세한 종목별 자격정보를 제공하는 정보망은?

① pqi.or.kr
② eps.go.kr
③ data.go.kr
④ career.go.kr

해설

① 민간자격정보서비스(PQI)
② 외국인고용관리시스템(EPS)
③ 공공데이터포털(DATA)
④ 커리어넷(CareerNet)

CHAPTER 02 최근 기출문제 파악하기 1차 필기

제3과목 직업정보

01 경제활동인구조사의 주요 산식으로 틀린 것은? [2022년 1회 기출]

① 잠재경제활동인구=잠재취업가능자+잠재구직자
② 경제활동참가율=(경제활동인구÷15세 이상 인구)×100
③ 고용률=(취업자÷15세 이상 인구)×100
④ 실업률=(실업자÷15세 이상 인구)×100

> **해설**
>
> 실업률의 공식
>
> $$실업률(\%) = \frac{실업자\ 수}{경제활동인구\ 수} \times 100$$

02 A국의 취업자가 200만명, 실업자가 10만명, 비경제활동인구가 100만명이라고 할 때, A국의 경제활동참가율은? [2022년 2회 기출]

① 약 66.7%
② 약 67.7%
③ 약 69.2%
④ 약 70.4%

> **해설**
>
> 경제활동참가율은 다음의 공식으로 나타낼 수 있다.
>
> $$경제활동참가율(\%) = \frac{경제활동인구\ 수^*}{15세\ 이상\ 인구\ 수^*} \times 100$$
>
> * 경제활동인구수=15세 이상 인구 수-비경제활동인구 수
>   =취업자 수+실업자 수
> * 15세 이상 인구 수=경제활동인구 수+비경제활동인구 수
>
> • 경제활동인구 수 : 200(만명)+10(만명)=210(만명)
> • 15세 이상 인구 수 : 210(만명)+100(만명)=310(만명)
> • 경제활동참가율(%)=$\frac{210(만명)}{310(만명)} \times 100 ≒ 67.7(\%)$ ∴ 약 67.7%

정답 01 ④ 02 ②

03 다음은 한국직업사전(2020) 직무기능 "사물" 항목 중 무엇에 관한 설명인가? [2021년 2회 기출]

> 다양한 목적을 수행하고자 사물 또는 사람의 움직임을 통제하는 데 있어 일정한 경로를 따라 조작되고 안내되어야 하는 기계 또는 설비를 시동, 정지하고 그 움직임을 제어한다.

① 조작운전
② 정밀작업
③ 제어조작
④ 수동조작

해설

② 정밀작업(Precision Working) : 설정된 표준치를 달성하기 위하여 궁극적인 책임이 존재하는 상황하에서 신체부위, 공구, 작업도구를 사용하여 가공물 또는 재료를 가공, 조종, 이동, 안내하거나 또는 정위치시킨다. 그리고 도구, 가공물 또는 원료를 선정하고 작업에 알맞게 공구를 조정한다.
③ 제어조작(Operating-controlling) : 기계 또는 설비를 시동, 정지, 제어하고 작업이 진행되고 있는 기계나 설비를 조정한다.
④ 수동조작(Manipulating) : 기계, 설비 또는 재료를 가공, 조정, 이동 또는 위치할 수 있도록 신체부위, 공구 또는 특수장치를 사용한다. 정확도 달성 및 적합한 공구, 기계, 설비 또는 원료를 산정하는 데 있어서 어느 정도의 판단력이 요구된다.

04 국가기술자격 산업기사 등급의 응시자격 기준으로 틀린 것은? [2022년 1회 기출]

① 고용노동부령으로 정하는 기능경기대회 입상자
② 동일 및 유사 직무분야의 산업기사 수준 기술훈련과정 이수자 또는 그 이수예정자
③ 응시하려는 종목이 속하는 동일 및 유사 직무분야의 다른 종목의 산업기사 등급 이상의 자격을 취득한 사람
④ 응시하려는 종목이 속하는 동일 및 유사 직무분야에서 1년 이상 실무에 종사한 사람

해설

④ 응시하려는 종목이 속하는 동일 및 유사 직무분야에서 2년 이상 실무에 종사한 사람

05 고용24에서 제공하는 성인용 직업적성검사의 적성요인과 하위검사의 연결로 틀린 것은? [2022년 2회 기출변형]

① 언어력 – 어휘력 검사, 문장독해력 검사
② 수리력 – 계산능력 검사, 자료해석력 검사
③ 추리력 – 수열추리력 1, 2 검사, 도형추리력 검사
④ 사물지각력 – 조각맞추기 검사, 그림맞추기 검사

> **해설**
> ④ 조각맞추기 검사, 그림맞추기 검사는 '공간지각력'을 측정하는 검사이다.

06 Q-Net(www.q-net.or.kr)에서 제공하는 국가별 자격제도 정보가 아닌 것은? [2022년 2회 기출]

① 영국의 자격제도
② 프랑스의 자격제도
③ 호주의 자격제도
④ 스위스의 자격제도

> **해설**
> **Q-Net 제공 국가별 자격제도 정보**
> - 일본의 자격제도
> - 영국의 자격제도(①)
> - 미국의 자격제도
> - 독일의 자격제도
> - 호주의 자격제도(③)
> - 프랑스의 자격제도(②)

정답 05 ④ 06 ④

CHAPTER 02

제3과목 직업정보

최근 기출문제 파악하기 2차 실무

01 특성-요인의 직업상담이론에서 브레이필드(Brayfield)가 제시한 직업정보의 기능을 3가지 쓰고, 각각에 대해 설명하시오. (6점)   [2025년 1회, 2022년 1회, 2019년 2회, 2017년 3회, 2015년 1회, 2011년 2회, 2008년 3회, 2006년 1회 기출]

이렇게 외우세요!

① 정보적 기능 : 직업정보 제공을 통해 내담자의 의사결정을 돕고, 직업선택에 관한 지식을 증가시킨다.
② 재조정 기능 : 자신의 선택이 현실에 비추어 부적절한 선택이었는지를 점검 및 재조정해 보도록 한다.
③ 동기화 기능 : 내담자를 의사결정 과정에 적극적으로 참여시킴으로써 자신의 선택에 대해 책임감을 가지도록 한다.

02 특정 시기의 고용동향이 다음과 같을 때 임금근로자는 몇 명인지 계산하시오(단, 계산 과정을 제시하시오). (3점)   [2024년 1회, 2020년 4회, 2019년 3회, 2017년 3회, 2015년 2회, 2015년 3회, 2010년 1회, 2010년 2회, 2008년 1회, 2000년 1회 기출]

- 만 15세 이상 인구 수 : 35,986천명
- 비경제활동인구 수 : 14,716천명
- 취업자 수 : 20,149천명(자영업자 : 5,646천명, 무급가족종사자 : 1,684천명, 상용근로자 : 6,113천명, 임시근로자 : 4,481천명, 일용근로자 : 2,225천명)

> **이렇게 외우세요!**
>
> 임금근로자 수를 산출하기 위한 공식은 다음과 같다.
>
> $$임금근로자 수 = 상용근로자 수 + 임시근로자 수 + 일용근로자 수$$

임금근로자 수 = 6,113(천명) + 4,481(천명) + 2,225(천명) = 12,819(천명)
∴ 12,819천명

03 다음 보기의 예시를 보고 실업률을 구하시오(단, 소수점 둘째 자리에서 반올림하고, 계산 과정을 제시하시오). (4점)

[2022년 1회, 2020년 4회, 2017년 3회, 2015년 2회, 2014년 2회, 2011년 3회, 2010년 1회, 2009년 2회, 2000년 1회 기출]

- 만 15세 이상 인구 수 : 35,986천명
- 비경제활동인구 수 : 14,716천명
- 취업자 수 : 20,149천명

> **이렇게 외우세요!**
>
> 실업률을 산출하기 위한 공식은 다음과 같다.
>
> $$실업률(\%) = \frac{실업자\ 수^*}{경제활동인구\ 수^*} \times 100$$
>
> * 경제활동인구 수 = 15세 이상 인구 수 − 비경제활동인구 수
> * 실업자 수 = 경제활동인구 수 − 취업자 수

- 경제활동인구 수 = 35,986(천명) − 14,716(천명) = 21,270(천명)   ∴ 21,270천명
- 실업자 수 = 21,270(천명) − 20,149(천명) = 1,121(천명)   ∴ 1,121천명
- 실업률(%) = $\frac{1,121(천명)}{21,270(천명)} \times 100 ≒ 5.27033(\%)$ ∴ 5.3%

04 아래의 주어진 표를 보고 물음에 답하시오. (5점)

[2019년 2회, 2017년 1회, 2011년 2회 기출]

[단위 : 천명]

구 분	15~19세	20~24세	25~29세	30~50세
생산가능인구	3,285	2,651	3,846	22,983
경제활동인구	203	1,305	2,797	17,356
취업자	178	1,181	2,598	16,859
실업자	25	124	199	497
비경제활동인구	3,082	1,346	1,049	5,627

(1) 30~50세 고용률(%)을 계산하시오(단, 소수점 둘째 자리에서 반올림하시오).

(2) 30~50세 고용률을 29세 이하의 고용률과 비교하여 분석하시오.

이렇게 외우세요!

(1) 30~50세 고용률(%)

$$고용률(\%) = \frac{취업자 수}{15세 이상 인구 수(생산가능인구 수)} \times 100$$

∴ 30~50세 고용률 $= \frac{16,859(천명)}{22,983(천명)} \times 100 ≒ 73.4\%$

(2) 30~50세 고용률과 29세 이하 고용률의 비교·분석

고용률은 한 국가의 노동력 활용 정도를 나타내는 대표적인 고용지표이다. 위의 보기에서 30~50세의 고용률은 약 73.4%로서, 25~29세에 비해 5.8%, 20~24세에 비해 28.9%, 15~19세에 비해 68.0% 높게 나타나고 있다. 따라서 30~50세가 다른 연령대에 비해 상대적으로 고용창출 능력이 높으며, 가장 활발한 경제활동을 수행하고 있는 것으로 볼 수 있다.

- 25~29세 고용률(%) $= \frac{2,598(천명)}{3,846(천명)} \times 100 ≒ 67.6\%$
- 20~24세 고용률(%) $= \frac{1,181(천명)}{2,651(천명)} \times 100 ≒ 44.5\%$
- 15~19세 고용률(%) $= \frac{178(천명)}{3,285(천명)} \times 100 ≒ 5.4\%$

05 한국직업사전에 수록된 부가 직업정보를 6가지만 쓰시오. (6점)

[2025년 2회, 2024년 1회, 2021년 1회, 2018년 1회, 2013년 2회, 2010년 1회, 2009년 1회, 2007년 3회 기출]

이렇게 외우세요!
① 정규교육
② 숙련기간
③ 직무기능
④ 작업강도
⑤ 육체활동
⑥ 작업장소

06 한국직업사전의 부가 직업정보 중 직무기능은 해당 직업 종사자가 직무를 수행하는 과정에서 '자료(Data)', '사람(People)', '사물(Thing)'과 맺는 관련된 특성을 나타낸다. 다음은 한국직업사전의 직무기능 중 자료(Data)의 항목이다. 보기의 오른쪽에 제시된 설명을 보고 왼쪽 빈칸에 들어갈 내용을 각각 쓰시오(단, 각 수준을 나타내는 숫자는 제외). (6점)

[2023년 1회, 2021년 3회 기출]

종합	사실을 발견하고 지식개념 또는 해석을 개발하기 위해 자료를 종합적으로 분석한다.
(ㄱ)	데이터의 분석에 기초하여 시간, 장소, 작업순서, 활동 등을 결정한다. 결정을 실행하거나 상황을 보고한다.
(ㄴ)	조사하고 평가한다. 평가와 관련된 대안적 행위의 제시가 빈번하게 포함된다.
(ㄷ)	자료, 사람, 사물에 관한 정보를 수집·대조·분류한다. 정보와 관련한 규정된 활동의 수행 및 보고가 자주 포함된다.
(ㄹ)	사칙연산을 실시하고 사칙연산과 관련하여 규정된 활동을 수행하거나 보고한다. 수를 세는 것은 포함되지 않는다.
(ㅁ)	데이터를 옮겨 적거나 입력하거나 표시한다.
(ㅂ)	자료, 사람, 사물의 쉽게 관찰되는 기능적·구조적·조합적 특성을 (유사성 또는 표준과의 차이) 판단한다.

이렇게 외우세요!
① ㄱ : 조정
② ㄴ : 분석
③ ㄷ : 수집
④ ㄹ : 계산
⑤ ㅁ : 기록
⑥ ㅂ : 비교

할 수 있다고 믿는 사람은 그렇게 되고,
할 수 없다고 믿는 사람도 역시 그렇게 된다.

- 샤를 드골 -

CHAPTER 03

제3과목 직업정보

직업정보 제공

중요키워드 10

※ 중요도 높은 것에서 낮은 것 순으로

① 공공직업정보의 특징
② 민간직업정보의 특징
③ 직업정보 분석 시 유의사항
④ 직업정보 가공 시 유의사항
⑤ 직업정보(고용정보)의 처리과정
⑥ 직업정보 수집 시 유의사항
⑦ 직업정보의 유형별 특징
⑧ 직업정보 제공 시 유의사항
⑨ Hoppock의 직업정보 평가 기준
⑩ Andrus의 효용의 관점에 의한 직업정보의 평가

제3과목

 **쌤의 학습지도**

1. 민간직업정보와 공공직업정보의 차이점을 구분할 수 있어야 해요.

민간직업정보와 공공직업정보는 대비되는 특징들을 가지고 있어요. 문제의 지문으로 그 특징들을 섞어놓고는 틀린 것을 고르도록 하는 문제가 빈번히 출제되고 있어요.

2. 직업정보는 그 유형에 따라 장단점을 가지고 있어요.

직업정보의 유형은 그 수가 매우 많지만, 직업상담사 시험에서는 인쇄물, 시청각자료, 면접, 관찰, 직업경험 등이 주로 제시되고 있어요.

3. 직업정보(고용정보)의 처리과정을 순서대로 기억해 두세요.

〈수집 → 분석 → 가공 → 체계화 → 제공 → 축적 → 평가〉 순으로 암기하시고요, 5단계나 6단계로 제시될 수 있는 점을 염두에 두세요.

4. 직업정보 관리에 관한 각종 유의사항들을 기억해 두세요.

수집 시 유의사항, 분석 시 유의사항, 가공 시 유의사항, 제공 시 유의사항 등은 직업상담사 시험의 단골 문제이죠.

5. 직업정보에도 평가 기준이 있어요.

Hoppock가 제안한 평가 기준은 육하원칙과 유사한 양상을 보이는데요, 따라서 "얼마나 비싼 정보인가?"는 평가 기준에 포함되지 않아요.

6. 편향된 사고는 직업정보 관리의 걸림돌이죠.

증거편향, 인과관계 인식의 편향, 확률 추정의 편향, 사후편향 등이 나타내는 부정적인 효과를 이해하도록 하세요.

CHAPTER 03 직업정보 제공

제3과목 직업정보

01절 직업정보의 축적

1 고용정보의 이해

(1) 고용정보의 개념

① 고용정보의 의의
   ㉠ 직업정보가 일의 수행단위로서 주로 직무에 관련된 정보를 말한다면, 고용정보는 **일자리와 관련된 보다 광범위한 정보**를 일컫는다.
   ㉡ 고용정보는 구직자 및 구인업체에 관한 정보는 물론 일자리 관련 정부의 정책 및 연구자료 등을 포함한다.

② 고용정보의 내용(직업안정법 시행령 제12조 제1항 참조) 필기 출제 20, 16년 기출
   ㉠ **경제 및 산업동향**
   ㉡ 노동시장, 고용·실업동향
   ㉢ 임금, 근로시간 등 근로조건
   ㉣ **직업에 관한 정보**
   ㉤ 채용·승진 등 고용관리에 관한 정보
   ㉥ 직업능력개발훈련에 관한 정보
   ㉦ 고용관련 각종지원 및 보조제도
   ㉧ 구인·구직에 관한 정보

(2) 고용정보 및 직업정보의 분류

① 정보의 성격에 따른 분류

미시정보	• 정보가 개별적이고 구체적이므로 보통 개별사업에 국한된다. • 구인업체, 구직자 등에 관한 사항이 포함된다. • 정보로서의 기한이 짧으며, 그 범위가 포괄적이지 못하다. 예 구인 및 구직정보, 자격정보, 훈련정보, 임금정보, 취업박람회 등
거시정보	• 정책 및 법률의 입안으로 연결되는 정보로서, 보통 포괄적인 산업으로 확장된다. • 노동시장의 흐름에 관한 동향정보를 비롯하여 각종 시계열 자료 및 전망자료 등이 포함된다. • 정보로서의 기한이 길며, 그 범위가 포괄적이다. 예 노동시장동향, 직종별·업종별 인력수급현황, 직종별·지역별 실업률, 미래의 직업별 고용전망자료 등

쌤의 비법노트

직업상담사 시험에서는 '고용정보'와 '직업정보'를 명확히 구분하지 않는 경향이 있습니다. 참고로 고용노동부훈령 '직업소개 등 업무 처리 규정' 제18조(고용정보의 내용)에 고용정보의 종류별 구체적인 내용이 소개되어 있습니다.

이렇게 출제된다! 2차 주관식

고용정보를 미시정보와 거시정보로 나누고, 그 예를 각각 2가지씩 쓰시오.

② 정보의 생산주체에 따른 분류 필기 출제 매해 기출

민간직업정보	• 필요한 시기에 최대한 활용되도록 한시적으로 신속하게 생산되어 운영된다. • 노동시장환경, 취업상황, 기업의 채용환경 등을 반영한 직업정보가 상대적으로 단기간에 조사되어 집중적으로 제공된다. • 특정한 목적에 맞게 해당 분야 및 직종이 제한적으로 선택된다. • 정보생산자의 임의적 기준 또는 시사적인 관심이나 흥미를 유도할 수 있도록 해당 직업을 분류한다. • 정보 자체의 효과가 큰 반면, 부가적인 파급효과는 적다. • 객관적이고 공통적인 기준에 따라 분류되지 않았기 때문에 다른 직업정보와의 비교가 적고 활용성이 낮다. • 민간이 특정 직업에 대해 구체적이고 상세한 정보를 제공하기 위해서는 조사·분석 및 정리와 제공에 상당한 시간 및 비용이 소요되므로 해당 직업정보는 유료로 제공된다.
공공직업정보	• 정부 및 공공단체와 같은 비영리기관에서 공익적 목적으로 생산·제공된다. • 특정한 시기에 국한되지 않고 지속적으로 조사·분석하여 제공되며, 장기적인 계획 및 목표에 따라 정보체계의 개선작업 수행이 가능하다. • 특정 분야 및 대상에 국한되지 않고 전체 산업 및 업종에 걸친 직종(업)을 대상으로 한다. • 국내 또는 국제적으로 인정되는 객관적인 기준(예 국제표준직업분류 및 한국표준직업분류 등)에 근거한 직업분류이다. • 직업별로 특정한 정보만을 강조하지 않고 보편적인 항목으로 이루어진 기초적인 직업정보체계로 구성된다. • 관련 직업정보 간의 비교·활용이 용이하고, 공식적인 노동시장통계 등 관련 정보와 결합하여 제반 정책 및 취업알선과 같은 공공목적에 사용 가능하다. • 광범위한 이용가능성에 따라 공공직업정보체계에 대한 직접적이며 객관적인 평가가 가능하다. • 정부 및 공공기관 주도로 생산·운영되므로 무료로 제공된다.

이렇게 출제된다! 1차 기출 OX

Q 공공직업정보와 비교하여 민간직업정보는 정보생산자의 임의적 기준이나 관심 위주로 직업을 분류한다?

A (○)

이렇게 출제된다! 2차 주관식

민간직업정보의 특성을 3가지만 쓰시오.

이렇게 출제된다! 2차 주관식

공공직업정보의 특성을 4가지만 쓰시오.

Comment

민간직업정보와 공공직업정보의 대략적인 차이점은 다음과 같습니다.

구 분	민간직업정보	공공직업정보
정보제공 속성	한시적	지속적
직업 분류·구분	생산자의 자의성	기준에 의한 객관성
조사 직업 범위	제한적	포괄적
정보의 구성	완결적 정보체계	기초적 정보체계
타 정보와의 관계	관련성 낮음	관련성 높음
비 용	보통 유료	보통 무료

(3) 직업정보의 주요 유형별 특징 필기 출제 22, 21, 19, 18, 17, 15, 14, 11, 10, 09년 기출

유형(종류)	비용	학습자 참여도	접근성
인쇄물	저	수동	용이
시청각자료	고	수동	제한적
면접	저	적극	제한적
관찰	고	수동	제한적
직업경험	고	적극	제한적
직업체험	고	적극	제한적

> **이렇게 출제된다! 1차 기출 OX**
> Q 직업정보 수집을 목적으로 할 때 직업체험은 인쇄매체보다 접근성이 우수하다?
> A (×) 직업체험은 인쇄매체보다 접근성이 떨어진다.

2 고용정보의 관리

(1) 직업정보(고용정보)의 일반적인 처리과정 필기 출제 22, 21, 20, 19, 17, 16, 13, 11, 10, 09, 03년 기출

수집 (제1단계)	정보사용자가 무엇을 요구하는지에 대한 명확한 목표를 세우고, 항상 최신의 자료를 수집하여야 한다. 자료를 수집하면 자료의 출처와 저자, 발행연도, 수집일자를 기입한다.
분석 (제2단계)	사용자가 요구하는 목적에 부합하도록 분석기간의 길이, 양과 질 등을 고려하여 자료의 내용을 파악하며, 이를 체계적으로 분류하여 제공하기에 편리하도록 배열한다.
가공 (제3단계)	수집·분석된 정보를 기초로 이를 재편집함으로써 내담자가 사용하기에 편리하도록 요약·정리한다.
체계화 (제4단계)	필요도에 따라 수집되어 분석된 정보라도 오래되거나 불필요하게 된 정보는 폐기하고, 항상 최신의 자료인지 확인하여 체계화하도록 한다.
제공 (제5단계)	직업정보는 사용자의 요구에 부합하도록 생산되어야 하며, 그 과정은 공개하도록 한다.
축적 (제6단계)	정보관리시스템을 적용하여 정보를 제공·교환하며, 보급된 정보를 축적하는 과정이다.
평가 (제7단계)	직업정보가 사용자의 요구사항에 근접하게 맞추어졌는지(→ 형태효용), 필요한 때에 필요한 정보를 사용할 수 있는지(→ 시간효용), 정보에 대한 접근 및 전달이 용이한지(→ 장소효용), 정보소유자가 타인에 대한 정보 전달을 통제할 수 있는지(→ 소유효용) 등을 평가한다.

> **쌤의 비법노트**
> 직업정보(고용정보)의 일반적인 처리과정에서 '축적'이 '평가'보다 앞서는 것으로 간주됩니다. 혼동하지 않도록 주의하세요.

> **이렇게 출제된다! 1차 기출 OX**
> Q 직업정보는 '수집 → 분석 → 가공 → 체계화 → 제공 → 축적 → 평가'의 처리단계를 거친다?
> A (○)

Comment
직업정보(고용정보)의 일반적인 처리과정(관리과정)과 관련하여 직업상담사 시험에서는 이를 5단계, 6단계 혹은 7단계로 제시하고 있습니다. 실제 시험문제에서 다음과 같이 출제될 수 있으므로, 다음의 내용을 기억해 두시기 바랍니다.

- 5단계 : 수집 → 분석 → 가공 → 제공 → 평가
- 6단계 : 수집 → 분석 → 가공 → 체계화 → 제공 → 평가
- 6단계 : 분석 → 가공 → 체계화 → 제공 → 축적 → 평가
- 7단계 : 수집 → 분석 → 가공 → 체계화 → 제공 → 축적 → 평가

(2) 직업정보 수집 시 유의사항 필기 출제 22, 20, 17, 14, 13, 10, 09, 08, 06, 04, 03년 기출

① 목표를 명확히 설정한다.
② 직업정보는 조직적이고 계획적으로 수집한다.
③ 필요한 정보를 적시에 제공받도록 한다.
④ 과거에 유용했던 정보도 시간이 지나면 가치가 변하므로 필요 없는 자료는 폐기한다.
⑤ 항상 최신의 자료가 되도록 새로운 정보를 지속적으로 보완한다.
⑥ 정리와 활용을 편리하게 할 수 있도록 녹음, 녹화, 사진 오려붙이기 등 수집에 필요한 도구를 활용한다.
⑦ 자료의 출처와 저자, 발행연도, 수집자 및 수집일자 등을 기입한다.

(3) 직업정보 분석 시 유의사항 필기 출제 21, 20, 19, 18, 17, 16, 13, 12, 11, 10, 09, 06, 04년 기출

① 정보의 분석 목적을 명확히 하며, 변화의 동향에 유의한다.
② 동일한 정보라 할지라도 다각적이고 종합적인 분석을 시도하여 해석을 풍부히 한다.
③ 직업정보의 신뢰성, 객관성, 정확성, 효용성 등을 확보하기 위해 전문가나 전문적인 시각에서 분석한다.
④ 분석과 해석은 원자료의 생산일, 자료표집방법, 대상, 자료의 양 등을 검토하여야 하는 한편, 분석비교도 이에 준한다.
⑤ 수집된 정보는 목적에 맞도록 분석하며, 수차례의 재검토 과정을 거쳐 객관성과 정확성을 갖춘 최신자료를 선정한다.
⑥ 수집된 정보는 필요도에 따라 선택하고 항목별로 분류하며, 오래되거나 불필요한 것은 버린다.
⑦ 다양한 정보를 충분히 검토하여 가장 효율적으로 검색·활용할 수 있는 방법으로 분류한다.
⑧ 각 정보는 입수 연월일, 제공처, 주제별, 활용대상별, 활용방법, 활용장소 등에 따라 분류하며, 그 내용을 명확히 한다.
⑨ 다른 통계와의 관련성 및 여러 측면들을 고려하며, 숫자로 표현할 수 없는 정보라도 이를 삭제 혹은 배제하지 않는다.
⑩ 직업정보원과 제공원에 대하여 제시한다.

(4) 직업정보 가공 시 유의사항 필기 출제 22, 21, 20, 18, 17, 14, 13, 12, 11, 09, 08, 07, 06, 05년 기출

① 직업정보의 공유방법을 강구하는 과정이므로 이용자의 수준에 부합하는 언어로 가공한다. 즉, 이용자가 전문적인 지식이 없어도 이해할 수 있도록 가공한다.
② 정보의 생명력을 측정하여 활용방법을 선정하고 이용자에게 동기를 부여할 수 있도록 구상한다.
③ 가장 최신의 자료를 활용하되 표준화된 정보(예 한국직업사전, 한국표준직업분류, 한국표준산업분류 등)를 활용한다.
④ 직업에 대한 장단점을 편견 없이 제공한다.
⑤ 객관성을 잃은 정보나 문자, 어투는 삼간다.

쌤의 비법노트

직업정보는 객관성이 담보되어야 합니다. 우연히 획득되거나 출처가 불명확한 직업정보는 직업정보로서 가치가 있다고 볼 수 없습니다. 따라서 우연히 발견한 것과 단순히 외부로부터 자료를 모아두는 것은 직업정보의 수집으로 볼 수 없습니다.

이렇게 출제된다! 1차 기출 OX

Q 직업정보 분석 시 동일한 정보에 대해서는 한 가지 측면으로만 분석한다?
A (×) 다각적이고 종합적인 분석을 시도한다.

이렇게 출제된다! 1차 기출 OX

Q 직업정보의 이용자는 일반인이므로 이용자의 수준에 맞는 언어로 가공한다?
A (○)

⑥ 효율적인 정보제공을 위해 시각적(시청각) 효과를 부가한다.
⑦ 정보제공 방법에 적절한 형태로 제공한다.

(5) 직업정보 제공 시 유의사항 필기 출제 22, 21, 20, 17, 13, 11, 06, 03년 기출

① 직업정보는 이용자의 구미에 맞도록 생산되어야 하며, 이용자의 진로발달단계나 수준, 이용 목적 등을 고려하여 제공한다.
② 직업정보는 생산과정을 공개한다.
③ 직업정보의 본래적 기능과 정보 활용의 효율성을 위해 내담자의 필요와 자발적 의사를 고려하여 직업정보를 제공한다.
④ 상담자는 모든 형태의 자료에 구분을 두지 않은 채 다양한 정보를 수집 및 제공하기 위하여 지속적으로 노력해야 한다.
⑤ 직업정보 제공 후 작업과 일에 대한 내담자의 태도 및 감정을 자유롭게 표현할 수 있도록 하며, 그에 대한 피드백을 상담에 효과적으로 활용한다.
⑥ 내담자 개인은 물론 내담자의 직업선택에 영향을 미칠 수 있는 환경에 대해서도 충분히 고려하여 내담자의 흥미와 적성에 부합하는 직업정보를 제공한다.
⑦ 전문용어 및 기술용어는 가급적 삼가며, 필요할 경우 해당 용어에 대해 자세히 설명해야 한다. 특히 은어나 비속어를 사용해서는 안 된다.
⑧ 직업정보는 개발년도를 명시하여 부적절한 과거의 직업세계나 노동시장 정보가 구직자나 청소년에게 제공되지 않도록 하는 것이 바람직하다.

> **쌤의 비법노트**
> 직업정보의 공개 내용에는 직업정보 생산에 사용된 직업정보원, 직업정보제공원, 가공방법 등이 포함되는데, 이러한 공개는 정보의 신뢰성을 부각시키는 동시에 이용자의 의사결정에 도움을 줍니다.

02절 직업정보의 평가 및 환류

1 직업정보의 평가

(1) 직업정보의 일반적인 평가 기준(Hoppock) 필기 출제 21, 18, 16, 13년 기출

① 언제 만들어진 것인가?
② 어느 곳을 대상으로 한 것인가?
③ 누가 만든 것인가?
④ 어떤 목적으로 만든 것인가?
⑤ 자료를 어떤 방식으로 수집하고 제시했는가?

(2) 직업정보의 주요 평가 항목

① 직업 관련 인쇄물은 이용자들의 읽기 수준에 부합하는가?
② 직업정보의 내용은 직업정보 매체의 형식에 적합하도록 제시되는가?
③ 삽화와 그림은 이용자들의 성별, 연령별, 특성별로 접근하며, 질적 조건을 갖추고 있는가?

④ 인쇄매체의 발행일자가 명시되어 있으며, 자료들이 시간상 유효하고 정확한가?
⑤ 정보는 성별, 종교, 민족적 배경 또는 사회적 집단 등의 편견으로부터 자유로운가?
⑥ 정보는 다양한 조사방법들을 사용한 증거를 제시함으로써 신뢰성을 부여받고 있는가?
⑦ 정보는 인정받은 권위자나 조사연구들에 의해 타당성과 정당성을 부여받고 있는가?

(3) 효용의 관점에 의한 직업정보의 평가(Andrus) 〔필기 출제〕 10, 03년 기출

형태효용 (Form Utility)	정보의 형태가 의사결정자의 요구사항에 보다 더 근접하게 맞추어짐에 따라 정보의 가치는 증가한다.
시간효용 (Time Utility)	필요할 때 필요한 정보를 사용할 수 있다면 정보는 의사결정자에게 보다 더 큰 가치를 준다.
장소효용 (Place Utility)	정보에 쉽게 접근할 수 있거나 전달할 수 있다면 정보는 보다 큰 가치를 가지며, 온라인시스템은 시간과 장소효용 모두를 극대화한다.
소유효용 (Possession Utility)	정보소유자는 타인에게로의 정보전달을 통제함으로써 그것의 가치에 크게 영향을 준다.

> **이렇게 출제된다! 1차 기출 OX**
>
> **Q** 앤드루스(Andrus)가 제시한 정보의 효용으로 '형태효용', '시간효용', '장소효용', '통제효용'이 포함된다?
>
> **A** (×) '통제효용'이 아닌 '소유효용'이 포함된다.

2 직업정보의 환류

(1) 직업정보인지의 오류(인지편향)

① 증거편향(증거 평가의 편향) – 보고 들은 것의 위력
생생하고 구체적이며 개인적인 정보는 추상적인 정보보다 더 많은 영향을 미친다.

② 인과관계 인식의 편향 – 연결고리 만들어내기
사람들은 내적 요인의 역할을 과대평가하는 반면, 외적 요인의 역할을 과소평가한다.

③ 확률 추정의 편향 – 숫자의 함정
사람들은 가용성의 법칙에 따라 보다 빈번히 일어나는 사건, 보다 상상하기 쉬운 것을 높이 평가한다.

④ 사후편향 – "사실 알고 있었는데 까먹었다"
사람들은 통상적으로 자신의 과거 판단을 과대평가하는데, 이는 후견지명으로 사건의 예측 가능성을 높이 평가하는 것이다.

(2) 직업정보 평가 결과 환류

① 교 육
상담자는 내담자의 직업정보 취향에 대한 분석 결과를 직업정보 시스템에 환류함으로써 다른 상담자와 그 내용을 공유한다.

② 면접 결과 확인
상담자는 면접 결과지를 분석하여 그 결과를 환류함으로써 면담지를 수정·보완한다.

> **쌤의 비법노트**
>
> 사람들은 판단을 내릴 때 직관적이고 무의식적으로 이른바 '닻(Anchoring)의 효과' 전략을 사용하는 경향이 있습니다. 이는 닻을 내린 배가 크게 움직이지 않듯, 처음 접한 정보가 기준점이 되어 판단에 영향을 미치는 편향 현상을 말합니다.

③ 가설 수립

상담자는 가설 설정에서 나타난 오류를 직업정보 시스템에 환류함으로써 그와 유사한 사례에 대해 의사결정 개입을 한다.

④ 내담자와 직업정보의 적합성

상담자는 내담자의 특성별 직업정보의 형태와 내용의 적합성에 대하여 직업정보 시스템에 환류한다.

보충학습 직무분석, 경력개발

> **Comment**
> '직무분석'과 '경력개발' 영역은 2025년도 직업상담사 2급 출제기준 변경에 따라 제외된 영역입니다. 그러나 해당 영역은 직업심리학 및 직업정보론에서 중요하게 다루어지는 내용인 데다가, 그동안 직업상담사 2급 자격시험에서 매우 높은 출제빈도를 보여왔으므로, 관련 내용을 무작정 삭제하는 것은 바람직하지 않다는 편저자의 판단에 따라 그동안 시험에 자주 출제되었던 내용을 중심으로 간략히 정리하여 재수록하기로 결정하였습니다. 이는 과거에도 시행처인 한국산업인력공단이 출제기준 변경에 따라 제외된 영역에서 기존 기출문제를 그대로 재출제하는 양상을 보여왔고, 실제로 2025년 1회 시행 시험에서도 출제기준 제외 영역에서 몇몇 문항들이 출제되었기 때문입니다. 그럼에도 다음의 내용은 공식적으로 출제기준 제외 영역이므로, 학습시간이 부족한 분들은 간략히 살펴본 후 넘어가도록 합니다.

직무분석

■ **직무분석, 직무평가, 직무수행평가의 특징** 필기 출제 17, 12, 11, 10, 09, 04년 기출
- 직무분석 : 직무 내용 및 직무수행 요건 등 직무 관련 정보 수집
- 직무평가 : 직무들 간의 상대적 가치 결정
- 직무수행평가 : 작업자의 직무수행 수준 평가

■ **직무분석 결과로부터 얻은 정보의 활용용도** 필기 출제 19, 18, 16, 14, 13, 10, 04년 기출
- 모집 및 선발
- 배치 및 경력개발
- 교육 및 훈련
- 직무평가 및 직무수행평가(인사고과)
- 정원관리 및 인력수급계획의 수립
- 안전관리 및 기타 작업조건의 개선 등

■ **직무분석 자료(정보)의 일반적인 출처** 필기 출제 21, 13, 07, 04년 기출
- 직무 현직자
- 직무 분석가
- 현직자의 상사
- 고객 등

■ 직무분석의 유형　`필기` `출제` 22, 20, 13, 07, 06, 05, 03년 기출

과제 중심(과업 지향적) 직무분석	• 직무수행 과제나 활동에 초점을 둠 • 직무기술서 작성에 활용됨 • 표준화된 분석도구 개발이 어려움 • 대표 기법 : 기능적 직무분석
작업자 중심(작업자 지향적) 직무분석	• 직무수행에 요구되는 작업자의 재능(예 지식, 기술, 능력, 경험 등)에 초점을 둠 • 직무명세서(작업자 명세서) 작성에 활용됨 • 표준화된 분석도구 개발이 용이함 • 대표 기법 : 직위분석질문지(직책분석설문지)

■ 직무분석 자료의 특성(직무분석 자료 분석 시 고려사항)　`필기` `출제` 22, 21, 19, 15, 09, 06, 03년 기출

- 사실 그대로를 반영하여야 함
- 최신의 정보를 반영하여야 함
- 가공하지 않은 원상태의 자료(정보)이어야 함
- 논리적으로 체계화되어야 함
- 여러 가지 목적으로 활용될 수 있어야 함

■ 최초분석법 vs 비교확인법　`필기` `출제` 19, 13, 10, 08, 06, 05, 04년 기출

최초분석법	• 분석할 대상 직업에 대한 자료가 부족할 때 실시함 • 면접법, 관찰법, 설문지법 등을 활용함
비교확인법	• 지금까지 분석된 자료를 참고로 하여 현재의 직무상태를 비교·확인함 • 참고자료가 충분하고 단기간에 관찰이 불가능한 직무에 적합함

■ 직무분석의 주요 방법　`필기` `출제` 19~15, 13, 12, 10, 09, 08, 07, 05년 기출

면접법 (면담법)	직무수행 활동이나 직무수행에 필요한 기술을 파악하기 위해 작업자에게 직접 질문하는 방법
관찰법	작업자를 현장에서 직접 관찰하여 직무 활동과 내용을 파악하는 방법
설문지법 (질문지법)	작업자에게 설문지를 배부하여 이들로 하여금 직무의 내용 및 특징 등을 기술하도록 하는 방법
중요사건 기법 (결정적 사건법)	직무를 성공적으로 수행하는 데 중요한 역할을 하는 행동들을 밝히기 위한 방법

경력개발

■ 경력개발 프로그램 개발을 위한 조사연구　`필기` `출제` 19, 17, 16, 13, 11, 09, 07, 05, 03년 기출

요구분석 (니즈평가)	현 시점에서 어떤 훈련이 필요한지를 우선적으로 파악하기 위해 실시함
파일럿 연구	특정 경력개발 프로그램을 대규모로 적용하기 전에 소규모 집단에 시범적으로 실시함

■ **주요 경력개발 프로그램** 필기 출제 22~09, 07, 05, 04년 기출

경력워크숍	신입사원을 대상으로 부서 배치 후 6개월 이내에 자신의 미래 모습을 경력목표로 정하고 그 계획을 작성·제출하도록 함
사내공모제	기업에서 특정 프로젝트나 신규 사업을 위한 인력배치 또는 결원충원 등을 위해 사내에서 필요한 인재를 모집함
평가기관 (평가센터)	대략 2~3일 간에 걸쳐 지필검사, 면접, 리더 없는 집단토의, 경영게임 등 다양한 실습을 하도록 하고, 그에 대해 전문가들의 평가를 진행함
조기발탁제	잠재력이 높은 종업원을 조기에 발견하여 그들에게 특별한 경력경험을 제공함
훈련 프로그램	컴퓨터와 관련된 교육에서부터 대인관계훈련까지 조직 내에서 실시하는 다양한 내용의 훈련 프로그램
후견인 프로그램 (멘토십 시스템)	종업원이 조직에 쉽게 적응하도록 상사가 후견인이 되어 도와주는 프로그램
직무순환 프로그램	종업원에게 다양한 직무를 경험하게 함으로써 여러 분야의 능력을 개발할 수 있도록 하는 프로그램

■ **다운사이징 시대의 경력개발 방향** 필기 출제 21, 15, 13, 11, 09, 08, 05, 04, 03년 기출

- 타 부서나 분야로의 수평이동
- 개인의 자율권 신장과 능력개발
- 다양한 프로젝트의 참여
- 평생학습
- 재교육
- 내부 배치
- 퇴직자 관리 프로그램 등

CHAPTER 03 출제 유형 알아보기

제3과목 직업정보

01절 직업정보의 축적

01 다음 중 직업안정법령상 직업안정기관의 장이 수집·제공하여야 할 고용정보에 해당하지 않는 것은?

① 구인·구직에 관한 정보
② 직업에 관한 정보
③ 직무분석의 방법과 절차
④ 경제 및 산업동향

> **해설**
> 직업안정기관의 장이 수집·제공하여야 할 고용정보(직업안정법 시행령 제12조 제1항 참조)
> - 경제 및 산업동향(④)
> - 노동시장, 고용·실업동향
> - 임금, 근로시간 등 근로조건
> - 직업에 관한 정보(②)
> - 채용·승진 등 고용관리에 관한 정보
> - 직업능력개발훈련에 관한 정보
> - 고용관련 각종지원 및 보조제도
> - 구인·구직에 관한 정보(①)

02 다음 중 공공직업정보의 특징으로 가장 옳은 것은?

① 필요한 시기에 최대한 활용되도록 한시적으로 신속하게 생산되어 운영된다.
② 특정 분야 및 대상에 국한되지 않고 전체 산업 및 업종에 걸친 직종을 대상으로 한다.
③ 정보생산자의 임의적 기준에 따라 관심이나 흥미를 유도할 수 있도록 해당 직업을 분류한다.
④ 특정 직업에 대해 구체적이고 상세한 정보를 제공하기 위해서는 조사·분석 및 제공에 상당한 시간 및 비용이 소요되므로 해당 직업정보는 유료로 제공한다.

> **해설**
> ①·③·④ 민간직업정보의 일반적인 특징에 해당한다.

정답 01 ③ 02 ②

03 다음은 직업정보를 제공하는 유형별 특징에 대한 설명이다. 보기의 빈칸에 들어갈 내용을 순서대로 올바르게 나열한 것은?

유형	비용	학습자 참여도	접근성
인쇄물	저	(ㄴ)	용이
시청각자료	(ㄱ)	수동	제한적
면접	저	적극	(ㄷ)

① ㄱ - 고, ㄴ - 적극, ㄷ - 용이
② ㄱ - 고, ㄴ - 수동, ㄷ - 제한적
③ ㄱ - 저, ㄴ - 적극, ㄷ - 제한적
④ ㄱ - 저, ㄴ - 수동, ㄷ - 용이

> **해설**

직업정보의 주요 유형별 특징

유형(종류)	비용	학습자 참여도	접근성
인쇄물	저	수동	용이
시청각자료	고	수동	제한적
면접	저	적극	제한적
관찰	고	수동	제한적
직업경험	고	적극	제한적
직업체험	고	적극	제한적

04 다음 중 일반적인 직업정보 처리과정을 순서대로 올바르게 나열한 것은?

① 수집 → 제공 → 분석 → 가공 → 평가
② 수집 → 가공 → 제공 → 분석 → 평가
③ 수집 → 평가 → 가공 → 제공 → 분석
④ 수집 → 분석 → 가공 → 제공 → 평가

> **해설**

직업정보(고용정보)의 일반적인 처리과정
수집 → 분석 → 가공 → 체계화 → 제공 → 축적 → 평가

05 다음 중 직업정보의 처리과정에 대한 설명으로 옳지 않은 것은?

① 직업정보 수집 시에는 명확한 목표를 세운다.
② 직업정보 분석 시에는 다각적인 분석을 시도하여 해석을 풍부히 한다.
③ 직업정보 가공 시에는 직업에 대한 장단점을 편견 없이 제공해야 한다.
④ 직업정보 가공 시에는 전문적인 용어를 주로 사용하여 활용가치를 높여야 한다.

> **해설**
> ④ 직업정보의 가공은 직업정보의 공유방법을 강구하는 과정이므로 이용자의 수준에 부합하는 언어로 가공하여 활용가치를 높여야 한다.

06 다음 중 직업정보 수집 시 유의사항에 대한 설명으로 가장 옳은 것은?

① 자료의 출처와 저자, 발행연도를 반드시 명기하여야 하나 수집자는 기입하지 않아도 된다.
② 수집된 정보라 할지라도 항상 유효하지 않기 때문에 지속적인 정보의 보완이 필요하다.
③ 직업정보를 수집하기 위해서는 오려붙이기, 녹음, 재구성하기 등이 필요하다.
④ 우연히 발견한 것과 외부로부터 자료를 모아두는 것도 직업정보의 수집이다.

> **해설**
> ① 수집자도 기입하여야 한다.
> ③ 재구성하기는 바람직하지 않다.
> ④ 우연히 발견한 것과 단순히 외부로부터 자료를 모아두는 것은 직업정보의 수집으로 볼 수 없다.

07 다음 중 고용정보의 가공 · 분석 시 유의사항으로 옳지 않은 것은?

① 변화의 동향에 유의한다.
② 정보의 가공 및 분석 목적을 명확히 한다.
③ 숫자로 표현할 수 없는 정보는 배제한다.
④ 다른 통계와의 관련성 및 여러 측면들을 고려한다.

> **해설**
> ③ 숫자로 표현할 수 없는 정보라고 하여 이를 무조건 배제하기보다는 과학적 · 전문적인 시각에서 체계적이고 유효적절하게 수용하는 것이 바람직하다.

정답 05 ④ 06 ② 07 ③

08 다음 중 직업정보 제공에 대한 설명으로 옳은 것은?

① 모든 내담자에게 직업정보를 우선적으로 제공한다.
② 직업상담사는 다양한 정보를 수집하기 위해 지속적으로 노력한다.
③ 직업정보 제공은 상담의 초기단계에서 이루어지며, 이 경우 내담자의 피드백은 고려하지 않는다.
④ 내담자가 속한 가족, 문화보다는 표준화된 정보를 우선적으로 고려하여 정보를 제공한다.

> **해설**
> ① 직업상담사는 직업정보의 본래적 기능과 정보 활용의 효율성을 위해 내담자의 필요와 자발적 의사를 고려하여 직업정보를 제공한다.
> ③ 직업상담사는 직업정보 제공 후 작업과 일에 대한 내담자의 태도 및 감정을 자유롭게 표현할 수 있도록 하며, 그에 대한 피드백을 상담에 효과적으로 활용한다.
> ④ 직업상담사는 내담자 개인은 물론 내담자의 직업선택에 영향을 미칠 수 있는 환경에 대해서도 충분히 고려하여 내담자의 흥미와 적성에 부합하는 직업정보를 제공한다.

02절 직업정보의 평가 및 환류

09 다음 중 앤드루스(Andrus)가 제시한 정보의 효용에 해당하지 않는 것은?

① 통제효용
② 형태효용
③ 시간효용
④ 장소효용

> **해설**
> 앤드루스(Andrus)가 제시한 정보의 효용
> • 형태효용(Form Utility)
> • 시간효용(Time Utility)
> • 장소효용(Place Utility)
> • 소유효용(Possession Utility)

10 다음 중 보기의 내용과 연관된 인지편향에 해당하는 것은?

> 사람들은 가용성의 법칙에 따라 보다 빈번히 일어나는 사건, 보다 상상하기 쉬운 것을 높이 평가한다.

① 증거편향
② 사후편향
③ 확률 추정의 편향
④ 인과관계 인식의 편향

> **해설**
> ① 증거편향(증거 평가의 편향)은 생생하고 구체적이며 개인적인 정보가 추상적인 정보보다 더 많은 영향을 미친다는 것이다.
> ② 사후편향은 사람들이 후견지명으로 사건의 예측 가능성을 높이 평가한다는 것이다.
> ④ 인과관계 인식의 편향은 사람들이 내적 요인의 역할을 과대평가하는 반면, 외적 요인의 역할을 과소평가한다는 것이다.

CHAPTER 03 최근 기출문제 파악하기 1차 필기

제3과목 직업정보

01 민간직업정보의 일반적인 특징과 가장 거리가 먼 것은? [2022년 1회 기출]

① 한시적으로 정보가 수집 및 가공되어 제공된다.
② 객관적인 기준을 가지고 전체 직업에 관한 일반적인 정보를 제공한다.
③ 직업정보 제공자의 특정한 목적에 따라 직업을 분류한다.
④ 통상적으로 직업정보를 유료로 제공한다.

해설
② 공공직업정보의 일반적인 특징에 해당한다.

02 직업정보에 대한 설명으로 틀린 것은? [2022년 1회 기출]

① 직업정보는 경험이 부족한 내담자들에게 다양한 직업을 접할 기회를 제공한다.
② 직업정보는 수집 → 체계화 → 분석 → 가공 → 제공 → 축적 → 평가 등의 단계를 거쳐 처리된다.
③ 직업정보를 수집할 때는 항상 최신의 자료인지 확인한다.
④ 동일한 정보라 할지라도 다각적인 분석을 시도하여 해석을 풍부하게 한다.

해설
직업정보(고용정보)의 일반적인 처리과정
수집 → 분석 → 가공 → 체계화 → 제공 → 축적 → 평가

정답 01 ② 02 ②

03 직업정보의 가공에 대한 설명으로 틀린 것은? [2021년 2회 기출]

① 정보를 공유하는 방법을 강구하는 단계이다.
② 정보의 생명력을 측정하여 활용방법을 선정하고 이용자에게 동기를 부여할 수 있도록 구상한다.
③ 정보를 제공하는 것은 긍정적인 입장에서 출발하여야 한다.
④ 시각적 효과를 부가한다.

해설
③ 직업에 대한 장단점을 편견 없이 제공한다.

04 직업정보의 일반적인 평가 기준과 가장 거리가 먼 것은? [2021년 2회 기출]

① 어떤 목적으로 만든 것인가
② 얼마나 비싼 정보인가
③ 누가 만든 것인가
④ 언제 만들어진 것인가

해설
직업정보의 일반적인 평가 기준(Hoppock)
- 언제 만들어진 것인가?(④)
- 어느 곳을 대상으로 한 것인가?
- 누가 만든 것인가?(③)
- 어떤 목적으로 만든 것인가?(①)
- 자료를 어떤 방식으로 수집하고 제시했는가?

CHAPTER 03 최근 기출문제 파악하기 2차 실무

제3과목 직업정보

01 고용정보를 미시정보와 거시정보로 나누고, 그 예를 각각 2가지씩 쓰시오. (4점)

[2020년 2회, 2017년 2회, 2009년 2회 기출]

이렇게 외우세요!
(1) 미시정보
　구인 및 구직정보, 자격정보, 훈련정보 등
(2) 거시정보
　노동시장동향, 직종별·업종별 인력수급현황, 미래의 직업별 고용전망자료 등

02 공공직업정보의 특성을 4가지만 쓰시오. (4점)

[2022년 1회, 2010년 3회, 2008년 3회 기출]

이렇게 외우세요!
① 특정 시기에 국한되지 않고 지속적으로 조사·분석하여 제공된다.
② 전체 산업 및 업종에 걸친 직종을 대상으로 한다.
③ 관련 직업정보 간의 비교·활용이 용이하다.
④ 무료로 제공된다.

교육은 우리 자신의 무지를 점차 발견해 가는 과정이다.

- 윌 듀란트 -

26년간 61만 부 판매(직업상담사 도서 전체)

직업상담사 2급
단계별 합격 로드맵

P.S. 전략적으로 단계별 교재를 선택하기 위한 팁!

동영상 강의 교재
1차 필기·2차 실기
동시대비 기본서

기출문제 정복으로 실력다지기

동영상 강의 교재
꼼꼼하게 실전마무리

한권으로 끝내기와 함께하면
효율성 up

1단계

한권으로 끝내기

시험에 출제되는 핵심이론부터
최근 기출문제, 필기부터 실기까지
한권에 담았습니다.

2단계

**1차 필기 기출문제
CBT 문제은행**

전문가의 알찬 해설로 한마디로
개념정리부터 공부 방향까지
한 번에 잡을 수 있으며 '빨·간·키'를
통해 출제경향을 파악할 수 있습니다.

3단계

**1차 필기
최종모의고사**

최신 내용이 반영된
최종모의고사 10회분을 통해
합격에 가까이 다가갈 수 있습니다.

4단계

**1차 필기
핵심기출 문제은행**

기출문제를 심층분석해
만든 합격비밀!
출제유형에 맞춰 반복출제되는
문제만 모았습니다.

무료 강의 기출

도서 및 동영상 강의 안내
1600 - 3600
www.sdedu.co.kr

직업상담실무 기본이론 탄탄

수험생들이 가장 어려워 하는 2차 실무,
기출문제로 정복

완벽하게 실전 마무리

5단계

6단계

과락잡기

2차 실기 직업상담실무 이론서

기출문제를 분석하여 수록한
꼭 알아야 할 핵심이론과 기출복원문제로
효율적인 학습을 할 수 있습니다.

2차 실기 직업상담실무 기출문제해설

전문가의 연구와 노하우가 담긴 모범답안과
구체적인 해설로 합격을 보장합니다.

2차 실기 과락을 피하는 법

25개년의 기출복원문제를
완벽해부했습니다.

※ 본 도서의 세부구성 및 이미지는 변동될 수 있습니다.

재직자국비지원

시대에듀 원격평생교육원

평생능력개발 기반을 마련한
국민내일배움카드

훈련을 희망하는 국민들은 누구나! 신청가능합니다.

 5년간 최대 500만원 지원   **과정별 수강비 지원**

국민내일배움카드로 자격증을 취득한다! — **직업상담사**

- 직업상담사 2급 자격증 취득을 희망하는 자
- 직업상담사 근무자 또는 관련 직종 이직/전직을 희망하는 자
- 관련 분야 학력, 경력, 응시 자격, 자격증 필요 없음

▶ 수강문의 : 02-719-7985
▶ 카드 발급문의 : 1350(고용노동부 국번없음)
▶ 시대에듀 원격평생교육원 : cyber.sdedu.co.kr

58.7%

*2024년 직업상담사 2급 필기 합격률

CBT 모의고사, 이제 선택이 아닌 필수!

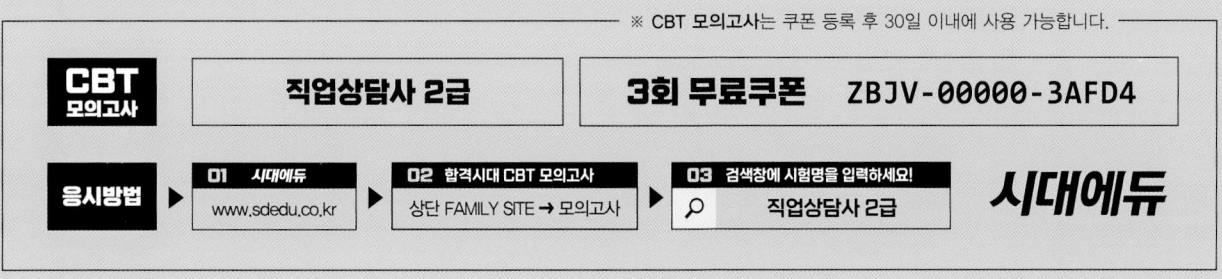

NEXT STEP
THE NEXT STEP IN SUCCESS
성공의 다음 단계, 시대에듀와 함께라면 가능합니다.

직업상담사
2급 | 한권으로 끝내기

1권 직업심리/직업상담 및 취업지원/직업정보

 YES24 직업상담사 수험서 부문
베스트셀러(시리즈 전체)

2021년 1월 1~3주, 10월 2주
2022년 1월 5주, 3월 1주, 4월 3주, 7월 1~2주
2023년 12월 2~3주
2024년 1월 1~4주, 2월 1~4주, 3월 1, 3주, 4월 1~3, 5주, 7월 2주, 8월 4주, 9월 1주

시대에듀

발행일 2026년 1월 15일 | **발행인** 박영일 | **책임편집** 이해욱
편저 직업상담연구소 · 이용석 | **발행처** (주)시대고시기획
등록번호 제10-1521호 | **대표전화** 1600-3600 | **팩스** (02)701-8823
주소 서울시 마포구 큰우물로 75 [도화동 538 성지B/D] 9F
학습문의 www.sdedu.co.kr

※ 이 책은 저작권법에 의해 보호를 받는 저작물이므로 동영상 제작 및 무단전재와 복제를 금합니다.

NEXT STEP

THE NEXT STEP IN SUCCESS
성공의 다음 단계, 시대에듀와 함께라면 가능합니다.

편저 직업상담연구소·이용석

26년 연속 베스트셀러
1위
YES24 직업상담사
수험서 부문

산출근거 후면표기

합격에듀
시대에듀

◀ 유료 동영상 강의
www.sdedu.co.kr

2026

2권 노동시장 / 고용노동관계법규(Ⅰ) / 기출복원문제

新 출제기준 완벽분석

직업상담사
2급 | 한권으로 끝내기

필기 + 실기를 한 번에 대비

문제은행 시점에 특화된 기출이론 표시 | 공부의 방향을 잡는 학습비법과 학습방법
새로운 출제기준을 CBT 시험에 맞게 전면개정 | 2025년 기출복원문제 수록

CBT 모의고사
3회 무료쿠폰 제공

시대에듀

시대에듀 국가전문자격 네이버카페(https://cafe.naver.com/sdwssd)에서 시험과 관련된 모든 정보를 아낌없이 제공합니다. 지금 접속하세요!

정보획득

01 혜택 — 정답 족보 핸드북 pdf 제공

독자님들의 편리한 학습과 동차 합격을 위해 매년 도서가 출간된 후 개정된 내용의 소책자 파일을 제공합니다. '국가전문자격 시대로' 카페에 접속하시면 2차 시험 정답 족보 핸드북을 스마트폰에 넣어서 학습할 수 있는 pdf 파일을 다운받을 수 있습니다!

02 혜택 — 추록 및 피드백

도서가 출간된 후 바뀌는 정책, 시험에서 중요하게 다뤄질 내용 등 항상 최신의 정보로 학습할 수 있도록 지속적인 피드백을 약속드립니다. 합격하는 그날까지!

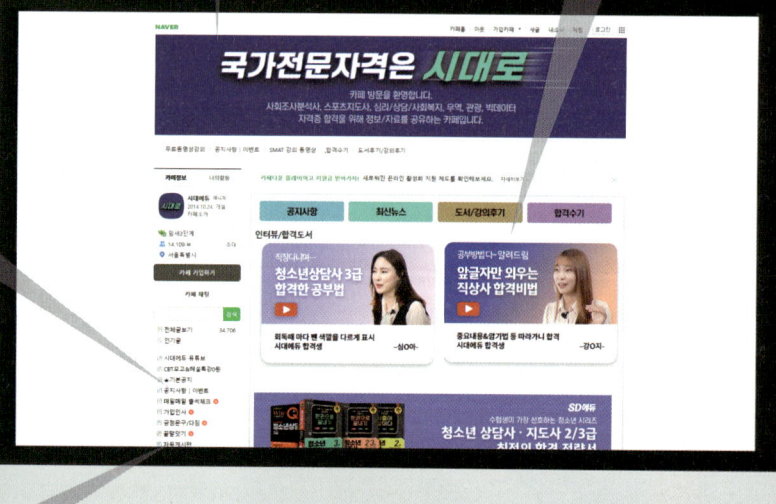

03 혜택 — 직업상담사의 모든 Q&A

학습하다가 모르는 게 있나요? 묻고 싶어 답답한 내용이 있나요? 언제나 카페에 접속해 글을 남겨주세요.
26년 연속 직업상담사 1등 시대에듀 직업상담연구소가 속 시원하게 답변해드립니다!

직업상담사 2급 합격을 위한 현명한 선택!

시대에듀 직업상담사

2026 직업상담사 절/대/합/격
연속 최다 합격자! 대한민국 직업상담사 합격 필수 코스

핵심 완벽 분석
김대환 교수

정답을 찾는 노하우
장진욱 교수

이해력을 높이며 과목별 정답을 찾는 **노하우**와
출제 포인트를 짚어주는 강의!
왜 **최고**인지 지금 확인하세요!

www.sdedu.co.kr

이 책의 목차

4과목 노동시장

CHAPTER 01
노동시장의 이해	004
출제 유형 알아보기	035
최근 기출문제 파악하기	048

CHAPTER 02
임금의 제개념	056
출제 유형 알아보기	077
최근 기출문제 파악하기	086

CHAPTER 03
실업의 제개념	092
출제 유형 알아보기	106
최근 기출문제 파악하기	113

5과목 고용노동관계법규(Ⅰ)

CHAPTER 01
노동법과 노동기본권	120
출제 유형 알아보기	126
최근 기출문제 파악하기	130

CHAPTER 02
근로기준법	134
출제 유형 알아보기	149
최근 기출문제 파악하기	158

CHAPTER 03
최저임금법	162
출제 유형 알아보기	168

CHAPTER 04
남녀고용평등과 일·가정 양립 지원에 관한 법률	174
출제 유형 알아보기	184
최근 기출문제 파악하기	190

CHAPTER 05
직업안정법	194
출제 유형 알아보기	205
최근 기출문제 파악하기	209

CHAPTER 06
고용보험법	214
출제 유형 알아보기	227
최근 기출문제 파악하기	233

CHAPTER 07
국민 평생 직업능력 개발법(구 근로자직업능력 개발법)	238
출제 유형 알아보기	247
최근 기출문제 파악하기	253

CHAPTER 08
구직자 취업촉진 및 생활안정지원에 관한 법률	258
출제 유형 알아보기	266

CHAPTER 09
채용절차의 공정화에 관한 법률	274
출제 유형 알아보기	278
최근 기출문제 파악하기	281

CHAPTER 10
개인정보 보호법	284
출제 유형 알아보기	292
최근 기출문제 파악하기	296

부록 최신 기출복원문제

2025년 필기 기출복원문제해설	298

제4과목

노동시장

CHAPTER 01 노동시장의 이해
CHAPTER 02 임금의 제개념
CHAPTER 03 실업의 제개념

직업상담사 2급
한권으로 끝내기!

CHAPTER 01

제4과목 노동시장

노동시장의 이해

중요키워드 10

※ 중요도 높은 것에서 낮은 것 순으로

❶ 대체효과와 소득효과
❷ 노동수요의 임금탄력성 결정요인
❸ 이윤극대화 노동수요
❹ 기혼여성의 경제활동참가율
❺ 노동수요곡선의 변화
❻ 내부노동시장의 형성요인
❼ 이중노동시장이론
❽ 노동수요의 결정요인
❾ 최적 인적자원배분
❿ 인력운영 유연성 확보를 위한 인적자원관리정책

제4과목

 쌤의 학습지도

1. 노동수요와 노동공급의 기본 원리를 알아야 해요.

노동시장은 수요·공급의 법칙에 의해 지배되는 만큼, 노동수요와 노동공급, 노동수요곡선과 노동공급곡선의 특징에 대해 알고 있어야 해요.

2. 노동수요의 변화와 노동수요량의 변화를 구분할 수 있어야 해요.

노동수요의 변화는 노동수요곡선 자체의 이동으로, 노동수요량의 변화는 노동수요곡선상의 수요점 이동으로 나타난다는 점을 기억해 두세요.

3. 노동수요의 임금탄력성과 노동공급의 임금탄력성을 비교·검토해 보세요.

노동수요의 임금탄력성 및 노동공급의 임금탄력성 결정요인을 암기해 두시고요, 특히 계산문제가 나올 수 있으니 대비해 두세요.

4. 이윤극대화 노동수요에 관한 문제는 계산문제로 출제되고 있어요.

1차 필기시험은 물론 2차 실무시험에서 계산문제로 출제되고 있는 만큼, 그 원리와 공식을 암기하고 이를 적절히 계산문제에 응용할 수 있어야 해요.

5. 대체효과, 소득효과, 규모효과를 구별할 수 있어야 해요.

'대체효과와 소득효과', '대체효과와 규모효과'는 서로 다른 개념인 만큼 하나의 쌍으로 묶어서 별도로 학습해야만 해요.

6. 기혼여성의 경제활동참가율의 변화요인을 서로 다른 방향에서 학습해야 해요.

직업상담사 시험에서는 기혼여성의 경제활동참가율을 낮추는 요인으로도 혹은 높이는 요인으로도 출제되고 있어요.

7. 기업이 인력운영의 유연성 확보를 위해 사용할 수 있는 정책은 다양해요.

외부적·수량적 유연성, 내부적·수량적 유연성, 작업의 외부화, 기능적 유연성, 임금 유연성 등의 원리와 그 예를 기억해 둘 필요가 있어요.

8. 분단노동시장의 이론적 분파들이 좀 복잡하긴 해요.

전통적인 신고전학파의 이론적 원리에서 벗어나 경쟁시장가설을 비판한 다양한 이론들 가운데서 특히 이중노동시장이론과 내부노동시장이론에 대해 확실히 이해하고 넘어가세요.

CHAPTER 01 노동시장의 이해

제4과목 노동시장

01절 노동의 수요

1 개요

(1) 노동수요의 의의

'노동수요(Labor Demand)'란 일정 기간 동안 기업에서 고용하고자 하는 노동의 양을 의미한다.

(2) 노동수요의 특징 필기 출제 13, 08, 04년 기출

① 유량(Flow)의 개념

노동수요는 일반적으로 일정 시점에서가 아닌 일정 기간 동안 기업에서 고용하고자 하는 노동의 양을 의미한다는 측면에서 '유량(Flow)'의 개념에 속하는 것으로 볼 수 있다.

② 파생수요 또는 유발수요(Derived Demand) 필기 출제 20, 18, 15, 10, 03년 기출

노동수요는 소비자들의 상품에 대한 수요에 의해 파생 혹은 유발된다는 의미에서 '파생수요' 또는 '유발수요'라고 한다.

③ 결합수요(Joint Demand)

노동수요는 상품의 생산과 관련된 다른 생산요소의 발달정도 및 이용가능성의 여부 등과 밀접하게 연관되어 있다는 의미에서 '결합수요'라고 한다.

(3) 노동수요의 결정요인 필기 출제 18, 14, 12, 10, 04, 03년 기출

① 노동의 가격(임금)

노동수요를 결정하는 대표적인 변수로서, 임금이 상승하는 경우 노동수요는 감소하는 반면, 임금이 하락하는 경우 노동수요는 증가한다.

② 상품(서비스)에 대한 소비자의 수요

해당 노동을 이용하여 생산하는 상품(서비스)에 대한 수요가 클수록 유발수요인 노동수요는 증가한다.

③ 다른 생산요소의 가격변화

다른 생산요소(예 자본)가 노동과 대체관계인 경우 다른 생산요소의 가격이 오르면 노동수요는 증가한다.

쌤의 비법노트

만약 노동을 일정 기간이 아닌 일정 시점에서 일할 수 있는 인간의 능력과 힘의 총체인 생산가능인구, 경제활동인구, 취업인구 등으로 파악하는 경우 '저량(Stock)'의 개념에 속한다고 볼 수 있습니다.

이렇게 출제된다! 2차 주관식

노동수요에 영향을 미치는 요인을 5가지 쓰시오.

④ 노동생산성의 변화

노동생산성이 높아질수록 상대적으로 적은 생산요소의 투입으로도 생산을 가능하게 하므로 생산물 한 단위를 만들어내는 데 소요되는 노동량은 감소한다. 다만, 물가 하락, 소득 증가 등에 의한 생산물 수요 증가로 인해 고용이 증가하는 측면도 있다.

⑤ 생산기술의 진보

노동생산성의 증가와 마찬가지로 생산물 한 단위를 만들어내는 데 소요되는 노동량을 감소시킨다. 다만, 생산비의 절감에 따른 상품가격의 하락으로 인해 장기적으로 추가적인 노동수요를 발생시킬 수도 있다.

> **쌤의 비법노트**
>
> 일반적으로 자본의 질적 증가와 자본절약적 기술혁신, 그리고 노동의 질적 향상 등이 생산성을 향상시키는 요인으로 알려져 있습니다.

2 노동의 수요곡선

(1) 노동수요곡선의 특징

① 노동시장과 생산물시장의 공통점

㉠ 노동시장도 생산물시장과 마찬가지로 수요·공급의 법칙에 의해 지배된다.

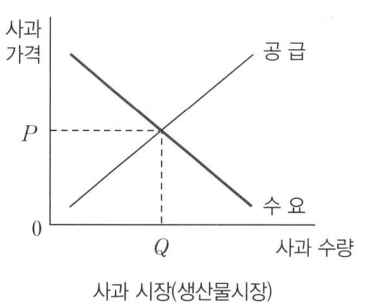
사과 시장(생산물시장)

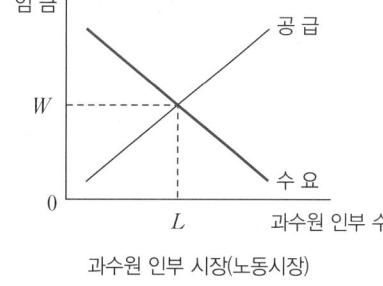
과수원 인부 시장(노동시장)

㉡ 다만, 노동에 대한 수요는 파생된 수요로서 노동력은 그 자체가 소비의 대상인 최종재가 아니라, 다른 재화를 생산하기 위하여 투입되는 생산요소이다. 따라서 노동에 대한 수요를 이해하기 위해서는 노동력을 고용하여 상품생산에 투입하는 기업의 의사결정과정을 이해해야 한다.

② 노동시장과 생산물시장의 차이점 [필기 출제] 18년 기출

㉠ 노동은 사용자의 입장에서 보면 생산요소이며 노동자의 입장에서 보면 소득의 원천이 되는 한편, 국민경제적 관점에서는 인적자원이 된다.

㉡ 노동력은 인적자원이기 때문에 화폐소득 이외의 사용되는 장소, 일의 성격 등에 의하여 노동공급이 영향을 받는다.

㉢ 노동시장은 노동자의 질과 수에 따라 여러 가지 노동시장으로 특징지어진다. 즉, 단일한 시장으로 존재하는 것이 아닌 상호 관련 있는 여러 가지 유형의 노동시장이 존재한다.

㉣ 노동시장에서 거래되는 노동력 상품은 노동자와 분리될 수 없기 때문에 노동시장에서는 노동조건을 둘러싼 노사관계 등 사회적 관계가 개입된다.

> **이렇게 출제된다! 1차 기출 OX**
>
> **Q** 노동시장은 단일한 시장으로 존재한다?
>
> **A** (×) 상호 관련 있는 여러 가지 유형의 노동시장으로 존재한다.

(2) 노동수요곡선의 변화 필기 출제 22, 19, 17, 16, 14, 13, 12, 11, 10, 08, 07년 기출

① 노동수요의 변화

노동수요의 결정요인 중 임금을 제외한 요인이 변화하여 나타나는 노동수요곡선 자체의 이동(Shift)을 말한다.

② 노동수요량의 변화

노동수요의 결정요인 중 임금의 변화에 의해 나타나는 노동수요곡선상의 수요점 이동을 말한다.

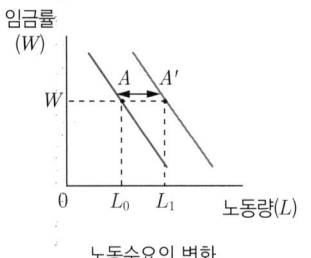

노동수요의 변화 / 노동수요량의 변화

> **쌤의 비법노트**
> 노동의 가격, 즉 임금은 노동수요의 결정요인이지만 다른 요인들과 달리 노동수요곡선을 이동(Shift)시키는 것이 아닌 노동수요곡선상의 이동으로 나타납니다.

> **쌤의 비법노트**
> 생산물에 대한 수요의 변화, 생산방법의 변화, 생산성의 변화, 생산기술의 변화, 다른 요소 공급의 변화, 자본의 가격 변화, 최종생산물가격의 변화 등 다양한 요인들이 노동수요곡선을 이동(Shift)시킵니다(주의 : 임금의 변화는 제외).

(3) 생산요소의 관계에 따른 노동수요곡선의 변화

① 생산요소와 생산요소시장 필기 출제 20, 14년 기출

생산요소시장은 가계가 소유하고 있는 노동, 자본, 토지 등과 같은 생산요소들이 거래되는 시장으로, 특히 노동시장과 자본시장은 대표적인 생산요소시장이다. 따라서 노동의 질적 향상, 자본의 질적 증가, 자본절약적 기술혁신 등은 생산성 향상에 영향을 미친다.

② 보완재 관계와 대체재 관계 필기 출제 15, 12년 기출

㉠ 노동과 자본만이 생산요소이고 두 생산요소가 서로 보완재인 경우, 자본의 가격이 하락할 때 노동수요가 증가하여 노동수요곡선이 오른쪽으로 이동하게 된다.

㉡ 노동과 자본만이 생산요소이고 두 생산요소가 서로 대체재인 경우, 자본의 가격이 하락할 때 노동수요가 감소하여 노동수요곡선이 왼쪽으로 이동하게 된다.

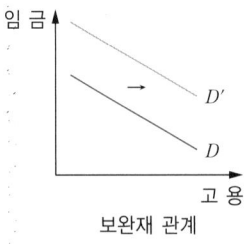 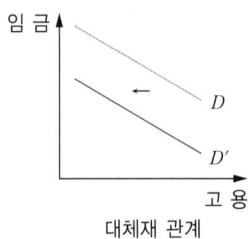

보완재 관계 / 대체재 관계

> **쌤의 비법노트**
> 보완재는 상호 보완적인 관계를 갖는 재화(예 소주와 돼지고기 등), 대체재는 상호 경쟁적인 관계를 갖는 재화(예 소주와 맥주 등)로 볼 수 있습니다. 예를 들어, 소주 가격이 하락하면 돼지고기 수요가 증가하지만(→ 보완재), 상대적으로 맥주 수요는 감소하게 됩니다(→ 대체재).

③ 기술발전이 노동시장 균형에 미치는 효과 필기 출제 12, 11년 기출

㉠ 기술발전과 노동이 보완재 관계인 경우, 기술이 발전할수록 더 많은 노동력을 필요로 하게 되므로 시장균형 고용수준과 균형임금을 상승시킨다.

㉡ 기술발전과 노동이 대체재 관계인 경우, 기술이 발전할수록 더 적은 노동력을 필요로 하게 되므로 시장균형 고용수준과 균형임금을 하락시킨다.

Comment

질문) 노동과 자본은 대체재 관계일까요? 아니면 보완재 관계일까요?
답변) 노동과 자본은 대체재 관계일 수도 보완재 관계일 수도 있습니다. 아직 이 두 개념에 대해 이해하지 못한 분들을 위해 쉽게 설명해 드리겠습니다.

- 대체재 관계인 경우
  A공장에서는 매출 하락에 따라 인건비(노동)를 줄이기 위해 기계(자본)를 도입합니다. 기계 1대는 노동자 2명이 할 수 있는 일을 대신할 수 있습니다. 이때 노동과 자본은 대체재 관계를 형성합니다. 대체재 관계에서 자본의 가격이 상승하면 노동의 수요는 증가합니다(→ 기계가 비싸져서 기계를 구입하는 대신 보다 저렴한 노동력을 활용함). 반면, 자본의 가격이 하락하면 노동의 수요는 감소하게 됩니다(→ 기계가 저렴해져서 상대적으로 비싼 노동력 대신 기계를 더 많이 활용함).
- 보완재 관계인 경우
  B공장에서는 매출 상승에 따라 새롭게 공장을 확장하면서 기계를 2대 더 도입합니다. 그런데 기계 1대를 가동하는 데는 2명의 노동자가 필요합니다. 그렇다면 기계를 2대 도입하는 데 4명의 노동자가 필요하게 됩니다. 이때 노동과 자본은 보완재 관계를 형성합니다. 보완재 관계에서 자본의 가격이 상승하면 노동의 수요는 감소합니다(→ 기계가 비싸져서 덜 구입하게 되므로 추가 노동력이 필요 없음). 반면, 자본의 가격이 하락하면 노동의 수요는 증가하게 됩니다(→ 기계가 저렴해져서 더 많이 구입하게 되므로 추가 노동력을 필요로 함).

3 기업의 이윤극대화 노동수요

(1) 한계생산물가치와 이윤극대화 필기 출제 21, 20, 18, 17, 15, 14, 11, 10, 09, 08, 07, 04, 03년 기출

① 기업은 경제원칙에 따라 최소 비용으로 최대의 효과를 얻기 위한 방향으로 생산활동을 하며, 이와 같은 기업의 생산활동은 단기 생산함수와 장기 생산함수와 같은 함수로 나타낸다. 여기서 단기 생산함수는 자본을 고정요소로 간주한 채 노동의 증가 또는 감소에 따른 생산물량의 변화를 나타내는 것이다.

② 완전경쟁시장에서의 기업은 한계비용(MC ; Marginal Cost)이 한계수입(MR ; Marginal Revenue) 혹은 생산물가격(P ; Prices)과 일치하는 점까지 생산을 계속함으로써 이윤을 극대화하고자 한다. 여기서 한계비용(MC)은 생산자가 한 개의 상품을 더 생산하는 경우 추가로 소요되는 비용을 의미하는 반면, 한계수입(MR)은 생산자가 한 개의 상품을 더 팔 경우 얻게 되는 추가수입을 의미한다.

③ 단기에 기업은 노동을 추가함으로써 생산물을 증가시키고자 하는데, 이때 생산되는 생산물의 총수량을 '총생산량(TP ; Total Product)'이라고 하며, 총생산량을 가변요소인 노동투입량(L ; Labor)으로 나눈 것을 '노동의 평균생산량(AP_L ; Average Product of Labor)'이라고 한다. 또한 노동의 투입이 한 단위 증가함으로써 얻어지는 총생산량의 증가분을 '노동의 한계생산량(MP_L ; Marginal Product of Labor)'이라고 하며, 이를 통해 얻을 수 있는 총수입의 증가분을 '노동의 한계생산물가치(VMP_L ; Value of Marginal Product of Labor)'라고 한다.

> **쌤의 비법노트**
>
> 경제학에서 '한계(Marginal)'는 뭔가를 하나 더 추가했을 때 생기는 변화량을 의미합니다.

이렇게 출제된다! 1차 기출 OX

Q 완전경쟁시장에서 노동수요를 결정하는 것은 '노동의 한계생산물가치'이다?

A (○)

쌤의 비법노트

기업의 이윤극대화 노동수요의 조건을 나타내는 공식은 특히 노동의 고용량 증감이나 종업원의 한계생산량을 계산하기 위한 용도로 널리 사용됩니다. 예를 들어, 다음의 공식도 가능한 것입니다.

$$MP_L = \frac{W}{P}$$

- 노동의 평균생산량(AP_L) = $\frac{총생산량(TP)}{노동투입량(L)}$
- 노동의 한계생산량(MP_L) = $\frac{총생산량의 증가분(\Delta TP)}{노동투입량의 증가분(\Delta L)}$

④ 기업은 노동을 1단위 추가로 고용했을 때 얻게 되는 노동의 한계생산물가치(VMP_L)와 기업이 노동자에게 지급하는 한계비용으로서의 임금률(W ; Wage)이 같아질 때까지 고용량을 증가시키려고 할 것이다. 즉, 기업이 이윤을 극대화할 수 있는 조건은 다음과 같은 공식으로 나타낼 수 있다.

$$노동의 한계생산물가치(VMP_L = P \cdot MP_L) = 임금률(W)$$

⑤ 예를 들어, 완전경쟁시장에서 어느 기업의 단기 생산함수에 따른 노동의 한계생산량 및 한계생산물가치가 다음과 같다고 하자.

노동투입량	0	1	2	3	4	5	6
총생산량	0	2	4	7	8.5	9	9
한계생산량		2	2	3	1.5	0.5	0
한계생산물가치	0	200	200	300	150	50	0

만약 제품의 단가가 100원, 단위당 임금이 150원이라고 가정하는 경우, 이윤을 극대화하기 위한 최적고용단위는 노동을 한 단위 추가로 투입할 때 소요되는 비용의 증가분(150원)과 노동의 한계생산물가치(150원)가 일치하는 4단위에 해당한다. 이를 위의 공식에 대입하면 다음과 같다.

$$노동의 한계생산물가치(VMP_L = 100 \cdot 1.5 = 150) = 임금률(W = 150)$$

더 알아보기

한계생산물체감의 법칙(The Law of Diminishing Marginal Product) 필기 출제 19, 09년 기출

- '수확체감의 법칙(The Law of Diminishing Returns)'이라고도 하며, 기업의 생산기술에 변화가 없고 자본의 투입량이 고정되어 있을 때, 노동의 투입이 많아짐에 따라 차츰 한계생산물이 체감하는 현상을 말한다.
- 자본을 고정되어 있는 것으로 가정하는 단기 생산함수에서는 노동의 투입이 증가함에 따라 점차적으로 한계생산물이 체감한다고 본다.
- 한계생산성이 체감하는 이유는 자본과 노동이라는 두 생산요소 중 자본을 고정시킨 채 노동의 투입만 증가시키기 때문이다.

이렇게 출제된다! 1차 기출 OX

Q 완전경쟁하에서 노동의 수요곡선을 우하향하게 하는 주된 요인은 노동의 한계생산력 때문이다?

A (○)

쌤의 비법노트

상품시장(재화시장)과 노동시장이 모두 완전경쟁이라면 임금은 노동의 한계생산물가치(VMP_L)와 일치하는 수준에서 결정됩니다. 그러나 노동시장은 경쟁적이고 상품시장(재화시장)이 독점이라면 임금은 노동의 한계생산물가치(VMP_L)보다 낮은 수준으로 결정됩니다.

(2) 독과점기업의 노동수요곡선 필기 출제 22, 14, 12, 11, 06년 기출

① 독점 상품시장(혹은 독과점시장)하의 독과점기업은 완전경쟁시장하의 기업과는 달리 생산물의 가격이 일정한 것이 아니며, 그에 따라 한계수입(MR), 즉 상품의 판매로 인한 추가적인 수입 또한 일정하지 않다.

② 완전경쟁시장에서는 한계수입(MR)이 가격(P)과 같으므로 노동에 대한 수요는 앞서 살펴본 바와 같이 '$VMP_L = MP_L \cdot MR(=P)$'의 공식에 따라 결정된다. 그러나 독점

상품시장에서는 상품 한 단위를 더 팔기 위해서 추가적인 단위에서의 수입 감소뿐만 아니라 전체적인 상품의 가격까지도 낮추어야 한다. 즉, 독점 상품시장의 노동에 대한 수요 또한 완전경쟁시장에서와 마찬가지로 '$MP_L \cdot MR$'의 공식에 따라 결정되지만, 이때 한계수입(MR)은 가격(P)과 같지 않으며, 한계수입(MR)이 가격(P)보다 낮아지게 되는 것이다($MR < P$).

③ 그에 따라 독과점기업이 부가적 생산물을 판매하여 얻는 총수입의 변화는 완전경쟁시장에서의 노동의 한계생산물가치(VMP_L)가 아닌 노동의 한계수입생산물(MRP_L; Marginal Revenue Product of Labor)로 나타내며, 이때의 노동수요는 기업의 노동수입에 대해 대가를 지불하려는 최대가격을 의미하게 된다.

$$\text{노동의 한계수입생산물}(MRP_L) = \text{노동의 한계생산량}(MP_L) \cdot \text{한계수입}(MR)$$

④ 독점 상품시장하에서 기업의 노동수요곡선은 노동의 한계수입생산물곡선으로서 기존의 수요곡선(즉, 완전경쟁시장하의 한계생산물가치곡선)보다 하방에 위치하며, 그 기울기는 더 가파르다.

Comment

기업이 이윤을 극대화하는 지점은 완전경쟁시장의 경우 노동의 한계생산물가치(VMP_L), 독점 상품시장의 경우 노동의 한계수입생산물(MRP_L)과 결부됩니다. 앞서 살펴본 내용의 기본적인 원리를 보다 쉽게 설명해 드리겠습니다.

- **완전경쟁시장의 경우**
  붕어빵을 만드는 A기업에서 붕어빵을 한 개 만드는 데 100원이 들었다고 하죠. 만약 붕어빵을 개당 500원에 판다고 가정해도 A기업이 붕어빵으로 벌어들이는 이윤은 400원이 아닙니다. 노동자에게 임금도 지급해야 하기 때문이죠. 만약 노동자의 임금이 250원이라면, A기업은 150원의 이윤을 남기는 셈입니다. 결국 A기업의 입장에서는 상품가치가 150원이 되는 것이고, 이러한 상품가치는 다시 노동의 한계생산물가치가 됩니다. 요컨대, 기업이 이윤을 극대화하는 것은 나가는 돈과 들어오는 돈이 같아지는 지점입니다. A기업에서 붕어빵을 만들기 위해 1명의 노동자를 고용할 수도 1,000명의 노동자를 고용할 수도 있겠지만, 무조건 노동자를 많이 고용하여 붕어빵을 많이 만든다고 해서 정비례로 이윤이 증가하는 것은 아니죠. 예를 들어, 하루 매출이 100,000원인데 1,000명의 노동자를 고용한다면 적자를 면하기 어렵습니다. 결국 A기업은 노동의 한계생산물가치와 임금이 같아지는 선에서 고용량을 증가시킬 때 이윤을 극대화하게 됩니다.

- **독점 상품시장(혹은 독과점시장)의 경우**
  만약 A기업이 독점적으로 붕어빵을 만든다고 가정하죠. 다른 기업에서 붕어빵을 만드는 것이 정책적으로 금지되어 있습니다. 그렇다면 A기업은 자신들이 만든 붕어빵을 500원에 팔 수도, 5,000원에 팔 수도 있습니다. 여러분의 경우 붕어빵을 얼마에 파시겠습니까? 물론 재료비와 인건비 등을 모두 합쳐 채 500원도 안 되는 붕어빵을 그 10배에 이르는 값에 팔 수도 있습니다. 그러나 과연 여러분이 소비자라면 1개에 5,000원 하는 붕어빵을 사드시겠습니까? A기업이 붕어빵을 개당 5,000원에 판다면, 소비자는 간식을 줄이든지 그냥 밀가루를 사다가 집에서 풀빵을 만들어 먹을지도 모릅니다. 결국 A기업은 급격한 판매량 감소에 따른 수익률 저하를 예상하여 붕어빵 생산량과 가격을 적절히 조절하는 방법을 사용하게 됩니다. 이때 기업의 입장에서 최종적으로 남게 되는 이윤이 한계수입생산물의 가치가 됩니다. 주의할 것은 가격이 시장에 의해 일정한 수준에서 형성되는 완전경쟁시장의 경우 노동자의 투입에 따른 생산량만 결정하면 되지만, 독점적 상태의 기업의 경우 가격까지 고려해야 한다는 점이죠.

쌤의 비법노트

수식에서 중점(·)은 수학에서 곱하기(×) 연산을 나타냅니다. 보통 수학, 통계학, 경제학 등에서 혼동을 피하고자 사용하는데, 예를 들어 변수 'x'는 곱하기와 유사하므로 [$a \times x$] 대신 [$a \cdot x$]로 표기하기도 합니다.

이렇게 출제된다! 1차 기출 OX

Q 독과점시장하에서의 기업의 노동수요곡선은 '노동의 한계생산물가치곡선'이다?

A (×) '노동의 한계수입생산물곡선'이다.

쌤의 비법노트

완전경쟁시장에서 기업의 균형 고용 조건, 즉 이윤극대화 노동수요 조건은 노동의 한계생산물가치(VMP_L)와 임금률(W)이 일치하는 수준에 해당하며, 이때 노동의 한계생산물가치(VMP_L)는 넓은 의미에서 노동의 한계수입생산물(MRP_L)로도 볼 수 있습니다. 다만, 완전경쟁시장과 독점 상품시장에서 기업의 균형 고용 조건이 다르므로, 노동의 한계생산물가치(VMP_L)와 노동의 한계수입생산물(MRP_L)을 구분하는 것입니다.

(3) 노동시장의 수요독점 필기 출제 14, 13, 06, 04년 기출

① 노동시장에서 수요독점(Monopsony)이란 노동의 공급자는 다수인데 비해 이를 수요하는 수요자로서 기업은 하나뿐인 경우를 말한다. 이와 같이 노동시장이 수요독점 상태인 경우 수요독점기업이 임의로 시장임금을 조정할 수 있을 것이다.

② 이러한 조건하에서 고용량은 수요곡선과 공급곡선에 의해 결정되는 것이 아닌 노동의 한계비용, 즉 한계요소비용(MFC ; Marginal Factor Cost)과 수요독점기업의 노동수요(D)에 해당하는 노동의 한계수입생산물(MRP_L ; Marginal Revenue Product of Labor)이 일치하는 수준(→ E_L)에서 결정된다. 이때 기업은 결정된 고용량 수준에 해당하는 공급곡선(S)의 높이만큼 임금을 지불하게 된다(→ W_M).

③ 결국 수요독점기업은 완전경쟁기업에 비해 고용량을 감소시키는 동시에 임금수준을 낮춤으로써 이윤을 증대시킬 것이다.

> **쌤의 비법노트**
> '한계비용(MC)'은 생산요소를 한 단위 더 고용하는 데 따르는 총비용의 증가분을 말하며, '한계수입생산물(MRP)'은 생산요소를 한 단위 더 고용하는 데 따르는 총수입의 증가분을 말합니다.

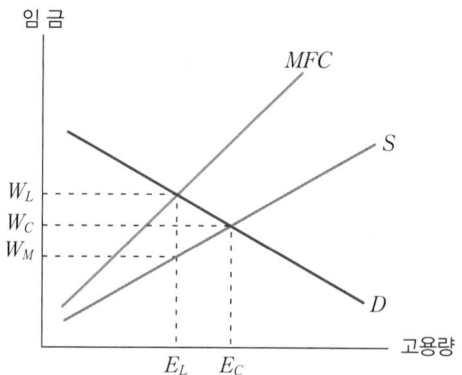

더 알아보기

노동시장이 수요독점 상태에서 최저임금제의 도입이 근로자에게 유리한 이유
필기 출제 21, 16, 13, 09, 08, 07, 06, 04년 기출

- 노동시장이 수요독점 상태인 경우 수요독점기업이 임의로 시장임금을 조정할 수 있을 것이며, 이러한 조건하에서 고용량은 수요곡선과 공급곡선에 의해 결정되는 것이 아닌 노동의 한계비용, 즉 한계요소비용(MFC)과 노동의 한계수입생산물(MRP_L)이 일치하는 수준에서 결정된다.
- 이러한 상황에서 정부에 의해 강제적인 최저임금법이 시행되는 경우, 기업은 최저임금 이하로 시장임금을 내리지 못할 것이며, 그렇다고 해서 무작정 고용량을 감소시키지도 않을 것이다. 그 이유는 기업의 경우 이윤의 극대화를 위해 노동의 한계수입생산물(MRP_L)과 노동의 한계비용으로서 한계요소비용(MFC)이 일치하는 지점까지 노동을 수요할 것이기 때문이다. 이는 최저임금의 인상에도 불구하고 고용이 오히려 증가할 수 있음을 시사한다.

> **쌤의 비법노트**
> 일반적으로 임금 인상은 고용 감소를 야기합니다. 그러나 최저임금제와 같이 정부가 인위적으로 임금을 인상시키더라도 수요독점의 노동시장에서는 오히려 고용이 증대되기도 합니다. 다만, 이 경우에도 과도한 임금 인상(→ W_L을 초과하는 수준의 인상)은 고용 감소를 유발합니다.

(4) 준고정비용(Quasi-fixed Cost)과 기업의 선택 필기 출제 20, 17, 11, 06, 05년 기출

① 준고정비용은 크게 '근로자에 대한 투자'와 '부가급여'로 구분된다. 근로자에 대한 투자에는 근로자의 채용 및 훈련비용, 고용관계 종결에 따른 비용 등이 있으며, 부가급여에는 직접적인 임금 및 급여근로소득 이외의 건강보험, 퇴직연금(퇴직금), 유급휴가, 사회보장지급 등이 있다.

② 비임금노동비용으로서 준고정비용은 노동자의 신규채용 및 초과근로에 대한 사용자들의 의사결정에 상당한 영향을 미친다.
③ 준고정비용이 증가하는 경우 사용자는 비용을 절감하기 위해 고용을 감소하며, 그로 인해 1인당 근로시간은 증가할 수 있다.

> **이렇게 출제된다! 1차 기출 OX**
> **Q** 노동의 준고정비용의 증가로 인해 고용 수준은 감소하지만 초과근로시간은 증가한다?
> **A** (○)

4 장·단기 노동수요곡선

(1) 단기 노동수요곡선과 장기 노동수요곡선 〔필기 출제〕 06년 기출

① 단기 노동수요곡선
  ㉠ 단기(Short Run)는 생산량 증가를 위해 생산요소를 투입시키고자 할 때 그 투입량을 변화시킬 수 없는 고정 생산요소(예 자본이나 토지 등)가 존재하는 기간을 의미한다.
  ㉡ 단기 노동수요곡선은 단기에 자본이 고정되어 있음을 전제로 하여 가변 생산요소인 노동수요의 변화량을 표시한 것이다.
② 장기 노동수요곡선
  ㉠ 장기(Long Run)는 생산량 증가를 위해 생산요소를 투입시키고자 할 때 모든 투입요소들이 가변적인 상태에 있는 기간을 의미한다.
  ㉡ 장기 노동수요곡선은 장기에 자본 등의 고정 생산요소의 양을 변화시킬 수 있음을 전제로 하여 자본과 노동의 대체에 따른 노동수요의 변화량을 표시한 것이다.

(2) 장기 노동수요곡선의 도출 〔필기 출제〕 16, 15, 13, 12, 06년 기출

① 장기에 기업은 노동뿐만 아니라 자본 투입의 통제가 가능하므로 자본과 노동의 투입 비율의 적절한 변동으로 최대 산출량을 도모하려 할 것이다. 예를 들어, 어느 기업의 1원당 노동의 한계생산이 1원당 자본의 한계생산보다 작을 경우 장기 노동수요를 감소시키거나 자본투입량을 증가시킴으로써 이윤을 극대화할 수 있다.
② 임금률이 상승할 경우, 단기에 기업은 노동수요곡선 한계생산물가치를 따라 A에서 B로 이동함으로써 노동수요량을 줄이게 될 것이다. 그러나 장기에 기업은 노동을 자본으로 대체함으로써 기업이 수요하는 노동량은 더욱 감소되어 수요점 C에 이르게 된다. 즉, 단기에서보다 장기에서 임금률이 높으므로 기업에서의 노동수요량은 더욱 하락하게 되는 것이다.
③ 반대로 임금률이 하락할 경우, 기업은 장기적으로 자본을 노동으로 대체시키고 규모를 확장하여 노동고용을 증대시킬 것이다. 결국 장기에는 대체효과 외에 추가 자본투입에 의한 산출량 효과(규모효과)로 인해 추가적으로 노동수요가 증가하게 되는 것이다.

> **쌤의 비법노트**
> 장기 노동수요는 노동 이외의 다른 생산요소를 함께 변화시켜 가면서 고용량을 조정하게 됩니다.

| 이렇게 출제된다! | 1차 기출 OX |

Q 기업의 장기 노동수요곡선은 단기 노동수요곡선보다 비탄력적이다?

A (×) 탄력적이다.

④ 다음의 도표는 기업의 장기 노동수요곡선이 단기 노동수요곡선보다 탄력적임을 보여 준다.

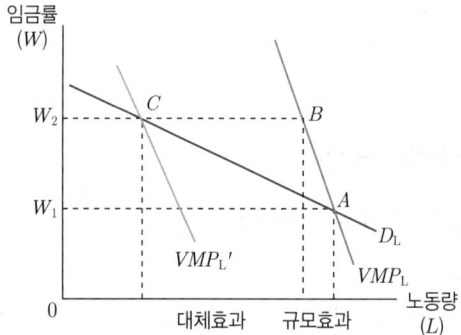

(3) 대체효과와 규모효과 필기 출제 16, 06년 기출

기업의 장기 노동수요곡선은 대체효과와 규모효과(산출량 효과)의 결합으로 유도된다.

대체효과	생산요소 가운데 상대적으로 가격이 하락한 생산요소를 다른 생산요소와 대체시키는 효과를 말한다. 예 임금이 하락하여 자본의 가격에 비해 노동의 가격이 상대적으로 저렴해지는 경우 노동을 생산에 더욱 많이 투입시킬 수 있다.
규모효과 (산출량 효과)	임금의 상승 또는 하락에 의해 생산비와 생산량, 그로 인한 노동수요가 증가 또는 감소하는 효과를 말한다. 예 임금이 상승하면 생산량이 감소하고, 그로 인해 노동수요가 감소한다.

쌤의 비법노트

장기 노동수요곡선을 설명할 때 사용되는 '대체효과와 규모효과'의 개념은 후방굴절 노동공급곡선을 설명할 때 사용되는 '대체효과와 소득효과'의 개념과 다릅니다.

(4) 등량곡선과 한계기술대체율 필기 출제 17, 11, 08년 기출

① 등량곡선(Isoquant Curve)은 주로 노동과 자본을 변수로 하는 좌표평면에서 볼 수 있는 것으로, 생산자이론에서 산출량의 극대화에 이르는 점을 찾기 위해 사용한다.

② 한계기술대체율(Marginal Rate of Technical Substitution)은 등량곡선에서 두 투입요소(노동과 자본) 가운데 하나의 투입요소가 한 단위 증가함에 따라 대체되는 다른 투입요소 간의 비율을 말한다.

③ 우하향하는 기울기를 갖는 등량곡선이 근본적으로 보여주는 바는 대체의 원리로, 이는 일정한 산출량 수준을 유지하는 데 있어서 한 투입요소를 더 이용하면 기업은 다른 투입요소를 줄여야 함을 의미한다.

쌤의 비법노트

등량곡선 위에서 오른쪽으로 옮겨감에 따라 한계기술대체율은 점차 작아지게 됩니다.

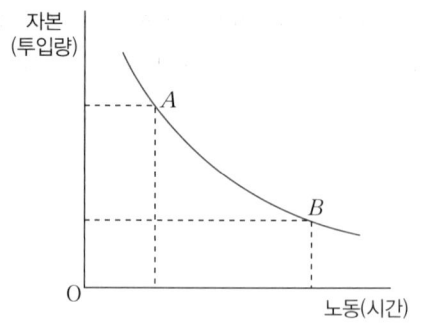

Comment

등량곡선에서 우하향한다는 것은 생산요소(여기서는 노동과 자본)가 서로 대체된다는 것을 의미하며, 원점에 마주하여 볼록하다는 것은 두 생산요소가 서로 대체되기는 하지만, 그 생산요소 간의 대체정도가 체감한다는 것을 의미합니다. 무슨 말인지 이해하지 못한 분들을 위해 쉽게 설명해 드리겠습니다.

> 붕어빵을 만드는 A공장에서 하루에 붕어빵을 1,000개 생산하기 위해 붕어빵을 만드는 기계 6대와 근로자 3명이 필요하다고 가정합시다. 그런데 만약 붕어빵 기계 5대와 근로자 4명으로도 같은 양의 붕어빵을 생산할 수 있다면, 이 두 점은 생산량이 같으므로 동일 등량곡선 상에 위치하게 됩니다. 그렇다면 붕어빵 기계를 계속 줄이고 근로자를 계속 늘려가서 붕어빵 기계 1대와 근로자 8명으로 하루에 붕어빵을 1,000개 생산할 수 있을까요? 그건 아니라는 겁니다.
> 요컨대, 노동과 자본은 완전하게 대체가능한 생산요소가 아닙니다. 즉, 한 생산요소의 투입량이 점차 줄어들면 들수록 다른 생산요소로 대체하기가 점점 더 어려워지게 되어 붕어빵 기계 1대로 하루에 붕어빵을 1,000개 생산하기 위해서는 근로자 8명이 아닌 10명 혹은 그 이상 필요할 수도 있다는 것입니다. 이와 같이 한 생산요소의 투입이 점차 줄어들수록, 즉 붕어빵 기계 수보다 근로자 수가 많아질수록 붕어빵 기계의 상대적 중요성은 점차 커지게 됩니다.

5 노동수요의 (임금)탄력성

(1) 의의 및 산출방법 [필기] [출제] 22, 21, 20, 18, 17, 16, 15, 13, 10, 09, 08, 07, 05년 기출

① 탄력성(Elasticity)은 독립변수 변화율에 대한 종속변수 변화율의 정도를 말한다. 따라서 노동수요의 임금탄력성(Wage Elasticity of Labor Demand)은 독립변수인 임금률이 1% 변화할 때 그에 의해 유발되는 종속변수로서 노동수요량의 변화율을 말한다.

② 노동수요의 임금탄력성은 다음의 공식으로 나타낼 수 있다.

$$\text{노동수요의 (임금)탄력성} = \frac{\text{노동수요량의 변화율(\%)}}{\text{임금의 변화율(\%)}}$$

③ 예를 들어, 임금이 10,000원에서 12,000원으로 증가할 때 고용량이 120명에서 108명으로 감소한 경우, 노동수요의 임금탄력성은 다음과 같다.

[계산식 1]

- 노동수요량의 변화율(%) $= \frac{120-108}{120} \times 100 = 10(\%)$

- 임금의 변화율(%) $= \frac{12,000-10,000}{10,000} \times 100 = 20(\%)$

- 노동수요의 임금탄력성 $= \frac{10(\%)}{20(\%)} = 0.5$ ∴ 0.5

[계산식 2]

$$\left| \frac{\frac{(120-108)}{120} \times 100}{\frac{(12,000-10,000)}{10,000} \times 100} \right| = \left| \frac{120,000}{240,000} \right| = 0.5 \qquad ∴ 0.5$$

이렇게 출제된다! **2차 주관식**

시간당 임금이 500원일 때 1,000명을 고용하던 기업에서 시간당 임금이 400원으로 감소하였을 때 1,100명을 고용할 경우, 이 기업의 노동수요 탄력성을 계산하시오(단, 소수점 발생 시 반올림하여 소수 첫째 자리로 표현한다).

🔑 0.5

쌤의 비법노트

'번분수'는 분모 또는 분자에 분수식이 포함되어 있는 분수를 말합니다. 번분수의 기본적인 계산 방식은 다음과 같습니다.

$$\frac{\frac{2}{3}}{\frac{4}{5}} = \frac{2 \times 5}{3 \times 4}$$

이렇게 출제된다! 2차 주관식

다음 보기의 사례를 읽고 물음에 답하시오.

> A기업은 시간당 임금이 4,000원일 때 20,000시간의 노동을 사용했고, 시간당 임금이 5,000원일 때 10,000시간의 노동을 사용했다. 반면, B기업은 시간당 임금이 6,000원일 때 30,000시간의 노동을 사용했고, 시간당 임금이 5,000원일 때 33,000시간의 노동을 사용했다.

(1) A기업과 B기업의 노동수요의 임금탄력성을 각각 구하시오.
   답 A기업 : 2.0
   B기업 : 0.6
(2) A기업의 노동조합과 B기업의 노동조합 중 임금교섭력이 높은 노동조합을 쓰시오.
   답 B기업의 노동조합
(3) (2)의 노동조합에서 보다 성공적인 임금협상이 이루어질 수 있는 이유를 설명하시오.
   답 상대적으로 높은 임금교섭력과 임금인상 대비 낮은 고용손실

Comment

일반적으로 임금이 상승하면 노동에 대한 수요가 감소하므로 노동수요의 임금탄력성은 항상 부(−)의 값을 가지게 됩니다. 따라서 노동수요의 임금탄력성은 절댓값 개념을 사용하며, 절댓값이 클수록 임금변화에 대한 고용변화의 정도가 큼을 나타냅니다. 참고로 절댓값은 '음/양'의 방향을 무시한 채 단지 변위(變位)의 크기만을 다루는 개념입니다. 또한 노동수요의 임금탄력성은 '%'의 단위를 가지지 않습니다. 요컨대, 위의 풀이에서 [계산식 1]은 쉬운 이해를 위해 분모와 분자를 각각 계산한 방식이며, [계산식 2]는 번분수를 이용한 방식입니다. 두 계산식의 산출결과는 보통 일치하나, 소숫점 이하 반올림을 필요로 하는 경우 계산이 번거롭고 산출결과에서 미세한 차이가 있을 수 있으므로, 복잡한 계산식의 경우 번분수를 이용할 것을 권장합니다.

(2) 노동수요의 임금탄력성의 크기   필기 출제 22, 16, 12, 11, 10, 09, 08, 05, 04년 기출

① 노동수요의 임금탄력성이 1보다 크다면 임금의 1% 증가는 1% 이상의 고용 감소를 가져오며, 이 경우 수요는 '탄력적'이라고 한다. 또한, 탄력성의 값이 무한대(∞)이면 '완전탄력적'이라고 하며, 노동수요곡선의 형태는 수평이 된다. 이는 임금의 변화에 대한 노동수요량의 변화가 무한대(∞)임을 나타낸다(→ 그림1 참조).

② 노동수요의 임금탄력성이 1보다 작다면 임금의 1% 증가는 1%보다 작은 고용 감소를 가져오며, 이 경우 수요는 '비탄력적'이라고 한다. 또한 탄력성의 값이 '0'이면 '완전비탄력적'이라고 하며, 노동수요곡선의 형태는 수직이 된다. 이는 임금의 변화에 대한 노동수요량의 변화가 '0'임을 나타낸다(→ 그림1 참조).

③ 수평에 가까운 노동수요곡선은 보다 가파른 노동수요곡선에 비해 상대적으로 더 큰 탄력성을 가지고 있다. 예를 들어, 임금수준이 W_1에서 W_2로 변화하는 경우 노동수요곡선 D_1이 D_2보다 더 큰 고용 반응을 나타낸다(→ 그림2 참조). 반면, 노동수요곡선이 수직에 가까울 때, 즉 노동수요의 임금탄력성이 '0'에 가까울 때 노동조합의 임금인상 투쟁 시 고용량 감소효과가 가장 적게 나타날 수 있다.

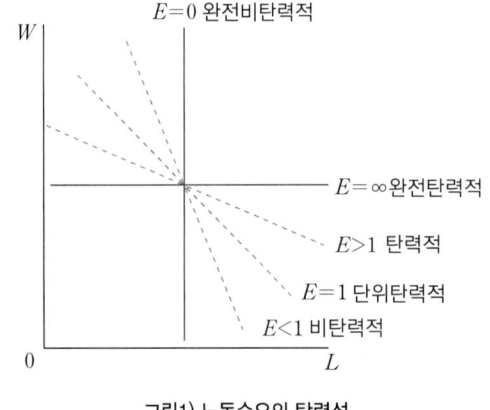

그림1) 노동수요의 탄력성

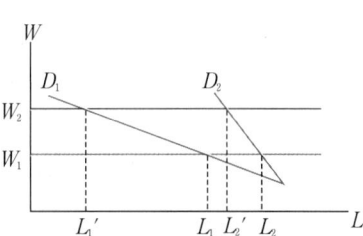

그림2) 수요곡선 변화에 따른 탄력성

(3) 노동수요의 임금탄력성 결정요인 필기 출제 21~15, 13, 12, 11, 10, 08, 07, 05, 04, 03년 기출

① 생산물 수요의 탄력성(가격탄력성)
생산물(상품)의 수요가 탄력적일수록 노동수요는 더 탄력적이 된다.

② 총생산비에 대한 노동비용의 비중(비율)
총생산비에서 차지하는 노동비용의 비중(비율)이 클수록 노동수요는 더 탄력적이 된다.

③ 노동의 대체가능성(대체곤란성)
노동과 다른 생산요소 간의 대체가 용이할수록 노동수요는 더 탄력적이 된다.

④ 노동 이외의 생산요소(대체생산요소)의 공급탄력성
노동 이외의 생산요소의 공급탄력성이 클수록 노동수요는 더 탄력적이 된다.

> **쌤의 비법노트**
>
> 노동수요의 임금탄력성 결정요인은 본래 영국의 경제학자 마샬(Marshall)에 의해 검토되었고, 이후 영국의 경제학자 힉스(Hicks)에 의해 정교화되었으므로, 이를 '힉스-마샬(Hicks-Marshall)의 법칙'이라고 부릅니다.

> **이렇게 출제된다! 2차 주관식**
>
> 노동수요의 탄력성 결정요인을 4가지 쓰시오.

02절 노동의 공급

1 개 요

(1) 노동공급의 의의

'노동공급(Labor Supply)'이란 일정 기간 동안 노동자가 팔기를 원하는 노동의 양을 의미한다.

(2) 노동공급의 특징

노동공급은 노동수요와 마찬가지로 '유량(Flow)'의 개념에 속한다고 볼 수 있다. 만약 노동량을 일정 기간이 아닌 일정 시점을 기준으로 측정되는 양으로 파악하는 경우 '저량(Stock)'의 개념에 속한다고 볼 수 있다.

(3) 노동공급의 결정요인 필기 출제 '14, '10년 기출

① 인구 또는 생산가능인구의 크기(인구 수)
어떤 국민경제의 총인구 또는 생산가능인구가 증가할수록 노동공급도 증가하게 된다.

② 경제활동참가율
만 15세 이상의 생산가능인구에서 경제활동인구가 차지하는 비율을 말한다. 경제활동참가율이 높을수록 노동공급이 증가하게 된다.

③ 노동시간(노동공급시간)
동일한 생산가능인구나 경제활동참가율을 가진 두 개의 국민경제에 있어서도 노동시간의 차이에 따라 공급되는 노동량은 달라진다. 노동공급시간이 증가할수록 노동공급도 증가한다.

> **이렇게 출제된다! 1차 기출 OX**
>
> **Q** 노동공급을 결정하는 요인으로서 인구는 양적인 규모뿐만 아니라 연령별, 지역별, 질적 구조도 중요한 의미를 갖는다?
>
> **A** (○)

④ 노동력의 질(노동인구의 교육정도)

노동생산성을 결정하는 요소로서 노동자의 지식, 기술, 숙련도 등에 영향을 받는다. 교육, 훈련을 통해 많은 능력과 기술이 축적되어 있다면 다양한 분야로 진출할 수 있기 때문에 노동공급이 늘어날 수 있다.

⑤ 일에 대한 노력의 강도

노동자가 일에 대한 노력을 많이 기울일수록 노동공급도 증가한다.

⑥ 임금지불방식

직무가 개별 노동자들의 능력에 크게 의존하는 경우에는 개별성과급제도를, 기업 전체의 집단적인 생산성을 도모하기 위한 경우에는 집단성과급제도를 실시하여 노동공급의 증대효과를 도모한다.

⑦ 동기부여와 사기

종업원의 사기앙양과 회사에 대한 충성심을 고양시킴으로써 노동공급에 영향을 미친다.

2 노동공급과 경제활동참가율의 변화

(1) 육아 또는 통근시간에 따른 경제활동참가율의 변화 필기 출제 19, 12, 08, 04년 기출

① 경제활동참가 예정자가 육아 또는 통근에 많은 시간을 필요로 할수록 그만큼 경제활동참가율은 낮아질 가능성이 커진다.

② 육아에 소요되는 시간이나 통근에 소요되는 시간만큼은 노동시장에 공급될 수 있는 시간 중에서 제외되어야 하므로 총 근로시간은 감소하게 된다.

③ 다만, 근로자 개인의 입장에서 통근비용(근로의 고정화폐비용)이 증가하는 경우, 일을 그만두지 않는 한 근로시간은 증가한다. 이는 통근비용의 증가로 인해 같은 시간 일할 경우 수입이 감소하므로, 감소된 소득을 보전하기 위해 근로시간을 늘리기 때문이다.

(2) 기혼여성의 경제활동참가율을 낮추는 요인 필기 출제 17, 13, 10, 08, 07, 06년 기출

① 법적·제도적 장치의 부족(육아 및 유아교육시설의 부족)

육아 및 가사를 위한 법적·제도적 장치가 부족한 경우 기혼여성의 경제활동참가율은 감소한다.

② 시장임금의 하락

시장임금이 감소하는 경우 기혼여성의 경제활동참가율은 감소한다.

③ 남편(배우자) 소득의 증가

남편의 소득이 증가하는 경우 기혼여성의 경제활동참가율은 감소한다.

④ 자녀수의 증가(출산율 상승)

자녀수가 증가하는 경우 기혼여성의 경제활동참가율은 감소한다.

⑤ 가계생산기술의 낙후(노동절약적 가계생산기술의 낙후)

노동절약적 가계생산기술이 낙후된 경우 기혼여성의 경제활동참가율은 감소한다.

이렇게 출제된다! 2차 주관식

노동공급의 결정요인을 5가지만 쓰시오.

이렇게 출제된다! 1차 기출 OX

Q 개인의 가용시간이 일정할 때 작업장까지의 통근시간 증가는 경제활동참가율을 감소시키는 반면, 총 근로시간을 증가시키는 효과를 가진다?

A (×) 총 근로시간을 감소시키는 효과를 가진다.

이렇게 출제된다! 2차 주관식

1. 기혼여성의 경제활동참가율을 결정하는 요인 5가지를 쓰시오.
2. 기혼여성의 경제활동참가율을 결정하는 요인 6가지와 그 상관관계를 설명하시오.
3. 기혼여성의 노동참가에 영향을 주는 요인을 3가지 쓰고, 각각에 대해 간략히 설명하시오.

⑥ 고용시장의 경직(시간제근무 또는 단시간근무 기회의 축소)

고용시장이 경직된 경우 기혼여성의 경제활동참가율은 감소한다.

⑦ 여성의 낮은 교육수준

기혼여성의 교육수준이 낮은 경우 경제활동참가율은 감소한다.

> **더 알아보기**
>
> **기혼여성의 경제활동참가율을 높이는 요인** 필기 출제 18, 17, 14, 13, 11, 10, 09, 07, 06, 04년 기출
> - 법적·제도적 장치의 확충(육아 및 유아교육시설의 증설)
> - 시장임금의 상승
> - 남편(배우자) 소득의 감소
> - 자녀수의 감소(출산율 저하)
> - 가계생산기술의 향상(노동절약적 가계생산기술의 향상)
> - 고용시장의 유연화(시간제근무 또는 단시간근무 기회의 확대)
> - 여성의 높은 교육수준

쌤의 비법노트

직업상담사 1차 필기시험에서는 기혼여성의 경제활동참가율을 낮추는 요인과 높이는 요인이 함께 출제되고 있으므로, 이 두 가지 상반된 경우들을 충분히 이해해야 합니다.

3 노동의 공급곡선

(1) 노동공급곡선에 따른 노동공급과 임금수준의 관계 필기 출제 21, 03년 기출

① 다른 여건이 일정하다면, 인구의 증가는 노동공급을 증대시킨다. 만약 인구의 증가로 시장에 대한 노동공급이 증대한다면, 수요조건이 일정한 한 그 결과는 임금수준의 하락으로 나타난다.

② 다른 여건이 일정하다면, 인구의 감소는 노동공급을 감소시킨다. 만약 인구의 감소로 시장에 대한 노동공급이 감소한다면, 수요조건이 일정한 한 그 결과는 임금수준의 상승으로 나타난다.

쌤의 비법노트

인구의 증가는 노동의 총공급곡선을 우측으로 이동시킵니다. 본문의 그래프는 노동공급곡선이 S_1에서 S_2로 이동할 때 고용량은 L_1에서 L_2로 증대하는 반면, 균형임금은 W_1에서 W_2로 하락하는 것을 보여줍니다.

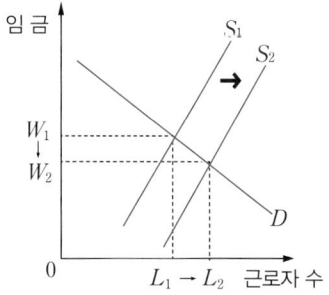

노동공급과 임금수준

이렇게 출제된다! 1차 기출 OX

Q 개인이 노동시장에서의 노동공급을 포기하는 경우는 개인의 여가-소득 간의 무차별곡선이 수평에 가까운 경우이다?

A (×) 수직에 가까운 경우이다.

(2) 여가-소득 간의 무차별곡선 필기 출제 21, 16, 15, 08, 05년 기출

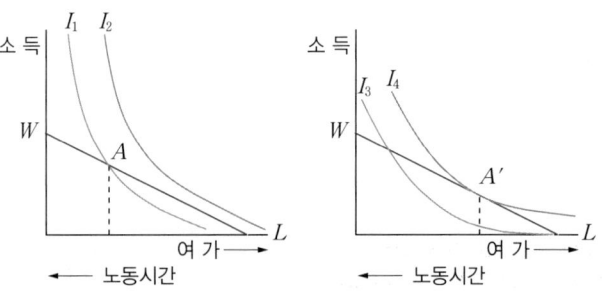

여가-소득 간의 무차별곡선

① 위의 그래프는 여가-소득 간의 선호 및 경제활동참가를 나타내고 있다. $W-L$에 이르는 우하향 직선은 일정한 노동시간이 공급될 때 노동시장에서 객관적으로 실현될 수 있는 임금률, 즉 시장임금률이다. 반면, 우하향하는 곡선 I_1-I_2 및 I_3-I_4는 여가-소득 간의 무차별곡선이다.

② 일정한 총 시간을 가정할 때 여가에 사용되지 않는 시간은 곧 노동에 공급되는 시간으로 볼 수 있으므로, 총 시간을 가리키는 가로축에서 오른쪽으로의 거리는 여가의 크기를, 왼쪽으로의 거리는 노동시간의 크기를 나타낸다.

③ 무차별곡선상의 한 점에 접하는 기울기는 소득과 여가 사이에 존재하는 한계대체율(Marginal Rate of Substitution)을 의미한다. 이는 노동공급자가 주관적으로 평가하는 시간당임금으로서 요구임금률(Asking Wage Rate)로 볼 수 있다.

④ 무차별곡선의 기울기가 보다 가파른 왼쪽 그래프에서는 A지점이 효용을 극대화시키는 균형점이 되지 못한다. 이는 I_1이 I_2 보다 낮은 수준에 위치하기 때문이며, 특히 I_2에서는 노동시간을 완전히 여가시간으로 대체해야, 즉 노동공급을 포기해야 만족수준에 이르게 된다. 반면, 무차별곡선의 기울기가 보다 완만한 오른쪽 그래프에서는 A' 지점에서 효용의 극대화를 위한 경제활동에의 참가가 이루어진다.

⑤ 무차별곡선의 기울기가 시장임금률선의 기울기보다 더 가파른 경우 일정 수준의 효용을 유지하기 위해 1시간 추가적으로 더 일하는 것을 보상하는 데 요구되는 소득이 시장임금률보다 더 큰 경우에 해당한다. 그로 인해 노동공급을 포기한 채 경제활동에 참가하지 않게 된다. 반면, 무차별곡선의 기울기가 시장임금률선의 기울기보다 완만한 경우 노동자의 요구임금률이 시장임금률보다 낮은 경우에 해당하며, 그로 인해 노동공급을 통해 경제활동에 참가하게 된다.

(3) 후방굴절 노동공급곡선 필기 출제 매해 기출

① 소득의 증가에 따른 노동시간의 효과는 '대체효과(Substitution Effect)'와 '소득효과(Income Effect)'로 설명할 수 있다. 여기서 대체효과는 임금이 상승하게 되는 경우 여가에 활용하는 시간이 상대적으로 비싸지게 됨으로써 근로자가 여가시간을 줄이는 동시에 노동시간을 늘리는 것이다. 반면, 소득효과는 임금 상승에 따라 실질소득이 증가하여 근로자가 노동시간을 줄이는 동시에 여가시간과 소비재 구입을 늘리는 것이다.

쌤의 비법노트

'대체효과'는 임금 상승 시 여가시간은 감소하지만 노동시간은 증가하는 효과를, '소득효과'는 임금 상승 시 여가시간은 증가하지만 노동시간은 감소하는 효과를 나타냅니다.

② 일반적으로 근로자는 임금이 인상되는 경우 대체효과에 의해 노동시간을 늘림으로써 노동공급을 증가시킨다. 이는 '여가의 기회비용'과 관련된 문제로서, 예를 들어 여가활동을 위해 1시간을 소비한다는 것은 곧 1시간의 노동을 통해 벌어들일 수 있는 소득을 상실하는 것이므로, 노동시간을 늘려 인상된 임금을 받는 편이 보다 유리하다고 판단하기 때문이다.

③ 임금 상승이 매우 높은 수준에 도달하는 경우 소득효과에 의해 노동시간을 무작정 늘리기보다는 현재의 임금으로 충분하다는 생각으로 인해 점차 노동시간을 줄임으로써 노동공급을 감소시키기도 한다. 특히 여가와 소비재 구입에는 현금 소비는 물론 시간 소비 또한 요구되므로, 이와 같은 소비가 늘어나는 만큼 경제활동참가율은 더욱 감소하게 된다.

④ 다른 조건이 일정한 상태에서 임금 이외의 비노동소득(예 타가구원의 소득, 매달 정기적으로 받는 임대료 또는 예금이자 등)이 발생할 경우 소득효과만 있으므로 노동공급은 감소한다. 또한 비노동소득이 증가할수록 개인의 의중임금 또는 보상요구임금(→ 노동을 시장에 공급하려는 사람이 받고자 하는 최소한의 주관적 요구임금) 수준이 높아지게 되며, 의중임금 수준이 높아질수록 노동공급은 감소하게 된다.

⑤ 소득의 증가에 따라 재화의 수요도 증가하는 경우 해당 재화를 '정상재(Normal Goods)'라고 하는 반면, 소득의 증가에 따라 오히려 재화의 수요가 감소하는 경우 해당 재화를 '열등재(Inferior Goods)'라고 한다.

⑥ 여가가 정상재인 경우 노동공급곡선은 실질임금이 낮은 수준에서는 우상향(우상승)하다가 임금이 일정한 수준을 넘어서면 후방으로 굴절(좌상승)하는 형태를 띠게 되는데, 이를 '후방굴절 노동공급곡선'이라고 한다.

⑦ 여가가 열등재인 경우 노동공급곡선은 후방굴절하는 것이 아니라 임금수준과 무관하게 우상향한다.

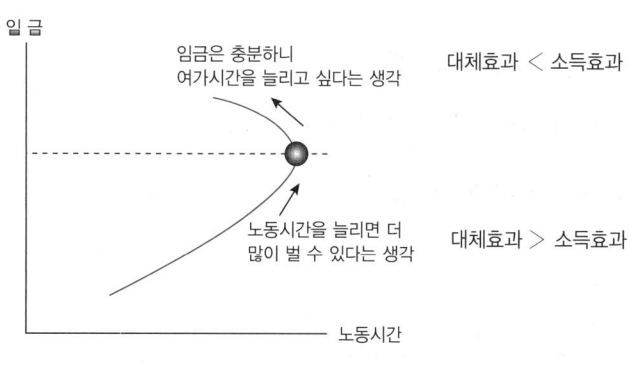

후방굴절 노동공급곡선

이렇게 출제된다! 1차 기출 OX

Q A는 대형마트에서 주당 20시간 근무하고 있는 단시간근로자(파트타임근로자)이다. 시간당 임금이 7천원에서 9천원으로 인상되어 A는 주당 근로시간을 30시간으로 확대하기로 하였다면, 이는 '대체효과'에 해당한다?

A (○)

쌤의 비법노트

후방굴절 노동공급곡선은 연장근로 등 일정량 이상의 노동을 기피하는 풍조가 확산되는 현상, 시간외 근무수당의 증가에도 불구하고 근로자들이 휴일근무나 잔업처리 등을 기피하는 현상 등을 설명할 때 유용합니다.

이렇게 출제된다! 2차 주관식

1. 여가와 소득의 선택모형에서 여가의 대체효과와 소득효과의 의미를 쓰고, 여가가 열등재일 때 소득 증가에 따른 노동공급의 변화를 설명하시오.
2. 회사원인 A씨는 복권에 당첨되어 100억원의 당첨금을 받게 되었다. A씨의 복권당첨에 따른 노동공급과 여가선호의 변화를 대체효과와 소득효과를 사용하여 여가가 정상재인 경우와 여가가 열등재인 경우로 비교하여 설명하시오.
3. 임금상승률에 따라 노동공급곡선은 "우상향한다"는 말이 참인지, 거짓인지, 불확실한지 판정하고, 여가와 소득의 선택모형에 의거하여 이유를 설명하시오.

쌤의 비법노트

시간 집약적 상품은 상대적으로 시간소요를 더 많이 필요로 하는 상품을, 재화 집약적 상품은 상대적으로 재화소요를 더 많이 필요로 하는 상품을 말합니다. 만약 기혼여성이 임금 상승으로 노동참가를 늘릴 경우 정성스럽게 식사준비를 하기보다는 인스턴트식품을 식탁에 올리는 경우가 많아질 겁니다(→ 시간 집약적 상품에서 재화 집약적 상품으로의 소비대체).

(4) 기혼여성의 임금 상승으로 인한 효과 필기 출제 17, 13, 08, 06년 기출

① 기혼여성의 임금이 상승할 경우 가계생산(Household Production)에 투입된 시간의 가격이 상승하므로, 가사일을 하는 데 드는 시간을 시장재로 대체하려고 할 것이다. 즉, 기혼여성의 임금 상승은 시간 집약적 상품에서 재화 집약적 상품으로 소비대체를 일으키게 된다.

② 기혼여성의 임금 상승 결과로 발생한 생산과 소비에서의 이와 같은 대체는 기혼여성으로 하여금 가계생산 및 가계소비에 투입된 시간을 줄이고 시장활동에 투입된 시간을 증대시키도록 한다.

③ 다만, 기혼여성의 임금 상승이 생산과 소비 양면에서 대체효과만 발생시키는 것은 아니다. 일면 소득효과로 소비상품에 대한 수요를 증대시킴으로써 노동참가를 줄일 수 있는 것이다.

4 노동공급의 (임금)탄력성

(1) 의의 및 산출방법 필기 출제 19, 13, 12, 06년 기출

① 노동공급의 임금탄력성(Wage Elasticity of Labor Supply)은 독립변수인 임금률이 1% 변화할 때 그에 의해 유발되는 종속변수로서 노동공급량의 변화율을 말한다.

② 노동공급의 임금탄력성은 다음의 공식으로 나타낼 수 있다.

$$\text{노동공급의 (임금)탄력성} = \frac{\text{노동공급량의 변화율(\%)}}{\text{임금의 변화율(\%)}}$$

③ 예를 들어, 임금이 3,000원에서 5,000원으로 증가할 때 노동공급량이 270명에서 540명으로 증가한 경우, 노동공급의 임금탄력성은 다음과 같다.

이렇게 출제된다! 2차 주관식

노동수요의 탄력성 및 노동공급의 탄력성을 산출하는 공식을 각각 쓰시오.

쌤의 비법노트

노동공급의 임금탄력성은 임금 상승 시 노동공급이 증가하므로 정(+)의 값을 가지게 되며, 그로 인해 반드시 절댓값 개념을 사용해야 한다는 원칙은 없습니다. 또한 소숫점 이하 반올림을 필요로 하는 경우 [계산식 2]와 같이 번분수를 이용하는 것이 좋습니다.

[계산식 1]

- 노동공급량의 변화율(%) = $\frac{540-270}{270} \times 100 = 100(\%)$
- 임금의 변화율(%) = $\frac{5,000-3,000}{3,000} \times 100 ≒ 66.7(\%)$
- 노동공급의 (임금)탄력성 = $\frac{100(\%)}{66.7(\%)} ≒ 1.50$ ∴ 1.50

[계산식 2]

$$\left| \frac{\frac{(540-270)}{270} \times 100}{\frac{(5,000-3,000)}{3,000} \times 100} \right| = \left| \frac{810,000}{540,000} \right| = 1.50 \qquad \therefore 1.50$$

(2) 노동공급의 임금탄력성의 크기 `필기` `출제` 21, 19, 13, 11, 09년 기출
① 노동공급의 증가율이 임금상승률보다 높은 경우 노동공급은 '탄력적'이 되는 반면, 임금상승률보다 낮은 경우 노동공급은 '비탄력적'이 된다.
② 탄력성의 값이 '무한대(∞)'인 경우(완전탄력적인 경우), 노동공급곡선은 수평이 된다. 예를 들어, 저개발국에는 과잉노동력이 존재하기 때문에 고용기회가 주어진다면 장기간에 걸친 거의 무제한의 노동공급이 이루어진다.
③ 탄력성의 값이 '0'인 경우(완전비탄력적인 경우), 노동공급곡선은 수직이 된다. 예를 들어, 특수전문직의 경우 임금과 무관하게 특수한 자격이 있어야만 노동공급을 받을 수 있으므로, 이러한 직종일수록 비탄력적인 노동공급이 이루어진다.

(3) 노동공급의 임금탄력성 결정요인 `필기` `출제` 19, 16, 14, 07년 기출
① 인구 수
② 노동조합의 결성과 교섭력의 정도(노조의 단체교섭력)
③ 여성취업기회의 창출 가능성 여부(경제활동참가 결정요인)
④ 파트타임 근무제도의 보급 정도(노동시간 결정요인)
⑤ 노동이동의 용이성 정도(노동의 이동 결정요인)
⑥ 고용제도의 개선 정도
⑦ 산업구조의 변화 등

5 노동공급의 지역 간 이동에 관한 주요 이론

(1) 토다로(Todaro)의 모형 `필기` `출제` 10년 기출
① 토다로는 노동력의 지역 간 이동 이론에서 도시의 공식부문(Formal Sector)과 비공식부문(Informal Sector)의 개념을 도입하였다.
② 농촌의 노동력은 도시의 전통부문에 해당하는 비공식부문에 먼저 이동을 하게 되며, 그곳에서 도시생활에 점차 익숙해지고 취업의 준비를 갖추게 될 때 도시의 공식부문에 취업을 하게 된다.
③ 토다로는 농촌에서 도시로의 이동을 결정하는 요인으로 도시와 농촌 간 실질소득의 차이, 도시에서 취업에 성공할 수 있는 확률을 제시하였다.

(2) 루이스(Lewis)의 모형(무제한 노동공급이론) `필기` `출제` 13, 03년 기출
① 농업을 중심으로 한 후진적 경제에서는 노동의 한계생산성이 '0'에 가까운 수준을 보이며, 노동의 가격(임금)은 생존유지 수준으로 결정된다.
② 이와 같은 임금수준에서 노동공급이 노동수요를 초과하는 경우 노동의 공급은 무제한이 된다. 즉, 어떤 경제가 전환점에 이르기까지는 전통부문의 미숙련 노동력이 도시에 무제한적으로 공급될 수 있다는 것이다.

이렇게 출제된다! 1차 기출 OX
Q 노동공급의 탄력성 값이 0인 경우 노동공급곡선은 수직의 형태를 띤다?
A (○)

이렇게 출제된다! 1차 기출 OX
Q '다른 생산요소로의 노동의 대체가능성'은 노동공급의 탄력성 결정요인이다?
A (×) 노동수요의 탄력성 결정요인이다.

이렇게 출제된다! 1차 기출 OX

Q 도시와 농촌 간 노동이동을 설명하는 모형에서 루이스(Lewis)의 노동공급곡선은 수직이다?

A (×) 수평이다.

③ 루이스는 특히 전통부문과 근대화부문의 이중구조가 완전탄력적(→ 노동공급곡선은 수평) 노동공급 양상을 보인다고 주장하였다.

6 노동시장의 균형과 최적 인적자원배분

(1) 노동시장의 균형 필기 출제 19, 17, 06, 05년 기출

① 노동시장은 노동수요곡선(D)과 노동공급곡선(S)으로 묘사되며, 이 두 곡선이 만나는 지점(E)에서 균형임금(W_0)과 균형고용량(L_0)이 결정된다.

② 만약 임금이 W_0 수준보다 높은 W'인 경우 노동의 초과공급($A-B$)이 존재하게 된다. 이 경우 구직활동을 하는 노동자들은 자신의 노동력을 팔기 위해 경쟁을 할 수밖에 없으며, 임금인하를 감수해야 한다.

③ 반면, 임금이 W_0 수준보다 낮은 W''인 경우 노동의 초과수요($C-F$)가 존재하게 된다. 이 경우 임금이 상승하게 되어 노동공급은 증가하는 한편 노동수요는 점차 감소하게 된다.

쌤의 비법노트

단기 균형상태에서 노동시장이 초과공급을 경험하는 경우 임금이 하락하게 되는데, 이는 곧 경기침체 상태임을 나타냅니다. 반면, 노동시장이 초과수요를 경험하는 경우 임금이 상승하게 되는데, 이는 곧 경기과열 상태임을 나타냅니다. 장기 균형상태에서 노동의 수요와 공급은 일치하게 됩니다.

④ 시간이 경과함에 따라 노동공급을 결정해 주는 요인이 달라질 수 있고, 그것이 노동공급곡선을 이동시킬 수 있다. 예를 들어, 가구원 노동소득의 감소 등으로 여성의 경제활동참가가 높아진다면, 노동공급곡선은 이동(S')하여 E' 지점에서 새롭게 균형을 이루게 되며, 이에 대응하는 임금은 W_1, 고용량은 L_1이 된다.

⑤ 결국 해당 직종에 대한 노동공급량의 증가는 다른 조건이 동일한 상태임을 가정할 때 균형임금의 하락(W_0-W_1), 균형고용량의 증가(L_0-L_1)를 초래하게 된다.

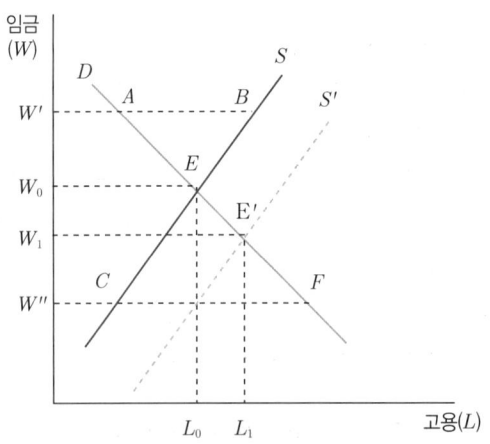

노동공급곡선의 이동과 균형

(2) 최적 인적자원배분 『필기 출제』 13, 11, 10, 08, 06년 기출

① 하나의 국민경제에서 최적 인적자원배분이 이루어졌을 때는 동일노동에 대해 동일임금이 지급될 때이다.
② 동일노동에 대한 동일임금은 노동의 각 부문 간 '배분의 효율성(Allocative Efficiency)'을 달성하게 되는데, 이는 자원배분이 가장 효율적으로 이루어진 상태로서 '파레토 최적 (Pareto Optimality)'과 연관된다.
③ 파레토 최적이 이루어지기 위해서는 생산의 효율성과 교환의 효율성이 동시에 일정한 조건을 충족시켜야 한다. 파레토 최적은 이러한 두 가지 조건을 동시에 충족해야만 가능한 것으로서, 사실상 자유경쟁시장에서 달성 가능한 것이다.

> **쌤의 비법노트**
> '파레토 최적(Pareto Optimality)'은 자원배분이 가장 효율적으로 이루어진 상태로, 쉽게 말해 근로자에게는 일하는 만큼 보상이 돌아가고, 자본가에게는 투자한 만큼 이익이 돌아가는 구조로 생각하면 됩니다.

7 노동시장의 유연성

(1) 의 의 『필기 출제』 21, 20, 14, 13년 기출

① 일반적으로 외부환경 변화에 인적자원이 신속하고 효율적으로 배분되는 노동시장의 능력을 말한다.
② 높은 수준의 고용보호는 경제 전체의 고용을 감소시키며, 실업을 증가시키고 실업기간을 늘리는 부작용을 낳는다.
③ 노동시장의 유연성은 경직된 노동시장에 경쟁원리를 도입하여 생산요소인 노동을 효율적으로 사용함으로써 노동생산성을 향상시키기 위한 방안이다.
④ 「근로기준법」에 경영상 이유에 의한 해고, 탄력적 근로시간제 등의 조항이 등장하고 「파견근로자 보호 등에 관한 법률」이 제정된 이유는 불확실한 시장상황에 기업이 신속하게 대응할 수 있도록 하기 위함이다.

> **쌤의 비법노트**
> 사용자의 부당해고로부터 근로자 보호를 강화하는 정책을 실시할 경우 기업의 신규 고용수준은 감소하는 반면, 정규직 근로자 또는 전일제근무자의 근로시간은 증가하는 경향이 있습니다.

(2) 인력운영의 유연성 확보를 위한 기업의 인적자원관리정책 『필기 출제』 18, 16, 14, 12, 10, 06년 기출

① 수량적 유연성(Numerical Flexibility)

외부적 · 수량적 유연성	인력의 수적 감소 및 고용형태의 다양화를 통해 수량적 유연성을 도모한다. 예 신규채용 축소, 명예퇴직 · 희망퇴직, 유연한 정리해고절차 등 근로자 수의 조정, 계약근로 · 재택근로 · 파트타임 등 고용형태의 다양화
내부적 · 수량적 유연성	근로자 수의 조정 없이 고용을 유지하되 작업을 공유하거나 근로시간을 조절한다. 예 변형근로시간제, 탄력적 근무시간제, 변형근무일제, 교대근무제 등에 의한 직무공유(Job Sharing), 휴직 또는 재고용 보장의 일시해고(근속기간 산입) 등

② 작업의 외부화(Externalization)

근로자의 권리를 우선시하는 노동법상의 고용계약 대신 쌍방의 동등한 권리를 강조하는 계약의 형태로 대체하는 것이다.

예 하청(Subcontracting), 외주(Outsourcing), 인재파견회사 혹은 용역업체로부터 파견근로자의 사용 및 자영업자의 사용 등

> **이렇게 출제된다! 1차 기출 OX**
> Q 외부적 · 수량적 유연성의 예로는 변형시간근로제(변형근로시간제), 탄력적 근무시간제 등이 있다.
> A (×) 내부적 · 수량적 유연성의 예에 해당한다.

③ 기능적 유연성(Functional Flexibility)
　㉠ 다기능공화, 배치전환, 작업장 간 노동이동 등을 통해 생산과정 변화에 대한 근로자의 적응력을 높이는 것이다.
　㉡ 기능적 유연성은 근로자에 대한 기업의 지속적인 사내직업훈련 또는 위탁교육 등의 교육훈련에 의해 달성될 수 있다.
④ 임금 유연성(Wage Flexibility)
　㉠ 임금구조를 개인 혹은 집단(팀)의 능력 및 성과와 연계하여 결정하는 임금체계 및 임금형태로 전환하는 것이다.
　㉡ 기존의 연공급이나 직무급에 의해 결정되던 임금구조를 개인 또는 집단의 능력이나 성과에 따라 지불하는 성과급제나 연봉제로 전환한다.

(3) 노동시장의 유연성을 높일 수 있는 방안 필기 출제 17년 기출
① 신속한 고용조정능력을 보장하는 제도 및 관행을 확립한다.
② 전직실업자의 능력에 따라 신속히 재취업이 이루어지는 제도 및 관행을 확립한다.
③ 노동수요 측면의 능력위주 인사관행을 확립한다.

> **더 알아보기**
>
> **경력정체와 승진정체** 필기 출제 20, 16, 09, 04년 기출
>
> | | |
> |---|---|
> | 경력정체 | 객관적 차원과 주관적 차원의 두 가지 관점으로 이루어진다. 전자는 직급 수준이나 연봉 수준 등 객관적이고 관찰 가능한 측면을 말하는 반면, 후자는 개인이 현재 직무에 만족하지 못함으로써 도전감이나 책임감이 증가될 가능성이 낮은 상황을 말한다. |
> | 승진정체 | 넓은 의미의 경력정체에 포함되는 것으로, 객관적 측면에서 기업의 구조적 특성과 연관된다. 특히 기업은 이 문제를 해결하기 위해 정년단축, 조기퇴직(명예퇴직) 유도, 자회사에의 파견, 팀장제도, 발탁승진제도, 임금피크제, 직급정년제 등을 활용한다. |

03절　인적자본에 대한 투자

1　인적자본이론

(1) 의의 및 특징 필기 출제 12년 기출
① 인적자본(Human Capital)이란 1950년대 말부터 미국의 노동경제학에 새롭게 나타난 개념으로 1960년대 이후 노동시장분석의 주류를 이룬 신고전학파의 입장을 대변한다.
② 노동의 질적 요인에 초점을 둔 것으로서, 노동자들 간에 서로 다른 생산성을 나타내는 이유를 밝히며, 인적자본의 효율적인 투자에 의한 생산성 향상을 강조한다.

③ 인적자본은 개인의 지능이나 천부적 재능 등 능력과 자질로서의 선천적 자본과 함께 교육, 훈련, 정보 등의 습득에 의한 후천적 자본으로 구분된다.
④ 교육·훈련은 생산성을 증가시키는 역할을 하며, 교육투자는 높은 임금을 보장한다.

(2) 인적자본의 주요 투자범위 〔필기 출제〕 15, 06년 기출

① 정규교육 또는 기타 학교교육(Formal Education and Schooling)
정규학교에서 이루어지는 기본적이고 체계적인 교육이다.

② 현장훈련(OJT ; On the Job Training)
취업 후 사업장에서 작업 등을 통해 획득하는 기술훈련이다.

③ 이주 또는 노동의 이동(Migration)
일정 수준 인적자본을 축적한 근로자가 자신의 가치를 더욱 증가시키기 위해 이동하는 것이다.

④ 건강(Health)
노동공급시간을 일정한 상태로 유지시키고 노동력의 질을 향상시키기 위한 노력이다.

⑤ 정보(Information)
구직자에게 자신의 직업적성과 기능수준에 부합하는 일자리를 찾도록 하며, 취업자에게 새로운 지식과 기술을 접하도록 해 주는 것이다.

⑥ 비공식 학습(Non-formal Learning)
정규학교교육 밖에서 이루어지는 구조화된 학습활동으로서, 계획화·체계화·조직화된 교수과정을 포함한다.

⑦ 무형식 학습(Informal Learning)
정규학교교육 밖에서 이루어지는 구조화된 학습활동으로서, 자기학습(Self-learning)의 과정으로 전개된다.

> **이렇게 출제된다! 2차 주관식**
>
> 인적자본에 대한 투자의 대상을 3가지만 쓰고, 각각에 대해 설명하시오.

더 알아보기

현상훈련의 종류 〔필기 출제〕 17년 기출

일반훈련 (General Training)	• 어떤 산업에서나 공통적으로 이용될 수 있는 기술을 전수하는 훈련과정을 말한다. • 소요되는 비용은 일반적으로 근로자가 부담하며, 근로자는 훈련이 끝난 후 높아진 임금을 받음으로써 훈련투자에 대한 회수를 하게 된다.
기업특수적 훈련 (Firm-specific Training)	• 기업 고유의 기술 혹은 기업 전용의 기술을 전수하는 훈련과정을 말한다. • 비용은 전적으로 기업이 부담하게 되며, 기업은 훈련투자로부터 생기는 생산성의 향상분을 회수하게 된다. 특히 비용투입에 따른 투자회수기간이 필요하므로, 기업은 해당 근로자를 가급적 해고시키지 않는 등 다르게 취급하게 된다.

> **쌤의 비법노트**
>
> 기업이 여성근로자에게 기업특수적 훈련을 잘 시키지 않는 이유는 상대적으로 높은 자진퇴사율로 인해 비용투입에 따른 투자회수기간이 남성근로자에 비해 상대적으로 짧기 때문입니다.

쌤의 비법노트

'사적 수익률'은 교육연수 증가에 따른 개인근로소득의 증가율을 의미합니다. 사적 수익률이 개인의 투자비용과 개인의 투자수익만을 고려한다면, 사회적 수익률은 사회구성원으로서 본인뿐만 아니라 다른 사람에게도 이득을 제공하는 사회적 수익을 반영한 것입니다(예 고등교육을 통해 민주적 정부 구성에 관심을 가지게 되어 적극적으로 참여함).

이렇게 출제된다! 1차 기출 OX

Q 인적자본론에서는 장기근속자일수록 기업특수적 인적자본량이 많아져 해고율이 낮아진다고 주장한다?

A (○)

(3) 교육투자의 사적 수익률과 사회적 수익률 〔필기 출제〕 12, 06년 기출

① 교육의 사적 수익률이 사회적 수익률보다 높은 경우 개인이 교육을 통해 얻는 이익은 상대적으로 크다. 이 경우 교육에 대한 초과수요가 발생한다. 만약 학력이 간판으로서의 기능을 하고, 기업이 학력을 선발기준으로 삼는 고용관행이 고착화되면 고학력에 대한 민간부문의 수요는 과도하게 높아질 수 있다.

② 교육의 사적 수익률이 사회적 수익률보다 낮은 경우 개인이 교육을 통해 얻는 이익은 상대적으로 적다. 이 경우 정부는 개인이 교육을 통해 얻는 이익이 증가하도록 인적자본에 대한 투자정책을 확대할 필요가 있다.

③ 정부는 사적 수익률보다는 사회적 수익률을 높이는 데 초점을 맞추어야 한다. 만약 교육투자의 사회적 수익률이 실물자본투자의 사회적 수익률에 비해 크다면 교육투자는 사회적으로도 바람직한 자원배분이 된다.

(4) 인적자본이론의 노동이동 〔필기 출제〕 19, 17, 12, 07, 06, 04년 기출

① 근로자는 기존의 직업으로부터 얻은 효용과 새로운 직업으로부터 얻을 효용, 그리고 직업활동 기간 및 이주에 소요되는 비용 등을 종합적으로 고려하여 노동이동의 순익을 극대화하는 방향으로 자신의 행동을 결정하게 된다.

② 기업의 입장에서 인적자본은 교육 및 훈련을 통한 근로자의 생산성 향상 과정이다. 즉, 기업은 근로자가 미래에 더 많은 기여를 하리라는 기대와 함께 근로자의 교육 및 훈련에 많은 비용을 지불한다.

③ 기업특수적 인적자본을 다방면에 걸쳐 오랜 기간 동안 축적한 근로자는 기업의 입장에서 생산성 향상을 위한 중요한 요인이 되며, 그로 인해 높은 임금률에도 불구하고 해고율은 상대적으로 낮게 나타난다.

④ 사직률과 해고율은 경기변동에 따라 상반되는 관련성을 가지고 있으며, 기업특수적 인적자본과 부(-)의 상관관계를 가진다.

(5) 인적자본이론에 대한 비판적 시각 〔필기 출제〕 16, 11년 기출

① 노동자를 사람보다는 기계로서 인식하는 측면이 있다.

② 교육과 훈련이 생산성 증대를 가져온다는 점이 실증적으로 입증되지 못하였다.

③ 교육훈련은 능력 있는 사람만을 식별해낼 뿐 실제로 그 능력 자체를 향상시키지는 못할 수도 있다.

더 알아보기

1. 사용자가 사직률이 낮은 근로자를 선호하는 이유
   - 기업특수적 인적자본의 확보
   - 인적자본투자의 안정성으로 인한 기업의 생산성 증대
   - 신규충원에 소요되는 비용의 절감 및 노사관계의 안정
2. 근로자의 낮은 사직률이 사회적으로 좋지 않은 영향을 주는 이유
   - 고용시장의 경직에 따른 신규인력의 진입 곤란
   - 산업구조 변화에 따른 노동인력수급 변화에의 대처 곤란
   - 기술 변화에 따른 신규기술인력의 재빠른 도입 곤란

이렇게 출제된다! 2차 주관식

사용자는 다른 조건이 일정할 때 사직률이 낮은 근로자를 선호하지만, 이는 사회적인 관점에서 바람직하지 않다. 사용자가 사직률이 낮은 근로자를 선호하는 이유와 함께 근로자의 낮은 사직률이 사회적으로 좋지 않은 영향을 주는 이유를 설명하시오.

2 선별가설(선발가설)

(1) 의의 및 특징 필기 출제 17, 16, 12년 기출

① 인적자본이론을 비판하기 위해 나온 이론이다.
② 교육·훈련은 단지 생산성의 신호일 뿐이다.
③ 개인의 능력개발이 개인의 생산성 향상으로 직결된다는 점을 부인한다.
④ 인적자본이론과 마찬가지로 교육투자가 높은 임금을 보장한다고 주장하나, 이는 생산성 증가에 기인한 것이 아닌 선별조건 향상에 따른 것이다.

쌤의 비법노트

인적자본이론은 교육이 직접적으로 생산성을 증가시키는 역할을 한다고 보는 반면, 선별가설은 교육이 직접적으로 생산성을 증가시키는 역할을 한다고 보지 않습니다.

(2) 선별가설의 시사점 필기 출제 22, 15년 기출

① 근로자들은 자신의 능력과 재능을 보여주기 위해 교육에 투자한다.
② 교육훈련이 생산성을 직접 높이는 것은 아니고 유망한 근로자를 식별해 주는 역할을 한다.
③ 학력이 높은 사람이 소득이 높은 것은 교육 때문이 아니고 원래 능력이 우수하기 때문이다.
④ 빈곤 문제 해결을 위한 교육기회의 평등화정책은 크게 성공하지 못할 것이다.

Comment

선별가설(선발가설)은 교육이 곧 생산성 증대로 이어진다는 인적자본이론에 반발하여 교육이 단지 생산성에 기여할 개연성을 가진다고 주장한 이론적 관점을 총칭합니다. 이와 관련하여 스티글리츠(J. E. Stiglitz)는 선발이론(Screening Theory)으로, 스펜스(M. Spence)는 신호이론(Signaling Theory)으로, 그리고 애로우(K. J. Arrow)는 여과이론(Filter Theory)으로 설명한 바 있습니다.

쌤의 비법노트

교육의 신호모형을 제안한 학자는 미국 하버드대학교 출신으로 2001년 노벨경제학상 수상자이기도 한 '마이클 스펜스(Michael Spence)'입니다. 다만, 직업상담사 시험에서는 종종 "경제학자 Spencer …"라고 언급하고 있는데, 이는 오타로 보입니다.

> **더 알아보기**
>
> **교육의 신호모형(신호이론)** 〔필기 출제〕 20, 17, 12년 기출
> - 경제학자 스펜스(Spence)는 고학력자의 임금이 높은 것은 교육이 생산성을 높이는 역할을 하는 것이 아니라 처음부터 생산성이 높다는 것을 교육을 통해 보여주는 것이라는 견해를 제시하였다.
> - 예를 들어, 국내 시장만을 상대하는 어떤 내수기업에서 영어에 능통한 A를 채용했다고 가정하자. 그런데 A의 업무는 영어를 전혀 필요로 하지 않는다. 그러나 이 회사는 A가 영어에 능통하다는 사실이 그만큼 A가 성실하고 유능하다는 것을 의미한다고 보고 채용한 것이다.
> - 요컨대, 사용자는 신규채용 근로자의 실제적인 생산성이 어떻게 나타날지에 대해 확실히 알 수 없다. 다만 생산성과 상관관계가 있다고 볼 수 있는 몇 가지 지표만을 관찰할 수 있을 뿐이다. 이와 같이 교육의 신호모형은 교육이 생산성을 향상시키는 것이 아닌 단지 신호기능을 한다는 점을 강조한다.

쌤의 비법노트

신고전학파는 노동시장을 시장기능의 작용으로 설명함으로써 '경쟁노동시장가설'의 입장을 취하는 반면, 제도학파는 시장의 기능과는 다른 사회제도의 힘에 의해 노동시장의 임금 및 고용이 결정된다고 주장함으로써 '분단노동시장가설'의 입장을 취하고 있습니다.

쌤의 비법노트

신고전학파의 경쟁노동시장에서는 '동일노동-동일임금'을 주장합니다. 이는 노동자 간에 기술, 숙련, 지역적 차이를 제외하고 노동력의 질적 차이가 없다는 가정하에, 동질의 노동에 대한 동일한 임금을 의미하는 것입니다.

04절 노동시장의 구조

1 경쟁노동시장가설(경쟁시장가설)

(1) 의의 및 특징 〔필기 출제〕 19, 12년 기출

① 경쟁노동시장가설(경쟁시장가설)은 그 속에서 수요와 공급이 이루어지는 노동시장을 하나의 연속적이고 경쟁적인 시장으로 파악하는 가설이다.
② 노동시장도 다른 재화의 경우와 마찬가지로 경쟁상태하에서 움직인다고 본다.
③ 임금 및 기타 근로조건의 결정에 있어서 노동시장은 그 수급조절 기능을 원활히 수행하고 있다는 것을 암묵적으로 가정한다.

(2) 경쟁노동시장 경제모형의 기본 가정 〔필기 출제〕 20, 18, 17, 12, 10, 08, 05년 기출

① 노동자 개인이나 개별고용주는 시장임금에 아무런 영향력을 행사할 수 없다.
② 노동시장의 진입과 퇴출이 자유롭다.
③ 노사의 단체(단결조직)가 없으며, 정부의 임금규제도 없다.
④ 노동자와 고용주는 완전정보를 갖는다.
⑤ 직무의 성격은 모두 동일하며, 임금의 차이만 존재한다.
⑥ 모든 노동자는 동질적(숙련 및 노력에서)이다.
⑦ 모든 직무의 공석은 외부노동시장을 통해서 채워진다.

2 분단노동시장가설

(1) 의의 및 특징 〔필기 출제〕 21, 12, 10, 04년 기출

① 역사적 관찰과 실증적 연구에 의해 신고전학파의 경쟁시장가설(경쟁노동시장가설)을 비판한 제도학파의 노동시장 구조에 관한 이론이다.

② 노동시장에는 여러 가지 제도적 장애물과 같은 것이 있으므로, 노동력의 원활한 흐름이나 배분, 임금 및 근로조건 등의 결정에 많은 문제가 발생한다고 본다.
③ 노동시장은 하나의 연속적이고 경쟁적인 시장으로 볼 수 없으며, 상당히 다른 속성을 가진 근로자들이 분단된 상태의 노동시장에서 상호 간에 이동이나 교류가 거의 단절된 상태에 있고 임금이나 근로조건에 있어서도 그 차이가 현저하다.

(2) 분단노동시장가설의 주요 출현배경 필기 출제 20, 16, 10년 기출

① 과거 완전고용의 시도와 빈곤퇴치를 위한 정책적 노력에도 불구하고 빈곤은 계속 존재해 왔다.
② 근로자 개개인의 특성(예 IQ, 교육년수 등)으로 근로자 간 소득분포 차이를 잘 설명할 수 없다. 또한 교육확대정책을 통해 교육년수 격차를 감소시켰음에도 불구하고 소득분포는 별로 변화하지 않았다.
③ 인적자본이론가들이 제시한 교육훈련 프로그램은 빈곤퇴치의 약속된 결과를 가져오는 데 실패했다.
④ 교육훈련은 그 자체로 생산성을 향상시킨다기보다는 기업가들이 근로자 채용 시 하나의 선별장치(Screening Device)로 이용할 따름이다.
⑤ 특히 미국의 경우 흑인이나 소수인종에 대한 지속적·현실적인 차별이 존재해 왔다는 사실 자체가 신고전학파의 경쟁시장가설의 실패를 입증하는 것으로 보인다.
⑥ 노동시장에서의 독점, 노동조합 및 경쟁으로부터 노동시장을 격리시키는 그 밖의 요인들은 경쟁이론의 테두리 안에서 만족스럽게 다룰 수 없다.

(3) 분단노동시장가설의 이론들 필기 출제 04년 기출

① 비경쟁집단이론
노동자의 직업 선택과 타 집단으로의 이동이 자유롭지 못하다는 점을 강조한다.

② 직무경쟁이론
노동시장이 수요와 공급의 상호작용보다는 사회적·제도적 요인에 의하여 영향을 많이 받는다고 주장하면서, 기업이 생산성보다는 훈련비용이 적게 드는 인재를 선호하며, 노동자는 직무서열에 따라 경쟁한다는 점을 강조한다.

③ 급진파이론
자본가와 노동자와의 계급 대립에 초점을 두며, 특히 자본가들이 노동자계급을 착취하기 위해 의도적으로 노동시장을 분단시킨다는 점을 강조한다.

④ 이중노동시장이론
노동시장이 1차 노동시장과 2차 노동시장으로 구분되며, 양 시장이 서로 독립적이고 임금 및 고용의 구조에도 차이를 보인다는 점을 강조한다.

⑤ 내부노동시장이론
이중노동시장이론의 또 다른 형태로, 외부노동시장과 분리되는 독립적인 노동시장으로서 내부노동시장을 강조한다.

쌤의 비법노트

분단노동시장가설은 신고전학파의 경쟁노동시장가설이 가진 한계를 다양한 역사적 관찰과 실증적 연구를 통해 비판하는 과정에서 나타난 이론적 입장입니다. 이는 기본적으로 노동시장이 하나의 연속적이고 경쟁적인 시장이 아니라는 전제에서 시작합니다.

이렇게 출제된다! 1차 기출 OX

Q 노동시장의 분단은 신고전학파의 주장을 반영한다?
A (×) 신고전학파의 한계를 반영한다.

이렇게 출제된다! 2차 주관식

노동시장의 분석이론 중 내부노동시장이론, 이중노동시장이론, 인적자본이론의 의미를 간략히 설명하시오.

쌤의 비법노트

종종 수험생들이 이중노동시장이론의 노동시장 구분을 '외부노동시장'과 '내부노동시장'으로 착각하곤 합니다. 혼동하지 마세요.

이렇게 출제된다! 1차 기출 OX

Q 2차 노동시장은 높은 이직률을 특징으로 한다?
A (○)

이렇게 출제된다! 2차 주관식

이중노동시장에서 1차 노동시장의 직무 혹은 소속 근로자들이 가지는 특징을 5가지 쓰시오.

더 알아보기

이중노동시장(Dual Labor Market) 필기 출제 22, 17, 16, 10, 09, 07, 05년 기출

1차 노동시장	• 고임금 • 고용의 안정성 • 승진 및 승급 기회의 평등(공평성) • 양호한 근로조건 • 합리적인 노무관리 등
2차 노동시장	• 저임금 • 고용의 불안정성(높은 노동이동) • 승진 및 승급 기회의 결여 • 열악한 근로조건 • 자의적인 관리감독 등

(4) 분단노동시장가설이 암시하는 정책적 시사점 필기 출제 20, 10, 06년 기출

① 인적자본 투자계획이나 직업탐색에 대한 지원 등과 같은 노동시장의 공급측면에 대한 정부의 개입 또는 지원을 지나치게 강조하는 것에 대해 부정적이다.
② 공공적인 고용기회의 확대나 임금보조, 차별대우 철폐 등을 주장하면서 노동시장의 수요측면에 초점을 둔다.
③ 노동의 소외를 방지하고 노동의 인간화를 도모하기 위한 의식적인 정책적 노력이 필요하다.
   예 학교제도를 비롯한 각종 사회제도의 재조직, 근로자들의 자기 직무에 대한 권한 확대 등

3 내부노동시장이론

(1) 의의 및 특징 필기 출제 21, 20, 18, 15, 14, 11, 10, 03년 기출

① 내부노동시장이론은 기업 내의 규칙이나 관리가 노동시장의 기능을 대신함으로써 노동시장 기능이 기업 내로 옮겨진 현상을 설명한다.
② 내부노동시장에서는 고용의 모든 측면이 일련의 관리규칙과 절차에 의해 지배되는 기업 내부의 구조화된 고용관계에 의해 이루어진다. 특히 제1차 노동자와 장기근로자로 구성되며, 승진제도가 중요한 역할을 한다.
③ 내부노동시장은 외부노동시장과 엄격히 구분되며, 다만 신규채용이나 복직 그리고 능력 있는 자의 초빙 시에만 외부노동시장과 연결된다.
④ 내부노동시장에서는 고용과 임금이 분리되어 결정되는데, 따라서 외부시장과의 사이에서 임금격차가 발생하게 되며, 그로 인해 소득불평등이 유발될 가능성이 높다.

쌤의 비법노트

내부노동시장이론에서 기업은 외부노동시장과 분리되는 독립적인 노동시장으로서의 조직체로 간주됩니다. 또한 '제1차 노동자'는 대기업이나 공공부문의 노동자로서 보통 정규직 노동자를, '제2차 노동자'는 중소기업이나 하청업체의 노동자로서 보통 비정규직 노동자를 일컫습니다.

(2) 내부노동시장의 형성요인 　필기 출제　 22, 20, 19, 18, 16, 15, 14, 12, 10, 09, 08, 06, 03년 기출

① 숙련의 특수성(기능의 특수성)

기업의 고유한 숙련은 기록이나 문서로 전수가 불가능하며, 기업 내의 내부노동력에 의해 시간이 흐를수록 축적된다.

② 현장훈련

현장훈련에서는 문서화되지 않은 실제 현장의 담당자만이 아는 노하우(Know-how)를 전임자가 후임자에게 생산과정을 통해 직접 전수하게 된다.

③ 기업 내의 관습(위계적 직무서열)

노동현장에서의 관습은 근로자의 진입·보수·전환배치·승진·퇴직 등 노동관계의 각종 사항을 규율한다. 관습은 고용의 안정성에서 형성된 것으로서, 고용의 안정성은 사용자나 근로자 양측에 모두 중요한 의미를 가진다.

④ 장기근속과 기업의 규모(장기근속 가능성)

기업에 대한 정확한 정보를 입수하기 어려운 근로자들로서는 기업의 규모가 크고 역사가 오래된 기업일수록 장기근속이 유리하다는 인식을 가지기 마련이다. 규모가 큰 기업은 조직 내 업무분담과 함께 이를 관리하기 위한 관리조직이 형성됨으로써 내부노동시장이 형성된다.

> **이렇게 출제된다! 2차 주관식**
> 내부노동시장의 형성요인을 3가지 쓰고, 각각에 대해 간략히 설명하시오.
>
> **쌤의 비법노트**
> '교육수준', '임금수준', '노동강도', '노동조합의 존재', '기술변화에 따른 산업구조 변화' 등은 내부노동시장의 형성요인에 해당하지 않습니다. 이를 틀린 지문으로 제시하여 문제를 출제하고 있습니다.

(3) 내부노동시장의 장단점 　필기 출제　 10, 09, 05년 기출

장 점	• 우수한 인적자원(기업특수적 인적자원)의 확보·유지 • 승진 또는 배치전환을 통한 동기유발의 효과 • 인적자본 확보 및 동기유발 효과를 통한 생산성 향상, 기업 경쟁력 제고 • 고임금 및 장기고용 유지를 위한 지불능력 보유
단 점	• 인력의 경직성 • 관리비용의 증가 • 높은 노동비용 • 핵심역량에의 집중 곤란 • 공성성 규범으로 인한 보상차등화의 곤란 • 급격한 기술변화로 인한 재훈련비용의 증대 • 노동조합과 정규직근로자에 대한 의존성 증대

> **이렇게 출제된다! 2차 주관식**
> 내부노동시장의 형성요인과 장점을 각각 3가지씩 쓰시오.

4 노동의 이동

(1) 노동의 이동(勞動移動, Labor Mobility)

① 의 의

㉠ 노동자가 지역 간·산업 간·직종 간·기업 간 이동하는 것을 말한다.

㉡ 근로자들이 불확실한 노동시장의 정보하에서 자신이 결정한 직업에 만족을 얻지 못하거나 혹은 기업의 사정으로 직장을 그만두는 경우, 그 밖에 더 높은 임금을 제공하는 직장을 찾고자 하는 경우 노동이동을 하게 된다.

쌤의 비법노트

구 직장과 신 직장 간의 수익의 차가 크면 클수록, 새로운 직장에서의 예상근속연수가 길면 길수록, 할인율이 낮으면 낮을수록, 노동이동에 따른 직접비용 및 심리적 비용이 적으면 적을수록 노동이동에 따른 순수익의 현재가치는 커집니다.

쌤의 비법노트

'기업'과 '사업체'는 다른 개념입니다. '기업'이 재화나 서비스를 생산·판매하는 조직 전체를 말한다면(예 삼성전자), '사업체'는 물리적 장소로서 실제 활동단위를 일컫습니다(예 삼성전자 평택공장). 참고로 '입직률'은 대개 사업체 단위 기준으로 산출하는데, 조사기간 중 해당 사업체에 전입이나 신규채용으로 입직한 인원을 전월 말 기준 근로자 수로 나눈 비율을 말합니다.

1차 기출 OX

Q 숙련 노동시장과 비숙련 노동시장이 완전히 단절되어 있다고 할 때 비숙련 외국근로자의 유입은 국내 비숙련공 집단에 큰 피해를 줄 수 있다?

A (○)

---

② 자발적 노동이동에 따른 순수익의 현재가치를 결정해 주는 요인 `필기 출제` 15, 11, 09, 03년 기출
  ㉠ 구 직장과 신 직장 간의 효용 내지 수익의 차
  ㉡ 새로운 직장에서의 예상근속연수
  ㉢ 장래의 기대되는 수익과 현 직장에서의 수익의 차를 현재가치로 할인해 주는 할인율
  ㉣ 노동이동에 따라 발생하는 직접비용 및 심리적 비용 등

(2) 노동의 이동(勞動異動, Labor Turnover)

① 의 의 `필기 출제` 15년 기출
  ㉠ 노동자가 하나의 기업에서 들어오고 나가는 것을 말한다.
  ㉡ 노동자의 이동을 하나의 기업을 중심으로 파악하는 것으로서, 기업의 관점에서 노동자가 기업으로 들어오는 입직(入職, Accessions)과 기업에서 떠나는 이직(離職, Separations)으로 설명한다.

② 이직의 경로 `필기 출제` 19, 15년 기출

사 직 (Quits)	'자진사퇴' 또는 '자진이직'이라고도 하며, 정년퇴직이나 군입대, 동일기업 내 타사업장으로의 배치전환 등의 이유가 아닌 다른 사유로 근로자가 자신의 희망에 따라 스스로의 주도하에 이직하는 경우를 말한다.
일시해고 (Layoffs)	근로자의 귀책사유 없이 기업의 가동률 저하로 인하여 근로자가 기업으로부터 떠나는 것으로 미국 등에서 잘 발달되어 있는 제도이다.
해 고 (Discharges)	회사의 규칙을 위반한 근로자 등을 기업이 정당한 사유(Just Causes)에 의해 면직시키는 경우를 말한다.
이 직 (Separations)	근로자가 기업에서 떠나는 경우를 포괄적으로 지칭하는 것으로서, 군복무, 정년퇴직, 신체장애, 사망 등 다양한 사유에 의해 이루어진다.

(3) 외국인 노동자의 유입

① 국내 내국인 노동시장에 미치는 영향 `필기 출제` 21, 07년 기출
  ㉠ 불법이주 외국인 노동자를 포함한 다수의 외국인 노동자는 보통 내국인들이 취업하기를 기피하는 3D 직종에 취업하는 경향이 있다.
  ㉡ 외국인력의 수입 또는 불법이민은 국내 내국인 노동시장에 영향을 미쳐 임금과 고용을 감소시키게 된다.

② 외국인 노동자 유입의 임금효과 `필기 출제` 21, 09년 기출

비숙련 노동시장	단순직 비숙련 외국인 노동자의 유입은 자국의 단순직 비숙련 노동자에게 부정적인 영향을 미친다. 다만, 전문직 숙련 노동자에게는 보완적인 요소로 작용하여 자국의 숙련 노동자의 임금을 상승시킬 수 있다.
숙련 노동시장	전문직 숙련 외국인 노동자의 유입은 자국의 전문직 숙련 노동자에게 부정적인 영향을 미친다. 다만, 단순직 비숙련 노동자에게는 보완적인 요소로 작용하여 자국의 비숙련 노동자의 임금을 상승시킬 수 있다.

05절 우리나라의 노동시장

1 노동시장 구조의 변화

(1) 노동력 구조의 변화 필기 출제 14년 기출

① 우리나라도 산업사회로 진입하면서 출산율이 둔화되고 노동력의 고령화가 나타나고 있는 추세이다.
② 중·장년층 및 청년층 노동력이 감소하고 있으며, 이를 충족시키기 위해 노령층 및 여성의 경제활동참가율이 증가할 것으로 전망된다.
③ 인구의 고학력화 현상이 뚜렷이 나타나고 있다.

(2) 고용 구조의 변화

① 서비스산업을 중심으로 고숙련 사무직 노동자의 비중이 상대적으로 높아지고, 특히 여성의 비중이 증가할 것으로 전망된다.
② 국제화 및 정보화 관련 직종, 서비스 및 마케팅 유통 관련 직종이 증가할 것으로 전망된다.
③ 근무형태의 변화가 확산되며, 임시직·계약직·파견직 등의 비정규 고용형태가 확대될 것으로 전망된다.
④ 지식사회의 급격한 변화 양상에 따라 직업의 생성 및 소멸이 촉진되고, 노동력의 유동화가 가속화될 것으로 전망된다.

> **더 알아보기**
>
> **우리나라 여성의 연령대별 경제활동참가율** 필기 출제 15, 10, 09, 04년 기출
>
> 우리나라 여성의 경제활동참가율은 20대 후반부터 30대에 걸쳐 감소하는 이른바 'M자형 곡선'을 보인다. 이는 결혼, 출산, 자녀양육 등 가족 돌봄 부담이 집중되는 시기에 여성들이 경제활동을 중단하게 되는 현상을 반영한다. 다만, 최근에는 기혼여성의 경력단절 비율이 점차 감소하는 추세를 보이고 있다(→ 2010년도와 2024년도 그래프 비교). 참고로 스웨덴, 독일, 프랑스 등 서유럽 선진국들의 경우 여성의 경제활동참가율이 연령대별로 '역U자형 곡선'에 근접한 형태를 보이고 있다.
>
>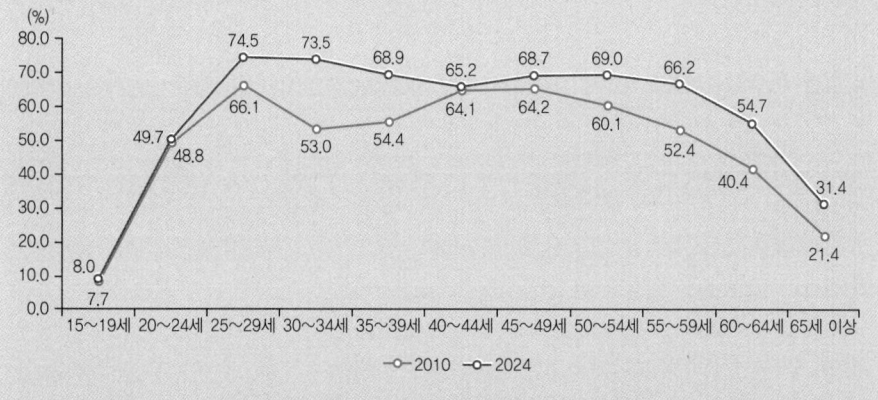
>
> 우리나라의 연령대별 여성 고용률(출처 : 여성가족부)

이렇게 출제된다! 1차 기출 OX

Q 우리나라 여성의 경제활동참가율은 20대 후반과 30대 초반 연령에서 크게 함몰된 M자형 곡선으로 나타나는데, 이는 여성의 생애경력의 단절에 기인하므로 선진국에서도 동일하게 나타나는 현상이다?

A (×) 서유럽 선진국들의 경우 역U자형 곡선에 근접한 형태를 보이고 있다.

2 최근 노동시장의 변화

(1) 1997년 IMF 경제위기(1998~1999년의 경제위기)에 따른 노동시장의 변화

〔필기 출제〕 21, 13, 12, 03년 기출

① 임시직·일용직 등 비정규직 고용비중이 증가하였다.
② 대량실업의 발생으로 해고분쟁이 증가하였다.
③ 외국인 노동자 수가 일시적으로 급감하였다.
④ 근로자의 평균근속기간이 감소하였다.
⑤ 노동조합 조직률이 감소하였다.

(2) 비정규직의 증가 〔필기 출제〕 21, 17, 11, 09년 기출

① 시장의 세계화와 기술의 발전으로 기업 간 경쟁이 격화되고 있다.
② 경쟁 환경의 변화에 따라 기업의 유연성이 강조되고 기업구조조정의 필요성이 제기되는 상황에서 노동조합운동에 대한 기업의 대항이 전개되고 있다.
③ 정규노동자 고용비용의 증가, 정규직 근로자 해고의 어려움 등은 특히 경기변화에 민감한 기업으로 하여금 비정규직을 선호하도록 부추기고 있다.
④ 불경기나 경제위기, 또는 계절적 특수 등으로 인해 비정규직의 활용빈도가 점차 증가하고 있다.
⑤ 여성의 경제활동 참여가 증가하고 있으며, 특히 신세대를 중심으로 과거와 달리 비정규적 고용형태, 자유직업으로서 프리랜서를 선호하는 의식의 변화가 나타나고 있다.
⑥ 노사 간의 파워에 의해 정리해고제, 파견법, 사회보장제 등을 주요 내용으로 한 법적·제도적 장치가 마련되었다.

쌤의 비법노트

외국인 노동자 수는 경제위기의 광풍이 휩쓴 1998년 일시적으로 급감했다가, 경제위기의 극복에 대한 낙관적 전망이 불던 1999년 가을 이후 서서히 증가하는 양상을 보였습니다.

이렇게 출제된다! 1차 기출 OX

Q 노동수요 측면에서 비정규직 증가의 원인으로 고학력 취업자의 증가를 들 수 있다?

A (×) 비정규직의 확대가 고학력 비정규취업자를 증가시키는 것이지, 고학력 취업자의 증가가 비정규직을 증가시키는 직접적인 원인이라 할 수 없다.

제4과목 노동시장

CHAPTER 01 출제 유형 알아보기

01절 노동의 수요

01 다음 중 노동수요의 특성에 대한 설명으로 옳지 않은 것은?

① 유발수요이다.
② 결합수요이다.
③ 유량의 개념이다.
④ 저량의 개념이다.

해설
④ '저량(Stock)'의 개념이 아닌 '유량(Flow)'의 개념이 옳다.

02 다음 중 노동수요의 결정요인으로 옳은 것은?

① 노동과 관련된 타 생산요소의 가격변화
② 인구의 규모와 구조
③ 노동에 대한 노력의 강도
④ 임금지불방식

해설
노동수요의 결정요인
• 노동의 가격(임금)
• 다른 생산요소의 가격변화(①)
• 생산기술의 진보
• 상품(서비스)에 대한 소비자의 수요
• 노동생산성의 변화

03 다음 중 노동시장이 생산물시장과 다른 점에 대한 설명으로 옳지 않은 것은?

① 노동시장에서 거래되는 노동력 상품은 노동자와 분리가 될 수 없기 때문에 노동시장에서는 노동조건을 둘러싼 노사관계 등 사회적 관계가 개입된다.
② 노동은 사용자의 입장에서 보면 생산요소이며 노동자의 입장에서 보면 소득의 원천이 되는 한편, 국민경제적 관점에서는 인적자원이 된다.
③ 일반상품과 달리 노동력 상품은 비교적 동질적이며 따라서 노동시장은 단일한 시장으로 존재하는 경우가 많다.
④ 노동력은 인적자원이기 때문에 화폐소득 이외의 사용되는 장소, 일의 성격 등에 의하여 노동공급이 영향을 받는다.

해설
③ 노동시장은 노동자의 질과 수에 따라 여러 가지 노동시장으로 특징지어진다. 즉, 단일한 시장으로 존재하는 것이 아닌 상호 관련 있는 여러 가지 유형의 노동시장이 존재한다.

정답 01 ④ 02 ① 03 ③

04 다음 중 노동수요곡선을 이동(Shift)시키는 요인에 해당하지 않는 것은?

① 임금의 변화
② 생산성의 변화
③ 제품 생산기술의 발전
④ 최종상품에 대한 수요의 변화

해설
① 임금은 노동수요의 결정요인이지만 다른 요인들과 달리 노동수요곡선을 이동(Shift)시키는 것이 아닌 노동수요곡선상의 이동으로 나타난다.

05 다음 중 노동과 자본만이 생산요소이고 두 생산요소가 서로 대체요소인 경우, 자본의 가격이 하락할 때 노동수요의 변화는 어떤 형태로 나타나는가?

①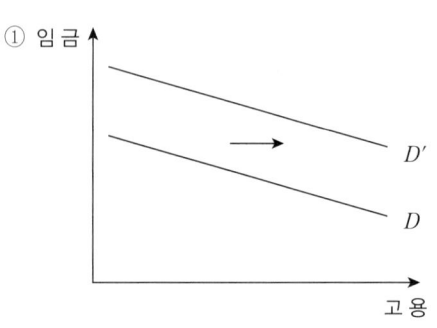
②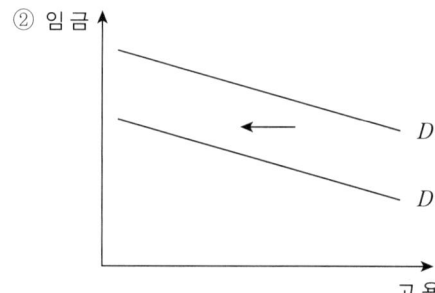
③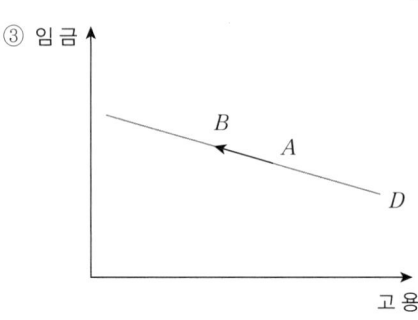
④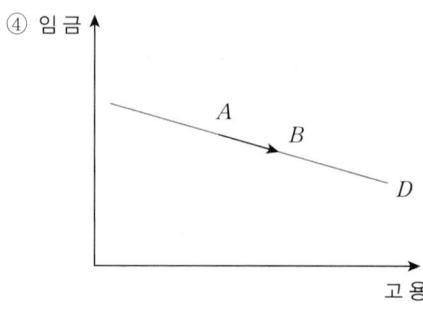

해설
② 노동과 자본이 대체재 관계인 경우, 자본의 가격이 하락하면 노동의 수요는 감소하게 된다.

06 완전경쟁시장의 치킨매장에서 치킨 1마리를 14,000원에 팔고 있다. 그리고 종업원을 시간당 7,000원에 고용하고 있다. 이 매장이 이윤을 극대화하기 위해서는 노동의 한계생산이 무엇과 같아질 때까지 고용을 늘려야 하는가?

① 시간당 치킨 1마리
② 시간당 치킨 1/2마리
③ 시간당 치킨 2마리
④ 시간당 치킨 4마리

해설

이윤극대화 노동수요의 조건

$$노동의\ 한계생산물가치(VMP_L = P \cdot MP_L) = 임금률(W)$$
(단, P는 생산물가격, MP_L은 노동의 한계생산량)

문제상에서 치킨 1마리의 가격(P)이 14,000원, 시간당 임금(W)이 7,000원이므로,

노동의 한계생산량(MP_L) = $\dfrac{임금률(W)}{생산물가격(P)}$ = $\dfrac{7,000(원)}{14,000(원)}$ = 0.5(개)

∴ 시간당 치킨 1/2마리

---

07 경쟁시장에서 아이스크림 가게를 운영하는 A씨는 5명을 고용하여 1개당 2,000원에 판매하고 있으며, 시간당 12,000원을 임금으로 지급하면서 이윤을 극대화하고 있다. 만일 아이스크림 가격이 3,000원으로 오른다면 현재의 고용수준에서 노동의 한계생산물가치는 시간당 얼마이며, 이때 A씨는 노동의 투입량을 어떻게 변화시킬까?

① 9,000원, 증가시킨다.
② 9,000원, 감소시킨다.
③ 18,000원, 증가시킨다.
④ 18,000원, 감소시킨다.

해설

이윤극대화 노동수요의 조건

$$노동의\ 한계생산물가치(VMP_L = P \cdot MP_L) = 임금률(W)$$
(단, P는 생산물가격, MP_L은 노동의 한계생산량)

위의 공식을 이용하여 노동의 한계생산량(MP_L)을 구하면,

노동의 한계생산량(MP_L) = $\dfrac{임금률(W)}{생산물가격(P)}$ = $\dfrac{12,000(원)}{2,000(원)}$ = 6

만일 현재의 고용수준에서 아이스크림 가격이 3,000원으로 오를 경우 노동의 한계생산물가치(VMP_L)는,

노동의 한계생산물가치(VMP_L) = 생산물가격(P) · 노동의 한계생산량(MP_L)
= 3,000 · 6 = 18,000(원)

이는 시간당 임금 12,000원보다 높은 금액이므로, 노동의 투입량을 증가시킴으로써 이윤을 극대화할 수 있다.

정답 06 ② 07 ③

08 다음 중 독점 상품시장과 완전경쟁시장하에서 기업의 균형 고용 조건으로 가장 옳은 것은?

① 임금과 총수입이 일치한다.
② 임금과 총비용이 일치한다.
③ 임금과 한계수입생산이 일치한다.
④ 임금과 한계생산물가치가 일치한다.

> **해설**
>
> **기업의 균형 고용 조건**
> - 완전경쟁시장에서 기업의 균형 고용 조건, 즉 이윤극대화 노동수요 조건은 노동의 한계생산물가치(VMP_L)와 임금률(W)이 일치하는 수준에 해당하며, 이때 노동의 한계생산물가치(VMP_L)는 넓은 의미에서 노동의 한계수입생산(물)(MRP_L)로도 볼 수 있다.
> - 다만, 완전경쟁시장에서는 한계수입(MR)이 생산물가격(P)과 같지만, 독과점시장의 경우 한계수입(MR)이 생산물가격(P)과 같지 않으므로 이를 노동의 한계생산물가치(VMP_L)로 나타내지 않는다. 이는 독점 상태하의 기업의 경우 일정불변의 가격을 가지고 있는 것이 아니고 생산 공급량의 변화에 따라 변화하는 가격을 가지며, 그때그때 상품 판매에 따라 발생하는 추가적 수입으로서 한계수입(MR)이 각각 달라지기 때문이다.

09 다음 보기의 도표에서 노동시장이 수요독점인 경우 임금과 고용량을 나타낸 것으로 옳은 것은? (단, D와 S는 각각 노동의 수요곡선과 공급곡선, 그리고 MFC는 한계요소비용으로 노동의 한계비용을 의미한다)

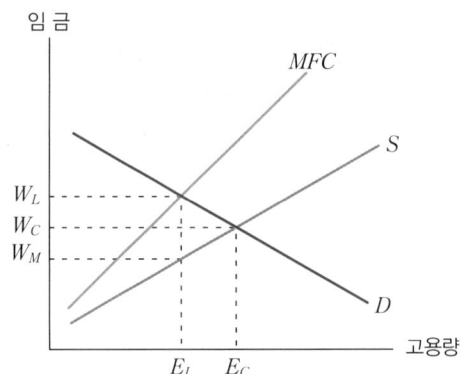

① W_L, E_L
② W_C, E_C
③ W_L, E_C
④ W_M, E_L

> **해설**
>
> **수요독점의 노동시장**
> 노동시장이 수요독점 상태인 경우 수요독점기업이 임의로 시장임금을 조정할 수 있을 것이며, 이러한 조건하에서 고용량은 수요곡선과 공급곡선에 의해 결정되는 것이 아닌 노동의 한계비용, 즉 한계요소비용(MFC)과 수요독점기업의 노동수요(D)에 해당하는 노동의 한계수입생산물(MRP_L)이 일치하는 수준(→ E_L)에서 결정된다. 이때 기업은 결정된 고용량 수준에 해당하는 공급곡선(S)의 높이만큼 임금을 지불하게 된다(→ W_M).

10 다음 중 임금이 하락할 경우 장기 노동수요곡선에 대한 설명으로 옳은 것은?

① 장기에는 대체효과 및 소득효과로 인해 노동수요가 증가한다.
② 장기 노동수요곡선은 자본이 고정되어 있음을 전제로 하여 가변 생산요소인 노동수요의 변화량을 표시한 것이다.
③ 장기 노동수요곡선은 단기 노동수요곡선에 비해 비탄력적이다.
④ 장기에는 대체효과 외에 추가 자본투입에 의한 산출량 효과로 인해 추가적으로 노동수요가 증가한다.

| 해설 |

① 장기에는 대체효과와 규모효과(산출량 효과)로 인해 노동수요가 증가할 수 있다.
② 단기에 자본이 고정되어 있음을 전제로 하여 가변 생산요소인 노동수요의 변화량을 표시한 것은 단기 노동수요곡선이다.
③ 장기 노동수요곡선은 단기 노동수요곡선에 비해 탄력적이다.

11 시간당 임금이 5,000원에서 6,000원으로 인상될 때, 노동수요량이 10,000에서 9,000으로 감소한다면 노동수요의 임금탄력성은? (단, 노동수요의 임금탄력성은 절댓값이다)

① 0.2　　　　　　　　　　② 0.5
③ 1.0　　　　　　　　　　④ 2.0

| 해설 |

노동수요의 (임금)탄력성은 다음의 공식으로 나타낼 수 있다.

$$\text{노동수요의 (임금)탄력성} = \frac{\text{노동수요량의 변화율(\%)}}{\text{임금의 변화율(\%)}}$$

• 노동수요량의 변화율(%) $= \frac{10,000 - 9,000}{10,000} \times 100 = 10(\%)$

• 임금의 변화율(%) $= \frac{6,000 - 5,000}{5,000} \times 100 = 20(\%)$

• 노동수요의 임금탄력성 $= \frac{10(\%)}{20(\%)} = 0.5$　　　∴ 0.5

12 다음 중 노동수요의 탄력성에 대한 설명으로 옳지 않은 것은?

① 총생산비 중 노동비용이 차지하는 비중이 클수록 노동수요는 더 탄력적이 된다.
② 생산물에 대한 수요가 탄력적일수록 노동수요는 더 비탄력적이 된다.
③ 노동을 다른 생산요소로 대체할 가능성이 낮으면 노동수요는 더 비탄력적이 된다.
④ 노동 이외의 생산요소의 공급탄력성이 클수록 노동수요는 더 탄력적이 된다.

| 해설 |

② 생산물(상품)에 대한 수요가 탄력적일수록 노동수요는 더 탄력적이 된다.

정답　10 ④　11 ②　12 ②

02절 노동의 공급

13 다음 중 노동공급의 결정요인에 해당하지 않는 것은?

① 인구의 규모와 구조
② 노동생산성의 변화
③ 임금지불방식
④ 동기부여와 사기

해설

② 노동생산성의 변화는 노동수요의 결정요인에 해당한다.

14 다음 중 개인의 가용시간이 일정하다는 전제하에 작업장까지의 통근시간 증가가 총 근로시간 및 경제활동참가율에 미치는 효과를 올바르게 나열한 것은?

① 총 근로시간 증가, 경제활동참가율 증가
② 총 근로시간 증가, 경제활동참가율 감소
③ 총 근로시간 감소, 경제활동참가율 감소
④ 총 근로시간 감소, 경제활동참가율 증가

해설

통근시간 증가에 따른 효과
- 통근에 소요되는 시간은 노동시장에 공급될 수 있는 시간 중에서 제외되어야 하므로 총 근로시간은 감소하게 된다.
- 경제활동참가 예정자가 통근에 많은 시간을 필요로 할수록 그만큼 경제활동참가율은 낮아질 가능성이 커진다.

15 다음 중 기혼여성의 경제활동참가율을 높이는 요인과 가장 거리가 먼 것은?

① 시장임금의 상승
② 노동절약적 가계생산기술의 향상
③ 육아 및 유아교육시설의 증설
④ 배우자의 소득 증가

해설

④ 배우자(남편)의 소득이 증가할수록 기혼여성의 여가 선호도가 높아지는 반면, 경제활동참가율은 낮아지게 된다.

16 다음 중 개인이 노동시장에서의 노동공급을 포기하는 경우에 대한 설명으로 옳지 않은 것은?

① 개인의 여가–소득 간의 무차별곡선이 수평에 가까운 경우이다.
② 개인의 여가–소득 간의 무차별곡선과 예산제약선 간의 접점이 존재하지 않거나, X축 코너(Corner)점에서만 접점이 이루어질 경우이다.
③ 일정 수준의 효용을 유지하기 위해 1시간 추가적으로 더 일하는 것을 보상하는 데 요구되는 소득이 시장임금률보다 더 큰 경우이다.
④ 소득에 비해 여가의 효용이 매우 큰 경우이다.

> **해설**
> ① 개인의 여가–소득 간의 무차별곡선이 수직에 가까울 때 노동공급을 포기할 가능성이 높다.

17 다음 중 노동공급곡선이 그림과 같을 때 임금이 W_0 이상으로 상승한 경우의 설명으로 옳은 것은?

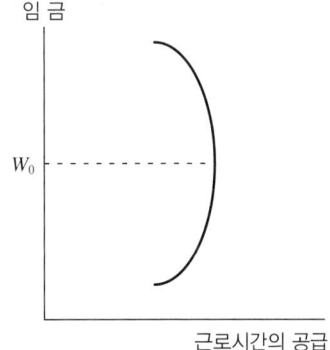

① 대체효과가 소득효과를 압도한다.
② 소득효과가 대체효과를 압도한다.
③ 대체효과가 규모효과를 압도한다.
④ 규모효과가 대체효과를 압도한다.

> **해설**
> ② 후방굴절형 노동공급곡선의 상단부분에서 좌상향으로 굽어지는 지점은 소득효과가 대체효과를 압도한 결과이다.

18 만일 여가가 열등재라면 개인의 노동공급곡선의 형태는?

① 우상향한다.
② 후방굴절한다.
③ 완전탄력적이다.
④ 완전비탄력적이다.

> **해설**
> ① 여가가 정상재가 아닌 열등재인 경우, 임금 상승의 대체효과가 소득효과를 압도하게 되어 개인의 노동공급곡선은 후방굴절하는 것이 아니라 임금수준과 무관하게 우상향한다.

19 다음 중 노동공급의 탄력성 결정요인에 해당하지 않는 것은?

① 산업구조의 변화
② 노동이동의 용이성 정도
③ 여성취업기회의 창출 가능성 여부
④ 다른 생산요소로의 노동의 대체가능성

해설

④ 노동공급의 (임금)탄력성 결정요인이 아닌 노동수요의 (임금)탄력성 결정요인에 해당한다.

20 다음 중 보기의 빈칸에 들어갈 내용으로 옳은 것은?

> 도시와 농촌 간 노동이동을 설명하는 모형에서 (　　)의 노동공급곡선은 수평이다.

① A. Marshall
② A. Smith
③ W. A. Lewis
④ J. R. Hicks

해설

루이스(Lewis)의 무제한 노동공급이론
전통부문과 근대화부문의 이중구조는 완전탄력적인 노동공급 양상을 보인다. 이는 무제한적인 노동공급으로 인해 총 노동수요가 증가하더라도 높은 임금을 지불할 필요가 없는 노동시장조건을 형성하기 때문이다. 이와 같이 노동공급이 완전탄력적인 경우 노동공급곡선은 수평이 된다.

21 다음 중 일국(一國)의 경제에서 최적 인적자원배분이 이루어졌다고 하는 때는 언제인가?

① 동일노동에 대해 동일임금이 지급될 때
② 완전고용을 이루었을 때
③ 자연실업률 상태에 도달하였을 때
④ 경제원칙이 달성되었을 때

해설

① 하나의 국민경제에서 최적 인적자원배분이 이루어졌을 때는 동일노동에 대해 동일임금이 지급될 때로, 이는 '배분의 효율성(Allocative Efficiency)'에 이르는 것이다.

22 다음 중 노동시장 유연성(Labor Market Flexibility)에 대한 설명으로 옳지 않은 것은?

① 외부적·수량적 유연성은 해고를 좀 더 자유롭게 하고 다양한 형태의 파트타임직을 확장시키는 것을 포함한다.
② 외부적·수량적 유연성의 예로는 변형근로시간제, 탄력적 근무시간제 등이 있다.
③ 기능적 유연성은 생산과정 변화에 대한 근로자의 적응력을 높이는 것을 의미한다.
④ 성과급제 및 연봉제의 도입도 인력운영의 유연성 확보를 위한 정책으로 볼 수 있다.

> **해설**
> ② 변형근로시간제, 탄력적 근무시간제 등은 근로자 수의 조정 없이 고용을 유지하되 작업을 공유하거나 근로시간을 조절하는 방식으로서 내부적·수량적 유연성에 해당한다.

03절 인적자본에 대한 투자

23 다음 중 인적자본의 투자범위에 해당하는 것을 올바르게 모두 고른 것은?

ㄱ. 정규교육
ㄴ. 현장훈련
ㄷ. 노동의 이동
ㄹ. 정보의 획득
ㅁ. 건 강

① ㄱ, ㄴ, ㄷ
② ㄱ, ㄴ, ㄷ, ㅁ
③ ㄱ, ㄴ, ㄹ, ㅁ
④ ㄱ, ㄴ, ㄷ, ㄹ, ㅁ

> **해설**
> **인적자본의 주요 투자범위**
> - 정규교육 또는 기타 학교교육(Formal Education and Schooling)(ㄱ)
> - 현장훈련(OJT ; On the Job Training)(ㄴ)
> - 이주 또는 노동의 이동(Migration)(ㄷ)
> - 건강(Health)(ㅁ)
> - 정보(Information)(ㄹ)
> - 비공식 학습(Non-formal Learning)
> - 무형식 학습(Informal Learning) 등

24 다음 중 교육투자에 대한 설명으로 옳지 않은 것은?

① 사적 수익률은 교육연수 증가에 따른 개인근로소득의 증가율을 의미한다.
② 정부는 사적 수익률을 높이는 데 초점을 맞추어야 한다.
③ 기업이 학력을 선발기준으로 삼는 고용관행이 고착화되면 고학력에 대한 민간부문의 수요는 과도하게 높아질 수 있다.
④ 교육투자의 사회적 수익률이 실물자본투자의 사회적 수익률에 비해 크다면 교육투자는 사회적으로도 바람직한 자원배분이다.

해설
② 정부는 사적 수익률보다는 사회적 수익률을 높이는 데 초점을 맞추어야 한다.

25 다음 중 인적자본이론의 노동이동에 대한 설명으로 옳지 않은 것은?

① 임금률이 높을수록 해고율은 높아진다.
② 장기근속자일수록 기업특수적 인적자본량이 많아져 해고율이 낮아진다.
③ 사직률과 해고율은 경기변동에 따라 상반되는 관련성을 가지고 있다.
④ 사직률과 해고율은 기업특수적 인적자본과 부(−)의 상관관계를 가진다.

해설
인적자본이론의 노동이동
기업의 입장에서 인적자본은 교육 및 훈련을 통한 근로자의 생산성 향상 과정이다. 따라서 기업특수적 인적자본을 다방면에 걸쳐 오랜 기간 동안 축적한 근로자는 기업의 입장에서 생산성 향상을 위한 중요한 요인이 되며, 그로 인해 높은 임금률에도 불구하고 해고율은 상대적으로 낮게 나타난다.

26 다음 중 선별가설(선발가설)에 대한 설명으로 가장 옳은 것은?

① 교육·훈련과 생산성 간의 정(+)의 상관관계를 강조한다.
② 교육·훈련이 생산성을 직접 높이는 것은 아니고 유망한 근로자를 식별해 주는 역할을 한다.
③ 빈곤 문제 해결을 위해서는 교육기회를 확대하는 것이 중요하다.
④ 교육투자는 높은 임금을 보장하지 않는다.

해설
① 인적자본이론의 내용에 해당한다. 인적자본이론은 교육·훈련이 생산성을 증가시키는 역할을 한다고 본다.
③ 선별가설은 빈곤 문제 해결을 위한 교육기회의 평등화정책이 크게 성공하지 못할 것임을 예견한다.
④ 선별가설은 인적자본이론과 마찬가지로 교육투자가 높은 임금을 보장한다고 주장하나, 이는 생산성 증가에 기인한 것이 아닌 선별조건 향상에 따른 것이다.

04절 노동시장의 구조

27 다음 중 경쟁노동시장 경제모형의 기본 가정으로 가장 옳은 것은?

① 모든 노동자는 이질적이다.
② 노동자의 단결조직은 있으나 사용자의 단결조직은 없다.
③ 모든 직무의 공석은 외부노동시장을 통해서 채워진다.
④ 노동자와 고용주는 불완전정보를 갖는다.

해설

경쟁노동시장 경제모형의 기본 가정
- 노동자 개인이나 개별고용주는 시장임금에 아무런 영향력을 행사할 수 없다.
- 노동시장의 진입과 퇴출이 자유롭다.
- 노사의 단체(단결조직)가 없으며, 정부의 임금규제도 없다.(②)
- 노동자와 고용주는 완전정보를 갖는다.(④)
- 직무의 성격은 모두 동일하며, 임금의 차이만 존재한다.
- 모든 노동자는 동질적(숙련 및 노력에서)이다.(①)
- 모든 직무의 공석은 외부노동시장을 통해서 채워진다.(③)

28 다음 중 분단노동시장가설의 출현배경과 가장 거리가 먼 것은?

① 능력분포와 소득분포의 상이
② 교육개선에 의한 빈곤퇴치 실패
③ 소수인종에 대한 현실적 차별
④ 동질의 노동에 동일한 임금

해설

④ 신고전학파의 경쟁노동시장가설(경쟁시장가설)이 강조한 내용에 해당한다. 경쟁노동시장가설은 노동자 간에 기술, 숙련, 지역적 차이를 제외하고 노동력의 질적 차이가 없다는 가정하에, 동질의 노동에 대한 동일한 임금으로서 '동일노동-동일임금'을 주장하였다.

29 다음 중 2차 노동시장의 특징에 해당하는 것은?

① 높은 임금
② 높은 이직률
③ 높은 안정성
④ 높은 승진률

해설

2차 노동시장의 특징
- 저임금
- 고용의 불안정성(높은 노동이동)(②)
- 승진 및 승급 기회의 결여
- 열악한 근로조건
- 자의적인 관리감독 등

정답 27 ③ 28 ④ 29 ②

30 다음 중 분단노동시장가설이 암시하는 정책적 시사점과 가장 거리가 먼 것은?

① 외부노동시장의 중요성을 강조한다.
② 공공적인 고용기회의 확대나 임금보조, 차별대우 철폐를 주장한다.
③ 노동시장의 공급측면에 대한 정부개입을 지나치게 강조하는 것에 대해 부정적이다.
④ 노동의 인간화를 도모하기 위한 의식적인 정책적 노력이 필요하다.

> **해설**
> ① 분단노동시장가설은 인적자본 투자계획이나 직업탐색에 대한 지원 등과 같은 노동시장의 공급측면에 대한 정부의 개입 또는 지원을 지나치게 강조하는 것에 대해 부정적인 반면, 공공적인 고용기회의 확대나 임금보조, 차별대우 철폐 등을 주장하면서 노동시장의 수요측면에 초점을 둔다. 이는 분단노동시장가설의 이론가들이 내부노동시장의 중요성을 강조한다는 점을 시사한다.

31 다음 중 내부노동시장의 형성요인에 해당하지 않는 것은?

① 기능의 특수성
② 장기근속 가능성
③ 위계적 직무서열
④ 기술변화에 따른 산업구조 변화

> **해설**
> **내부노동시장의 형성요인**
> • 숙련의 특수성(기능의 특수성)
> • 현장훈련
> • 기업 내의 관습(위계적 직무서열)
> • 장기근속과 기업의 규모(장기근속 가능성)

32 다음 중 자발적 노동이동(Voluntary Mobility)에 따른 순수익의 현재가치(Present Value)를 결정해 주는 요인에 해당하지 않는 것은?

① 새로운 직장의 고용규모
② 새로운 직장에서의 예상근속연수
③ 장래의 기대되는 수익과 현 직장에서의 수익의 차를 현재가치로 할인해 주는 할인율
④ 노동이동에 따른 심리적 비용

> **해설**
> **자발적 노동이동에 따른 순수익의 현재가치를 결정해 주는 요인**
> • 구 직장과 신 직장 간의 효용 내지 수익의 차
> • 새로운 직장에서의 예상근속연수
> • 장래의 기대되는 수익과 현 직장에서의 수익의 차를 현재가치로 할인해 주는 할인율
> • 노동이동에 따라 발생하는 직접비용 및 심리적 비용 등

05절 우리나라의 노동시장

33 우리나라 여성의 연령별 경제활동참가율은 남성과 달리 자녀의 출산·육아기에 현저한 차이를 보인다. 이를 잘 설명할 수 있는 형태는?

① U자형
② 역U자형
③ M자형
④ W자형

해설
③ 우리나라 여성의 경제활동참가율은 20대 후반부터 30대에 걸쳐 감소하는 이른바 'M자형 곡선'을 보인다. 이는 결혼, 출산, 자녀양육 등 가족 돌봄 부담이 집중되는 시기에 여성들이 경제활동을 중단하게 되는 현상을 반영한다.

34 다음 중 1997년 IMF 경제위기 직후 우리나라의 노동시장에 나타난 변화와 가장 거리가 먼 것은?

① 임시직·일용직 등 비정규직 고용비중이 증가하였다.
② 노동조합 조직률이 증가하였다.
③ 근로자의 평균근속기간이 감소하였다.
④ 대량실업의 발생으로 해고분쟁이 증가하였다.

해설
② 노동조합 조직률이 감소하였다.

35 다음 중 노동수요 측면에서 비정규직 증가의 원인과 가장 거리가 먼 것은?

① 정규노동자 고용비용의 증가
② 정규직 근로자 해고의 어려움
③ 고학력 취업자의 증가
④ 세계화에 따른 기업 간 경쟁 환경의 변화

해설
③ 비정규직의 확대가 고학력 비정규취업자를 증가시키는 것이지, 고학력 취업자의 증가가 비정규직을 증가시키는 직접적인 원인이라 할 수 없다.

정답 33 ③ 34 ② 35 ③

CHAPTER 01 최근 기출문제 파악하기 1차 필기

제4과목 노동시장

01

개별기업수준에서 노동에 대한 수요곡선을 이동시키는 요인을 모두 고른 것은? [2022년 2회 기출]

ㄱ. 기술의 변화
ㄴ. 임금의 변화
ㄷ. 최종생산물가격의 변화
ㄹ. 자본의 가격 변화

① ㄱ, ㄴ, ㄷ
② ㄱ, ㄴ, ㄹ
③ ㄱ, ㄷ, ㄹ
④ ㄴ, ㄷ, ㄹ

해설

ㄴ. 임금의 변화는 노동수요의 결정요인이기는 하나 다른 요인들과 달리 노동수요곡선을 이동(Shift)시키는 것이 아닌 노동수요곡선상의 수요점 이동으로 나타난다.

02

노동자 7명의 평균생산량이 20단위일 때, 노동자를 추가로 1명 더 고용하여 평균생산량이 18단위로 감소하였다면, 이때 추가로 고용된 노동자의 한계생산량은? [2021년 3회 기출]

① 4단위
② 5단위
③ 6단위
④ 7단위

해설

노동의 평균생산량과 노동의 한계생산량
노동의 평균생산량(AP_L)과 노동의 한계생산량(MP_L)의 공식은 다음과 같다.

- 노동의 평균생산량(AP_L) = $\dfrac{\text{총생산량}(TP)}{\text{노동투입량}(L)}$
- 노동의 한계생산량(MP_L) = $\dfrac{\text{총생산량의 증가분}(\varDelta TP)}{\text{노동투입량의 증가분}(\varDelta L)}$

- 노동자(L) 7명의 평균생산량(AP_L)이 20단위이므로 이때 총생산량(TP)은
 총생산량(TP) = 노동투입량(L) × 노동의 평균생산량(AP_L) = 7 × 20 = 140 ∴ 140단위
- 노동자(L) 8명의 평균생산량(AP_L)이 18단위이므로 이때 총생산량(TP)은
 총생산량(TP) = 노동투입량(L) × 노동의 평균생산량(AP_L) = 8 × 18 = 144 ∴ 144단위
- 따라서 추가로 고용된 노동자의 한계생산량은
 노동의 한계생산량(MP_L) = $\dfrac{144-140}{8-7} = \dfrac{4}{1} = 4$ ∴ 4단위

03

노동의 수요탄력성이 0.5이고 다른 조건이 일정할 때 임금이 5% 상승한다면 고용량의 변화는? [2022년 1회 기출]

① 0.5% 감소한다.
② 2.5% 감소한다.
③ 5% 감소한다.
④ 5.5% 감소한다.

해설

노동수요의 (임금)탄력성은 다음의 공식으로 나타낼 수 있다.

$$\text{노동수요의 (임금)탄력성} = \frac{\text{노동수요량의 변화율(\%)}}{\text{임금의 변화율(\%)}}$$

즉, $0.5 = \frac{x}{5(\%)}$ (단, x는 노동수요량의 변화율)

$x = 0.5 \times 5(\%) = 2.5(\%)$

∴ 2.5% 감소한다.

04

내부노동시장의 형성요인과 가장 거리가 먼 것은? [2022년 2회 기출]

① 관 습
② 현장훈련
③ 임금수준
④ 숙련의 특수성

해설

내부노동시장의 형성요인
- 숙련의 특수성(기능의 특수성)
- 현장훈련
- 기업 내의 관습(위계적 직무서열)
- 장기근속과 기업의 규모(장기근속 가능성)

정답 03 ② 04 ③

CHAPTER 01 최근 기출문제 파악하기 [2차 실무]

제4과목 노동시장

01 노동수요의 탄력성을 산출하는 공식과 노동수요의 탄력성에 영향을 미치는 요인을 3가지 쓰시오. (5점)

[2025년 2회, 2023년 1회, 2019년 3회 기출]

> **이렇게 외우세요!**
>
> (1) 노동수요의 (임금)탄력성을 산출하는 공식
>
> $$\text{노동수요의 (임금)탄력성} = \frac{\text{노동수요량의 변화율(\%)}}{\text{임금의 변화율(\%)}}$$
>
> (2) 노동수요의 (임금)탄력성에 영향을 미치는 요인
>   ① 생산물 수요의 탄력성
>   ② 총생산비에 대한 노동비용의 비중
>   ③ 노동의 대체가능성
>   ④ 노동 이외의 생산요소의 공급탄력성

02 완전경쟁시장에서 A제품을 생산하는 어떤 기업의 단기 생산함수가 다음과 같을 때, 이 기업의 이윤극대화를 위한 최적고용량을 도출하고 그 근거를 설명하시오(단, 생산물 단가는 100원, 단위당 임금은 150원). (4점)

[2024년 3회, 2022년 1회, 2018년 2회, 2015년 3회, 2013년 1회, 2010년 4회 기출]

노동투입량	0단위	1단위	2단위	3단위	4단위	5단위	6단위
총생산량	0개	2개	4개	7개	8.5개	9개	9개

> **이렇게 외우세요!**
>
> 기업은 노동의 한계생산물가치(VMP_L)와 임금률(W)이 같아질 때까지 고용량을 증가시킬 때 이윤을 극대화할 수 있다.
>
> $$노동의\ 한계생산물가치(VMP_L = P \times MP_L) = 임금률(W)$$
> (단, P는 생산물가격, MP_L은 노동의 한계생산량)
>
> 노동의 한계생산량(MP_L)을 산출하기 위한 공식은 다음과 같다.
>
> $$노동의\ 한계생산량(MP_L) = \frac{총생산량의\ 증가분(\varDelta TP)}{노동투입량의\ 증가분(\varDelta L)}$$
>
> 보기에 주어진 조건들을 위의 공식에 대입하여 노동의 한계생산량(MP_L) 및 노동의 한계생산물가치(VMP_L)를 계산하면 다음과 같은 결과가 나온다.
>
> | 노동투입량 | 0 | 1 | 2 | 3 | 4 | 5 | 6 |
> |---|---|---|---|---|---|---|---|
> | 총생산량 | 0 | 2 | 4 | 7 | 8.5 | 9 | 9 |
> | 한계생산량 | 0 | 2 | 2 | 3 | 1.5 | 0.5 | 0 |
> | 한계생산물가치 | 0 | 200 | 200 | 300 | 150 | 50 | 0 |
>
> 노동의 한계생산물가치($VMP_L = 100 \times 1.5 = 150$) = 임금률($W = 150$)
> 노동의 한계생산물가치(VMP_L)와 임금률(W)이 같은 4단위가 최적고용량에 해당한다.

03
기혼여성의 경제활동참가율을 결정하는 요인 6가지와 그 상관관계를 설명하시오. (6점)
[2021년 1회, 2018년 3회, 2014년 2회, 2012년 1회, 2011년 3회, 2010년 3회, 2007년 1회, 2005년 3회, 2003년 1회 기출]

이렇게 외우세요!

① 법적·제도적 장치의 유무 : 육아 및 가사를 위한 법적·제도적 장치가 부족한 경우 기혼여성의 경제활동참가율은 감소한다.
② 시장임금의 증감 : 시장임금이 감소하는 경우 기혼여성의 경제활동참가율은 감소한다.
③ 남편(배우자) 소득의 증감 : 남편의 소득이 증가하는 경우 기혼여성의 경제활동참가율은 감소한다.
④ 자녀수의 증감 : 자녀수가 증가하는 경우 기혼여성의 경제활동참가율은 감소한다.
⑤ 가계생산기술의 발달 여부 : 노동절약적 가계생산기술이 낙후된 경우 기혼여성의 경제활동참가율은 감소한다.
⑥ 고용시장의 발달 여부 : 고용시장이 경직된 경우 기혼여성의 경제활동참가율은 감소한다.

04
임금상승률에 따라 노동공급곡선은 "우상향한다"는 말이 참인지, 거짓인지, 불확실한지를 판정하고, 여가와 소득의 선택모형에 의거하여 그 이유를 설명하시오. (5점)
[2020년 2회, 2016년 3회, 2012년 1회, 2010년 4회, 2009년 2회 기출]

이렇게 외우세요!

(1) 참, 거짓 또는 불확실?
　　불확실
(2) 이유
　　대체효과와 소득효과의 관계(→ 대체효과가 클 경우 우상향, 소득효과가 클 경우 후방굴절), 여가를 정상재로 볼 것인가 열등재로 볼 것인가(→ 정상재인 경우 지속적인 임금상승 시 후방굴절)에 따라 노동공급에 미치는 영향이 다르므로, 임금률이 상승함에 따라 노동공급곡선이 우상향한다고 단정 지을 수 없다.

우리가 해야 할 일은 끊임없이 호기심을 갖고
새로운 생각을 시험해보고 새로운 인상을 받는 것이다.

− 월터 페이터 −

CHAPTER 02

제4과목 노동시장

임금의 제개념

 중요키워드 10

※ 중요도 높은 것에서 낮은 것 순으로

❶ 최저임금제도의 목적(기대효과)
❷ 보상적 임금격차의 발생원인
❸ 연공급의 장단점
❹ 평균임금과 통상임금의 차이점
❺ 임금격차의 경쟁적 요인
❻ 고임금이 고생산성을 가져오는 원인
❼ 의중임금
❽ 생산성 임금제에서 임금결정 방식
❾ 임금의 구성
❿ 임금기금설

제4과목

 쌤의 학습지도

1. 임금이론을 역사적 흐름에 따라 이해할 필요가 있어요.

임금생존비설, 임금기금설, 노동가치설 등은 자본주의 사회가 발달함에 따라 학자들이 임금에 대해 어떤 시각 차이를 가지게 되는지를 여실히 보여주고 있어요.

2. 임금의 구성은 교재에 따라 달리 제시되고 있어요.

직업상담사 시험에서도 명확한 기준을 보여주고 있지 않으므로, 고정적 임금과 변동적 임금을 중심으로 학습하도록 하세요.

3. 평균임금과 통상임금, 명목임금과 실질임금의 차이를 구분해야 해요.

어떤 급여 혹은 수당이 평균임금 혹은 통상임금으로 산정되는지를 파악하시고요, 명목임금과 실질임금을 서로 구별하는 이유를 알아두도록 하세요.

4. 의중임금은 여러 가지 명칭으로 출제되고 있어요.

의중임금은 '보상요구임금', '유보임금', '희망임금', '눈높이임금' 등 다양한 명칭으로 제시되고 있어요.

5. 임금체계와 임금형태는 다른 개념이에요.

임금체계는 연공급, 지능급, 직무급 등으로 구분하는 방식이고요, 임금형태는 시간급제(고정급제), 능률급제, 연봉제 등으로 구분하는 방식이에요.

6. 임금격차의 요인과 양상을 이해할 수 있어야 해요.

임금격차의 경쟁적 요인과 비경쟁적 요인, 보상적 임금격차의 발생요인 등은 언제든 시험문제로 나올 수 있어요.

7. 효율임금이론과 효율성 임금정책의 기본 원리를 이해할 필요가 있어요.

효율임금이론은 기업이 근로자에게 고임금을 지급하는 것이 기업의 입장에서 이익이 된다는 원리인데요, 그 구체적인 이유에 대해 기억해 둘 필요가 있어요.

8. 최저임금제도는 긍정적 효과와 부정적 효과가 있어요.

최저임금제도의 목적은 곧 긍정적인 기대효과를 말하는데요, 2차 실무시험에도 출제되는 만큼 암기하도록 하세요.

CHAPTER 02 임금의 제개념

01절 임금의 이해

1 임금의 개념

(1) 임금의 의의 〔필기 출제〕 22, 07년 기출

① 노동서비스의 제공에 대한 대가는 크게 임금(Wages)과 봉급(Salaries)으로 구분할 수 있으나 이를 포괄적으로 임금(Wages)이라 부른다.
② 임금은 가장 중요한 소득원천 중의 하나로, 산업사회에서 사회적 신분의 기준이 되기도 한다.
③ 인적자원의 효율적 배분과 연관되며, 유효수요에 영향을 미쳐 경제의 안정과 성장에 밀접한 관련이 있다.

(2) 임금의 법적 성격 〔필기 출제〕 20, 15, 09년 기출

노동대가설	• 임금을 근로자가 사용자의 지휘 · 명령을 받으면서 구체적으로 노동을 제공한 것에 대해 지급되는 대가로 본다. • 직무수당과 직능급과 같이 노동이 직접적으로 제공되는 임금에 대해 설명이 가능하다.
노동력대가설	• 임금을 구체적인 근로에 대한 대가가 아닌 근로자가 그의 노동력을 일정시간 사용자의 지휘 · 감독하에 두고 있는 것에 대한 대가로 본다. • 휴업수당, 가족수당, 물가수당 등 구체적인 근로의 제공과 관련이 없는 각종 수당에 대해 설명이 가능하다.
임금이분설	• 임금을 근로계약에 있어서 고정적 부분을 이루는 '보장적 임금'과 변동적 부분을 이루는 '교환적 임금'으로 구분한다. • 파업기간 중에는 근로자가 노무를 제공하지 않으므로 노무제공의 대가인 '교환적 임금'은 지급되지 않는 반면, 파업기간 중에도 종업원의 지위는 계속 유지되므로 '보장적 임금'은 지급되어야 한다.

> **쌤의 비법노트**
> '노동대가설'과 '노동력대가설'을 혼동하지 맙시다. 직무수당은 노동대가설로 설명할 수 있고, 휴업수당은 노동력대가설로 설명할 수 있습니다.

2 임금결정에 관한 주요 이론

(1) 임금생존비설 〔필기 출제〕 18, 16, 13, 12, 10년 기출

① 17세기 중상주의를 배경으로 탄생한 이론으로, 스미스, 리카도, 맬더스(Smith, Ricardo & Malthus) 등에 의해 주창되었다.

> **쌤의 비법노트**
> 임금생존비설은 노동공급 측면의 역할을 중시한 노동의 장기적인 자연가격결정론에 해당합니다.

② 맬더스(Malthus)의 인구법칙에 따르면, 임금이 생존비 이상으로 상승하는 경우 노동공급의 증가로 인해 임금이 생존비 이하로 하락하는 반면, 임금이 생존비 이하로 하락하는 경우 노동공급의 감소로 인해 임금이 다시 생존비 수준으로 상승한다.

③ 임금이 노동자 및 그 가족의 생활을 유지할 수 있을 정도의 수준에서 결정된다고 주장한다. 즉, 노동자의 임금이 생활비에 귀착되며, 생활비를 중심으로 약간 변동이 있더라도 궁극적으로는 임금이 생활비에 일치된다고 본다.

④ 특히 자본주의 사회에서 임금이 장기적으로 근로자의 최저생존비 수준에 머무를 수밖에 없다는 의미에서 임금의 철과 같은 잔혹한 법칙, 즉 '임금철칙설(The Iron Law of Wages)'이라고도 한다.

(2) 임금기금설 필기 출제 21, 18, 17, 13, 10, 03년 기출

① 19세기 밀(Mill)에 의해 주장된 것으로, 임금수준이 생존의 최저수준에 머물러 있지 않다는 인식에서 비롯되었다.

② 어느 한 시점에 근로자의 임금으로 지불될 수 있는 부의 총액 또는 기금은 정해져 있고, 이 기금은 시간이 지남에 따라 변화될 수 있다고 주장한다.

③ 이 이론에 따르면, 노동조합활동에 의해 일부에서 임금을 인상하는 경우 그것이 단순히 다른 근로자집단에게 돌아갈 임금기금을 감소시키므로, 다른 집단은 저임금을 받든지 실업할 수밖에 없게 된다.

④ 임금기금설은 고임금이 실업을 야기한다는 고용이론과 임금인상운동이 물가상승을 야기하여 명목임금의 상승을 초래한다는 임금-물가 악순환설, 임금이 기업의 지불능력에 의존한다는 지불능력설, 임금이 마지막으로 고용된 노동자가 만든 생산물의 양에 따라 결정된다는 한계생산력설 등에 영향을 미치게 된다.

(3) 노동가치설(노동력재생산비설) 필기 출제 19, 13, 10년 기출

① 마르크스(Marx)에 의해 주창된 이론으로, 관습이 생존수준을 결정하는 데 미치는 영향을 강조한다.

② 노동가치설은 임금의 생존비 수준을 고려하여 임금수준이 노동자와 그 가족의 생활필수품의 가치에 의해 결정된다고 주장한 점에서 임금생존비설과 유사하다. 그러나 마르크스는 임금을 생존비 수준 이하로 저하시키는 근본적인 원인을 근로자의 무지나 무절제에 의해서가 아닌 자본주의의 특성에서 찾았다.

③ 노동수요는 자본가의 자본축적과 생산확대에 의해 증가하게 되지만, 자본가는 그로 인해 야기되는 임금 상승과 잉여가치의 감소를 막고자 노동절약적 기계를 도입함으로써 임금 인하를 유발한다.

④ 임금 상승이 노동절약적 기계도입에 따른 기술적 실업의 발생으로 산업예비군(Industrial Reserve Army of Labor)을 증가시켜 다시 임금을 생존비 수준으로 저하시킨다.

이렇게 출제된다! 1차 기출 OX

Q 임금기금설에 따라 노동조합의 교섭력을 통한 임금의 인상이 불가능하다는 노동조합 무용론이 제기되었다?

A (○)

쌤의 비법노트

밀(Mill)은 임금기금설을 통해 노동조합 무용론을 강조하였다가 이후 임금기금설의 주요 측면을 포기한 채 노동조합이 성공적으로 임금수준을 제고시킬 수 있다는 점을 긍정함으로써 '신(新)임금기금설'로 자신의 이론을 수정하였습니다.

(4) 그 밖의 임금결정에 관한 주요 학설

① 한계생산력설

임금이 노동시장의 수요와 공급에 의해 결정된다고 주장한다. 즉, 노동의 수요와 공급이 한계생산성의 원리에 따라 임금의 결정에 관여하여 결국 노동의 수요와 공급의 균형점에서 임금과 고용량이 결정된다는 것이다.

② 임금교섭력설

고용기회나 노동공급량에 불리한 영향을 미치지 않으면서도 일정한 범위 내에서 임금이 교섭력 강도에 따라 변화할 수 있다고 주장한다.

3 임금수준의 결정

(1) 임금의 경제적 기능 필기 출제 20, 09년 기출

① 임금은 인적자본에 대한 투자수요결정의 변수로서 중요한 역할을 한다.
② 기업주에게는 명목임금이 중요성을 가지나 근로자에게는 실질임금이 중요하다.
③ 기업주 입장에서 본 임금과 근로자 입장에서 본 임금의 성격상 상호배반적인 관계를 갖는다.
④ 임금결정에 있어서 기업주는 능력 있는 사람에게 차등임금을 지급하는 방식을 선호하는 반면, 근로자는 동일노동에 대해 동일임금을 지급하는 방식을 선호한다.

(2) 임금수준의 결정 필기 출제 22, 21, 16, 07년 기출

① 임금수준은 조직의 규모와 역사, 노동생산성, 경영방침 등 기업 내적 요인과 함께 생계비, 노동시장의 수요공급, 노동조합의 압력, 경쟁기업의 임금수준, 사회적·경제적 환경, 정부의 규제 등 기업 외적 요인을 종합적으로 고려하여 결정되어야 한다.
② 임금수준의 기본적인 결정원칙은 다음과 같이 정리할 수 있다.

③ 임금수준은 인적자원의 효율적 배분과도 관련이 있다. 유능한 인재의 확보 측면은 물론 유능한 인재의 유출 방지 측면에서 중요한 의미를 가진다.

4 임금관리

(1) 임금관리의 구성 `필기` `출제` 21, 17년 기출

임금관리는 임금수준, 임금체계, 임금형태로 구성된다. 특히 효율적 임금관리를 위해서는 임금수준의 적정성, 임금체계의 공정성, 임금형태의 합리성이 요구된다.

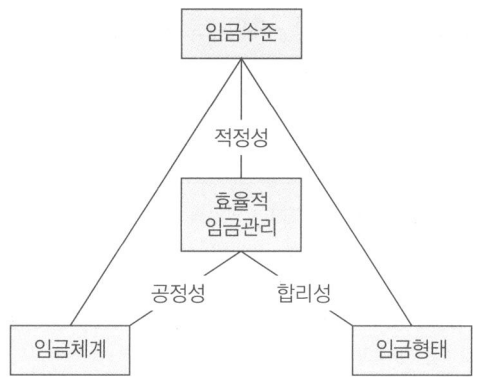

효율적 임금관리

임금수준	일정 기간 동안 한 기업 내의 모든 종업원에게 지급되는 평균임금을 의미하는 것으로, 기업의 전체적인 임금수준을 결정하는 총액 인건비관리와 관련된다.
임금체계	개별 종업원의 임금결정기준을 의미하는 것으로, 전체 임금을 종업원 개개인에게 어떠한 항목으로 어떤 기준에 의해 공정하게 배분하는가의 개별 인건비관리와 관련된다. 예 연공급, 직능급, 직무급 등
임금형태	임금의 계산 및 지불방법과 관련된다. 예 시간급제 또는 고정급제, 능률급제 또는 성과급제, 연봉제 등

> **쌤의 비법노트**
>
> 임금수준과 임금체계는 사실상 임금관리의 양대 지주라 할 수 있습니다. 임금수준관리가 기업의 전체적인 임금수준의 결정과 관련된 '총액 인건비관리'라고 할 때, 임금체계관리는 개별 종업원에 대한 공평한 분배와 관련된 '개별 인건비관리'라고 할 수 있습니다.

(2) 임금의 구성 `필기` `출제` 18, 15, 14, 12, 06, 05, 04년 기출

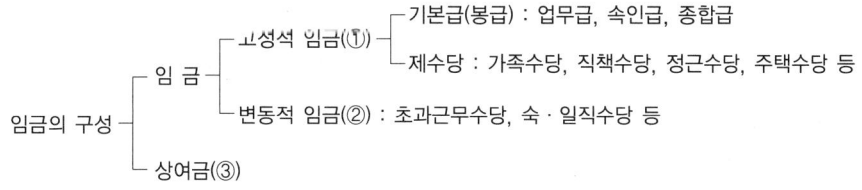

① 고정적 임금(기준 내 임금) `필기` `출제` 15년 기출

㉠ 매월 정해진 금액이 지급되는 고정적·안정적인 임금으로서 정액급여를 말한다.

㉡ 기본급은 업무급, 속인급, 종합급으로 구분된다.

업무급	직무나 직능과 같은 업무, 즉 맡은 일을 기준으로 결정되는 임금(→ 직무급 또는 직능급)
속인급	연령이나 학력, 경력, 근속연수 등을 기준으로 결정되는 임금(→ 연공급)
종합급	업무급과 속인급의 두 가지 요소를 종합적으로 고려하여 결정되는 임금

㉢ 제수당은 고정적인 수당으로서 가족수당, 직책수당, 정근수당 등이 포함된다.

> **쌤의 비법노트**
>
> 기본급은 각종 수당, 상여금, 퇴직금 등을 산정하는 데 있어서 기초가 되므로 임금체계를 구성하는 중요 항목으로 볼 수 있습니다.

② 변동적 임금(기준 외 임금)
  ㉠ 불규칙적으로 지급되는 임금으로서 초과급여를 말한다.
  ㉡ 고정적 임금 내의 수당과 다른 성격을 가지는 것으로서, 특별히 발생한 초과근무나 휴일근무, 숙직, 일직 등에 대한 수당이 포함된다.
③ 상여금
  ㉠ 변동적 임금의 시간 외 · 야간 · 휴일근로에 의한 초과근무수당 등의 초과급여와 구분되는 것으로서 특별급여를 말한다.
  ㉡ 상여금, 성과급 등이 포함된다.

> **Comment**
> 임금의 구성 혹은 임금체계에 대해서는 교재마다 약간씩 다르게 제시되어 있습니다. 특히 임금의 구성을 고정적 임금과 변동적 임금의 두 가지 체계로 구분하여 상여금을 고정적 임금 혹은 변동적 임금에 포함시키기도 합니다. 이 경우 초과급여와 변동적 상여금이 변동적 임금에 포함되며, 그 밖의 고정적 상여금이 고정적 임금에 포함되는 것으로 볼 수 있습니다. 직업상담사 시험에서는 이와 같은 서로 다른 구분이 모두 출제되는 경향이 있으므로 이점 유의하시기 바랍니다.

쌤의 비법노트
상여금과 성과급은 원론상 불확정적으로 지급되는 금품이라는 점에서 유사하나, 상여금이 매월 지급되는 임금 이외에 일정시기(분기, 반기, 연간간 등)별로 지급하는 임금을 폭넓게 지칭한다는 점에서 작업의 성과를 기준으로 지급하는 인센티브의 의미를 지닌 성과급과는 개념상 차이가 있습니다.

이렇게 출제된다! 1차 기출 OX
Q 기본급, 직급수당, 직무수당은 통상임금에 포함된다?
A (○)

5 임금의 범위

(1) 평균임금과 통상임금 필기 출제 21, 15, 13, 12, 11, 10, 09, 07, 06, 05년 기출

평균임금	• 이를 산정하여야 할 사유가 발생한 날 이전 3개월 동안에 그 근로자에게 지급된 임금의 총액을 그 기간의 총일수로 나눈 금액을 말한다. • 퇴직급여, 휴업수당, 연차유급휴가수당(취업규칙에 따름), 재해보상 및 산업재해보상보험급여, 제재로서의 감급, 구직급여 등의 산정기초가 된다.
통상임금	• 근로자에게 정기적 · 일률적으로 소정근로 또는 총근로에 대하여 지급하기로 정한 시간급 금액 · 일급금액 · 주급금액 · 월급금액 또는 도급금액을 말한다. • 해고예고수당, 연장 · 야간 · 휴일근로수당, 연차유급휴가수당(취업규칙에 따름), 출산전후 휴가급여 등의 산정기초가 된다.

(2) 명목임금과 실질임금 필기 출제 10, 04, 03년 기출

① 명목임금(Nominal Wages)
  ㉠ 노사 간의 임금교섭을 통해 매년 결정되는 임금을 보통의 화폐단위로 나타낸 것이다.
  ㉡ 임금을 명목임금이라 부를 경우, 이는 임금이 인상될 때 그것을 당시의 화폐단위로 표시한 것일 뿐 물가상승률을 고려하지 않음을 의미한다.

② 실질임금(Real Wages) 필기 출제 19, 15, 14, 10, 04, 03년 기출
  ㉠ 기준연도와 비교연도 사이에 소비자물가가 상승한 경우 물가 상승의 효과를 제거한 실질적인 임금액 또는 임금의 실질적인 구매력으로 평가한 것이다.
  ㉡ 실질임금의 변화는 근로자의 실질소득이나 실질구매력의 변화 수준을 나타내는 지표로 사용된다.

ⓒ 실질임금과 실질임금 상승률은 다음과 같이 계산한다.

$$실질임금 = \frac{명목임금}{소비자물가지수} \times 100$$

$$실질임금상승률 = \frac{명목임금\ 상승률}{소비자물가지수\ 상승률}$$

ⓔ 기업의 입장에서 보면 소비자물가지수는 외생변수이다. 따라서 소비자물가지수가 생산물가격보다 빠르게 상승할 경우 노사 간 임금교섭이 어려워지게 된다.

(3) 의중임금(Reservation Wage) 필기 출제 22, 18, 15, 13, 11, 10, 09, 07년 기출

① '보상요구임금, 유보임금, 희망임금 또는 눈높이임금'이라고도 하며, 노동을 시장에 공급하기 위해 노동자가 요구하는 최소한의 주관적 요구임금 수준을 말한다.
② 근로자의 취업 여부를 결정하는 핵심적 요인으로서, 근로자는 제의된 일자리의 임금수준과 자신의 의중임금을 비교하여 일자리의 취업 여부를 결정하게 된다. 따라서 시장에 참가하여 효용극대화를 달성하는 근로자의 의중임금은 제시임금(실제임금)과 일치하게 된다.
③ 일반적으로 전업주부의 의중임금은 실제임금보다 높다. 만약 전업주부의 의중임금이 실제임금보다 낮다면 취업을 위해 노력할 것이다. 이는 의중임금의 상승이 여성의 경제활동참가율 감소와 실업기간 연장으로 이어질 수 있음을 나타낸다.
④ 의중임금충족률은 다음의 공식으로 나타낼 수 있다.

$$의중임금충족률(\%) = \frac{제시임금}{의중임금} \times 100$$

> **쌤의 비법노트**
> 명목임금의 상승이 곧 실질임금의 상승으로 이어지는 것은 아닙니다. 예를 들어, 한 달 월급이 100만원에서 110만원으로 10% 인상되었는데 물가상승률이 임금인상률보다 높은 15%로 인상되었다면, 해당 근로자의 실질임금은 오히려 감소한 것으로 볼 수 있습니다. 한마디로 "월급 빼고 다 올랐다!"는 말은 실질임금이 감소되었다는 의미입니다.

> **이렇게 출제된다! 1차 기출 OX**
> Q 의중임금(유보임금)의 상승은 기대임금을 하락시킨다?
> A (×) 기대임금을 상승시킨다.

02절 임금체계

1 연공급

(1) 의의 및 특징 필기 출제 21, 19, 15, 13, 12, 05년 기출

① 근로자의 근속연수에 따라 임금을 결정하는 방식으로, 기본적으로는 생활급적 사고원리에 따른 임금체계라 할 수 있다.
② 장기고용과 장기근속을 전제로 근속연수, 학력, 연령, 성별 등 완전한 속인적 요소를 기준으로 개인 간의 임금격차가 결정된다.
③ 인력 요소기준에 의한 임금 형태이므로 '속인급'이라고도 불리며, 기업풍토, 업무내용 등에서 보수성이 강한 기업에 적합하다.

> **쌤의 비법노트**
> 임금체계의 결정원칙으로 '균등성(Equality)'과 '공평성(Equity)'이 있습니다. 균등성은 투입한 노력이나 공헌도에 관계없이 연령, 근속연수가 같으면 동일한 임금을 지급해야 한다는 것인 반면, 공평성은 근로자의 공헌도에 비례하여 임금을 지급해야 한다는 것입니다.

이렇게 출제된다! 1차 기출 OX

Q 연공급은 기업의 인건비 부담을 감소시킨다?

A (×) 인건비 부담을 가중시킨다.

(2) 장단점 필기 출제 22, 21, 18~13, 11, 10, 08, 04, 03년 기출

장점	• 임금이 근속연수, 학력, 연령 등 인적요소 기준에 따라 변화하므로 위계질서의 확립 및 사기 유지에 유리하다. • 정기승급에 의한 생활보장으로 생활의 안정감과 장래에 대한 기대를 가질 수 있다. • 기업에 대한 귀속의식이 확대되며, 기업에의 공헌도가 증대된다. • 고용의 안정화를 통한 노동력의 장기고용에 유리하다. • 노동력의 정착화를 통해 근로자에 대한 교육훈련의 효과를 높일 수 있다. • 배치전환 및 평가가 용이하다.
단점	• 동일 직무에 대해 동일 임금을 지급할 수 없다. • 직무가치와 업무능력에 따른 유연한 임금조정이 어려우므로 근로의욕 및 동기부여 효과가 미약하다. • 무사안일주의 또는 적당주의를 초래할 가능성이 있다. • 경직적인 임금인상으로 인해 기업의 인건비 부담을 가중시킨다. • 전문기술인력의 확보를 어렵게 한다. • 기업이 근로자의 정년연장 및 장기근속을 기피하고, 일부 직종에 대해 상용고용을 회피하는 등 고용구조를 왜곡시키는 요인이 될 수 있다.

더 알아보기

종신고용제와 연공서열제 필기 출제 15년 기출

종신고용제 (終身雇傭制)	근로자가 어떤 기업체의 종업원으로 취업하게 될 때 특별히 예외적인 경우가 아닌 한 해당 기업체와 평생 동안 고용관계를 유지하는 제도
연공서열제 (年功序列制)	연령과 근속연수가 증가함에 따라 임금, 승급 및 조직상의 지위가 함께 높아지도록 하는 제도

쌤의 비법노트

연공급이 속인급 체계에 해당한다면, 직능급이나 직무급은 업무급 체계에 해당합니다.

2 직능급

(1) 의의 및 특징 필기 출제 19, 18, 13, 10, 04년 기출

① 직능(직무수행능력)을 기준으로 하여 각 근로자의 임금을 결정하는 임금체계로서, '동일능력·동일임금'이라는 능력주의적인 의미를 가진다.
② 학력과 직종에 관계없이 능력에 따라 임금을 지급한다.
③ 근로자의 능력을 직능고과(능력고과)에 의해 평가하고 그 결과에 따라 임금을 결정한다.

(2) 장단점 `필기 출제` 09년 기출

장 점	• 능력개발이 직능등급 상승으로 이어지므로 종업원에게 자기계발의 동기를 부여할 수 있다. • 직위보상과 급여보상의 구분으로 보상기회가 확대되고, 기존의 획일적 보상에서 보상의 개별화로 능력에 맞는 처우가 될 수 있다. • 근속에 따른 동일한 직능자격 등급을 부여받을 수 있어 노사공동체 형성에 기여할 수 있다. • 최저생계보장이 이루어지고 보상에 있어 직종에 구분이 없으므로, 기존 생산직의 불만 요소를 감소시킬 수 있다.
단 점	• 직무수행능력의 파악과 평가가 쉽지 않다. • 제도운용에 미숙할 경우 연공본위가 될 우려가 있다. • 직무성격상 직능급보다는 직무급이 적합한 직종이 있으므로 운영 시에는 직종 간 차이를 고려해야 한다. • 50세 이후에는 능력개발에 한계가 있으므로 부적절할 수 있다.

> **이렇게 출제된다! 1차 기출 OX**
> **Q** 직능급은 동기부여의 효과가 미약하다?
> **A** (×) 동기부여의 효과가 미약한 것은 연공급의 단점에 해당한다.

3 직무급

(1) 의의 및 특징 `필기 출제` 22, 19, 15, 09, 07년 기출

① 직무에 따라 급여율을 결정하는 것으로, 노동의 양뿐만 아니라 노동의 질을 동시에 평가하는 임금결정방식이다.
② 동일한 직무에 대해 동일한 임금을 지급한다는 '동일직무(동일가치노동)·동일임금'의 원칙을 기준으로 한다.
③ 직무분석과 직무평가를 기초로 하여 직무의 중요성과 난이도 등 직무의 상대적 가치에 따라 개별임금을 결정한다.

(2) 직무급을 도입하기 위한 전제조건 `필기 출제` 16, 11년 기출

① 직무의 표준화와 전문화, 직무가치의 객관적인 평가가 선행되어야 한다.
② 직무중심의 합리적인 채용과 평가제도가 확립되어야 한다. 즉, 인사·노무관리가 상당히 발전되어 있어야 한다
③ 노동시장이 횡단적으로 형성되어 노동이동이 자유로우며, 직종 간 고용의 유동성이 있어야 한다.
④ 노사 모두가 직무급을 공평하고 타당한 임금제도로 수용할 수 있는 합리적인 의식을 가지고 있어야 한다.
⑤ 직무가치가 가장 낮은 직무급이라도 생계비 수준 이상이 유지되어야 한다.

> **쌤의 비법노트**
> 직무급은 원칙적으로 동일노동에 대한 동일임금이라는 사고에 근거하고 있지만 적용상의 어려움으로 인하여 현실적으로는 수정 및 혼합된 방식이 사용되고 있습니다.

이렇게 출제된다! 1차 기출 OX

Q 직무급은 능력위주의 인사관리가 가능한 장점을 가진다?

A (○)

(3) 장단점 필기 출제 22, 21, 18, 17, 16, 12, 04년 기출

장점	• 직무에 기초를 두는 임금결정 방식이므로 동일가치노동 · 동일임금의 원칙을 명확하게 하여 임금배분의 공평성을 기할 수 있다. • 직무가치의 객관성 확보를 통해 임금수준의 설정에 객관적인 근거를 부여한다. • 직무분석, 직무평가의 과정에서 경영조직 및 작업조직을 개선하고 업무방식을 합리화할 수 있다. • 적재적소의 인사배치, 능력위주의 인사관리를 통해 노동력의 효율적인 이용이 가능하다. • 불합리한 노무비 상승을 방지할 수 있다.
단점	• 직무급의 기초가 되는 직무평가에 있어서 평가자의 주관이 개입됨으로써 정확성이 떨어질 수 있다. • 기술변화나 노동시장의 변동에 따라 직무내용을 변경할 필요성이 발생한다. • 적정배치가 어려우며, 직무 구성 및 인적능력 구성이 일치하지 않는 경우 효과를 거두기 어렵다. • 직무내용의 정형화 · 고착화로 인해 직무수행에 있어서 유연성이 떨어질 수 있다.

Comment

직무급과 직능급은 어떤 차이가 있을까요?
직무급은 직무평가에 의거하여 각각의 직무에 대해 등급을 매겨서 임금을 결정하는 방식인 반면, 직능급은 종사하는 직무를 수행할 능력을 판정하여 그 결과에 따라 임금을 결정하는 방식입니다. 한마디로 직무급은 '동일직무(동일가치노동) · 동일임금'의 원칙을 기준으로 하는 반면, 직능급은 '동일능력 · 동일임금'의 원칙을 기준으로 합니다.

쌤의 비법노트

사실 직능급은 직무급과 마찬가지로 적정배치를 조건으로 하지만 직무급의 경우와 같이 적정배치가 불가결한 전제조건은 아닙니다. 설령 적정배치가 충분하지 않더라도 그 능력이 평가되어 그에 따라 임금이 결정되기 때문에 불충분한 적정배치가 구성원의 사기에 미치는 영향이 직무급에 비해 상대적으로 적습니다.

더 알아보기

1. 임금체계의 주요 특징

임금체계	급여결정 기준	주요 장점	주요 단점
연공급	근속연수, 학력, 연령, 성별 등	정기승급에 따른 생활안정, 귀속의식	무사안일주의, 적당주의
직능급	근로자 개인의 직무수행능력	능력에 따른 동일한 기회보장	직능구분 · 직능평가 · 능력개발이 전제됨
직무급	근로자 개인이 수행하는 직무	개인별 임금차 불만의 해소	직무평가 불신에 따른 노조의 저항

2. 합리적인 임금체계가 갖추어야 할 기능 필기 출제 20년 기출

- 보상의 공정성 기능
- 유능한 인재를 확보하는 기능
- 종업원에 대한 동기유발 기능
- 종업원을 효과적으로 활용하는 기능
- 안정적 기능
- 질서유지 기능 등

03절 임금형태

1 시간급제(고정급제) 필기 출제 19, 11, 09년 기출

(1) 의 의

근로자의 직무성과의 양이나 질에 관계없이 실제 노동에 종사한 시간에 따라 임금을 지급하는 제도로 시급제, 일급제(일당제), 주급제, 월급제, 연봉제를 말한다.

(2) 장단점

장 점	• 근로자 측에서는 임금이 일정액으로 보장된다. 즉, 확정적 임금이 보장된다. • 기업 측에서는 일단 근로일수나 근로시간 수가 산출되면 임금계산이 간편하다. • 제품의 생산에 시간적인 제약을 받지 않으므로 품질 향상에 기여할 수 있다.
단 점	• 근무시간만 채우면 임금이 보장되므로 작업능률이 오르지 않는다. • 단위시간당 임금계산이 용이하지 않다.

2 능률급제

(1) 의 의

근로자의 작업량에 따라 임금을 지급함으로써 근로의 능률을 자극하려는 제도이다. 근로능률이나 업적을 지급기준으로 상여급 제도, 성과급 제도, 할증급 제도를 포함한다.

상여급 제도	근로자에게 일급을 보장해 주면서 표준 이상의 과업을 달성할 경우에 일정률의 상여를 기본급 외에 지급한다.
성과급 제도	생산 1단위 임률을 결정하여 생산고에 곱해 임금을 결정하는 제도로서 작업시간과 무관하게 성과에 비례하여 지급한다.
할증급 제도	시간급과 성과급의 절충형태로 최저한의 임금을 보장하고 성과에 따라 일정한 비율의 할증임금을 지급하는 형태이다.

> **쌤의 비법노트**
>
> 성과급은 능률급의 대표적인 형태이므로 성과급을 곧 '능률급'으로, 성과급제를 '능률급제'로 부르기도 합니다.

(2) 성과급 제도를 도입하기 위한 전제조건 필기 출제 20, 06년 기출

① 생산량(생산단위)이 객관적으로 측정 가능한 경우
② 근로자(작업자)의 노력과 생산량과의 관계가 명확한 경우
③ 직무가 표준화되어 있고 작업의 흐름이 정규적인 경우
④ 생산물의 질(Quality)이 생산량보다 덜 중요하거나 그 질이 일정한 경우
⑤ 각 작업자에 대한 감독을 철저히 할 수 있는 경우
⑥ 사전에 단위생산비 중 노무비가 결정되어 있는 경우

이렇게 출제된다! **1차 기출 OX**
Q 성과급 제도는 근로의 능률을 자극할 수 있는 장점을 가진다?
A (○)

(3) **장단점** 필기 출제 18, 14, 12, 11, 10, 09, 08, 05, 03년 기출

장 점	• 근로자의 동기를 유발한다. • 근로의 능률을 자극할 수 있다.
단 점	• 직원 간 화합이 불리하다. • 작업량에만 치중하여 제품 품질이 조악해진다.

> **더 알아보기**
>
> **이익분배제 또는 이윤참가제(Profit-sharing Plan)** 필기 출제 19, 16, 13, 10년 기출
> • 근대적인 능률급의 선구이자 능률운동의 출발점으로서, 1886년 미국의 토웬(H. R. Towen)에 의해 주창되었다.
> • 경영활동에 의해 발생한 이익을 그 이익에 관여한 정도에 따라 배분하는 제도이다. 예를 들어, 생산설비의 취급방법, 원재료나 비품의 사용상의 절약, 노동능력과 같은 제요인과 관련된 종업원의 대응에 따라 이익을 배분한다.
> • 작업비용으로 달성된 이익 내지는 절약액 일부를 사용자로부터 노동자에게 환원하자는 취지이다.

쌤의 비법노트

일반적으로 연봉제는 시간급으로서 고정급제로 분류하지만, 임금형태로서의 연봉제는 고정급제와 성과급제가 혼합된 것으로 볼 수 있습니다. 연봉제는 기본급, 수당, 상여금 등을 통합하여 연봉액을 결정하는 방식으로서, 고정급적 연봉제, 성과급적 연봉제, 직무성과급적 연봉제 등으로 구분됩니다.

3 연봉제

(1) **의 의** 필기 출제 15, 07, 03년 기출

① 업무성과에 따라 임금을 1년 단위로 계약하는 제도로, 최근 우리나라 기업에서도 그 경향이 강화되고 있다.

② 종업원의 능력 및 실적을 평가하여 계약에 의하여 연간임금액을 결정하고, 이를 매월 분할하여 지급하는 능력중시형 임금체계이다.

(2) **연봉제 성공을 위한 주요 조건** 필기 출제 20년 기출

① 직무분석

연봉제 도입에 있어서 직무분석이 이를 뒷받침하지 못할 때 직원들로부터 공감대를 얻기 어렵다.

② 인사고과

합리적인 연봉 결정을 위해서는 명확한 고과기준이 필요하다. 또한 고과자의 고과 능력 향상과 고과 결과의 피드백 등 공정한 인사고과가 요구된다.

③ 목표관리제도

기업의 경영전략과 직원의 목표가 서로 부합해야 한다. 또한 과제를 설정하고 이를 지속적으로 관리하여 효과적인 목표 달성을 이룰 수 있도록 해야 한다.

(3) 장단점 필기 출제 22, 19, 15, 11, 10, 05년 기출

장점	• 능력주의·실적주의를 통해 종업원들에게 동기를 부여하고 의욕을 고취시킴으로써 조직의 활성화와 사기 앙양을 유도할 수 있다. • 개인의 능력에 기초한 생산성 향상에 유리하며, 전문성을 촉진시킨다. • 국제적 감각을 가진 인재를 확보하기 쉬우며, 과감한 인재기용에 유리하다. • 연공급의 복잡한 임금체계와 임금지급 구조를 단순화시켜 임금관리의 효율성을 증대시키는 효과가 있다.
단점	• 평가결과의 객관성과 공정성에 대한 시비가 제기될 수 있다. • 연봉액이 삭감될 경우, 사기가 저하될 수 있다. • 종업원 상호 간의 불필요한 경쟁심이나 위화감 조성, 불안감 증대 등의 문제점이 있다.

이렇게 출제된다! 1차 기출 OX

Q 연봉제는 종업원 상호 간의 협조성을 높일 수 있는 장점을 가진다?

A (×) 종업원 상호 간의 협조성을 떨어뜨릴 수 있다.

04절 부가급여와 생산성 임금제

1 부가급여

(1) 의 의
① 사용자가 근로자에게 개별적 또는 단체적으로 지급하는 경상화폐임금 이외의 현물보상, 연기된 보상(이연보수) 등을 의미한다.
② 경상화폐임금과 부가급여의 합은 기업차원에서 노동자 보수가 된다.

(2) 종 류 필기 출제 17년 기출
① 퇴직금 및 퇴직연금의 사업주 적립금
② 각종 사회보험료의 사업주 부담금
③ 유급휴가(연차휴가, 출산전후 휴가 등) 및 유급휴일(정규 국경일 등)
④ 회사부담의 교육훈련비
⑤ 그 밖의 복리후생시설, 사택 제공, 차량 제공, 사내복지기금, 학자금 보조, 주택자금 저리융자 등

(3) 부가급여의 선호 이유
① 사용자가 부가급여를 선호하는 이유 필기 출제 17년 기출
  ㉠ 정부의 임금규제 강화 시 이를 회피하는 수단으로서, 임금인상 대신 부가급여 수준을 높인다.
  ㉡ 전반적인 임금통제시기에 양질의 근로자 혹은 사용자가 선호하는 근로자를 채용할 수 있게 한다.
  ㉢ 근로자의 장기근속을 유도하며, 생산성을 향상시킬 수 있다.
  ㉣ 임금액의 증가를 부가급여로 대체하여 조세나 보험료의 부담이 감소된다.

쌤의 비법노트

'연기된 보상 혹은 이연보수(Deferred Compensation)'는 노동소득이 현재 발생하지만 화폐형태로의 지불은 연기 내지 유예되는 것을 말합니다. 즉, 연금이나 퇴직금과 같이 근로자의 재직기간 중 발생하였으나 지급이 연기된 보상을 의미합니다.

이렇게 출제된다! 1차 기출 OX

Q 노동비용을 현금급여와 부가급여로 구분할 때 퇴직금, 교육훈련비, 초과급여는 부가급여에 해당한다?

A (×) 초과급여는 경상화폐임금으로서 변동적 임금에 해당한다.

이렇게 출제된다! 2차 주관식

1. 부가급여의 의미를 예를 들어 설명하고, 사용자가 부가급여를 선호하는 이유를 4가지 쓰시오.
2. 부가급여의 의미를 예를 들어 설명하고, 사용자와 근로자가 선호하는 이유를 각각 2가지 쓰시오.

② 근로자가 부가급여를 선호하는 이유
  ㉠ 근로소득세의 부담이 감소한다.
  ㉡ 현물형태의 급여는 대량 할인되어 구입하므로 실제로 근로자에게 이익이 돌아간다.
  ㉢ 연기된 보상(이연보수)이 저축의 성격을 지니므로 퇴직 이후 노후대책에 유리하며, 조세상의 혜택 또한 받을 수 있다. 예를 들어, 연금 또는 퇴직금의 노령기 수령은 세율이 낮다.

2 생산성 임금제

(1) 노동생산성과 생산성 임금제 [필기 출제] 13년 기출

① 노동생산성은 단순히 노동이라는 하나의 투입요소의 공헌도를 나타내는 것은 아니다. 그것은 모든 생산요소들의 공헌도를 노동의 관점에서 파악한 것이다.
② 부가가치 노동생산성의 관점에서 기업의 이윤에 대한 한 노동자의 공헌도를 평가할 때, 그 기업은 회사의 수입에 대한 노동자의 공헌도에서 인건비에 해당하는 그 노동자의 임금을 빼야 한다.
③ 생산성 임금제는 각 근로자가 상품생산에 기여한 공헌도를 토대로 임금을 결정하는 방식으로, 매년 임금결정교섭에 있어서 임금의 인상률을 생산성 증가율에 연계시킨다.

(2) 생산성 임금제에서 임금결정 방식 [필기 출제] 21, 17, 16, 12, 11, 09, 06년 기출

① 생산성 임금제에서는 명목임금 증가율을 명목생산성 증가율과 연계하여 임금인상을 결정한다. 특히 명목생산성 증가율을 산정할 때 실질생산성 증가율에 가격 증가율(여기서는 물가상승률)을 반영하여야 한다.

$$명목생산성\ 증가율 = 실질생산성\ 증가율 + 가격\ 증가율(물가상승률)$$

② 만약 생산성 임금제를 따를 때 실질생산성 증가율이 5%이고 물가상승률이 2%라고 가정할 때, 명목생산성 증가율은 다음과 같이 7% 증가한 것으로 볼 수 있다.

$$명목생산성\ 증가율 = 5\% + 2\% = 7\%$$

③ 이와 같이 생산성 임금제에 따라 명목생산성이 7% 증가하였으므로, 명목임금도 7% 인상되어야 한다.

> **더 알아보기**
>
> **임금 패리티(Parity)지수** [필기 출제] 17년 기출
> • 임금 패리티지수는 국민 총생산(GNP ; Gross National Product) 수준을 고려하여 한국을 100으로 하였을 때 각국의 임금수준이 한국의 임금수준에서 차지하는 비율을 표시한 것이다.
> • 만약 우리나라의 임금 패리티지수는 100이고 일본의 임금 패리티지수를 80이라 가정할 경우, 국민소득을 감안한 우리나라의 임금수준은 일본보다 높다고 볼 수 있다.
> • 임금 패리티지수는 전체 국민경제에서 근로자들의 상대적 지위 혹은 처우를 나타내는 지표로 사용된다.

쌤의 비법노트

부가가치(Value Added)는 본래 기업이 경영활동을 통해 새롭게 창출한 가치를 말합니다.

이렇게 출제된다! 1차 기출 OX

Q 생산성 임금제를 따를 때 물가상승률이 3%이고, 실질생산성 증가율이 5%라고 하면 명목임금은 8% 인상되어야 한다?
A (○)

쌤의 비법노트

'Parity'는 본래 '동등', '동위', '등가' 등을 의미하는 단어로서, 경제학에서는 '평형가격' 혹은 '평가(平價)'의 의미로 사용됩니다.

05절 임금격차

1 임금격차의 이해

(1) 의 의 필기 출제 20년 기출

① 동일한 시점에 있어서 각 기업의 임금수준의 차이 또는 각 근로자들이 받는 임금액의 차이를 의미한다.
② 교육수준의 차이, 근속연수의 차이, 직장 경력의 차이 등 인적자본 축적의 차이로 임금격차를 설명할 수 있다.
③ 임금격차는 고용주나 소비자의 차별적 선호에 의해 이루어질 수 있는데, 소비자에 의한 차별과 달리 고용주에 의한 차별은 경쟁적인 시장경제에서 장기간 지속되기 어렵다.

(2) 임금격차의 유형

① 직종별 임금격차 필기 출제 21, 19, 17, 14년 기출
  ㉠ 의미 : 수많은 직종(생산직, 사무직, 기술직 등) 간에 요구하는 교육수준, 노동조건, 안정성, 중요성 등이 다름으로써 발생하는 임금의 격차를 말한다.
  ㉡ 발생원인 : 근로환경의 차이(→ 보상적 임금격차), 노동조합 조직률의 차이(→ 비경쟁집단의 존재), 직종 간 정보흐름의 미흡(→ 과도적 임금격차), 노동자의 특정 직종 회피ㆍ선호 경향의 차이 등

② 산업별 임금격차 필기 출제 20년 기출
  ㉠ 의미 : 동일한 직종ㆍ지리적 영역에 있는 노동자가 상이한 종류의 산업에 종사하고 있을 때, 그 상이한 산업 간에 존재하는 임금의 격차를 말한다.
  ㉡ 발생원인 : 산업 간 노동생산성의 차이, 노동조합의 존재, 산업별 집중도(독과점도)의 차이, 단기적 노동공급의 비탄력성, 산업별 숙련직종 구성의 차이, 산업별 수요구성의 차이 등

③ 학력별 임금격차
  ㉠ 의미 : 학력이 채용결정의 기준이자 임금결정의 기준으로서 역할을 하는 소위 학력사회에서, 고학력자와 저학력자 간에 존재하는 임금의 격차를 말한다.
  ㉡ 발생원인 : 노동시장의 학력별 분단 구조, 학력 간 노동공급사정의 차이, 학력의 선별장치로서의 기능, 학력 간 임금격차의 전통적 관념, 승급ㆍ승진과 관련된 노무관리상의 차별 등

④ 성별 임금격차 필기 출제 19, 15년 기출
  ㉠ 의미 : 동일한 직종에 종사하는 남성과 여성에 대해 생산성과 관계없이 상이한 임금이 지불됨으로써 발생하는 임금의 격차를 말한다.
  ㉡ 발생원인 : 학력ㆍ연령ㆍ경력 등의 차이에 따른 노동생산성의 차이, 남녀 간 차별대우의 전통적 의식 또는 사회적 편견에 따른 직종차별, 승진차별, 순수한 임금상의 차별 등

쌤의 비법노트

노동시장에서의 임금격차는 생산성의 차이에서 기인한 '차이(Differences)'와 생산성과 관계없는 '차별(Discrimination)'로 구분할 수 있습니다. 특히 임금격차의 원인으로서 고용주나 소비자의 차별적 선호는 비주류 집단(예 유색인종 등)에 대한 편견에서 비롯되기도 합니다.

이렇게 출제된다! 2차 주관식

산업별 임금격차가 발생하는 원인을 5가지 쓰시오.

쌤의 비법노트

대학졸업자들이 양산됨에 따라 학력별 임금격차가 점차 축소되는 경향을 보이고 있습니다.

쌤의 비법노트

성별 임금격차는 임금차별의 차원에서 개선이 필요하다고 볼 수 있습니다.

| 이렇게 출제된다! | **1차 기출 OX** |

Q 우리나라 노동시장에 인력난과 유휴인력이 공존하는 이유로 기업규모별 임금격차의 확대를 들 수 있다?

A (○)

| 이렇게 출제된다! | **2차 주관식** |

노동시장에 존재하는 임금격차의 유형을 5가지 쓰시오.

| **쌤의 비법노트** |

우리나라 기업들이 종업원 채용에 있어서 여성보다는 남성을 선호하는 이유는 일면 여성의 근속기간이 남성의 근속기간에 비해 평균적으로 짧다는 통계에 근거합니다.

| **쌤의 비법노트** |

일부 직종에서 여성근로자들 간 경쟁 격화에 의한 저임금 조장을 설명하는 것을 '혼잡가설 또는 쇄도가설(Crowding Hypothesis)'이라고 합니다.

⑤ 기업규모별 임금격차 필기 출제 21, 03년 기출

　㉠ 의미 : 동일 지역 내에서 서로 다른 규모의 기업 간, 즉 대기업과 소기업 또는 대기업과 중소기업 간에 존재하는 임금의 격차를 말한다.

　㉡ 발생원인 : 1인당 부가가치생산성의 차이, 생산물시장에서 독과점력의 차이, 노동조합 조직률의 차이, 우수노동력의 확보 가능성, 자본·기술의 우위 등

⑥ 지역별 임금격차

　㉠ 의미 : 현실적으로 완전경쟁적 노동시장의 여건이 갖추어지기 어려운 상황에서 지역 간 다양한 차이에 의해 발생하는 임금의 격차를 말한다.

　㉡ 발생원인 : 지역 간 산업배치의 차이(각 산업 및 직종에 종사하는 노동력 구성의 차이), 지역 간 노동력 이동의 곤란성, 도시의 발달 정도, 순수지역효과(예 수요독점적 착취의 존재, 생산물에 대한 수요의 부족, 과잉노동공급, 그 지역의 특수한 생산함수) 등

(3) 임금격차의 원인으로서 통계적 차별(Statistical Discrimination)

필기 출제 22, 21, 16, 14, 10, 06, 03년 기출

① 개인의 생산성에 대한 정보를 얻기 위해 그 개인이 속한 집단의 정보를 이용함으로써 나타나는 현상이다. 즉, 사용자가 근로자를 고용할 때 그가 속한 그룹에 대한 통계정보를 활용할 경우 나타나는 부작용 현상이다.

② 사용자는 근로자의 개인차를 고려하지 않은 채 성별이나 인종, 지역의 특성을 가지고 개인을 판단함으로써 그에 따른 불완전한 정보와 근로자 개인에 대한 이해부족을 토대로 임금을 결정하게 된다.

③ 이와 같이 사용자가 근로자의 생산성에 대해 불완전한 정보를 갖고 있어 평균적인 인식을 근거로 임금을 결정할 때 임금격차가 유발된다.

(4) 성별 임금격차를 가중시키는 혼잡효과 또는 쇄도효과(Crowding Effect)

필기 출제 17, 06년 기출

① 여성이 특정 직종에 집중되면서 여성노동시장의 경쟁이 격화됨으로써 여성의 임금수준이 저하되는 효과이다.

② 보통 사용자들은 여성근로자가 남성근로자에 비해 결근율과 이직률이 높으며, 결혼 및 출산 등으로 인해 노동시장에의 출입이 빈번한 것으로 생각하는 경향이 있다.

③ 여성에 대한 편견으로 인해 여성들은 임금이나 근로조건이 유리한 직종에 고용되는 비율이 매우 낮으며, 주로 여성근로자로 구성되는 일부 저임금 직종에 집중적으로 고용되는 양상을 보인다.

2 노동수요 특성별 임금격차의 요인

(1) 경쟁적 요인 필기 출제 22, 18, 15, 13, 11, 09, 07, 03년 기출

① 인적자본량

기업특수적 인적자본량은 기업 간 차별화된 제품생산, 생산장비 및 생산공정의 특유성 등에 의해 형성되는데, 특히 대기업은 기업특수적 인적자본량이 많으므로 임금격차가 상대적으로 크다.

② 근로자의 생산성 격차(보이지 않는 질적 차이)

근로자에 대한 인적자본의 투자 차이가 근로자 간 생산적 기여에 차이를 가져오며, 그것이 곧 임금격차로 이어진다.

③ 보상적 임금격차

직업의 임금 외적인 불리한 측면을 상쇄하여 근로자에게 돌아가는 순이익을 다른 직업과 동등하게 해 주어야 한다는 원리이다(예 3D 직종 등).

④ 기업의 합리적 선택으로서 효율성 임금정책(효율임금정책)

대기업은 시장임금 이상의 높은 임금을 근로자에게 지급하여 노동생산성 향상을 도모하는 경향이 있다.

⑤ 시장의 단기적 불균형(산업발달의 불균형)

일시적·단기적인 노동수요의 증가는 노동공급의 비탄력성으로 인해 곧바로 노동공급의 증가로 이어지지 않는데, 특정 직종에 대한 초과수요의 발생으로 과도적인 임금격차가 나타난다.

(2) 비경쟁적 요인(경쟁 외적 요인)

① 시장지배력 및 독점지대의 배당

독과점 기업은 높은 수익을 올림으로써 기업의 독점적 지대의 일부를 근로자에게 지급한다.

② 노동조합의 효과 필기 출제 20, 16, 13, 11년 기출

일반적으로 노동조합이 조직되어 있는 기업의 경우 임금이 상대적으로 높으며, 그로 인해 노동조합이 조직되어 있지 않은 기업의 근로자와 임금격차가 발생한다. 특히 노동조합 조직부문과 비조직부문 간의 임금격차는 불경기시에 증가하는 양상을 보인다.

③ 비효율적 연공급제도

연공급제도는 주로 지불능력이 큰 대기업에서 발생하여 산업 간·기업 간 임금격차를 유발한다.

쌤의 비법노트

3D 직종은 더럽고(Dirty), 위험하며(Dangerous), 까다로운(Difficult) 작업환경을 특징으로 하므로, 다른 직종에 비해 더 높은 임금을 제시합니다.

이렇게 출제된다! 2차 주관식

노동수요 특성별 임금격차를 발생하게 하는 경쟁적 요인 5가지를 쓰시오.

쌤의 비법노트

경쟁적 요인과 비경쟁적 요인을 구분하는 기준은 임금격차가 궁극적으로 노동시장의 완전성을 전제로 하는가 아니면 불완전성을 전제로 하는가에서 비롯됩니다. 사실 이와 같은 구분은 명료하지 못한 측면이 있으므로, 교재에 따라 달리 제시되기도 합니다.

3 임금의 하방경직성

(1) 의의
① 한 번 오른 임금이 경제여건의 변화에도 불구하고 떨어지지 않은 채 그 수준을 유지하려는 경향을 말하는 것으로서, 기본적으로 취업자들이 임금 인하를 거부하는 것에서 비롯된다.
② 임금의 하방경직성은 노동의 생산성 저하와 기업의 채산성 악화를 가져옴으로써 신규 채용을 어렵게 하는 동시에 실업자를 양산시킨다.

(2) 임금이 하방경직인 이유 필기 출제 21, 20, 18, 12, 06년 기출

① 화폐환상(Money Illusion)
화폐환상은 노동자가 명목임금을 실질임금보다 중시하는 현상에서 비롯된다. 노동자는 명목임금의 하락에 저항하게 되며, 이러한 명목임금의 하방경직으로 인해 불완전고용이 일반화된다.

② 장기 근로(노동)계약
사용자와 노동자 간 장기 근로계약은 노동자에 대한 임금의 조정을 어렵게 함으로써 명목임금의 하방경직성을 야기한다.

③ 강력한 노동조합의 존재
노동조합은 노동자들의 해고를 어렵게 하고 임금 계약을 장기로 체결하도록 하며, 임금을 노동생산성보다는 연공서열과 연계시키고자 하는 경향이 있다.

④ 노동자의 역선택 발생 가능성
기업이 임금을 삭감하는 경우 생산성이 가장 높은 노동자들이 우선적으로 기업을 떠나게 될 것이므로, 기업은 우수한 노동자들을 잃지 않기 위해 임금을 삭감하지 않게 된다.

⑤ 최저임금제의 실시
최저임금제는 일정한 임금수준 이하로는 노동자를 고용할 수 없도록 하는 제도로서, 정부가 법을 통해 명목임금의 하방경직성을 도입하는 경우이다.

⑥ 대기업의 효율성 임금정책에 따른 고임금 지급
대기업은 상대적으로 높은 지불능력을 토대로 우수한 노동자를 채용하여 근로의 질을 향상시키는 것은 물론 노동자의 사직 감소에 따라 노동자 신규채용 및 훈련에 드는 비용을 감소시키기 위해 의도적으로 고임금을 지급하는 경향이 있다.

쌤의 비법노트

사실 노동자들은 기업과 달리 물가상승을 예측하거나 이를 인식하는 데 있어서 둔감합니다. 따라서 일단 명목임금이 유지되는 경우 화폐가치의 하락으로 인해 실질임금이 감소되더라도 노동공급을 유지하게 되는데, 케인즈(Keynes)는 이와 같은 현상을 노동자들의 '화폐환상(Money Illusion)'으로 제시하였습니다.

이렇게 출제된다! 2차 주관식

임금의 하방경직성에 대해 설명하고, 임금의 하방경직성이 되는 이유 5가지를 쓰시오.

4 보상적 임금격차와 헤도닉 임금

(1) 보상적 임금격차 또는 보상임금격차(Compensating Wage Differentials)

필기 출제 22, 19, 18, 16, 15, 14, 11, 10, 09, 08, 07, 06년 기출

직업의 임금 외적인 불리한 측면을 상쇄하여 근로자에게 돌아가는 순이익을 다른 직업과 동등하게 해 주어야 한다는 원리로서 '균등화 임금격차(Equalizing Wage Differentials)'라고도 한다. 보상적 임금격차가 발생하는 원인은 다음과 같다.

① 고용의 안정성 여부(금전적 위험)

어떤 직업의 고용이 불안정하여 실업할 가능성이 크다면, 실업으로 인한 소득상실을 보상해 줄 정도로 높은 임금을 지불해 주어야 한다.

② 작업의 쾌적함 정도(비금전적 차이)

어떤 직업의 작업내용이 다른 직업에 비해 위험이 따르고 작업환경 또한 열악하다면, 이 직업에 대해서는 더 많은 임금을 지불하여 비금전적 불이익을 보상해 주어야 한다.

③ 교육훈련 비용의 여부(교육훈련의 차이 혹은 교육훈련 기회의 차이)

어떤 직업에 취업하기 위해 교육 및 훈련비용이 들어간다면, 이 비용은 이자를 붙여 임금으로 회수되어야 할 것이다.

④ 책임의 정도

의사, 변호사, 보석 세공인 등은 막중한 책임이 따르는 일에 종사한다. 따라서 이러한 직업 종사자들은 그들에게 맡겨진 큰 책임으로 인해 높은 임금을 지불해 주어야 한다.

⑤ 성공 또는 실패의 가능성

임금소득이 보장되지 않아 장래가 불확실한 일에 종사하는 사람들에게는 보다 높은 임금을 지불해 주어야 한다.

(2) 헤도닉 임금(Hedonic Wage)   필기 출제 18, 13, 10년 기출

고통스럽고 불유쾌한 직업에 대한 근로자의 보상요구를 반영한 임금 또는 편하고 쾌적한 직업에 대한 근로자의 대가 지불 의사를 반영한 임금을 말하는 것으로서, 특히 보상적 임금격차(보상임금격차)와 관련된다. 헤도닉 임금이론의 기본가정은 다음과 같다.

① 직장의 다른 특성은 모두 동일하나 산업재해의 위험도만 다르다.
② 노동자는 효용을 극대화하며, 노동자 간에는 산업안전에 관한 선호의 차이가 존재한다.
③ 노동자는 정확한 직업정보를 가지고 있으며, 직업 간에 자유롭게 이동할 수 있다.
④ 기업은 좋은 노동조건을 위해 산업안전에 투자해야 한다.

쌤의 비법노트

탄광근로자는 봉제공에 비해 더 높은 급여를 지급받아야 합니다. 탄광근로자의 경우 봉제공에 비해 힘들고 위험한 작업을 수행하며, 작업환경이 매우 열악합니다. 또한 사양산업으로서 고용의 안정성도 보장되지 않습니다.

이렇게 출제된다! 2차 주관식

보상적 임금격차가 발생하는 원인 3가지를 쓰시오.

이렇게 출제된다! 1차 기출 OX

Q 헤도닉 임금이론은 직장의 다른 특성은 동일하며 산업재해의 위험도도 동일하다고 가정한다?

A (×) 산업재해의 위험도만은 다르다고 가정한다.

5 효율임금이론과 효율성 임금정책

(1) 의의 및 특징 필기 출제 20, 19, 18, 17, 13, 11, 08, 07, 05, 03년 기출

① 효율임금이론은 근로자의 생산성을 높이기 위해 시장의 균형임금보다 더 높은 임금을 지불하는 것이 이윤극대화를 추구하는 기업에 더 이익이 된다는 이론이다.
② 효율성 임금정책은 기업이 불경기에도 불구하고 생산비 절감을 위해 임금을 삭감하기보다는 임금을 삭감하지 않고 고임금을 유지하는 정책이다.
③ 고임금의 경제효과가 있을 때 임금이 상승하여도 생산성이 높으므로 새롭게 형성되는 노동수요곡선은 본래의 수요곡선보다 비탄력적이다.
④ 기업의 효율성 임금정책은 기업 간 임금격차 및 이중노동시장 형성의 원인이 되기도 하며, 구조적 실업을 유발할 수 있다.

(2) 고임금이 고생산성을 가져오는 원인 필기 출제 21, 18, 17, 14, 13, 12, 11, 10, 08, 06년 기출

① 노동자의 기업에 대한 충성심과 귀속감을 증대시킨다.
② 노동자의 직장상실비용을 증대시켜서 작업 중에 태만하지 않게 한다.
③ 노동자의 사직을 감소시켜 신규노동자의 채용 및 훈련비용을 감소시킨다.
④ 대규모 사업장에서는 통제상실을 미연에 방지하는 차원에서 고임금을 지불하여 노동자를 열심히 일하도록 유도할 수 있다.
⑤ 고임금 지불 기업은 신규채용 시 지원노동자의 평균자질이 높아져 보다 양질의 노동자를 고용할 수 있다.

> **쌤의 비법노트**
> 효율임금은 전문직과 같이 노동자들의 생산성을 관측하기 어려운 경우 채택될 가능성이 높습니다.

06절 최저임금제도

1 최저임금제도의 이해

(1) 의의 필기 출제 19, 17년 기출

① 임금의 최저수준을 정하고, 사용자에게 이 수준 이상의 임금을 지급하도록 법으로 강제함으로써 저임금 노동자를 보호하기 위한 제도이다.
② 우리나라의 최저임금은 최저임금위원회의 심의 · 의결을 거쳐 고용노동부장관이 결정한다.
③ 최저임금 적용을 받는 사용자는 최저임금액을 근로자가 쉽게 볼 수 있는 장소에 게시하거나 그 외 적당한 방법으로 근로자에게 널리 알려야 한다.

(2) 최저임금제도의 목적(기대효과) 필기 출제 22~17, 14, 13, 11, 09, 08, 04, 03년 기출

① 소득분배의 개선(산업 간, 직업 간 임금격차 해소, 저임금 노동자의 생활보호)
② 노동력의 질적 향상
③ 기업의 근대화 및 산업구조의 고도화 촉진

> **쌤의 비법노트**
> 최저임금의 실질적인 결정은 '최저임금위원회'가 하지만, 형식적 · 법적 최종결정은 '고용노동부장관'이 합니다.

> **이렇게 출제된다! 2차 주관식**
> 최저임금제의 기대효과(장점)를 6가지 쓰시오.

④ 공정경쟁의 확보
⑤ 산업평화의 유지
⑥ 경기 활성화에 기여(유효수요의 창출)
⑦ 복지국가의 실현

(3) 최저임금제도의 부정적 효과 필기 출제 13, 11, 09, 07년 기출
① 고용 감소 및 실업 증가
② 노동시장 내에서의 차별
③ 지역 및 업종 간 경제활동 배분의 왜곡 및 전체적인 생산량 감소
④ 소득분배의 역진적 효과
⑤ 노동력의 질적 저하 및 생산성 저하

이렇게 출제된다! 2차 주관식
최저임금제 도입으로 인해 발생할 수 있는 부정적 효과 3가지를 쓰시오.

2 최저임금제도와 노동시장

(1) 최저임금제도가 노동시장에 미치는 효과 필기 출제 15, 09, 07년 기출
① 노동공급량이 증가한다.
② 노동수요량이 감소한다.
③ 잉여인력, 즉 실업이 발생한다.
④ 숙련직의 임금 상승을 유발한다.
⑤ 부가급여의 축소를 유발한다.

(2) 최저임금제도가 고용에 미치는 효과 필기 출제 22, 19년 기출

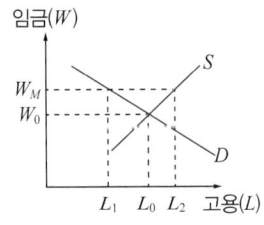
(ㄱ) 최저임금 적용 노동시장

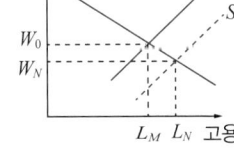
(ㄴ) 최저임금 적용제외 노동시장

① (ㄱ)의 노동시장이 탄력적인 노동수요곡선을 보이는 미숙련노동시장이라고 가정할 때, 정부가 시장에서 결정된 시장임금(W_0)이 지나치게 낮다고 간주하여 최저임금을 적용한다면(W_M), 고용이 유지된 미숙련근로자들은 임금 상승의 혜택을 보는 반면, 일부 미숙련근로자들은 $L_0 - L_1$만큼 일자리를 잃게 된다.
② 노동공급곡선이 탄력적일 때 (ㄱ)의 노동시장에서 축출된 $L_0 - L_1$만큼의 근로자들은 최저임금 적용이 제외되는 보다 열악한 (ㄴ)의 노동시장으로 몰리게 되는데, 그로 인한 파급효과(Spillover Effect)로 임금이 하락($W_0 - W_N$)하게 된다. 결국 이들 근로자들은 종전의 시장임금보다 더 낮은 임금(W_N)을 받음으로써 노동시장 내에서 차별을 경험하게 된다.

이렇게 출제된다! 1차 기출 OX
Q 노동수요곡선과 노동공급곡선이 모두 탄력적일 때 최저임금제는 고용에 매우 부정적인 효과를 유발한다?
A (○)

쌤의 비법노트

사중손실(死重損失)은 본래 재화나 서비스의 균형이 파레토 최적(→ 자원배분이 가장 효율적으로 이루어진 상태를 가정)이 아닐 때 발생하는 경제적 효용의 순손실을 의미하는 것으로서, 특히 시장에서의 자유로운 경쟁을 정부가 인위적으로 제한할 때 발생하는 경제적 비효율을 말합니다.

(3) 최저임금제도와 근로장려세제(EITC ; Earned Income Tax Credit) 필기 출제 17, 12년 기출

① 최저임금제도는 최저임금 이하를 받는 근로자에게, 근로장려세제는 저소득근로계층에게 혜택이 주어진다.

② 최저임금제도는 고숙련 근로자에 의한 저숙련 근로자의 대체 등 전반적인 고용 감소를 비롯하여 실업 증가의 부작용을 유발할 수 있다.

③ 근로장려세제는 이론적으로 저생산성 저임금근로자의 실업을 유발하지 않지만, 근로의욕 감퇴의 부작용을 유발할 수 있다.

④ 이와 같이 정부의 인위적인 자원배분에의 개입은 긍정적인 효과와 부정적인 효과를 동시에 가지고 있으므로, 정부의 인위적인 개입에 따라 발생할 수 있는 경제적 비효율로서 사중손실(Dead Weight Loss)에 의한 총 경제후생의 확대 혹은 축소 여부를 일률적으로 단정하기는 어렵다.

CHAPTER 02 출제 유형 알아보기

제4과목 노동시장

01절 임금의 이해

01 다음 중 임금의 법적 성격에 대한 학설의 하나인 노동대가설로 설명할 수 있는 임금에 해당하는 것으로 가장 옳은 것은?

① 휴업수당 ② 직무수당
③ 가족수당 ④ 물가수당

> **해설**
> ①·③·④ 노동력대가설로 설명할 수 있는 임금이다.

02 다음 중 임금결정의 주요 학설에 대한 설명으로 옳지 않은 것은?

① 임금생존비설 – 임금 상승이 노동절약적 기계도입에 따른 기술적 실업의 발생으로 산업예비군을 증가시켜 다시 임금을 생존비 수준으로 저하시킨다는 학설이다.
② 임금기금설 – 어느 한 시점에 근로자의 임금으로 지불될 수 있는 부의 총액 또는 기금은 정해져 있고, 이 기금은 시간이 지남에 따라 변화될 수 있다는 학설이다.
③ 임금교섭력설 – 고용기회나 노동공급량에 불리한 영향을 미치지 않으면서도 일정한 범위 내에서 임금이 교섭력 강도에 따라 변화할 수 있다는 학설이다.
④ 임금철칙설 – 노동자의 임금이 생활비에 귀착되며, 생활비를 중심으로 약간 변동이 있더라도 궁극적으로는 임금이 생활비에 일치된다는 학설이다.

> **해설**
> ① 노동가치설(노동력재생산비설)에 대한 설명에 해당한다.

03 다음 중 임금수준의 결정원칙에 포함되지 않는 것은?

① 사회적 균형의 원칙 ② 생계비 보장의 원칙
③ 기업 지불 능력의 원칙 ④ 소비욕구 반영의 원칙

> **해설**
> **임금수준의 결정원칙**
> 기업 지불 능력(→ 상한선), 생계비 보장(→ 하한선), 사회적 균형(→ 조정범위)

정답 01 ② 02 ① 03 ④

04 다음 중 임금관리의 주요 구성요소와 가장 거리가 먼 것은?

① 기본급과 수당 등의 임금체계
② 노동생산성 수준에 따른 임금수준
③ 일급, 월급, 봉급 등의 임금지급 시기
④ 고정급제와 성과급제 등의 임금형태

> **해설**
>
> **임금관리의 주요 구성요소**
> 임금수준, 임금체계, 임금형태

05 다음 중 임금에 대한 설명으로 옳지 않은 것은?

① 기본급은 정액급여에 속한다.
② 기본급을 기초로 하여 각종 수당, 상여금 등을 산정한다.
③ 월 일정액의 제수당은 정액급여에 포함된다.
④ 특별급여는 초과급여의 일부분이다.

> **해설**
>
> ④ 특별급여에는 상여금, 성과급 등이 포함되며, 이는 시간 외·야간·휴일근로에 의한 초과근무수당 등의 초과급여와 구분된다.

06 다음 중 실질임금의 정의로 가장 옳은 것은?

① 한 가구의 총 임금을 말한다.
② 물가 수준을 반영하여 구매력으로 평가한 임금을 말한다.
③ 세금공제 후 노동자가 실제 지급받는 임금을 말한다.
④ 작업시간과 작업의 난이도를 반영한 임금을 말한다.

> **해설**
>
> **실질임금(Real Wages)**
> 기준연도와 비교연도 사이에 소비자물가가 상승한 경우 물가 상승의 효과를 제거한 실질적인 임금액 또는 임금의 실질적인 구매력으로 평가한 것이다.

07 다음 중 노동자가 기꺼이 일하려고 하는 최저한의 주관적 요구임금 수준을 의미하는 것은?

① 의중임금
② 통상임금
③ 최소임금
④ 최저임금

> **해설**
>
> **의중임금(Reservation Wage)**
> '보상요구임금, 유보임금, 희망임금 또는 눈높이임금'이라고도 하며, 노동을 시장에 공급하기 위해 노동자가 요구하는 최소한의 주관적 요구임금 수준을 말한다.

02절 임금체계

08 다음 중 임금체계에 대한 설명으로 옳지 않은 것은?

① 연공급은 근로자의 생산성에 바탕을 둔 임금체계이다.
② 속인급은 연령, 근속, 학력에 따라 임금을 결정하는 체계이다.
③ 직무급은 직무분석과 직무평가를 기초로 직무의 상대적 가치에 따라 임금을 결정하는 체계이다.
④ 직능급은 개인의 직무수행능력을 고려하여 임금을 관리하는 체계이다.

> **해설**
>
> ① 연공급은 근로자의 근속연수에 따라 임금을 결정하는 체계이다.

09 다음 임금체계의 유형 중 연공급의 단점에 대한 설명으로 옳지 않은 것은?

① 동기부여 효과가 미약하다.
② 위계질서의 확립이 어렵다.
③ 비합리적인 인건비 지출을 하게 된다.
④ 전문기술인력의 확보를 어렵게 한다.

> **해설**
>
> ② 연공급은 임금이 근속연수, 학력, 연령 등 인적요소 기준에 따라 변화하므로 위계질서의 확립 및 사기 유지에 유리하다.

정답 07 ① 08 ① 09 ②

10 다음 중 직능급 임금체계의 특징에 대한 설명으로 옳은 것은?

① 조직의 안정화에 따른 위계질서 확립이 용이하다.
② 직무에 상응하는 임금을 지급한다.
③ 학력과 직종에 관계없이 능력에 따라 임금을 지급한다.
④ 무사안일주의 또는 적당주의를 초래할 수 있다.

> **해설**
> ① 연공급 임금체계의 장점에 해당한다.
> ② 직무급 임금체계의 특징에 해당한다.
> ④ 연공급 임금체계의 단점에 해당한다.

11 다음 중 직무급 임금체계에 대한 설명으로 옳은 것은?

① 정기승급에 의한 생활안정으로 근로자의 기업에 대한 귀속의식을 고양시킨다.
② 기업풍토, 업무내용 등에서 보수성이 강한 기업에 적합하다.
③ 근로자의 능력에 대한 직능고과의 평가결과에 따라 임금을 결정한다.
④ 노동의 양뿐만 아니라 노동의 질을 동시에 평가하는 임금결정방식이다.

> **해설**
> ① · ② 연공급, ③ 직능급

12 다음 중 합리적인 임금체계가 갖추어야 할 기능과 가장 거리가 먼 것은?

① 종업원에 대한 동기유발 기능
② 유능한 인재확보 기능
③ 보상의 공정성 기능
④ 생존권보장 기능

> **해설**
> **합리적인 임금체계가 갖추어야 할 기능**
> • 보상의 공정성 기능(③)
> • 유능한 인재를 확보하는 기능(②)
> • 종업원에 대한 동기유발 기능(①)
> • 종업원을 효과적으로 활용하는 기능
> • 안정적 기능
> • 질서유지 기능 등

03절 임금형태

13 다음 중 고정급제 임금형태에 해당하지 않는 것은?

① 시급제
② 연봉제
③ 일당제
④ 성과급제

해설
④ 성과급제는 능률급제 임금형태에 해당한다.

14 다음 중 성과급 제도의 장점으로 옳은 것은?

① 직원 간 화합이 용이하다.
② 근로의 능률을 자극할 수 있다.
③ 임금의 계산이 간편하다.
④ 확정적 임금이 보장된다.

해설
① 성과급 제도는 직원 간 화합이 불리하다.
③ · ④ 고정급 제도의 장점에 해당한다.

15 다음 중 연봉제의 장점과 가장 거리가 먼 것은?

① 근로자 개인의 전문성을 촉진시킨다.
② 개인의 능력에 기초한 생산성 향상에 유리하다.
③ 구성원 상호 간의 친밀감을 증진시킨다.
④ 임금관리가 용이하다.

해설
③ 연봉제는 종업원 상호 간의 불필요한 경쟁심이나 위화감 조성, 불안감 증대 등의 문제점이 있다.

정답 13 ④ 14 ② 15 ③

04절 부가급여와 생산성 임금제

16 일반적으로 노동비용은 현금급여와 부가급여로 구분할 수 있다. 다음 중 부가급여와 가장 거리가 먼 것은?

① 퇴직금
② 초과급여
③ 교육훈련비
④ 사업주가 부담하는 사회보험료

해설

② 초과급여는 경상화폐임금으로서 변동적 임금에 해당한다.

17 다음 중 사용자가 부가급여를 선호하는 이유와 가장 거리가 먼 것은?

① 절세(節稅) 효과를 기대할 수 있다.
② 양질의 근로자를 유치할 수 있다.
③ 근로자의 장기근속을 유도한다.
④ 퇴직금 부담이 감소한다.

해설

사용자가 부가급여를 선호하는 이유
- 정부의 임금규제 강화 시 이를 회피하는 수단으로서, 임금인상 대신 부가급여 수준을 높인다.
- 전반적인 임금통제시기에 양질의 근로자 혹은 사용자가 선호하는 근로자를 채용할 수 있게 한다.(②)
- 근로자의 장기근속을 유도하며, 생산성을 향상시킬 수 있다.(③)
- 임금액의 증가를 부가급여로 대체하여 조세나 보험료의 부담이 감소된다.(①)

18 생산성 임금제를 따를 때 물가상승률이 3%이고, 실질생산성 증가율이 7%라고 하면 명목임금은 얼마나 인상되어야 하는가?

① 2%
② 4%
③ 10%
④ 15%

해설

생산성 임금제에서 임금결정 방식

생산성 임금제에서는 명목임금 증가율을 명목생산성 증가율과 연계하여 임금인상을 결정한다. 특히 명목생산성 증가율을 산정할 때 실질생산성 증가율에 가격 증가율(여기서는 물가상승률)을 반영하여야 하므로,

$$\text{명목생산성 증가율} = \text{실질생산성 증가율} + \text{가격 증가율(물가상승률)}$$
$$= 7\% + 3\% = 10\%$$

이와 같이 생산성 임금제에 따라 명목생산성이 10% 증가하였으므로, 명목임금도 10% 인상되어야 한다.

05절 임금격차

19 다음 중 시장경제를 채택하고 있는 국가의 노동시장에서 직종별 임금격차가 존재하는 이유와 가장 거리가 먼 것은?

① 직종 간 정보의 흐름이 원활하기 때문이다.
② 직종에 따라 근로환경의 차이가 존재하기 때문이다.
③ 직종에 따라 노동조합 조직률의 차이가 존재하기 때문이다.
④ 노동자들의 특정 직종에 대한 회피와 선호가 다르기 때문이다.

│해설│

직종별 임금격차가 존재하는 이유
- 근로환경의 차이
- 노동조합 조직률의 차이
- 직종 간 정보흐름의 미흡
- 노동자의 특정 직종 회피·선호 경향의 차이 등

20 다음 중 임금격차의 원인으로서 통계적 차별(Statistical Discrimination)이 일어나는 경우로 가장 옳은 것은?

① 비숙련 외국인노동자에게 낮은 임금을 설정할 때
② 임금이 개별 노동자의 한계생산성에 근거하여 설정될 때
③ 사용자가 자신의 경험을 기준으로 근로자의 임금을 결정할 때
④ 사용자가 근로자의 생산성에 대해 불완전한 정보를 갖고 있어 평균적인 인식을 근거로 임금을 결정할 때

│해설│

통계적 차별(Statistical Discrimination)
사용자는 근로자의 개인차를 고려하지 않은 채 성별이나 인종, 지역의 특성을 가지고 개인을 판단함으로써 그에 따른 불완전한 정보와 근로자 개인에 대한 이해부족을 토대로 임금을 결정하게 된다. 이는 근로자 간의 임금격차를 유발하는 원인이 된다.

21 다음 중 노동수요 특성별 임금격차의 요인으로서 경쟁적 요인에 해당하지 않는 것은?

① 인적자본량
② 보상적 임금격차
③ 비효율적 연공급제도
④ 기업의 합리적 선택으로서 효율성 임금정책

│해설│

③ 노동수요 특성별 임금격차의 요인으로서 비경쟁적 요인(경쟁 외적 요인)에 해당한다.

정답 19 ① 20 ④ 21 ③

22 다음 중 보상적 임금격차를 발생시키는 요인에 해당하지 않는 것은?

① 성별 간 소득의 차이
② 교육훈련 기회의 차이
③ 작업의 쾌적함 정도
④ 고용의 안정성 여부

> **해설**
>
> **보상적 임금격차를 발생시키는 요인**
> • 고용의 안정성 여부(금전적 위험)(④)
> • 작업의 쾌적함 정도(비금전적 차이)(③)
> • 교육훈련 비용의 여부(교육훈련 기회의 차이)(②)
> • 책임의 정도
> • 성공 또는 실패의 가능성

23 다음 중 효율임금이론에 대한 설명으로 옳은 것은?

① 기업이 생산의 효율성을 달성하기 위해 적정임금을 책정한다.
② 기업이 시장임금보다 높은 임금을 유지해 노동생산성 증가를 도모한다.
③ 기업이 노동생산성에 맞춰 임금을 책정한다.
④ 기업이 생산비 최소화 원리에 따라 임금을 책정한다.

> **해설**
>
> **효율임금이론(Efficiency Wage Theory)**
> 효율임금이론은 근로자의 생산성을 높이기 위해 시장의 균형임금보다 더 높은 임금을 지불하는 것이 이윤극대화를 추구하는 기업에 더 이익이 된다는 이론이다.

06절 최저임금제도

24 다음 중 최저임금제도의 기대효과와 가장 거리가 먼 것은?

① 경기 활성화에 기여
② 산업구조의 고도화 촉진
③ 청소년의 취업촉진
④ 산업 간, 직업 간 임금격차 해소

해설

최저임금제도의 목적(기대효과)
- 소득분배의 개선(산업 간, 직업 간 임금격차 해소, 저임금 노동자의 생활보호)(④)
- 노동력의 질적 향상
- 기업의 근대화 및 산업구조의 고도화 촉진(②)
- 공정경쟁의 확보
- 산업평화의 유지
- 경기 활성화에 기여(유효수요의 창출)(①)
- 복지국가의 실현

25 다음 중 최저임금제도와 근로장려세제(EITC)에 대한 설명으로 옳지 않은 것은?

① EITC는 저소득근로계층을 수혜대상으로 한다.
② 최저임금제도하에서는 최저임금 이하를 받는 근로자에게 그 혜택이 주어진다.
③ EITC는 이론적으로 저생산성 저임금근로자의 실업을 유발하지 않는다.
④ EITC와 최저임금제 실시는 공통적으로 사중손실(Dead Weight Loss) 발생으로 총 경제후생을 축소시킨다.

해설

④ 정부의 인위적인 자원배분에의 개입은 긍정적인 효과와 부정적인 효과를 동시에 가지고 있으므로, 정부의 인위적인 개입에 따라 발생할 수 있는 경제적 비효율로서 사중손실(Dead Weight Loss)에 의한 총 경제후생의 확대 혹은 축소 여부를 일률적으로 단정하기는 어렵다.

CHAPTER 02 최근 기출문제 파악하기 1차 필기

제4과목 노동시장

01 임금에 대한 설명으로 틀린 것은? [2022년 2회 기출]

① 산업사회에서 사회적 신분의 기준이 되기도 한다.
② 임금수준은 인적자원의 효율적 배분과는 무관하다.
③ 가장 중요한 소득원천 중의 하나이다.
④ 유효수요에 영향을 미쳐 경제의 안정과 성장에 밀접한 관련이 있다.

해설

② 임금수준은 일정 기간 동안 한 기업 내의 모든 종업원에게 지급되는 평균임금을 의미하는 것으로, 기업의 전체적인 임금수준을 결정하는 총액 인건비관리와 관련된다. 임금수준관리는 적정성의 원칙이 강조되는데, 이는 유능한 인재의 확보 측면은 물론 유능한 인재의 유출 방지 측면에서 중요한 의미를 가진다.

02 다음 중 직무급 임금체계의 장점이 아닌 것은? [2022년 1회 기출]

① 개인별 임금격차에 대한 불만 해소
② 연공급에 비해 실시가 용이
③ 인건비의 효율적 관리
④ 능력위주의 인사풍토 조성

해설

② 직무급은 직무의 표준화와 전문화, 직무가치의 객관적인 평가가 선행되어야 하고, 직무중심의 합리적인 채용과 평가제도가 확립되어야 하는 등 그 도입을 위한 전제조건이 있다. 직무급은 사실상 완전한 형태로 실시하기 어려우므로, 수정된 방식이나 혼합된 방식으로 사용한다.

03 효율임금정책이 높은 생산성을 가져오는 원인에 관한 설명으로 틀린 것은? [2021년 3회 기출]

① 고임금은 노동자의 직장상실비용을 증대시켜서 작업 중에 태만하지 않게 한다.
② 고임금 지불기업은 그렇지 않은 기업에 비해 신규노동자의 훈련에 많은 비용을 지출한다.
③ 고임금은 노동자의 기업에 대한 충성심과 귀속감을 증대시킨다.
④ 고임금 지불 기업은 신규채용 시 지원노동자의 평균자질이 높아져 보다 양질의 노동자를 고용할 수 있다.

해설

② 고임금은 노동자의 사직을 감소시켜 신규노동자의 채용 및 훈련비용을 감소시킨다.

04 다음 중 최저임금제가 고용에 미치는 부정적 효과가 가장 큰 상황은? [2022년 1회 기출]

① 노동수요곡선과 노동공급곡선이 모두 탄력적일 때
② 노동수요곡선과 노동공급곡선이 모두 비탄력적일 때
③ 노동수요곡선이 탄력적이고 노동공급곡선이 비탄력적일 때
④ 노동수요곡선이 비탄력적이고 노동공급곡선이 탄력적일 때

해설

최저임금제가 고용에 미치는 부정적 효과
- 노동수요곡선이 탄력적일 때 최저임금제의 적용은 일부 미숙련근로자의 실업을 유발한다.
- 노동공급곡선이 탄력적일 때 최저임금 적용 노동시장에서 축출된 미숙련근로자들은 최저임금 적용이 제외되는 보다 열악한 노동시장으로 몰리게 되는데, 이들 근로자들은 종전의 시장임금보다 더 낮은 임금을 받음으로써 노동시장 내에서 차별을 경험하게 된다.

정답 03 ② 04 ①

CHAPTER 02 최근 기출문제 파악하기 [2차 실무]

제4과목 노동시장

01 부가급여의 의미를 예를 들어 설명하고, 사용자와 근로자가 선호하는 이유를 각각 2가지 쓰시오. (6점)

[2018년 1회, 2015년 3회, 2014년 1회, 2011년 1회, 2010년 1회, 2004년 3회 기출]

> **이렇게 외우세요!**
>
> (1) 부가급여의 의미
>   사용자가 근로자에게 지급하는 경상화폐임금 이외의 현물보상, 연기된 보상 등으로서 사업주 부담의 퇴직연금 적립금, 사회보험료 부담금, 교육훈련비 등이 있다.
> (2) 부가급여의 선호 이유
>   ① 사용자 : 근로자의 장기근속 유도 및 생산성 향상, 조세나 보험료의 부담 감소
>   ② 근로자 : 근로소득세 부담 감소, 연기된 보상의 저축의 성격 및 조세상 혜택

02 산업별 임금격차가 발생하는 원인을 5가지 쓰시오. (5점)

[2025년 1회, 2022년 3회, 2019년 3회, 2013년 1회 기출]

> **이렇게 외우세요!**
>
> ① 산업 간 노동생산성의 차이
> ② 노동조합의 존재
> ③ 산업별 집중도(독과점도)의 차이
> ④ 단기적 노동공급의 비탄력성
> ⑤ 산업별 숙련직종 구성의 차이

03 임금의 하방경직성의 의미를 설명하고, 임금의 하방경직성이 되는 이유 5가지를 쓰시오. (6점)

[2024년 3회, 2023년 1회, 2020년 3회, 2018년 2회, 2017년 3회, 2012년 3회, 2011년 3회, 2010년 2회, 2009년 1회, 2004년 1회 기출]

이렇게 외우세요!

(1) 임금의 하방경직성의 의미
   한 번 오른 임금이 경제여건의 변화에도 불구하고 떨어지지 않은 채 그 수준을 유지하려는 경향
(2) 하방경직성의 이유
   ① 화폐환상
   ② 장기 근로(노동)계약
   ③ 강력한 노동조합의 존재
   ④ 노동자의 역선택 발생 가능성
   ⑤ 최저임금제의 실시

04 최저임금제의 기대효과(장점)를 6가지 쓰시오. (6점)

[2025년 2회, 2022년 1회, 2021년 2회, 2018년 2회, 2018년 3회, 2016년 3회, 2015년 2회, 2011년 3회, 2007년 1회, 2004년 3회 기출]

이렇게 외우세요!

① 소득분배의 개선
② 노동력의 질적 향상
③ 기업의 근대화 및 산업구조의 고도화 촉진
④ 공정경쟁의 확보
⑤ 산업평화의 유지
⑥ 경기 활성화에 기여

CHAPTER 03

제4과목 노동시장

실업의 제개념

중요키워드 10

※ 중요도 높은 것에서 낮은 것 순으로

❶ 마찰적 실업

❷ 구조적 실업

❸ 실망노동자효과

❹ 필립스 곡선

❺ 경기적 실업

❻ 적극적 노동시장정책과 소극적 노동시장정책

❼ 부가노동자효과

❽ 소득정책

❾ Keynes의 실업이론

❿ 실업급여가 경제활동참가에 미치는 효과

제4과목

 **쌤의 학습지도**

1. Keynes의 거시경제정책을 이해할 필요가 있어요.

케인즈는 실업 해소를 위한 정부개입의 필요성을 강조했는데요, 재정지출 증대를 통해 경기를 활성화해야 한다고 본 것이죠.

2. 필립스 곡선의 기본 원리를 기억해 두세요.

필립스 곡선은 인플레이션율과 실업률 간에 역의 상관관계(상충관계)를 설명하기 위한 것으로, 정부가 낮은 인플레이션율과 낮은 실업률을 동시에 달성할 수 없음을 강조해요.

3. 베버리지 곡선의 기본 원리도 기억해 두세요.

베버리지 곡선에 의해 수요부족실업과 비수요부족실업을 구분할 수는 있지만, 비수요부족실업으로서 마찰적 실업과 구조적 실업을 구분하기는 어려워요.

4. 실업의 종류로 마찰적 실업, 구조적 실업, 경기적 실업이 특히 중요해요.

마찰적 실업, 구조적 실업, 경기적 실업은 그 특징이 다른 만큼 대책 또한 달라요. 2차 실무시험에도 빈번히 출제되는 만큼 반드시 암기하고 있어야 해요.

5. 실망노동자효과와 부가노동자효과는 서로 대비되는 특징을 가지고 있죠.

실망노동자효과는 실업자 수가 과소평가되는 경향이 있는 반면, 부가노동자효과는 실업자 수가 과대평가되는 경향이 있어요.

6. 소득정책은 근로자의 소득을 올려주자는 정책이 아니에요.

1960년대 선진국에서 실업률과 물가상승률(인플레이션율) 간의 상충관계를 개선하고자 실시했던 정책으로 정부의 직접적인 개입을 강조하죠.

7. 적극적 노동시장정책에 어떤 것들이 있는지를 살펴보세요.

실업보험 또는 실업급여 제공은 적극적 노동시장정책에 해당하지 않는다는 점을 반드시 기억해 두세요.

8. 실업급여의 효과에 대해 기억해 두세요.

실업급여는 실업자들의 구직활동을 유도하여 경제활동참가를 증대시키지만, 경제활동참가 자체가 취업상태를 의미하는 것은 아니므로 노동시간 증·감을 단정 지을 순 없죠.

CHAPTER 03 실업의 제개념

제4과목 노동시장

01절 실업에 관한 연구

1 케인즈(Keynes)의 실업이론

(1) 의 의 필기 출제 21, 06년 기출

① 신고전학파는 자유경쟁시장에 대한 신뢰를 가지고, 노동시장이 완전경쟁 상태인 경우 실업이 존재하지 않는다고 보았다. 즉, 현실에 존재하는 실업자는 모두 **자발적 실업**에 해당하며, 비록 현실적으로 실업이 존재하여도 곧 시장기능에 의해 다시 완전고용으로 복귀한다고 주장하였다.

② 케인즈(Keynes)는 신고전학파의 실업이론을 비판하면서, 노동자들은 기업과 달리 실질임금이 아닌 명목임금(화폐임금)에 관심을 가진다고 주장하였다. 즉, **노동의 수요는 실질임금의 함수이지만, 노동의 공급은 명목임금의 함수**인 것이다.

③ 노동자들은 화폐환상(Money Illusion)에 의해 명목임금의 하락에 저항함으로써 명목임금의 하방경직성(Downward Inflexibility)을 야기한다. 그로 인해 기업은 물가가 하락하여 상대적으로 임금이 높아진 상황에 직면하는 경우 고용량을 감소시키려고 할 것이다. 결국 기업은 총수요가 감소함에 따라 노동에 대한 수요를 감소시키게 되며, 그로 인해 노동자들의 비자발적 실업이 발생하게 된다.

(2) 케인즈의 거시경제정책 필기 출제 20, 16, 12년 기출

① 케인즈의 실업이론은 고전학파의 이론처럼 '보이지 않는 손'에 의한 자정적 실업해소가 아닌 정부의 개입을 중시하였다. 그에 따라 실업을 해소하기 위한 방안으로 거시경제정책을 주장하였다.

② 케인즈는 실업의 주요 원인으로 **유효수요 부족**을 제시하였으며, 국민의 유효수요를 증대하기 위해 정부가 **경기부양정책**을 실시해야 하며, 자본주의의 불평등한 소득에 따른 빈부격차를 해소하기 위해 **재분배정책을 중심으로 한 복지정책**을 펼쳐야 한다고 강조하였다.

③ 케인즈는 국가의 적극적인 개입을 통해 **재정지출을 증대**하고 금융정책 및 사회재분배정책을 확대하여 경기를 활성화함으로써 소비와 투자를 늘려 **유효수요를 증대**시키고자 한 것이다.

쌤의 비법노트

신고전학파는 자유와 경쟁을 보장하면 경제사회는 내부적 효율성에 의해 완전고용을 달성하면서 장기적 발전과정을 밟게 된다는 믿음을 가지고 있었으므로, 이점에서 자유방임주의를 강조한 고전학파와 큰 차이를 보이지 않았습니다. 케인즈(Keynes)는 이와 같은 신고전학파의 완전고용하의 장기 발전과정에 대해 회의적인 입장을 보였던 것입니다.

쌤의 비법노트

고전학파 또는 신고전학파 경제학이 지배하던 당시 대공황은 매우 충격적인 사건이었습니다. 고전학파 경제학에 심취했던 사람들은 '보이지 않는 손'이 작동하여 수요와 공급이 균형을 회복할 것이므로, 장기간의 대량실업이나 대공황이 발생할 수 없다고 믿었던 것입니다.

2 필립스 곡선(Phillips Curve)

(1) 의 의 〔필기 출제〕 20, 19, 16, 15, 14, 11, 09, 07, 03년 기출

① 영국의 경제학자 필립스(Phillips)가 제시한 것으로, 그는 영국의 인플레이션율(임금 또는 물가의 상승률)과 실업률에 관한 통계자료 분석을 통해 인플레이션율과 실업률 간에 역의 상관관계(상충관계)가 있음을 설명하였다.

② 필립스 곡선은 정부가 낮은 인플레이션율과 낮은 실업률을 동시에 달성할 수 없음을 보여 준다.

③ 정부가 총수요를 증가시키는 경우, 경기부양을 통해 실업률을 단기적으로 줄일 수 있으나 그 결과 물가가 상승함으로써 인플레이션율은 증가하게 된다(→ 그래프상의 A).

④ 정부가 총수요를 감소시키는 경우, 물가 안정을 통해 인플레이션율을 단기적으로 줄일 수 있으나 경기침체로 인해 실업률은 증가하게 된다(→ 그래프상의 B).

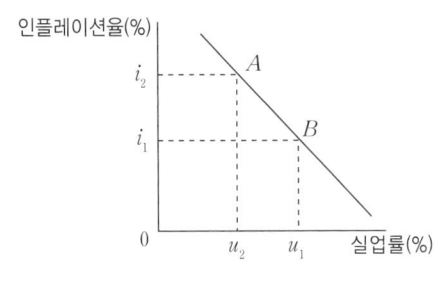

필립스 곡선

(2) 필립스 곡선이 오른쪽으로 이동하는 요인

① 예상인플레이션율(기대물가상승률)이 상승하는 경우

② 노동력 구성에 있어서 청소년이나 여성근로자의 비중이 증가하는 경우

③ 실업률의 각 부문 간 격차가 커지는 경우

Comment

보통 '인플레이션(Inflation)'은 '물가상승'을 의미하며, 그로 인해 인플레이션율(Inflation Rate)을 '물가상승률'로 번역합니다. 따라서 직업상담사 시험에서는 필립스 곡선에 대해 '인플레이션율과 실업률' 혹은 '물가상승률과 실업률' 간의 관계를 설명하는 것으로 제시하고 있습니다. 그러나 간혹 인플레이션율 혹은 물가상승률 대신 '임금상승률'로 표현하기도 한다는 점에 유의해야 합니다. 참고로 필립스(Phillips)는 임금상승률이 생산성 증가율과 물가상승률을 반영한다고 생각했는데, 따라서 생산성에 큰 변화가 없다면 임금상승률은 곧 물가상승률과 일치한다고 보았습니다.

쌤의 비법노트

필립스 곡선이 오른쪽으로 이동한다는 것은 인플레이션율과 실업률 간에 역의 상충관계가 더욱 악화된다는 의미입니다.

이렇게 출제된다! 2차 주관식

필립스 곡선은 실업률과 인플레이션율 간 역의 상충관계를 나타내는 곡선이다. 이 필립스 곡선이 오른쪽으로 이동하는 요인 3가지를 쓰시오.

3 실업-결원곡선 또는 베버리지 곡선(Beveridge Curve)

(1) 의의

① 실업과 결원의 관계를 나타내는 베버리지 곡선은 실업의 구조와 완전고용실업률에 대해 설명한다.

② 종축은 결원 수(미충원공석 수)를, 횡축은 실업자 수를 표시하며, 이 두 가지 변수 간의 관계를 나타내는 우하향 곡선으로 나타낸다. 이는 실업자 수가 증가하는 경우 결원 수가 감소하며, 그 역의 관계도 성립됨을 의미한다.

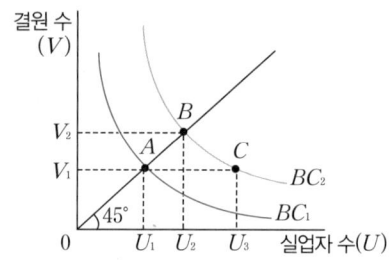

실업-결원곡선(Beveridge Curve)

③ 노동수요와 노동공급이 같은 경우 실업자 수와 결원 수가 균형을 이룬다. 이때 그 점들을 이으면 그래프상의 45°선이 되며, 이것이 곧 완전고용상태에 해당한다.

(2) 베버리지 곡선에 의한 실업의 유형 필기 출제 19, 14, 11년 기출

① 베버리지 곡선은 원점에서 멀어질수록 구조적 실업자 수가 증가하고 있음을 나타내 준다. 즉, BC_1이 BC_2로 이동하는 경우 동일한 수준의 결원 수에 대해 더 많은 실업자 수가 대응함으로써 노동시장이 구조적으로 악화되어 있음을 보여준다.

② 베버리지 곡선에 의해 수요부족실업과 비수요부족실업(→ 마찰적 실업과 구조적 실업의 합에 해당)을 구분하는 것은 가능하다. 이는 현재의 노동시장 상황이 BC_2라고 할 때 실업자 수와 결원 수가 만나는 C점이 완전고용상태에 해당하는 B점만큼의 차이를 보이며, 이때 그 차이를 수요부족실업으로 간주할 수 있기 때문이다. 그러나 이와 같은 곡선에서 마찰적 실업과 구조적 실업을 구분하는 것은 사실상 어렵다.

> **더 알아보기**
>
> **자연실업률(Natural Rate of Unemployment)** 필기 출제 22, 12년 기출
> - 프리드만(Friedman)은 실업률이 '0'인 상태는 현실적으로 불가능하다고 보았으며, 경제의 실물적 요인에 의해 결정되는 실업률로서 자연실업률을 사실상 완전고용에 도달한 것으로 간주하였다.
> - 자연실업률은 경기적 실업이 없을 때의 실업률, 즉 마찰적 실업 및 구조적 실업과 관련된 실업률로서, 노동시장이 정상적으로 기능하는 상태에서 노동의 수요와 공급이 일치하는 균형실업률을 의미한다.
> - 프리드만은 이러한 자연실업률을 예측하려는 어떠한 시도도 거부하면서, 자연실업률이 얼마인지 그 누구도 알 수 없다고 주장하였다.

쌤의 비법노트

베버리지 곡선은 일명 'UV곡선(UV Curve ; Unemployment-Job Vacancy Curve)'으로도 불립니다.

쌤의 비법노트

현재의 실업자 수에서 현재의 결원 수를 뺀 것이 수요부족실업자 수에 해당합니다.

이렇게 출제된다! 1차 기출 OX

Q 경기적 실업은 자연실업률 측정에 포함되지만, 마찰적 실업은 자연실업률 측정에 포함되지 않는다?

A (×) 마찰적 실업은 자연실업률 측정에 포함되지만, 경기적 실업은 자연실업률 측정에 포함되지 않는다.

02절 실업의 종류

1 마찰적 실업(Frictional Unemployment) 필기 출제 매해 기출

(1) 의의 및 특징

① 신규 또는 전직자가 노동시장에 진입하는 과정에서 직업정보의 부족으로 인해 일시적으로 발생하는 실업으로서, 근로자의 자발적 선택에 의해 나타나는 자발적 실업이다.

② 실업과 미충원상태에 있는 공석이 공존하는 경우의 실업, 즉 노동시장의 정보가 불완전하여 구직자와 구인처가 적절히 대응되지 못하기 때문에 발생한다.

③ 정보의 유통장애와 밀접하게 연관된 것으로, 정보를 수집하고 탐색하는 과정에 있는 실업이라는 의미에서 '탐색적 실업(Search Unemployment)'이라고도 한다.

④ 마찰적 실업은 대부분 자연적인 실업으로서, 다른 실업의 유형에 비해 사회적 비용이 가장 적게 유발된다.

⑤ 고용정보 효율화 정책으로 가장 큰 효과를 볼 수 있으므로, 정부나 공공단체들이 고용기회와 고용조건 등에 관한 정보를 확산시킴으로써 어느 정도 감소시킬 수 있다.

(2) 대 책

① 구인·구직에 대한 전국적인 전산망 연결
② 구인·구직 정보제공시스템의 효율성 제고
③ 직업안내 및 직업상담 등 직업알선기관의 활성화
④ 고용실태 및 전망에 대한 자료제공
⑤ 기업의 퇴직예고제
⑥ 구직자 세일즈 등

> **쌤의 비법노트**
>
> 사실 시장균형이나 완전고용상태에서도 노동시장의 마찰적 특성으로 정보의 불완전성이 잔존하는데, 이러한 정보의 불완전성은 곧 구직자와 구인자 간 정보의 불일치성으로 나타납니다.

> **이렇게 출제된다! 1차 기출 OX**
>
> Q 정부가 노동시장에서 구인·구직 정보의 흐름을 원활하게 하면 직접적으로 줄어드는 실업의 유형은 '마찰적 실업'이다?
>
> A (○)

더 알아보기

직업탐색기간에 따른 마찰적 실업률 필기 출제 20, 16, 12, 11년 기출

실업률은 취업을 희망하지만 취업하지 못한 사람들의 비율로서, 경제활동인구 중 실업자가 차지하는 비중을 말한다. 만약 노동력의 10%가 매년 구직활동을 하고 구직에 평균 3개월이 소요된다면, 구직활동을 하는 사람들이 모두 3개월이 되는 시점에 취직을 한다고 가정하더라도, 일 년 중 후반기의 마지막 3개월에 해당하는 시점부터 구직활동을 시작하는 사람의 경우 그 다음 해에 취업을 한 것으로 간주될 것이다. 그로 인해 연간 실업률은 마지막 3개월의 기간 동안 구직활동을 시작한 사람에 한해 통계가 이루어지며, 이를 일 년 평균으로 계산하면 다음과 같다.

$$\text{연간실업률}(\%) = \frac{3\text{개월}}{12\text{개월}} \times 10(\%) = 2.5(\%) \qquad \therefore 2.5\%$$

이렇게 출제된다! 1차 기출 OX

Q 디지털 카메라의 등장으로 기존의 필름산업이 쇠퇴하여 필름산업 종사자들이 일자리를 잃을 때 구조적 실업이 발생한다?

A (○)

2 구조적 실업(Structural Unemployment) 필기 출제 22~15, 13, 12, 11, 10, 09, 04년 기출

(1) 의의 및 특징

① 자동화나 새로운 산업의 등장 등 경제구조 자체의 변화로 새로운 산업이 요구하는 기술이 부족하여 발생하는 실업으로서, 기술혁신으로 인해 과거의 기술이 더 이상 쓸모가 없어지거나 어떤 산업이 쇠퇴함에 따라 발생한다.

② 지역 간 또는 산업 간 노동력 수급의 불균형현상에 의해 발생하는 것으로, 급속한 산업화 과정에서 필요로 하는 기능직 숙련 노동은 인력 부족현상이 나타나는 반면, 미숙련 단순노동은 과잉현상이 나타난다. 특히 성장산업에서는 노동에 대한 초과수요로 인해 노동력 부족현상이 나타나는 반면, 사양산업에서는 노동에 대한 초과공급으로 인해 노동력 과잉현상이 나타난다.

③ 구조적 실업은 기업이 요구하는 기술수준을 갖춘 근로자가 없거나 노동자의 지역 간 이동이 불완전한 경우 발생하게 된다.

④ 이윤극대화를 추구하는 기업이 이직률을 낮추기 위해 효율성 임금을 지불할 경우 발생할 수 있다.

⑤ 구조적 실업은 경제구조의 변화를 요구하는 만큼 경기후퇴로 인한 단기적 현상으로서의 경기적 실업보다 장기적으로 지속되기 쉽다.

(2) 대 책

① 산업구조 변화예측에 따른 인력수급정책
② 노동자의 전직과 관련된 재훈련(교육훈련프로그램 또는 직업전환훈련프로그램)
③ 지역 간 이동을 촉진시키는 지역이주금 보조
④ 인접지역 및 타 지역의 일자리정보 제공
⑤ 미래의 각 부문별 노동력수급의 예측 등

더 알아보기

마찰적 실업과 구조적 실업의 공통점 및 차이점 필기 출제 18, 15, 11년 기출

공통점	• 비수요부족실업이다. • 해고에 대한 사전 예고와 통보를 통해 실업을 감소시킬 수 있다.
차이점	• 마찰적 실업은 자발적 실업인 반면, 구조적 실업은 비자발적 실업에 해당한다. • 마찰적 실업은 단기적 실업인 반면, 구조적 실업은 장기적 실업에 해당한다.

이렇게 출제된다! 2차 주관식

1. 실업자에 대한 정의를 쓰고, 마찰적 실업과 구조적 실업의 공통점 및 차이점을 설명하시오.
2. 실업의 유형 중 마찰적 실업과 구조적 실업의 원인과 대책을 쓰시오.

3 경기적 실업(Cyclical Unemployment)

필기 출제 22, 21, 19, 18, 17, 16, 14, 11, 10, 07, 05년 기출

(1) 의의 및 특징
① 수요부족실업(Demand-deficient Unemployment)의 대표적인 유형에 해당한다.
② 불경기 시에 나타나는 실업으로서, 생산물시장에서의 총수요 감소가 노동시장에서 노동의 총수요 감소로 이어지면서 발생하는 실업이다. 즉, 경기후퇴로 인해 총수요가 감소하고, 그에 따른 기업의 재고누적과 인원감축행위의 결과로 실업이 발생한다.

(2) 대책
① 재정금융정책을 통한 총수요 증대정책(유효수요의 확대)
② 세율 인하 등의 경기활성화 정책
③ 공공사업 등의 고용창출사업 확대
④ 교대근무, 연장근무, 휴일근무 등 근무제도 변경방법 등

> **Comment**
> 실업은 크게 '수요부족실업(Demand-deficient Unemployment)'과 '비수요부족실업(Nondemand-deficient Unemployment)'으로 구분됩니다. 수요부족실업은 총수요의 부족에 따른 노동력 수요의 감소에서 비롯되는 반면, 비수요부족실업은 그 원인이 총수요의 부족에서라기보다는 노동시장의 불균형이나 마찰 등에 의해 발생합니다.

> **이렇게 출제된다! 2차 주관식**
> 실업의 유형 중 경기적 실업, 마찰적 실업, 구조적 실업에 대하여 각각 설명하시오.

> **이렇게 출제된다! 2차 주관식**
> 비수요부족실업에 해당하는 대표적인 실업의 유형 3가지를 쓰고, 각각에 대해 설명하시오.

4 계절적 실업(Seasonal Unemployment)

(1) 의의 및 특징
① 농업, 건설업, 관광산업 등 기후나 계절의 변화에 따라 노동수요의 변화가 심한 부문 또는 의류, 식음료처럼 계절성이 비교적 강한 상품의 생산부문에서 발생하는 일시적인 실업이다.
② 노동수요의 변동에 의해 야기된다는 점에서 경기적 실업 또는 수요부족실업과 유사하나, 그 변동이 규칙적·체계적으로 나타나고 정규적으로 예측할 수 있다는 점에서 차이가 있다.

(2) 대책
① 휴경지 경작 등 유휴 노동력 활용
② 비수기에 근로할 수 있는 대체 구인처 확보 등

> **쌤의 비법노트**
> 계절적 실업은 마찰적 실업, 구조적 실업과 함께 비수요부족실업으로 분류됩니다.

5 기술적 실업(Technological Unemployment)

(1) 의의 및 특징 필기 출제 20, 17, 09년 기출

① 마르크스(Marx)의 실업이론에 의한 것으로, 기술혁신과 노동절약적 신기술의 도입, 자본집약적 생산방법의 채용 등이 노동의 총수요 감소를 유발한다는 것이다.
② 자본주의가 발달함에 따라 노동집약적 생산방법이 아닌 자본집약적 생산방법을 널리 채용함으로써 자본이 노동을 대체하여 실업이 발생하게 된다.
③ 이러한 실업은 노동인구의 일부를 상대적인 과잉상태에 이르게 하는데, 마르크스는 이들을 '산업예비군(Industrial Reserve Army of Labor)'이라고 불렀다.

(2) 대 책

자본주의의 발달에 따른 기술적 진보는 실업을 양산하기도 하지만 새로운 일자리를 창출하는 긍정적인 측면도 있다. 즉, 기술적 실업은 노동자의 이동성 문제로 귀착된다. 따라서 이를 해소하기 위해서는 취업자나 구직자들로 하여금 새로운 산업분야에 취업할 수 있도록 직업전환 및 교육훈련을 실시할 필요가 있다.

> **더 알아보기**
>
> **잠재적 실업(Disguised Unemployment)** 필기 출제 17, 06년 기출
> - 표면적으로 취업상태에 있으나 실질적으로는 실업상태와 마찬가지인 경우에 해당한다.
> - 구직의 가능성이 높은 경우 노동시장에 참가하여 최소한 구직활동을 했을 사람이 그와 같은 전망이 없거나 낮다고 판단하여 비경제활동인구화됨으로써 발생한다.
> - 잠재실업자는 노동의 한계생산력이 거의 '0'에 가까운 인력으로서, 통계청의 경제활동인구조사에서 실업으로 기록되지 않는 것이 보통이다.

03절 실업의 계측 및 대책

1 실업의 계측

(1) 실업의 계측과 통계상의 문제 필기 출제 22, 21, 20, 08년 기출

① 우리나라 실업의 계측 및 통계의 작성은 통계청의 경제활동인구조사에서 이루어지고 있다.
② 통계상 실업률에서는 구직단념자(구직포기자), 취업준비자 등을 비경제활동인구로 분류하여 취업자나 실업자 산정에서 제외하는 반면, 체감 실업률에서는 이들을 모두 합산하여 실업률에 반영하고 있다.
③ 통계상 실업률을 산출하는 데 있어서 실업자 선정기준이 취업자 선정기준에 비해 그 조건이 더욱 까다롭다.

(2) 실업률과 경제활동참가율의 변화 양상 필기 출제 22, 18년 기출

① 취업자가 비경제활동인구로 전환되면 취업자 수의 감소로 실업률은 높아지는 반면, 경제활동참가율은 낮아진다.
② 실업자가 비경제활동인구로 전환되면 실업자 수의 감소로 실업률과 경제활동참가율 모두 낮아진다.
③ 비경제활동인구가 취업자로 전환되면 취업자 수의 증가로 실업률은 낮아지는 반면, 경제활동참가율은 높아진다.
④ 비경제활동인구가 실업자로 전환되면 실업자 수의 증가로 실업률과 경제활동참가율 모두 높아진다.

> **쌤의 비법노트**
> 일부 사람들이 실업급여를 계속 받기 위해 채용될 가능성이 매우 낮은 곳에서만 일자리를 탐색하면서 실업상태를 유지하는 경우가 있는데, 이러한 사람들이 실업자가 아니라 일할 의사가 없다는 이유로 비경제활동인구로 분류될 때 실업률과 경제활동참가율 모두 낮아지게 됩니다.

2 실망노동자효과와 부가노동자효과

(1) 실망노동자효과(Discouraged Worker Effect)
필기 출제 22, 21, 19, 18, 15, 14, 12, 11, 10, 08, 07, 05년 기출

① 경기침체 시 구인자의 수보다 구직자의 수가 많으므로 상당수가 취업의 기회를 얻지 못하고 실망한 결과 경제활동가능인력이 구직활동을 단념함으로써 비경제활동인구로 전락하는 것을 말한다.
② 이 경우 실업자의 수는 비경제활동인구화된 실망실업자를 포함하지 않으므로 실제로 과소평가되어 있다.

(2) 부가노동자효과(Added Worker Effect) 필기 출제 22, 19, 15, 12, 11, 08, 06년 기출

① 가구주가 불황으로 실직하게 되면서 가족구성원 중 주부나 학생과 같이 비경제활동인구로 되어 있던 2차적 노동력이 구직활동을 함으로써 경제활동인구화되는 것을 말한다.
② 이 경우 구직활동 중 경기가 좋지 않아 취업이 쉽지 않으므로 실직상태에 놓이게 되어 실업률이 상승한다. 따라서 그 시점의 실업자 수는 사실상의 고용기회의 수보다 과대평가되어 있을 수 있다.

> **쌤의 비법노트**
> 실망노동력인구(Discouraged Labor Force)는 구직활동이 무익하다고 판단하여 현재 구직활동을 하지 않는 사람들로서, 이들은 비경제활동인구에 해당합니다. 이러한 구직단념자(구직포기자)의 증가는 실업률을 감소시키는데, 그로 인해 통계상 실업률 하락의 의미를 퇴색시킵니다.

> **이렇게 출제된다! 1차 기출 OX**
> **Q** 경기가 하강할 때에 주노동자가 실직하게 됨에 따라 가족 중 비경제활동인구로 머물던 이차적 노동력이 가계의 소득을 유지하기 위하여 노동시장에 참가하여 실업률을 높이게 되는데, 이를 '부가노동자효과'라고 한다?
> **A** (○)

3 실업의 주요 정책

(1) 인력정책(Manpower Policy) 필기 출제 09, 05년 기출

① 고용의 지역적·직업적 특수성을 고려하여 국민경제의 노동력을 효율적으로 활용하기 위한 정책이다.
② 노동력의 양적 이용에서 질적 이용으로의 전환에 따른 교육·훈련, 즉 인적능률의 개발을 목적으로 경제가 필요로 하는 인적자원을 양성하여 노동공급 부족의 문제를 극복하고 우수한 노동력을 확보하며, 기술혁신 및 경제발전에 이르고자 하는 것이다.
③ 주로 구조적 실업문제를 해결하기 위한 정책으로서, 인적자본의 질을 향상시켜 실업을 예방하는 방식이므로 물가와 무관하여 인플레이션을 유발하지 않는다.

| 이렇게 출제된다! | 1차 기출 OX |

Q 소득정책은 근로자들의 소득을 증진시키기 위한 정책이다?

A (×) 물가나 임금의 과도한 상승을 억제하기 위한 정부의 조치이다.

| 쌤의 비법노트 |

실업이나 질병, 재해, 노령 등에 의해 수입이 상실되거나 지출이 발생될 때 일정 생활수준을 유지할 수 있도록 소득을 보장하는 정책은 '소득정책'이 아닌 '소득보장정책'에 해당합니다.

| 쌤의 비법노트 |

실업정책으로서 사회안전망정책과 밀접하게 연관된 제도로 '고용보험제도'와 '산재보험제도'를 들 수 있습니다.

(2) 소득정책(Income Policy) 필기 출제 21, 18, 17, 16, 14, 13, 09년 기출

① 1960년대 선진국에서 실업률과 물가상승률(인플레이션율) 간의 상충관계를 개선하고자 구조적인 개선정책을 모색하였다.

② 완전고용의 실현을 추구하는 경우 물가가 상승하고, 물가안정을 추구하는 경우 다수의 실업자가 발생하는 문제를 극복하기 위한 것으로서, 완전고용과 물가안정의 양립(兩立)을 추구하는 것을 근본적인 목적으로 한다.

③ 소득정책은 물가나 임금의 과도한 상승을 억제하기 위해 정부가 동원할 수 있는 반강제적 또는 설득적인 모든 조치를 포함한다. 예를 들어, 미국에서는 ≪대통령의 경제보고서, Economic Report of The President≫에서 임금인상률을 전국 평균 노동생산성상승률과 같은 수준으로 할 것을 권고한 이른바 '케네디 가이드포스트(Kennedy Guidepost)'를 제창하였다.

④ 소득정책은 실업률과 물가상승률을 어느 정도 완화시키는 데 유효할 수 있으나, 정부의 사실상 직접적인 개입에 따른 비효율과 일률적인 정책에 따른 불평등의 부작용을 초래할 수 있다. 특히 임금억제에 이용되어 소득분배의 불평등을 초래할 수 있으며, 성장산업으로의 노동력 재배분을 어렵게 하여 성장산업의 위축을 초래할 수 있다. 또한 노사 간의 협약 등을 심사하는 데 있어서 많은 인력과 재원을 필요로 하므로 행정적 관리비용을 증가시키게 된다.

(3) 우리나라 실업정책의 일반적인 구분 필기 출제 20, 18, 13, 10, 04년 기출

구분	내용
고용안정정책	• 취업정보망 구축 • 고용서비스 제공 • 직업훈련의 효율성 제고 • 기업의 고용유지에 대한 지원 및 법제도 구축 • 바우처 제도 등
고용창출정책	• 창업을 위한 인프라 구축 • 노동시장의 유연성 확보 • 공공투자사업 확충 • 외국인 투자유치 확보 등
사회안전망정책 (사회안전망 형성정책)	• 사전적 안전망정책(직업능력개발, 고등교육기관의 정원자율화 등) • 사후적 안전망정책(실업급여, 실업부조금 등)

(4) OECD 분류법에 따른 노동시장 프로그램의 항목별 분류

필기 출제 19, 18, 17, 14, 13, 09, 08, 05년 기출

① 적극적 노동시장정책(ALMP ; Active Labor Market Policy)
  ㉠ 취업알선 : 구직·구인 정보제공, 직업지도 및 상담, 취업통계 DB구축
  ㉡ 직업훈련 : 성인실업자 대상 훈련, 취업 중인 성인대상 훈련
  ㉢ 청년대책 : 청년실업자 또는 청년 중 취약집단에 대한 대책, 청년 직업훈련
  ㉣ 고용보조금 : 민간부문의 고용에 대한 보조금, 창업 지원, 공공부문 및 비영리부문 일자리 창출
  ㉤ 장애인 대책 : 장애인 직업훈련, 장애인 대상 사업
② 소극적 노동시장정책(PLMP ; Passive Labor Market Policy)
  ㉠ 실업보조금 : 실업자에게 지급되는 보조금
  ㉡ 조기퇴직 대책 : 노동시장 악화 및 구조조정 등에 따른 조기퇴직 보조금

> **쌤의 비법노트**
>
> 정부가 민간부문의 고용 활성화를 위해 각 기업에 제공하는 각종 고용보조금은 적극적 노동시장정책(ALMP)에 해당하나, 생계지원 차원에서 실업자에게 직접 지급하는 각종 실업보조금은 소극적 노동시장정책(PLMP)에 해당합니다.

더 알아보기

실업급여가 노동시간 및 경제활동참가에 미치는 효과 필기 출제 19, 16, 13년 기출

- 경제활동참가율은 만 15세 이상 인구 중 경제활동인구가 차지하는 비율을 말한다. 이때 경제활동인구는 만 15세 이상 인구 중 조사대상기간 동안 상품이나 서비스를 생산하기 위해 실제로 수입이 있는 일을 한 취업자는 물론 일을 하지는 않았으나 구직활동을 한 실업자까지 포함한다.
- 우리나라는 일정 기간 동안 취업을 위해 적극적인 구직활동을 한 사람에게 실업급여를 지급하도록 하고 있으므로, 이들의 구직활동이 곧 경제활동참가를 증대시키는 것으로 볼 수 있다. 그러나 실업급여를 받는 실업자들이 향후 취업할 수도 있고 실업상태에 그대로 머물 수도 있으므로, 노동시간의 증·감은 불분명하다.

> **쌤의 비법노트**
>
> 실업급여가 확대되는 경우 실업 노동자들이 상대적으로 일자리를 탐색하는 데 여유가 생기므로 탐색적 실업을 증가시킬 수 있습니다.

보충학습 노사관계이론

Comment

'노사관계이론' 영역은 2025년도 직업상담사 2급 출제기준 변경에 따라 제외된 영역입니다. 그러나 해당 영역은 노동시장론에서 중요하게 다루어지는 내용인 데다가, 그동안 직업상담사 2급 자격시험에서 매우 높은 출제빈도를 보여왔으므로, 관련 내용을 무작정 삭제하는 것은 바람직하지 않다는 편저자의 판단에 따라 그동안 시험에 자주 출제되었던 내용을 중심으로 간략히 정리하여 재수록하기로 결정하였습니다. 이는 과거에도 시행처인 한국산업인력공단이 출제기준 변경에 따라 제외된 영역에서 기존 기출문제를 그대로 재출제하는 양상을 보여왔고, 실제로 2025년 1회 시행 시험에서도 출제기준 제외 영역에서 몇몇 문항들이 출제되었기 때문입니다. 그럼에도 다음의 내용은 공식적으로 출제기준 제외 영역이므로, 학습시간이 부족한 분들은 간략히 살펴본 후 넘어가도록 합니다.

1 노사관계의 이해

■ **노사관계의 3가지 주체와 노사관계를 규제하는 3가지 여건** 〔필기 출제〕 21, 20, 19, 18, 16, 12, 11, 10년 기출

노사관계의 3가지 주체	• 노동자(근로자) 및 노동조합 • 사용자 및 사용자단체 • 노사문제관련 정부기구
노사관계를 규제하는 3가지 여건	• 기술적 특성 • 시장 또는 예산제약 • 각 주체의 세력관계

■ **이원적 노사관계론의 구조** 〔필기 출제〕 22, 18, 13, 11, 08년 기출
- 제1차 관계 : 경영 대 종업원관계
- 제2차 관계 : 경영 대 노동조합관계

■ **경영참가의 형태** 〔필기 출제〕 22, 18, 15, 12년 기출
- 단체교섭 : 노사의 자율결정을 강조함
- 노사협의회 : 협력적 노사관계를 전제로 함
- 근로자중역, 감사역제 : 가장 적극적인 경영참가 형태

■ **종업원의 의사결정참여** 〔필기 출제〕 21, 18, 17, 14, 13, 10, 09년 기출
- 노동자 자주관리 : 노동자 경영참여 방식 중 산업민주화 정도가 가장 높은 형태
- 생산자협동조합 : 종업원의 의사결정참여가 가장 적극적인 기업 형태

■ **독일과 일본의 특징적인 근로자참가** 〔필기 출제〕 21, 18, 17, 13년 기출
- 독일 : '노사 간 공동결정'이라는 광범위한 합의관행이 존재함
- 일본 : '마이크로 코포라티즘'에 의한 개별 기업단위의 복지제도가 광범위하게 시행되고 있음

2 노동조합

■ **노동조합의 기능** 〔필기 출제〕 21, 15, 06년 기출
- 경제적 기능 : 임금 인상, 근로조건 개선
- 정치적(사회적) 기능 : 특정 정당과 연계, 정치적 영향력 발휘
- 공제적(복지적) 기능 : 각종 공제활동 및 복지활동

■ **노동조합의 이중역할이론(Freeman & Medoff)** 〔필기 출제〕 21, 19, 17, 13, 12년 기출
- 독점 : 노동력 공급 독점, 기업의 생산효율성 저해
- 집단적 (목)소리 : 의사소통의 원활화, 기업의 생산효율성 증진

■ 노동조합의 형태 (필기 출제) 매해 기출

직업별(직종별) 노동조합	• 산업혁명 초기 영국에서 가장 일찍 발달함 • 동일직업, 동일직종에 종사하는 근로자들에 의해 산업·기업의 구별 없이 개인가맹의 형태로 결성됨 • 저임금의 미숙련, 여성, 연소근로자는 가입이 어려움
산업별 노동조합	• 현재 서구를 비롯하여 전 세계적으로 채택되고 있음 • 직업이나 직종의 여하를 불문하고 동일산업에 종사하는 노동자들에 의해 조직됨 • 기업별 특수성을 고려하기 어려움
일반 노동조합	• 광범위한 노동자들의 최저생활에 필요한 조건들을 확보함 • 주로 완전 미숙련, 잡역 노동자들이 중심이 되어 조직됨 • 조직 특성상 내적 통일이나 단결이 어려움
기업별 노동조합	• 우리나라 노동조합의 주된 조직형태에 해당함 • 하나의 기업에 종사하는 근로자들에 의해 직종의 구별 없이 종단적으로 조직됨 • 노동시장의 지배력과 조직으로서의 역량이 미약함

■ 노동조합의 운영 (필기 출제) 매해 기출

오픈 숍 (Open Shop)	• 노동조합 가입 여부가 고용조건에 아무런 영향을 미치지 않음 • 노동조합 조직의 확대에 가장 불리함
클로즈드 숍 (Closed Shop)	• 노동조합 가입이 고용조건의 전제가 됨 • 노동조합 측에 가장 유리함
유니온 숍 (Union Shop)	• 오픈 숍과 클로즈드 숍의 중간 형태임 • 신규인력 채용 후 일정 기간 내에 반드시 노동조합에 가입하도록 해야 함
에이전시 숍 (Agency Shop)	• 노동조합이 모든 종업원에게 조합회비를 징수함 • 비조합원들이 조합원들과 동일한 혜택을 향유하려는 심리를 줄일 수 있음
프레퍼렌셜 숍 (Preferential Shop)	• 노동조합원 우대사업장을 의미함 • 조합원과 비조합원을 차등적으로 대우함
메인티넌스 숍 (Maintenance Shop)	• '조합원 자격유지 숍'이라고도 함 • 노동조합 가입 및 탈퇴기 자유로우나 일단 단체협약이 체결되는 경우 그 효력이 지속되는 기간 동안은 탈퇴할 수 없음

■ 노동조합의 조직률(성장률)을 하락시키는 주요 요인 (필기 출제) 20, 18, 14, 11년 기출

- 비정규직, 여성 근로자, 외국인 근로자의 비율 증가
- 제조업, 광공업, 건설업, 운수업 등에서 도소매업, 금융업, 보험업, 부동산업, 기타 서비스업 등으로의 산업구조상의 변화
- 근로자의 기호와 가치관의 변화(개인 중심적 경향으로의 변화)
- 국제경쟁의 격화에 따른 기업의 경영여건 악화 등

■ **노동조합의 임금효과** `필기 출제` 21, 20, 19, 18, 17, 15, 14, 13, 12, 11, 10, 04, 03년 기출

파급효과 (이전효과 또는 해고효과)	노동조합이 조직됨으로써 노동조합 조직부문에서의 상대적 노동수요가 감소하고 그 결과 실업노동자들이 비조직부문으로 내몰려 비조직부문의 임금을 하락시키는 효과
위협효과	비조직부문의 기업주들이 노동조합이 결성될 것을 두려워하여 미리 임금을 올려주는 효과
대기실업효과	조직/비조직부문 간 임금격차가 클 경우 고임금을 지불하는 조직부문에 취업하기를 희망하여 비조직기업을 사직하고 조직기업으로 재취업하기 위해 기다리는 효과

3 단체교섭과 노동쟁의

■ **노사협의회의 주요 협의사항** `필기 출제` 20, 14, 06, 03년 기출

- 생산성 향상과 성과 배분
- 근로자의 채용·배치 및 교육훈련
- 근로자의 고충처리
- 안전, 보건, 그 밖의 작업환경 개선과 근로자의 건강증진
- 근로자의 복지증진 등

■ **단체교섭의 주요 유형** `필기 출제` 19, 18, 16, 11, 10, 09, 08, 05년 기출

기업별 교섭	기업 내 조합원을 협약의 적용대상, 즉 교섭단위로 하여 이루어지는 기업단위노조와 사용자 간의 교섭방식
통일교섭	전국적 또는 지역적인 산업별·직업별 노동조합과 이에 대응하는 전국적 또는 지역적인 사용자단체와의 교섭방식
집단교섭	다수의 단위노조와 사용자가 집단으로 연합전선을 형성하여 교섭하는 방식
대각선교섭	기업별 조합의 상부조합(산업별 또는 지역별)과 개별사용자 간, 또는 사용자단체와 기업별 조합과의 사이에서 행해지는 교섭방식

■ **노사 교섭력의 원천** `필기 출제` 22, 18, 17, 15, 14, 11, 09년 기출

노동조합 교섭력의 원천	• 파업 및 태업 • 노동조합이 정치적인 영향력을 발휘할 수 있는 힘 • 소비자들에게 호소하는 불매운동 • 노동공급의 제한 등
사용자 교섭력의 원천	• 파업근로자 대신 다른 근로자로 대체할 수 있는 능력 • 파업 중 기업의 관리직, 사무직 등의 근로자로 하여금 통상업무에서 벗어나 생산활동을 계속하도록 할 수 있는 능력 • 기업의 재정능력 • 사용자가 직장폐쇄(Lockout)를 할 수 있는 권리 등

4 파업의 경제적 분석

■ **파업의 경제적 기능** 〈필기 출제〉 21, 20, 18, 14, 12, 11, 08년 기출
- 노동자 측의 노동소득 순상실분은 파업 참여에 따른 임금소득의 상실분보다 적은 편임
- 사용자 측의 기업이윤 순감소분은 직접적인 생산중단에서 비롯되는 감소분보다 적은 편임
- 파업에 따른 사회적 비용은 제조업보다 서비스업에서 더 크게 나타남
- 파업기간이 길어지는 경우 파업의 경제적 손실은 증가함

■ **신고전학파가 주장하는 노동조합의 사회적 비용** 〈필기 출제〉 20, 17, 13, 11년 기출
- 비노조와의 임금격차와 고용저하에 따른 배분적 비효율
- 경직적 인사제도에 의한 기술적 비효율
- 파업으로 인한 생산중단에 따른 생산적 비효율

■ **힉스(Hicks)의 단체교섭이론** 〈필기 출제〉 21, 20, 19, 17, 15, 13, 11, 10, 06년 기출
- 노동조합의 요구임금과 사용자 측의 제의임금을 파업기간의 함수로 설명함
- 노동조합저항곡선(UR)은 파업기간이 길수록 타결에 동의하게 될 임금이 낮아지므로 우하향함
- 사용자양보곡선(EC)은 파업기간이 길수록 손실비용 증가에 따라 타결에 동의하는 방향으로 전환하므로 우상향함
- 사용자양보곡선(EC)과 노동조합저항곡선(UR)이 만나는 지점이 곧 예상파업기간(S)에 해당함

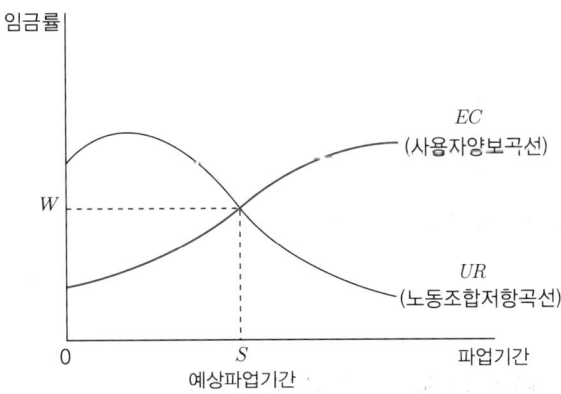

■ **그 밖의 단체교섭에 관한 주요 이론** 〈필기 출제〉 21, 19, 15, 12년 기출

카터-챔벌린 (Carter-Chamberlin)	노조의 요구를 거부할 때 발생하는 사용자의 비용이 노조의 요구를 수용할 때 발생하는 사용자의 비용보다 클 때 노조의 교섭력이 커진다고 주장함
매브리 (Mabry)	노조의 최종수락조건이 사용자의 최종수락조건보다 클 때 파업이 발생할 가능성이 상대적으로 높다고 주장함

CHAPTER 03 출제 유형 알아보기

제4과목 노동시장

01절 실업에 관한 연구

01 다음 중 실업률을 낮추기 위한 대책과 가장 거리가 먼 것은?

① 재정지출의 축소
② 금리 인하
③ 법인세 인하
④ 직업훈련 기회의 제공

> **해설**
> ① 케인즈(Keynes)는 국가의 적극적인 개입을 통해 재정지출을 증대하고 금융정책 및 사회재분배정책을 확대하여 경기를 활성화함으로써 실업률을 감소시킬 수 있다고 주장하였다.

02 다음 중 필립스 곡선(Phillips Curve)의 의미로 가장 옳은 것은?

① 실업률과 인구증가율 간의 상호관계
② 실업률과 물가상승률 간의 상충관계
③ 실업률과 경제성장률 간의 상충관계
④ 실업률과 노동생산성 상승률 간의 상호관계

> **해설**
> ② 필립스 곡선(Phillips Curve)은 실업률과 인플레이션율 즉, 물가상승률 간의 역의 상관관계(상충관계)가 있음을 설명한다.

03 다음 중 베버리지 곡선(Beveridge Curve)이 원점에서 멀어질 때 발생하는 실업의 유형으로 옳은 것은?

① 계절적 실업
② 마찰적 실업
③ 경기적 실업
④ 구조적 실업

> **해설**
> ④ 베버리지 곡선(Beveridge Curve)은 원점에서 멀어질수록 구조적 실업자 수가 증가하고 있음을 나타내 준다.

01 ① 02 ② 03 ④ **정답**

02절 실업의 종류

04 다음 중 자발적 실업으로 분류할 수 있는 실업의 유형에 해당하는 것은?

① 구조적 실업
② 경기적 실업
③ 마찰적 실업
④ 기술적 실업

> **해설**
> ③ 마찰적 실업은 신규 또는 전직자가 노동시장에 진입하는 과정에서 직업정보의 부족으로 인해 일시적으로 발생하는 실업으로서, 근로자의 자발적 선택에 의해 나타나는 자발적 실업이다.
> ① · ② · ④ 비자발적 실업에 해당한다.

05 다음 중 마찰적 실업에 관한 설명으로 옳은 것은?

① 경기침체로부터 오는 실업이다.
② 구인자와 구직자 간 정보의 불일치로 인해 발생한다.
③ 노동절약적 기술의 도입으로 해고가 이루어짐으로써 발생한다.
④ 기업이 요구하는 기술수준과 노동자가 공급하는 기술수준의 불합치에 의해 발생한다.

> **해설**
> ② 마찰적 실업은 실업과 미충원상태에 있는 공석이 공존하는 경우의 실업, 즉 노동시장의 정보가 불완전하여 구직자와 구인처가 적절히 대응되지 못하기 때문에 발생하는 실업이다.
> ① 경기적 실업, ③ 기술적 실업, ④ 구조적 실업

06 전체 근로자의 20%가 매년 새로운 일자리를 찾고 있으며 직업탐색기간이 평균 3개월이라면 마찰적 실업률은?

① 1%
② 3%
③ 5%
④ 10%

> **해설**
> **직업탐색기간에 따른 마찰적 실업률**
> 전체 근로자의 20%가 매년 새로운 일자리를 찾고 있고 직업탐색에 평균 3개월이 소요된다고 가정할 때, 일 년 중 후반기의 마지막 3개월에 해당하는 시점부터 구직활동을 시작하는 사람의 경우 그 다음 해에 취업을 한 것으로 간주될 것이다. 그로 인해 연간 실업률은 마지막 3개월의 기간 동안 구직활동을 시작한 사람에 한해 통계가 이루어지며, 이를 일 년 평균으로 계산하면 다음과 같다.
>
> $$\text{연간실업률}(\%) = \frac{3\text{개월}}{12\text{개월}} \times 20(\%) = 5(\%) \quad \therefore 5\%$$

07 다음 중 마찰적 실업을 해소하기 위한 정책과 가장 거리가 먼 것은?

① 구인·구직에 대한 전국적인 전산망 연결
② 직업안내 및 직업상담 등 직업알선기관의 활성화
③ 고용실태 및 전망에 대한 자료제공
④ 노동자의 전직과 관련된 재훈련 실시

> **해설**
> ④ 구조적 실업을 해소하기 위한 정책에 해당한다.

08 다음 중 이윤극대화를 추구하는 기업이 이직률을 낮추기 위해 효율성 임금을 지불할 경우 발생할 수 있는 실업의 유형으로 가장 옳은 것은?

① 구조적 실업
② 마찰적 실업
③ 경기적 실업
④ 지역적 실업

> **해설**
> ① 이윤극대화를 추구하는 기업은 근로자의 생산성을 높이고 기업에 대한 충성심과 귀속감을 증대시키기 위해, 또한 신규노동자의 채용 및 훈련비용을 감소시키기 위해 효율성 임금을 지불한다. 그러나 이와 같은 효율성 임금정책에 의한 고임금 지급은 이중노동시장을 형성하는 동시에 구조적 실업을 유발할 수 있다.

09 다음 중 구조적 실업에 대한 대책과 가장 거리가 먼 것은?

① 경기활성화
② 직업전환교육
③ 지역이주금 보조
④ 산업구조 변화예측에 따른 인력수급정책

> **해설**
> ① 경기활성화를 비롯하여 총수요 증대정책(유효수요의 확대), 고용창출사업 확대 등은 경기적 실업에 대한 대책에 해당한다.

10 다음 중 보기의 현상을 설명하는 실업의 종류와 대책을 연결한 것으로 옳은 것은?

> 성장산업에서는 노동에 대한 초과수요로 인해 노동력의 부족현상이 야기되고, 사양산업에서는 노동에 대한 초과공급으로 인해 노동력의 과잉현상이 야기되고 있다.

① 마찰적 실업 - 구인·구직 정보망 확충
② 경기적 실업 - 유효수요의 증대
③ 구조적 실업 - 인력정책
④ 기술적 실업 - 기술혁신

해설

③ 급속한 산업화 과정에서 필요로 하는 기능직 숙련 노동은 인력 부족현상이 나타나는 반면, 미숙련 단순노동은 과잉현상이 나타나는데, 그로 인해 구조적 실업이 발생하게 된다. 인력정책은 이와 같은 구조적 실업문제를 해결하기 위한 정책으로서, 인적자본의 질을 향상시켜 실업을 예방하는 정책이다.

11 다음 중 해고에 대한 사전 예고와 통보를 통해 실업을 감소시킬 수 있는 실업의 유형에 해당하는 것을 올바르게 모두 고른 것은?

> ㄱ. 마찰적 실업
> ㄴ. 경기적 실업
> ㄷ. 구조적 실업

① ㄱ, ㄴ
② ㄱ, ㄷ
③ ㄴ, ㄷ
④ ㄱ, ㄴ, ㄷ

해설

마찰적 실업과 구조적 실업의 공통점
- 비수요부족실업이다.
- 해고에 대한 사전 예고와 통보를 통해 실업을 감소시킬 수 있다.

12 다음 중 수요부족실업에 해당하는 것은?

① 마찰적 실업
② 구조적 실업
③ 계절적 실업
④ 경기적 실업

> **해설**
> ① · ② · ③ 비수요부족실업에 해당한다.

13 다음 중 경기적 실업에 대한 대책으로 가장 적합한 것은?

① 유효수요의 확대
② 지역 간 이동 촉진
③ 기업의 퇴직자 취업알선
④ 구인 · 구직에 대한 전산망 확대

> **해설**
> ② 구조적 실업의 주요 대책에 해당한다.
> ③ · ④ 마찰적 실업의 주요 대책에 해당한다.

14 마르크스(Marx)에 의하면 기술진보로 인하여 상대적 과잉인구가 발생하게 되는데 이를 무슨 실업이라고 하는가?

① 마찰적 실업
② 구조적 실업
③ 기술적 실업
④ 경기적 실업

> **해설**
> **기술적 실업(Technological Unemployment)**
> 기술혁신과 노동절약적 신기술의 도입, 자본집약적 생산방법의 채용 등이 노동의 총수요 감소로 이어지면서 발생하는 실업이다. 이러한 실업은 노동인구의 일부를 상대적인 과잉상태에 이르게 하는데, 마르크스(Marx)는 이들을 '산업예비군'이라고 불렀다.

03절 실업의 계측 및 대책

15 다음 중 실업률을 하락시키는 변화로 옳은 것을 모두 고른 것은?

> ㄱ. 취업자가 비경제활동인구로 전환
> ㄴ. 실업자가 비경제활동인구로 전환
> ㄷ. 비경제활동인구가 취업자로 전환
> ㄹ. 비경제활동인구가 실업자로 전환

① ㄱ, ㄴ
② ㄱ, ㄹ
③ ㄴ, ㄷ
④ ㄷ, ㄹ

해설
ㄱ. 취업자가 비경제활동인구로 전환되면 취업자 수의 감소로 인해 실업률은 상승한다.
ㄹ. 비경제활동인구가 실업자로 전환되면 실업자 수의 증가로 인해 실업률은 상승한다.

16 경기침체에도 불구하고 실업률이 크게 높아지지 않았다. 다음 중 그 이유로 가장 적합한 것은?

① 실망노동자효과가 없었기 때문이다.
② 실망노동자효과가 부가노동자효과보다 컸기 때문이다.
③ 실망노동자효과와 부가노동자효과의 크기가 비슷했기 때문이다.
④ 부가노동자효과가 실망노동자효과보다 컸기 때문이다.

해설
② 실망노동자효과로 인해 실업자의 수가 실제보다 과소평가되어 있기 때문이다.

17 다음 중 소득정책의 효과에 대한 설명으로 옳지 않은 것은?

① 급격한 물가상승기에 일시적으로 사용하면 효과를 거둘 수 있다.
② 행정적 관리비용을 절감할 수 있다.
③ 임금억제에 이용될 가능성이 크다.
④ 성장산업의 위축을 초래할 수 있다.

해설
② 소득정책은 행정적 관리비용이 많이 소요된다. 이는 노사 간의 협약 등을 심사하는 데 있어서 많은 인력과 재원을 필요로 하기 때문이다.

정답 15 ③ 16 ② 17 ②

18 실업정책은 크게 고용안정정책, 고용창출정책, 사회안전망정책으로 구분할 수 있다. 다음 중 사회안전망정책에 해당하는 것은?

① 실업급여
② 취업알선 등 고용서비스 제공
③ 창업을 위한 인프라 구축
④ 직업훈련의 효율성 제고

해설
②·④ 고용안정정책, ③ 고용창출정책

19 다음 중 적극적 노동시장정책(ALMP)에 해당하는 것은?

① 실업급여 지급
② 취업알선
③ 실업자 대부
④ 실직자녀 학자금 지원

해설
①·③·④ 실업자에게 직접 제공되는 실업급여, 실업보조금 등은 소극적 노동시장정책(PLMP)에 해당한다.

20 다음 중 실업급여의 효과에 대한 설명으로 가장 옳은 것은?

① 노동시간을 늘리고 경제활동참가도 증대시킨다.
② 노동시간을 단축시키고 경제활동참가도 감소시킨다.
③ 노동시간의 증·감은 불분명하지만 경제활동참가는 증대시킨다.
④ 노동시간, 경제활동참가 모두 불분명하다.

해설
③ 실업급여는 적극적인 구직활동을 전제로 하므로, 실업자들의 구직활동이 곧 경제활동참가를 증대시키는 것으로 볼 수 있다. 그러나 실업급여를 받는 실업자들이 향후 취업할 수도 있고 실업상태에 그대로 머물 수도 있으므로, 노동시간의 증·감은 불분명하다.

CHAPTER 03 최근 기출문제 파악하기 1차 필기

제4과목 노동시장

01 케인즈(Keynes)의 실업이론에 관한 설명으로 틀린 것은? [2021년 1회 기출]

① 노동의 공급은 실질임금의 함수이며, 노동에 대한 수요는 명목임금의 함수이다.
② 노동자들은 화폐환상을 갖고 있어 명목임금의 하락에 저항하므로 명목임금은 하방경직성을 갖는다.
③ 비자발적 실업의 원인을 유효수요의 부족으로 설명하였다.
④ 실업의 해소방안으로 재정투융자의 확대, 통화량의 증대 등을 주장하였다.

해설

① 케인즈(Keynes)의 실업이론에서 노동의 수요는 실질임금의 함수이지만, 노동의 공급은 명목임금의 함수이다.

02 구인처에서 요구하는 기술을 갖춘 근로자가 없어서 발생하는 실업은? [2022년 1회 기출]

① 구조적 실업
② 잠재적 실업
③ 마찰적 실업
④ 자발적 실업

해설

① 구조적 실업은 기업이 요구하는 기술수준을 갖춘 근로자가 없거나 노동자의 지역 간 이동이 불완전한 경우 발생한다.
② 잠재적 실업은 구직의 가능성이 높은 경우 노동시장에 참가하여 최소한 구직활동을 했을 사람이 그와 같은 전망이 없거나 낮다고 판단하여 비경제활동인구화됨으로써 발생한다.
③ 마찰적 실업은 미충원공석에서 요구하는 자격을 갖춘 근로자가 실업자로 존재하고 있더라도 취업이 즉각적으로 이루어지지 않는 데서 발생한다.
④ 자발적 실업은 자신의 적성에 맞는 일자리를 찾지 못한 경우, 근로자가 현행임금을 승인하지 않거나 임금이 조금이라도 저하되는 것을 승인하지 않는 경우 발생한다.

정답 01 ① 02 ①

03 실업에 관한 설명으로 옳은 것은? [2022년 1회 기출]

① 정부는 경기적 실업을 줄이기 위하여 기업의 설비투자를 억제시켜야 한다.
② 취업자가 존재하는 상황에서 구직포기자의 증가는 실업률을 감소시킨다.
③ 전업주부가 직장을 가지면 실업률과 경제활동참가율은 모두 낮아진다.
④ 실업급여의 확대는 탐색적 실업을 감소시킨다.

해설

② 구직포기자(구직단념자)는 비경제활동인구로 분류되어 실업자 산정에서 제외된다.
① 정부는 경기적 실업을 줄이기 위하여 기업의 설비투자를 촉진시켜야 한다.
③ 전업주부가 직장을 가지면 비경제활동인구에서 경제활동인구가 되므로 경제활동참가율은 높아지게 된다. 실업률은 분모인 경제활동인구가 느는 것이므로 낮아지게 된다.
④ 실업급여가 확대되면 상대적으로 노동자들이 일자리를 탐색하는 데 여유가 생기므로 탐색적 실업을 증가시킬 수 있다.

04 불경기에 발생하는 부가노동자효과(Added Worker Effect)와 실망실업자효과(Discouraged Worker Effect)에 따라 실업률이 변화한다. 실업률에 미치는 효과의 방향성이 옳은 것은? (단, + : 상승효과, - : 감소효과) [2022년 2회 기출]

① 부가노동자효과 : +, 실망실업자효과 : -
② 부가노동자효과 : -, 실망실업자효과 : -
③ 부가노동자효과 : +, 실망실업자효과 : +
④ 부가노동자효과 : -, 실망실업자효과 : +

해설

부가노동자효과와 실망노동자효과(실망실업자효과)가 실업률에 미치는 영향
부가노동자효과는 실업자 수가 과대평가되므로 실업률을 상승시키는 효과를 가지는 반면, 실망노동자효과(실망실업자효과)는 실업자 수가 과소평가되므로 실업률을 감소시키는 효과를 가진다.

CHAPTER 03 최근 기출문제 파악하기 (2차 실무)

제4과목 노동시장

01 실업자에 대한 정의를 쓰고, 마찰적 실업과 구조적 실업의 공통점 및 차이점을 설명하시오. (6점)

[2017년 1회, 2013년 1회 기출]

이렇게 외우세요!

(1) 실업자의 정의
   15세 이상 인구 중 조사대상기간에 수입이 있는 일을 하지 않았고, 지난 4주간 적극적으로 구직활동을 하였으며, 조사대상기간에 일이 주어지면 즉시 취업이 가능한 사람

(2) 마찰적 실업과 구조적 실업의 공통점 및 차이점

공통점	• 비수요부족실업이다. • 해고에 대한 사전 예고와 통보를 통해 실업을 감소시킬 수 있다.
차이점	• 마찰적 실업은 자발적 실업인 반면, 구조적 실업은 비자발적 실업에 해당한다. • 마찰적 실업은 단기적 실업인 반면, 구조적 실업은 장기적 실업에 해당한다.

02 비수요부족실업(Non-demand-deficient Unemployment)에 해당하는 대표적인 실업의 유형 3가지를 쓰고, 각각에 대해 설명하시오. (6점)

[2021년 2회, 2017년 2회, 2012년 2회 기출]

이렇게 외우세요!

① 마찰적 실업 : 신규 또는 전직자가 노동시장에 진입하는 과정에서 직업정보의 부족으로 인해 일시적으로 발생한다.
② 구조적 실업 : 경제구조 자체의 변화 또는 지역(산업) 간 노동력 수급의 불균형현상에 의해 발생한다.
③ 계절적 실업 : 기후나 계절의 변화에 따라 노동수요의 변화가 심한 부문에서 일시적으로 발생한다.

03 실업의 유형 중 경기적 실업, 마찰적 실업, 구조적 실업에 대하여 각각 설명하시오. (6점)

[2024년 2회, 2015년 2회, 2009년 3회, 2007년 3회, 2001년 3회 기출]

> **이렇게 외우세요!**
> ① 경기적 실업 : 불경기 시에 생산물시장에서의 총수요 감소가 노동시장에서 노동의 총수요 감소로 이어지면서 발생한다.
> ② 마찰적 실업 : 신규 또는 전직자가 노동시장에 진입하는 과정에서 직업정보의 부족으로 인해 일시적으로 발생한다.
> ③ 구조적 실업 : 경제구조 자체의 변화 또는 지역(산업) 간 노동력 수급의 불균형현상에 의해 발생한다.

04 실업의 유형 중 마찰적 실업과 구조적 실업의 원인과 대책을 쓰시오. (6점)

[2018년 1회, 2013년 3회 기출]

> **이렇게 외우세요!**
> (1) 마찰적 실업
>   ① 원인 : 신규 또는 전직자가 노동시장에 진입하는 과정에서 직업정보의 부족으로 인해 일시적으로 발생한다.
>   ② 대책 : 구인·구직 전산망 연결, 직업알선기관 활성화, 고용실태 및 전망에 대한 자료제공 등
> (2) 구조적 실업
>   ① 원인 : 경제구조 자체의 변화 또는 지역(산업) 간 노동력 수급의 불균형현상에 의해 발생한다.
>   ② 대책 : 산업구조 변화예측에 따른 인력수급정책, 전직 관련 교육·훈련, 지역이주금 보조 등

제5과목
고용노동 관계법규(Ⅰ)

CHAPTER 01 　노동법과 노동기본권
CHAPTER 02 　근로기준법
CHAPTER 03 　최저임금법
CHAPTER 04 　남녀고용평등과 일·가정 양립 지원에 관한 법률
CHAPTER 05 　직업안정법
CHAPTER 06 　고용보험법
CHAPTER 07 　국민 평생 직업능력 개발법(구 근로자직업능력 개발법)
CHAPTER 08 　구직자 취업촉진 및 생활안정지원에 관한 법률
CHAPTER 09 　채용절차의 공정화에 관한 법률
CHAPTER 10 　개인정보 보호법

직업상담사 2급
한권으로 끝내기!

CHAPTER 01

제5과목 고용노동관계법규(Ⅰ)

노동법과 노동기본권

 중요키워드 10

※ 중요도 높은 것에서 낮은 것 순으로

❶ 근로3권의 제한
❷ 근로의 권리의 내용
❸ 근로3권의 내용
❹ 노동법의 특징
❺ 노동기본권의 의의
❻ 근로3권의 법적 성질
❼ 근로의 권리의 기능
❽ 헌법상 보장된 쟁의행위
❾ 노동법의 효력관계
❿ 외국인의 노동기본권

제5과목

 **쌤의 학습지도**

1. **노동법은 근대시민법 원리를 수정한 데서 비롯돼요.**
   노동법은 근로자의 인간다운 생활을 보장하기 위한 것으로, 근대시민법 원리를 부정한 것이 아니라 이를 수정한 거예요.

2. **노동기본권은 '근로의 권리'와 '근로3권'으로 이루어져 있어요.**
   근로의 권리(근로권)와 근로3권(노동3권)은 동일한 것이 아니에요. 근로의 권리는 헌법 제32조, 근로3권은 헌법 제33조에 규정되어 있어요.

3. **노동기본권의 속성과 관련하여 중요 판례를 알아둘 필요가 있어요.**
   헌재 판례에서는 근로3권이 자유권적 기본권으로서의 성격보다는 생존권 내지 사회권적 기본권으로서의 성격이 강하다는 점을 강조하고 있어요.

4. **근로의 권리의 보충적 내용을 기억해 두세요.**
   근로의 권리의 보충적(파생적) 내용에는 특히 여성, 연소자, 국가유공자 등에 대한 특별한 보호를 포함하고 있어요.

5. **근로의 권리는 국가적 보호 의무를 감소시키는 기능을 해요.**
   근로의 권리는 사회주의가 아닌 자본주의 이념을 기초로 하고 있어요. 즉, 국민 스스로 근로를 통해 생활의 기본적 수요를 충족시킬 것을 강조하죠.

6. **근로3권의 3가지 권리는 직업상담사 시험의 단골 문제예요**
   '단결권', '단체교섭권', '단체행동권'을 반드시 기억해 두세요. '평등권', '결사권', '단체요구권' 등이 문제의 틀린 지문으로 등장해요.

7. **근로3권은 제한될 수 있어요.**
   근로3권은 법률로써 제한할 수 있어요. 특히 공무원인 근로자는 법률이 정하는 자에 한하여 근로3권을 가지죠.

8. **단체행동권의 제한 대상을 기억해 두세요.**
   구 헌법과 달리 현행 헌법에서는 단체행동권의 제한 대상을 '주요 방위산업체'로 한정하여 명시하고 있어요.

CHAPTER 01 노동법과 노동기본권

제5과목 고용노동관계법규(Ⅰ)

01절 노동법의 이해

1 노동법의 개념

(1) 노동법의 의의

① 노동법은 자본주의의 경제체제하에서 종속근로관계를 규율하여 노사당사자 간의 노사자치주의를 실질적으로 실현하고자 하는 법규범의 총체이다.
② 근로자의 인간다운 생활을 확보하여 노동재생산을 가능하게 함으로써 노동인격의 완성을 실현하는 것을 목적으로 한다.
③ 사회경제적 약자인 근로자의 생존권을 보장하는 동시에 생산활동을 촉진하여 기업의 발전에 이바지하는 것을 목표로 한다.

> **쌤의 비법노트**
> '종속근로관계'란 사용자의 지휘·명령하에 근로자가 노동력을 제공하는 관계를 말합니다.

(2) 노동법의 특징 필기 출제 14, 10, 08, 06, 05년 기출

① 근로자의 인간다운 생활보장
② 근대시민법 원리의 수정
③ 종속근로관계의 규율
④ 노사대등의 실현
⑤ 자본주의체제의 유지·발전

> **이렇게 출제된다! 1차 기출 OX**
> **Q** 노동법은 근대시민법 원리를 부정한다?
> **A** (×) 노동법은 근대시민법 원리를 수정한다(주의 : '부정'이 아닌 '수정'임).

더 알아보기

근대시민법 원리의 수정 필기 출제 19년 기출

근대시민법의 원리	수정 원리
소유권 절대의 원칙	소유권 상대의 원칙
계약자유의 원칙	계약공정의 원칙
과실책임(자기책임)의 원칙	무과실책임의 원칙

⇒

> **쌤의 비법노트**
> 자본주의 사회는 근대시민법의 원리를 법적 기반으로 하여 출발하였으나 상대적 빈곤과 실질적 불평등의 심화로 존립의 위기에 처하게 되어 그 원리를 수정할 수밖에 없었습니다.

2 노동법의 체계 및 효력관계

(1) 노동법의 체계

개별적 노사관계법	개별근로자와 사용자 간의 관계를 규율한다. 예 근로기준법, 남녀고용평등과 일·가정 양립 지원에 관한 법률, 파견근로자 보호 등에 관한 법률 등
집단적 노사관계법	근로자단체와 사용자 간의 관계를 규율한다. 예 노동조합 및 노동관계조정법(노조법) 등
협력적 노사관계법	국가의 간접적인 개입을 통해 협력적 노사관계를 구축하도록 함으로써 산업평화에 이바지한다. 예 근로자참여 및 협력증진에 관한 법률 등
고용관련법	노동시장 인력수급의 균형 및 고용안정을 통해 근로자의 생활안정에 이바지한다. 예 고용보험법, 고용상 연령차별금지 및 고령자고용촉진에 관한 법률 등

> **쌤의 비법노트**
> '직업선택의 자유'를 규정하고 있는 헌법 제15조의 경우 개별적 노사관계와 연관된 반면, '결사의 자유'를 규정하고 있는 헌법 제21조의 경우 집단적 노사관계와 연관됩니다.

(2) 노동법의 효력관계

① 상위법 우선의 원칙

상위법과 하위법 충돌 시 상위법 우선으로 적용된다.

예 헌법 > 법률 > 명령(시행령, 시행규칙) > 단체협약 > 취업규칙 > 근로계약 > 사용자의 지시

② 신법 우선의 원칙

같은 문제에 대하여 구법(舊法)과 신법(新法)이 서로 충돌하는 경우 신법을 우선으로 적용한다.

③ 특별법 우선의 원칙 필기 출제 05년 기출

일반법에 대해서 특별법이 우선하여 적용된다.

예 '남녀고용평등과 일·가정 양립 지원에 관한 법률'이 '근로기준법'보다 우선 적용

④ 유리한 조건 우선의 원칙

일반적으로 상위법 우선의 원칙이 적용되나 하위의 법원이 상위의 법원보다 유리한 내용을 규정하고 있을 경우 하위의 법원이 우선 적용된다.

> **쌤의 비법노트**
> 만약 취업규칙에서 정한 내용보다 근로계약에서 정한 근로조건이 근로자에게 유리한 것일 때에는 "유리한 조건 우선의 원칙"에 따라 근로계약에서 정한 근로조건이 취업규칙보다 우선하여 유효하게 적용됩니다.

02절 노동기본권의 이해

1 노동기본권의 개념

(1) 노동기본권의 의의 〔필기 출제〕 21, 20, 19, 18, 17, 15, 10, 04년 기출

노동기본권(근로기본권)은 근로자의 생존권 확보를 위하여 헌법이 규정하고 있는 근로의 권리와 근로3권인 단결권, 단체교섭권 및 단체행동권을 말한다.

근로의 권리 (근로권)	모든 국민은 근로의 권리를 가진다(헌법 제32조 제1항).
근로3권 (노동3권)	근로자는 근로조건의 향상을 위하여 자주적인 단결권·단체교섭권 및 단체행동권을 가진다(헌법 제33조 제1항).

(2) 노동기본권의 속성

① 근로의 권리와 의무 〔필기 출제〕 13, 06년 기출

헌법상 대부분의 기본권에 관한 규정들은 그에 상응하는 기본의무가 제시되지 않는다는 점에서 비대칭적 관계인 것으로 볼 수 있으나, 교육에 대한 권리와 의무를 규정한 헌법 제31조, 근로의 권리와 의무를 규정한 헌법 제32조는 그에 대한 예외로 볼 수 있다.

② 근로3권의 법적 성질 〔필기 출제〕 16, 10, 05, 04, 03년 기출

근로3권은 근로자의 근로조건을 개선하여 그들의 경제적·사회적 지위의 향상을 기하기 위한 것으로서, 자유권적 성격과 생존권적 성격을 동시에 가지고 있다. 다만, 자유권적 기본권으로서의 성격보다는 생존권 내지 사회권적 기본권으로서의 측면이 보다 강하다.

2 근로의 권리

(1) 근로의 권리의 개념

① 소극적 개념

근로의 권리는 개인이 근로를 행함에 있어서 국가 또는 타인의 방해를 받지 아니하고 자유롭게 근로를 행하거나 혹은 근로를 하지 아니할 수 있는 권리를 말한다.

② 적극적 개념

근로의 권리는 근로의 능력과 의사가 있는 개인이 국가에 대하여 근로기회의 제공을 요구하고, 국가가 근로의 기회를 제공하지 못하는 경우 그에 대신하여 생활비(생계비) 지급을 요청할 수 있는 권리를 말한다.

이렇게 출제된다! 1차 기출 OX

Q 우리나라 헌법상 모든 국민의 근로의 권리와 의무는 별개 개념이다?

A (×) 헌법상 모든 국민의 근로의 권리와 의무는 별개 개념으로 볼 수 없다.

쌤의 비법노트

소극적 개념은 근로의 권리를 헌법상의 자유권적 기본권의 관점에서 파악하는 반면, 적극적 개념은 근로의 권리를 헌법상의 생존권적 기본권의 관점에서 파악합니다.

(2) 근로의 권리의 내용

① 본원적 내용 `필기 출제` 14년 기출

근로의 권리는 국민이 자주적으로 근로의 기회를 얻지 못하는 경우 국가에 대하여 근로의 기회 또는 생활유지를 위하여 필요한 자금의 지급을 요구할 수 있는 다음의 권리를 말한다.

근로기회청구권 (근로기회제공청구권) 또는 취업청구권	근로의 의사와 능력이 있는 사람은 누구든지 국가에 대하여 근로의 기회를 청구할 수 있다. 이는 실업 중에 있는 근로자가 취업할 수 있는 권리뿐만 아니라 취업 중에 있는 근로자가 부당하게 해고되지 않는 권리, 즉 '해고의 제한'까지 포함된다.
생활비지급청구권 (생계비지급청구권)	근로의 기회를 제공받지 못하는 경우 국가에 대하여 그에 상응하는 생활비(생계비)의 지급을 청구할 수 있다.

② 보충적(파생적) 내용 `필기 출제` 22, 21, 20, 18, 17, 16, 13, 12, 10, 09, 07, 06, 04, 03년 기출

국가의 고용증진의 의무	국가는 사회적·경제적 방법으로 근로자의 고용의 증진에 노력하여야 한다(헌법 제32조 제1항).
적정임금의 보장	국가는 근로자의 적정임금의 보장에 노력하여야 하며, 법률이 정하는 바에 의하여 최저임금제를 시행하여야 한다(헌법 제32조 제1항).
근로조건 기준의 법정주의	국가는 근로의 의무의 내용과 조건을 민주주의원칙에 따라 법률로 정한다. 근로조건의 기준은 인간의 존엄성을 보장하도록 법률로 정한다(헌법 제32조 제2항 및 제3항).
여성근로자의 보호 및 차별대우의 금지	여자의 근로는 특별한 보호를 받으며, 고용·임금 및 근로조건에 있어서 부당한 차별을 받지 아니한다(헌법 제32조 제4항).
연소근로자의 특별보호	연소자의 근로는 특별한 보호를 받는다(헌법 제32조 제5항).
국가유공자 등의 근로기회 우선보장	국가유공자·상이군경 및 전몰군경의 유가족은 법률이 정하는 바에 의하여 우선적으로 근로의 기회를 부여받는다(헌법 제32조 제6항).

(3) 근로의 권리의 주체 `필기 출제` 17년 기출

① 근로의 권리는 헌법 규정의 전단에서 국민을, 후단에서 근로자를 그 권리의 주체로 규정하고 있으므로, '국민'이라는 설과 '근로자'라는 설이 공존한다.
② 근로의 권리는 국가 내적인 사회정책적 권리이므로 외국인은 원칙적으로 근로의 권리의 주체가 될 수 없다.
③ 근로의 권리는 소위 자연인의 권리이므로 법인은 근로의 권리의 주체가 될 수 없다.

(4) 근로의 권리의 기능 `필기 출제` 19, 16, 11, 08년 기출

① 근로를 통하여 개성과 자주적 인간성을 제고하고 함양하게 한다.
② 근로의 상품화를 허용함으로써 자본주의경제의 이념적 기초를 제공한다.
③ 국민으로 하여금 근로를 통하여 생활의 기본적 수요를 스스로 충족하게 한다.
④ 근로기회의 제공을 통하여 생활무능력자에 대한 국가적 보호 의무를 감소시킨다.

쌤의 비법노트

근로의 권리의 행사를 위한 입법으로는 「직업안정법」, 「국민 평생 직업능력 개발법」(구 근로자직업능력 개발법) 등이 있습니다.

이렇게 출제된다! 1차 기출 OX

Q 국가는 사회적·경제적 방법으로 근로자의 고용의 증진과 최저임금의 보장에 노력하여야 한다?

A (×) 적정임금의 보장에 노력하여야 한다.

쌤의 비법노트

헌법상 근로의 특별한 보호 또는 우선적인 근로기회 보장의 대상자로 명시되어 있는 자는 여자, 연소자, 국가유공자·상이군경 및 전몰군경의 유가족에 해당합니다. 주의해야 할 것은 고령자, 실업자, 재해근로자, 장애인 등은 그 대상자로 명시되어 있지 않다는 점입니다.

쌤의 비법노트

헌법상 근로의 권리는 '일할 자리에 관한 권리'만이 아닌 '일할 환경에 관한 권리'를 의미하기도 합니다. 헌법재판소는 외국인에게 헌법상의 근로의 권리를 전면적으로 인정하기는 어렵다고 하더라도 '일할 환경에 관한 권리'는 기본권으로 보장된다고 판시하였습니다(2014헌마367 참조).

쌤의 비법노트

헌법상 근로3권(노동3권)에는 '평등권', '결사권', '단체요구권', '이익균점권'이 포함되지 않습니다. 직업상담사 시험에서는 이를 문제의 틀린 지문으로 제시하고 있습니다.

3 근로3권(노동3권)

(1) 근로3권의 개념

① 근로3권은 근로자의 단결권·단체교섭권 및 단체행동권을 통칭하는 개념이다.
② 경제적 약자인 근로자들이 사용자와 대등한 지위를 확보하기 위해 자주적인 노동조합을 조직하고 이를 통해 사용자와 교섭을 수행하며, 원활한 교섭을 뒷받침하기 위해 단체행동을 할 수 있는 권리를 말한다.

(2) 근로3권의 내용 필기 출제 19, 18, 17, 15, 14, 13, 11, 10, 09, 07, 06, 05년 기출

① 근로3권으로서 단결권·단체교섭권 및 단체행동권은 다음의 권리를 말한다.

단결권	근로자들이 자주적으로 노동조합(노동단체)을 설립·운영하고 이에 가입하며, 노동조합을 운영할 수 있는 권리
단체교섭권	근로자가 근로조건을 유지·개선하기 위하여 단결에 의해서 사용자와 교섭할 수 있는 권리
단체행동권	단체교섭이 근로자에게 유리하게 전개되도록 하기 위하여 근로자에게 보장된 집단적 행동에 관한 권리

② 단결권은 근로조건의 향상을 도모하기 위하여 근로자와 그 단체에 부여된 단결체 조직 및 활동, 단결체의 가입, 단결체의 존립보호 등을 위한 포괄적 개념이다.
③ 단결권이 근로자 집단의 근로조건의 향상을 추구하는 주체라면, 단체교섭권은 그 목적 활동이고, 단체협약은 그 결실이라고 본다.
④ 단체행동권의 보장은 개개 근로자와 노동조합의 민사상 내지 형사상의 책임을 면제시키는 것이므로 시민법에 대한 중대한 수정을 의미한다.
⑤ 파업, 태업, 보이콧(Boycott) 등 근로자의 쟁의행위는 헌법에서 보장된 단체행동권의 일환으로서, 그 권리행사에 대해 원칙적으로 어떠한 책임도 지지 않는다.

(3) 근로3권의 주체 필기 출제 20, 06년 기출

① 근로자 개인은 동시에 단결권의 보유 및 행사의 주체가 될 수 있으나, 단체교섭권 및 단체행동권에 대하여는 보유의 주체만이 될 수 있을 뿐 행사의 주체가 될 수는 없다.
② 근로자들의 단결체인 노동조합도 근로3권의 주체가 된다. 노동조합은 단결권·단체교섭권 및 단체행동권의 보유의 주체는 물론 행사의 주체도 될 수 있다.

이렇게 출제된다! 1차 기출 OX

Q 단체교섭의 주체는 사실상 근로자 개인이 아닌 노동조합이다?
A (○)

(4) 근로3권의 제한 필기 출제 13~11년, 09~03년 기출

① 일반유보조항에 의한 제한
   ㉠ 근로3권도 국가안전보장·질서유지·공공복리를 위하여 필요한 경우에 법률로써 제한을 할 수 있다(헌법 제37조 제2항).
   ㉡ 일반유보조항에 의한 제한의 경우에도 기본권의 본질적 내용을 침해할 수 없다.

② 공무원 등에 대한 제한 필기 출제 22, 19, 18, 16, 15, 13년 기출
   ㉠ 공무원인 근로자는 법률이 정하는 자에 한하여 단결권·단체교섭권 및 단체행동권을 가진다(헌법 제33조 제2항).
   ㉡ 공무원은 노동운동이나 그 밖에 공무 외의 일을 위한 집단 행위를 하여서는 아니 된다. 다만, 사실상 노무에 종사하는 공무원은 예외로 한다(국가공무원법 제66조 제1항).
   ㉢ 법률이 정하는 주요 방위산업체에 종사하는 근로자의 단체행동권은 법률이 정하는 바에 의하여 이를 제한하거나 인정하지 아니할 수 있다(헌법 제33조 제3항).

Comment
구 헌법(헌법 제9호)의 경우 단체행동권의 제한대상을 '국가·지방자치단체·국공영기업체·방위산업체·공익사업체 또는 국민경제에 중대한 영향을 미치는 사업체에 종사하는 근로자'로 폭넓게 제시한 것과 달리, 현행 헌법(헌법 제10호)에서는 그 대상을 주요 방위산업체로 한정하여 명시하고 있습니다.

> **쌤의 비법노트**
> 「국가공무원 복무규정」에서는 사실상 노무에 종사하는 공무원을 과학기술정보통신부 소속 현업기관의 작업 현장에서 노무에 종사하는 우정직공무원 중 규정에서 정한 업무(예 서무·인사·기밀 업무 등)에 종사하지 아니하는 공무원으로 명시하고 있습니다(국가공무원 복무규정 제28조).

CHAPTER 01 출제 유형 알아보기

제5과목 고용노동관계법규(Ⅰ)

01절 노동법의 이해

01 다음 중 노동법에 대한 설명으로 옳지 않은 것은?

① 근로자의 인간다운 생활보장
② 근대시민법 원리의 부정
③ 노사대등의 실현
④ 자본주의체제의 유지 · 발전

> **해설**
> ② 근대시민법 원리의 '부정'이 아닌 '수정'이 옳다.

02 노동법은 개별적 노사관계법과 집단적 노사관계법으로 대별할 수 있다. 다음 중 집단적 노사관계법으로 분류할 수 있는 것은?

① 근로기준법
② 남녀고용평등과 일 · 가정 양립 지원에 관한 법률
③ 노동조합 및 노동관계조정법
④ 파견근로자 보호 등에 관한 법률

> **해설**
> ① · ② · ④ 개별적 노사관계법으로 분류할 수 있다.

02절 노동기본권의 이해

03 다음 중 우리나라 헌법에 규정된 근로3권(노동3권)에 해당하지 않는 것은?

① 단결권
② 단체요구권
③ 단체교섭권
④ 단체행동권

해설

근로3권(노동3권)(헌법 제33조 제1항)
근로자는 근로조건의 향상을 위하여 자주적인 단결권·단체교섭권 및 단체행동권을 가진다.

04 다음 중 노동기본권에 대한 설명으로 옳지 않은 것은?

① 우리나라 헌법상 모든 국민의 근로의 권리와 의무는 별개 개념이다.
② 노동기본권은 헌법에서 근로자에게 보장된 기본적 권리이다.
③ 공무원인 근로자는 법률이 정하는 자에 한하여 노동3권을 가진다.
④ 주요 방위산업체에 종사하는 근로자의 단체행동권은 법률이 정하는 바에 의하여 이를 제한하거나 인정하지 아니할 수 있다.

해설

① 헌법상 모든 국민의 근로의 권리와 의무는 별개 개념으로 볼 수 없다.

05 다음 중 근로의 권리에 관한 내용과 가장 거리가 먼 것은?

① 쟁의권
② 취업청구권
③ 해고의 제한
④ 생활비지급청구권

해설

① 쟁의권은 근로3권 중 단체행동권의 내용에 해당한다.

정답 03 ② 04 ① 05 ①

06 다음 중 헌법상 근로에 관한 설명으로 옳지 않은 것은?

① 모든 국민은 근로의 권리를 가진다.
② 모든 국민은 근로의 의무를 진다.
③ 연소자의 근로는 특별한 보호를 받는다.
④ 근로기회의 제공을 통하여 생활무능력자에 대한 국가적 보호 의무를 증가시킨다.

> **해설**
> ④ 근로기회의 제공을 통하여 생활무능력자에 대한 국가적 보호 의무를 감소시킨다.

07 다음 중 헌법상 근로의 권리와 관련하여 명시되어 있지 않은 것은?

① 최저임금제 시행
② 국가유공자의 유가족에 대한 우선적 근로기회 부여
③ 여성근로자에 대한 차별대우 금지
④ 산업재해로부터의 특별한 보호

> **해설**
> ① 모든 국민은 근로의 권리를 가진다. 국가는 사회적 · 경제적 방법으로 근로자의 고용의 증진과 적정임금의 보장에 노력하여야 하며, 법률이 정하는 바에 의하여 최저임금제를 시행하여야 한다(헌법 제32조 제1항).
> ② 국가유공자 · 상이군경 및 전몰군경의 유가족은 법률이 정하는 바에 의하여 우선적으로 근로의 기회를 부여받는다(헌법 제32조 제6항).
> ③ 여자의 근로는 특별한 보호를 받으며, 고용 · 임금 및 근로조건에 있어서 부당한 차별을 받지 아니한다(헌법 제32조 제4항).

08 다음 중 보기의 빈칸에 들어갈 내용으로 옳은 것은?

> 헌법 제32조 제2항에 의하면 국가는 근로의 의무의 내용과 조건을 (   )에 따라 법률로 정한다.

① 자유주의원칙
② 민주주의원칙
③ 사회국가원칙
④ 복지국가원칙

> **해설**
> **근로조건 기준의 법정주의(헌법 제32조 제2항)**
> 모든 국민은 근로의 의무를 진다. 국가는 근로의 의무의 내용과 조건을 민주주의원칙에 따라 법률로 정한다.

09 다음 중 근로3권과 관련하여 헌법에 명시된 내용으로 옳지 않은 것은?

① 공무원인 근로자는 법률이 정하는 자에 한하여 단결권 · 단체교섭권 및 단체행동권을 가진다.
② 근로자는 근로조건의 향상을 위하여 자주적인 단결권 · 단체교섭권 및 단체행동권을 가진다.
③ 법률이 정하는 주요 방위산업체에 종사하는 근로자의 단체행동권은 법률이 정하는 바에 의하여 이를 제한하거나 인정하지 아니할 수 있다.
④ 공익사업에 종사하는 근로자의 단체행동권은 법률이 정하는 바에 의하여 이를 제한하거나 인정하지 아니할 수 있다.

> **해설**
> ④ 단결권 · 단체교섭권 및 단체행동권의 근로3권(노동3권)에 관한 헌법 제33조의 규정은 구 헌법(헌법 제9호) 제31조의 규정을 개정한 것으로서, 구 헌법의 경우 단체행동권의 제한대상을 '국가 · 지방자치단체 · 국공영기업체 · 방위산업체 · 공익사업체 또는 국민경제에 중대한 영향을 미치는 사업체에 종사하는 근로자'로 폭넓게 제시한 것과 달리, 현행 헌법(헌법 제10호)에서는 그 대상을 주요 방위산업체로 한정하여 명시하고 있다.

10 다음 중 헌법상 보장된 쟁의행위로 볼 수 없는 것은?

① 파 업
② 태 업
③ 직장폐쇄
④ 보이콧

> **해설**
> ③ 근로자의 쟁의행위에 대한 사용자의 대항수단으로서 '직장폐쇄'는 헌법상 보장된 쟁의행위로 볼 수 없다.

정답 09 ④ 10 ③

CHAPTER 01 최근 기출문제 파악하기 1차 필기

제5과목 고용노동관계법규(Ⅰ)

01 다음 ( )에 알맞은 것은? [2021년 1회 기출]

> 헌법상 국가는 ( )으로 근로자의 고용의 증진과 적정임금의 보장에 노력하여야 한다.

① 법률적 방법
② 사회적 방법
③ 경제적 방법
④ 사회적 · 경제적 방법

해설

근로의 권리(헌법 제32조 제1항)
모든 국민은 근로의 권리를 가진다. 국가는 사회적 · 경제적 방법으로 근로자의 고용의 증진과 적정임금의 보장에 노력하여야 하며, 법률이 정하는 바에 의하여 최저임금제를 시행하여야 한다.

02 헌법상 근로의 권리로서 명시되어 있지 않은 것은? [2021년 2회 기출]

① 최저임금제 시행
② 여성근로자의 특별보호
③ 연소근로자의 특별보호
④ 장애인근로자의 특별보호

해설

① 헌법 제32조 제1항
② 헌법 제32조 제4항
③ 헌법 제32조 제5항

정답 01 ④ 02 ④

03 헌법상 노동기본권 등에 관한 설명으로 틀린 것은? [2022년 2회 기출]

① 국가는 근로자의 고용의 증진과 적정임금의 보장에 노력하여야 한다.
② 여자의 근로는 특별한 보호를 받으며, 고용·임금 및 근로조건에 있어서 부당한 차별을 받지 아니한다.
③ 국가는 법률이 정하는 바에 의하여 최저임금제를 시행하여야 한다.
④ 공무원인 근로자는 자주적인 단결권·단체교섭권 및 단체행동권을 가진다.

해설

④ 공무원인 근로자는 법률이 정하는 자에 한하여 단결권·단체교섭권 및 단체행동권을 가진다(헌법 제33조 제2항).

04 헌법이 보장하는 근로3권의 설명으로 틀린 것은? [2020년 4회 기출]

① 단결권은 근로조건의 향상을 도모하기 위하여 근로자와 그 단체에게 부여된 단결체 조직 및 활동, 가입, 존립보호 등을 위한 포괄적 개념이다.
② 단결권이 근로자 집단의 근로조건의 향상을 추구하는 주체라면, 단체교섭권은 그 목적 활동이고, 단체협약은 그 결실이라고 본다.
③ 단체교섭의 범위는 근로자들의 경제적·사회적 지위향상에 관한 것으로 단체교섭의 주체는 원칙적으로 근로자 개인이 된다.
④ 단체행동권의 보장은 개개 근로자와 노동조합의 민·형사상 책임을 면제시키는 것이므로 시민법에 대한 중대한 수정을 의미한다.

해설

③ 단체교섭의 주체는 근로자 개인이 아닌 노동조합이다. 근로자 개인은 동시에 단결권의 보유 및 행사의 주체가 될 수 있으나, 단체교섭권 및 단체행동권에 대하여는 보유의 주체만이 될 수 있을 뿐 행사의 주체가 될 수는 없다.

CHAPTER 02

제5과목 고용노동관계법규(Ⅰ)

근로기준법

 중요키워드 10　　　　　　　　　　　※ 중요도 높은 것에서 낮은 것 순으로

❶ 취업규칙의 작성 · 신고 · 변경
❷ 경영상 이유에 의한 해고의 제한
❸ 용어의 정의
❹ 근로조건
❺ 평균임금과 통상임금
❻ 임금 지급의 원칙
❼ 임금의 시효
❽ 임산부의 보호
❾ 선택적 근로시간제
❿ 최저 연령과 취직인허증

제5과목

 쌤의 학습지도

1. **'근로자'의 정의는 법률에 따라 약간씩 달라요.**

   근로기준법에 따른 '근로자'의 정의는 물론 다른 법률에 따른 '근로자'의 정의 또한 기억하고 있어야 해요.

2. **근로기준법은 적용범위가 달라요.**

   근로기준법은 상시 5명 이상의 근로자를 사용하는 모든 사업 또는 사업장에 적용돼요. 상시 4명 이하 사업 또는 사업장에서는 법의 일부 규정이 적용되죠.

3. **근로계약 체결 시 근로조건 명시는 필수죠.**

   근로조건은 서면으로 '명시'하여야 하는 사항과 '명시+교부'하여야 하는 사항에서 약간의 차이가 있어요.

4. **근로자 해고의 요건으로 긴박한 경영상 필요를 제시하고 있어요.**

   근로자를 해고하려면 정당한 이유가 있어야 하고, 이를 해고하려는 근로자에게 사전에 서면으로 통지해야 해요.

5. **임금 지급의 원칙을 기억해 두세요.**

   통화불·직접불·전액불의 원칙, 그리고 매월 1회 이상 정기불의 원칙이 있어요.

6. **탄력적 근로시간제와 선택적 근로시간제를 구분하세요.**

   탄력적 근로시간제는 사용자의 편의를 위한 제도인 반면, 선택적 근로시간제는 근로자의 편의를 위한 제도이죠.

7. **근로기준법에서는 여성과 소년에 대한 특별한 보호조치를 담고 있어요.**

   15세 미만인 사람은 원칙적으로 근로자로 사용할 수 없고요, 임산부에게는 야간근로나 휴일근로가 제한돼요.

8. **취업규칙은 근로기준법에서 가장 많이 출제되는 부분이죠.**

   취업규칙의 작성·신고·변경에 관한 절차들을 반드시 기억해 두세요. 특히 근로자 과반수의 의견을 듣는 경우와 동의를 받아야 하는 경우를 구분하세요.

CHAPTER 02 근로기준법

제5과목 고용노동관계법규(Ⅰ)

01절 개요

1 총칙

(1) 목적(법 제1조)

헌법에 따라 근로조건의 기준을 정함으로써 근로자의 기본적 생활을 보장, 향상시키며 균형 있는 국민경제의 발전을 꾀하는 것을 목적으로 한다.

(2) 용어의 정의(법 제2조) 필기 출제 22, 21, 20, 17, 16, 15, 14, 10, 07, 06년 기출

근로자	직업의 종류와 관계없이 임금을 목적으로 사업이나 사업장에 근로를 제공하는 사람
사용자	사업주 또는 사업 경영 담당자, 그 밖에 근로자에 관한 사항에 대하여 사업주를 위하여 행위하는 자
근로	정신노동과 육체노동
근로계약	근로자가 사용자에게 근로를 제공하고 사용자는 이에 대하여 임금을 지급하는 것을 목적으로 체결된 계약
1주	휴일을 포함한 7일
단시간근로자	1주 동안의 소정근로시간이 그 사업장에서 같은 종류의 업무에 종사하는 통상근로자의 1주 동안의 소정근로시간에 비하여 짧은 근로자

> **더 알아보기**
>
> **'근로자'의 법률상 정의** 필기 출제 12, 08년 기출
> - 「근로기준법」 제2조 제1항 제1호 : "근로자"란 직업의 종류와 관계없이 임금을 목적으로 사업이나 사업장에 근로를 제공하는 사람을 말한다.
> - 「근로복지기본법」 제2조 제1호 : "근로자"란 직업의 종류와 관계없이 임금을 목적으로 사업이나 사업장에 근로를 제공하는 사람을 말한다.
> - 「고용정책 기본법」 제2조 : "근로자"란 사업주에게 고용된 사람과 취업할 의사를 가진 사람을 말한다.
> - 「국민 평생 직업능력 개발법」(구 근로자직업능력 개발법) 제2조 제4호 : "근로자"란 사업주에게 고용된 사람과 취업할 의사가 있는 사람을 말한다.
> - 「남녀고용평등과 일·가정 양립 지원에 관한 법률」 제2조 제4호 : "근로자"란 사업주에게 고용된 사람과 취업할 의사를 가진 사람을 말한다.
> - 「노동조합 및 노동관계조정법」 제2조 제1호 : "근로자"라 함은 직업의 종류를 불문하고 임금·급료 기타 이에 준하는 수입에 의하여 생활하는 자를 말한다.
> - 「고용상 연령차별금지 및 고령자고용촉진에 관한 법률」 제2조 제4호 : "근로자"란 근로기준법 제2조 제1항 제1호에 따른 근로자를 말한다.
> - 「근로자퇴직급여 보장법」 제2조 제1호 : "근로자"란 근로기준법 제2조 제1항 제1호에 따른 근로자를 말한다.
> - 「산업안전보건법」 제2조 제3호 : "근로자"란 근로기준법 제2조 제1항 제1호에 따른 근로자를 말한다.
> - 「근로자참여 및 협력증진에 관한 법률」 제3조 제2호 : "근로자"란 근로기준법 제2조에 따른 근로자를 말한다.

쌤의 비법노트

'5과목 고용노동관계법규(Ⅰ)'에 수록된 내용은 법령 개정에 따라 언제든지 변경될 수 있습니다. 따라서 법제처 국가법령정보센터 등에서 새롭게 개정된 내용이 있는지 수시로 확인하는 노력이 필요합니다.

쌤의 비법노트

「근로기준법」은 본래 1953년 5월 10일 처음 제정되었으나, 1997년 당시 노사관계개혁위원회의 개정작업을 통해 대폭 수정된 새로운 「근로기준법」이 정치적인 이유로 제정의 형식을 취하게 되었습니다.

쌤의 비법노트

근로자의 정의에 대한 내용이 직업상담사 시험에서 문제의 지문으로 빈번히 등장하고 있습니다. 법률마다 약간씩 다르게 제시되기도 하므로 꼭 정리해 두세요.

(3) 기본원리 [필기 출제] 22, 18, 16, 07년 기출

최저 근로조건의 보장 (법 제3조)	이 법에서 정하는 근로조건은 최저기준이므로 근로 관계 당사자는 이 기준을 이유로 근로조건을 낮출 수 없음
근로조건의 노사대등 결정 (법 제4조)	근로조건은 근로자와 사용자가 동등한 지위에서 자유의사에 따라 결정하여야 함
근로조건의 준수 (법 제5조)	근로자와 사용자는 각자가 단체협약, 취업규칙과 근로계약을 지키고 성실하게 이행할 의무가 있음
균등한 처우 (법 제6조)	사용자는 근로자에 대하여 남녀의 성(性)을 이유로 차별적 대우를 하지 못하고, 국적·신앙 또는 사회적 신분을 이유로 근로조건에 대한 차별적 처우를 하지 못함
강제근로의 금지 (법 제7조)	사용자는 폭행, 협박, 감금, 그 밖에 정신상 또는 신체상의 자유를 부당하게 구속하는 수단으로써 근로자의 자유의사에 어긋나는 근로를 강요하지 못함
폭행의 금지 (법 제8조)	사용자는 사고의 발생이나 그 밖의 어떠한 이유로도 근로자에게 폭행을 하지 못함
중간착취의 배제 (법 제9조)	누구든지 법률에 따르지 아니하고는 영리로 다른 사람의 취업에 개입하거나 중간인으로서 이익을 취득하지 못함
공민권 행사의 보장 (법 제10조)	사용자는 근로자가 근로시간 중에 선거권, 그 밖의 공민권(公民權) 행사 또는 공(公)의 직무를 집행하기 위하여 필요한 시간을 청구하면 거부하지 못함

쌤의 비법노트

근대시민법에서 사람은 모두 평등한 것으로 되어 있으나 실질적으로 불평등한 경우가 많으므로, 노동법에서는 이를 보완하기 위해 실질적 대등의 실현을 규정하고 있습니다. 근로기준법상 근로조건 노사대등 결정의 원칙은 이와 같은 '당사자의 실질적 대등의 원칙'을 반영하고 있습니다.

이렇게 출제된다! 1차 기출 OX

Q 근로기준법의 기본원리에는 '공민권 행사의 보장', '근로자단결의 보장' 등이 포함된다?

A (×) '근로자단결의 보장'은 포함되지 않는다.

(4) 적용 범위(법 제11조) [필기 출제] 15년 기출

① 상시 5명 이상의 근로자 사용

이 법은 상시 5명 이상의 근로자를 사용하는 모든 사업 또는 사업장에 적용한다. 다만, 동거하는 친족만을 사용하는 사업 또는 사업장과 가사 사용인에 대하여는 적용하지 아니한다.

② 상시 4명 이하의 근로자 사용

상시 4명 이하의 근로자를 사용하는 사업 또는 사업장에 대하여는 대통령령으로 정하는 바에 따라 이 법의 일부 규정을 적용할 수 있다.

이렇게 출제된다! 1차 기출 OX

Q 상시 4명 이하의 근로자를 사용하는 사업 또는 사업장에 대하여는 주휴일, 출산전후휴가 등을 적용한다?

A (○)

더 알아보기

상시 4명 이하의 근로자를 사용하는 사업 또는 사업장에 적용하지 않는 주요 규정 [필기 출제] 19, 18, 15년 기출

총칙(제1장)	법령 주요 내용 등의 게시(법 제14조)
근로계약 (제2장)	근로조건의 위반에 대한 노동위원회에의 손해배상청구 신청(법 제19조 제2항), 부당해고 등(법 제23조 제1항), 경영상 이유에 의한 해고의 제한(법 제24조), 부당해고 등의 구제신청(법 제28조), 퇴직급여제도(법 제34조)
임금(제3장)	휴업수당(법 제46조)
근로시간과 휴식 (제4장)	근로시간(법 제50조), 탄력적 근로시간제(법 제51조), 선택적 근로시간제(법 제52조), 연장근로의 제한(법 제53조), 연장·야간 및 휴일근로(법 제56조), 보상휴가제(법 제57조), 근로시간 계산의 특례(법 제58조), 근로시간 및 휴게시간의 특례(법 제59조), 연차 유급휴가(법 제60조), 유급휴가의 대체(법 제62조)
여성과 소년 (제5장)	임산부가 아닌 18세 이상 여성근로자의 보건상 유해·위험한 사업에의 사용금지(법 제65조 제2항), 18세 이상 여성근로자의 야간근로와 휴일근로의 제한(법 제70조 제1항), 생리휴가(법 제73조) 등

2 근로계약 및 근로조건

(1) 근로기준법을 위반한 근로계약(법 제15조) 〔필기 출제〕 06년 기출

이 법에서 정하는 기준에 미치지 못하는 근로조건을 정한 근로계약은 그 부분에 한정하여 무효로 한다. 무효로 된 부분은 이 법에서 정한 기준에 따른다.

(2) 근로조건

① 근로조건의 명시(법 제17조 및 시행령 제8조) 〔필기 출제〕 15, 12, 10, 09, 07, 03년 기출

사용자는 근로계약을 체결할 때에 근로자에게 다음의 사항을 명시하여야 한다. 근로계약 체결 후 이를 변경하는 경우에도 또한 같다.

- 임금(구성항목 · 계산방법 · 지급방법)
- 소정근로시간
- 휴일(주휴일)
- 연차 유급휴가
- 취업의 장소와 종사하여야 할 업무에 관한 사항
- 취업규칙에서 정한 사항
- 기숙사 규칙에서 정한 사항(사업장의 부속 기숙사에 근로자를 기숙하게 하는 경우)

② 근로조건 명시사항의 서면 교부(법 제17조 제2항) 〔필기 출제〕 18년 기출

사용자는 임금의 구성항목 · 계산방법 · 지급방법, 소정근로시간, 휴일(주휴일), 연차 유급휴가의 사항이 명시된 서면(전자문서를 포함한다)을 근로자에게 교부하여야 한다.

③ 단시간근로자의 근로조건(법 제18조 제3항) 〔필기 출제〕 16년 기출

4주 동안(4주 미만으로 근로하는 경우에는 그 기간)을 평균하여 1주 동안의 소정근로시간이 15시간 미만인 근로자에 대하여는 주휴일과 연차 유급휴가를 적용하지 아니한다.

④ 근로조건의 위반(법 제19조 제1항) 〔필기 출제〕 18년 기출

명시된 근로조건이 사실과 다를 경우에 근로자는 근로조건 위반을 이유로 손해의 배상을 청구할 수 있으며 즉시 근로계약을 해제할 수 있다.

(3) 금지 · 제한 〔필기 출제〕 21, 20, 18, 12, 11년 기출

위약 예정의 금지 (법 제20조)	사용자는 근로계약 불이행에 대한 위약금 또는 손해배상액을 예정하는 계약을 체결하지 못한다. 이를 위반한 자는 500만원 이하의 벌금에 처한다(법 제114조 제1호).
전차금 상계의 금지 (법 제21조)	사용자는 전차금(前借金)이나 그 밖에 근로할 것을 조건으로 하는 전대채권(前貸債權)과 임금을 상계하지 못한다. 이를 위반한 자는 500만원 이하의 벌금에 처한다(법 제114조 제1호).
강제 저금의 금지 (법 제22조)	사용자는 근로계약에 덧붙여 강제 저축 또는 저축금의 관리를 규정하는 계약을 체결하지 못한다. 이를 위반한 자는 2년 이하의 징역 또는 2천만원 이하의 벌금에 처한다(법 제110조 제1호).
해고 등의 제한 (법 제23조)	사용자는 근로자에게 정당한 이유 없이 해고, 휴직, 정직, 전직, 감봉, 그 밖의 징벌(이하 "부당해고 등"이라 한다)을 하지 못한다.

쌤의 비법노트

'무효(無效)'는 법률행위가 성립한 때부터 법률상 당연히 효력이 없는 것으로 확정된 것을 말합니다. 반면, '취소(取消)'는 일단 유효하게 성립한 법률행위의 효력을 제한(무)능력이나 의사표시의 결함을 이유로 취소권자가 그 효력을 소멸시키는 것을 말합니다.

쌤의 비법노트

근로기준법령상 근로계약을 체결할 때 명시하여야 할 사항(명시)과 서면 교부하여야 할 사항(명시+교부)은 다른 내용입니다. 예를 들어, '취업의 장소'는 명시하여야 할 사항이기는 하나 교부하여야 할 사항에 해당하지 않습니다.

쌤의 비법노트

4주 동안을 평균하여 1주 동안의 소정근로시간이 15시간 미만인 근로자에 대해서는 「근로자퇴직급여 보장법」에 따른 퇴직급여 제도를 설정하지 않아도 됩니다.

쌤의 비법노트

'해제(解除)'는 계약 성립 후 당사자 중 한쪽의 의사표시로 해당 계약이 처음부터 없었던 것으로 되돌리는 것을 말하는 반면, '해지(解止)'는 이미 경과한 계약의 사실은 그대로 둔 채 해지를 한 후부터 장래에 대해서 계약관계를 소멸시키는 것을 의미합니다.

쌤의 비법노트

'전차금(前借金)'은 근로계약을 체결할 때 근로의 대가로 지급받게 될 임금 중 변제할 것을 조건으로 하여 사용자에게서 미리 차용하는 금전을 말합니다. 또한 '전대채권(前貸債權)'은 근로할 것을 조건으로 전차금 외에 추가하여 지급받는 금전을 말합니다.

3 해 고

(1) 경영상 이유에 의한 해고의 제한(법 제24조 및 시행령 제10조)

필기 출제 21, 19, 17, 15, 14, 10, 09, 08, 07, 05년 기출

① 사용자가 경영상 이유에 의하여 근로자를 해고하려면 긴박한 경영상의 필요가 있어야 한다. 이 경우 경영 악화를 방지하기 위한 사업의 양도·인수·합병은 긴박한 경영상의 필요가 있는 것으로 본다.

② 사용자는 해고를 피하기 위한 노력을 다하여야 하며, 합리적이고 공정한 해고의 기준을 정하고 이에 따라 그 대상자를 선정하여야 한다. 이 경우 남녀의 성을 이유로 차별하여서는 아니 된다.

③ 사용자는 해고를 피하기 위한 방법과 해고의 기준 등에 관하여 그 사업 또는 사업장에 근로자의 과반수로 조직된 노동조합이 있는 경우에는 그 노동조합(근로자의 과반수로 조직된 노동조합이 없는 경우에는 근로자의 과반수를 대표하는 자를 말한다. 이하 "근로자대표"라 한다)에 해고를 하려는 날의 50일 전까지 통보하고 성실하게 협의하여야 한다.

④ 사용자는 대통령령으로 정하는 일정한 규모 이상의 인원을 해고하려면 대통령령으로 정하는 바에 따라 고용노동부장관에게 신고하여야 하며, 신고를 할 때에는 다음의 사항을 포함하여야 한다.

- 해고 사유
- 해고 예정 인원
- 근로자대표와 협의한 내용
- 해고 일정

(2) 해고의 예고(법 제26조 및 제27조) 필기 출제 21년 기출

① 사용자는 근로자를 해고(경영상 이유에 의한 해고를 포함한다)하려면 적어도 30일 전에 예고를 하여야 하고, 원칙적으로 30일 전에 예고를 하지 아니하였을 때에는 30일분 이상의 통상임금을 지급하여야 한다.

② 다만, 근로자가 계속 근로한 기간이 3개월 미만인 경우, 천재·사변, 그 밖의 부득이한 사유로 사업을 계속하는 것이 불가능한 경우, 근로자가 고의로 사업에 막대한 지장을 초래하거나 재산상 손해를 끼친 경우에는 해고의 예고를 하지 아니할 수 있다.

③ 사용자는 근로자를 해고하려면 해고사유와 해고시기를 서면으로 통지하여야 한다.

이렇게 출제된다! 1차 기출 OX

Q 근로기준법령상 고용노동부장관에게 경영상의 이유에 의한 해고 계획의 신고를 할 때 퇴직금에 관한 사항을 포함하여야 한다?

A (×) 퇴직금에 관한 사항은 포함하지 않는다.

쌤의 비법노트

해고의 예고를 하지 않아도 되는 예외적인 경우에도, 해고의 사유가 정당해야 한다는 원칙은 유효하게 적용됩니다.

4 구제신청 및 구제명령 등

(1) 부당해고 등의 구제신청(법 제28조) 필기 출제 17년 기출

① 사용자가 근로자에게 부당해고 등을 하면 근로자는 노동위원회에 구제를 신청할 수 있다.
② 구제신청은 부당해고 등이 있었던 날부터 3개월 이내에 하여야 한다.

(2) 조사 및 구제명령 등(법 제29조 내지 제32조) 필기 출제 16, 13년 기출

① 노동위원회는 구제신청을 받으면 지체 없이 필요한 조사를 하여야 하며 관계 당사자를 심문하여야 한다.
② 노동위원회는 심문을 끝내고 부당해고 등이 성립한다고 판정하면 사용자에게 구제명령을 하여야 하며, 부당해고 등이 성립하지 아니한다고 판정하면 구제신청을 기각하는 결정을 하여야 한다.
③ 판정, 구제명령 및 기각결정은 사용자와 근로자에게 각각 서면으로 통지하여야 한다.
④ 지방노동위원회의 구제명령이나 기각결정에 불복하는 사용자나 근로자는 구제명령서나 기각결정서를 통지받은 날부터 10일 이내에 중앙노동위원회에 재심을 신청할 수 있다.
⑤ 중앙노동위원회의 재심판정에 대하여 사용자나 근로자는 재심판정서를 송달받은 날부터 15일 이내에 행정소송법의 규정에 따라 소(訴)를 제기할 수 있다.
⑥ 노동위원회의 구제명령, 기각결정 또는 재심판정은 중앙노동위원회에 대한 재심 신청이나 행정소송 제기에 의하여 그 효력이 정지되지 아니한다.

(3) 이행강제금(법 제33조) 필기 출제 22, 21, 18, 13, 11년 기출

① 노동위원회는 사용자에게 구제명령을 하는 때에는 이행기한을 정하여야 한다. 이 경우 이행기한은 사용자가 구제명령을 서면으로 통지받은 날부터 30일 이내로 한다(시행령 제11조).
② 노동위원회는 구제명령을 받은 후 이행기한까지 구제명령을 이행하지 아니한 사용자에게 3천만원 이하의 이행강제금을 부과한다.
③ 노동위원회는 이행강제금을 부과하기 30일 전까지 이행강제금을 부과·징수한다는 뜻을 사용자에게 미리 문서로써 알려 주어야 한다.
④ 노동위원회는 최초의 구제명령을 한 날을 기준으로 매년 2회의 범위에서 구제명령이 이행될 때까지 반복하여 이행강제금을 부과·징수할 수 있다. 이 경우 이행강제금은 2년을 초과하여 부과·징수하지 못한다.
⑤ 노동위원회는 구제명령을 받은 자가 구제명령을 이행하면 새로운 이행강제금을 부과하지 아니하되, 구제명령을 이행하기 전에 이미 부과된 이행강제금은 징수하여야 한다.

쌤의 비법노트

노동위원회에 의한 구제절차는 초심절차와 재심절차로 구분되며, 초심·재심절차는 신청·심사·합의 및 구제명령의 순서로 진행됩니다.

이렇게 출제된다! 1차 기출 OX

Q 부당해고 구제신청 불복절차에 따라 행정소송을 제기하더라도 중앙노동위원회의 재심판정은 효력이 정지되지 아니한다?
A (○)

쌤의 비법노트

2019년 7월 9일 시행령 개정에 따라 구제명령의 이행기한이 기존 "구제명령을 한 날부터 30일 이내"에서 "사용자가 구제명령을 서면으로 통지받은 날부터 30일 이내"로 변경되었습니다.

⑥ 노동위원회는 이행강제금 납부의무자가 납부기한까지 이행강제금을 내지 아니하면 기간을 정하여 독촉을 하고 지정된 기간에 이행강제금을 내지 아니하면 국세 체납처분의 예에 따라 징수할 수 있다.

⑦ 근로자는 구제명령을 받은 사용자가 이행기한까지 구제명령을 이행하지 아니하면 이행기한이 지난 때부터 15일 이내에 그 사실을 노동위원회에 알려줄 수 있다.

5 근로계약 종료 후 근로자 보호

(1) 금품 청산(법 제36조) 필기 출제 18, 10년 기출

사용자는 근로자가 사망 또는 퇴직한 경우에는 그 지급 사유가 발생한 때부터 14일 이내에 임금, 보상금, 그 밖의 모든 금품을 지급하여야 한다. 다만, 특별한 사정이 있을 경우에는 당사자 사이의 합의에 의하여 기일을 연장할 수 있다.

(2) 임금채권과 다른 채권의 우선순위(법 제38조) 필기 출제 20, 03년 기출

① 최종 3개월분의 임금 및 재해보상금(최우선변제)
② 질권·저당권 또는 담보권에 우선하는 조세·공과금
③ 질권·저당권 또는 담보권에 따라 담보된 채권
④ 최종 3개월분의 임금을 제외한 임금 및 기타 근로관계로 인한 채권
⑤ 그 밖에 우선권이 없는 조세·공과금 및 다른 채권

> **이렇게 출제된다! 1차 기출 OX**
> **Q** 최종 3개월분의 임금은 근로기준법상 1순위로 변제되어야 하는 채권이다?
> **A** (○)

(3) 사용증명서의 교부(법 제39조 및 시행령 제19조) 필기 출제 16, 13, 09년 기출

① 사용자는 근로자가 퇴직한 후라도 사용 기간, 업무 종류, 지위와 임금, 그 밖에 필요한 사항에 관한 증명서를 청구하면 사실대로 적은 증명서를 즉시 내주어야 한다.
② 증명서에는 근로자가 요구한 사항만을 적어야 한다.
③ 사용증명서를 청구할 수 있는 자는 계속하여 30일 이상 근무한 근로자로 하되, 청구할 수 있는 기한은 퇴직 후 3년 이내로 한다.

> **쌤의 비법노트**
> 사용증명서는 근로자가 재취업함에 있어서 근로자에게 유리한 자료가 되는 사항을 기재하는 데 목적이 있습니다. 따라서 근로자가 자신에게 불리하다고 판단하여 청구하지 아니한 사항을 사용자가 임의로 기재해서는 안 됩니다.

(4) 계약 서류의 보존(법 제42조)

① 사용자는 근로자 명부와 근로계약에 관한 중요한 서류를 3년간 보존하여야 한다.
② 근로자 명부에는 고용노동부령으로 정하는 바에 따라 다음의 사항을 적어야 한다(시행령 제20조). 필기 출제 20년

- 성 명
- 성 별
- 생년월일
- 주 소
- 이 력
- 종사하는 업무의 종류
- 고용 또는 고용갱신 연월일, 계약기간을 정한 경우에는 그 기간, 그 밖의 고용에 관한 사항
- 해고, 퇴직 또는 사망한 경우에는 그 연월일과 사유
- 그 밖에 필요한 사항

이렇게 출제된다! **1차 기출 OX**
Q '퇴직금 중간정산에 관한 증명서류'는 근로기준법령상 근로계약에 관한 중요한 서류로 명시된 서류이다?
A (×) '퇴직금 중간정산에 관한 증명서류'는 「근로기준법」이 아닌 「근로자퇴직급여 보장법」에 따른 보존서류에 해당한다.

③ 근로계약에 관한 중요한 서류는 다음의 서류를 말한다(시행령 제22조 제1항).

필기 출제 22년 기출

- 근로계약서
- 임금대장
- 임금의 결정·지급방법과 임금계산의 기초에 관한 서류
- 고용·해고·퇴직에 관한 서류
- 승급·감급에 관한 서류
- 휴가에 관한 서류
- 탄력적 근로시간제, 선택적 근로시간제, 근로시간 연장, 대체휴일, 보상휴가제, 근로시간 계산의 특례, 근로시간 및 휴게시간의 특례, 유급휴가의 대체에 관한 서면 합의 서류
- 연소자의 증명에 관한 서류

02절 주요 내용

1 임금

(1) 임금의 의의(법 제2조 제1항 제5호)

"임금"이란 사용자가 근로의 대가로 근로자에게 임금, 봉급, 그 밖에 어떠한 명칭으로든지 지급하는 모든 금품을 말한다.

(2) 평균임금과 통상임금

① 평균임금과 통상임금의 비교(법 제2조 및 시행령 제6조)

필기 출제 20, 19, 17, 14, 13, 12, 10, 07년 기출

평균임금	• 평균임금을 산정하여야 할 사유가 발생한 날 이전 3개월 동안에 그 근로자에게 지급된 임금의 총액을 그 기간의 총일수로 나눈 금액 • 퇴직급여, 휴업수당, 연차유급휴가수당(취업규칙에 따름), 재해보상 및 산업재해보상보험급여, 제재로서의 감급, 구직급여 등의 산정기초
통상임금	• 근로자에게 정기적·일률적으로 소정근로 또는 총근로에 대하여 지급하기로 정한 시간급 금액, 일급 금액, 주급 금액, 월급 금액 또는 도급 금액 • 해고예고수당, 연장·야간·휴일근로수당, 연차유급휴가수당(취업규칙에 따름), 출산전후휴가 급여 등의 산정기초

② 평균임금의 계산에서 제외되는 기간과 임금(시행령 제2조) **필기 출제** 19, 15, 05년 기출

평균임금 산정기간 중에 다음의 어느 하나에 해당하는 기간이 있는 경우에는 그 기간과 그 기간 중에 지급된 임금은 평균임금 산정기준이 되는 기간과 임금의 총액에서 각각 뺀다.

이렇게 출제된다! **1차 기출 OX**
Q 휴업수당은 근로기준법상 평균임금에 의해 계산된다?
A (○)

- 근로계약을 체결하고 수습 중에 있는 근로자가 수습을 시작한 날부터 3개월 이내의 기간
- 사용자의 귀책사유로 휴업한 기간
- 출산전후휴가 및 유산·사산 휴가 기간
- 업무상 부상 또는 질병으로 요양하기 위하여 휴업한 기간
- 「남녀고용평등과 일·가정 양립 지원에 관한 법률」에 따른 육아휴직 기간
- 「노동조합 및 노동관계조정법」에 따른 쟁의행위기간
- 「병역법」, 「예비군법」 또는 「민방위기본법」에 따른 의무를 이행하기 위하여 휴직하거나 근로하지 못한 기간(단, 그 기간 중 임금을 지급받은 경우는 평균임금의 계산에 포함)
- 업무 외 부상이나 질병, 그 밖의 사유로 사용자의 승인을 받아 휴업한 기간

> **이렇게 출제된다! 1차 기출 OX**
> **Q** 병역의무 이행을 위하여 유급으로 휴직한 기간은 근로기준법령상 평균임금의 계산에서 제외된다?
> **A** (×) 그 기간 중 임금을 지급받은 경우는 평균임금의 계산에 포함된다.

(3) 임금 지급

① **임금 지급의 원칙(법 제43조)** [필기 출제] 17, 14, 12, 10, 07, 04년 기출

통화불·직접불·전액불	임금은 통화로 직접 근로자에게 그 전액을 지급하여야 한다. 다만, 법령 또는 단체협약에 특별한 규정이 있는 경우에는 임금의 일부를 공제하거나 통화 이외의 것으로 지급할 수 있다.
매월 1회 이상 정기불	임금은 매월 1회 이상 일정한 날짜를 정하여 지급하여야 한다. 다만, 임시로 지급하는 임금, 수당, 그 밖에 이에 준하는 것 또는 대통령령으로 정하는 임금에 대하여는 그러하지 아니하다.

> **이렇게 출제된다! 1차 기출 OX**
> **Q** 근로기준법상 임금 지급의 원칙으로 '통화불의 원칙', '직접불의 원칙', '정액불의 원칙'이 있다?
> **A** (×) '정액불의 원칙'이 아닌 '전액불의 원칙'이 옳다.

② **도급 사업에 대한 임금 지급(법 제44조)** [필기 출제] 13년 기출

사업이 한 차례 이상의 도급에 따라 행하여지는 경우에 하수급인이 직상 수급인의 귀책사유로 근로자에게 임금을 지급하지 못한 경우에는 그 직상 수급인은 그 하수급인과 연대하여 책임을 진다.

③ **비상시 지급(법 제45조 및 시행령 제25조)** [필기 출제] 19, 16, 13, 11, 09년 기출

사용자는 근로자나 그의 수입으로 생계를 유지하는 자가 다음의 어느 하나에 해당하게 되는 경우 근로자가 임금 지급을 청구하면 지급기일 전이라도 이미 제공한 근로에 대한 임금을 지급하여야 한다.

- 출산하거나 질병에 걸리거나 재해를 당한 경우
- 혼인 또는 사망한 경우
- 부득이한 사유로 1주 이상 귀향하게 되는 경우

> **쌤의 비법노트**
> 「근로기준법」에 따른 임금의 비상시 지급은 "이미 제공한 근로에 대한 임금"을 지급하는 것이지 "향후 제공할 근로에 대한 임금"을 지급하는 것이 아닙니다.

④ **휴업수당(법 제46조)** [필기 출제] 21, 20, 17, 11년 기출

사용자의 귀책사유로 휴업하는 경우에 사용자는 휴업기간 동안 그 근로자에게 평균임금의 100분의 70 이상의 휴업수당을 지급하여야 한다. 다만, 부득이한 사유로 사업을 계속하는 것이 불가능하여 노동위원회의 승인을 받은 경우에는 기준에 못 미치는 휴업수당을 지급할 수 있다.

⑤ **임금의 시효(법 제49조)** [필기 출제] 21, 18, 14, 12, 10, 07, 04년 기출

이 법에 따른 임금채권은 3년간 행사하지 아니하면 시효로 소멸한다.

2 근로시간

(1) 기준근로시간(법 제50조)

① 1주간의 근로시간은 휴게시간을 제외하고 40시간을 초과할 수 없다.
② 1일의 근로시간은 휴게시간을 제외하고 8시간을 초과할 수 없다.
③ 근로시간을 산정하는 경우 작업을 위하여 근로자가 사용자의 지휘·감독 아래에 있는 대기시간 등은 근로시간으로 본다.

(2) 탄력적 근로시간제와 선택적 근로시간제(법 제51조 내지 제52조)

① 탄력적 근로시간제 [필기 출제] 05, 03년 기출

3개월 이내의 탄력적 근로시간제	사용자는 취업규칙에서 정하는 바에 따라 2주 이내의 일정한 단위기간을 평균하여 1주간의 근로시간이 기준근로시간을 초과하지 아니하는 범위에서 근로시간을 초과하여 근로하게 할 수 있다. 다만, 특정한 주의 근로시간은 48시간을 초과할 수 없다.
3개월을 초과하는 탄력적 근로시간제	사용자는 근로자대표와의 서면 합의에 따라 3개월을 초과하고 6개월 이내의 단위기간을 평균하여 1주간의 근로시간이 기준근로시간을 초과하지 아니하는 범위에서 근로시간을 초과하여 근로하게 할 수 있다. 다만, 특정한 주의 근로시간은 52시간을, 특정한 날의 근로시간은 12시간을 초과할 수 없다.

② 선택적 근로시간제 [필기 출제] 15, 08, 03년 기출

사용자는 취업규칙에 따라 업무의 시작 및 종료 시각을 근로자의 결정에 맡기기로 한 근로자에 대하여 근로자대표와의 서면 합의에 따라 1개월(신상품 또는 신기술의 연구개발 업무의 경우에는 3개월로 한다) 이내의 정산기간을 평균하여 1주간의 근로시간이 휴게시간을 제외하고 40시간을 초과하지 아니하는 범위에서 1주간에 40시간을, 1일에 8시간을 초과하여 근로하게 할 수 있다.

(3) 연장 근로의 제한(법 제53조)

당사자 간에 합의하면 1주간에 12시간을 한도로 기준근로시간을 연장할 수 있다.

3 휴 식

(1) 휴게(법 제54조) [필기 출제] 16, 10년 기출

사용자는 근로시간이 4시간인 경우에는 30분 이상, 8시간인 경우에는 1시간 이상의 휴게시간을 근로시간 도중에 주어야 한다.

(2) 휴일(법 제55조 및 시행령 제30조)

① 사용자는 근로자에게 1주에 평균 1회 이상의 유급휴일을 보장하여야 한다.
② 유급휴일은 1주 동안의 소정근로일을 개근한 자에게 주어야 한다.

쌤의 비법노트

탄력적 근로시간제는 원칙적으로 15세 이상 18세 미만의 근로자와 임신 중인 여성 근로자에 대해서는 적용하지 않습니다.

쌤의 비법노트

선택적 근로시간제는 15세 이상 18세 미만의 근로자에 대해서는 적용하지 않지만, 임신 중인 여성 근로자에 대해서는 별도의 제한 규정을 두고 있지 않습니다. 다만, 임신 중인 여성 근로자에게 시간외근로를 하게 하여서는 안 된다는 임산부의 보호에 관한 규정(법 제74조 제5항)은 그대로 적용됩니다.

이렇게 출제된다! 1차 기출 OX

Q 사용자는 근로시간이 4시간인 경우에는 30분 이상, 8시간인 경우에는 1시간 이상의 휴게시간을 근로시간 이후에 주어야 한다?

A (×) 근로시간 도중에 주어야 한다.

(3) 연장·야간 및 휴일 근로(법 제56조) `필기` `출제` 20, 19년 기출

① 사용자는 연장근로에 대하여는 통상임금의 100분의 50 이상을 가산하여 근로자에게 지급하여야 한다.

② 사용자는 휴일근로에 대하여는 다음의 기준에 따른 금액 이상을 가산하여 근로자에게 지급하여야 한다.

> • 8시간 이내의 휴일근로 : 통상임금의 100분의 50
> • 8시간을 초과한 휴일근로 : 통상임금의 100분의 100

③ 사용자는 야간근로(오후 10시부터 다음 날 오전 6시 사이의 근로)에 대하여는 통상임금의 100분의 50 이상을 가산하여 근로자에게 지급하여야 한다.

(4) 연차 유급휴가(법 제60조)

① 사용자는 1년간 80% 이상 출근한 근로자에게 15일의 유급휴가를 주어야 한다.

② 연차 유급휴가는 1년간 행사하지 아니하면 소멸된다. 다만, 사용자의 귀책사유로 사용하지 못한 경우에는 그러하지 아니하다.

더 알아보기

1. 근로시간 및 휴게시간의 특례(근로기준법 제59조 제1항) `필기` `출제` 21년 기출

다음의 어느 하나에 해당하는 사업에 대하여 사용자가 근로자대표와 서면으로 합의한 경우에는 주 12시간을 초과하여 연장근로를 하게 하거나 휴게시간을 변경할 수 있다.

> • 육상운송 및 파이프라인 운송업(단, 「여객자동차 운수사업법」에 따른 노선(路線) 여객자동차운송사업은 제외)
> • 수상운송업
> • 항공운송업
> • 기타 운송관련 서비스업
> • 보건업

2. 근로시간, 휴게 및 휴일에 관한 규정의 적용 제외(근로기준법 제63조 및 시행령 제34조)

`필기` `출제` 14, 12년 기출

근로시간, 휴게와 휴일에 관한 규정은 다음의 어느 하나에 해당하는 근로자에 대하여는 적용하지 아니한다.

> • 토지의 경작·개간, 식물의 식재·재배·채취 사업, 그 밖의 농림 사업
> • 동물의 사육, 수산 동식물의 채취·포획·양식 사업, 그 밖의 축산, 양잠, 수산 사업
> • 감시 또는 단속적으로 근로에 종사하는 사람으로서 사용자가 고용노동부장관의 승인을 받은 사람
> • 사업의 종류에 관계없이 관리·감독 업무 또는 기밀을 취급하는 업무에 종사하는 근로자

이렇게 출제된다! 1차 기출 OX

Q 노선(路線) 여객자동차운송사업은 근로기준법령상 근로시간 및 휴게시간의 특례사업에 해당하지 않는다?

A (○)

쌤의 비법노트

"기밀을 취급하는 업무에 종사하는 근로자"라고 해서 반드시 회사의 기밀서류를 취급하는 사람을 가리키는 것은 아닙니다. 그 직무가 관리직·감독직 지위에 있는 사람의 활동과 일체불가분의 관계에 있으면서 출·퇴근 등에 엄격한 제한을 받지 않는 사람을 포괄합니다.

4 여성과 소년

(1) 최저 연령과 취직인허증(법 제64조 및 시행령 제35조) 〈필기 출제〉 18, 14, 09, 04년 기출

① 15세 미만인 사람(「초·중등교육법」에 따른 중학교에 재학 중인 18세 미만인 사람을 포함한다)은 근로자로 사용하지 못한다. 다만, 대통령령으로 정하는 기준에 따라 고용노동부장관이 발급한 취직인허증을 지닌 사람은 근로자로 사용할 수 있다.
② 취직인허증을 받을 수 있는 자는 13세 이상 15세 미만인 자로 한다. 다만, 예술공연 참가를 위한 경우에는 13세 미만인 자도 취직인허증을 받을 수 있다.
③ 취직인허증은 본인의 신청에 따라 의무교육에 지장이 없는 경우에는 직종을 지정하여서만 발행할 수 있다.
④ 취직인허증을 받으려는 자는 고용노동부령으로 정하는 바에 따라 고용노동부장관에게 신청하여야 한다.
⑤ 신청은 학교장(의무교육 대상자와 재학 중인 자로 한정한다) 및 친권자 또는 후견인의 서명을 받아 사용자가 될 자와 연명(連名)으로 하여야 한다.
⑥ 고용노동부장관은 거짓이나 그 밖의 부정한 방법으로 취직인허증을 발급받은 사람에게는 그 인허를 취소하여야 한다.

(2) 미성년자의 근로계약 및 임금청구(법 제67조 및 제68조) 〈필기 출제〉 22, 09, 05, 04년 기출

① 친권자나 후견인은 미성년자의 근로계약을 대리할 수 없다.
② 친권자, 후견인 또는 고용노동부장관은 근로계약이 미성년자에게 불리하다고 인정하는 경우에는 이를 해지할 수 있다.
③ 미성년자는 독자적으로 임금을 청구할 수 있다.

(3) 근로시간의 제한(법 제69조)

15세 이상 18세 미만인 사람의 근로시간은 1일에 7시간, 1주에 35시간을 초과하지 못한다. 다만, 당사자 사이의 합의에 따라 1일에 1시간, 1주에 5시간을 한도로 연장할 수 있다.

(4) 야간근로와 휴일근로의 제한(법 제70조) 〈필기 출제〉 22, 12, 04년 기출

① 사용자는 18세 이상의 여성을 오후 10시부터 오전 6시까지의 시간 및 휴일에 근로시키려면 그 근로자의 동의를 받아야 한다.
② 사용자는 임산부와 18세 미만자를 오후 10시부터 오전 6시까지의 시간 및 휴일에 근로시키지 못한다. 다만, 다음의 어느 하나에 해당하는 경우로서 고용노동부장관의 인가를 받으면 그러하지 아니하다.

- 18세 미만자의 동의가 있는 경우
- 산후 1년이 지나지 아니한 여성의 동의가 있는 경우
- 임신 중의 여성이 명시적으로 청구하는 경우

쌤의 비법노트

15세 미만인 자라 하더라도 고용노동부장관이 발급한 취직인허증을 소지한 자는 예외적으로 사용할 수 있습니다. 참고로 '연명(連名)'이란 두 사람 이상이 이름을 한 곳에 나란히 쓰는 것, 즉 서명·날인하는 것을 말합니다.

이렇게 출제된다! 1차 기출 OX

Q 미성년자는 독자적으로 임금을 청구할 수 없다?
A (×) 청구할 수 있다.

쌤의 비법노트

2018년 3월 20일 법 개정에 따라 2018년 7월 1일부로 연소자의 1주간 근로시간 한도가 기존 40시간에서 35시간으로 축소되었습니다.

(5) 시간외근로(법 제71조)

사용자는 산후 1년이 지나지 아니한 여성에 대하여는 단체협약이 있는 경우라도 1일에 2시간, 1주에 6시간, 1년에 150시간을 초과하는 시간외근로를 시키지 못한다.

(6) 갱내근로의 금지(법 제72조)

사용자는 여성과 18세 미만인 사람을 갱내(坑內)에서 근로시키지 못한다. 다만, 보건·의료, 보도·취재 등 대통령령으로 정하는 업무를 수행하기 위하여 일시적으로 필요한 경우에는 그러하지 아니하다.

(7) 생리휴가(법 제73조) 필기 출제 22, 18, 15, 12, 05년 기출

사용자는 여성 근로자가 청구하면 월 1일의 생리휴가를 주어야 한다.

(8) 임산부의 보호(법 제74조) 필기 출제 19, 15, 13, 10년 기출

① 사용자는 임신 중의 여성에게 출산 전과 출산 후를 통하여 90일(미숙아를 출산한 경우에는 100일, 한 번에 둘 이상 자녀를 임신한 경우에는 120일)의 출산전후휴가를 주어야 한다. 이 경우 휴가 기간의 배정은 출산 후에 45일(한 번에 둘 이상 자녀를 임신한 경우에는 60일) 이상이 되어야 한다.

② 사용자는 임신 중인 여성 근로자가 유산의 경험 등 대통령령으로 정하는 사유로 휴가를 청구하는 경우 출산 전 어느 때라도 휴가를 나누어 사용할 수 있도록 하여야 한다.

③ 사용자는 임신 중인 여성이 유산 또는 사산한 경우로서 그 근로자가 청구하면 대통령령으로 정하는 바에 따라 유산·사산 휴가를 주어야 한다. 다만, 인공 임신중절 수술(「모자보건법」에 따라 인공 임신중절 수술이 허용된 경우는 제외)에 따른 유산의 경우는 그러하지 아니하다.

④ ①부터 ③까지의 규정에 따른 휴가 중 최초 60일(한 번에 둘 이상 자녀를 임신한 경우에는 75일)은 유급으로 한다. 다만, 「남녀고용평등과 일·가정 양립 지원에 관한 법률」에 따라 출산전후휴가 급여 등이 지급된 경우에는 그 금액의 한도에서 지급의 책임을 면한다.

⑤ 사용자는 임신 중의 여성 근로자에게 시간외근로를 하게 하여서는 아니 되며, 그 근로자의 요구가 있는 경우에는 쉬운 종류의 근로로 전환하여야 한다.

⑥ 사업주는 출산전후휴가 종료 후에는 휴가 전과 동일한 업무 또는 동등한 수준의 임금을 지급하는 직무에 복귀시켜야 한다.

⑦ 사용자는 임신 후 12주 이내 또는 32주 이후에 있는 여성 근로자(유산, 조산 등 위험이 있는 여성 근로자의 경우 임신 전 기간)가 1일 2시간의 근로시간 단축을 신청하는 경우 이를 허용하여야 한다.

⑧ 사용자는 임신 중인 여성 근로자가 1일 소정근로시간을 유지하면서 업무의 시작 및 종료 시각의 변경을 신청하는 경우 원칙적으로 이를 허용하여야 한다.

쌤의 비법노트

생리휴가에 관한 규정은 「남녀고용평등과 일·가정 양립 지원에 관한 법률」이 아닌 「근로기준법」에 명시되어 있습니다. 참고로 생리휴가는 과거 유급이었으나 2003년 9월 15일 법 개정에 따라 무급화되었습니다.

쌤의 비법노트

본인이나 배우자가 우생학적 또는 유전학적 정신장애나 신체질환이 있는 경우, 전염성 질환이 있는 경우, 강간 또는 준강간에 의하여 임신된 경우, 법률상 혼인할 수 없는 혈족 또는 인척 간에 임신된 경우, 모체의 건강을 심각하게 해치고 있거나 해칠 우려가 있는 경우 등 인공 임신중절 수술이 허용된 경우에는 유산·사산 휴가를 주도록 하고 있습니다.

03절 기타 사항

1 재해보상

(1) 재해보상의 유형 〔필기 출제〕 11년 기출

요양보상 (법 제78조)	근로자가 업무상 부상 또는 질병에 걸리면 사용자는 그 비용으로 필요한 요양을 행하거나 필요한 요양비를 부담하여야 한다.
휴업보상 (법 제79조)	사용자는 요양 중에 있는 근로자에게 그 근로자의 요양 중 평균임금의 100분의 60의 휴업보상을 하여야 한다.
장해보상 (법 제80조)	근로자가 업무상 부상 또는 질병에 걸리고, 완치된 후 신체에 장해가 있으면 사용자는 그 장해 정도에 따라 평균임금에 등급별 재해보상 일수를 곱한 금액의 장해보상을 하여야 한다.
유족보상 (법 제82조)	근로자가 업무상 사망한 경우에는 사용자는 근로자가 사망한 후 지체 없이 그 유족에게 평균임금 1,000일분의 유족보상을 하여야 한다.
장례비 (법 제83조)	근로자가 업무상 사망한 경우에는 사용자는 근로자가 사망한 후 지체 없이 평균임금 90일분의 장례비를 지급하여야 한다.

> **쌤의 비법노트**
> 근로자가 업무상 재해로 발생한 손실에 대해 근로기준법상 사업주나 산업재해보상보험법상 근로복지공단에 재해보상이나 보험급여를 청구할 수 있으나, 원칙적으로 이중보상청구는 허용되지 않습니다.

(2) 일시보상과 분할보상

일시보상 (법 제84조)	요양보상을 받는 근로자가 요양을 시작한 지 2년이 지나도 부상 또는 질병이 완치되지 아니하는 경우에는 사용자는 그 근로자에게 평균임금 1,340일분의 일시보상을 하여 그 후의 이 법에 따른 모든 보상책임을 면할 수 있다.
분할보상 (법 제85조)	사용자는 지급 능력이 있는 것을 증명하고 보상을 받는 사람의 동의를 받으면 장해보상, 유족보상 또는 일시보상에 따른 보상금을 1년에 걸쳐 분할보상을 할 수 있다.

(3) 법적 효력

① 보상 청구권(법 제86조)

보상을 받을 권리는 퇴직으로 인하여 변경되지 아니하고, 양도나 압류하지 못한다.

② 다른 손해배상과의 관계(법 제87조) 〔필기 출제〕 16년 기출

보상을 받게 될 사람이 동일한 사유에 대하여 「민법」이나 그 밖의 법령에 따라 이 법의 재해보상에 상당한 금품을 받으면 그 가액(價額)의 한도에서 사용자는 보상의 책임을 면한다.

③ 시효(법 제92조)

이 법의 규정에 따른 재해보상 청구권은 3년간 행사하지 아니하면 시효로 소멸한다.

> **쌤의 비법노트**
> 임금 청구권과 마찬가지로 재해보상 청구권의 소멸시효 또한 '3년'입니다.

2 취업규칙

(1) 취업규칙의 작성·신고·변경

① 취업규칙의 작성·신고(법 제93조) 필기 출제 20, 17, 14, 12, 10, 09년 기출

상시 10명 이상의 근로자를 사용하는 사용자는 다음의 사항에 관한 취업규칙을 작성하여 고용노동부장관에게 신고하여야 한다. 이를 변경하는 경우에도 또한 같다.

- 업무의 시작과 종료 시각, 휴게시간, 휴일, 휴가 및 교대 근로에 관한 사항
- 임금의 결정·계산·지급 방법, 임금의 산정기간·지급시기 및 승급에 관한 사항
- 가족수당의 계산·지급 방법에 관한 사항
- 퇴직에 관한 사항
- 「근로자퇴직급여 보장법」에 따라 설정된 퇴직급여, 상여 및 최저임금에 관한 사항
- 근로자의 식비, 작업 용품 등의 부담에 관한 사항
- 근로자를 위한 교육시설에 관한 사항
- 출산전후휴가·육아휴직 등 근로자의 모성 보호 및 일·가정 양립 지원에 관한 사항
- 안전과 보건에 관한 사항
- 근로자의 성별·연령 또는 신체적 조건 등의 특성에 따른 사업장 환경의 개선에 관한 사항
- 업무상과 업무 외의 재해부조에 관한 사항
- 직장 내 괴롭힘의 예방 및 발생 시 조치 등에 관한 사항
- 표창과 제재에 관한 사항
- 그 밖에 해당 사업 또는 사업장의 근로자 전체에 적용될 사항

② 취업규칙의 작성, 변경 절차(법 제94조) 필기 출제 21, 17, 15, 11, 10, 08, 06, 03년 기출

㉠ 사용자는 취업규칙의 작성 또는 변경에 관하여 해당 사업 또는 사업장에 근로자의 과반수로 조직된 노동조합이 있는 경우에는 그 노동조합, 근로자의 과반수로 조직된 노동조합이 없는 경우에는 근로자의 과반수의 의견을 들어야 한다. 다만, 취업규칙을 근로자에게 불리하게 변경하는 경우에는 그 동의를 받아야 한다.

㉡ 사용자는 취업규칙을 신고할 때에는 근로자의 과반수로 조직된 노동조합 또는 근로자의 과반수로 조직된 노동조합이 없는 경우에는 근로자 과반수의 의견을 적은 서면을 첨부하여야 한다.

(2) 제재 규정의 제한(법 제95조) 필기 출제 17, 13년 기출

취업규칙에서 근로자에 대하여 감급(減給)의 제재를 정할 경우에 그 감액은 1회의 금액이 평균임금의 1일분의 2분의 1을, 총액이 1임금지급기의 임금 총액의 10분의 1을 초과하지 못한다.

(3) 단체협약의 준수(법 제96조)

① 취업규칙은 법령이나 해당 사업 또는 사업장에 대하여 적용되는 단체협약과 어긋나서는 아니 된다.
② 고용노동부장관은 법령이나 단체협약에 어긋나는 취업규칙의 변경을 명할 수 있다.

이렇게 출제된다! 1차 기출 OX

Q 취업규칙의 기재사항에 '근로자의 식비 부담'에 관한 사항이 포함된다?

A (○)

이렇게 출제된다! 1차 기출 OX

Q 사용자는 취업규칙의 작성 시 해당 사업장에 근로자의 과반수로 조직된 노동조합이 있는 경우에는 그 노동조합의 동의를 받아야 한다?

A (×) 그 노동조합의 의견을 들어야 한다.

쌤의 비법노트

감급(減給)은 감봉을 의미하는 것으로, 근로자가 실제로 제공한 근로의 대가를 수령하여야 할 임금액에서 일정액을 공제하는 사용자의 징계조치를 말합니다.

이렇게 출제된다! 1차 기출 OX

Q 근로계약의 일부내용이 근로기준법의 기준에 미달하는 경우 미달한 부분의 근로계약만 무효이다?

A (○)

(4) 위반의 효력(법 제97조) 필기 출제 16, 10, 09년 기출

취업규칙에서 정한 기준에 미달하는 근로조건을 정한 근로계약은 그 부분에 관하여는 무효로 한다. 이 경우 무효로 된 부분은 취업규칙에 정한 기준에 따른다.

3 근로감독관

(1) 근로감독관의 권한(법 제101조 및 제102조) 필기 출제 13년 기출

① 근로조건의 기준을 확보하기 위하여 고용노동부와 그 소속 기관에 근로감독관을 둔다.
② 근로감독관은 사업장, 기숙사, 그 밖의 부속 건물을 현장조사하고 장부와 서류의 제출을 요구할 수 있으며 사용자와 근로자에 대하여 심문할 수 있다.
③ 의사인 근로감독관이나 근로감독관의 위촉을 받은 의사는 취업을 금지하여야 할 질병에 걸릴 의심이 있는 근로자에 대하여 검진할 수 있다.
④ 근로감독관은 이 법이나 그 밖의 노동 관계 법령 위반의 죄에 관하여 「사법경찰관리의 직무를 행할 자와 그 직무범위에 관한 법률」에서 정하는 바에 따라 사법경찰관의 직무를 수행한다.

쌤의 비법노트

사업장에 대한 현장조사, 서류의 제출, 심문 등의 수사는 검사와 근로감독관이 전담하며, 일반사법경찰관은 그에 관한 수사권이 없습니다. 그러나 근로감독관이 직무를 수행하면서 저지른 범죄(예 뇌물수수 등)에 대해서는 근로기준법 위반 사건에 대한 수사 권한과 별개로 일반사법경찰관이 수사권을 행사할 수 있습니다.

(2) 사법경찰권 행사자의 제한(법 제105조) 필기 출제 19년 기출

근로기준법이나 그 밖의 노동 관계 법령에 따른 현장조사, 서류의 제출, 심문 등의 수사는 검사와 근로감독관이 전담하여 수행한다. 다만, 근로감독관의 직무에 관한 범죄의 수사는 그러하지 아니하다.

CHAPTER 02 출제 유형 알아보기

제5과목 고용노동관계법규(Ⅰ)

01절 개요

01 다음 중 근로기준법상 용어의 정의로 옳지 않은 것은?

① "근로"란 정신노동과 육체노동을 말한다.
② "근로계약"이란 근로자가 사용자에게 근로를 제공하고 사용자는 이에 대하여 임금을 지급하는 것을 목적으로 체결된 계약을 말한다.
③ "단시간근로자"란 1일의 소정근로시간이 통상근로자의 1일의 소정근로시간에 비하여 짧은 근로자를 말한다.
④ "사용자"란 사업주 또는 사업 경영 담당자, 그 밖에 근로자에 관한 사항에 대하여 사업주를 위하여 행위하는 자를 말한다.

> **해설**
> ③ "단시간근로자"란 1주 동안의 소정근로시간이 그 사업장에서 같은 종류의 업무에 종사하는 통상근로자의 1주 동안의 소정근로시간에 비하여 짧은 근로자를 말한다(근로기준법 제2조 제1항 제9호).

02 다음 중 근로기준법의 기본원리에 대한 설명으로 옳지 않은 것은?

① 근로조건은 근로자와 사용자가 동등한 지위에서 자유의사에 따라 결정하여야 한다.
② 사용자는 근로자가 근로시간 중에 공민권 행사를 위하여 필요한 시간을 청구하면 거부하지 못한다.
③ 사용자는 사고의 발생이나 그 밖의 어떠한 이유로도 근로자에게 폭행을 하지 못한다.
④ 이 법에서 정하는 근로조건은 최고기준이므로 근로 관계 당사자는 이 기준을 이유로 근로조건을 낮출 수 있다.

> **해설**
> ④ 이 법에서 정하는 근로조건은 최저기준이므로 근로 관계 당사자는 이 기준을 이유로 근로조건을 낮출 수 없다(근로기준법 제3조).
> ① 근로조건의 노사대등 결정(동법 제4조)
> ② 공민권 행사의 보장(동법 제10조)
> ③ 폭행의 금지(동법 제8조)

정답 01 ③ 02 ④

03 다음 중 근로기준법령상 상시 4명 이하의 근로자를 사용하는 사업 또는 사업장에 적용하는 법 규정을 올바르게 모두 고른 것은?

> ㄱ. 근로기준법 제9조(중간착취의 배제)
> ㄴ. 근로기준법 제18조(단시간근로자의 근로조건)
> ㄷ. 근로기준법 제21조(전차금 상계의 금지)
> ㄹ. 근로기준법 제60조(연차 유급휴가)
> ㅁ. 근로기준법 제72조(갱내근로의 금지)

① ㄱ, ㄴ, ㄷ, ㅁ
② ㄱ, ㄷ, ㄹ
③ ㄴ, ㄹ
④ ㄷ, ㅁ

해설
ㄹ. 연차 유급휴가에 관한 규정(법 제60조)은 상시 4명 이하의 근로자를 사용하는 사업 또는 사업장에 적용하지 않는다(근로기준법 시행령 제7조 및 별표1 참조).

04 다음 중 근로기준법령상 근로계약을 체결할 때 사용자가 근로자에게 반드시 서면으로 명시하여 교부해야 하는 사항에 해당하지 않는 것은?

① 임금의 구성항목·계산방법·지급방법
② 소정근로시간
③ 연차 유급휴가
④ 취업의 장소

해설
근로계약 체결 시 서면으로 명시하여 교부해야 하는 사항(근로기준법 제17조 제2항 참조)
- 임금(구성항목·계산방법·지급방법)
- 소정근로시간
- 휴일(주휴일)
- 연차 유급휴가

05 다음 중 근로기준법의 내용에 대한 설명으로 옳은 것은?

① 명시된 근로조건이 사실과 다를 경우에 근로자는 근로조건 위반을 이유로 1개월의 기간을 정하여 근로계약을 해제할 수 있다.
② 사용자는 근로계약에 덧붙여 저축금의 관리를 규정하는 계약을 체결할 수 있다.
③ 사용자는 전차금이나 그 밖에 근로할 것을 조건으로 하는 전대채권과 임금을 상계하지 못한다.
④ 근로계약 불이행에 대한 위약금을 예정하는 계약을 체결한 경우 사용자는 근로자의 근로계약 불이행이 있으면 약정된 위약금을 청구할 수 있다.

> **해설**
>
> ③ 근로기준법 제21조
> ① 명시된 근로조건이 사실과 다를 경우에 근로자는 근로조건 위반을 이유로 손해의 배상을 청구할 수 있으며 즉시 근로계약을 해제할 수 있다(동법 제19조 제1항).
> ② 사용자는 근로계약에 덧붙여 강제 저축 또는 저축금의 관리를 규정하는 계약을 체결하지 못한다(동법 제22조 제1항).
> ④ 사용자는 근로계약 불이행에 대한 위약금 또는 손해배상액을 예정하는 계약을 체결하지 못한다(동법 제20조).

06 다음 중 근로기준법상 경영상 이유에 의한 해고의 제한 요건으로 옳지 않은 것은?

① 긴박한 경영상의 필요가 있어야 한다.
② 경영 악화를 방지하기 위한 사업의 양도·인수·합병은 긴박한 경영상의 필요가 있는 것으로 본다.
③ 해고 전 근로자대표의 사전 동의가 있어야 한다.
④ 대통령령으로 정하는 일정한 규모 이상의 인원을 해고하려면 고용노동부장관에게 신고하여야 한다.

> **해설**
>
> ③ 사용자는 해고를 피하기 위한 방법과 해고의 기준 등에 관하여 그 사업 또는 사업장에 근로자의 과반수로 조직된 노동조합이 있는 경우에는 그 노동조합(근로자의 과반수로 조직된 노동조합이 없는 경우에는 근로자의 과반수를 대표하는 자를 말함)에 해고를 하려는 날의 50일 전까지 통보하고 성실하게 협의하여야 한다(근로기준법 제24조 제3항).

정답 05 ③ 06 ③

07 다음 중 근로기준법령상 이행강제금에 대한 설명으로 옳지 않은 것은?

① 노동위원회는 구제명령을 받은 후 이행기한까지 구제명령을 이행하지 아니한 사용자에게 3천만원 이하의 이행강제금을 부과한다.
② 노동위원회는 이행강제금을 부과하기 30일 전까지 이행강제금을 부과·징수한다는 뜻을 사용자에게 미리 문서로써 알려 주어야 한다.
③ 근로자는 구제명령을 받은 사용자가 이행기한까지 구제명령을 이행하지 아니하면 이행기한이 지난 때부터 30일 이내에 그 사실을 노동위원회에 알려줄 수 있다.
④ 노동위원회는 이행강제금 납부의무자가 납부기한까지 이행강제금을 내지 아니하면 기간을 정하여 독촉을 하고 지정된 기간에 이행강제금을 내지 아니하면 국세 체납처분의 예에 따라 징수할 수 있다.

해설

③ 근로자는 구제명령을 받은 사용자가 이행기한까지 구제명령을 이행하지 아니하면 이행기한이 지난 때부터 15일 이내에 그 사실을 노동위원회에 알려줄 수 있다(근로기준법 제33조 제8항).

08 다음 중 근로기준법상 1순위로 변제되어야 하는 채권은?

① 최종 3개월분의 임금
② 우선권이 없는 조세·공과금
③ 질권·저당권에 의해 담보된 채권
④ 최종 3개월분의 임금을 제외한 임금채권 전액

해설

근로기준법상 임금채권과 다른 채권의 우선순위(근로기준법 제38조 참조)
• 최종 3개월분의 임금 및 재해보상금(최우선변제)(①)
• 질권·저당권 또는 담보권에 우선하는 조세·공과금
• 질권·저당권 또는 담보권에 따라 담보된 채권(③)
• 최종 3개월분의 임금을 제외한 임금 및 기타 근로관계로 인한 채권(④)
• 그 밖에 우선권이 없는 조세·공과금 및 다른 채권(②)

09 다음 중 보기의 빈칸에 들어갈 내용을 순서대로 올바르게 나열한 것은?

> 사용자는 근로자가 퇴직한 후라도 사용 기간, 업무 종류, 지위와 임금, 그 밖에 필요한 사항에 관한 증명서를 청구하면 사실대로 적은 사용증명서를 즉시 내주어야 한다. 사용증명서를 청구할 수 있는 자는 계속하여 (ㄱ) 이상 근무한 근로자로 하되, 청구할 수 있는 기한은 퇴직 후 (ㄴ) 이내로 한다.

① ㄱ : 30일, ㄴ : 3년
② ㄱ : 60일, ㄴ : 3년
③ ㄱ : 90일, ㄴ : 5년
④ ㄱ : 180일, ㄴ : 5년

해설

사용증명서의 청구(근로기준법 시행령 제19조)
사용증명서를 청구할 수 있는 자는 계속하여 30일 이상 근무한 근로자로 하되, 청구할 수 있는 기한은 퇴직 후 3년 이내로 한다.

02절 주요 내용

10 다음 중 근로기준법상 평균임금에 의해 계산되는 것은?

① 야간근로수당
② 연장근로수당
③ 휴일근로수당
④ 휴업수당

해설

④ 사용자의 귀책사유로 휴업하는 경우에 사용자는 휴업기간 동안 그 근로자에게 평균임금의 100분의 70 이상의 휴업수당을 지급하여야 한다(근로기준법 제46조 제1항).

11 다음 중 근로기준법상 임금 지급에 대한 설명으로 옳지 않은 것은?

① 임금은 원칙적으로 직접 근로자에게 지급하여야 한다.
② 임금은 원칙적으로 그 전액을 지급하여야 한다.
③ 임금은 원칙적으로 매월 1회 이상 일정한 날짜를 정하여 지급하여야 한다.
④ 법령 또는 단체협약에 특별한 규정이 있는 경우에는 임금의 전부를 공제하거나 통화 이외의 것으로 지급할 수 있다.

해설

④ 임금은 통화로 직접 근로자에게 그 전액을 지급하여야 한다. 다만, 법령 또는 단체협약에 특별한 규정이 있는 경우에는 임금의 일부를 공제하거나 통화 이외의 것으로 지급할 수 있다(근로기준법 제43조 제1항).

정답 09 ① 10 ④ 11 ④

12 다음 중 보기의 빈칸에 들어갈 내용으로 옳은 것은?

> 근로기준법에 따른 임금채권은 (   )간 행사하지 아니하면 시효로 소멸한다.

① 1년
② 2년
③ 3년
④ 5년

해설

임금의 시효(근로기준법 제49조)
근로기준법에 따른 임금채권은 3년간 행사하지 아니하면 시효로 소멸한다.

13 다음 중 보기의 빈칸에 들어갈 내용을 순서대로 올바르게 나열한 것은?

> 근로기준법상 야간근로는 (ㄱ)부터 다음 날 (ㄴ)까지의 근로시간을 말한다.

① ㄱ : 오후 6시, ㄴ : 오전 4시
② ㄱ : 오후 8시, ㄴ : 오전 4시
③ ㄱ : 오후 10시, ㄴ : 오전 6시
④ ㄱ : 오후 12시, ㄴ : 오전 6시

해설

야간근로(근로기준법 제56조 제3항)
사용자는 야간근로(오후 10시부터 다음 날 오전 6시 사이의 근로)에 대하여는 통상임금의 100분의 50 이상을 가산하여 근로자에게 지급하여야 한다.

14 다음 중 근로기준법의 내용으로 옳은 것은?

① 사용자는 근로시간이 8시간인 경우에는 1시간 이상의 휴게시간을 근로시간 이후에 주어야 한다.
② 사용자는 근로자에게 1주에 평균 1회 이상의 유급휴일을 보장하여야 한다.
③ 사용자는 1년간 80% 이상 출근한 근로자에게 7일의 유급휴가를 주어야 한다.
④ 연차 유급휴가는 3년간 행사하지 아니하면 소멸된다.

해설

② 근로기준법 제55조 제1항
① 사용자는 근로시간이 4시간인 경우에는 30분 이상, 8시간인 경우에는 1시간 이상의 휴게시간을 근로시간 도중에 주어야 한다(동법 제54조 제1항).
③ 사용자는 1년간 80% 이상 출근한 근로자에게 15일의 유급휴가를 주어야 한다(동법 제60조 제1항).
④ 연차 유급휴가는 1년간 행사하지 아니하면 소멸된다. 다만, 사용자의 귀책사유로 사용하지 못한 경우에는 그러하지 아니하다(동법 제60조 제7항).

15 다음 중 근로기준법상 근로시간, 휴게 및 휴일에 관한 규정이 모두 적용되지 않는 근로자는?

① 백화점 매장에서 아르바이트하는 학생
② 기밀을 취급하는 업무에 종사하는 근로자
③ 자동차 경정비센터에서 일을 배우고 있는 자
④ 자동차 판매회사의 외근사원

> **해설**
>
> **근로시간, 휴게 및 휴일에 관한 규정의 적용 제외(근로기준법 제63조 및 시행령 제34조 참조)**
> 근로시간, 휴게와 휴일에 관한 규정은 다음의 어느 하나에 해당하는 근로자에 대하여는 적용하지 아니한다.
> • 토지의 경작·개간, 식물의 식재·재배·채취 사업, 그 밖의 농림 사업
> • 동물의 사육, 수산 동식물의 채취·포획·양식 사업, 그 밖의 축산, 양잠, 수산 사업
> • 감시 또는 단속적으로 근로에 종사하는 사람으로서 사용자가 고용노동부장관의 승인을 받은 사람
> • 사업의 종류에 관계없이 관리·감독 업무 또는 기밀을 취급하는 업무에 종사하는 근로자(②)

16 다음 중 근로기준법상 임산부의 보호에 대한 설명으로 옳지 않은 것은?

① 사용자는 임신 중의 여성에게 출산 전과 출산 후를 통하여 90일(미숙아를 출산한 경우에는 100일, 한 번에 둘 이상 자녀를 임신한 경우에는 120일)의 출산전후휴가를 주어야 한다.
② 휴가 기간의 배정은 출산 후에 30일(한 번에 둘 이상 자녀를 임신한 경우에는 45일) 이상이 되어야 한다.
③ 사용자는 임신 중의 여성 근로자에게 시간외근로를 하게 하여서는 아니 되며, 그 근로자의 요구가 있는 경우에는 쉬운 종류의 근로로 전환하여야 한다.
④ 사업주는 출산전후휴가 종료 후에는 휴가 전과 동일한 업무 또는 동등한 수준의 임금을 지급하는 직무에 복귀시켜야 한다.

> **해설**
>
> **임산부의 보호(근로기준법 제74조 제1항)**
> 사용자는 임신 중의 여성에게 출산 전과 출산 후를 통하여 90일(미숙아를 출산한 경우에는 100일, 한 번에 둘 이상 자녀를 임신한 경우에는 120일)의 출산전후휴가를 주어야 한다. 이 경우 휴가 기간의 배정은 출산 후에 45일(한 번에 둘 이상 자녀를 임신한 경우에는 60일) 이상이 되어야 한다.

03절 기타 사항

17 다음 중 근로기준법상 재해보상에 대한 설명으로 옳지 않은 것은?

① 근로자가 업무상 부상 또는 질병에 걸리면 사용자는 그 비용으로 필요한 요양을 행하거나 필요한 요양비를 부담하여야 한다.
② 근로자가 업무상 사망한 경우에는 사용자는 근로자가 사망한 후 지체 없이 그 유족에게 평균임금 1,340일분의 유족보상을 하여야 한다.
③ 근로자가 업무상 사망한 경우에는 사용자는 근로자가 사망한 후 지체 없이 평균임금 90일분의 장례비를 지급하여야 한다.
④ 사용자는 지급 능력이 있는 것을 증명하고 보상을 받는 사람의 동의를 받으면 유족보상금을 1년에 걸쳐 분할보상을 할 수 있다.

> 해설
> ② 근로자가 업무상 사망한 경우에는 사용자는 근로자가 사망한 후 지체 없이 그 유족에게 평균임금 1,000일분의 유족보상을 하여야 한다(근로기준법 제82조 제1항).

18 다음 중 근로기준법상 취업규칙에 기재하여야 하는 사항에 해당하지 않는 것은?

① 업무의 시작 시각
② 임금의 산정기간
③ 근로자의 식비 부담
④ 근로계약기간

> 해설
> ④ 근로계약기간은 근로기준법상 취업규칙에 기재하여야 하는 사항에 포함되지 않는다(근로기준법 제93조 참조).

19 다음 중 근로기준법상 취업규칙에 대한 설명으로 옳은 것은?

① 상시 5명 이상의 근로자를 사용하는 사용자는 취업규칙을 작성하여 고용노동부장관에게 신고하여야 한다.
② 취업규칙에서 근로자에 대하여 감급의 제재를 정할 경우에 그 감액은 1회의 금액이 평균임금의 1일분의 2분의 1을, 총액이 1임금지급기의 임금 총액의 10분의 1을 초과하지 못한다.
③ 취업규칙은 해당 사업 또는 사업장에 대하여 적용되는 단체협약과 어긋나서는 아니 되며, 노동위원회는 단체협약에 어긋나는 취업규칙의 변경을 명할 수 있다.
④ 사용자는 취업규칙의 작성 또는 변경에 관하여 해당 사업 또는 사업장에 근로자의 과반수로 조직된 노동조합이 있는 경우에는 그 노동조합, 근로자의 과반수로 조직된 노동조합이 없는 경우에는 근로자의 과반수의 동의를 받아야 한다.

> **해설**
>
> ② 근로기준법 제95조
> ① 상시 10명 이상의 근로자를 사용하는 사용자는 취업규칙을 작성하여 고용노동부장관에게 신고하여야 한다(동법 제93조).
> ③ 취업규칙은 법령이나 해당 사업 또는 사업장에 대하여 적용되는 단체협약과 어긋나서는 아니 되며, 고용노동부장관은 법령이나 단체협약에 어긋나는 취업규칙의 변경을 명할 수 있다(동법 제96조 제1항 및 제2항).
> ④ 사용자는 취업규칙의 작성 또는 변경에 관하여 해당 사업 또는 사업장에 근로자의 과반수로 조직된 노동조합이 있는 경우에는 그 노동조합, 근로자의 과반수로 조직된 노동조합이 없는 경우에는 근로자의 과반수의 의견을 들어야 한다. 다만, 취업규칙을 근로자에게 불리하게 변경하는 경우에는 그 동의를 받아야 한다(동법 제94조 제1항).

20 다음 중 근로기준법상 근로감독관에 대한 설명으로 옳지 않은 것은?

① 근로조건의 기준을 확보하기 위하여 고용노동부와 그 소속 기관에 근로감독관을 둔다.
② 근로감독관은 사업장, 기숙사, 그 밖의 부속 건물을 현장조사하고 장부와 서류의 제출을 요구할 수 있으며 사용자와 근로자에 대하여 심문할 수 있다.
③ 의사인 근로감독관이나 근로감독관의 위촉을 받은 의사는 취업을 금지하여야 할 질병에 걸릴 의심이 있는 근로자에 대하여 검진할 수 있다.
④ 근로감독관은 이 법이나 그 밖의 노동 관계 법령 위반의 죄에 관하여 「경찰공무원법」에서 정하는 바에 따라 국가경찰의 직무를 수행한다.

> **해설**
>
> ④ 근로감독관은 이 법이나 그 밖의 노동 관계 법령 위반의 죄에 관하여 「사법경찰관리의 직무를 행할 자와 그 직무범위에 관한 법률」에서 정하는 바에 따라 사법경찰관의 직무를 수행한다(근로기준법 제102조 제5항).

정답 19 ② 20 ④

CHAPTER 02 최근 기출문제 파악하기 1차 필기

제5과목 고용노동관계법규(Ⅰ)

01 근로기준법의 기본원리와 가장 거리가 먼 것은? [2022년 1회 기출]

① 강제근로의 금지
② 근로자단결의 보장
③ 균등한 처우
④ 공민권 행사의 보장

해설

근로기준법의 기본원리
- 최저 근로조건의 보장(법 제3조)
- 근로조건의 노사대등 결정(법 제4조)
- 근로조건의 준수(법 제5조)
- 균등한 처우(법 제6조)(③)
- 강제근로의 금지(법 제7조)(①)
- 폭행의 금지(법 제8조)
- 중간착취의 배제(법 제9조)
- 공민권 행사의 보장(법 제10조)(④)

02 근로기준법령상 경영상의 이유에 의한 해고에 관한 설명으로 옳은 것은? [2021년 3회 기출]

① 사용자는 근로자대표에게 해고를 하려는 날의 60일 전까지 해고의 기준을 통보하여야 한다.
② 경영 악화를 방지하기 위한 사업의 합병은 긴박한 경영상의 필요가 있는 것으로 볼 수 없다.
③ 사용자는 근로자를 해고하려면 해고사유와 해고시기를 서면으로 통지하여야 한다.
④ 사용자는 경영상 이유에 의하여 해고된 근로자에 대하여 재취업 등 필요한 조치를 우선적으로 취하여야 한다.

해설

③ 근로기준법 제27조 제1항
① 사용자는 해고를 피하기 위한 방법과 해고의 기준 등에 관하여 그 사업 또는 사업장에 근로자의 과반수로 조직된 노동조합이 있는 경우에는 그 노동조합(근로자의 과반수로 조직된 노동조합이 없는 경우에는 근로자의 과반수를 대표하는 자를 말한다)에 해고를 하려는 날의 50일 전까지 통보하고 성실하게 협의하여야 한다(동법 제24조 제3항).
② 사용자가 경영상 이유에 의하여 근로자를 해고하려면 긴박한 경영상의 필요가 있어야 한다. 이 경우 경영 악화를 방지하기 위한 사업의 양도·인수·합병은 긴박한 경영상의 필요가 있는 것으로 본다(동법 제24조 제1항).
④ 정부는 경영상 이유에 의하여 해고된 근로자에 대하여 생계안정, 재취업, 직업훈련 등 필요한 조치를 우선적으로 취하여야 한다(동법 제25조 제2항).

01 ② 02 ③ 정답

03 근로기준법상 미성년자의 근로계약에 관한 설명으로 틀린 것은? [2022년 2회 기출]

① 원칙적으로 15세 이상 18세 미만인 사람의 근로시간은 1일에 7시간, 1주에 35시간을 초과하지 못한다.
② 미성년자는 독자적으로 임금을 청구할 수 없다.
③ 고용노동부장관은 근로계약이 미성년자에게 불리하다고 인정하는 경우에는 이를 해지할 수 있다.
④ 친권자나 후견인은 미성년자의 근로계약을 대리할 수 없다.

해설

② 미성년자는 독자적으로 임금을 청구할 수 있다(근로기준법 제68조).

04 근로기준법령상 여성의 보호에 관한 설명으로 옳은 것은? [2022년 1회 기출]

① 사용자는 임신 중의 여성이 명시적으로 청구하는 경우 고용노동부장관의 인가를 받으면 휴일에 근로를 시킬 수 있다.
② 여성은 보건 · 의료, 보도 · 취재 등의 일시적 사유가 있더라도 갱내(坑內)에서 근로를 할 수 없다.
③ 사용자는 여성 근로자가 청구하면 월 3일의 유급생리휴가를 주어야 한다.
④ 사용자는 여성을 휴일에 근로시키려면 근로자대표의 서면 동의를 받아야 한다.

해설

① 사용자는 임산부와 18세 미만자를 오후 10시부터 오전 6시까지의 시간 및 휴일에 근로시키지 못한다. 다만, 18세 미만자의 동의가 있는 경우, 산후 1년이 지나지 아니한 여성의 동의가 있는 경우, 임신 중의 여성이 명시적으로 청구하는 경우로서 고용노동부장관의 인가를 받으면 그러하지 아니하다(근로기준법 제70조 제2항).
② 사용자는 여성과 18세 미만인 사람을 갱내(坑內)에서 근로시키지 못한다. 다만, 보건 · 의료, 보도 · 취재 등 대통령령으로 정하는 업무를 수행하기 위하여 일시적으로 필요한 경우에는 그러하지 아니하다(동법 제72조).
③ 사용자는 여성 근로자가 청구하면 월 1일의 생리휴가를 주어야 한다(동법 제73조).
④ 사용자는 18세 이상의 여성을 오후 10시부터 오전 6시까지의 시간 및 휴일에 근로시키려면 그 근로자의 동의를 받아야 한다(동법 제70조 제1항).

정답 03 ② 04 ①

CHAPTER 03

제5과목 고용노동관계법규(Ⅰ)

최저임금법

 중요키워드 10　　　　　　　　　　　　　　　　　※ 중요도 높은 것에서 낮은 것 순으로

❶ 최저임금 현황
❷ 최저임금의 결정
❸ 최저임금의 적용 범위
❹ 최저임금위원회의 구성
❺ 최저임금의 효력에 관한 적용 특례
❻ 최저임금위원회의 의결
❼ 최저임금의 고시
❽ 최저임금에 대한 사용자의 주지 의무
❾ 최저임금위원회의 회의 소집
❿ 최저임금의 산입범위

 **쌤의 학습지도**

1. **출제기준 변경에 따라 새롭게 포함된 영역이에요.**

   과거 최저임금제도와 관련하여 최저임금 금액이나 최저임금 결정방법 등이 간헐적으로 출제되었는데요. 본격적으로 그 법령을 학습할 수 있는 기회가 생겼어요.

2. **최저임금제도에도 예외는 있어요.**

   동거하는 친족만을 사용하는 사업(장)과 가사 사용인, 선원과 선원을 사용하는 선박 소유자에게 적용하지 않고요. 1년 이상의 기간을 정하여 근로계약을 체결한 수습 근로자에게는 감액된 금액을 지급할 수 있어요.

3. **최저임금의 산입범위를 알아야 해요.**

   원칙상 매월 1회 이상 정기적으로 지급하는 임금을 최저임금에 산입하는데요. 최근에는 근로자의 복리후생을 위한 성질의 정기적 임금까지 최저임금에 산입하도록 개정되었어요.

4. **최저임금 결정에 관한 내용은 예전부터 출제되었어요.**

   최저임금 결정을 위해 최저임금위원회의 심의를 거친다는 점, 그 결정권자가 기획재정부장관(혹은 재정경제부장관)이 아닌 고용노동부장관이라는 점을 기억해 두세요.

5. **최저임금위원회와 전문위원회의 구성을 혼동하지 마세요.**

   최저임금위원회는 근로자위원·사용자위원·공익위원 각 9명으로 구성하는 반면, 전문위원회는 각 5명 이내의 같은 수로 구성하도록 하고 있어요.

6. **최저임금위원회의 회의 소집과 의결정족수를 암기하세요.**

   회의는 특별한 경우를 제외하고 재적위원 과반수의 출석과 출석위원 과반수의 찬성으로 의결하는데요. 이때 근로자위원과 사용자위원 각 3분의 1 이상의 출석이 있어야 해요.

7. **최저임금 지급 규정 위반에 대한 벌칙은 병과가 가능해요.**

   과거 보수성향의 단체에서 최저임금 지급 규정 위반의 벌칙에 대해 헌법소원을 내기도, 몇몇 국회의원들이 벌금만 부과하는 법안을 추진하기도 했었어요.

8. **최저임금 현황은 매년 출제되고 있어요.**

   예전에는 '3과목 직업정보론'에서 출제됐는데요. 중요한 건 어느 과목에서 출제되느냐가 아니라 그 정확한 금액이죠. 꼭 암기하세요.

CHAPTER 03 최저임금법

제5과목 고용노동관계법규(Ⅰ)

01절 개요

1 총칙

(1) 목적(법 제1조)

근로자에 대하여 임금의 최저수준을 보장하여 근로자의 생활안정과 노동력의 질적 향상을 꾀함으로써 국민경제의 건전한 발전에 이바지하는 것을 목적으로 한다.

(2) 용어의 정의(법 제2조)

이 법에서 "근로자", "사용자" 및 "임금"이란 「근로기준법」 제2조에 따른 근로자, 사용자 및 임금을 말한다.

(3) 적용 범위(법 제3조)

① 이 법은 근로자를 사용하는 모든 사업 또는 사업장에 적용한다. 다만, 동거하는 친족만을 사용하는 사업 또는 사업장과 가사 사용인에게는 적용하지 아니한다.

② 이 법은 「선원법」의 적용을 받는 선원과 선원을 사용하는 선박의 소유자에게는 적용하지 아니한다.

2 최저임금과 최저임금액

(1) 최저임금의 결정기준(법 제4조)

최저임금은 근로자의 생계비, 유사 근로자의 임금, 노동생산성 및 소득분배율 등을 고려하여 정한다. 이 경우 사업의 종류별로 구분하여 정할 수 있다.

(2) 최저임금액(법 제5조)

① 최저임금액은 시간·일(日)·주(週) 또는 월(月)을 단위로 하여 정한다. 이 경우 일·주 또는 월을 단위로 하여 최저임금액을 정할 때에는 **시간급(時間給)**으로도 표시하여야 한다.

② 1년 이상의 기간을 정하여 근로계약을 체결하고 수습 중에 있는 근로자로서 수습을 시작한 날부터 3개월 이내인 사람에 대하여는 시간급 최저임금액에서 100분의 10을 뺀 금액을 그 근로자의 시간급 최저임금액으로 한다(시행령 제3조). 다만, 단순노무업무로 고용노동부장관이 정하여 고시한 직종에 종사하는 근로자는 제외한다.

쌤의 비법노트

'CHAPTER 03 최저임금법'은 2025년 출제기준 변경에 따라 새롭게 포함된 영역입니다.

이렇게 출제된다! 적중 예상 OX

Q 외국인 근로자도 원칙상 최저임금 적용 대상이다?

A (○)

쌤의 비법노트

"단순노무업무로 고용노동부장관이 정하여 고시한 직종에 종사하는 근로자"란 한국표준직업분류상 '단순 노무 종사자'에 해당하는 사람을 말합니다. 단순 노무 종사자는 수습 중이어도 감액 적용이 불가합니다.

③ 임금이 통상적으로 도급제나 그 밖에 이와 비슷한 형태로 정하여져 있는 경우로서 ①에 따라 최저임금액을 정하는 것이 적당하지 아니하다고 인정되면 대통령령으로 정하는 바에 따라 최저임금액을 따로 정할 수 있다.

3 최저임금의 효력 및 산입범위

(1) 최저임금의 효력(법 제6조 내지 제7조)

① 사용자는 최저임금의 적용을 받는 근로자에게 최저임금액 이상의 임금을 지급하여야 한다.
② 사용자는 이 법에 따른 최저임금을 이유로 종전의 임금수준을 낮추어서는 아니 된다.
③ 최저임금의 적용을 받는 근로자와 사용자 사이의 근로계약 중 최저임금액에 미치지 못하는 금액을 임금으로 정한 부분은 무효로 하며, 이 경우 무효로 된 부분은 이 법으로 정한 최저임금액과 동일한 임금을 지급하기로 한 것으로 본다.
④ 도급으로 사업을 행하는 경우 도급인이 책임져야 할 사유로 수급인이 근로자에게 최저임금액에 미치지 못하는 임금을 지급한 경우 도급인은 해당 수급인과 연대하여 책임을 진다.
⑤ 사용자는 정신 또는 신체의 장애가 업무 수행에 직접적으로 현저한 지장을 주는 것이 명백하다고 인정되는 사람으로서 고용노동부장관의 인가를 받은 사람에 대하여는 최저임금의 적용을 제외할 수 있다(시행령 제6조).

(2) 최저임금의 산입범위(법 제6조 제4항 및 제6조의2)

① 근로기준법상 임금으로서 매월 1회 이상 정기적으로 지급하는 임금은 최저임금에 산입한다. 다만, 다음의 어느 하나에 해당하는 임금은 최저임금에 산입하지 아니한다(시행규칙 제2조).

- 연장근로 또는 휴일근로에 대한 임금 및 연장·야간 또는 휴일 근로에 대한 가산임금
- 「근로기준법」에 따른 연차 유급휴가의 미사용수당
- 유급으로 처리되는 휴일에 대한 임금(단, 「근로기준법」에 따른 주휴일은 제외)
- 그 밖에 명칭에 관계없이 위의 규정에 준하는 것으로 인정되는 임금

② 최저임금의 효력에 관한 적용 특례(부칙 제2조)에 따라 매월 1회 이상 정기적으로 지급하는 상여금 및 식비, 숙박비, 교통비 등 근로자의 생활 보조 또는 복리후생을 위한 성질의 임금은 최저임금에 전부 산입한다.
③ 사용자가 최저임금에 산입되는 임금에 포함시키기 위하여 1개월을 초과하는 주기로 지급하는 임금을 총액의 변동 없이 매월 지급하는 것으로 취업규칙을 변경하려는 경우에는 해당 사업 또는 사업장에 근로자의 과반수로 조직된 노동조합이 있는 경우에는 그 노동조합, 근로자의 과반수로 조직된 노동조합이 없는 경우에는 근로자의 과반수의 의견을 들어야 한다(→ 최저임금 산입을 위한 취업규칙 변경절차의 특례).

> **쌤의 비법노트**
>
> "유급으로 처리되는 휴일"은 공휴일이나 노사 합의에 따라 유급으로 쉬도록 정한 약정유급휴일 등을 말합니다. 이는 「근로기준법」에 따라 사용자가 근로자에게 1주에 평균 1회 이상 보장하여야 하는 유급휴일로서 주휴일과는 다릅니다.

> **이렇게 출제된다! 적중 예상 OX**
>
> **Q** 사용자가 최저임금에 산입되는 임금에 포함시키기 위하여 1개월을 초과하는 주기로 지급하는 임금을 총액의 변동 없이 매월 지급하는 것으로 취업규칙을 변경하려는 경우 근로자의 과반수(노동조합이 있으면 그 노동조합)의 동의를 받아야 한다?
>
> **A** (×) 의견을 들으면 된다.

> **Comment**
>
> 2024년 1월 1일부터 최저임금 구성항목에 시간급 외 매월 1회 이상 고정적으로 지급되는 상여금이나 식비, 숙박비, 교통비 등 근로자의 생활 보조 또는 복리후생을 위한 성질의 임금이 최저임금에 전부 산입되도록 하였습니다(부칙 제2조). 즉, 근로시간에 따른 임금에 매달 받는 상여금과 복리후생비를 100% 더한 금액을 기준으로 법정 최저임금 준수 여부를 따진다는 것입니다. 이는 문재인 정부가 "2020년 최저임금 1만원" 공약을 내세웠다가 최저임금의 급격한 인상 조치에 따른 부작용을 우려하여 제기된 최저임금 속도조절론에서 비롯된 것으로서, 실제로 2018년 6월 12일 법 개정으로 2019년부터 "매월 1회 이상 정기적으로 지급하는 임금"에 대해서는 단계적으로 최저임금에 포함되도록 한 바 있습니다. 이에 대해 노동계는 크게 반발하고 있는데, 사용자들이 산입범위 개편 이후 기본급은 낮게 유지한 채 월할 상여금과 수당을 적절히 활용하여 최저임금 위반을 피해가는 꼼수를 쓰고 있다는 것입니다.

연 도		'19년	'20년	'21년	'22년	'23년	'24년
미산입 비율	상여금	25%	20%	15%	10%	5%	0%
	복리후생비	7%	5%	3%	2%	1%	0%

02절 주요 내용

1 최저임금의 결정 및 고시

(1) 최저임금의 결정(법 제8조)

① 고용노동부장관은 매년 8월 5일까지 최저임금을 결정하여야 한다. 이 경우 고용노동부장관은 대통령령으로 정하는 바에 따라 최저임금위원회(이하 "위원회"라 한다)에 심의를 요청하고, 위원회가 심의하여 의결한 최저임금안에 따라 최저임금을 결정하여야 한다.

② 위원회는 고용노동부장관으로부터 최저임금에 관한 심의 요청을 받은 경우 이를 심의하여 최저임금안을 의결하고 심의 요청을 받은 날부터 90일 이내에 고용노동부장관에게 제출하여야 한다.

③ 고용노동부장관은 위원회가 심의하여 제출한 최저임금안에 따라 최저임금을 결정하기가 어렵다고 인정되면 20일 이내에 그 이유를 밝혀 위원회에 10일 이상의 기간을 정하여 재심의를 요청할 수 있다.

④ 고용노동부장관은 위원회가 재심의에서 재적위원 과반수의 출석과 출석위원 3분의 2 이상의 찬성으로 당초의 최저임금안을 재의결한 경우에는 그에 따라 최저임금을 결정하여야 한다.

쌤의 비법노트

최저임금의 최종 결정권자는 고용노동부장관이나, 최저임금의 실질적인 심의와 의결은 최저임금위원회에서 이루어집니다.

(2) 최저임금안에 대한 이의 제기(법 제9조)

① 고용노동부장관은 위원회로부터 최저임금안을 제출받은 때에는 대통령령으로 정하는 바에 따라 최저임금안을 고시하여야 한다.

② 근로자를 대표하는 자나 사용자를 대표하는 자는 고시된 최저임금안에 대하여 이의가 있으면 고시된 날부터 10일 이내에 대통령령으로 정하는 바에 따라 고용노동부장관에게 이의를 제기할 수 있다.

③ 고용노동부장관은 근로자를 대표하는 자나 사용자를 대표하는 자의 이의가 이유 있다고 인정되면 그 내용을 밝혀 위원회에 최저임금안의 재심의를 요청하여야 한다.

(3) 최저임금의 고시 등

① 최저임금의 고시(법 제10조)
  ㉠ 고용노동부장관은 최저임금을 결정한 때에는 지체 없이 그 내용을 고시하여야 한다.
  ㉡ 고시된 최저임금은 다음 연도 1월 1일부터 효력이 발생한다. 다만, 고용노동부장관은 사업의 종류별로 임금교섭시기 등을 고려하여 필요하다고 인정하면 효력발생시기를 따로 정할 수 있다.

② 주지 의무(법 제11조)
  ㉠ 최저임금의 적용을 받는 사용자는 해당 최저임금을 그 사업의 근로자가 쉽게 볼 수 있는 장소에 게시하거나 그 외의 적당한 방법으로 근로자에게 널리 알려야 한다.
  ㉡ 사용자가 근로자에게 주지시켜야 할 최저임금의 내용은 다음과 같다(시행령 제11조).

  - 적용을 받는 근로자의 최저임금액
  - 최저임금에 산입하지 아니하는 임금
  - 해당 사업에서 최저임금의 적용을 제외할 근로자의 범위
  - 최저임금의 효력발생 연월일

2 최저임금위원회

(1) 위원회의 설치 및 기능

① 위원회의 설치(법 제12조)
  최저임금에 관한 심의와 그 밖에 최저임금에 관한 중요 사항을 심의하기 위하여 고용노동부에 최저임금위원회를 둔다.

② 위원회의 기능(법 제13조)
  위원회는 다음의 기능을 수행한다.

  - 최저임금에 관한 심의 및 재심의
  - 최저임금 적용 사업의 종류별 구분에 관한 심의
  - 최저임금제도의 발전을 위한 연구 및 건의
  - 그 밖에 최저임금에 관한 중요 사항으로서 고용노동부장관이 회의에 부치는 사항의 심의

이렇게 출제된다! 적중 예상 OX

Q 근로자를 대표하는 자나 사용자를 대표하는 자는 고시된 최저임금안에 대하여 이의가 있으면 고시된 날부터 20일 이내에 최저임금위원회에 이의를 제기할 수 있다?

A (×) 고시된 날부터 '10일 이내'에 '고용노동부장관'에게 이의를 제기할 수 있다.

(2) 위원회의 구성 등

① 위원회의 구성(법 제14조 내지 제16조)

 ㉠ 위원회는 근로자위원 9명, 사용자위원 9명, 공익위원 9명으로 구성한다.

 ㉡ 위원회에 2명의 상임위원을 두며, 상임위원은 공익위원이 된다.

 ㉢ 위원회에 위원장과 부위원장 각 1명을 둔다.

 ㉣ 위원장과 부위원장은 공익위원 중에서 위원회가 선출한다.

 ㉤ 위원회에는 관계 행정기관의 공무원 중에서 3명 이내의 특별위원을 둘 수 있다.

 ㉥ 위원의 임기는 3년으로 하되, 연임할 수 있다.

② 위원회 위원의 위촉 또는 임명(시행령 제12조)

 ㉠ 근로자위원·사용자위원·공익위원 및 상임위원은 고용노동부장관의 제청에 의하여 대통령이 위촉하거나 임명한다.

 ㉡ 위원이 궐위된 경우에는 궐위된 날부터 30일 이내에 후임자를 위촉하거나 임명하여야 한다. 다만, 전임자의 남은 임기가 1년 미만인 경우에는 위촉하거나 임명하지 아니할 수 있다.

(3) 위원회의 회의 및 운영

① 위원회의 회의(법 제17조)

 ㉠ 위원회의 회의는 다음의 경우에 위원장이 소집한다.

> - 고용노동부장관이 소집을 요구하는 경우
> - 재적위원 3분의 1 이상이 소집을 요구하는 경우
> - 위원장이 필요하다고 인정하는 경우

 ㉡ 위원장은 위원회 회의의 의장이 된다.

 ㉢ 위원회의 회의는 이 법으로 따로 정하는 경우 외에는 재적위원 과반수의 출석과 출석위원 과반수의 찬성으로 의결한다.

 ㉣ 위원회가 의결을 할 때에는 근로자위원과 사용자위원 각 3분의 1 이상의 출석이 있어야 한다.

② 전문위원회(법 제19조)

 ㉠ 위원회는 필요하다고 인정하면 사업의 종류별 또는 특정 사항별로 전문위원회를 둘 수 있다.

 ㉡ 전문위원회는 위원회 권한의 일부를 위임받아 위원회 기능을 수행한다.

 ㉢ 전문위원회는 근로자위원, 사용자위원 및 공익위원 각 5명 이내의 같은 수로 구성한다.

쌤의 비법노트

위원은 임기가 끝났더라도 후임자가 임명되거나 위촉될 때까지 계속하여 직무를 수행합니다(법 제14조 제5항).

쌤의 비법노트

'궐위(闕位)'란 어떤 직위나 관직 따위가 비어있는 상태를 의미합니다.

쌤의 비법노트

근로자위원이나 사용자위원이 2회 이상 출석요구를 받고도 정당한 이유 없이 출석하지 아니하는 경우 의결권을 포기한 것으로 간주하여 위원회가 이들을 배제한 채 안건을 의결할 수 있습니다(법 제17조 제4항 단서).

3 보 칙

(1) 실태조사 등(법 제23조 및 제25조)
① 고용노동부장관은 근로자의 생계비와 임금실태 등을 매년 조사하여야 한다.
② 고용노동부장관은 이 법의 시행에 필요한 범위에서 근로자나 사용자에게 임금에 관한 사항을 보고하게 할 수 있다.

(2) 권한의 위임(법 제26조 및 시행령 제21조의2)
① 고용노동부장관은 「근로기준법」에 따른 근로감독관에게 대통령령으로 정하는 바에 따라 이 법의 시행에 관한 사무를 관장하도록 한다.
② 고용노동부장관은 최저임금 적용 제외의 인가, 임금 관련 사항의 보고 요구, 과태료의 부과·징수 등의 권한을 지방고용노동관서의 장에게 위임한다.

4 벌 칙

(1) 벌칙(법 제28조)
① 최저임금 지급에 관한 규정을 위반하여 최저임금액보다 적은 임금을 지급하거나 최저임금을 이유로 종전의 임금을 낮춘 자는 3년 이하의 징역 또는 2천만원 이하의 벌금에 처한다. 이 경우 징역과 벌금은 병과(倂科)할 수 있다.
② 최저임금 산입을 위한 취업규칙 변경절차의 특례 규정을 위반하여 노동조합 등 근로자의 과반수의 의견을 듣지 아니한 자는 500만원 이하의 벌금에 처한다.

> **쌤의 비법노트**
> '병과(倂科)'는 자유형(예 징역·금고·구류), 명예형(예 자격상실, 자격정지), 재산형(예 벌금·과료·몰수) 가운데 동시에 둘 이상의 형벌에 처하는 것을 말합니다.

(2) 과태료(법 제31조)
다음의 어느 하나에 해당하는 자에게는 100만원 이하의 과태료를 부과한다.

- 주지 의무 규정을 위반하여 근로자에게 해당 최저임금을 법령에서 정한 방법으로 널리 알리지 아니한 자
- 보고 규정을 위반하여 임금에 관한 사항의 보고를 하지 아니하거나 거짓 보고를 한 자
- 근로감독관의 요구 또는 검사를 거부·방해 또는 기피하거나 질문에 대하여 거짓 진술을 한 자

더 알아보기

최저임금 현황(최근 5개년) 필기 출제 22, 21, 19, 18, 17년 기출

연 도	2022년	2023년	2024년	2025년	2026년
시 급	9,160원	9,620원	9,860원	10,030원	10,320원
인상률	5.1(5.05)%	5.0%	2.5%	1.7%	2.9%

> **쌤의 비법노트**
> 2026년 적용 최저임금은 2025년 대비 2.9% 인상된 시간급(시급) 10,320원입니다.

CHAPTER 03 출제 유형 알아보기

제5과목 고용노동관계법규(Ⅰ)

01절 개요

01 다음 중 최저임금법에 대한 설명으로 가장 옳은 것은?

① "임금"이란 「근로기준법」 제2조에 따른 임금을 말한다.
② 「선원법」의 적용을 받는 선원에게도 적용한다.
③ 「기간제 및 단시간근로자 보호 등에 관한 법률」의 적용을 받는 단시간근로자에게는 적용하지 아니한다.
④ 최저임금은 사업의 종류와 지역을 구분하여 정하여야 한다.

> **해설**
> ② 이 법은 「선원법」의 적용을 받는 선원과 선원을 사용하는 선박의 소유자에게는 적용하지 아니한다(최저임금법 제3조 제2항).
> ③ 「기간제 및 단시간근로자 보호 등에 관한 법률」의 적용을 받는 단시간근로자는 원칙상 「최저임금법」의 적용 대상이다(동법 제3조 참조).
> ④ 최저임금은 근로자의 생계비, 유사 근로자의 임금, 노동생산성 및 소득분배율 등을 고려하여 정한다. 이 경우 사업의 종류별로 구분하여 정할 수 있다(동법 제4조 제1항).

02 다음 중 최저임금법상 최저임금의 결정기준으로 명시된 것이 아닌 것은?

① 노동생산성
② 소득분배율
③ 유사 근로자의 임금
④ 직무 수행에 요구되는 작업조건

> **해설**
> **최저임금의 결정기준(최저임금법 제4조 제1항)**
> 최저임금은 근로자의 생계비, 유사 근로자의 임금, 노동생산성 및 소득분배율 등을 고려하여 정한다. 이 경우 사업의 종류별로 구분하여 정할 수 있다.

정답 01 ① 02 ④

03 다음은 최저임금법령상 수습 중에 있는 근로자(단, 단순노무업무로 고용노동부장관이 정하여 고시한 직종에 종사하는 근로자는 제외)에 대한 최저임금액의 내용이다. 보기의 빈칸에 들어갈 내용을 순서대로 올바르게 나열한 것은?

> (ㄱ)년 이상의 기간을 정하여 근로계약을 체결하고 수습 중에 있는 근로자로서 수습을 시작한 날부터 (ㄴ)개월 이내인 사람에 대하여는 시간급 최저임금액에서 100분의 (ㄷ)을 뺀 금액을 그 근로자의 시간급 최저임금액으로 한다.

① ㄱ : 1, ㄴ : 2, ㄷ : 5
② ㄱ : 1, ㄴ : 3, ㄷ : 10
③ ㄱ : 2, ㄴ : 3, ㄷ : 5
④ ㄱ : 2, ㄴ : 3, ㄷ : 10

해설

수습근로자의 최저임금 감액(최저임금법 제5조 제2항 및 시행령 제3조)
1년 이상의 기간을 정하여 근로계약을 체결하고 수습 중에 있는 근로자로서 수습을 시작한 날부터 3개월 이내인 사람에 대하여는 시간급 최저임금액에서 100분의 10을 뺀 금액을 그 근로자의 시간급 최저임금액으로 한다. 다만, 단순노무업무로 고용노동부장관이 정하여 고시한 직종에 종사하는 근로자는 제외한다.

04 다음 중 최저임금법령상 최저임금에 대한 설명으로 옳지 않은 것은?

① 사용자는 최저임금의 적용을 받는 근로자에게 최저임금액 이상의 임금을 지급하여야 한다.
② 사용자는 이 법에 따른 최저임금을 이유로 종전의 임금수준을 낮추어서는 아니 된다.
③ 사용자는 정신 또는 신체의 장애가 업무 수행에 직접적으로 현저한 지장을 주는 것이 명백하다고 인정되는 사람에 대하여는 고용노동부장관의 인가 없이도 최저임금의 적용을 제외할 수 있다.
④ 도급으로 사업을 행하는 경우 도급인이 책임져야 할 사유로 수급인이 근로자에게 최저임금액에 미치지 못하는 임금을 지급한 경우 도급인은 해당 수급인과 연대하여 책임을 진다.

해설

③ 사용자는 정신 또는 신체의 장애가 업무 수행에 직접적으로 현저한 지장을 주는 것이 명백하다고 인정되는 사람으로서 고용노동부장관의 인가를 받은 사람에 대하여는 최저임금의 적용을 제외할 수 있다(최저임금법 제7조 및 시행령 제6조 참조).

05 다음 중 최저임금법규상 최저임금에 산입하는 임금은?

① 연장근로에 대한 가산임금
② 연차 유급휴가의 미사용수당
③ 매월 정기적으로 지급하는 상여금
④ 법정 주휴일 이외의 유급으로 처리되는 휴일에 대한 임금

해설

③ 최저임금의 효력에 관한 적용 특례에 따라 매월 1회 이상 정기적으로 지급하는 상여금 및 식비, 숙박비, 교통비 등 근로자의 생활 보조 또는 복리후생을 위한 성질의 임금은 최저임금에 전부 산입한다(최저임금법 부칙 제2조 참조).

02절 주요 내용

06 다음 중 최저임금법상 최저임금의 결정에 대한 설명으로 옳지 않은 것은?

① 최저임금위원회는 고용노동부장관으로부터 최저임금에 관한 심의 요청을 받은 경우 이를 심의하여 최저임금안을 의결하고 심의 요청을 받은 날부터 90일 이내에 고용노동부장관에게 제출하여야 한다.
② 고용노동부장관은 최저임금위원회가 심의하여 제출한 최저임금안에 따라 최저임금을 결정하기가 어렵다고 인정되면 재심의를 요청할 수 있고, 최저임금위원회가 재심의에서 재적위원 과반수의 출석과 출석위원 과반수의 찬성으로 당초의 최저임금안을 재의결한 경우에는 그에 따라 최저임금을 결정하여야 한다.
③ 근로자를 대표하는 자나 사용자를 대표하는 자는 고시된 최저임금안에 대하여 이의가 있으면 고시된 날부터 10일 이내에 대통령령으로 정하는 바에 따라 고용노동부장관에게 이의를 제기할 수 있다.
④ 고시된 최저임금은 다음 연도 1월 1일부터 효력이 발생하지만, 고용노동부장관이 사업의 종류별로 임금교섭시기 등을 고려하여 필요하다고 인정하면 효력발생 시기를 따로 정할 수 있다.

해설

② 고용노동부장관은 최저임금위원회가 심의하여 제출한 최저임금안에 따라 최저임금을 결정하기가 어렵다고 인정되면 재심의를 요청할 수 있고, 최저임금위원회가 재심의에서 재적위원 과반수의 출석과 출석위원 3분의 2 이상의 찬성으로 당초의 최저임금안을 재의결한 경우에는 그에 따라 최저임금을 결정하여야 한다(최저임금법 제8조 제3항 및 제5항).
① 동법 제8조 제2항
③ 동법 제9조 제2항
④ 동법 제10조 제2항

07 다음 중 최저임금법령상 최저임금의 적용을 받는 사용자가 근로자에게 주지시켜야 할 최저임금의 내용에 해당하는 것을 올바르게 모두 고른 것은?

> ㄱ. 적용을 받는 근로자의 최저임금액
> ㄴ. 최저임금에 산입하지 아니하는 임금
> ㄷ. 해당 사업에서 최저임금의 적용을 제외할 근로자의 범위
> ㄹ. 해당 연도 시간급 최저임금액을 기준으로 산정된 월 환산액

① ㄱ, ㄴ, ㄷ
② ㄱ, ㄷ
③ ㄴ, ㄹ
④ ㄱ, ㄴ, ㄷ, ㄹ

해설

사용자가 근로자에게 주지시켜야 할 최저임금의 내용(최저임금법 시행령 제11조 참조)
- 적용을 받는 근로자의 최저임금액(ㄱ)
- 최저임금에 산입하지 아니하는 임금(ㄴ)
- 해당 사업에서 최저임금의 적용을 제외할 근로자의 범위(ㄷ)
- 최저임금의 효력발생 연월일

08 다음 중 최저임금법상 최저임금위원회에 대한 설명으로 옳지 않은 것은?

① 최저임금위원회는 근로자위원 6명, 사용자위원 6명, 공익위원 6명으로 구성한다.
② 최저임금위원회의 위원의 임기는 3년으로 하되, 연임할 수 있다.
③ 최저임금위원회에 2명의 상임위원을 두며, 상임위원은 공익위원이 된다.
④ 최저임금위원회의 위원장과 부위원장은 공익위원 중에서 최저임금위원회가 선출한다.

> **해설**
> ① 최저임금위원회는 근로자위원 9명, 사용자위원 9명, 공익위원 9명으로 구성한다(최저임금법 제14조 제1항).

09 다음 중 최저임금법상 최저임금위원회에 대한 설명으로 옳지 않은 것은?

① 최저임금위원회의 회의는 재적위원 3분의 1 이상이 소집을 요구하는 경우 위원장이 소집한다.
② 최저임금위원회의 회의는 이 법으로 따로 정하는 경우 외에는 재적위원 과반수의 출석과 출석위원 과반수의 찬성으로 의결한다.
③ 최저임금위원회가 의결을 할 때에는 근로자위원과 사용자위원 각 3분의 1 이상의 출석이 있어야 한다.
④ 최저임금위원회가 사업의 종류별 또는 특정 사항별로 두는 전문위원회는 근로자위원, 사용자위원 및 공익위원 각 6명 이내의 같은 수로 구성한다.

> **해설**
> ④ 최저임금위원회가 사업의 종류별 또는 특정 사항별로 두는 전문위원회는 근로자위원, 사용자위원 및 공익위원 각 5명 이내의 같은 수로 구성한다(최저임금법 제19조 제1항 및 제3항).

10 다음 중 2026년 적용 최저임금으로 옳은 것은?

① 10,030원
② 10,120원
③ 10,240원
④ 10,320원

> **해설**
> 최근 3년간 최저임금 현황
>
> | 연 도 | 2024년 | 2025년 | 2026년 |
> | --- | --- | --- | --- |
> | 시 급 | 9,860원 | 10,030원 | 10,320원 |
> | 인상률 | 2.5% | 1.7% | 2.9% |

정답 08 ① 09 ④ 10 ④

CHAPTER 04

제5과목 고용노동관계법규(Ⅰ)

남녀고용평등과 일·가정 양립 지원에 관한 법률

 중요키워드 10

※ 중요도 높은 것에서 낮은 것 순으로

❶ 용어의 정의
❷ 육아휴직
❸ 남녀의 평등한 기회보장 및 대우
❹ 배우자 출산휴가
❺ 출산전후휴가에 대한 지원
❻ 명예고용평등감독관
❼ 법의 적용범위
❽ 직장 내 성희롱 예방 교육의 실시
❾ 직장 내 성희롱 발생 시 조치
❿ 고객 등에 의한 성희롱 방지

제5과목

 쌤의 학습지도

1. 용어의 정의에서 특히 '차별'의 정의가 중요해요.

차별에 해당하는 경우와 차별에 해당하지 않는 경우를 반드시 구분할 수 있어야 해요.

2. 남녀의 평등한 기회보장이 구체적으로 무엇을 의미하는지 알아두어야 해요.

모집과 채용, 임금, 임금 외의 금품, 교육·배치 및 승진, 정년·퇴직 및 해고 등에 있어서 남녀 간 평등한 기회보장을 강조하고 있어요.

3. 직장 내 성희롱과 관련된 내용을 포함하고 있어요.

사업주는 직장 내 성희롱 예방 교육을 연 1회 이상 실시해야 하고요, 직장 내 성희롱 발생 사실 확인 시 지체 없이 행위자에 대해 징계 등의 조치를 해야 해요.

4. 모성보호와 일·가정 양립 지원의 내용은 수시로 변경되고 있어요.

이 영역은 정부의 저출생정책과 밀접하게 연결된 만큼, 구체적인 지원 내용들이 법령 개정에 따라 언제든지 바뀔 수 있어요.

5. 육아휴직과 육아기 근로시간 단축의 사용형태를 기억해 두세요.

과거에는 육아휴직과 육아기 근로시간 단축이 명확히 분리되지 않았는데요, 법 개정으로 이 두 가지를 법률로써 명확히 보장함에 따라 그 사용형태에 있어서도 예전과 다른 양상을 보이고 있어요.

6. 가족돌봄휴직 외에 가족돌봄휴가가 생겼어요.

최근 법 개정으로 '가족돌봄휴가'가 신설됐는데요, 이는 가족돌봄휴직을 좀 더 유연하게 사용할 수 있도록 만든 제도예요.

7. 명예고용평등감독관 제도를 운영하고 있어요.

명예고용평등감독관의 위촉 및 해촉권자가 누구인지, 명예고용평등감독관이 구체적으로 어떤 업무를 수행하는지에 대해 살펴보도록 하세요.

8. 남녀고용평등법은 세부적인 측면에서 개정이 빈번히 이루어지고 있어요.

다시 한번 강조하지만, 법령 개정에 따라 교재의 내용이 유효하지 않을 수 있으니 법제처 등에서 관련 법령의 개정 사항들을 수시로 체크할 필요가 있어요.

CHAPTER 04 남녀고용평등과 일·가정 양립 지원에 관한 법률

제5과목 고용노동관계법규(Ⅰ)

> **Comment**
> 2025년부터 적용되는 직업상담사 2급 출제기준이 처음 발표되었을 당시 「남녀고용평등과 일·가정 양립 지원에 관한 법률」은 「근로자직업능력 개발법(현 국민 평생 직업능력 개발법)」 다음에 위치하였습니다. 그러나 법명 개정 미반영, 법령 배열의 비일관성 등 출제기준 자체에 문제가 있다는 지적에 따라 2024년 12월경 한국산업인력공단이 이를 수정 및 재구성하였고, 그에 따라 출제기준의 세세항목에서 「최저임금법」 다음으로 위치가 조정되었습니다.

01절 개요

1 총칙

(1) 목적(법 제1조) 필기 출제 19, 16, 14, 12년 기출

「대한민국헌법」의 평등이념에 따라 고용에서 남녀의 평등한 기회와 대우를 보장하고 모성보호와 여성 고용을 촉진하여 남녀고용평등을 실현함과 아울러 근로자의 일과 가정의 양립을 지원함으로써 모든 국민의 삶의 질 향상에 이바지하는 것을 목적으로 한다.

(2) 용어의 정의(법 제2조) 필기 출제 18~12, 10, 09, 07, 06, 04, 03년 기출

차별	• 사업주가 근로자에게 성별, 혼인, 가족 안에서의 지위, 임신 또는 출산 등의 사유로 합리적인 이유 없이 채용 또는 근로의 조건을 다르게 하거나 그 밖의 불리한 조치를 하는 경우 • 사업주가 채용조건이나 근로조건은 동일하게 적용하더라도 그 조건을 충족할 수 있는 남성 또는 여성이 다른 한 성(性)에 비하여 현저히 적고 그에 따라 특정 성에게 불리한 결과를 초래하며 그 조건이 정당한 것임을 증명할 수 없는 경우
직장 내 성희롱	사업주·상급자 또는 근로자가 직장 내의 지위를 이용하거나 업무와 관련하여 다른 근로자에게 성적 언동 등으로 성적 굴욕감 또는 혐오감을 느끼게 하거나 성적 언동 또는 그 밖의 요구 등에 따르지 아니하였다는 이유로 근로조건 및 고용에서 불이익을 주는 것
적극적 고용개선조치	현존하는 남녀 간의 고용차별을 없애거나 고용평등을 촉진하기 위하여 잠정적으로 특정 성을 우대하는 조치
근로자	사업주에게 고용된 사람과 취업할 의사를 가진 사람

> **더 알아보기**
>
> **'차별'에 해당하지 않는 경우(법 제2조 제1호 단서)** `필기 출제` 18, 17, 16, 15, 13, 12, 10, 09년 기출
> - 직무의 성격에 비추어 특정 성이 불가피하게 요구되는 경우
> - 여성 근로자의 임신·출산·수유 등 모성보호를 위한 조치를 하는 경우
> - 이 법 또는 다른 법률에 따라 적극적 고용개선조치를 하는 경우

이렇게 출제된다! 1차 기출 OX

Q 직무의 성격에 비추어 특정 성이 불가피하게 요구되는 경우라도 특정 성에게 불리한 결과를 초래할 경우 차별에 해당된다?

A (×) 차별에 해당되지 않는다.

(3) 적용범위(법 제3조 및 시행령 제2조) `필기 출제` 21, 17, 14, 11, 07년 기출

① 이 법은 근로자를 사용하는 모든 사업 또는 사업장에 적용한다. 다만, 동거하는 친족만으로 이루어지는 사업 또는 사업장과 가사사용인에 대하여는 법의 전부를 적용하지 아니한다.

② 남녀고용평등의 실현과 일·가정의 양립에 관하여 다른 법률에 특별한 규정이 있는 경우 외에는 이 법에 따른다.

(4) 각 주체의 책무(법 제4조 및 제5조) `필기 출제` 13년 기출

국가와 지방자치단체	• 법의 목적 실현을 위한 국민의 관심과 이해 증진 • 여성의 직업능력 개발 및 고용 촉진 지원 • 남녀고용평등 실현의 모든 방해요인 제거를 위한 노력 • 일·가정의 양립을 위한 근로자와 사업주의 노력 지원 및 여건 마련
근로자	상호 이해를 바탕으로 남녀가 동등하게 존중받는 직장문화 조성을 위한 노력
사업주	• 남녀고용평등 실현에 방해가 되는 사업장 내 관행 및 제도 개선 • 남녀근로자가 동등한 여건에서 자신의 능력을 발휘할 수 있는 근로환경 조성을 위한 노력 • 일·가정의 양립을 방해하는 사업장 내 관행 및 제도 개선 • 일·가정의 양립을 지원할 수 있는 근무환경 조성을 위한 노력

이렇게 출제된다! 1차 기출 OX

Q 근로자는 해당 사업장의 남녀고용평등의 실현에 방해가 되는 관행과 제도를 개선하여 남녀 근로자가 동등한 여건에서 자신의 능력을 발휘할 수 있는 근로환경을 조성하기 위하여 노력하여야 한다?

A (×) 근로자의 책무가 아닌 사업주의 책무에 해당한다.

(5) 기본계획 수립(법 제6조의2) `필기 출제` 20, 06년 기출

① 고용노동부장관은 남녀고용평등 실현과 일·가정의 양립에 관한 기본계획을 5년마다 수립하여야 한다.

② 기본계획에는 다음의 사항이 포함되어야 한다.

> - 여성취업의 촉진에 관한 사항
> - 남녀의 평등한 기회보장 및 대우에 관한 사항
> - 동일 가치 노동에 대한 동일 임금 지급의 정착에 관한 사항
> - 여성의 직업능력 개발에 관한 사항
> - 여성 근로자의 모성 보호에 관한 사항
> - 일·가정의 양립 지원에 관한 사항
> - 여성 근로자를 위한 복지시설의 설치 및 운영에 관한 사항
> - 직전 기본계획에 대한 평가
> - 그 밖에 남녀고용평등의 실현과 일·가정의 양립 지원을 위하여 고용노동부장관이 필요하다고 인정하는 사항

이렇게 출제된다! 1차 기출 OX

Q 남녀고용평등 실현과 일·가정의 양립에 관한 기본계획에는 직전 기본계획에 대한 평가가 포함되어야 한다?

A (○)

2 남녀의 평등한 기회보장 및 대우 `필기 출제` 17, 13, 08, 06, 03년 기출

(1) 모집과 채용(법 제7조)

사업주는 근로자를 모집하거나 채용할 때 남녀를 차별하여서는 아니 되며, 그 직무의 수행에 필요하지 아니한 용모·키·체중 등의 신체적 조건, 미혼 조건, 그 밖에 고용노동부령으로 정하는 조건을 제시하거나 요구하여서는 아니 된다. 이를 위반한 경우에는 500만원 이하의 벌금에 처한다(법 제37조 제4항 제1호).

> **쌤의 비법노트**
> 2021년 5월 18일 법 개정에 따라 고용에서의 차별을 개선하기 위해 모집·채용 시 신체, 미혼 등의 조건을 제시하거나 요구할 수 없는 대상이 기존 '여성 근로자'에서 '모든 근로자'로 확대되었습니다.

(2) 임금(법 제8조) `필기 출제` 20, 18, 17, 15, 13, 09년 기출

① 사업주는 동일한 사업 내의 동일 가치 노동에 대하여는 동일한 임금을 지급하여야 한다. 이를 위반한 경우에는 3년 이하의 징역 또는 3천만원 이하의 벌금에 처한다(법 제37조 제2항 제1호).
② 동일 가치 노동의 기준은 직무 수행에서 요구되는 기술, 노력, 책임 및 작업조건 등으로 한다.
③ 사업주가 동일 가치 노동의 기준을 정할 때에는 노사협의회의 근로자를 대표하는 위원의 의견을 들어야 한다.
④ 사업주가 임금차별을 목적으로 설립한 별개의 사업은 동일한 사업으로 본다.

> **이렇게 출제된다! 1차 기출 OX**
> Q 사업주가 임금차별을 목적으로 설립한 별개의 사업은 별개의 사업으로 본다?
> A (×) 동일한 사업으로 본다.

(3) 임금 외의 금품 등(법 제9조)

사업주는 임금 외에 근로자의 생활을 보조하기 위한 금품의 지급 또는 자금의 융자 등 복리후생에서 남녀를 차별하여서는 아니 된다. 이를 위반한 경우에는 500만원 이하의 벌금에 처한다(법 제37조 제4항 제2호).

(4) 교육·배치 및 승진(법 제10조)

사업주는 근로자의 교육·배치 및 승진에서 남녀를 차별하여서는 아니 된다. 이를 위반한 경우에는 500만원 이하의 벌금에 처한다(법 제37조 제4항 제3호).

(5) 정년·퇴직 및 해고(법 제11조)

사업주는 근로자의 정년·퇴직 및 해고에서 남녀를 차별하여서는 아니 되며, 여성 근로자의 혼인, 임신 또는 출산을 퇴직 사유로 예정하는 근로계약을 체결하여서는 아니 된다. 이를 위반한 경우에는 5년 이하의 징역 또는 3천만원 이하의 벌금에 처한다(법 제37조 제1항).

3 직장 내 성희롱의 금지 및 예방 `필기 출제` 13년 기출

(1) 직장 내 성희롱의 금지(법 제12조) `필기 출제` 21년 기출

사업주, 상급자 또는 근로자는 직장 내 성희롱을 하여서는 아니 된다. 사업주가 이를 위반한 경우에는 1천만원 이하의 과태료를 부과한다(법 제39조 제2항).

> **이렇게 출제된다! 1차 기출 OX**
> Q 사업주가 직장 내 성희롱을 한 경우는 1천만원 이하의 과태료 부과행위에 해당한다?
> A (○)

(2) 직장 내 성희롱 예방 교육(법 제13조 및 제13조의2) 필기 출제 20년 기출

① 사업주는 직장 내 성희롱을 예방하고 근로자가 안전한 근로환경에서 일할 수 있는 여건을 조성하기 위하여 직장 내 성희롱의 예방을 위한 교육(이하 "성희롱 예방 교육"이라 한다)을 매년 실시하여야 한다. 사업주가 이를 위반한 경우에는 500만원 이하의 과태료를 부과한다(법 제39조 제3항 제1의2호).

② 사업주는 성희롱 예방 교육의 내용을 근로자가 자유롭게 열람할 수 있는 장소에 항상 게시하거나 갖추어 두어 근로자에게 널리 알려야 한다.

③ 사업주는 성희롱 예방 교육을 고용노동부장관이 지정하는 기관(이하 "성희롱 예방 교육기관"이라 한다)에 위탁하여 실시할 수 있다.

④ 고용노동부장관은 성희롱 예방 교육기관이 다음의 어느 하나에 해당하면 그 지정을 취소할 수 있다.

- 거짓이나 그 밖의 부정한 방법으로 지정을 받은 경우
- 정당한 사유 없이 고용노동부령으로 정하는 강사를 3개월 이상 계속하여 두지 아니한 경우
- 2년 동안 직장 내 성희롱 예방 교육 실적이 없는 경우

(3) 직장 내 성희롱 예방 교육의 실시(시행령 제3조) 필기 출제 21, 20, 19, 18, 13, 11, 10, 09년 기출

① 사업주는 직장 내 성희롱 예방을 위한 교육을 연 1회 이상 하여야 한다.

② 예방 교육에는 다음의 내용이 포함되어야 한다.

- 직장 내 성희롱에 관한 법령
- 해당 사업장의 직장 내 성희롱 발생 시의 처리 절차와 조치 기준
- 해당 사업장의 직장 내 성희롱 피해 근로자의 고충상담 및 구제 절차
- 그 밖에 직장 내 성희롱 예방에 필요한 사항

③ 직장 내 성희롱 예방 교육은 사업의 규모나 특성 등을 고려하여 직원연수 · 조회 · 회의, 인터넷 등 정보통신망을 이용한 사이버 교육 등을 통하여 실시할 수 있다. 다만, 단순히 교육자료 등을 배포 · 게시하거나 전자우편을 보내거나 게시판에 공지하는 데 그치는 등 근로자에게 교육 내용이 제대로 전달되었는지 확인하기 곤란한 경우에는 예방 교육을 한 것으로 보지 아니한다.

④ 상시 10명 미만의 근로자를 고용하는 사업이나 사업주 및 근로자 모두가 남성 또는 여성 중 어느 한 성(性)으로 구성된 사업의 사업주는 근로자가 알 수 있도록 교육자료 또는 홍보물을 게시하거나 배포하는 방법으로 직장 내 성희롱 예방 교육을 할 수 있다.

(4) 직장 내 성희롱 발생 시 조치(법 제14조) 필기 출제 15, 13, 11, 05년 기출

① 누구든지 직장 내 성희롱 발생 사실을 알게 된 경우 그 사실을 해당 사업주에게 신고할 수 있다.

② 사업주는 신고를 받거나 직장 내 성희롱 발생 사실을 알게 된 경우에는 지체 없이 그 사실 확인을 위한 조사를 하여야 한다.

이렇게 출제된다! 1차 기출 OX

Q 사업주 및 근로자 모두가 여성으로 구성된 사업의 사업주는 직장 내 성희롱 예방 교육을 생략할 수 있다?

A (×) 교육자료 또는 홍보물을 게시하거나 배포하는 방법으로 직장 내 성희롱 예방 교육을 할 수 있다.

③ 사업주는 조사 기간 동안 피해근로자 등을 보호하기 위하여 필요한 경우 해당 피해근로자 등에 대하여 근무장소의 변경, 유급휴가 명령 등 적절한 조치를 하여야 한다.
④ 사업주는 조사 결과 직장 내 성희롱 발생 사실이 확인된 때에는 피해근로자가 요청하면 근무장소의 변경, 배치전환, 유급휴가 명령 등 적절한 조치를 하여야 한다.
⑤ 사업주는 조사 결과 직장 내 성희롱 발생 사실이 확인된 때에는 지체 없이 직장 내 성희롱 행위를 한 사람에 대하여 징계, 근무장소의 변경 등 필요한 조치를 하여야 한다.

(5) 고객 등에 의한 성희롱 방지(법 제14조의2)   필기 출제 16, 14, 11, 10년 기출

① 사업주는 고객 등 업무와 밀접한 관련이 있는 사람이 업무수행 과정에서 성적인 언동 등을 통하여 근로자에게 성적 굴욕감 또는 혐오감 등을 느끼게 하여 해당 근로자가 그로 인한 고충 해소를 요청할 경우 근무장소 변경, 배치전환, 유급휴가의 명령 등 적절한 조치를 하여야 한다.
② 사업주는 근로자가 고객 등에 의한 성희롱 피해를 주장하거나 고객 등으로부터의 성적 요구 등에 따르지 아니하였다는 것을 이유로 해고나 그 밖의 불이익한 조치를 하여서는 아니 된다.

> **쌤의 비법노트**
> 2017년 11월 28일 법 개정에 따라 2018년 5월 29일부로 고객 등에 의한 성희롱 발생 시 사업주의 조치가 의무화되었습니다.

02절 주요 내용

1 적극적 고용개선조치

(1) 적극적 고용개선조치 시행계획의 수립·제출(법 제17조의3 제1항)

고용노동부장관은 대통령령으로 정하는 공공기관·단체의 장이나 일정 규모 이상의 근로자를 고용하는 사업의 사업주로서 고용하고 있는 직종별 여성 근로자의 비율이 산업별·규모별로 고용노동부령으로 정하는 고용 기준에 미달하는 사업주에 대하여는 차별적 고용관행 및 제도 개선을 위한 적극적 고용개선조치 시행계획을 수립하여 제출할 것을 요구할 수 있다.

(2) 이행실적의 평가 및 지원 등(법 제17조의4)   필기 출제 15년 기출

① 적극적 고용개선조치 시행계획을 제출한 자는 그 이행실적을 고용노동부장관에게 제출하여야 한다.
② 국가와 지방자치단체는 적극적 고용개선조치 우수기업에 행정적·재정적 지원을 할 수 있다.
③ 고용노동부장관은 평가 결과 이행실적이 부진한 사업주에게 시행계획의 이행을 촉구할 수 있다.

> **쌤의 비법노트**
> 적극적 고용개선조치 시행계획 수립·제출 규정의 적용을 받는 사업(장)은 상시 500명 이상의 근로자를 고용하는 사업(장) 또는 공시대상기업집단의 경우 상시 300명 이상의 근로자를 고용하는 사업(장)에 해당합니다(단, 공공기관·단체는 규모와 관계 없이 적용).

> **이렇게 출제된다! 1차 기출 OX**
> **Q** 국가와 지방자치단체는 적극적 고용개선조치 우수기업에 행정적·재정적 지원을 하여야 한다?
> **A** (×) 행정적·재정적 지원을 할 수 있다. 이는 의무사항이 아니다.

(3) 적극적 고용개선조치에 관한 중요 사항 심의(법 제17조의8) 필기 출제 17, 12, 08년 기출

적극적 고용개선조치에 관한 다음의 사항은 고용정책심의회의 심의를 거쳐야 한다.

- 여성 근로자 고용기준에 관한 사항
- 적극적 고용개선조치 시행계획의 심사에 관한 사항
- 적극적 고용개선조치 이행실적의 평가에 관한 사항
- 적극적 고용개선조치 우수기업의 표창 및 지원에 관한 사항
- 적극적 고용개선조치 미이행 사업주의 명단 공표 여부에 관한 사항
- 그 밖에 적극적 고용개선조치에 관하여 고용정책심의회의 위원장이 회의에 부치는 사항

2 모성보호

(1) 출산전후휴가 등에 대한 지원(법 제18조) 필기 출제 22, 18, 16, 13, 11, 09, 04년 기출

① 국가는 이 법에 따른 배우자 출산휴가, 난임치료휴가, 「근로기준법」에 따른 출산전후휴가 또는 유산·사산 휴가를 사용한 근로자 중 일정한 요건에 해당하는 사람에게 그 휴가기간에 대하여 통상임금에 상당하는 금액(이하 "출산전후휴가급여 등"이라 한다)을 지급할 수 있다.
② 출산전후휴가급여 등을 지급하기 위하여 필요한 비용은 국가재정이나 「사회보장기본법」에 따른 사회보험에서 분담할 수 있다.
③ 근로자가 출산전후휴가급여 등을 받으려는 경우 사업주는 관계 서류의 작성·확인 등 모든 절차에 적극 협력하여야 한다.
④ 출산전후휴가급여 등의 지급요건, 지급기간 및 절차 등에 관하여 필요한 사항은 따로 법률로 정한다.

> **쌤의 비법노트**
> 출산전후휴가급여 등의 지급요건, 지급기간 및 절차 등에 관한 사항은 「고용보험법」에서 정하고 있습니다.

(2) 배우자 출산휴가(법 제18조의2) 필기 출제 22, 21, 20, 19, 18, 15, 14, 13, 11, 10년 기출

① 사업주는 근로자가 배우자의 출산을 이유로 휴가(이하 "배우자 출산휴가"라 한다)를 청구하는 경우에 20일의 휴가를 주어야 한다. 이 경우 사용한 휴가기간은 유급으로 한다.
② 배우자 출산휴가는 근로자의 배우자가 출산한 날부터 120일이 지나면 사용할 수 없다.
③ 배우자 출산휴가는 3회에 한정하여 나누어 사용할 수 있다.
④ 사업주는 배우자 출산휴가를 이유로 근로자를 해고하거나 그 밖의 불리한 처우를 하여서는 아니 된다.

> **이렇게 출제된다! 적중 예상 OX**
> Q 배우자 출산휴가 기간은 유급으로 20일이다?
> A (○)

(3) 난임치료휴가(법 제18조의3)

① 사업주는 근로자가 인공수정 또는 체외수정 등 난임치료를 받기 위하여 난임치료휴가를 청구하는 경우에 연간 6일 이내의 휴가를 주어야 하며, 이 경우 최초 2일은 유급으로 한다.
② 사업주는 난임치료휴가를 이유로 해고, 징계 등 불리한 처우를 하여서는 아니 된다.

> **Comment**
>
> 모성보호 및 일·가정 양립에 대한 지원을 확대·강화하기 위해 2024년 10월 22일 법 개정이 이루어졌습니다. 그 주요 내용은 다음과 같습니다.
>
> - 배우자 출산휴가 기간을 10일에서 20일로 확대하고, 분할사용 가능 횟수를 1회에서 3회로 확대함
> - 난임치료휴가 기간을 연간 3일에서 6일로 확대하고, 그 기간 중 유급휴가일을 최초 1일에서 최초 2일로 확대함
> - 부모가 각각 육아휴직을 3개월 이상 사용하는 등의 경우 육아휴직을 최대 6개월 추가로 사용할 수 있도록 함
> - 육아기 근로시간 단축을 신청할 수 있는 경우를 자녀가 '만 8세 또는 초등학교 2학년 이하'인 경우에서 '만 12세 또는 초등학교 6학년 이하'인 경우로 확대함
> - 육아휴직 기간 중 사용하지 아니한 기간이 있는 경우 그 기간의 두 배를 육아기 근로시간 단축 기간에 가산하도록 함

3 일·가정의 양립 지원

(1) 육아휴직(법 제19조) 필기 출제 22, 21, 20, 18, 17, 16, 15, 14, 11, 10, 09, 08년 기출

① 사업주는 임신 중인 여성 근로자가 모성을 보호하거나 근로자가 만 8세 이하 또는 초등학교 2학년 이하의 자녀(입양한 자녀를 포함한다. 이하 같다)를 양육하기 위하여 육아휴직을 신청하는 경우에 이를 허용하여야 한다. 다만, 육아휴직을 시작하려는 날의 전날까지 해당 사업에서 계속 근로한 기간이 6개월 미만인 근로자가 신청한 경우에는 그러하지 아니하다(시행령 제10조).

② 육아휴직의 기간은 원칙적으로 1년 이내로 한다. 다만, 같은 자녀를 대상으로 부모가 모두 육아휴직을 각각 3개월 이상 사용한 경우의 부 또는 모, 「한부모가족지원법」에 따른 부 또는 모, 그 밖에 고용노동부령으로 정하는 장애아동의 부 또는 모인 근로자의 경우 6개월 이내에서 추가로 육아휴직을 사용할 수 있다.

③ 육아휴직 기간은 근속기간에 포함한다.

④ 사업주는 육아휴직을 이유로 해고나 그 밖의 불리한 처우를 하여서는 아니 되며, 육아휴직 기간에는 그 근로자를 해고하지 못한다. 다만, 사업을 계속할 수 없는 경우에는 그러하지 아니하다.

⑤ 사업주는 육아휴직을 마친 후에는 휴직 전과 같은 업무 또는 같은 수준의 임금을 지급하는 직무에 복귀시켜야 한다.

⑥ 기간제근로자 또는 파견근로자의 육아휴직 기간은 사용기간 또는 근로자파견기간에서 제외한다.

⑦ 사업주는 육아휴직을 신청한 근로자에게 본인 또는 배우자가 임신 중인 사실을 증명할 수 있는 서류나 해당 자녀의 출생 등을 증명할 수 있는 서류의 제출을 요구할 수 있다(시행령 제11조 제7항).

쌤의 비법노트

2021년 5월 18일 법 개정에 따라 2021년 11월 19일부터 임신 중인 여성 근로자에게도 모성보호 차원에서 육아휴직이 허용되고 있습니다.

이렇게 출제된다! 1차 기출 OX

Q 기간제근로자의 육아휴직 기간은 사용기간에 포함한다?

A (×) 사용기간에서 제외한다.

⑧ 근로자는 휴직종료예정일을 연기하려는 경우에는 한 번만 연기할 수 있다(시행령 제12조 제2항).

⑨ 육아휴직을 신청한 근로자는 휴직개시예정일의 7일 전까지 사유를 밝혀 그 신청을 철회할 수 있다(시행령 제13조 제1항).

(2) 육아기 근로시간 단축(법 제19조의2 및 제19조의3) 필기 출제 22, 21, 19년 기출

① 사업주는 근로자가 만 12세 이하 또는 초등학교 6학년 이하의 자녀를 양육하기 위하여 근로시간의 단축(이하 "육아기 근로시간 단축"이라 한다)을 신청하는 경우에 이를 허용하여야 한다. 다만, 대체인력 채용이 불가능한 경우, 정상적인 사업 운영에 중대한 지장을 초래하는 경우 등 대통령령으로 정하는 경우에는 그러하지 아니하다.

② 사업주가 해당 근로자에게 육아기 근로시간 단축을 허용하는 경우 단축 후 근로시간은 주당 15시간 이상이어야 하고 35시간을 넘어서는 아니 된다.

③ 육아기 근로시간 단축의 기간은 원칙적으로 1년 이내로 한다. 다만, 근로자가 법령에 따른 육아휴직 기간 중 사용하지 아니한 기간이 있으면 그 기간의 두 배를 가산한 기간 이내로 한다.

④ 사업주는 육아기 근로시간 단축을 이유로 해당 근로자에게 해고나 그 밖의 불리한 처우를 하여서는 아니 된다. 이를 위반한 경우에는 3년 이하의 징역 또는 3천만원 이하의 벌금에 처한다(법 제37조 제2항 제4호).

⑤ 사업주는 근로자의 육아기 근로시간 단축기간이 끝난 후에 그 근로자를 육아기 근로시간 단축 전과 같은 업무 또는 같은 수준의 임금을 지급하는 직무에 복귀시켜야 한다.

⑥ 사업주는 육아기 근로시간 단축을 하고 있는 근로자에게 단축된 근로시간 외에 연장근로를 요구할 수 없다. 다만, 그 근로자가 명시적으로 청구하는 경우에는 사업주는 주 12시간 이내에서 연장근로를 시킬 수 있다.

⑦ 육아기 근로시간 단축을 한 근로자에 대하여 평균임금을 산정하는 경우에는 그 근로자의 육아기 근로시간 단축 기간을 평균임금 산정기간에서 제외한다.

(3) 육아휴직과 육아기 근로시간 단축의 사용형태(법 제19조의4) 필기 출제 21, 17, 11년 기출

① 근로자는 육아휴직을 3회에 한정하여 나누어 사용할 수 있다. 이 경우 임신 중인 여성 근로자가 모성보호를 위하여 육아휴직을 사용한 횟수는 육아휴직을 나누어 사용한 횟수에 포함하지 아니한다.

② 근로자는 육아기 근로시간 단축을 나누어 사용할 수 있다. 이 경우 나누어 사용하는 1회의 기간은 1개월(근로계약기간의 만료로 1개월 이상 근로시간 단축을 사용할 수 없는 기간제근로자에 대해서는 남은 근로계약기간) 이상이 되어야 한다.

Comment

만 12세 이하 또는 초등학교 6학년 이하 자녀를 둔 근로자는 육아휴직을 사용해도 육아기 근로시간 단축은 기본 1년이 보장되고, 육아휴직 미사용 기간은 2배를 가산하여 육아기 근로시간 단축으로 사용할 수 있습니다(→ 육아기 근로시간 단축 최대 3년 사용 가능).

> 예 • 육아휴직 1년 사용 + 육아기 근로시간 단축 1년 사용
> • 육아휴직 6개월 사용 + 육아기 근로시간 단축 2년 사용[→ 기본 1년 + 육아휴직 미사용기간(6개월) × 2]
> • 육아휴직 미사용 + 육아기 근로시간 단축 3년 사용[→ 기본 1년 + 육아휴직 미사용기간(1년) × 2]

또한 단축 전의 주당 근로시간이 반드시 40시간이어야 할 필요는 없으며, 시간이 단축되었고 단축 후의 주당 근로시간이 15~35시간이면 육아기 근로시간 단축으로 인정합니다(예 3일 동안만 8시간 근무하여 주당 24시간 일하는 형태로도 가능함).

(4) 직장어린이집 설치 및 지원 등(법 제21조)

① 사업주는 근로자의 취업을 지원하기 위하여 수유·탁아 등 육아에 필요한 어린이집(이하 "직장어린이집"이라 한다)을 설치하여야 한다.

② 사업주는 직장어린이집을 운영하는 경우 근로자의 고용형태에 따라 차별해서는 아니 된다.

(5) 근로자의 가족 돌봄 등을 위한 지원(법 제22조의2) 필기 출제 22년 기출

① 사업주는 근로자가 조부모, 부모, 배우자, 배우자의 부모, 자녀 또는 손자녀(이하 "가족"이라 한다)의 질병, 사고, 노령으로 인하여 그 가족을 돌보기 위한 휴직(이하 "가족돌봄휴직"이라 한다)을 신청하는 경우 이를 허용하여야 한다. 다만, 대체인력 채용이 불가능한 경우, 정상적인 사업 운영에 중대한 지장을 초래하는 경우, 본인 외에도 조부모의 직계비속 또는 손자녀의 직계존속이 있는 경우 등 대통령령으로 정하는 경우에는 그러하지 아니하다.

② 사업주는 근로자가 가족의 질병, 사고, 노령 또는 자녀의 양육으로 인하여 긴급하게 그 가족을 돌보기 위한 휴가(이하 "가족돌봄휴가"라 한다)를 신청하는 경우 이를 허용하여야 한다. 다만, 근로자가 청구한 시기에 가족돌봄휴가를 주는 것이 정상적인 사업 운영에 중대한 지장을 초래하는 경우에는 근로자와 협의하여 그 시기를 변경할 수 있다.

③ 가족돌봄휴직 및 가족돌봄휴가의 사용기간과 분할횟수 등은 다음에 따른다.

가족돌봄휴직	연간 최장 90일로 하며, 이를 나누어 사용할 수 있을 것(이 경우 나누어 사용하는 1회의 기간은 30일 이상이 되어야 함)
가족돌봄휴가	연간 최장 10일(단, 감염병의 확산 등을 원인으로 가족돌봄휴가 기간이 연장되는 경우 20일)로 하며, 일단위로 사용할 수 있을 것(단, 가족돌봄휴가 기간은 가족돌봄휴직 기간에 포함)

④ 가족돌봄휴직 및 가족돌봄휴가 기간은 근속기간에 포함한다. 다만, 「근로기준법」에 따른 평균임금 산정기간에서는 제외한다.

쌤의 비법노트

'가족돌봄휴직'과 '가족돌봄휴가'를 혼동하지 않도록 주의하세요. 가족돌봄휴직은 일정 기간 가족돌봄이 필요할 때, 가족돌봄휴가는 긴급한 가족 돌봄이 필요할 때 사용하는 무급휴가제도입니다.

이렇게 출제된다! 1차 기출 OX

Q 가족돌봄휴직 및 가족돌봄휴가 기간은 근속기간에서 제외한다?

A (×) 근속기간에 포함한다.

4 분쟁의 예방과 해결

(1) 명예고용평등감독관(법 제24조 및 시행규칙 제16조) 필기 출제 17, 16, 14, 13, 12, 10, 09년 기출

① 고용노동부장관은 사업장의 남녀고용평등 이행을 촉진하기 위하여 그 사업장 소속 근로자 중 노사가 추천하는 사람을 명예고용평등감독관(이하 "명예감독관"이라 한다)으로 위촉할 수 있다.

② 고용노동부장관은 명예감독관의 위촉 및 해촉 권한을 지방고용노동관서의 장에게 위임한다(시행령 제21조 제1항 제7호).

③ 명예감독관은 다음의 업무를 수행한다.

- 해당 사업장의 차별 및 직장 내 성희롱 발생 시 피해근로자에 대한 상담·조언
- 해당 사업장의 고용평등 이행상태 자율점검 및 지도 시 참여
- 법령위반 사실이 있는 사항에 대하여 사업주에 대한 개선 건의 및 감독기관에 대한 신고
- 남녀고용평등 제도에 대한 홍보·계몽
- 그 밖에 남녀고용평등의 실현을 위하여 고용노동부장관이 정하는 업무

④ 사업주는 명예감독관으로서 정당한 임무 수행을 한 것을 이유로 해당 근로자에게 인사상 불이익 등의 불리한 조치를 하여서는 아니 된다.

⑤ 명예감독관의 임기는 3년으로 하되, 연임할 수 있다.

⑥ 명예감독관이 업무를 수행하는 경우에는 비상근, 무보수로 함을 원칙으로 한다.

⑦ 고용노동부장관은 명예감독관으로 활동하기에 부적합한 사유가 있어 해당 사업의 노사 대표가 공동으로 해촉을 요청한 경우 그 명예감독관을 해촉할 수 있다.

(2) 입증책임(법 제30조) 필기 출제 16, 05년 기출

「남녀고용평등과 일·가정 양립 지원에 관한 법률」과 관련한 분쟁해결에서 입증책임은 사업주가 부담한다.

(3) 관계서류의 보존(법 제33조 및 시행령 제19조) 필기 출제 13, 10년 기출

사업주는 대통령령으로 정하는 다음의 서류를 3년간 보존하여야 한다. 이 경우 서류는 「전자문서 및 전자거래 기본법」에 따른 전자문서로 작성·보존할 수 있다.

- 모집과 채용, 임금, 임금 외의 금품 등, 교육·배치 및 승진, 정년·퇴직 및 해고에 관한 서류
- 직장 내 성희롱 예방 교육을 하였음을 확인할 수 있는 서류
- 직장 내 성희롱 행위자에 대한 징계 등 조치에 관한 서류
- 배우자 출산휴가의 고지 및 허용에 관한 서류
- 육아휴직의 신청 및 허용에 관한 서류
- 육아기 근로시간 단축의 신청 및 허용에 관한 서류, 허용하지 아니한 경우 그 사유의 통보 및 협의 서류, 육아기 근로시간 단축 중의 근로조건에 관한 서류

> **쌤의 비법노트**
> 명예고용평등감독관은 3년 임기로 연임할 수 있으며, 비상근, 무보수를 원칙으로 한다는 점을 반드시 기억해 두세요.

CHAPTER 04 출제 유형 알아보기

제5과목 고용노동관계법규(Ⅰ)

01절 개 요

01 다음 중 남녀고용평등과 일 · 가정 양립 지원에 관한 법률상 차별에 해당하는 것은?

① 직무의 성격에 비추어 특정 성(性)이 불가피하게 요구되는 경우
② 여성 근로자의 임신 · 출산 · 수유 등 모성보호를 위한 조치를 하는 경우
③ 동일한 업무를 담당하는 남녀 간의 정년연령을 달리 정하는 경우
④ 이 법 또는 다른 법률에 따라 적극적 고용개선조치를 하는 경우

해설
① · ② · ④ '차별'에 해당하지 않는 경우에 해당한다(남녀고용평등과 일 · 가정 양립 지원에 관한 법률 제2조 제1호 참조).

02 다음 중 남녀고용평등과 일 · 가정 양립 지원에 관한 법령상 적용범위에 대한 설명으로 옳지 않은 것은?

① 근로자를 사용하는 모든 사업 또는 사업장에 적용하는 것이 원칙이다.
② 동거하는 친족만으로 이루어지는 사업장에 대하여는 법의 전부를 적용하지 아니한다.
③ 가사사용인에 대하여는 법의 전부를 적용하지 아니한다.
④ 선원법이 적용되는 사업 또는 사업장에는 모든 규정이 적용되지 아니한다.

해설
적용범위(남녀고용평등과 일 · 가정 양립 지원에 관한 법률 제3조 및 시행령 제2조 참조)
- 이 법은 근로자를 사용하는 모든 사업 또는 사업장에 적용한다. 다만, 동거하는 친족만으로 이루어지는 사업 또는 사업장과 가사사용인에 대하여는 법의 전부를 적용하지 아니한다.
- 남녀고용평등의 실현과 일 · 가정의 양립에 관하여 다른 법률에 특별한 규정이 있는 경우 외에는 이 법에 따른다.

03 다음 중 남녀고용평등과 일·가정 양립 지원에 관한 법률상 근로자, 사업주, 국가와 지방자치단체의 책무에 대한 설명으로 옳지 않은 것은?

① 사업주는 일·가정의 양립을 방해하는 사업장 내의 관행과 제도를 개선하고 일·가정의 양립을 지원할 수 있는 근무환경을 조성하기 위하여 노력하여야 한다.
② 근로자는 해당 사업장의 남녀고용평등의 실현에 방해가 되는 관행과 제도를 개선하여 남녀근로자가 동등한 여건에서 자신의 능력을 발휘할 수 있는 근로환경을 조성하기 위하여 노력하여야 한다.
③ 국가와 지방자치단체는 이 법의 목적을 실현하기 위하여 국민의 관심과 이해를 증진시키고 여성의 직업능력 개발 및 고용 촉진을 지원하여야 한다.
④ 국가와 지방자치단체는 일·가정의 양립을 위한 근로자와 사업주의 노력을 지원하여야 하며 일·가정의 양립 지원에 필요한 재원을 조성하고 여건을 마련하기 위하여 노력하여야 한다.

| 해설 |
② 근로자는 상호 이해를 바탕으로 남녀가 동등하게 존중받는 직장문화를 조성하기 위하여 노력하여야 한다(남녀고용평등과 일·가정 양립 지원에 관한 법률 제5조 제1항).

04 다음 중 보기의 빈칸에 들어갈 내용으로 옳은 것은?

> 고용노동부장관은 남녀고용평등 실현과 일·가정의 양립에 관한 기본계획을 (　　) 수립하여야 한다.

① 3년마다
② 5년마다
③ 매 년
④ 격년으로

| 해설 |
기본계획 수립(남녀고용평등과 일·가정 양립 지원에 관한 법률 제6조의2 제1항)
고용노동부장관은 남녀고용평등 실현과 일·가정의 양립에 관한 기본계획을 5년마다 수립하여야 한다.

05 다음 중 남녀고용평등과 일·가정 양립 지원에 관한 법률상 임금에 대한 설명으로 옳은 것은?

① 사업주는 다른 사업 내의 동일 가치 노동에 대하여는 동일한 임금을 지급하여야 한다.
② 임금차별을 목적으로 사업주에 의하여 설립된 별개의 사업은 별개의 사업으로 본다.
③ 동일 가치 노동의 기준은 직무 수행에서 요구되는 성(性), 기술, 노력 등으로 한다.
④ 사업주가 동일 가치 노동의 기준을 정할 때에는 노사협의회의 근로자를 대표하는 위원의 의견을 들어야 한다.

| 해설 |
③·④ 동일 가치 노동의 기준은 직무 수행에서 요구되는 기술, 노력, 책임 및 작업 조건 등으로 하고, 사업주가 동일 가치 노동의 기준을 정할 때에는 노사협의회의 근로자를 대표하는 위원의 의견을 들어야 한다(남녀고용평등과 일·가정 양립 지원에 관한 법률 제8조 제2항).
① 사업주는 동일한 사업 내의 동일 가치 노동에 대하여는 동일한 임금을 지급하여야 한다(동법 제8조 제1항).
② 사업주가 임금차별을 목적으로 설립한 별개의 사업은 동일한 사업으로 본다(동법 제8조 제3항).

정답　03 ②　04 ②　05 ④

06 다음 중 남녀고용평등과 일·가정 양립 지원에 관한 법률상 직장 내 성희롱의 금지 및 예방에 대한 설명으로 가장 옳지 않은 것은?

① 사업주는 직장 내 성희롱 예방을 위한 교육을 연 1회 이상 하여야 한다.
② 직장 내 성희롱 예방 교육은 사업의 규모나 특성 등을 고려하여 직원연수·조회·회의, 인터넷 등 정보통신망을 이용한 사이버 교육 등을 통하여 실시할 수 있다.
③ 상시 10명 미만의 근로자를 고용하는 사업의 사업주는 교육자료 또는 홍보물을 게시하거나 배포하는 방법으로 직장 내 성희롱 예방 교육을 할 수 있다.
④ 사업주는 고객 등 업무와 밀접한 관련이 있는 사람이 업무수행 과정에서 성적인 언동 등을 통하여 근로자에게 성적 굴욕감 등을 느끼게 하여 해당 근로자가 그로 인한 고충 해소를 요청할 경우 배치전환 등 가능한 조치를 취하도록 노력하여야 한다.

해설

④ "~ 가능한 조치를 취하도록 노력하여야 한다"가 아닌 "~ 적절한 조치를 하여야 한다"가 옳다. 고객 등에 의한 성희롱 발생 시 사업주의 조치가 2018년 5월 29일부로 의무화되었다(남녀고용평등과 일·가정 양립 지원에 관한 법률 제14조의2 제1항 참조).

02절 주요 내용

07 다음 중 남녀고용평등과 일·가정 양립 지원에 관한 법률상 고용정책심의회의 심의를 거쳐야 하는 적극적 고용개선조치에 관한 사항에 해당하는 것을 올바르게 모두 고른 것은?

ㄱ. 적극적 고용개선조치 우수기업의 표창 및 지원에 관한 사항
ㄴ. 적극적 고용개선조치 시행계획의 심사에 관한 사항
ㄷ. 여성 근로자 고용기준에 관한 사항
ㄹ. 여성 근로자 고충처리에 관한 사항

① ㄱ, ㄴ
② ㄱ, ㄴ, ㄷ
③ ㄴ, ㄷ, ㄹ
④ ㄱ, ㄴ, ㄷ, ㄹ

해설

적극적 고용개선조치에 관한 중요 심의 사항(남녀고용평등과 일·가정 양립 지원에 관한 법률 제17조의8 참조)
• 여성 근로자 고용기준에 관한 사항(ㄷ)
• 적극적 고용개선조치 시행계획의 심사에 관한 사항(ㄴ)
• 적극적 고용개선조치 이행실적의 평가에 관한 사항
• 적극적 고용개선조치 우수기업의 표창 및 지원에 관한 사항(ㄱ)
• 적극적 고용개선조치 미이행 사업주의 명단 공표 여부에 관한 사항
• 그 밖에 적극적 고용개선조치에 관하여 고용정책심의회의 위원장이 회의에 부치는 사항

08 다음 중 남녀고용평등과 일·가정 양립 지원에 관한 법률이 규정하고 있는 내용에 포함되지 않는 것은?

① 출산전후휴가에 대한 지원
② 배우자 출산휴가
③ 육아휴직 급여
④ 직장어린이집 설치 및 지원

> **해설**
> ③ '육아휴직'에 관한 사항은 「남녀고용평등과 일·가정 양립 지원에 관한 법률」에서 규정하고 있으나, '육아휴직 급여'에 관한 사항은 「고용보험법」에서 규정하고 있다.
> ① 법 제18조, ② 법 제18조의2, ④ 법 제21조

09 다음 중 남녀고용평등과 일·가정 양립 지원에 관한 법률상 출산전후휴가 등의 지원에 대한 설명으로 옳지 않은 것은?

① 국가는 출산전후휴가를 사용한 근로자 중 일정한 요건에 해당하는 사람에게 그 휴가기간에 대하여 평균임금에 상당하는 출산전후휴가급여를 지급하여야 한다.
② 출산전후휴가급여 등을 지급하기 위하여 필요한 비용은 국가재정이나 「사회보장기본법」에 따른 사회보험에서 분담할 수 있다.
③ 근로자가 출산전후휴가급여 등을 받으려는 경우 사업주는 관계 서류의 작성·확인 등 모든 절차에 적극 협력하여야 한다.
④ 출산전후휴가급여 등의 지급요건, 지급기간 및 절차 등에 관하여 필요한 사항은 따로 법률로 정한다.

> **해설**
> ① 국가는 이 법에 따른 배우자 출산휴가, 난임치료휴가, 「근로기준법」에 따른 출산전후휴가 또는 유산·사산 휴가를 사용한 근로자 중 일정한 요건에 해당하는 사람에게 그 휴가기간에 대하여 통상임금에 상당하는 출산전후휴가급여 등을 지급할 수 있다(남녀고용평등과 일·가정 양립 지원에 관한 법률 제18조 제1항).

10 다음 중 남녀고용평등과 일·가정 양립 지원에 관한 법률상 배우자 출산휴가에 대한 설명으로 옳은 것은?

① 사업주는 근로자가 배우자 출산휴가를 청구하는 경우에 5일의 휴가를 주어야 한다.
② 배우자 출산휴가기간 중 최초 3일은 유급으로 한다.
③ 배우자 출산휴가는 근로자의 배우자가 출산한 날부터 30일이 지나면 청구할 수 없다.
④ 배우자 출산휴가는 3회에 한정하여 나누어 사용할 수 있다.

> **해설**
> ①·② 사업주는 근로자가 배우자 출산휴가를 고지하는 경우에 20일의 휴가를 주어야 한다. 이 경우 사용한 휴가기간은 유급으로 한다(남녀고용평등과 일·가정 양립 지원에 관한 법률 제18조의2 제1항).
> ③ 배우자 출산휴가는 근로자의 배우자가 출산한 날부터 120일이 지나면 사용할 수 없다(동법 제18조의2 제3항).

11
다음 중 남녀고용평등과 일·가정 양립 지원에 관한 법령상 육아휴직에 관한 설명으로 옳지 않은 것은?

① 육아휴직의 기간은 원칙적으로 1년 이내로 한다.
② 육아휴직 기간은 근속기간에 포함한다.
③ 기간제근로자의 육아휴직 기간은 사용기간에 포함한다.
④ 육아휴직 기간에는 그 근로자를 해고하지 못한다.

해설

③ 기간제근로자 또는 파견근로자의 육아휴직 기간은 「기간제 및 단시간근로자 보호 등에 관한 법률」에 따른 사용기간 또는 「파견근로자 보호 등에 관한 법률」에 따른 근로자파견기간에서 제외한다(남녀고용평등과 일·가정 양립 지원에 관한 법률 제19조 제5항).

12
다음 중 보기의 빈칸에 들어갈 내용을 순서대로 올바르게 나열한 것은?

> 남녀고용평등과 일·가정 양립 지원에 관한 법률상 사업주가 근로자에게 육아기 근로시간 단축을 허용하는 경우 단축 후 근로시간은 주당 (ㄱ)시간 이상이어야 하고 (ㄴ)시간을 넘어서는 아니 된다.

① ㄱ : 10, ㄴ : 20
② ㄱ : 10, ㄴ : 25
③ ㄱ : 15, ㄴ : 30
④ ㄱ : 15, ㄴ : 35

해설

육아기 근로시간 단축의 허용범위(남녀고용평등과 일·가정 양립 지원에 관한 법률 제19조의2 제3항)
사업주가 해당 근로자에게 육아기 근로시간 단축을 허용하는 경우 단축 후 근로시간은 주당 15시간 이상이어야 하고 35시간을 넘어서는 아니 된다.

13
다음 중 남녀고용평등과 일·가정 양립 지원에 관한 법률상 육아휴직과 육아기 근로시간 단축의 사용형태로 옳지 않은 것은?

① 육아휴직 1년 사용 + 육아기 근로시간 단축 1년 사용
② 육아휴직 6개월 사용 + 육아기 근로시간 단축 2년 사용
③ 육아휴직 2개월씩 6회 사용 + 육아기 근로시간 단축 6개월씩 2회 사용
④ 육아휴직 미사용 + 육아기 근로시간 단축 3년 사용

해설

③ 육아휴직은 3회에 한정하여 나누어 사용할 수 있으므로 사용횟수 조건에 위배된다(남녀고용평등과 일·가정 양립 지원에 관한 법률 제19조의4 제1항 참조).

14 다음 중 남녀고용평등과 일·가정 양립 지원에 관한 법률상 근로자의 가족 돌봄 등을 위한 지원의 내용으로 가장 옳지 않은 것은?

① 사업주는 대체인력 채용이 불가능한 경우 근로자가 신청한 가족돌봄휴직을 허용하지 않을 수 있다.
② 가족돌봄휴가 기간은 연간 최장 10일로 하며, 이 기간은 가족돌봄휴직 기간과 별개로 사용한다.
③ 가족돌봄휴직 및 가족돌봄휴가 기간은 근속기간에 포함한다.
④ 가족돌봄휴직 및 가족돌봄휴가 기간은 「근로기준법」에 따른 평균임금 산정기간에서 제외한다.

> **해설**
>
> 가족돌봄휴직 및 가족돌봄휴가의 사용기간과 분할횟수(남녀고용평등과 일·가정 양립 지원에 관한 법률 제22조의2 제4항 참조)
>
> | | |
> |---|---|
> | 가족돌봄휴직 | 연간 최장 90일로 하며, 이를 나누어 사용할 수 있을 것(이 경우 나누어 사용하는 1회의 기간은 30일 이상이 되어야 함) |
> | 가족돌봄휴가 | 연간 최장 10일(단, 감염병의 확산 등을 원인으로 가족돌봄휴가 기간이 연장되는 경우 20일)로 하며, 일단위로 사용할 수 있을 것(단, 가족돌봄휴가 기간은 가족돌봄휴직 기간에 포함) |

15 다음 중 남녀고용평등과 일·가정 양립 지원에 관한 법령상 명예고용평등감독관(이하 "명예감독관"이라 한다)에 대한 설명으로 옳지 않은 것은?

① 명예감독관의 임기는 3년으로 하되, 연임할 수 있다.
② 고용노동부장관은 명예감독관의 위촉 및 해촉 권한을 지방고용노동관서의 장에게 위임한다.
③ 남녀고용평등 제도에 대한 홍보·계몽 업무를 수행하는 경우에는 상근을 원칙으로 한다.
④ 고용노동부장관은 명예감독관으로 활동하기에 부적합한 사유가 있어 해당 사업의 노사 대표가 공동으로 해촉을 요청한 경우 그 명예감독관을 해촉할 수 있다.

> **해설**
>
> ③ 명예고용평등감독관(명예감독관)이 법률의 규정에 따른 업무를 수행하는 경우에는 비상근, 무보수로 함을 원칙으로 한다(남녀고용평등과 일·가정 양립 지원에 관한 법률 시행규칙 제16조 제5항).

CHAPTER 04 최근 기출문제 파악하기 1차 필기

제5과목 고용노동관계법규(Ⅰ)

01 남녀고용평등과 일·가정 양립 지원에 관한 법령상 고용에 있어서 남녀의 평등한 기회와 대우를 보장하여야 할 사항으로 명시되지 않은 것은? [2022년 2회 기출]

① 모집과 채용
② 임 금
③ 근로시간
④ 교육·배치 및 승진

해설

고용에서 남녀의 평등한 기회보장 및 대우(남녀고용평등과 일·가정 양립 지원에 관한 법률 제2장 제1절 관련)
- 모집과 채용(법 제7조)(①)
- 임금(법 제8조)(②)
- 임금 외의 금품 등(법 제9조)
- 교육·배치 및 승진(법 제10조)(④)
- 정년·퇴직 및 해고(법 제11조)

02 남녀고용평등과 일·가정 양립 지원에 관한 법령상 직장 내 성희롱의 금지 및 예방에 관한 설명으로 틀린 것은? [2021년 2회 기출]

① 사업주, 상급자 또는 근로자는 직장 내 성희롱을 하여서는 아니 된다.
② 사업주는 성희롱 예방 교육을 고용노동부장관이 지정하는 기관에 위탁하여 실시할 수 있다.
③ 누구든지 직장 내 성희롱 발생 사실을 알게 된 경우 그 사실을 해당 사업주에게 신고할 수 있다.
④ 사업주는 직장 내 성희롱 예방 교육을 연 2회 이상 하여야 한다.

해설

④ 사업주는 직장 내 성희롱 예방을 위한 교육을 연 1회 이상 하여야 한다(남녀고용평등과 일·가정 양립 지원에 관한 법률 시행령 제3조 제1항).

01 ③ 02 ④ 정답

03 남녀고용평등과 일·가정 양립 지원에 관한 법령상 육아기 근로시간 단축에 관한 설명으로 틀린 것은?

[2022년 1회 기출변형]

① 사업주는 육아기 근로시간 단축을 하고 있는 근로자의 명시적 청구가 있으면 단축된 근로시간 외에 주 15시간 이내에서 연장근로를 시킬 수 있다.
② 원칙적으로 사업주는 근로자가 초등학교 6학년 이하의 자녀를 양육하기 위하여 근로시간의 단축을 신청하는 경우에 이를 허용하여야 한다.
③ 사업주가 근로자에게 육아기 근로시간 단축을 허용하는 경우 단축 후 근로시간은 주당 15시간 이상이어야 하고 35시간을 넘어서는 아니 된다.
④ 육아기 근로시간 단축을 한 근로자에 대하여 평균임금을 산정하는 경우에는 그 근로자의 육아기 근로시간 단축 기간을 평균임금 산정기간에서 제외한다.

해설

① 사업주는 육아기 근로시간 단축을 하고 있는 근로자에게 단축된 근로시간 외에 연장근로를 요구할 수 없다. 다만, 그 근로자가 명시적으로 청구하는 경우에는 사업주는 주 12시간 이내에서 연장근로를 시킬 수 있다(남녀고용평등과 일·가정 양립 지원에 관한 법률 제19조의3 제3항).

04 남녀고용평등과 일·가정 양립 지원에 관한 법률에 명시되어 있는 내용이 아닌 것은?

[2022년 2회 기출]

① 직장 내 성희롱의 금지
② 배우자 출산휴가
③ 육아휴직
④ 생리휴가

해설

④ 생리휴가를 규정하고 있는 것은 「근로기준법」이다. 근로기준법 제73조에는 "사용자는 여성 근로자가 청구하면 월 1일의 생리휴가를 주어야 한다"고 명시되어 있다.

CHAPTER 05

제5과목 고용노동관계법규(Ⅰ)

직업안정법

 중요키워드 10

※ 중요도 높은 것에서 낮은 것 순으로

❶ 용어의 정의
❷ 유료직업소개사업
❸ 근로자공급사업
❹ 무료직업소개사업
❺ 직업정보제공사업자의 준수사항
❻ 구인·구직의 신청
❼ 겸업 금지
❽ 고용서비스 우수기관 인증
❾ 직업소개의 원칙
❿ 유료직업소개사업의 장부 비치 기간

제5과목

 **쌤의 학습지도**

1. **용어의 정의에서 '직업소개'와 '직업지도', '근로자공급사업'에 주의하세요.**

   직업소개는 '알선'을 하는 것이고, 직업지도는 '지도'를 하는 것이죠. 특히 근로자공급사업에서 근로자파견사업은 제외돼요.

2. **직업소개의 원칙, 직업소개 시 준수사항 등을 기억해 두세요.**

   구직자에게 그 능력에 알맞은 직업을 소개하고, 구인자에게 구인조건에 적합한 구직자를 소개하며, 구인자 또는 구직자 어느 한쪽의 이익에 치우치지 않도록 해야 해요.

3. **무료직업소개사업과 유료직업소개사업의 차이점을 구별해야 해요.**

   무료직업소개사업은 신고주의를, 유료직업소개사업은 등록주의를 원칙으로 하죠. 국내와 국외 사업에 따라 차이가 있으니 해당 내용을 꼭 확인하세요.

4. **국외 직업소개사업의 등록·신고 등 관련 권한이 지자체로 이양될 수 있어요.**

   국내·외 직업소개사업에 대한 관리주체를 지방자치단체로 일원화하기 위한 법 개정이 진행중이므로 향후 추이를 지켜봐야 해요.

5. **직업정보제공사업자의 준수사항에 대해서도 알아두세요.**

   직업정보제공매체의 구인·구직의 광고에는 구인·구직자의 주소 또는 전화번호를 기재하되, 직업정보제공사업자의 주소 또는 전화번호는 기재하지 않아요.

6. **직업소개사업자는 특정 사업을 경영할 수 없어요.**

   겸업 금지 사업의 종류가 문제로 출제되고 있고요, 최근 법 개정으로 겸업 금지 의무의 적용대상이 직업소개사업의 종사자까지 확대되었어요.

7. **근로자공급사업의 요건을 기억해 두세요.**

   근로자공급사업은 고용노동부장관의 허가를 필요로 하고요, 허가의 유효기간은 3년이에요.

8. **장부 등의 비치 기간을 혼동하지 마세요.**

   유료직업소개사업의 장부 비치 기간은 2년, 근로자공급사업의 장부 비치 기간은 3년이에요.

CHAPTER 05 직업안정법

제5과목 고용노동관계법규(Ⅰ)

01절 개요

1 총칙

(1) 목적(법 제1조)

모든 근로자가 각자의 능력을 계발·발휘할 수 있는 직업에 취업할 기회를 제공하고, 정부와 민간부문이 협력하여 각 산업에서 필요한 노동력이 원활하게 수급되도록 지원함으로써 근로자의 직업안정을 도모하고 국민경제의 균형있는 발전에 이바지함을 목적으로 한다.

(2) 균등처우(법 제2조)

누구든지 성별, 연령, 종교, 신체적 조건, 사회적 신분 또는 혼인 여부 등을 이유로 직업소개 또는 직업지도를 받거나 고용관계를 결정할 때 차별대우를 받지 아니한다.

> **쌤의 비법노트**
> 직업안정법상 균등처우의 요건으로 '학력', '출신지역', '출신학교', '병력(病歷)'은 포함되어 있지 않습니다.

(3) 용어의 정의(법 제2조의2) 〔필기 출제〕 20, 19, 17, 15, 14, 13, 11, 09, 08, 07, 06, 05, 03년 기출

직업안정기관	직업소개, 직업지도 등 직업안정업무를 수행하는 지방고용노동행정기관
직업소개	구인 또는 구직의 신청을 받아 구직자 또는 구인자를 탐색하거나 구직자를 모집하여 구인자와 구직자 간에 고용계약이 성립되도록 알선하는 것
직업지도	취업하려는 사람이 그 능력과 소질에 알맞은 직업을 쉽게 선택할 수 있도록 하기 위한 직업적성검사, 직업정보의 제공, 직업상담, 실습, 권유 또는 조언, 그 밖에 직업에 관한 지도
무료직업소개사업	수수료, 회비 또는 그 밖의 어떠한 금품도 받지 아니하고 하는 직업소개사업
유료직업소개사업	무료직업소개사업이 아닌 직업소개사업
모집	근로자를 고용하려는 자가 취업하려는 사람에게 피고용인이 되도록 권유하거나 다른 사람으로 하여금 권유하게 하는 것
근로자공급사업	공급계약에 따라 근로자를 타인에게 사용하게 하는 사업(단,「파견근로자 보호 등에 관한 법률」에 따른 근로자파견사업은 제외)
직업정보제공사업	신문, 잡지, 그 밖의 간행물 또는 유선·무선방송이나 컴퓨터통신 등으로 구인·구직 정보 등 직업정보를 제공하는 사업
고용서비스	구인자 또는 구직자에 대한 고용정보의 제공, 직업소개, 직업지도 또는 직업능력개발 등 고용을 지원하는 서비스

> **이렇게 출제된다! 1차 기출 OX**
> Q '근로자공급사업'이란 공급계약에 따라 근로자를 타인에게 사용하게 하는 사업을 말하는 것으로,「파견근로자 보호 등에 관한 법률」에 의한 근로자파견사업도 포함한다?
> A (×)「파견근로자 보호 등에 관한 법률」에 의한 근로자파견사업은 제외한다.

(4) 고용서비스 우수기관 인증(법 제4조의5) 〔필기 출제〕 19, 17, 14, 11, 10년 기출

① 고용노동부장관은 무료직업소개사업, 유료직업소개사업, 직업정보제공사업 등을 하는 자로서 구인자·구직자가 편리하게 이용할 수 있는 시설과 장비를 갖추고 직업소개 또는 취업정보 제공 등의 방법으로 구인자·구직자에 대한 고용서비스 향상에 기여하는 기관을 고용서비스 우수기관으로 인증할 수 있다.

② 고용노동부장관은 고용서비스 우수기관 인증업무를 한국고용정보원, 그 밖에 고용서비스 우수기관 인증업무를 수행할 능력이 있다고 고용노동부장관이 정하여 고시하는 조직 및 인력 기준을 갖춘 법인 또는 단체에 위탁할 수 있다(시행령 제2조의5).

③ 고용노동부장관은 고용서비스 우수기관으로 인증을 받은 자가 다음의 어느 하나에 해당하면 인증을 취소할 수 있다.

- 거짓이나 그 밖의 부정한 방법으로 인증을 받은 경우
- 정당한 사유 없이 1년 이상 계속 사업 실적이 없는 경우
- 인증기준을 충족하지 못하게 된 경우
- 고용서비스 우수기관으로 인증을 받은 자가 폐업한 경우

④ 고용서비스 우수기관 인증의 유효기간은 인증일부터 3년으로 한다.

⑤ 고용서비스 우수기관으로 인증을 받은 자가 인증의 유효기간이 지나기 전에 다시 인증을 받으려면 유효기간 만료 60일 전까지 고용노동부장관에게 재인증을 신청하여야 한다(시행령 제2조의6).

> **쌤의 비법노트**
> 고용서비스 우수기관의 인증권자는 '직업안정기관의 장'이 아닌 '고용노동부장관'입니다. 고용노동부장관은 해당 업무를 '한국고용정보원' 등에 위탁할 수 있습니다.

2 직업안정기관의 장이 하는 직업소개

(1) 구인의 신청(법 제8조 및 시행령 제5조) 〔필기 출제〕 19, 18, 12, 10, 03년 기출

① 구인신청은 원칙적으로 구인자의 사업장소재지를 관할하는 직업안정기관에 하여야 한다.
② 직업안정기관의 장은 구인신청의 수리를 거부하여서는 아니 된다. 다만, 다음의 어느 하나에 해당하는 경우에는 그러하지 아니하다.

- 구인신청의 내용이 법령을 위반한 경우
- 구인신청의 내용 중 임금, 근로시간, 그 밖의 근로조건이 통상적인 근로조건에 비하여 현저하게 부적당하다고 인정되는 경우
- 구인자가 구인조건을 밝히기를 거부하는 경우
- 구인자가 구인신청 당시 「근로기준법」에 따라 명단이 공개 중인 체불사업주인 경우

> **이렇게 출제된다! 1차 기출 OX**
> **Q** 구인신청을 구인자의 사업장 소재지를 관할하는 직업안정기관에 하지 않은 경우에도 직업안정기관의 장은 구인신청의 수리를 거부할 수 없다?
> **A** (○)

(2) 구직의 신청(법 제9조 및 시행령 제6조) 〔필기 출제〕 14년 기출

① 직업안정기관의 장은 구직신청의 수리를 거부하여서는 아니 된다. 다만, 그 신청 내용이 법령을 위반한 경우에는 그러하지 아니하다.
② 직업안정기관의 장이 구직신청의 수리를 거부하는 경우에는 구직자에게 그 이유를 설명하여야 한다.

③ 직업안정기관의 장이 구직신청을 수리한 때에는 해당 구직자가 「고용보험법」에 따른 구직급여의 수급자격이 있는지를 확인하여 수급자격이 있다고 인정되는 경우에는 구직급여지급을 위하여 필요한 조치를 취하여야 한다.

(3) 구인·구직 신청의 유효기간 등(시행규칙 제3조) 〔필기 출제〕 17, 14년 기출

① 수리된 구인신청의 유효기간은 15일 이상 2개월 이내에서 구인업체가 정한다.
② 수리된 구직신청의 유효기간은 3개월로 한다. 다만, 구직급여 수급자, 직업훈련 또는 직업안정기관의 취업지원 프로그램에 참여하는 구직자의 구직신청의 유효기간은 해당 프로그램의 종료시점을 고려하여 직업안정기관의 장이 따로 정할 수 있고, 국외 취업 희망자의 구직신청의 유효기간은 6개월로 한다.
③ 직업안정기관의 장은 접수된 구인신청서 및 구직신청서를 1년간 관리·보관하여야 한다.
④ 직업안정기관의 장은 관할구역의 읍·면·동사무소에 구인신청서와 구직신청서를 갖추어 두어 구인자·구직자의 편의를 도모하여야 한다.

> **쌤의 비법노트**
> '수리된 구인신청의 유효기간'과 '수리된 구직신청의 유효기간'을 혼동하지 않도록 합시다.

(4) 직업소개의 원칙 및 준수사항(법 제11조, 시행령 제7조 및 제8조)
〔필기 출제〕 18, 16, 12, 06, 05년 기출

① 직업안정기관의 장은 구직자에게는 그 능력에 알맞은 직업을 소개하고, 구인자에게는 구인조건에 적합한 구직자를 소개하도록 노력하여야 한다.
② 직업안정기관의 장은 가능하면 구직자가 통근할 수 있는 지역에서 직업을 소개하도록 노력하여야 한다.
③ 직업안정기관의 장이 직업소개업무를 행할 때에는 구인자 또는 구직자 어느 한쪽의 이익에 치우치지 아니하도록 한다.
④ 직업안정기관의 장은 구직자가 취업할 직업에 쉽게 적응할 수 있도록 종사하게 될 업무의 내용, 임금, 근로시간, 그 밖의 근로조건에 대하여 상세히 설명한다.
⑤ 구인자가 직업안정기관에서 구직자를 소개받은 때에는 그 채용여부를 직업안정기관의 장에게 통보하여야 한다.

(5) 직업소개의 절차(시행령 제4조) 〔필기 출제〕 09, 07, 05년 기출

직업안정기관의 장은 다음의 절차에 따라 직업소개를 하여야 한다.

> 구인·구직에 필요한 기초적인 사항의 확인 → 구인·구직 신청의 수리 → 구인·구직의 상담 → 직업 또는 구직자의 알선 → 취업 또는 채용 여부의 확인

> **쌤의 비법노트**
> 직업안정법상 직업소개의 절차에서 처음과 끝에 '확인' 과정을 거친다는 점을 기억해 두세요.

Comment

"~하여야 한다"와 "~노력하여야 한다"를 반드시 구분하시기 바랍니다. 전자는 강제조항, 후자는 노력조항으로 불리는 것으로서, 강제조항이 강제적 의무를 부과하는 것인 반면, 노력조항은 최선의 노력의무를 요구하는 것으로 엄격한 법적 구속성이 없으며, 단지 훈시적·도의적 구속성만을 가집니다. 참고로 "~할 수 있다"는 임의조항으로 불리는 것으로서, 당사자의 자율적인 의사에 맡기는 것입니다.

3 직업안정기관의 장이 하는 직업지도

(1) 직업지도의 대상(법 제14조) 필기 출제 12년 기출

직업안정기관의 장은 다음의 어느 하나에 해당하는 사람에게 직업지도를 하여야 한다.

- 새로 취업하려는 사람
- 신체 또는 정신에 장애가 있는 사람
- 그 밖에 취업을 위하여 특별한 지도가 필요한 사람

(2) 직업지도의 방법(시행령 제9조) 필기 출제 06년 기출

① 직업안정기관의 장이 신체 또는 정신에 장애가 있는 자에 대하여 직업지도를 하는 경우에는 소속직원 중에서 이에 대한 특별한 지식과 기능을 가진 자로 하여금 담당하게 하여야 한다.

② 직업안정기관의 장은 직업지도를 받아 취업한 사람이 그 직업에 쉽게 적응할 수 있도록 하기 위하여 필요하다고 인정하는 경우에는 취업 후에도 직업지도를 실시할 수 있다.

③ 직업안정기관의 장은 효과적인 직업지도를 위하여 필요하다고 인정하는 경우에는 구직자에 대한 직업적성검사 · 흥미검사 · 직업선호도검사 기타 필요한 검사를 실시할 수 있다.

4 고용정보의 제공

(1) 고용정보의 수집 · 제공(법 제16조)

직업안정기관의 장은 관할 지역의 각종 고용정보를 수시로 또는 정기적으로 수집하고 정리하여 구인자, 구직자, 그 밖에 고용정보가 필요한 자에게 적극적으로 제공하여야 한다.

(2) 고용정보의 내용(시행령 제12조) 필기 출제 20, 16, 10년 기출

직업안정기관의 장이 수집 · 제공하여야 할 고용정보는 다음과 같다.

- 경제 및 산업동향
- 노동시장, 고용 · 실업동향
- 임금, 근로시간 등 근로조건
- 직업에 관한 정보
- 채용 · 승진 등 고용관리에 관한 정보
- 직업능력개발훈련에 관한 정보
- 고용관련 각종지원 및 보조제도
- 구인 · 구직에 관한 정보

이렇게 출제된다! 1차 기출 OX

Q 직업안정법상 직업안정기관의 장이 직업지도를 하여야 하는 구체적인 대상으로 국민기초생활 보장법상의 수급자가 명시되어 있다?

A (×) 명시되어 있지 않다.

쌤의 비법노트

직업안정법령상 직업안정기관의 장이 수집 · 제공하여야 할 고용정보의 내용에 '직업안정기관의 명칭 및 소재지', '직무분석의 방법과 절차' 등은 포함되지 않습니다.

02절 주요 내용

1 직업소개사업 및 직업정보제공사업

(1) 무료직업소개사업(법 제18조) 필기 출제 22, 20, 17, 16, 15, 11, 08, 03년 기출

① 무료직업소개사업은 소개대상이 되는 근로자가 취업하려는 장소를 기준으로 하여 국내 무료직업소개사업과 국외 무료직업소개사업으로 구분한다.
② 국내 무료직업소개사업을 하려는 자는 주된 사업소의 소재지를 관할하는 특별자치도지사 · 시장 · 군수 및 구청장에게 신고하여야 하고, 국외 무료직업소개사업을 하려는 자는 고용노동부장관에게 신고하여야 한다. 신고한 사항을 변경하려는 경우에도 또한 같다.
③ 무료직업소개사업을 하려는 자는 그 설립목적 및 사업내용이 무료직업소개사업에 적합하고, 당해 사업의 유지 · 운영에 필요한 조직 및 자산을 갖춘 비영리법인 또는 공익단체이어야 한다(시행령 제14조 제1항).
④ 다음의 어느 하나에 해당하는 직업소개의 경우에는 신고를 하지 아니하고 무료직업소개사업을 할 수 있다.

> - 「한국산업인력공단법」에 따른 한국산업인력공단이 하는 직업소개
> - 「장애인고용촉진 및 직업재활법」에 따른 한국장애인고용공단이 장애인을 대상으로 하는 직업소개
> - 교육 관계법에 따른 각급 학교의 장, 「국민 평생 직업능력 개발법」에 따른 공공직업훈련시설의 장이 재학생 · 졸업생 또는 훈련생 · 수료생을 대상으로 하는 직업소개
> - 「산업재해보상보험법」에 따른 근로복지공단이 업무상 재해를 입은 근로자를 대상으로 하는 직업소개

(2) 유료직업소개사업(법 제19조) 필기 출제 20, 18, 16, 12~09, 05, 03년 기출

① 유료직업소개사업은 소개대상이 되는 근로자가 취업하려는 장소를 기준으로 하여 국내 유료직업소개사업과 국외 유료직업소개사업으로 구분한다.
② 국내 유료직업소개사업을 하려는 자는 주된 사업소의 소재지를 관할하는 특별자치도지사 · 시장 · 군수 및 구청장에게 등록하여야 하고, 국외 유료직업소개사업을 하려는 자는 고용노동부장관에게 등록하여야 한다. 등록한 사항을 변경하려는 경우에도 또한 같다.
③ 등록을 하고 유료직업소개사업을 하려는 자는 원칙적으로 둘 이상의 사업소를 둘 수 없다.
④ 등록을 하고 유료직업소개사업을 하는 자는 고용노동부장관이 결정 · 고시한 요금 외의 금품을 받아서는 아니 된다. 다만, 고용노동부령으로 정하는 고급 · 전문인력을 소개하는 경우에는 당사자 사이에 정한 요금을 구인자로부터 받을 수 있다.
⑤ 고용노동부장관이 유료직업소개사업의 요금을 결정하려는 경우에는 고용정책심의회의 심의를 거쳐야 한다.

쌤의 비법노트

'01절 개요'에서 직업안정기관의 장이 하는 직업소개 및 직업지도 등을 다루었다면, '02절 주요 내용'에서는 직업안정기관의 장 외의 자가 하는 각종 사업 등을 다룹니다.

쌤의 비법노트

한국산업인력공단, 한국장애인고용공단, 근로복지공단은 국민 평생 직업능력 개발법령에 따라 공공직업훈련시설을 설치할 수 있는 공공단체에 해당합니다(주의 : 대한상공회의소는 해당 없음).

이렇게 출제된다! 1차 기출 OX

Q 국외 유료직업소개사업을 하려는 자는 고용노동부장관에게 등록하여야 한다?
A (○)

> **더 알아보기**
>
> **유료직업소개사업의 등록을 할 수 있는 자**(시행령 제21조 참조) 〔필기 출제〕 21, 09, 08, 07, 04년 기출
> - 「국가기술자격법」에 의한 직업상담사 1급 또는 2급의 국가기술자격이 있는 자
> - 직업소개사업의 사업소, 「국민 평생 직업능력 개발법」에 의한 직업능력개발훈련시설, 「초·중등교육법」 및 「고등교육법」에 의한 학교, 「청소년기본법」에 의한 청소년단체에서 직업상담·직업지도·직업훈련 기타 직업소개와 관련이 있는 상담업무에 2년 이상 종사한 경력이 있는 자
> - 「공인노무사법」에 의한 공인노무사 자격을 가진 자
> - 조합원이 100인 이상인 단위노동조합, 산업별 연합단체인 노동조합 또는 총연합단체인 노동조합에서 노동조합업무전담자로 2년 이상 근무한 경력이 있는 자
> - 상시사용근로자 300인 이상인 사업 또는 사업장에서 노무관리업무전담자로 2년 이상 근무한 경력이 있는 자
> - 국가공무원 또는 지방공무원으로서 2년 이상 근무한 경력이 있는 자
> - 「초·중등교육법」에 의한 교원자격증을 가지고 있는 자로서 교사근무경력이 2년 이상인 자
> - 「사회복지사업법」에 따른 사회복지사 자격증을 가진 사람

쌤의 비법노트

유료직업소개사업의 등록을 할 수 있는 자의 관련 경력에 있어서 경력연수 조건은 동일하게 '2년 이상'입니다.

(3) 금지와 제한

① 명의대여 등의 금지(법 제21조)

유료직업소개사업을 등록한 자는 타인에게 자기의 성명 또는 상호를 사용하여 직업소개사업을 하게 하거나 그 등록증을 대여하여서는 아니 된다.

② 선급금의 수령 금지(법 제21조의2) 〔필기 출제〕 18, 13, 12, 05년 기출

등록을 하고 유료직업소개사업을 하는 자 및 그 종사자는 구직자에게 제공하기 위하여 구인자로부터 선급금을 받아서는 아니 된다.

③ 연소자에 대한 직업소개의 제한(법 제21조의3) 〔필기 출제〕 14년 기출

무료직업소개사업 또는 유료직업소개사업을 하는 자와 그 종사자는 구직자의 연령을 확인하여야 하며, 18세 미만의 구직자를 소개하는 경우에는 친권자나 후견인의 취업동의서를 받아야 한다.

④ 유료직업소개사업의 종사자 배치(법 제22조) 〔필기 출제〕 15년 기출

등록을 하고 유료직업소개사업을 하는 자는 사업소별로 고용노동부령으로 정하는 자격을 갖춘 직업상담원을 1명 이상 고용하여야 하며, 유료직업소개사업의 종사자 중 직업상담원이 아닌 사람은 직업소개에 관한 사무를 담당하여서는 아니 된다.

이렇게 출제된다! 1차 기출 OX

Q 유료직업소개사업을 하는 자는 구직자에게 제공하기 위하여 구인자로부터 선급금을 받아 구직의 편의를 도모할 수 있다?

A (×) 구인자로부터 선급금을 받아서는 아니 된다.

쌤의 비법노트

유료직업소개사업을 하는 자가 사업소별로 고용하여야 하는 직업상담원의 자격과 관련하여 공인노무사, 사회복지사, 직업상담사를 제외한 사람의 경력조건이 공통적으로 '2년 이상'이라는 점을 기억해 두세요.

> **더 알아보기**
>
> **유료직업소개사업을 하는 자가 사업소별로 고용하여야 하는 직업상담원의 자격(시행규칙 제19조 참조)**
>
> 필기 출제 16, 11년 기출
>
> - 소개하려는 직종별로 해당 직종에서 2년 이상 근무한 경력이 있는 사람
> - 「국민 평생 직업능력 개발법」에 따른 직업능력개발훈련시설, 「초·중등교육법」 및 「고등교육법」에 따른 학교, 「청소년기본법」에 따른 청소년단체에서 직업상담, 직업지도, 직업훈련, 그 밖에 직업소개와 관련이 있는 상담업무에 2년 이상 종사한 경력이 있는 사람
> - 「공인노무사법」에 따른 공인노무사
> - 노동조합의 업무, 사업체의 노무관리업무 또는 공무원으로서 행정 분야에 2년 이상 근무한 경력이 있는 사람
> - 「사회복지사업법」에 따른 사회복지사
> - 「초·중등교육법」에 따른 교원자격증을 가진 사람으로서 교사 근무 경력이 2년 이상인 사람 또는 「고등교육법」에 따른 교원으로서 교원 근무 경력이 2년 이상인 사람
> - 직업소개사업의 사업소에서 2년 이상 근무한 경력이 있는 사람
> - 「국가기술자격법」에 따른 직업상담사 1급 또는 2급

(4) 직업정보제공사업

① 직업정보제공사업의 신고(법 제23조)

직업정보제공사업을 하려는 자(무료직업소개사업을 하는 자와 유료직업소개사업을 하는 자는 제외)는 고용노동부장관에게 신고하여야 한다.

② 직업정보제공사업자의 준수사항(법 제25조 및 시행령 제28조)

필기 출제 21, 19, 18, 16, 13, 12, 10, 09, 08년 기출

무료직업소개사업을 하는 자 또는 유료직업소개사업을 하는 자로서 직업정보제공사업을 하는 자와 신고를 하고 직업정보제공사업을 하는 자는 다음의 사항을 준수하여야 한다.

- 구인자가 구인신청 당시 「근로기준법」에 따라 명단이 공개 중인 체불사업주인 경우 그 사실을 구직자가 알 수 있도록 게재할 것
- 「최저임금법」에 따라 결정·고시된 최저임금에 미달되는 구인정보를 제공하지 아니할 것
- 구인자의 업체명, 성명 또는 사업자등록증 등을 확인할 수 없거나 구인자의 연락처가 사서함 등으로 표시되어 구인자의 신원 또는 정보가 확실하지 않은 구인광고를 게재하지 않을 것
- 직업정보제공매체의 구인·구직의 광고에는 구인·구직자의 주소 또는 전화번호를 기재하고, 직업정보제공사업자의 주소 또는 전화번호는 기재하지 아니할 것
- 직업정보제공매체 또는 직업정보제공사업의 광고문에 "(무료)취업상담", "취업추천", "취업지원" 등의 표현을 사용하지 아니할 것
- 구직자의 이력서 발송을 대행하거나 구직자에게 취업추천서를 발부하지 아니할 것
- 직업정보제공매체에 정보이용자들이 알아보기 쉽게 신고로 부여받은 신고번호를 표시할 것(직업소개사업을 겸하는 경우 신고번호 또는 등록번호를 포함)
- 「최저임금법」에 따라 결정 고시된 최저임금에 미달되는 구인정보, 「성매매알선 등 행위의 처벌에 관한 법률」에 따른 금지행위가 행하여지는 업소에 대한 구인광고를 게재하지 아니할 것

쌤의 비법노트

직업정보제공사업자의 준수사항 중 특히 광고상에서 기재할 것과 기재해서는 안 되는 것을 반드시 구분하여야 합니다. 참고로 신원 등이 불명확한 구인자의 구인광고로 인한 구직자의 피해를 최소화하기 위해 구인자의 업체명(또는 성명) 외에 사업자등록증을 확인할 수 있도록 시행령 개정이 이루어졌습니다.

(5) 겸업 금지(법 제26조 및 시행령 제29조) 필기 출제 22, 21, 20, 19, 13, 10, 06, 04년 기출

직업소개사업자(법인의 임원도 포함) 또는 그 종사자는 다음의 어느 하나에 해당하는 사업을 경영할 수 없다.

> - 「결혼중개업의 관리에 관한 법률」에 따른 결혼중개업
> - 「공중위생관리법」에 따른 숙박업
> - 「식품위생법 시행령」에 따른 식품접객업 중 휴게음식점영업으로서 주로 다류(茶類)를 조리·판매하는 영업(영업자 또는 종업원이 영업장을 벗어나 다류를 배달·판매하면서 소요 시간에 따라 대가를 받는 형태로 운영하는 경우로 한정)
> - 「식품위생법 시행령」에 따른 식품접객업 중 단란주점영업
> - 「식품위생법 시행령」에 따른 식품접객업 중 유흥주점영업

쌤의 비법노트
2024년 1월 23일 법 개정에 따라 직업소개사업 관련 겸업 금지 의무의 적용대상이 직업소개사업의 종사자까지 확대되었습니다.

2 근로자의 모집

(1) 근로자 및 국외 취업자의 모집

① 근로자의 모집(법 제28조)

근로자를 고용하려는 자는 광고, 문서 또는 정보통신망 등 다양한 매체를 활용하여 자유롭게 근로자를 모집할 수 있다.

② 국외 취업자의 모집 등(법 제30조 및 제31조) 필기 출제 21년 기출

㉠ 누구든지 국외에 취업할 근로자를 모집한 경우에는 고용노동부장관에게 신고하여야 한다.

㉡ 고용노동부장관은 근로자의 모집을 원활하게 하기 위하여 필요하다고 인정할 때에는 국외취업을 희망하는 근로자를 미리 등록하게 할 수 있다(시행령 제31조 제3항).

㉢ 고용노동부장관은 건전한 모집질서를 확립하기 위하여 필요하다고 인정하는 경우에는 근로자 모집방법 등의 개선을 권고할 수 있다.

(2) 금품 등의 수령 금지(법 제32조) 필기 출제 21, 20, 14년 기출

① 근로자를 모집하려는 자와 그 모집업무에 종사하는 자는 어떠한 명목으로든 응모자로부터 그 모집과 관련하여 금품을 받거나 그 밖의 이익을 취하여서는 아니 된다. 다만, 유료직업소개사업을 하는 자가 구인자의 의뢰를 받아 구인자가 제시한 조건에 맞는 자를 모집하여 직업소개한 경우에는 그러하지 아니하다.

② 금품 등의 수령 금지 규정을 위반하여 금품이나 그 밖의 이익을 취한 자는 5년 이하의 징역 또는 5천만원 이하의 벌금에 처한다(법 제47조 제5호).

쌤의 비법노트
'금품 등의 수령 금지'에 관한 규정은 원칙적으로 무료직업소개사업을 하는 자가 그 모집과 관련하여 금품 등을 받는 것을 금지하고 있는 것일 뿐 유료직업소개사업을 하는 자의 금품 등의 수령을 금지하는 것은 아닙니다.

3 근로자공급사업 필기 출제 14, 13, 09, 08, 04, 03년 기출

(1) 근로자공급사업(법 제33조) 필기 출제 21, 20, 18, 15년 기출

① 누구든지 고용노동부장관의 허가를 받지 아니하고는 근로자공급사업을 하지 못한다.
② 근로자공급사업 허가의 유효기간은 3년으로 하되, 유효기간이 끝난 후 계속하여 근로자공급사업을 하려는 자는 고용노동부령으로 정하는 바에 따라 연장허가를 받아야 한다. 이 경우 연장허가의 유효기간은 연장 전 허가의 유효기간이 끝나는 날부터 3년으로 한다.
③ 근로자공급사업은 공급대상이 되는 근로자가 취업하려는 장소를 기준으로 국내 근로자공급사업과 국외 근로자공급사업으로 구분하며, 각각의 사업의 허가를 받을 수 있는 자의 범위는 다음과 같다.

국내 근로자공급사업	「노동조합 및 노동관계조정법」에 따른 노동조합
국외 근로자공급사업	국내에서 제조업·건설업·용역업, 그 밖의 서비스업을 하고 있는 자(단, 연예인을 대상으로 하는 국외 근로자공급사업의 허가를 받을 수 있는 자는 「민법」에 따른 비영리법인으로 함)

④ 국외 근로자공급사업을 하려는 자는 국내에 소재하여야 하며, 1억원 이상의 납입자본금과 2명 이상이 상담할 수 있는 독립된 공간의 사무실을 갖추어야 한다(시행령 제33조 제3항).

(2) 국외 공급 근로자의 보호 등(시행규칙 제41조) 필기 출제 13, 10년 기출

국외 근로자공급사업자는 다음의 기준에 따라 국외 공급 근로자를 보호하고 국외 근로자공급사업을 관리하여야 한다.

- 공급대상 국가로부터 취업자격을 취득한 근로자만을 공급할 것
- 공급 근로자를 공급계약 외의 업무에 종사하게 하거나 공급계약기간을 초과하여 체류하게 하지 아니할 것
- 국외의 임금수준 등을 고려하여 공급 근로자에게 적정 임금을 보장할 것
- 임금은 매월 1회 이상 일정한 기일을 정하여 통화로 직접 해당 근로자에게 그 전액을 지급할 것
- 공급 근로자의 출국일자, 국외 취업기간, 현 근무처 및 귀국일자 등을 기록한 명부, 임금대장, 고충처리 상황 등 사항을 작성·관리할 것

더 알아보기

직업안정기관의 장 외의 자가 행하는 직업안정사업의 규제방식
필기 출제 22, 20, 18~14, 12, 11, 10, 09, 04, 03년 기출

- 국내 무료직업소개사업 : 특별자치도지사·시장·군수 및 구청장에게 신고
- 국외 무료직업소개사업 : 고용노동부장관에게 신고
- 국내 유료직업소개사업 : 특별자치도지사·시장·군수 및 구청장에게 등록
- 국외 유료직업소개사업 : 고용노동부장관에게 등록
- 직업정보제공사업 : 고용노동부장관에게 신고
- 국외 취업자 모집 : 고용노동부장관에게 신고
- 근로자공급사업 : 고용노동부장관의 허가

쌤의 비법노트

근로자공급사업에 대해 고용노동부장관의 허가를 받도록 한 취지는 제3자가 근로자의 취업에 개입하여 영리를 취하거나 임금 등을 착취하는 등 근로자의 이익이 침해되는 것을 방지하려는 데 있습니다.

이렇게 출제된다! 1차 기출 OX

Q 국외 공급 근로자의 보호 및 국외 근로자공급사업의 관리를 위해 공급 국가로부터 취업자격을 취득한 근로자만을 공급하여야 한다?

A (×) '공급대상 국가'로부터 취업자격을 취득한 근로자만을 공급하여야 한다.

> **Comment**
> 현행법은 국내 유·무료직업소개사업에 대한 등록·신고 및 지도·단속 업무를 시·군·구 등 지자체에서 수행하도록 규정하고 있으나, 국외 유·무료직업소개사업에 대해서는 고용노동부장관이 이를 수행하도록 규정하고 있습니다. 이에 국외 유·무료직업소개사업 관련 업무를 지자체로 이양하여, 등록·신고 및 지도·단속 등 처리 주체를 일원화할 필요성이 제기되어 왔습니다. 최근 이와 관련하여 고용노동부에서 국외 유·무료직업소개사업의 등록·신고 등 관련 권한을 지자체로 이양하는 내용의 법 개정을 추진하고 있으므로, 향후 개정 추이를 지켜볼 필요가 있겠습니다.

4 보칙

(1) 거짓 구인광고 등 금지 필기 출제 08, 07년 기출

① 거짓 구인광고의 금지(법 제34조)

직업소개사업, 근로자 모집 또는 근로자공급사업을 하는 자나 이에 종사하는 사람은 거짓 구인광고를 하거나 거짓 구인조건을 제시하여서는 아니 된다. 이를 위반한 자는 5년 이하의 징역 또는 5천만원 이하의 벌금에 처한다(법 제47조 제6호).

② 거짓 구인광고의 범위(시행령 제34조)

- 구인을 가장하여 물품판매·수강생모집·직업소개·부업알선·자금모금 등을 행하는 광고
- 거짓 구인을 목적으로 구인자의 신원(업체명 또는 성명)을 표시하지 아니하는 광고
- 구인자가 제시한 직종·고용형태·근로조건 등이 응모할 때의 그것과 현저히 다른 광고
- 기타 광고의 중요내용이 사실과 다른 광고

(2) 결격사유(법 제38조) 필기 출제 22년 기출

다음의 어느 하나에 해당하는 자는 직업소개사업의 신고·등록을 하거나 근로자공급사업의 허가를 받을 수 없다.

- 미성년자, 피성년후견인 및 피한정후견인
- 파산선고를 받고 복권되지 아니한 자
- 금고 이상의 실형을 선고받고 그 집행이 끝나거나 집행을 하지 아니하기로 확정된 날부터 2년이 지나지 아니한 자
- 이 법, 「성매매알선 등 행위의 처벌에 관한 법률」, 「풍속영업의 규제에 관한 법률」 또는 「청소년 보호법」을 위반하거나 직업소개사업과 관련된 행위로 「선원법」을 위반한 자로서 다음의 어느 하나에 해당하는 자
  - 금고 이상의 실형을 선고받고 그 집행이 끝나거나 집행을 하지 아니하기로 확정된 날부터 3년이 지나지 아니한 자
  - 금고 이상의 형의 집행유예를 선고받고 그 유예기간이 끝난 날부터 3년이 지나지 아니한 자
  - 벌금형이 확정된 후 2년이 지나지 아니한 자
- 금고 이상의 형의 집행유예를 선고받고 그 유예기간 중에 있는 자
- 해당 사업의 등록이나 허가가 취소된 후 5년이 지나지 아니한 자
- 임원 중에 위의 결격사유의 어느 하나에 해당하는 자가 있는 법인

이렇게 출제된다! 1차 기출 OX

Q 근로자공급사업의 허가가 취소된 후 7년이 지난 자는 근로자공급사업의 허가를 받을 수 있다?

A (○)

(3) 장부 등의 작성·비치

① 장부 등의 작성·비치 의무(법 제39조)

유료직업소개사업의 등록을 하거나 근로자공급사업의 허가를 받은 자는 고용노동부령으로 정하는 바에 따라 장부·대장이나 그 밖에 필요한 서류를 작성하여 갖추어 두어야 한다. 이 경우 장부·대장은 전자적 방법으로 작성·관리할 수 있다.

② 장부 등의 비치 기간(시행규칙 제26조 및 제40조)

㉠ 유료직업소개사업의 장부 비치 기간 : 2년 필기 출제 20, 15, 11년 기출

- 종사자명부
- 구인신청서
- 구인접수대장
- 구직신청서
- 구직접수 및 직업소개대장
- 소개요금약정서
- 일용근로자 회원명부(일용근로자를 회원제로 소개·운영하는 경우만 해당)
- 금전출납부 및 금전출납 명세서

(단, 일용근로자의 직업소개에 대해서는 구인신청서, 구직신청서, 소개요금약정서 서류를 작성하여 갖추어 두지 아니할 수 있음)

㉡ 근로자공급사업의 장부 비치 기간 : 3년

- 사업계획서
- 근로자명부
- 공급 요청 접수부 또는 공급계약서
- 근로자공급대장
- 경리 관련 장부
- 공급 근로자 임금대장

1차 기출 OX

Q 직업안정법규상 유료직업소개사업자는 구인신청서 및 구직신청서를 2년간 비치하여야 한다?

A (○)

… 제5과목 고용노동관계법규(Ⅰ)

CHAPTER 05 출제 유형 알아보기

01절 개요

01 다음 중 직업안정법에서 사용하는 용어의 정의로 옳지 않은 것은?

① "직업소개"란 구인 또는 구직의 신청을 받아 구직자 또는 구인자를 탐색하거나 구직자를 모집하여 구인자와 구직자 간에 고용계약이 성립되도록 알선하는 것을 말한다.
② "직업지도"란 구인자 또는 구직자에 대한 고용정보의 제공, 직업소개, 직업지도 또는 직업능력개발 등 고용을 지원하는 서비스를 말한다.
③ "직업안정기관"이란 직업소개, 직업지도 등 직업안정업무를 수행하는 지방고용노동행정기관을 말한다.
④ "모집"이란 근로자를 고용하려는 자가 취업하려는 사람에게 피고용인이 되도록 권유하거나 다른 사람으로 하여금 권유하게 하는 것을 말한다.

> **해설**
> "직업지도"의 정의(직업안정법 제2조의2 제3호)
> 취업하려는 사람이 그 능력과 소질에 알맞은 직업을 쉽게 선택할 수 있도록 하기 위한 직업적성검사, 직업정보의 제공, 직업상담, 실습, 권유 또는 조언, 그 밖에 직업에 관한 지도를 말한다.

02 다음 중 직업안정법상 고용서비스 우수기관 인증에 대한 설명으로 옳은 것은?

① 고용서비스 우수기관 인증의 유효기간은 인증일부터 1년으로 한다.
② 고용노동부장관은 고용서비스 우수기관 인증업무를 한국고용정보원에 위탁할 수 있다.
③ 고용노동부장관은 고용서비스 우수기관으로 인증을 받은 자가 정당한 사유 없이 6개월 이상 계속 사업 실적이 없는 경우 그 인증을 취소할 수 있다.
④ 고용서비스 우수기관으로 인증을 받은 자가 인증의 유효기간이 지나기 전에 다시 인증을 받으려면 유효기간 만료 30일 전까지 고용노동부장관에게 재인증을 신청하여야 한다.

> **해설**
> ① 고용서비스 우수기관 인증의 유효기간은 인증일부터 3년으로 한다(직업안정법 제4조의5 제5항).
> ③ 고용노동부장관은 고용서비스 우수기관으로 인증을 받은 자가 정당한 사유 없이 1년 이상 계속 사업 실적이 없는 경우 그 인증을 취소할 수 있다(동법 제4조의5 제4항 제2호).
> ④ 고용서비스 우수기관으로 인증을 받은 자가 인증의 유효기간이 지나기 전에 다시 인증을 받으려면 유효기간 만료 60일 전까지 고용노동부장관에게 재인증을 신청하여야 한다(동법 제4조의5 제6항 및 시행령 제2조의6 참조).

03 다음 중 직업안정법령상 직업안정기관의 장이 구인자의 구인신청의 수리를 거부할 수 없는 경우에 해당하는 것은?

① 구인신청을 구인자의 사업장소재지를 관할하는 직업안정기관에 하였을 경우
② 구인신청의 내용 중 임금 등 근로조건이 통상적인 근로조건에 비하여 현저하게 부적당하다고 인정되는 경우
③ 구인신청의 내용이 법령을 위반한 경우
④ 구인자가 구인조건을 밝히기를 거부하는 경우

해설

구인의 신청(직업안정법 제8조)
직업안정기관의 장은 구인신청의 수리를 거부하여서는 아니 된다. 다만, 다음의 어느 하나에 해당하는 경우에는 그러하지 아니하다.
- 구인신청의 내용이 법령을 위반한 경우(③)
- 구인신청의 내용 중 임금, 근로시간, 그 밖의 근로조건이 통상적인 근로조건에 비하여 현저하게 부적당하다고 인정되는 경우(②)
- 구인자가 구인조건을 밝히기를 거부하는 경우(④)
- 구인자가 구인신청 당시 「근로기준법」에 따라 명단이 공개 중인 체불사업주인 경우

04 다음 중 직업안정법상 구인 · 구직의 신청에 관한 설명으로 옳은 것은?

① 국외 취업희망자의 구직신청의 유효기간은 1년으로 한다.
② 수리된 구인신청의 유효기간은 3개월이다.
③ 직업안정기관의 장은 관할구역의 읍 · 면 · 동사무소에 구인신청서와 구직신청서를 갖추어 두어 구인자 · 구직자의 편의를 도모하여야 한다.
④ 직업안정기관의 장은 접수된 구인신청서 및 구직신청서를 3년간 관리 · 보관하여야 한다.

해설

① 국외 취업희망자의 구직신청의 유효기간은 6개월로 한다(직업안정법 시행규칙 제3조 제2항 참조).
② 수리된 구인신청의 유효기간은 15일 이상 2개월 이내에서 구인업체가 정한다(동법 시행규칙 제3조 제1항).
④ 직업안정기관의 장은 접수된 구인신청서 및 구직신청서를 1년간 관리 · 보관하여야 한다(동법 시행규칙 제3조 제3항).

05 다음 중 직업안정법상 직업소개의 원칙으로 옳지 않은 것은?

① 구직자의 능력에 알맞은 직업을 소개하도록 노력한다.
② 구인자에게는 구인조건에 적합한 구직자를 소개하도록 노력한다.
③ 구직자에게 광범위한 지역에 걸쳐 직업소개를 하도록 노력한다.
④ 구직자에게 종사하게 될 업무의 내용, 임금, 근로시간 등에 대하여 상세히 설명한다.

해설

③ 직업안정기관의 장은 가능하면 구직자가 통근할 수 있는 지역에서 직업을 소개하도록 노력하여야 한다(직업안정법 제11조 제2항).

02절 주요 내용

06 다음 중 직업안정법상 신고를 하지 아니하고 무료직업소개사업을 할 수 있는 기관 혹은 단체에 해당하지 않는 것은?

① 대한상공회의소
② 한국산업인력공단
③ 한국장애인고용공단
④ 교육 관계법에 따른 각급 학교의 장

해설

신고를 하지 아니하고 무료직업소개사업을 할 수 있는 기관 혹은 단체(직업안정법 제18조 제4항 참조)
- 「한국산업인력공단법」에 따른 한국산업인력공단이 하는 직업소개(②)
- 「장애인고용촉진 및 직업재활법」에 따른 한국장애인고용공단이 장애인을 대상으로 하는 직업소개(③)
- 교육 관계법에 따른 각급 학교의 장, 「국민 평생 직업능력 개발법」에 따른 공공직업훈련시설의 장이 재학생·졸업생 또는 훈련생·수료생을 대상으로 하는 직업소개(④)
- 「산업재해보상보험법」에 따른 근로복지공단이 업무상 재해를 입은 근로자를 대상으로 하는 직업소개

07 다음 중 직업안정법에 대한 설명으로 옳지 않은 것은?

① 국내 무료직업소개사업을 하려는 자는 주된 사업소의 소재지를 관할하는 특별자치도지사·시장·군수 및 구청장에게 신고하여야 한다.
② 국내 유료직업소개사업을 하려는 자는 주된 사업소의 소재지를 관할하는 특별자치도지사·시장·군수 및 구청장에게 등록하여야 한다.
③ 이 법에 따라 무료직업소개사업이나 유료직업소개사업을 하는 자 이외의 직업정보제공사업을 하려는 자는 고용노동부장관에게 신고하여야 한다.
④ 누구든지 국외에 취업할 근로자를 모집한 경우에는 고용노동부장관에게 등록하여야 한다.

해설

④ 누구든지 국외에 취업할 근로자를 모집한 경우에는 고용노동부장관에게 신고하여야 한다(직업안정법 제30조 제1항).

08 다음 중 직업안정법규상 유료직업소개사업을 하는 자가 사업소별로 고용하여야 하는 직업상담원의 자격으로 옳지 않은 것은?

① 「국가기술자격법」에 따른 직업상담사 1급 또는 2급
② 「사회복지사업법」에 따른 사회복지사
③ 「공인노무사법」에 따른 공인노무사
④ 「고등교육법」에 따른 교원으로서 교원 근무 경력이 1년 이상인 사람

해설

④ 「고등교육법」에 따른 교원으로서 교원 근무 경력이 2년 이상인 사람(직업안정법 시행규칙 제19조 제7호)

정답 06 ① 07 ④ 08 ④

09 다음 중 직업안정법령상 직업정보제공사업자의 준수사항에 해당하지 않는 것은?

① 구인자의 업체명, 성명 또는 사업자등록증 등을 확인할 수 없거나 구인자의 연락처가 사서함 등으로 표시되어 구인자의 신원 또는 정보가 확실하지 않은 구인광고를 게재하지 않을 것
② 직업정보제공매체의 구인·구직의 광고에는 구인·구직자 및 직업정보제공사업자의 주소 또는 전화번호를 기재할 것
③ 직업정보제공사업의 광고문에 "(무료)취업상담", "취업추천", "취업지원" 등의 표현을 사용하지 아니할 것
④ 구직자의 이력서 발송을 대행하거나 구직자에게 취업추천서를 발부하지 아니할 것

해설
② 직업정보제공매체의 구인·구직의 광고에는 구인·구직자의 주소 또는 전화번호를 기재하고, 직업정보제공사업자의 주소 또는 전화번호는 기재하지 아니할 것(직업안정법 시행령 제28조 제2호)

10 다음 중 직업안정법령상 근로자공급사업에 대한 설명으로 옳은 것은?

① 누구든지 특별자치도지사·시장·군수 및 구청장의 허가를 받지 아니하고는 근로자공급사업을 하지 못한다.
② 근로자공급사업 연장허가의 유효기간은 연장 전 허가의 유효기간이 끝나는 날부터 5년으로 한다.
③ 국내 근로자공급사업 허가를 받을 수 있는 자는 「노동조합 및 노동관계조정법」에 따른 노동조합이다.
④ 연예인을 대상으로 하는 국외 근로자공급사업의 허가를 받을 수 있는 자는 「상법」에 따른 사단법인으로 한다.

해설
① 누구든지 고용노동부장관의 허가를 받지 아니하고는 근로자공급사업을 하지 못한다(직업안정법 제33조 제1항).
② 근로자공급사업 연장허가의 유효기간은 연장 전 허가의 유효기간이 끝나는 날부터 3년으로 한다(동법 제33조 제2항 참조).
④ 연예인을 대상으로 하는 국외 근로자공급사업의 허가를 받을 수 있는 자는 「민법」에 따른 비영리법인으로 한다(동법 제33조 제3항 참조).

CHAPTER 05

제5과목 고용노동관계법규(Ⅰ)

최근 기출문제 파악하기 [1차 필기]

01 직업안정법에 관한 설명으로 틀린 것은? [2022년 1회 기출]

① 국외 무료직업소개사업을 하려는 자는 고용노동부장관의 허가를 받아야 한다.
② 국외 유료직업소개사업을 하려는 자는 고용노동부장관에게 등록하여야 한다.
③ 구인자가 직업안정기관에서 구직자를 소개받은 때에는 그 채용여부를 직업안정기관의 장에게 통보하여야 한다.
④ 누구든지 국외에 취업할 근로자를 모집한 경우에는 고용노동부장관에게 신고하여야 한다.

해설

① 무료직업소개사업은 소개대상이 되는 근로자가 취업하려는 장소를 기준으로 하여 국내 무료직업소개사업과 국외 무료직업소개사업으로 구분하되, 국내 무료직업소개사업을 하려는 자는 주된 사업소의 소재지를 관할하는 특별자치도지사 · 시장 · 군수 및 구청장에게 신고하여야 하고, 국외 무료직업소개사업을 하려는 자는 고용노동부장관에게 신고하여야 한다(직업안정법 제18조 제1항).

02 직업안정법령상 직업소개사업을 겸업할 수 있는 자는? [2022년 2회 기출]

① 식품접객업 중 유흥주점영업자
② 숙박업자
③ 경비용역업자
④ 결혼중개업자

해설

겸업 금지(직업안정법 제26조 및 시행령 제29조 참조)
직업소개사업자(법인의 임원도 포함) 또는 그 종사자는 다음의 어느 하나에 해당하는 사업을 경영할 수 없다.
- 「결혼중개업의 관리에 관한 법률」에 따른 결혼중개업(④)
- 「공중위생관리법」에 따른 숙박업(②)
- 「식품위생법 시행령」에 따른 식품접객업 중 휴게음식점영업으로서 주로 다류(茶類)를 조리 · 판매하는 영업(영업자 또는 종업원이 영업장을 벗어나 다류를 배달 · 판매하면서 소요 시간에 따라 대가를 받는 형태로 운영하는 경우로 한정)
- 「식품위생법 시행령」에 따른 식품접객업 중 단란주점영업
- 「식품위생법 시행령」에 따른 식품접객업 중 유흥주점영업(①)

정답 01 ① 02 ③

03 직업안정법령상 근로자의 모집에 관한 설명으로 틀린 것은? [2021년 2회 기출]

① 누구든지 국외에 취업할 근로자를 모집한 경우에는 고용노동부장관에게 신고하여야 한다.
② 고용노동부장관은 건전한 모집질서를 확립하기 위하여 필요하다고 인정하는 경우에는 근로자 모집방법 등의 개선을 권고할 수 있다.
③ 고용노동부장관은 근로자의 모집을 원활하게 하기 위하여 필요하다고 인정할 때에는 국외취업을 희망하는 근로자를 미리 등록하게 할 수 있다.
④ 근로자를 모집하려는 자가 응모자로부터 그 모집과 관련하여 금품을 받은 경우 7년 이하의 징역 또는 7천만원 이하의 벌금에 처한다.

해설

④ 금품 등의 수령 금지 규정을 위반하여 근로자를 모집하려는 자와 그 모집업무에 종사하는 자가 응모자로부터 그 모집과 관련하여 금품이나 그 밖의 이익을 취한 경우 5년 이하의 징역 또는 5천만원 이하의 벌금에 처한다(직업안정법 제47조 제5호).

04 직업안정법령상 근로자공급사업의 허가를 받을 수 있는 자는? [2022년 1회 기출]

① 파산선고를 받고 복권되지 아니한 자
② 미성년자, 피성년후견인 및 피한정후견인
③ 이 법을 위반한 자로서, 벌금형이 확정된 후 2년이 지나지 아니한 자
④ 근로자공급사업의 허가가 취소된 후 7년이 지난 자

해설

④ 근로자공급사업의 허가가 취소된 후 5년이 지나지 아니한 자는 근로자공급사업의 허가를 받을 수 없다. 따라서 근로자공급사업의 허가가 취소된 후 7년이 지난 자는 근로자공급사업의 허가를 받을 수 있다(직업안정법 제38조 제6호).

작은 기회로부터 종종 위대한 업적이 시작된다.

– 데모스테네스 –

CHAPTER 06

제5과목 고용노동관계법규(Ⅰ)

고용보험법

 중요키워드 10

※ 중요도 높은 것에서 낮은 것 순으로

❶ 실업급여의 종류
❷ 피보험자격의 취득일 및 상실일
❸ 법의 적용 제외
❹ 구직급여의 수급요건
❺ 심사와 재심사
❻ 소정급여일수
❼ 용어의 정의
❽ 육아휴직 급여와 육아기 근로시간 단축급여
❾ 기초일액
❿ 고용보험기금

제5과목

 **쌤의 학습지도**

1. 고용보험법은 까다롭고 개정도 잦아요.

고용보험법령은 실업급여, 육아휴직 급여 등 실업자 및 재직자를 위한 구체적·실질적인 제도를 포함하는 데다가 고용산재보험료징수법과도 연결되어 있어서 매우 복잡해요.

2. 고용보험법령의 적용 범위를 구체적으로 살펴보아야 해요.

고용보험법령의 적용 제외와 관련하여 여러 가지 단서들이 제시되고 있는데요, 시험에 출제되는 경향이 있으니 반드시 암기해야 해요.

3. 피보험자격의 취득일과 상실일이 좀 헷갈려요.

어떤 경우는 "~한 날", 다른 경우는 "~한 날의 다음 날"에 피보험자격을 취득 혹은 상실한다고 나와요. 이 둘을 반드시 구분해야 해요.

4. 실업급여의 종류는 직업상담사 시험의 단골 문제예요.

실업급여와 구직급여는 동일한 것이 아니에요. 구직급여는 취업촉진 수당과 함께 실업급여의 범주에 포함되죠.

5. 구직급여에서 시험에 나올 부분은 어느 정도 명확하죠.

구직급여의 수급요건, 기초일액, 소정급여일수 등 3종 세트를 그 구체적인 수치와 함께 반드시 암기하세요.

6. 자영업자 특례에서도 몇몇 급여는 제외돼요.

자영업자인 피보험자의 실업급여의 종류에 각종 연장급여와 함께 조기재취업 수당이 제외된다는 점을 꼭 기억해 두세요.

7. 육아휴직 급여, 육아기 근로시간 단축급여, 출산전후휴가 급여를 서로 구분하세요.

급여의 수급요건 등 일부 내용에서 공통된 측면들이 있지만, 이는 서로 다른 급여예요. 특히 「남녀고용평등과 일·가정 양립 지원에 관한 법률」과 연계되어 있으니 이를 함께 살펴보도록 하세요.

8. 심사와 재심사에 관한 내용을 확인하도록 하세요.

'원처분기관 → 불복 → 심사청구 → 재심사청구 → 불복 → 행정소송'으로 이어지는 구체적인 절차들을 살펴보도록 하세요.

CHAPTER 06 고용보험법

제5과목 고용노동관계법규(Ⅰ)

01절 개요

1 총칙

(1) 목적(법 제1조)

고용보험의 시행을 통하여 실업의 예방, 고용의 촉진 및 근로자 등의 직업능력의 개발과 향상을 꾀하고, 국가의 직업지도와 직업소개 기능을 강화하며, 근로자 등이 실업한 경우에 생활에 필요한 급여를 실시하여 근로자 등의 생활안정과 구직활동을 촉진함으로써 경제·사회발전에 이바지하는 것을 목적으로 한다.

(2) 용어의 정의(법 제2조) 필기 출제 22, 20, 15, 10, 07, 03년 기출

피보험자	「고용보험 및 산업재해보상보험의 보험료징수 등에 관한 법률」(이하 "고용산재보험료징수법"이라 한다)에 따라 보험에 가입되거나 가입된 것으로 보는 근로자, 예술인, 노무제공자 또는 자영업자
이 직	피보험자와 사업주 사이의 고용관계(또는 계약)가 끝나게 되는 것
실 업	근로의 의사와 능력이 있음에도 불구하고 취업하지 못한 상태에 있는 것
실업의 인정	직업안정기관의 장이 수급자격자가 실업한 상태에서 적극적으로 직업을 구하기 위하여 노력하고 있다고 인정하는 것
보 수	「소득세법」에 따른 근로소득에서 대통령령으로 정하는 금품(→ 비과세 근로소득)을 뺀 금액
일용근로자	1개월 미만 동안 고용되는 사람

(3) 고용보험사업(법 제3조 및 제4조) 필기 출제 15년 기출

① 고용보험은 고용노동부장관이 관장한다.
② 고용보험은 목적을 이루기 위하여 고용보험사업(이하 "보험사업"이라 한다)으로 고용안정·직업능력개발 사업, 실업급여, 육아휴직 급여 및 출산전후휴가 급여 등을 실시한다.

쌤의 비법노트

고용보험법령은 최근 경제위기 상황에서 다양한 제도적·정책적 요구를 반영하고 있는바, 세부적인 내용에서 잦은 개정이 이루어지고 있습니다. 여기서는 지면 관계상 직업상담사 시험에 출제된 주요 내용을 중심으로 살펴보도록 합니다.

쌤의 비법노트

'고용보험 및 산업재해보상보험의 보험료징수 등에 관한 법률'은 '고용산재보험료징수법' 혹은 '보험료징수법'으로 약칭합니다.

이렇게 출제된다! 1차 기출 OX

Q 고용보험법령상 '일용근로자'란 1일 단위로 근로계약을 체결하여 고용되는 자를 말한다?

A (×) 1개월 미만 동안 고용되는 사람을 말한다.

(4) 고용보험위원회

① 위원회의 기능(법 제7조 제1항 및 제2항)

다음의 사항을 심의하기 위하여 고용노동부에 고용보험위원회를 둔다.

> - 보험제도 및 보험사업의 개선에 관한 사항
> - 고용산재보험료징수법에 따른 보험료율의 결정에 관한 사항
> - 보험사업의 평가에 관한 사항
> - 기금운용 계획의 수립 및 기금의 운용 결과에 관한 사항
> - 그 밖에 위원장이 보험제도 및 보험사업과 관련하여 위원회의 심의가 필요하다고 인정하는 사항

② 위원회의 구성(법 제7조 제3항 및 제4항)

고용보험위원회는 위원장 1명을 포함한 20명 이내의 위원으로 구성하며, 위원장은 고용노동부차관이 된다.

(5) 적용 범위

① 적용 사업(법 제8조) [필기 출제] 03년 기출

고용보험법은 근로자를 사용하는 모든 사업 또는 사업장에 적용한다. 다만, 산업별 특성 및 규모 등을 고려하여 대통령령으로 정하는 사업에 대해서는 적용하지 아니한다.

② 적용 제외(법 제10조 및 시행령 제3조) [필기 출제] 20, 18, 17, 15, 14, 12, 10, 07, 04년 기출

㉠ 다음의 어느 하나에 해당하는 사람에게는 이 법을 적용하지 아니한다.

> - 해당 사업에서 1개월간 소정근로시간이 60시간 미만이거나 1주간의 소정근로시간이 15시간 미만인 근로자(단, 해당 사업에서 3개월 이상 계속하여 근로를 제공하는 근로자와 일용근로자는 적용 대상에 포함)
> - 「국가공무원법」과 「지방공무원법」에 따른 공무원(단, 대통령령으로 정하는 바에 따라 별정직 공무원 및 임기제공무원의 경우 본인의 의사에 따라 실업급여에 한정하여 가입 가능)
> - 「사립학교직원 연금법」의 적용을 받는 사람
> - 「별정우체국법」에 따른 별정우체국 직원
> - 농업·임업 및 어업 중 법인이 아닌 자가 상시 4명 이하의 근로자를 사용하는 사업에 종사하는 근로자(단, 본인의 의사에 따라 고용보험에 가입을 신청하는 사람은 가입 가능)

㉡ 65세 이후에 고용되거나 자영업을 개시한 사람에게는 실업급여와 육아휴직 급여 등을 적용하지 아니하되, 고용안정·직업능력개발 사업은 적용한다. 다만, 65세 전부터 피보험자격을 유지하던 사람이 65세 이후에 계속하여 고용된 경우는 고용보험 적용 대상이다.

쌤의 비법노트

2024년 6월 25일 시행령 개정에 따라 2024년 7월 1일부로 비법인 4인 이하 농림어업 종사자들도 개별 가입 신청으로 고용보험에 가입할 수 있게 되었습니다.

2 피보험자의 관리

(1) 피보험자격의 취득일 및 상실일(법 제13조 및 제14조) 필기 출제 20, 19, 16, 14, 12, 11, 10, 09년 기출

> **쌤의 비법노트**
> 피보험자격의 취득일 및 상실일에서 "~한(된) 날"과 "~한 날의 다음 날"을 반드시 구분하세요.

취득일	• 근로자인 피보험자가 고용보험법이 적용되는 사업에 고용된 경우 : 그 고용된 날 • 적용 제외 근로자였던 사람이 고용보험법의 적용을 받게 된 경우 : 그 적용을 받게 된 날 • 고용산재보험료징수법에 따른 보험관계 성립일 전에 고용된 근로자의 경우 : 그 보험관계가 성립한 날 • 자영업자인 피보험자의 경우 : 그 보험관계가 성립한 날
상실일	• 근로자인 피보험자가 적용 제외 근로자에 해당하게 된 경우 : 그 적용 제외 대상자가 된 날 • 고용산재보험료징수법에 따라 보험관계가 소멸한 경우 : 그 보험관계가 소멸한 날 • 근로자인 피보험자가 이직한 경우 : 이직한 날의 다음 날 • 근로자인 피보험자가 사망한 경우 : 사망한 날의 다음 날 • 자영업자인 피보험자의 경우 : 그 보험관계가 소멸한 날

(2) 피보험자격의 신고, 확인 및 취득(법 제15조 및 제17조) 필기 출제 21년 기출

① 사업주는 그 사업에 고용된 근로자의 피보험자격의 취득 및 상실 등에 관한 사항을 대통령령으로 정하는 바에 따라 고용노동부장관에게 신고하여야 한다.

② 사업주가 피보험자격에 관한 사항을 신고하지 아니하면 대통령령으로 정하는 바에 따라 근로자가 신고할 수 있다.

③ 사업주가 고용노동부장관에게 그 사업에 고용된 근로자의 피보험자격 취득 및 상실에 관한 사항을 신고하려는 경우에는 원칙적으로 그 사유가 발생한 날이 속하는 달의 다음 달 15일까지(근로자가 그 기일 이전에 신고할 것을 요구하는 경우에는 지체 없이) 신고해야 한다(시행령 제7조 제1항).

④ 피보험자 또는 피보험자였던 사람은 언제든지 고용노동부장관에게 피보험자격의 취득 또는 상실에 관한 확인을 청구할 수 있다.

> **쌤의 비법노트**
> 법 제15조 제7항은 "자영업자인 피보험자는 피보험자격의 취득 및 상실에 관한 신고를 하지 아니한다"고 규정하고 있는데, 이는 자영업자의 경우 일반 근로자처럼 자동으로 '신고' 의무가 발생하지 않는다는 의미입니다. 따라서 자영업자가 고용보험의 혜택을 받으려면 본인이 직접 가입(→ 피보험자격 취득) 및 탈퇴(→ 피보험자격 상실) '신청'을 해야 합니다.

(3) 피보험자격의 취득기준(법 제18조 및 시행령 제11조의2) 필기 출제 10, 09년 기출

① 근로자가 보험관계가 성립되어 있는 둘 이상의 사업에 동시에 고용되어 있는 경우에는 대통령령으로 정하는 바에 따라 그중 한 사업의 피보험자격을 취득한다.

② 보험관계가 성립되어 있는 둘 이상의 사업에 동시에 고용되어 있는 근로자는 다음의 순서에 따라 피보험자격을 취득한다.

> 1. 고용산재보험료징수법에 따른 월평균보수가 많은 사업
> 2. 월 소정근로시간이 많은 사업
> 3. 근로자가 선택한 사업

③ 다만, 일용근로자와 일용근로자가 아닌 근로자로 동시에 고용되어 있는 경우에는 일용근로자가 아닌 근로자로 고용된 사업에서 우선적으로 피보험자격을 취득한다.

3 고용안정 · 직업능력개발 사업

(1) 고용안정 · 직업능력개발 사업의 실시(법 제19조)

고용노동부장관은 피보험자 및 피보험자였던 사람, 그 밖에 취업할 의사를 가진 사람(이하 "피보험자 등"이라 한다)에 대한 실업의 예방, 취업의 촉진, 고용기회의 확대, 직업능력개발 · 향상의 기회 제공 및 지원, 그 밖에 고용안정과 사업주에 대한 인력 확보를 지원하기 위하여 고용안정 · 직업능력개발 사업을 실시한다.

(2) 고용안정 · 직업능력개발 사업의 내용

① 사업의 구분

고용안정	고용을 유지하거나 실직자를 채용하여 고용을 늘리는 사업주를 지원하여 근로자 고용안정 및 취약계층 고용촉진 지원 예 고용유지 지원, 고용창출 지원, 고용안정 지원 등
직업능력 개발	사업주가 근로자 등을 대상으로 직업훈련을 실시하거나 근로자 등이 자기개발을 위해 훈련받는 경우 사업주 · 근로자 등에게 일정 비용 지원 예 사업주훈련지원, 일학습병행제도 등

② 사업의 내용(법 제3장 및 시행령 제3장 참조) 필기 출제 21, 16, 15년 기출

- 고용창출의 지원
- 고용조정의 지원(고용유지지원금 포함)
- 지역 고용의 촉진(지역고용촉진 지원금 포함)
- 고령자 등 고용촉진의 지원(고령자 계속고용장려금, 고령자 고용지원금 및 임금피크제 지원금 포함)
- 건설근로자 등의 고용안정 지원
- 고용안정 및 취업 촉진
- 고용촉진 시설에 대한 지원
- 사업주에 대한 직업능력개발 훈련의 지원(사업주훈련지원 및 일학습병행제도 포함)
- 피보험자 등에 대한 직업능력개발 지원
- 직업능력개발 훈련 시설에 대한 지원
- 직업능력개발의 촉진
- 건설근로자 등의 직업능력개발 지원
- 고용정보의 제공 및 고용 지원 기반의 구축
- 지방자치단체 등에 대한 지원 등

쌤의 비법노트

고용보험법령은 고용노동부장관이 고용안정 · 직업능력개발 사업을 실시할 때에 산업별로 상시 사용하는 근로자 수가 일정 규모 이하인 '우선지원 대상기업'을 우선적으로 고려하도록 하고 있습니다(시행령 제12조 제1항).

이렇게 출제된다! 1차 기출 OX

Q 조기재취업 수당 지원, 광역 구직활동비의 지급 등은 고용안정 · 직업능력개발 사업의 내용이다?

A (×) 실업급여 사업의 내용이다.

02절 주요 내용

1 실업급여

(1) 실업급여의 종류(법 제37조) 〔필기 출제〕 22~16, 12, 11, 10, 09, 08, 07, 06, 05, 04년 기출

실업급여는 구직급여와 취업촉진 수당으로 구분한다.

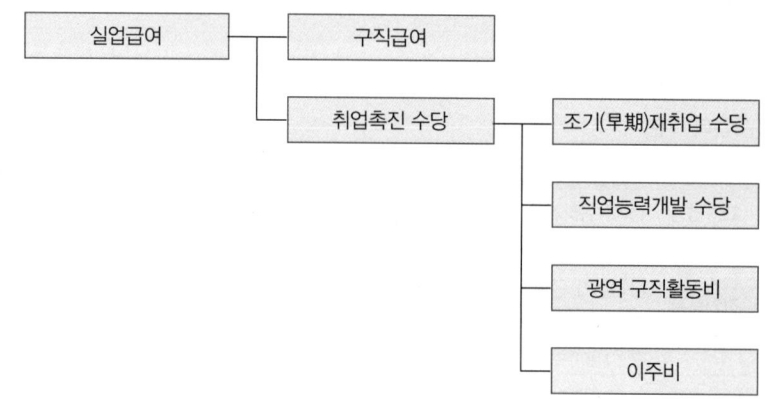

> **이렇게 출제된다!** 1차 기출 OX
> **Q** 구직급여는 실업급여와 취업촉진 수당으로 구분한다?
> **A** (×) 실업급여는 구직급여와 취업촉진 수당으로 구분한다.

(2) 실업급여수급계좌(법 제37조의2)

① 직업안정기관의 장은 수급자격자의 신청이 있는 경우에는 실업급여를 수급자격자 명의의 지정된 계좌(이하 "실업급여수급계좌"라 한다)로 입금하여야 한다.
② 실업급여수급계좌의 해당 금융기관은 이 법에 따른 실업급여만이 실업급여수급계좌에 입금되도록 관리하여야 한다.

(3) 수급권의 보호 등(법 제38조 및 제38조의2) 〔필기 출제〕 12, 04년 기출

① 실업급여를 받을 권리는 양도 또는 압류하거나 담보로 제공할 수 없다.
② 실업급여로서 지급된 금품에 대하여는 국가나 지방자치단체의 공과금을 부과하지 아니한다.

> **쌤의 비법노트**
> 본래 실업급여를 받을 권리는 압류금지 대상이지만 실업급여가 일반예금계좌에 입금되면 그 실업급여는 예금으로 성질이 변경되어 압류금지의 효력이 미치지 않는 사례가 종종 발생되어 왔습니다. '실업급여수급계좌'는 그에 대한 보완책으로서, 해당 계좌의 예금에 관한 채권에 대해 압류하지 못하도록 고안된 전용계좌입니다.

2 구직급여

(1) 구직급여의 수급요건(법 제40조) 필기 출제 21, 20, 17, 14, 12, 11, 10, 05, 03년 기출

구직급여는 이직한 근로자인 피보험자가 다음의 요건을 모두 갖춘 경우에 지급한다.

- 법령에 따른 기준기간(원칙상 이직일 이전 18개월) 동안의 피보험 단위기간이 합산하여 180일 이상일 것
- 근로의 의사와 능력이 있음에도 불구하고 취업(영리를 목적으로 사업을 영위하는 경우를 포함)하지 못한 상태에 있을 것
- 이직사유가 수급자격의 제한 사유에 해당하지 아니할 것
- 재취업을 위한 노력을 적극적으로 할 것
- 수급자격 인정신청일이 속한 달의 직전 달 초일부터 수급자격 인정신청일까지의 근로일수의 합이 같은 기간 동안의 총 일수의 3분의 1 미만이거나, 건설일용근로자로서 수급자격 인정신청일 이전 14일간 연속하여 근로내역이 없을 것(단, 최종 이직 당시 일용근로자였던 사람만 해당)
- 최종 이직 당시의 기준기간 동안의 피보험 단위기간 중 다른 사업에서 수급자격의 제한 사유에 해당하는 사유로 이직한 사실이 있는 경우에는 그 피보험 단위기간 중 90일 이상을 일용근로자로 근로하였을 것(단, 최종 이직 당시 일용근로자였던 사람만 해당)

(2) 실업의 신고 및 인정(법 제42조 및 제44조) 필기 출제 15, 14, 08년 기출

① 구직급여를 지급받으려는 사람은 이직 후 지체 없이 직업안정기관에 출석하여 실업을 신고하여야 한다.
② 구직급여는 수급자격자가 실업한 상태에 있는 날 중에서 직업안정기관의 장으로부터 실업의 인정을 받은 날에 대하여 지급한다.
③ 실업의 인정을 받으려는 수급자격자는 실업의 신고를 한 날부터 계산하기 시작하여 1주부터 4주의 범위에서 직업안정기관의 장이 지정한 날에 출석하여 재취업을 위한 노력을 하였음을 신고하여야 한다.

(3) 기초일액과 구직급여일액(법 제45조 및 제46조) 필기 출제 19, 11, 08, 05년 기출

① 구직급여의 산정 기초가 되는 임금일액(이하 "기초일액"이라 한다)은 수급자격의 인정과 관련된 마지막 이직 당시 「근로기준법」에 따라 산정된 평균임금으로 한다.
② 산정된 금액이 「근로기준법」에 따른 그 근로자의 통상임금보다 적을 경우에는 그 통상임금액을 기초일액으로 한다. 다만, 마지막 사업에서 이직 당시 일용근로자였던 사람의 경우에는 그러하지 아니하다.
③ 기초일액을 산정하는 것이 곤란한 경우와 보험료를 고용산재보험료징수법에 따른 기준보수를 기준으로 낸 경우에는 기준보수를 기초일액으로 한다. 다만, 보험료를 기준보수로 낸 경우에도 산정한 기초일액이 기준보수보다 많은 경우에는 그러하지 아니하다.

이렇게 출제된다! 1차 기출 OX

Q 고용보험법령상 구직급여의 수급자격이 인정되기 위해서는 이직일 이전 18개월의 기준기간 중에 피보험 단위기간이 합산하여 '180일 이상'이어야 한다?

A (○)

쌤의 비법노트

고용산재보험료징수법에 따른 '기준보수'란 사업의 폐업·도산 등으로 보수 또는 보수액을 산정·확인하기 곤란한 경우, 보수 관련 자료가 없거나 명확하지 않은 경우, 사업의 이전 등으로 사업의 소재지를 파악하기 곤란한 경우 고용노동부장관이 정하여 고시하는 금액을 말합니다.

쌤의 비법노트

'11만원'은 급여기초 임금일액의 상한액에 해당합니다. 따라서 하루에 지급되는 구직급여 금액의 최대 상한액은 11만원의 60%인 66,000원에 해당합니다. 이는 하루 8시간을 근무하면서 최저임금을 받은 구직자의 구직급여 하한액(80% 적용)과 사실상 큰 차이가 나는 금액은 아닙니다(→ 2025년 기준 '10,030원×8시간×0.8=64,192원').

④ 산정된 기초일액이 그 수급자격자의 이직 전 1일 소정근로시간에 이직일 당시 적용되던 「최저임금법」에 따른 시간 단위에 해당하는 최저임금액을 곱한 금액(이하 "최저기초일액"이라 한다) 보다 낮은 경우에는 최저기초일액을 기초일액으로 한다. 이 경우 이직 전 1일 소정근로시간은 고용노동부령으로 정하는 방법에 따라 산정한다.

⑤ 산정된 기초일액이 보험의 취지 및 일반 근로자의 임금 수준 등을 고려하여 대통령령으로 정하는 금액(→ 11만원)을 초과하는 경우에는 대통령령으로 정하는 금액(→ 11만원)을 기초일액으로 한다(시행령 제68조 참조).

⑥ 구직급여일액은 ④의 경우(최저기초일액)에는 그 수급자격자의 기초일액에 100분의 80을 곱한 금액(이하 "최저구직급여일액"이라 한다)을, ④를 제외한 경우에는 그 수급자격자의 기초일액에 100분의 60을 곱한 금액을 구직급여일액으로 한다.

⑦ 산정된 구직급여일액이 최저구직급여일액보다 낮은 경우에는 최저구직급여일액을 그 수급자격자의 구직급여일액으로 한다.

(4) 대기기간(법 제49조)

① 실업의 인정에도 불구하고 실업의 신고일부터 계산하기 시작하여 7일간은 대기기간으로 보아 구직급여를 지급하지 아니한다.

② 다만, 최종 이직 당시 건설일용근로자였던 사람에 대해서는 실업의 신고일부터 계산하여 구직급여를 지급한다.

이렇게 출제된다! 1차 기출 OX

Q 장애인 근로자 A씨(40세)가 4년간 근무하던 회사를 퇴사하여 직업안정기관으로부터 구직급여 수급자격을 인정받았다면 구직급여의 소정급여일수는 '180일'이다?

A (×) 장애인은 50세 이상인 것으로 간주하므로 '210일'이다.

(5) 소정급여일수(법 제50조) 필기 출제 22, 19, 14, 13, 11, 09, 08, 06년 기출

하나의 수급자격에 따라 구직급여를 지급받을 수 있는 날(이하 "소정급여일수"라 한다)은 대기기간이 끝난 다음 날부터 계산하기 시작하여 피보험기간과 연령에 따라 다음의 '구직급여 소정급여일수'에서 정한 일수가 되는 날까지로 한다.

구분		피보험기간				
		1년 미만	1년 이상 3년 미만	3년 이상 5년 미만	5년 이상 10년 미만	10년 이상
이직일 현재 연령	50세 미만	120일	150일	180일	210일	240일
	50세 이상	120일	180일	210일	240일	270일

* 단, 「장애인고용촉진 및 직업재활법」에 따른 장애인은 50세 이상인 것으로 보아 위 표를 적용한다.

(6) 이직 사유에 따른 수급자격의 제한(법 제58조) 〔필기 출제〕 14, 09년 기출

피보험자가 다음의 어느 하나에 해당한다고 직업안정기관의 장이 인정하는 경우에는 수급자격이 없는 것으로 본다.

① 중대한 귀책사유로 해고된 피보험자로서 다음의 어느 하나에 해당하는 경우

- 「형법」 또는 직무와 관련된 법률을 위반하여 금고 이상의 형을 선고받은 경우
- 사업에 막대한 지장을 초래하거나 재산상 손해를 끼친 경우로서 고용노동부령으로 정하는 기준에 해당하는 경우
- 정당한 사유 없이 근로계약 또는 취업규칙 등을 위반하여 장기간 무단결근한 경우

② 자기 사정으로 이직한 피보험자로서 다음의 어느 하나에 해당하는 경우

- 전직 또는 자영업을 하기 위하여 이직한 경우
- 중대한 귀책사유가 있는 사람이 해고되지 아니하고 사업주의 권고로 이직한 경우
- 그 밖에 고용노동부령으로 정하는 정당한 사유에 해당하지 아니하는 사유로 이직한 경우

> **이렇게 출제된다!** 1차 기출 OX
> **Q** 피보험자가 다른 직장으로 옮기기 위하여 퇴직하는 경우 실업급여를 받을 수 없다?
> **A** (○)

(7) 급여의 지급 제한과 반환명령 등(법 제60조 내지 제62조) 〔필기 출제〕 09년 기출

① 수급자격자가 직업안정기관의 장이 소개하는 직업에 취직하는 것을 거부하거나 직업안정기관의 장이 지시한 직업능력개발 훈련 등을 거부하면 대통령령으로 정하는 바에 따라 구직급여의 지급을 정지한다.
② 거짓이나 그 밖의 부정한 방법으로 실업급여를 받았거나 받으려 한 사람에게는 그 급여를 받은 날 또는 받으려 한 날부터의 구직급여를 지급하지 아니한다.
③ 직업안정기관의 장은 거짓이나 그 밖의 부정한 방법으로 구직급여를 지급받은 사람에게 고용노동부령으로 정하는 바에 따라 지급받은 구직급여의 전부 또는 일부의 반환을 명할 수 있다.

Comment
최근 구직급여 수급자격자의 급여 반복 수급으로 고용보험 재정이 악화되고 도덕적 해이가 커지고 있다는 지적이 불거지고 있습니다. 이에 고용노동부에서는 5년간 3회 이상 구직급여를 지급받은 반복 수급자에 대해 반복수급 횟수별로 급여액을 감액(최대 50%)하고, 대기기간을 연장(최대 4주)하는 내용의 법 개정을 추진하고 있으므로, 향후 개정 추이를 지켜볼 필요가 있겠습니다.

3 자영업자인 피보험자에 대한 실업급여 적용의 특례

(1) 자영업자에 대한 특례(법 제69조의2) 필기 출제 22, 18, 13년 기출

① 근로자를 사용하지 아니하거나 50명 미만의 근로자를 사용하는 사업주로서 대통령령으로 정하는 요건을 갖춘 자영업자는 근로복지공단의 승인을 받아 자기를 이 법에 따른 근로자로 보아 고용보험에 가입할 수 있다(고용산재보험료징수법 제49조의2 제1항).

② 자영업자인 피보험자의 실업급여의 종류는 제37조(실업급여의 종류)에 따른다. 다만, 법령에 따른 훈련연장급여, 개별연장급여, 특별연장급여 등의 연장급여와 조기재취업 수당은 제외한다(고용보험법 제69조의2).

> **쌤의 비법노트**
> 근로자인 피보험자의 구직급여 수급요건(법 제40조)과 자영업자인 피보험자의 구직급여 수급요건(법 제69조의3) 간에 차이가 있으므로 주의하시기 바랍니다.

(2) 구직급여의 수급요건(법 제69조의3) 필기 출제 13년 기출

구직급여는 폐업한 자영업자인 피보험자가 다음의 요건을 모두 갖춘 경우에 지급한다.

- 폐업일 이전 24개월간 자영업자인 피보험자로서 갖춘 피보험 단위기간이 합산하여 1년 이상일 것
- 근로의 의사와 능력이 있음에도 불구하고 취업을 하지 못한 상태에 있을 것
- 폐업사유가 수급자격의 제한 사유에 해당하지 아니할 것
- 재취업을 위한 노력을 적극적으로 할 것

(3) 기초일액과 구직급여일액(법 제69조의4 및 제69조의5)

① 자영업자인 피보험자이었던 수급자격자에 대한 기초일액은 다음의 구분에 따른 기간 동안 본인이 납부한 보험료의 산정기초가 되는 고용산재보험료징수법의 자영업자에 대한 특례 규정에 따라 고시된 보수액을 전부 합산한 후에 그 기간의 총 일수로 나눈 금액으로 한다.

- 수급자격과 관련된 피보험기간이 3년 이상인 경우 : 마지막 폐업일 이전 3년의 피보험기간
- 수급자격과 관련된 피보험기간이 3년 미만인 경우 : 수급자격과 관련된 그 피보험기간

② 자영업자인 피보험자로서 폐업한 수급자격자에 대한 구직급여일액은 그 수급자격자의 기초일액에 100분의 60을 곱한 금액으로 한다.

> **쌤의 비법노트**
> 근로자인 피보험자의 구직급여 지급기간은 '120일~270일'인 반면, 자영업자인 피보험자의 구직급여 지급기간은 '120일~210일'입니다.

(4) 소정급여일수(법 제69조의6)

자영업자인 피보험자로서 폐업한 수급자격자에 대한 소정급여일수는 대기기간이 끝난 다음 날부터 계산하기 시작하여 피보험기간에 따라 다음의 정한 일수가 되는 날까지로 한다.

구 분	피보험기간			
	1년 이상 3년 미만	3년 이상 5년 미만	5년 이상 10년 미만	10년 이상
소정급여일수	120일	150일	180일	210일

4 육아휴직 급여, 육아기 근로시간 단축급여, 출산전후휴가 급여

(1) 육아휴직 급여 및 육아기 근로시간 단축급여 필기 출제 22, 18, 13년 기출

① 고용노동부장관은 「남녀고용평등과 일·가정 양립 지원에 관한 법률」에 따른 육아휴직을 30일(「근로기준법」에 따른 출산전후휴가기간과 중복되는 기간은 제외) 이상 부여받은 피보험자 중 육아휴직을 시작한 날 이전에 피보험 단위기간이 합산하여 180일 이상인 피보험자에게 육아휴직 급여를 지급한다(법 제70조 제1항).

② 고용노동부장관은 「남녀고용평등과 일·가정 양립 지원에 관한 법률」에 따른 육아기 근로시간 단축을 30일(「근로기준법」에 따른 출산전후휴가기간과 중복되는 기간은 제외) 이상 실시한 피보험자 중 육아기 근로시간 단축을 시작한 날 이전에 피보험 단위기간이 합산하여 180일 이상인 피보험자에게 육아기 근로시간 단축급여를 지급한다(법 제73조의2 제1항).

(2) 육아휴직 급여 및 육아기 근로시간 단축급여의 신청기간 필기 출제 21, 20, 18, 17, 14, 13년 기출

① 육아휴직 급여를 지급받으려는 사람은 육아휴직을 시작한 날 이후 1개월부터 육아휴직이 끝난 날 이후 12개월 이내에 신청하여야 한다(법 제70조 제2항).

② 육아기 근로시간 단축급여를 지급받으려는 사람은 육아기 근로시간 단축을 시작한 날 이후 1개월부터 끝난 날 이후 12개월 이내에 신청하여야 한다(법 제73조의2 제2항).

③ 다만, 다음의 사유로 급여를 신청할 수 없었던 사람은 그 사유가 끝난 후 30일 이내에 신청하여야 한다(시행령 제94조 참조).

- 천재지변
- 본인이나 배우자의 질병·부상
- 본인이나 배우자의 직계존속 및 직계비속의 질병·부상
- 「병역법」에 따른 의무복무
- 범죄혐의로 인한 구속이나 형의 집행

(3) 육아휴직 급여 및 육아기 근로시간 단축급여의 지급 제한 등(법 제73조)
필기 출제 17, 14, 13, 11년 기출

① 피보험자가 육아휴직 기간 또는 육아기 근로시간 단축 기간 중에 그 사업에서 이직한 경우에는 그 이직하였을 때부터 해당 급여를 지급하지 아니한다.

② 피보험자가 육아휴직 기간 또는 육아기 근로시간 단축 기간 중에 취업을 한 경우에는 그 취업한 기간에 대해서는 해당 급여를 지급하지 아니한다.

③ 피보험자가 사업주로부터 육아휴직 또는 육아기 근로시간 단축을 이유로 금품을 지급받은 경우 대통령령으로 정하는 바에 따라 해당 급여를 감액하여 지급할 수 있다.

④ 거짓이나 그 밖의 부정한 방법으로 육아휴직 급여 또는 육아기 근로시간 단축급여를 받았거나 받으려 한 사람에게는 그 급여를 받은 날 또는 받으려 한 날부터의 해당 급여를 지급하지 아니한다.

쌤의 비법노트

육아휴직 급여 월별 지급액은 종전 월 통상임금의 100분의 80이었으나 시행령 개정으로 육아휴직 시작일~6개월째까지는 월 통상임금에 해당하는 금액으로, 육아휴직 급여액의 상한액도 종전 월 150만원에서 육아휴직 시작일~3개월까지는 월 250만원, 4~6개월째까지는 월 200만원, 7개월째~종료일까지는 월 160만원으로 상향되었다(시행령 제95조).

이렇게 출제된다! 1차 기출 OX

Q '자매의 부상'도 육아휴직 급여 신청기간의 연장 사유에 해당한다?

A (×) 형제자매의 질병·부상은 육아휴직 급여 및 육아기 근로시간 단축급여의 신청기간 연장 사유에 해당하지 않는다.

쌤의 비법노트

과거에는 육아휴직 기간 중에 취업한 경우 취업한 이후의 모든 기간에 대하여 육아휴직 급여를 지급하지 않았으나, 2019년 1월 15일 법 개정에 따라 취업한 기간에 대해서만 육아휴직 급여를 지급하지 않도록 개선하였습니다.

쌤의 비법노트

육아휴직 급여, 육아기 근로시간 단축급여, 출산전후휴가 급여는 기본적으로 '통상임금'을 산정기초로 하고 있습니다.

(4) 출산전후휴가 급여 등(법 제75조 및 제76조) 필기 출제 07년 기출

고용노동부장관은 「남녀고용평등과 일·가정 양립 지원에 관한 법률」에 따라 피보험자가 「근로기준법」에 따른 출산전후휴가 또는 유산·사산휴가를 받은 경우와 같은 법에 따른 배우자 출산휴가 또는 난임치료휴가를 받은 경우로서 다음의 요건을 모두 갖춘 경우에 출산전후휴가 급여 등을 지급한다.

- 휴가가 끝난 날 이전에 피보험 단위기간이 합산하여 180일 이상일 것
- 휴가를 시작한 날 이후 1개월부터 휴가가 끝난 날 이후 12개월 이내에 신청할 것(단, 그 기간에 대통령령으로 정하는 사유로 출산전후휴가 급여 등을 신청할 수 없었던 사람은 그 사유가 끝난 후 30일 이내에 신청하여야 함)

5 고용보험기금

(1) 기금의 설치 등(법 제78조 및 제80조) 필기 출제 22, 17, 13, 04년 기출

① 고용노동부장관은 보험사업에 필요한 재원에 충당하기 위하여 고용보험기금(이하 "기금"이라 한다)을 설치한다.

② 기금은 다음의 용도에 사용하여야 한다.

- 고용안정·직업능력개발 사업에 필요한 경비
- 실업급여의 지급
- 국민연금 보험료의 지원
- 육아휴직 급여 및 출산전후휴가 급여 등의 지급
- 보험료의 반환
- 일시 차입금의 상환금과 이자
- 이 법과 고용산재보험료징수법에 따른 업무를 대행하거나 위탁받은 자에 대한 출연금
- 그 밖에 이 법의 시행을 위하여 필요한 경비로서 대통령령으로 정하는 경비와 고용안정·직업능력개발 사업 및 실업급여 사업의 수행에 딸린 경비

이렇게 출제된다! 1차 기출 OX

Q 고용보험기금은 '퇴직급여의 지급'에 사용된다?

A (×) '실업급여의 지급'에 사용된다.

(2) 기금의 적립(법 제84조) 필기 출제 13년 기출

① 고용노동부장관은 대량 실업의 발생이나 그 밖의 고용상태 불안에 대비한 준비금으로 여유자금을 적립하여야 한다.

② 여유자금의 적정규모는 다음과 같다.

- 고용안정·직업능력개발 사업 계정의 연말 적립금 : 해당 연도 지출액의 1배 이상 1.5배 미만
- 실업급여 계정의 연말 적립금 : 해당 연도 지출액의 1.5배 이상 2배 미만

6 심사 및 재심사청구

(1) 심사와 재심사(법 제87조) 필기 출제 14, 11, 10, 09, 08, 05, 04년 기출

① 피보험자격의 취득·상실에 대한 확인, 실업급여 및 육아휴직 급여와 출산전후휴가 급여 등에 관한 처분(이하 "원처분 등"이라 한다)에 이의가 있는 자는 고용보험심사관에게 심사를 청구할 수 있고, 그 결정에 이의가 있는 자는 고용보험심사위원회에 재심사를 청구할 수 있다.

② 심사의 청구는 확인 또는 처분이 있음을 안 날부터 90일 이내에, 재심사의 청구는 심사청구에 대한 결정이 있음을 안 날부터 90일 이내에 각각 제기하여야 한다.

③ 심사 및 재심사의 청구는 시효중단에 관하여 재판상의 청구로 본다.

(2) 대리인의 선임(법 제88조) 필기 출제 21, 20, 14년 기출

심사청구인 또는 재심사청구인은 다음의 어느 하나에 해당하는 자를 대리인으로 선임할 수 있다.

- 법정대리인
- 청구인의 배우자, 직계존속·비속 또는 형제자매
- 청구인인 법인의 임원 또는 직원
- 변호사나 공인노무사
- 고용보험심사위원회의 허가를 받은 자

(3) 고용보험심사관(법 제89조)

① 고용보험심사관(이하 "심사관"이라 한다)은 심사청구를 받으면 원칙적으로 30일 이내에 그 심사청구에 대한 결정을 하여야 한다.

② 당사자는 심사관에게 심리·결정의 공정을 기대하기 어려운 사정이 있으면 그 심사관에 대한 기피신청을 고용노동부장관에게 할 수 있다. 심사관에 대한 기피신청은 그 사유를 구체적으로 밝힌 서면으로 하여야 한다(시행령 제123조 제1항).

(4) 심사의 청구 등(법 제90조 내지 제93조) 필기 출제 18, 10, 09년 기출

① 피보험자격의 취득·상실 확인에 대한 심사의 청구는 근로복지공단을, 실업급여 및 육아휴직 급여와 출산전후휴가 급여 등에 관한 처분에 대한 심사의 청구는 직업안정기관의 장을 거쳐 심사관에게 하여야 한다.

② 직업안정기관 또는 근로복지공단은 심사청구서를 받은 날부터 5일 이내에 의견서를 첨부하여 심사청구서를 심사관에게 보내야 한다.

③ 심사의 청구는 대통령령으로 정하는 바에 따라 문서로 하여야 한다.

④ 심사의 청구는 원처분 등의 집행을 정지시키지 아니한다. 다만, 심사관은 원처분 등의 집행에 의하여 발생하는 중대한 위해를 피하기 위하여 긴급한 필요가 있다고 인정하면 직권으로 그 집행을 정지시킬 수 있다.

이렇게 출제된다! 1차 기출 OX

Q 고용보험법상 고용보험심사위원회의 재심사청구에서 청구인이 가입한 노동조합의 위원장은 재심사청구인의 대리인이 될 수 없다?

A (○)

쌤의 비법노트

2019년 1월 15일 법 개정에 따라 피보험자격의 취득·상실 확인에 대한 심사의 청구의 경유기관이 기존 '직업안정기관'에서 '근로복지공단'으로 변경되었습니다.

(5) 결정(법 제96조 내지 제98조) 〔필기 출제〕 16, 11년 기출

① 심사관은 심사의 청구에 대한 심리를 마쳤을 때에는 원처분 등의 전부 또는 일부를 취소하거나 심사청구의 전부 또는 일부를 기각한다.
② 결정은 대통령령으로 정하는 바에 따라 문서로 하여야 한다.
③ 심사관은 결정을 하면 심사청구인 및 원처분 등을 한 직업안정기관의 장 또는 근로복지공단에 각각 결정서의 정본(正本)을 보내야 한다.
④ 결정은 심사청구인 및 직업안정기관의 장 또는 근로복지공단에 결정서의 정본을 보낸 날부터 효력이 발생한다.
⑤ 결정은 원처분 등을 행한 직업안정기관의 장 또는 근로복지공단을 기속(羈束)한다.

7 보 칙

(1) 불이익 처우의 금지(법 제105조)

사업주는 근로자가 피보험자격 확인의 청구를 한 것을 이유로 그 근로자에게 해고나 그 밖의 불이익한 처우를 하여서는 아니 된다. 이를 위반한 사업주는 3년 이하의 징역 또는 3천만원 이하의 벌금에 처한다(법 제116조 제2항 제1호).

(2) 소멸시효(법 제107조) 〔필기 출제〕 19, 13년 기출

다음의 어느 하나에 해당하는 권리는 3년간 행사하지 아니하면 시효로 소멸한다.

- 고용안정 · 직업능력개발 사업의 지원금을 지급받거나 반환받을 권리
- 취업촉진 수당을 지급받거나 반환받을 권리
- 구직급여를 반환받을 권리
- 육아휴직 급여, 육아기 근로시간 단축급여 및 출산전후휴가 급여 등을 반환받을 권리

쌤의 비법노트

'기속(羈束)'은 본래 "얽어매어 묶는다"는 뜻입니다. 여기서 기(羈)는 '굴레 기'자로, 굴레, 재갈, 소의 고삐 등을 말합니다. 특히 법의 집행과 관련하여 행정청의 재량의 여지가 허용되지 않는 행위를 '기속행위(羈束行爲)'라 하고, 그 반대로 행정청의 재량이 인정되고 그 재량에 의해 행해지는 행위를 '재량행위(裁量行爲)'라 합니다.

이렇게 출제된다! 1차 기출 OX

Q 고용보험법상 실업급여를 지급받을 권리는 3년간 행사하지 아니하면 시효로 소멸한다?

A (○)

CHAPTER 06 출제 유형 알아보기

제5과목 고용노동관계법규(Ⅰ)

01절 개요

01 다음 중 고용보험법상 용어의 정의로 옳지 않은 것은?

① "이직"이란 피보험자와 사업주 사이의 고용관계가 끝나게 되는 것을 말한다.
② "일용근로자"란 3개월 미만 동안 고용되는 사람을 말한다.
③ "실업"이란 근로의 의사와 능력이 있음에도 불구하고 취업하지 못한 상태에 있는 것을 말한다.
④ "보수"란 「소득세법」에 따른 근로소득에서 대통령령으로 정하는 금품을 뺀 금액을 말한다.

> **해설**
> ② "일용근로자"란 1개월 미만 동안 고용되는 사람을 말한다(고용보험법 제2조 제6호).

02 다음 중 고용보험법의 적용 제외 근로자에 해당하는 사람은?

① 55세 이후에 새로이 고용된 근로자
② 근로자파견사업에 고용된 파견근로자
③ 「별정우체국법」에 따른 별정우체국 직원
④ 6개월 미만의 기간 동안 고용되는 일용근로자

> **해설**
> **고용보험법이 적용되지 않는 사람**(고용보험법 제10조 및 시행령 제3조 참조)
> - 해당 사업에서 1개월간 소정근로시간이 60시간 미만이거나 1주간의 소정근로시간이 15시간 미만인 근로자(단, 해당 사업에서 3개월 이상 계속하여 근로를 제공하는 근로자와 일용근로자는 적용 대상에 포함)
> - 「국가공무원법」과 「지방공무원법」에 따른 공무원(단, 대통령령으로 정하는 바에 따라 별정직공무원 및 임기제공무원의 경우 본인의 의사에 따라 실업급여에 한정하여 가입 가능)
> - 「사립학교교직원 연금법」의 적용을 받는 사람
> - 「별정우체국법」에 따른 별정우체국 직원(③)
> - 농업·임업 및 어업 중 법인이 아닌 자가 상시 4명 이하의 근로자를 사용하는 사업에 종사하는 근로자(단, 본인의 의사에 따라 고용보험에 가입을 신청하는 사람은 가입 가능)

정답 01 ② 02 ③

03 다음 중 고용보험법상 피보험자격의 취득일과 상실일에 대한 설명으로 옳지 않은 것은?

① 적용 제외 근로자였던 사람이 고용보험법의 적용을 받게 된 경우 그 사업에 고용된 날에 피보험자격을 취득한 것으로 본다.
② 고용산재보험료징수법에 따른 보험관계 성립일 전에 고용된 근로자의 경우 그 보험관계가 성립한 날에 피보험자격을 취득한 것으로 본다.
③ 근로자인 피보험자가 사망한 경우 사망한 날의 다음 날에 피보험자격을 상실한다.
④ 근로자인 피보험자가 적용 제외 근로자에 해당하게 된 경우 그 적용 제외 대상자가 된 날에 피보험자격을 상실한다.

> **해설**
> ① 적용 제외 근로자였던 사람이 고용보험법의 적용을 받게 된 경우에는 그 적용을 받게 된 날에 피보험자격을 취득한 것으로 본다(고용보험법 제13조 제1항 제1호).

04 다음 중 고용보험법상 피보험자격에 대한 설명으로 옳지 않은 것은?

① 사업주는 그 사업에 고용된 근로자의 피보험자격의 취득 및 상실 등에 관한 사항을 고용노동부장관에게 신고하여야 한다.
② 자영업자인 피보험자는 피보험자격의 취득 및 상실 등에 관한 사항을 고용노동부장관에게 신고하여야 한다.
③ 근로자가 보험관계가 성립되어 있는 둘 이상의 사업에 동시에 고용되어 있는 경우에는 대통령령으로 정하는 바에 따라 그중 한 사업의 피보험자격을 취득한다.
④ 피보험자 또는 피보험자였던 사람은 언제든지 고용노동부장관에게 피보험자격의 취득 또는 상실에 관한 확인을 청구할 수 있다.

> **해설**
> ② 자영업자인 피보험자는 피보험자격의 취득 및 상실에 관한 신고를 하지 아니한다(고용보험법 제15조 제7항).

05 다음 중 고용보험법령상 고용안정·직업능력개발 사업의 내용에 포함되지 않는 것은?

① 고용창출의 지원
② 고용유지지원금의 지급
③ 광역 구직활동비의 지급
④ 지역고용촉진 지원금의 지급

> **해설**
> ③ '광역 구직활동비의 지급'은 실업급여 사업의 내용에 포함된다.

02절 주요 내용

06 다음 중 고용보험법상 취업촉진 수당의 종류에 포함되지 않는 것은?

① 이주비
② 특별연장급여
③ 광역 구직활동비
④ 조기재취업 수당

| 해설 |

취업촉진 수당의 종류(고용보험법 제37조 제2항 참조)
- 조기재취업 수당(④)
- 직업능력개발 수당
- 광역 구직활동비(③)
- 이주비(①)

07 다음 중 고용보험법령상 구직급여의 수급요건으로 옳지 않은 것은? (단, 기타 사항은 고려하지 않음)

① 근로의 의사와 능력이 있음에도 불구하고 취업하지 못한 상태에 있을 것
② 이직사유가 수급자격의 제한 사유에 해당하지 아니할 것
③ 재취업을 위한 노력을 적극적으로 할 것
④ 건설일용근로자로서 수급자격 인정신청일 이전 7일간 연속하여 근로내역이 없을 것

| 해설 |

④ 건설일용근로자로서 수급자격 인정신청일 이전 14일간 연속하여 근로내역이 없을 것(고용보험법 제40조 제1항 제5호)

08 다음 중 고용보험법상 실업의 신고 및 인정에 대한 설명으로 옳은 것은?

① 구직급여를 지급받으려는 사람은 이직 후 14일 이내에 직업안정기관에 출석하여 실업을 신고하여야 한다.
② 구직급여는 수급자격자가 실업한 상태에 있는 날 중에서 직업안정기관의 장으로부터 실업의 인정을 받은 날에 대하여 지급한다.
③ 실업의 인정을 받으려는 수급자격자는 실업의 신고를 한 날부터 계산하기 시작하여 2주의 범위에서 직업안정기관의 장이 지정한 날에 출석하여 재취업을 위한 노력을 하였음을 신고하여야 한다.
④ 구직급여는 실업의 인정을 받은 날로부터 지급한다.

| 해설 |

① 구직급여를 지급받으려는 사람은 이직 후 지체 없이 직업안정기관에 출석하여 실업을 신고하여야 한다(고용보험법 제42조 제1항).
③ 실업의 인정을 받으려는 수급자격자는 실업의 신고를 한 날부터 계산하기 시작하여 1주부터 4주의 범위에서 직업안정기관의 장이 지정한 날에 출석하여 재취업을 위한 노력을 하였음을 신고하여야 한다(동법 제44조 제2항 참조).
④ 실업의 인정에도 불구하고 실업의 신고일부터 계산하기 시작하여 7일간은 대기기간으로 보아 구직급여를 지급하지 아니한다. 다만, 최종 이직 당시 건설일용근로자였던 사람에 대해서는 실업의 신고일부터 계산하여 구직급여를 지급한다(동법 제49조 제1항).

정답 06 ② 07 ④ 08 ②

09 다음 중 고용보험법상 구직급여의 산정 기초가 되는 임금일액(이하 "기초일액"이라 한다)의 산정방법으로 옳지 않은 것은?

① 수급자격의 인정과 관련된 마지막 이직 당시 산정된 평균임금을 기초일액으로 한다.
② 마지막 사업에서 이직 당시 일용근로자였던 사람의 경우에는 산정된 금액이 근로기준법에 따른 그 근로자의 통상임금보다 적을 경우에는 그 통상임금액을 기초일액으로 한다.
③ 기초일액을 산정하는 것이 곤란한 경우와 보험료를 고용산재보험료징수법에 따른 기준보수를 기준으로 낸 경우에는 기준보수를 기초일액으로 한다.
④ 산정된 기초일액이 그 수급자격자의 이직 전 1일 소정근로시간에 이직일 당시 적용되던 최저임금법에 따른 시간단위에 해당하는 최저임금액을 곱한 금액보다 낮은 경우에는 최저기초일액을 기초일액으로 한다.

> **해설**
>
> ② 구직급여의 산정 기초가 되는 임금일액(이하 "기초일액"이라 한다)이 근로기준법에 따른 그 근로자의 통상임금보다 적을 경우에는 그 통상임금액을 기초일액으로 한다. 다만, 마지막 사업에서 이직 당시 일용근로자였던 사람의 경우에는 그러하지 아니하다(고용보험법 제45조 제2항).

10 올해 41세인 근로자 甲은 2023년 9월 1일부터 2025년 8월 31일까지 재직하다가 이직하였다. 피보험기간이 2년인 근로자 甲의 구직급여 소정급여일수로 옳은 것은?

① 120일
② 150일
③ 180일
④ 210일

> **해설**
>
> 구직급여의 소정급여일수(고용보험법 제50조 제1항 및 별표1 참조)

구 분		피보험기간				
		1년 미만	1년 이상 3년 미만	3년 이상 5년 미만	5년 이상 10년 미만	10년 이상
이직일 현재 연령	50세 미만	120일	150일	180일	210일	240일
	50세 이상	120일	180일	210일	240일	270일

* 단, 「장애인고용촉진 및 직업재활법」에 따른 장애인은 50세 이상인 것으로 보아 위 표를 적용한다.

11 다음은 고용보험법상 자영업자인 피보험자의 실업급여에 관한 내용이다. 보기의 빈칸에 들어갈 내용을 순서대로 올바르게 나열한 것은?

> 구직급여는 폐업한 자영업자인 피보험자가 폐업일 이전 (ㄱ)간 자영업자인 피보험자로서 갖춘 피보험 단위기간이 합산하여 (ㄴ) 이상이 되어야 지급한다.

① ㄱ : 24개월, ㄴ : 1년
② ㄱ : 18개월, ㄴ : 1년
③ ㄱ : 18개월, ㄴ : 180일
④ ㄱ : 12개월, ㄴ : 180일

해설

자영업자인 피보험자에 대한 실업급여 적용의 특례로서 구직급여의 수급요건(고용보험법 제69조의3)
구직급여는 폐업한 자영업자인 피보험자가 다음의 요건을 모두 갖춘 경우에 지급한다.
• 폐업일 이전 24개월간 자영업자인 피보험자로서 갖춘 피보험 단위기간이 합산하여 1년 이상일 것
• 근로의 의사와 능력이 있음에도 불구하고 취업을 하지 못한 상태에 있을 것
• 폐업사유가 수급자격의 제한 사유에 해당하지 아니할 것
• 재취업을 위한 노력을 적극적으로 할 것

12 다음 중 고용보험법령상 육아휴직 급여 신청기간의 연장 사유에 해당하지 않는 것은?

① 천재지변
② 범죄혐의로 인한 구속
③ 배우자의 직계존속의 부상
④ 형제의 질병

해설

육아휴직 급여 신청기간의 연장 사유(고용보험법 시행령 제94조)
• 천재지변(①)
• 본인이나 배우자의 질병·부상
• 본인이나 배우자의 직계존속 및 직계비속의 질병·부상(③)
• 「병역법」에 따른 의무복무
• 범죄혐의로 인한 구속이나 형의 집행(②)

정답 11 ① 12 ④

13 다음 중 고용보험법상 육아휴직 급여의 지급 제한 등에 대한 내용으로 가장 옳지 않은 것은?

① 피보험자가 육아휴직 기간 중에 그 사업에서 이직한 경우에는 그 이직하였을 때부터 육아휴직 급여를 지급하지 아니한다.
② 피보험자가 육아휴직 기간 중에 취업을 한 경우에는 그 취업하였을 때부터 육아휴직 급여를 지급하지 아니한다.
③ 피보험자가 사업주로부터 육아휴직을 이유로 금품을 지급받은 경우 대통령령으로 정하는 바에 따라 급여를 감액하여 지급할 수 있다.
④ 거짓이나 그 밖의 부정한 방법으로 육아휴직 급여를 받았거나 받으려 한 사람에게는 그 급여를 받은 날 또는 받으려 한 날부터의 육아휴직 급여를 지급하지 아니한다.

> **해설**
> ② 피보험자가 육아휴직 기간 중에 취업을 한 경우에는 그 취업한 기간에 대해서는 육아휴직 급여를 지급하지 아니한다(고용보험법 제73조 제2항).

14 다음 중 고용보험법령상 심사 및 재심사청구에 대한 설명으로 옳지 않은 것은?

① 실업급여에 관한 처분에 이의가 있는 자는 고용보험심사관에게 심사를 청구할 수 있다.
② 심사 및 재심사의 청구는 시효중단에 관하여 재판상의 청구로 본다.
③ 고용보험심사관은 심사청구를 받으면 원칙적으로 30일 이내에 그 심사청구에 대한 결정을 하여야 한다.
④ 재심사청구인은 법정대리인 외에 자신의 형제자매를 대리인으로 선임할 수 없다.

> **해설**
> **대리인의 선임(고용보험법 제88조 참조)**
> 심사청구인 또는 재심사청구인은 다음의 어느 하나에 해당하는 자를 대리인으로 선임할 수 있다.
> • 법정대리인
> • 청구인의 배우자, 직계존속·비속 또는 형제자매(④)
> • 청구인인 법인의 임원 또는 직원
> • 변호사나 공인노무사
> • 고용보험심사위원회의 허가를 받은 자

15 다음 중 고용보험법상 구직급여를 반환받을 권리는 몇 년간 행사하지 아니하면 시효로 소멸하는가?

① 1년　　　　　　　　　② 2년
③ 3년　　　　　　　　　④ 5년

> **해설**
> ③ 구직급여를 반환받을 권리는 3년간 행사하지 아니하면 시효로 소멸한다(고용보험법 제107조 제1항 제3호).

CHAPTER 06

제5과목 고용노동관계법규(Ⅰ)

최근 기출문제 파악하기 1차 필기

01 고용보험법령상 실업급여에 관한 설명으로 틀린 것은? [2022년 2회 기출]

① 실업급여로서 지급된 금품에 대하여는 국가나 지방자치단체의 공과금을 부과하지 아니한다.
② 실업급여를 받을 권리는 양도하거나 담보로 제공할 수 없다.
③ 실업급여수급계좌의 해당 금융기관은 이 법에 따른 실업급여만이 실업급여수급계좌에 입금되도록 관리하여야 한다.
④ 구직급여에는 조기재취업 수당, 직업능력개발 수당, 광역 구직활동비, 이주비가 있다.

| 해설

④ 취업촉진 수당에는 조기재취업 수당, 직업능력개발 수당, 광역 구직활동비, 이주비가 있다(고용보험법 제37조 제2항 참조).

02 고용보험법령상 자영업자인 피보험자의 실업급여의 종류에 해당하지 않는 것은? [2022년 1회 기출]

① 이주비
② 광역 구직활동비
③ 직업능력개발 수당
④ 조기재취업 수당

| 해설

자영업자인 피보험자의 실업급여의 종류(고용보험법 제69조의2 참조)
자영업자인 피보험자의 실업급여의 종류는 제37조(실업급여의 종류)에 따른다. 다만, 법령에 따른 훈련연장급여, 개별연장급여, 특별연장급여 등의 연장급여와 조기재취업 수당은 제외한다.

정답 01 ④ 02 ④

03 고용보험법상 ( )에 알맞은 것은? [2021년 3회 기출]

> 육아휴직 급여를 지급받으려는 사람은 육아휴직을 시작한 날 이후 1개월부터 육아휴직이 끝난 날 이후 ( )개월 이내에 신청하여야 한다.

① 1
② 3
③ 6
④ 12

해설

육아휴직 급여의 신청기간(고용보험법 제70조 제2항)
육아휴직 급여를 지급받으려는 사람은 육아휴직을 시작한 날 이후 1개월부터 육아휴직이 끝난 날 이후 12개월 이내에 신청하여야 한다.

04 고용보험법령상 고용보험기금의 용도에 해당하지 않는 것은? [2022년 1회 기출]

① 일시 차입금의 상환금과 이자
② 실업급여의 지급
③ 보험료의 반환
④ 국민건강 보험료의 지원

해설

고용보험기금의 용도(고용보험법 제80조 제1항 참조)
- 고용안정·직업능력개발 사업에 필요한 경비
- 실업급여의 지급(②)
- 국민연금 보험료의 지원
- 육아휴직 급여 및 출산전후휴가 급여 등의 지급
- 보험료의 반환(③)
- 일시 차입금의 상환금과 이자(①)
- 이 법과 고용산재보험료징수법에 따른 업무를 대행하거나 위탁받은 자에 대한 출연금
- 그 밖에 이 법의 시행을 위하여 필요한 경비로서 대통령령으로 정하는 경비와 고용안정·직업능력개발 사업 및 실업급여 사업의 수행에 딸린 경비

정답 03 ④ 04 ④

성공한 사람은 대개 지난번 성취한 것보다 다소 높게,

그러나 과하지 않게 다음 목표를 세운다.

이렇게 꾸준히 자신의 포부를 키워간다.

– 커트 르윈 –

CHAPTER 07

제5과목 고용노동관계법규(Ⅰ)

국민 평생 직업능력 개발법

(구 근로자직업능력 개발법)

중요키워드 10

※ 중요도 높은 것에서 낮은 것 순으로

❶ 직업능력개발훈련이 중요시되어야 할 대상
❷ 직업능력개발훈련의 구분 및 실시방법
❸ 훈련계약과 권리 · 의무
❹ 직업능력개발훈련의 기본원칙
❺ 재해 위로금
❻ 용어의 정의
❼ 직업능력개발훈련시설을 설치할 수 있는 공공단체의 범위
❽ 사업주 및 사업주단체 등에 대한 직업능력개발 지원 범위
❾ 직업능력개발훈련을 위하여 훈련생을 가르칠 수 있는 사람
❿ 직업능력개발훈련교사의 자격기준

제5과목

 쌤의 학습지도

1. 「근로자직업능력 개발법」이 「국민 평생 직업능력 개발법」으로 개정되었어요.

2022년 2회 필기시험부터 개정법령이 출제되고 있는데요, 사실 개정 전 「근로자직업능력 개발법」을 상당 부분 그대로 반영하고 있어요.

2. 전 국민을 지원 대상으로 하는 법률이에요.

전 국민의 생애주기에 걸친 직업능력개발을 종합적·체계적으로 다루는 법과 제도가 미흡하다는 지적에 따라 새롭게 법명을 바꾸고 지원 대상을 확대한 것이죠.

3. 직업능력개발훈련이 중요시되어야 할 대상을 암기하세요.

노동약자들을 보호하기 위해 그 대상자들을 명시하고 있는데요, '제조업의 생산직에 종사하는 근로자'나 '「한부모가족지원법」에 따른 지원대상자'는 포함되지 않아요.

4. 직업능력개발훈련의 구분 및 실시방법을 암기하세요.

훈련의 목적과 훈련의 실시방법에 따라 훈련의 종류가 구분된다는 점을 반드시 기억하세요.

5. 훈련계약과 관련하여 사업주의 권리를 기억해 두세요.

사업주는 직업능력개발훈련을 이수한 사람에게 일정 기간 업무에 종사하도록 할 수 있는데요, 그 기간과 제한조건(→ 5년 이내, 3배 초과금지)이 출제되고 있어요.

6. 재해 위로금의 법적 근거와 체계를 이해하도록 하세요.

재해 위로금은 원칙적으로 「산업재해보상보험법」의 적용을 받는 사람에게는 해당되지 않아요.

7. 직업능력개발계좌에 관한 내용은 '3과목 직업정보'에서도 다루었죠.

국민내일배움카드를 말하는 건데요, '3과목 직업정보'에서 「국민내일배움카드 운영규정」의 중요 내용을 복습하세요.

8. 기능대학의 설립인가에 대해 기억해 두세요.

기능대학 설립의 인가권자는 고용노동부장관이 아닌 교육부장관이에요. 고용노동부장관은 협의권자이죠.

CHAPTER 07 국민 평생 직업능력 개발법(구 근로자직업능력 개발법)

제5과목 고용노동관계법규(Ⅰ)

01절 개요

1 총칙

(1) 목적(법 제1조) 필기 출제 16, 12년 기출

이 법은 모든 국민의 평생에 걸친 직업능력개발을 촉진·지원하고 산업현장에서 필요한 인력을 양성하며 산학협력 등에 관한 사업을 수행함으로써 국민의 고용창출, 고용촉진, 고용안정 및 사회·경제적 지위 향상과 기업의 생산성 향상을 도모하고 능력중심사회의 구현 및 사회·경제의 발전에 이바지함을 목적으로 한다.

(2) 용어의 정의(법 제2조) 필기 출제 22, 21, 18, 17, 15, 14, 13, 10, 08, 03년 기출

직업능력 개발훈련		모든 국민에게 평생에 걸쳐 직업에 필요한 직무수행능력(지능정보화 및 포괄적 직업·직무기초능력을 포함)을 습득·향상시키기 위하여 실시하는 훈련
직업능력 개발사업		직업능력개발훈련, 직업·진로 상담 및 경력개발 지원, 직업능력개발훈련 과정·매체의 개발 및 직업능력개발에 관한 조사·연구 등을 하는 사업
직업능력 개발훈련시설	공공직업 훈련시설	국가·지방자치단체 및 대통령령으로 정하는 공공단체(이하 "공공단체"라 한다)가 직업능력개발훈련을 위하여 설치한 시설로서 고용노동부장관과 협의하거나 고용노동부장관의 승인을 받아 설치한 시설
	지정직업 훈련시설	직업능력개발훈련을 위하여 설립·설치된 직업전문학교·실용전문학교 등의 시설로서 고용노동부장관이 지정한 시설
근로자		사업주에게 고용된 사람과 취업할 의사가 있는 사람

> **더 알아보기**
>
> 직업능력개발훈련시설을 설치할 수 있는 공공단체의 범위(시행령 제2조)
> 필기 출제 22, 18, 14, 13, 11, 04년 기출
> - 「한국산업인력공단법」에 따른 한국산업인력공단(한국산업인력공단이 출연하여 설립한 학교법인을 포함)
> - 「장애인고용촉진 및 직업재활법」에 따른 한국장애인고용공단
> - 「산업재해보상보험법」에 따른 근로복지공단

쌤의 비법노트

2022년 1회 필기시험까지 「근로자직업능력 개발법」이 출제되었으나, 2022년 2회 필기시험부터 개정된 「국민 평생 직업능력 개발법」이 출제되고 있습니다.

쌤의 비법노트

국민 평생 직업능력 개발법상 근로자로 "취업할 의사가 있는 사람"이 포함된다는 점을 눈여겨 보세요. 이는 현재 구직 중인 '실업급여수급자'도 국민 평생 직업능력 개발법상 '근로자'에 해당한다는 의미입니다.

(3) 직업능력개발훈련의 기본원칙(법 제3조)

① **일반원칙** 〔필기 출제〕 19, 17, 16, 15, 10, 09, 04년 기출

㉠ 직업능력개발훈련은 국민 개개인의 희망·적성·능력에 맞게 국민의 생애에 걸쳐 체계적으로 실시되어야 한다.

㉡ 직업능력개발훈련은 민간의 자율과 창의성이 존중되도록 하여야 하며, 노사의 참여와 협력을 바탕으로 실시되어야 한다.

㉢ 직업능력개발훈련은 성별, 연령, 신체적 조건, 고용형태, 신앙 또는 사회적 신분 등에 따라 차별하여 실시되어서는 아니 되며, 모든 국민에게 균등한 기회가 보장되도록 노력하여야 한다.

㉣ 직업능력개발훈련은 교육 관계 법에 따른 학교교육 및 산업현장과 긴밀하게 연계될 수 있도록 하여야 한다.

㉤ 직업능력개발훈련은 국민의 직무능력과 고용가능성을 높일 수 있도록 지역·산업 현장의 수요가 반영되어야 한다.

㉥ 직업능력개발훈련은 직업에 필요한 직무능력뿐만 아니라 지능정보화 및 포괄적 직업·직무기초능력 등 직무 수행과 관련되는 직무기초역량을 함께 지원하여야 한다.

㉦ 직업능력개발훈련은 「고용정책 기본법」에 따른 직업소개, 직업지도 및 경력개발 등과 긴밀하게 연계될 수 있도록 하여야 한다.

② **직업능력개발훈련이 중요시되어야 할 대상** 〔필기 출제〕 21~14, 12, 10, 09, 08, 07, 06, 05, 03년 기출
다음의 사람을 대상으로 하는 직업능력개발훈련은 중요시되어야 한다.

- 고령자·장애인
- 「국민기초생활 보장법」에 따른 수급권자
- 「국가유공자 등 예우 및 지원에 관한 법률」에 따른 국가유공자와 그 유족 또는 가족
- 「보훈보상대상자 지원에 관한 법률」에 따른 보훈보상대상자와 그 유족 또는 가족
- 「5·18민주유공자예우 및 단체설립에 관한 법률」에 따른 5·18민주유공자와 그 유족 또는 가족
- 「제대군인지원에 관한 법률」에 따른 제대군인 및 전역예정자
- 여성근로자
- 「중소기업기본법」에 따른 중소기업의 근로자
- 일용근로자, 단시간근로자, 기간을 정하여 근로계약을 체결한 근로자, 일시적 사업에 고용된 근로자
- 「파견근로자 보호 등에 관한 법률」에 따른 파견근로자
- 「학교 밖 청소년 지원에 관한 법률」에 따른 학교 밖 청소년

이렇게 출제된다! 1차 기출 OX

Q 직업능력개발훈련은 정부 주도로 노사의 참여와 협력을 바탕으로 실시되어야 한다?

A (×) 민간의 자율과 창의성이 존중되도록 하여야 한다.

쌤의 비법노트

2016년 1월 27일 법 개정에 따라 '제조업의 생산직에 종사하는 근로자'가 직업능력개발훈련의 중요 대상에서 제외되었습니다.

(4) 각 주체의 책무(법 제4조) 필기 출제 17, 14년 기출

① 국가와 지방자치단체의 책무

국민의 생애에 걸친 직업능력개발을 위하여 사업주·사업주단체 및 근로자단체 등이 하는 직업능력개발사업과 국민이 자율적으로 수강하는 직업능력개발훈련 등을 촉진·지원하기 위하여 필요한 시책을 마련하여야 한다.

② 사업주의 책무

근로자를 대상으로 직업능력개발훈련을 실시하고, 직업능력개발훈련에 많은 근로자가 참여하도록 하며, 근로자에게 직업능력개발을 위한 휴가를 주거나 인력개발담당자를 선임하는 등 직업능력개발훈련 여건을 조성하기 위한 노력을 하여야 한다.

③ 국민의 책무

자신의 적성과 능력에 따른 평생 직업능력개발을 위하여 노력하여야 하고, 국가·지방자치단체 또는 사업주 등이 하는 직업능력개발사업에 협조하여야 한다.

④ 사업주단체, 근로자단체, 지역인적자원개발위원회 및 산업부문별 인적자원개발협의체 등의 책무

직업능력개발훈련이 산업현장의 수요에 맞추어 이루어지도록 지역별·산업부문별 직업능력개발훈련 수요조사 등 필요한 노력을 하여야 한다.

⑤ 직업능력개발훈련을 실시하는 자의 책무

직업능력개발훈련에 관한 상담·취업지도, 선발기준 마련 등을 함으로써 국민이 자신의 적성과 능력에 맞는 직업능력개발훈련을 받을 수 있도록 노력하여야 한다.

> **쌤의 비법노트**
> '인력개발담당자'는 직업능력개발훈련시설 및 기업 등에서 직업능력개발사업의 기획·운영·평가 등을 하는 사람을 말합니다.

2 직업능력개발훈련 필기 출제 10, 09, 04년 기출

(1) 직업능력개발훈련의 구분 및 실시방법(시행령 제3조)

필기 출제 21, 20, 19, 18, 16, 15, 13, 12, 11, 10, 08, 05, 04년 기출

① 훈련의 목적에 따른 구분

양성훈련	직업에 필요한 기초적 직무수행능력을 습득시키기 위하여 실시하는 직업능력개발훈련
향상훈련	양성훈련을 받은 사람이나 직업에 필요한 기초적 직무수행능력을 가지고 있는 사람에게 더 높은 직무수행능력을 습득시키거나 기술발전에 맞추어 지식·기능을 보충하게 하기 위하여 실시하는 직업능력개발훈련
전직훈련	종전의 직업과 유사하거나 새로운 직업에 필요한 직무수행능력을 습득시키기 위하여 실시하는 직업능력개발훈련

② 훈련의 실시방법에 따른 구분

집체훈련	직업능력개발훈련을 실시하기 위하여 설치한 훈련전용시설이나 그 밖에 훈련을 실시하기에 적합한 시설(산업체의 생산시설 및 근무장소는 제외)에서 실시하는 방법
현장훈련	산업체의 생산시설 또는 근무장소에서 실시하는 방법
원격훈련	먼 곳에 있는 사람에게 정보통신매체 등을 이용하여 실시하는 방법
혼합훈련	집체훈련, 현장훈련, 원격훈련 중 2가지 이상 병행하여 실시하는 방법

> **이렇게 출제된다! 1차 기출 OX**
> Q 국민 평생 직업능력 개발법령상 직업능력개발훈련은 실시방법에 따라 '집체훈련', '향상훈련', '현장훈련', '원격훈련'으로 구분한다?
> A (×) '향상훈련'은 훈련의 목적에 따른 구분에 해당한다.

(2) 직업능력개발훈련의 대상 연령 등(시행령 제4조) 〔필기 출제〕 22년 기출

직업능력개발훈련은 15세 이상인 사람에게 실시하되, 직업능력개발훈련시설의 장은 훈련의 직종 및 내용에 따라 15세 이상으로서 훈련대상자의 연령 범위를 따로 정하거나 필요한 학력, 경력 또는 자격을 정할 수 있다.

(3) 직업능력개발훈련의 표준(법 제8조) 〔필기 출제〕 14년 기출

고용노동부장관은 직업능력개발훈련의 상호호환·인정·교류가 가능하도록 직업능력개발훈련과 관련된 기술·자원·운영 등에 관한 표준을 정할 수 있다.

(4) 훈련계약과 권리·의무(법 제9조) 〔필기 출제〕 20, 19, 17, 16, 15, 13, 12, 10, 09년 기출

① 사업주와 직업능력개발훈련을 받으려는 근로자는 직업능력개발훈련에 따른 권리·의무 등에 관하여 훈련계약을 체결할 수 있다.

② 사업주는 훈련계약을 체결할 때에는 해당 직업능력개발훈련을 받는 사람이 직업능력개발훈련을 이수한 후에 사업주가 지정하는 업무에 일정 기간 종사하도록 할 수 있다. 이 경우 그 기간은 5년 이내로 하되, 직업능력개발훈련기간의 3배를 초과할 수 없다.

③ 훈련계약을 체결하지 아니한 경우에 고용근로자가 받은 직업능력개발훈련에 대하여는 그 근로자가 근로를 제공한 것으로 본다.

④ 훈련계약을 체결하지 아니한 사업주는 직업능력개발훈련을 「근로기준법」에 따른 기준근로시간 내에 실시하되, 해당 근로자와 합의한 경우에는 기준근로시간 외의 시간에 직업능력개발훈련을 실시할 수 있다.

⑤ 기준근로시간 외의 훈련시간에 대하여는 생산시설을 이용하거나 근무장소에서 하는 직업능력개발훈련의 경우를 제외하고는 연장근로와 야간근로에 해당하는 임금을 지급하지 아니할 수 있다.

(5) 재해 위로금 〔필기 출제〕 14, 12, 11, 09, 08년 기출

① 재해 위로금의 지급(법 제11조) 〔필기 출제〕 15년 기출

  ㉠ 직업능력개발훈련을 실시하는 자는 해당 훈련시설에서 직업능력개발훈련을 받는 국민(「산업재해보상보험법」을 적용받는 사람은 제외)이 직업능력개발훈련 중에 그 직업능력개발훈련으로 인하여 재해를 입은 경우에는 재해 위로금을 지급하여야 한다.

  ㉡ 위탁에 의한 직업능력개발훈련을 받는 국민에 대하여는 그 위탁자가 재해 위로금을 부담하되, 위탁받은 자의 훈련시설의 결함이나 그 밖에 위탁받은 자에게 책임이 있는 사유로 인하여 재해가 발생한 경우에는 위탁받은 자가 재해 위로금을 지급하여야 한다.

② 재해 위로금의 지급 기준 및 절차(시행령 제5조) 〔필기 출제〕 19, 18년 기출

  ㉠ 재해 위로금의 지급에 관하여는 「근로기준법」의 재해보상에 관한 규정(휴업보상의 규정은 제외)을 준용한다.

  ㉡ 재해 위로금의 산정기준이 되는 평균임금은 「산업재해보상보험법」에 따라 고용노동부장관이 매년 정하여 고시하는 최고 보상기준 금액 및 최저 보상기준 금액을 각각 그 상한 및 하한으로 한다.

이렇게 출제된다! 1차 기출 OX

Q 국민 평생 직업능력 개발법령상 직업능력개발훈련의 대상 연령은 원칙적으로 '15세 이상'이다?

A (○)

쌤의 비법노트

국민 평생 직업능력 개발법상 훈련계약과 관련하여 직업능력개발훈련 이수 후 업무 종사 기간 조건(→ 5년 이내, 3배 초과금지)이 빈번히 출제되고 있습니다.

쌤의 비법노트

「산업재해보상보험법」은 현장실습생에 대한 특례규정(제123조)을 두고 있습니다. 그에 따라 산업재해보상보험법의 적용을 받는 현장실습생도 근로자로 간주되어 산업재해보상보험령에 따른 보험급여를 받게 됩니다. 다만, 이 경우 「국민 평생 직업능력 개발법」에 따른 재해 위로금은 원칙적으로 적용되지 않습니다.

쌤의 비법노트

국민 평생 직업능력 개발법상 재해 위로금은 '통상임금'이 아닌 '평균임금'을 산정기준으로 합니다.

02절 주요 내용

1 직업능력개발 지원

(1) 근로자의 자율적 직업능력개발 지원 범위(법 제17조) 필기 출제 08년 기출

고용노동부장관은 재직 중인 근로자의 자율적인 직업능력개발을 지원하기 위하여 근로자에게 다음의 비용을 지원하거나 융자할 수 있다.

- 고용노동부장관의 인정을 받은 직업능력개발훈련과정의 수강 비용
- 「고등교육법」에 따른 전문대학 또는 이와 같은 수준 이상의 학력이 인정되는 교육과정의 수업료 및 그 밖의 납부금
- 그 밖에 위의 비용에 준하는 비용으로서 대통령령으로 정하는 비용

(2) 직업능력개발계좌의 발급 및 운영(법 제18조 및 시행령 제16조) 필기 출제 15, 11, 10년 기출

① 고용노동부장관은 국민의 자율적 직업능력개발을 지원하기 위하여 직업능력개발훈련 비용을 지원하는 계좌(이하 "직업능력개발계좌"라 한다)를 발급하고 이들의 직업능력개발에 관한 이력을 종합적으로 관리하는 제도를 운영할 수 있다.
② 고용노동부장관은 직업능력개발계좌를 발급받은 사람이 계좌적합훈련과정을 수강하는 경우에 고용노동부령으로 정하는 한도(→ 계좌 개설 1명당 5년을 기준으로 300만원, 단 저소득층 등 고용노동부장관이 정하는 대상자는 제외)에서 그 훈련비용의 전부 또는 일부를 지원할 수 있다(시행규칙 제6조의2).
③ 고용노동부장관은 훈련직종, 훈련대상자의 특성 등을 고려하여 훈련비용의 지원수준을 달리 정할 수 있다.

(3) 사업주 및 사업주단체 등에 대한 직업능력개발 지원 범위(법 제20조 및 시행령 제19조)
필기 출제 21, 19, 16, 12년 기출

고용노동부장관은 다음의 어느 하나에 해당하는 직업능력개발사업을 하는 사업주나 사업주단체·근로자단체 또는 그 연합체(이하 "사업주단체 등"이라 한다)에게 그 사업에 필요한 비용을 지원하거나 융자할 수 있다.

쌤의 비법노트

직업능력개발계좌 훈련비용의 지원한도는 직업능력개발계좌가 개설된 사람 1명당 5년을 기준으로 300만원이 원칙이지만, 기간제·파견·단시간·일용근로자, 기초생활수급자 및 차상위계층, 장애인, 자립준비청년, 한부모가족, 북한이탈주민 등에 대하여는 최대 500만원 한도로 지원합니다.

- 근로자 직업능력개발훈련(위탁하여 실시하는 경우를 포함)
- 근로자를 대상으로 하는 자격검정사업
- 우선지원 대상기업 또는 중소기업과 공동으로 우선지원 대상기업 또는 중소기업에서 근무하는 근로자 등을 위하여 실시하는 직업능력개발사업
- 직업능력개발훈련을 위하여 필요한 시설(기숙사를 포함) 및 장비·기자재를 설치·보수하는 등의 사업
- 직업능력개발에 대한 조사·연구, 직업능력개발훈련 과정 및 매체의 개발·보급 등의 사업
- 기업의 학습조직·인적자원 개발체제를 구축하기 위하여 실시하는 사업
- 근로자의 경력개발관리를 위하여 실시하는 사업
- 근로자의 직업능력개발을 위한 정보망 구축사업
- 직업능력개발사업에 관한 교육 및 홍보 사업
- 건설근로자의 직업능력개발 지원사업
- 「고용보험법」에 따른 피보험자에 해당하지 않는 사람의 직업능력개발 지원사업
- 직업능력개발훈련교사 및 인력개발담당자의 능력개발사업
- 그 밖에 근로자의 직업능력개발을 촉진하기 위하여 실시하는 사업으로서 고용노동부장관이 정하여 고시하는 사업

> **이렇게 출제된다! 1차 기출 OX**
>
> **Q** 국민 평생 직업능력 개발법령상 직업능력개발사업을 하는 사업주에 대한 직업능력개발 지원 범위에 고용노동부장관의 인정을 받은 직업능력개발훈련과정의 수강 비용이 포함된다?
>
> **A** (×) 근로자의 자율적 직업능력개발 지원 범위에 포함된다.

(4) 산업부문별 직업능력개발사업 지원 범위(법 제22조 및 시행령 제20조) 필기 출제 11년 기출

고용노동부장관은 산업부문별 직업능력개발사업을 촉진하기 위하여 산업부문별 인적자원개발협의체, 근로자단체 및 사업주단체 등이 다음의 어느 하나에 해당하는 사업을 실시하는 경우 필요한 비용을 지원하거나 융자할 수 있다.

- 산업부문별 인력수급 및 직업능력개발훈련 수요에 대한 조사·분석
- 자격 및 직업능력개발훈련 기준의 개발·보급
- 직업능력개발훈련 과정 및 매체 등의 개발·보완·보급사업
- 직업능력개발훈련교사 및 인력개발담당자의 능력개발사업
- 직업능력개발사업에 관한 조사·연구·교육 및 홍보 사업
- 그 밖에 산업부문별 직업능력개발을 촉진하기 위한 사업으로서 고용노동부장관이 정하여 고시하는 사업

2 직업능력개발훈련시설

(1) 공공직업훈련시설(법 제27조)

국가, 지방자치단체 또는 공공단체는 공공직업훈련시설을 설치·운영할 수 있다. 이 경우 국가 또는 지방자치단체가 공공직업훈련시설을 설치하려는 때에는 고용노동부장관과 협의하여야 하며, 공공단체가 공공직업훈련시설을 설치하려는 때에는 고용노동부장관의 승인을 받아야 한다.

(2) 지정직업훈련시설

① 시설의 설립·설치(법 제28조)

지정직업훈련시설을 설립·설치하여 운영하려는 자는 인력·시설 및 장비 등 법령에서 정한 요건을 갖추어 고용노동부장관의 지정을 받아야 한다.

> **쌤의 비법노트**
>
> '인정제도'는 신청기관이 기준을 만족시키면 인정기관이 반드시 인정하도록 한 제도인 반면, '지정제도'는 신청기관에 대해 지정기구가 법률에 규정된 요구사항에 대한 만족 여부를 검토한 후 지정 여부를 결정하는 제도입니다.

② **결격사유(법 제29조)** `필기 출제` 09, 07년 기출

지정직업훈련시설을 지정받으려는 자가 다음의 어느 하나에 해당하면 지정을 받을 수 없다.

> - 피성년후견인 · 피한정후견인 · 미성년자
> - 파산선고를 받고 복권되지 아니한 사람
> - 금고 이상의 실형을 선고받고 그 집행이 끝나거나(집행이 끝난 것으로 보는 경우를 포함) 집행이 면제된 날부터 2년이 지나지 아니한 사람
> - 금고 이상의 형의 집행유예를 선고받고 그 유예기간 중에 있는 사람
> - 법원의 판결에 따라 자격이 정지되거나 상실된 사람
> - 지정직업훈련시설의 지정이 취소된 날부터 1년이 지나지 아니한 자 또는 직업능력개발훈련의 정지처분을 받고 그 정지기간 중에 있는 자
> - 평생교육시설의 설치인가취소 또는 등록취소를 처분받고 1년이 지나지 아니한 자 또는 평생교육과정의 운영정지처분을 받고 그 정지기간 중에 있는 자
> - 학원의 등록말소 또는 교습소의 폐지처분을 받고 1년이 지나지 아니한 자 또는 학원 · 교습소의 교습정지처분을 받고 그 정지기간 중에 있는 자
> - 법령에 따른 위탁의 제한 또는 인정의 제한을 받고 있는 자
> - 법인의 임원 중 위의 결격사유의 어느 하나에 해당하는 사람이 있는 법인

③ **지정취소 등(법 제31조)** `필기 출제` 22년 기출

고용노동부장관은 지정직업훈련시설이 다음의 어느 하나에 해당하면 그 시정을 명하거나 그 지정의 취소 또는 1년 이내의 기간을 정하여 직업능력개발훈련의 정지를 명할 수 있다.

> - 감염병에 관한 조치를 취하지 아니한 경우
> - 거짓이나 그 밖의 부정한 방법으로 지정을 받은 경우(반드시 취소)
> - 지정 요건을 갖추지 못한 경우(「건축법」 등 법령 위반에 따른 행정처분으로 해당 시설을 직업훈련 용도에 사용할 수 없게 된 경우를 포함)
> - 결격사유의 어느 하나에 해당하게 된 경우(반드시 취소)
> - 정당한 사유 없이 계속하여 1년 이상 직업능력개발훈련을 실시하지 아니한 경우
> - 변경지정을 받지 아니하고 지정 내용을 변경하는 등 부정한 방법으로 지정직업훈련시설을 운영한 경우
> - 훈련생을 모집할 때 과대 광고 또는 거짓 광고를 한 경우
> - 시정명령에 따르지 아니한 경우
> - 그 밖에 이 법 또는 이 법에 따른 명령을 위반한 경우

이렇게 출제된다! **1차 기출 OX**

Q 고용노동부장관은 지정직업훈련시설이 거짓으로 지정을 받은 경우 반드시 지정직업훈련시설의 지정을 취소해야 한다?

A (○)

3 직업능력개발훈련교사의 자격 및 양성

(1) 직업능력개발훈련교사 등(법 제33조)

① 직업능력개발훈련을 위하여 훈련생을 가르칠 수 있는 사람(시행령 제27조)

필기 출제 11, 10, 08년 기출

직업능력개발훈련교사나 그 밖에 해당 분야에 전문지식이 있는 사람 등으로서 대통령령으로 정하는 다음의 사람은 직업능력개발훈련을 위하여 훈련생을 가르칠 수 있다.

- 「고등교육법」에 따른 학교를 졸업하였거나 이와 같은 수준 이상의 학력을 인정받은 후 해당 분야의 교육훈련경력이 1년 이상인 사람
- 「정부출연연구기관 등의 설립·운영 및 육성에 관한 법률」, 「과학기술분야 정부출연연구기관 등의 설립·운영 및 육성에 관한 법률」에 따른 연구기관 및 「기초연구진흥 및 기술개발지원에 관한 법률」에 따른 기업부설연구소 등에서 해당 분야의 연구경력이 1년 이상인 사람
- 「국가기술자격법」이나 그 밖의 법령에 따라 국가가 신설하여 관리·운영하는 해당 분야의 자격증을 취득한 사람
- 해당 분야에서 1년 이상의 실무경력이 있는 사람
- 그 밖에 해당 분야의 훈련생을 가르칠 수 있는 전문지식이 있는 사람으로서 고용노동부령으로 정하는 사람

> **쌤의 비법노트**
>
> 직업능력개발훈련교사의 자격증이 있는 사람만이 직업능력개발훈련을 위하여 훈련생을 가르칠 수 있는 것은 아닙니다. 해당 분야에 전문지식이 있는 사람으로서 대통령령으로 정한 사람도 직업능력개발훈련을 위하여 훈련생을 가르칠 수 있습니다.

② 직업능력개발훈련교사의 자격기준(시행령 제28조) 필기 출제 16, 10, 09년 기출

직업능력개발훈련교사는 1·2급 및 3급으로 구분한다.

1급	직업능력개발훈련교사 2급의 자격을 취득한 후 고용노동부장관이 정하여 고시하는 직종에서 3년 이상의 교육훈련 경력이 있는 사람으로서 향상훈련을 받은 사람
2급	• 직업능력개발훈련교사 3급의 자격을 취득한 후 고용노동부장관이 정하여 고시하는 직종에서 3년 이상의 교육훈련 경력이 있는 사람으로서 향상훈련을 받은 사람 • 고용노동부장관이 정하여 고시하는 직종에서 요구하는 기술사 또는 기능장 자격을 취득하고 고용노동부령으로 정하는 훈련을 받은 사람 • 「고등교육법」에 따른 교수·부교수·조교수로 재직 중 고용노동부장관이 정하여 고시하는 직종에서 2년 이상의 교육훈련 경력이 있는 사람
3급	• 기술교육대학에서 고용노동부장관이 정하여 고시하는 식송에 관한 학사학위를 취득한 사람 • 고용노동부장관이 정하여 고시하는 직종에 관한 학사 이상의 학위를 취득한 후 해당 직종에서 2년 이상의 교육훈련 경력 또는 실무경력이 있는 사람으로서 고용노동부령으로 정하는 훈련을 받은 사람 • 고용노동부장관이 정하여 고시하는 직종에 관한 학사 이상의 학위를 취득한 후 해당 직종에서 요구하는 중등학교 정교사 1급 또는 2급의 자격을 취득한 사람 • 고용노동부장관이 정하여 고시하는 직종에서 요구하는 기술·기능 분야의 기사 자격증을 취득한 후 해당 직종에서 1년 이상의 교육훈련 경력 또는 실무경력이 있는 사람으로서 고용노동부령으로 정하는 훈련을 받은 사람 • 고용노동부장관이 정하여 고시하는 직종에서 요구하는 기술·기능 분야의 산업기사·기능사 자격증, 서비스 분야의 국가기술자격증 또는 그 밖의 법령에 따라 국가가 신설하여 관리·운영하는 자격증을 취득한 후 해당 직종에서 2년 이상의 교육훈련 경력 또는 실무경력이 있는 사람으로서 고용노동부령으로 정하는 훈련을 받은 사람 • 고용노동부장관이 정하여 고시하는 직종에서 5년 이상의 교육훈련 경력 또는 실무경력이 있는 사람으로서 고용노동부령으로 정하는 훈련을 받은 사람 • 그 밖에 고용노동부장관이 정하여 고시하는 기준에 적합한 사람으로서 고용노동부령으로 정하는 훈련을 받은 사람

> **쌤의 비법노트**
>
> '직업능력개발훈련교사의 자격기준'에서는 특히 2급 자격기준을 눈여겨보시기 바랍니다.

이렇게 출제된다! 1차 기출 OX

Q 금고 이상의 실형을 선고받고 그 집행이 끝난 날부터 2년이 지난 사람은 직업능력개발훈련교사가 될 수 있다?

A (○)

(2) 직업능력개발훈련교사의 결격사유(법 제34조) 필기 출제 17, 16, 10년 기출

다음의 어느 하나에 해당하는 사람은 직업능력개발훈련교사가 될 수 없다.

- 피성년후견인 · 피한정후견인
- 금고 이상의 실형을 선고받고 그 집행이 끝나거나(집행이 끝난 것으로 보는 경우를 포함) 집행이 면제된 날부터 2년이 지나지 아니한 사람
- 금고 이상의 형의 집행유예를 선고받고 그 유예기간 중에 있는 사람
- 법원의 판결에 따라 자격이 상실되거나 정지된 사람
- 성폭력범죄로 100만원 이상의 벌금형을 선고받고 그 형이 확정된 후 2년이 지나지 아니한 사람
- 직업능력개발훈련교사의 자격이 취소된 후 3년이 지나지 아니한 사람

쌤의 비법노트

직업능력개발훈련교사의 양성을 위한 훈련과정에 '전직훈련과정'은 포함되지 않습니다. 시행령 제3조에 의한 직업능력개발훈련의 훈련 목적에 따른 구분(양성훈련, 향상훈련, 전직훈련)과 혼동하지 마세요.

(3) 직업능력개발훈련교사의 양성(법 제36조) 필기 출제 19, 14년 기출

① 국가, 지방자치단체, 공공단체 또는 고용노동부장관이 고시하는 법인 · 단체는 직업능력개발훈련교사 양성을 위한 훈련과정을 설치 · 운영할 수 있다. 이 경우 국가 및 지방자치단체가 아닌 자가 훈련과정을 설치 · 운영하려면 고용노동부장관의 승인을 받아야 한다.

② 직업능력개발훈련교사의 양성을 위한 훈련과정은 양성훈련과정, 향상훈련과정 및 교직훈련과정으로 구분한다(시행규칙 제18조 제1항).

쌤의 비법노트

기능대학은 그 특성을 고려하여 다른 명칭을 사용할 수 있습니다. 예를 들어, 우리나라의 대표적인 기능대학으로 '한국폴리텍대학', 'ICT폴리텍대학' 등이 있습니다.

> **더 알아보기**
>
> **기능대학(법 제39조 및 제40조)** 필기 출제 18, 14년 기출
> - 설립 목적 : 산업현장에서 필요한 인력의 양성 및 근로자의 직업능력개발 지원
> - 설립 주체 : 국가, 지방자치단체 또는 「사립학교법」에 따른 학교법인
> - 설립 요건 : 인가주의
>
> | 국 가 | 교육부장관 및 고용노동부장관과 각각 협의 |
> |---|---|
> | 지방자치단체 | 고용노동부장관과 협의 + 교육부장관의 인가 |
> | 학교법인 | 고용노동부장관의 추천 + 교육부장관의 인가 |
>
> - 교육 · 훈련과정 : 다기능기술자과정, 학위전공심화과정, 직업훈련과정

CHAPTER 07 출제 유형 알아보기

제5과목 고용노동관계법규(Ⅰ)

01절 개 요

01 다음 중 국민 평생 직업능력 개발법령상 직업능력개발훈련시설을 설치할 수 있는 공공단체의 범위에 포함되지 않는 것은?

① 근로복지공단
② 한국산업인력공단
③ 한국장애인고용공단
④ 한국산업안전보건공단

해설

직업능력개발훈련시설을 설치할 수 있는 공공단체의 범위(국민 평생 직업능력 개발법 시행령 제2조 참조)
- 「한국산업인력공단법」에 따른 한국산업인력공단(한국산업인력공단이 출연하여 설립한 학교법인을 포함)
- 「장애인고용촉진 및 직업재활법」에 따른 한국장애인고용공단
- 「산업재해보상보험법」에 따른 근로복지공단

02 다음 중 국민 평생 직업능력 개발법상 직업능력개발훈련의 기본원칙으로 명시되지 않은 것은?

① 직업능력개발훈련은 국민 개개인의 희망·적성·능력에 맞게 국민의 생애에 걸쳐 체계적으로 실시되어야 한다.
② 직업능력개발훈련은 모든 국민에게 균등한 기회가 보장되도록 노력하여야 한다.
③ 직업능력개발훈련은 사회적으로 공공성의 원리에 따라 국가 주도로 진행되어야 한다.
④ 직업능력개발훈련은 국민의 직무능력과 고용가능성을 높일 수 있도록 지역·산업현장의 수요가 반영되어야 한다.

해설

③ 직업능력개발훈련은 민간의 자율과 창의성이 존중되도록 하여야 하며, 노사의 참여와 협력을 바탕으로 실시되어야 한다(국민 평생 직업능력 개발법 제3조 제2항).

정답 01 ④ 02 ③

03 다음 중 국민 평생 직업능력 개발법상 직업능력개발훈련이 중요시되어야 할 대상으로 명시되지 않은 것은?

① 「국민기초생활 보장법」에 따른 수급권자
② 「국가유공자 등 예우 및 지원에 관한 법률」에 따른 국가유공자
③ 「제대군인지원에 관한 법률」에 따른 제대군인
④ 「한부모가족지원법」에 따른 지원대상자

> **해설**
>
> **직업능력개발훈련이 중요시되어야 할 대상**(국민 평생 직업능력 개발법 제3조 제4항 참조)
> - 고령자·장애인
> - 「국민기초생활 보장법」에 따른 수급권자(①)
> - 「국가유공자 등 예우 및 지원에 관한 법률」에 따른 국가유공자와 그 유족 또는 가족(②)
> - 「보훈보상대상자 지원에 관한 법률」에 따른 보훈보상대상자와 그 유족 또는 가족
> - 「5·18민주유공자예우 및 단체설립에 관한 법률」에 따른 5·18민주유공자와 그 유족 또는 가족
> - 「제대군인지원에 관한 법률」에 따른 제대군인 및 전역예정자(③)
> - 여성근로자
> - 「중소기업기본법」에 따른 중소기업의 근로자
> - 일용근로자, 단시간근로자, 기간을 정하여 근로계약을 체결한 근로자, 일시적 사업에 고용된 근로자
> - 「파견근로자 보호 등에 관한 법률」에 따른 파견근로자
> - 「학교 밖 청소년 지원에 관한 법률」에 따른 학교 밖 청소년

04 다음 중 국민 평생 직업능력 개발법령상 실시방법에 따라 구분한 직업능력개발훈련에 해당하지 않는 것은?

① 향상훈련
② 집체훈련
③ 현장훈련
④ 원격훈련

> **해설**
>
> **직업능력개발훈련의 구분**(국민 평생 직업능력 개발법 시행령 제3조 참조)
> - 훈련의 목적에 따른 구분 : 양성훈련, 향상훈련, 전직훈련
> - 훈련의 실시방법에 따른 구분 : 집체훈련, 현장훈련, 원격훈련, 혼합훈련

05 다음 중 보기의 빈칸에 들어갈 내용을 순서대로 올바르게 나열한 것은?

> 국민 평생 직업능력 개발법상 사업주는 훈련계약을 체결할 때에는 해당 직업능력개발훈련을 받는 사람이 직업능력개발훈련을 이수한 후에 사업주가 지정하는 업무에 일정 기간 종사하도록 할 수 있다. 이 경우 그 기간은 (ㄱ) 이내로 하되, 직업능력개발 훈련기간의 (ㄴ)를 초과할 수 없다.

① ㄱ : 5년, ㄴ : 2배
② ㄱ : 5년, ㄴ : 3배
③ ㄱ : 3년, ㄴ : 2배
④ ㄱ : 3년, ㄴ : 3배

해설

훈련계약과 권리·의무(국민 평생 직업능력 개발법 제9조 제2항)
사업주는 훈련계약을 체결할 때에는 해당 직업능력개발훈련을 받는 사람이 직업능력개발훈련을 이수한 후에 사업주가 지정하는 업무에 일정 기간 종사하도록 할 수 있다. 이 경우 그 기간은 5년 이내로 하되, 직업능력개발훈련기간의 3배를 초과할 수 없다.

06 다음 중 국민 평생 직업능력 개발법상 훈련계약과 권리·의무에 대한 내용으로 옳지 않은 것은?

① 사업주와 직업능력개발훈련을 받으려는 근로자는 직업능력개발훈련에 따른 권리·의무 등에 관하여 훈련계약을 체결할 수 있다.
② 훈련계약을 체결하지 아니한 사업주는 직업능력개발훈련을 「근로기준법」에 따른 기준근로시간 내에 실시한다.
③ 훈련계약을 체결하지 아니한 경우에 고용근로자가 받은 직업능력개발훈련에 대하여는 그 근로자가 근로를 제공하지 아니한 것으로 본다.
④ 기준근로시간 외의 훈련시간에 대하여는 생산시설을 이용하거나 근무장소에서 하는 직업능력개발훈련의 경우를 제외하고는 연장근로와 야간근로에 해당하는 임금을 지급하지 아니할 수 있다.

해설

③ 훈련계약을 체결하지 아니한 경우에 고용근로자가 받은 직업능력개발훈련에 대하여는 그 근로자가 근로를 제공한 것으로 본다(국민 평생 직업능력 개발법 제9조 제3항).

07 다음 중 국민 평생 직업능력 개발법령상 재해 위로금에 대한 설명으로 옳지 않은 것은?

① 직업능력개발훈련을 실시하는 자는 해당 훈련시설에서 직업능력개발훈련을 받는 국민이 직업능력개발훈련 중에 그 직업능력개발훈련으로 인하여 재해를 입은 경우에는 재해 위로금을 지급하여야 한다.
② 위탁에 의한 직업능력개발훈련을 받는 국민에 대하여는 그 위탁자가 재해 위로금을 부담하는 것이 원칙이다.
③ 위탁받은 자의 훈련시설의 결함으로 인하여 재해가 발생한 경우에는 위탁받은 자가 재해 위로금을 지급하여야 한다.
④ 재해 위로금의 산정기준이 되는 평균임금은 산업재해보상보험법에 따라 고용노동부장관이 매년 정하여 고시하는 최고 보상기준 금액을 상한으로 하고 최저 보상기준 금액은 적용하지 아니한다.

> **해설**
> ④ 재해 위로금의 산정기준이 되는 평균임금은 산업재해보상보험법에 따라 고용노동부장관이 매년 정하여 고시하는 최고 보상기준 금액 및 최저 보상기준 금액을 각각 그 상한 및 하한으로 한다(국민 평생 직업능력 개발법 시행령 제5조 참조).

02절 주요 내용

08 다음 중 국민 평생 직업능력 개발법규상 저소득층 등 고용노동부장관이 정하는 대상자를 제외한 직업능력개발계좌를 발급받은 사람의 직업능력개발계좌 훈련비용의 지원한도로 옳은 것은?

① 계좌 개설 1명당 5년을 기준으로 300만원
② 계좌 개설 1명당 3년을 기준으로 300만원
③ 계좌 개설 1명당 5년을 기준으로 500만원
④ 계좌 개설 1명당 3년을 기준으로 500만원

> **해설**
> **직업능력개발계좌 훈련비용의 지원한도**(국민 평생 직업능력 개발법 시행령 제16조 제4항 및 시행규칙 제6조의2)
> 고용노동부장관은 직업능력개발계좌를 발급받은 사람이 계좌적합훈련과정을 수강하는 경우에 고용노동부령으로 정하는 한도(→ 계좌 개설 1명당 5년을 기준으로 300만원, 단 저소득층 등 고용노동부장관이 정하는 대상자는 제외)에서 그 훈련비용의 전부 또는 일부를 지원할 수 있다.

09 다음 중 국민 평생 직업능력 개발법상 지정직업훈련시설을 지정받으려는 자의 결격사유로 옳지 않은 것은?

① 피성년후견인·피한정후견인·미성년자
② 금고 이상의 실형을 선고받고 그 집행이 끝나거나 집행이 면제된 날부터 2년이 지나지 아니한 사람
③ 지정직업훈련시설의 지정이 취소된 날부터 1년이 지나지 아니한 자
④ 평생교육시설의 설치인가취소를 처분받고 2년이 지나지 아니한 자

> **해설**
> ④ 평생교육시설의 설치인가취소 또는 등록취소를 처분받고 1년이 지나지 아니한 자 또는 평생교육과정의 운영정지처분을 받고 그 정지기간 중에 있는 자(국민 평생 직업능력 개발법 제29조 제7호).

10 다음 중 국민 평생 직업능력 개발법령상 직업능력개발훈련교사 2급의 자격기준으로 옳지 않은 것은?

① 직업능력개발훈련교사 3급의 자격을 취득한 후 고용노동부장관이 정하여 고시하는 직종에서 3년 이상의 교육훈련 경력이 있는 사람으로서 향상훈련을 받은 사람
② 고용노동부장관이 정하여 고시하는 직종에서 요구하는 서비스 분야의 국가기술자격증을 취득한 후 해당 직종에서 2년 이상의 교육훈련 경력 또는 실무경력이 있는 사람으로서 고용노동부령으로 정하는 훈련을 받은 사람
③ 고용노동부장관이 정하여 고시하는 직종에서 요구하는 기술사 또는 기능장 자격을 취득하고 고용노동부령으로 정하는 훈련을 받은 사람
④ 「고등교육법」에 따른 교수·부교수·조교수로 재직 중 고용노동부장관이 정하여 고시하는 직종에서 2년 이상의 교육훈련 경력이 있는 사람

해설
② 직업능력개발훈련교사 3급의 자격기준에 해당한다(국민 평생 직업능력 개발법 시행령 제28조 제2항 및 별표2 참조).

11 다음 중 국민 평생 직업능력 개발법규상 직업능력개발훈련교사의 양성을 위한 훈련과정으로 옳은 것을 모두 고른 것은?

ㄱ. 양성훈련과정
ㄴ. 향상훈련과정
ㄷ. 교직훈련과정
ㄹ. 전직훈련과정

① ㄱ, ㄴ, ㄷ
② ㄱ, ㄷ, ㄹ
③ ㄴ, ㄷ, ㄹ
④ ㄱ, ㄴ, ㄷ, ㄹ

해설
직업능력개발훈련교사의 양성을 위한 훈련과정(국민 평생 직업능력 개발법 시행규칙 제18조 제1항 참조)
- 양성훈련과정
- 향상훈련과정
- 교직훈련과정

12 다음 중 국민 평생 직업능력 개발법상 기능대학에 대한 설명으로 옳은 것은?

① 국가가 기능대학을 설립·경영하려면 관계 중앙행정기관의 장은 교육부장관 및 고용노동부장관과 각각 협의하여야 한다.
② 지방자치단체가 기능대학을 설립·경영하려면 해당 지방자치단체의 장은 교육부장관과 협의를 한 후 고용노동부장관의 인가를 받아야 한다.
③ 「사립학교법」에 따른 학교법인은 기능대학을 설립·경영할 수 없다.
④ 기능대학은 그 특성을 고려하여 다른 명칭을 사용할 수 없다.

해설

① · ② 국가가 기능대학을 설립·경영하려면 관계 중앙행정기관의 장은 교육부장관 및 고용노동부장관과 각각 협의하여야 하며, 지방자치단체가 기능대학을 설립·경영하려면 해당 지방자치단체의 장은 고용노동부장관과 협의를 한 후 교육부장관의 인가를 받아야 한다(국민 평생 직업능력 개발법 제39조 제2항).
③ 국가, 지방자치단체 또는 「사립학교법」에 따른 학교법인은 산업현장에서 필요한 인력을 양성하고 근로자의 직업능력개발을 지원하기 위하여 기능대학을 설립·경영할 수 있다(동법 제39조 제1항).
④ 기능대학은 그 특성을 고려하여 다른 명칭을 사용할 수 있다(동법 제39조 제5항).

CHAPTER 07 최근 기출문제 파악하기 1차 필기

제5과목 고용노동관계법규(Ⅰ)

> ※ 참고: 「국민 평생 직업능력 개발법」은 2022년 2월 18일부터 시행되고 있으나, 직업상담사 시험에서는 2022년 제2회 필기시험부터 적용되고 있습니다. 다만, 해당 법률이 '일부개정'의 형식으로 개정 전 「근로자직업능력 개발법」을 상당 부분 그대로 반영하고 있으므로, 본문의 기출문제에서는 법률 제명 교체 등 일부 개정된 내용을 반영하여 수록하였습니다.

01 국민 평생 직업능력 개발법령에 관한 설명으로 틀린 것은? [2022년 1회 기출]

① 「제대군인지원에 관한 법률」에 따른 제대군인 및 전역예정자의 직업능력개발훈련은 중요시되어야 한다.
② 「산업재해보상보험법」에 따른 근로복지공단은 직업능력개발훈련시설을 설치할 수 없다.
③ 이 법에서 "근로자"란 사업주에게 고용된 사람과 취업할 의사가 있는 사람을 말한다.
④ 직업능력개발훈련은 훈련의 목적에 따라 양성훈련, 향상훈련, 전직훈련으로 구분한다.

해설

② 「산업재해보상보험법」에 따른 근로복지공단은 직업능력개발훈련시설을 설치할 수 있는 공공단체에 해당한다(국민 평생 직업능력 개발법 시행령 제2조 참조).

02 국민 평생 직업능력 개발법령상 원칙적으로 직업능력개발훈련의 대상 연령은? [2022년 1회 기출]

① 13세 이상
② 15세 이상
③ 18세 이상
④ 20세 이상

해설

직업능력개발훈련의 대상 연령 등(국민 평생 직업능력 개발법 시행령 제4조)
직업능력개발훈련은 15세 이상인 사람에게 실시하되, 직업능력개발훈련시설의 장은 훈련의 직종 및 내용에 따라 15세 이상으로서 훈련대상자의 연령 범위를 따로 정하거나 필요한 학력, 경력 또는 자격을 정할 수 있다.

03 국민 평생 직업능력 개발법령상 고용노동부장관이 직업능력개발사업을 하는 사업주에게 지원할 수 있는 비용이 아닌 것은?
[2021년 3회 기출]

① 근로자를 대상으로 하는 자격검정사업 비용
② 직업능력개발훈련을 위해 필요한 시설의 설치 사업 비용
③ 근로자의 경력개발관리를 위하여 실시하는 사업 비용
④ 고용노동부장관의 인정을 받은 직업능력개발훈련과정의 수강 비용

해설

④ 고용노동부장관이 재직 중인 근로자의 자율적인 직업능력개발을 지원하기 위하여 근로자에게 지원할 수 있는 비용에 해당한다(국민 평생 직업능력 개발법 제17조 제1항 참조).

04 국민 평생 직업능력 개발법령상 고용노동부장관이 반드시 지정직업훈련시설의 지정을 취소해야 하는 경우에 해당하는 것은?
[2022년 2회 기출]

① 시정명령에 따르지 아니한 경우
② 변경지정을 받지 아니하고 지정 내용을 변경하는 등 부정한 방법으로 지정직업훈련시설을 운영한 경우
③ 훈련생을 모집할 때 거짓 광고를 한 경우
④ 거짓으로 지정을 받은 경우

해설

지정직업훈련시설의 지정취소(국민 평생 직업능력 개발법 제31조 제1항)
고용노동부장관은 지정직업훈련시설이 다음의 어느 하나에 해당하면 그 시정을 명하거나 그 지정의 취소 또는 1년 이내의 기간을 정하여 직업능력개발훈련의 정지를 명할 수 있다.

- 감염병에 관한 조치를 취하지 아니한 경우
- 거짓이나 그 밖의 부정한 방법으로 지정을 받은 경우(반드시 취소)④
- 지정 요건을 갖추지 못한 경우(「건축법」 등 법령 위반에 따른 행정처분으로 해당 시설을 직업훈련 용도에 사용할 수 없게 된 경우를 포함)
- 결격사유의 어느 하나에 해당하게 된 경우(반드시 취소)
- 정당한 사유 없이 계속하여 1년 이상 직업능력개발훈련을 실시하지 아니한 경우
- 변경지정을 받지 아니하고 지정 내용을 변경하는 등 부정한 방법으로 지정직업훈련시설을 운영한 경우②
- 훈련생을 모집할 때 과대 광고 또는 거짓 광고를 한 경우③
- 시정명령에 따르지 아니한 경우①
- 그 밖에 이 법 또는 이 법에 따른 명령을 위반한 경우

팀에는 내가 없지만 팀의 승리에는 내가 있다.

(Team이란 단어에는 I 자가 없지만 win이란 단어에는 있다.)

There is no "i" in team but there is in win

— 마이클 조던 —

CHAPTER 08

제5과목 고용노동관계법규(Ⅰ)

구직자 취업촉진 및 생활안정지원에 관한 법률

중요키워드 10

※ 중요도 높은 것에서 낮은 것 순으로

① 구직촉진수당의 수급 요건
② 취업지원서비스의 수급 요건
③ 구직촉진수당 지급의 제한
④ 취업지원 종료 시점
⑤ 취업지원의 유예
⑥ 반환명령 등
⑦ 수급권 보호를 위한 조치
⑧ 취업지원서비스의 내용
⑨ 구직촉진수당의 정지
⑩ 심사 및 재심사

제5과목

 쌤의 학습지도

1. 출제기준 변경에 따라 새롭게 포함된 영역이에요.

「구직자 취업촉진 및 생활안정지원에 관한 법률」은 국민취업지원제도의 근거가 되는 법률이에요. 국민내일배움카드와 혼동하지 마세요.

2. 국민취업지원제도에 관한 내용은 '3과목 직업정보'에서도 다루었죠.

취업취약계층을 대상으로 취업지원서비스와 생계지원을 함께 제공하는 '한국형 실업부조'임을 상기시키세요.

3. 취업지원서비스의 수급 요건을 암기하세요.

법령에서도 수급 요건이 명시되어 있지만, 별도의 고시를 통해 이를 구체화하고 있는데요, 이는 「국민취업지원제도 운영규정」을 통해 확인할 수 있어요.

4. 구직촉진수당의 수급 요건을 암기하세요.

구직촉진수당은 Ⅰ유형에 대한 소득지원 차원에서 지급하는 것이기에 소득 관련 제한조건이 있어요.

5. 구직촉진수당의 지급과 관련된 내용을 알아두어야 해요.

구직촉진수당은 6개월 지원을 원칙으로 하는데요, 경우에 따라 지급이 정지되거나 중단되는 등 제한사항이 있어요.

6. 수급권은 보호되어야겠죠.

압류방지 전용통장으로서 수당수급계좌와 함께 압류 등의 금지, 공과금의 면제 등 보호조치들이 마련되어 있어요.

7. 부정한 방법으로 구직촉진수당 등을 지급받았다면 그 대가를 치러야죠.

거짓이나 그 밖의 부정한 방법으로 구직촉진수당 등을 지급받았을 때의 벌칙 외에도 지급받은 구직촉진수당에 해당하는 액수 이하의 금액을 추가로 징수할 수도 있어요.

8. 취업지원이 종료되는 시점을 기억해 두세요.

고용보험 피보험자격의 취득일이나 상실일과 마찬가지로 취업지원의 종료 시점도 어떤 경우는 "~한 날", 다른 경우는 "~한 날의 다음 날"로 제시되고 있어요.

CHAPTER 08 구직자 취업촉진 및 생활안정지원에 관한 법률

제5과목 고용노동관계법규(Ⅰ)

01절 개 요

1 총 칙

(1) 목적(법 제1조)

근로능력과 구직의사가 있음에도 불구하고 취업에 어려움을 겪고 있는 국민에게 통합적인 취업지원서비스를 제공하고 생계를 지원함으로써 이들의 구직활동 및 생활안정에 이바지함을 목적으로 한다.

> **쌤의 비법노트**
>
> 'CHAPTER 08 구직자 취업촉진 및 생활안정지원에 관한 법률'은 2025년 출제기준 변경에 따라 새롭게 포함된 영역입니다.

(2) 용어의 정의(법 제2조)

취업지원	수급자의 취업활동에 도움이 될 수 있는 취업지원서비스 및 구직촉진수당을 지급하는 것
수급자격자	취업지원서비스 또는 구직촉진수당의 수급 요건을 갖추어 수급자격이 인정된 사람
수급자	수급자격자로서 취업지원서비스 또는 구직촉진수당을 받는 사람

> **쌤의 비법노트**
>
> 「구직자 취업촉진 및 생활안정지원에 관한 법률」은 국민취업지원제도의 근거가 되는 법률입니다.

(3) 각 주체의 책무 등(법 제3조 및 제4조)

국가와 지방자치단체	• 수급자격자의 적성과 능력에 맞는 분야로의 취업 지원 • 수급자격자의 구직 중 생활안정을 위해 필요한 시책의 수립 · 시행
수급자격자	• 국가와 지방자치단체로부터 취업 및 생활안정을 위한 지원을 받을 권리 • 취업활동계획 등에 따른 구직활동을 성실히 이행하여야 할 의무

(4) 구직자 취업지원 기본계획의 수립 · 시행(법 제5조)

① 고용노동부장관은 관계 중앙행정기관의 장과 협의하여 구직자의 취업을 지원하기 위한 구직자 취업지원 기본계획(이하 "기본계획"이라 한다)을 5년마다 수립하고 시행하여야 한다.

② 기본계획에는 다음의 사항이 포함되어야 한다.

- 구직자 취업지원의 기본목표 및 추진방향
- 구직자 취업지원에 관한 사업계획 및 추진방법
- 구직자 취업지원 체계의 구축 및 운영
- 구직자 취업지원의 성과분석 및 개선방안
- 구직자 취업지원을 위한 재원조달
- 그 밖에 구직자 취업지원을 위하여 필요한 사항

2 취업지원 수급자격의 인정 등

(1) 취업지원서비스의 수급 요건(법 제6조)

① 다음의 요건에 모두 해당하는 사람은 취업지원서비스 수급자격이 있다.

> - 근로능력과 구직의사가 있음에도 취업하지 못한 상태일 것
> - 취업지원을 신청할 당시 15세 이상 64세 이하일 것
> - 가구단위의 월평균 총소득이 기준 중위소득의 100분의 100 이하일 것[단, 15세 이상 34세 이하 (병역의무를 이행한 경우 법령에 따른 복무기간 중 3년의 범위에서 실제 복무한 병역의무 이행기간을 가산)인 사람은 가구단위의 월평균 총소득이 기준 중위소득의 100분의 120 이하일 것]

② 고용노동부장관은 취업취약계층에 대하여 취업지원서비스가 특별히 필요한 경우에는 고용정책심의회의 심의를 거쳐 수급 요건을 별도로 정하여 고시할 수 있다.

③ 고용노동부장관은 법률의 규정에도 불구하고, 취업지원을 신청할 당시 15세 이상 69세 이하인 사람 가운데 「국민취업지원제도 운영규정」에 따라 취업취약계층의 취업지원서비스 수급 요건에 해당하는 사람에게 취업지원서비스 수급자격을 인정할 수 있다(국민취업지원제도 운영규정 제2조 참조).

쌤의 비법노트

법률에서는 취업지원서비스 수급의 연령 요건으로 취업지원 신청 당시 "15세 이상 64세 이하"로 규정하고 있으나 별도의 고시를 통해 "15세 이상 69세 이하"로 규정함으로써 65~69세 또한 참여 자격을 인정하고 있습니다.

(2) 구직촉진수당의 수급 요건(법 제7조, 시행령 제3조 내지 제5조)

① 다음의 요건에 모두 해당하는 사람은 구직촉진수당의 수급자격이 있다.

> - 취업지원서비스의 수급 요건을 갖출 것
> - 가구단위의 월평균 총소득이 기준 중위소득의 100분의 60 이내의 범위에서 최저생계비 및 구직활동에 드는 비용 등을 고려하여 대통령령으로 정하는 수준(→ 기준 중위소득의 100분의 60) 이하일 것
> - 가구원이 소유하고 있는 토지·건물·자동차 등 재산의 합계액이 6억원 이내의 범위에서 대통령령으로 정하는 금액(→ 4억원, 단, 15세 이상 34세 이하는 5억원) 이하일 것
> - 취업지원 신청일 이전 2년 이내의 범위에서 대통령령으로 정하는 기간(→ 취업지원 신청인이 취업한 기간을 모두 더하여 100일 또는 800시간) 이상 취업한 사실이 있을 것

② 고용노동부장관은 ①에도 불구하고 노동시장의 여건, 구직촉진수당의 지원 필요성 등 다음을 고려하여 상대적으로 그 소득과 재산이 적고 취업이 어렵다고 인정되는 사람으로서 고용노동부장관이 정하여 고시하는 사람에 대하여 예산의 범위에서 구직촉진수당 수급자격을 인정할 수 있다(규정 제6조 및 별표3).

> - 가구단위 월평균 총소득
> - 재산의 합계액(가구원의 재산 합계액)
> - 미취업기간 또는 취업준비기간
> - 자녀(미취학 자녀 등 양육이 필요한 자녀의 수)
> - 유사 제도 및 사업 수혜
> - 구직의사 및 건강상태

쌤의 비법노트

구직촉진수당의 수급 요건에서 본문의 ①은 '요건심사형'을, ②는 '선발형'을 의미합니다.

이렇게 출제된다! 적중 예상 OX

Q 「국민기초생활 보장법」에 따른 생계급여 수급자는 구직촉진수당 수급자격의 인정 제한 대상이다?

A (○)

③ 고용노동부장관은 다음의 어느 하나에 해당하는 사람에게는 구직촉진수당 수급자격을 인정하지 아니할 수 있다.

> - 취업지원 신청 당시 학업, 군복무, 심신장애 및 간병 등 대통령령으로 정하는 사유로 즉시 취업이 어려운 사람
> - 「국민기초생활 보장법」에 따른 생계급여 수급자
> - 「고용보험법」에 따른 구직급여를 받고 있거나 구직급여를 마지막으로 받은 날의 다음 날부터 6개월이 지나지 아니한 사람
> - 「고용정책 기본법」에 따른 재정지원 일자리사업 중 대통령령으로 정하는 사업에 참여하고 있거나 참여기간의 마지막 날의 다음 날부터 6개월이 지나지 아니한 사람
> - 국가 또는 지방자치단체가 구직활동에 필요한 비용을 지원하는 수당 중 대통령령으로 정하는 수당을 받고 있거나 수당을 마지막으로 받은 날의 다음 날부터 6개월이 지나지 아니한 사람
> - 취업지원 신청인 본인의 월평균 총소득이 대통령령으로 정하는 기준(→ 1인 가구 기준 중위소득의 100분의 60) 이상인 사람
> - 구직촉진수당 수급자격을 인정받으려는 사람이 취업할 의사가 없어 고용노동부장관이 취업지원서비스에 참여시키는 것이 적합하지 않다고 인정하는 사람

02절 주요 내용

1 취업지원의 신청 및 수급자격자 결정

(1) 취업지원 신청 및 확인·조사(법 제8조 및 제9조)

① 취업지원서비스 수급자격을 인정받으려는 사람은 고용노동부장관에게 취업지원 신청서를 제출하여야 한다.

② 구직촉진수당 수급자격을 인정받으려는 사람은 취업지원 신청서를 제출할 때 구직촉진수당 수급자격의 인정을 함께 신청하여야 한다.

③ 고용노동부장관은 취업지원 신청을 받으면 취업지원서비스 및 구직촉진수당 수급 요건에 해당하는지를 확인·조사하여야 한다.

④ 고용노동부장관은 취업지원 신청인과 그 가구원의 소득상황 등을 확인하기 위하여 대통령령으로 정하는 자료의 제출을 취업지원 신청인에게 요구할 수 있다.

(2) 수급자격자의 결정·통지(법 제10조)

① 고용노동부장관은 취업지원 신청서를 제출받은 날부터 1개월 이내에 취업지원서비스 및 구직촉진수당 수급자격 인정 여부를 결정하여 취업지원 신청인에게 서면으로 통지하여야 한다.

② 확인·조사에 시일이 걸리는 등 특별한 사유가 있는 경우에는 통지기한을 7일의 범위에서 연장할 수 있다.

(3) 취업지원의 유예(법 제11조 및 시행규칙 제6조)

① 수급자격자 또는 수급자는 다음의 어느 하나에 해당하여 취업지원서비스에 참여하기 어려운 경우에는 수급자격의 인정 통지를 받은 날부터 2년 이내의 범위에서 해당 사유가 해소되는 데 필요한 기간 동안 취업지원의 유예를 신청할 수 있다.

- 본인이 임신하거나 출산 후 90일이 지나지 아니한 경우
- 본인 또는 배우자가 질병에 걸렸거나 부상을 당한 경우
- 본인 또는 배우자의 직계존비속이 질병에 걸렸거나 부상을 당한 경우
- 「병역법」에 따른 의무복무를 하는 경우
- 6개월 미만 동안 국외에 머무는 경우
- 천재지변 또는 이에 준하는 재난이 발생한 경우
- 감염병 확산으로 인해 「재난 및 안전관리 기본법」에 따른 경계 이상의 위기경보가 발령된 경우
- 천재지변 등에 준하는 경우로서 고용노동부장관이 취업지원의 유예가 필요하다고 인정하는 경우

② 고용노동부장관은 수급자격자 또는 수급자가 취업지원의 유예를 신청한 경우에는 취업지원의 유예 여부를 결정하고 그 결과를 수급자격자 또는 수급자에게 서면으로 통지하여야 한다.

③ 수급자격자 또는 수급자는 결정된 취업지원의 유예 기간이 만료되거나 취업지원의 유예 사유가 해소된 경우에는 그 기간이 만료된 날의 다음 날 또는 그 유예 사유가 해소된 날의 다음 날부터 30일 이내에 취업지원서비스에 다시 참여하여야 한다.

> **쌤의 비법노트**
> 6개월 이상 국외에 머무는 경우는 구직의사가 없는 것으로 판단하여 종료 처리될 수 있습니다.

> **쌤의 비법노트**
> 「재난 및 안전관리 기본법」에 따른 위기경보는 재난 피해의 전개 속도, 확대 가능성 등 재난상황의 심각성을 종합적으로 고려하여 〈관심 → 주의 → 경계 → 심각〉으로 구분됩니다.

2 취업지원서비스

(1) 취업지원서비스의 주요 내용

취업활동계획 (법 제12조)	고용노동부장관은 수급자격자와 협의하여 해당 수급자격자에게 필요한 취업지원 프로그램 또는 구직활동지원 프로그램 등에 관한 사항을 포함하여 개인별 취업활동계획을 수립하여야 한다.
취업지원 프로그램 (법 제13조)	고용노동부장관은 취업활동계획에 따라 수급자가 취업의욕과 직업 적응능력을 높이고 구직활동에 필요한 기술을 익힐 수 있도록 취업지원 프로그램을 제공할 수 있다.
구직활동지원 프로그램 (법 제14조)	고용노동부장관은 수급자의 취업활동계획에 따라 일자리 소개 및 이력서 작성·면접 기법 등 구직활동에 필요한 구직활동지원 프로그램을 제공하여야 한다.

(2) 취업지원서비스기간 및 사후관리(법 제15조)

① 수급자가 취업지원서비스를 받을 수 있는 기간(이하 "취업지원서비스기간"이라 한다)은 수급자격의 인정 통지를 받은 날부터 1년이 되는 날까지로 한다.

② 고용노동부장관은 취업지원서비스기간이 종료된 후에도 수급자가 취업지원 프로그램에 계속 참여할 필요가 있다고 인정되면 6개월 이내의 범위에서 그 기간을 연장할 수 있다.

③ 고용노동부장관은 취업지원서비스기간(연장된 기간을 포함)이 종료되었음에도 취업을 하지 못한 사람에 대해서는 취업능력, 취업장애요인 등을 고려하여 취업지원서비스기간이 끝난 날의 다음 날부터 3개월이 되는 날까지 구인정보의 제공 등 사후관리를 할 수 있다(시행규칙 제11조).

(3) 비용 지원 및 수당 지급

① 취업활동비용의 지원(법 제16조 및 시행규칙 제12조)

고용노동부장관은 구직촉진수당의 수급 요건에 해당하지 아니하는 수급자격자가 취업지원서비스에 참여하는 경우 고용노동부령으로 정하는 바에 따라 취업활동계획의 수립에 드는 비용, 취업지원 프로그램 또는 구직활동지원 프로그램의 이행에 드는 비용의 일부를 예산의 범위에서 지원할 수 있다.

② 취업성공수당의 지급(법 제17조 및 시행규칙 제13조)

고용노동부장관은 수급자가 신속히 취업하고 이를 유지할 수 있도록 취업활동계획이 수립된 날부터 취업지원이 끝나는 날(사후관리를 하는 경우 사후관리 기간이 끝나는 날)까지의 기간 중에 취업한 경우 취업성공수당을 지급할 수 있다.

3 구직촉진수당

(1) 구직촉진수당의 지급 등(법 제18조 내지 제20조)

① 고용노동부장관은 구직촉진수당 수급자격을 인정받은 사람이 취업활동계획 수립에 참여하여 그 계획 수립이 완료되거나 취업지원 프로그램 또는 구직활동지원 프로그램(이하 "취업지원·구직활동지원 프로그램"이라 한다)을 이행하는 경우에는 구직활동 및 생활안정에 소요되는 비용을 지원하기 위한 구직촉진수당을 지급한다.

② 구직촉진수당은 금전으로 지급한다.

③ 고용노동부장관은 고용정책심의회의 심의를 거쳐 구직촉진수당의 지급액을 결정하되, 구직촉진수당의 지급액은 월(月) 단위로 정한다.

④ 구직촉진수당은 취업지원 신청인이 수급자격의 인정 통지를 받은 날부터 6개월이 되는 날까지 취업지원·구직활동지원 프로그램을 이행한 것에 대하여 지급한다.

⑤ 구직촉진수당의 지급주기는 1개월로 한다.

적중 예상 OX

Q 고용노동부장관은 구직촉진수당의 수급자격자가 취업지원서비스에 참여하는 경우 취업활동비용을 지원한다?

A (×) 취업활동비용은 구직촉진수당 비수급자를 지원 대상으로 한다.

쌤의 비법노트

구직촉진수당은 구직활동의무 이행에 대하여 6개월 지원을 원칙으로 하지만, 수급자격자의 별도의 신청에 의해 동 수당의 총 지급액 범위 내에서 최대 1년까지 연장하여 분할지급 받을 수 있도록 하고 있습니다(법 제20조 제2항 및 제3항).

(2) 소득발생의 신고 및 구직촉진수당의 정지 등(법 제21조)

① 수급자는 구직촉진수당을 신청할 때에는 해당 지급주기 중에 근로 제공, 창업 또는 다른 법령에 따른 지원금·장려금 수령 등으로 소득이 발생하였는지 여부에 대하여 고용노동부장관에게 신고하여야 한다.

② 고용노동부장관은 수급자가 신고한 소득이 구직촉진수당의 월 단위 지급액을 초과하는 경우 해당 지급주기의 구직촉진수당을 감액하여 지급하거나 지급을 정지할 수 있다. 이 경우 해당 수급자에게 해당 지급주기의 구직촉진수당을 지급한 것으로 본다.

③ 고용노동부장관은 구직촉진수당 지급기간 중 신고한 소득의 구직촉진수당 월 단위 지급액 초과에 따른 지급정지 횟수가 3회가 되는 때에는 수급자격의 인정을 철회하고 취업지원을 중단한다.

④ 고용노동부장관은 구직촉진수당을 감액하여 지급하거나 지급을 정지하는 경우 또는 수급자격의 인정을 철회하고 취업지원을 중단하는 경우에는 해당 수급자에게 그 사실과 이유를 서면으로 통지하여야 한다.

(3) 구직촉진수당 지급의 제한(법 제26조)

① 고용노동부장관은 수급자가 정당한 사유 없이 수립된 취업활동계획을 따르지 아니하는 경우에는 구직촉진수당의 지급을 중단할 수 있다. 다만, 취업활동계획에 포함된 취업지원·구직활동지원 프로그램의 일부를 이행하지 아니한 경우에는 구직촉진수당의 일부를 감액하여 지급할 수 있다.

② 수급자가 정당한 사유 없이 수립된 취업활동계획을 따르지 않은 것을 이유로 구직촉진수당의 지급을 중단하거나 감액하여 지급하는 기간은 해당 사유가 발생한 날부터 해소된 날까지로 한다. 이 경우 해당 수급자에게 해당 지급중단 또는 감액지급기간이 속한 지급주기의 구직촉진수당을 지급한 것으로 본다.

③ 구직촉진수당의 지급을 중단한 횟수가 3회가 되는 경우에는 마지막 회차의 지급을 중단한 날을 기준으로 수급자의 나머지 구직촉진수당의 수급권은 소멸한다(시행령 제11조 제4항).

④ 고용노동부장관은 구직촉진수당의 지급을 중단하거나 구직촉진수당의 일부를 감액하여 지급하는 경우에는 수급자에게 그 사실과 이유를 서면으로 통지하여야 한다.

쌤의 비법노트

'정지(停止)'는 어떤 상태나 절차의 진행을 일시적으로 멎게 하는 것을, '중단(中斷)'은 상태나 절차의 진행 중 그 종결 전에 진행을 그만두게 하는 것을 말합니다.

4 수급권 보호 및 부정행위에 대한 조치

(1) 수급권 보호를 위한 조치

수당수급계좌의 신청 (법 제22조)	고용노동부장관은 수급자의 신청이 있는 경우에는 구직촉진수당, 취업활동비용 및 취업성공수당(이하 "구직촉진수당 등"이라 한다)을 수급자 명의의 지정된 수당수급계좌로 입금하여야 한다.
압류 등의 금지 (법 제23조)	구직촉진수당 등을 지급받을 권리는 양도 또는 압류하거나 담보로 제공할 수 없다. 또한 수당수급계좌의 예금에 관한 채권은 압류할 수 없다.
공과금의 면제 (법 제25조)	구직촉진수당 등으로 지급된 금전에 대해서는 국가나 지방자치단체의 공과금을 부과하지 아니한다.

> **쌤의 비법노트**
> 수당수급계좌는 압류방지 전용 통장으로, '취업이룸통장'이라 불립니다.

(2) 부정행위에 따른 구직촉진수당 등의 지급 제한(법 제27조)

① 고용노동부장관은 수급자가 거짓이나 그 밖의 부정한 방법으로 구직촉진수당 등을 지급받은 경우 그 구직촉진수당 등을 받은 날 이후의 구직촉진수당 등을 지급하지 아니하고, 거짓이나 그 밖의 부정한 방법으로 지급받은 구직촉진수당 등의 지급결정을 취소한다.

② 부정행위에 따른 구직촉진수당 등의 지급결정 취소를 받은 수급자는 그 결정이 있은 날부터 5년 이내의 범위에서 대통령령으로 정하는 기간(→ 5년)에 취업지원을 신청할 수 없다(시행령 제12조).

③ 거짓이나 그 밖의 부정한 방법으로 구직촉진수당 등을 받거나 다른 사람으로 하여금 받게 한 사람은 1년 이하의 징역 또는 1천만원 이하의 벌금에 처한다(법 제38조 제2항).

(3) 반환명령 등(법 제28조)

① 고용노동부장관은 거짓이나 그 밖의 부정한 방법으로 구직촉진수당 등을 지급받아 구직촉진수당 등의 지급결정 취소를 받은 수급자에게 지급받은 구직촉진수당 등의 전부 또는 일부의 반환을 명할 수 있다.

② 고용노동부장관은 반환을 명하는 경우에 거짓이나 그 밖의 부정한 방법으로 지급받은 구직촉진수당에 해당하는 액수 이하의 금액을 추가로 징수할 수 있다.

③ 거짓이나 그 밖의 부정한 방법으로 구직촉진수당 등을 지급받은 사람이 다른 자와 공모한 경우에는 그 공모한 자도 그 구직촉진수당 등을 지급받은 사람과 연대(連帶)하여 반환에 따른 책임을 진다.

④ 고용노동부장관은 수급자 또는 수급자였던 사람에게 잘못 지급된 구직촉진수당 등이 있으면 그 지급금의 반환을 명할 수 있다.

> **쌤의 비법노트**
> 반환명령은 구직촉진수당 등의 지급결정 취소를 받은 수급자가 거짓이나 그 밖의 부정한 방법으로 지급받은 구직촉진수당 등의 전부를 대상으로 하며, 그에 더하여 반환명령 금액과 같은 금액을 추가 징수하도록 하고 있습니다(시행규칙 제18조 및 제19조).

(4) 소멸시효(법 제24조)

① 구직촉진수당 등을 지급받거나 반환명령 등에 따라 반환받을 권리는 3년간 행사하지 아니하면 시효로 소멸한다.

② 소멸시효는 수급자 또는 고용노동부장관의 청구로 중단된다.

5 취업지원의 종료 및 심사·재심사 청구

(1) 취업지원 종료 등(법 제29조 및 시행규칙 제20조)

① 고용노동부장관은 다음의 구분에 따른 시점부터 수급자에 대한 해당 취업지원서비스의 제공 또는 구직촉진수당의 지급을 하지 아니한다.

- 취업지원서비스기간이 만료된 경우 : 해당 기간이 만료된 날의 다음 날
- 취업지원서비스기간 중 취업 또는 창업한 경우 : 고용노동부령으로 정하는 기준 이상의 일자리(→ 주 30시간 이상 근무하는 일자리)에 취업한 날 또는 영리 목적으로 사업을 하기 시작한 날
- 재정지원 일자리사업 중 대통령령으로 정하는 사업의 참여자로 선정된 경우 : 사업 참여자로 선정된 날
- 생계급여 수급자로 선정된 경우 : 생계급여 수급자로 선정된 날
- 취업지원의 유예 기간 만료 또는 유예 사유 해소에도 불구하고 취업지원서비스에 다시 참여하지 아니하는 경우 : 취업지원의 유예 기간이 만료된 날의 다음 날 또는 그 유예 사유가 해소된 날의 다음 날부터 30일이 지난 날
- 수급자격자의 취업활동계획 수립의무 미이행으로 수급자격의 인정을 철회한 경우 : 철회한 날
- 구직촉진수당의 지급기간이 최종 회차인 경우 : 최종 회차 지급기간의 마지막 날의 다음 날
- 구직촉진수당의 마지막 지급중단 결정을 받은 경우 : 마지막 지급중단 결정이 있은 날
- 취업지원서비스를 수급하는 중 수급자격을 갖추지 못한 것으로 확인된 경우 : 확인된 날
- 구직촉진수당의 지급기간 중 수급자격을 갖추지 못한 것으로 확인된 경우 : 확인된 날
- 국가 또는 지방자치단체가 구직활동을 위해 지원하는 수당을 받게 된 경우 : 수당을 처음 받는 날
- 구직촉진수당의 지급기간 중 수급자 신고 소득의 월 단위 지급액 초과로 수급자격의 인정을 철회한 경우 : 철회한 날
- 부정행위에 따라 구직촉진수당 등의 지급결정이 취소된 경우 : 취소된 날
- 「고용보험법」에 따른 구직급여를 받게 된 경우 : 구직급여 수급자격의 인정을 받은 날
- 수급자 본인이 취업지원 종료를 원하는 경우 : 취업지원 종료를 원하는 날

② 취업지원의 종료에 따라 취업지원을 하지 아니하게 된 경우에는 원칙상 그 날부터 3년 이내의 범위에서 대통령령으로 정하는 기간(→ 3년)이 지나야 취업지원 신청을 할 수 있다(시행령 제13조 제1항).

(2) 심사 및 재심사(법 제30조)

① 수급자격자의 결정, 취업지원의 유예, 취업활동계획의 수립, 취업지원서비스의 제공, 취업활동비용의 지원, 취업성공수당의 지급, 구직촉진수당의 지급·지급정지·지급제한, 반환명령, 취업지원의 종료 등에 따른 처분에 대하여 이의가 있는 사람은 「고용보험법」에 따라 고용보험심사관에게 심사를 청구할 수 있고, 그 결정에 이의가 있는 자는 고용보험심사위원회에 재심사를 청구할 수 있다.

② 심사 및 재심사 청구의 제기 가능기간 및 방식 등 세부적인 절차에 관하여는 「고용보험법」을 준용한다.

이렇게 출제된다! 적중 예상 OX

Q 취업지원서비스기간이 만료된 경우 그 만료된 날부터 취업지원서비스의 제공을 하지 아니한다?

A (×) 해당 기간이 만료된 날의 다음 날부터 취업지원서비스의 제공을 하지 아니한다.

쌤의 비법노트

취업지원이 종료된 경우 원칙상 종료일로부터 3년이 지나야 취업지원 신청을 할 수 있지만, 부정수급자의 경우 취소결정이 있은 날부터 5년간 취업지원 신청이 불가합니다.

CHAPTER 08 출제 유형 알아보기

제5과목 고용노동관계법규(Ⅰ)

01절 개요

01 다음 중 구직자 취업촉진 및 생활안정지원에 관한 법률에 대한 설명으로 옳지 않은 것은?

① 생활이 어려운 사람에게 필요한 급여를 실시하여 이들의 최저생활을 보장하고 자활을 돕는 것을 목적으로 한다.
② "취업지원"이란 수급자의 취업활동에 도움이 될 수 있는 취업지원서비스 및 구직촉진수당을 지급하는 것을 말한다.
③ 국가와 지방자치단체는 수급자격자가 구직 중 생활이 안정될 수 있도록 필요한 시책을 수립·시행하여야 한다.
④ 수급자격자는 취업활동계획 등에 따른 구직활동을 성실히 이행하여야 한다.

> **해설**
> ①「국민기초생활 보장법」의 목적에 해당한다.
> **구직자 취업촉진 및 생활안정지원에 관한 법률의 목적(법 제1조)**
> 근로능력과 구직의사가 있음에도 불구하고 취업에 어려움을 겪고 있는 국민에게 통합적인 취업지원서비스를 제공하고 생계를 지원함으로써 이들의 구직활동 및 생활안정에 이바지함을 목적으로 한다.

02 다음 중 보기의 빈칸에 들어갈 내용으로 옳은 것은?

> 고용노동부장관은 관계 중앙행정기관의 장과 협의하여 구직자의 취업을 지원하기 위한 구직자 취업지원 기본계획을 (   ) 수립하고 시행하여야 한다.

① 3년마다
② 5년마다
③ 매 년
④ 격년으로

> **해설**
> **구직자 취업지원 기본계획의 수립·시행(구직자 취업촉진 및 생활안정지원에 관한 법률 제5조 제1항)**
> 고용노동부장관은 관계 중앙행정기관의 장과 협의하여 구직자의 취업을 지원하기 위한 구직자 취업지원 기본계획을 5년마다 수립하고 시행하여야 한다.

01 ① 02 ② 정답

03 다음 중 구직자 취업촉진 및 생활안정지원에 관한 법률상 취업지원서비스의 수급 요건으로 옳은 것을 모두 고른 것은? (단, 고용노동부장관이 취업취약계층에 대해 별도로 정하여 고시한 수급 요건은 고려하지 않음)

ㄱ. 근로능력과 구직의사가 있음에도 취업하지 못한 상태일 것
ㄴ. 취업지원을 신청할 당시 15세 이상 60세 이하일 것
ㄷ. 원칙상 가구단위의 월평균 총소득이 기준 중위소득의 100분의 120 이하일 것
ㄹ. 15세 이상 34세 이하인 사람은 가구단위의 월평균 총소득이 기준 중위소득의 100분의 150 이하일 것

① ㄱ
② ㄱ, ㄷ
③ ㄱ, ㄴ, ㄹ
④ ㄱ, ㄴ, ㄷ, ㄹ

해설

취업지원서비스의 수급 요건(구직자 취업촉진 및 생활안정지원에 관한 법률 제6조 제1항 참조)
- 근로능력과 구직의사가 있음에도 취업하지 못한 상태일 것(ㄱ)
- 취업지원을 신청할 당시 15세 이상 64세 이하일 것
- 가구단위의 월평균 총소득이 기준 중위소득의 100분의 100 이하일 것[단, 15세 이상 34세 이하(병역의무를 이행한 경우 법령에 따른 복무기간 중 3년의 범위에서 실제 복무한 병역의무 이행기간을 가산)인 사람은 가구단위의 월평균 총소득이 기준 중위소득의 100분의 120 이하일 것]

04 다음 중 구직자 취업촉진 및 생활안정지원에 관한 법률상 구직촉진수당의 수급 요건으로 옳은 것을 모두 고른 것은?

ㄱ. 취업지원서비스의 수급 요건에 해당하지 않을 것
ㄴ. 가구단위의 월평균 총소득이 기준 중위소득의 100분의 60 이내의 범위에서 최저생계비 및 구직활동에 드는 비용 등을 고려하여 대통령령으로 정하는 수준 이하일 것
ㄷ. 원칙상 가구원이 소유하고 있는 토지·건물·자동차 등 재산의 합계액이 6억원 이내의 범위에서 대통령령으로 정하는 금액 이하일 것
ㄹ. 취업지원 신청일 이전 1년 이내의 범위에서 대통령령으로 정하는 기간 이상 취업한 사실이 없을 것

① ㄱ, ㄹ
② ㄴ, ㄷ
③ ㄴ, ㄷ, ㄹ
④ ㄱ, ㄴ, ㄷ, ㄹ

해설

구직촉진수당의 수급 요건(구직자 취업촉진 및 생활안정지원에 관한 법률 제7조 제1항 참조)
- 취업지원서비스의 수급 요건을 갖출 것
- 가구단위의 월평균 총소득이 기준 중위소득의 100분의 60 이내의 범위에서 최저생계비 및 구직활동에 드는 비용 등을 고려하여 대통령령으로 정하는 수준 이하일 것(ㄴ)
- 가구원이 소유하고 있는 토지·건물·자동차 등 재산의 합계액이 6억원 이내의 범위에서 대통령령으로 정하는 금액 이하일 것(ㄷ)
- 취업지원 신청일 이전 2년 이내의 범위에서 대통령령으로 정하는 기간 이상 취업한 사실이 있을 것

05 다음은 구직자 취업촉진 및 생활안정지원에 관한 법령상 고용노동부장관이 구직촉진수당 수급자격을 인정하지 아니할 수 있는 대상을 제시한 것이다. 보기의 빈칸에 들어갈 내용을 순서대로 올바르게 나열한 것은?

> • 「고용보험법」에 따른 구직급여를 받고 있거나 구직급여를 마지막으로 받은 날의 다음 날부터 (ㄱ)이 지나지 아니한 사람
> • 「고용정책 기본법」에 따른 재정지원 일자리사업 중 대통령령으로 정하는 사업에 참여하고 있거나 참여기간의 마지막 날의 다음 날부터 (ㄴ)이 지나지 아니한 사람

① ㄱ : 3개월, ㄴ : 3개월
② ㄱ : 3개월, ㄴ : 6개월
③ ㄱ : 6개월, ㄴ : 6개월
④ ㄱ : 1년, ㄴ : 1년

해설

ㄱ. 「고용보험법」에 따른 구직급여를 받고 있거나 구직급여를 마지막으로 받은 날의 다음 날부터 6개월이 지나지 아니한 사람(구직자 취업촉진 및 생활안정지원에 관한 법률 제7조 제3항 제3호)
ㄴ. 「고용정책 기본법」에 따른 재정지원 일자리사업 중 대통령령으로 정하는 사업에 참여하고 있거나 참여기간의 마지막 날의 다음 날부터 6개월이 지나지 아니한 사람(동법 제7조 제3항 제4호)

02절 주요 내용

06 다음 중 구직자 취업촉진 및 생활안정지원에 관한 법률상 수급자격자 또는 수급자가 취업지원의 유예를 신청할 수 있는 사유로 옳지 않은 것은?

① 본인이 임신하거나 출산 후 90일이 지나지 아니한 경우
② 본인 또는 배우자가 질병에 걸렸거나 부상을 당한 경우
③ 본인 또는 배우자의 직계존비속이 질병에 걸렸거나 부상을 당한 경우
④ 6개월 이상 국외에 머무는 경우

해설

④ "6개월 미만 동안 국외에 머무는 경우"가 옳다(구직자 취업촉진 및 생활안정지원에 관한 법률 제11조 제1항 제5호).

07 다음 중 구직자 취업촉진 및 생활안정지원에 관한 법률상 취업지원서비스에 포함되지 않는 것은?

① 개인별 취업활동계획의 수립
② 취업지원 프로그램의 제공
③ 구직활동지원 프로그램의 제공
④ 구직촉진수당의 지급

> **해설**
>
> **구직자 취업촉진 및 생활안정지원에 관한 법률상 취업지원서비스의 주요 내용**
> - 취업활동계획(법 제12조)
> - 취업지원 프로그램(법 제13조)
> - 구직활동지원 프로그램(법 제14조)

08 다음 중 구직자 취업촉진 및 생활안정지원에 관한 법률상 취업지원서비스기간과 관련하여 보기의 빈칸에 들어갈 내용을 순서대로 올바르게 나열한 것은?

> - 수급자가 취업지원서비스를 받을 수 있는 기간은 수급자격의 인정 통지를 받은 날부터 (ㄱ)이 되는 날까지로 한다.
> - 고용노동부장관은 취업지원서비스기간이 종료된 후에도 수급자가 취업지원 프로그램에 계속 참여할 필요가 있다고 인정되면 (ㄴ) 이내의 범위에서 그 기간을 연장할 수 있다.

① ㄱ : 1년, ㄴ : 3개월
② ㄱ : 1년, ㄴ : 6개월
③ ㄱ : 2년, ㄴ : 3개월
④ ㄱ : 2년, ㄴ : 6개월

> **해설**
>
> **취업지원서비스기간(구직자 취업촉진 및 생활안정지원에 관한 법률 제15조 제1항 및 제2항)**
> - 수급자가 취업지원서비스를 받을 수 있는 기간은 수급자격의 인정 통지를 받은 날부터 1년이 되는 날까지로 한다.
> - 고용노동부장관은 취업지원서비스기간이 종료된 후에도 수급자가 취업지원 프로그램에 계속 참여할 필요가 있다고 인정되면 6개월 이내의 범위에서 그 기간을 연장할 수 있다.

정답 07 ④ 08 ②

09 다음 중 구직자 취업촉진 및 생활안정지원에 관한 법률상 구직촉진수당에 대한 설명으로 옳지 않은 것은?

① 고용노동부장관은 구직촉진수당의 수급 요건에 해당하는 수급자격자가 취업지원서비스에 참여하는 경우 구직촉진수당과 별도로 취업활동비용을 지원한다.
② 고용노동부장관은 고용정책심의회의 심의를 거쳐 구직촉진수당의 지급액을 결정한다.
③ 구직촉진수당은 취업지원 신청인이 수급자격의 인정 통지를 받은 날부터 6개월이 되는 날까지 취업지원·구직활동지원 프로그램을 이행한 것에 대하여 지급한다.
④ 구직촉진수당의 지급주기는 1개월로 한다.

> **해설**
> ① 고용노동부장관은 구직촉진수당의 수급 요건에 해당하지 아니하는 수급자격자가 취업지원서비스에 참여하는 경우 고용노동부령으로 정하는 바에 따라 취업활동비용의 일부를 예산의 범위에서 지원할 수 있다(구직자 취업촉진 및 생활안정지원에 관한 법률 제16조).

10 다음 중 구직자 취업촉진 및 생활안정지원에 관한 법률상 부정한 방법으로 구직촉진수당 등을 지급받은 경우의 처분에 대한 설명으로 가장 옳은 것은?

① 부정행위에 따른 구직촉진수당 등의 지급결정 취소를 받은 수급자는 그 결정이 있은 날부터 5년 이내의 범위에서 대통령령으로 정하는 기간에 취업지원을 신청할 수 없다.
② 고용노동부장관은 거짓이나 그 밖의 부정한 방법으로 구직촉진수당 등을 지급받은 수급자에게 반환명령을 하는 경우에 지급받은 구직촉진수당에 해당하는 액수 이상의 금액을 추가로 징수할 수 있다.
③ 고용노동부장관은 수급자 또는 수급자였던 사람에게 잘못 지급된 구직촉진수당 등이 있으면 그 지급금의 반환을 명하여야 한다.
④ 거짓이나 그 밖의 부정한 방법으로 구직촉진수당 등을 받거나 다른 사람으로 하여금 받게 한 사람은 3년 이하의 징역 또는 3천만원 이하의 벌금에 처한다.

> **해설**
> ① 구직자 취업촉진 및 생활안정지원에 관한 법률 제27조 제2항
> ② 고용노동부장관은 거짓이나 그 밖의 부정한 방법으로 구직촉진수당 등을 지급받은 수급자에게 반환명령을 하는 경우에 지급받은 구직촉진수당에 해당하는 액수 이하의 금액을 추가로 징수할 수 있다(동법 제28조 제2항).
> ③ 고용노동부장관은 수급자 또는 수급자였던 사람에게 잘못 지급된 구직촉진수당 등이 있으면 그 지급금의 반환을 명할 수 있다(동법 제28조 제4항).
> ④ 거짓이나 그 밖의 부정한 방법으로 구직촉진수당 등을 받거나 다른 사람으로 하여금 받게 한 사람은 1년 이하의 징역 또는 1천만원 이하의 벌금에 처한다(동법 제38조 제2항).

11 다음 중 구직자 취업촉진 및 생활안정지원에 관한 법률상 취업지원의 종료 시점으로 옳지 않은 것은?

① 취업지원서비스기간이 만료된 경우 : 해당 기간이 만료된 날의 다음 날
② 취업지원서비스기간 중 취업한 경우 : 취업한 날의 다음 날
③ 구직촉진수당의 지급기간이 최종 회차인 경우 : 최종 회차 지급기간의 마지막 날의 다음 날
④ 생계급여 수급자로 선정된 경우 : 생계급여 수급자로 선정된 날

해설

② 취업지원서비스기간 중 취업 또는 창업한 경우 : 고용노동부령으로 정하는 기준 이상의 일자리(→ 주 30시간 이상 근무하는 일자리)에 취업한 날 또는 영리 목적으로 사업을 하기 시작한 날(구직자 취업촉진 및 생활안정지원에 관한 법률 제29조 제1항 제2호)

12 다음 중 보기의 빈칸에 들어갈 내용으로 옳은 것은?

구직자 취업촉진 및 생활안정지원에 관한 법령상 취업지원의 종료에 따라 취업지원을 하지 아니하게 된 경우에는 원칙상 그 날부터 ( ) 이내의 범위에서 대통령령으로 정하는 기간이 지나야 취업지원 신청을 할 수 있다.

① 1년
② 2년
③ 3년
④ 5년

해설

취업지원 재참여(구직자 취업촉진 및 생활안정지원에 관한 법률 제29조 제3항 및 시행령 제13조 제1항)
취업지원의 종료에 따라 취업지원을 하지 아니하게 된 경우에는 원칙상 그 날부터 3년 이내의 범위에서 대통령령으로 정하는 기간(→ 3년)이 지나야 취업지원 신청을 할 수 있다.

정답 11 ② 12 ③

CHAPTER 09

제5과목 고용노동관계법규(Ⅰ)

채용절차의 공정화에 관한 법률

 중요키워드 10　　　※ 중요도 높은 것에서 낮은 것 순으로

❶ 적용범위
❷ 벌칙, 과태료
❸ 기초심사자료 표준양식의 사용 권장
❹ 채용서류(기초심사자료, 입증자료, 심층심사자료)
❺ 채용서류의 반환 청구기간
❻ 채용심사비용의 부담
❼ 채용서류 반환 비용의 부담
❽ 거짓 채용광고 등의 금지
❾ 출신지역 등 개인정보 요구 금지
❿ 법의 목적

제5과목

 쌤의 학습지도

1. 출제기준 변경에 따라 2020년부터 추가된 법률이에요.

최근 채용비리 사건에 대한 언론보도와 채용 공정성에 대한 문제인식이 고조된 만큼 한두 문제 출제될 가능성이 있어요.

2. 채용서류의 종류를 기억해 두세요.

채용서류는 기초심사자료, 입증자료, 심층심사자료가 있죠. 학력, 경력 등을 확인하는 자료는 기초심사자료, 그에 관한 증명서는 입증자료에 해당해요.

3. 법의 적용범위를 기억해 두세요.

국가 및 지방자치단체가 공무원을 채용하는 경우에는 이 법을 적용하지 않아요.

4. 채용 공정성 저해 방지를 위한 조치들을 기억해 두세요.

구인자는 거짓 채용광고를 내서는 안 되고, 채용서류 제출에 드는 비용 이외의 채용심사비용을 구직자에게 부담시켜서도 안 돼요.

5. 구인자가 구직사에게 함부로 요구해서는 안 되는 개인정보가 있어요.

구직자 본인의 신체적 조건, 구직자 본인의 출신지역·혼인여부·재산, 직계 존비속 및 형제자매의 학력·직업·재산 등을 기초심사자료에 기재하도록 요구하면 안 돼요.

6. 채용서류의 반환 등에 관한 내용이 중요해요.

채용서류의 반환 청구기간, 반환 청구를 받은 후 구인자가 구직자에게 채용서류를 발송하거나 전달하여야 하는 기간 등을 암기해 두세요.

7. 벌칙과 과태료 부과사항에 대해 기억해 두세요.

500만원 이하의 과태료가 부과되는 행위, 300만원 이하의 과태료가 부과되는 행위를 구분할 수 있어야 해요.

CHAPTER 09 채용절차의 공정화에 관한 법률

제5과목 고용노동관계법규(Ⅰ)

01절 개 요

1 총 칙

(1) 목적(법 제1조)

채용과정에서 구직자가 제출하는 채용서류의 반환 등 채용절차에서의 최소한의 공정성을 확보하기 위한 사항을 정함으로써 구직자의 부담을 줄이고 권익을 보호하는 것을 목적으로 한다.

(2) 용어의 정의(법 제2조)

구인자	구직자를 채용하려는 자
구직자	직업을 구하기 위하여 구인자의 채용광고에 응시하는 사람
기초심사자료	구직자의 응시원서, 이력서 및 자기소개서
입증자료	학위증명서, 경력증명서, 자격증명서 등 기초심사자료에 기재한 사항을 증명하는 모든 자료
심층심사자료	작품집, 연구실적물 등 구직자의 실력을 알아볼 수 있는 모든 물건 및 자료
채용서류	기초심사자료, 입증자료, 심층심사자료

> **쌤의 비법노트**
> '기초심사자료'는 구직자의 인적사항, 학력, 경력, 이력, 직무능력 및 인성 등을 간략히 확인할 수 있는 기초심사에 필요한 사항을 기재한 일체의 서류를, '심층심사자료'는 각종 포트폴리오, 학위논문, 사업제안서 또는 아이디어제안서, 학회지 등 기고논문, 연구보고서 등 구직자의 능력이나 실력을 알아볼 수 있는 일체의 물건 및 자료를 포함합니다.

(3) 적용범위(법 제3조) 필기 출제 21, 20년 기출

이 법은 상시 30명 이상의 근로자를 사용하는 사업 또는 사업장의 채용절차에 적용한다. 다만, 국가 및 지방자치단체가 공무원을 채용하는 경우에는 적용하지 아니한다.

2 채용절차 공정성 저해 행위의 금지

(1) 거짓 채용광고 등의 금지(법 제4조)

① 구인자는 채용을 가장하여 아이디어를 수집하거나 사업장을 홍보하기 위한 목적 등으로 거짓의 채용광고를 내서는 아니 된다.
② 구인자는 정당한 사유 없이 채용광고의 내용을 구직자에게 불리하게 변경하여서는 아니 된다.
③ 구인자는 구직자를 채용한 후에 정당한 사유 없이 채용광고에서 제시한 근로조건을 구직자에게 불리하게 변경하여서는 아니 된다.

> **쌤의 비법노트**
> 거짓 채용광고는 물품판매, 수강생모집, 직업소개, 부업알선, 자금모금, 투자유치 등 채용 외에 다른 목적으로 하는 광고를 말합니다.

④ 구인자는 구직자에게 채용서류 및 이와 관련한 저작권 등의 지식재산권을 자신에게 귀속하도록 강요하여서는 아니 된다.

(2) 채용강요 등의 금지(법 제4조의2)

누구든지 채용의 공정성을 침해하는 다음의 어느 하나에 해당하는 행위를 할 수 없다.

- 법령을 위반하여 채용에 관한 부당한 청탁, 압력, 강요 등을 하는 행위
- 채용과 관련하여 금전, 물품, 향응 또는 재산상의 이익을 제공하거나 수수하는 행위

(3) 출신지역 등 개인정보 요구 금지(법 제4조의3)

구인자는 구직자에 대하여 그 직무의 수행에 필요하지 아니한 다음의 정보를 기초심사자료에 기재하도록 요구하거나 입증자료로 수집하여서는 아니 된다.

- 구직자 본인의 용모 · 키 · 체중 등의 신체적 조건
- 구직자 본인의 출신지역 · 혼인여부 · 재산
- 구직자 본인의 직계 존비속 및 형제자매의 학력 · 직업 · 재산

(4) 채용서류의 거짓 작성 금지(법 제6조)

구직자는 구인자에게 제출하는 채용서류를 거짓으로 작성하여서는 아니 된다.

(5) 채용심사비용의 부담금지(법 제9조)

구인자는 채용심사를 목적으로 구직자에게 채용서류 제출에 드는 비용 이외의 어떠한 금전적 비용(이하 "채용심사비용"이라고 한다)도 부담시키지 못한다. 다만, 사업장 및 직종의 특수성으로 인하여 불가피한 사정이 있는 경우 고용노동부장관의 승인을 받아 구직자에게 채용심사비용의 일부를 부담하게 할 수 있다.

> **쌤의 비법노트**
>
> 채용심사는 기본적으로 구인자가 자신이 원하는 인재를 채용하고자 하는 것이므로 '비용의 수익자부담원칙'에 따라 구인자가 부담합니다. 다만, 채용심사비용에서 채용서류 제출에 드는 비용, 즉 채용서류 준비비용 및 채용서류 제출비용은 구직자가 자발적으로 채용에 응시 또는 응모를 하고자 하는 것이므로 구직자가 부담하는 것이 원칙입니다.

02절 주요 내용

1 채용절차 공정화를 위한 조치

(1) 기초심사자료 표준양식의 사용 권장(법 제5조) 〔필기 출제〕 21년 기출

고용노동부장관은 기초심사자료의 표준양식을 정하여 구인자에게 그 사용을 권장할 수 있다.

(2) 전자우편 등을 통한 채용서류의 접수(법 제7조)

구인자는 구직자의 채용서류를 사업장 또는 구인자로부터 위탁받아 채용업무에 종사하는 자의 홈페이지 또는 전자우편으로 받도록 노력하여야 한다.

> **이렇게 출제된다! 1차 기출 OX**
>
> **Q** 고용노동부장관은 입증자료의 표준양식을 정하여 구인자에게 그 사용을 권장할 수 있다?
>
> **A** (×) '입증자료의 표준양식'이 아닌 '기초심사자료의 표준양식'이 옳다.

(3) 채용일정, 채용과정 및 채용 여부의 고지(법 제8조 및 제10조)

① 구인자는 구직자에게 채용일정, 채용심사 지연의 사실, 채용과정의 변경 등 채용과정을 알려야 한다.

② 구인자는 채용대상자를 확정한 경우에는 지체 없이 구직자에게 채용 여부를 알려야 한다.

(4) 채용서류의 반환 등

① 구인자는 구직자의 채용 여부가 확정된 이후 구직자(확정된 채용대상자는 제외)가 채용서류의 반환을 청구하는 경우에는 본인임을 확인한 후 대통령령으로 정하는 바에 따라 반환하여야 한다. 다만, 법령에 따라 홈페이지 또는 전자우편으로 제출된 경우나 구직자가 구인자의 요구 없이 자발적으로 제출한 경우에는 그러하지 아니하다(법 제11조 제1항).

② 구직자로부터 채용서류의 반환 청구를 받은 구인자는 구직자가 반환 청구를 한 날부터 14일 이내에 구직자에게 해당 채용서류를 발송하거나 전달하여야 한다(시행령 제2조 제1항).

③ 채용서류의 반환 청구기간은 구직자의 채용 여부가 확정된 날 이후 14일부터 180일까지의 기간의 범위에서 구인자가 정한 기간으로 한다. 이 경우 구인자는 채용 여부가 확정되기 전까지 구인자가 정한 채용서류의 반환 청구기간을 구직자에게 알려야 한다(시행령 제4조).

④ 구인자는 반환의 청구기간이 지난 경우 및 채용서류를 반환하지 아니한 경우에는 「개인정보 보호법」에 따라 채용서류를 파기하여야 한다(법 제11조 제4항).

⑤ 채용서류의 반환에 소요되는 비용은 원칙적으로 구인자가 부담한다. 다만, 구인자는 대통령령으로 정하는 범위에서 채용서류의 반환에 소요되는 비용을 구직자에게 부담하게 할 수 있다(법 제11조 제5항).

쌤의 비법노트

채용서류를 제출한 구직자 중 채용대상자로 확정된 자는 제외되므로 채용서류의 반환을 청구할 수 없습니다.

쌤의 비법노트

채용서류 반환에 소요되는 구직자의 부담 비용은 채용서류를 특수취급우편물(예 등기취급, 보험취급, 배달증명 등)로 송달하는 경우에 드는 우편에 관한 요금 및 우편이용에 관한 수수료를 말합니다(시행령 제5조 제1항).

2 벌칙

(1) 벌칙(법 제16조)
거짓 채용광고 등의 금지 규정을 위반하여 거짓의 채용광고를 낸 구인자는 5년 이하의 징역 또는 2천만원 이하의 벌금에 처한다.

(2) 과태료(법 제17조) 필기 출제 22, 20년 기출
① 채용강요 등의 금지 규정을 위반하여 채용강요 등의 행위를 한 자에게는 3천만원 이하의 과태료를 부과한다. 다만, 「형법」 등 다른 법률에 따라 형사처벌을 받은 경우에는 과태료를 부과하지 아니하며, 과태료를 부과한 후 형사처벌을 받은 경우에는 그 과태료 부과를 취소한다.

② 그 밖의 다음의 어느 하나에 해당하는 자에게 과태료를 부과한다.

500만원 이하	• 정당한 사유 없이 채용광고의 내용 또는 근로조건을 구직자에게 불리하게 변경한 구인자 • 지식재산권을 자신에게 귀속하도록 강요한 구인자 • 구직자에 대하여 그 직무의 수행에 필요하지 아니한 개인정보를 기초심사자료에 기재하도록 요구하거나 입증자료로 수집한 구인자
300만원 이하	• 채용서류 보관의무를 이행하지 아니한 구인자 • 채용서류의 반환 등에 따른 구직자에 대한 고지의무를 이행하지 아니한 구인자 • 채용심사비용 등에 관한 시정명령을 이행하지 아니한 구인자

> **쌤의 비법노트**
> 채용절차의 공정화에 관한 법령상 최근 3년간 같은 위반행위로 과태료 부과처분을 받은 경우 위반행위의 횟수에 따라 가중된 부과처분을 받게 됩니다. 예를 들어, 채용서류 보관의무를 이행하지 아니한 경우 1차 위반 시 150만원, 2차 위반 시 200만원, 3차 위반 시 300만원의 과태료가 부과됩니다(시행령 제7조).

CHAPTER 09 출제 유형 알아보기

제5과목 고용노동관계법규(Ⅰ)

01절 개요

01 다음 중 채용절차의 공정화에 관한 법률상 기초심사자료에 해당하는 것을 올바르게 모두 고른 것은?

ㄱ. 이력서
ㄴ. 학위증명서
ㄷ. 응시원서
ㄹ. 자기소개서
ㅁ. 연구실적물

① ㄱ, ㄴ, ㄷ
② ㄱ, ㄷ, ㄹ
③ ㄴ, ㄷ, ㅁ
④ ㄱ, ㄴ, ㄹ, ㅁ

해설

채용서류의 주요 유형(채용절차의 공정화에 관한 법률 제2조 참조)
- 기초심사자료 : 응시원서, 이력서, 자기소개서 등
- 입증자료 : 학위증명서, 경력증명서, 자격증명서 등
- 심층심사자료 : 작품집, 연구실적물 등

02 다음 중 채용절차의 공정화에 관한 법률에 대한 설명으로 옳지 않은 것은?

① 이 법은 채용절차에서의 최소한의 공정성을 확보하기 위한 사항을 정한다.
② 누구든지 채용의 공정성을 침해하는 부당한 청탁, 압력, 강요 등의 행위를 할 수 없다.
③ 구직자는 구인자에게 제출하는 채용서류를 거짓으로 작성하여서는 아니 된다.
④ 이 법은 지방자치단체가 공무원을 채용하는 경우에도 적용한다.

해설

④ 이 법은 상시 30명 이상의 근로자를 사용하는 사업 또는 사업장의 채용절차에 적용한다. 다만, 국가 및 지방자치단체가 공무원을 채용하는 경우에는 적용하지 아니한다(채용절차의 공정화에 관한 법률 제3조).

01 ② 02 ④ 정답

03 다음 중 채용절차의 공정화에 관한 법률에 대한 설명으로 옳지 않은 것은?

① 구인자는 정당한 사유 없이 채용광고의 내용을 구직자에게 불리하게 변경하여서는 아니 된다.
② 구인자는 구직자에 대하여 그 직무의 수행에 필요하지 아니한 출신지역 등 개인정보를 기초심사자료에 기재하도록 요구하거나 입증자료로 수집하여서는 아니 된다.
③ 구인자는 채용심사를 목적으로 구직자에게 채용서류 제출에 드는 비용을 부담시키지 못한다.
④ 구인자는 구직자에게 채용서류 및 이와 관련한 저작권 등의 지식재산권을 자신에게 귀속하도록 강요하여서는 아니 된다.

> **해설**
> ③ 구인자는 채용심사를 목적으로 구직자에게 채용서류 제출에 드는 비용 이외의 어떠한 금전적 비용도 부담시키지 못한다. 채용심사비용에서 채용서류 제출에 드는 비용은 구직자가 부담하는 것이 원칙이다(채용절차의 공정화에 관한 법률 제9조 참조).

02절 주요 내용

04 다음 중 채용절차의 공정화에 관한 법령상 채용서류의 반환 등에 대한 내용으로 가장 옳은 것은?

① 구인자는 확정된 채용대상자가 채용서류의 반환을 청구하는 경우에는 본인임을 확인한 후 대통령령으로 정하는 바에 따라 반환하여야 한다.
② 구직자로부터 채용서류의 반환 청구를 받은 구인자는 구직자가 반환 청구를 한 날부터 14일 이내에 구직자에게 해당 채용서류를 발송하거나 전달하여야 한다.
③ 구직자가 구인자의 요구 없이 자발적으로 제출한 채용서류에 대해서도 구인자의 채용서류 반환 의무가 성립된다.
④ 채용서류의 반환에 소요되는 비용은 원칙적으로 구직자가 부담한다.

> **해설**
> ② 채용절차의 공정화에 관한 법률 시행령 제2조 제1항
> ①·③ 구인자는 구직자의 채용 여부가 확정된 이후 구직자(확정된 채용대상자는 제외)가 채용서류의 반환을 청구하는 경우에는 본인임을 확인한 후 대통령령으로 정하는 바에 따라 반환하여야 한다. 다만, 법령에 따라 홈페이지 또는 전자우편으로 제출된 경우나 구직자가 구인자의 요구 없이 자발적으로 제출한 경우에는 그러하지 아니하다(동법 제11조 제1항).
> ④ 채용서류의 반환에 소요되는 비용은 원칙적으로 구인자가 부담한다(동법 제11조 제5항 참조).

05 다음 중 채용절차의 공정화에 관한 법령상 채용서류의 반환 청구기간으로 옳은 것은?

① 구인자가 구직자의 채용서류를 받은 날 이후 30일부터 90일까지
② 구인자가 구직자의 채용서류를 받은 날 이후 60일부터 180일까지
③ 구직자의 채용 여부가 확정된 날 이후 7일부터 90일까지
④ 구직자의 채용 여부가 확정된 날 이후 14일부터 180일까지

해설

채용서류의 반환 청구기간(채용절차의 공정화에 관한 법률 시행령 제4조)
채용서류의 반환 청구기간은 구직자의 채용 여부가 확정된 날 이후 14일부터 180일까지의 기간의 범위에서 구인자가 정한 기간으로 한다. 이 경우 구인자는 채용 여부가 확정되기 전까지 구인자가 정한 채용서류의 반환 청구기간을 구직자에게 알려야 한다.

06 다음 중 채용절차의 공정화에 관한 법률상 거짓 채용광고 등의 금지 규정을 위반하여 거짓의 채용광고를 낸 구인자에 대한 벌칙으로 옳은 것은?

① 5년 이하의 징역 또는 2천만원 이하의 벌금
② 5년 이하의 징역 또는 3천만원 이하의 벌금
③ 3년 이하의 징역 또는 2천만원 이하의 벌금
④ 3천만원 이하의 과태료

해설

벌칙(채용절차의 공정화에 관한 법률 제16조)
거짓 채용광고 등의 금지 규정을 위반하여 거짓의 채용광고를 낸 구인자는 5년 이하의 징역 또는 2천만원 이하의 벌금에 처한다.

CHAPTER 09 최근 기출문제 파악하기 1차 필기

제5과목 고용노동관계법규(Ⅰ)

01 채용절차의 공정화에 관한 법률에 관한 설명으로 틀린 것은? [2021년 3회 기출]

① 고용노동부장관은 입증자료의 표준양식을 정하여 구인자에게 그 사용을 권장할 수 있다.
② 원칙적으로 상시 30명 이상의 근로자를 사용하는 사업장의 채용절차에 적용한다.
③ 채용서류란 기초심사자료, 입증자료, 심층심사자료를 말한다.
④ 심층심사자료란 작품집, 연구실적물 등 구직자의 실력을 알아볼 수 있는 모든 물건 및 자료를 말한다.

해설

① 고용노동부장관은 기초심사자료의 표준양식을 정하여 구인자에게 그 사용을 권장할 수 있다(채용절차의 공정화에 관한 법률 제5조).

02 채용절차의 공정화에 관한 법령상 500만원 이하의 과태료 부과행위에 해당하는 것은? [2022년 1회 기출]

① 채용서류 보관의무를 이행하지 아니한 구인자
② 구직자에 대한 고지의무를 이행하지 아니한 구인자
③ 시정명령을 이행하지 아니한 구인자
④ 지식재산권을 자신에게 귀속하도록 강요한 구인자

해설

① · ② · ③ 300만원 이하의 과태료 부과행위에 해당한다(채용절차의 공정화에 관한 법률 제17조 제3항 참조).

정답 01 ① 02 ④

CHAPTER 10

제5과목 고용노동관계법규(Ⅰ)

개인정보 보호법

 중요키워드 10

※ 중요도 높은 것에서 낮은 것 순으로

❶ 개인정보 보호위원회
❷ 개인정보의 수집·이용에 대한 정보주체의 동의
❸ 개인정보의 파기
❹ 개인정보 유출 통지 등
❺ 고유식별정보의 처리 제한
❻ 개인정보 분쟁조정위원회
❼ 개인정보 보호 기본계획
❽ 개인정보 보호책임자
❾ 개인정보의 정의
❿ 정보주체의 권리

제5과목

 쌤의 학습지도

1. **출제기준 변경에 따라 2020년부터 추가된 법률이에요.**

   최근 개인정보 보호에 대한 관심이 늘어난 만큼 한두 문제 출제될 가능성이 있어요.

2. **개인정보의 정의를 기억해 두세요.**

   보호대상 개인정보는 살아 있는 개인에 관한 정보예요. 사자(死者), 법인이나 단체에 관한 정보는 보호대상 개인정보에 해당하지 않아요.

3. **개인정보의 수집·이용을 위해서는 정보주체의 동의를 받아야죠.**

   우리가 인터넷사이트에 회원가입을 할 때 익숙하게 접하지만 쉽게 넘기는 내용이기도 하죠. 정보주체의 동의를 받아야 하는 사항들을 꼭 암기하도록 하세요.

4. **개인정보 유출 방지를 위해 파기가 중요하죠.**

   개인정보를 파기할 때는 복구 또는 재생되지 않도록 조치하고, 파기하지 않은 채 보존할 때는 다른 개인정보와 분리하여 저장·관리하도록 의무화하고 있어요.

5. **고유식별정보 4가지를 기억해 두세요.**

   주민등록번호, 여권번호, 운전면허의 면허번호, 외국인등록번호는 개인을 고유하게 구별하기 위해 부여된 식별정보죠.

6. **개인정보 보호위원회와 개인정보 분쟁조정위원회를 구분하세요.**

   보호위원회와 분쟁조정위원회의 설립, 구성, 기능 등이 서로 다르기 때문에, 이를 뒤섞어서 문제의 지문으로 제시할 수 있어요.

7. **개인정보처리자와 개인정보 보호책임자를 구분하세요.**

   개인정보처리자는 업무상 개인정보를 처리하는 사람이고, 개인정보 보호책임자는 개인정보 처리에 관한 업무를 총괄해서 책임지는 사람이에요.

8. **개인정보가 유출되었다면 지체 없이 알려야 해요.**

   개인정보처리자는 개인정보 유출 사실을 정보주체에게 알려야 하고요, 대량 유출의 경우 개인정보 보호위원회 또는 한국인터넷진흥원에 신고해야 해요.

CHAPTER 10 개인정보 보호법

제5과목 고용노동관계법규(Ⅰ)

01절 개요

1 총칙

(1) 목적(법 제1조)

개인정보의 처리 및 보호에 관한 사항을 정함으로써 개인의 자유와 권리를 보호하고, 나아가 개인의 존엄과 가치를 구현함을 목적으로 한다.

(2) 용어의 정의(법 제2조)

개인정보	살아 있는 개인에 관한 정보로서 다음의 어느 하나에 해당하는 정보 • 성명, 주민등록번호 및 영상 등을 통하여 개인을 알아볼 수 있는 정보 • 해당 정보만으로는 특정 개인을 알아볼 수 없더라도 다른 정보와 쉽게 결합하여 알아볼 수 있는 정보 • 위의 정보를 가명처리함으로써 원래의 상태로 복원하기 위한 추가 정보의 사용·결합 없이는 특정 개인을 알아볼 수 없는 정보(이하 "가명정보"라 한다)
가명처리	개인정보의 일부를 삭제하거나 일부 또는 전부를 대체하는 등의 방법으로 추가 정보가 없이는 특정 개인을 알아볼 수 없도록 처리하는 것
처리	개인정보의 수집, 생성, 연계, 연동, 기록, 저장, 보유, 가공, 편집, 검색, 출력, 정정(訂正), 복구, 이용, 제공, 공개, 파기(破棄), 그 밖에 이와 유사한 행위
정보주체	처리되는 정보에 의하여 알아볼 수 있는 사람으로서 그 정보의 주체가 되는 사람
개인정보파일	개인정보를 쉽게 검색할 수 있도록 일정한 규칙에 따라 체계적으로 배열하거나 구성한 개인정보의 집합물(集合物)
개인정보처리자	업무를 목적으로 개인정보파일을 운용하기 위하여 스스로 또는 다른 사람을 통하여 개인정보를 처리하는 공공기관, 법인, 단체 및 개인 등

> **쌤의 비법노트**
>
> 「개인정보 보호법」에서 보호대상이 되는 개인정보는 살아 있는 자연인에 관한 정보로 국한됩니다. 즉, 사자(死者)의 개인정보는 이 법의 보호대상이 아닌 형법상 보호가 되는 권리에 해당합니다.

(3) 개인정보 보호 원칙(법 제3조)

① 개인정보처리자는 개인정보의 처리 목적을 명확하게 하여야 하고 그 목적에 필요한 범위에서 최소한의 개인정보만을 적법하고 정당하게 수집하여야 한다.

② 개인정보처리자는 개인정보의 처리 목적에 필요한 범위에서 적합하게 개인정보를 처리하여야 하며, 그 목적 외의 용도로 활용하여서는 아니 된다.

③ 개인정보처리자는 개인정보의 처리 목적에 필요한 범위에서 개인정보의 정확성, 완전성 및 최신성이 보장되도록 하여야 한다.

④ 개인정보처리자는 개인정보의 처리 방법 및 종류 등에 따라 정보주체의 권리가 침해받을 가능성과 그 위험 정도를 고려하여 개인정보를 안전하게 관리하여야 한다.

⑤ 개인정보처리자는 개인정보 처리방침 등 개인정보의 처리에 관한 사항을 공개하여야 하며, 열람청구권 등 정보주체의 권리를 보장하여야 한다.

⑥ 개인정보처리자는 정보주체의 사생활 침해를 최소화하는 방법으로 개인정보를 처리하여야 한다.

⑦ 개인정보처리자는 개인정보를 익명 또는 가명으로 처리하여도 개인정보 수집목적을 달성할 수 있는 경우 익명처리가 가능한 경우에는 익명에 의하여, 익명처리로 목적을 달성할 수 없는 경우에는 가명에 의하여 처리될 수 있도록 하여야 한다.

⑧ 개인정보처리자는 이 법 및 관계 법령에서 규정하고 있는 책임과 의무를 준수하고 실천함으로써 정보주체의 신뢰를 얻기 위하여 노력하여야 한다.

2 개인정보 보호정책의 수립 등

(1) 개인정보 보호위원회

① 보호위원회의 설치(법 제7조) 필기 출제 22년 기출

개인정보 보호에 관한 사무를 독립적으로 수행하기 위하여 국무총리 소속으로 개인정보 보호위원회(이하 "보호위원회"라 한다)를 둔다.

② 보호위원회의 구성 등(법 제7조의2 내지 제7조의12) 필기 출제 21, 20년 기출

㉠ 보호위원회는 상임위원 2명(위원장 1명, 부위원장 1명)을 포함한 9명의 위원으로 구성한다.

㉡ 위원장과 부위원장은 정무직 공무원으로 임명한다.

㉢ 위원의 임기는 3년으로 하되, 한 차례만 연임할 수 있다.

㉣ 대한민국 국민이 아닌 사람, 「국가공무원법」에 따라 공무원으로 임용될 수 없는 사람, 「정당법」에 따른 당원은 보호위원회의 위원이 될 수 없다.

㉤ 보호위원회의 회의는 위원장이 필요하다고 인정하거나 재적위원 4분의 1 이상의 요구가 있는 경우에 위원장이 소집한다. 회의는 재적위원 과반수의 출석으로 개의하고, 출석위원 과반수의 찬성으로 의결한다.

㉥ 보호위원회는 효율적인 업무 수행을 위하여 개인정보 침해 정도가 경미하거나 유사·반복되는 사항 등을 심의·의결할 소위원회를 둘 수 있다. 소위원회는 3명의 위원으로 구성한다.

> **이렇게 출제된다! 1차 기출 OX**
>
> **Q** 개인정보 보호위원회 위원의 임기는 2년으로 하되, 연임할 수 없다?
>
> **A** (×) 개인정보 보호위원회 위원의 임기는 3년으로 하되, 한 차례만 연임할 수 있다.

(2) 개인정보 보호 기본계획 및 시행계획

① 기본계획의 수립(법 제9조)

보호위원회는 개인정보의 보호와 정보주체의 권익 보장을 위하여 3년마다 개인정보 보호 기본계획(이하 "기본계획"이라 한다)을 관계 중앙행정기관의 장과 협의하여 수립한다.

② 시행계획의 작성·제출(법 제10조)

중앙행정기관의 장은 기본계획에 따라 매년 개인정보 보호를 위한 시행계획을 작성하여 보호위원회에 제출하고, 보호위원회의 심의·의결을 거쳐 시행하여야 한다.

02절 주요 내용

1 개인정보의 처리

(1) 개인정보의 수집·이용(법 제15조 및 제16조)

① 개인정보처리자는 다음의 어느 하나에 해당하는 경우에는 개인정보를 수집할 수 있으며 그 수집 목적의 범위에서 이용할 수 있다.

- 정보주체의 동의를 받은 경우
- 법률에 특별한 규정이 있거나 법령상 의무를 준수하기 위하여 불가피한 경우
- 공공기관이 법령 등에서 정하는 소관 업무의 수행을 위하여 불가피한 경우
- 정보주체와 체결한 계약을 이행하거나 계약을 체결하는 과정에서 정보주체의 요청에 따른 조치를 이행하기 위하여 필요한 경우
- 명백히 정보주체 또는 제3자의 급박한 생명, 신체, 재산의 이익을 위하여 필요하다고 인정되는 경우
- 개인정보처리자의 정당한 이익을 달성하기 위하여 필요한 경우로서 명백하게 정보주체의 권리보다 우선하는 경우(단, 이 경우 개인정보처리자의 정당한 이익과 상당한 관련이 있고 합리적인 범위를 초과하지 아니하는 경우에 한함)
- 공중위생 등 공공의 안전과 안녕을 위하여 긴급히 필요한 경우

② 개인정보처리자는 개인정보의 수집·이용에 대해 정보주체의 동의를 받을 때에는 다음의 사항을 정보주체에게 알려야 하며, 다음의 어느 하나의 사항을 변경하는 경우에도 이를 알리고 동의를 받아야 한다.

- 개인정보의 수집·이용 목적
- 수집하려는 개인정보의 항목
- 개인정보의 보유 및 이용 기간
- 동의를 거부할 권리가 있다는 사실 및 동의 거부에 따른 불이익이 있는 경우에는 그 불이익의 내용

쌤의 비법노트

'동의'는 개인정보처리자가 개인정보를 수집·이용하는 것에 대한 정보주체의 자발적인 승낙의 의사표시입니다.

③ 개인정보처리자는 개인정보를 수집하는 경우에는 그 목적에 필요한 최소한의 개인정보를 수집하여야 한다. 이 경우 최소한의 개인정보 수집이라는 입증책임은 개인정보처리자가 부담한다.

④ 개인정보처리자는 정보주체가 필요한 최소한의 정보 외의 개인정보 수집에 동의하지 아니한다는 이유로 정보주체에게 재화 또는 서비스의 제공을 거부하여서는 아니 된다.

(2) 개인정보의 제공(법 제17조)

① 개인정보처리자는 정보주체의 동의를 받은 경우 또는 법령에 따라 수집한 목적 범위에서 개인정보를 제공하는 경우에는 정보주체의 개인정보를 제3자에게 제공(공유를 포함)할 수 있다.

② 개인정보처리자는 개인정보의 제공에 대해 정보주체의 동의를 받을 때에는 다음의 사항을 정보주체에게 알려야 하며, 다음의 어느 하나의 사항을 변경하는 경우에도 이를 알리고 동의를 받아야 한다.

- 개인정보를 제공받는 자
- 개인정보를 제공받는 자의 개인정보 이용 목적
- 제공하는 개인정보의 항목
- 개인정보를 제공받는 자의 개인정보 보유 및 이용 기간
- 동의를 거부할 권리가 있다는 사실 및 동의 거부에 따른 불이익이 있는 경우에는 그 불이익의 내용

(3) 개인정보의 파기(법 제21조 및 시행령 제16조)

① 개인정보처리자는 보유기간의 경과, 개인정보의 처리 목적 달성, 가명정보의 처리 기간 경과 등 그 개인정보가 불필요하게 되었을 때에는 지체 없이 그 개인정보를 파기하여야 한다. 다만, 다른 법령에 따라 보존하여야 하는 경우에는 그러하지 아니하다.

② 개인정보처리자가 개인정보를 파기할 때에는 복구 또는 재생되지 아니하도록 조치하여야 한다.

③ 개인정보처리자가 개인정보를 파기하지 아니하고 보존하여야 하는 경우에는 해당 개인정보 또는 개인정보파일을 다른 개인정보와 분리하여서 저장·관리하여야 한다.

④ 개인정보처리자는 개인정보를 파기할 때에는 전자적 파일 형태인 경우 복원이 불가능한 방법으로 영구 삭제, 기록물, 인쇄물, 서면, 그 밖의 기록매체인 경우 파쇄 또는 소각의 방법으로 해야 한다.

쌤의 비법노트

쇼핑업체가 고객에게 상품을 배송하기 위해 수집한 이름, 주소, 전화번호 등은 필요한 최소한의 개인정보라고 할 수 있으나, 직업, 생년월일 등 배송과 관련 없는 개인정보를 요구하는 것은 최소정보의 범위를 벗어난 것입니다.

2 개인정보의 처리 제한

(1) 민감정보의 처리 제한(법 제23조 및 시행령 제18조)

① 개인정보처리자는 정보주체의 사생활을 현저히 침해할 우려가 있는 개인정보로서 다음의 민감정보를 처리하여서는 아니 된다.

> • 사상·신념, 노동조합·정당의 가입·탈퇴, 정치적 견해에 관한 정보
> • 건강, 성생활 등에 관한 정보
> • 유전자검사 등의 결과로 얻어진 유전정보
> • 범죄경력자료에 해당하는 정보
> • 개인의 신체적, 생리적, 행동적 특징에 관한 정보로서 특정 개인을 알아볼 목적으로 일정한 기술적 수단을 통해 생성한 정보
> • 인종이나 민족에 관한 정보

② 다만, 정보주체에게 개인정보의 수집·이용·제공에 관한 사항을 알리고 다른 개인정보의 처리에 대한 동의와 별도로 민감정보의 처리에 대한 동의를 받은 경우 또는 법령에서 민감정보의 처리를 요구하거나 허용하는 경우에는 예외적으로 민감정보를 처리할 수 있다.

> **쌤의 비법노트**
> 회사에서 직원 개인의 근태 관리를 위해 지문 정보를 활용하는 것은 개인의 신체적 특징에 관한 정보로서 특정 개인을 알아볼 목적으로 일정한 기술적 수단을 통해 생성한 정보를 처리하는 것이므로, 반드시 해당 직원에게 민감정보 처리에 대한 별도의 동의를 받아야 합니다.

(2) 고유식별정보의 처리 제한(법 제24조 및 시행령 제19조)

① 개인정보처리자는 법령에 따라 개인을 고유하게 구별하기 위하여 부여된 식별정보로서 다음의 고유식별정보를 처리할 수 없다.

> • 「주민등록법」에 따른 주민등록번호
> • 「여권법」에 따른 여권번호
> • 「도로교통법」에 따른 운전면허의 면허번호
> • 「출입국관리법」에 따른 외국인등록번호

② 다만, 정보주체에게 개인정보의 수집·이용·제공에 관한 사항을 알리고 다른 개인정보의 처리에 대한 동의와 별도로 고유식별정보의 처리에 대한 동의를 받은 경우 또는 법령에서 구체적으로 고유식별정보의 처리를 요구하거나 허용하는 경우에는 예외적으로 고유식별정보를 처리할 수 있다.

③ ②에도 불구하고 주민등록번호 처리의 제한 규정에 따라 개인정보처리자가 주민등록번호를 처리할 수 있는 경우는 다음의 어느 하나에 해당하는 경우로 한정한다(법 제24조의2 제1항).

> • 법률·대통령령·국회규칙·대법원규칙·헌법재판소규칙·중앙선거관리위원회규칙 및 감사원규칙에서 구체적으로 주민등록번호의 처리를 요구하거나 허용한 경우
> • 정보주체 또는 제3자의 급박한 생명, 신체, 재산의 이익을 위하여 명백히 필요하다고 인정되는 경우
> • 위의 경우에 준하여 주민등록번호 처리가 불가피한 경우로서 보호위원회가 고시로 정하는 경우

> **쌤의 비법노트**
> 고유식별정보 중에서도 주민등록번호는 정보주체의 별도의 동의가 있더라도 함부로 처리할 수 없습니다. 즉, 법령에 명확한 근거가 있거나 생명, 신체 등 급박한 필요가 인정되어야만 처리할 수 있습니다.

3 개인정보의 안전한 관리

(1) 개인정보처리자의 개인정보 관리(법 제29조 내지 제31조)

① 개인정보처리자는 개인정보가 분실·도난·유출·위조·변조 또는 훼손되지 아니하도록 내부 관리계획 수립, 접속기록 보관 등 대통령령으로 정하는 바에 따라 안전성 확보에 필요한 기술적·관리적 및 물리적 조치를 하여야 한다.

② 개인정보처리자는 개인정보의 처리 목적, 개인정보의 처리 및 보유 기간, 개인정보의 제3자 제공에 관한 사항 등 개인정보의 처리에 관하여 법령에서 정한 사항이 포함된 개인정보 처리방침을 정하여야 한다.

③ 개인정보처리자는 개인정보의 처리에 관한 업무를 총괄해서 책임질 개인정보 보호책임자를 지정하여야 한다.

(2) 개인정보 유출 등의 통지·신고(법 제34조 및 시행령 제40조)

① 개인정보처리자는 개인정보가 분실·도난·유출(이하 "유출 등"이라 한다)되었음을 알게 되었을 때에는 지체 없이 해당 정보주체에게 다음의 사항을 알려야 한다.

- 유출 등이 된 개인정보의 항목
- 유출 등이 된 시점과 그 경위
- 유출 등으로 인하여 발생할 수 있는 피해를 최소화하기 위하여 정보주체가 할 수 있는 방법 등에 관한 정보
- 개인정보처리자의 대응조치 및 피해 구제절차
- 정보주체에게 피해가 발생한 경우 신고 등을 접수할 수 있는 담당부서 및 연락처

② 개인정보처리자는 개인정보의 유출 등이 있음을 알게 되었을 때에는 개인정보의 유형, 유출 등의 경로 및 규모 등을 고려하여 대통령령으로 정하는 바에 따라 지체 없이 보호위원회 또는 대통령령으로 정하는 전문기관(→ 한국인터넷진흥원)에 신고하여야 한다.

③ 개인정보처리자는 다음의 어느 하나에 해당하는 경우로서 개인정보가 유출 등이 되었음을 알게 되었을 때에는 72시간 이내에 개인정보 유출 등의 신고 사항을 서면 등의 방법으로 보호위원회 또는 한국인터넷진흥원에 신고해야 한다.

- 1천명 이상의 정보주체에 관한 개인정보가 유출 등이 된 경우
- 민감정보 또는 고유식별정보가 유출 등이 된 경우
- 개인정보처리시스템 또는 개인정보취급자가 개인정보 처리에 이용하는 정보기기에 대한 외부로부터의 불법적인 접근에 의해 개인정보가 유출 등이 된 경우

> **쌤의 비법노트**
> 한국인터넷진흥원(KISA)은 「정보통신망 이용촉진 및 정보보호 등에 관한 법률」에 설립근거를 둔 과학기술정보통신부 산하 준정부기관입니다.

4 개인정보 분쟁조정

(1) 개인정보 분쟁조정위원회(법 제40조)

① 분쟁조정위원회의 설치

개인정보에 관한 분쟁의 조정을 위하여 개인정보 분쟁조정위원회(이하 "분쟁조정위원회"라 한다)를 둔다.

② 분쟁조정위원회의 구성

㉠ 분쟁조정위원회는 위원장 1명을 포함한 30명 이내의 위원으로 구성하며, 위원은 당연직위원과 위촉위원으로 구성한다.

㉡ 위원장은 위원 중에서 공무원이 아닌 사람으로 개인정보 보호위원회 위원장이 위촉한다.

㉢ 위원장과 위촉위원의 임기는 2년으로 하되, 1차에 한하여 연임할 수 있다.

㉣ 분쟁조정위원회는 분쟁조정 업무를 효율적으로 수행하기 위하여 필요하면 대통령령으로 정하는 바에 따라 조정사건의 분야별로 5명 이내의 위원으로 구성되는 조정부를 둘 수 있다.

㉤ 분쟁조정위원회 또는 조정부는 재적위원 과반수의 출석으로 개의하며 출석위원 과반수의 찬성으로 의결한다.

(2) 분쟁조정위원회의 분쟁조정

① 개인정보와 관련한 분쟁의 조정을 원하는 자는 분쟁조정위원회에 분쟁조정을 신청할 수 있다(법 제43조 제1항).

② 분쟁조정위원회는 분쟁조정 신청을 받은 날부터 60일 이내에 이를 심사하여 조정안을 작성하여야 한다(법 제44조 제1항).

③ 분쟁조정위원회는 분쟁조정 신청을 받았을 때에는 당사자에게 그 내용을 제시하고 조정 전 합의를 권고할 수 있다(법 제46조).

④ 분쟁조정위원회는 조사 대상 침해행위의 중지, 원상회복, 손해배상, 그 밖에 필요한 구제조치, 같거나 비슷한 침해의 재발을 방지하기 위하여 필요한 조치 등에 관한 사항 중 어느 하나의 사항을 포함하여 조정안을 작성할 수 있다(법 제47조 제1항).

⑤ 분쟁조정위원회는 조정안을 작성하면 지체 없이 각 당사자에게 제시하여야 한다(법 제47조 제2항).

⑥ 조정안을 제시받은 당사자가 제시받은 날부터 15일 이내에 수락 여부를 알리지 아니하면 조정을 수락한 것으로 본다(법 제47조 제3항).

⑦ 조정의 내용은 재판상 화해와 동일한 효력을 갖는다(법 제47조 제5항).

⑧ 분쟁조정위원회의 운영 및 분쟁조정 절차에 관하여 이 법에서 규정하지 아니한 사항에 대하여는 「민사조정법」을 준용한다(법 제50조 제2항).

쌤의 비법노트

2023년 3월 14일 법 개정에 따라 개인정보 분쟁조정위원회의 위원 구성이 기존 '20명 이내'에서 '30명 이내'로 확대되었습니다.

쌤의 비법노트

분쟁조정의 당사자가 분쟁조정위원회로부터 조정안을 제시받은 날부터 15일 이내에 수락 여부를 알리지 아니할 경우 종전에는 조정을 '거부'한 것으로 간주하였으나, 2023년 3월 14일 법 개정에 따라 조정안을 '수락'한 것으로 간주하도록 분쟁조정제도가 개선되었습니다.

5 벌 칙

(1) 벌 칙

① 거짓이나 그 밖의 부정한 수단이나 방법으로 다른 사람이 처리하고 있는 개인정보를 취득한 후 이를 영리 또는 부정한 목적으로 제3자에게 제공한 자와 이를 교사·알선한 자는 10년 이하의 징역 또는 1억원 이하의 벌금에 처한다(법 제70조 제2호).

② 개인정보를 처리하거나 처리하였던 자로서 업무상 알게 된 개인정보를 누설하거나 권한 없이 다른 사람이 이용하도록 제공한 자 및 그 사정을 알면서도 영리 또는 부정한 목적으로 개인정보를 제공받은 자는 5년 이하의 징역 또는 5천만원 이하의 벌금에 처한다(법 제71조 제9호).

③ 개인정보를 처리하거나 처리하였던 자로서 거짓이나 그 밖의 부정한 수단이나 방법으로 개인정보를 취득하거나 개인정보 처리에 관한 동의를 받는 행위를 한 자 및 그 사정을 알면서도 영리 또는 부정한 목적으로 개인정보를 제공받은 자는 3년 이하의 징역 또는 3천만원 이하의 벌금에 처한다(법 제72조 제2호).

(2) 과태료

① 다음의 어느 하나에 해당하는 자에게는 3천만원 이하의 과태료를 부과한다(법 제75조 제2항).

- 개인정보의 파기 규정을 위반하여 개인정보의 파기 등 필요한 조치를 하지 아니한 자
- 주민등록번호 처리의 제한 규정을 위반하여 주민등록번호를 처리한 자
- 개인정보 유출 등의 통지·신고 규정을 위반하여 보호위원회 또는 한국인터넷진흥원에 신고하지 아니한 자

② 다음의 어느 하나에 해당하는 자에게는 1천만원 이하의 과태료를 부과한다(법 제75조 제4항).

- 개인정보의 파기 규정을 위반하여 파기하지 아니하고 보존하여야 하는 개인정보를 다른 개인정보와 분리하여 저장·관리하지 아니한 자
- 개인정보 처리방침의 수립 및 공개 규정을 위반하여 개인정보 처리방침을 정하지 아니하거나 이를 공개하지 아니한 자
- 개인정보 보호책임자의 지정 등에 관한 규정을 위반하여 개인정보 보호책임자를 지정하지 아니한 자

CHAPTER 10 출제 유형 알아보기

제5과목 고용노동관계법규(Ⅰ)

01절 개 요

01 다음 중 개인정보 보호법상 용어에 대한 설명으로 옳지 않은 것은?

① 개인정보 – 성명이나 주민등록번호, 법인 또는 단체의 소재지 주소 등을 통하여 알아볼 수 있는 자연인, 법인 또는 단체에 관한 정보
② 처리 – 개인정보의 수집, 생성, 연계, 연동, 기록, 저장, 보유, 가공, 편집, 검색, 출력, 정정, 복구, 이용, 제공, 공개, 파기 등의 행위
③ 정보주체 – 처리되는 정보에 의하여 알아볼 수 있는 사람으로서 그 정보의 주체가 되는 사람
④ 개인정보처리자 – 업무를 목적으로 개인정보파일을 운용하기 위하여 스스로 또는 다른 사람을 통하여 개인정보를 처리하는 공공기관, 법인, 단체 및 개인 등

> **해설**
> ① 개인정보 보호법상 개인정보는 살아 있는 개인에 관한 정보이다. 따라서 개인정보의 주체는 자연인이어야 하며, 법인 또는 단체에 관한 정보는 개인정보에 해당하지 않는다(개인정보 보호법 제2조 제1호 참조).

02 다음 중 개인정보 보호법령상 개인정보 보호위원회(이하 "보호위원회"라 한다)에 대한 설명으로 옳은 것은?

① 개인정보 보호에 관한 사무를 독립적으로 수행하기 위하여 대통령 소속으로 보호위원회를 둔다.
② 보호위원회는 위원장 1명, 부위원장 1명을 포함한 20명 이내의 위원으로 구성한다.
③ 위원의 임기는 2년으로 하되, 한 차례만 연임할 수 있다.
④ 보호위원회의 회의는 위원장이 필요하다고 인정하거나 재적위원 4분의 1 이상의 요구가 있는 경우에 위원장이 소집한다.

> **해설**
> ① 개인정보 보호에 관한 사무를 독립적으로 수행하기 위하여 국무총리 소속으로 개인정보 보호위원회를 둔다(개인정보 보호법 제7조 제1항).
> ② 개인정보 보호위원회는 상임위원 2명(위원장 1명, 부위원장 1명)을 포함한 9명의 위원으로 구성한다(동법 제7조의2 제1항).
> ③ 위원의 임기는 3년으로 하되, 한 차례만 연임할 수 있다(동법 제7조의4 제1항).

01 ① 02 ④ **정답**

03 다음 중 보기의 빈칸에 들어갈 내용을 순서대로 올바르게 나열한 것은?

(ㄱ)은/는 개인정보의 보호와 정보주체의 권익 보장을 위하여 (ㄴ)마다 개인정보 보호 기본계획을 관계 중앙행정기관의 장과 협의하여 수립한다.

① ㄱ : 행정안전부장관, ㄴ : 3년
② ㄱ : 행정안전부장관, ㄴ : 4년
③ ㄱ : 개인정보 보호위원회, ㄴ : 3년
④ ㄱ : 개인정보 보호위원회, ㄴ : 4년

해설

개인정보 보호 기본계획의 수립(개인정보 보호법 제9조 제1항)
개인정보 보호위원회는 개인정보의 보호와 정보주체의 권익 보장을 위하여 3년마다 개인정보 보호 기본계획을 관계 중앙행정기관의 장과 협의하여 수립한다.

02절 주요 내용

04 다음 중 개인정보 보호법에 따라 개인정보처리자가 정보주체의 동의를 받아 개인정보를 수집·이용할 때 정부주체에게 반드시 알려야 하는 사항에 포함되지 않는 것은?

① 개인정보의 수집·이용 목적
② 개인정보의 수집·이용 방법
③ 수집하려는 개인정보의 항목
④ 개인정보의 보유 및 이용 기간

해설

개인정보의 수집·이용(개인정보 보호법 제15조 제2항)
개인정보처리자는 개인정보의 수집·이용에 대해 정보주체의 동의를 받을 때에는 다음의 사항을 정보주체에게 알려야 하며, 다음의 어느 하나의 사항을 변경하는 경우에도 이를 알리고 동의를 받아야 한다.
- 개인정보의 수집·이용 목적
- 수집하려는 개인정보의 항목
- 개인정보의 보유 및 이용 기간
- 동의를 거부할 권리가 있다는 사실 및 동의 거부에 따른 불이익이 있는 경우에는 그 불이익의 내용

05 다음 중 개인정보 보호법상 개인정보의 파기에 대한 설명으로 옳지 않은 것은?

① 개인정보처리자는 보유기간의 경과, 개인정보의 처리 목적 달성 등 그 개인정보가 불필요하게 되었을 때에는 그로부터 7일 이내에 그 개인정보를 파기하여야 한다.
② 개인정보처리자가 개인정보를 파기할 때에는 복구 또는 재생되지 아니하도록 조치하여야 한다.
③ 개인정보처리자가 개인정보를 파기하지 아니하고 보존하여야 하는 경우에는 해당 개인정보 또는 개인정보파일을 다른 개인정보와 분리하여서 저장·관리하여야 한다.
④ 개인정보처리자는 기록물이나 인쇄물 형태의 개인정보를 파기할 때에는 파쇄 또는 소각의 방법으로 해야 한다.

해설
① 개인정보처리자는 보유기간의 경과, 개인정보의 처리 목적 달성, 가명정보의 처리 기간 경과 등 그 개인정보가 불필요하게 되었을 때에는 지체 없이 그 개인정보를 파기하여야 한다(개인정보 보호법 제21조 제1항).

06 다음 중 개인정보 보호법상 개인정보처리자가 원칙적으로 처리할 수 없는 고유식별정보에 해당하지 않는 것은?

① 「여권법」에 따른 여권번호
② 「도로교통법」에 따른 운전면허의 면허번호
③ 「출입국관리법」에 따른 외국인등록번호
④ 「자동차관리법」에 따른 자동차등록번호

해설
개인정보처리자가 원칙적으로 처리할 수 없는 고유식별정보(개인정보 보호법 시행령 제19조 참조)
• 「주민등록법」에 따른 주민등록번호
• 「여권법」에 따른 여권번호
• 「도로교통법」에 따른 운전면허의 면허번호
• 「출입국관리법」에 따른 외국인등록번호

07 다음 중 개인정보 보호법에 대한 설명으로 가장 옳은 것은?

① 개인정보 보호책임자는 개인정보의 처리에 관한 업무를 총괄해서 책임질 개인정보처리자를 지정하여야 한다.
② 개인정보처리자는 개인정보가 유출되었음을 알게 되었을 때에는 지체 없이 해당 정보주체에게 유출된 개인정보의 항목 등을 알려야 한다.
③ 개인정보처리자는 개인정보의 유출 등이 있음을 알게 되었을 때에는 대통령령으로 정하는 바에 따라 지체 없이 한국지능정보사회진흥원에 신고하여야 한다.
④ 개인정보처리자는 3천명 이상의 정보주체에 관한 개인정보가 유출되었음을 알게 되었을 때에는 지체 없이 개인정보 보호위원회에 신고하여야 한다.

> **해설**
>
> ② 개인정보 보호법 제34조 제1항 참조
> ① 개인정보처리자는 개인정보의 처리에 관한 업무를 총괄해서 책임질 개인정보 보호책임자를 지정하여야 한다(동법 제31조 제1항).
> ③ 개인정보처리자는 개인정보의 유출 등이 있음을 알게 되었을 때에는 개인정보의 유형, 유출 등의 경로 및 규모 등을 고려하여 대통령령으로 정하는 바에 따라 지체 없이 개인정보 보호위원회 또는 대통령령으로 정하는 전문기관(→ 한국인터넷진흥원)에 신고하여야 한다(동법 제34조 제3항 참조).
> ④ 개인정보처리자는 1천명 이상의 정보주체에 관한 개인정보가 유출 등이 되었음을 알게 되었을 때에는 72시간 이내에 개인정보 유출 등의 신고 사항을 서면 등의 방법으로 개인정보 보호위원회 또는 한국인터넷진흥원에 신고해야 한다(동법 시행령 제40조 제1항 참조).

08 다음 중 개인정보 보호법상 개인정보 분쟁조정위원회(이하 "분쟁조정위원회"라 한다)에 대한 설명으로 옳은 것은?

① 분쟁조정위원회는 위원장 1명, 상임위원 1명을 포함한 15명 이내의 위원으로 구성한다.
② 분쟁조정위원회의 위원장은 위원 중에서 공무원이 아닌 사람으로 개인정보 보호위원회 위원장이 위촉한다.
③ 분쟁조정위원회는 분쟁조정 신청을 받은 날부터 30일 이내에 이를 심사하여 조정안을 작성하여야 한다.
④ 조정안을 제시받은 당사자가 제시받은 날부터 15일 이내에 수락 여부를 알리지 아니하면 조정을 거부한 것으로 본다.

> **해설**
>
> ② 개인정보 보호법 제40조 제4항
> ① 분쟁조정위원회는 위원장 1명을 포함한 30명 이내의 위원으로 구성하며, 위원은 당연직위원과 위촉위원으로 구성한다(동법 제40조 제2항).
> ③ 분쟁조정위원회는 분쟁조정 신청을 받은 날부터 60일 이내에 이를 심사하여 조정안을 작성하여야 한다(동법 제44조 제1항).
> ④ 조정안을 제시받은 당사자가 제시받은 날부터 15일 이내에 수락 여부를 알리지 아니하면 조정을 수락한 것으로 본다(동법 제47조 제3항).

CHAPTER 10 최근 기출문제 파악하기 1차 필기

제5과목 고용노동관계법규(Ⅰ)

01 개인정보 보호법령에 관한 설명으로 틀린 것은? [2021년 2회 기출]

① "정보주체"란 처리되는 정보에 의하여 알아볼 수 있는 사람으로서 그 정보의 주체가 되는 사람을 말한다.
② 개인정보처리자는 개인정보의 처리 목적에 필요한 범위에서 개인정보의 정확성, 완전성 및 최신성이 보장되도록 하여야 한다.
③ 개인정보 보호에 관한 사무를 독립적으로 수행하기 위하여 국무총리 소속으로 개인정보 보호위원회를 둔다.
④ 위원의 임기는 2년으로 하되, 연임할 수 없다.

> **해설**
> ④ 개인정보 보호위원회 위원의 임기는 3년으로 하되, 한 차례만 연임할 수 있다(개인정보 보호법 제7조의4 제1항).

02 개인정보 보호법령상 개인정보 보호위원회(이하 "보호위원회"라 한다)에 관한 설명으로 틀린 것은? [2022년 2회 기출]

① 대통령 소속으로 보호위원회를 둔다.
② 보호위원회는 상임위원 2명을 포함한 9명의 위원으로 구성한다.
③ 보호위원회의 회의는 재적위원 과반수의 출석으로 개의하고, 출석위원 과반수의 찬성으로 의결한다.
④ 「정당법」에 따른 당원은 보호위원회 위원이 될 수 없다.

> **해설**
> ① 개인정보 보호에 관한 사무를 독립적으로 수행하기 위하여 국무총리 소속으로 개인정보 보호위원회를 둔다(개인정보 보호법 제7조 제1항).

최신 기출복원문제

2025년 직업상담사 2급 필기 기출복원문제해설

직업상담사 2급
한권으로 끝내기!

※ 참고 : 현행 컴퓨터기반 시험(CBT ; Computer Based Test)은 문제은행에서 개인별로 상이하게 문제가 출제되며, 비공개로 이루어지고 있습니다.

2025 직업상담사 2급 필기시험

제1과목 직업심리

01 직업발달에 관한 특성-요인이론의 종합적인 결과를 토대로 Klein과 Weiner 등이 내린 결론과 가장 거리가 먼 것은?

① 인간은 신뢰롭고 타당하게 측정할 수 있는 독특한 특성을 지니고 있다.
② 모든 직업마다 성공에 필요한 독특한 특성을 가지고 있다.
③ 개인의 직업선호는 부모의 양육환경 특성에 의해 좌우된다.
④ 개인의 특성과 직업의 요구사항 간에 상관이 높을수록 직업적 성공의 가능성이 커진다.

해설
③ 초기 가정환경이 이후의 직업선택에 중요한 영향을 미친다고 강조한 대표적인 이론으로 로(Roe)의 욕구이론이 있다.

02 직업발달이론에서 Parsons가 제안한 특성-요인이론의 핵심적인 가정은?

① 각 개인들은 객관적으로 측정될 수 있는 독특한 능력을 지니고 있으며, 이를 직업에서 요구하는 요인과 합리적인 추론을 통하여 매칭시키면 가장 좋은 선택이 된다.
② 분화와 통합의 과정을 거치면서 개인은 자아정체감을 형성해 가며, 이러한 자아정체감은 직업 정체감의 형성에 중요한 기초요인이 된다.
③ 진로발달 과정은 유전요인과 특별한 능력, 환경조건과 사건, 학습경험, 과제접근기술 등의 네 가지 요인과 관계가 있다.
④ 초기의 경험이 개인이 선택한 직업에 대한 만족에 매우 중요한 요인이라고 강조하면서 개인의 성격유형과 직무환경의 성격을 여섯 가지 유형으로 구분하고 있다.

해설
② 타이드만과 오하라(Tiedeman & O'Hara)의 진로발달이론
③ 크롬볼츠(Krumboltz)의 사회학습이론
④ 홀랜드(Holland)의 인성이론

03 홀랜드(Holland) 이론의 직업환경 유형과 대표 직업 간 연결이 틀린 것은?

① 현실형(R) - 목수, 트럭운전사
② 탐구형(I) - 심리학자, 분자공학자
③ 사회형(S) - 정치가, 사업가
④ 관습형(C) - 사무원, 도서관 사서

해설
③ 정치가, 사업가는 진취형(E)의 대표 직업에 해당한다.

04 Lofquist와 Dawis의 직업적응이론에서 직업적응 유형의 개념에 관한 설명으로 틀린 것은?

① 일관성(Consistency) – 수행해야 할 다양한 작업들 간의 부조화를 참아내는 정도
② 끈기(Perseverance) – 환경이 자신에게 맞지 않아도 개인이 얼마나 오랫동안 견뎌낼 수 있는지의 정도
③ 적극성(Activeness) – 개인이 작업환경을 개인적 방식과 좀 더 조화롭게 만들어가려고 노력하는 정도
④ 반응성(Reactiveness) – 개인이 작업성격의 변화로 인해 작업환경에 반응하는 정도

해설

① 직업적응이론에서 직업적응 유형의 개념으로 '일관성'이 아닌 '융통성'이 있다. '융통성(Flexibility)'은 개인이 작업환경과 개인적 환경 간의 부조화를 참아내는 정도를 의미한다.

05 직업선택 과정에 관한 설명으로 옳은 것은?

① 직업에 대해 정확한 정보만 가지고 있으면 직업을 효과적으로 선택할 수 있다.
② 주로 성년기에 이루어지기 때문에 어릴 때 경험은 영향력이 없다.
③ 개인적인 문제이기 때문에 가족이나 환경의 영향은 관련이 없다.
④ 일생 동안 계속 이루어지는 과정이기 때문에 다양한 시기에서 도움이 필요하다.

해설

① · ③ 직업선택은 개인의 일반적 특성, 개인 심리학적 특성, 개인 사회학적 특성 등 내적 요인은 물론 작업상황, 사회학적 영향, 경제학적 관점 등 외적 요인에 의해서도 영향을 받으므로, 이를 종합적으로 고려할 필요가 있다.
② 수퍼(Super), 긴즈버그(Ginzberg) 등은 진로 및 직업선택을 아동기 때부터 이루어지는 발달 과정으로 설명하였으며, 로(Roe)는 아동기의 부모-자녀 관계가 개인의 직업선택에 영향을 미친다고 주장하였다.

06 수퍼(Super)의 진로발달이론에 대한 설명으로 가장 적합한 것은?

① 반두라(Bandura)의 사회학습이론에 근거하여 성차에 대한 설명이 보다 많이 시도되고 있다.
② 진로발달을 환상적 직업선택, 시험적 직업선택, 현실적 직업선택 단계로 나누어 설명하였다.
③ 사회경제적인 상황과 노동시장 등은 다루지 않고 있다.
④ 이론의 기저를 이루고 있는 것은 '자아개념'으로 인간은 자신의 이미지와 일치하는 직업을 선택한다는 주장이다.

해설

① 성차를 설명한 가장 유력한 이론은 반두라(Bandura)의 사회학습이론을 토대로 한 헥케트과 베츠(Hackett & Betz)의 자기효능감 이론이다.
② '환상기, 잠정기, 현실기'라는 진로발달의 3단계를 제시한 학자는 긴즈버그(Ginzberg)이다.
③ 수퍼는 진로 유형에 관한 연구를 통해 개인의 진로 유형의 본질이 부모의 사회경제적 수준, 개인의 정신능력 및 인성 특성, 주어진 직업기회 등에 의해 결정된다고 보았다.

07 로(Roe)의 욕구이론에 관한 설명으로 옳지 않은 것은?

① 아동기에 형성된 욕구에 대한 반응으로 직업선택이 이루어진다고 본다.
② 가정 분위기의 유형을 회피형, 정서집중형, 통제형으로 구분하였다.
③ 직업군을 8가지로 분류하였다.
④ 매슬로우가 제시한 욕구의 단계를 기초로 해서 초기의 인생경험과 직업선택의 관계에 관한 가정을 발전시켰다.

해설

② 부모-자녀 관계유형을 회피형, 정서집중형, 수용형으로 구분하였다.

08 직무만족에 관한 2요인이론의 설명으로 틀린 것은?

① 낮은 수준의 욕구를 만족하지 못하면 직무불만족이 생기나 그 역은 성립되지 않는다.
② 자아실현에 의해서만 욕구만족이 생기나 자아실현의 실패로 직무불만족이 생기는 것은 아니다.
③ 동기요인은 높은 수준의 성과를 얻도록 자극하는 요인이다.
④ 위생요인은 직무불만족을 가져오는 것이며 만족감을 산출할 힘도 갖고 있는 것이다.

> **해설**
> ④ 위생요인은 일과 관련된 환경요인으로서 위생요인을 좋게 하는 것은 불만족을 감소시킬 수는 있으나, 만족감을 산출할 힘은 갖고 있지 못하다.

09 심리검사는 다양한 기준을 적용하여 분류할 수 있다. 검사의 실시방법에 따른 분류에 해당하지 않는 검사는?

① 규준참조검사와 준거참조검사
② 속도검사와 역량검사
③ 개인검사와 집단검사
④ 지필검사와 수행검사

> **해설**
> ① 규준참조검사와 준거참조검사는 검사의 사용목적에 따른 분류에 해당한다.

10 신뢰도의 크기에 영향을 주는 요인에 대한 설명과 가장 거리가 먼 것은?

① 문항 수가 많을수록 신뢰도가 높게 나타날 가능성이 크다.
② 개인차가 클수록 신뢰도가 높게 나타날 가능성이 높다.
③ 신뢰도 계산방법에 따라 신뢰도의 크기가 달라질 가능성이 높다.
④ 응답자 수가 많을수록 신뢰도가 높게 나타날 가능성이 높다.

> **해설**
> ④ '응답자 수'가 아닌 '문항 수'가 많을수록 신뢰도가 높게 나타날 가능성이 크다.

11 기초통계치 중 명명척도로 측정된 자료에서는 파악할 수 없고, 서열척도 이상의 척도로 측정된 자료에서만 파악할 수 있는 것은?

① 중앙치
② 최빈치
③ 표준편차
④ 평균

> **해설**
> ② 명명척도(명목척도) 이상의 척도로 측정된 자료에서 파악할 수 있다.
> ③·④ 등간척도 이상의 척도로 측정된 자료에서 파악할 수 있다.

12 Strong 검사에 관한 설명으로 옳은 것은?

① 기본흥미척도(BIS)는 Holland의 6가지 유형을 제공한다.
② Strong 진로탐색검사는 진로성숙도검사와 직업흥미검사로 구성되어 있다.
③ 업무, 학습, 리더십, 모험심을 알아보는 기본흥미척도(BIS)가 포함되어 있다.
④ 개인특성척도(PSS)는 일반직업분류(GOT)의 하위척도로서 특정 흥미분야를 파악하는 데 도움이 된다.

해설

① 홀랜드(Holland)의 직업선택이론에 의한 6가지 주제로 구성되어 있으며, 수검자의 흥미에 대한 포괄적인 전망과 함께 그 속에 내재된 보편적인 패턴을 측정하는 것은 일반직업분류(GOT)에 해당한다.
③ 업무 유형, 학습 유형, 리더십 유형, 모험심 유형의 4개 척도를 통해 일상생활과 일의 세계에서 어떠한 방식을 개인이 선호하고 편안하게 느끼는지 측정하는 것은 개인특성척도(PSS)에 해당한다.
④ 일반직업분류(GOT)를 특정한 흥미들로 세분화한 것으로서, 수검자의 특정한 활동이나 주제에 대한 흥미도를 측정하는 것은 기본흥미척도(BIS)이다.

13 고용노동부에서 실시하는 일반직업적성검사가 측정하는 영역이 아닌 것은?

① 형태지각력
② 공간판단력
③ 상황판단력
④ 언어능력

해설

③ 공간판단력은 포함되나, 상황판단력은 포함되어 있지 않다.

　＊ 참고 : 고용24 제공 직업심리검사 중 한국고용정보원이 개발한 '성인용 직업적성검사'가 있습니다. 이 검사도구는 미국 노동청의 고용위원회에서 처음 개발한 일반적성검사(GATB)의 방식에 착안한 것으로서, 여기에는 '상황판단력'이 적성요인에 포함되어 있습니다.

14 직무 스트레스에 관한 설명으로 틀린 것은?

① 직장 내 소음, 온도와 같은 물리적 요인이 직무 스트레스를 유발할 수 있다.
② 직무 스트레스를 일으키는 심리사회적 요인으로 역할갈등, 역할과부하, 역할모호성 등이 있다.
③ 사회적 지지가 제공되면 우울이나 불안 같은 직무 스트레스 반응이 감소한다.
④ 직무 스트레스는 직무만족과 부정적 관계에 있으며, 모든 스트레스는 항상 직무수행 성과를 떨어뜨린다.

해설

④ 스트레스가 반드시 부정적인 효과만 나타내는 것은 아니다. 적정 수준의 스트레스(Eustress)는 도전하려는 욕구를 자극하므로 개인적 성장, 자기 향상 증진 등의 기능을 할 수 있다. 또한 스트레스에 대한 내성(Tolerance)을 기르도록 함으로써 더 큰 스트레스에 대비할 수 있도록 한다.

15 조직에서 자신이 생각하는 역할과 상급자가 생각하는 역할 간 차이에 기인한 스트레스원은?

① 역할과다
② 역할모호성
③ 역할갈등
④ 과제곤란도

해설

① '역할과다' 또는 '역할과부하'는 역할담당자가 일상적인 업무를 수행하는 과정에서 신규의 특정 업무를 부여받게 됨으로써 대처능력 초과 상태에 이르는 것이다.
② '역할모호성'은 역할담당자가 역할전달자의 역할기대에 대해 명확히 알지 못함으로써 발생하는 심리적 상태이다.
④ '과제곤란도'는 역할담당자가 자신의 능력에 대한 지각과 과제의 곤란도 간에 불확실성을 인식함으로써 발생하는 심리적 상태와 연관된다.

16 스트레스에 대처하기 위한 포괄적인 노력과 가장 거리가 먼 것은?

① 과정중심적 사고방식에서 목표지향적 초고속사고로 전환해야 한다.
② 가치관을 전환해야 한다.
③ 스트레스에 정면으로 도전하는 마음가짐이 있어야 한다.
④ 균형 있는 생활을 해야 한다.

해설
① 목표지향적 초고속심리(초고속사고)에서 과정중심적 사고방식으로 전환해야 한다.

17 초기상담의 유형 중 관계지향적 면담에 관한 설명으로 옳은 것은?

① 재진술과 감정의 반향 등이 주로 이용된다.
② 내담자에 의해 시작된 면담과 상담자에 의해 시작된 면담으로 구분된다.
③ '누가, 무엇을, 어디서, 어떻게'로 시작되는 질문이 사용된다.
④ 상담의 틀이 상담자에게 초점을 맞추어져 진행된다.

해설
② 내담자 대 상담자의 솔선수범 면담의 내용에 해당한다.
③·④ 정보지향적 면담의 내용에 해당한다.

18 다음에서 설명하고 있는 생애진로사정의 구조는?

> 개인이 자신의 생활을 어떻게 조직하는지를 발견하는 것이다. 내담자가 그들 자신의 생활을 체계적으로 조직하는지 아니면 매일 자발적으로 반응하는지 결정하는 데 도움을 준다.

① 진로사정
② 전형적인 하루
③ 강점과 장애
④ 요 약

해설
생애진로사정 중 전형적인 하루
내담자가 생활을 어떻게 조직하는지를 시간의 흐름에 따라 체계적으로 기술하는 것으로, 내담자가 의존적인지 또는 독립적인지, 자발적(임의적)인지 또는 체계적인지 자신의 성격차원을 파악하도록 돕는다.

19 정신건강에 문제가 있는 사람을 측정하고 구별하기 위해 사용하는 검사는?

① MBTI
② MMPI
③ 16PFI
④ CPI

해설
미네소타 다면적 인성검사(MMPI)
- 하더웨이와 매킨리(Hathaway & McKinley)가 고안한 것으로, 정신건강에 문제가 있는 사람을 측정하고 구별하기 위해 사용하는 자기보고식 검사이다.
- 수검자의 수검태도(검사태도)를 측정하는 4가지 타당도 척도와 주요 비정상행동을 측정하는 10가지 임상척도로 구성되어 있다.

20 상담 내용에 대한 비밀을 지키지 않아도 되는 상황을 모두 고른 것은?

> ㄱ. 내담자가 자신이나 다른 사람을 위험에 빠뜨릴 가능성이 클 때
> ㄴ. 내담자의 법적 보호자가 내담자의 정보를 구할 때
> ㄷ. 법적으로 정보의 공개가 요구되는 경우
> ㄹ. 내담자가 감염성이 있는 치명적인 질병에 걸린 경우

① ㄱ, ㄷ
② ㄱ, ㄴ, ㄹ
③ ㄴ, ㄹ
④ ㄱ, ㄷ, ㄹ

해설

비밀보장의 한계(출처 : 한국상담학회 윤리강령)
- 내담자가 자신이나 타인의 생명 혹은 사회의 안전을 위협하는 경우
- 내담자가 감염성이 있는 치명적인 질병이 있다는 확실한 정보를 가졌을 경우
- 미성년인 내담자가 학대를 당하고 있는 경우
- 내담자가 아동학대를 하는 경우
- 법적으로 정보의 공개가 요구되는 경우

제2과목 직업상담 및 취업지원

21 신규 입직자나 직업인을 대상으로 조직문화, 인간관계, 직업예절, 직업의식과 직업관 등에 관한 정보를 제공하고 필요시 직업지도 프로그램에 참여하게 하는 상담은?

① 직업전환 상담
② 직업적응 상담
③ 구인 · 구직 상담
④ 경력개발 상담

해설

① 직업전환 상담은 실업 · 실직 위기상황에 있거나 전직의 의도가 있는 직업인을 대상으로 직업경로 사항, 요구되는 전문지식, 직업전환을 위한 준비상태 등에 관한 정보를 수집 및 제공하는 상담이다.
③ 구인 · 구직 상담은 구직자가 희망하는 구인처에 대한 요구사항을 분석하면서 구직자의 진로경로 개척을 위해 생애설계를 하도록 조언하며, 진로경로 및 구직자에 관한 정보들을 체계화하여 구인처와 구직자의 연결을 돕는 상담이다.
④ 경력개발 상담은 주로 직업인을 대상으로 경력사다리를 제시하여 구체적인 경력개발 계획을 작성하고 이를 실천할 수 있도록 하며, 현장훈련, 위탁훈련, 향상훈련 등을 실시하는 기관 및 교육일정, 참여방법 등에 관한 정보를 제공하는 상담이다.

22 직업상담의 목적에 대한 설명으로 틀린 것은?

① 직업상담은 내담자가 이미 결정한 직업계획과 직업선택을 확신 · 확인하는 과정이다.
② 직업상담은 개인의 직업적 목표를 명확히 해 주는 과정이다.
③ 직업상담은 내담자에게 진로관련 의사결정능력을 길러 주는 과정은 아니다.
④ 직업상담은 직업선택과 직업생활에서의 능동적인 태도를 함양하는 과정이다.

해설

③ 직업상담은 내담자에게 진로관련 의사결정능력을 길러 주는 과정이다. 인간은 일평생을 살아가는 과정에서 여러 가지 진로문제들에 대해 결정을 내려야 한다. 직업상담은 내담자들이 그와 같은 상황에 직면했을 때 현명하게 적응하고 선택해 나갈 수 있는 능력과 기술을 습득하도록 조력할 수 있어야 한다.

23 일반적인 진로상담의 과정을 바르게 나열한 것은?

> ㄱ. 상담목표의 설정
> ㄴ. 관계수립 및 문제의 평가
> ㄷ. 문제해결을 위한 개입
> ㄹ. 훈 습
> ㅁ. 종 결

① ㄱ → ㄴ → ㄷ → ㄹ → ㅁ
② ㄴ → ㄱ → ㄷ → ㄹ → ㅁ
③ ㄱ → ㄴ → ㄹ → ㄷ → ㅁ
④ ㄴ → ㄹ → ㄱ → ㄷ → ㅁ

해설

직업상담(진로상담)의 일반적인 5단계 과정
관계수립 및 문제의 평가 → 상담목표의 설정 → 문제해결을 위한 개입 → 훈습 → 종결 및 추수지도

24 Adler의 개인주의 상담에 관한 설명으로 옳은 것은?

① 내담자의 잘못된 가치보다는 잘못된 행동을 수정하는 데 초점을 둔다.
② 상담자는 조력자의 역할을 하며 내담자가 상담을 주도적으로 이끈다.
③ 상담 과정은 사건의 객관성보다는 주관적 지각과 해석을 중시한다.
④ 내담자의 사회적 관심보다는 개인적 열등감의 극복을 궁극적 목표로 삼는다.

해설

① 개인주의 상담은 내담자의 잘못된 가치와 목표를 수정하는 데 초점을 둔다. 특히 행동수정보다는 동기수정에 관심을 둔다.
② 로저스(Rogers)의 내담자중심 상담(인간중심 상담)의 특징에 해당한다.
④ 상담자는 내담자로 하여금 사회적 관심을 갖도록 도우며, 열등감을 극복하고 우월성을 추구하도록 돕는 것을 목표로 한다.

25 내담자중심 상담에서 사용되는 상담기법이 아닌 것은?

① 적극적 경청
② 공감적 이해
③ 감정의 반영
④ 역할연기

해설

④ '역할연기'는 대표적으로 행동주의 상담 또는 행동치료에서 내담자의 외적 행동변화를 촉진시키기 위한 기법으로 사용된다.

26 Ellis의 합리적 정서치료의 정신건강 기준에 관한 설명으로 옳은 것은?

① 사회적 관심 : 자신의 삶에 책임감이 있고 독립적이다.
② 관용 : 변화에 대해 수긍하고 타인에게 편협한 견해를 갖지 않는다.
③ 몰입 : 실수하는 사람들을 비난하지 않는다.
④ 과학적 사고 : 깊게 느끼고 구체적으로 행동할 수 있다.

해설

① 사회적 관심 : 집단 속에서 유리되지 않은 채 관계의 맥락 속에서 인간에 대한 관심을 지니고 있다.
② 관용 : 타인의 실수에 대해 관용적이며, 실수하는 사람들을 비난하지 않는다.
③ 몰두(몰입) 또는 이행 : 자신의 외부세계에 대해 중대하게 몰두할 수 있는 능력이 있다.

27 Beck의 인지치료이론에 관한 설명으로 옳은 것은?

① ABCDE 모형에 기초하여 문제를 해결해 나간다.
② 인간의 사고와 행동은 서로 밀접한 연관이 있다.
③ 인지적 오류에는 억압, 합리화, 퇴행, 투사 등이 있다.
④ 인간의 행동은 환경적 조건에 따라 결정된다.

해설

① 엘리스(Ellis)의 인지 · 정서적 상담(RET) 또는 합리적 · 정서적 행동치료(REBT)의 내용에 해당한다.
③ 억압, 합리화, 퇴행, 투사 등은 정신분석적 상담이론의 주요 개념으로서 방어기제의 종류에 해당한다.
④ 인간의 행동이 환경에서 제공되는 강화 형태와 빈도에 의해 결정된다는 것은 행동주의 상담이론의 인간관에 해당한다.

28 직업상담에서 특성-요인이론에 관한 설명으로 옳은 것은?

① 대부분의 사람들은 여섯 가지 유형으로 성격 특성을 분류할 수 있다.
② 각각의 개인은 신뢰할 만하고 타당하게 측정될 수 있는 고유한 특성의 집합이다.
③ 개인은 일을 통해 개인적 욕구를 성취하도록 동기화되어 있다.
④ 직업적 선택은 개인의 발달적 특성이다.

해설

① 홀랜드(Holland)의 직업적 성격유형론(인성이론)과 연관된다.
③ 맥클리랜드(McClelland)의 성취동기이론과 연관된다.
④ 직업선택을 개인의 발달적 특성과 밀접하게 결부시킨 대표적인 학자로서 긴즈버그(Ginzberg)와 수퍼(Super) 등을 예로 들 수 있다.

29 위기상담 시 상담내용에 관한 설명으로 틀린 것은?

① 정서적 지원을 제공한다.
② 정서 발산을 자제하게 한다.
③ 희망과 낙관적인 태도를 전달한다.
④ 위기 문제에 집중하도록 선택적인 경청을 한다.

해설

② 정서적 발산기회를 제공한다.

30 포괄적 직업상담에서 내담자가 지닌 직업상의 문제를 가려내기 위해 실시하는 변별적 진단검사와 가장 거리가 먼 것은?

① 직업성숙도검사
② 직업적성검사
③ 직업흥미검사
④ 경력개발검사

해설

포괄적 직업상담에서 진단검사의 유형
- 변별적 진단검사 : 직업성숙도검사, 직업적성검사, 직업흥미검사 등을 실시하여 직업상의 문제를 가려낸다.
- 역동적 진단검사 : 상담자와 내담자의 상호작용을 통해 상담자에 의한 주관적 오류를 보완하며, 상담 과정에서 얻은 다양한 자료들을 통해 심리측정 자료에 의한 통계적인 오류를 보완한다.
- 결정적 진단검사 : 직업선택 및 의사결정의 과정에서 나타나는 내담자의 다양한 문제를 체계적으로 분석한다.

정답 27 ② 28 ② 29 ② 30 ④

31 다음 중 상담자가 상담목표를 설정할 때 고려해야 할 사항으로 가장 적합한 것은?

① 달성하기 어렵더라도 이상적인 관점에서 상담목표를 세운다.
② 내담자가 바라는 구체적이고 긍정적인 변화를 상담목표로 삼는다.
③ 상담의 방향성을 내담자와 공유하기 위해 추상적인 상담목표를 세운다.
④ 내담자의 문제를 가장 잘 파악하고 있는 부모와 함께 상담목표를 설정한다.

해설

① 상담목표는 내담자의 능력 및 통제력을 고려하여 현실적인 것이어야 한다.
③ 상담목표는 검증이 가능하며, 구체적인 행동으로 이어질 수 있는 것이어야 한다.
④ 상담목표는 상담자와 내담자가 함께 설정한다.

32 내담자가 수집한 직업목록의 내용이 실현 불가능할 때, 상담사의 개입 방안으로 옳지 않은 것은?

① 브레인스토밍 과정을 통해 내담자의 부적절한 직업목록 내용을 명확히 한다.
② 최종 의사결정은 내담자가 해야 함을 확실히 한다.
③ 내담자가 그 직업들을 시도해 본 후 어려움을 겪게 되면 개입한다.
④ 객관적인 증거나 논리로 추출한 것에 대해서 대화해야 한다.

해설

③ 내담자의 직업들 대부분이 어떤 식으로든 실현 불가능한 것으로 여겨질 경우, 상담자는 내담자로 하여금 그와 같은 직업들에 정서적 열정을 소모하기 전에 신속히 개입하는 것이 중요하다.

33 6개의 생각하는 모자(Six Thinking Hats) 기법에서 사용하는 모자 색깔이 아닌 것은?

① 갈 색
② 녹 색
③ 청 색
④ 흑 색

해설

6개의 생각하는 모자의 색상별 역할
- 백색(하양) : 본인과 직업들에 대한 사실들만을 고려한다.
- 적색(빨강) : 직관에 의존하고, 직감에 따라 행동한다.
- 흑색(검정) : 비관적 · 비판적이며, 모든 일이 잘 안될 것이라고 생각한다.
- 황색(노랑) : 낙관적이며, 모든 일이 잘될 것이라고 생각한다.
- 녹색(초록) : 새로운 대안들을 찾으려 노력하고, 문제들을 다른 각도에서 바라본다.
- 청색(파랑) : 합리적으로 생각한다(사회자로서의 역할 반영).

34 다음 중 저능력 · 고의욕을 가진 구직자에게 가장 적합한 서비스는?

① 직업정보 제공 및 취업알선
② 심층상담 등 밀착 서비스 제공
③ 집단상담 프로그램 등 의욕 증진 서비스 제공
④ 직업훈련, 취업특강 등 구직기술 향상 서비스 제공

해설

① 고능력 · 고의욕을 가진 구직자에게 가장 적합한 서비스이다.
② 저능력 · 저의욕을 가진 구직자에게 가장 적합한 서비스이다.
③ 고능력 · 저의욕을 가진 구직자에게 가장 적합한 서비스이다.

35 다음 중 내담자로 하여금 진로장벽을 극복하도록 하기 위한 방안으로 옳지 않은 것은?

① 내담자의 적응 유연성(Resilience)을 증진시킨다.
② 내담자가 진로장벽의 의미를 파악하는 데 시간을 소요하지 않도록 주의한다.
③ 내담자가 진로장벽에 대해 객관적인 평가를 할 수 있도록 안내한다.
④ 내담자와 함께 진로장벽을 극복하기 위한 적합한 대안에 대해 고민한다.

해설
② 내담자가 진로장벽에 대한 의미를 정확히 파악할 수 있도록 안내한다.

36 다음 중 훈련기관의 훈련목표 달성 촉진을 위한 노력으로 옳지 않은 것은?

① 취업상담은 훈련 시작 전에 실시한다.
② 관련 자격증 취득을 위한 커뮤니티 참여를 지원한다.
③ 훈련 참여자와 협의하여 훈련목표를 단계별로 점검한다.
④ 변화 유지 계획을 수립하도록 하여 행동 변화를 촉진한다.

해설
① 본격적인 훈련에 앞서 훈련생 개인 및 진로에 대한 상담을 실시하며, 훈련 종료 후 취업상담으로 연계한다.

37 진로개발프로그램을 운영하는 방법의 하나인 집단 진로상담에 관한 설명으로 옳은 것은?

① 참여하고자 하는 학생들 중 사전조사를 통해서 책임의식이 있는 학생들로 선발한다.
② 참여하는 학생들은 목표와 기대가 동일하기 때문에 개인차를 고려하지 않는다.
③ 프로그램 단계별로 나타나는 집단의 역동성은 문제를 복잡하게 만들기 때문에 무시하는 것이 좋다.
④ 다양한 정보습득과 경험을 해야 하기 때문에 참여 학생들은 진로발달상 이질적일수록 좋다.

해설
② 참여하는 학생들은 목표와 기대가 서로 다르므로 개인차를 고려하여야 한다.
③ 집단을 이끌고 나가기 위해서는 프로그램 단계별로 나타나는 집단의 역동성을 이해하는 것이 중요하다.
④ 집단상담에 참여한 학생들은 서로 비슷한 수준의 발달단계에 있는 것이 중요하다.

38 사이버 직업상담에서 답변을 작성할 때 고려해야 할 사항으로 가장 거리가 먼 것은?

① 추수상담의 가능성과 전문기관에 대한 안내를 한다.
② 친숙한 표현으로 답변을 작성하여 내담자가 친근감을 느끼게 한다.
③ 답변은 장시간이 소요되더라도 정확하게 하도록 노력한다.
④ 청소년이라 할지라도 반드시 존칭을 사용하여 호칭한다.

해설
③ 답변은 가급적 신속하게 하도록 노력한다.

39 다음 중 보기의 내용과 연관된 네트워크 구축 방법으로 옳은 것은?

> 구인기업과 구직자가 현장에서 회사 홍보 및 면접을 통해 채용 결정이 이루어지거나 취업과 관련된 정보를 제공한다.

① 취업박람회(Job Fair)
② 컨퍼런스(Conference)
③ 워크숍(Workshop)
④ 세미나(Seminar)

해설

② 컨퍼런스(Conference)는 진로, 취업, 직업상담 등의 주제와 관련하여 사람들을 모아 협의하는 회의로, 이벤트, 전시 등을 동반한다.
③ 워크숍(Workshop)은 참가자가 자율적·주도적으로 특정 주제를 가지고 운영 및 활동하는 연구모임이다.
④ 세미나(Seminar)는 진로, 취업, 직업상담 등의 주제에 관심을 가진 사람들이 모여 연구발표나 토론을 통해 함께 연구한다.

40 다음 중 직업상담 행정의 전산망 관리에서 강조되는 정보보안의 원칙으로서 무결성(Integrity)의 원칙에 부합하는 것은?

① 허락되지 않은 이용자가 정보의 내용을 알 수 없도록 하였다.
② 허락되지 않은 이용자가 정보를 함부로 수정할 수 없도록 하였다.
③ 허락된 이용자가 필요로 하는 때에 정보에 접근할 수 있도록 하였다.
④ 서비스 거부 공격(DoS 공격)에 대한 사전 조치로 서비스가 원활히 이루어지도록 하였다.

해설

정보보안의 원칙
• 기밀성(Confidentiality) : 허락되지 않은 이용자 또는 객체가 정보의 내용을 알 수 없도록 해야 한다.
• 무결성(Integrity) : 허락되지 않은 이용자 또는 객체가 정보를 함부로 수정할 수 없도록 해야 한다.
• 가용성(Availability) : 허락된 이용자 또는 객체가 정보에 접근하고자 할 때 방해받지 않도록 해야 한다.

제3과목 직업정보

41 한국표준직업분류(제8차)에서 포괄적인 업무에 대해 적용하는 직업분류 원칙을 순서대로 나열한 것은?

① 주된 직무 → 최상급 직능수준 → 생산업무
② 최상급 직능수준 → 주된 직무 → 생산업무
③ 최상급 직능수준 → 생산업무 → 주된 직무
④ 생산업무 → 최상급 직능수준 → 주된 직무

해설

포괄적인 업무의 분류적용 원칙의 순서
주된 직무 → 최상급 직능수준 → 생산업무

42 한국표준직업분류상 다음 개념에 해당하는 대분류는?

> • 일반적으로 단순하고 반복적이며 때로는 육체적인 힘을 요하는 과업을 수행한다.
> • 간단한 수작업 공구나 진공청소기, 전기장비들을 이용한다.
> • 제1직능수준의 일부 직업에서는 초등교육이나 기초적인 교육(ISCED 수준 1)을 필요로 한다.

① 단순 노무 종사자
② 장치·기계 조작 및 조립 종사자
③ 기능원 및 관련 기능 종사자
④ 판매 종사자

해설

① 보기의 내용은 '제1직능수준'의 개념에 해당한다. 한국표준직업분류(제8차)의 대분류별 직능수준에서 제1직능수준을 필요로 하는 것은 '대분류 9 단순 노무 종사자'이다.

43 한국표준산업분류(제11차)의 "A 농업, 임업 및 어업" 분야 분류 시 유의사항으로 틀린 것은?

① 구입한 농·임·수산물을 가공하여 특정 제품을 제조하는 경우에는 제조업으로 분류
② 농·임·수산업 관련 조합은 각각의 사업 부문별로 그 주된 활동에 따라 분류
③ 농업생산성을 높이기 위한 지도·조언 등을 수행하는 정부기관은 "경영 컨설팅업"에 분류
④ 수상오락 목적의 낚시장 및 관련시설 운영활동은 "낚시장 운영업"에 분류

해설

③ 농업생산성을 높이기 위한 지도·조언·감독 등의 활동을 수행하는 정부기관은 "84 공공행정, 국방 및 사회보장 행정"의 적합한 항목에 분류하며, 수수료 및 계약에 의하여 기타 기관에서 농업 경영상담 및 관련서비스를 제공하는 경우는 "71531 경영 컨설팅업"에 분류한다.

44 한국표준산업분류의 분류구조 및 부호체계에 관한 설명으로 옳은 것은?

① 부호 처리를 할 경우에는 알파벳 문자와 아라비아 숫자를 함께 사용토록 했다.
② 권고된 국제분류 ISIC Rev 4를 기본체계로 하였으나, 국내 실정을 고려하여 독자적으로 분류 항목과 분류 부호를 설정하였다.
③ 중분류의 번호는 001부터 999까지 부여하였으며, 대분류별 중분류 추가여지를 남겨놓기 위하여 대분류 사이에 번호 여백을 두었다.
④ 소분류 이하 모든 분류의 끝자리 숫자는 01에서 시작하여 99에서 끝나도록 하였다.

해설

① 부호 처리를 할 경우에는 아라비아 숫자만을 사용하도록 했다.
③ 중분류의 번호는 01부터 99까지 부여하였으며, 대분류별 중분류 추가여지를 남겨놓기 위하여 대분류 사이에 번호 여백을 두었다.
④ 소분류 이하 모든 분류의 끝자리 숫자는 "0"에서 시작하여 "9"에서 끝나도록 하였다.

45 Brayfield가 제시한 직업정보의 기능에 해당하지 않는 것은?

① 정보적 기능
② 재조정 기능
③ 동기화 기능
④ 결정화 기능

해설

브레이필드(Brayfield)의 직업정보의 기능
- 정보적 기능(정보제공 기능) : 직업정보 제공을 통해 내담자의 의사결정을 돕고, 직업선택에 관한 지식을 증가시킨다.
- 재조정 기능 : 자신의 선택이 현실에 비추어 부적절한 선택이었는지를 점검 및 재조정해 보도록 한다.
- 동기화 기능 : 내담자를 의사결정 과정에 적극적으로 참여시킴으로써 자신의 선택에 대해 책임감을 가지도록 한다.

46 직업정보 수집 시 2차 자료의 원천에 해당하지 않는 것은?

① 대중매체
② 공문서와 공식기록
③ 직접 수행한 심층면접자료
④ 민간부문 문서

해설

2차 자료의 원천
- 공문서와 공식기록
- 민간부문 문서
- 대중매체
- 물리적·비언어적 자료
- 기존의 축적된 사회과학 분야 수집자료 등

정답 43 ③ 44 ② 45 ④ 46 ③

47 직업정보의 수집 이후 일반적인 처리과정을 바르게 나열한 것은?

> ㄱ. 분석
> ㄴ. 체계화
> ㄷ. 가공
> ㄹ. 제공
> ㅁ. 축적
> ㅂ. 평가

① ㄱ → ㄴ → ㄷ → ㄹ → ㅁ → ㅂ
② ㄱ → ㄷ → ㄴ → ㄹ → ㅁ → ㅂ
③ ㄴ → ㄷ → ㅁ → ㄱ → ㄹ → ㅂ
④ ㄴ → ㄹ → ㄷ → ㄱ → ㅁ → ㅂ

해설

직업정보 처리단계(직업정보시스템의 정보관리 순서)
수집 → 분석 → 가공 → 체계화 → 제공 → 축적 → 평가

48 국가직무능력표준(NCS)에 관한 설명으로 틀린 것은?

① 산업현장에서 직무를 수행하기 위해 요구되는 지식 · 기술 · 태도 등의 내용을 국가가 표준화한 것이다.
② 한국고용직업분류 등을 참고하여 분류하였으며, 대분류 → 중분류 → 소분류 → 세분류 순으로 구성되어 있다.
③ 능력단위는 NCS 분류의 하위단위로서 능력단위요소, 직업기초능력 등으로 구성되어 있다.
④ NCS 선정은 중분류 단위를 원칙으로 하되 소분류나 세분류 단위로 선정할 수 있다.

해설

④ NCS 선정은 세분류 단위를 원칙으로 하되 중분류나 소분류 단위로 선정할 수 있다.

49 한국직업사전의 작업강도 중 '보통 작업'에 대한 설명으로 옳은 것은?

① 최고 4kg의 물건을 들어 올리고, 때때로 장부, 소도구 등을 들어 올리거나 운반한다.
② 최고 8kg의 물건을 들어 올리고, 4kg 정도의 물건을 빈번히 들어 올리거나 운반한다.
③ 최고 20kg의 물건을 들어 올리고, 10kg 정도의 물건을 빈번히 들어 올리거나 운반한다.
④ 최고 40kg의 물건을 들어 올리고, 20kg 정도의 물건을 빈번히 들어 올리거나 운반한다.

해설

① 아주 가벼운 작업, ② 가벼운 작업, ④ 힘든 작업

50 직업정보 조사를 위한 설문지 작성법과 거리가 가장 먼 것은?

① 이중질문은 피한다.
② 조사주체와 직접 관련이 없는 문항은 줄인다.
③ 응답률을 높이기 위해 민감한 질문은 앞에 배치한다.
④ 응답의 고정반응을 피하도록 질문형식을 다양화한다.

해설

③ 민감한 질문이나 개방형 질문은 가급적 질문지의 후반부에 배치한다.

51 다음은 한국직업사전에서 해당 직업의 직무를 수행하는 데 필요한 일반적인 정규교육수준에 대한 설명이다. (   )에 알맞은 것은?

> (ㄱ) : 9년 초과~12년 이하(고졸 정도)
> (ㄴ) : 14년 초과~16년 이하(대졸 정도)

① ㄱ : 수준 2, ㄴ : 수준 4
② ㄱ : 수준 3, ㄴ : 수준 5
③ ㄱ : 수준 4, ㄴ : 수준 6
④ ㄱ : 수준 5, ㄴ : 수준 7

해설

한국직업사전의 부가 직업정보 중 정규교육의 6단계 수준(출처 : 2020 한국직업사전)

1	6년 이하(초졸 정도)
2	6년 초과~9년 이하(중졸 정도)
3	9년 초과~12년 이하(고졸 정도)
4	12년 초과~14년 이하(전문대졸 정도)
5	14년 초과~16년 이하(대졸 정도)
6	16년 초과(대학원 이상)

52 국민내일배움카드 제도를 지원받을 수 있는 자는?

① 만 65세인 사람
② 「사립학교교직원 연금법」을 적용받고 현재 재직 중인 사람
③ 「군인연금법」을 적용받고 현재 재직 중인 사람
④ 지방자치단체로부터 훈련비를 지원받는 훈련에 참여하는 사람

해설

① 국민내일배움카드제도의 지원 제외 대상연령이 만 75세 이상이므로, 만 65세인 사람은 국민내일배움카드제도를 지원받을 수 있다(국민내일배움카드 운영규정 제4조 제2항 참조).

* 참고 : 국민내일배움카드 제도 관련 내용은 수시로 변경되는 경향이 있으므로, 개정 여부를 반드시 확인하시기 바랍니다. 참고로 「군인연금법」을 적용받는 현직 군인은 원칙적으로 지원 제외 대상이나, 중·장기복무 제대군인으로서 국가보훈부장관의 추천을 받아 직업능력개발훈련을 받는 사람과 5년 미만 단기복무로 6개월 이내 전역 예정인 군간부는 지원대상에 포함됩니다.

53 서비스 분야 국가기술자격의 단일등급에 해당하지 않는 직종은?

① 스포츠경영관리사
② 텔레마케팅관리사
③ 게임그래픽전문가
④ 전자상거래관리사

해설

④ 전자상거래관리사는 1급과 2급으로 구분된다.

정답 51 ② 52 ① 53 ④

54 다음 국가기술자격 검정의 기준은 어느 등급에 해당하는가?

> 해당 국가기술자격의 종목에 관한 최상급 숙련기능을 가지고 산업현장에서 작업관리, 소속 기능인력의 지도 및 감독, 현장훈련, 경영자와 기능인력을 유기적으로 연계시켜 주는 현장관리 등의 업무를 수행할 수 있는 능력 보유

① 기술사
② 기능장
③ 기 사
④ 산업기사

해설

국가기술자격 검정의 주요 기준
• 기술사 : 고도의 전문지식
• 기능장 : 최상급 숙련기능
• 기사 : 공학적 기술이론
• 산업기사 : 기술기초이론+숙련기능
• 기능사 : 숙련기능

55 다음 국가기술자격 종목 중 응시자격에 제한이 있는 것은?

① 스포츠경영관리사
② 국제의료관광코디네이터
③ 사회조사분석사 2급
④ 소비자전문상담사 2급

해설

①·③·④ 응시자격에 제한이 없는 서비스 분야 국가기술자격 종목에 해당한다.

56 실기능력이 중요하여 고용노동부령이 정하는 필기시험이 면제되는 국가기술자격 기능사 종목이 아닌 것은?

① 석공기능사
② 항공사진기능사
③ 한복기능사
④ 조적기능사

해설

③ 한복기능사는 한복 디자인 자료수집 및 제작, 상품판매관리 관련 과목에 대한 필기시험을 치른다.

57 고용24에서 채용정보 상세검색에 관한 설명으로 틀린 것은?

① 최대 10개의 직종 선택이 가능하다.
② 연령별 채용정보를 검색할 수 있다.
③ 재택근무 가능 여부를 검색할 수 있다.
④ 희망임금은 연봉, 월급, 일급, 시급별로 입력할 수 있다.

해설

② '고용상 연령차별금지 및 고령자고용촉진에 관한 법률'이 시행됨에 따라 채용정보에서 연령이 삭제되었다.

58 다음 중 '고용24'에서 개인 이용자를 대상으로 제공하는 민원 관련 서비스에 해당하는 것을 올바르게 모두 고른 것은?

> ㄱ. 구직신청
> ㄴ. 실업급여 신청
> ㄷ. 출산휴가 급여 신청
> ㄹ. 국민내일배움카드 신청

① ㄱ, ㄴ
② ㄱ, ㄷ, ㄹ
③ ㄴ, ㄷ, ㄹ
④ ㄱ, ㄴ, ㄷ, ㄹ

해설

'고용24'에서 제공하는 민원 관련 주요 서비스

개 인	일자리 검색, 구직신청(이력서 등록), 실업급여 신청, 출산휴가 급여 신청, 국민내일배움카드 신청 등
기 업	구인신청, 인재 검색, 근로자 직업훈련 신청, 정부지원금 신청, 이직확인서 및 출산휴가 확인서 작성 등

59 고용24에서 제공하는 성인용 직업적성검사의 적성요인과 하위검사를 짝지은 것으로 틀린 것은?

① 언어력 – 어휘력 검사, 문장독해력 검사
② 수리력 – 계산능력 검사, 자료해석력 검사
③ 추리력 – 수열추리력 1, 2 검사, 도형추리력 검사
④ 사물지각력 – 지각속도 검사, 기호쓰기 검사

해설

④ 기호쓰기 검사는 고용24 제공 성인용 직업적성 검사의 개정 전 버전에 포함되어 있었던 '협응능력'의 적성요인을 검출하기 위한 하위검사로 사용되었다.

60 직업정보를 제공하는 유형별 방식의 설명이다. ( )에 가장 알맞은 것은?

종 류	비 용	학습자 참여도	접근성
인쇄물	(A)	수 동	용 이
면 접	저	(B)	제한적
직업경험	고	적 극	(C)

① A : 고, B : 적극, C : 용이
② A : 고, B : 수동, C : 제한적
③ A : 저, B : 적극, C : 제한적
④ A : 저, B : 수동, C : 용이

해설

직업정보의 주요 유형별 특징

유형(종류)	비 용	학습자 참여도	접근성
인쇄물	저	수 동	용 이
시청각자료	고	수 동	제한적
면 접	저	적 극	제한적
관 찰	고	수 동	제한적
직업경험	고	적 극	제한적
직업체험	고	적 극	제한적

정답 58 ④ 59 ④ 60 ③

제4과목 노동시장

61 다음 중 노동에 대한 수요가 유발수요(Derived Demand)인 것을 가장 잘 나타내는 것은?

① 사무자동화로 사무직에 대한 수요가 감소하고 있다.
② 자동차회사 노동자의 임금상승은 자동차 조립라인에서의 로봇에 대한 수요를 증가시킨다.
③ 휘발유 가격의 상승은 경소형차에 대한 수요를 증가시킨다.
④ 자동차 생산을 증가시킨다는 경영진의 결정은 자동차공장 노동자에 대한 수요를 증가시킨다.

해설
④ 기업의 노동에 대한 수요는 기업에서 생산된 상품에 대한 소비자들의 수요에 크게 영향을 받게 된다.

62 완전경쟁하에서 노동의 수요곡선을 우하향하게 하는 주된 요인은 무엇인가?

① 노동의 한계생산력
② 노동의 가격
③ 생산물의 가격
④ 한계비용

해설
① 완전경쟁하에서 자본을 고정되어 있는 것으로 가정하는 단기 생산함수에서는 노동의 투입이 증가함에 따라 점차적으로 한계생산물이 체감한다고 보며, 이러한 현상을 '한계생산물체감의 법칙' 또는 '수확체감의 법칙'으로 설명한다. 이는 주어진 자본과 생산기술에서 단위당 노동력을 증가시킬수록 노동의 한계생산력이 줄어든다는 의미이다.

63 경쟁시장에서 아이스크림 가게를 운영하는 A씨는 5명을 고용하여 1개당 2,000원에 판매하고 있으며, 시간당 12,000원을 임금으로 지급하면서 이윤을 극대화하고 있다. 만일 아이스크림 가격이 3,000원으로 오른다면 현재의 고용수준에서 노동의 한계생산물가치는 시간당 얼마이며, 이때 A씨는 노동의 투입량을 어떻게 변화시킬까?

① 9,000원, 증가시킨다.
② 18,000원, 증가시킨다.
③ 9,000원, 감소시킨다.
④ 18,000원, 감소시킨다.

해설
이윤극대화 노동수요의 조건

노동의 한계생산물가치($VMP_L = P \cdot MP_L$) = 임금률(W)
(단, P는 생산물가격, MP_L은 노동의 한계생산량)

위의 공식을 이용하여 노동의 한계생산량(MP_L)을 구하면,

$$MP_L = \frac{임금률(W)}{생산물가격(P)}$$

$$= \frac{12,000(원)}{2,000(원)} = 6(개)$$

만일 현재의 고용수준에서 아이스크림 가격이 3,000원으로 오를 경우 노동의 한계생산물가치(VMP_L)는, 노동의 한계생산물가치(VMP_L) = 생산물가격(P) · 노동의 한계생산량(MP_L) = 3,000 · 6 = 18,000(원)

이는 시간당 임금 12,000원보다 높은 금액이므로, 노동의 투입량을 증가시킴으로써 이윤을 극대화할 수 있다.

64 다음 중 장기 노동수요에 대한 설명이 아닌 것은?

① 단기에서보다 장기에서 임금률이 높으므로 기업에서의 노동수요량은 더욱 하락한다.
② 노동의 수요가 단기보다 장기에서 더욱 탄력적이다.
③ 기업의 장기 노동수요곡선은 대체효과와 소득효과의 결합으로 유도된다.
④ 장기 노동수요는 노동 이외의 다른 생산요소를 함께 변화시켜 가면서 고용량을 조정한다.

해설

③ 기업의 장기 노동수요곡선은 대체효과와 규모효과(산출량 효과)의 결합으로 유도된다(주의 : 대체효과와 소득효과가 아님).

65 경제활동참가 또는 노동공급을 결정하는 요인에 대한 설명으로 사실과 가장 거리가 먼 것은?

① 비근로소득이 클수록 경제활동참가는 낮아진다.
② 취학 전 자녀 수가 많을수록 경제활동참가는 낮아진다.
③ 교육수준이 높아질수록 경제활동참가는 증가한다.
④ 기업의 노동시간이 신축적일수록 노동공급이 감소한다.

해설

④ 기업의 노동시간이 신축적일수록, 즉 고용시장의 유연화가 이루어질수록 경제활동참가(노동공급)가 증가한다.

66 기업이 인력운영의 유연성을 확보하기 위하여 채택하는 인적자원관리정책이 아닌 것은?

① 성과급제와 연봉제의 도입
② 정규직 중심의 인력채용
③ 사내직업훈련의 강화
④ 고용형태의 다양화

해설

② 기업은 계약근로 · 재택근로 · 파트타임 등과 같이 고용 형태를 다양화하거나, 하청, 외주, 파견근로자 사용 등과 같이 외부화를 통해 인력운영의 유연성을 확보할 수 있다.

67 인적자본론의 노동이동에 관한 설명으로 틀린 것은?

① 사직률과 해고율은 기업특수적 인적자본과 음(−)의 상관관계를 갖는다.
② 인적자본론에서는 장기근속자일수록 기업특수적 인적자본량이 많아져 해고율이 낮아진다고 주장한다.
③ 임금률이 높을수록 해고율은 높다.
④ 사직률과 해고율은 경기변동에 따라 상반되는 관련성을 갖고 있다.

해설

인적자본론의 노동이동
기업의 입장에서 인적자본은 교육 및 훈련을 통한 근로자의 생산성 향상 과정이다. 따라서 기업특수적 인적자본을 다방면에 걸쳐 오랜 기간 동안 축적한 근로자는 기업의 입장에서 생산성 향상을 위한 중요한 요인이 되며, 그로 인해 높은 임금률에도 불구하고 해고율은 상대적으로 낮게 나타난다.

정답 64 ③ 65 ④ 66 ② 67 ③

68. 내부노동시장에 대한 설명으로 틀린 것은?

① 근로자의 단기적 생산성과 임금이 연관된다.
② 기업비용부담으로 기업차원의 교육훈련이 체계적으로 실시된다.
③ 내부승진이 많다.
④ 장기적 고용관계로 직장안정성이 높다.

해설

① 개별노동자는 정년제에서 일정 기간 동안 한계생산물가치 이하의 임금을 지급받다가 일정한 근속연수에 도달하여 정년퇴임에 이를 때까지 한계생산물가치 이상의 임금을 지급받게 됨으로써 장기근속과 고임금을 특징으로 하는 내부노동시장을 유지하게 된다.

69. 케인즈(Keynes)의 실업이론에 관한 설명으로 틀린 것은?

① 노동의 공급은 실질임금의 함수이며, 노동에 대한 수요는 명목임금의 함수이다.
② 노동자들은 화폐환상을 갖고 있어 명목임금의 하락에 저항하므로 명목임금은 하방경직성을 갖는다.
③ 비자발적 실업의 원인을 유효수요의 부족으로 설명하였다.
④ 실업의 해소방안으로 재정투융자의 확대, 통화량의 증대 등을 주장하였다.

해설

① 케인즈(Keynes)는 신고전학파의 실업이론을 비판하면서, 노동자들은 기업과 달리 실질임금이 아닌 명목임금 (화폐임금)에 관심을 가진다고 주장하였다. 즉, 노동의 수요는 실질임금의 함수이지만, 노동의 공급은 명목임금의 함수인 것이다.

70. 임금의 경제적 기능에 대한 설명으로 틀린 것은?

① 임금결정에서 기업주는 동일노동 동일임금을 선호하고 노동자는 동일노동 차등임금을 선호한다.
② 기업주에게는 명목임금이 중요성을 가지나 노동자에게는 실질임금이 중요하다.
③ 기업주에서 본 임금과 노동자 입장에서 본 임금의 성격상 상호배반적인 관계를 갖는다.
④ 임금은 인적자본에 대한 투자수요결정의 변수로서 중요한 역할을 한다.

해설

① 기업주는 노동자들이 담합이나 태업을 하지 않고 경쟁적으로 열심히 일하도록 하기 위해 선천적 또는 후천적 특징을 기준으로 노동자 간 임금의 차이를 두는 관리방안을 선호하는 반면, 노동자는 경쟁을 피하고 단결을 보다 용이하게 하는 '동일노동 동일임금'을 선호하는 경향이 있다.

71. 생산성 임금제를 따를 때 물가상승률이 3%이고, 실질생산성 증가율이 7%라고 하면 명목임금은 얼마나 인상되어야 하는가?

① 2%
② 4%
③ 10%
④ 15%

해설

생산성 임금제에서 임금결정 방식

생산성 임금제에서는 명목임금 증가율을 명목생산성 증가율과 연계하여 임금인상을 결정한다. 특히 명목생산성 증가율을 산정할 때 실질생산성 증가율에 가격 증가율(여기서는 물가상승률)을 반영하여야 하므로,

> 명목생산성 증가율
> =실질생산성 증가율+가격 증가율(물가상승률)
> =7%+3%=10%

이와 같이 생산성 임금제에 따라 명목생산성이 10% 증가하였으므로, 명목임금도 10% 인상되어야 한다.

72 임금형태에 관한 설명 중 잘못된 것은?

① 임금형태는 경영이 안정 지향적이냐 혹은 성과 지향적이냐에 따라 고정급과 성과급으로 구분된다.
② 성과급은 노동능률이나 업적을 지급기준으로 하는 임금제도로 능률급 혹은 업적급이라 한다.
③ 일반적으로 성과급의 도입은 제품의 질을 향상시켜 품질관리에 필요한 비용을 절감시킨다.
④ 성과를 측정하는 도구로서는 생산량, 생산액, 이윤액, 원가절감액 등이 있다.

해설

③ 성과급은 기본적으로 종업원의 업적 향상을 보수와 연관시킴으로써 근로의 능률을 자극하려는 능률급제 임금형태에 해당한다. 이러한 성과급 제도는 근로자의 동기유발은 물론 보상의 형평성을 기할 수 있는 장점이 있다. 그러나 근로자가 임금액을 올리고자 무리하게 노동한 결과 심신의 과로를 가져오기 쉬우며, 작업량에만 치중하여 제품 품질이 조악해지는 단점도 있다.

73 다음 ( )에 알맞은 것은?

> 아담 스미스(A. Smith)는 노동조건의 차이, 소득안정성의 차이, 직업훈련비용의 차이 등 각종 직업상의 비금전적 불이익을 견딜 수 있기에 필요한 정도의 임금 프리미엄을 ( )(이)라고 하였다.

① 직종별 임금격차
② 균등화 임금격차
③ 생산성 임금
④ 헤도닉 임금

해설

균등화 임금격차(Equalizing Wage Differentials)
직업의 임금 외적인 불리한 측면을 상쇄하여 근로자에게 돌아가는 순이익을 다른 직업과 동등하게 해 주어야 한다는 원리로서 '보상적 임금격차(Compensating Wage Differentials)'라고도 한다.

74 노동시장에서의 차별로 인해 발생하는 임금격차에 대한 설명으로 틀린 것은?

① 직장 경력의 차이에 따른 인적자본 축적의 차이로는 임금격차를 설명할 수 없다.
② 경쟁적인 시장경제에서는 고용주에 의한 차별이 장기간 지속될 수 없다.
③ 소비자의 차별적인 선호가 있다면 차별적인 임금격차가 지속될 수 있다.
④ 정부가 차별적 임금을 지급하도록 강제하는 경우에는 경쟁시장에서도 임금격차가 지속될 수 있다.

해설

① 교육수준의 차이, 근속연수의 차이, 직장 경력의 차이 등 인적자본 축적의 차이로 임금격차를 설명할 수 있다.

75 실업을 수요부족실업과 비수요부족실업으로 구분할 때 비수요부족실업을 모두 고른 것은?

> ㄱ. 경기적 실업
> ㄴ. 마찰적 실업
> ㄷ. 구조적 실업
> ㄹ. 계절적 실업

① ㄱ
② ㄴ, ㄷ
③ ㄱ, ㄴ, ㄹ
④ ㄴ, ㄷ, ㄹ

해설

ㄱ. 경기적 실업은 수요부족실업에 해당한다.

76 다음 중 최저임금제가 노동시장에 미치는 효과로 볼 수 없는 것은?

① 잉여인력의 발생
② 부가급여의 축소
③ 숙련직의 임금 하락
④ 노동수요량의 감소

해설

최저임금제가 노동시장에 미치는 효과
- 노동공급량이 증가한다.
- 노동수요량이 감소한다.
- 잉여인력, 즉 실업이 발생한다.
- 숙련직의 임금 상승을 유발한다.
- 부가급여의 축소를 유발한다.

77 마찰적 실업을 해소하기 위한 가장 효과적인 정책은?

① 성과급제를 도입한다.
② 근로자 파견업을 활성화한다.
③ 협력적 노사관계를 구축한다.
④ 구인·구직 정보제공시스템의 효율성을 제고한다.

해설

마찰적 실업을 해소하기 위한 정책
- 구인·구직에 대한 전국적인 전산망 연결
- 구인·구직 정보제공시스템의 효율성 제고
- 직업안내 및 직업상담 등 직업알선기관의 활성화
- 고용실태 및 전망에 대한 자료제공
- 기업의 퇴직예고제
- 구직자 세일즈 등

78 경제활동인구조사에서 취업자로 분류되는 사람은?

① 명예퇴직을 하여 연금을 받고 있는 전직 공무원
② 하루 3시간씩 구직활동을 하고 있는 전직 은행원
③ 하루 1시간씩 학교 부근 식당에서 아르바이트를 하고 있는 대학생
④ 하루 2시간씩 남편의 상점에서 무급으로 일하는 기혼여성

해설

취업자의 분류(출처 : 2024 경제활동인구조사 지침서)
- 조사대상기간에 수입을 목적으로 1시간 이상 일한 자
- 동일가구 내 가구원이 운영하는 농장이나 사업체의 수입을 위하여 주당 18시간 이상 일한 무급가족종사자
- 직업 또는 사업체를 가지고 있으나 일시적인 병 또는 사고, 연가, 교육, 노사분규 등의 사유로 일하지 못한 일시 휴직자

79 실업률을 하락시키는 변화로 옳은 것을 모두 고른 것은? (단, 취업자 수 및 실업자 수는 0보다 크다)

ㄱ. 취업자가 비경제활동인구로 전환
ㄴ. 실업자가 비경제활동인구로 전환
ㄷ. 비경제활동인구가 취업자로 전환
ㄹ. 비경제활동인구가 실업자로 전환

① ㄱ, ㄴ
② ㄱ, ㄹ
③ ㄴ, ㄷ
④ ㄷ, ㄹ

해설

ㄱ. 취업자가 비경제활동인구로 전환될 경우 취업자 수의 감소로 인해 실업률은 상승한다.
ㄹ. 비경제활동인구가 실업자로 전환될 경우 실업자 수의 증가로 인해 실업률은 상승한다.

76 ③ 77 ④ 78 ③ 79 ③

80 인플레이션을 유발하지 않으면서 실업문제를 해결하기 위한 정책은?

① 재정정책
② 금융정책
③ 인력정책
④ 소득정책

해설

인력정책(Manpower Policy)
- 고용의 지역적·직업적 특수성을 고려하여 국민경제의 노동력을 효율적으로 활용하기 위한 정책이다.
- 주로 구조적 실업문제를 해결하기 위한 정책으로서, 인적자본의 질을 향상시켜 실업을 예방하는 방식이므로 물가와 무관하여 인플레이션을 유발하지 않는다.

제5과목 고용노동관계법규(I)

81 헌법상 근로기본권에 관한 설명으로 틀린 것은?

① 국가는 사회적·경제적 방법으로 근로자의 고용의 증진과 적정임금의 보장에 노력하여야 한다.
② 국가는 법률이 정하는 바에 의하여 최저임금제를 시행하여야 한다.
③ 국가유공자·상이군경 및 전몰군경의 유가족은 법률이 정하는 바에 의하여 우선적으로 근로의 기회를 부여받는다.
④ 여자의 근로는 고용·임금 및 근로조건에 있어서 부당한 차별을 받지 아니하며 특별한 보호를 받지 아니한다.

해설

④ 여자의 근로는 특별한 보호를 받으며, 고용·임금 및 근로조건에 있어서 부당한 차별을 받지 아니한다(헌법 제32조 제4항).

82 근로기준법상 사용자가 근로계약을 체결할 때 근로자에게 서면으로 명시하여야 하는 근로조건이 아닌 것은?

① 소정근로시간
② 연차 유급휴가
③ 휴게장소
④ 임금의 지급방법

해설

③ '휴게장소'가 아닌 '취업장소'가 옳다.

83 근로기준법상 근로시간과 휴게시간에 관한 설명으로 틀린 것은?

① 1주간의 근로시간은 휴게시간을 제외하고 40시간을 초과할 수 없다.
② 1일의 근로시간은 휴게시간을 제외하고 8시간을 초과할 수 없다.
③ 사용자는 근로시간이 4시간인 경우에는 30분 이상, 8시간인 경우에는 1시간 이상의 휴게시간을 근로시간 이후에 주어야 한다.
④ 휴게시간은 근로자가 자유롭게 이용할 수 있다.

해설

③ 사용자는 근로시간이 4시간인 경우에는 30분 이상, 8시간인 경우에는 1시간 이상의 휴게시간을 근로시간 도중에 주어야 한다(근로기준법 제54조 제1항).
① 동법 제50조 제1항
② 동법 제50조 제2항
④ 동법 제54조 제2항

84 근로기준법의 기본원리와 가장 거리가 먼 것은?

① 강제근로의 금지
② 근로자단결의 보장
③ 균등한 처우
④ 공민권 행사의 보장

해설

근로기준법의 기본원리
- 최저 근로조건의 보장(법 제3조)
- 근로조건의 노사대등 결정(법 제4조)
- 근로조건의 준수(법 제5조)
- 균등한 처우(법 제6조)
- 강제근로의 금지(법 제7조)
- 폭행의 금지(법 제8조)
- 중간착취의 배제(법 제9조)
- 공민권 행사의 보장(법 제10조)

85 다음 중 최저임금법상 최저임금위원회에 대한 설명으로 옳은 것은?

① 최저임금위원회의 회의는 재적위원 3분의 1 이상이 소집을 요구하는 경우 위원장이 소집한다.
② 최저임금위원회의 회의는 이 법으로 따로 정하는 경우 외에는 재적위원 과반수의 출석과 출석 위원 3분의 2 이상의 찬성으로 의결한다.
③ 최저임금위원회가 의결을 할 때에는 근로자위원과 사용자위원 각 3분의 2 이상의 출석이 있어야 한다.
④ 최저임금위원회가 사업의 종류별 또는 특정 사항별로 두는 전문위원회는 근로자위원, 사용자위원 및 공익위원 각 6명 이내의 같은 수로 구성한다.

해설

① 최저임금법 제17조 제1항 참조
② 최저임금위원회의 회의는 이 법으로 따로 정하는 경우 외에는 재적위원 과반수의 출석과 출석위원 과반수의 찬성으로 의결한다(동법 제17조 제3항).
③ 최저임금위원회가 의결을 할 때에는 근로자위원과 사용자위원 각 3분의 1 이상의 출석이 있어야 한다(동법 제17조 제4항).
④ 최저임금위원회가 사업의 종류별 또는 특정 사항별로 두는 전문위원회는 근로자위원, 사용자위원 및 공익위원 각 5명 이내의 같은 수로 구성한다(동법 제19조 제1항 및 제3항).
② 동법 제10조 제1항

86 직업안정법령상 유료직업소개사업의 등록을 할 수 있는 자에 해당되지 않는 것은?

① 지방공무원으로 2년 이상 근무한 경력이 있는 자
② 조합원이 100인 이상인 단위노동조합에서 노동조합업무전담자로 2년 이상 근무한 경력이 있는 자
③ 상시사용근로자 300인 이상인 사업장에서 노무관리업무전담자로 1년 이상 근무한 경력이 있는 자
④ 「공인노무사법」에 의한 공인노무사 자격을 가진 자

해설

유료직업소개사업의 등록을 할 수 있는 자(직업안정법 시행령 제21조 제1항 참조)
- 「국가기술자격법」에 의한 직업상담사 1급 또는 2급의 국가기술자격이 있는 자
- 직업소개사업의 사업소, 「국민 평생 직업능력 개발법」에 의한 직업능력개발훈련시설, 「초·중등교육법」 및 「고등교육법」에 의한 학교, 「청소년기본법」에 의한 청소년단체에서 직업상담·직업지도·직업훈련 기타 직업소개와 관련이 있는 상담업무에 2년 이상 종사한 경력이 있는 자
- 「공인노무사법」에 의한 공인노무사 자격을 가진 자
- 조합원이 100인 이상인 단위노동조합, 산업별 연합단체인 노동조합 또는 총연합단체인 노동조합에서 노동조합 업무전담자로 2년 이상 근무한 경력이 있는 자
- 상시사용근로자 300인 이상인 사업 또는 사업장에서 노무관리업무전담자로 2년 이상 근무한 경력이 있는 자
- 국가공무원 또는 지방공무원으로서 2년 이상 근무한 경력이 있는 자
- 「초·중등교육법」에 의한 교원자격증을 가지고 있는 자로서 교사근무경력이 2년 이상인 자
- 「사회복지사업법」에 따른 사회복지사 자격증을 가진 사람

87 직업안정법령상 일용근로자 이외의 직업소개를 하는 유료직업소개사업자의 장부 및 서류의 비치 기간으로 옳은 것은?

① 종사자명부 : 3년
② 구인신청서 : 2년
③ 구직신청서 : 1년
④ 금전출납부 및 금전출납 명세서 : 1년

해설

유료직업소개사업자의 장부 및 서류의 비치 기간(직업안정법 시행규칙 제26조 참조)
- 종사자명부 : 2년
- 구인신청서 및 구직신청서 : 2년
- 구인접수대장 : 2년
- 구직접수 및 직업소개대장 : 2년
- 소개요금약정서 : 2년
- 일용근로자 회원명부 : 2년
- 금전출납부 및 금전출납 명세서 : 2년

88 직업안정법에 관한 설명으로 틀린 것은?

① 누구든지 어떠한 명목으로든 구인자로부터 그 모집과 관련하여 금품을 받거나 그 밖의 이익을 취하여서는 아니 된다.
② 누구든지 국외에 취업할 근로자를 모집한 경우에는 고용노동부장관에게 신고하여야 한다.
③ 누구든지 고용노동부장관의 허가를 받지 아니하고는 근로자공급사업을 하지 못한다.
④ 누구든지 성별, 연령 등을 이유로 직업소개를 할 때 차별대우를 받지 아니한다.

해설

① 근로자를 모집하려는 자와 그 모집업무에 종사하는 자는 어떠한 명목으로든 응모자로부터 그 모집과 관련하여 금품을 받거나 그 밖의 이익을 취하여서는 아니 된다. 다만, 유료직업소개사업을 하는 자가 구인자의 의뢰를 받아 구인자가 제시한 조건에 맞는 자를 모집하여 직업소개한 경우에는 그러하지 아니하다(직업안정법 제32조).
② 동법 제30조 제1항
③ 동법 제33조 제1항
④ 동법 제2조 참조

정답 86 ③ 87 ② 88 ①

89 고용보험법령상 피보험자격의 신고에 관한 설명으로 틀린 것은?

① 사업주가 피보험자격에 관한 사항을 신고하지 아니하면 근로자가 신고할 수 있다.
② 사업주는 그 사업에 고용된 근로자의 피보험자격의 취득 및 상실 등에 관한 사항을 고용노동부장관에게 신고하여야 한다.
③ 자영업자인 피보험자는 피보험자격의 취득 및 상실에 관한 신고를 하지 아니한다.
④ 피보험자격의 취득 및 상실 등에 관한 신고는 그 사유가 발생한 날로부터 14일 이내에 하여야 한다.

해설

④ 사업주나 하수급인은 피보험자격에 관한 신고 등에 관한 규정에 따라 고용노동부장관에게 그 사업에 고용된 근로자의 피보험자격 취득 및 상실에 관한 사항을 신고하려는 경우에는 그 사유가 발생한 날이 속하는 달의 다음 달 15일까지(근로자가 그 기일 이전에 신고할 것을 요구하는 경우에는 지체 없이) 신고해야 한다(고용보험법 시행령 제7조 제1항).
① 동법 제15조 제3항
② 동법 제15조 제1항
③ 동법 제15조 제7항

91 고용보험법령상 (   )에 들어갈 숫자로 옳은 것은?

> 배우자의 질병으로 육아휴직 급여를 신청할 수 없었던 사람은 그 사유가 끝난 후 (   )일 이내에 신청하여야 한다.

① 10
② 30
③ 60
④ 90

해설

육아휴직 급여 신청기간의 연장(고용보험법 제70조 제2항 단서)
육아휴직 급여 신청기간에 천재지변 등 대통령령으로 정하는 사유로 육아휴직 급여를 신청할 수 없었던 사람은 그 사유가 끝난 후 30일 이내에 신청하여야 한다.

90 고용보험법상 자영업자인 피보험자의 실업급여의 종류로 틀린 것은?

① 조기재취업 수당
② 직업능력개발 수당
③ 광역 구직활동비
④ 구직급여

해설

① '조기재취업 수당'은 고용보험법상 자영업자인 피보험자의 실업급여의 종류에 포함되지 않는다(고용보험법 제69조의2 참조).

92 국민 평생 직업능력 개발법에 명시된 직업능력개발훈련이 중요시되어야 하는 사람에 해당하지 않는 것은?

① 일용근로자
② 여성근로자
③ 제조업의 생산직에 종사하는 근로자
④ 중소기업기본법에 따른 중소기업의 근로자

해설

③ '제조업의 생산직에 종사하는 근로자'는 국민 평생 직업능력 개발법상 직업능력개발훈련이 중요시되어야 할 대상에 포함되지 않는다(국민 평생 직업능력 개발법 제3조 제4항 참조).

93 국민 평생 직업능력 개발법령상 원칙적으로 직업능력개발훈련의 대상 연령은?

① 13세 이상
② 15세 이상
③ 18세 이상
④ 20세 이상

> **해설**
>
> **직업능력개발훈련의 대상 연령 등(국민 평생 직업능력 개발법 시행령 제4조)**
> 직업능력개발훈련은 15세 이상인 사람에게 실시하되, 직업능력개발훈련시설의 장은 훈련의 직종 및 내용에 따라 15세 이상으로서 훈련대상자의 연령 범위를 따로 정하거나 필요한 학력, 경력 또는 자격을 정할 수 있다.

94 남녀고용평등과 일·가정 양립 지원에 관한 법률상 직장 내 성희롱에 관한 설명으로 틀린 것은?

① 사업주, 상급자 또는 근로자는 직장 내 성희롱을 하여서는 아니 된다.
② 사업주는 직장 내 성희롱 예방 교육을 매년 실시하여야 한다.
③ 고용노동부장관은 성희롱 예방 교육기관이 1년 동안 교육 실적이 없는 경우 그 지정을 취소할 수 있다.
④ 사업주는 직장 내 성희롱 발생 사실을 알게 된 경우에는 지체 없이 그 사실 확인을 위한 조사를 하여야 한다.

> **해설**
>
> ③ 고용노동부장관은 성희롱 예방 교육기관이 2년 동안 직장 내 성희롱 예방 교육 실적이 없는 경우 그 지정을 취소할 수 있다(남녀고용평등과 일·가정 양립 지원에 관한 법률 제13조의2 제5항 제3호).
> ① 동법 제12조
> ② 동법 제13조 제1항 참조
> ④ 동법 제14조 제2항

95 남녀고용평등 및 일·가정 양립 지원에 관한 법령상 육아기 근로시간 단축에 관한 설명이다. ( )에 들어갈 내용으로 옳은 것은?

> 사업주가 근로자에게 육아기 근로시간 단축을 허용하는 경우 단축 후 근로시간은 주당 (ㄱ)시간 이상이어야 하고 (ㄴ)시간을 넘어서는 아니 된다.

① ㄱ : 10, ㄴ : 15
② ㄱ : 10, ㄴ : 20
③ ㄱ : 15, ㄴ : 30
④ ㄱ : 15, ㄴ : 35

> **해설**
>
> **육아기 근로시간 단축의 허용범위(남녀고용평등과 일·가정 양립 지원에 관한 법률 제19조의2 제3항)**
> 사업주가 근로자에게 육아기 근로시간 단축을 허용하는 경우 단축 후 근로시간은 주당 15시간 이상이어야 하고 35시간을 넘어서는 아니 된다.

96 남녀고용평등과 일·가정 양립 지원에 관한 법률상 3년간 전자문서로 작성·보존할 수 있는 서류가 아닌 것은?

① 직장 내 성희롱 예방 교육을 하였음을 확인할 수 있는 서류
② 성희롱 행위자에 대한 징계 등 조치에 관한 서류
③ 육아휴직의 신청 및 허용에 관한 서류
④ 적극적 고용개선조치 시행계획 및 그 이행실적에 관한 서류

> **해설**
>
> **보존서류의 종류(남녀고용평등과 일·가정 양립 지원에 관한 법률 시행령 제19조)**
> - 모집과 채용, 임금, 임금 외의 금품 등, 교육·배치 및 승진, 정년·퇴직 및 해고에 관한 서류
> - 직장 내 성희롱 예방 교육을 하였음을 확인할 수 있는 서류
> - 직장 내 성희롱 행위자에 대한 징계 등 조치에 관한 서류
> - 배우자 출산휴가의 청구 및 허용에 관한 서류
> - 육아휴직의 신청 및 허용에 관한 서류
> - 육아기 근로시간 단축의 신청 및 허용에 관한 서류, 허용하지 아니한 경우 그 사유의 통보 및 협의 서류, 육아기 근로시간 단축 중의 근로조건에 관한 서류

정답 93 ② 94 ③ 95 ④ 96 ④

97 다음 중 구직자 취업촉진 및 생활안정지원에 관한 법률상 거짓이나 그 밖의 부정한 방법으로 구직촉진수당 등을 받은 경우 벌칙규정으로 옳은 것은?

① 1년 이하의 징역 또는 1천만원 이하의 벌금
② 2년 이하의 징역 또는 2천만원 이하의 벌금
③ 3년 이하의 징역 또는 2천만원 이하의 벌금
④ 3년 이하의 징역 또는 3천만원 이하의 벌금

> 해설

벌칙(구직자 취업촉진 및 생활안정지원에 관한 법률 제38조 제2항)
거짓이나 그 밖의 부정한 방법으로 구직촉진수당 등을 받거나 다른 사람으로 하여금 받게 한 사람은 1년 이하의 징역 또는 1천만원 이하의 벌금에 처한다.

98 다음 중 채용절차의 공정화에 관한 법률에 대한 설명으로 가장 옳은 것은?

① "채용서류"란 구직자의 응시원서, 이력서 및 자기소개서를 말한다.
② "기초심사자료"란 학위증명서, 경력증명서, 자격증명서 등을 말한다.
③ "심층심사자료"란 학위증명서, 경력증명서, 자격증명서 등 기초심사자료에 기재한 사항을 증명하는 모든 자료를 말한다.
④ 이 법은 채용절차에서의 최소한의 공정성을 확보하기 위한 사항을 정하고 있다.

> 해설

④ 이 법은 채용과정에서 구직자가 제출하는 채용서류의 반환 등 채용절차에서의 최소한의 공정성을 확보하기 위한 사항을 정함으로써 구직자의 부담을 줄이고 권익을 보호하는 것을 목적으로 한다(채용절차의 공정화에 관한 법률 제1조).
① "채용서류"란 기초심사자료, 입증자료, 심층심사자료를 말한다(동법 제2조 제6호).
② "기초심사자료"란 구직자의 응시원서, 이력서 및 자기소개서를 말한다(동법 제2조 제3호).
③ "심층심사자료"란 작품집, 연구실적물 등 구직자의 실력을 알아볼 수 있는 모든 물건 및 자료를 말한다(동법 제2조 제5호).

99 채용절차의 공정화에 관한 법령상 500만원 이하의 과태료 부과행위에 해당하는 것은?

① 채용서류 보관의무를 이행하지 아니한 구인자
② 구직자에 대한 고지의무를 이행하지 아니한 구인자
③ 시정명령을 이행하지 아니한 구인자
④ 지식재산권을 자신에게 귀속하도록 강요한 구인자

> 해설

①·②·③ 300만원 이하의 과태료 부과행위에 해당한다(채용절차의 공정화에 관한 법률 제17조 제3항 참조).

100 개인정보 보호법령에 관한 설명으로 틀린 것은?

① "정보주체"란 처리되는 정보에 의하여 알아볼 수 있는 사람으로서 그 정보의 주체가 되는 사람을 말한다.
② 개인정보처리자는 개인정보의 처리 목적에 필요한 범위에서 개인정보의 정확성, 완전성 및 최신성이 보장되도록 하여야 한다.
③ 개인정보 보호에 관한 사무를 독립적으로 수행하기 위하여 국무총리 소속으로 개인정보 보호위원회를 둔다.
④ 위원의 임기는 2년으로 하되, 연임할 수 없다.

> 해설

④ 개인정보 보호위원회 위원의 임기는 3년으로 하되, 한 차례만 연임할 수 있다(개인정보 보호법 제7조의4 제1항).
① 동법 제2조 제3호
② 동법 제3조 제3항
③ 동법 제7조 제1항

훌륭한 가정만한 학교가 없고,
덕이 있는 부모만한 스승은 없다.

- 마하트마 간디 -

인생은 자전거를 타는 것과 같다.
균형을 잡기 위해서는 계속 움직여야 한다.

– 알버트 아인슈타인 –

직업상담사 동차합격!

2차 시험 정답 족보
핸드북 100% 활용법

1. 이론이 같은 것은 같이 학습한다!

1차 필기시험과 2차 실기(실무)시험은 객관식인가 주관식인가의 차이점일 뿐 학습의 내용은 같습니다. 또한 2차 실기시험은 중복출제되는 경향이 있습니다. 그러니 1차 필기시험을 준비하면서 2차 실기시험에 자주 출제되는 이론은 정답 족보 핸드북과 같이 학습해야 합니다.

2. 항상 가지고 다닌다!

가벼운 소책자로 만들어진 정답 족보 핸드북을 가방에 넣어 가지고 다니면서 틈틈이 공부해보세요. 암기해야 하는 어려운 내용이지만, 눈에 익히고 입으로 계속 말한다면 자연스럽게 암기될 것입니다.

3. 어디서든 시대에듀와 함께 공부한다!

시대에듀 직업상담사 학습지원 카페인 '국가전문자격 시대로(https://cafe.naver.com/sdwssd)'에 접속하시면 정답 족보 핸드북을 스마트폰에 넣어서 학습할 수 있는 pdf 파일을 받을 수 있습니다.

☑ 본 암기장은 직업상담사 2차 실기(실무)시험의 기출문제 중 최소 2회 이상 출제된 문제들만을 선별하였으며, 각 문항에 대해 그 중요도에 따라 별표를 표시하였습니다.
☆ : 1회 출제   ★ : 2회 출제

☑ 밑줄로 표시된 내용은 중요 핵심 키워드이고, 색으로 표시된 내용은 대체해도 무관한 답안입니다.

☑ 2차 서술형 시험에서는 100% 정확한 정답이 없으므로, 수험생이 작성한 서술형 답안은 출제자의 채점기준을 중심으로 채점자의 관용도에 따라 채점이 이루어지게 됩니다. 따라서 답안 작성 시 무조건 길게 쓰는 것보다는 출제자의 의도에 부합하는 핵심개념을 포함하는 것이 중요합니다.

☑ 실제 시험에서는 각 문항당 답안 작성칸이 비교적 협소하며, 요구하는 답안 개수에 따라 동그라미(○) 표시가 되어 있으므로, 이를 초과하여 답안을 작성하는 것은 권장하지 않습니다.

☑ 본 암기장의 문항들은 2000~2025년(2회)까지의 방대한 기출데이터들에서 표집한 것인 만큼, 본 교재에서 지면 관계상 이론으로 다루고 있지 않은 문항이 일부 포함되어 있을 수 있습니다.

001 ★★

윌리암슨(Williamson)의 특성-요인이론 중 인간본성에 대한 기본가정을 3가지만 쓰시오.

모범답안

① 인간은 선과 악의 잠재력을 모두 지니고 있는 존재이다.
② 인간은 선을 실현하는 과정에서 타인의 도움을 필요로 하는 존재이다.
③ 인간의 선한 생활을 결정하는 것은 바로 자기 자신이다.

002 ★★★★★★★★☆

홀랜드(Holland)의 인성이론에서 제안된 6가지 직업성격 유형을 쓰고, 각각에 대해 설명하시오.

모범답안

① 현실형 : 현장에서 수행하는 활동을 선호하며, 구체적·실질적인 것을 지향한다.
　예 기술직·토목직, 자동차엔지니어, 농부 등
② 탐구형 : 과학적·탐구적인 성향이 강하며, 정보수집 및 자료해석을 즐긴다.
　예 화학자, 생물학자, 물리학자 등
③ 예술형 : 심미적·창조적인 성향이 강하며, 자유롭고 상징적인 활동을 선호한다.
　예 문학가, 작곡가, 미술가 등
④ 사회형 : 사람들과 함께 어울리며 집단 속에서 일하는 것을 선호한다.
　예 사회복지사, 교사, 상담사 등
⑤ 진취형 : 진취적·경쟁적인 성향이 강하며, 적극적인 활동을 선호한다.
　예 기업실무자, 영업사원, 보험설계사 등
⑥ 관습형 : 자료의 조직화나 세밀하고 정확한 주의가 요구되는 활동을 선호한다.
　예 사무직근로자, 경리사원, 비서 등

003 ★★★

홀랜드(Holland)의 육각형 모델에 대한 해석차원 중 일관성, 변별성, 정체성에 대해 설명하시오.

모범답안

① 일관성 : 어떤 유형의 쌍들은 다른 유형의 쌍들보다 더 많은 공통점을 가지고 있다.
② 변별성 : 어떤 사람은 특정 유형과 매우 유사한 반면, 다른 유형과 차별적인 모습을 보인다.
③ 정체성 : 개인의 성격은 그의 목표, 흥미, 재능에 의해 명확해진다.

※ 동일 및 유사 기출
홀랜드(Holland) 이론의 개인과 개인 간의 관계, 개인과 환경 간의 관계, 환경과 환경 간의 관계를 설명하는 개념 3가지를 쓰고, 각각에 대해 설명하시오.

004 ★★☆

직업적응이론(TWA ; Theory of Work Adjustment)에서 개인이 환경과 상호작용하는 특성을 나타내는 성격양식 차원의 4가지 성격유형 요소들을 쓰고, 각각에 대해 설명하시오.

모범답안

① 민첩성 : 정확성보다는 속도를 중시한다.
② 역량 : 작업자의 평균 활동수준을 의미한다.
③ 리듬 : 활동에 대한 다양성을 의미한다.
④ 지구력 : 다양한 활동수준의 기간을 의미한다.

005 ★★☆

긴즈버그(Ginzberg)의 진로발달단계 중 현실기의 3가지 하위단계를 쓰고, 각각에 대해 설명하시오.

모범답안

① 탐색단계 : 직업선택의 다양한 가능성을 탐색하며, 직업선택의 기회와 경험을 가지기 위해 노력한다.
② 구체화 단계 : 직업목표를 구체화하며, 자신의 결정과 관련된 내적·외적 요인들을 종합한다.
③ 특수화 단계 : 자신의 결정에 대해 세밀한 계획을 세우며, 고도로 세분화·전문화된 의사결정을 하게 된다.

006 ★★☆

수퍼(Super)의 경력개발이론에서 경력개발 5단계를 쓰고, 각 단계에 대해 설명하시오.

모범답안

① 성장기(출생~14세) : 욕구와 환상이 지배적이나 사회참여와 현실검증력이 발달로 점차 흥미와 능력을 중시하게 된다.
② 탐색기(15~24세) : 학교생활, 여가활동, 시간제 일을 통해 자아검증, 역할수행, 직업탐색을 시도한다.
③ 확립기(25~44세) : 자신에게 적합한 분야를 발견해서 생활의 터전을 마련하고자 한다.
④ 유지기(45~64세) : 개인은 비교적 안정된 만족스러운 삶을 살아간다.
⑤ 쇠퇴기(65세 이후) : 직업전선에서 은퇴하여 새로운 역할과 활동을 찾게 된다.

※ 동일 및 유사 기출
　수퍼(Super)의 직업발달 5단계를 순서대로 쓰고, 각각에 대해 설명하시오.

007 ★★★

고트프레드슨(Gottfredson)의 직업과 관련된 개인발달의 4단계를 쓰고, 각 단계에 대해 설명하시오.

모범답안

① 힘과 크기 지향성(3~5세) : 사고과정이 구체화되며, 어른이 된다는 것의 의미를 알게 된다.
② 성역할 지향성(6~8세) : 자아개념이 성의 발달에 의해서 영향을 받게 된다.
③ 사회적 가치 지향성(9~13세) : 사회계층과 사회질서에 대한 개념이 발달하기 시작하면서 '상황 속 자아'를 인식하기에 이른다.
④ 내적, 고유한 자아 지향성(14세 이후) : 자아성찰과 사회계층의 맥락에서 직업적 포부가 더욱 발달하게 된다.

※ 동일 및 유사 기출
고트프레드슨(Gottfredson)의 직업포부 발달단계 4단계 중 '내적, 고유한 자아 지향성'을 제외한 나머지 3단계를 쓰고 설명하시오.

008 ★★★

크롬볼츠(Krumboltz)의 사회학습이론에서 개인의 진로선택에 영향을 미치는 것으로 가정한 요인 4가지를 쓰시오.

모범답안

① 유전적 요인과 특별한 능력
② 환경조건과 사건
③ 학습경험
④ 과제접근기술

009 ★★★★

심리검사는 사용목적에 따라 규준참조검사와 준거참조검사로 구분할 수 있다. 규준참조검사와 준거참조검사의 의미를 각각 예를 들어 설명하시오.

모범답안

① 규준참조검사 : 개인의 점수를 유사한 다른 사람들의 점수와 비교하여 평가하는 상대평가 목적의 검사이다.
  예) 각종 심리검사, 선발검사 등
② 준거참조검사 : 개인의 점수를 특정 기준점수와 비교하여 평가하는 절대평가 목적의 검사이다.
  예) 각종 국가자격시험 등

※ 동일 및 유사 기출
심리검사는 사용목적에 따라 규준참조검사와 준거참조검사로 나눌 수 있다. 규준참조검사와 준거참조검사의 차이점에 대해 설명하시오.

010 ★★★☆

직업심리검사의 분류에서 극대수행검사와 습관적 수행검사에 대해 설명하고, 각각의 대표적인 유형 2가지를 쓰시오.

모범답안

(1) 극대수행검사(= 최대수행검사, 성능검사, 능력검사, 인지적 검사)
  ① 의의 : 일정한 시간 내에 자신의 능력을 최대한 발휘하도록 하는 인지적 검사
  ② 대표적 유형 : 지능검사, 적성검사, 성취도검사 등

(2) 습관적 수행검사(= 전형적 수행검사, 성향검사, 정서적 검사)
  ① 의의 : 일상생활에서의 습관적인 행동을 검토하는 정서적 검사
  ② 대표적 유형 : 성격검사, 흥미검사, 태도검사 등

011 ★★

직업상담 시 내담자 이해를 위한 질적 측정도구 3가지를 쓰고, 각각에 대해 설명하시오.

모범답안

① 자기효능감 척도 : 어떤 과제를 어느 정도 수준으로 수행할 수 있는 능력을 갖추었다고 스스로 판단하는지의 정도를 측정한다.
② (직업)카드분류 : 내담자의 가치관, 흥미, 직무기술, 라이프 스타일 등의 선호형태를 측정하는 데 유용하다.
③ 직업가계도(제노그램) : 내담자의 가족이나 선조들의 직업 특징에 대한 시각적 표상을 얻기 위해 도표를 만드는 것이다.
④ 역할놀이(역할극) : 내담자의 수행행동을 나타낼 수 있는 업무상황을 제시해 준다.

012 ★★★☆

직업심리검사에서 측정의 기본단위인 척도의 4가지 유형을 쓰고, 각각에 대해 설명하시오.

모범답안

① 명명척도(명목척도) : 숫자의 차이가 측정한 속성의 차이만을 나타내는 척도
② 서열척도 : 숫자의 차이가 측정한 속성의 차이는 물론 그 서열관계에 대한 정보도 포함하는 척도
③ 등간척도 : 수치상의 차이가 측정한 속성의 차이나 서열관계는 물론 등간관계에 대한 정보도 포함하는 척도
④ 비율척도 : 수치상의 차이가 차이정보, 서열정보, 등간정보는 물론 수의 비율에 관한 정보까지 포함하는 척도

013 ★★★

표준화를 위해 수집한 자료가 정규분포에서 벗어나는 것은 검사도구의 문제라기보다 표집절차의 오류에 원인이 있다. 이를 해결하기 위한 방법을 3가지 쓰고, 각각에 대해 설명하시오.

모범답안

① 완곡화 : 절선도표나 주상도표에서 정규분포의 모양을 갖추도록 점수를 가감한다.
② 절미법 : 편포의 꼬리를 잘라낸다.
③ 면적환산법 : 각 검사점수들의 백분위에 해당하는 Z점수를 찾는다.

014 ★★★★

규준 제작 시 사용되는 확률표집방법의 종류 3가지를 쓰고, 각각에 대해 설명하시오.

모범답안

① 단순무선표집(단순무작위표집) : 모집단의 구성원들이 표본에 속할 확률이 동일하도록 표집하는 방법이다.
② 층화표집 : 모집단이 규모가 다른 몇 개의 이질적인 하위집단으로 구성되어 있는 경우 사용하는 방법이다.
③ 집락표집(군집표집) : 모집단을 서로 동질적인 하위집단으로 구분하여 집단 자체를 표집하는 방법이다.

015 ★★★★★★★★★☆

표준화된 심리검사에는 집단 내 규준이 포함되어 있다. 집단 내 규준의 종류 3가지를 쓰고, 각각에 대해 설명하시오.

> **모범답안**

① 백분위 점수 : 원점수의 분포에서 100개의 동일한 구간으로 점수들을 분포하여 변환점수를 부여한 것이다.
② 표준점수 : 원점수를 주어진 집단의 평균을 중심으로 표준편차 단위를 사용하여 분포상 어느 위치에 해당하는가를 나타낸 것이다.
③ 표준등급 : 원점수를 비율에 따라 1~9까지의 구간으로 구분하여 각각의 구간에 일정한 점수나 등급을 부여한 것이다.

※ 동일 및 유사 기출
규준의 종류 중 백분위 점수, 표준점수, 표준등급의 의미를 각각 설명하시오.

016 ★★★★☆

직업심리검사의 신뢰도를 추정하는 방법을 3가지 쓰고, 각각에 대해 설명하시오.

> **모범답안**

① 검사-재검사 신뢰도 : 동일한 검사를 동일한 수검자에게 일정 시간 간격을 두고 두 번 실시하여 얻은 두 검사 점수의 상관계수를 비교한다.
② 동형검사 신뢰도 : 동일한 수검자에게 첫 번째 시행한 검사와 동등한 유형의 검사를 실시하여 두 검사 점수 간의 상관계수를 비교한다.
③ 반분신뢰도(내적합치도) : 한 검사를 어떤 집단에 실시하고 그 검사의 문항을 동형이 되도록 두 개의 검사로 나눈 다음 두 검사 점수 간의 상관계수를 비교한다.

※ 동일 및 유사 기출
다음 직업심리검사의 신뢰도를 추정하는 방법 3가지를 각각 설명하시오.
(1) 검사-재검사 신뢰도
(2) 동형검사 신뢰도
(3) 내적합치도

017 ★★★★☆

신뢰도 검증방법 중 검사-재검사법의 단점을 4가지 쓰시오.

모범답안

① 성숙효과
② 반응민감성
③ 이월효과(기억효과)
④ 시간 및 비용 소요

※ 동일 및 유사 기출
검사-재검사 신뢰도에 영향을 미치는 요인을 4가지 쓰시오.
①~③ 답안 동일
④ 측정의 오차(수검자 혹은 수검환경의 변화)

018 ★★

반분신뢰도 추정을 위해 가장 많이 사용하는 방법을 3가지 쓰고, 각각에 대해 설명하시오.

모범답안

① 전후절반법 : 전체 검사를 문항 순서에 따라 전반부와 후반부로 반분한다.
② 기우절반법 : 전체 검사를 문항의 번호에 따라 홀수와 짝수로 반분한다.
③ 짝진 임의배치법 : 전체 검사를 문항의 난이도와 문항과 총점 간의 상관계수를 토대로 반분한다.

019 ★★★★

심리검사의 신뢰도에 영향을 주는 요인을 3가지 쓰고, 각각에 대해 설명하시오.

모범답안

① 개인차 : 개인차가 클수록 신뢰도 계수도 커진다.
② 문항 수 : 문항 수가 많은 경우 신뢰도는 커지지만 정비례하여 커지는 것은 아니다.
③ 문항반응 수 : 문항반응 수가 적정수준을 초과하는 경우 신뢰도는 평행선을 긋게 된다.
④ 검사유형 : 속도검사를 전후반분법으로 추정할 경우 전·후반 점수 간 상관계수는 낮아진다.
⑤ 신뢰도 추정방법 : 서로 다른 신뢰도 추정방법에 따라 얻어진 신뢰도 계수는 각기 다를 수밖에 없다.

※ 동일 및 유사 기출
　심리검사의 신뢰도에 영향을 주는 요인을 5가지 쓰시오.

020 ★★

측정의 신뢰성(Reliability)을 높이기 위해서는 측정오차(Measurement Error)를 최대한 줄여야 한다. 측정오차를 최대한 줄이기 위한 구체적인 방법을 3가지 기술하시오.

모범답안

① 검사의 실시와 채점 과정을 표준화하여 오차변량을 줄인다.
② 검사의 문항 수를 늘린다.
③ 검사의 신뢰도에 나쁜 영향을 미치는 문항들을 제거한다.

021

★★★★☆

예언타당도와 공인타당도를 예를 들어 설명하시오.

모범답안

(1) 예언타당도(예측타당도)

미래 상황의 예측에 초점을 두며, 검사 점수와 미래 행위 측정치 간의 상관계수를 추정한다.
- 예) 선발시험에서 높은 성적을 얻은 사람이 이후 근무실적에서도 높은 점수를 얻었다면, 해당 선발시험은 근무실적을 잘 예측한 것으로 볼 수 있다.

(2) 공인타당도(동시타당도)

현재 상태의 측정에 초점을 두며, 새로운 검사와 준거의 두 결과 간의 상관계수를 추정한다.
- 예) 재직자에게 응시자용 문제를 제시하여 시험을 실시한 후 재직자의 평소 근무실적과 시험성적을 비교했을 때 근무실적이 좋은 재직자가 시험에서도 높은 성적을 얻었다면, 해당 시험은 타당도를 갖춘 것으로 볼 수 있다.

022

★★★★★★★☆

구성타당도를 분석하는 방법 3가지를 쓰고, 각 방법에 대해 설명하시오.

모범답안

① 수렴타당도 : 검사 결과가 이론적으로 해당 속성과 관련 있는 변수들과 어느 정도 높은 상관관계를 가지고 있는지를 측정한다.
② 변별타당도 : 검사 결과가 이론적으로 해당 속성과 관련 없는 변수들과 어느 정도 낮은 상관관계를 가지고 있는지를 측정한다.
③ 요인분석 : 검사를 구성하는 문항들 간의 상관관계를 분석하여 상관이 높은 문항들을 묶어주는 통계적 방법이다.

023 ★★★☆

심리검사에서 준거타당도 계수의 크기에 영향을 미치는 요인을 3가지만 쓰고, 각각에 대해 설명하시오.

모범답안

① 표집오차 : 표본이 모집단을 잘 대표하지 못하는 경우 표집오차가 커지고 그 결과 타당도 계수가 낮아진다.
② 준거측정치의 신뢰도 : 어떤 검사의 준거타당도 계산을 위해 사용한 준거측정치의 신뢰도가 낮은 경우 검사의 준거타당도도 낮아진다.
③ 준거측정치의 타당도 : 준거결핍이나 준거오염이 있는 경우 검사의 준거타당도는 낮아진다.

024 ★★★★

심리검사에는 선다형이나 '예, 아니요' 등 객관적 형태의 자기보고형 검사(설문지 형태의 검사)가 가장 많이 사용된다. 이런 형태의 검사가 가지는 장점을 5가지 쓰시오.

모범답안

① 검사 실시의 간편성
② 시간과 노력의 절약
③ 객관성의 증대
④ 신뢰도 및 타당도의 확보
⑤ 부적합한 응답의 최소화

※ 동일 및 유사 기출
투사적 검사와 비교하여 객관적 검사의 장점을 3가지 기술하시오.
① 객관적 검사는 투사적 검사에 비해 검사의 시행 · 채점 · 해석이 간편하다.
② 객관적 검사는 투사적 검사에 비해 신뢰도 및 타당도 확보에 유리하다.
③ 객관적 검사는 투사적 검사에 비해 검사자나 상황변인의 영향을 덜 받으므로 객관성이 증대된다.

025 ★★★★

심리검사 유형 중 투사적 검사의 장점 및 단점을 각각 3가지 쓰시오.

> **모범답안**

(1) 장 점
  ① 내담자의 독특한 반응을 통해 내담자 개인을 더 잘 이해할 수 있도록 한다.
  ② 내담자의 의도적인 방어적 반응을 방지한다.
  ③ 내담자의 다양한 표현을 유도하며, 풍부한 심리적 특성을 반영한다.

(2) 단 점
  ① 검사의 신뢰도가 전반적으로 부족하다.
  ② 검사 결과의 해석에 대한 타당도 검증이 빈약하다.
  ③ 여러 상황적 요인들이 검사반응에 강한 영향을 미친다.

026 ★★★

심리검사와 관련하여 준수해야 할 윤리강령이 있다. 이중 평가기법과 관련하여 준수해야 할 윤리강령 중 3가지를 쓰시오.

> **모범답안**

① 평가기법을 이용할 때 그에 대해 고객에게 충분히 설명해 주어야 한다.
② 새로운 기법을 개발하고 표준화할 때 기존의 과학적 절차를 충분히 따라야 한다.
③ 평가 결과를 보고할 때 신뢰도 및 타당도에 관한 모든 제한점을 지적한다.
④ 평가 결과가 시대에 뒤떨어질 수 있음을 인정한다.
⑤ 검사 사용 과정과 프로그램의 타당도에 대한 적절한 증거를 갖출 수 있도록 한다.
⑥ 적절한 훈련이나 교습을 받지 않은 사람들이 심리검사를 이용하지 않도록 한다.

  ※ 동일 및 유사 기출
  심리검사 사용의 윤리적 문제와 관련하여 주의하여야 할 사항을 6가지 쓰시오.

027 ★★

어떤 사람의 직업적성을 알아보기 위해 같은 명칭의 A 적성검사와 B 적성검사를 두 번 반복 실시했는데, 두 검사의 점수가 차이를 보여 이 사람의 정확한 적성을 판단하기 매우 어려운 상황이 발생하였다. 이와 같은 동일명의 유사한 심리검사에서 결과가 서로 다르게 나타날 수 있는 원인을 5가지 쓰시오.

모범답안

① 검사 내용 및 난이도상의 차이
② 검사시행 조건 및 절차, 검사시행 시간(기간)의 차이
③ 소음, 채광 등 검사수행 환경상의 차이
④ 수검자의 신체적·심리적·정신적 상태 및 속성의 변화
⑤ 검사자의 연령, 성별, 인종, 직업적 지위, 성격적 특징, 수련 및 경험 정도의 차이

028 ★★

고용노동부 성격검사는 성격 5요인 모델인 Big-5에 근거하고 있다. Big-5의 구성요인을 쓰고, 각각에 대해 설명하시오.

모범답안

① 외향성 : 타인과의 상호작용을 원하고 타인의 관심을 끌고자 하는 정도를 측정한다.
② 호감성 : 타인과 편안하고 조화로운 관계를 유지하는 정도를 측정한다.
③ 성실성 : 사회적 규칙, 규범, 원칙 등을 기꺼이 지키려는 정도를 측정한다.
④ 정서적 불안정성 : 정서적인 안정감, 세상에 대한 통제감 정도를 측정한다.
⑤ 경험에 대한 개방성 : 세계에 대한 관심 및 호기심, 다양한 경험에 대한 추구 및 포용성 정도를 측정한다.

※ 동일 및 유사 기출
성격 5요인 모델(Big-5)은 노만(Norman)이 심리학계에 공식적으로 제안하였고, 이를 코스타와 맥크레이(Costa & McCrae)가 자기보고식 검사도구로 개발하였다. 성격 5요인의 구성요인을 쓰고, 각각에 대해 설명하시오.

029 ★★

MMPI의 타당도 척도 중 L척도, F척도, K척도에 대해 설명하시오.

> 모범답안

① L척도 : 수검자가 자신을 좋게 보이려고 하는 다소 고의적이고 부정직하며 세련되지 못한 시도를 측정한다.
② F척도 : 비전형적인 방식으로 응답하는 사람들을 탐지하기 위한 것으로, 일반인의 생각이나 경험과 다른 정도를 측정한다.
③ K척도 : 분명한 정신적 장애를 지니면서도 정상적인 프로파일을 보이는 사람들을 식별한다.

030 ★★☆

일반적성검사(GATB)에서 사용하는 적성 항목을 3가지만 쓰고, 각각에 대해 간략히 설명하시오.

> 모범답안

① 지능 : 일반적인 학습능력 및 원리이해 능력, 추리 · 판단능력 등
② 언어능력 : 언어의 뜻과 함께 그와 관련된 개념을 이해하고 사용하는 능력 등
③ 수리능력 : 신속하고 정확하게 계산하는 능력 등

※ 동일 및 유사 기출
직업적성검사인 일반적성검사(GATB)에서 측정하는 적성요인 9가지를 쓰시오.
① 지능   ② 언어능력(언어적성)
③ 수리능력(수리적성)   ④ 사무지각
⑤ 공간판단력(공간적성)   ⑥ 형태지각
⑦ 운동반응(운동협응)   ⑧ 손가락 재치(손가락 정교성)
⑨ 손의 재치(손 정교성)

031 ★★★

스트롱(Strong) 직업흥미검사의 하위척도 3가지를 쓰고, 각각에 대해 설명하시오.

모범답안

① 일반직업분류(GOT) : 홀랜드(Holland)의 직업선택이론에 의한 6가지 주제로 구성되어 있다.
② 기본흥미척도(BIS) : 일반직업분류를 특정한 흥미들로 세분화한 것으로, 수검자의 특정한 활동이나 주제에 대한 흥미도를 측정한다.
③ 개인특성척도(PSS) : 일상생활과 일의 세계에 관련된 광범위한 특성에 대해 개인이 선호하고 편안하게 느끼는 것을 측정한다.

032 ★★

진로성숙도검사(CMI)는 태도척도와 능력척도로 구분된다. 태도척도와 능력척도의 측정내용을 각각 3가지씩 쓰시오.

모범답안

(1) 태도척도
  결정성, 참여도(관여도), 독립성, 지향성(성향), 타협성

(2) 능력척도
  자기평가, 직업정보, 목표선정, 계획, 문제해결

033 ★★★

직무분석의 결과로부터 얻은 직무기술과 작업자 명세에 관한 정보는 여러 가지 용도로 사용된다. 이와 같은 직무분석으로 얻어진 정보의 용도를 6가지 쓰시오.

모범답안

① 모집 및 선발
② 배치 및 경력개발
③ 교육 및 훈련
④ 직무평가 및 직무수행평가(인사고과)
⑤ 정원관리 및 인력수급계획의 수립
⑥ 안전관리 및 기타 작업조건의 개선

* 참고 : '직무분석' 영역은 2025년 변경된 출제기준에서 공식적으로 제외되었으나 이후에도 실제 문제로 출제된 바 있으므로, 특히 중요한 내용을 중심으로 별도로 기억해 두시기 바랍니다.

034 ★

직무 스트레스의 조절변인 3가지를 쓰고, 각각에 대해 설명하시오.

모범답안

① A/B 성격유형 : 직무수행에 있어서 경쟁, 성취, 신속, 완벽을 추구하는 A형 성격유형이 느긋함과 차분함을 추구하는 B형 성격유형에 비해 스트레스에 취약하나.
② 통제 위치 : 직무성패의 원인을 외부에 귀인하는 외적 통제자가 그 원인을 내부에 귀인하는 내적 통제자보다 스트레스에 취약하다.
③ 사회적 지원 : 정서적·수단적인 사회적 지원을 받는 사람은 그렇지 못한 사람에 비해 스트레스를 덜 느낀다.

035 ★★☆

실업과 관련된 야호다(Jahoda)의 박탈이론에 따르면, 일반적으로 고용상태에 있게 되면 실직상태에 있는 것보다 여러 가지 잠재적 효과가 있다고 한다. 고용으로 인한 잠재효과 3가지를 쓰고, 각각에 대해 설명하시오.

모범답안

① 시간의 구조화 : 일상의 시간을 구조화하도록 해 준다.
② 사회적인 접촉 : 핵가족 밖의 다른 사람들과 접촉하도록 해 준다.
③ 공동의 목표 : 개인적인 목표 이상의 것들을 추구하도록 해 준다.
④ 사회적 정체감과 지위 : 사회적인 정체감과 지위를 확인시켜 준다.
⑤ 활동성 : 유의미한 정규적 활동을 수행하도록 해 준다.

036 ★★★☆

생애진로사정(LCA)의 평가 의미와 그로 인해 알 수 있는 정보 3가지를 쓰시오.

모범답안

(1) 생애진로사정의 평가 의미
　　내담자의 생애에 대한 접근을 통해 내담자에 대한 기초적인 직업상담 정보를 얻는 질적인 평가절차이다.

(2) 생애진로사정을 통해 알 수 있는 정보
　　① 내담자의 직업경험과 교육수준을 나타내는 객관적인 사실
　　② 내담자의 기술과 유능성에 대한 자기평가 및 상담자의 평가 정보
　　③ 내담자의 가치관 및 자기인식 정도

037 ★★★

직업상담의 구조화된 면담법으로서 생애진로사정(LCA)의 구조 4가지를 쓰고, 각각에 대해 설명하시오.

모범답안

① 진로사정 : 내담자의 직업경험, 교육 또는 훈련과정과 관련된 문제들, 여가활동에 대해 사정한다.
② 전형적인 하루 : 내담자가 생활을 어떻게 조직하는지를 시간의 흐름에 따라 체계적으로 기술한다.
③ 강점과 장애 : 내담자가 스스로 생각하는 주요 강점 및 장애에 대해 질문한다.
④ 요약 : 내담자 스스로 자신에 대해 알게 된 내용을 요약해 보도록 한다.

038 ★★★★

내담자와 관련된 정보를 수집하고 내담자의 행동을 이해하고 해석하는 데 기본이 되는 상담기법을 6가지만 쓰시오.

모범답안

① 가정 사용하기
② 의미 있는 질문 및 지시 사용하기
③ 전이된 오류 정정하기
④ 분류 및 재구성하기
⑤ 저항감 재인식하기 및 다루기
⑥ 근거 없는 믿음(신념) 확인하기

039 ★★★

'자기보고식 가치사정하기'에서 가치사정법 6가지를 쓰시오.

모범답안

① 체크목록 가치에 순위 매기기
② 과거의 선택 회상하기
③ 절정경험 조사하기
④ 자유시간과 금전의 사용
⑤ 백일몽 말하기
⑥ 존경하는 사람 기술하기

※ 동일 및 유사 기출
직업상담사는 직업상담 과정 동안 자기보고식 가치사정법을 이용하여 내담자의 개인적 가치들을 사정한다. 직업상담사가 이용하는 자기보고식 가치사정법을 3가지만 쓰시오.

040 ★★

내담자의 흥미를 사정하는 목적을 5가지 쓰시오.

모범답안

① 자기인식 발전시키기
② 직업대안 규명하기
③ 여가선호와 직업선호 구별하기
④ 직업·교육상 불만족 원인 규명하기
⑤ 직업탐색 조장하기

041 ★★★☆

개인의 관심이나 호기심을 자극하거나 일으키는 어떤 것을 '흥미'라고 한다. 내담자의 흥미를 사정하려고 할 때 사용할 수 있는 사정기법 3가지를 쓰고, 각각에 대해 설명하시오.

모범답안

① 표현된 흥미 : 어떤 활동에 대해 좋고 싫음을 간단히 말하도록 요청한다.
② 조작된 흥미 : 특정 활동에 참여하는 사람들이 어떻게 시간을 보내는지를 관찰한다.
③ 조사된 흥미 : 다양한 활동에 대해 좋고 싫음을 묻는 표준화된 검사를 완성한다.

※ 동일 및 유사 기출
수퍼(Super)는 흥미사정기법을 3가지로 구별하였다. 수퍼가 제시한 흥미사정기법 3가지를 쓰고, 각각에 대해 설명하시오.

042 ★★

진로시간전망검사 중 코틀(Cottle)의 원형검사에서 시간전망 개입의 3가지 측면을 쓰고, 각각에 대해 설명하시오.

모범답안

① 방향성 : 미래지향성을 증진시키기 위해 미래에 대한 낙관적인 입장을 구성한다.
② 변별성 : 미래에 대한 정적 태도를 강화시키며, 신속한 목표설정이 이루어지도록 한다.
③ 통합성 : 현재 행동과 미래의 결과를 연결시키며, 계획한 기법의 실습을 통해 진로인식을 증진시킨다.

043 ★★☆

직업상담사가 갖추어야 할 자질을 5가지 쓰시오.

모범답안

① 상담업무를 수행하는 데 결함이 없는 성격
② 내담자에 대한 존경심
③ 자기 자신에 대한 이해
④ 상황대처능력
⑤ 심리학적 지식

044 ★★★★☆

윌리암슨(Williamson)이 분류한 직업상담의 문제유형을 3가지 쓰고, 각각에 대해 설명하시오.

모범답안

① 직업 무선택 또는 미선택 : 내담자가 직접 직업을 결정한 경험이 없거나, 선호하는 몇 가지의 직업이 있음에도 불구하고 어느 것을 선택할지를 결정하지 못하는 경우
② 직업선택의 확신부족(불확실한 선택) : 직업을 선택하기는 하였으나, 자신의 선택에 대해 자신감이 없고 타인으로부터 자기가 성공하리라는 위안을 받고자 추구하는 경우
③ 흥미와 적성의 불일치(모순 또는 차이) : 흥미를 느끼는 직업에 대해서 수행능력이 부족하거나, 적성에 맞는 직업에 대해서 흥미를 느끼지 못하는 경우
④ 현명하지 못한 직업선택(어리석은 선택) : 자신의 능력보다 훨씬 낮은 능력이 요구되는 직업을 선택하거나 안정된 직업만을 추구하는 경우

※ 동일 및 유사 기출
윌리암슨(Williamson)의 특성-요인 직업상담에서 변별진단의 4가지 범주를 쓰시오.

045 ★★★★★

보딘(Bordin)은 정신역동적 직업상담을 체계화하면서 직업문제의 진단에 관한 새로운 관점을 제시하였다. 그가 제시한 직업문제의 심리적 원인 5가지를 쓰고, 각각에 대해 설명하시오.

모범답안

① 의존성 : 생애발달 과제에 대한 자기 주도적인 수행상의 어려움
② 정보의 부족 : 경제적·교육적 기회의 결여 등으로 인한 정보의 부족
③ 자아갈등(내적 갈등) : 자아개념들 사이의 내적 갈등에서 비롯되는 혼란
④ 직업(진로)선택에 대한 불안 : 자신의 선택과 타인의 기대 간의 충돌에 따른 불안
⑤ 확신의 부족(결여) : 자신의 선택에 대한 확신의 부족

※ 동일 및 유사 기출
보딘(Bordin)은 정신역동적 직업상담을 체계화하면서 직업문제의 진단에 관한 새로운 관점을 제시하였다. 그가 분류한 직업선택 문제유형 5가지를 쓰시오.

046 ★☆

상담에서 대화의 중단 또는 내담자의 침묵은 자주 일어나는 일이다. 내담자의 침묵의 발생원인을 3가지만 쓰시오.

모범답안

① 내담자가 상담자에게 적대감을 가지고 저항하는 경우
② 내담자가 자신의 말에 대한 상담자의 재확인이나 해석을 기대하고 있는 경우
③ 내담자가 자신의 감정 상태에서 생긴 피로를 회복하고 있는 경우

047 ★★★

정신분석적 상담은 내담자의 자각을 증진시키고 행동에 대한 지적 통찰을 얻도록 돕는다. 내담자는 직접적인 방법으로 불안을 통제할 수 없을 때 무의식적으로 방어기제를 사용하는데, 내담자가 사용하는 방어기제의 종류를 3가지 쓰고, 각각에 대해 설명하시오.

모범답안

① 억압 : 죄의식이나 수치스러운 생각 등을 무의식으로 밀어내는 것이다.
② 부인(부정) : 고통이나 욕구를 무의식적으로 부정하는 것이다.
③ 합리화 : 자신의 말이나 행동에 대해 정당화하는 것이다.
④ 반동형성 : 무의식적 소망이나 충동을 본래의 의도와 달리 반대방향으로 바꾸는 것이다.
⑤ 투사 : 자신의 행동과 생각을 마치 다른 사람의 것인 양 생각하고 남을 탓하는 것이다.

048 ★★★

아들러(Adler)의 개인주의 상담에서 개인주의 상담과정의 목표를 5가지 쓰시오.

모범답안

① 사회적 관심을 갖도록 돕는다.
② 패배감을 극복하고 열등감을 감소시킬 수 있도록 돕는다.
③ 잘못된 가치와 목표를 수정하도록 돕는다.
④ 잘못된 동기를 바꾸도록 돕는다.
⑤ 타인과 동질감을 갖도록 돕는다.
⑥ 사회의 구성원으로서 기여하도록 돕는다.

049 ★★★☆

실존주의적 상담은 실존적 존재로서 인간이 갖는 궁극적 관심사에 대한 자각이 불안을 야기한다고 본다. 실존주의 상담자들이 내담자의 궁극적 관심사와 관련하여 중요하게 생각하는 주제 4가지를 쓰고, 각각에 대해 설명하시오.

모범답안

① 자유와 책임 : 인간은 자기결정적인 존재로서, 자신의 삶의 방향을 결정하고 그에 대해 책임진다.
② 삶의 의미성 : 인간은 자신의 삶의 목적과 의미를 찾기 위해 노력한다.
③ 죽음과 비존재 : 인간은 자신이 죽는다는 것을 스스로 자각한다.
④ 진실성 : 인간은 자신을 정의하고 긍정하는 데 필수적인 어떤 것이든지 한다.

050 ★★

로저스(Rogers)의 인간중심(내담자중심) 상담의 철학적 가정을 5가지 쓰시오.

모범답안

① 개인은 가치를 지닌 독특하고 유일한 존재이다.
② 개인은 적극적인 성장력을 지닌 존재이다
③ 개인은 선하고 이성적이며, 믿을 수 있는 존재이다.
④ 개인의 주관적 생활에 초점을 두어야 한다.
⑤ 개인은 의사결정과 장래선택의 권리를 가지고 있다.

051

★★★★★☆

로저스(Rogers)는 내담자중심 상담을 성공적으로 이끄는 데 있어서 상담자의 능동적 성향을 강조하였으며, 패터슨(Patterson)도 내담자중심 직업상담은 기법보다는 태도가 필수적이라고 보았다. 내담자중심 접근법을 사용할 때 직업상담사가 갖추어야 할 3가지 기본태도에 대해 설명하시오.

모범답안

① 일치성과 진실성 : 진실하고 개방적이어야 한다.
② 공감적 이해 : 내담자의 내면세계를 마치 자신의 내면세계인 것처럼 느껴야 한다.
③ 무조건적 수용 : 내담자를 아무런 조건 없이 무조건적이고 긍정적으로 존중해야 한다.

052

★★★★

게슈탈트 상담기법 중 3가지를 쓰고, 각각에 대해 설명하시오.

모범답안

① 꿈 작업 : 꿈을 현실로 재현하도록 하여 꿈의 각 부분들과 동일시해 보도록 한다.
② 빈 의자 기법 : 특정 인물이 빈 의자에 앉아 있다고 상상하도록 하여 그에게 하고 싶은 말과 행동을 하도록 유도한다.
③ 과장하기 : 내담자의 감정 자각을 돕기 위해 특정 행동이나 언어를 과장하여 표현하게 한다.

053 ★★

교류분석적 상담에서 성격 자아상태 분석을 위한 인간의 자아상태 3가지를 쓰시오.

모범답안

① 부모 자아(어버이 자아)
② 성인 자아(어른 자아)
③ 아동 자아(어린이 자아)

※ 동일 및 유사 기출
교류분석적 상담에서 주장하는 자아의 3가지 형태를 쓰시오.

054 ★★

의사교류분석 상담의 제한점 3가지를 쓰시오.

모범답안

① 주요 개념들이 인지적이므로 지적 능력이 낮은 내담자의 경우 부적절할 수 있다.
② 주요 개념들이 추상적이고 용어들이 모호하므로 실제 적용에 어려움이 있다.
③ 상담의 개념 및 절차에 대한 실증적인 연구 결과를 과학적인 증거로 간주하기 어렵다.

055 ★★★★★

체계적 둔감화의 의미를 쓰고, 그 단계를 설명하시오.

> **모범답안**

(1) 체계적 둔감화의 의미

특정한 상황이나 상상에 의해 조건형성된 불안이나 공포에 대해 불안(공포)자극을 단계적으로 높여가며 노출시킴으로써, 내담자의 불안(공포)반응을 경감 또는 제거시키는 행동수정기법이다.

(2) 체계적 둔감화의 단계
① 근육이완훈련(제1단계) : 근육이완훈련을 통해 몸의 긴장을 풀도록 한다.
② 불안위계목록 작성(제2단계) : 낮은 수준의 자극에서 높은 수준의 자극으로 불안위계목록을 작성한다.
③ 불안위계목록에 따른 둔감화(제3단계) : 불안유발상황을 단계적으로 상상하도록 유도하여 불안반응을 점진적으로 경감 또는 제거시킨다.

056 ★☆

인지·정서·행동적 상담(REBT)의 기본원리를 6가지 쓰시오.

> **모범답안**

① 인지는 인간의 정서를 결정하는 가장 중요한 요소이다.
② 역기능적 사고는 정서장애의 중요한 결정 요인이다.
③ 정서적인 문제를 해결하기 위해서는 사고를 분석하는 데서 시작하는 것이 효과적이다.
④ 유전과 환경을 포함한 다양한 요인들이 불합리한 사고나 정신병리를 일으키는 원인이 된다.
⑤ 행동에 대한 과거의 영향보다는 현재에 초점을 둔다.
⑥ 인간이 지닌 신념은 쉽지는 않지만 변화한다고 믿는다.

057 ★★☆

인지·정서적 상담이론에서 개인을 파멸로 몰아가는 근본적인 문제는 개인의 비합리적 신념 때문이다. 비합리적 신념의 뿌리를 이루고 있는 3가지 당위성을 예를 들어 설명하시오.

모범답안

① 자신에 대한 당위성 : 나는 반드시 훌륭하게 일을 수행해 내야 한다.
② 타인에 대한 당위성 : 타인은 반드시 나를 공정하게 대우해야 한다.
③ 세상(조건)에 대한 당위성 : 세상의 조건들은 내가 원하는 방향으로 돌아가야만 한다.

058 ★★★★★★

인지·정서·행동적 상담의 기본개념으로서 A-B-C-D-E-F 모델의 의미를 쓰시오.

모범답안

① A(선행사건) : 내담자의 정서나 행동에 영향을 미치는 사건
② B(비합리적 신념체계) : 해당 사건에 대한 비합리적 신념
③ C(결과) : 부적응적인 정서적·행동적 결과
④ D(논박) : 비합리적 신념을 논리성·실용성·현실성에 비추어 반박하는 것
⑤ E(효과) : 논박으로 인해 비합리적 신념이 합리적 신념으로 대체되는 것
⑥ F(감정) : 자신에 대한 수용적인 태도와 긍정적인 감정을 가지게 되는 것

059 ★★★☆

벡(Beck)의 인지치료에서 인지적 오류의 유형을 3가지만 쓰고, 각각에 대해 설명하시오.

모범답안

① 임의적 추론 : 어떤 결론을 지지하는 증거가 없거나 그 증거가 결론에 위배됨에도 불구하고 그와 같은 결론을 내린다.
② 선택적 추상화 : 다른 중요한 요소들은 무시한 채 사소한 부분에 초점을 맞추고, 그 부분적인 것에 근거하여 전체 경험을 이해한다.
③ 과도한 일반화 : 한두 가지의 고립된 사건에 근거해서 일반적인 결론을 내리고 그것을 서로 관계없는 상황에 적용한다.
④ 흑백논리 : 모든 경험을 한두 개의 범주로만 이해하고 중간지대가 없이 흑백논리로써 현실을 파악한다.

060 ★★★☆

윌리암슨(Williamson)의 특성-요인이론에서 검사의 해석단계에서 이용할 수 있는 상담기법 3가지를 쓰고, 각각에 대해 설명하시오.

모범답안

① 직접충고 : 검사결과를 토대로 상담자가 내담자에게 자신의 견해를 솔직하게 표명하는 것이다.
② 설득 : 상담자가 내담자에게 합리적이고 논리적인 방법으로 검사자료를 제시하는 것이다.
③ 설명 : 상담자가 검사자료 및 비검사자료들을 해석하여 내담자의 진로선택을 돕는 것이다.

061 ★☆

내담자중심 직업상담과 특성-요인 직업상담의 차이점을 2가지 설명하시오.

모범답안

① 특성-요인 접근법은 각 개인의 특성과 요인에 따른 분류 및 비교에 초점을 둔 반면, 내담자중심 접근법은 각 개인의 개별성·독특성을 강조하는 데 초점을 둔다.
② 특성-요인 접근법은 물리적 현상으로서 외부세계를 강조한 반면, 내담자중심 접근법은 개인적 경험으로서 내부세계를 강조한다.

062 ★★★★

정신역동적 직업상담 모형을 구체화시킨 보딘(Bordin)의 직업상담 과정을 쓰고, 각각에 대해 설명하시오.

모범답안

① 탐색과 계약설정(제1단계) : 내담자의 정신역동적 상태에 대한 탐색 및 상담전략에 대한 합의가 이루어진다.
② 핵심결정(제2단계) : 내담자는 중대한 결정을 통해 자신의 목표를 성격 변화 등으로 확대할 것인지 고민한다.
③ 변화를 위한 노력(제3단계) : 내담자는 자아 인식 및 자아 이해를 확대해 나가며, 지속적인 변화를 모색한다.

063 ★★★

발달적 직업상담에서 수퍼(Super)는 '진단(Diagnosis)' 대신 '평가(Appraisal)'라는 용어를 사용했다. 수퍼가 제시한 3가지 평가를 쓰고, 각각에 대해 설명하시오.

모범답안

① 문제의 평가 : 내담자가 겪고 있는 어려움이나 직업상담에 대한 내담자의 기대를 평가한다.
② 개인의 평가 : 내담자의 신체적·심리적·사회적 상태에 대한 통계자료 및 사례연구로 분석이 이루어진다.
③ 예언평가(예후평가) : 내담자에 대한 직업적·개인적 평가를 토대로 내담자가 성공하고 만족할 수 있는 것에 대한 예언이 이루어진다.

064 ★★★☆

수퍼(Super)는 직업상담에서 자아탐색, 의사결정, 현실검증 등 이성적 측면들과 정서적 측면들이 모두 다루어져야 한다고 주장하면서, 발달적 직업상담의 단계별 접근법을 제안하였다. 수퍼가 제시한 발달적 직업상담 6단계를 순서대로 쓰시오.

모범답안

① 제1단계 : 문제 탐색 및 자아(자기)개념 묘사
② 제2단계 : 심층적 탐색
③ 제3단계 : 자아수용 및 자아통찰
④ 제4단계 : 현실검증
⑤ 제5단계 : 태도와 감정의 탐색과 처리
⑥ 제6단계 : 의사결정

065 ★★★★☆

행동주의 직업상담의 상담기법은 크게 불안감소기법과 학습촉진기법의 유형으로 구분할 수 있다. 각 유형별 대표적인 방법을 각각 3가지씩 쓰시오.

모범답안

(1) 불안감소기법
　① 체계적 둔감법
　② 금지조건형성(내적 금지)
　③ 반조건형성(역조건형성)

(2) 학습촉진기법
　① 강 화
　② 변별학습
　③ 사회적 모델링과 대리학습

066 ★★★

크라이티스(Crites)의 포괄적 직업상담의 상담과정 3단계를 단계별로 설명하시오.

모범답안

① 진단(제1단계) : 내담자의 진로문제 진단을 위해 심리검사 자료와 상담을 통한 자료가 수집된다.
② 명료화 또는 해석(제2단계) : 상담자와 내담자가 협력해서 의사결정 과정을 방해하는 태도와 행동을 확인하며 대안을 탐색한다.
③ 문제해결(제3단계) : 내담자가 자신의 문제를 확인하고 적극적으로 참여하여 문제해결을 위해 어떤 행동을 실제로 취해야 하는가를 결정한다.

067 ★☆

다음 보기는 겔라트(Gelatt)가 제시한 진로의사결정에 대한 상담 과정이다. 빈칸에 들어갈 내용을 순서대로 쓰시오.

- 제1단계 : 목적(목표)의식
- 제2단계 : (ㄱ)
- 제3단계 : (ㄴ)
- 제4단계 : (ㄷ)
- 제5단계 : (ㄹ)
- 제6단계 : (ㅁ)
- 제7단계 : (ㅂ)
- 제8단계 : 평가 및 재투입

모범답안

ㄱ. 정보수집
ㄴ. 대안열거
ㄷ. 대안의 결과 예측
ㄹ. 대안의 실현 가능성 예측
ㅁ. 가치평가
ㅂ. 의사결정

068 ★★★★★☆

집단상담의 장점을 6가지 쓰시오.

모범답안

① 시간과 경제적인 측면에서 효율적이다.
② 내담자들이 개인상담보다 더 쉽게 받아들이는 경향이 있다.
③ 개인적 탐색을 도와 개인의 성장과 발달을 촉진시킨다.
④ 구체적인 실천의 경험 및 현실검증의 기회를 가진다.
⑤ 타인과 상호교류를 할 수 있는 능력이 개발된다.
⑥ 개인상담이 줄 수 없는 풍부한 학습 경험을 제공한다.

※ 동일 및 유사 기출
개인상담과 비교하여 집단상담이 가지는 장점을 5가지 쓰시오.

069 ★★☆

톨버트(Tolbert)가 제시한 것으로 집단직업상담의 과정에서 나타나는 5가지 활동유형을 쓰시오.

모범답안

① 자기탐색
② 상호작용
③ 개인적 정보의 검토 및 목표와의 연결
④ 직업적·교육적 정보의 획득 및 검토
⑤ 합리적인 의사결정

070 ★★★★★

A 직업상담사는 고등학교 졸업을 앞둔 청소년들을 대상으로 진로 및 직업에 관한 집단상담을 실시하려고 한다. A 직업상담사가 체계적인 상담 진행을 위해 적용할 수 있는 부처(Butcher)의 집단직업상담을 위한 3단계 모델을 쓰고, 각 단계에 대해 설명하시오.

모범답안

① 탐색단계(제1단계) : 자기개방, 흥미와 적성에 대한 측정 및 결과의 피드백 등이 이루어진다.
② 전환단계(제2단계) : 일과 삶의 가치에 대한 조사, 자신의 가치에 대한 피드백 등이 이루어진다.
③ 행동단계(제3단계) : 목표설정 및 목표달성을 위한 정보수집, 즉각적 및 장기적 의사결정 등이 이루어진다.

071 ★★★★

특성-요인의 직업상담이론에서 브레이필드(Brayfield)가 제시한 직업정보의 기능을 3가지 쓰고, 각각에 대해 설명하시오.

모범답안

① 정보적 기능 : 직업정보 제공을 통해 내담자의 의사결정을 돕고, 직업선택에 관한 지식을 증가시킨다.
② 재조정 기능 : 자신의 선택이 현실에 비추어 부적절한 선택이었는지를 점검 및 재조정해 보도록 한다.
③ 동기화 기능 : 내담자를 의사결정 과정에 적극적으로 참여시킴으로써 자신의 선택에 대해 책임감을 가지도록 한다.

072 ★☆

공공직업정보의 특성을 4가지만 쓰시오.

모범답안

① 특정 시기에 국한되지 않고 지속적으로 조사·분석하여 제공된다.
② 전체 산업 및 업종에 걸친 직종을 대상으로 한다.
③ 관련 직업정보 간의 비교·활용이 용이하다.
④ 무료로 제공된다.

073 ★★★★

한국직업사전에 수록된 부가 직업정보를 6가지만 쓰시오.

모범답안

① 정규교육
③ 직무기능
⑤ 육체활동
⑦ 작업환경
⑨ 관련직업
⑪ 한국표준산업분류 코드
⑬ 조사연도
② 숙련기간
④ 작업강도
⑥ 작업장소
⑧ 유사명칭
⑩ 자격 · 면허
⑫ 한국표준직업분류 코드

074 ★★★

한국표준직업분류(KSCO)에서 직업(활동)으로 규명되기 위한 요건 4가지를 쓰고, 각각에 대해 간략히 설명하시오.

모범답안

① 계속성 : 계속해서 하는 일이어야 한다.
② 경제성 : 노동의 대가로 그에 따른 수입이 있어야 한다.
③ 윤리성 : 비윤리적인 직업이 아니어야 한다.
④ 사회성 : 사회적으로 가치 있고 쓸모 있는 일이어야 한다.

075 ★★★★★★☆

한국표준직업분류(KSCO)에서 직업으로 보지 않는 활동을 6가지 쓰시오.

모범답안

① 이자, 주식배당, 임대료 등과 같은 자산 수입이 있는 경우
② 사회보장이나 민간보험에 의한 수입이 있는 경우
③ 배당금이나 주식투자에 의한 시세차익이 있는 경우
④ 예·적금 인출, 보험금 수취, 차용 또는 토지·금융자산을 매각하여 수입이 있는 경우
⑤ 자기 집의 가사 활동에 전념하는 경우
⑥ 교육기관에 재학하며 학습에만 전념하는 경우

076 ★

한국표준직업분류(KSCO)에서 제시한 직업분류의 개념인 직능, 직능수준, 직능유형에 대해 설명하시오.

모범답안

① 직능 : 주어진 직무의 업무와 과업을 수행하는 능력을 말한다.
② 직능수준 : 직무수행능력의 높낮이를 말한다.
③ 직능유형 : 직무수행에 요구되는 지식분야, 도구 및 장비, 원재료, 생산된 재화나 서비스의 종류와 관련된다.

077 ★★

한국표준직업분류(KSCO)에서 직업분류의 일반원칙을 2가지 쓰고, 각각에 대해 설명하시오.

모범답안

① 포괄성의 원칙 : 모든 직무는 어떤 수준에서든지 분류에 포괄되어야 한다.
② 배타성의 원칙 : 동일하거나 유사한 직무는 같은 단위직업으로 분류되어야 한다.

078 ★★★★

다음은 한국표준직업분류(KSCO)의 직업분류 원칙 중 포괄적인 업무에 대한 직업분류 원칙이다. 각각의 원칙에 대해 설명하시오(단, 예시는 작성할 필요 없음).

(1) 주된 직무 우선 원칙
(2) 최상급 직능수준 우선 원칙
(3) 생산업무 우선 원칙

모범답안

① 주된 직무 우선 원칙 : 관련 직무 내용상의 상관성이 가장 많은 항목에 분류한다.
② 최상급 직능수준 우선 원칙 : 가장 높은 수준의 직무능력을 필요로 하는 일에 분류한다.
③ 생산업무 우선 원칙 : 생산단계에 관련된 업무를 우선적으로 분류한다.

079 ★★★★☆

한국표준직업분류(KSCO)에서 다수 직업 종사자의 분류원칙 3가지를 순서대로 쓰고, 각각에 대해 설명하시오.

모범답안

① 취업시간 우선의 원칙 : 보다 긴 시간을 투자하는 직업으로 결정한다.
② 수입 우선의 원칙 : 수입이 많은 직업으로 결정한다.
③ 조사 시 최근의 직업 원칙 : 조사시점을 기준으로 최근에 종사한 직업으로 결정한다.

080 ★★★☆

한국표준산업분류(KSIC)에서 산업, 산업활동, 산업활동의 범위를 각각 설명하시오.

모범답안

① 산업 : 유사한 성질을 갖는 산업활동에 주로 종사하는 생산단위의 집합
② 산업활동 : 각 생산단위가 자원을 투입하여 재화나 서비스를 생산 또는 제공하는 일련의 활동
③ 산업활동의 범위 : 영리적·비영리적 활동이 모두 포함되나, 가정 내의 가사 활동은 제외

081 ★★★★

한국표준산업분류(KSIC)의 산업분류는 생산단위가 주로 수행하고 있는 산업활동을 그 유사성에 따라 유형화 한 것이다. 한국표준산업분류(KSIC)의 분류 기준 3가지를 쓰시오.

모범답안

① 산출물의 특성
② 투입물의 특성
③ 생산활동의 일반적인 결합형태

082 ★★★★☆

한국표준산업분류(KSIC)에서 통계단위의 산업 결정 방법을 4가지 쓰시오.

모범답안

① 생산단위의 산업활동은 그 생산단위가 수행하는 주된 산업활동의 종류에 따라 결정한다.
② 해당 활동의 종업원 수 및 노동시간, 임금 및 급여액 또는 설비의 정도에 따라 결정한다.
③ 계절에 따라 정기적으로 산업을 달리하는 사업체의 경우 조사대상 기간 중 산출액이 많았던 활동에 따라 분류한다.
④ 휴업 중 또는 청산 중인 사업체의 경우 영업 중 또는 청산 이전의 산업활동에 따라 결정한다.

083 ★☆

고용정보를 미시정보와 거시정보로 나누고, 그 예를 각각 2가지씩 쓰시오.

모범답안

(1) 미시정보
    구인 및 구직정보, 자격정보, 훈련정보 등

(2) 거시정보
    노동시장동향, 직종별·업종별 인력수급현황, 미래의 직업별 고용전망자료 등

084 ★★★★☆

노동수요의 탄력성 결정요인을 4가지 쓰시오.

모범답안

① 생산물 수요의 탄력성
② 총생산비에 대한 노동비용의 비중
③ 노동의 대체가능성
④ 노동 이외의 생산요소의 공급탄력성

085 ★★☆

노동공급의 결정요인을 5가지만 쓰시오.

> **모범답안**

① 인구 또는 생산가능인구의 크기(인구 수)
② 경제활동참가율
③ 노동시간(노동공급시간)
④ 노동력의 질(노동인구의 교육정도)
⑤ 일에 대한 노력의 강도

086 ★★★★☆

기혼여성의 경제활동참가율을 결정하는 요인 6가지와 그 상관관계를 설명하시오.

> **모범답안**

① 법적·제도적 장치의 유무 : 육아 및 가사를 위한 법적·제도적 장치가 부족한 경우 기혼여성의 경제활동 참가율은 감소한다.
② 시장임금의 증감 : 시장임금이 감소하는 경우 기혼여성의 경제활동참가율은 감소한다.
③ 남편(배우자) 소득의 증감 : 남편의 소득이 증가하는 경우 기혼여성의 경제활동참가율은 감소한다.
④ 자녀수의 증감 : 자녀수가 증가하는 경우 기혼여성의 경제활동참가율은 감소한다.
⑤ 가계생산기술의 발달 여부 : 노동절약적 가계생산기술이 낙후된 경우 기혼여성의 경제활동참가율은 감소한다.
⑥ 고용시장의 발달 여부 : 고용시장이 경직된 경우 기혼여성의 경제활동참가율은 감소한다.

087 ★★

여가와 소득의 선택모형에서 여가의 대체효과와 소득효과의 의미를 쓰고, 여가가 열등재일 때 소득 증가에 따른 노동공급의 변화를 설명하시오.

모범답안

(1) 대체효과와 소득효과의 의미
  ① '대체효과'는 임금 상승으로 여가에 활용하는 시간이 상대적으로 비싸지게 됨으로써 근로자가 여가시간을 줄이는 동시에 노동시간을 늘리는 것이다.
  ② '소득효과'는 임금 상승으로 실질소득이 증가하여 근로자가 노동시간을 줄이는 동시에 여가시간과 소비재 구입을 늘리는 것이다.

(2) 여가가 열등재일 때 노동공급의 변화
  ① 여가가 정상재인 경우 노동공급곡선은 실질임금이 낮은 수준에서는 우상향하다가 임금이 일정한 수준을 넘어서면 후방으로 굴절한다.
  ② 여가가 열등재인 경우 노동공급곡선은 후방굴절 하는 것이 아니라 임금수준과 무관하게 우상향한다.

088 ★★☆

임금상승률에 따라 노동공급곡선은 "우상향한다"는 말이 참인지, 거짓인지, 불확실한지 판정하고, 여가와 소득의 선택모형에 의거하여 그 이유를 설명하시오.

모범답안

(1) 참, 거짓 또는 불확실?
  불확실

(2) 이 유
  대체효과와 소득효과의 관계(→ 대체효과가 클 경우 우상향, 소득효과가 클 경우 후방굴절), 여가를 정상재로 볼 것인가 열등재로 볼 것인가(→ 정상재인 경우 지속적인 임금상승 시 후방굴절)에 따라 노동공급에 미치는 영향이 다르므로, 임금률이 상승함에 따라 노동공급곡선이 우상향한다고 단정 지을 수 없다.

089 ★

인적자본에 대한 투자의 대상을 3가지만 쓰고, 각각에 대해 설명하시오.

모범답안

① 정규교육 또는 기타 학교교육 : 정규학교에서 이루어지는 기본적이고 체계적인 교육
② 현장훈련 : 취업 후 사업장에서 작업 등을 통해 획득하는 기술훈련
③ 이주 : 일정 수준 인적자본을 축적한 근로자의 자기가치 증가를 위한 이동

090 ★

사용자는 다른 조건이 일정할 때 사직률이 낮은 근로자를 선호하지만, 이는 사회적인 관점에서 바람직하지 않다. 사용자가 사직률이 낮은 근로자를 선호하는 이유와 함께 근로자의 낮은 사직률이 사회적으로 좋지 않은 영향을 주는 이유를 설명하시오.

모범답안

(1) 사용자가 사직률이 낮은 근로자를 선호하는 이유
　① 기업특수적 인적자본의 확보
　② 인적자본투자의 안정성으로 인한 기업의 생산성 증대
　③ 신규충원에 소요되는 비용의 절감 및 노사관계의 안정

(2) 근로자의 낮은 사직률이 사회적으로 좋지 않은 영향을 주는 이유
　① 고용시장의 경직에 따른 신규인력의 진입 곤란
　② 산업구조 변화에 따른 노동인력수급 변화에의 대처 곤란
　③ 기술 변화에 따른 신규기술인력의 재빠른 도입 곤란

091 ★☆

노동시장의 분석이론 중 내부노동시장이론, 이중노동시장이론, 인적자본이론의 의미를 간략히 설명하시오.

모범답안

① 내부노동시장이론 : 기업 내의 규칙이나 관리가 노동시장의 기능을 대신함으로써 노동시장 기능이 기업 내로 옮겨진 현상을 설명한다.
② 이중노동시장이론 : 노동시장이 1차 노동시장과 2차 노동시장으로 구분되며, 양 시장이 서로 독립적이고 임금 및 고용의 구조에도 차이를 보인다는 것이다.
③ 인적자본이론 : 노동자들 간에 서로 다른 생산성을 나타내는 이유를 밝히며, 인적자본의 효율적인 투자에 의한 생산성 향상을 강조한다.

092 ★★

내부노동시장의 형성요인과 장점을 각각 3가지씩 쓰시오.

모범답안

(1) 내부노동시장의 형성요인
　① 숙련의 특수성
　② 현장훈련
　③ 기업 내의 관습

(2) 내부노동시장의 장점
　① 우수한 인적자원의 확보 및 유지
　② 승진 또는 배치전환을 통한 동기유발 효과
　③ 고임금 및 장기고용 유지를 위한 지불능력 보유

093 ★★★

부가급여의 의미를 예를 들어 설명하고, 사용자와 근로자가 선호하는 이유를 각각 2가지 쓰시오.

모범답안

(1) 부가급여의 의미
　사용자가 근로자에게 지급하는 경상화폐임금 이외의 현물보상, 연기된 보상 등으로서 사업주 부담의 퇴직연금 적립금, 사회보험료 부담금, 교육훈련비 등이 있다.

(2) 부가급여의 선호 이유
　① 사용자 : 근로자의 장기근속 유도 및 생산성 향상, 조세나 보험료의 부담 감소
　② 근로자 : 근로소득세 부담 감소, 연기된 보상의 저축의 성격 및 조세상 혜택

094 ★★

산업별 임금격차가 발생하는 원인을 5가지 쓰시오.

모범답안

① 산업 간 노동생산성의 차이
② 노동조합의 존재
③ 산업별 집중도(독과점도)의 차이
④ 단기적 노동공급의 비탄력성
⑤ 산업별 숙련직종 구성의 차이
⑥ 산업별 수요구성의 차이

095 ★

노동수요 특성별 임금격차를 발생하게 하는 경쟁적 요인을 3가지 쓰시오.

모범답안

① 인적자본량
② 보상적 임금격차
③ 기업의 합리적 선택으로서 효율성 임금정책(효율임금정책)
④ 근로자의 생산성 격차(보이지 않는 질적 차이)
⑤ 시장의 단기적 불균형(산업발달의 불균형)

096 ★★★★★

임금의 하방경직성의 의미를 설명하고, 임금의 하방경직성이 되는 이유 5가지를 쓰시오.

모범답안

(1) 임금의 하방경직성의 의미
　　한 번 오른 임금이 경제여건의 변화에도 불구하고 떨어지지 않은 채 그 수준을 유지하려는 경향

(2) 하방경직의 이유
　① 화폐환상
　② 장기 근로(노동)계약
　③ 강력한 노동조합의 존재
　④ 노동자의 역선택 발생 가능성
　⑤ 최저임금제의 실시

097 ★★★

보상적 임금격차가 발생하는 원인 3가지를 쓰시오.

모범답안

① 고용의 안정성 여부(금전적 위험)
② 작업의 쾌적함 정도(비금전적 차이)
③ 교육훈련 비용의 여부(교육훈련의 차이)
④ 책임의 정도
⑤ 성공 또는 실패의 가능성

098 ★★★★★

최저임금제의 기대효과(장점)를 6가지 쓰시오.

모범답안

① 소득분배의 개선
② 노동력의 질적 향상
③ 기업의 근대화 및 산업구조의 고도화 촉진
④ 공정경쟁의 확보
⑤ 산업평화의 유지
⑥ 경기 활성화에 기여

099 ★★☆

실업의 유형 중 경기적 실업, 마찰적 실업, 구조적 실업에 대하여 각각 설명하시오.

모범답안

① 경기적 실업 : 불경기 시에 생산물시장에서의 총수요 감소가 노동시장에서 노동의 총수요 감소로 이어지면서 발생한다.
② 마찰적 실업 : 신규 또는 전직자가 노동시장에 진입하는 과정에서 직업정보의 부족으로 인해 일시적으로 발생한다.
③ 구조적 실업 : 경제구조 자체의 변화 또는 지역(산업) 간 노동력 수급의 불균형현상에 의해 발생한다.

100 ★

실업자에 대한 정의를 쓰고, 마찰적 실업과 구조적 실업의 공통점 및 차이점을 설명하시오.

모범답안

(1) 실업자의 정의

15세 이상 인구 중 조사대상기간에 수입이 있는 일을 하지 않았고, 지난 4주간 적극적으로 구직활동을 하였으며, 조사대상기간에 일이 주어지면 즉시 취업이 가능한 사람

(2) 마찰적 실업과 구조적 실업의 공통점 및 차이점
  ① 공통점
    • 비수요부족실업이다.
    • 해고에 대한 사전 예고와 통보를 통해 실업을 감소시킬 수 있다.
  ② 차이점
    • 마찰적 실업은 자발적 실업인 반면, 구조적 실업은 비자발적 실업에 해당한다.
    • 마찰적 실업은 단기적 실업인 반면, 구조적 실업은 장기적 실업에 해당한다.

101 ★

직업상담사가 구직자 A와 B에게 각각 동형검사인 직무능력검사(Ⅰ형)과 직무능력검사(Ⅱ형)을 실시한 결과, A는 115점, B는 124점을 얻었으나 검사유형이 다르기 때문에 두 사람의 점수를 직접 비교할 수 없다. A와 B 중 누가 더 높은 직무능력을 갖추었는지 각각 표준점수인 Z점수를 산출하고 이를 비교하시오(각각의 Z점수는 반올림하여 소수점 둘째 자리까지 산출하며, 계산 과정을 반드시 기재하시오).

A : 직무능력검사(Ⅰ형) 표준화 집단 평균 : 100, 표준편차 : 7
B : 직무능력검사(Ⅱ형) 표준화 집단 평균 : 100, 표준편차 : 15

모범답안

$$Z점수 = \frac{원점수 - 평균}{표준편차}$$

- A의 Z점수 : $\frac{115-100}{7} ≒ 2.14$
- B의 Z점수 : $\frac{124-100}{15} = 1.60$

∴ A의 Z점수가 B의 Z점수보다 높으므로 A가 B보다 더 높은 직무능력을 갖춘 것으로 볼 수 있다.

102 ★☆

특정 시기의 고용동향이 다음과 같을 때 경제활동참가율을 구하시오(단, 소수점 셋째 자리에서 반올림하고, 계산 과정을 제시하시오).

- 만 15세 이상 인구 수 : 35,986천명
- 비경제활동인구 수 : 14,716천명
- 취업자 수 : 20,149천명(자영업자 : 5,646천명, 무급가족종사자 : 1,684천명, 상용근로자 : 6,113천명, 임시근로자 : 4,481천명, 일용근로자 : 2,225천명)

모범답안

- 경제활동인구 수 = 15세 이상 인구 수 − 비경제활동인구 수
- 경제활동참가율(%) = $\dfrac{\text{경제활동인구 수}}{\text{15세 이상 인구 수}} \times 100$

- 경제활동인구 수 = 35,986(천명) − 14,716(천명) = 21,270(천명)
- 경제활동참가율(%) = $\dfrac{21,270(\text{천명})}{35,986(\text{천명})} \times 100 ≒ 59.106(\%)$

∴ 59.11%(소수점 셋째 자리에서 반올림)

103 ★★★★☆

아래의 주어진 예시를 보고 다음을 계산하시오.

- 만 15세 이상 인구 수 : 35,986천명
- 비경제활동인구 수 : 14,716천명
- 취업자 수 : 20,149천명(자영업자 : 5,646천명, 무급가족종사자 : 1,684천명, 상용근로자 : 6,113천명, 임시근로자 : 4,481천명, 일용근로자 : 2,225천명)

(1) 실업률은? (단, 소수점 둘째 자리에서 반올림하고, 계산 과정을 제시하시오)

(2) 임금근로자 수는?

모범답안

(1) 실업률

$$실업률(\%) = \frac{실업자\ 수^*}{경제활동인구\ 수^*} \times 100$$

* 경제활동인구 수 = 15세 이상 인구 수 − 비경제활동인구 수
* 실업자 수 = 경제활동인구 수 − 취업자 수(임금근로자 + 비임금근로자)

경제활동인구 수 = 35,986(천명) − 14,716(천명) = 21,270(천명)

실업자 수 = 21,270(천명) − 20,149(천명) = 1,121(천명)

$$실업률(\%) = \frac{1,121(천명)}{21,270(천명)} \times 100 ≒ 5.27033(\%)$$

∴ 5.3%(소수점 둘째 자리에서 반올림)

(2) 임금근로자 수

$$임금근로자\ 수 = 상용근로자\ 수 + 임시근로자\ 수 + 일용근로자\ 수$$

임금근로자 수 = 6,113(천명) + 4,481(천명) + 2,225(천명) = 12,819(천명)

∴ 12,819천명

104 ★☆

A국의 만 15세 이상 인구(생산가능인구)가 100만명이고 경제활동참가율이 70%, 실업률이 10%라고 할 때, A국의 실업자 수를 계산하시오(단, 계산 과정을 함께 제시하시오).

모범답안

- 경제활동참가율(%) = $\dfrac{\text{경제활동인구 수}}{\text{15세 이상 인구 수}} \times 100$
- 실업률(%) = $\dfrac{\text{실업자 수}}{\text{경제활동인구 수}} \times 100$

우선 실업률을 구하기 위해 경제활동인구 수를 먼저 구한다. 이를 위해 경제활동참가율 공식을 이용한다.

$70(\%) = \dfrac{\text{경제활동인구 수}}{1,000,000(\text{명})} \times 100$ ∴ 경제활동인구 수는 700,000명

위의 경제활동인구 수를 실업률 공식에 대입하면 다음과 같다.

$10(\%) = \dfrac{\text{실업자 수}}{700,000(\text{명})} \times 100$ ∴ 실업자 수는 70,000명

따라서 실업자 수는 70,000명이다.

105 ★★

아래의 주어진 표를 보고 물음에 답하시오.

[단위 : 천명]

구 분	15~19세	20~24세	25~29세	30~50세
생산가능인구	3,285	2,651	3,846	22,983
경제활동인구	203	1,305	2,797	17,356
취업자	178	1,181	2,598	16,859
실업자	25	124	199	497
비경제활동인구	3,082	1,346	1,049	5,627

(1) 30~50세 고용률(%)을 계산하시오(단, 소수점 둘째 자리에서 반올림하시오).

(2) 30~50세 고용률을 29세 이하의 고용률과 비교하여 분석하시오.

모범답안

(1) 30~50세 고용률(%)

$$고용률(\%) = \frac{취업자\ 수}{15세\ 이상\ 인구\ 수(생산가능인구\ 수)} \times 100$$

∴ 30~50세 고용률(%) $= \frac{16,859(천명)}{22,983(천명)} \times 100 ≒ 73.4(\%)$

(2) 30~50세 고용률과 29세 이하 고용률의 비교·분석

고용률은 한 국가의 노동력 활용 정도를 나타내는 대표적인 고용지표이다. 위의 보기에서 30~50세의 고용률은 약 73.4%로서, 25~29세 고용률에 비해 5.8%, 20~24세에 비해 28.9%, 15~19세에 비해 68.0% 높게 나타나고 있다. 따라서 30~50세가 다른 연령대에 비해 상대적으로 <u>고용창출 능력이 높으며</u>, 가장 활발한 경제활동을 수행하고 있는 것으로 볼 수 있다.

- 25~29세 고용률(%) $= \frac{2,598(천명)}{3,846(천명)} \times 100 ≒ 67.6\%$
- 20~24세 고용률(%) $= \frac{1,181(천명)}{2,651(천명)} \times 100 ≒ 44.5\%$
- 15~19세 고용률(%) $= \frac{178(천명)}{3,285(천명)} \times 100 ≒ 5.4\%$

106 ★

A회사의 9월 말 기준 사원 수는 1,000명이었다. 신규채용인원 수는 20명, 전입인원 수는 80명일 때, 10월의 입직률을 계산하고, 입직률의 의미를 쓰시오(단, 계산 과정을 함께 제시하시오).

모범답안

(1) 입직률의 의미

조사기간 중 해당 사업체에 전입이나 신규채용으로 입직한 인원을 전월 말 기준 근로자 수로 나눈 비율

(2) 10월의 입직률

$$입직률(\%) = \frac{당월\ 총\ 입직자\ 수}{전월\ 말\ 근로자\ 수} \times 100$$

$$입직률(\%) = \frac{20(명) + 80(명)}{1,000(명)} \times 100 = 10(\%)$$

따라서 10월의 입직률은 10%이다.

※ 동일 및 유사 기출

A회사의 9월 말 기준 사원 수는 2,000명이었다. 신규채용인원 수는 200명, 전입인원 수는 100명일 때, 10월의 입직률을 구하시오(단, 계산 과정을 함께 제시하시오).

$$입직률(\%) = \frac{200(명) + 100(명)}{2,000(명)} \times 100 = 15(\%) \qquad \therefore\ 15\%$$

107 ★★★

완전경쟁시장에서 A제품을 생산하는 어떤 기업의 단기 생산함수가 다음과 같을 때, 이 기업의 이윤극대화를 위한 최적고용량을 도출하고 그 근거를 설명하시오(단, 생산물 단가는 100원, 단위당 임금은 150원).

노동투입량	0단위	1단위	2단위	3단위	4단위	5단위	6단위
총생산량	0개	2개	4개	7개	8.5개	9개	9개

모범답안

기업은 노동의 한계생산물가치(VMP_L)와 임금률(W)이 같아질 때까지 고용량을 증가시킬 때 이윤을 극대화할 수 있다.

$$\text{노동의 한계생산물가치}(VMP_L = P \times MP_L) = \text{임금률}(W)$$

(단, P는 생산물가격, MP_L은 노동의 한계생산량)

노동의 한계생산량(MP_L)을 산출하기 위한 공식은 다음과 같다.

$$\text{노동의 한계생산량}(MP_L) = \frac{\text{총생산량의 증가분}(\Delta TP)}{\text{노동투입량의 증가분}(\Delta L)}$$

보기에 주어진 조건들을 위의 공식에 대입하여 노동의 한계생산량(MP_L) 및 노동의 한계생산물가치(VMP_L)를 계산하면 다음과 같은 결과가 나온다.

노동투입량	0	1	2	3	4	5	6
총생산량	0	2	4	7	8.5	9	9
한계생산량	0	2	2	3	1.5	0.5	0
한계생산물가치	0	200	200	300	150	50	0

노동의 한계생산물가치($VMP_L = 100 \times 1.5 = 150$) = 임금률($W = 150$)

∴ 노동의 한계생산물가치(VMP_L)와 임금률(W)이 같은 4단위가 최적고용량에 해당한다.

108

다음의 물음에 답하시오(계산식도 함께 작성하시오).

K제과점의 종업원 수와 하루 케이크 생산량은 다음과 같다(단, 케이크 가격은 10,000원).

종업원 수	0	1	2	3	4
케이크 생산량	0	10	18	23	27

(1) 종업원 수가 2명인 경우 노동의 한계생산은?

(2) 종업원 수가 3명인 경우 노동의 한계수입생산은?

(3) 종업원 1인당 임금이 80,000원일 때 이윤극대화가 이루어지는 제과점의 종업원 수와 케이크 생산량은?

모범답안

(1) 종업원 수가 2명인 경우 노동의 한계생산(량)

$$\text{노동의 한계생산량}(MP_L) = \frac{\text{총생산량의 증가분}(\Delta TP)}{\text{노동투입량의 증가분}(\Delta L)}$$

$$MP_L = \frac{18-10}{2-1} = 8 \qquad \therefore \ 8개$$

(2) 종업원 수가 3명인 경우 노동의 한계수입생산(물)

$$\text{노동의 한계수입생산물}(MRP_L) = \text{노동의 한계생산량}(MP_L) \times \text{한계수입}(MR)$$

완전경쟁시장에서는 한계수입(MR)이 생산물가격(P)과 같으므로,

$$MRP_L = \frac{23-18}{3-2} \times 10,000 = 5 \times 10,000 = 50,000 \qquad \therefore \ 50,000원$$

(3) 종업원 1인당 임금이 80,000원일 때 이윤극대화가 이루어지는 종업원 수와 케이크 생산량

완전경쟁시장에서 노동의 한계수입생산물(MRP_L)은 곧 노동의 한계생산물가치(VMP_L)이다. 기업은 노동의 한계생산물가치(VMP_L)와 임금률(W)이 같아질 때까지 고용량을 증가시킬 때 이윤을 극대화할 수 있다.

$$노동의\ 한계생산물가치(VMP_L = P \times MP_L) = 임금률(W)$$
(단, P는 생산물가격, MP_L은 노동의 한계생산량)

보기에 주어진 조건과 함께 앞선 (1), (2)의 계산식을 통해 K제과점의 단기 생산함수에 따른 노동의 한계생산량(MP_L) 및 한계생산물가치(VMP_L)를 나타낼 수 있다.

종업원 수	0	1	2	3	4
케이크 생산량	0	10	18	23	27
한계생산량	0	10	8	5	4
한계생산물가치	0	100,000	80,000	50,000	40,000

따라서 최적고용량은 노동의 한계생산물가치(VMP_L)와 종업원 1인당 임금(W)이 80,000원으로 같은 노동 2단위, 즉 종업원이 2명일 때이며, 이때 케이크 생산량은 18개이다.

109

시간당 임금이 500원일 때 1,000명을 고용하던 기업에서 시간당 임금이 400원으로 감소하였을 때 1,100명을 고용할 경우, 이 기업의 노동수요 탄력성을 계산하시오 (단, 소수점 발생 시 반올림하여 소수 첫째 자리로 표현한다).

모범답안

$$노동수요의\ (임금)탄력성 = \frac{노동수요량의\ 변화율(\%)}{임금의\ 변화율(\%)}$$

$$\left| \frac{\frac{(1,100-1,000)}{1,000} \times 100}{\frac{(400-500)}{500} \times 100} \right| = \left| \frac{10}{-20} \right| = 0.5 \qquad \therefore\ 0.5(단,\ 절댓값\ 적용)$$

110

생산성 임금제에 의하면 명목임금의 상승률을 결정할 때 부가가치 노동생산성 상승률과 일치시키는 것이 적정하다고 하였다. 어떤 기업의 2010년 근로자 수가 40명, 생산량이 100개, 생산물단가는 10원, 자본비용이 150원이었으나, 2011년에는 근로자 수는 50명, 생산량은 120개, 생산물단가는 12원, 자본비용은 200원으로 올랐다고 가정하라. 생산성 임금제에 근거할 때 이 기업의 2011년 적정임금상승률을 계산하시오(단, 소수점 발생 시 반올림하여 소수 첫째 자리로 표현하시오).

모범답안

적정임금변화율(상승률) ≤ 근로자 1인당 부가가치 노동생산성 변화율(상승률)

- 부가가치 노동생산성 = $\dfrac{\text{부가가치}}{\text{노동 투입량}}$

- 부가가치 노동생산성 변화율(%) = $\left(\dfrac{\text{당해 근로자 1인당 부가가치 노동생산성}}{\text{이전 해 근로자 1인당 부가가치 노동생산성}} - 1\right) \times 100$

① 2010년 근로자 1인당 부가가치 노동생산성
- 근로자 수 : 40명
- 생산물단가 : 10원
- 생산량 : 100개
- 자본비용 : 150원

∴ 2010년 부가가치 노동생산성 = $\dfrac{100 \times 10}{40} = 25$(원)

② 2011년 근로자 1인당 부가가치 노동생산성
- 근로자 수 : 50명
- 생산물단가 : 12원
- 생산량 : 120개
- 자본비용 : 200원

∴ 2011년 부가가치 노동생산성 = $\dfrac{120 \times 12}{50} = 28.8$(원)

(단, 기업이 특정한 자본을 조달하는 대가로 부담하게 되는 자본비용은 고려하지 않음)

③ 2010년에서 2011년에 이르는 부가가치 노동생산성 변화율

부가가치 노동생산성 변화율(%) = $\left(\dfrac{28.8}{25} - 1\right) \times 100 = 15.2$(%)

결과적으로 생산성 임금제에 의해 적정임금상승률을 부가가치 노동생산성 변화율과 결부시키고 있으므로, 적정임금상승률은 부가가치 노동생산성 변화율인 15.2%에 해당한다.

직업상담사 2급
한권으로 끝내기!

좋은 책을 만드는 길, 독자님과 함께 하겠습니다.

직업상담사 2급 한권으로 끝내기

개정20판1쇄 발행	2026년 01월 15일 (인쇄 2025년 10월 21일)
초 판 발 행	1999년 07월 28일 (인쇄 1999년 07월 28일)
발 행 인	박영일
책 임 편 집	이해욱
편 저	직업상담연구소 · 이용석
편 집 진 행	노윤재 · 한주승
표지디자인	조혜령
편집디자인	박지은 · 김휘주
발 행 처	(주)시대고시기획
출 판 등 록	제10-1521호
주 소	서울시 마포구 큰우물로 75 [도화동 538 성지 B/D] 9F
전 화	1600-3600
팩 스	02-701-8823
홈 페 이 지	www.sdedu.co.kr
I S B N	979-11-434-0075-8 (13320)
정 가	37,000원

※ 이 책은 저작권법의 보호를 받는 저작물이므로 동영상 제작 및 무단전재와 배포를 금합니다.
※ 잘못된 책은 구입하신 서점에서 바꾸어 드립니다.

26년간 61만 부 판매(직업상담사 도서 전체)

직업상담사 2급
단계별 합격 로드맵

P.S. 전략적으로 단계별 교재를 선택하기 위한 팁!

동영상 강의 교재
1차 필기·2차 실기
동시대비 기본서

기출문제 정복으로 실력다지기

동영상 강의 교재
꼼꼼하게 실전마무리

한권으로 끝내기와 함께하면
효율성 up

1단계
한권으로 끝내기

시험에 출제되는 핵심이론부터
최근 기출문제, 필기부터 실기까지
한권에 담았습니다.

2단계
**1차 필기 기출문제
CBT 문제은행**

전문가의 알찬 해설로 한마디로
개념정리부터 공부 방향까지
한 번에 잡을 수 있으며 '빨·간·키'를
통해 출제경향을 파악할 수 있습니다.

3단계
**1차 필기
최종모의고사**

최신 내용이 반영된
최종모의고사 10회분을 통해
합격에 가까이 다가갈 수 있습니다.

4단계
**1차 필기
핵심기출 문제은행**

기출문제를 심층분석해
만든 합격비밀!
출제유형에 맞춰 반복출제되는
문제만 모았습니다.

도서 및 동영상 강의 안내
1600 - 3600
www.sdedu.co.kr

직업상담실무 기본이론 탄탄 | 수험생들이 가장 어려워 하는 2차 실무, 기출문제로 정복 | 완벽하게 실전 마무리

5단계
2차 실기 직업상담실무 이론서

기출문제를 분석하여 수록한 꼭 알아야 할 핵심이론과 기출복원문제로 효율적인 학습을 할 수 있습니다.

6단계
2차 실기 직업상담실무 기출문제해설

전문가의 연구와 노하우가 담긴 모범답안과 구체적인 해설로 합격을 보장합니다.

과락잡기
2차 실기 과락을 피하는 법

25개년의 기출복원문제를 완벽해부했습니다.

※ 본 도서의 세부구성 및 이미지는 변동될 수 있습니다.

재직자국비지원

시대에듀 원격평생교육원

평생능력개발 기반을 마련한
국민내일배움카드

훈련을 희망하는 국민들은 누구나! 신청가능합니다.

 5년간 최대 500만원 지원   과정별 수강비 지원

국민내일배움카드로 자격증을 취득한다!   직업상담사

- 직업상담사 2급 자격증 취득을 희망하는 자
- 직업상담사 근무자 또는 관련 직종 이직/전직을 희망하는 자
- 관련 분야 학력, 경력, 응시 자격, 자격증 필요 없음

▶ 수강문의 : 02-719-7985
▶ 카드 발급문의 : 1350(고용노동부 국번없음)
▶ 시대에듀 원격평생교육원 : cyber.sdedu.co.kr